澳大利亚东海岸

本书作者

安迪·赛明顿（Andy Symington） 凯特·阿姆斯特朗（Kate Armstrong）
克里斯蒂安·贝内托（Cristian Bonetto） 彼得·德拉吉塞维奇（Peter Dragicevich）
保罗·哈丁（Paul Harding） 特伦特·霍尔登（Trent Holden） 凯特·摩根（Kate Morgan）
查尔斯·罗林斯-维（Charles Rawlings-Way） 塔玛拉·施沃德（Tamara Sheward）
汤姆·斯珀林（Tom Spurling） 堂娜·惠勒（Donna Wheeler）

Cairns & the Daintree Rainforest
凯恩斯和丹特里雨林 472页

Townsville to Mission Beach
汤斯维尔到使命海滩 450页

Whitsunday Coast
降灵海岸 428页

Capricorn Coast & the Southern Reef Islands
摩羯海岸和南礁群岛 413页

Fraser Island & the Fraser Coast
弗雷泽岛和弗雷泽海岸 391页

Noosa & the Sunshine Coast
努萨和阳光海岸 366页

Brisbane & Around
布里斯班及周边 301页

The Gold Coast
黄金海岸 347页

Byron Bay & North Coast NSW
拜伦湾和新南威尔士州北部海岸 142页

Melbourne & Coastal Victoria
墨尔本和维多利亚州海岸 216页

Sydney & the Central Coast
悉尼和中部海岸 50页

Canberra & South Coast NSW
堪培拉和新南威尔士州南部海岸 182页

中国地图出版社

计划你的行程

欢迎来
澳大利亚东海岸 6

澳大利亚东海岸
亮点 8

澳大利亚
东海岸TOP20 10

行前参考 20

如果你喜欢 22

每月热门 24

旅行线路 27

珊瑚礁之旅 33

澳大利亚东海岸
户外活动 39

地区速览 45

在路上

悉尼和中部海岸 50

悉尼 52

悉尼周边 120

蓝山 120

中部海岸 127

猎人谷 128

纽卡斯尔 134

**拜伦湾和
新南威尔士州
北部海岸 142**

斯蒂芬斯港 144

米亚尔湖国家公园 147

麦夸里港 148

克雷森特角 152

帽子角国家公园 152

西南岩石区 153

楠巴卡角 154

贝林根 156

多里戈 158

科夫斯港 159

科夫斯港北部 163

格拉夫顿 163

亚姆巴和安戈里 165

巴利纳 166

伦诺克斯角 168

布里斯班的袋鼠角
见303页

弗雷泽岛
见407页

悉尼港大桥
见52页

目录

大堡礁
见33页

拜伦湾...............168	蓝宝石海岸..........210	阿波罗湾..............276
北部海岸腹地........176	伯马吉..............210	奥特韦角..............278
班加洛..............177	默林布拉和潘布拉....211	坎贝尔港国家公园......279
利斯莫尔............178	伊登................213	坎贝尔港..............279
尼姆宾..............179	本博伊德国家公园....215	坎贝尔港至瓦南布尔...280
		瓦南布尔..............281
		塔丘保护区............283
		费里港................283
		波特兰................285
		尼尔森................285
		威尔逊角和吉普斯兰...287
堪培拉和	**墨尔本和**	昆瓦拉和鱼溪..........287
新南威尔士州	**维多利亚州海岸...216**	威尔逊角国家公园......288
南部海岸.........182	**墨尔本.............218**	湖区..................293
堪培拉............184	莫宁顿半岛..........257	东吉普斯兰和
伍伦贡及周边........193	索伦托和波特西......257	荒野海岸..............296
皇家国家公园........196	纳平角国家公园......259	
基亚玛及周边........197	莫宁顿半岛国家公园...260	**布里斯班及周边...301**
袋鼠谷............198	**菲利普岛............260**	**布里斯班.............303**
肖尔黑文海岸........199	**大洋路..............263**	**布里斯班周边.........342**
贝里................199	吉朗................263	北斯特拉德布罗克岛...342
瑙拉................200	贝拉林半岛..........267	莫顿岛................345
杰维斯湾............202	昆斯克利夫..........268	
波里国家公园........203	托基................270	**黄金海岸.........347**
阿勒达拉和莫里莫克...204	托基至安格尔西......272	冲浪者天堂............349
尤罗博达拉海岸......205	安格尔西............272	主海滩和斯比特海滩...353
巴特曼斯贝..........205	艾瑞斯小港及周边....273	宽阔海滩、
莫鲁亚..............207	洛恩................274	美人鱼海滩和
纳鲁马..............208	怀依河..............276	诺比斯海滩............356
迪巴迪巴和迪巴中心...210	肯尼特河............276	伯利角................357
		库兰宾和棕榈树海滩...360
		库尔加塔..............361
		黄金海岸腹地........364
		坦柏林山..............364
		拉明顿国家公园........364
		斯普林布鲁克
		国家公园..............365

在路上

坎贝尔港国家公园
见279页

堪培拉的袋鼠
见188页

努萨和阳光海岸...366

努萨..................368
布莱比岛.............375
格拉斯豪斯山.........376
卡罗旺德拉...........377
莫罗伯巴和
马卢奇多.............380
库伦.................385
皮瑞吉海滩和
阳光海滩.............386
库鲁拉海岸...........387
尤姆迪...............389
阳光海岸腹地.........390

弗雷泽岛和
弗雷泽海岸.......391

赫维湾...............393
彩虹海滩.............399
马里伯勒.............400
金皮.................402
奇尔德斯.............402
伯尔姆海岸国家公园...403
班达伯格.............404
巴加拉...............407
弗雷泽岛.............407

摩羯海岸和
南礁群岛.........413

艾格尼斯水域和
1770镇..............415
埃瑞姆布拉国家公园和
深水国家公园.........417
格拉德斯通...........417
南礁群岛.............419
罗克汉普顿及周边.....420
耶蓬.................423
大克佩尔岛...........424
摩羯腹地.............426

降灵海岸.........428

麦凯.................430
麦凯北部的海滩.......434
萨利纳...............434
萨利纳海滩...........434
伊加拉...............434
伊加拉国家公园.......435
坎伯兰群岛...........436
希尔斯伯勒角国家公园.436
降灵群岛............436
普罗瑟派恩...........439
艾尔利海滩...........439

康威国家公园.........445
长岛.................446
胡克岛...............446
南莫莉岛.............446
白日梦岛.............446
哈密尔顿岛...........447
海曼岛...............447
林德曼岛.............448
降灵岛...............448
降灵群岛的其他岛屿...448
鲍恩.................448

汤斯维尔到
使命海滩.........450

汤斯维尔.............452
马格内蒂克岛.........458
汤斯维尔以北........462
英厄姆及周边.........462
卡德韦尔.............463
欣钦布鲁克岛.........463
塔利.................464
使命海滩.............465
邓克岛...............470
因尼斯费尔及周边.....470

丹特里雨林
见508页

墨尔本
见218页

了解澳大利亚东海岸

今日澳大利亚东海岸...514
历史................516
气候变化和大堡礁....525
饮食................530
体育................534

生存指南

致命伤害和危险......540
出行指南............542
交通指南............554
幕后................562
索引................563
地图图例............572
我们的作者..........573

凯恩斯和
丹特里雨林......472
凯恩斯.............**473**
凯恩斯周边..........**490**
凯恩斯附近的岛屿......490
凯恩斯北部的海滩.....491
凯恩斯南部...........494
阿瑟顿高原..........**494**
库兰达...............494
马里巴...............496
阿瑟顿...............497
米拉米拉.............497
马兰达及周边.........497
云噶布拉.............497
蒂纳鲁湖.............499
火山口湖国家公园.....499
道格拉斯港..........**499**
莫斯曼.............**507**
丹特里.............**507**
丹特里村.............508
牛湾及周边...........508
苦难角...............509

特别策划

澳大利亚东海岸
户外活动...........39
悉尼港.............68
悉尼的海滩.........70
通往珊瑚礁的门户....74
气候变化和
大堡礁.............525
致命伤害和危险.....540

欢迎来澳大利亚东海岸

收拾行囊，向澳大利亚东海岸进发——这里堪称公路旅行天堂，有完美无瑕的海滩、热带雨林、时尚城市以及大堡礁。

荒野生存

澳大利亚东海岸绵延超过18,000公里，有连串的海滩和不计其数的野生动物。在近海，2000公里的大堡礁是五彩斑斓的热带海洋生物天堂，令人叹为观止。从崎岖的自然保护区到棕榈遍布的伊甸园，几百座岛屿散落在澳大利亚东部海域。环绕着内陆的美丽海滩拥有澳大利亚最棒的岸边浪。内陆分布着迷人的国家公园，那里有郁郁葱葱的热带雨林、参差耸峙的山峰，还有澳大利亚本土动物——憨态可掬的考拉，惊艳上镜的尤利西斯蝴蝶，以及可怕的咸水鳄鱼。

户外活动

穿越东海岸是一项健身活动——没错，健身！这里阳光明媚，精力充沛的本地人在户外慢跑、游泳、冲浪、骑车、划皮划艇、浮潜、徒步——何不加入他们？去大堡礁下水嬉戏，它拥有全球最上镜的海底景观。或者顺急流而下，划着皮划艇穿过一片湖，或者乘船穿越一簇热带群岛。徒步攀登一座山峰、探索一座国家公园，或者沿着一条奔涌的河流行进。你还可以径直前往海滩，当地人喜欢在那里晒太阳，彻底放松身心。

城市印象

东海岸不仅是澳大利亚原住民的千年家园，也是当代澳大利亚的发源地。悉尼是首个欧洲殖民地的开创地，对于那些寻找美好时光的人而言，这座城市仍然甜蜜诱人。悉尼人时髦新潮、有担负但是不张扬。他们尽情吃喝、购物、举行派对。位于南部的墨尔本是澳大利亚的艺术和咖啡之都，带着书卷气息和欧洲格调的城镇，有着放荡不羁的灵魂。新兴城市布里斯班地处河湾，城里居民区纵横，充满迷人的魅力。最后，不要忘记澳大利亚的首都堪培拉——它绝对不只是一个政治象征。

美食、美酒和狂欢

东海岸的各大城市有美妙的咖啡馆、庞大的食品市场和世界一流的餐馆……夜幕降临后，温馨的葡萄酒吧、挤满学生的地下酒吧，以及喧嚣吵闹的澳大利亚小酒馆给了纵情饮酒一个充分的理由，你甚至还可以在这些地方观看橄榄球比赛。城市之外，美味佳肴丰富多样，从炸鱼和薯条（原料直接取自渔船）到奶酪生产商和小镇面包店的美味，以及品鉴season，应有尽有；搭配源自莫宁顿半岛或亚拉山谷的醇香葡萄酒，堪称完美。

我为什么喜欢澳大利亚东海岸

本书作者 查尔斯·罗林斯-维

　　我在一个寒冷的澳大利亚南部小镇长大,过去对于东海岸一直非常神往,那里拥有"无尽夏日"的海滩和活跃的城市。墨尔本的魅力体现在书店、酒吧、卡尔顿澳式橄榄球俱乐部以及都市灵魂;悉尼用凉爽或温暖的海浪吸引时髦的都市人前来冲浪。拜伦湾、努萨和道格拉斯港这样的小镇仿佛神话一般,我一旦碰到机会就得前去一探究竟。我的探索脚步从未停止,无论从南向北或者从北向南,沿着澳大利亚东海岸旅行是澳大利亚的精华之旅!

关于更多作者信息,见573页。

上图:悉尼天际线和悉尼港大桥(见52页)

澳大利亚东海岸
Top 20

1

悉尼

1 澳大利亚重要的景观全在悉尼（见52页）：悉尼歌剧院、岩石区和悉尼港大桥通常位列榜单之首。不过为了感受真正的悉尼氛围，还是应该去海滩消磨一天。在邦迪海滩找一片沙滩，涂抹防晒霜，之后跳入海浪中；亦可搭乘港口渡轮从圆形码头去曼利游泳、冲浪，或者沿着浪花飞溅的滨海步道前往雪莉海滩。这才是生活！左图：邦迪海滩（见66页）。

大堡礁

2 大堡礁（见33页）名不虚传。它沿着昆士兰州海岸线绵延2000公里，是个共栖生态系统，这里栖息着耀眼的珊瑚、慵懒的海龟、滑行的蝠鲼、羞怯的礁鲨和1500种色彩缤纷的热带鱼。无论你是深潜、浮潜，搭乘观光飞机或玻璃底船观光，流连于一个岛屿度假村，还是在一个珊瑚环绕的环礁露营，这个生机勃勃的海底王国和它的900个珊瑚环绕的岛屿一定会让你毕生难忘。

RYAN PIERSE / GETTY IMAGES ©

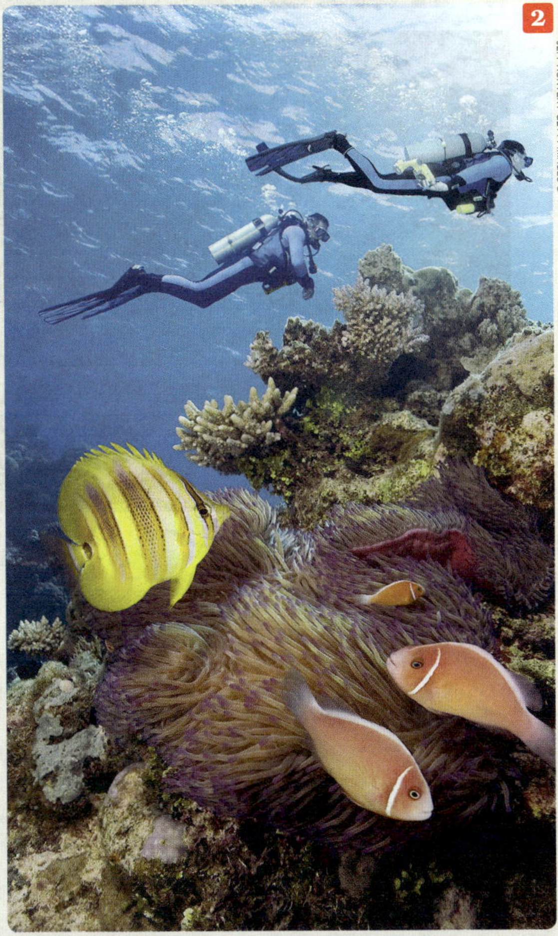

2

JEFF HUNTER / GETTY IMAGES ©

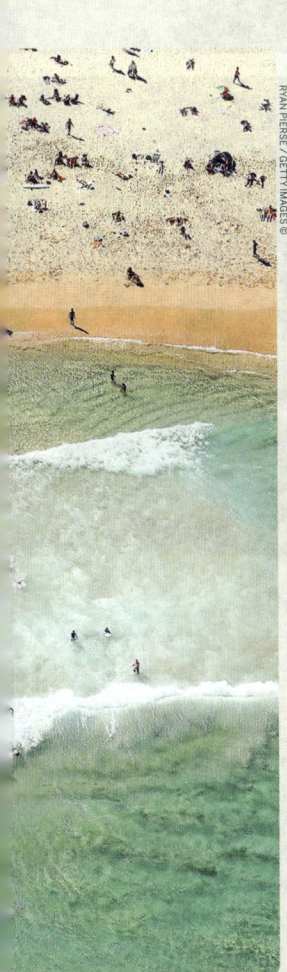

乘船游览降灵群岛

3 在这片热带群岛间,你可以尽兴展开一段跳岛游,领略降灵群岛(见436页)独一无二的美景。各种预算的旅行者都可以从派对小镇艾尔利海滩乘坐游艇出发,在这些枝繁叶茂的绿色岛屿之间漫游,悠闲地寻找心目中的天堂——也许你会发现,天堂不止一个。身未动,心已远,对不对?

丹特里雨林

4 在古老的世界遗产丹特里雨林(见5〇页),绿意葱茏的雨林一路延伸至耀的白沙海岸线。这片人间仙境孕育了3000种植物,包括有着芭蕉扇般叶子的棕榈、蕨植物和红树林,迎接你的是鸟儿高歌、昆虫鸣。你可以通过参加野生动物观赏游、山地越、木板路散步、热带水果园游、树冠漫步、驶四驱越野车、骑马、皮划艇和游轮等活动探索这片土地。下图:莫斯曼河。

士兰州最北部原住民地区

昆士兰州最北部原住民地区的人类历史就像其自然环境一样不同凡响。40,000年以来,原住民一直将这个地区的雨林和海称作"家"。近年来,由当地原住民引领的团游(见507页)和体验之旅迅速增多,因此,过原住民视角了解这个地区变得要比以往容得多。扔梭镖、做回旋镖、品尝丛林食物、读岩石艺术、徒步穿越雨林,或者试试吹奏吉里杜管:一个崭新而又古老的世界等你去索。

拜伦湾

拜伦湾(见168页;又称拜伦)位于澳大利亚东端,是这个国家经久不衰的文化符号之一。趁学校假期来度假的家庭,以及来自全球各地的冲浪者和日光浴爱好者聚到这里,享受顶级的餐厅、悠闲的生活节奏、冲浪海滩,以及参加数不胜数的活动。这里有澳大利亚最美丽的海岸线,虽然近期明显开始走高端路线,但是这个小镇的嬉皮士氛围将会令你感到愉悦。

墨尔本的街巷

7 迷宫般的青石巷纵横穿过墨尔本(见231页)闹市区,这里曾经垃圾桶遍地、老鼠猖獗、毒品泛滥、成人影院林立,现在改头换面,成为城市热点。如今的墨尔本拥有全球最佳街头艺术,包括神秘班克斯的作品和本地艺术家的作品。这里还有本市最为时髦的地下室餐馆、活跃的摇滚酒吧和通往天台鸡尾酒吧的隐秘楼梯。上图:Degraves St(见231页)。

蓝山

8 蓝山(见120页)距离悉尼只有几小时车程,但是卡通巴的回音角和布莱克希斯的Govetts Leap的景色壮丽无比,你会不由自主挤到人群前端,用照片填满相机的存储卡。结束拍照后,可以沿一条小径走入景色壮丽的杰米逊山谷或格罗斯山谷,呼吸桉叶油的气味。桉叶油薄雾通过茂密的树冠散发出来,这个列入《世界遗产名录》的山地因此得名。下图:蓝山,回音角(见124页)。

计划你的行程

澳大利亚东海岸 Top 20

萨国家公园

努萨国家公园（见368页）位于度假胜地努萨边的海岬上，拥有一连串完海湾，海湾四周沙地环绕、兜树林立。冲浪者来这里验起伏的波浪；徒步者则这里的原生态自然气息吸迷人的徒步小径纵横穿过冠：沿着海岸观光小径，你许能够发现树上趴着的昏欲睡的考拉，以及游弋于岩海岬附近的海豚。

弗雷泽岛

10 宛若仙境的弗雷泽岛（见407页）是由流沙形成的，澳洲野狗在这里漫游，茂盛的雨林生长在沙滩之上。这个原生态的岛屿乌托邦孕育了大量野生动物，包括最纯种的澳洲野狗。探索这个岛屿的最佳方式就是开着四驱车穿越海滩以及内陆的沙土路。热带雨林、清澈的淡水湖以及在海边露营和仰望星空的经历能够让你返璞归真。

猎人谷的酒庄

11 想象一下，走进一座玻璃幕墙的亭子，俯瞰连绵起伏的山地，山地上面覆盖着一排排果实累累的葡萄藤。在这里啜饮一杯淡黄色的赛美蓉（sémillon），浏览一番美味的午餐菜单，食材都选用高质量本地农产品。点单，落座，一边品味醇香的设拉子（shiraz），一边尽情享用美食。这会是一段难忘的旅行回忆，要想亲身体验，只需来到新南威尔士州一流的葡萄酒区猎人谷（见128页）。

大洋路

12 大洋路（见263页）上的十二使徒岩矗立于湍急的水流之上，是维多利亚州最生动的景观之一。前往此处的公路胜景更给旅程锦上添花。放慢车速，驾车沿着壮观的巴斯海峡海滩边蜿蜒的公路前行，然后穿过热带雨林和散落在其中的古色古香的小镇。大洋路并未终止于十二使徒岩，继续往前就是被誉为"海上珍宝"的费里港，以及不为人知的布里奇沃特角。如果时间充足，最好的方式是步行，从阿波罗湾走到十二使徒岩。上图：坎贝尔港国家公园（见279页），十二使徒岩。

布里斯班

13 虽然人们曾认为，同样作为州首府布里斯班（见303页）在悉尼和墨本面前相形见绌，但是请不要理会这些闲言语。如今的布里斯班焕然一新，成为亚太地最为时尚的中心之一。昆士兰州的新首府不满足于一年261天的阳光，正在改头换面，大发展文化产业：雄心勃勃的街头艺术和画廊精品书店、隐秘的鸡尾酒吧和屡获殊荣的精啤酒厂，比比皆是。于是，一个融合澳大利亚都市的时尚和闲适的亚热带气息的城市就诞生了。

赏野生动物

14 前往墨尔本东南的菲利普岛(见260页),欣赏讨人喜爱的小企鹅成群走海狗在礁石密布的海岸嬉戏打闹,或者进热带的昆士兰州最北部,观察如同存在于另个世界的食火鸡和恐龙般的鳄鱼。在这两之间,你会发现各种各样本地独有的奇特动考拉、袋鼠、袋熊和鸭嘴兽。如果适逢其时月至11月),在海岸沿线还能观鲸,而且到以听见笑翠鸟的声音。

堪培拉

15 尽管堪培拉(见184页)只有百余年历史,但澳大利亚专门打造的这座首都却充满了历史感。所以富丽堂皇的博物馆和画廊是这里最引人入胜的景点便不足为奇了,它们专注于叙述和解读国家历史。澳大利亚国家美术馆、澳大利亚国家博物馆、国家肖像馆和澳大利亚战争纪念馆等机构都会让旅行者更深入地了解这个国家的历史和文化。下图:堪培拉,澳大利亚议会大厦(见185页)。

蒙塔古岛

16 蒙塔古岛（见208页）是澳大利亚最被低估的荒野旅游目的地。位于近海的蒙塔古岛靠近纳鲁马，岛上光秃秃的，满是巨石，却是筑巢海鸟的天堂，其中包括10,000只小企鹅。原住民的神圣遗迹、不寻常的花岗岩灯塔、修缮一新的住宿小屋以及导览生态游赋予了蒙塔古岛与澳大利亚大陆大相径庭的魅力，好像它们相距并非只有9公里船程。潜水活动（你会看到一些灰色护士鲨！）和观赏海豹及偶尔成群游过的鲸鱼都为蒙塔古岛的魅力值加分。

悉尼之夜

17 悉尼的时髦海滩和秀丽海港备受赞誉，但许多人更喜欢夜幕降临后的悉尼，这时的城市才真正鲜活起来（见103页）。你可以前往全城各处时尚的酒吧、喧闹的夜店、老式的小酒馆和独立摇滚酒吧，寻找志同道合的人。亦可避开人群来到地下爵士乐俱乐部，或是低调的、俯瞰水面的葡萄酒吧。这里还有艺术馆酒吧、绿草茵茵的后院酒吧、带有隐秘泳池的餐馆、现代亚洲风格的酒吧等，进去体验一下吧！左下图：悉尼歌剧院（见52页）和Opera Bar（见103页）。

威尔逊角

18 威尔逊角（见2 页；又名"Wilson Prom"，或者简称"The Prom"是丛林徒步者、野生动林观赏者、冲浪者和摄影者天堂。这里美若仙境：即是从潮汐河的公园地带穿过来，都会遇见一片片白沙滩和海湾。此外，这里有超80公里的带有路标的徒步径，想观赏到最佳景致就多走些路。徒步爱好者应择全程3天的盛尔逊角大步道，其中一天晚上会住在与隔绝的灯塔看守人的小屋。

埃利奥特夫人岛

19 这个生态友好的度假岛(见405页)是探索大堡礁最迷人、最宁静的基地之一。在埃利奥特夫人岛附近浮潜,可以看到环绕小沙岛的活珊瑚礁间成群的热带鱼、海龟和蝠鲼。每到孵化季节(1月至4月),你能看到海龟幼崽爬过沙地,6月至10月,座头鲸从这里游弋而过。搭乘航班飞过清澈碧绿、珊瑚礁密布的水域来到这座岛屿的经历,同样令人难忘。

攀登大桥

20 如果不恐高,那就径直前往悉尼的标志性建筑悉尼港大桥,或者布里斯班的故事桥,征服它们。过去,悉尼这座大拱桥只是大桥刷漆匠和极限冒险者(包括我们的一位作者,名字保密)的领地。现在,人人都可参加BridgeClimb(见84页)组织的攀登大桥活动。Story Bridge Adventure Climb推出类似的项目,虽然时间不久,但是同样令人着迷。在这里,你所收获的不只是美不胜收的城市景色,大桥本身也是杰出的建筑奇迹。

行前参考

更多信息,见生存指南(见539页)。

货币
澳元($)

语言
英语

签证
中国公民去澳大利亚旅行需要申请旅游签证,如果经过澳大利亚前往其他国家须申请过境签证。也可通过移民和边境保护部(见542页)的网站申请。

货币
自动柜员机分布广泛。大多酒店、餐厅和商店都可接受信用卡。澳大利亚90%的ATM和70%的POS都可使用银联卡。

手机
开通国际漫游的中国移动、中国联通和中国电信都支持开通国际漫游,详情请咨询运营商。你也可以在当地购买SIM卡或开通预付费账户。

时间
澳大利亚东海岸使用澳大利亚东部标准时间,比格林尼治标准时间(GMT)早10小时,比北京时间早2小时/3小时(夏令时)。

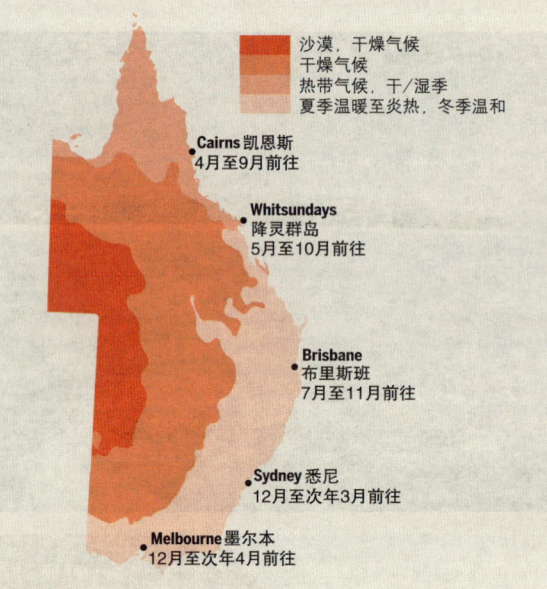

何时去

- 沙漠,干燥气候
- 干燥气候
- 热带气候,干/湿季
- 夏季温暖至炎热,冬季温和

Cairns 凯恩斯
4月至9月前往

Whitsundays 降灵群岛
5月至10月前往

Brisbane 布里斯班
7月至11月前往

Sydney 悉尼
12月至次年3月前往

Melbourne 墨尔本
12月至次年4月前往

旺季
(12月至次年2月)

→ 夏季:北部炎热潮湿,南部温暖干燥。

→ 大城市的住宿价格上涨25%。

→ 热带的北部处于淡季;11月至次年5月,在艾格尼斯水域北部游泳不安全(有水母出没)。

平季 (9月至11月和3月至5月)

→ 阳光和煦,天空清澈,不必排长队。

→ 10月春暖花开;4月维多利亚州秋色缤纷。

→ 当地商户还未感受到夏日游客的压力。

淡季
(6月至8月)

→ 南部凉爽、阴雨连绵,执行淡季住宿价格。

→ 热带旺季:天气温和、湿度低、房价贵。

→ 大堡礁能见度不错。

网络资源

Lonely Planet（www.lonelyplanet.com/australia）目的地信息、旅馆预订、旅行者论坛及其他。

澳大利亚旅游局（Tourism Australia; www.australia.com）政府旅游网站，提供大量旅游信息。

澳大利亚旅游官网（Tourism Australia; www.australia.cn）政府旅游局官方网站，提供各种游客信息。

澳大利亚驻华大使馆（www.china.embassy.gov.au/bjngchinese/home.html）有用的签证信息和官方的目的地介绍。

昆士兰旅游局（Queensland Tourism; www.queenslandholidays.com.au）昆士兰州信息。

Visit NSW（www.visitnsw.com）新南威尔士州信息。

Visit Victoria（www.visitvictoria.com）维多利亚州官方网站。

Coastalwatch（www.coastalwatch.com）海浪报告和视频。

重要号码

国家代码	61
国际接入码	0011
紧急情况（救护车、火警、报警）	000
查号服务	1223
地区码	维多利亚州03，新南威尔士州和澳大利亚首都直辖区02，昆士兰州07

汇率

人民币	¥1	$0.20
港元	HK$1	$0.16
澳门元	MOP$1	$0.16
新台币	NT$1	$0.04
美元	US$1	$1.26
欧元	€1	$1.54

当前汇率见www.xe.com。

每日预算

经济
低于$150

➡ 青年旅舍的宿舍床位：$25~35

➡ 青年旅舍的双人间：$80~100

➡ 比萨简餐或意大利面套餐：$15~20

➡ 短途公共汽车或电车：$4

中档
$150~300

➡ 汽车旅馆或民宿的双人间：$130~250

➡ 咖啡馆的早餐或午餐：$20~30

➡ 小汽车租赁：$35/天起

➡ 短途出租车费：$25

高档
高于$300

➡ 高端酒店的双人间：$250起

➡ 高档餐厅的三菜套餐：$80起

➡ 冒险活动：乘船游览降灵群岛$300/晚起，潜水课程$650

➡ 悉尼至墨尔本国内航班：$100起

营业时间

各州营业时间有所不同，但下列时间可参考。

银行 周一至周四 9:30~16:00，周五 9:30~17:00

酒吧 16:00至深夜

咖啡馆 7:00~17:00

夜店 周四至周六 22:00至次日4:00

邮局 周一至周五 9:00~17:00；其中一些周六9:00至正午照常营业

小酒馆 11:00至午夜

餐厅 正午至14:30和18:00~21:00

商店 周一至周六 9:00~17:00

超市 7:00~20:00

抵达澳大利亚

悉尼机场（见554页）5:00至次日0:14，Airport Link每隔10分钟发出火车开往悉尼市中心。预约机场大巴可抵达市区酒店。乘出租车到市内花费$25~50（30分钟）。

墨尔本机场（见554页）SkyBus（24小时）每隔10~30分钟发车前往墨尔本市中心。乘出租车前往市区花费大约$40（25分钟）。

布里斯班机场（见554页）5:00~22:00，Airtrain每隔15~30分钟发车前往布里斯班市中心。预约机场大巴可抵达市区酒店。乘出租车前往市区花费$50~60（25分钟）。

当地交通

澳大利亚东海岸全长超过3000公里！考虑清楚，然后动身出行。

小汽车 按自己的节奏旅行、探索偏远地区以及游览没有公共交通的地区。前往大城镇租车；靠左行驶。

飞机 有效利用假期：国内航班经济、班次频繁且快捷。如果你对乘飞机所产生的碳排放量心中有愧，你可以支付碳补偿费用。

长途汽车 可靠频繁的长途汽车发往全国各地（价格并非总是低于飞机）。

火车 速度慢、价格高、班次少，但是沿途景色非常不错！如果打算睡觉，那就选择卧铺车厢，不要选择过夜（overnighter）座位。

更多**当地交通**信息见555页。

如果你喜欢

海滩

邦迪海滩 悉尼的必到之处：可以乘风破浪，也可以慵懒小憩，看人来人往。（见66页）

威尔逊角 维多利亚州一流的海岸旷野，拥有人迹罕至的海滩。（见287页）

弗雷泽岛 世界上最大的沙岛，基本就是一座大海滩。（见407页）

白天堂海滩 降灵群岛的瑰宝，拥有洁白细腻的沙滩和清澈见底的海水。（见448页）

苦难角 大片沙滩空旷无垠，热带雨林几乎触及礁区。（见509页）

斯比特海滩 原生态黄金海岸的一片狭长荒野海滩和沙丘，远离高楼大厦和如织的游人。（见353页）

四英里海滩 前往道格拉斯港游泳不用担心被蜇伤，也可以沿着四英里海滩游玩。（见499页）

克拉克海滩 拜伦湾的标志性沙滩地带——落潮期间可以徒步前往灯塔。（见175页）

耶蓬 昆士兰州的一长片沙滩，当地人和罗克汉普顿人会来此放松身心。（见423页）

玫瑰湾 鲍恩小城的最佳海湾之一。可以坐在沙滩吃个杧果。（见449页）

原住民文化

原住民遗产团队游 前往悉尼的皇家植物园，了解Gadigal文化以及传统药用和食用植物。（见52页）

库里遗产信托 一个了解东南原住民文化的绝佳地点，位于墨尔本。（见222页）

Kuku-Yalanji Dreamtime Walks 在知识渊博的原住民向导带领下，徒步穿越昆士兰州的莫斯曼峡谷。（见507页）

Ingan Tours 原住民组织的热带雨林之旅，前往热带昆士兰州北部。（见464页）

查普凯原住民文化园 参与互动以及欣赏当地查普凯人的生动表演。公园位于凯恩斯。（见477页）

沃米保护地 见识斯托克顿湾附近古老的沃米贝壳堆。（见144页）

现代美术馆 这个不能错过的布里斯班画廊陈列着许多精美的纤维艺术作品，它们均出自当代原住民艺术家之手。（见309页）

康威国家公园 探索艾尔利海滩附近森林覆盖的山坡和遗世独立的海滩，它们曾是Giru Dala人的狩猎场所。（见445页）

观赏野生动物

菲利普岛企鹅 世界上最大的小企鹅王国；日落时分，观看它们蜂拥而来。（见260页）

伊登观鲸 如果当季（7月至11月），鲸鱼可能出现于伊登至大堡礁沿线的任何近海水域。（见213页）

龙柏考拉保护区 就在布里斯班附近，可以亲密接触一只柔软、毛茸茸的有袋动物。（见313页）

本博伊德国家公园 这个向四周延伸的国家公园靠近伊登，拥有许多憨态可掬的袋熊。（见215页）

蒙塔古岛 在纳鲁马附近的海中窥视海豹、海鸟和企鹅。（见208页）

Hartley's Crocodile Adventures 面对面观赏一只张牙舞爪的史前猛兽。（见493页）

库兰达考拉花园 鸟类、蝙蝠、蝴蝶，当然还有考拉，都在凯恩斯附近的库兰达考拉花园等待游人来参观。（见495页）

努萨国家公园 进出这座公园非常方便，在这里轻易就能见到考拉、海豚和季节性出没的鲸鱼。（见368页）

弗雷泽岛 澳大利亚最纯种的澳

洲野狗出没于此。(见407页)

道格拉斯港野生动物栖息地 观赏自然栖息地内的考拉、袋鼠、鳄鱼、吸蜜鹦鹉以及食火鸡。(见499页)

岛屿

蒙塔古岛 这里有海鸟、小企鹅、毛皮海豹等,还有修缮一新的灯塔住宿地。有何理由不喜欢?(见208页)

鹦鹉岛 令人惊叹的悉尼港小岛,拥有光辉灿烂的历史。(见67页)

弗雷泽岛 开着你的四驱越野车,驶入世界上最大的沙岛,岛上有巨大的沙丘、淡水湖和种类丰富的野生动物。(见407页)

降灵群岛 找一家度假村住下,或是跳上一艘游艇,尽量多探索几座如此非凡的岛屿。(见436页)

埃利奥特夫人岛 四周被大堡礁环绕,乘坐轻型飞机可达,这是体验荒岛求生的理想地点。(见405页)

蜥蜴岛 来到这座北端的岛屿,支起帐篷或是入住豪华度假村。(见509页)

计划你的行程 如果你喜欢

图:查普凯原住民文化园(见477页)的原住民
图:威尔逊角(见287页)

每月热门

最佳节庆

悉尼同性恋狂欢节，2月至3月
拜伦湾蓝调音乐节，4月
墨尔本国际电影节，7月
澳式橄榄球联赛总决赛，9月
布里斯班节，9月

1月

澳大利亚刚从圣诞宿醉苏醒过来，1月就翩然而至，接着人们突然发现"啊！夏天到了！"海岸沿线闷热潮湿；北方迎来季风降雨。

☆ 悉尼节（Sydney Festival）

正如宣传材料所说，这一节日"规模宏大"。事实上，这个为期三周的夏季节日会举办音乐、舞蹈、访谈、戏剧和视觉艺术等活动，其中大部分都是免费而且面向家庭的，届时整个城市都将充满艺术氛围。（见85页）

☆ 澳大利亚网球公开赛（Australian Open）

1月末，澳大利亚网球公开赛在墨尔本公园拉开帷幕，吸引全球各地的网球爱好者来此，观看世界一流选手在赛场上一决雌雄。此时总是天气炎热。（见233页）

☆ 澳大利亚日（Australia Day）

澳大利亚日是该国"生日"——1788年1月26日，第一舰队在此登陆。届时举行野餐、烧烤、烟花表演，而且越来越多的活动会展现民族实力。这一天澳大利亚原住民的心态则完全不同，他们称之为"入侵日"（Invasion Day）。

2月

2月通常是澳大利亚最温暖的月份：随着雨季持续，北部湿热难耐，但是东南部的维多利亚气候宜人。在其他地方，当地人返回工作岗位、前往海滩或是观看板球比赛。

☆ 悉尼同性恋狂欢节（Sydney Gay & Lesbian Mardi Gras）

延续到3月的悉尼同性恋狂欢节为期两周，沿悉尼的牛津大街进行的花车游行庆典使活动达到高潮，届时会吸引30万观众到场。健身房内空无一人，光鲜亮丽的商场已经开始盘点。演出后的派对更是一票难求。（见85页）

3月

南部湿热感减轻，游客散去，度假村价格降低。此时，北部处于高温季，容易令人烦躁。这是葡萄园的收获季节。

☆ 澳大利亚一级方程式大奖赛（Australian Formula One Grand Prix）

3月末，通常安静的墨尔本阿尔伯特公园热火朝天，为期4天的一级方程式赛车大赛在此举办。湖岸周围的马路赛道平滑稳固，并且因此闻名。（见229页）

4月

秋季，维多利亚一片金黄，新南威尔士天气凉爽、温度适宜。北部，雨季即将结束：人们面带笑容，天气温暖和煦。复活节住宿价格昂贵。

☆ 拜伦湾蓝调音乐节（Byron Bay Bluesfest）

音乐席卷了这个复活节周末，20,000名节日参与者涌入拜伦湾，欣赏来自世界各地的蓝调和寻根乐队（Ben

Harper、Neil Young、Bonnie Raitt)的表演。举办地在Tyagarah Tea Tree Farm, 位于拜伦以北11公里。有些人在此露营。(见170页)

5月

南部温度明显降低;除了黄金海岸南部,其他地方都不适宜在海滩游玩。全国各地住宿打折。

悉尼双年展(Biennale of Sydney)

悉尼双年展的举办时间为偶数年份的3月至6月。展出几百名当代艺术家的作品,它是本国规模最大的视觉艺术盛会。将会组织团队游、访谈、播映和前卫展览。多数活动免费。(见86页)

努萨美食和葡萄酒节(Noosa Food & Wine)

这是澳大利亚一流的地方美食节,举办烹饪表演、葡萄酒品鉴、奶酪展览、美食大餐品鉴等活动,晚上举办现场音乐会。5月中旬举行,持续3天以上。(见370页)

悉尼作家节(Sydney Writers' Festival)

5月举行,持续一周。书籍、文字、满是文字的书籍……澳大利亚国内外300多位小说家、散文家、诗人、历史学家和哲学家被邀请至此。他们朗读作品、举办研讨会、组织启发性的专题讨论会。(见86页)

观鲸(Whale Watching)

5月至11月,在澳大利亚东南沿海,迁徙的南露脊鲸和座头鲸会游近岸边捕食、交配和产崽。前往伊登(新南威尔士州)和瓦南布尔(维多利亚州)以及赫维湾和北斯特拉德布罗克岛(昆士兰州)观赏鲸鱼。

6月

南部逐渐迈入冬季,天寒地冻。热带北部天气温暖晴朗,进入旅游旺季,海滩没有被蜇伤的危险。迁徙的鲸鱼就在海边游弋嬉戏(直至11月)。

悉尼灯光音乐节(Vivid Sydney)

全城遍布灯光设施和投影,国内外音乐家倾情演出,此外这里还举办全球顶级创新思维者展开的公开谈话和讨论;5月末举行,持续超过18天。

悉尼电影节(Sydney Film Festival)

这个精彩纷呈的电影节通常在州立剧院举行,期间播映澳大利亚国内外称得上艺术瑰宝的电影。(见86页)

澳大利亚橄榄球联赛(State of Origin Series)

橄榄球联赛爱好者认为,昆士兰州和新南威尔州士之间这一系列的三场比赛是该项运动的巅峰对决。最后一场比赛7月举行。

7月

南部的小酒馆生起明火、咖啡店温馨舒适、海滩空旷无人;北部的市场、景点和住宿地全部人满为患。如果前往布里斯班以南任何地方,带上保暖衣物。不要错过墨尔本国际电影节。

墨尔本国际电影节(Melbourne International Film Festival)

与多伦多和戛纳电影节一样闻名遐迩的墨尔本国际电影节从1952年开始举办,门票销售极为火爆。城内各处荧幕播放无数的短片、故事长片和纪录片。(见233页)

芳草菲菲音乐节(Splendour in the Grass)

芳草菲菲音乐节是一场在拜伦湾举办的另类摇滚乐盛会。吸引来自澳大利亚国内外的摇滚大腕。7月末举行,为期3天(正是冬季,所以草地可能变得泥泞)。(见170页)

8月

8月,受够冬日阴郁灰白天空的南方人,前往昆士兰州享受阳光。这是一切升温之前到昆士兰州偏远北部游览的绝佳时间。

凯恩斯节(Cairns Festival)

8月末至9月初,这项大型的艺术和文化节日历时2周,届时开展的主要活动包括音乐、戏剧、舞蹈、喜剧、电影、原住民艺术和公开展览。还有各种户外活动。(见481页)

☆ 金皮音乐节（Gympie Music Muster）

乡村音乐和西方音乐这两类音乐我们都喜欢！金皮音乐节是慈善性音乐活动，节日上的靴子和班卓琴多得难以置信。需要自带帐篷。（见402页）

9月

冬去春回，南部野花盛开、精神振奋。全国天气仍旧和煦。橄榄球赛季结束，春季赛马嘉年华拉开帷幕。

☆ 澳式橄榄球联赛总决赛（Australian Football League Grand Final）

这是规模盛大的澳式橄榄球联赛（AFL）的巅峰对决，在墨尔本举行，观众（通过电视）多达数百万。中场时，露天烧烤会移至当地公园，然后大家聚在一起打一场业余的橄榄球赛。（见233页）

☆ 布里斯班节（Brisbane Festival）

布里斯班节是澳大利亚最大、最多样化的艺术节之一，在9月举行，历时22天。活动引人瞩目，包括音乐会、戏剧、舞蹈和相关节目。最后会有"Riverfire"，这是一场布里斯班河上的精彩烟火表演。（见319页）

◉ 花卉节（Floriade）

花卉节就是在堪培拉举行的春花展，从9月中旬一直持续到10月中旬。当地人前来赏花，摆脱冬日寒意。（见188页）

10月

到处的天气都风和日丽，这是外出露营或到葡萄园逛逛的好时候。在橄榄球赛季结束、板球比赛还没开始时，体育迷们数着手指煎熬度日。

✸ 墨尔本节（Melbourne Festival）

这个一年一度的艺术节推出一些来自澳大利亚国内外的最佳歌剧、戏剧、舞蹈和视觉艺术。艺术节从10月初开始，一直延续至11月初。（见233页）

11月

北方的海滩可能因为"蜇人的动物"（艾格尼斯水域北部的水母）而闭门歇业。冲浪救生季节拉开帷幕，戏水健儿们在各处海滩上一显身手。

☆ 墨尔本杯（Melbourne Cup）

11月的第一个周二，澳大利亚（或许亦是全球）最重要的赛马会在墨尔本开场。整个国家的人都会停下手里的事情来观看这场"让全国停摆的赛马"。（见233页）

☆ 艾尔利海滩音乐节（Airlie Beach Music Festival）

持续3天的艾尔利海滩音乐节，就在这个著名的派对小镇举行，音乐活动精彩纷呈，有大量现场音乐，令人如痴如醉。（见441页）

12月

铃响了，放学了！圣诞节前两个星期，学校开始放假。城里到处都是购物者，天气酷热难耐。在北方，季风期已经来临；午后的雷暴会带来倾盆大雨。

☆ 悉尼至霍巴特帆船赛（Sydney to Hobart Yacht Race）

带上野餐食品，加入悉尼水滨的节礼日（12月26日）人群，观看悉尼至霍巴特帆船赛。它是世界上最艰难的远洋帆船赛，比赛里程达628海里。（见87页）

☆ 伍德福德民俗节（Woodford Folk Festival）

伍德福德民俗节就在阳光海岸举行，届时会有来自全球的各种各样表演者展示民歌。12月27日开始，1月1日结束。（见388页）

☆ 悉尼港烟花（Sydney Harbour Fireworks）

一种迎接新年的绝佳方式：加入港口上方的游人，一起观看悉尼港烟花照亮夜空。一般在21:00推出家庭烟花表演；午夜时分，重头戏拉开帷幕。（见87页）

旅行线路

1周 悉尼至拜伦湾

山脉、城市、葡萄酒、海滩和古怪的小镇：这条公路之旅堪称澳大利亚经典旅程。

从**悉尼**启程，观赏知名景点、游览邦迪海滩、泡酒吧、购物、下馆子。不要错过海滨的邦迪至库吉崖顶步道（Bondi to Coogee Clifftop Walk）。前往内陆探索**蓝山**，云雾弥漫的卡通巴拥有装饰艺术风格建筑和令人惊叹的回音角。或者，花费几天搭乘游船，航行于**霍克斯伯里河**沿岸，这是一剂减压放松的灵丹妙药。

下一站到达热爱艺术和冲浪的**纽卡斯尔**。有些口渴？进入内陆，前往**猎人谷**的葡萄园（特级赛美蓉——源自法国的著名酿酒用白葡萄品种）一饱口福。接着返回海岸，探索**米亚尔湖国家公园**的原生态海滩。

新南威尔士州北部拥有亚热带地区的优势。如果想要冲浪，就去**克雷森特角**出色的冲浪点，如果喜欢戏水，就去美丽上镜的**西南岩石区**。**科夫斯港**的大香蕉俗气但却有标志性，期待你能来欣赏。继续往北，**拜伦湾**不容忽视，它是一个氛围悠闲的海滩小镇，冲浪者、潮人和嬉皮士共享沙滩。另类音乐天堂**尼姆宾**和富饶休闲的**班加洛**位于拜伦的苍翠腹地，两个地方都值得来个一日游。

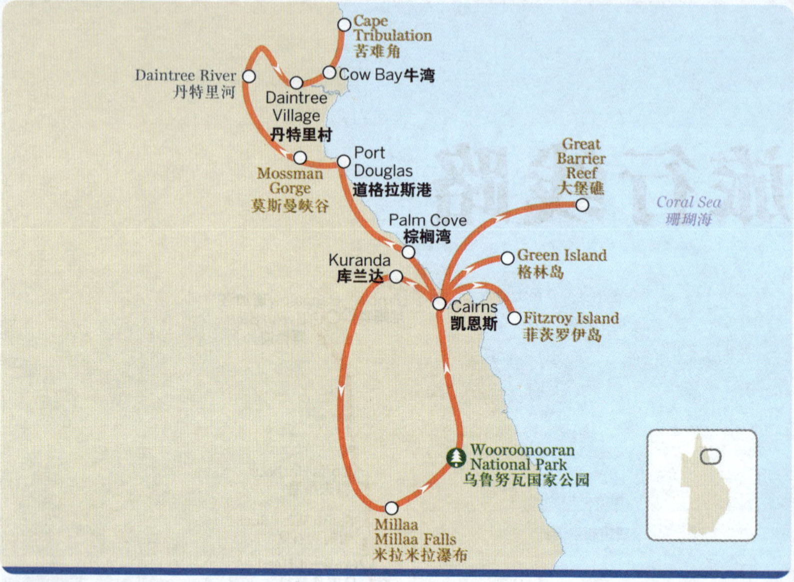

2周 凯恩斯至苦难角

昆士兰州的偏远北部,风光独一无二,拥有一系列令人眼花缭乱的珊瑚礁、热带环礁、热带雨林和有趣的城镇。

凯恩斯是澳大利亚的珊瑚礁潜水之都和通往丹特里雨林的门户,是不容错过的东海岸旅游地点。可以花费几天往返植物园、时尚餐厅和热闹酒吧。礁石环绕的**格林岛**和**菲茨罗伊岛**离海不远,那里草木葱郁、海滩迷人,没有太多游人争夺沙滩。继续远行,通过浮潜或潜水之旅前往**大堡礁**堪称必不可少的东海岸览体验,或者计划利用几天通过船宿之旅前往鳕鱼洞(蜥蜴岛)游玩,鳕鱼洞是澳大利亚最佳潜水地点之一。

接下来,前往内陆,通过缆车索道或观光铁路到达**库兰达**,踏上雨林徒步小径,并且游览小镇闻名遐迩的市场。如果自驾,可以探索更远:参观风景如画的**米拉米拉瀑布**,进入**乌鲁努瓦国家公园**开展雨林徒步旅行。

来到凯恩斯以北的**棕榈湾**,选择一处豪华度假村休憩一晚。继续往北1小时,到达**道格拉斯港**,这是一个快节奏的度假中心,拥有出色的饭馆、酒吧和一片迷人的海滩。这里也是乘船前往外围堡礁的出发地。下一站到**莫斯曼峡谷**,那里的低地雨林苍翠茂盛,围绕迷人上镜的莫斯曼河分布。可以参加徒步导览游,进入水潭凉爽一下。

仍然往北,到达**丹特里河**,你可在那乘船观赏鳄鱼,然后来到质朴无华的**丹特里村**享用午餐。之后,搭乘汽车渡船前往河流北侧。接着,继续驾车北行(小心谨慎——这是食火鸡的领地!)去丹特里探索中心,想要了解这片非比寻常的丛林荒野,这个中心堪称理想地点。**牛湾**就在附近(名字带有厚重的农业气息),那里的海滩真是进行捡拾活动的绝佳地点,遍布贝壳和漂流木。

热带旅程最后一站到达**苦难角**,它是雨林和礁区之间的天然纽带。露营地和背包客住所藏身雨林之中,选择其中一处住上几天,尽享苦难角的壮观风景。

计划你的行程 旅行线路

上图：苦难角
（见509页）
的扇叶棕榈
下图：直升机飞越
大堡礁（见33页）

5天 昆士兰南部海岸

游览昆士兰州的大城市，还有南北部阳光充足的黄金海岸和阳光海岸。

布里斯班惊喜不断。不要错过河岸上的现代美术馆和布里斯班发电站。前往艳俗的西区、日新月异的佛特谷，以及相互毗邻的Teneriffe和Newstead。这些地方的时尚饭馆、啤酒厂和现场音乐场所正在兴起。

往南行驶1小时，黄金海岸展示着昆士兰灵魂的另一面——海滩风貌、金色外表、沉醉内心。活动中心就是**冲浪者天堂**，这里的夜晚性感迷人，还有主题公园。氛围更加轻松也更适合冲浪的地点包括往南的**伯利角**和新南威尔士州边界的**库尔加塔**。

如果时间充裕，那就增加几日行程，游览莫顿湾的**北斯特拉德布罗克岛**的海滩。亦可前往阳光海岸城镇，崭露头角的**卡罗旺德拉**和质朴无华的**马卢奇多**。继续往北半小时，到达豪华的度假地**努萨**，努萨拥有漂亮的海滩、一个草木繁茂的国家公园和一系列顶级餐馆。

12天 赫维湾至凯恩斯

沿着昆士兰州东海岸的中部地带向北前行，途中经过很多岛屿。

从努萨向北两个小时，到达亲切怡人的**赫维湾**，可以从这里探索**弗雷泽岛**的巨型沙丘和水晶湖泊。继续往北，到达**班达伯格**，品尝澳大利亚最受欢迎的朗姆酒。

来到**马斯格雷夫夫人岛**或**埃利奥特夫人岛**欣赏昆士兰州的珊瑚奇观，然后前往"牛肉之都"**罗克汉普顿**，戴上一顶大帽子，吃下一块牛排。前往海上岛屿、货真价实的热带天堂**大克佩尔岛**，休闲几日，可以沿小径漫步并游览海滩。

进入**伊加拉国家公园**观赏鸭嘴兽，然后驶往**艾尔利海滩**，艾尔利海滩是前往**降灵群岛**湛蓝的海水和白色细沙海滩的通道。

接着到达活力四射的**汤斯维尔**。不要错过景色秀丽的**欣钦布鲁克岛**的Thorsbome Trail。轻松惬意的**使命海滩**会让你恢复精力，雨林在此与大海接壤。最后前往游人如织的**凯恩斯**结束行程——游览大堡礁、大吃海鲜。

3天 墨尔本和大洋路

深入澳大利亚东海岸南部,探索时尚的墨尔本和美不胜收的大洋路。

墨尔本的娱乐项目足以消耗你数月的时间,包括酒吧、画廊、现场音乐、购物以及澳式橄榄球联赛……但是还有大洋路——经典澳大利亚公路旅行在向你招手。

从冲浪胜地**托基**启程,前往**贝尔斯海滩**与海浪对抗,然后前往适合家庭的**安格尔西**参加冲浪课程、享受河滨野餐。接着来到**艾瑞斯小港**游览灯塔,晚上可以待在大都市氛围浓郁的度假小镇**洛恩**。

从这里往西,大洋路变得蜿蜒起伏、景色秀丽,处于大海和雨林覆盖的奥特韦山脉之间,绵延伸展。前往风雅的渔业小镇**阿波罗湾**放松身心,然后来到**奥特韦角**观赏考拉、欣赏灯塔。

下一站到达坎贝尔港国家公园和闻名遐迩的**十二使徒岩**。来到悬崖顶端数数那些岩石,然后前往**坎贝尔港**过夜。沿着**瓦南布尔**海岸寻找鲸鱼踪迹,然后继续向西到达爱尔兰风情的**费里港**。如果还有时间,参观一下小巧玲珑的**布里奇沃特角**。

10天 墨尔本至悉尼

这条海岸线路有许多荒野地带,夹在一些澳大利亚大城市之间。

从时尚的**墨尔本**启程,然后探索**菲利普岛**,岛上企鹅、海豹和冲浪者尽情嬉戏。接着来到**威尔逊角**,体验美妙绝伦的丛林徒步和海滩。朝向东北,穿过吉普斯兰湖区,到达名不见经传的维多利亚海滨小镇**马拉库塔**。

进入更加温暖的新南威尔士州南部海岸,寂静冷清的**伊登**因观鲸而闻名。不要错过历史悠久、完美无瑕的**迪巴中心**。继续前往**纳鲁马**,那里拥有迷人海滩和强劲的海浪。从这里乘船去往**蒙塔古岛**。往北朝向内陆,前往澳大利亚首都**堪培拉**,参观议会大厦。

回到海岸,**杰维斯湾**拥有白沙海滩、海豚和国家公园。往北,走马观花地穿过**基亚玛**和**伍伦贡**到达抬升的Grand Pacific Drive。**皇家国家公园**的陡峭悬崖位于悉尼以南。

最后来到**悉尼**。参观悉尼歌剧院、搭乘港口渡轮、前往邦迪海滩与海浪对抗。还能留点时间游览令人惊叹的**蓝山**。

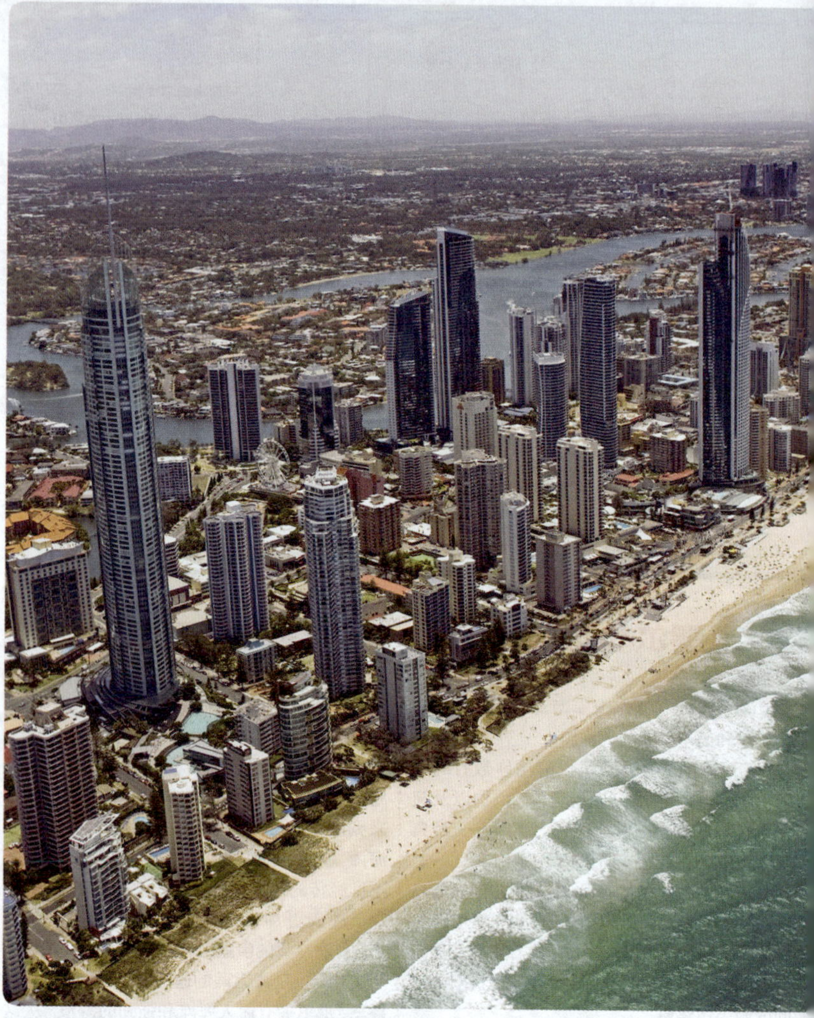

BAN-PHOTOGRAPHY / 500PX ©

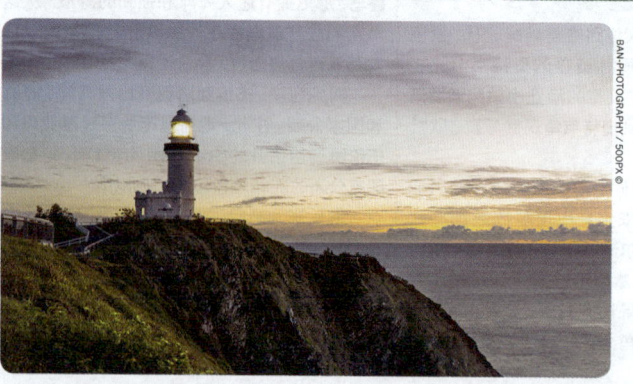

上图：黄金海岸（见347页）
下图：拜伦角灯塔（见169页）

计划你的行程
珊瑚礁之旅

大堡礁全长2000多公里,从南回归线以南(靠近格拉德斯通)一直延伸至巴布亚新几内亚以南。这是世界上分布面积最广的珊瑚礁体系。观赏珊瑚礁美景的方式不计其数,深潜和浮潜是近距离接触种类繁多的海洋生物和令人眼花缭乱的珊瑚的最佳方式。你还可以选择乘坐半潜式或玻璃底游船,从而无须湿身就能近距离观赏美丽的热带鱼类,或坐着观光飞机俯瞰全景。

何时去

珊瑚礁的旅游旺季是6月至12月,总体水下能见度最佳的时间为8月至次年1月。

12月至次年3月,**昆士兰州北部**(汤斯维尔以北)进入雨季,天气闷热、有大量降雨(7月至9月较为凉爽)。蜇人季(水母)是11月至次年5月;大多珊瑚礁旅行机构为浮潜者和潜水者提供莱卡(Lycra)防蜇服,亦可自带防蜇服。

游览**降灵群岛**四季皆宜。冬天(6月至8月)温暖宜人,但是有时你需要穿一件套头外衣。降灵群岛以南,夏天(12月至次年3月)湿热。

昆士兰州南部和**中部地区**的冬季(6月至8月)较为温和,穿上潜水服就能潜水或浮潜。

选择地点

可以通过许多热门地点进入大堡礁,但必须时刻牢记:根据天气或近期灾害受损程度,每个地区的情况都会随时发生变化。

从大陆出发

进入大堡礁的几个大陆口岸提供的体验或活动略有不同。下面是它们的简介,按照从南向北排序。

最佳……

野生动物观赏

观察蒙里普斯的小海龟从沙子里爬出来。(见404页)

一边在格林岛附近水域划皮划艇,一边寻找礁鲨和蝠鲼。(见490页)

来到马格内蒂克岛观赏野生考拉。(见458页)

浮潜

来到Knuckle Reef、Hardy Reef和Fitzroy Reef,下水嬉戏。(见37页)

马格内蒂克岛(见458页)或降灵岛(见448页)的近海水域。

俯瞰风景

从凯恩斯(见473页)或降灵群岛(见436页)出发的观光直升机或飞机。

艾尔利海滩高空跳伞。(见439页)

航海

从艾尔利海滩出发,乘船穿越降灵群岛。(见440页)

从道格拉斯港出发,探索阿金库尔礁的航行。(见502页)

艾格尼斯水域和1770镇 如果想要避开人群，一些小城镇是理想选择。团队游前往Fitzroy Reef Lagoon，这是大堡礁最淳朴的区域之一，游客数量仍然不多。这个潟湖非常适合浮潜，从船上观赏同样美不胜收。

格拉德斯通 规模略大的城镇，但仍然只能算一个较小的入口。这里是深潜和浮潜爱好者的绝佳选择，是前往南礁群岛或摩羯岩礁以及包括埃利奥特夫人岛在内的无数珊瑚礁的最近地点。

艾尔利海滩 一个提供全套航海装备的小镇。这里最吸引人的地方是可以花上两天或更多时间乘船出海，观赏降灵群岛沿岸的一些珊瑚礁。无论你是出手阔绰还是比较节俭，这里都有满足预算要求的旅程。

汤斯维尔 在潜水者之间很出名。无论新手还是老手，前往众多岛屿和大堡礁海域的4天或5天的船上旅行是不错的选择。在Kelso Reef和"永伽拉号"沉船遗处，可近距离接触海洋生物。此外，还可以选择乘坐玻璃底游船进行一日游。不过，为了更多选择，最好前往凯恩斯。巨大的HQ珊瑚礁水族馆也坐落于此。

使命海滩 这是距离大堡礁最近的入口，是个安静的小镇，有几条前往外围珊瑚礁的游船和潜水观光游线路。尽管选择有限，但这里的游客相对较少。

凯恩斯 大堡礁之旅的主要出发点，这里为数众多的经营者既可以提供经济实惠的大船一日游行程，也能安排私密的5天豪华包船游。目的地涵盖大堡礁的许多地方，一些经营者最远可向北到达蜥蜴岛。价格较低的旅行团一般都会去往离大陆较近且不太原始的珊瑚礁。另外，还可以选择乘坐观光飞机。

道格拉斯港 一个时尚的度假小镇，也是通往低岛和阿金库尔礁的门户，后者是一处外围带状礁，有清澈透明的海水和缤纷艳丽的珊瑚。相比凯恩斯而言，这里的潜水、浮潜和巡航之旅更经典、更昂贵，所到之处游人也更少。你还可以从这里乘坐观光飞机。

库克敦 靠近蜥蜴岛，但是镇上大多旅行社在11月至次年5月的雨季闭门歇业。

岛屿

在整个大堡礁水域，形形色色的岛屿和珊瑚礁浮出水面，提供一些令人惊叹的进入通道。下面列出一部分最佳岛屿，它们按照由南向北的顺序排列。

埃利奥特夫人岛 一座珊瑚礁岛，深受观鸟爱好者欢迎，岛上共生活着57种鸟类。海龟也在此筑巢，这里也许是大堡礁观赏蝠鲼的最佳地点。它还是举世闻名的潜水胜地。岛上建有一座度假村，也可以从班达伯格出发，前往埃利奥特夫人岛进行一日游。

赫伦岛 一座小巧的珊瑚礁岛，位于一片宽阔的珊瑚礁中间。这里可谓潜水胜地，浮潜也很不错，甚至可以在这里进行珊瑚礁漫步。赫伦岛是绿毛龟和赤蠵龟的筑巢地，也是30种鸟类的家园。岛上唯一的度假村在收费方面充分贯彻了"物以稀为贵"的理念。

哈密尔顿岛 降灵群岛中最大的岛屿，有一个适合家庭的大型度假村，拥有完善的基础设施。虽然氛围不怎么私密，但很多经营商可安排前往外围珊瑚礁的观光游。这是探索一些从大陆出发无法直接到达的珊瑚礁区域的优质起点。

胡克岛 一座降灵群岛外围的岛屿，周边被珊瑚礁环绕。这里有非常不错的游泳和浮潜场所，岛上有丛林可以徒步。胡克岛的住宿地点经济实惠，从艾尔利海滩到这里非常方便，于是这里成为节俭旅游者的首选。

俄耳甫斯岛 这是一个国家公园，也是大堡礁最独特、最浪漫的隐匿景点。这座岛屿非常适宜浮潜——你可以直接从海滩步入海水中，然后就会被大堡礁多姿多彩的海洋生物包围。一簇簇的裙礁提供了许多好的潜水点。

格林岛 这是大堡礁另一处真正的珊瑚礁岛，这里的裙礁被认为是周围岛屿中最美的，潜水和浮潜的景色一流。整座岛屿是一个被茂密雨林覆盖的国家公园，栖息着众多鸟类。可从凯恩斯来此一日游。

蜥蜴岛 偏僻而崎岖，这是逃离现代文明的完美场所。这里被洁白的沙滩、湛蓝的海水环绕，几乎没有游客前来。礁岛上最著名的是鳕鱼洞潜水点，你可以与温顺的黑斑石斑鱼共泳，每条最重可达60公斤。住宿档次两极分化严重：不是五星级豪华住所，就是丛林露营地。

Reef Highlights 珊瑚礁亮点

潜水和浮潜

在大堡礁进行的大部分潜水和浮潜活动都需要乘船，但在部分岛上，你可以直接从海滩步行前往，进入珊瑚王国。参加去珊瑚礁的一日巡航旅程，通常可免费使用浮潜装备，然后在水下进行约3个小时的探索。参加过夜或船宿旅程可以前往更多珊瑚礁，并提供更加深入的体验。如果你没有潜水证书，许多经营者都可提供入门级潜水体验——在经验丰富的潜水者的带领下进行一段水下旅程。在潜水之前，有安全和程序课程，你不必学习为期5天的潜水教练专业协会（PADI）课程，也不必专门雇佣一位教练。

潜水须知

为了将血液中残留的氮带来的风险降到最低，并避免在身体减压过程中受到伤害，潜水后24小时内不能参加空中飞行，即使是乘热气球或跳伞也不行。不过，乘飞机抵达后可以立刻开始潜水。

确定你的保险单是否将潜水归类为免赔的危险运动。只需支付象征性的年费，Divers Alert Network（www.diversalertnetwork.org）即可提供发生潜水事故时的医疗和转移服务保险。其国际急救热线为 +1 919 684 9111。

海岸地区的水下能见度为1~3米，离海岸线几公里水域的能见度为8~15米。珊瑚礁外缘的能见度可达20~35米，珊瑚海的能见度高达50米以上。

在昆士兰州北部，水温终年温暖，保持在24℃~30℃。越往南水温越低，冬季可低至20℃。

顶级珊瑚礁潜水点

大堡礁有许多这个星球上最佳的珊瑚礁潜水点，以下是我们最喜欢的一些地点，你可从此开始：

"永伽拉号" 一艘沉船遗骸，在过去90多年里一直是色彩缤纷的海洋生物的家园。

鳕鱼洞 与土豆鳕鱼面对面。

赫伦岛 从海滩直接下水，即可与一群群五颜六色的鱼共泳。

埃利奥特夫人岛 有19处举世闻名的潜水点。

Wheeler Reef 各种各样的海洋生物，以及一个夜间潜水的绝佳地点。

呵护珊瑚礁

大堡礁极度脆弱，值得你花一点时间学会负责任的做法，将旅行的影响减少到最小。

➡ 无论去哪，带走所有垃圾——包括苹果核等可降解物质，回到陆地后再扔掉。

➡ 在海洋公园破坏或移动珊瑚属于违法行为。

➡ 触碰或踩踏珊瑚将会损伤珊瑚，而且划伤自己。

➡ 不要触碰或骚扰海洋动物。

➡ 如果有船，航行前请先了解珊瑚礁周边的相关停泊规定，包括"禁止停泊区"，从而避免给珊瑚造成破坏。

➡ 如果潜水，下水前请确认自己配重准确，能够控制浮力，确保不触碰珊瑚礁。确保二级调节器和测量仪器等装备不会在珊瑚礁上拖拽。

➡ 如果浮潜（尤其是新手），要在珊瑚礁以外练习，熟练后再下水。

➡ 租一套潜水服，而不要在身上涂满防晒霜，因为它会对珊瑚礁造成破坏。

➡ 注意你的脚蹼，尽量不要搅起沉淀物或打扰珊瑚。

➡ 无论游泳还是潜水，都不要靠近儒艮活动的水域。

➡ 注意，收集贝壳是有数量和品种限制的。

最佳浮潜点

不会潜水的人会感到纳闷，跑去大堡礁"浮潜"到底是否值得，答案是——当然。许多颜色斑斓的珊瑚就在水面之下（珊瑚也需要明亮的光线才能茂盛生长），浮潜者很易观赏到。以下是我们推荐的最佳浮潜点：

- Fitzroy Reef Lagoon（1770镇）
- 赫伦岛（摩羯海岸）
- 克佩尔岛（摩羯海岸）
- 埃利奥特夫人岛（摩羯海岸）
- 马斯格雷夫夫人岛（摩羯海岸）
- 胡克岛（降灵群岛）
- 海曼岛（降灵群岛）
- Border Island（降灵群岛）
- 蜥蜴岛（凯恩斯）
- Hardy Reef（降灵群岛）
- Knuckle Reef（降灵群岛）
- Michaelmas Reef（凯恩斯）
- Hastings Reef（凯恩斯）
- Norman Reef（凯恩斯）
- Saxon Reef（凯恩斯）
- Opal Reef（道格拉斯港）
- 阿金库尔礁（道格拉斯港）
- Mackay Reef（道格拉斯港）

乘船短途游

除非待在一个珊瑚环绕的岛屿之上，否则必须参加乘船短途游才能真正体验珊瑚礁之美。一日游从海岸边许多地方以及一些岛屿度假村出发，通常提供浮潜装备、小零食和自助午餐，可以额外付费选择水肺潜水。在一些船上，还有博物学家或海洋生物学家向游客们介绍珊瑚礁的生态系统。

乘船游览在乘客数量、船型和游览品质方面存在巨大差异，这些都最终反映在价格上，因此在报名参加前应该了解清楚所有细节。选择一项旅程之时，应该充分考虑船型（机动双体船或是帆船）、乘客数量（6～400人）及附加选择。旅行目的地也很重要。外缘珊瑚礁通常更加原始，内缘珊瑚礁则经常留有人类活动以及以珊瑚为食的棘冠海星造成的损伤。珊瑚白化是大堡礁偏远北部面临的一个主要问题。

许多船上都有水下相机可供租用，但是在岸上租赁更加省钱（也可自带防水相机或使用水下密封袋）。一些船上还有专业摄影师，他们会和你一起下潜，并且在水下为你拍摄精美照片。

船宿

如果你要尽量多留在水下，那么船宿珊瑚礁游会是不错的选择。参加这种行程，通常每天可以潜水3次，还有夜间潜水，而且在大堡礁更偏远的水域进行。航行天数一般是1～12晚。3天或3晚的行程最为常见，最多可潜水11次（9次日潜、2次夜潜）。

有必要多看一些不同的线路，一些船只可提供跟随海洋生物或生物活动的特别线路，例如追踪小须鲸或是观察珊瑚繁殖；有些还可提供前往更偏远地点的航行，例如，远北部珊瑚礁、Pompey Complex、Coral Sea Reefs或Swain Reefs等。

推荐选择属于Dive Queensland（www.dive-queensland.com.au）成员的运营商；成员的身份将确保他们能够遵循一致规定。如果他们也获得了Ecotourism Australia（www.ecotourism.org.au）的认可，就更好了。

船宿行程的热门起航地点以及它们造访的潜水点如下：

班达伯格 去往邦克群岛（Bunker Isand），包括马斯格雷夫夫人岛和埃利奥特夫人岛。有些行程去菲茨罗伊、卢埃林（Llewelyn）和人迹罕至的Boulter Reefs，或Hoskyn和Fairfax群岛。

1770镇 邦克群岛。

格拉德斯通 Swains群岛和邦克群岛。

麦凯 Lihou Reef和珊瑚海。

艾尔利海滩 降灵群岛、Knuckle Reef和Hardy Reef。

汤斯维尔 "永伽拉号"沉船，以及Wheeler Reef和Keeper Reef的海下峡谷。

凯恩斯 鳕鱼洞、Ribbon Reef、珊瑚海，或者还有远北部珊瑚礁。

网络资源

Dive Queensland（www.dive-queensland.com.au）

昆士兰旅游局（www.queenslandholidays.com.au）

大堡礁海洋公园管理局（www.gbrmpa.gov.au）

Department of National Parks, Sport & Racing（www.nprsr.qld.gov.au）

Australian Bureau of Meteorology（www.bom.gov.au）

道格拉斯港 Osprey Reef、鳕鱼洞、Ribbon Reefs、珊瑚海，或者还有远北部珊瑚礁。

潜水课程

你可以在昆士兰州许多地方学习潜水，并参与进修课程或提升你的水下技能。这里的潜水课程通常具有较高水准，所有学校都可以教授专业潜水教练协会（PADI）或国际潜水学校（Scuba Schools International, SSI）的课程。选择一位好老师比选择哪种证书更加重要，因此一定要多征询当地人的意见，在报名参加课程前最好先与老师见面。

一个非常受欢迎的学习地点是凯恩斯，在这里你可以选择经济型课程（4天课程的费用为\$520~765），这种课程结合了泳池训练和珊瑚礁潜水；还可选择课时更长、船宿的珊瑚礁潜水强化课程（5天课程，含3天/2夜船宿吃住，费用为\$800~1000）。

其他可以学习潜水并在学成之后前往珊瑚礁的地方，包括班达伯格、使命海滩、汤斯维尔、艾尔利海滩、哈密尔顿岛、马格内蒂克岛和道格拉斯港。

在大堡礁露营

在岛屿上安营扎寨是有趣而节俭的体验大堡礁的方式。露营者只需支付路那头五星级度假村房钱的零头，就可以坐享如诗如画的热带风光。露营地设施各异，可能非常简陋（几乎一无所有），也可能相当豪华，具备淋浴、冲水厕所、解说看板和野餐桌等各种设施。大部分岛上的露营地都较为偏远，因此你要准备足够的医疗和基本急救用品。

无论前往何处，都要带上足够的食物和饮用水（建议每人每天5升）。有时，恶劣的天气会导致回程船只延误，所以需要额外准备数天的补给，以备不时之需。

务必在指定的地区露营，紧邻带有标记的道路，将带上岛的物品和垃圾都随身带回去。岛上禁止生火，因此还得带上气炉或类似用具。国家公园露营许可需要提前通过Department of National Parks, Sport & Racing（见38页）的网站办理。我们的首选露营地如下：

降灵群岛 拥有十多处美丽的露营区，分布在胡克岛、降灵岛和Henning岛等岛屿上。

摩羯岩礁 可在马斯特海德岛、西北岛和马斯格雷夫人岛这三个独立的珊瑚礁岛上扎营，后者是一个风景宜人、无人居住的岛屿，最多限40名游客露营。

邓克岛 容易到达，是进行游泳、划皮划艇和徒步游等活动的好地方。

菲茨罗伊岛 度假村和国家公园，有丛林穿越徒步线，沙滩以外就是珊瑚礁。

弗兰克兰群岛 珊瑚裙礁环绕的岛屿，有白色沙滩。位于凯恩斯以外。

蜥蜴岛 迷人的沙滩、魔幻般的珊瑚和各式各样的野生动物；游客大多乘坐飞机来此。

赫维湾的座头鲸(见393页)

计划你的行程

澳大利亚东海岸户外活动

　　澳大利亚东海岸有古老的雨林、岛屿和陡峭的山脉,还有无与伦比的大堡礁。水肺潜水和浮潜是日常消遣活动,冲浪点世界一流。还可以驾驶帆船、划皮划艇,以及开展其他各种水上运动。在陆地上可以徒步、山地骑行或攀岩。要想更刺激,可以尝试绕绳崖降、蹦极或高空跳伞。

最佳……

野生动物观赏

➡ 蒙塔古岛的毛皮海豹和企鹅

➡ 伊登和赫维湾附近水域的鲸鱼

➡ 奥特韦角和马格内蒂克角的考拉

➡ 丹特里雨林和使命海滩的食火鸡

➡ 丹特里河的鳄鱼（从丹特里村乘船游览）

极限运动

➡ 蓝山的峡谷穿越

➡ Mt Arapiles的攀岩

➡ 使命海滩上空的跳伞

➡ 凯恩斯的蹦极

➡ 塔利河的白水漂流

计划你的行程 澳大利亚东海岸户外活动

陆上活动
徒步

东海岸分布着一些非常出色的丛林步道（徒步小径），它们的长度、水准和难度各不相同。海岸和内陆国家公园以及各州森林（其中许多可从城市中轻松进入）提供了一些绝佳的徒步机会。

去何处徒步

在维多利亚，要想在海岸长途跋涉，就去吉普斯兰的威尔逊角国家公园。那里拥有路标清晰的小径，从潮汐河和Telegraph Saddle通往各处，需要花费几小时至数天不等。可以期待咯吱作响的白色沙滩和清澈见底的碧绿海水、原始如初的丛林地带和美不胜收的海岸景色。继续往东，即将进入新南威尔士州之时，到达克罗津戈隆国家公园。

> **昆士兰州大徒步路线**
>
> 昆士兰州大徒步路线这个项目耗资$1650万，修建了10条世界一流的徒步路径。如需完整的路径描述、地图和营地预订信息，登录www.nprsr.qld.gov.au/experiences/great-walks。

这个公园靠近吉普斯兰东部的马拉库塔，提供崎岖坎坷的内陆跋涉路径和简单容易的海岸步道，沿途经过历史悠久的灯塔、穿越连绵不绝的沙丘。大洋路海岸同时提供一些风景秀丽的海岸丛林徒步线路。

新南威尔士州的主要徒步目的地包括蓝山、库灵盖蔡司国家公园和皇家国家公园。出类拔萃的Great North walk从悉尼通往纽卡斯尔。如果徒步旅程当中还想冲冲浪、喝杯豆奶拿铁，那就选择精彩绝伦、位于近郊的邦迪至库吉崖顶步道和曼利观光步道，它们都在悉尼市内。

昆士兰州的主要徒步地点包括欣钦布鲁克岛、斯普林布鲁克国家公园和德阿吉拉尔山脉国家公园。登山爱好者可以前往凯恩斯以南的乌鲁努瓦国家公园，昆士兰州最高峰巴特弗里山（1622米）位于那里。

网络资源

"徒步之旅"（Take a Walk）系列（www.takeawalk.com.au）包含的项目覆盖了蓝山、昆士兰州东南部、新南威尔士州南部和维多利亚州的国家公园。

丛林徒步俱乐部和信息：

布里斯班丛林徒步者（Brisbane Bushwalkers）
www.brisbanebushwalkers.org.au

新南威尔士州丛林徒步（Bushwalking NSW）
www.bushwalkingnsw.org.au

昆士兰州丛林徒步（Bushwalking Queensland）
www.bushwalkingqueensland.org.au

维多利亚州丛林徒步（Bushwalking Victoria）
www.bushwalkingvictoria.org.au

凯恩斯丛林徒步者俱乐部（Cairns Bushwalkers Club）www.cairnsbushwalkers.org.au

高原丛林徒步俱乐部（Tablelands Bushwalking Club）www.tablelandsbushwalking.org

骑行和山地骑行

沿着东海岸骑行，可供选择的路线数不胜数，骑行旅程可能持续数天、跨越周末，甚至多达几周。地形基本不是山地，通常阳光明媚。亦可租借一辆自行车，围绕一个城市骑行几个小时。

租赁机构对于公路自行车或山地自

行车的收费标准为每小时$15~20和每天$30~50。押金为$50~200,具体收费情况根据租期而定。登录www.bicycles.net.au查询全国以及地方骑行组织的链接。

观赏野生动物

本土野生动物是澳大利亚旅游业的最大卖点之一。东海岸沿线的国家公园是观赏本土动物的最佳地点,不过许多物种夜间出没(带上手电筒)。澳大利亚是观鸟天堂,拥有种类繁多的鸟类栖息地和鸟类,特别是水鸟。当澳大利亚人得知首都堪培拉是澳大利亚鸟类最多的城市之时,大多都会无比惊讶。

在新南威尔士州,多里戈国家公园内生活着120种鸟类,边界山脉国家公园栖息着澳大利亚鸟类种类的四分之一。在麦夸里港附近,遍地考拉早已不足为奇。

在维多利亚州,威尔逊角上满是野生动物(考拉数量有时似乎超过人的数量),不要错过菲利普岛的企鹅。

在昆士兰州,可去苦难角观鸟;去马格内蒂克岛看考拉;去弗雷泽岛看澳洲野狗;去赫维湾看鲸鱼;去赫伦岛和班达伯格附近的蒙里普斯看海龟;去丹特里雨林看鳄鱼和食火鸡。

绳降、峡谷穿越和攀岩

新南威尔士州的蓝山,尤其在卡通巴周边,是进行攀岩、绳降(攀绳下滑)和峡谷穿越的绝佳地点。那有许多专业机构提供所需装备、技能培训和攀爬建议。在维多利亚州西部,攀岩运动吸引全球各地的登山者和攀岩者。

水上运动

东海岸海滩不仅仅有阳光、沙滩和水下活动——其他精彩活动也丰富多彩。除了那些主要活动,还可在凯恩斯、黄金海岸的南港、卡罗旺德拉、艾尔利海滩以及巴特曼斯贝体验喷气式滑水;在悉尼港、维多利亚州的莫宁顿半岛以及昆士兰州的凯恩斯、彩虹海滩和黄金海岸参加帆伞运动。要体验立式桨板划水,可以选择新南威尔士州的曼利和悉尼的克罗纳拉、杰维斯湾和纽卡斯尔,也

贝尔斯海滩的冲浪者(见270页)

可以选择昆士兰州的努萨和黄金海岸,以及维多利亚州的莫宁顿半岛和墨尔本的圣基尔达。

冲浪

东海岸的南半部到处都是冲浪沙滩和冲浪点。大堡礁位于昆士兰州的艾格尼斯水域北部,保护海岸免遭海浪的冲击。如果热衷学习,你将会发现这里有大量出色的海浪、冲浪板租赁地点和课程——尤其是在新南威尔士州的悉尼和拜伦湾、昆士兰州的黄金海岸和努萨,以及维多利亚州的大洋路沿线。2小时课程收费大约$60。

在昆士兰州和新南威尔士州的许多地方,冲浪裤和紧身泳衣(rashie)就能应付,但是维多利亚州的海水冰冷,即使最坚强的冲浪者也需要穿上潜水服。要选择覆盖全身、厚达7毫米的潜水服。

最佳冲浪地点

东海岸绵延悠长、夏日无尽,拥有层层叠叠适合冲浪的海浪涌向海岸。我们的首选:

在大堡礁浮潜(见33)

新南威尔士州
- 邦迪海滩
- 拜伦湾
- 克雷森特角

昆士兰州
- Superbank
- 伯利角
- 北斯特拉德布罗克岛

维多利亚州
- 托基(贝尔斯海滩)和大洋路沿线的无数地点
- Doint Leo、弗林德斯、瑞尔和波特西
- 菲利普岛(Woolami Beach)

潜水和浮潜

即使大堡礁并不靠近东海岸,此处的潜水和浮潜地也堪称世界一流。珊瑚礁、丰富多样的海洋生物(温带、亚热带和热带物种)以及成百上千沉船地点勾勒出一幅令人神往的水下景致。

潜水通常终年适宜。不过在昆士兰州要避开雨季(12月至次年3月),此时大水降低能见度,并且存在被(水母)蜇的风险(11月至次年5月,艾格尼斯水域北部)。

潜水课程

东海岸沿线的每个大型城镇都有潜水学校,但是水准参差不齐,报名之前考察一下。低端机构主要开展海岸潜水;比较高端的机构有时组织持续多日的船宿游。几天PADI(专业潜水教练协会)开放水域课程收费$520~770;一次性潜水体验收费$120~520。

对于持有潜水资格证的人,租赁设备和一日双气罐潜水通常花费$180~250。还可从潜水商店租赁面罩、呼吸管和脚蹼,费用为$30~50。

去何处潜水

新南威尔士州的海岸沿线均可潜水,包括悉尼、拜伦湾、杰维斯湾、科夫斯港和纳鲁马。昆士兰州堪称潜水者天堂,因为可以前往近海的大堡礁一日游:大多潜水和浮潜之旅从凯恩斯和道格拉斯港起航。亦可在以下地点参加潜水之旅:北斯特拉德布罗

布里斯班的骑行（见281页）

克岛、莫顿岛、莫罗拉巴、彩虹海滩和班达伯格。在维多利亚州，可以前往大洋路沿线的坎贝尔港和吉普斯兰的布努隆海洋公园（Bunurong Marhe Park）。

划皮划艇和划独木舟

划着皮划艇和独木舟，能够进入原本无法到达的地带，深入茂密的红树林和河口、河流峡谷、与世隔绝的岛屿海滩以及偏远的荒野水湾一探究竟。在新南威尔士州，可去以下地点划皮划艇：悉尼港、拜伦湾、科夫斯港、斯蒂芬斯港和杰维斯湾。在昆士兰州，可去使命海滩、马格内蒂克岛、努萨和降灵群岛。在维多利亚州，可去墨尔本周边（亚拉河上）划皮划艇，还有旅游公司组织前往阿波罗湾、菲利普岛、威尔逊角和吉普斯兰周边的旅程。2小时划桨花费大约$70。

帆船运动

帆船运动是澳大利亚东海岸第二受欢迎的海上运动（仅次于冲浪）。已经形成了独特而丰富的码头文化和特有的迁徙模式：冬季，帆船运动爱好者向北航行，追逐温暖的天气。

去何处航帆

在新南威尔士州，悉尼港和船只历来关系密切、不可分割——这是世界上最著名的航海城市之一。最简单的出海方式就是搭乘渡船：跳上一艘渡船前往曼利或巴尔曼（Balmain），观赏大海。其他出海方式包括乘海港游轮和包租游艇。悉尼之外，斯蒂芬斯港、杰维斯湾和巴利纳都是繁忙的航行中心。

在昆士兰州，风景如画的降灵群岛十分适合进行帆船运动。可以参加全天或多日游，或在艾尔利海滩包租帆船。亦可包租帆船或轮船，从凯恩斯或道格拉斯港出发，探索大堡礁和昆士兰州偏远北部海岸的一些离岸岛屿。

在维多利亚州，来自城市的帆船运动爱好者踊跃加入菲利普港湾周边的帆船俱乐部。其他受人青睐的航海地带包括不太规整的吉普斯兰湖区和新南威尔士州边界附近的马拉库塔河口。

水上活动亮点

➡ 大堡礁的潜水和浮潜

➡ 邦迪海滩、拜伦湾、贝尔斯海滩或努萨的冲浪

➡ 降灵群岛的帆船航行

➡ 北斯特拉德布罗克岛的皮划艇运动

➡ 悉尼港的渡轮之旅

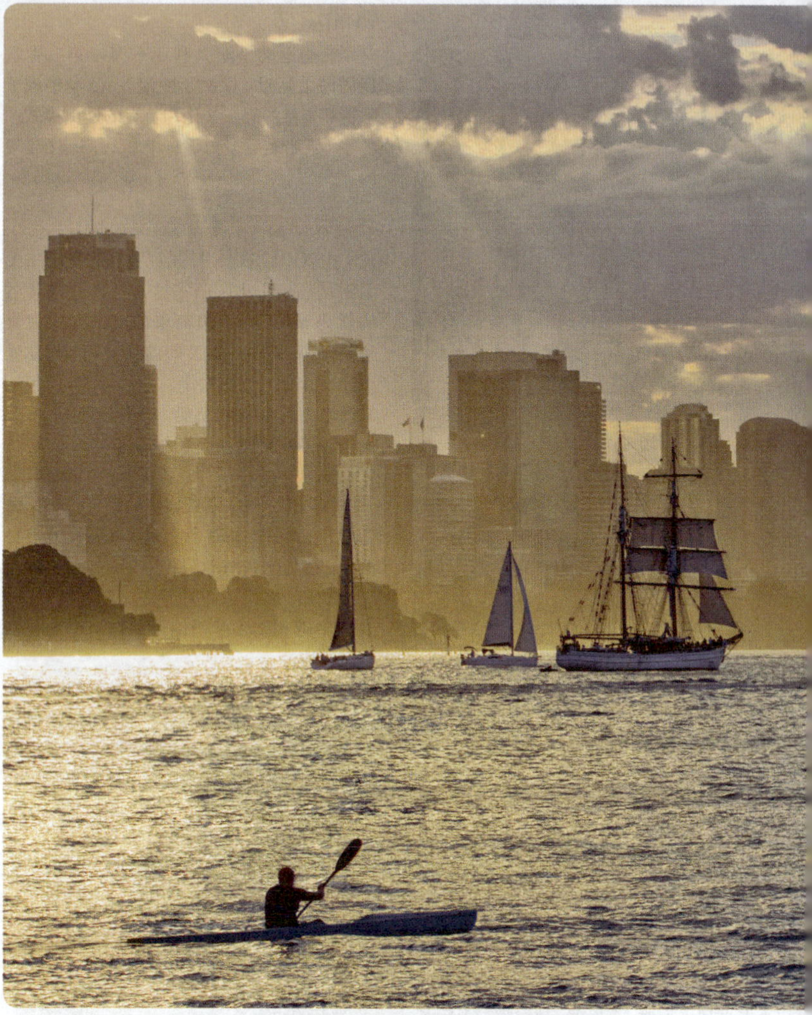

CHAY TALANON / SHUTTERSTOCK ©

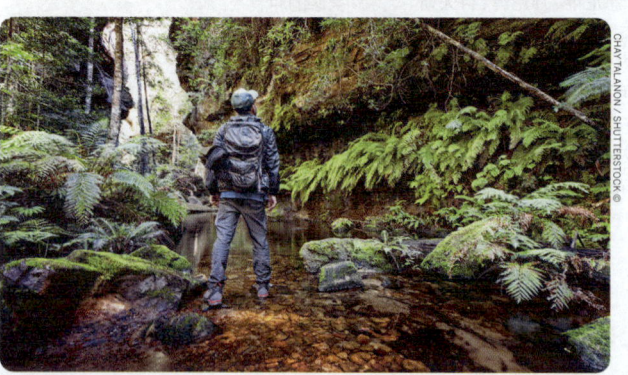

上图：悉尼的天际线和海港（见52页）
下图：蓝山的大峡谷徒步（见120页）

地区速览

大堡礁

海洋生物
潜水和浮潜
岛屿

珊瑚和鱼类

那些宣传值得信赖:已被列入《世界遗产名录》的大堡礁孕育了珊瑚和鱼类,不仅种类繁多,而且外贸各异、尺寸有别、多姿多彩。

珊瑚礁一日游

不要迟疑——预订潜水或浮潜之旅探索珊瑚礁。凯恩斯和道格拉斯港有多家旅行社,均可带你进行一日游(或者更久)。

荒野沙洲

体验一天"荒野漂流":2000公里的主礁沿线分布着不计其数的沙洲、岛屿和环礁,多数人迹罕至。

悉尼和中部海岸

海滩
美食
荒野

完美冲浪

悉尼的冲浪海滩出类拔萃。邦迪海滩人尽皆知,但是这里的海浪上挤满了冲浪者。往南去往Maroubra或克罗纳拉,或者去往北部海滩,能有更多空间伸展手脚。

新派澳大利亚菜

新派澳大利亚菜(Mod Oz)这个叫法听起来稍显过时,但是这种融合各种风味和食材的泛太平洋创意菜式仍然是悉尼美食的标志。美食配以海港美景,真是完美组合。

国家公园

澳大利亚若干处顶级国家公园位于这个地区。皇家国家公园距离悉尼不远,提供美妙绝伦的徒步路径和海滩;库灵盖蔡司国家公园因水道和野生动物而著名。

见50页

拜伦湾和新南威尔士州北部海岸

夜生活
冲浪
小城镇

拜伦湾饮酒

拜伦湾每天都有酒吧、小酒馆营业,无论啤酒超市、现场音乐小酒馆还是雅致的葡萄酒吧,说出饮品名称即可!

北部海岸冲浪

海水温热。闻名遐迩的北部海岸冲浪点,例如拜伦湾的Pass和伦诺克斯角,有很多适合冲浪的海浪。

尼姆宾和班加洛

费些周折进入拜伦湾腹地,一些如诗如画的小城镇呈现在你眼前。来到嬉皮士小镇尼姆宾,漫步穿过迷蒙烟雾。或者前往高规格(但是含蓄内敛)的小镇班加洛,享用小酒馆午餐。

见142页

堪培拉和新南威尔士州南部海岸

历史和文化
海滩
政治

堪培拉的博物馆

花几天时间沉浸于文化之中,游览堪培拉的澳大利亚国家美术馆,欣赏华丽壮观的原住民艺术,还有澳大利亚国家博物馆和国家肖像馆。

南部海岸海滩

从悉尼往南,进入新南威尔士州南部,你将发现一片片引人注目的白沙滩,这里有稳定的波浪,而且人迹罕至。

议会大厦

来到令人惊叹、屋顶上有草坪的澳大利亚议会大厦,旁观英式议会辩论中著名的质询时间(Question Time)。参观老议会大厦。游览澳大利亚民主博物馆。

见182页

墨尔本和维多利亚州海岸

丛林徒步
美食
海滩

徒步穿越威尔逊角

威尔逊角国家公园位于澳大利亚大陆最南端,有各种徒步路线,从海滩沿岸短途步行到穿越半岛大部分地区的多日徒步环游,不一而足。

墨尔本美食

墨尔本是美食天堂:农产品市场、美食街、风雅的咖啡馆和餐馆,全部洋溢着这座南方城市所特有的多元文化气息。

大洋路

尽管这片海岸海水冰冷,却有若干处澳大利亚最美的海滩。从贝尔斯海滩的惊涛骇浪到洛恩的温柔海湾,还有怀依河和坎贝尔港周边的波浪,各有千秋。

见216页

布里斯班及周边

咖啡馆
街区
夜生活

咖啡文化

布里斯班闷热潮湿,但是这并不意味着当地人不能享用一杯热气腾腾的咖啡。别致的咖啡馆很多,均使用许多高品质本地咖啡豆烘烤器。

城区时尚

布里斯班有紧密相邻、各具特色的街区。游览前卫时尚的西区以及后工业化的Newstead和Teneriffe,这些地方的咖啡馆、精酿酒吧和音乐厅应运而生、蓬勃发展。

小酒吧

小酒吧已经在澳大利亚出现了一段时间,成为席卷全国的潮流,而布里斯班也加入其中。小酒吧分布于全城各地僻街的小巷里以及紧凑的店铺后面。

见301页

黄金海岸

冲浪
夜生活
国家公园

冲浪者天堂

这里的海滩是在澳大利亚学习冲浪的最佳地点之一,亦可前往伯利角和基拉周边,体验更有挑战的海浪。

夜店、小酒馆和酒吧

在整个黄金海岸沿线——从冲浪者天堂的喧闹夜店到库尔加塔的海边小酒馆和冲浪救生俱乐部,你冲浪之后想喝一杯冰镇啤酒(或者龙舌兰、香槟或池畔代基里)的话,是很容易实现的。

腹地绿地

登上黄金海岸腹地,探索精妙绝伦的国家公园:斯普林布鲁克国家公园、拉明顿国家公园和以瀑布为特色的坦伯林国家公园,在这些地方徒步旅行,可以聆听不绝于耳的本土鸟鸣。

见347页

努萨和阳光海岸

冲浪
美食
自然

阳光海岸冲浪

阳光海岸的休闲冲浪情怀渗透到后街小巷。冲浪商店为数众多，这里有可靠的破浪点，海岸沿线海浪温暖。

努萨的餐饮

当选择早、午、晚餐的就餐地点成为日程表上最重要的事情时，你就会意识到自己确实是在度假。欢迎来努萨！

努萨国家公园

努萨国家公园容易进入，这里受到南太平洋海浪的冲刷，拥有迷人上镜的海滩，海滩伸向山坡，山坡上覆盖浓密的亚热带灌木。这个公园是丛林徒步、游泳或惬意享受阳光的理想地点。

见366页

弗雷泽岛和弗雷泽海岸

岛屿
海洋生物
小城镇

弗雷泽岛

多沙的弗雷泽岛拥有独一无二的亚热带生态系统，就像天堂一般。一日游只会增进食欲；露营过夜，期待1000颗流星划过夜空。

观鲸

在赫维湾附近水域，有迁徙的座头鲸腾空跳跃、喷出水柱、用尾巴拍水。全球各地的观鲸产业面临非议，但是环保达标的团队游给予这种奇妙的生物足够的生存空间。

彩虹海滩和奇尔德斯

这两座小镇一个靠近海岸，一个位于内陆，全都美不胜收：彩虹海滩的亮点是壮丽的悬崖峭壁，奇尔德斯的亮点是乡村氛围以及历史建筑。

见391页

摩羯海岸和南礁群岛

潜水和浮潜
岛屿
易于进入的内陆

邂逅南礁

在1770镇预订前往礁区的浮潜乘船游，或者船宿潜水船只的一个铺位。亦可将一个岛屿作为大本营，深入了解这个绚烂多姿的水下世界。

埃利奥特夫人岛

埃利奥特夫人岛小巧玲珑、珊瑚环绕，非常适合浮潜，珊瑚礁靠近海滩。这个度假村生态环保，飞往此地本身就是一场观光之旅。

罗克汉普顿

这是澳大利亚的"牛肉之都"，距离海岸只有40公里，游客在这里可以感受到丛林的魅力，此外这里还有巴钦野马汽车和大帽子。继续往西，住在养牛场里可以充分体验内陆生活。

见413页

降灵海岸

岛屿
航行
夜生活

降灵群岛

降灵群岛是由74处岛屿组成的人间仙境，无与伦比。探索岛屿的方式多种多样——丛林徒步、划皮划艇，或者只是乘坐游艇走马观花。

跳岛游

画面之中，降灵群岛附近如果只有晶莹剔透的海水，没有迎风招展的白帆，似乎很有缺憾。登上一艘帆船，寻找属于自己的完美岛屿。

艾尔利海滩

艾尔利海滩是降灵群岛周边游的主要出发点，它是一个派对小镇，充满参加派对的人群。天黑之后来到酒吧，加入那些"酒鬼们"吧。

见428页

汤斯维尔到使命海滩

海岸线
自然
建筑

迷人海滩

汤斯维尔的海滨棕榈遮蔽,飞鱼角靠近因尼斯费尔。两地之间是一片海岸线,有许多宽阔的沙滩,既有使命海滩,也有艾提湾等温馨的小海湾。

国家公园

徒步、露营、游泳和野餐机会众多,不会飞行、酷似史前生物的食火鸡漫步雨林之内。首选地点包括丛林徒步天堂欣钦布鲁克岛和帕鲁玛山脉国家公园。

历史建筑

欣赏淘金热时代的查特斯堡街景、汤斯维尔的19世纪迷人建筑以及因尼斯费尔的众多装饰艺术风楼宇。

见450页

凯恩斯和丹特里雨林

夜生活
美食
原住民文化

凯恩斯夜生活

凯恩斯到处都是背包客和观光客,有时很难见到当地人。通常能在城市的喧嚣小酒馆和酒吧发现一两个当地人。

地方农产品

可以参加团队游,游览阿瑟顿高原的许多农场。或者前往地方餐馆品尝那些美味。

丹特里团队游

几个原住民带队的旅游公司组织文化之旅,带你穿越历史悠久的丹特里雨林,深入了解丰富多彩的原住民文化遗产。

见472页

在路上

Cairns & the Daintree Rainforest
凯恩斯和丹特里雨林 472页

Townsville to Mission Beach
汤斯维尔到使命海滩 450页

Whitsunday Coast
降灵海岸 428页

Capricorn Coast & the Southern Reef Islands
摩羯海岸和南礁群岛 413页

Fraser Island & the Fraser Coast
弗雷泽岛和弗雷泽海岸 391页

Noosa & the Sunshine Coast
努萨和阳光海岸 366页

Brisbane & Around
布里斯班及周边 301页

The Gold Coast
黄金海岸 347页

Byron Bay & North Coast NSW
拜伦湾和新南威尔士州北部海岸 142页

Sydney & the Central Coast
悉尼和中部海岸 50页

Melbourne & Coastal Victoria
墨尔本和维多利亚州海岸 216页

Canberra & South Coast NSW
堪培拉和新南威尔士州南部海岸 182页

悉尼和中部海岸

包括 ➡

悉尼 52
蓝山 120
中部海岸 127
猎人谷 128
纽卡斯尔 134

最佳餐饮

- ➡ Quay（见93页）
- ➡ Sepia（见95页）
- ➡ Subo（见139页）
- ➡ Mr Wong（见94页）
- ➡ Muse Restaurant（见132页）
- ➡ Bourke Street Bakery（见97页）

最佳住宿

- ➡ ADGE Boutique Apartment Hotel（见91页）
- ➡ Sydney Harbour YHA（见87页）
- ➡ Ovolo 1888（见89页）
- ➡ Tonic（见131页）
- ➡ Greens of Leura（见123页）

为何去

悉尼很可能是你踏上澳大利亚东海岸的首站，理由很简单：没有比这儿更合适的了。壮观的港口景观、洒满阳光的海滩和精致优雅的城市氛围使得这个城市在澳大利亚独一无二，热爱户外活动的悉尼人更是给城市增添了一份自信的魅力，让其他许多城市艳羡。

人们会想当然地以为悉尼附近地区全都被这座大都市的光芒所笼罩，但情况并非如此。每一处都有属于自己的乐趣：蓝山为人们提供了灌木丛生的壮丽景色和在篝火堆前依偎取暖的机会；纽卡斯尔有大量可供冲浪的海滩资源；而猎人谷的乡村道路两旁随处可见葡萄酒、巧克力和奶酪制造商。这三个去处都拥有世界级水准的餐厅，甚至与大都市中的知名餐厅比起来也毫不逊色。

何时去

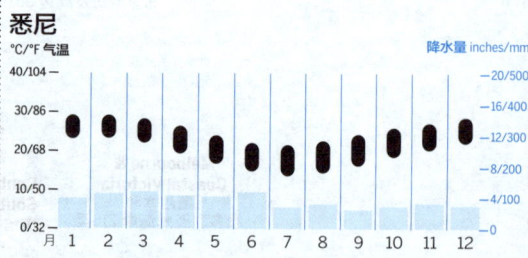

1月 悉尼港璀璨的焰火表演拉开新年的序幕。

3月 悉尼的夏日派对季在盛大的悉尼同性恋狂欢节期间达到最高潮。

7月 在蓝山和猎人谷享受温暖的炉火、葡萄酒和冬季美食。

悉尼和中部海岸亮点

① 悉尼歌剧院(见52页)与城市的象征面对面。

② 邦迪海滩(见66页)在金色的沙滩上消磨一整天。

③ Porteño(见98页)在美食的核心地带就餐。

④ 曼利观光步道(见83页)在海岬和海滩之间漫步。

⑤ 沃森湾(见67页)乘坐渡船,用一个下午的时间进行探索。

⑥ 塔隆加动物园(见67页)邂逅澳大利亚奇妙的本土动物。

⑦ 白兔(见76页)在悉尼的顶级艺术画廊里发散思维。

⑧ 蓝山(见120页)沿着壮观的丛林小路探索山谷。

⑨ 猎人谷(见128页)有精致的住宿、美味佳肴和美酒。

⑩ 纽卡斯尔(见134页)冲浪后,在城市中最棒的咖啡馆中享用一顿悠闲的早餐。

悉尼(SYDNEY)

人口 510万 / 02

悉尼是澳大利亚最大的定居点,是一座国际大都市,但它比世界上那些主要大都市更闲适。除了无与伦比的自然风光,悉尼还拥有宏伟的海港、迷人的海滩和秀美的国家公园,澳大利亚最为著名三大标志性景点——悉尼港大桥、歌剧院和邦迪海滩全都在悉尼。但它的吸引力显然不只如此。这座澳大利亚最为古老、最多元化的城市阳光充足,以别具风格的美食文化、乐享生活的态度、迷人的历史和当地人豪爽性格的魅力引人前往。

◉ 景点

◉ 圆形码头和岩石区 (Circular Quay & the Rocks)

悉尼的几个主要景点都集中在这一地区。分布在岩石区的博物馆和古老建筑,能带你深入了解澳大利亚的殖民历史,而当代艺术博物馆和皇家植物园等主要景点也值得你投入大量时间。当然,不容置疑的两大代表景点当属悉尼歌剧院和悉尼港大桥。

★ 悉尼港大桥 桥

(Sydney Harbour Bridge;见58页地图;⛴Circular Quay)悉尼人很喜欢这个巨大的"大衣架"。这座宏伟的建筑横跨在港口最窄处,于1932年竣工通车。体验大桥的最佳方式是步行——别指望在乘坐汽车或火车时能看到很多风景。两边的海岸有楼梯通向大桥,连接大桥东侧的一条人行道。你可以爬上东南侧的主塔前往桥塔观景台(Pylon Lookout;见58页地图;☎02-9240 1100;www.pylonlookout.com.au;成人/儿童 $15/10;⏰10:00~17:00)或是加入人气火爆的大桥攀爬活动(见84页)。

★ 悉尼歌剧院 知名建筑

(Sydney Opera House;见58页地图;☎02-9250 7777;www.sydneyoperahouse.com;Bennelong Point;团队游 成人/儿童 $37/20;⏰团队游 9:00~17:00;⛴Circular Quay)这座世界文化遗产由丹麦建筑师约恩·乌松(Jørn Utzon)设计,是澳大利亚最知名的地标性建筑。从视觉上看,它像一艘扬着白色风帆的游艇,俯瞰着港口其他建筑。该建筑群包括5个表演空间,上演舞蹈、音乐会、歌剧和戏剧。体验这座建筑的最佳方式就是观看演出,当然你也可以参加时长一小时的多语种导览游。在2017~2019年的翻修工程中,音乐厅将关闭,有可能影响参观。

★ 皇家植物园 花园

(Royal Botanic Garden;见58页地图;☎02-9231 8111;www.rbgsyd.nsw.gov.au;Macquaries Rd;⏰7:00至黄昏;⛴Circular Quay)**免费** 城市中最受欢迎的野餐营地、慢跑路线和休闲地点当属这个宽广的花园。它建于1816年,位于悉尼歌剧院的东侧,毗邻农场湾(Farm Cove),并以澳大利亚和世界各地的植物为特色。花园里面有很多棕榈树、蕨类植物以及温室Calyx(见58页地图;⏰10:00~16:00;⛴Martin Place),它是一个非常迷人的新式展览空间,弧形温室以布满整面墙壁的绿色植物和临时的植物展为主要特点。你可以在公园的任意主要入口处获取公园地图。

花园包含殖民地时期的第一块小菜地,但其历史可以追溯至更为久远的年代;在入侵者到来之前,这里是原住民部族加第哥人的发源地。历时半小时的免费导览徒步游出发时间为每天上午10:30,工作日出发时间为13:00。请提前预订原住民遗产团队游(Aboriginal Heritage Tour;见54页地图;☎02-9231 8134;成人 $39;⏰周三、周五和周六 10:00)。

麦夸里夫人角 公园

(Mrs Macquaries Point;见54页地图;Mrs Macquaries Rd;⛴Circular Quay)毗邻皇家植物园的麦夸里夫人角是禁园(the Domain)的一部分,麦夸里夫人角位于农场湾的最东北点。从这里眺望海湾,悉尼歌剧院和城市天际线的风光一览无余。1810年,麦夸里总督的妻子伊丽莎白命人在岩石上凿出一个座位,以便她坐在这里欣赏海港风景,麦夸里夫人之椅(Mrs Macquarie's Chair)由此得名,并沿用至今。

★ 岩石探索博物馆 博物馆

(Rocks Discovery Museum;见58页地图;☎02-9240 8680;www.therocks.com;Kendall Lane;⏰10:00~17:00;⛴Circular Quay)**免费** 展

悉尼……

两日
第一天，乘坐火车到达米尔森角（Milsons Point），穿过悉尼港大桥（见52页），步行返回岩石区。然后，探索岩石区，深入研究所有狭窄的通道。接下来，沿着海港走过悉尼歌剧院（见52页），到达皇家植物园（见52页），再到新南威尔士州美术馆（见55页）。晚上，你可以在悉尼歌剧院（见111页）观看演出，或者去唐人街或达令赫斯特活动。第二天，在邦迪的阳光下消磨一整天——一定别忘了从崖顶的步道前往库吉，然后再回到邦迪，在 Icebergs Dining Room（见100页）享用晚餐。

四日
第三天，登上渡轮，驶过海港到曼利，在海滩边游泳，或是走曼利观光步道（见83页）。晚上去萨里山吃晚餐、饮酒。第四天，去海德公园囚营博物馆（见55页）了解悉尼的流放地历史，然后花上一个下午去帕丁顿或新城购物。

一周
有一周时间的话，你可以花几天去探索雄伟的蓝山，进行一次全天的丛林徒步，然后用一顿大餐犒劳自己。回到悉尼，可以去探索沃森湾（见67页）、达令港（见59页）和塔隆加动物园（见67页）。

品按照年代顺序共分为四个系列：Warrane 时期（1788年以前）、殖民时期（1788~1820年）、码头时期（1820~1900年）和转型时期（1900年至今）。这座小而精的博物馆隐藏在岩石区的小巷中，深入介绍了岩石区的历史，为你开启一段内容丰富的游览。值得特别留意的是这里关于岩石区原住民加第育人的展览内容，还有一些早期殖民时期人物的有趣传说。

★ 悉尼天文台　　　　　　　　天文台

（Sydney Observatory；见58页地图；02-9217 0111；maas.museum/sydney-observatory；1003 Upper Fort St；10:00~17:00；Circular Quay）**免费** 悉尼天文台建于19世纪50年代，意大利风格的黄铜圆顶建筑高踞在美丽的天文台山（Observatory Hill）上，在那里可以远眺海港。里面摆放着许多年代久远的仪器设备，其中包括至今仍在使用的澳大利亚最古老（1874年）的望远镜，以及澳大利亚天文学和金星凌日观测的相关器材。此外，还提供娱乐旅游（成人/儿童 $10/8），其中包括天文馆展览。从周一到周五展出的夜场观星（成人/儿童 $22/17）以及原住民与天空的故事活动（成人/儿童 $18/12）都需要提前预订。所有的展览都非常适合儿童观看。

★ 沃尔什湾　　　　　　　　　水滨

（Walsh Bay；见58页地图；www.walshbaysydney.com.au；Hickson Rd；324, 325, 998；Wynyard）在集装箱运输兴起、植物湾新港口设施建造完成之前，多维斯角（Dawes Point）水域的这一区域曾经是悉尼最繁忙的港口。在过去的十年里，联邦时代的码头经历了令人难以置信改变，逐步变成了豪华酒店、公寓、剧院、游艇码头、咖啡馆和餐馆聚集区。这是一个风景如画的地方，与附近的布朗格鲁公园码头和海港景观相映成趣。

布朗格鲁保护区　　　　　　　公园

（Barangaroo Reserve；见58页地图；www.barangaroo.com；Hickson Rd；24小时；324, 325；Circular Quay）公园作为布朗格鲁的一部分，坐落在有着极好海港视角的海岬上，这里曾经是一个商业港口，现在正在进行重建。保护区只在2015年开放过，当地的树木和植物在被开采后的砂岩块中生长得愈加繁茂，但有些地方看起来还是有点光秃秃的。如果你的双腿已经累得走不动的话，可以乘公园里的三层电梯。这里有地下停车场和一个文化空间。

当代艺术博物馆　　　　　　　美术馆

（Museum of Contemporary Art, MCA；见58

Sydney 悉尼

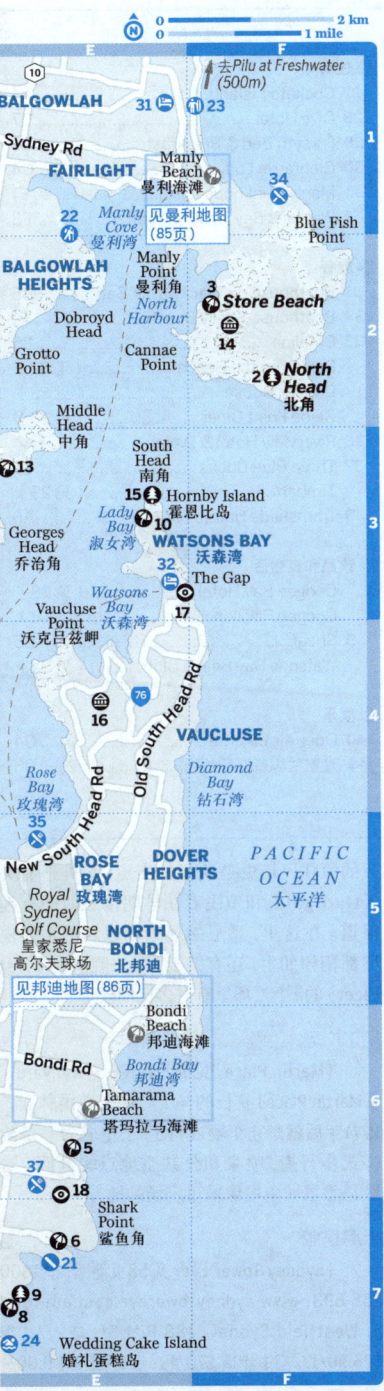

页地图；02-9245 2400；www.mca.com.au；140 George St；⊙周五至周三 10:00~17:00, 周四至21:00；Circular Quay）免费 位于海港旁边的当代艺术博物馆是澳大利亚和国际当代艺术的展示窗口，有许多滚动展出的永久性展览和临时展览。原住民艺术通常更为吸睛。如同哥谭市一般的装饰艺术风格建筑中坐落着一个现代画廊，其亮点是屋顶咖啡馆——风景优美，这是一个极佳的餐饮地点。每天都有免费的导览游，有多种语言可供选择。

苏珊娜房舍博物馆　　　　　博物馆

（Susannah Place Museum；见58页地图；02-9241 1893；www.sydneylivingmuseums.com.au；58-64 Gloucester St；成人/儿童 $12/8；⊙团队游14:00、15:00和16:00；Circular Quay）这个小露台一样的博物馆位于四栋楼房和一间古玩商店的上面，其历史可追溯到1844年，里面记录了从殖民时期至今的岩石区生活简史。观看完一部关于当地居民的纪录片后，导游会带你穿过房间，其中的装饰反映了历史上不同时期的时代特征。参观大约持续一个小时。周末你需要打电话提前预约。

◎ 城市中心和秣市 (City Centre & Haymarket)

★ 新南威尔士州美术馆　　　　美术馆

（Art Gallery of NSW；见64页地图；1800 679 278；www.artgallery.nsw.gov.au；Art Gallery Rd；⊙周四至周二 10:00~17:00, 周三至22:00；441；St James）免费 这所深受青睐的美术馆宾客云集，在悉尼的社会生活中扮演了举足轻重的角色。其正立面为新古典主义希腊风格，背立面则是现代风格。美术馆不仅定期举行轰动全球的国际巡回展，还有杰出的澳大利亚艺术作品永久展，其中原住民艺术部分信息翔实丰富。美术馆也是举办讲座、音乐会、放映活动、名人演讲和儿童活动的场所。馆内提供各种主题、多种语言的一系列免费导览游，可在前台或网上查询。

海德公园囚营博物馆　　　　博物馆

（Hyde Park Barracks Museum；见58页地图；02-8239 2311；www.sydneylivingmuseums.com.au；Queens Sq, Macquarie St；成人/儿童 $12/8；⊙10:00~17:00；St James）这座庄严

Sydney 悉尼

◎ 重要景点
1 麦克马洪角 B4
2 北角 F2
3 Store Beach F2
4 塔隆加动物园 D3

◎ 景点
5 勃朗特海滩 E6
6 嘉富丽海滩 E7
7 鹦鹉岛 A4
8 库吉海滩 E7
9 海豚角 E7
10 淑女湾 E3
11 月神公园 C4
12 麦夸里夫人角 C4
13 方尖碑海滩 E3
14 检疫站 F2
15 南角 E3
16 沃克吕兹宅邸 E4
17 沃森湾 E3
18 韦弗利墓地 E6
19 伍卢穆卢码头 C5

◎ 活动、课程和团队游
20 原住民遗产团队游 C4
21 戈登湾水下自然之路 E7
22 曼利观光步道 E1
23 曼利冲浪学校 F1
24 McIvers Baths E7
25 默里罗斯池 D5
26 Sydney Harbour Kayaks D1

◎ 住宿
27 Cockatoo Island A4
28 Dive Hotel D7
29 Forsyth Bed & Breakfast B5
30 Glenferrie Lodge C4
31 Manly Bunkhouse E1
32 Watsons Bay Boutique Hotel E3

◎ 就餐
33 Boathouse on Blackwattle Bay B5
34 Boathouse Shelly Beach F1
35 Catalina E5
   Doyles on the Beach .... (见32)
   Dunbar House .... (见32)
   Glebe Point Diner .... (见29)
36 Riverview Hotel & Dining A4
37 Three Blue Ducks E6
   Timbah .... (见29)
38 Tramsheds Harold Park A5

◎ 饮品和夜生活
   Coogee Bay Hotel .... (见28)
   Coogee Pavilion .... (见8)
39 Sheaf D5
   Watsons Bay Beach Club .... (见32)

◎ 娱乐
40 OpenAir Cinema C4
41 皇家兰德威克赛马场 C6

的乔治时期建筑（建于1819年）是犯人建筑师弗朗西斯·格林韦（Francis Greenway）的手笔，当年被用来关押犯人。30年的时间里，这里共监禁过5万名男性囚犯。后来先后成为一个移民安置点、妇女收容所和法庭。如今，这里是一间引人入胜的博物馆，展示囚营的历史和相关的考古发现。在顶楼，白天会摆满吊床。门票包含一个不错的语音导览。

悉尼博物馆
博物馆

（Museum of Sydney, MoS；见58页地图；☎02-9251 5988；www.sydneylivingmuseums.com.au; Phillip & Bridge Sts街角；成人/儿童$12/8；◎10:00~17:00；ⓡCircular Quay）博物馆建在悉尼首座市政厅原址上，展品采用片段式叙事陈列方法。在这里，你可以使用最各种技术设备去探究这座城市的历史。该地区悠久的原住民历史是这里的亮点，另外还有关于Gadigal人和殖民者在早期接触时的有趣报道。在这里，悉尼的规划和建筑的主要模型都栩栩如生，还有关于"第一舰队"（First Fleet）的展区，那里有许多比例模型。

马丁广场
广场

（Martin Place；见58页地图；ⓡWynyard；ⓡMartin Place）狭长的马丁广场上高楼林立，1971年后就禁止车辆通行了，于是成为一条阶梯式步行街，喷泉和公共空地缀其间。这里是悉尼城中最像城市广场的地方。

悉尼塔眼
塔

（Sydney Tower Eye；见58页地图；☎1800 258 693；www.sydneytowereye.com.au; level 5, Westfield Sydney, 188 Pitt St；成人/儿童$26.50/17，空中步道 $70/49；◎5月至9月 9:00~

21:30，10月至次年4月 至22:00；St James)悉尼塔（竣工于1981年，现在仍然有许多悉尼人称之为Centrepoint）高309米，在250米处有一个观景台，那里拥有无与伦比的360度全方位视角。勇敢者可以挑战空中步道顶上的另一个观景台，那里的视野更棒。游览之前，先观看4D Experience——这是一部3D电影短片，以鸟瞰方式（确切地说是以一只长尾小鹦鹉的视角）带你领略这座城市、浪涛、海港和水下世界，放映时还会喷放雾气和气泡，感觉酷极了。

海德公园　　　　　　　　　　　　　公园

（Hyde Park；见60页地图；Elizabeth St；St James, Museum）整齐庄严、备受喜爱的海德公园有精心修剪的花园和一条林荫大道，夜晚树上的装饰灯点亮后如梦如幻，非常漂亮。公园的北端就是具有丰富象征意义的装饰艺术建筑阿奇博尔德纪念喷泉（Archibald Memorial Fountain；见58页地图；St James），而在公园的另一端则是澳新军团纪念馆（见57页）。

澳新军团纪念馆　　　　　　　　　纪念馆

（Anzac Memorial；见60页地图；02-9267 7668；www.anzacmemorial.nsw.gov.au；Hyde Park；9:00~17:00；Museum）免费 在铭记池（Pool of Remembrance）后面的这座庄严肃穆的装饰艺术风格纪念馆（建于1934年）是为参加第一次世界大战的澳新军团（Anzacs）的战士而建。馆内的穹隆上镶嵌着12万颗星星，每一颗都代表一位曾经在那场战争中服役的新南威尔士州公民。星辰之下是雷纳·霍夫（Rayner Hoff）令人唏嘘的雕塑《牺牲》（Sacrifice）。服务大厅（Hall of Service）新增加了一个主要的项目，用来展示参加第一次世界大战的所有的新南威尔士州士兵的姓名和战场土壤样本。

维多利亚女王大厦　　　　　　　历史建筑

（Queen Victoria Building, QVB；见58页地图；02-9264 9209；www.qvb.com.au；455 George St；团队游 $15；周一至周三、周五和周六 9:00~18:00，周四 9:00~21:00，周日 11:00~17:00；Town Hall）令人难以置信的是，这座杰出、高大的维多利亚式建筑（建于1898年）曾经多次面临被拆除的命运，直到20世纪80年代中期才被修缮。这里曾是悉尼的第一个市场，几乎占据了整个街区。维多利亚女王大厦的灵感来自一座威尼斯—罗马风格的寺庙。

★唐人街　　　　　　　　　　　　　地区

（Chinatown；见60页地图；www.sydney-chinatown.info；Paddy's Markets；Town Hall）唐人街的核心地带Dixon St上粤语歌曲震耳欲聋，狭窄、阴凉的步行街两旁餐馆林立，揽客者遍地。街尾华丽的龙门（牌坊）上装饰着仿竹瓦、金光闪闪的汉字和驱赶恶灵的狮子。

孩子们的悉尼

悉尼有数不胜数的自然景观和户外活动，对孩子们来说是简直棒极了。

海港海滩的平静水域是年轻人的首选，悉尼的大部分冲浪海滩都有海水泳池，比如壮观的邦迪冰山游泳池（见81页）。夏季，还可以在Wet'n' Wild Sydney（见80页）度过愉快的一天。大多数冲浪学校也会为孩子们提供特别的假期套餐。

在达令港，有悉尼野生动物园（见61页）、悉尼海洋生物水族馆（见61页），以及令人着迷的澳大利亚国家海事博物馆（见60页），后者有出色的船只和舰船收藏。收藏着有趣藏品的发电站博物馆（见76页）也（目前）距离很近。在整个城市，澳大利亚博物馆（见63页）是一个绝对值得年轻人一游的地方，那里有优秀的恐龙展览。

很棒的塔隆加动物园（见67页）毫无疑问很受欢迎。你也可以前往曼利，在海洋生物保护区（见78页）进行一次企鹅之旅。从市中心穿过悉尼港大桥，月神公园（见76页）在80多年来一直深受孩子们的欢迎。

小天文学家们可能会想要做一些观星活动，或者在非常适合儿童的悉尼天文台（见53页）观看时间球（Time Ball）的下落。

Central Sydney, The Rocks & Circular Quay
悉尼中部、岩石区和圆形码头

Central Sydney, The Rocks & Circular Quay
悉尼中部、岩石区和圆形码头

◎ 重要景点
1 澳大利亚博物馆...................D7
2 岩石探索博物馆....................C2
3 皇家植物园............................D3
4 悉尼港大桥............................C1
5 悉尼天文台............................B3
6 悉尼歌剧院............................D2
7 沃尔什湾...............................B2

◎ 景点
8 阿奇博尔德纪念喷泉..............C6
9 布朗格鲁保护区.....................A2
10 Calyx.....................................D5
11 海德公园囚营博物馆..............D6
12 马丁广场................................B5
13 当代艺术博物馆......................C3
14 悉尼博物馆.............................C4
15 桥塔观景台.............................C1
16 维多利亚女王大厦...................B6
17 苏珊娜房舍博物馆...................B3
18 悉尼塔眼.................................C6

◎ 活动、课程和团队游
19 BlueBananas...........................B7
20 Bonza Bike Tours....................B3
21 BridgeClimb............................B2
22 Captain Cook Cruises..............C3
23 The Rocks Walking Tours........B3

◎ 住宿
24 Establishment Hotel................C4
25 Harbour Rocks........................B3
26 Lord Nelson Brewery Hotel.....A2
27 Park Hyatt...............................C1
28 Pullman Quay Grand Sydney Harbour...................................D3
　QT Sydney........................（见57）
29 Sydney Harbour YHA...............B3

◎ 就餐
30 Aria...D2
31 Azuma....................................C5
32 Fine Food Store......................C2
33 Mr Wong................................B4
34 Pablo & Rusty's......................C7
35 Quay......................................C2
36 Restaurant Hubert..................C4
37 Rockpool Bar & Grill...............C5
38 Sepia......................................A7

◎ 饮品和夜生活
39 Argyle....................................B2
40 Australian Hotel....................B3
41 Baxter Inn..............................B6
42 Bulletin Place........................C4
43 Frankie's Pizza.......................C5
44 Glenmore..............................B2
45 Grandma's.............................B7
46 Hero of Waterloo..................B2
47 Hotel Palisade......................A2
48 Ivy..B5
　Lord Nelson Brewery Hotel........（见26）
49 O Bar.....................................B4
50 Opera Bar..............................D2
51 Uncle Ming's.........................B5

◎ 娱乐
52 Bangarra Dance Theatre........B1
53 Basement...............................C4
54 城市演奏厅.............................B5
55 Dendy Opera Quays...............D3
56 Roslyn Packer Theatre............B2
57 州立剧院.................................B6
58 悉尼舞团.................................B1
　悉尼歌剧院........................（见6）
59 悉尼剧团.................................B1

◎ 购物
60 Abbey's..................................B7
61 澳大利亚葡萄酒中心..............C3
62 Gannon House Gallery..........C3
63 Opal Minded.........................C2
　维多利亚女王大厦...........（见16）
　Red Eye Records..............（见60）
64 海岸百货................................B6
65 岩石区市场............................C2
　Westfield Sydney.............（见18）

◎ 实用信息
66 城市信息亭............................C3
67 悉尼游客中心........................B3

唐人街是一个令人难以置信的美食区，它一直延续到北部和南部的几个街区，并延伸至东部的韩国城和泰国城。

◎ 达令港和皮尔蒙特
(Darling Harbour & Pyrmont)

达令港把重点全部放在旅游上，尽其所

Haymarket & Chinatown 秣市和唐人街

Haymarket & Chinatown 秣市和唐人街

◎ 重要景点
1 唐人街 B2
2 中国友谊花园 B2
3 发电站博物馆 A2

◎ 景点
4 澳新军团纪念馆 D1
5 海德公园 D1

✈ 活动、课程和团队游
6 I'm Free C1

🛏 住宿
7 Big Hostel D3
8 Hyde Park Inn D2
9 Primus Hotel Sydney C1

🍴 就餐
10 Bar H D3
11 Chat Thai C3
12 Mamak B2
13 Single O D3
14 Spice I Am D3
15 Sydney Madang C2
16 Tetsuya's B1

🍷 饮品和夜生活
17 Wild Rover D3

🎭 娱乐
18 Golden Age Cinema & Bar D3
19 Metro Theatre C1

🛍 购物
20 帕迪市场 B3

能吸引游客来到这里的海滨酒吧和餐馆,那里有烟火表演和辉煌的灯火。在东部的寇卡湾码头、国王街码头和新开发的南布朗格鲁（South Barangaroo）有三个酒吧和餐馆地带,而西侧则是在赌场和高速公路立交桥的重压下日益衰落的皮尔蒙特,但其部分地区仍然拥有一种历史感。漫步于港口周边的码头绝对是一种享受。

★ **澳大利亚国家海事博物馆** 博物馆

（Australian National Maritime Museum；见

62页地图；☏02-9298 3777；www.anmm.gov.au；2 Murray St；永久藏品展览 免费，临时展览 成人/儿童 $20/免费；◎9:30～17:00，1月 至18:00；🅿；🚇Pyrmont Bay）**免费** 在高耸的屋顶下，海事博物馆展示了澳大利亚与海洋之间无法割舍的联系，展览覆盖了从原住民独木舟、冲浪文化到海军等各种主题。超值的"大票"（big ticket；成人/儿童 $30/18）包括馆外船只的门票，有澳大利亚皇家海军（HMAS）的潜水艇"翁斯洛号"（Onslow）和驱逐舰"吸血鬼号"（Vampire）。高质量的电影短片《各就各位》（Action Stations）为每一艘舰船重新设立了任务事件。免费的优质导览游会为你讲解每艘舰船的特点。

★ 中国友谊花园　　　　　　　　　　　　花园

（Chinese Garden of Friendship；见60页地图；☏02-9240 8888；www.chinesegarden.com.au；Harbour St；成人/儿童 $6/3；◎4月至9月 9:30～17:00，10月至次年3月 9:30～17:30；🚇Town Hall）依据中国道教理念修建的这座花园闹中取静，但时常能够听见从达令港传来的阵阵噪声。花园的设计师来自悉尼的友好城市广州，修建于1988年澳大利亚立国两百周年之际。园内有亭阁、瀑布、湖泊、小径和郁郁葱葱的植物。还有一间茶室。

★ 悉尼海洋生物水族馆　　　　　　　　水族馆

（Sydney Sea Life Aquarium；见62页地图；☏02-8251 7800；www.sydneyaquarium.com.au；Aquarium Pier；成人/儿童 $40/28；◎周一至周四 9:30～18:00，周五至周日和学校假期 至19:00，最后入场时间 闭馆前1小时；🚇Town Hall）除了常规的水族箱壁和地面水池以外，这座大型综合性水族馆还有两个大水池，可以让人经由有机玻璃隧道从水中穿过——头顶上有成群吓人的鲨鱼和鳐鱼。其他亮点还包括一对儒艮、小丑鱼、鸭嘴兽、月亮水母（位于一条灯光如舞厅般的水道内）、海龙和令人叹为观止的终极景观——200万升的大堡礁水族箱。

悉尼野生动物园　　　　　　　　　　　动物园

（Wild Life Sydney Zoo；见62页地图；☏02-9333 9245；www.wildlifesydney.com.au；Aquarium Pier；成人/儿童 $40/28；◎4月至9月 9:30～17:00，10月至次年3月 至19:00，最后入场时间 闭馆前1小时；🚇Town Hall）和它的邻居水族馆（Sea Life）相映成趣，这座大楼里收藏的澳大利亚本土爬行动物、蝴蝶、蜘蛛、蛇和哺乳动物（包括袋鼠和树袋熊）令人印象深刻。夜间动物尤其精彩，袋鼬、袋鼠、针鼹、负鼠在夜里十分活跃。野生动物园虽然有趣，但跟塔隆加动物园（Taronga Zoo）没法比。如果你不赶时间，这里作为与水族馆相邻的一部分，还是值得考虑的。网上购票可享优惠。

The Star　　　　　　　　　　　　　　赌场

（见62页地图；☏02-9777 9000；www.star.com.au；80 Pyrmont St，Pyrmont；◎24小时；🚇The Star）悉尼的首家赌场设施包括酒店、知名餐馆、酒吧、夜店、一个很棒的美食区、轻轨站和高档商店。可以确定的是，你会在不知不觉中将你赢得的大部分奖金留在大楼内。

★ 悉尼鱼市　　　　　　　　　　　　　　市场

（Sydney Fish Market；见62页地图；☏02-9004 1108；www.sydneyfishmarket.com.au；Bank St；◎7:00～16:00；🚇Fish Market）这个鱼市在布莱克怀特湾（Blackwattle Bay），每年能卖出1500多万公斤海产品。这里有众多零售批发商店和餐馆、一间寿司店、一间牡蛎店和一家口碑颇佳的烹饪学校。鱼市每个工作日的5:30开市，厨师、当地人和吃饱了的海鸥都聚集在这里，人们为锯缘青蟹、琵琶虾、龙虾和鲑鱼片讨价还价。可参加深度体验团队游（成人/儿童 $35/10）。

◎ 金斯克罗斯和波茨角
（Kings Cross & Potts Point）

曾经淫逸而破败的红灯区金斯克罗斯近年来发生了显著的变化。宵禁法令已经扼杀了深夜酒吧生活，而主要的建筑项目也加快了距离市中心不远的街区的中产阶级化。这个地区的背包客和古怪的当地人组成吸引人的画面，而绿树成荫的街道和美味的小餐馆出人意料地成为人们在白天的好去处。在海拔较低的水滨，古老的水手区伍卢穆卢是寻找炫目的码头餐馆或少数特色酒吧的绝佳去处。

★ 伊丽莎白湾宅邸　　　　　　　　　　历史建筑

（Elizabeth Bay House；见64页地图；☏02-

Darling Harbour & Pyrmont
达令港和皮尔蒙特

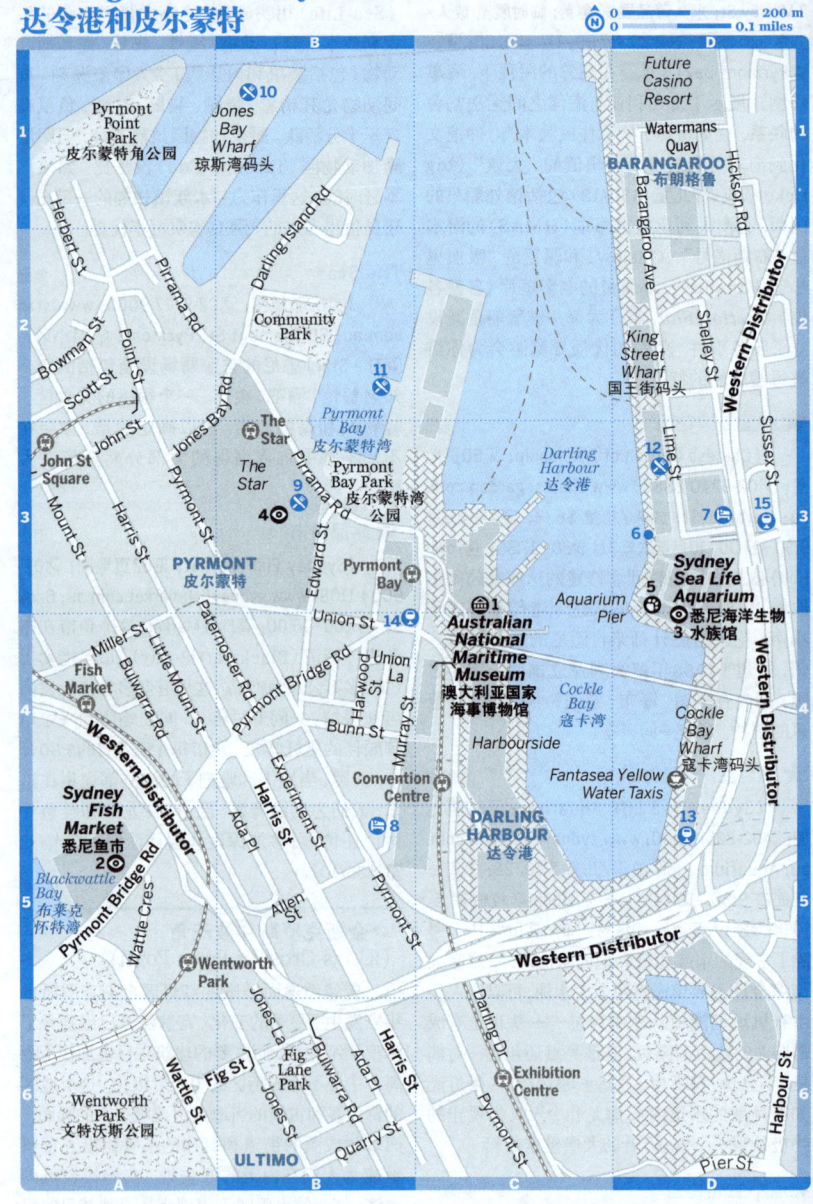

9356 3022；www.sydneylivingmuseums.com.au；7 Onslow Ave, Elizabeth Bay；成人/儿童 $12/8；⊙周五至周日 11:00~16:00；⊠Kings Cross）这栋希腊复兴风格的大厦归亚历山大·麦克利所有，1839年建成时是殖民地最精美的建筑之一，但现在已被20世纪修建的公寓比了下去。整座宅邸的亮点是其精致的椭圆形门厅，里面有盘旋而上的楼梯。从楼上的房间里可以

Darling Harbour & Pyrmont 达令港和皮尔蒙特

◎ **重要景点**
1 澳大利亚国家海事博物馆 C3
2 悉尼鱼市 A5
3 悉尼海洋生物水族馆 D4

◎ **景点**
4 The Star B3
5 悉尼野生动物园 D3

◎ **活动、课程和团队游**
6 Harbour Jet D3

◎ **住宿**
7 Adina Apartment Hotel
   Sydney Harbourside D3

8 Ovolo 1888 .... B5

◎ **就餐**
9 Adriano Zumbo B3
10 Flying Fish B1
11 LuMi B2
12 The Malaya D3

◎ **饮品和夜生活**
13 Home D5
14 Pyrmont Bridge Hotel B4
15 Slip Inn & Chinese Laundry D3

看到美丽的海港景色。下到两个地下室,可以观看一个带有奇怪开场的视听介绍。

伍卢穆卢码头　　　　　　　　　历史建筑

(Woolloomooloo Wharf; The Finger Wharf; 见54页地图; Cowper Wharf Roadway, Woolloomooloo; ▢311; ▢Kings Cross)伍卢穆卢码头曾经是运输羊毛和货物的船坞,这处美丽的爱德华时期的码头在20世纪80年代末进行了历时两年半的拆除后,已被荒废了几十年。在20世纪90年代末,它快速发展成为悉尼最独特的餐饮、住宿和码头据点之一。

◎ 萨里山和达令赫斯特 (Surry Hills & Darlinghurst)

这个悉尼最时髦和欢乐的社区也是最有趣的餐馆和酒吧的所在地。悬铃树和越来越时尚的萨里山一直深入充满活力的达林赫斯特的梯田。这两个令人愉悦且绿树成荫的街区距离市中心很近,非常迷人。

★ 澳大利亚博物馆　　　　　　　　博物馆

(Australian Museum; 见58页地图; ▢02-9320 6000; www.australianmuseum.net.au; 6 College St, Darlinghurst; 成人/儿童 $15/免费; ◎9:30~17:00; ▢Museum)博物馆于第一舰队进入澳大利亚40年后成立,目前正处于资源不断优化中,成绩非常出色。最突出的是关于澳大利亚原住民的展馆,从追梦的故事到20世纪60年代"自由之行"(Freedom Rides)的视频,都体现了原住民的历史和精神。自然历史场馆的动物标本展览也与其主题相关,

而出色的恐龙展馆则主要展示巨大的约巴龙和当地巨大的穆塔布拉龙等物种。

这里还有一些关于已经灭绝的巨型动物(巨型袋熊既可爱又吓人)、澳大利亚现存生物的有趣展览,还有儿童展区等。2017年10月开幕的长廊展览(Long Gallery exhibition)展出了200件澳大利亚历史上重要的物品及人物相关的展品。

不要错过上方的咖啡馆,从这里可以看到从圣玛丽大教堂(St Mary's Cathedral)到下方的伍穆卢的所有风光。

★ 布雷特·怀特利工作室　　　　　　画廊

(Brett Whiteley Studio; 见77页地图; ▢02-9225 1881; www.artgallery.nsw.gov.au/brett-whiteley-studio; 2 Raper St, Surry Hills; ◎周五至周日 10:00~16:00; ▢Central)**免费** 声名显赫的当地艺术家布雷特·怀特利(1939~1992年)的一生丰富多彩且放纵不羁。他的工作室很难找(在Devonshire St上有标志);里面陈列有他的佳作。其中最重要的作品是令人惊叹的 *Alchemy*:一幅巨大的多版面作品,其广泛的主题、复杂的细节和幽默的旁白可以吸引你用几个小时的时间驻足观看。楼上的工作室也可以让你深入了解这位技艺高超的画家和超乎寻常的天才的性格。

悉尼犹太人博物馆　　　　　　　　博物馆

(Sydney Jewish Museum; 见64页地图; ▢02-9360 7999; www.sydneyjewishmuseum.com.au; 148 Darlinghurst Rd, Darlinghurst; 成人/儿童 $10/7; ◎周一至周四 13:00~16:00, 周五 正午至

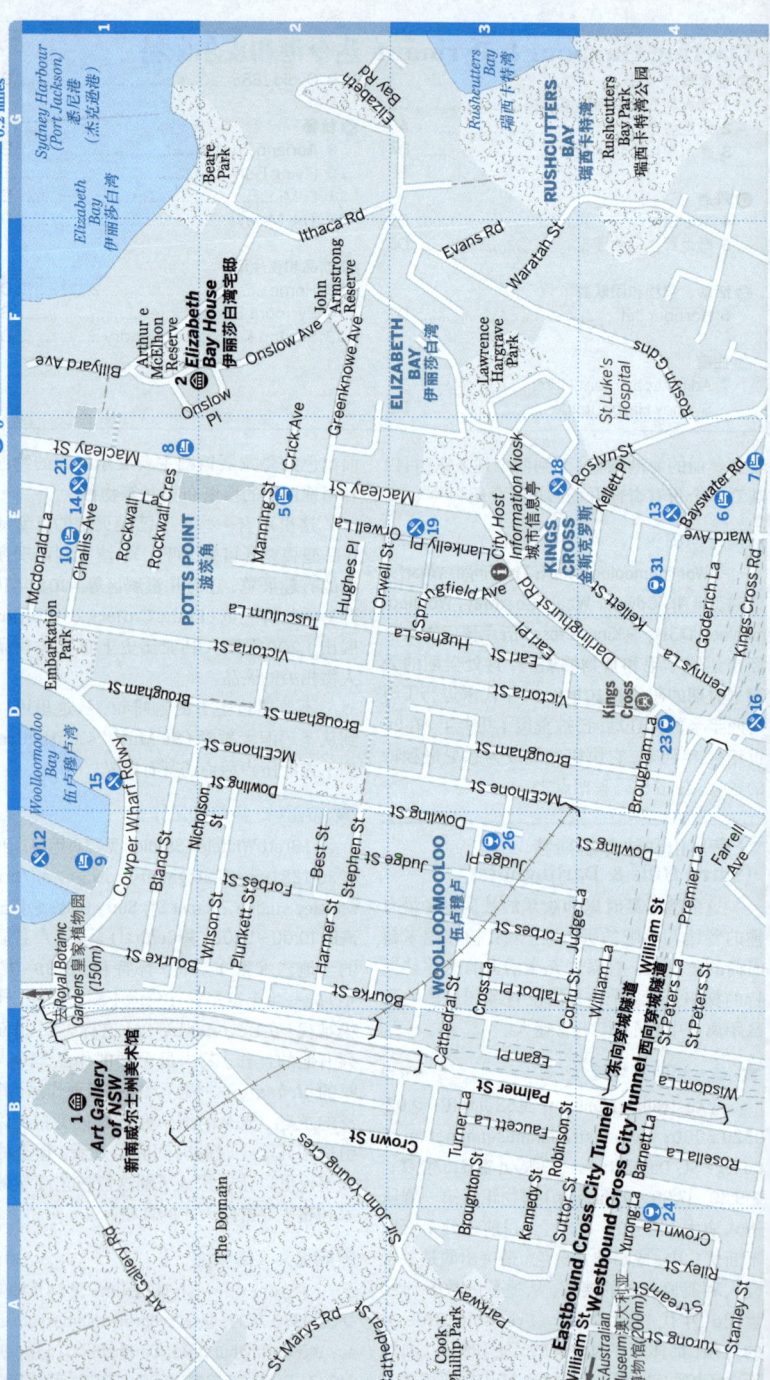

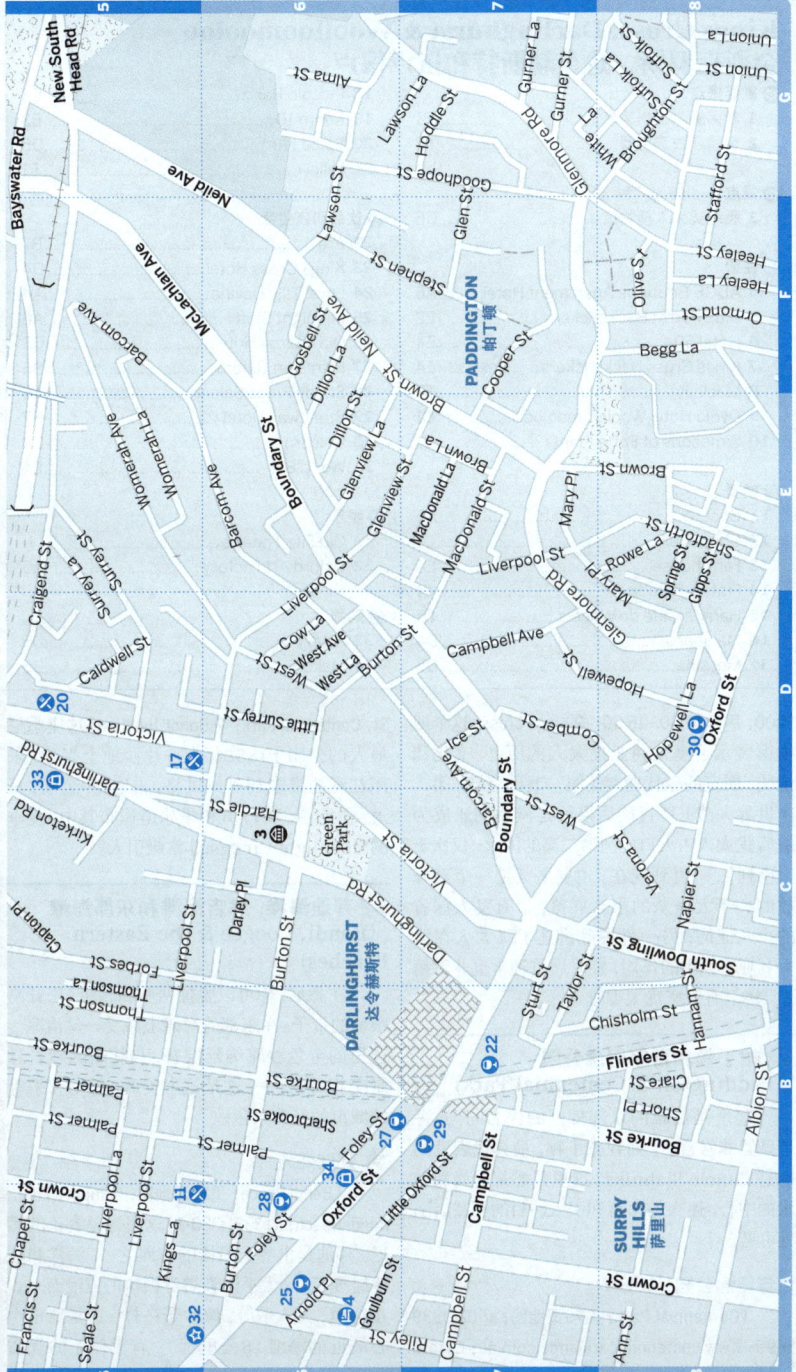

Kings Cross, Darlinghurst & Woolloomooloo
金斯克罗斯、达令赫斯特和伍卢穆卢

◎ 重要景点
1 新南威尔士州美术馆 B1
2 伊丽莎白湾宅邸 F2

◎ 景点
3 悉尼犹太人博物馆 C6

🛏 住宿
4 ADGE Boutique Apartment Hotel A6
5 Blue Parrot Backpackers E2
6 Hotel 59 .... E4
7 Kings Cross Backpackers E4
8 Macleay E1
9 Ovolo Hotel Woolloomooloo C1
10 Simpsons of Potts Point E1

🍴 就餐
11 Chaco A5
12 China Doll C1
13 Farmhouse E4
14 Fratelli Paradiso E1
15 Harry's Cafe de Wheels D1
16 Malabar D4
17 Messina D5
18 Piccolo Bar E3
19 Room 10 .... E3
20 Spice I Am D5
21 Yellow E1

🍷 饮品和夜生活
22 Arq B7
23 Kings Cross Hotel D4
24 Love, Tilly Devine A4
25 Midnight Shift A6
26 Old Fitzroy Hotel C3
27 Palms on Oxford B6
28 Shady Pines Saloon A6
29 Stonewall Hotel B7
30 Unicorn D8
31 World Bar E4

✪ 娱乐
Old Fitz Theatre .... (见27)
32 Oxford Art Factory A5

🛍 购物
33 Artery D5
34 Makery B6

14:00,周日10:00~16:00;🚇Kings Cross)这个博物馆展示了澳大利亚犹太人的历史、文化和传统,展览的年代跨越了第一舰队登陆、第二次世界大战(其直接后果就是澳大利亚成为战后犹太人占人口比例第二高的国家,仅次于以色列),一直到现在。主要展览是一个新开放的关于大屠杀的永久展览,带有发人深省的个人证词;另一件展品讲述了犹太人在澳大利亚军队中的作用,临时展览通常也非常精彩。楼上有一家犹太咖啡馆。

◎ 帕丁顿和百年纪念公园 (Paddington & Centennial Park)

这里是优雅的东部郊区的代名词,这一带显然非常富有。而在帕丁顿,最具代表性的则是Manolo Blahniks。这里是悉尼时尚和艺术的中心,迷人的角落和引人注目的精品店随处可见。

百年纪念公园   公园

(Centennial Park;见79页地图;📞02-9339 6699;www.centennialparklands.com.au;Oxford St, Centennial Park;🚇Bondi Junction)这座悉尼最大的公园于1888年在一片沙地上兴建,采用壮观的维多利亚式风格,占地189公顷,马道、慢跑道、骑行道和旱冰道遍布其中。夏季的Moonlight Cinema非常吸引人。

◎ 邦迪海滩、库吉海滩和东部海滩 (Bondi, Coogee & the Eastern Beaches)

在悉尼,你可以脱掉西服和领带,松开高跟鞋的带子,在东部的海滩上感受一丝清凉。这里的金色沙滩绵延层叠,与陡峭的砂岩悬崖交相辉映——这是这个美丽、悠闲和平等的城市的经典景色。

★ 邦迪海滩   海滩

(Bondi Beach;见86页地图;Campbell Pde, Bondi Beach;🚌333, 380-2)这里才是真正的悉尼。邦迪是世界上最棒的海滩之一,海洋和陆地碰撞汇合,太平洋卷着泛白沫的巨浪而来。在这里,人人平等,像沙子一样。这是离市中心最近的海滩(8公里远),有无休止的优质海浪（但人很多），非常适合在里面跌跌撞撞地游泳（平均水温21℃，非常舒适）。如果浪太大，可以去海滩两头洗海水浴，这对孩子而言也很安全。

◎ 悉尼港畔 (Sydney Harbourside)

悉尼港从20公里外的内陆延伸到帕拉马塔河，千年间滋润着当地人的心灵。而今天，它是这座城市熠熠生辉的娱乐之地。它的入口、海滩、岛屿和海岸公园为人们提供了数不清的游泳、帆船、野餐和步行的机会。这里是你永远不会厌倦的宝地。

沃克吕兹宅邸   历史建筑

(Vaucluse House；见54页地图；☎02-9388 7922；www.sydneylivingmuseums.com.au；Wentworth Rd, Vaucluse；成人/儿童 $12/8；◎周三至周日 10:00~16:00；🚌325) 这栋雄伟的哥特式建筑坐落在占地10公顷的繁茂花园中。兴建于1805年，但直到19世纪60年代才彻底竣工。这座宅邸非常有情调，欧洲工艺品点缀其间，为参观者提供了一瞥悉尼早期殖民者富裕生活的难得机会。文特沃斯（Wentworths）曾是这幢房屋的所有者，他的历史故事也非常吸引人，乐于助人的导游也会为你介绍更多的背景知识。花园中有一间很受欢迎的茶室。

沃森湾   地区

(Watsons Bay；见54页地图；🚢Watsons Bay) 沃森湾位于城市中心的东部、邦迪的北部，曾经是一个小渔村，郊区狭窄的街道上散落的古老村舍证明了这一点（这些村舍如今售价不菲）。如果来到这里，按照惯例，你应该在日落时分坐在Watsons Bay Hotel的啤酒花园里，看着夕阳渐渐落到影影绰绰的悉尼港大桥后面，悬在布拉德利角（Bradley's Head）之上。

靠海的一边是the Gap，可以在悬崖顶部地势险峻的观景台上眺望惊涛裂岸。

南角   国家公园

(South Head；见54页地图；www.nationalparks.nsw.gov.au；Cliff St, Watsons Bay；◎5:00~22:00；🚢Watsons Bay) 营湾（Camp Cove）海滩的北端是南角古道（South Head Heritage Trail）的起点，古道一直延伸到悉尼港国家公园（Sydney Harbour National Park），你可以在那里看到海港风光和奔涌的海浪。它经过古老的防御工事并且经由一条岔路通往淑女湾（Lady Bay；见54页地图；Cliff St, Watsons Bay；🚢Watsons Bay），然后继续伸入带有白底彩条花纹的霍恩比灯塔（Hornby Lighthouse）和由砂岩砌成的守塔人小屋（Lightkeepers' Cottages；1858年）。4月到11月之间，从聚满观鲸船的地方眺望大海，经常可以看到鲸鱼。

★ 麦克马洪角   观景点

(McMahons Point；见54页地图；🚢McMahons Point) 还有什么地方比从麦克马洪角的码头更适合观看悉尼大桥和歌剧院吗？该海角位于市中心西北部，乘坐渡轮一小会儿就能到达。壮丽景色尽在眼前，这里是观赏日落的绝佳地点。

鹦鹉岛   岛屿

(Cockatoo Island；见54页地图；☎02-8969 2100；www.cockatooisland.gov.au；🚢Cockatoo Island) 鹦鹉岛上有许多处工业遗址、监狱建筑和艺术装置，非常适合摄影。令人着迷的鹦鹉岛（Wareamah）于2007年向公众开放，现在上面有定期的轮渡服务、一个露营地、出租屋、一间咖啡馆和一间酒吧。信息板和语音导览（$5）将会为你介绍这座岛屿从前作为监狱、船厂和海军基地的历史。

★ 塔隆加动物园   动物园

(Taronga Zoo；见54页地图；☎02-9969 2777；www.taronga.org.au；Bradleys Head Rd, Mosman；成人/儿童 $46/26；◎9月至次年4月 9:30~17:00，5月至8月 9:30~16:30；👶；🚌247；🚢Taronga Zoo) 🍃从圆形码头搭轮渡12分钟可以到达塔隆加动物园。这座位于海港的山坡遍地都是袋鼠、树袋熊和其他的澳大利亚动物，以及大量进口的外来客。虽然动物园里的4000只动物拥有享受价值百万的海港景观的特权，但它们却浑然不觉。令人鼓舞的是，塔隆加在动物保护和福利方面设定了标准。这里的亮点包括夜行鸭嘴兽栖息地、大南部海洋区和亚洲象展区。在白天，你可以给动物喂食，或者与动物"偶遇"。在夏季，黄昏音乐会（接76页下文）

悉尼港（Sydney Harbour）

塔隆加动物园
即使你已经租了汽车，到达这个迷人的动物园的最佳方式还是乘坐渡轮。你可以乘坐缆车到达顶部，然后步行返回码头。

曼利
你可以乘坐开往曼利的渡轮去探索外港。到海滩漫步，在码头上喝酒，返回时一定要找到拍照的最佳位置，以弥补来时没有拍到照片的遗憾。

柯里比利
柯里比利宅邸和总督官邸的最佳景色只能从水上观赏。目不转睛地欣赏美景吧。

悉尼港大桥
当你经过这座桥时，请留意那些正在试图攀到桥顶的勇士。在日出或日落的时候，你可以在这里看到金色的海港景色。

重要建议
别忘了港口一直延伸到大桥的西侧。往返曼利可以乘坐河上渡轮。

沃森湾
登上棚户林立的码头时，沃森湾一定会让你想起曾经偏安一隅的渔村。在南角漫步，饱览港口和被海浪冲刷的崖壁景色。

丹尼森堡
又被称为"断肠堡"，这个壁垒森严的地方曾经是一处酷刑场。罪犯被处决之后，他们的尸体被悬吊在这里以震慑所有人，这种做法也让当地的原住民心有余悸。

渡轮
圆形码头是国营的悉尼渡轮（Sydney Ferries）的枢纽站，有9条不同的线路从这里出发，前往38座不同的码头。

悉尼歌剧院
可以登高将它尽收眼底，也可以绕着它漫步。最难忘的莫过于搭乘渡轮时从海上看到歌剧院的巨大白帆。准备好你的相机。

圆形码头
自1788年第一舰队在这里登陆以来，圆形码头一直是悉尼生活的中心。请预订船票，查看指示牌并找到相应的码头，然后登船起航。

悉尼的海滩

海滩是悉尼的重要组成部分，在这里你既可以在邦迪的海滩加入古铜肤色的帅哥美女，也可以偷偷溜进悉尼港国家公园的一个荒芜角落。

20世纪90年代中期，一位热情的女商人在塔玛拉马海滩（Tamarama Beach）获得了出租躺椅的特权并提供服务。不用说，这并没有持续太久。即使塔玛拉马海滩在当时被认为是悉尼最迷人的海滩，但依然没有人对这种无聊的事感兴趣。

对于澳大利亚人来说，去海滩就是要在沙滩上铺上一条毛巾，因此他们当然不准备为躺椅付钱。虽然他们能够接受沙滩上的冰激凌小贩，但却不能接受马提尼小帆船。在夏天，最不寻常的景象之一是就是淑女湾（Lady Bay）和其他港口的冰激凌小船，以及一群彬彬有礼地排队购买冰激凌的裸体绅士。

冲浪救生员拥有很重要的地位，你最好听从他们的指示，因为他们基本都是为了你好。几年前，在克罗鲁拉种族主义骚乱中，骚乱人群对一家极端澳大利亚组织的攻击并非巧合。

海滨浴场

如果你带着孩子或害怕鲨鱼，或者你根本就不喜欢冲浪，那么当你听到悉尼的海岸边上拥有40个人造海滨浴场时，一定会非常高兴，这些海滨浴场大部分都是免费的。有一些游泳池，比如**Mahon Pool**（www.randwick.nsw.gov.au; Marine Pde, Maroubra; 376-377）免费，被人们认为是天然岩石池，你可以在那里安全地戏水和浮潜。另一些则更像是游泳池；邦迪的

1. 邦迪海滩（见66页）
2. Mahon Pool
3. 在塔玛拉马海滩冲浪

邦迪冰山游泳池（见81页）就是一个很好的例子。这些池子通常会在一周内关闭一天，以便把海藻清理干净。

海港沙滩和泳池

悉尼的港口海滩选择包括南角附近的营湾（Camp Cove）和淑女湾（后者在很大程度上是一个同性恋裸体海滩）、位于沃克吕兹的尼尔森公园（Nielsen Park）的鲨鱼海滩，以及位于北部海岸的巴尔莫拉海滩。北部海岸克雷蒙角（Cremorne Point）上布有防鲨网的封闭泳场和双湾附近的Murray Rose Pool也同样受到热捧。这里还有很多小宝地，即使是当地人也很难找到，包括位于居民区中心的香菜湾（Parsley Bay）和牛奶海滩（Milk Beach）。

各区域海滩

悉尼港有许多隐蔽的洞穴和秘密沙滩；最好的在海岬和莫斯曼周围。

东部海滩高高的悬崖峭壁围出一串冲浪海滩，走上一小段距离，就能找到畅饮优质的咖啡和冰凉的啤酒的地方。

北部海滩一连串神奇的冲浪海滩从曼利一直向棕榈树海滩绵延近30公里。

1

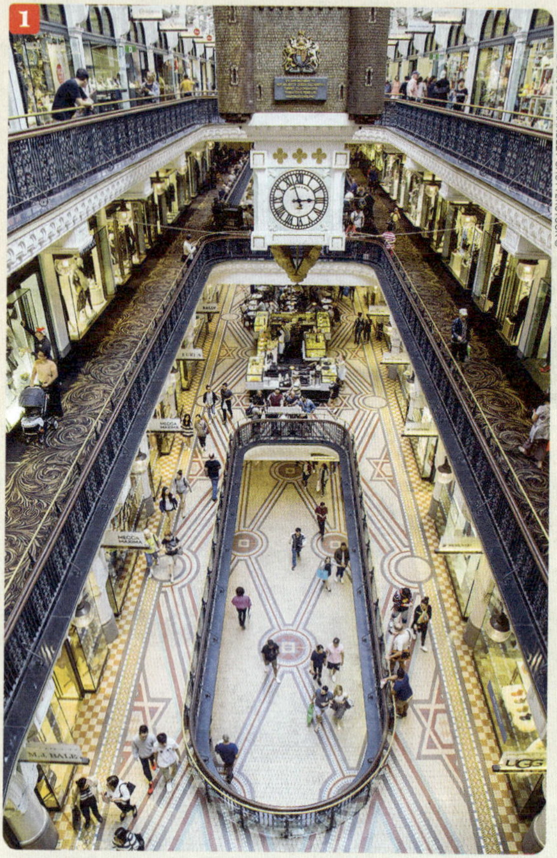

ALFONSO FERNANDEZ / SHUTTERSTOCK ©

2

4

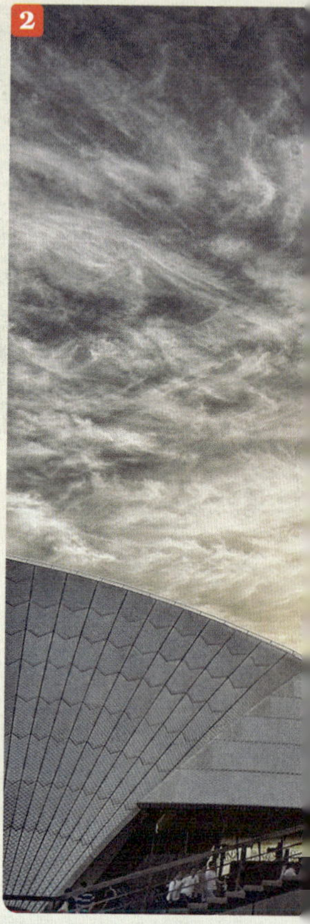

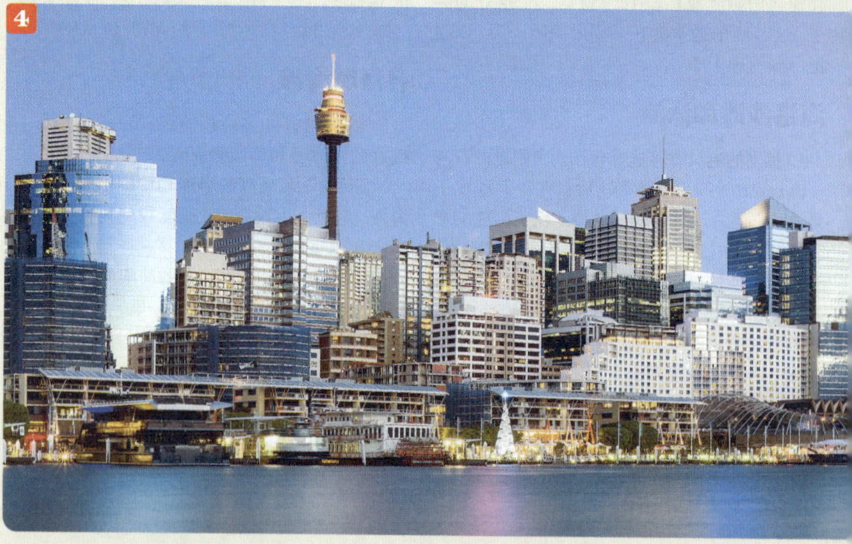

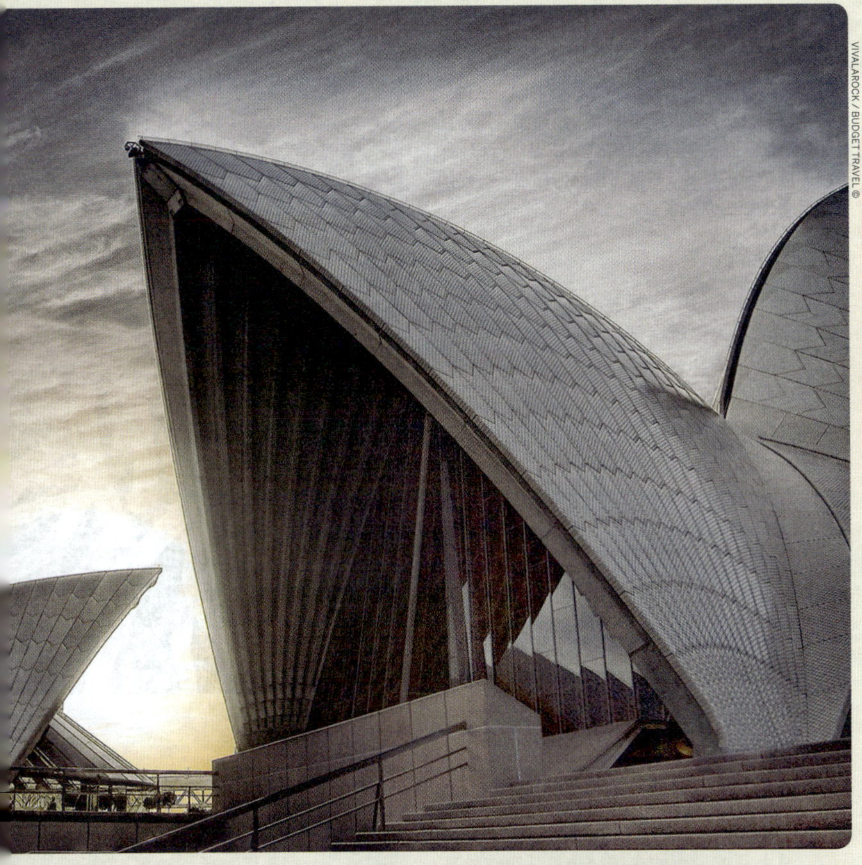

VIVALAROCK / BUDGET TRAVEL ©

维多利亚女王大厦（见115页）
座维多利亚风格的哥特式大厦中有将近0家店铺，你可以在这里逛街扫货。

悉尼歌剧院（见52页）
订舞蹈、音乐或戏剧表演票，近距离感受这非凡的建筑。

邦迪冰山游泳池（见81页）
邦迪的这个地方，能体验到天然的海水波浪池。

悉尼城市风光（见52页）
尼位于新南威尔士州迷人的海岸上，拥有天独厚的地理位置，是澳大利亚最上镜的市。

3

SUPERJOSEPH / SHUTTERSTOCK ©

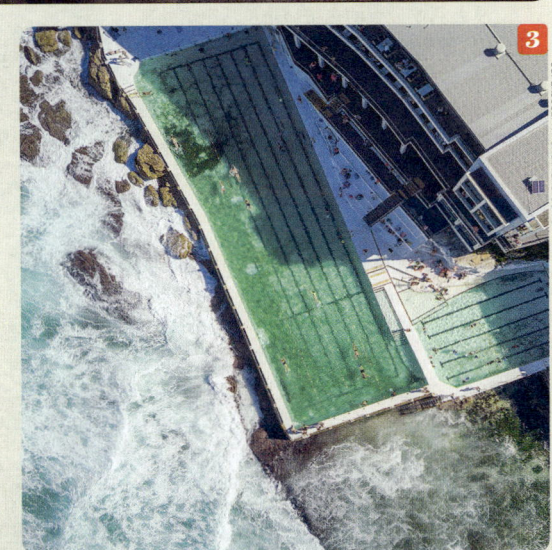

通往珊瑚礁的门户

有多种办法可以探索澳大利亚的海下王国。你可以前往受欢迎的门户城镇,然后加入旅行社的团队游,报名参与多日的航海或潜水行程,探索人迹罕至的外礁,或是飞往偏僻岛屿——周围的珊瑚礁都由你独享。

南礁群岛

如果想要悠闲地探索、另辟蹊径,可以预订行程前往大堡礁南部被珊瑚环绕的偏远岛屿。你会在岛屿附近找到很棒的浮潜和潜水点。

道格拉斯港

从凯恩斯向北开车1小时能够到达道格拉斯港,它是一座惬意的海滩小城,潜水船只前往十几个地点,包括更纯净的外礁,例如阿金库尔礁。

降灵海滩

降灵海滩有着碧蓝的海水、珊瑚花园,还有被棕榈树围绕的海滩,给珊瑚礁探险提供了许多机会:住在一个岛上,然后乘帆船航海;或是住在艾尔利海滩,进行一日跳岛游。

汤斯维尔

澳大利亚最大的热带城市虽然距离外礁比较远(乘船2.5小时),但还是有不少吸引人之处:从这里可以前往澳大利亚的最佳沉船潜水点,这里还有一座很棒的水族馆、海洋主题的博物馆,提供多日船潜服务的船只也从这里出发。

凯恩斯

作为前往大堡礁最受欢迎的门户城市,凯恩斯有着几十家旅行社,提供浮潜一日游以及多日的船潜珊瑚探险之旅。如果不会潜水,那么凯恩斯是个学习潜水的好地方。

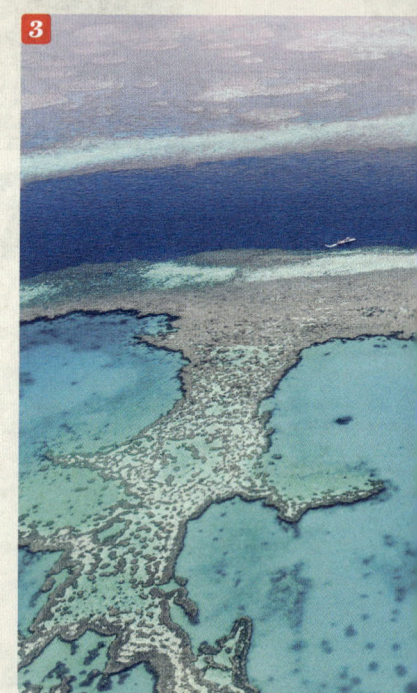

1. 小丑鱼 2. 道格拉斯港（见499页）
3. 航拍大堡礁 4. 凯恩斯附近的浮潜者（见473页）

月神公园
游乐园

（Luna Park；见54页地图；☎02-9922 6644；www.lunaparksydney.com；1 Olympic Dr, Milsons Point；⊙周五和周六 11:00~22:00，周日 10:00~18:00，周一 11:00~16:00；🚇Milsons Point）免费 从这座老式的游乐园可以俯瞰悉尼港，门口有一座表情疯狂的小丑雕像（是真人大小的50倍）。这座游乐园是具有20世纪30年代特色的作品之一，包括科尼岛（Coney Island）奇幻屋、漂亮的旋转木马和令人眩晕的旋转机。你可以购买两次的通票（$20），也可以购买按身高计费的不限次通票（成人 $52，儿童 $22~45，在线购票可享受优惠）。开放时间比较复杂，学校和公众假期期间开放时间会延长。这里也是举办音乐会的场地。

新城和内城西部 (Newtown & the Inner West)

波希米亚风格的内城西部是一连串的郊区，到处都是美食和美酒。位于悉尼大学周围静谧的格利伯（Glebe）的街道和略显吵闹的新城在这些拥挤的郊区中最为著名，但Enmore、Marrickville、Summer Hill、Petersham等地都值得游览。咖啡馆和酒吧这些对于学生来说重要的去处数量众多。在内城西部，你可以体验到整个悉尼的社会生活方式。

★ 发电站博物馆
博物馆

[Powerhouse Museum；Museum of Applied Arts & Sciences（MAAS）；见60页地图；☎02-9217 0111；www.powerhousemuseum.com；500 Harris St, Ultimo；成人/儿童 $15/8；⊙10:00~17:00；🅿、🚇Exhibition Centre］从达令港出发，走一小段路就到了这座洞穴状的科学与设计博物馆，这里曾是为悉尼的有轨电车系统供电的发电站。这里的藏品和临时展览几乎涵盖了所有事物，包括机器人、火星生命、蒸汽火车、气候变化、原子、时装、工业设计和前卫艺术装置等。对于所有年龄段的孩子来说，都是不错的目的地，对于成年人来说也同样有趣。当你进入博物馆时，可以领取一张博物馆的地图。这里还有完善的残疾人通道。

发电站将搬到帕拉玛塔的一个新地点，那里将于2022年完工。

★ 白兔
画廊

（White Rabbit；见82页地图；www.whiterabbitcollection.org；30 Balfour St, Chippendale；⊙周三至周日 10:00~17:00，2月和8月 关闭；🚇Redfern）免费 如果你是个艺术爱好者，又有些喜欢疯帽匠，那这个奇特的兔子窝肯定能让你笑得像一只柴郡猫。这家私人画廊收藏了极其丰富的当代中国先锋艺术作品，一次只能拿出一部分展览。谁知道中国的作品竟能如此前卫、有趣、性感和特别，它可能是悉尼最好的当代艺术画廊。

中央公园
地区

（Central Park；见82页地图；www.centralparksydney.com；Broadway；⊙10:00~20:00；🚇Central）位于一家古老的酿酒厂的旧址中，这个主要的住宅和购物开发项目呈现出一幅

ℹ️ 优惠通票

悉尼博物馆通票（Sydney Museums Pass；www.sydneylivingmuseums.com.au；成人/儿童 $24/16）可进入悉尼周围的12家博物馆，包括悉尼博物馆、海德公园囚营博物馆、司法与警察博物馆（Justice & Police Museum）和苏珊娜房舍博物馆。一个月内有效，可在任意一家合作博物馆购买。价格相当于两张普通的博物馆门票。

终极悉尼通票（Ultimate Sydney Pass；成人/儿童 $99/70）可进入英国Merlin Entertainment 公司旗下热门而昂贵的景点：悉尼塔眼（含空中步道）、悉尼海洋生物水族馆和悉尼野生动物园、杜莎夫人蜡像馆和曼利海洋生物保护区。以上景点均有售，但在网上购买要便宜得多（访问任一家景点的官方网站均可）。如果只想去其中某些地方，打折的悉尼景点通票（Sydney Attractions Passes）可以提供任意组合。

Surry Hills 萨里山

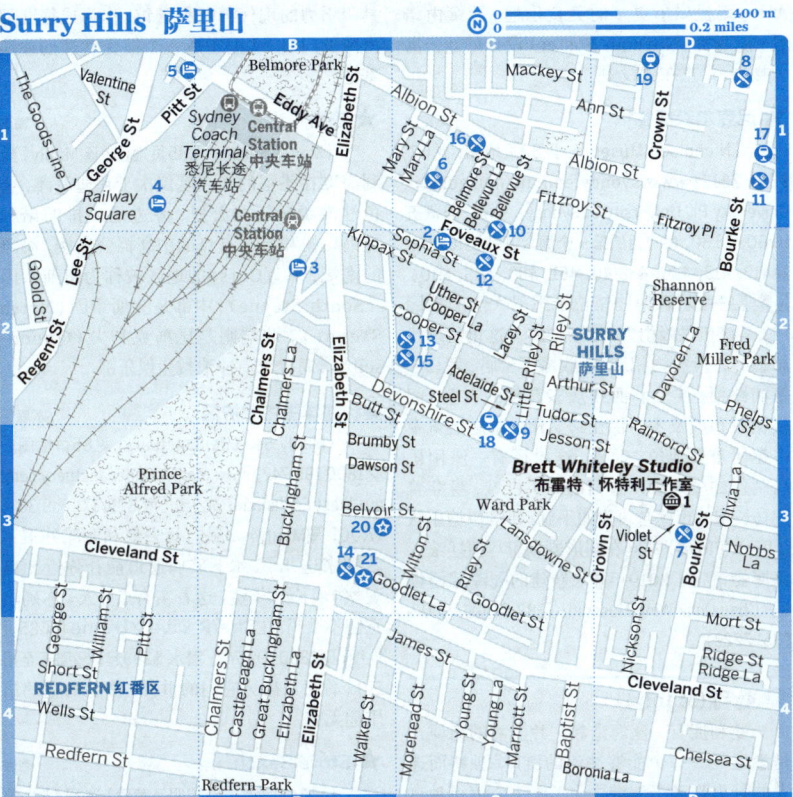

Surry Hills 萨里山

◎ 重要景点
- **1** 布雷特·怀特利工作室 D3

🛏 住宿
- **2** 57 Hotel C2
- **3** Bounce B2
- **4** Railway Square YHA A1
- **5** Sydney Central YHA A1

🍴 就餐
- **6** Bodega C1
- **7** Bourke Street Bakery D3
- **8** Dead Ringer D1
- **9** Devonshire C3
- **10** El Loco C2
- **11** Gratia & Folonomo D1
- **12** Le Monde C2
- **13** Muum Maam C2
- **14** Nada's B3
- **15** Porteño C2
- **16** Reuben Hills C1

🍷 饮品和夜生活
- **17** Beresford Hotel D1
- **18** Shakespeare Hotel C2
- **19** Winery D1

🎭 娱乐
- **20** Belvoir St Theatre B3
- **21** Venue 505 .... B3

惊人的景象。这里最引人注目的是让·努维尔（Jean Nouvel）的获奖设计——垂直绿化高楼**One Central Park**。高楼上面悬臂式的屋顶设计可以将阳光反射到下面的植物上去。高楼的底层提供餐饮、乒乓球、商店、超市和画廊空间，而相邻的Kensington St和Spice

Alley则提供了更多的美食乐趣。两幢由诺曼·福斯特（Norman Foster）设计的新公寓大楼Duo，正在建设中。

★ 尼克尔森博物馆   博物馆

（Nicholson Museum；见82页地图；☎02-9351 2812；www.sydney.edu.au/museums；University Pl, University of Sydney；◎周一至周五10:00~16:30，每个月的第一个周六 正午至16:00；🚌412, 413, 436, 438-40, 461, 480, 483, M10）**免费** 尼克尔森博物馆位于悉尼大学的校园内，是该市最吸引人的景点之一。这里将现代思想与古代文物相结合，收藏了希腊、罗马、塞浦路斯、埃及和西亚众多有趣的古董。阁楼花瓶和埃及木乃伊在跨文化的主题展览中占据了重要地位。此外，这里还有一座用乐高制作的令人难以置信的庞贝古城，身穿着罗马长袍的市民与古代的平克·弗洛伊德乐队（Pink Floyd）共同在圆形剧场里尽情摇滚。该博物馆将于2019年并入新建的周泽荣博物馆（Chau Chak Wing Museum；见82页地图；☎02-9351 2222）。

◎ 曼利 (Manly)

曼利拥有一座海港和一片美丽的海滩，是悉尼唯一一个能够冲浪的渡口。独特而迷人的魅力弥漫于海港之上，是一个值得独自乘渡轮游览的地方。这很适合冲浪，拥有极具吸引力的现代酒吧和餐馆，作为通往北部海滩的门户，这里还是一个很受欢迎的冲浪基地。

★ 曼利海滩   海滩

（Manly Beach；见85页地图；🚌Manly）曼利海滩在悉尼的知名度仅次于邦迪海滩，金色沙滩绵延近两公里，旁边是成排的诺克岛松树和星星点点的中高档公寓楼。海滩的南端，靠近Corso的地区被称为南斯泰因（South Steyne），中部是北斯泰因（North Steyne），北端则是昆斯克利夫（Queenscliff），每处都有冲浪救生俱乐部。

曼利海洋生物保护区   水族馆

（Manly Sea Life Sanctuary；见85页地图；☎1800 199 742；www.manlysealifesanctuary.com.au；West Esplanade；成人/儿童 $25/17；◎9:30~17:00；🚌Manly）如果打算去曼利海滩冲浪，就别来这儿了。水下玻璃通道能让你近距离观察3米长的灰鲨，这着实有点吓人。你确定它们不饿吗？在**Shark Dive Xtreme**（见85页地图；☎1800 199 742；潜水 $299起；◎周五至周三），你可以融入它们的世界。楼上的企鹅馆乐趣无穷。

★ Store Beach   海滩

（见54页地图；◎黎明至黄昏）这里是北角的一块隐蔽的宝地，神奇的Store Beach只能乘坐皮划艇或船只到达。这是一片美丽的企鹅繁育地，黄昏时，企鹅们会摇摇摆摆地来到这里，因此黄昏后游客禁止入内。

★ 北角   国家公园

（North Head；见54页地图；North Head Scenic Dr, Manly；🚌135）位于曼利以南约3公里处，风景粗犷壮美的北角有刀削斧砍般的悬崖峭壁和观景台，在那里可将海洋、港口和城市风光尽收眼底。租一辆自行车尽情探索吧。

据考证，北角是居住在当地的Cama-raigal人举行仪式的地点，如今大部分都被划入了悉尼港国家公园。

总长9公里、耗时4小时的曼利观光步道（见83页）环绕公园一周，游客中心提供导览手册。这里还是历史上著名的**检疫站**（Quarantine Station；Q Station；见54页地图；☎02-9466 1551；www.quarantinestation.com.au；◎博物馆

当地知识

乘坐389路

乘坐389路公共汽车是探索悉尼东部郊区的一种不错的方式，因为它避开了主要道路，更多地穿梭于较小的郊区街道。你可以在澳大利亚国家海事博物馆（见60页）附近上车，沿着长长的环路进入Pyrmont港的前滩，最后穿越达令港，进入市中心。它跨越城市东西，蜿蜒穿过充满个性的达令赫斯特的街道，然后在高档的帕丁顿最漂亮的区域徘徊。经过邦迪交叉路口的公共汽车换乘站后，它就会沿着有趣的后街行驶到邦迪海滩，终点在邦迪的北部，海滩就在你眼前的山坡下面。

Paddington & Woollahra 帕丁顿和胡拉勒

◎ 景点
1 百年纪念公园..................................C2

☕ 饮品和夜生活
2 Paddington..................................... B1

☆ 娱乐
3 Moonlight Cinema..............................D2
4 悉尼板球场 A2

🛍 购物
5 帕丁顿集市 B1

周日至周四10:00~16:00，周五和周六至20:00；🚌135）**免费** 的所在地。

北部海滩（Northern Beaches）

悉尼的北部海滩比东部海滩更荒凉、更难到达，但绝不可错过，尤其是对冲浪者来说。虽然来到这些海滩需要一日游，但它们是城市的一部分，郊区已经开发到了海滩的边缘。这里的街区甚至比其他街区更为奢华，但这些街区拥有一个共同点：对海滩十分热爱。

棕榈树海滩　　　　　　　　　　海滩

（Palm Beach; Ocean Rd, Palm Beach; 🚌L90, 190）狭长而美丽的棕榈树海滩是一片半月形的福地，因为是无聊的肥皂剧《聚散离合》（*Home & Away*）的外景地而闻名。1881年，巴伦乔伊灯塔（见79页）竖立在了库灵盖蔡司国家公园（Ku-ring-gai Chase National Park）所属的一处岬角北端。棕榈树海滩的郊区有两处——风景壮丽的海滩和令人愉快的碧水（Pittwater）——那里风平浪静的浅滩非常适合小孩子玩耍。从这里出发，你可以乘坐渡轮到达其他风景如画的景点。

巴伦乔伊灯塔　　　　　　　　　灯塔

（Barrenjoey Lighthouse; 📞02-9451 3479; www.nationalparks.nsw.gov.au; Palm Beach; 🚌L90, 190）这座历史悠久的砂岩灯塔（建成于1881年）坐落于北部海滩的北端，它是库灵盖蔡司国家公园的附属建筑。登上顶部（没有厕所！）的陡峭徒步旅行有两种路线选择——更短的楼梯和蜿蜒的轨道，但是俯瞰皮特沃特和半岛上的宏伟景观的机会，值得你付出这份辛苦。周日11:00~15:00，短途游览的时间为半小时；不需要预订。顶部也是观赏鲸鱼的好地点。

阿瓦隆　　　　　　　　　　　海滩

（Avalon; Barrenjoey Rd, Avalon; ❑L88, L90, 188-190）来到阿瓦隆，仿佛穿越到了20世纪70年代，这里就是你梦中求而不得的神秘澳大利亚海滩。极具挑战性的海浪和倾斜的、金黄色的沙滩后面有一座美丽的海岬。南端还有一个海水游泳池。廉价而美味的饮食选择在后面街角处比比皆是。

帕拉玛塔（Parramatta）

帕拉玛塔位于悉尼市中心以西23公里处，由菲利普总督创建于1788年，当时他需要一个地方种植谷物为殖民地提供补给。由于盛产鳗鱼，当地的Darug人将其命名为"Burramatta"，鳗鱼现在仍然是帕拉玛塔著名的橄榄球队的标志和昵称。

帕拉玛塔是重要的商业和行政中心，宏大的发展计划使它成为CBD的替代选择。它原本是一座独立的城市，现在很大程度上成了悉尼大范围城市扩张的中心。

Experiment Farm Cottage　　历史建筑

（✆02-9635 5655; www.nationaltrust.org.au; 9 Ruse St, Harris Park; 成人/儿童 $9/4; ◷周三至周日 10:30~15:30; ❑Harris Park）这座殖民地时期的平房坐落在澳大利亚的第一块官方土地上。1789年，作为一项实验，菲利普总督将12公顷的土地分配给了被释放的罪犯詹姆斯·鲁斯（James Ruse），想看看鲁斯要用多长时间才能自给自足，不再需要政府的补给。这项实验取得了成功，鲁斯成为澳大利亚的第一个私人农场主。后来他把这块地卖给了外科医生约翰·哈里斯（John Harris），他1835年左右建造了这所房子。屋内摆放着可爱的早期殖民时期的家具。

入口处提供介绍知识的导览游；每天最后一次发团时间是15:00。

伊丽莎白农场　　　　　　　历史建筑

（Elizabeth Farm; ✆02-9635 9488; www.sydneylivingmuseums.com.au; 70 Alice St, Rosehill; 成人/儿童 $12/8; ◷周三至周日 10:00~16:00; ❑Rosehill）伊丽莎白农场里有一部分是最古老的现存欧洲人住宅（1793年），它由叛变的牧民和朗姆酒商约翰·麦克阿瑟（John Macarthur）建造。麦克阿瑟是澳大利亚羊毛产业的创立人，也是一名贪得无厌的资本家，政治活动让他获得了巨大的财富，也令他成为几位继任总督的眼中钉。这处漂亮的居所现在是一家体验博物馆，参观者可以斜倚在仿造家具上阅读伊丽莎白·麦克阿瑟（Elizabeth Macarthur）的信件。

旧政府大楼　　　　　　　　历史建筑

（Old Government House; ✆02-9635 8149; www.nationaltrust.org.au; Parramatta Park, Parramatta; ◷周二至周日 10:00~16:00; ❑Parramatta）这幢优雅的乔治亚·帕拉迪奥风格建筑是总督早期的乡间居所，现在则是一家保存完好的博物馆，里面摆放着原本的殖民风格家具。它的历史可以追溯至1799年，是澳大利亚现存最古老的公共建筑之一。这里的临时展览非常有趣，还有一个垂挂着葡萄藤的庭院餐厅。公园也非常棒，同时也是一个美丽的河畔社区，拥有一种民主的氛围。

边远地区（Outlying Areas）

里湾国家公园　　　　　　　国家公园

（Lane Cove National Park; www.nationalparks.nsw.gov.au; Lady Game Dr, Chatswood West; 每辆小汽车 $8; ◷9:00~18:00; ❑North Ryde）这处占地601公顷的公园位于北部海滩郊区之内，非常适合来一趟中等距离的丛林徒步。这里生活着几十种小动物，包括一些濒危的猫头鹰和蛤蟆。春季到来，水龙开始发情，清纯的兰花和百合怒放。

Wet' n' Wild Sydney　　　游乐园

（✆13 33 86; www.wetnwildsydney.com.au; 427 Reservoir Rd, Prospect; 1.1米以上/以下 $80/70; ◷9月至次年4月 开放时间和日期不定; ♿; ❑从Parramatta Station乘摆渡车）这个著名的黄金海岸主题公园在悉尼开幕，这里有40多个滑梯，其中包括360度的环形滑梯，时速可达60公里。公园的中心是澳大利亚最大的造浪池。

🏃 活动

骑车

Manly Bike Tours 骑车

（见85页地图；☎02-8005 7368；www.manlybiketours.com.au；Belgrave St, Manly；租用自行车 每小时/天 $16/33起；⏰10月至次年3月 9:00~18:00，4月至9月 9:00~17:00；🚢Manly）提供自行车租赁，并为自助游客提供地图和路线建议。位于渡船码头对面，提供各种各样的自行车。骑行时，还有供你存放装备的储物柜。

潜水

Dive Centre Bondi 潜水

（见86页地图；☎02-9369 3855；www.divebondi.com.au；198 Bondi Rd, Bondi；⏰周一至周五 9:00~18:00，周六和周日 8:00~18:00；🚌333）该中心提供友好和专业的服务，还提供岸潜指导（$155/两人）或船潜指导（$185/两人），并出租装备。拥有专业潜水教练协会的认证，提供潜水课程（包括 $395的开放水域初级潜水员课程，$495的开放水域进阶潜水员课程）。

戈登湾水下自然之路 潜水

（Gordons Bay Underwater Nature Trail；见54页地图；www.gordonsbayscubadivingclub.com；Victory St, Clovelly；🚌339）从位于克劳夫利海滩（Clovelly Beach）南部停车场的另一头进入，这是一条长达500米的水下通道，潜水者可以顺着水道在珊瑚礁、沙屋和海藻森林中穿行。

皮划艇

Sydney Harbour Kayaks 皮划艇

（见54页地图；☎02-9960 4590；www.sydneyharbourkayaks.com.au；Smiths Boat Shed, 81 Parriwi Rd, Mosman；⏰周一至周五 9:00~17:00，周六和周日 7:30~17:00；🚌173-180）出租皮艇（$20/小时起）和立式桨板（$25起），并组织从斯比特桥（Spit Bridge）附近出发的4小时生态游（$125）。

冲浪

自从海滩男孩乐队（Beach Boys）在歌曲 *Surfin' USA* 中唱到了"澳大利亚的Narrabeen"（Narrabeen是悉尼北部的海滩之一）之后，悉尼就一直是冲浪的代名词。关于这里的最新的信息，参见www.coastalwatch.com、www.surf-forecast.com、www.magicseaweed.com或www.realsurf.com。

★ Let's Go Surfing 冲浪

（见86页地图；☎02-9365 1800；www.letsgosurfing.com.au；128 Ramsgate Ave, North Bondi；冲浪板和潜水服出租 1小时/2小时/每天/每周 $25/30/50/200；⏰9:00~17:00；🚌380-2）邦迪北部是学习冲浪的好地方。这所口碑甚佳的学校提供满足所有人需要的课程：7~16岁的青少年课程（1.5小时 $49）、成人课程（2小时 $110，有仅限女性参加的课程）和私人授课（1.5小时 $195/单人，$284/双人）。夏季之外的季节价格优惠。

曼利冲浪学校 冲浪

（Manly Surf School；见54页地图；☎02-9932 7000；www.manlysurfschool.com；North Steyne Surf Club, Manly；🚌139；🚢Manly）这所学校口碑很好，值得信赖，全年开设2小时的冲浪课程（成人/儿童 $70/55）和私人授课。如果你订一个多班套餐，那就便宜多了。它同时经营远至北部海滩的冲浪旅行，费用包括了两节课程、午餐、装备和市区接送服务（$120）。

游泳

你喜欢下水吗？悉尼拥有许多隐蔽的港口海滩、海水沙滩岩石池，以及100多处公共游泳池和奔涌的海浪。游泳时，选择有救生船的海滩，不要超出有救生员巡逻的范围，不要一整天都在海上游泳，也不要在大雨后的三天内到港口去游泳。许多户外游泳池会在凉爽的4月底关闭，并在10月初重新开放。

邦迪冰山游泳池 游泳

（Bondi Icebergs Pool；见86页地图；☎02-9130 4804；www.icebergs.com.au；1 Notts Ave；成人/儿童 $6.50/4.50；⏰周一至周三和周五 6:00~18:30，周六和周日 6:30~18:30；🚌333, 380）悉尼最著名的游泳也是邦迪风景最优美的游泳池，这里还有一个漂亮的小咖啡馆。

Newtown 新城

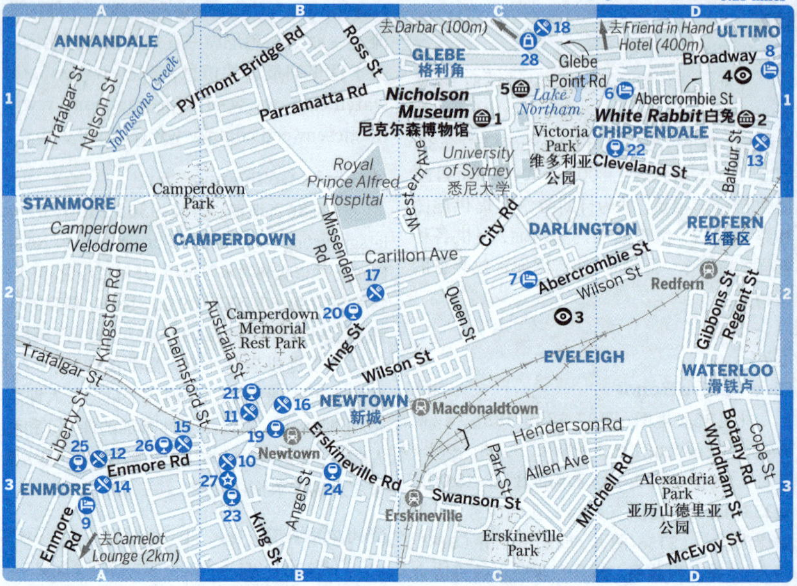

Newtown 新城

◎ 重要景点
- **1** 尼克尔森博物馆 C1
- **2** 白兔 D1

◎ 景点
- **3** Carriageworks C2
- **4** 中央公园 D1
- **5** 周泽荣博物馆 C1

😴 住宿
- **6** Mad Monkey Backpackers D1
- **7** Mandelbaum House C2
- **8** Old Clare Hotel D1
- **9** Tara Guest House A3

🍴 就餐
- **10** 3 Olives B3
- **11** Black Star Pastry B3
- **12** Cow & the Moon A3
- **13** Ester D1
- **14** Faheem Fast Food A3
- Spice Alley .... （见8）
- **15** Stinking Bishops A3
- **16** Thai Pothong B3
- **17** Thanh Binh B2
- **18** Wedge C1

🍷 饮品和夜生活
- **19** Bank Hotel B3
- **20** Corridor B2
- **21** Courthouse Hotel B3
- **22** Duck Inn D1
- **23** Earl's Juke Joint B3
- **24** Imperial Hotel B3
- **25** Sly Fox A3
- **26** Young Henry's A3

⭐ 娱乐
- **27** Newtown Social Club B3

🛍 购物
- Carriageworks Farmers Market .... （见3）
- **28** 格利伯集市 C1
- Gleebooks .... （见18）

这里的海水游泳池里经常涌动着大浪。另外，还有适合儿童的、设施更为完善的游泳池。由于要清理海藻，游泳池在周四歇业。

默里罗斯池 游泳

（Murray Rose Pool, Redleaf Pool; 见54页地图; 536 New South Head Rd, Double Bay; 📞324-

326；⛴Double Bay）**免费** 以一位奥运会游泳冠军命名。适合举家出游，并不是真正的泳池，而是大型的防鲨网围成的海滨浴场，也是海港地区最好的游泳地点之一。它是离城市最近的游泳海滩，因此吸引了不少东区的人前往。防鲨网的顶部环绕着一条木板路，还有两座很受欢迎的浮桥。

步行

乘船是你在游览中必做的事情之一，但步行也是游览这座城市的一大亮点。有很多条线路，你可以在海滨的专用小路上穿梭；也可以沿着海滩向宁静的郊区道路行进。www.walkingcoastalsydney.com.au网站是很好的资源，不仅可以用来规划自己的旅行，还可下载手册和地图。

★ 曼利观光步道　　　　　　　　　　步行
（Manly Scenic Walkway；见54页地图；www.manly.nsw.gov.au；⛴Manly）这段经典的步道主要由两部分组成：西侧是介于曼利和斯比特桥（Spit Bridge）之间、长达10公里的直道，东侧是围绕北角一圈、长达9.5公里的环路。游客可以在网上下载地图，或是到码头附近的信息中心里领取一份。

★ 邦迪至库吉崖顶徒步
（Bondi to Coogee Clifftop Walk）步行
邦迪至库吉崖顶的徒步线路长达6公里，从邦迪海滩出发，沿着悬崖顶部向南行走至库吉，途经塔玛拉马、勃朗特和嘉宝丽，沿途穿插着海滩、海水浴场、水上公园和讲述当地原住民故事的饰板，还能看到漂亮的全景。

帕拉玛塔河徒步
（Parramatta River Walk）步行
沿着帕拉玛塔河徒步是探索悉尼这片地区的最佳方式。帕拉玛塔河的南北两侧各有一条小路，大量鸟儿随处可见。你可以前往悉尼方向，或者逆流而上，寻找帕拉玛塔湖。www.walkingcoastalsydney.com.au网站上的优质资源可以对你的行程提供很大帮助。

👉 团队游
乘船游
这里有港口游轮可供选择，从明轮船到大游艇，各种各样。如果你喜欢精打细算，那就要坐渡轮返回曼利，好好规划一下吧。

★ Whale Watching Sydney　　　　野生动物
（见58页地图；📞02-9583 1199；www.whalewatchingsydney.com.au；⏰5月中旬至12月初）座头鲸和南露脊鲸习惯性地沿悉尼海岸线来回巡游，有时还会进入港区。5月中旬至12月，这家公司每有为时3小时（成人/儿童 $97/60）和2.5小时（$60/40）的出海观鲸游。针对追求更快、更亲密的观鲸体验的游客，他们提供两小时的快艇游（$60/45）。

船只出发点是圆形码头的6号口或达令港的寇卡湾码头。

Captain Cook Cruises　　　　　　游轮
（见58页地图；📞02-9206 1111；www.captaincook.com.au；Wharf 6, Circular Quay；🚇Circular Quay）除了提供豪华午餐、晚餐和鲸鱼观赏的游轮游外，这家公司还有可以随意上下的水上观光巴士，经停沃森湾、塔隆加动物园、花园岛、圆形码头、月神公园和达令港。每个成人/儿童的费用为45/25美元，包含景点的解说。

Harbour Jet　　　　　　　　　　　船游
（见62页地图；📞1300 887 373；www.harbourjet.com；King Street Wharf 9；成人/儿童 $80/50起；⛴Darling Harbour）悉尼有数家快艇运营公司（Sydney Jet、Oz Jet Boating、Thunder Jet）可供选择。这家提供35分钟和50分钟惊心动魄的游程，有大角度回转、鱼尾摆和时速75公里的急停。别把你的早餐吐出来。

自行车团队游
Bonza Bike Tours　　　　　　　　骑车
（见58页地图；📞02-9247 8800；www.bonzabiketours.com；30 Harrington St；⏰营业处9:00~17:00；🚇Circular Quay）该机构组织历时2.5小时的悉尼亮点游（Sydney Highlights；成人/儿童 $79/99）和时长4小时的悉尼经典游（Sydney Classic；成人/儿童 $119/99）。另外还有悉尼港大桥游和曼利游。可出租自行车（1小时/半天/1天/一周 $10/19/29/125）。

BlueBananas 骑车

(见58页地图；☎0422 213 574；www.bluebananas.com.au；281 Clarence St；🚇Town Hall)骑上电动自行车，参加导览骑行游。可以选1.5小时的大桥游($59)或2.5小时的悉尼城市游($99)。办事处在一条小型的商业街上。

步行游览

Sydney Architecture Walks 步行

(☎0403 888 390；www.sydneyarchitecture.org；成人 徒步 $49~59, 骑自行车 含自行车 $120)这些年轻阳光的运动爱好者提供两种均为3.5小时的自行车团队游和五种2小时的主题步行团队游(The City; Utzon and the Sydney Opera House; Harbourings; Art, Place and Landscape; Modern Sydney)。其中的特色亮点是在现代建筑原理和城市设计方面的解说。提前预订的话，价格会便宜一些。

The Rocks Walking Tours 步行

(见58页地图；☎02-9247 6678；www.rockswalkingtours.com.au；Shop 4a, Argyle St和Harrington St交叉路口；成人/儿童/家庭 $28/12/68；⏰10:30和13:30；🚇Circular Quay)每天有两场常规的90分钟岩石导览游，一路上能听到不少有趣的传闻。办事处在一个购物商场里；你也可以在网上预订。

I'm Free 步行

(见60页地图；☎0405 515 654；www.imfree.com.au；483 George St；⏰10:30和14:30；🚇Town Hall) **免费** 每天两次从市政厅和圣安德鲁大教堂之间George St外的广场出发(不必预约，到时间出发即可)。这些评价极高的3小时导览游名义上是免费的，但那些热情的年轻导游还是很期待你的小费。步行路线经过岩石区、圆形码头、马丁广场、Pitt St和海德公园。

其他团队游

★ BridgeClimb 步行

(见58页地图；☎02-8274 7777；www.bridgeclimb.com；3 Cumberland St；成人 $248~383, 儿

> **不要错过**
>
> ## 库灵盖蔡司(KU-RING-GAI CHASE)
>
> 占地14,928公顷的**库灵盖蔡司国家公园**(Ku-ring-gai Chase National Park；☎02-9472 8949；www.nationalparks.nsw.gov.au；Bobbin Head Rd, North Turramurra；每车每天 $12, 乘船登陆费 成人/儿童 $3/2；🚇Mt Colah)距离市中心24公里，构成了悉尼的北侧边界。在这里可欣赏到砂岩、原始丛林和海洋等一系列经典风景。公园拥有布罗肯湾(Broken Bay)南部边缘100多公里的海岸线，一直延伸到霍克斯伯里河(Hawkesbury River)。
>
> 库灵盖这个名字源自这里的原住民Guringai人，他们不是倒在英国殖民者的残暴统治下就是死于殖民者带来的疾病。凯特·格伦维尔(Kate Grenville)获得布克奖提名的小说《神秘河》(The Secret River)讲述了他们悲惨的经历，内容引人入胜，非常值得一读。
>
> 得益于管理部门对这里800多处遗迹的保护，今天我们还能看到当年原住民的生活遗迹，其中包括岩石壁画和洞穴艺术。想要了解更多，可从Mt Colah入口进入公园，然后前往**卡尔卡里探索中心**(Kalkari Discovery Centre；☎02-9472 9300；Ku-ring-gai Chase Rd；⏰9:00~17:00)，这里有关于澳大利亚动物和原住民文化的展览。
>
> 在令人振奋的公园区，可以在考恩悬崖(Cowan Creek)、布罗肯湾和碧水(Pittwater)看到壮观的水景。从西角(West Head)眺望碧水，巴伦乔伊灯塔景色非常棒。公园的整个区域都是令人惊叹的荒野，激动人心的美景随处可见。沿着小道还能下到一个小海湾。
>
> 驾车的话，可从Mt Colah的太平洋公路附近进入，或走位于North Turramurra的Bobbin Head Rd；前往西角、Cottage Point和碧水的话，可以走位于Terrey Hills的McCarrs Creek Rd。你也可以从棕榈树海滩乘坐渡轮到达碧水。

Manly 曼利

童 $168~273；🚇Circular Quay）穿戴头盔、安全带和拉风的连体服，就可以攀爬悉尼著名的悉尼港大桥了。黎明和黄昏时攀登收费最高，90分钟的体验攀（只爬到一半）的价格较便宜，这是一种"快速攀爬"，通过更快的路线上升到顶部。

节日和活动

★ 悉尼节　　　　　　　　　文化节

（Sydney Festival；www.sydneyfestival.org.au；⊙1月）悉尼最盛大的文化艺术节，有持续3周的音乐、戏剧表演和视觉艺术展览。

中国春节　　　　　　　　　文化节

（Chinese New Year；www.sydneychinesenewyear.com）庆祝活动延续17天，当地华人以美食、烟花、舞龙和赛龙舟来迎接农历新年。具体日期每年不同，但都在1月或2月。

★ 短片艺术节　　　　　　　电影节

（Tropfest；www.tropfest.org.au）全球最大的短片电影节，于12月上旬的某天举行，观众可以坐在帕拉玛塔公园的野餐毯上享受这一盛会。

Manly 曼利

◎ **重要景点**
1 曼利海滩 C1

◎ **景点**
2 曼利海洋生物保护区 A2

⊕ **活动、课程和团队游**
3 Manly Bike Tours B2
Shark Dive Xtreme .... （见2）

⊟ **住宿**
4 101 Addison Road D3

⊗ **就餐**
5 Jah Bar C1

⊙ **饮品和夜生活**
6 Hotel Steyne C1
7 Manly Wharf Hotel B2

★ 悉尼同性恋狂欢节　　　同性恋节日

（Sydney Gay & Lesbian Mardi Gras；www.mardigras.org.au；⊙2月至3月）每年3月的第一个周六，这个为期两周的庆典以全球闻名的大型游行和聚会活动画上句号。

Bondi 邦迪

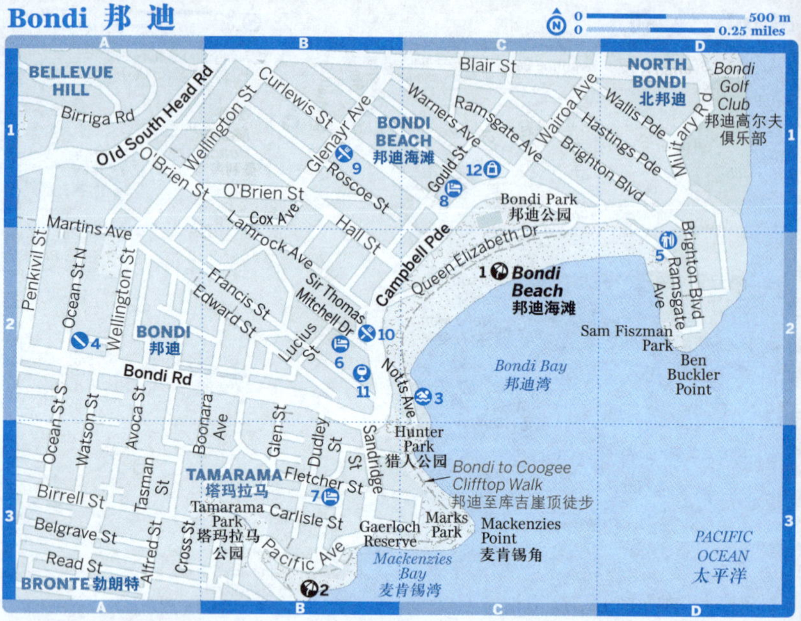

Bondi 邦迪

◎ 重要景点
1 邦迪海滩 C2

◎ 景点
2 塔玛拉马海滩 B3

⊕ 活动、课程和团队游
3 邦迪冰山游泳池 C2
4 Dive Centre Bondi A2
5 Let's Go Surfing D2

🛌 住宿
6 Bondi Beach House B2

7 Bondi Beachouse YHA B3
8 QT Bondi C1

🍴 就餐
Icebergs Dining Room ....（见3）
9 Lox, Stock & Barrel B1
10 Trio B2

🍷 饮品和夜生活
11 Anchor B2

🛍 购物
12 邦迪集市 C1

悉尼皇家复活节展览　　　　　展览会

（Sydney Royal Easter Show; www.eastershow.com.au）看上去像是农业展，这个悉尼的传统节日是一场为期两周的嘉年华盛会，有特意为孩子准备的奇趣包和糖果，人流量巨大。

悉尼双年展　　　　　　　　　　文化节

（Biennale of Sydney; www.biennaleofsydney.com.au）在偶数年的3月至6月举办的艺术和创意节，备受瞩目。

★ 悉尼作家节　　　　　　　　　文学节

（Sydney Writers' Festival; www.swf.org.au;

☺5月）澳大利亚最杰出的文学盛典，每年5月在中心城市的黄金地段举行，为期一周。

悉尼灯光音乐节　　　　　　　　文化节

（Vivid Sydney; www.vividsydney.com）你会沉浸在节日的光影幻境中，届时会举办国内外艺人的音乐表演、全球新思潮领袖的演讲和辩论活动。从5月底开始持续18天。

★ 悉尼电影节　　　　　　　　　电影节

（Sydney Film Festival; www.sff.org.au; ☺1月）这个精彩的、备受推崇的电影节（大多）在宏伟的州立剧院（State Theatre; 见58页地

图;☏02-9373 6655; www.statetheatre.com.au; 49 Market St;⓶Town Hall)举行,放映澳大利亚和世界各地的精彩艺术片。

悉尼至霍巴特帆船赛 体育节

(Sydney to Hobart Yacht Race; www.rolexsydneyhobart.com;⊙12月)每年12月26日,悉尼港会出现数百艘船只聚集在海上的景象,它们向前来参加这场艰苦比赛的选手告别。

★新年前夜 烟花表演

(New Year's Eve; www.sydneynewyearseve.com;⊙12月31日)一年中最大的派对,悉尼港会燃放绚丽的烟花。21:00会有适合家庭观看的展览,然后是午夜的主要活动。在港口及周边地区还有其他活动。届时会有各种固定的烟花观看区,有些区域凭票进入,有些区域不能喝酒。

住宿

悉尼到处都是酒店,但设备齐全的国际连锁酒店集中在圆形码头和市中心。郊区和海滩拥有各种各样的精品度假屋,从被列入遗产清单的连排房屋到雅致的公寓和海滩别墅,应有尽有。

几乎所有的酒店定价都非常灵活,所以一定要提前预订,以获得最划算的价格。

圆形码头和岩石区

★Sydney Harbour YHA 青年旅舍 $$

(见58页地图;☏02-8272 0900; www.yha.com.au; 110 Cumberland St;铺 $55~75, 双 $200~240; ❄✱@🛜;⓶Circular Quay)不菲的房价看起来和旅舍的身份不相称,但只要走到这家敞阔现代的青年旅舍的屋顶,看到无与伦比的圆形码头景色,你的所有疑虑都会烟消云散。所有房间都很宽敞,带独立卫生间——就连多人间宿舍也不例外。这里还积极贯彻实施可持续发展的战略方针。

Lord Nelson Brewery Hotel 酒馆 $$

(见58页地图;☏02-9251 4044; www.lordnelsonbrewery.com; 19 Kent St;房间 $180~200; ❄✱🛜;⓶Circular Quay)这家独具情调的砂岩酒馆建于1836年,楼上的房间小巧紧凑,有裸露在外的砖墙和屋顶窗,可以看到海港。在8间客房中,大部分光线明亮的房间都带卫生间,也有共用浴室的便宜房间。楼下的精酿酒厂是个喝一杯的好地方。房价含早餐。

★Harbour Rocks 精品酒店 $$$

(见58页地图;☏02-8220 9999; www.harbourrocks.com.au; 34 Harrington Street;房间 $300~550; ❄✱@🛜;⓶Circular Quay)这间豪华精品酒店位于悉尼首座医院的原址上,经过时髦而和谐的改造后,从殖民风格仓库变成一组纽约loft风格客房,有高挑的屋顶、炭砖墙面和雅致的家具。这里依然拥有一种历史氛围,提供令人轻松的人性化服务,有一个很棒的小花园阳台露台。

Pullman Quay Grand Sydney Harbour 公寓 $$$

(见58页地图;☏02-9256 4000; www.pullmanquaygrandsydneyharbour.com; 61 Macquarie St;公寓 $450~800; P❄✱@🛜;⓶Circular Quay)紧邻悉尼歌剧院,这幢公寓因其炙手可热的地理位置,被当地人称为"吐司炉"。设计精心的现代化公寓非常宽敞,设备齐全,让你置身于悉尼最繁华的核心,身边环绕着顶级餐馆、鸡尾酒吧和吸引人的海港。数目极少的房间以及居民和游客的融合提供了一种安静的氛围,与酒吧Hacienda的活力大不一样。

Park Hyatt 酒店 $$$

(见58页地图;☏02-9256 1234; www.sydney.park.hyatt.com; 7 Hickson Rd;房间 $1150~1600; P❄✱@🛜;⓶Circular Quay)是悉尼最昂贵的酒店,服务品质和配套设施首屈一指。在床上、阳台或浴室,都可以将圆形码头的全景尽收眼底。屋顶泳池让人觉得可以触摸到悉尼港大桥。这里还有24小时的管家服务,你无须另寻他处。

城市中心和秩市

★Railway Square YHA 青年旅舍 $

(见77页地图;☏02-9281 9666; www.yha.com.au; 8-10 Lee St;铺 $39~52,双 $142起,不带卫生间 $132起; ✱@🛜;⓶Central)这里曾

城市漫步
邦迪至库吉崖顶步道

起点: 邦迪海滩
终点: 库吉海滩
距离: 6公里
需时: 2~3小时

这条海岸道路也许是悉尼最负盛名、最受欢迎、最棒的步行线路,不容错过。路线两端起止处和途中的大部分地点均有公共汽车经过,如果你觉得天气太热或不想再继续,在沿途的任一处海滩跳进海里洗个澡就能解决问题(请带上泳衣)。一路上没有什么遮阳物,出发前一定要记得涂防晒霜并戴上你的帽子。

从标志性的❶**邦迪海滩**(见66页)出发,拾阶而上,经过波光粼粼的❷**邦迪冰山游泳池**(见81页)上方,到达Notts Ave的南端。沿着Notts Ave走到底,来到悬崖步道上。

往南走,能看到最蔚为壮观的悬崖峭壁和太平洋(注意看海豚、鲸鱼和冲浪者)。❸**塔玛拉马**是一片小而精致的沙滩,其纵深与其宽度完全不成比例。

从悬崖最高处下行走到❹**勃朗特海滩**(Bronte Beach)。扎进海里游个泳,然后去诺福克岛(Norfolk Island)松树林里野餐,或去咖啡馆里喝杯咖啡。休息过后,踏上海滩南侧的小路继续前进。

位于悬崖边缘的❺**韦弗利墓地**(Waverley Cemetery)是一些澳大利亚名人的安眠之所。天气晴朗的时候这里是观鲸的好位置。

路过喝着啤酒或是在嘉富丽保龄球俱乐部里打保龄球的当地人,以及❻**巴罗斯公园**(Burrows Park)里的美冠鹦鹉和亲密情侣,到达隐蔽的❼**嘉富丽海滩**(Clovelly Beach)。

沿着上山的小道穿过停车场,再沿着Cliffbrook Pde前行,然后下山到达一排倒置着的救生艇处,这里就是❽**戈登湾**(见81页)——悉尼最棒的海岸潜水点之一。

再往前走,经过❾**海豚角**(Dolphin Point),到达壮观的❿**库吉海滩**。入住Coogee Bay Hotel,再喝一两杯啤酒犒赏自己。

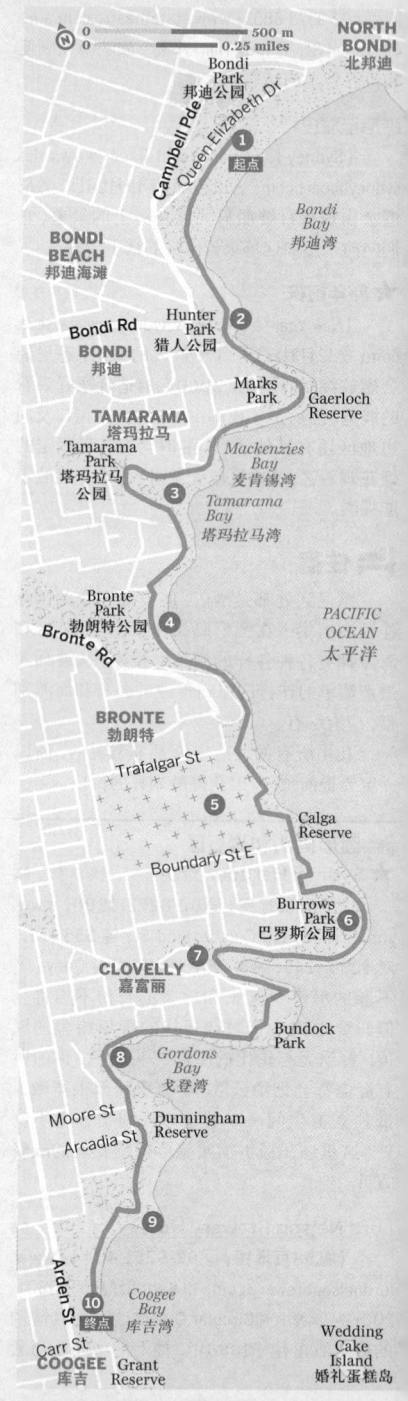

是车站的行李房，经过巧妙翻新后变成一处极其迷人的旅舍。青旅位置极佳，而又远离喧嚣。带有瓦楞屋顶的宿舍和地热浴室一尘不染；一些宿舍是由火车车厢改造的。这里还有一个咖啡馆和洗衣房，在调研期间，还有一个正在更新升级的游泳池。

Sydney Central YHA 青年旅舍 $

（见77页地图；02-9218 9000；www.yha.com.au；11 Rawson Pl；铺 $44~55，双 $150起，不带卫生间 $130；P❄@⚡；Central）位于中央车站附近的这座建于1913年的庞然大物名列《遗产名录》，也是悉尼所有青年旅舍的鼻祖。经过改建的青年旅舍里什么都有，从旅行社到内部电影院一应俱全。房间色彩鲜亮，厨房也很不错。最棒的体验是：在桑拿房里蒸出满身大汗，然后到屋顶泳池去享受清凉。HI会员可享受10%的折扣。

Hyde Park Inn 酒店 $$

（见60页地图；02-9264 6001；www.hydeparkinn.com.au；271 Elizabeth St；房间 $198~286；P❄⚡；Museum）这家轻松悠闲的酒店就位于公园内，有带简易厨房的工作间、带阳台和完备厨房的豪华间，以及几间两居室公寓。所有客房都有平板电视，有些还带微波炉和小厨房。房价中包含早餐和停车费，这点对于悉尼市中心的酒店来说可谓非常划算。

★ QT Sydney 精品酒店 $$$

（见58页地图；02-8262 0000；www.qtsydney.com.au；49 Market St；房间 $350~450；P❄@⚡；Town Hall）好玩、性感、夸张、炫丽，这家极为戏剧化、炫酷的酒店位于历史悠久的州立剧院。所有客房的装饰艺术风格怪诞，再配以古怪的、真实风格的补充装饰品，绝对能起到让人"哇"的效果。此外，这里还有一个豪华的水疗中心，以及一间由悉尼最时尚的餐馆老板经营的酒吧兼烧烤店。

Establishment Hotel 精品酒店 $$$

（见58页地图；02-9240 3100；www.merivale.com.au；5 Bridge Lane；房间 $350~500；❄@⚡；Wynyard）这家设计精美的精品酒店位于一条雅致的巷道里，坐落在19世纪经过翻新改造的仓库中，以其熏香的香味和深色的木材让人有一种身在亚洲的感觉。房间主要有两种风格：一种是"明亮型"，主白色和棕黄色色调；另一种是性感的"昏暗型"，铺有木地板，给人一种夜晚的感觉。其周围的酒吧和餐厅验证了"颓废之夜"之说不虚。

Primus Hotel Sydney 酒店 $$$

（见60页地图；02-8027 8000；www.primushotelsydney.com；339 Pitt St；房间 $290~380；P❄@⚡；Town Hall）这家经过巧妙改造的酒店位于曾经的Water Board大楼中，拥有宽敞的大厅、红色的柱子和华丽的艺术装饰。这里空间广阔，拥有宽敞的走廊，数量充足和宽敞的房间；最大的亮点就是优质的服务。游泳池虽然很小，但它周围的露台是一个向公众开放的绝佳地点。

达令港和皮尔蒙特

★ Ovolo 1888 精品酒店 $$$

（见62页地图；02-8586 1888；www.ovolohotels.com；139 Murray St；盒子间 双 $239~299，双 $299~349；@❄⚡；Convention Centre）这家时尚的酒店位于一家被列入遗产名录的羊毛商店内，把工业极简主义和暖色调的铁木梁、豪华的设施和忙碌的员工融为一体。房间包括名副其实的"盒子间"、通风的阁楼和带有港口景观的阁楼套房。迷你吧可以免费使用。直接预订可以享受免费的饮料和点心。

Adina Apartment Hotel Sydney Harbourside 公寓 $$$

（见62页地图；02-9249 7000；www.adinahotels.com.au；55 Shelley St；公寓 $229~500；P❄⚡；Darling Harbour）理想中的住宿天堂应该是一个豪华、宽敞的公寓，那里有专人替你打扫房间。这一幕在国王街码头（King St Wharf）附近的低层建筑里上演。所有的公寓都有厨房，所有的单间公寓里都有洗衣设施和阳台。房间都非常宽敞，还有一个巨大的中庭游泳池和健身区。

金斯克罗斯和波茨角

★ Blue Parrot Backpackers 青年旅舍 $

（见64页地图；02-9356 4888；www.

blueparrot.com.au；87 Macleay St，Potts Point；铺 $39~45；😊@🛜🏊；🚇Kings Cross）如果波莉（Polly）想吃小旅馆的饼干，她就会来到这个有趣的、五彩缤纷的地方——一对姐妹对这个小店投入了极大的热情。青旅给人的感觉更像是一处合租屋（但更干净！）。这里有一个很大的后院，房间内有高高的天花板，以及舒适的床铺和床垫。电影、游戏机和烧烤也为这里加分。适合18~35岁的客人入住。

Kings Cross Backpackers
青年旅舍 $

（见64页地图；📞02-8705 3761；www.kingscrossbackpackers.com.au；79 Bayswater Rd, Kings Cross；铺 $35~43；😊❄@🛜；🚇Kings Cross）这家经营良好的青年旅舍地理位置优越，位于金斯克罗斯较为安静的地段，拥有经过翻新的带有空调的干净宿舍，每间宿舍可供4~12人居住，宿舍里还带有储物柜和床下储物箱。楼下的厨房和甜美的屋顶平台是用来消磨时光的好地方。这里非常安全，价格公道。住宿价格包含早餐，但地点却在几个街区之外。

Macleay
公寓 $$

（见64页地图；📞02-9357 7755；www.themacleay.com；28 Macleay St, Elizabeth Bay；房间 $180~250；P😊❄@🛜🏊；🚇Kings Cross）这个低调的地方位于金斯克罗斯时尚的一角，四周都是非常漂亮的餐馆。单间公寓略显老旧，但都有简单的小厨房，每层楼还有一个洗衣房。屋顶游泳池和健身房是加分项。员工热情友好，乐于助人；最好选择较高楼层的房间，可以看到城市和海港景观。

Hotel 59
民宿 $$

（见64页地图；📞02-9360 5900；www.hotel59.com.au；59 Bayswater Rd, Kings Cross；标单 $105，双 $135~145；😊❄🛜；🚇Kings Cross）家庭经营的Hotel 59坐落在Bayswater Rd非常便利的路段上，只有9个简单而舒适的房间，绝对物超所值。酒店老板乐于助人，而且非常细心，楼下的咖啡馆供应热早餐（包含在房价内），很适合那些在金斯克罗斯狂欢后的宿醉者。

★ Ovolo Hotel Woolloomooloo
酒店 $$$

（见64页地图；📞02-9331 9000；www.ovolohotels.com；6 Cowper Wharf Roadway, Woolloomooloo；房间 $400~700；P😊❄@🛜🏊；🚇311；🚇Kings Cross）这家很棒的休闲酒店坐落在伍卢穆卢码头，位置极佳，这里的年轻员工特别友好，装潢风格也非常可爱。"特级房间"大多朝向道路或带有天窗，如果想要观赏海景，可以升级到朝向东方的"豪华间"；如果想要欣赏城市风光，则可以选择朝向西方的房间。酒店风格独特，有长长的走廊、工业机械装饰，以及形状特别、设计巧妙的房间。是悉尼的酒店中的一枝独秀。

Simpsons of Potts Point
精品酒店 $$$

（见64页地图；📞02-9356 2199；www.simpsonshotel.com；8 Challis Ave, Potts Point；房间 $255~355；P😊❄@🛜；🚇Kings Cross）这栋建于1892年的别墅位于一条热闹的咖啡地带末端，很安静，经过精心修复，恢复了昔日的风光。室内非常令人惊叹，漂亮的公共区域和12间客房集艺术、优雅和奢华于一身。楼下的休闲区很适合玩象棋或是喝上一杯酒店赠送的雪莉酒。服务非常个性化，好评如潮。

萨里山和达令赫斯特

★ Bounce
青年旅舍 $

（见77页地图；📞02-9281 2222；www.bouncehotel.com.au；28 Chalmers St, Surry Hills；铺 $40~48，双 $149~159；😊❄@🛜；🚇Central）这家青年旅舍就在中央车站旁边，拥有经济型的精品住宿。房间各种各样的配置非常现代化，而且很宽敞，拥有超大的储物柜。私人房间拥有酒店标准，是一个非常划算的选择。酒店经营良好，能够满足想要参加聚会的人群和希望得到安静的人群的需要。巨大的厨房是一个加分项，而令人难以置信的屋顶平台是一个观看美景的好地方。简直太完美了。

Big Hostel
青年旅舍 $

（见60页地图；📞02-9281 6030；www.bighostel.com；212 Elizabeth St, Surry Hills；铺 $32~36，标单/双 $89/110；😊❄@🛜；🚇Central）一家朴实无华却非常棒的青年旅舍，有清凉的屋顶露台和一处拥挤却时髦的公共交流区和厨房。宿舍里有储物柜、高高的天花板和充足的空间。四人间价格稍高，但有卫生间和小电视。对于位于悉尼市中心的住宿地点来说，价格非常划算。房价中包含欧式早餐。只有楼下提供免费Wi-Fi。

57 Hotel 酒店 $$

（见77页地图；☎02-9011 5757；www.57hotel.com.au; 57 Foveaux St, Surry Hills; 标单$219~299，双$229~449；🈳❄🛜；🚇Central）这家酒店由一所技术学院改造而成，现在就像是一个时髦的小镇，拥有流行的灰色、黑色和巧克力色调。房间的大小不一，除了极其紧凑的两人"盒子间"，建筑的角落里还有宽敞、明亮的大床房。我们喜欢狗狗的毛巾架。在大堂的休闲区，还供应免费的咖啡和早餐点心，对于赶时间的顾客来说是个不错的选择。

★ADGE Boutique Apartment Hotel 公寓 $$$

（见64页地图；☎02-8093 9888；www.adgehotel.com.au; 222 Riley St, Surry Hills; 公寓$400~800；🅿🈳❄🛜；🚍333, 380）现代、大胆、引人注目，ADGE在随处可见的酒店式公寓中是一个明智而令人愉快的选择。这里独具特色而又极其舒适的两居室公寓中拥有华丽的条纹状甘草混织地毯、落地窗，高品质的厨房里还有Smeg冰箱和迷人的阳台。除此之外，欢迎饮料和房间夜床服务也为这里锦上添花。对夫妻来说，这里能够让你拥有一种完美的城市体验，绝对物超所值。

邦迪海滩、库吉海滩和东部海滩

Bondi Beachouse YHA 青年旅舍 $

（见86页地图；☎02-9365 2088；www.yha.com.au; 63 Fletcher St, Tamarama; 铺$33~37，标双和双 不带卫生间$90，双/家$110/180；❄🛜；🚍361）这家装饰艺术风格的青年旅舍位于邦迪和塔玛拉马海滩之间的山腰上，共有95张床铺，是你在邦迪最好的选择。宿舍里可以居住4~8人房间里带有木地板和空间很大的储物柜；有些私人房间还可以看到海景——所有的房间都非常干净且维护良好。设施包括电影放映室、宽敞的公共区、庭院烧烤，以及可以看到绝色美景的屋顶露台。

Bondi Beach House 客栈 $$

（见86页地图；☎02-9300 0369；www.

青年旅舍产业

悉尼的青年旅舍从高档到低档不等。中央车站周围环绕着许多背包客街区，那里不错的酒吧可以提供套房、空调、屋顶平台，有些还有游泳池。在这样的地方，私人房间通常与中档酒店不相上下，但在许多情况下，价格却相差很多。你可以在金斯克罗斯（仍然是背包客的聚集区）找到更小、更便宜的旅舍。许多青年旅舍都有一周房价，有些还有可供长期居住的专门区域。

bondibeachhouse.com.au; 28 Sir Thomas Mitchell Rd, Bondi Beach; 标单$130，双$195~320；🅿🈳❄🛜；🚍380-2）这间迷人的青年旅舍位于Campbell Pde后面的宁静小巷里，质朴却讲究的家具和装备齐全的公共厨房带来如家般的温馨与舒适。尽管从旅舍去海滩只需步行两分钟，但你也许愿意一整天都待在旅舍里——庭院和露台都是休息放松的好地方，客房的布置也能让你舒舒服服地睡个懒觉。

Dive Hotel 精品酒店 $$

（见54页地图；☎02-9665 5538；www.divehotel.com.au; 234 Arden St, Coogee; 房间$210~380；🅿🈳❄🛜；🚍372-374）这家氛围轻松的家庭酒店距离海滩仅隔一条马路。许多酒店都名不副实，谢天谢地，这里不是。简单、可爱的现代化房间里配有冰箱和微波炉，浴室小而精致，铺有马赛克砖，安放着不锈钢台盆。在迷人的室内和室外区域，欧式的自助早餐是一大亮点，除此之外，你还可以看到品貌兼优的老板和他们的狗狗。

★QT Bondi 公寓 $$$

（见86页地图；☎02-8362 3900；www.qtbondi.com.au; 6 Beach Rd, Bondi Beach; 公寓$399~720；🅿🈳❄🛜；🚍333, 380-2）这家新建的公寓式酒店色彩艳丽，非常时尚，铺满了鹅卵石，距离海滩只有几步之遥。这里拥有齐全的设施、极佳的位置和良好的服务态度。所有的房间和套房都非常宽敞，配有浅色的家具和轻快的氛围。豪华大床房带有阳台，但看不到海景。所有房间都带有小厨房、浴缸

悉尼港畔

★ Cockatoo Island　　　　　　　露营地 $

（见54页地图；☏02-8969 2111；www.cockatooisland.gov.au；露营地 $45起，两床帐篷 $150~175，公寓 $250起，小屋 $595起；🛜；🚢Cockatoo Island）在海港中央的一个小岛上醒来是一次非同寻常的悉尼体验。带上你自己的帐篷（或者只是睡袋），或者住在位于水边带有双人床的双人帐篷里。如果不想露营的话，还可以选择简单的房子和公寓。如果想要自炊的话，这里还有一个设备齐全的营地厨房；对于其他人来说，这里有两家咖啡馆和酒吧。

注意，除非你住在公寓里面，否则就不能把酒带到岛上。

Watsons Bay Boutique Hotel　精品酒店 $$

（见54页地图；☏02-9337 5444；www.watsonsbayhotel.com.au；10 Marine Pde, Watsons Bay；房间 $259~559；🅿️🅰️❄️🛜；🚢Watsons Bay）汉普顿卓越的酒店位于一个迷人的海滨小村庄里，你可以乘坐渡轮到达这座别致的酒店门口。奢侈品包括柔软的亚麻布、时髦的浴室配件和明亮的玻璃套件。在周末，酒店的多层Beach Club热闹非凡，尽管有双层玻璃，依然可以听到噪声。房价包含早餐。

Glenferrie Lodge　　　　　　　客栈 $$

（见54页地图；☏02-9955 1685；www.glenferrielodge.com；12a Carabella St, Kirribilli；标单/双 不带卫生间 $88/128，双 $152；🅿️🅰️@🛜🏠）🍴这家客栈坐落在一座建于19世纪的大房子里，位于安静的柯里比利（Kirribilli），距离渡轮码头很近（你还可以愉快地漫步到桥对面的城市）。在悉尼，这里现代化的房间绝对物超所值，房间大都配有健身房风格的卫生间。这是一座面积很大、布局凌乱的复杂建筑，带有一个厨房兼咖啡馆区，以及一个带有游乐场的花园。如果你直接预订，房价中包含早餐。

新城和内城西部

Mad Monkey Backpackers　　青年旅舍 $

（见82页地图；☏02-8705 3762；www.madmonkeybroadway.com.au；20 City Rd, Chippendale；铺 $38~48；🅰️❄️🛜；🚌412, 413, 422, 423；🚆Central）这家友好的、设施齐全的青年旅舍位置极佳，有很多值得推荐的地方。这里的宿舍比较拥挤，但配有优质的床垫；而卫生间也高了平均水平，配有吹风机和直发器。酒店提供派对巴士和主要的周六夜店的免费入场券，还有可以帮助第二天恢复体力的免费的舒心美食。房价包含早餐和Netflix。

Mandelbaum House　　　　　　客栈 $

（见82页地图；☏02-9692 5200；www.mandelbaum.usyd.edu.au；385 Abercrombie St, Darlington；标单/双 不带浴室 $75/98，双/公寓 $135/170；⏰11月末至次年月中旬；🅿️🅰️❄️@🛜；🚆Redfern）🍴作为悉尼大学的住宿学院之一，这个甜美的地方在夏季时是一个理想的住宿地点。这是一个小巧且真诚友好的地方，拥有极具个性的欢迎方式和一系列舒适的房间，并且是非营利性的，其中的一些房间需要共用很棒的浴室。这个地方很适合探索红番区（Redfern）和新城的咖啡馆和酒吧。

★ Tara Guest House　　　　　　民宿 $$

（见82页地图；☏02-9519 4809；www.taraguesthouse.com.au；13 Edgeware Rd, Enmore；双 带/不带卫生间 $225/195；🅰️🛜；🚌426）在一所建于1880年的房子里，一对夫妇创建了这家美好的旅馆。迷人的房间非常明亮，举架很高，装饰极好。前卫的裸体艺术为旅馆增添特色，而狗狗奥斯卡、免费的机场接送服务和美味的公共早餐则是其他亮点。主人的热情好客使得这里成为悉尼最好的住宿选择之一。

★ Forsyth Bed & Breakfast　　　民宿 $$

（见54页地图；☏02-9552 2110；www.forsythbnb.com；3 Forsyth St, Glebe；双 $195~235；🅰️❄️🛜；🚌431；🚢Glebe）这个迷人的精品民宿隐藏在格利伯（Glebe）的一个漂亮的角落，只有两个令人惊叹的设计精美的房间：现代、整洁、精致优雅。Rozelle房间拥有一个可爱的阳台和宽敞的套房，而亚洲风格的Blackwattle房间则拥有一个小小的卫生间和独立的客厅。主人在日式花园中提供无可挑剔的服务、热心的建议和高品质的早餐。

Old Clare Hotel　　　　　　　精品酒店 $$$

（见82页地图；☏02-8277 8277；www.theoldclarehotel.com.au；1 Kensington St, Chippendale；房间 $300～600；P✳❋☏❄；☒Central）这个如今拥有62个房间的酒店，是由一家啤酒厂的办公楼巧妙改建而来的，位于Chippendale地区极佳的位置。房间很好地避开了喧闹的百老汇，屋顶很高，室内赏心悦目，细节装饰巧妙独特，比如用打捞工具做成的灯具。档次高一些的房间要大得多，但即便是最便宜的房间，也配有特大床和令人愉快的设施，并给人以良好的空间感。

曼利

Manly Bunkhouse　　　　　　青年旅舍 $

（见54页地图；☏02-9976 0472；www.bunkhouse.com.au；35 Pine St, Manly；铺 $42，双 $105；P❄@☏；☒151, 158, 169；☒Manly）这家休闲的青年旅舍位于一座漂亮而古老的房子内，距离海滩只有几步之遥，拥有一种独特的冲浪氛围。双人套间带有高高的天花板、足够大的活动空间，以及大量的储存空间，使得这里很受长时间居住的人们的欢迎。经过装修的私人房间也带有浴室，非常划算。这里有一个很棒的后院，里面配有烧烤设施，墙上挂着时髦的绘画作品。

101 Addison Road　　　　　　民宿 $$

（见85页地图；☏02-9977 6216；www.bb-manly.com；101 Addison Rd, Manly；房间 $165～200；P❄☏；☒Manly）这栋装修豪华的小屋建于19世纪80年代，位于海滩和轮渡码头附近的一条安静的街道上。这里有两间客房，但善解人意的主人一次只接一单（可接待1～4人），也就是说，你可以独自享用这栋到处摆放着古董的屋子，包括配有高贵典雅的钢琴和开放式壁炉的私人休息室。

就餐

悉尼的美食在世界各大城市中可谓无可比拟，它将最新鲜的当地食材与亚洲、美洲以及其早前的殖民地风味相结合，使澳大利亚在环太平洋地区的地位首屈一指。

悉尼的顶级餐馆价格不菲，但外出就餐并不需要花太多钱。这里有很多外来餐馆，你可以在那里享用物美价廉的比萨或者面条。咖啡馆也是一个不错的选择，比较可靠，饮食通常非常大胆，价格比较合理。而众多BYO（自带酒水）餐馆则会为你提供一种更加省钱的就餐选择；内城西部有很多这样的餐馆。

圆形码头和岩石区

在岩石区迷人的后巷中，小餐馆星罗棋布，从24小时营业的烙饼摊到铺着白色亚麻桌布的大饭店，应有尽有。在海港大桥到歌剧院的马蹄铁形区域周围，你会发现几十家高档餐馆，在那里都可以看到极佳的海景。毫无疑问，这个最吸引游客的地方也最昂贵。如果可能的话，可以在这里居住至少一个晚上，穿上你最好的衣服，去感受一下悉尼的奢华。

★ Fine Food Store　　　　　　咖啡馆 $

（见58页地图；☏02-9252 1196；www.finefoodstore.com；Mill Lane和Kendall Lane交叉路口；简餐 $9～15；⏰周一至周六 7:00～16:30，周日 7:30～16:30；☏❄；☒Circular Quay）岩石区给人的印象往往是遍布酒吧，因此找到这间休闲的咖啡馆是一件令人愉快的事。在游览的途中，你可以在这里驻足，吃上一顿比酒店更好、更便宜的早餐。这里的员工热情好客，咖啡种类丰富，还供应美味的帕尼尼、三明治和其他的早餐和午餐食物。这条狭窄的巷子上的户外餐桌是最好的就餐地点。

★ Quay　　　　　　　　新派澳大利亚菜 $$$

（见58页地图；☏02-9251 5600；www.quay.com.au；L3, Overseas Passenger Terminal；4/8道菜的套餐 $175/235；⏰周一至周四 18:00～21:30，周五至周日 正午至13:30和18:00～21:00；☒Circular Quay）Quay不留情面地打破了色与味不能俱全的铁律。厨师彼得·吉尔默（Peter Gilmore）从不故步自封，总在不断地推出手艺精湛、锐意创新的菜式，让Quay登上了权威的"世界最佳餐馆"名单。餐厅的景观如何？你会拥有一种在明信片风景里进餐的感觉。可以通过网络预订，但以防万一，最好打电话预订。

Aria

新派澳大利亚菜 $$$

（见58页地图；☎02-9240 2255；www.ariarestaurant.com；1 Macquarie St；2/3/4道菜的晚餐 $115/145/170，品尝 $205；◎周一至周五 正午至14:15和17:30~22:30，周六 正午至13:45和17:00~22:30，周日 正午至14:15和17:30~20:30；ⓡCircular Quay）Aria是悉尼高档餐馆中的一颗明星，他把厨师马特·莫兰（Matt Moran）一流的菜肴、歌剧院的美景、华丽的内饰风格和完美无瑕的服务完美地结合在了一起。看剧之前和之后的单点菜单意味着你可以在19:00之前或22:00点之后，享用一顿歌剧前后的特别的晚餐（1/2/3道菜的套餐 $55/90/110）。

🍴 城市中心和秩市

由于看不到港口风光，悉尼市中心的餐馆往往都非常低调而高档——适合秘密地进行超过百万美元的交易。一些餐馆坐落在高塔顶上，想要以此来打破其地理位置上的劣势。唐人街是你购买便宜而满意的食物的最佳选择——尤其是在午夜之后。在这里，中国食物占主导地位，但你也会发现非常棒的越南、马来西亚、韩国和泰国等国家的美食。在Liverpool St附近的Pitt St旁边是小韩园（Little Korea）；而泰国城（Thaitown）则位于Campbell St。

Mamak

马来西亚菜 $

（见60页地图；☎02-9211 1668；www.mamak.com.au；15 Goulburn St；主菜 $6~17；◎周一至周四 11:30~14:30和17:30~22:00，周五至次日1:00，周六 11:30~次日1:00，周日 至22:00；🅿；ⓡTown Hall）如果你不想排队，就早点来（17:30开始供应晚餐），因为这家马来西亚餐馆是悉尼最受欢迎的廉价消费场所之一。沙爹烤肉用木炭烤制而成，与金黄色的烤饼搭配在一起食用尤为美味。

★ Mr Wong

中国菜 $$

（见58页地图；☎02-9240 3000；www.merivale.com.au/mrwong；3 Bridge Lane；主菜 $26~38；◎周一至周三 正午至15:00和17:30~23:00，周四和周五 正午至15:00和17:30至午夜，周六 10:30~15:00和17:30至午夜，周日 10:30~15:00和17:30~22:00；🅖🅿；ⓡWynyard）这家带有裸露砖墙的殖民时期的仓库位于CBD巷道中迷人而又幽暗的空间里，优雅且不失舒适，员工队伍庞大，开放式的厨房里悬挂着鸭子。午餐时间的点心香味四溢，而极有"质感"的鸡肉和海蜇沙拉会给人满口清新的感觉。香脆猪蹄等主菜会让你欲罢不能，而北京烤鸭卷绝对是这里的传奇美食。

令人印象深刻的酒单和细心、活泼的服务使得生意无往不利。

★ Restaurant Hubert

法国菜 $$

（见58页地图；☎02-9232 0881；www.restauranthubert.com；15 Bligh St；菜肴 $15~42；◎周一至周六 17:00至次日1:00；ⓡMartin Place）在这里，你将忘情地沉浸在性感的怀旧氛围中，并从时尚精致的悉尼切入20世纪30年代的鸡尾酒电影中。这里供应美味的老式法国菜——比如鹅肝酱、黑布丁或鸭肉，以及比较前卫的创新菜品。你可以在珠光餐桌旁或者摆满威士忌的长长的柜台前就座。不接受小团体预订，因此只能在酒吧区等待。

★ Azuma

日本菜 $$

（见58页地图；☎02-9222 9960；www.azuma.com.au；Level 1, Chifley Plaza, Hunter St；主菜 $22~48；◎周一至周五 正午至14:30和

美食广场

虽然从街道上看不见它们，但悉尼的CBD却充斥着美食广场，这是享用经济划算的一餐的好去处，尤其是在午餐时间。在购物中心和主要的办公大楼里可以寻找它们。在Westfield Sydney、Australia Sq、Hunter Connection（楼上和楼下）附近，在维多利亚女王大厦地下的北端，Liverpool St以北的George St和Pitt St之间，World Sq和Sussex Centre都有值得一去的美食广场。

这些地方大多在周一至周五的午餐时间开放。寿司店往往会在下午的时候开始打折当天的食物。在周五的15:30左右，几乎所有的地方都会供应廉价的外卖盒饭：花费$5可以买到丰盛的一餐。

18:00~22:00，周六18:00~22:00；圆Martin Place）这是悉尼最好的日本餐馆之一，位于Chifley广场楼上。这里供应优质的寿司和生鱼片，口感非常不错。其他选择包括寿喜烧、自助火锅菜肴和美味的品尝菜单（每人\$110）。这是一个品尝高级的现代日本美食的好地方。还有一些让人欲罢不能的瓶装清酒。

★ Pablo & Rusty's 咖啡馆 \$\$

（见58页地图；☎02-9283 9543；www.pabloandrustys.com.au；161 Castlereagh St；简餐\$10~25；⏰周一至周五6:30~17:00，周六8:00~15:00；🛜🍴；圆Town Hall）作为悉尼市中心最好的咖啡馆之一，这里总是热闹非凡。店里有迷人的木制和砖砌装饰，供应非常棒的咖啡（每天供应几种不同产地的咖啡），还有一系列诱人的早餐和午餐特色菜，从三明治到丰盛的地中海和亚洲风味菜肴，多种多样，比如金枪鱼搭配糙米饭或荔枝和姜粉。

Chat Thai 泰国菜 \$\$

（见60页地图；☎02-9211 1808；www.chatthai.com.au；20 Campbell St；主菜\$10~20；⏰10:00至次日2:00；🍴；圆Capitol Square；圆Central）这家泰国餐馆比一般的泰国连锁餐馆更酷，深受人们欢迎。餐馆外面贴着一张清单，如果想要订位子的话，需要把你的名字写在上面。在这里，你可以吃到在普通的泰国餐馆吃不到的菜肴，尤其是少见的甜品，这让客居悉尼的泰国人蜂拥而至。

Sydney Madang 韩国菜 \$\$

（见60页地图；☎02-9264 7010；371a Pitt St；主菜\$13~23；⏰11:30至次日2:00；圆Museum）这处不起眼的美食店位于小韩园的小巷里——它是一家真正的烧烤店，内部装修非常普通，但食物的质量和分量都堪称上乘。是的，这里环境嘈杂、空间狭窄、秩序混乱，但是美味的海鲜辣汤会让你再次前来。

★ Sepia 日本菜、创意菜 \$\$\$

（见58页地图；☎02-9283 1990；www.sepiarestaurant.com.au；201 Sussex St；品尝\$215，搭配葡萄酒\$135；⏰周五和周六正午至15:00，周二至周六18:00~22:00；圆Town Hall）这里据说是澳大利亚最好的餐馆，不断突破、创新的菜单上都是日本菜肴，而分子烹饪和觅食精神则在极具创意和令人惊叹的佳肴中发挥着重要作用。美味的海鲜会使你的味蕾大为满足。这里环境奢华，灯光幽暗，相当正式，还有一个葡萄酒吧。

★ Tetsuya's 法国菜、日本菜 \$\$\$

（见60页地图；☎02-9267 2900；www.tetsuyas.com；529 Kent St；品尝\$230，搭配葡萄酒\$110；⏰周二至周五17:30~22:00，周六正午至15:00和17:30~22:00；圆Town Hall）这家非同凡响的餐馆隐藏在高楼林立且历史悠久的别墅背后，人们来到这里更多的是为了体验美食，而不仅为填饱肚子。日本出生的创意天才Tetsuya Wakuda烹饪的10多道法国和日本风味的菜品，品尝起来味道很好，海鲜最是美味。请预订。

★ Rockpool Bar & Grill 牛排 \$\$\$

（见58页地图；☎02-8078 1900；www.rockpool.com；66 Hunter St；主菜\$45~59，酒吧主菜\$18~32；⏰周一至周五正午至15:00和18:00~23:00，周六18:00~23:00，周日17:30~22:30；圆Martin Place）餐厅位于装饰派艺术风格的City Mutual Building里，店内井然有序的就餐氛围会让你觉得自己就像20世纪30年代的曼哈顿股票经纪人。酒吧的风干纯血和牛汉堡（一定要是手工切的肥牛肉）很出名，肉食爱好者同样会迷上这里多汁的牛排、炖肉和烤鱼。

🍴 达令港和皮尔蒙特

达令港沿线有一排排的餐馆，你可以在其中的很多餐馆中一边享用海鲜一边欣赏海景。大部分餐馆都能够迎合游客的需求，但价格昂贵，虽说不错，但也算不上出类拔萃。The Star建筑群将自己标榜为一个美食胜地，吸引许多富有才华的餐馆老板。这里有一些真正不错的餐馆，但购物中心的氛围并不适合所有人。皮尔蒙特的码头上有几家极好的餐馆。

Adriano Zumbo 甜点 \$

（见62页地图；www.zumbo.com.au；the Star, 80 Pyrmont St；6只马卡龙\$16.50；⏰周一11:00~22:00，周二至周四至23:00，周五和周六

至午夜，周日至21:00；🚇The Star）第一个将马卡龙引进到悉尼来的人将他威利·旺卡式的梦想倾注到了这个坐落于The Star的露天商店里，在那里各种糕点被精妙地陈列出来。这里的马卡龙（在这里叫zumbarons）、挞饼、点心和蛋糕有多好看，就有多好吃。它就位于Lyric Theatre的外面。

The Malaya 马来西亚菜 $$

（见62页地图；☎02-9279 1170；www.themalaya.com.au；39 Lime St；主菜 $24~36；⏱周一至周五 正午至15:00和18:00~22:00，周六 正午至15:00和17:30~22:00，周日 17:30~22:00；📶🍴；🚢Darling Harbour）马来西亚优质的美食确实非常吸引人，在这里你就会体会到这一点。香飘四溢的菜肴味道正宗，而达令港（周六晚上的烟火表演）的美妙风景又为这里增添了浪漫感觉。这里的氛围非常具有悉尼特色，既高档又休闲。单独点菜要比套餐好一些。

⭐ LuMi 意大利菜 $$$

（见62页地图；☎02-9571 1999；www.lumidining.com；56 Pirrama Rd, Pyrmont；8道菜的套餐 $115，3/5道菜的午餐 周五和周六 $55/75；⏱周三和周四 18:30~22:30，周五和周六 正午至14:30和18:00~22:30，周日 正午至14:30和18:30~22:30；📶；🚢Pyrmont Bay）这家码头餐馆就位于船坞的旁边，但景色却不尽如人意。它隐藏在The Star建筑群中，距离达令港只有几步之遥。这里供应随意而新颖的意大利—日本风味创意菜肴。品尝菜单非常不错，包括极好的意大利面。这里还有令人舒心的开放式厨房、优质的服务，以及不错的葡萄酒和清酒。

Flying Fish 海鲜 $$$

（见62页地图；☎02-9518 6677；www.flyingfish.com.au；Jones Bay Wharf；主菜 $40~50；⏱周一 18:00~22:30，周二至周六 正午至14:30和18:00~22:30，周日 正午至14:30；🚇The Star）这家海鲜餐馆位于漂亮的皮尔蒙码头上，餐馆里铺着柔软的白色桌布，摆放着闪闪发光的玻璃杯，还可以看到水景。城市的灯光让这里如梦如幻，这里有一流的食物和丰富的鸡尾酒单。这里还有城中最酷的卫生间——当你关上门，原本透明的玻璃隔间会像结了一层冰一样。

🍴 金斯克罗斯和波茨角

Room 10 咖啡馆 $

（见64页地图；☎02-8318 0454；www.facebook.com/room10espresso；10 Llankelly Pl, Kings Cross；主菜 $8~14；⏱周一至周五 7:00~16:00，周六和周日 8:00~16:00；🅿🍴；🚉Kings Cross）这家小咖啡馆非常温馨，服务热情，员工们知道所有当地人名字。这里的咖啡味道香醇，食物只有三明治、沙拉等，可口而简单。你可以坐在小得不能再小的桌子旁看着工作人员烹饪食物，也可以打量这条可爱巷道里的人们。

Piccolo Bar 咖啡馆 $

（见64页地图；☎02-9368 1356；www.piccolobar.com.au；6 Roslyn St, Kings Cross；简餐 $5~10；⏱周一至周五 8:00~14:30；📶；🚉Kings Cross）这家小咖啡馆60多年来都没什么改变。墙壁上贴满电影明星的海报，而Vittorio Bianchi仍然为客人提供浓咖啡、煎蛋卷，一如40多年前。

Harry's Cafe de Wheels 快餐 $

（见64页地图；☎02-9357 3074；www.harryscafedewheels.com.au；Cowper Wharf Roadway, Woolloomooloo；馅饼 $5~8；⏱周一和周二 8:30至次日2:00，周三和周四 8:30至次日3:00，周五 8:30至次日4:00，周六 9:00至次日4:00，周日 9:00至次日1:00；🚌311；🚉Kings Cross）1938年开业以来，除了创建人"老虎"Harry Edwards在军中服役的几年，这里一直营业。几乎每个人都吃过Harry的肉馅饼，Pamela Anderson、Frank Sinatra和Colonel Sanders也不例外。Tiger不可不吃，这是一种热腾腾的用豌豆泥、土豆泥、肉汁和番茄酱制作的肉馅饼。

⭐ Yellow 素食 $$

（见64页地图；☎02-9332 2344；www.yellowsydney.com.au；57 Macleay St, Potts Point；品尝套餐 $70；⏱周一至周五 18:00~23:00，周六和周日 8:00~15:30和18:00~23:00；🍴；🚉Kings Cross）向日葵的黄色曾经是所有波希米亚事

物的象征。这里曾经是艺术家的住所,如今是一家顶级的当代素食餐馆。这里的菜肴都是用真正的铁板烹饪而成,非常精致。品尝菜单(包括素食菜单)将悉尼的素食提升到了一个新的高度。周末的早午餐和酒单也是这里的亮点。

Farmhouse 新派澳大利亚菜 $$

(见64页地图;☏0448 413 791;www.farmhousekingscross.com.au;4/40 Bayswater Rd, Kings Cross;套餐 $60;⊙就餐时段 周三至周六 18:30和20:30, 周日 14:00和18:30;☒Kings Cross)这个狭窄的小餐馆位于一家餐馆和夜店之间,有一间小厨房和一位迷人的老板。用餐者可以坐在一张长桌子旁,享用一份使用优质的农产品烹饪而成的简单而美味的套餐。这里有极好的葡萄酒和热闹而有趣的氛围。请提前预订。

Fratelli Paradiso 意大利菜 $$

(见64页地图;☏02-9357 1744;www.fratelliparadiso.com;12-16 Challis Ave, Potts Point;早餐 $12~14, 主菜 $22~38;⊙周一至周六 7:00~23:00, 周日至22:00;☒Kings Cross)这间光线昏暗的意大利餐馆总是门庭若市(尤其是周末)。狭小亲密的空间展现的是倾注地中海活力创作而成的应季意大利菜肴。到处都是忙碌的黑衣侍者,到处都有人操着意大利语闲谈,到处都是超大款墨镜。不接受预订。

China Doll 亚洲菜 $$$

(见64页地图;☏02-9380 6744;www.chinadoll.com.au;4/6 Cowper Wharf Roadway, Woolloomooloo;主菜 $35~54;⊙正午至15:00和18:00~22:30;☒311;☒Kings Cross)可以一边品尝融合了亚洲各地风味的可口美食,一边眺望伍卢穆卢的海面和城市风景线。这里的环境非常令人难忘,食物更是美味无穷。菜量适合分食,但侍者可以给单身食客点半份菜。

🍴 萨里山和达令赫斯特

破旧的萨里山摇身一变,成为悉尼的美食天堂。如今,在连排房屋和曾经的仓库之间的角落里隐藏着各种各样的美味餐馆,新开业的餐馆也层出不穷。

★ Bourke Street Bakery 面包房 $

(见77页地图;☏02-9699 1011;www.bourkestreetbakery.com.au;633 Bourke St, Surry Hills;面包 $5~14;⊙周一至周五 7:00~18:00, 周六和周日 至17:00;☒;☒301;☒Central)在这家小面包房的门外排队买点心是在萨里山必须体验的活动。这里有美味诱人的各种糕点、蛋糕、面包和三明治,以及周边区域的拥有传奇美食之称的香肠卷。店里有几张小桌,但晴天最好还是坐在街边。

★ Le Monde 咖啡馆 $

(见77页地图;☏02-9211 3568;www.lemondecafe.com.au;83 Foveaux St, Surry Hills;菜肴 $10~16;⊙周一至周五 6:30~16:00, 周六 7:00~14:00;☒;☒Central)这间临街的小小的咖啡馆以黑木饰墙。这里有悉尼最棒的早餐。一流的咖啡和选择面极广的茶,让你精神饱满地面对世界。而松露荷包蛋或油焖猪肚等美味菜肴则值得你走上山来寻找这间咖啡馆。

Reuben Hills 咖啡馆 $

(见77页地图;☏02-9211 5556;www.reubenhills.com.au;61 Albion St;主菜 $9~22;⊙周一至周六 7:00~16:00, 周日 7:30~16:00;☒;☒Central)工业化的装潢搭配拉丁美洲菜肴就是Reuben Hills(又被称为时尚中心),这里由一个露台和旧车库改造而成。单品咖啡和炸鸡块的味道非常棒,鸡蛋、墨西哥煎玉米卷(tacos)和洪都拉斯玉米饼(tortillas)也不错。

Messina 冰激凌 $

(见64页地图;☏02-9331 1588;www.gelatomessina.com;241 Victoria St;1/2/3个球 $4.80/6.80/8.80;⊙周日至周四 正午至23:00, 周五和周六 至23:30;☒;☒Kings Cross)这里是悉尼最受喜爱的意大利冰激凌(gelato)店,在柜台前排着长队的人们就像从未吃过冰激凌一般。就连那些俊男靓女也无法抗拒这里的各种古怪口味,比如无花果马沙拉口味和咸焦糖口味。这里的冰激凌都很好吃,还有几款不含乳糖的产品。甜品吧供应圣代。

Spice I Am 泰国菜 $

(见60页地图;☏02-9280 0928;www.

spiceiam.com; 90 Wentworth Ave, Surry Hills; 主菜 $15~20; ⏲周二至周日 11:30~15:30和17:00~22:00; ⓟ🅓; ⓜCentral)这根小小的红辣椒一度只是居住在悉尼的泰国人的心头好，现在已经宾客盈门排起长队。毫无疑问，我们在菜单上尝试过的70多道菜都是超级香和超辣的。由于生意兴隆，它新开了家定位更高端的分店，位于达令赫斯特（见64页地图；📞02-9332 2445; 296-300 Victoria St, Darlinghurst; 主菜 $19~22; ⏲周一至周三 17:30~22:30, 周四至周日 11:30~15:30和17:30~22:30; 🅓; ⓜKings Cross）。餐厅的标志牌一点都不显眼，不要一不小心错过了。

Nada's
黎巴嫩菜 $

（见77页地图；📞02-9690 1289; 270 Cleveland St, Surry Hills; 菜肴 $8~16; ⏲周三至周一 正午至15:00和17:30~22:00, 周二 17:30~22:00; 🅓; 🚌372; ⓜCentral）这附近有许多时髦的黎巴嫩餐馆，但这个古老的家庭经营的餐馆是人们的最爱，这里简单的食物非常可口，价格公道。$29的套餐很便宜；只是不要吃太多面包和蘸料，否则到最后你就吃不下大块的土耳其软糖了。

★ Porteño
阿根廷菜 $$

（见77页地图；📞02-8399 1440; www.porteno.com.au; 50 Holt St, Surry Hills; 共享拼盘 $20~50; ⏲周二至周六 18:00至午夜; ⓜCentral）这家远近闻名的潮流小餐馆专攻擅长肉食的阿根廷菜。不想排长队就早点到，但等位时到楼上酷炫的Gardel's Bar坐坐也不错。这家欢乐而广受好评的阿根廷餐厅现已迁至新址，是一个极好的用餐场所。早在开门前，"当天的肉类"就已经在火上慢火烘烤了8个小时，非常美味。其他的亮点包括自制的西班牙辣香肠和血肠，但是清淡一些的食物也很不错，所以这里并非全是肉类。还有不错的阿根廷葡萄酒单。

★ Dead Ringer
西班牙小吃 $$

（见77页地图；📞02-9331 3560; deadringer.wtf; 413 Bourke St, Surry Hills; 菜肴 $18~33; ⏲周一至周五 17:00至午夜, 周六和周日 正午至午夜; 🅓; 🚌333, 380）在这个前面是灰褐色的露台用餐的人有一种悠闲的氛围，这里是一个品尝优质食物和饮品的天堂。你也可以进到室内，或是选择一张户外餐桌，然后仔细浏览每天都会变化的短小菜单，菜单上从酒吧小吃到西班牙小吃，再到主菜，应有尽有。这里的食物外观精美，但味道更胜一筹。你通常还可以搭配一些有趣的饮品一起食用。

★ Gratia & Folonomo
咖啡馆、创意菜 $$

（见77页地图；📞02-8034 3818; www.gratia.org.au; 370 Bourke St, Surry Hills; 咖啡馆菜 $12~21, 餐馆主菜 $21~34; ⏲8:00~15:00和18:00~22:30; 🅕🅓; 🚌374, 397, 399) 🍃 非营利性的餐馆一般胜在美好的意图，而非食物本身，但这里食物也相当不错。Gratia是一家很棒的咖啡馆，有热情友好的员工，给人一种轻松愉快的感觉，供应果汁和不拘一格的早午餐；而作为餐馆的Folonomo（来自"为爱而不是为钱"）则供应极好的新派澳大利亚美食。所有的利润都会捐给就餐者选择帮助的慈善机构，真棒。

楼上还有一个画廊，他们积极地帮助和训练难民。

Chaco
日本菜 $$

（见64页地图；📞02-9007 8352; www.chacobar.com.au; 238 Crown St, Darlinghurst; 串烧 €4~7; ⏲拉面 周一 17:30~21:00, 周三至周日 正午至14:00, 日式烤鸡串 周二至周六 18:00~22:00; ⓜMuseum）这个小地方拥有一种简单而轻松的日本氛围，供应一些非常好吃的食物。这里的拉面很好吃，还有多汁的饺子和美味的鸡蛋肉丸。周二至周六晚上供应的日式烤鸡肉串是一大亮点。不要害怕尝试一些不同寻常的东西……

Malabar
南印度菜 $$

（见64页地图；📞02-9332 1755; www.malabarcuisine.com.au; 274 Victoria St, Darlinghurst; 主菜 $22~26; ⏲周一和周二 17:30~22:30, 周三至周日 正午至14:30和17:30~22:20; 🅓; ⓜKings Cross）美味的卷饼、辛辣的果阿咖喱和印度南部风味菜肴，使这个宽敞的、经营已久的达令赫斯特餐馆脱颖而出。开放式的厨房以及用大量黑白照片装饰的墙壁为餐厅增添了气氛。老板和员工都很亲切，会为你耐心地介绍菜品。可以自带酒水。

Muum Maam
泰国菜 $$

(见77页地图; ☎02-9318 0881; www.muummaam.com.au; 50 Holt St, Surry Hills; 午餐菜肴 $14~16, 晚餐主菜 $24~32; ⏱周一至周五 11:30~15:00和18:00~22:00, 周六 18:00~22:00; ♿; ®Central) 这家繁忙的餐馆深受在附近工作的创作型人士喜爱, 这里的菜肴色香味俱全。它具有双重身份, 在开放式厨房的前面, 有一个销售午餐特色菜的食品车, 而晚餐时, 这里将供应精致、美味的泰国创意菜肴。这里有一张很大的公共餐桌, 但你也可以单独就餐。

Bar H
亚洲菜 $$

(见60页地图; ☎02-9280 1980; www.barhsurryhills.com; 80 Campbell St, Surry Hills; 菜肴 $14~42; ⏱周一至周四 18:00~22:00, 周五和周六 至午夜; ®Central) 这家迷人、时尚、带有黑色墙壁的角落餐馆融合了中式和日式手法, 烹饪澳大利亚本土丛林食材, 非常独特, 令人印象深刻。每道菜的分量都不小, 适合分食, 点菜时最好向侍者了解菜量。这里$68的品尝套餐为食客们提供了优质的菜品和多样的体验。

Single O
咖啡馆 $$

(Single Origin Roasters; 见60页地图; ☎02-9211 0665; www.singleo.com.au; 60-64 Reservoir St, Surry Hills; 主菜 $14~21; ⏱周一至周五 6:30~16:00; 周六 7:30~15:00; 📶♿; ®Central) 萨里山的深处, 不刺胡须的平面设计师在这幢砖石建成的洞穴式咖啡馆的室外餐桌上卷着香烟, 里面激情四溢的咖啡因狂人正准备着他们心爱的咖啡, 以及美味的食品。作为几年前悉尼潮流的引领者, 这里一直供应与其他地方一样棒的咖啡。咖啡馆旁边还有外卖。

El Loco
墨西哥菜 $$

(Excelsior Hotel; 见77页地图; ☎02-9240 3000; www.merivale.com.au/elloco; 64 Foveaux St, Surry Hills; 主菜 $10~18; ⏱周一至周四 正午至午夜, 周五和周六 至次日3:00, 周日 至22:00; 📶♿; ®Central) 尽管对Excelsior Hotel里现场摇滚演出的消失无比惋惜, 我们还是得承认, 这间新潮的墨西哥餐馆将原来的音乐厅变得酷极了。食物可口而有创意, 一份薄饼才$6, 性价比超高。周末晚上的派对会持续到深夜, 届时还会有DJ表演们, 非常热闹、有趣。

Devonshire
新派欧洲菜 $$$

(见77页地图; ☎02-9698 9427; www.thedevonshire.com.au; 204 Devonshire St, Surry Hills; 品尝 $95, 搭配葡萄酒 $55, 主菜 $37; ⏱周五 正午至14:30, 周二至周六 18:00~22:00; ®Central) 对于主厨Jeremy Bentley来说, 从米其林两星级的Mayfair餐厅到在古老陈旧的Devonshire St如鱼得水地施展厨艺还有很长一段路要走。虽然食物很美味, 但也许远没有你想象得那么好。他的菜品复杂且风味鲜明。餐桌上虽然铺着白亚麻桌布, 氛围却一点也不刻板拘谨。

Bodega
西班牙小吃 $$$

(见77页地图; ☎02-9212 7766; www.bodegatapas.com; 216 Commonwealth St; 西班牙小吃 $12~24, 共享拼盘 $22~30; ⏱周五 正午至14:00, 周二至周六 18:00~22:00; ®Central) Bodega是悉尼遍地开花的西班牙小吃店里最酷的一家, 气氛轻松, 店员俊美, 还有时髦的斗牛士壁画。品种、分量和价格的选择很多, 菜肴非常松散地植根于中美洲和西班牙菜系。最适合就着来自西班牙或南美的葡萄酒、雪莉酒、波特酒或啤酒大快朵颐。

邦迪海滩、库吉海滩和东部海滩

Lox, Stock & Barrel
咖啡馆、犹太菜 $

(见86页地图; ☎02-9300 0368; www.loxstockandbarrel.com.au; 140 Glenayr Ave, Bondi Beach; 早餐和午餐菜肴 $10~22, 晚餐 $18~29; ⏱周日至周二 7:00~15:30, 周三和周四 7:00~15:30和18:00~22:00, 周五和周六 7:00~15:30和18:00~23:00; 📶♿; 🚌389) 盯着热气腾腾的百吉饼, 问自己一个问题——是要Reuben咸味和牛肉, 还是自制的熏牛肉和俄式凉拌卷心菜呢? 在晚上, 你就会在菜单上看到牛排、羊肩肉和慢烤茄子。这里总是很忙, 即使下雨的周一也不例外。

Three Blue Ducks
咖啡馆 $$

(见54页地图; ☎02-9389 0010; www.

threeblueducks.com; 141-143 Macpherson St, Bronte; 早餐 $14～22, 午餐 $20～32, 晚餐 $28～38; ☉周日至周二 6:30～14:30, 周三至周六 6:30～14:30和17:00～23:00; 🛜🚫; 🚌378) 🍴餐馆距离海滩有一段距离, 但这并不妨碍他们为一尝这里著名的周末早餐而跨过两个座位区, 在涂鸦墙外排起长队。大胆创新的厨师对本土、有机和公平交易的食材有着坚定的信心。

Trio   咖啡馆 $$

（见86页地图; 📞02-9365 6044; www.triocafe.com.au; 56 Campbell Pde, Bondi Beach; 菜肴 $18～27; ☉周一至周五 7:00～15:00, 周六和周日 7:30～15:30; 🛜🚫; 🚌333, 380-2) 近年来, 邦迪的早午餐在悉尼已经成了一种时尚, 而这家友好、朴实的咖啡馆是其中的一个最佳地点。菜单涵盖了各国风味的菜品, 从墨西哥的鸡肉青豆玉米饼（chilaquiles）到中东的沙克舒卡（shakshouka）, 再到意大利的特色烤面包。你可以在这里开启在海边的一天。

Icebergs Dining Room   意大利菜 $$$

（见86页地图; 📞02-9365 9000; www.idrb.com; 1 Notts Ave, Bondi; 主菜 $46～52; ☉周二至周日 正午至15:00和18:30～23:00; 🚌333, 380) 🍴位于著名的冰山游泳池之上, 从这里可以将自邦迪海滩延伸至大海的优美弧线尽收眼底。餐厅里面, 扎着领结的侍者送上新鲜的海鲜和倾注了热情的牛排。这里还有一个优雅的鸡尾酒吧。在同一栋楼里, 冰山俱乐部有一个小酒馆和酒吧, 供应简单、便宜的食物。

🍴悉尼港畔

Riverview Hotel & Dining   新派澳大利亚菜 $$

（见54页地图; 📞02-9810 1151; www.theriverviewhotel.com.au; 29 Birchgrove Rd, Balmain; 酒吧主菜 $20～32, 餐馆主菜 $36～52; ☉酒吧用餐时间 周一至周四 正午至21:00, 餐馆用餐时间 周一至周四 18:99～21:00, 周五至周日 正午至14:30和18:00～21:00; 🛜; 🚢Balmain) 美食家成群结队地来到这里, 在优雅的楼上餐厅里品尝美味的鱼类菜肴和用各部位肉类制作的菜肴, 而本地人则对楼下酒吧的比萨很感兴趣。这里还是一个可爱的酒吧, 吊篮装饰极具个性。

Dunbar House   咖啡馆 $$

（见54页地图; 📞02-9337 1226; www.dunbarhouse.com.au; 9 Marine Pde, Watsons Bay; 早餐 $12～18, 午餐 $18～27; ☉8:00～15:30; 🚢Watsons Bay) 这个经过精心修复的19世纪30年代的宅邸是享用早午餐的好去处, 尤其是如果你能在阳台上找到一张可以欣赏海港风光的餐桌时。周末尽可能预订。该咖啡馆是以19世纪发生在附近的一起著名的沉船事件命名的。

Catalina   新派澳大利亚菜 $$$

（见54页地图; 📞02-9371 0555; www.catalinarosebay.com.au; Lyne Park, Rose Bay; 主菜 $49～52; ☉周一至周六 正午至15:00和18:00～22:30, 周日 正午至15:00; 🚢Rose Bay) 这家极好的餐馆在玫瑰湾, 是以停泊在这里的水上飞机命名的, 拥有绝妙的风景、繁华的东部郊区氛围和令人难忘的葡萄酒单。酒店的位置决定了你可以在菜单上看到一些海鲜菜品, 而且绝对不会让你失望。优质的原料来自全国各地, 也有肉类菜肴可供选择, 比如特色菜烤乳猪。

Doyles on the Beach   海鲜 $$$

（见54页地图; 📞02-9337 2007; www.doyles.com.au; 11 Marine Pde, Watsons Bay; 主菜 $40～50; ☉周一至周四 正午至15:00和17:30～20:30, 周五至21:00, 周六 正午至16:00和17:30～21:00, 周日 正午至16:00和17:30～20:30) 如果想要吃海鲜的话, 可能会有更好的去处, 但很少有餐厅能与Doyles的地理位置或历史相媲美——这家餐馆于1885年开业。乘坐港口渡轮前往沃森湾享用一顿海鲜午餐, 是最为典型的悉尼体验。如果你觉得价格太高了, 那就不要错过渡轮码头打折外卖中的英式传统炸鱼薯条（$13～20）。

🍴新城和内城西部

新城的King St和Enmore Rd是这个城市最多元化的饮食街, 泰国餐馆与越南、希腊、黎巴嫩和墨西哥餐馆挨在一起, 但这一场景几乎在西郊每一区域都可以看到。在咖啡文化方面, 亦是如此。

Wedge
咖啡馆 $

(见82页地图;☏02-9660 3313;www.thewedgeglebe.com;Cowper St和Glebe Point Rd交叉路口;简餐 $8~18;◎周一至周六 7:00~16:00,周日 8:00~15:00;⛶⟁;🚍Glebe)Wedge位于一栋建筑侧面的走廊上,与街道相通,拥有巧妙的工业装restore饰。这家令人连连称赞的餐馆供应香醇的单一产地咖啡和冰爽啤酒、精致而美味的早餐、三明治和午餐特色菜。这里菜品优质,深受人们的欢迎。所以长时间占位似乎有些自私。

Black Star Pastry
面包房 $

(见82页地图;☏02-9557 8656;www.blackstarpastry.com.au;277 Australia St, Newtown;小吃 $4~10;◎7:00~17:00;⟁;🚍Newtown)要喝好咖啡,聪明人都来这里,店里还有众多甜品及一些非常美味的食物(比如派等)可以选择。只有几张桌子,所以不妨买了带到公园去野餐。做好排队的准备。

Cow & the Moon
冰激凌 $

(见82页地图;☏02-9557 4255;181 Enmore Rd;小冰激凌 $5.50;◎周日至周四 8:30~22:30,周五和周六 8:30~23:30;⛶⟁;🚍Newtown)把减肥忘在脑后,溜进这家酷酷的角落咖啡馆吧。这里有一系列诱人的松露和美味的馅饼。你可以把它们全都忽略,直奔世界上最好的冰激凌——这个不起眼的小地方曾在2014年在意大利里米尼举办的冰激凌世界巡回赛上夺冠。这里的咖啡也很不错。

Faheem Fast Food
巴基斯坦菜 $

(见82页地图;☏02-9550 4850;www.faheemfastfood.com.au;194 Enmore Rd;菜品 $12~14;◎周一至周五 17:00至午夜,周六和周日正午至午夜;⟁;🚍426)这家餐馆位于Enmore Rd,就餐环境非常简单,但可口、正宗的咖喱和用印度唐杜里烹饪法制作的美食一直供应到深夜。这里的Haleem扁豆和牛肉咖喱非常令人难忘,而brain nihari则是另一大亮点,而且吃并不像它听起来那么具有挑战性。

Spice Alley
亚洲菜 $

(见82页地图;www.kensingtonstreet.com. au;Kensington St, Chippendale;菜肴 $8~16;◎11:00~21:30;⟁;🚍Central)这条小巷紧邻Kensington St,就在中央公园(Central Park)的旁边,是一个风景如画的户外就餐地点,供应来自亚洲几种不同菜系的街头美食。端起你的面条、饺子或五花肉加入抢凳子大战吧。味道虽谈不上令人惊艳,但还算不错,价格也很便宜。这里非常有趣。不能使用现金支付,可以用信用卡支付或是在饮料摊办一张预付卡。

★ Thanh Binh
越南菜 $$

(见82页地图;☏02-9557 1175;www.thanhbinh.com.au;111 King St;主菜 $18~28;◎周一至周五 17:00~23:00,周六和周日 正午至23:00;⟁;🚍Macdonaldtown)这家古老的餐馆是越南人的最爱,虽然它不再引领时尚潮流,但一直在坚持不懈地提供各种各样的美味菜肴。最受欢迎的菜肴包括软壳螃蟹木瓜沙拉、令人垂涎的五花肉和鹌鹑蛋。其他的菜肴也会让你胃口大开,尽情享用。服务非常友好。

3 Olives
希腊菜 $$

(见82页地图;☏02-9557 7754;365 King St, Newtown;主菜 $24~27,前菜 $13~16;◎周三至周日 17:30至午夜;🚍Newtown)一家不错的希腊餐馆总会有它的迷人之处,这个家庭经营的小酒馆迎合了大众的口味。这里的装饰非常受限,拥有橄榄色的墙壁,但食物的分量和口味却没有任何限制:烤制得恰到好处的章鱼、入口即化的大块羔羊肉、温热的烤面包、丰盛的肉丸和令人欲罢不能的橄榄。这里是品尝传统食物的好地方。

Timbah
西班牙小吃 $$

(见54页地图;☏02-9571 7005;www.timbahwinebar.com.au;375 Glebe Point Rd, entrance on Forsyth St;西班牙小吃 $12~17;◎周二至周四 17:30~21:00,周五 17:00~21:30,周六 16:30~21:30;🚍Glebe)🍷沿着格利伯的Point Rd走一段路就会看见一家极好的独立酒行;右转后就能找到这家热闹的葡萄酒吧,就在楼下。玻璃杯上总是有一些有趣的东西,员工们喜欢根据顾客的需求制造一些惊喜。这里的食物很好吃,使用了澳大利亚的本土香料和

本地出产的香草。酒吧从16:00开始营业,周日也开门。

Thai Pothong　　　　　　　　　泰国菜 $$

(见82页地图;📞02-9550 6277;www.thaipothong.com.au;294 King St, Newtown;主菜 $18~31;⊙每天 正午至15:00,外加 周一至周四 18:00~22:30,周五和周六 18:00~23:00,周日 17:30~22:00;🅿🍴;🚇Newtown)这家令人满意的餐馆的菜单上列满了长期以来人们最爱的美食,经常有顾客在排队等候。这里的员工既高效又友好,食品既安全又可靠。最好的位置是靠窗的座位,可以观察新城的路人。现金支付可以打折,当地货币只能在礼品店兑换。

Stinking Bishops　　　　　　　奶酪 $$

(见82页地图;📞02-9007 7754;www.thestinkingbishops.com;63 Enmore Rd, Newtown;2/3/4块奶酪 $21/29/37;⊙周二和周三 17:00~22:00,周四至周六 11:00~22:00,周日 11:00~18:00;🍴;🚇Newtown)一款辛辣的手工奶酪是这家商店和餐馆受人追捧的理由。选择你想要的奶酪品种,同时挑选一款葡萄酒或精酿啤酒,然后出门。这里还供应美味的熟食。所有的产品都是小厂家生产,还可以带回家。

Tramsheds Harold Park　　　　美食街

(见54页地图;📞02-8398 5695;www.tramshedsharoldpark.com.au;Maxwell Rd, Glebe;⊙7:00~22:00;🅿📶;🚇Jubilee Park)悉尼的美食家们最近常去的地方就是这个位于格利伯的北端、经过翻新、拥有百年历史的砖砌有轨电车停车场。这里经过巧妙的重新开发后,拥有许多商铺、一家厨师和一系列的现代化理念的餐馆。其中包括一家专门经营新鲜意大利面的店铺、一家主营有机肉的店铺、一家持续发展的鱼馆、一家现代化的中东餐馆、一个源自Bodega团队的西班牙小吃店和墨西拿冰激凌店。

★ Ester　　　　　　　　新派澳大利亚菜 $$$

(见82页地图;📞02-8068 8279;www.ester-restaurant.com.au;46/52 Meagher St;主菜 $32~49;⊙周一至周四 18:00~22:00,周五 正午至15:00和18:00~23:00,周六 18:00~23:00,周日 正午至17:00;🍴;🚇Redfern)这里接受预订。它打破了城中潮流新餐馆的风尚,但在某些方面,它又是悉尼当代餐饮图景的代表:轻松但不懈怠,创新但不花哨,新潮但不刻意。菜式融合了几大洲的风味,菜量适合分食。记得给甜点留点肚子。

★ Boathouse on Blackwattle Bay　　　　　　　　海鲜 $$$

(见54页地图;📞02-9518 9011;www.boathouse.net.au;123 Ferry Rd, Glebe;主菜 $42~48;⊙周二至周四 18:00~22:00,周五至周日 正午至15:00和18:00~23:00;🚇Glebe)这是格利伯最好的餐馆,也是悉尼最好的海鲜餐馆之一。餐厅供应的牡蛎新鲜到让你认为是自己亲自捞上来的。鲷鱼馅饼一定会成为你的最爱。这里的海湾和澳新军团大桥(Anzac Bridge)的景色令人惊叹。乘坐水上的士抵达会让你拥有最好的体验。

Glebe Point Diner　　　　新派澳大利亚菜 $$$

(见54页地图;📞02-9660 2646;www.glebepointdiner.com.au;407 Glebe Point Rd;主菜 $29~48;⊙周一和周二 18:00~22:00,周三和周四 正午至15:00和18:00~22:00,周五和周六 正午至15:00和17:30~23:00,周日 正午至15:00;🚇Jubilee Park)一家备受瞩目的社区餐馆,只使用最好的本地食材,从家常面包、手搅黄油到牛轧糖,一切食品都是从最基本的原材料开始制作。食物既有创意,又能抚慰身心。菜单经常变化,黑板上还有特色菜肴。

🍴 曼利

Jah Bar　　　　　　　　　　墨西哥小吃 $$

(见85页地图;📞02-9977 4449;www.jahbar.com.au;Shop 7, 9-15 Central Ave, Manly;西班牙小吃 $14~22;⊙周二至周四 17:00~23:00,周五和周六正午至23:00,周日 正午至22:00;📶;🚇Manly)在宽敞的开放式厨房和一个小庭院的周围,紧凑地分布着许多室内餐桌,这里非常值得你提前预订。这里有一系列源自西班牙和墨西哥的小吃,非常美味——松脆的生鱼片墨西哥玉米饼非常诱人,鱿鱼散发着辛辣的香味,扇贝搭配扣肉味道好极了。服务非常周到。

Boathouse Shelly Beach　　　　咖啡馆 $$

(见54页地图;📞02-9934 9977;www.

theboathousesb.com.au; 1 Marine Pde, Manly; 小卖部主菜 $12~19, 餐馆主菜 $18~29; ⊙周一至周六 7:00~16:00, 周日 7:00~20:00; 🛜🅿)这个可爱的小咖啡馆位于风景如画的雪莉海滩（Shelly Beach），是品尝早餐果汁、早午餐、炸鱼薯条、牡蛎或每日特价鱼餐的最佳场所。你既可以前往餐馆就餐，也可以在售货亭里购买。

★ Pilu at Freshwater　　　　　撒丁菜 $$$

(📞02-9938 3331; www.pilu.com.au; Moore Rd, Freshwater; 3/5/7道菜的套餐 $95/110/125; ⊙周二至周日 正午至14:30, 外加 周二至周六 18:00~23:00; 🚌139)位于一幢被列入《遗产名录》的海滩宅邸内，可以俯瞰大海。这家多次获奖的撒丁岛餐馆供应烤乳猪和传统的烤饼等特色菜。直接选择品尝菜单（$105起），保证不留任何遗憾。这里还提供口感不错的葡萄酒，装饰漂亮，服务周到。

🍴 北部海滩

Boathouse Palm Beach　　　　咖啡馆 $$

(📞02-9974 5440; www.theboathousepb.com.au; Governor Phillip Park, Palm Beach; 主菜 $17~29; ⊙7:00~16:00; 🛜🅿; 🚌L90, 190)你可以选择坐在面朝碧水（Pittwater）的大观景木台上，或找个门外草坪的桌位，两者都是这家棕榈树海滩上最受欢迎的咖啡馆位置。这里的食物（试试著名的炸鱼薯条或是缤纷的沙拉）几乎跟景色一样令人回味无穷。绝对不骗你。

★ Jonah's　　　　　　　　新派澳大利亚菜 $$$

(📞02-9974 5599; www.jonahs.com.au; 69 Bynya Rd, Whale Beach; 2/3/4道菜的套餐 $88/115/130; ⊙7:30~9:00, 正午至14:30和18:30~23:00; 🛜; 🚌L 90, 190)奢华的Jonah's坐落在鲸鱼海滩的小山之上，在这里欣赏海洋有着令人难以置信的视角。这里的食物简单而美观，陈列得井然有序，鱼类菜肴味道鲜美。乘坐水上飞机从玫瑰湾出发，订购两人份的海鲜拼盘，在一间海景房（每人 $499, 含晚餐和早餐）住一晚，这可谓悉尼最奢侈的享受了。

🍷 饮品和夜生活

对于一个曾经以朗姆酒作为主要货币的城市来说，无论是在海滩休闲、下班后闲谈，还是在镇上过夜前的暖身——饮酒在悉尼的社会活动中都扮演着重要的角色。悉尼拥有许多的饮酒场所，但品质良莠不齐。

🍺 圆形码头和岩石区

★ Glenmore　　　　　　　　　　　小酒馆

(见58页地图; 📞02-9247 4794; www.theglenmore.com.au; 96 Cumberland St; ⊙周日至周四 10:00至午夜, 周五和周六 至次日1:00; 🛜; 🚇Circular Quay)楼下是岩石区的一家古老的小酒馆，但登上屋顶，就可以看到无与伦比的美景，将歌剧院（直到游轮码头）、港口和城市的天际线尽收眼底。周末，这里就会变得非常拥挤，有DJ表演、优质的食品以及大量的杯装葡萄酒。酒馆的食物也很不错。

★ Hero of Waterloo　　　　　　　小酒馆

(见58页地图; 📞02-9252 4553; www.heroofwaterloo.com.au; 81 Lower Fort St; ⊙周一至周三 10:00~23:30, 周四至周六 10:00至午夜, 周日 10:00~22:00; 🚇Circular Quay)酒馆建于1843年，采用质地粗糙的砂岩砌成。你可以来这里会会当地人，与来自爱尔兰的工作人员搭个讪，听一听摇摆乐、民谣和凯尔特乐队（周五至周日）。楼下曾是个地牢，被灌醉的人一觉醒来，可能发现自己已经通过秘密通道被径直运到港口了。

★ Opera Bar　　　　　　　　　　　酒吧

(见58页地图; 📞02-9247 1666; www.operabar.com.au; lower concourse, Sydney Opera House; ⊙周日至周四 9:00至午夜, 周五和周六 9:00至次日1:00; 🚇Circular Quay)这个位置绝佳的露台酒吧位于悉尼港, 一侧是悉尼歌剧院, 另一侧是悉尼港大桥, 将悉尼的悠闲和精致完美结合。对于游客和当地人来说, 这里是一个标志性的地点。大多数晚上都有现场音乐和DJ表演, 还供应很棒的食物（菜肴$12~28）。

Hotel Palisade　　　　　　　　　小酒馆

(见58页地图; 📞02-9018 0123; www.hotelpalisade.com; 35 Bettington St; ⊙周一至周五 正午至午夜, 周六和周日 11:00至午夜; 🛜; 🚇Circular Quay)这家历史悠久的小酒馆位于

当地知识

入场须知

悉尼的保安人员通常非常严格、武断,不受逻辑的影响。他们通常是由外部保安公司承包的,所以并不顾虑会阻挡生意。在周末20:00之后,每次你想喝酒的时候都会被询问和搜身,这绝对会使悉尼夜晚外出的人们有所减少。

➡ 为喝醉酒的人服务是违法的,如果你喝醉了,就不会被允许进入任何一个场所。你就会被问到这个问题——你在晚上喝了多少酒:这只是想看看你的意识是否清醒,而并不是真的对这个问题感兴趣。

➡ 如果安保人员怀疑你还不到法定的饮酒年龄(18岁),他会要求你出示带有照片的身份证明,证实你的年龄。有些酒吧会扫描每个进入的顾客的身份证。

➡ 一些同性恋酒吧有"不穿露趾鞋"的政策,表面上是为了安全(为了避免破碎的玻璃扎脚),但有时会被用来阻止异性恋女性进入。

➡ 有些酒吧有吸烟区,但食物不允许带进那个区域——即使你很想这样做。

米勒斯角(Millers Point),带着时髦的风格重新开张。酒吧保留了原来茶色的瓷砖、褪色的砖块和楼下怀旧风格的酒吧。然而,在这座高大的建筑上面有一个新建的、闪闪发光的玻璃区,在那里可以看到超棒的大桥景观,那里还供应昂贵的饮料和精致的食物。这里经常人满为患或被预订一空。在四楼的小阳台上,还有一个不那么起眼却更加舒服的地方。

Bulletin Place　　　　　　　鸡尾酒吧

(见58页地图;www.bulletinplace.com;10 Bulletin Pl;⊙周一至周三 16:00至午夜,周四至周六 16:00至次日1:00,周日 16:00~22:00;ⓇCircular Quay)在这条咖啡馆和酒吧林立的小街上,有一个毫不起眼的入口中隐藏着一条楼梯,顺着楼梯,你就可以爬到悉尼最为人津津乐道的鸡尾酒吧。漂亮而务实的工作人员每天都能调剂出很棒的鸡尾酒。这些鸡尾酒外观诱人、色泽鲜亮,没有一丝艳俗的感觉。这里空间很小,最好早点过去。鸡尾酒每杯大约$20。

Australian Hotel　　　　　　小酒馆

(见58页地图;☎02-9247 2229;www.australianheritagehotel.com;100 Cumberland St;⊙11:00至午夜;☎;ⓇCircular Quay)这家漂亮的小酒馆建于20世纪初,是一个备受欢迎的休息站,它宽敞的露台为许多户外座位提供了一丝阴凉。在酒馆生意红火起来、拥有众多选择之前,这里就一直在做微酿啤酒。厨房里也制作一系列美味的比萨($18~28),包括来越受欢迎的袋鼠、鸸鹋和鳄鱼肉馅料。

Lord Nelson Brewery Hotel　　自酿酒吧

(见58页地图;☎02-9251 4044;19 Kent St;⊙周一至周六 11:00~23:00,周日 正午至22:00;ⓇCircular Quay)这家独具情调的砂岩酒建于1836年,并于1841年改建为酒馆,是悉尼三大古老的建筑之一(评价标准略有不同)。酒馆的酿酒厂可以酿制自己的天然麦芽酒(尝一尝Old Admiral)。黑色的、够劲的Nelson's Blood是一种不错的选择。

Argyle　　　　　　　　　　　　酒吧

(见58页地图;☎02-9247 5500;www.theargylerocks.com;18 Argyle St;⊙周日至周三 11:00至午夜,周四至周六 至次日3:00;ⓇCircular Quay)这个巨大的建筑群中共有5家酒吧,分散在历史悠久的、由砂岩建造的Argyle Stores大楼中,包括一个铺满鹅卵石的庭院和经常上演DJ表演的地下酒窖。房间内摆放着洛可可式的沙发和白色的折叠塑料桌,古怪的枝形吊灯散发着幽暗的灯光。在白天,庭院里是一个喝饮品或吃午饭的好地方。

🍷 城市中心和秩市

长期以来,市中心一直以高档的、下班时间的饮酒场所而闻名,但这些都不是当地人的最佳选择。更为有趣的应该是分布广泛的

"小酒吧",这些酒吧往往隐藏在最不可能出现的小巷和地下室里。

大多数小酒吧都会在午夜打烊,但在本书写作期间,该地正在试行将酒吧打烊时间延迟到凌晨2:00,因此预计有一些酒吧营业时间将会延长。

★ Frankie's Pizza 酒吧

(见58页地图;www.frankiespizzabytheslice.com;50 Hunter St;◎周日至周四 16:00至次日3:00,周五和周六 正午至次日3:00;⊠;⑲Martin Place)走下楼梯,塑料葡萄藤、墙上的快照,还有$6一片的美味比萨,会让你以为自己来到了一间20世纪70年代的比萨店。推开角落里一扇不起眼的小门,就好像打开了一个独立音乐的新世界。每周至少四晚有乐队现场表演(周二还可以和他们一起现场卡拉OK)。楼下隐藏着另一个酒吧。

★ Uncle Ming's 鸡尾酒吧

(见58页地图;www.unclemings.com.au;55 York St;◎周一至周五 正午至午夜,周六 16:00至午夜;⑲Wynyard)这家小酒吧藏在一家衬衫店旁边的地下室里,大家都喜欢这里昏暗浪漫的氛围。这处富有情调的酒吧适合做所有事情,你可以来这里喝一杯啤酒,然后在Wynyard站登上火车,也可以在这里悠闲地慢慢浏览鸡尾酒单。这里的饺子也非常不错。酒吧工作人员都非常热情好客。

Grandma's 鸡尾酒吧

(见58页地图;☎02-9264 3004;www.grandmasbarsydney.com;basement,275 Clarence St;◎周一至周五 15:00至午夜,周六 17:00至次日1:00;⑲Town Hall)这里将自己的风格定位为"大都会媚俗天堂和祖母时代的黯淡荣光",它做到了。楼梯间摆放着一只雄鹿头,走下楼梯就到了这间窄小的地下酒吧。墙壁上贴有鹦鹉图案的墙纸,供应tiki鸡尾酒。对于CBD来说,这里显得非常古怪、过于放松和休闲。这里还供应烤三明治。它就在Fender商店的后面。

Baxter Inn 酒吧

(见58页地图;www.thebaxterinn.com;152-156 Clarence St;◎周一至周六 16:00至次日1:00;⑲Town Hall)要找到这间酒吧,你得从一条黑暗的小巷进去,然后走进那扇没有任何标志的门(庭院里有两家很容易找到的酒吧,但这家酒吧需要从你右手边的门进入)。威士忌是这间自诩为美酒之地的时尚酒吧的招牌货,酒吧员工对自己的饮品也相当熟悉。酒吧里有一种地下酒吧的氛围,酒吧后面有一个巨大的令人印象深刻的酒瓶架子。

★ OBar 鸡尾酒吧

(见58页地图;☎02-9247 9777;www.obardining.com.au;Level 47,Australia Square,264 George St;◎周六至周四 17:00至深夜,周五 正午至深夜;⊠;⑲Wynyard)这家位于47楼的旋转酒吧里的鸡尾酒并不便宜,但还是比悉尼塔的门票便宜,而且也漂亮得多。景观极佳。在酒吧开门后马上赶到,就能观赏到日落,以及逐渐进入夜晚的美景。

Ivy 酒吧、夜店

(见58页地图;☎02-9254 8100;www.merivale.com/ivy;L1,330 George St;◎周一至周五 正午至深夜,周六 18:30至次日3:30;⊠;⑲Wynyard)Ivy是声名远扬的Merivale Group的总部,藏身在George St外的一条小巷里。它是一个时尚的复合体,包括酒吧、餐馆……甚至还有一个游泳池。这里也是悉尼最令人兴奋的地方。预计会有郊区的年轻人排着长队,穿着不可思议的高跟鞋,期待着花上40美元,在悉尼最火爆的夜店Pacha度过周六的夜晚。

在其他时候,Palings作为主要的俱乐部空间,是一家不错的酒吧和很受欢迎的餐馆,菜单上有泰国的街头小吃,以及牛排、烤鱼、沙拉和其他精心准备的饭菜。14:00左右,办公室职员都回去上班后,这里还是一个喧闹而开放的地方,非常适合悠闲地吃午餐。

Slip Inn & Chinese Laundry 小酒馆、夜店

(见62页地图;☎02-8295 9999;www.merivale.com.au/chineselaundry;111 Sussex St;夜店 $20~30;◎周一至周五 11:00至深夜,周六 16:00至深夜,Chinese Laundry 周五和周六 21:00至次日3:00;⊠;⑲Wynyard)溜进这间时而安静时而热闹的酒吧,跟着年轻人一起扭动身体。酒吧位于达令港边缘,有吧台、台球桌、啤酒花园和来自El Loco的墨西哥食

品。周五和周六晚上，旁边的夜店Chinese Laundry乐队演出的声音会沿着Slip St传遍大街小巷。

达令港和皮尔蒙特

Home 酒吧、夜店

（见62页地图；www.homesydney.com; 1 Wheat Rd, Cockle Bay Wharf; ⊙夜店 周四至周六 21:00至深夜; 🛜; 🚆Town Hall）欢迎来到欢乐宫：这里有三层，木材和玻璃制成的"船头"能容纳2100人，这里有一个舞池、数不清的酒吧和户外露台，喧闹声比其他俱乐部听起来就像是晶体管收音机的声音。在与它毗邻的Tokio Hotel（www.tokiohotellive.com.au）酒吧楼下，大多数晚上都有现场音乐表演，夜店通常在周四至周六营业，经常会有大牌DJ现身。

Pyrmont Bridge Hotel 小酒馆

（见62页地图；☎02-9660 6996; www.pyrmontbridgehotel.com; 96 Union St; ⊙24小时; 🛜; 🚆Pyrmont Bay）这个拥有百年历史的小酒馆传统的守护神一样矗立在皮尔蒙特的入口，是悉尼饮酒文化的堡垒。这里有一个酒吧岛和屋顶平台，以及很多迷人的特点；这里还有很多特色和定期现场音乐表演。但它最大的卖点是24小时的营业执照……CBD的封锁区就几米之外。

事实上，这里通常在5:00左右关门一到两个小时，以便于他们清理打扫场地，准备重新营业。

金斯克罗斯和波茨角

作为悉尼传统上主要的派对区域，这一地区的生活被2014年出台的宵禁法令改变了。大多数营业到深夜的夜店都关门了。从好的方面来看，凌晨时的街道看起来不再像是一个战场。在伍卢穆卢靠近海边的地方有一些不错的老酒馆。

★ **Old Fitzroy Hotel** 小酒馆

（见64页地图；☎02-9356 3848; www.oldfitzroy.com.au; 129 Dowling St, Woolloomooloo; ⊙周一至周五 11:00至午夜，周六 正午至午夜，周日 15:00~22:00; 🛜; 🚆Kings Cross）伍卢穆卢的后街是伊斯灵顿与墨尔本相互碰撞的地方：这个低调的Old Fitz Theatre（见64页地图；www.oldfitztheatre.com）也是一个很不错的老式酒店，在这里，你可以品尝到各种各样的桶装啤酒，还会受到热情的欢迎。你可以在吧台、街边的餐桌或楼上的小酒馆桌球台和长沙发上找一个座位。

Kings Cross Hotel 小酒馆

（见64页地图；☎02-9331 9900; www.kingscrosshotel.com.au; 244-248 William St, Kings Cross; ⊙周日至周四 正午至次日1:00，周五和周六 至次日3:00; 🛜; 🚆Kings Cross）这座宏伟的砖式建筑守卫着金斯克罗斯的入口，它是该地区最好的小酒馆之一，几层楼都能够提供酒水娱乐。阳台酒吧是一个非常令人愉快的午餐地点，而屋顶会在周末晚上开放，在那里，你可以欣赏到优美的风景。周六也不错，所有楼层都有DJ表演。

World Bar 酒吧、夜店

（见64页地图；☎02-9357 7700; www.theworldbar.com; 24 Bayswater Rd, Kings Cross; ⊙周日和周一 14:00至午夜，周二至周六 14:00至次日3:00; 🛜; 🚆Kings Cross）World Bar（一间经过改造的妓院）是一处可以卸去伪装的夜店，共有三层楼，吸引着背包客和贪便宜的酒客前来放纵。DJ每晚都在播放独立、嘻哈、大热流行或者豪斯音乐。周三（The Wall）和

宵禁法案

为了减少酒精引起的暴力行为，中心城区的大部分地区都实行严格的新法令，比如岩石区、圆形码头、伍卢穆卢、金斯克罗斯、达令赫斯特、秣市和达令港的东海岸。

在这个区域内，持有执照的场馆在凌晨1:30后不得再接受新客。然而，如果在这之前进入，这些场馆可以为你供应酒精饮料，直至3:00。营业到3:30的现场娱乐场所，你可以在2:00之前进入。这一修正案是在2016年底宣布的，此前，公众和工业界对该项法案的严厉程度进行了广泛的抗议。对于许多已经停业场地来说，抗议引发的变化太小，也太迟了。

周六（Cakes）的夜晚才是重头戏。在傍晚的时候，这里是一个令人愉快的地方，你可以在长满绿植的阳台上静静地喝上一杯。

萨里山和达令赫斯特

曾几何时，这一带因简陋的音乐酒吧和烟雾缭绕的同性恋场所而闻名。许多音乐场馆后来被改造成别致的酒吧餐厅和同性恋酒吧，但这一地区仍有一些悉尼最好的夜店。只是你需要更加费力才能找到它们。"小酒吧"现象已经在这里消失，悉尼许多最好的酒吧都潜伏到了不知名的小巷里。

★ Love, Tilly Devine 葡萄酒吧

（见64页地图；☏02-9326 9297；www.lovetillydevine.com；91 Crown Lane, Darlinghurst；⊙周一至周六 17:00至午夜，周日 17:00～22:00；▣Museum）这种错层式的巷道酒吧非常紧凑，但酒单非同寻常，上面包括一些精心挑选的葡萄酒，还有一些能够让人们放弃自己的最爱、进行新的尝试的酒品。带上一个朋友，来这里悠闲地喝一杯吧。

★ Wild Rover 酒吧

（见60页地图；☏02-9280 2235；www.thewildrover.com.au；75 Campbell St, Surry Hills；⊙周一至周六 16:00至午夜；▣Central）找到一个没有标记的宽门，然后走进这家超酷的场所，里面有成排的镀铬啤酒桶，绿色墙壁上的丛林动物友善地凝视着你。楼上的酒吧向人们和现场乐队开放。

★ Shakespeare Hotel 小酒馆

（见77页地图；☏02-9319 6883；www.shakespearehotel.com.au；200 Devonshire St, Surry Hills；⊙周一至周六 10:00至午夜，周日 1:00～22:00；▣Central）是一个经典的悉尼小酒馆（建于1879年），拥有新艺术风格的瓷砖墙、时髦的地毯、电视以及便宜的酒吧食物。楼上有很多舒适的藏身之处，以及一些本地元素。这里是一个令人愉快、热情好客的地方，与更高档的萨里山饮酒场所大相径庭。

Beresford Hotel 小酒馆

（见77页地图；☏02-9240 3000；www.merivale.com.au/theberesfordhotel；354 Bourke St, Surry Hills；⊙正午至次日1:00；▣374, 397, 399）在这家经过翻新的历史悠久的优雅酒吧里，外观精美的瓷砖和内部装饰是其真正的特色。每逢周末，很多人都喜欢在前往夜店之前聚集在这里，但在周中，这里就会变成安静的休息所。前面的酒吧非常漂亮；后面是该地区最好的啤酒园，而楼上则是一个时髦的现场音乐表演和俱乐部场地。

Shady Pines Saloon 酒吧

（见64页地图；☏0405 624 944；www.shadypinessaloon.com；shop 4,256 Crown St, Darlinghurst；⊙16:00至午夜；▣Museum）这是一间廉价的地下酒吧，位于一条阴暗的小巷内（留意Foley St上Bikram Yoga前的一个白门），门上既无标志也无门牌号，很符合城市里叛逆人群的口味。酒吧内摆放着来自西方国家的纪念品和动物标本，你可以坐下来跟时髦的年轻人一起喝杯黑麦威士忌。

Winery 葡萄酒吧

（见77页地图；☏02-9331 0833；www.thekeystonegroup.com.au；285a Crown St, Surry Hills；⊙正午至午夜；☏；▣Central）这处绿洲坐落在一条路的后面，位于一座历史悠久的蓄水池区域，周围树木繁茂，建筑优美典雅。这个舒适的地方供应几十种瓶装葡萄酒，玻璃杯上装饰有时髦的萨里山装饰物。在里面坐上一段时间，你会发现绿色植物中藏有各种俗物：无头雕像、倒立的鹦鹉、铁艺树袋熊。周末的下午，这里将变成一个喧闹而有趣的地方。

Midnight Shift 男同性恋酒吧、夜店

（The Shift；见64页地图；☏02-9358 3848；www.themidnightshift.com.au；91 Oxford St, Darlinghurst；⊙周日至周四 正午至次日1:00，周五和周六 正午至次日3:00；▣Museum）作为Oxford St同性恋场所中的"贵妇"，这里以其奢华的变装闻名。最近被"宵禁法律"强制要求整改。楼下的酒吧有了很大的改善，傍晚的饮品非常吸引人。楼上的夜店有时会收取入场费，但仍然有很多人前往。

Stonewall Hotel 男同性恋酒吧、酒吧

（见64页地图；☏02-9360 1963；www.stonewallhotel.com；175 Oxford St, Darlinghurst；⊙正午至次日3:00；▣333, 380）觉得这里太落伍的人管它叫"巨石阵"，Stonewall有整整

三层楼的酒吧和舞厅,吸引了许多年轻人。卡巴莱歌舞表演、卡拉OK和问答之夜让气氛十分热烈。周三的Malebox是一个能让你"猎获"男孩的独出心裁的途径。

Arq
男同性恋酒吧、夜店

(见64页地图;☏02-9380 8700;www.arqsydney.com.au; 16 Flinders St, Darlinghurst; ⓗ周四至周日 21:00至次日3:00;☒333, 380)如果挪亚必须把他的方舟装满时尚的同性恋俱乐部会员的话,他可以带一张大网和一些镇静剂来这里抓人。这家浮华的大型夜店里有鸡尾酒吧、醒酒室和两个有高能量厅以及变装表演的舞池,还有一台高速转动的抽风机。

🍷 帕丁顿和百年纪念公园
Paddington
酒吧

(见79页地图;☏02-9240 3000;www.merivale.com.au/thepaddington; 384 Oxford St, Paddington; ⓗ周一至周四 正午至午夜, 周五和周六 正午至次日3:00, 周日 正午至22:00;☎;☒333, 380)帕丁顿的周末夜生活中有了一个新的开始,这家酒吧餐馆起着非常重要的作用。这里的饮品和服务都很不错,而在烤架上旋转的多汁的鸡肉也为你提供了一个简单但非常高级的饮食选择。室内装饰着全白的瓷砖、仿古的砖块以及祖先们割肉的黑白照片,这会让人们联想起屠夫的肉铺,让人觉得有点可笑,因为这里不是一家肉铺。

Unicorn
小酒馆

(见64页地图;www.theunicornhotel.com.au; 106 Oxford St, Paddington; ⓗ周一 11:00至午夜, 周一和周二 11:00至次日1:00, 周三至周六 11:00至次日3:00;☎;☒333, 380)这家宽敞的艺术风格的酒吧随意而不做作,是一个喝精酿啤酒、品尝澳大利亚葡萄酒,或者打桌球的好地方。汉堡是这里的食物中的亮点。楼下有一个舒适的小酒馆和一个小型的啤酒园。

🍺 邦迪海滩、库吉海滩和东部海滩
★ Coogee Pavilion
酒吧

(见54页地图;☏02-9240 3000;www.merivale.com.au/coogeepavilion; 169 Dolphin St, Coogee; ⓗ7:30至午夜;☎🍴;☒372-374)这个庞大的建筑群中有数不胜数的室内外酒吧、一个儿童游乐区和一个极好的仅向成人开放的屋顶,它为库吉带来了使人置身市中心般的体验。这栋建筑建于1887年,最初是一个水族馆和游泳池。现在,这里的空间、光线和白木给人一种轻松的感觉。这里还有许多不错的美食可供选择,从地中海风味的酒吧食品到炸鱼薯条和生鱼片,不一而足。

Anchor
酒吧

(见86页地图;☏02-8084 3145;www.anchorbarbondi.com; 8 Campbell Pde, Bondi Beach; ⓗ周二至周五 17:00至午夜, 周六和周日 12:30至午夜;☎;☒333, 380-382)冲浪者、背包客和当地酷酷的青年喜欢在这家位于海滩南端的热闹酒吧喝上一杯冰玛格丽特。这里给人一种黑森林海盗的感觉,是一个吃夜宵的好地方。从17:00开始的两个小时的快乐时光是开启冲浪后的话题的极好时段。

Coogee Bay Hotel
小酒馆

(见54页地图;☏02-9665 0000;www.coogeebayhotel.com.au; 253 Coogee Bay Rd, Coogee; ⓗ周一至周六 7:00至次日4:00, 周日 至午夜;☎;☒372-374)这个巨大、杂乱、喧闹的建筑群挤满了背包客,在漂亮的啤酒园中有现场音乐表演、开麦之夜、喜剧和大屏幕运动,还有运动酒吧和赛琳娜(Selina)的夜店。你可以坐在窗前的凳子上,一边俯瞰海滩,一边啜饮冰爽的冷饮。

🍷 悉尼港畔
★ Sheaf
小酒馆

(Golden Sheaf Hotel; 见54页地图;☏02-9327 5877;www.thesheaf.com.au; 429 New South Head Rd, Double Bay; ⓗ周一至周三 10:00至次日1:00, 周四至周六 至次日2:00, 周日 至午夜;☎;☒324-327;⛴Double Bay;🚉Edgecliff)一家出色的小酒馆,在周末的时候一整天都会非常繁忙。这里是东部郊区的人们最喜爱的地方,最近的改造又为这里提高了声望。酒吧的啤酒园是悉尼最好的:空间很大,有优质的瓶装葡萄酒,还有取暖气、晚间娱乐活动和食物(周五至周日,全天供应)。这里还有许多其他空间,这意味着能够满足你的所有需求。

同性恋的悉尼

男女同性恋者从澳大利亚这座翡翠城（Emerald City）分散到了整个澳大利亚、新西兰和全世界，成为一个有存在感、能发声的群体，是社会结构中不可分割的组成部分。一部分是由于这种融合，一部分是由于智能手机应用促进了人们的联系，还有一部分是由于宵禁法案（见106页），同性恋的夜生活场景已经大幅减少。但活动仍在继续，悉尼也仍然是全球无可争议的同性恋圣地之一。

闻名遐迩的悉尼同性恋狂欢节（见85页）现在已经成为澳大利亚日历上最大的年度旅游吸引力。当异性恋们把注意力集中在游行上时，男女同性恋群体会全身心地投入整个节日之中，包括围绕着它的狂欢活动。该节日在3月的第一个周六举行，对于同性恋来说，没有比这两周更好的旅行时间了。

达令赫斯特和新城传统上是悉尼同性恋最集中的社区，但整个近郊男、女同性恋居民的比例都有升高。大部分男同性恋场所位于Oxford St的达令赫斯特路段上，那里有**Stonewall Hotel**（见107页）、**Midnight Shift**（见107页）、**Palms on Oxford**（见64页地图；☏02-9357 4166；124 Oxford St, Darlinghurst；⊙周四和周日 20:00至午夜，周五和周六 至次日3:00；🚌333, 380）和位于角落的**Arq**（见108页）等经典的同性恋场所。但一些最盛大的活动会在混合酒吧举行，例如**Sly Fox**（见82页地图；☏02-9557 2917；www.slyfox.sydney；199 Enmore Rd, Enmore；⊙周日和周二 14:00至午夜，周三和周四 至次日3:00，周五和周六 至次日6:00；🚆Newtown）和**Beresford Hotel**（见107页）则有传说中的周日下午场活动。

海滩场所包括邦迪南端的淑女湾（见67页），一个隐藏在南角下方的美丽的裸体海滩；**方尖碑海滩**（Obelisk；见54页地图；Chowder Bay Rd；🚌244），一个隐蔽的、带有丛林腹地的裸体海滩；还有一个港口海滩默里罗斯池（见82页）。女性专用的**McIvers Baths**（见54页地图；www.randwick.nsw.gov.au；Beach St, Coogee; donation 20c；⊙日出至日落；🚌372-374）也非常受欢迎。

免费的同性恋媒体有：LOTL（www.lotl.com）、the Star Observer（www.starobserver.com.au）和SX（www.gaynewsnetwork.com.au）。

★ **Watsons Bay Beach Club** 小酒馆

（见54页地图；☏02-9337 5444；www.watsonsbayhotel.com.au；1 Military Rd, Watsons Bay；⊙周一至周六 10:00至午夜，周日 至22:00；⛴Watsons Bay）Watsons Bay Hotel距离渡轮码头只有几米之遥，人生中最大的乐趣之一就是在海滩玩耍一天后，在它喧闹的啤酒园中休闲放松。周末的时候，这里有很多美食可供选择，能够供人们度过愉快的时光。你可以在这里等待观看太阳从城市上空落下。

新城和内城西部

★ **Courthouse Hotel** 小酒馆

（见82页地图；☏02-9519 8273；202 Australia St；⊙周一至周六 10:00至午夜，周日 至22:00；🚆Newtown）拥有150年历史的Courthouse位于King St后面的一个街区，是新城最好的小酒馆之一。在这里，从在泳池边玩耍的女同性恋到地方官员，每个人都能喝到啤酒，感觉就像在家里一样。这里的啤酒园也是悉尼最好的：空间宽敞，隐蔽性强，充满欢乐，供应优质的酒吧食物。

★ **Young Henry's** 自酿酒吧

（见82页地图；☏02-9519 0048；www.younghenrys.com；76 Wilford St, Newtown；⊙周一至周五 正午至19:00，周六 10:00~19:00，周日 11:00至19:00；🚆Newtown）这家自酿酒吧中充满了欢乐，供应的啤酒总是那么新鲜。仓库里摆满了贵宾桌、一个声音响亮的音响系统和一个提供美味啤酒的柜台，当你推开门，就会看到里面挤满了快乐的当地人。这里不供应食物，但每逢周末，就会有一辆与众不同的餐车。

★ Earl's Juke Joint 酒吧

(见82页地图; www.facebook.com/earlsjukejoint; 407 King St, Newtown; ⓒ16:00至午夜; ⓡNewtown)愉快的Earl's现在是一家酒吧，向西部的客人们供应精酿啤酒和鸡尾酒。它隐藏在一家破旧的店铺（曾经是一家肉铺）后面。一走进来，就有进入了以摇摆乐著称的新奥尔良的感觉，吧台简直像密西西比河一样长。

Duck Inn 小酒馆

(见82页地图; ☎02-9319 4415; www.theduckinnpubandkitchen.com; 74 Rose St, Chippendale; ⓒ周一至周六 11:00~23:00, 周日 正午至22:00; 🛜; 🚌422, 423, 426; ⓡRedfern) Chippendale最擅长的就是营造一种真正的社区感觉，但其实小酒馆毗邻悉尼市中心。这家后街小酒馆对于食物和饮品的态度非常认真。这里非常宽敞，气氛欢快，工作人员繁忙，有一个可以结交朋友的啤酒园。这里有很多有趣而且千变万化的桶装啤酒可供选择，还有18种瓶装葡萄酒和一系列的共享烧烤拼盘：请尝尝鸭子。

Corridor 鸡尾酒吧

(见82页地图; ☎0405 671 002; www.corridorbar.com.au; 153a King St; ⓒ周一 17:00至午夜, 周二至周四 16:00至午夜, 周五和周六 15:00至午夜, 周日 15:00~22:00; ⓡMacdonaldtown)对于这个小酒吧来说，这个名字似乎有些夸大。楼下的调酒师会为你调制老式的鸡尾酒、漂亮的水果鸡尾酒（百香果莫吉托一定能够让你味蕾大开）以及很多不错的葡萄酒，而楼上有许多有趣的艺术品（可供出售）和一个很小的露天平台。有些晚上还会有现场音乐表演。

Bank Hotel 小酒馆

(见82页地图; ☎02-8568 1900; www.bankhotel.com.au; 324 King St; ⓒ周一至周三 11:00至次日1:00, 周四 11:00至次日2:00, 周五和周六 11:00~16:00, 周日 11:00至午夜; 🛜; ⓡNewtown) Bank并不是一直保持着现在巧妙的传统木材外观，但它始终是新城中央铁路一侧区域的酒吧中的经典之作。它的亮点是后面巨大的可以伸缩的屋顶啤酒园，与前面的自酿酒吧一样，这里也供应有趣的桶装啤酒。食物是墨西哥风格的烧烤。

CBD的宵禁法令使得Bank的受欢迎程度大幅增加，所以如果你想在周五和周六晚上前往的话，需要做好排队的准备。

Imperial Hotel 同性恋酒吧

(见82页地图; ☎02-9516 1766; www.imperialsydney.com.au; 35 Erskineville Rd, Erskineville; 门票 免费至$15; ⓒ周日、周三和周四 15:00至午夜, 周五和周六 至次日5:00; ⓡErskineville)这间艺术风格酒吧的变装表演是电影《沙漠妖姬》(*The Adventures of Priscilla, Queen of the Desert*)的灵感来源。这里气氛活跃，可以打桌球或四处玩乐，周六晚间，活动热点转移到酒窖会所。但在卡巴莱歌舞酒吧里，依然上演着"沙漠妖姬"的故事。

曼利

★ Manly Wharf Hotel 小酒馆

(见85页地图; ☎02-9977 1266; www.manlywharfhotel.com.au; East Esplanade, Manly; ⓒ周一至周五 11:30至午夜, 周六 11:00至午夜, 周日 11:00~22:00; 🛜; ⛴Manly)这个经过改建的酒吧就在渡轮码头旁边，到处都是玻璃装饰，可以看到水景。这里有大量的座位，所以你欣赏到美景的机会很大。在阳光明媚的下午，这里是一个喝啤酒的绝佳地点。这里还有很好的小酒馆食品（主菜 $18~26），其中的比萨、炸鱼和多汁的烤鸡都值得品尝。

Hotel Steyne 小酒馆

(见85页地图; ☎02-9977 4977; www.hotelsteyne.com.au; 75 The Corso, Manly; ⓒ周一至周六 9:00至次日2:00, 周日 至午夜; 🛜; ⛴Manly)对于所有人来说，Steyne都是曼利的经典，它的空间大到足以让人迷失方向：它就像是一个村庄，中央庭院中周围有各种各样的酒吧和就餐地点。在大多数夜晚，这里都非常喧嚣，并且会营业到深夜。专门供应朗姆酒的Moonshine酒吧里有一个能够欣赏到海滩美景的阳台。

北部海滩

Newport 小酒馆

(Newport Arms Hotel; ☎02-9997 4900;

www.merivale.com.au/thenewport；Beaconsfield St和Kalinya St交叉路口，Newport；◎周一至周六11:00至午夜，周日11:00~23:00；⛵🍴；📖187-190）这个传奇的北部海滩酒吧实际上俯瞰的不是海洋，而是碧水（Pittwater）摇摆的小船和安静的海滨景观。这是一个非常庞大的综合体，有许多吸引人的户外座椅、几家酒吧、美味的食物、乒乓球和各种各样的东西。在一个阳光明媚的下午，这里是一个非常适合家庭聚会的好地方。

☆ 娱乐

人们很容易被悉尼的表象所欺骗，对这里的好公民形成一种不公正的刻板印象，觉得他们很肤浅，并且有点自恋。但当你深入了解之后就会发现：悉尼的艺术非常繁荣、精致和领先——悉尼的标志性建筑是一座歌剧院，这并不是一个意外!

电影院

★ Golden Age Cinema & Bar　　电影院

（见60页地图；📞02-9211 1556；www.ourgoldenage.com.au；80 Commonwealth St, Surry Hills；票价 $20；◎周三至周五 16:00至午夜，周六和周日14:30至午夜；🚇Central）这里曾经是派拉蒙电影公司（Paramount pictures）的悉尼总部，楼下的放映室已经变成一家温馨的小电影院，放映观众喜爱的老影片、经典影片和一些精选影片。这里还有一个非常棒的小酒吧，是一个夜生活的好去处。一楼的独立咖啡店也是一个吸引人的地方。

Moonlight Cinema　　电影院

（见79页地图；www.moonlight.com.au；Belvedere Amphitheatre, Loch Ave和Broome Ave交叉路口，Centennial Park；成人/儿童 $19/14.50；◎12月至次年3月傍晚；🚇Bondi Junction）影院位于百年纪念公园内。你可以一边野餐，一边星空下飞来飞去的蝙蝠共同观看一场电影。可以从Oxford St上的Woollahra Gate进来。这里放映最新大片、文艺片和经典影片。

OpenAir Cinema　　电影院

（见54页地图；www.stgeorgeopenair.com.au；Mrs Macquaries Rd；tickets $38；◎1月和2月；🚇Circular Quay）这个三层楼高的露天屏幕就竖立在海港边上，有环绕立体声设备，另有日落美景、天际线、美食和葡萄酒相伴。大部分电影票都要预订，但每天的18:30都有少量电影票在门口销售；登录网站了解详情。

Dendy Opera Quays　　电影院

（见58页地图；📞02-9247 3800；www.dendy.com.au；2 Circular Quay East；成人/儿童 $20/14；◎放映 9:30~21:30；🚇Circular Quay）海港的灯光太晃眼？海鸥的叫声太嘈杂？那就跟着手捧爆米花的人群来这个豪华的室内电影院吧! 这里放映世界各国最新的独立电影，亲切的服务和咖啡馆、酒吧也是加分项。

古典音乐

★ 悉尼歌剧院　　表演艺术

（Sydney Opera House；见58页地图；📞02-9250 7777；www.sydneyoperahouse.com；Bennelong Point；🚇Circular Quay）悉尼演出舞台上耀眼的明珠。悉尼歌剧院共有五个主要剧场，歌剧是重头戏，但戏剧、喜剧、音乐和舞蹈也都会在这里演出。有时大牌乐队会在这里演奏摇滚乐。2017~2019年，歌剧院将进行整修，届时音乐厅将会关闭，并可能影响到其他演出。

★ 城市演奏厅　　古典音乐

（City Recital Hall；见58页地图；📞02-8256 2222；www.cityrecitalhall.com；2 Angel Pl；◎售票处 周一至周五 9:00~17:00；🚇Wynyard）这是一个建于19世纪的欧式经典音乐厅，拥有1200个座位和近乎完美的音效。你可以在这里欣赏到Musica Viva乐团、澳大利亚勃兰登堡管弦乐团（Australian Brandenburg Orchestra）和澳大利亚室内管弦乐团（Australian Chamber Orchestra）等一流乐团的演出。

舞蹈

Bangarra Dance Theatre　　舞蹈

（见58页地图；📞02-9251 5333；www.bangarra.com.au；Pier 4/5, 15 Hickson Rd；🚌324, 325, 998；🚇Circular Quay）Bangarra被誉为澳大利亚最好的原住民表演团体。艺术总监Stephen Page将当代主题、原住民传统和西方技巧融为一体。没有国际巡演的时候，舞

> **ℹ️ 主要预订网站**
>
> **Moshtix**（☎1300 438 849；www.moshtix.com.au）
>
> **Ticketek**（☎132 849；www.ticketek.com.au）
>
> **Ticketmaster**（☎136 100；www.ticketmaster.com.au）

团会在歌剧院或是自己位于Walsh Bay的小剧场演出。

悉尼舞团　　　　　　　　　　　　　舞蹈

（Sydney Dance Company, SDC；见58页地图；☎02-9221 4811；www.sydneydancecompany.com；Pier 4/5, 15 Hickson Rd；🚌324, 325, 998；🚇Circular Quay）澳大利亚首屈一指的现代舞团，近40年来一直不断推出现代、性感、时而令人震惊的作品。演出在街对面的 **Roslyn Packer Theatre**（见58页地图；☎02-9250 1999；www.roslynpackertheatre.com.au；22 Hickson Rd；🚌324, 325, 998）或**Carriageworks**（见82页地图；☎02-8571 9099；www.carriageworks.com.au；245 Wilson St, Eveleigh；⏰10:00~18:00；🚇Redfern）`免费`举行。

现场音乐

★ Metro Theatre　　　　　　　　现场音乐

（见60页地图；☎02-9550 3666；www.metrotheatre.com.au；624 George St；🚇Town Hall）Metro以其温馨、通风和舒适的环境一举成为悉尼当地表演和另类国际表演的最佳场所。这里还举办喜剧、歌舞表演和舞会等其他演出。

Oxford Art Factory　　　　　　　现场音乐

（见64页地图；☎02-9332 3711；www.oxfordartfactory.com；38-46 Oxford St, Darlinghurst；🚇Museum）在这两间以安迪沃霍的纽约创作中心为范本的多功能厅内,青少年表达自己的艺术追求。这里有画廊、酒吧、经常举行国际性演出和DJ表演的演出厅。详细演出内容可上网查询。

Venue 505　　　　　　　　　　　现场音乐

（见77页地图；☎0419 294 755；www.venue505.com；280 Cleveland St, Surry Hills；⏰开门时间 周一至周六 18:00；🚌372；🚇Central）这处小巧而令人轻松的场所由艺术家经营，并计划节目演出。它专注于爵士乐、草根音乐、雷鬼音乐、放克音乐、吉卜赛音乐和拉丁音乐。当地的一位艺术家还为这里提供了舒适的沙发和壁画。这里供应意大利面、比萨和共享拼盘，你可以边欣赏音乐边享用美食。

Newtown Social Club　　　　　　现场音乐

（见82页地图；☎02-9550 3974；www.newtownsocialclub.com；387 King St, Newtown；⏰周二至周四 19:00至午夜,周五和周六 正午至次日2:00,周日正午至22:00；📞；🚇Newtown）传奇的Sandringham Hotel（亦即"Sando"，据本土乐队The Whitlams称，这里是上帝喝酒的地方）就算改了名字，对现场音乐的执着也会有增无减。演出者既有本土乐团，也有Gruff Rhys和Malkmus等独立音乐的标杆。

Basement　　　　　　　　　　　　现场音乐

（见58页地图；☎02-9251 2797；www.thebasement.com.au；7 Macquarie Pl；票价 $5-80；⏰正午至次日1:00；🚇Circular Quay）以前的Basement只有爵士乐演出，现在则吸引了专精各种音乐类型和流派的国际及当地音乐家前来演出。持有晚餐和表演门票的人可以坐在舞台边的桌子旁欣赏演出，比只能在吧台边站着看的感觉要好很多。楼上的酒吧也是一个不错的地方，非常适合下班后喝啤酒。

观赏性体育

★ 悉尼板球场　　　　　　　　　　观赏性体育

（Sydney Cricket Ground, SCG；见79页地图；☎02-9360 6601；www.sydneycricketground.com.au；Driver Ave, Moore Park；🚌373-377）在板球赛季（10月至次年3月），宏伟的悉尼板球场（新南威尔士州Blues队的主场）举办的州际板球比赛寥寥无几，但国际五日赛、一日赛，以及20/20超限赛一票难求。板球赛季结束后，澳式橄榄球联赛（AFL）赛季拉开帷幕，体育场会变成悉尼天鹅队红白两色的海洋（www.sydneyswans.com.au）。

国际板球赛和天鹅队比赛的氛围非常好。可以通过Ticketek订票。

悉尼足球场
观赏性体育

(Sydney Football Stadium, Allianz Stadium; 见79页地图; ☎02-9360 6601; www.sydneycricketground.com.au; Moore Park Rd, Moore Park; ☐373-377)这座体育场现在正式以保险公司的名字命名,不过冠名权可能随时间变更,所以我们还是以未被赞助商染指时的原名来称呼这座可以容纳4.55万人的体育场。这里是悉尼的英雄——新南威尔士州特洛皮橄榄球联盟(NSW Waratahs rugby union; www.waratahs.com.au)、悉尼公鸡队(Sydney Roosters; www.roosters.com.au)和澳大利亚职业足球联赛(A-league)悉尼FC队(Sydney FC; www.sydneyfc.com)的主场。

这些球队都有着激情洋溢的球迷(喊得最响的大概是公鸡队的"chook pen"),因此主场比赛都很好看。可以通过Ticketek预订门票。

皇家兰德威克赛马场
赛马

(Royal Randwick Racecourse; 见54页地图; ☎02-9663 8400; www.australianturfclub.com.au; Alison Rd, Randwick; ☐339)随着奖金额高达400万澳元的伊丽莎白女王锦标赛(Queen Elizabeth Stakes)的开场,这座悉尼最著名的赛马场的热度将在4月达到顶峰。可上网查询开赛时间,通常是在每隔一周的周六举行。悉尼时装表演会为有趣的赛程拉开帷幕,比赛日的专用班车会从中央车站外的Chalmers St出发。

剧院

★ Belvoir St Theatre
剧院

(见77页地图; ☎02-9699 3444; www.belvoir.com.au; 25 Belvoir St, Surry Hills; ☐372; ☒Central)这家温馨的剧院位于萨里山的一个安静角落里,有两个小舞台,经常有一家出类拔萃的实验剧团驻场演出,这个剧团专门研究澳大利亚的戏剧。它经常受委托制作新的作品,是悉尼剧院产业的一个重要组成部分。

悉尼剧团
剧院

(Sydney Theatre Company, STC; 见58页地图; ☎02-9250 1777; www.sydneytheatre.com.au; Pier 4/5, 15 Hickson Rd; ☺售票处 周一 9:00~19:30, 周二至周五 9:00~20:30, 周六 11:00~20:30, 周日 表演开始前2小时; ☐324, 325, 998; ☒Circular Quay)成立于1978年的悉尼剧团是悉尼戏剧的掌旗者,在众多澳大利亚著名演员的职业生涯中都占有重要地位(特别是凯特·布兰切特,她是2008~2013年该团的艺术总监之一)。你可以预订剧团码头和Roslyn Packer theatres的导览游($10)。该团的演出也在歌剧院上演。

剧团码头的酒吧也很棒;即使没有演出,也值得你驻足一游。

🔒 购物

悉尼市中心到处都是百货公司、连锁店、国际时装店和百货商店——在这里购物的速度和狂热度是典型的"澳大利亚式"风格。帕丁顿集艺术和时尚于一身,而新城和萨里山附近新开张的店铺和二手精品店则迎合了更多时尚人群的需求。双湾、莫斯曼和巴尔曼以精品购物店居多,如果想购买便宜货,你可以去唐人街或亚历山德里亚的工厂直销店。

新城和格利伯在书籍和唱片店中占有最大的份额。如果想要购买冲浪装备,最好去邦迪或曼利。Woollahra、新城(在St Peters车站附近)和萨里山适合购买古董。如果想要购买纪念品(从精美的澳宝石到俗气的T恤衫),最好去岩石区、圆形码头和达令港碰碰运气。

Artery
艺术品

(见64页地图; ☎02-9380 8234; www.artery.com.au; 221 Darlinghurst Rd, Darlinghurst; ☺周一至周五 10:00~18:00, 周六和周日 10:00~16:00; ☒Kings Cross)走入这间小型原住民

ℹ️ 榜上有名

《悉尼先驱晨报》(Sydney Morning Herald)周五的"Shortlist"板块,也可以登录www.smh.com.au在线查看。

What's On Sydney (www.whatsonsydney.com)

What's On City of Sydney (whatson.cityofsydney.nsw.gov.au)

Time Out Sydney (www.timeout.com/sydney)

值得一游

悉尼观赏性体育

悉尼人是体育迷。观看一场比赛是感受当地文化和氛围的好方法。

橄榄球联赛（Rugby League）

悉尼人对于橄榄球联盟充满了激情。这是一场超级快速、超级彰显男子气概的比赛，观众们为之疯狂。全澳橄榄球联赛（National Rugby League；NRL；www.nrl.com）的赛事从3月持续到10月。在新澳体育场举行的盛大决赛将把比赛推向高潮。每个周末你都可以在悉尼各个部落的主方赛场观看比赛。最容易到达的地方是悉尼足球场（见113页），那里有45,500个座位，是悉尼公鸡队（Sydney Rooster）的主场。门票的起价约$25，可以通过www.tickets.nrl.com订购。

橄榄球联合会（Rugby Union）

橄榄球联合会（www.rugby.com.au）尽管受到了惩罚，但它的上层阶级比橄榄球联盟的成员还要多，在悉尼也不那么狂热。一年一度的南半球澳式橄榄球锦标赛（以前的三国赛）是澳大利亚的袋鼠队、新西兰的全黑队、南非的羚羊队和阿根廷的美洲狮队之间的对决时段——尤其是与新西兰的对决。这将决定谁是贝勒蒂斯罗杯（Bledisloe Cup；澳大利亚自2002年以来还没有赢得过它）的持有者。在超级橄榄球比赛中，新南威尔士州的特洛皮队与来自澳大利亚、新西兰、阿根廷、日本和南非的其他球队进行了激烈的比赛。大多数大型比赛都在澳新体育场（ANZ Stadium；02-8765 2300；www.anzstadium.com.au；Olympic Blvd；团队游 成人/儿童 $29/19；⊙团队游 每天11:00、13:00和15:00，台架 周五至周三9:00；Olympic Park）举行。

澳式橄榄球联赛（AFL）

3月至9月，在悉尼板球场（见112页）或悉尼奥林匹克公园的澳新体育场，可以看到悉尼天鹅队红白相间的身影。悉尼的另一支队伍——Greater Western Sydney Giants，在奥林匹克公园的另一个体育场里举行大部分主场比赛。门票的起价是$25，可以通过www.afl.com.au订购。

英式足球（Soccer）

澳大利亚职业足球联赛从8月下旬到次年2月举行，而不是在冬季举行。悉尼FC队（www.sydneyfc.com）在2006年和2010年赢得了冠军。新近的西悉尼流浪者队（Western Sydney Wanderers）还没有赢得一场盛大的决赛，但在2014年获得了更大的奖项——亚洲冠军联赛。女子足球联盟也获得了越来越多的支持。相同的两个悉尼俱乐部也参加了比赛。

板球（Cricket）

主要的国际赛事是为期一天的T20比赛，夏季在悉尼板球场（见112页）举行。新南威尔斯州将在这里和悉尼的其他场地举行零星的、为期四天的谢菲尔德盾杯比赛，而所有人都可以参加的大狂欢（Big Bash；www.bigbash.com.au）也吸引了大量人群。

艺术画廊，仿佛走入一个充满了点和旋涡的世界。Artery的座右铭是"道德、现代、价格实惠"，知名艺术家的大幅画作可能要几千澳元，而小幅画作最低只要$35。

Gannon House Gallery 艺术品

（见58页地图；02-9251 4474；www.gannonhousegallery.com；45 Argyle St；⊙10:00-18:00；Circular Quay）Gannon House专门出售当代澳大利亚和原住民艺术，它会从艺术家和原住民社区直接购买作品。你会在这里找到Gloria Petyarre等著名艺术家的作品，还有一些鲜为人知的艺术家的作品。这里总有一些引人注目的精彩作品。

Makery
工艺品

(见64页地图;☏0419 606 724; www.workshop.com.au; 106 Oxford St, Darlinghurst; ⊙周二至周五 10:30~18:30,周六 10:00~17:00,周日 11:00~16:00; ☐333, 380) 这个宽敞的角落空间拥有一种创新的理念,那就是让当地的工匠和设计师在一个固定的地方销售他们的产品。这里的产品种类丰富,从珠宝到蜡烛,再到服装,应有尽有,非常值得一逛。

★ Abbey's
书籍

(见58页地图;☏02-9264 3111; www.abbeys.com.au; 131 York St; ⊙周一至周三和周五 8:30~18:00,周四 8:30~20:00,周六 9:00~17:00,周日 10:00~17:00; ☐Town Hall) 作为悉尼市中心最好的书店,Abbey's有很多优点。这里有丰富的社会科学资源和语言学习资源,包括大量的外国电影DVD。还有许多科幻和奇幻书籍。

★ Carriageworks Farmers Market
市场

(见82页地图; carriageworks.com.au; Carriageworks, 245 Wilson St, Eveleigh; ⊙周六 8:00~13:00; ☐Redfern) 悉尼最好的农贸市场位于一座传统的铁路车间内,70多个摊贩会定期在里面出售美味的食品。食品和咖啡摊位生意兴隆,还有来自全州各地的蔬菜、水果、肉类和海产品,氛围很是欢乐。

★ 维多利亚女王大厦
购物中心

(Queen Victoria Building, QVB;见58页地图;☏02-9265 6800; www.qvb.com.au; 455 George St; ⊙周一至周三、周五和周六 9:00~18:00,周四 9:00~21:00,周日 11:00~17:00; ☐Town Hall) 宏伟的维多利亚女王大厦占据着一整片街区,五层楼里容纳了近200个店铺。大厦是维多利亚鼎盛时期的建筑杰作,也是悉尼最漂亮的购物中心。

★ 海岸百货
购物中心

(Strand Arcade;见58页地图; www.strandarcade.com.au; 412 George St; ⊙周一至周三和周五 9:00~17:30,周四 9:00~21:00,周六 9:00~16:00,周日 11:00~16:00; ☐Town Hall) 海岸百货建于1891年,和维多利亚女王大厦一起被称为悉尼最漂亮的购物中心。整整三层楼都是卖设计师服装的。出售澳大利亚咖啡的店铺会让你在这里逗留的时间延长不少。这里还有一些顶级的澳大利亚设计师的店铺。

★ 澳大利亚葡萄酒中心
葡萄酒

(Australian Wine Centre;见58页地图;☏02-9247 2755; www.australianwinecentre.com; Goldfields House, 1 Alfred St; ⊙周日和周一 10:00~19:00,周二至周四和周六 9:30~20:00,周五 9:30~21:00; ☐Circular Quay) 这间位于地下室的酒庄售卖优质的澳大利亚葡萄酒、啤酒和烈酒。尽管地理位置优越,这里也不是旅游陷阱:这里代理小厂商的产品以及久负盛名的各档次奔富格兰奇(Penfolds Grange)葡萄酒。可安排国际递送。

Gleebooks
书籍

(见82页地图;☏02-9660 2333; www.gleebooks.com.au; 49 Glebe Point Rd, Glebe; ⊙周日至周三 9:00~19:00,周四至周六 至21:00; ☐Glebe) Gleebooks是悉尼最好的书店之一,走廊里摆满了政治、艺术书籍和普通的小说,员工们对这些书了如指掌。你可以查询作者的演讲和书籍发布的信息。

Opal Minded
珠宝

(见58页地图;☏02-9247 9885; www.opalminded.com; 55 George St; ⊙9:00~18:30; ☐Circular Quay) 这家商店位于岩石区,是购买澳大利亚特产宝石澳宝(澳大利亚珠宝的精髓)的好地方之一。这里的珠宝质量和服务都非常好。

帕丁顿集市
市场

(Paddington Markets;见79页地图;☏02-9331 2923; www.paddingtonmarkets.com.au; 395 Oxford St, Paddington; ⊙周六 10:00~16:00; ☐333, 380) 集市出现于20世纪70年代,当时很受非主流人士的喜爱,近些年来变得更加大众化,但里面的新款和复古服装、创意工艺品和珠宝首饰仍值得一看。这里很拥挤。

格利伯集市
市场

(Glebe Markets;见82页地图; www.glebemarkets.com.au; Glebe Public School, cnr Glebe Point Rd & Derby Pl; ⊙周六 10:00~16:00; ☐431, 433; ☐Glebe) 这里是西部最佳,总是人满为患。人群中穿梭着各种装扮古怪的人,使得整

个集市洋溢着浓浓的嬉皮士气息。这里有兼容并包的社区氛围，还销售一些不错的手工艺品和设计。

岩石区市场　　　　　　　　　市场

（The Rocks Markets；见58页地图；www.therocks.com；George St；⊙周五 9:00~15:00，周六和周日 10:00~17:00；🚇Circular Quay）这个巨大的周末市场在一个长长的白色穹顶下，市场里的摊位是游客们关注的焦点，有各种各样的手工艺品和饰品。这里是返程回家的人购买礼物的好地方。它占据了George St的最北部，蜿蜒穿过Argyle St，那里有很多食物可供选择。

周五的"美食市场"销售更加美味的食物。

邦迪集市　　　　　　　　　　市场

（Bondi Markets；见86页地图；www.bondimarkets.com.au；Bondi Beach Public School，Campbell Pde, Bondi Beach；⊙周六 9:00~13:00，周日 10:00~16:00；🚌380-382）周日，孩子们都去海滩了，因为他们的学校在这天会变成一个集市，售卖二手服装、原创时装、二手书、珠宝、精油和旧唱片等。周六这里会变成一个农产品集市。

帕迪市场　　　　　　　　　　市场

（Paddy's Markets；见60页地图；www.paddysmarkets.com.au；9-13 Hay St；⊙周三至周日 10:00~18:00；🚇Paddy's Markets；🚇Central）Paddy's之于悉尼，如同Grand Bazaar之于伊斯坦布尔，只是把水烟和地毯换成了手机壳、Eminem的T恤衫和便宜的运动鞋。你可以挑选一件VB的汗衫，或者在过道上漫步。

Red Eye Records　　　　　　音乐

（见58页地图；☎02-9267 7440；www.redeye.com.au；143 York St；⊙周一至周三、周五和周六 9:00~18:00，周四 9:00~21:00，周日 10:00~17:00；🚇Town Hall）如果你正和音乐爱好者同行，那就要小心了：除非你准备在这里待上很长时间，否则千万不要让他们从楼梯进入这个商店。架子上摆满了令人难以抗拒的新式的、古典的、稀有的音乐作品，以及值得收藏的密纹唱片、CD、粗放的摇滚T恤、书籍、海报和音乐DVD。

Westfield Sydney　　　　　　商场

（见58页地图；www.westfield.com.au/sydney；188 Pitt St Mall；⊙周一至周三、周五和周六 9:00~18:30，周四 9:30~21:00，周日 10:00~18:00；🚻；🚇St James）城中最繁华的购物商场，是一幢大得惊人的综合建筑，悉尼塔和Pitt St Mall的大部分都在其中。五楼的美食广场非常棒。

❶ 实用信息

紧急情况

所有紧急情况均可拨打☎000。

医疗服务

金斯克罗斯诊所（Kings Cross Clinic；☎02-9358 3066；www.kingscrossclinic.com.au；13 Springfield Ave, Kings Cross；⊙周一至周五 9:00~13:00和14:30~18:00，周六 10:00~13:00；🚇Kings Cross）普通医疗和旅行相关的医疗服务。

Royal Prince Alfred Hospital（RPA；☎02-9515 6111；www.slhd.nsw.gov.au/rpa；Missenden Rd, Camperdown；🚌412）

St Vincent's Hospital（☎02-8382 1111；www.svhs.org.au；390 Victoria St, Darlinghurst；🚇Kings Cross）

邮政

澳大利亚邮政局（Australia Post；☎13 76 78；www.auspost.com.au）整个城市都有分支机构。

旅游信息

城市信息亭（City Host Information Kiosk；见58页地图；www.cityofsydney.nsw.gov.au；Pitt St和Alfred St交叉路口；⊙9:00~17:00；🚇Circular Quay）

城市信息亭（City Host Information Kiosk；见60页地图；www.cityofsydney.nsw.gov.au；Dixon St；⊙11:00~17:00；🚇Town Hall）位于唐人街中心的一座宝塔式屋顶下。

城市信息亭（City Host Information Kiosk；见64页地图；www.cityofsydney.nsw.gov.au；Darlinghurst Rd和Springfield Ave交叉路口, Kings Cross；⊙9:00~17:00；🚇Kings Cross）

你好，曼利（Hello Manly；见85页地图；☎02-9976 1430；www.hellomanly.com.au；East Esplanade, Manly；⊙周一至周五 9:00~17:00，周六和周日

10:00~16:00；🚢Manly）这处很有用的游客中心就在轮渡码头外面、公共汽车换乘点旁边，提供免费的**曼利观光步道**（见83页）以及其他曼利景点的导览册，还有大量当地公交车信息。员工可以预订各条旅游线路，包括20分钟的徒步之旅（$5）。

帕拉玛塔文化遗产及游客信息中心（Parramatta Heritage & Visitor Information Centre；📞02-8839 3311；www.discoverparramatta.com；346a Church St, Parramatta；🕘9:00~17:00；🚉Parramatta）这里有大量小册子、游客访问的交通信息，以及当地原住民文化遗址的详细资料，经验丰富的工作人员会指引你正确的方向。周二和周五还有免费的徒步游；请打电话预订。

悉尼游客中心（Sydney Visitor Centre；见58页地图；📞02-8273 0000；www.sydney.com；Argyle St和Playfair St交叉路口；🕘9:30~17:30；🚉Circular Quay）位于岩石区的中心，该分支机构提供各种不同内容的导览册，工作人员可以帮你预订房间、团队游和景点门票。

悉尼游客中心（Sydney Visitor Centre；见60页地图；📞02-8273 0000；www.sydney.com；Palm Grove, Darling Harbour；🕘9:30~17:30；🚉Town Hall）这个分支机构位于高速公路立交桥下，提供各种各样的导览册和活动指南，工作人员可以帮你预订房间、团队游和景点门票。你很可能会发现它搬到了附近一个临时地点，原来的位置正在建设一个新的达令港重点开发项目。

ⓘ 到达和离开

飞机

绝大多数前往悉尼的游客都会抵达位于市中心以南10公里处的**悉尼机场**（见554页）。这是澳大利亚最繁忙的机场，有来自全国和世界各地的航班。国际（T1）和国内（T2和T3）航站楼分别位于跑道两端，相距4公里。这里有来自澳大利亚、亚洲、欧洲（经停）、北美洲和其他地方的许多航空公司的航班。

航空公司

维珍澳洲航空（Virgin Australia；📞13 67 89；www.virginaustralia.com）、**澳洲航空**（Qantas；📞13 13 13；www.qantas.com.au）、**虎航**（Tigerair；📞1300 174 266；tigerair.com.au）和澳洲航空的经济划算的替代者**捷星航空**（Jetstar；📞131 538；www.jetstar.com）经常有抵离澳大利亚其他首府城市的航班。**区域快线**（Regional Express, REX；📞13 17 13；www.rex.com.au）、**AirLink**（📞02-6884 2435；www.airlinkairlines.com.au）和**FlyPelican**（📞02-4965 0111；www.flypelican.com.au）有飞往较小的中心的航班。

国际航班信息，请参见www.sydneyairport.com.au（点击"Flight Information"）。

长途汽车

长途汽车到达站**悉尼长途汽车站**（Sydney Coach Terminal；见77页地图；📞02-9281 9366；www.sydneycoachterminal.com.au；Eddy Ave；🕘8:00~18:00，夏季 6:00~18:00；🚉Central）位于中央车站下面。这里有一个旅游服务台、互联网终端和当日的行李寄存处。从这里出发，你可以沿着Eddy Ave步行一段路，乘坐前往郊区的火车，或者左转到Pitt St，前往位于Railway Sq的主要长途汽车站。

Firefly（📞1300 730 740；www.fireflyexpress.com.au）从悉尼开往墨尔本，继续开往阿德莱德。

灰狗巴士（Greyhound；📞1300 473 946；www.greyhound.com.au）拥有最广泛的国内客运网。

默里斯（Murrays；📞13 22 51；www.murrays.com.au）从堪培拉开往悉尼和南部海岸。

Port Stephens Coaches（📞02-4982 2940；www.pscoaches.com.au）从海岸地区到纽卡斯尔和尼尔森湾。

Premier Motor Service（📞133 410；www.premierms.com.au）从凯恩斯经布里斯班、黄金海岸和悉尼到伊登。

火车

驶入悉尼的中央车站的火车往北行驶最远到布里斯班（13.5小时），最南到达墨尔本（11.5小时）。

NSW TrainLink（📞13 22 32；www.nswtrainlink.info）政府运营的铁路网，将悉尼和堪培拉、墨尔本、Griffith、布罗肯山（Broken Hill）、Moree、阿米达尔和布里斯班连接在一起。

悉尼火车（Sydney Trains；📞13 15 00；www.sydneytrains.info）连接悉尼和蓝山、南部海岸和中部海岸。

ⓘ 当地交通

抵离机场

长途汽车

从机场出发的长途汽车之开往Burwood和

Bondi Junction之间的400公路（55分钟），大约每20分钟一班。

穿梭巴士

机场的穿梭巴士可以到达市中心的酒店和青年旅舍，有些还可以到达市郊及海滩。运营商包括**KST Airporter**（☏02-8339 0155；www.kst.com.au；机场至CBD 成人/儿童 $17/12）、**Airport Shuttle North**（☏02-9997 7767；www.asntransfers.com；前往曼利 1/2/3人 $41/51/61）和**Manly Express**（☏02-8068 8473；www.manlyexpress.com.au；机场至曼利 1/2/3人 $40/55/65）。

出租车

从机场到市中心的费用为$45~55，到悉尼北部为$55~65，到曼利为$90~100。

火车

从国内和国际航站楼发车，连接主要铁路网的火车运营商是**Airport Link**（www.airportlink.com.au；成人/儿童 $13.40/12 加上铁路费；◷5:00~23:45，周五和周六晚上时间延长）。车次频繁（每10分钟一班）、快速（到市中心13分钟）而且方便，但机场的票价高昂。如果数人同行的话，出租车更为便宜。另一个办法是乘坐前往Rockdale站的公共汽车（400路，12分钟），然后再转普通列车到市中心（15分钟）。

小汽车和摩托车

尽量避免在悉尼的中心城区驾车：城内的单行道令人头昏眼花，停车场难找而且收费高昂（在酒店也一样），并且停车检查、通行费和违停区激增。与之相反，开车去悉尼外围（尤其是海滩）、一日游非常方便。

汽车租赁

汽车租赁价格因季节和需求而异。阅读小字部分，确认相关的年龄限制，细心核对保险所涵盖的项目，以及您可以在哪里取车。

如果你需要一辆小型汽车，并使用几天，你可以享受每天大约$25的折扣。

大公司都设有机场办事处和市内办事处（大部分位于达令赫斯特的William St附近）。当地公司也在价格和质量上展开竞争。

如果想要租用摩托车，可以前往**Bikescape**（☏02-8123 0917；www.bikescape.com.au；

Parramatta Rd和Young St交叉口处, Annandale；团队游 $195起；█Stanmore）。

汽车租赁公司包括：
Ace Rentals（☏02-9222 2595；www.acerentalcars.com.au）

Avis（☏02-9246 4600；www.avis.com.au；200 William St, Woolloomooloo；◷7:30~18:00；█Kings Cross）

Bayswater Car Rental（☏02-9360 3622；www.bayswatercarrental.com.au；180 William St, Woolloomooloo；◷周一至周五 7:00~18:30，周六 8:00~15:30，周日 9:00~15:30；█Kings Cross）

Budget（☏02-8255 9600；www.budget.com.au；93 William St, Darlinghurst；◷周一至周五 7:30~17:45，周六和周日 至15:45；█Kings Cross）

Europcar（☏02-8255 9050；www.europcar.com.au）

Hertz（☏02-9360 6621；www.hertz.com.au；65 William St, Darlinghurst；◷周一至周五 7:30~17:30，周六和周日 8:00~13:00；█St James）

Jucy Rentals（☏1800 150 850；www.jucy.com.au）

Thrifty（☏02-8374 6177；www.thrifty.com.au；85 William St, Darlinghurst；◷周一至周五 7:30~17:30，周六和周日 7:30~11:30；█Kings Cross）

收费公路

悉尼的大部分车道和主要枢纽（包括悉尼港大桥、海港隧道、穿城隧道和Eastern Distributor）都收取高额过路费。收费系统使用电子设备，这意味着你需要上www.roam.com.au、www.roamexpress.com.au、www.tollpay.com.au或www.myetoll.com.au中的任一网站申请电子标签或是访客通关证。请注意，大多数汽车租赁公司都可以提供电子标签。

购买车辆

Sydney Travellers Car Market（☏02-9331 4361；www.sydneytravellerscarmarket.com.au；Level 2, Kings Cross Car Park, Ward Ave, Kings Cross；◷周一至周六 10:00~17:00；█Kings Cross）这个很有用的市场位于一个停车场内，为旅行者提供买卖车辆的服务，适合澳大利亚公路旅行者。

公共交通

悉尼人喜欢抱怨他们的公共交通系统，但

游客觉得它清晰得不得了。火车系统是整个系统中的关键,以中央车站为核心向四周辐射。乘坐轮渡可以去往附近所有的海港,并逆流而上到帕拉玛塔(Parramatta)。乘坐轻轨去皮尔蒙特和格利伯也很方便。公共汽车是去往各海滩最便捷的交通工具。

Transport NSW(☏131 500;www.transportnsw.info)负责协调州内公共汽车、轮渡、火车和轻轨服务的机构。他们的网站上有好用的旅行计划工具。

TripView App对实时公共交通信息和行程规划非常有帮助。

公共汽车

Sydney Buses(☏131 500;www.sydneybuses.info)有覆盖广泛的交通网,运营时间从约5:00开始,一直到午夜都有班次较稀疏的夜间巴士(NightRide)。

以"X"开头的公共汽车线路指的是停车站较少的快速线路,而以"L"开头的汽车线路则指停车站较少的普通线路。

市中心有几个公共汽车中心,其中包括Wynyard站附近的温耶德公园(Wynyard Park)、中央火车站附近的铁路广场(Railway square)、Town Hall站附近的维多利亚女王大厦,以及轮渡和火车停靠站附近的名字相同的圆形码头。

使用澳宝卡乘坐巴士;上车时刷卡,下车时也要记得刷卡,否则你将会被收取最高票价。

渡轮

大多数的**悉尼渡轮**(Sydney Ferries;见58页地图;☏131 500;www.transportnsw.info)运营时间总体上是6:00至午夜。到大部分海港的单程标准船资为$5.74。去往曼利、悉尼奥林匹克公园和帕拉玛塔的船资为$7.18。

私人公司**Manly Fast Ferry**(☏02-9583 1199;www.manlyfastferry.com.au;成人 单程 淡季/旺季 $8.70/7.80)提供快艇服务,从环形广场到曼利单程18分钟。

轻轨

➡ 轻轨往返于中央车站和德威山(Dulwich Hill)之间,途中经停唐人街、达令港、星城赌场(Star Casino)、悉尼鱼市、格利伯和莱卡特(Leichhardt)。

➡ 使用澳宝卡的话,短途票价为$2.10,长途票价为$3.50。

➡ 还有一条轻轨正在建设中,将于2019年开放。它从圆形码头出发,沿着现在没有汽车行驶的George St穿过市中心到中央车站,然后穿过萨里山,经过悉尼板球球场和悉尼足球场到达Kingsford。Kingsford有一个通往兰德威克(Randwick)的中转站。

火车

悉尼火车(见117页)悉尼火车拥有庞大的市郊铁路网,班次相对频繁,但没有去往北部和东部海滩的线路。

火车的运营时间为5:00至午夜,具体请在线查询时间表。周末发车时间稍晚一些。凌晨时,火车会被NightRide公共汽车所取代。这些火车大部分都从Town Hall站或中央车站开出的。

在7:00~9:00和16:00~18:30的高峰时段。火车票的价格要高得多。

使用澳宝卡的话,短程的单程票价为$3.38,

澳宝卡(OPAL CARD)

悉尼的大部分公共交通工具现在都可以使用名为澳宝卡(Opal; www.opal.com.au)的智能卡。

在悉尼数不胜数的报亭和便利店里,用信用卡(卡内至少有$10)预授权,就可以免费获得这种卡。开启旅程前,只需要用卡接触置于火车站门口、公共汽车门旁边、轻轨车厢里和轮渡码头上的电子读卡器即可。结束旅程时需要再扫一次卡,让系统扣除相应费用。办卡的好处有: 单程折扣、一周内搭乘一定次数后享有折扣、每日交通费$15封顶(周日$2.50封顶)。在机场火车站也可以用澳宝卡,但不享受上述优惠。

使用澳宝卡会便宜得多,所以除非你认为在悉尼逗留期间的交通费达不到$10,你最好买一张。

你可以为4~15岁的孩子购买一张儿童/青年澳宝卡;他们享有半价。学生和老年人的澳宝卡,必须在网上申请。

或非高峰时段的票价为$2.36。

出租车

除换班时间(15:00和3:00)外,在市中心和内城的市郊打车很容易。

根据规定收费,因此所有公司的收费标准相同。起步价是$3.60,周五和周六晚上22:00至次日6:00额外收取$2.50的夜间附加费。起步区间过后每公里$2.19,每天22:00至次日6:00加收20%的夜间附加费。订车需要额外收取$2.50。

在悉尼,可以使用UberX App拼车。GoCatch等其App也提供拼车和普通的出租车预订服务;在繁忙的夜晚,使用这些软件非常方便。

获取更多关于悉尼出租车的信息,请参见www.nswtaxi.org.au。

主要的出租车公司包括:

Legion Cabs(☏13 14 51;www.legioncabs.com.au)

Premier Cabs(☏13 10 17;www.premiercabs.com.au)

RSL Cabs(☏02-9581 1111;www.rslcabs.com.au)

Silver Service(☏133 100;www.silverservice.com.au)

Taxis Combined(☏133 300;www.taxiscombined.com.au)

水上出租车

水上出租车是海港周边便捷的交通工具(从圆形码头到沃森湾只需15分钟)。你可以在港口和河流的任何地点(包括私人码头、岛屿和其他船只上)租到交通工具。他们的网站上都有一个租车工具。多人出行比两人出行更加划算。

Fantasea Yellow Water Taxis(见62页地图;☏1800 326 822;www.yellowwatertaxis.com.au;Cockle Bay Wharf;⏰7:30~22:00,在这些时间以外的时间提供预订服务)4人起价,每多加1人加收$10。例如,从King St码头出发:至曼利$195,至鹦鹉岛$100,至沃森湾$135。更近的目的地提供共享优惠服务,包括塔隆加动物园($30)、悉尼鱼市($25)、丹尼森堡($25)和月神公园($15)。

悉尼周边

蓝山(Blue Mountains)

风光异常优美的蓝山是澳大利亚的一大亮点,是当之无愧的联合国教科文组织世界遗产地。山脉因蓝灰色的雾气而得名,这种由桉树散发的无害油雾弥漫在人迹罕至的深谷和轮廓鲜明的砂岩层上。

山麓起于悉尼内陆的65公里处,到砂岩高原时山体已上升至海拔1100米,历经数千年侵蚀而成的山谷纵横其中。蓝山内有8处相连的自然保护区,这里拥有真正称得上绝美的风景、极棒的丛林徒步小径、原住民雕刻艺术以及所有你想要看到的峡谷和悬崖。

尽管你可以从悉尼往返,但也可以考虑在这边住一个晚上(或更长时间),可以去探访一些小镇,进行至少一次丛林徒步,然后选一家好餐馆吃饭。山中气温很低,而且全年都如此,记得带上暖和的衣服。

✈ 活动

蓝山是非常受欢迎的骑行地,许多人带着自己的自行车,坐上开往伍德福德(Woodford)的火车,然后从那里骑车下山去格兰布鲁克,骑行时间为2~3小时。骑行地图在游客中心有售。

Blue Mountains Adventure Company   探险运动

(见122页地图;☏02-4782 1271;www.bmac.com.au;84a Bathurst Rd;绳降 $150起,溪降 $230,丛林徒步 $30起)在卡通巴车站对面,可以组织绳降、溪降、绳降加溪降组合、丛林徒步和攀岩活动。

River Deep Mountain High   探险运动

(☏02-4782 6109;www.rdmh.com.au;绳降 $165~230,溪降 $230)一家专业的装备机构,对舒适度和安全性要求都很严格,提供绳降、溪降,以及绳降溪降组合。其他的服务包括各种徒步旅行和山地车导览游。

👉 团队游

蓝山探索者公共汽车   乘车游览

(Blue Mountains Explorer Bus;见122页地图;☏1300 300 915;www.explorerbus.com.au;283 Bathurst Rd;成人/儿童 $44/22;⏰发车9:45~16:45)乘坐巴士游览蓝山受欢迎的景点是一个不错的方式,比其他普通的选择要好得多。它运营卡通巴—鲁拉的公交环线,游客可随上随下,也承运一条通往文特沃思瀑布的路线。起点站在卡通巴车站,每30分钟至一小时一班,巴士提供特色的现场解说。各种各样的套餐包括景点门票。

有轨电车游 乘车游览

(Trolley Tours;见122页地图;☎02-4782 7999;www.trolleytours.com.au;76 Bathurst St;成人/儿童 $25/15)装扮成有轨电车的公共汽车,可随上随下。车辆在卡通巴和鲁拉之间走环形线路,经停29个站。位于卡通巴车站对面的同一家公司,运营开往杰诺伦洞(见127页)以及多种旅行套餐的公共汽车。

✷ 节日和活动

Yulefest 圣诞节

(www.yulefest.com)每年6月至8月期间,该地区的酒店和餐厅举行圣诞节风格的狂欢庆典。虽然你不能期望下雪和驯鹿,但在澳大利亚的这个区域,天气也是一样的寒冷。

🛏 住宿

蓝山的住宿选择很多,但在冬季、周五和周六晚上(悉尼人喜欢来这里过一个浪漫周末)需要提前预订。绿荫如盖的鲁拉是最浪漫的去处,而布莱克希思则适合作为徒步者的基地。卡通巴有些开发过度,但这里有一些出色的客栈。

这个地区遍布露营公园,还有一些带有灌木露营地的公园;有一些是免费的。旅游局可以提供全面的名单。

❶ 实用信息

了解更多关于国家公园(包括徒步和露营)的信息,请联系位于布莱克希思(见126页)的**国家公园和野生动物管理局游客中心**(NPWS Visitors Centre),它距离Great Western Hwy大约2.5公里,北距卡通巴大约10公里。

格兰布鲁克(Glenbrook;见122页地图;☎1300 653 408;www.bluemountainscitytourism. com.au;Great Western Hwy;◐周一至周六 8:30~16:00,周日 至15:00;🛜)的Great Western Hwy和**卡通巴**(见124页)的回音亭都有信息中心,能够提供大量的信息,可以提前预订住宿、旅游和景点门票。

❶ 到达和离开

火车(☎13 15 00;www.sydneytrains.info)从悉尼中央车站出发,可开往卡通巴和更远的地区,途经蓝山的一连串小镇。到达卡通巴需要2个小时,使用澳宝卡的话,需花费$8.30。

如果驾车前往蓝山,可以取道Parramatta Rd离开悉尼。在Strathfield拐弯进入免收过路费的M4高速公路,这条公路到了Penrith以西就变成了大西公路,沿着它行驶能到达蓝山的任何一个小镇。驾车从悉尼市中心出发去卡通巴约需1.5小时。另有一条景观路线贝尔斯线公路可以到达。

❶ 当地交通

蓝山巴士(Blue Mountains Bus;☎02-4751 1077;www.bmbc.com.au)提供的当地公共汽车服务非

值得一游

贝尔斯线公路(BELLS LINE OF ROAD)

这条连接里士满(Richmond)北部和利斯戈(Lithgow)的公路是整个蓝山地区最美的观光路线,强烈推荐给自驾人士。这条线比高速宁静得多,风景也让人目不暇接。

位于山脚下的贝尔萍(Bilpin)因苹果园而远近闻名,每周六10:00至正午,这里都会举办贝尔萍集市(Bilpin Markets)。

蓝山托玛山植物园(Blue Mountains Botanic Garden Mount Tomah;见122页地图;☎02-4567 3000;www.rbgsyd.nsw.gov.au;◐周一至周五 9:30~17:30,周六和周日 9:30~17:30)🎟**免费** 位于贝尔萍和贝尔(Bell)的中间位置,与悉尼的皇家植物园不同的地方在于这里是低温环境。本地植物和外来植物相伴而生,包括一些灿烂的杜鹃花。

从悉尼市中心到贝尔斯线,可以先到悉尼港大桥,上M2,然后转到M7(两条路都有收费站)。从Richmond Rd出高速,接下来走Blacktown Rd,然后是Lennox Rd,路过一段很短的折线后上Kurrajong Rd,最后到达贝尔斯线公路。

Blue Mountains 蓝山

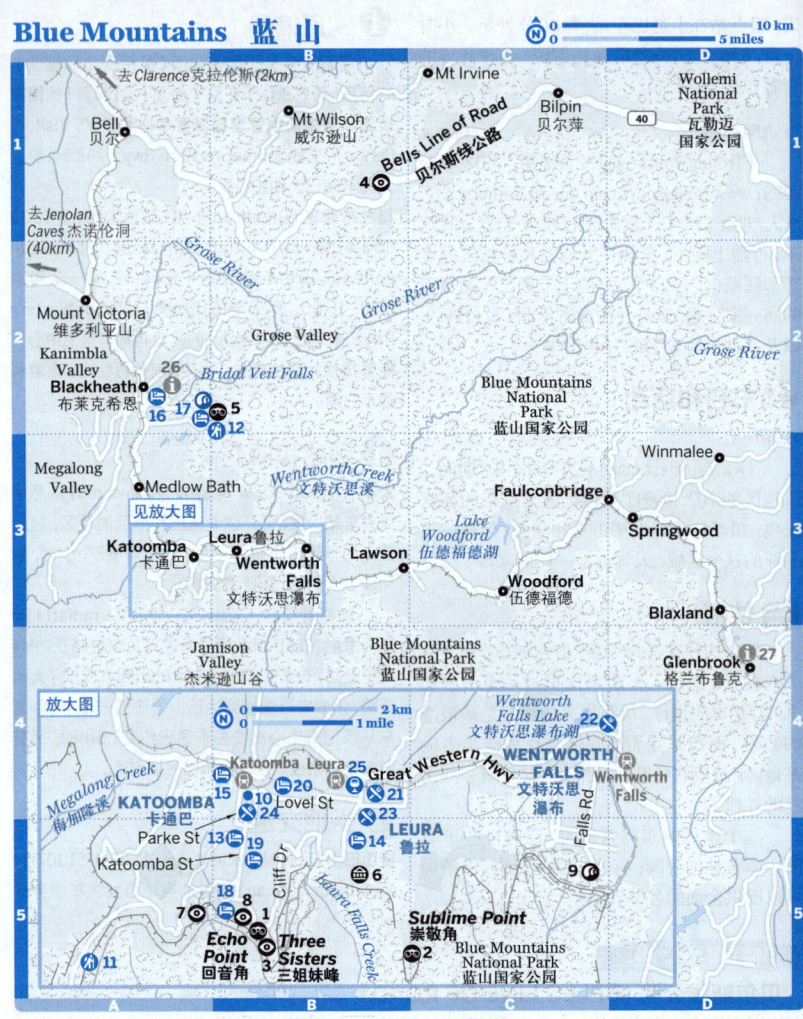

常有限,但是在城镇之间搭乘火车却很方便。在卡通巴和鲁拉,乘坐可以随上随下的公共汽车是轻松游览主要景点的好办法,但大多数情况下步行游览也不会太困难。

文特沃思瀑布(Wentworth Falls)

继续爬山,来到文特沃思瀑布小镇,真正的蓝山风光在你面前揭开面纱,从这里南望,雄伟的杰米逊山谷(Jamison Valley)后面苍茫开阔。村庄里的主要街道很适合漫步。

◉ 景点

文特沃思瀑布自然保护区 瀑布、公园

(Wentworth Falls Reserve;见122页地图;Falls Rd;ℝWentworth Falls)和小镇同名的瀑布飞流直下300米,激起绵绵水雾。这里是一系列纵横交错的徒步线路的起点。这些线路深入峡谷,一路都有溪流、瀑布、深峡、树林和雨林伴随。一定要往回走1公里到Princes Rock,从那里看文特沃思瀑布和杰米逊山谷视野极佳。保护区距离文特沃思瀑布2.5公里,位于高速公路的另一侧。

Blue Mountains 蓝山

◎ **重要景点**
- **1** 回音角 B5
- **2** 崇敬角 C5
- **3** 三姐妹峰 B5

◎ **景点**
- **4** 蓝山托玛山植物园 B1
- **5** 埃文斯观景台 B2
- **6** Leuralla 新南威尔士州
  玩具和铁路博物馆 B5
- **7** 美景世界 A5
- **8** 沃勒塔原住民中心 B5
- **9** 文特沃思瀑布自然保护区 C5

◎ **活动、课程和团队游**
- **10** Blue Mountains Adventure Company ... B4
  蓝山探索者公共汽车 .... (见10)
- **11** 金色阶梯徒步线 A5
- **12** 大峡谷步道 B2
  有轨电车游 .... (见10)

⬤ **住宿**
- **13** Blue Mountains YHA B5
- **14** Broomelea B5
- **15** Flying Fox B4
- **16** Glenella Guesthouse A2
  Greens of Leura .... (见21)
- **17** Jemby-Rinjah Eco Lodge A2
- **18** Lilianfels B5
- **19** Lurline House B5
- **20** No 14 .... B4
  Sports Bunkhouse .... (见16)

⬤ **就餐**
- Ashcrofts .... (见16)
- **21** Leura Garage B4
- **22** Nineteen23 .... C4
- **23** Silk's Brasserie B4
  Station Bar & Woodfired
  Pizza .... (见10)
- **24** True to the Bean B4
  Vesta .... (见16)

⬤ **饮品和夜生活**
- **25** Alexandra Hotel B4

ⓘ **实用信息**
- **26** 蓝山遗产中心 A2
  回音角游客中心 .... (见1)
- **27** 格兰布鲁克信息中心 D4

✖ 就餐

Nineteen23
新派澳大利亚菜 $$$

（见122页地图；☎0488 361 923；www.nineteen23.com.au；1 Lake St；主菜 $30~40；☺周四和周五 18:00~22:00，周六和周日 正午到15:00和18:00~22:00；🅟🅟）这家优雅的餐厅沉着冷静地保持着自己20世纪20年代的风貌，深受沉浸在爱河里的情侣的青睐。食物虽然缺乏新意，但烹制完美，风味浓郁。这里还提供高档民宿和自炊式住宿。

鲁拉（Leura）

鲁拉是蓝山最漂亮的小镇，镇上有高低不平的街道、精心修整的花园和成片的维多利亚式走廊。小镇中心绿树成荫的主干道Leura Mall上，成排的乡村工艺品店和咖啡馆迎接每天的游客潮。鲁拉紧邻卡通巴，比周围地势稍高。

◎ 景点

★ 崇敬角
观景台

（Sublime Point；见122页地图；Sublime Point Rd）鲁拉东南面的这块三角形岩峰每一面都是险峻的峭壁。这里非常宁静，让我们觉得比著名的卡通巴回音角更好。晴朗的日子可以看到下面广阔的蓝色峡谷上舞动的云影。

Leuralla新南威尔士州玩具和铁路博物馆
博物馆、花园

（Leuralla NSW Toy & Railway Museum；见122页地图；☎02-4784 1169；www.toyandrailwaymuseum.com.au；36 Olympian Pde；成人/儿童 $15/5，仅花园 $10/5；☺10:00~17:00）这座装饰艺术风格的大厦原来是第三任联合国大会主席、曾任澳大利亚联邦外交部长的伊瓦特（H.V. Evatt）博士的家，里面塞满了各种各样的奇怪收藏品，从乖戾的爱德华七世时代的娃娃到《神秘博士》里的人物塑像，再到一套罕见的纳粹宣传玩具，不一而足。铁路纪念品放置在漂亮的花园里。

🛏 住宿

★ Greens of Leura
民宿 $$

（见122页地图；☎02-4784 3241；www.thegreensleura.com.au；24-26 Grose St；房间

$175~220；P⊝@⑨）这栋有100多年历史的漂亮木屋位于与主干道平行的一条安静街道上，周围是美丽的花园，这里热情好客并提供5间以英国作家名字命名的房间。每个房间都具有独特的装饰风格，其中一些房间有四帷柱床和水疗设施。这里还有一个很棒的带有庭院的休息区。房价中包含早餐、带有气泡酒和其他美食的下午茶。

★ Broomelea　　　　　　　　民宿 $$

（见122页地图；☏02-4784 2940；www.broomelea.com.au；273 Leura Mall；房间 $175~225；P⊝@⑨）这座爱德华七世风格的建筑是浪漫的蓝山民宿，热情好客，这里有四柱大床、可爱的花园、宽敞的阳台、壁炉和舒适的休息室。外廊上摆放着藤制家具。另有适合家庭入住的独立小屋和许多其他设施。周末时两晚起住。

✕ 餐饮

Leura Garage　　　　　　　　地中海菜 $$

（见122页地图；☏02-4784 3391；www.leuragarage.com.au；84 Railway Pde；菜肴 $15~29；⊙正午至21:00或深夜；⑨）如果你对这家新潮咖啡吧的前身是一间车库而有所怀疑，店内悬挂着的消声器和一排排轮胎会向你证明这一点。晚餐时，菜式变为乡土拼盘，盛在木板上端上桌，其中有熟食满溢的比萨。

Silk's Brasserie　　　　　　　新派澳大利亚菜 $$$

（见122页地图；☏02-4784 2534；www.silksleura.com；128 Leura Mall；2/3道菜的晚餐周中 $59/69，周末 $65/75；⊙正午至15:00和18:00~22:00）这是一家经营多年的优质餐馆，工作人员非常热情。尽管表面上以新派为招牌，但内里还是一家啤酒馆，因此菜量很大，口味也好。这里空间舒适，棋盘式的瓷砖和色彩斑斓的羊皮纸墙壁营造出一种诱人的半正式氛围。记得留点肚子吃甜品。

Alexandra Hotel　　　　　　　　小酒馆

（见122页地图；☏02-4782 4422；www.alexandrahotel.com.au；62 Great Western Hwy；⊙周日至周四 10:00~22:00，周五和周六 至午夜；⑨）Alexandra位于主道上，是一众小酒馆中的佼佼者，非常有特色。不妨和当地人来一盘桌球比赛，或在周末来听DJ和乐队的现场表演。酒吧里的食物色香味俱全。

卡通巴（Katoomba）

异世界般的迷雾、陡峭街道两旁林立的装饰艺术风格建筑、令人震惊的峡谷景观，还有餐馆、街头艺人、艺术家、艳俗酒馆和高档酒店组成的古怪混合体——这就是卡通巴，山中最大的城镇。在这里，波希米亚和资产阶级的生活方式共存，爱恨交织在一起。这里有一系列的住宿可供选择，并且价格合理，尤其是当你有预算紧张或者是乘坐公共交通工具出行时。

◉ 景点和活动

★ 回音角　　　　　　　　观景台

（Echo Point；见122页地图；Echo Point Rd）站在位于回音角的悬崖顶端观景平台可以欣赏到这里最精华部分的神奇景观：三座被称作三姐妹峰（Three Sisters）的岩石峰。注意：回音角有大量破坏景观的旅行团，他们不熄火的大巴放出尾气污染了山间的空气。想要避开他们，就早些或晚些过去。周围的停车场很贵，可以将车停在几条街开外，然后再走过去。这里还有一个游客中心（见126页）。

美景世界　　　　　　　　缆车

（Scenic World；见122页地图；☏02-4780 0200；www.scenicworld.com.au；Violet St和Cliff Dr交叉路口；成人/儿童 $39/21；⊙9:00~17:00）蓝山最吸引游客的景点，长期以来备受欢迎，景色更是无与伦比。乘坐玻璃地板的Skyway缆车越过峡谷上山，然后再从号称世界上最陡的轨道线以52度倾斜角下到杰米逊峡谷谷底。你可以走2.5公里的森林栈道（或是花6小时徒步12公里回到城堡废墟），最后坐缆车回到山上。

686路公共汽车在回音角和这里都设有停车站，可以随上随下，而且距离回音角只有2.5公里的步行路程，因此这是一个不错的游览方式。

沃勒塔原住民中心　　　　　　　　文化中心

（Waradah Aboriginal Centre；见122页地图；☏02-4782 1979；www.waradahaboriginalcentre.com.au；33-37 Echo Point Rd；展览 成人/儿童 $20/15；⊙9:00~17:00）这间美术馆和店铺展示非凡的原住民艺术精品，以及手绘的"飞去

来回"(boomerangs)和迪吉里杜管(didgeridoos)等旅游纪念品。不过，来到此处的主要目的是看一场时长15分钟的表演。演出全天进行，表演者幽默地向观众介绍原住民文化。

★ 金色阶梯徒步线 徒步

（Golden Stairs Walk；见122页地图；Glenraphael Dr）如果你是自驾游，可以选择金色阶梯徒步线，这条通往城堡废墟（一个著名的岩石构造）的线路要比从美景世界（见125页）出发的路线人少得多。这是一段陡峭带劲的山路，一直下到山谷（大约8公里，回程5小时）。请携带大量的饮用水。

想要达到那里，从美景世界需要继续沿Cliff Dr走1公里，找到左手边的Glenraphael Dr，道路很快就变得崎岖，而且不再是柏油路面。行走几公里后，留意左边的"Golden Stairs"路标。

🛏 住宿

No 14 青年旅舍 $

（见122页地图；02-4782 7104；www.no14.com.au；14 Lovel St；铺 $28，房间 带/不带卫生间 $79/69；@🛜）这家小旅舍就像是一个让人愉悦的合租屋，气氛友好，寝具色泽鲜艳，经营者也乐于提供帮助。没有电视，因此住客只能彼此聊天。房费包含一份简单的早餐。阳台是让人放松的最佳地点。

Flying Fox 青年旅舍 $

（见122页地图；02-4782 4226；www.theflyingfox.com.au；190 Bathurst Rd；露营地 每人 $21，铺 $32，房间 $82~84；P🛜）这里的主人有一颗旅行者的心，他们让入住这里的客人有宾至如归的感觉。这里没有喧闹的派对，热红酒和巧克力饼只有在休闲吧可以找到，提供免费的早餐以及每周一次的意大利面之夜。宿舍的天花板很高，房间也很宽敞；单人间非常舒适、价格划算。花园里的景色不错，还能搭帐篷。

★ Blue Mountains YHA 青年旅舍 $$

（见122页地图；02-4782 1416；www.yha.com.au；207 Katoomba St；铺 $32~37，双 带/不带卫生间 $134/119；P@🛜）旅舍的墙面是裸露的砖墙，这里共有200张床位，有宿舍和家庭房可选，所有的房间都很舒适，而且明亮干净。旅舍设施包括休息室（带壁炉）、台球桌、设备齐全的公共厨房和有烧烤架的户外场地。员工可以帮你提前预订各种活动和团队游。HI会员享有折扣。

Lurline House 民宿 $$

（见122页地图；02-4782 4609；www.lurlinehouse.com.au；122 Lurline St；房间 $160~200；P❄🛜）这家具有联邦特色的客栈规模可观，经营出色，装饰漂亮，拥有宽敞的房间、四柱床以及深色的木质家具。其他房间配有水疗浴室，这里有一个休息室，客人可以在那里享用水果或饮料。房间干净整洁，但这里的确是一个令人愉悦的悠闲之地。早餐令人印象深刻，有一个开放式的厨房。

Lilianfels 酒店 $$$

（见122页地图；02-4780 1200；www.lilianfels.com.au；5-19 Lilianfels Ave；房间 $330~525；P❄@🛜）紧挨着回音角，因此这里有同样壮丽的景观。这处豪华度假村拥有85个房间和该地区最棒的餐馆（Darley's；周二至周日的晚餐，3道菜 $125），提供的设施包括水疗中心、室内外的温水游泳池、网球场、桌球/游戏室、图书室和健身房。房间类型多样；一些房间能够欣赏到精彩绝伦的美景。房间装饰经典豪华。

🍴 就餐

True to the Bean 咖啡馆 $

（见122页地图；0438 396 761；www.facebook.com/truetothebean；123 Katoomba St；华夫饼 $3~6；◯周一至周六 6:30~16:00，周日 8:00~16:00；🛜）悉尼人对单品咖啡的迷恋影响到卡通巴的主流品位，这一点在这家小意式浓缩咖啡馆里得到呈现。食物种类有限却很美味，冷燕麦粥、烤土豆和华夫饼都不错。这里拥有一种传统的牛奶酒吧风格，供应各种口味独特的奶昔。

Station Bar & Woodfired Pizza 比萨 $$

（见122页地图；02-4782 4782；www.stationbar.com.au；287 Bathurst Rd；比萨 $18~26；◯正午至午夜；🛜）这家生意兴隆的店面位于火车站附近一个非常可爱的地方，将游客和当地

不要错过

蓝山丛林徒步

要了解适合自己经验水平及锻炼目标的徒步路线,可以致电位于布莱克希思的国家公园蓝山遗产中心(见127页),或是位于格兰布鲁克(见121页)和卡通巴的信息中心。这三处都出售各种徒步手册、地图和图书。

要注意的是,这里丛林茂密,很容易迷路,还曾经因此出过人命。记得要将自己的姓名和徒步计划留在卡通巴警察局或是国家公园中心。警局、国家公园和信息中心都可以免费提供个人定位仪,强烈建议随身带一个,这对走长线的徒步者尤其重要。记得带上干净的饮用水和足够的食物。

最热门的两个丛林徒步区域为杰米逊山谷和格罗斯山谷,前者在卡通巴以南,后者位于卡通巴的东北方向、布莱克希思以东。最佳选择还包括金色阶梯徒步线(Golden Stairs Walk)和Grand Canyon Walk。

风景最美的长途路线之一是需步行3天走完的6英尺小道(Six Foot Track),这条徒步道长45公里,从卡通巴出发沿着美加龙山谷(Megalong Valley)经过考克斯河(Cox's River),一直延伸到杰诺伦洞。沿途有多个露营地。

人吸引到到这里。这里将三种幸福的东西融合在了一起——精酿啤酒、比萨和现场音乐。这里专门供应的比萨(外加几种沙拉)味道非常好,搭配有不寻常的美食配料。小道旁边紧凑的庭院是一个与同伴畅饮一杯的好地方。

实用信息

回音角游客中心(Echo Point Visitors Centre;见122页地图;1300 653 408;www.bluemountainscitytourism.com.au;Echo Point;9:00~17:00)一家颇具规模的中心,员工乐于帮忙,另有一家礼品店。

布莱克希思(Blackheath)

卡通巴以北10公里处是整洁小巧的布莱克希思镇,这里的人潮和商业氛围已经散去不少。这座小镇景色优美,很适合作为探访格罗斯山谷和美加龙山谷的基地。镇上有几处令人难忘的观景台,一些顶级的徒步线路也从这里出发。

景点和活动

埃文斯观景台 观景台

(Evans Lookout;见122页地图;Evans Lookout Rd)这个观景台在距离布莱克希思的高速公路4公里处设有路标,它能够为你提供广阔的视角,让你欣赏到从砂岩峭壁至峡谷下方的景象。这里是蓝山最优美的景观台之一,也是壮观的大峡谷丛林步道的起点,或许还是该地区最好的半日游目的地。

★大峡谷步道 徒步

(Grand Canyon Walk;见122页地图;Evans Lookout Rd)这条壮观的环路长5公里,可以让你从埃文斯观景台下降到山谷里。你可以沿着"大峡谷"进行一段令人难忘的徒步,然后再绕回距离景观台大约1.5公里的公路。尽管向下走和向上走的过程很费力,但这是该地区比较阴凉的一条徒步线路,大多数人需要花费3个小时左右。

住宿

★Glenella Guesthouse 客栈 $$

(见122页地图;02-4787 8352;www.glenella.com.au;56 Govetts Leap Rd;房间 $140~195,家 $230~270;P)华丽的Glenella自1912年起就一直是一间旅舍,现在由一对年轻的英国夫妇经营管理,他们既热情又专业,让客人有宾至如归的感觉。这里有七间舒适的卧房、一个迷人的休息室和一个令人惊叹的餐厅,餐厅提供质优味美的早餐(包含在房价之中)。具有令人不可思议的充满时代特色包括天花板造型和铅制灯具。

这里的老板还经营着后面的一个**Sports Bunkhouse**(见122页地图;02-4787 6688;www.sportsbunkhouse.com.au;60 Govetts Leap Rd;铺/标单/双/标双 $35/60/75/80;P)。

Jemby-Rinjah Eco Lodge 小木屋 $$

(见122页地图; ☎02-4787 7622; www.jemby.com.au; 336 Evans Lookout Rd; 小木屋 $225~265; ⓟ❀⊛) ✐这些迷人的生态小木屋位于埃文斯观景台的附近,深藏在橡胶树和红千层之间,大概只有误打误撞才能找到。住在这里,你会感觉自己身在遥远的丛林之中,树叶沙沙作响,鸟儿啾啾歌唱。所有这些一居室和两居室的带护墙板的木屋都配备了小厨房和陶器,豪华间里有日式澡盆。

🍴 就餐

Vesta 法式小馆 $$$

(见122页地图; ☎02-4787 6899; www.vestablackheath.com.au; 33 Govetts Leap Rd; 主菜 $29~38; ⊙周三至周五 17:00~22:00,周六和周日 12:30~15:00和17:00~22:00,夏季 周三歇业; ✐)感受到了蓝山的凉意吗?那就去Vesta暖和暖和吧。百年的柴火烤炉在后面熊熊燃烧,桌上是一盘盘丰盛的烤肉(全部都是自由放养、草饲、本地出品)、自制的熟食共享拼盘和一瓶瓶澳大利亚葡萄酒,还有吵吵嚷嚷的当地食客。

Ashcrofts 新派澳大利亚菜 $$$

(见122页地图; ☎02-4787 8297; www.ashcrofts.com;18 Govetts Leap Rd; 主菜 晚餐 $37~40,午餐 $20~23; ⊙周四 18:00~22:00,周五 11:30~14:30和18:00~22:00,周六和周日 8:00~14:30和18:00~22:00)这家著名的餐厅长久以来一直受到蓝山人的欢迎。舒适的餐厅令人着迷,菜单不长却很精致,菜式随季节而变更,风味搭配也别出心裁。来这里顺便享用一顿周末早餐也很不错。

ℹ 实用信息

蓝山遗产中心(Blue Mountains Heritage Centre; 见122页地图; ☎02-4787 8877; www.nationalparks.nsw.gov.au; ⊙9:00~16:30)极其有帮助。正式的国家公园和野生动物管理局(NPWS)游客中心,提供关于当地步行旅行和国家公园的信息。它位于Govetts Leap Rd的尽头末端,在Govetts Leap观景台附近,还有一家小画廊。

布莱克希思外部 (Beyond Blackheath)

石灰岩**杰诺伦洞**(Jenolan Caves; ☎02-6359 3911; www.jenolancaves.org.au; Jenolan Caves Rd, Jenolan; 成人/儿童 $35/24起; ❀团队游 9:00~17:00)距离蓝山的其他景点很远。这是世界上最广阔、最容易进入和最复杂的洞穴体系之一——一个人们仍在探索的庞大网络。有几个洞穴已经面向公众开放,你可以参加团队游游览这些洞穴。有各种各样的团队游套餐和折扣。

这些洞穴早在4亿年前就已经形成,被Gundungurra部落命名为"黑暗之地"(Binoomea)。白人探险家于1813年首次通过这里,该地区于1866年受到保护。

中部海岸 (THE CENTRAL COAST)

戈斯福德(Gosford)是悉尼和纽卡斯尔之间海岸线上最大的城镇,同时也是当地交通枢纽和服务中心。它附近的阿沃卡(Avoca)以悠闲著称,那里有风景如画的海滩,还有一个饱经沧桑的电影院,而特里格尔(Terrigal)的月牙形海滩则是冲浪的好去处,城镇中心一片繁荣,有很多顶级加油站为来往车辆服务。而在海岸北部,巴托湾(Bateau Bay)和纽卡斯尔之间遍布着很多盐水湖,深邃而宁静的麦夸里湖(Lake Macquarie)便是其中之一。

👁 景点

波蒂国家公园 国家公园

(Bouddi National Park; ☎02-4320 4200; www.nationalparks.nsw.gov.au; 车辆进入 $8)这个壮观公园中的小径一直延伸到海滩,那里人迹罕至,你可以登上瞭望台,欣赏一年一度的鲸迁徙(6月至11月)盛况。小海滩(Little Beach)、埔迪海滩(Putty Beach)和塔劳海滩(Tallow Beach)上都有露营地(双人 $24~33);需要提前预订。只有埔迪海滩上提供饮用水。

澳大利亚爬行动物园 动物园

(Australian Reptile Park; ☎02-4340 1022; www.reptilepark.com.au; Pacific Hwy, Somersby; 成人/儿童 $35/19; ⊙9:00~17:00)在这里你可以和考拉及蟒蛇来一次亲密接触,瞧瞧工作人员是怎样提取漏斗形蜘蛛汁液(以获得抗

蛇毒血清）的，再看看饲养员是怎样给加拉帕戈斯群岛海龟喂食的。这对孩子们来说实在是再美妙不过的旅行了。它在M1 Pacific Motorway高速公路旁设有标志，你也可以从Gosford站打一辆出租车。

布里斯班水域国家公园　　　　　国家公园

（Brisbane Water National Park；☎02-4320 4200；www.nationalparks.nsw.gov.au；Woy Woy Rd, Kariong；车辆可进入吉拉库和萨默斯比瀑布野餐区域 停车费$8）戈斯福德西南方向9公里处有条河名叫霍克斯伯里河（Hawkesbury River），公园就位于这附近。尽管它的名字叫布里斯班水域国家公园，但这个公园主要由砂岩和森林组成，只有面积很小的布里斯班水域。这里以争奇斗艳的春季野花和Guringai石头雕刻而闻名，最令人印象深刻的长廊是Bulgandry Aboriginal Engraving Site，位于Woy Woy Rd的大洋路以南3公里处。公园东南边缘上有一个美丽的村庄珍珠海滩（Pearl Beach），很多悉尼人都隐居在这里。

🛏 住宿

海岸附近有许多假期出租屋，也有很多酒店和汽车旅馆。国家公园还有乡村露营地。

🍴 就餐

Woy Woy Fishermen's Wharf　　海鲜 $$

（☎02-4341 1171；www.woywoyfishermenswharf.com.au；The Boulevarde, Woy Woy；餐馆 主菜 $18~30；⏰外卖 周日至周三 11:00~16:00，周四至周六 11:00~19:00，餐馆 周一至周三 8:00~11:00和正午至15:00，周六 8:00~11:00和正午至20:30，周日 正午至15:00）🍴格里根家族（The Cregan family）自1974年就开始制作口感极好的特色炸鱼薯条，一直流传至今。你可以选择把食物打包外带，到公园里大快朵颐（就像每天15:00吃食的鹈鹕），也可以在他家整洁美丽的餐厅里选一张悬荡在水面上的桌子，坐下来细细品尝。这里还有一家不错的鱼店。距离火车站只有几分钟的路程。

Pearls on the Beach　　新派澳大利亚菜 $$$

（☎02-4342 4400；www.pearlsonthebeach.com.au；1 Tourmaline Ave, Pearl Beach；主菜 $41；⏰周四至周日 正午至14:30和18:00~22:00）这家白色小屋餐厅位于田园诗般的小珍珠海滩上，菜品精美，口碑极佳，是享用简单而味美的现代澳大利亚美食的好去处。他家的甜点口感诱人，也值得一试。1月营业时间会延长，而冬季则会缩短。

ℹ 实用信息

中部海岸游客中心（Central Coast Visitor Centre；☎02-4343 4444；www.visitcentralcoast.com.au；52 The Avenue, Kariong；⏰周一至周五 9:00~17:00，周六 9:30~15:30，周日 10:00~14:00）

ℹ 到达和离开

你可以选择沿M1 Pacific Motorway高速公路朝纽卡斯尔（沿途会经过很多中部海岸出口）行驶，也可以沿着海岸漫步过去。

戈斯福德是纽卡斯尔和中部海岸之间的一个站点，经常会有来自悉尼和纽卡斯尔的火车（两班火车：成人/儿童 $8.30/4.15，1.5小时）。如有需要，火车也可在布里斯班水域国家公园中的Wondabyne停车等候（只能乘坐后车厢）。

Busways（☎02-4368 2277；www.busways.com.au）和**Redbus**（☎02-4332 8655；www.redbus.com.au）运营开往各个城镇和海滩的当地公共汽车。

猎人谷 (THE HUNTER VALLEY)

在青翠的猎人谷中，狭窄的车道交错纵横，就像缠绕在山谷上的一条条金银丝带。但是游客来猎人谷，真正的目的不是享受在乡村小路上驾驶的愉悦，而是彻底的放松和畅饮。猎人谷就像在庆祝一个盛大的节日：优质葡萄酒、精品啤酒、巧克力、奶酪、橄榄、珍馐美馔、琼浆玉露，一切应有尽有。想必酒神巴克斯也会在此下凡。

猎人谷的葡萄酒厂没有装高冷，而是欢迎新手。这里几乎家家都有酒窖，提供免费的品尝或者收取少量费用。

猎人谷夏天极其炎热，所以最好在较为凉爽的月份前来。就好比当地的西拉葡萄酒，最好在凉爽些的月份享用一样。

Hunter Valley 猎人谷

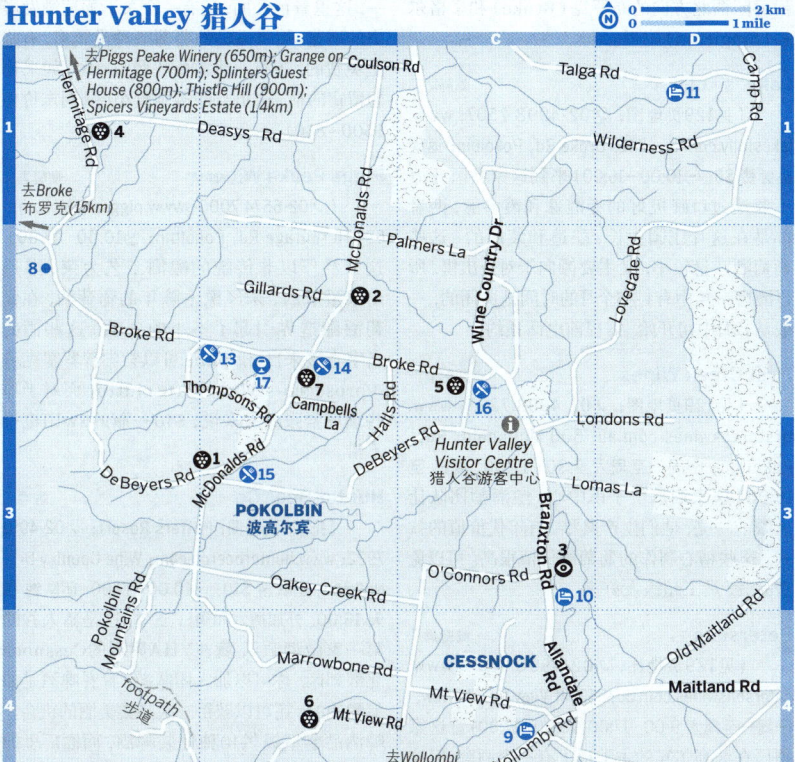

Hunter Valley 猎人谷

◎ 景点
1. Audrey Wilkinson Vineyard B3
2. First Creek Wines B2
3. Hunter Beer Co..C3
4. Keith Tulloch Winery............................. A1
5. Lake's folly C2
6. Petersons B4
7. 小酿酒人中心...B2

❸ 活动、课程和团队游
8. Two Fat Blokes A2

🛏 住宿
9. Australia Hotel C4
10. Hunter Valley YHA C3
11. Tonic D1

✖ 就餐
12. Bistro Molines..B4
13. Enzo B2
    EXP. ....（见8）
14. Hunter Valley Smelly Cheese
    Shop B2
15. Hunters Quarter B3
    Muse Kitchen ....（见4）
16. Muse Restaurant C2

🍷 饮品和夜生活
Goldfish Bar & Kitchen.................（见14）
17. Harrigan's...B2

◎ 景点

猎人谷大多数景点都集中在一个区域，此地北邻New England Hwy，南邻Wollombi/Maitland Rd，波高尔宾（Pokolbin）的葡萄酒厂和餐厅也大都群集于此。若想欣赏更别致的景色，感受更悠闲的氛围，不妨去葡萄园西北方向的布罗克(Broke)和辛格尔顿(Singleton)附近。

Lake's Folly
葡萄酒厂

(见129页地图; ☎02-4998 7507; www.lakesfolly.com.au; 2416 Broke Rd, Pokolbin; 返现品尝费$5; ◎10:00~16:00)来到这家酒厂,千万不要错过口碑极好的赤霞珠和霞多丽,两者都是在这片庄园生长、酿造和装瓶的。这些葡萄酒产量较小,又主要倾向于对外出售,所以酒窖一年中有4~6个月的时间是关闭的,一般从12月中旬开始。需提前电话预约。

First Creek Wines
葡萄酒厂

(见129页地图; ☎02-4998 7293; www.firstcreekwines.com.au; 600 McDonalds Rd, Pokolbin; ◎周一至周六 9:30~17:00, 周日 至 16:00)这家酒厂位于市中心,酿酒师团队让人眼前一亮,他们生产典雅、有年代价值的款式。这些精心制作的葡萄酒价值很高。可以免费品尝,员工超级友好。

Petersons
葡萄酒厂

(见129页地图; ☎02-4990 1704; www.petersonswines.com.au; 552 Mt View Rd, Mt View; ◎周一至周六 9:00~17:00, 10:00~17:00)尽管这家酒庄在波高尔宾的主干道上有一个酒窖,但这里还是值得你来体验一番,热情好客的工作人员有更多的时间来与你攀谈,并指导你品尝美味、经典的葡萄酒。这将是一次非常愉快的经历。Back Block shiraz的味道棒极了。

小酿酒人中心
葡萄酒厂

(Small Winemakers Centre;见129页地图; ☎02-4998 7668; www.smallwinemakers.com.au; 426 McDonalds Rd, Pokolbin; 返现品尝 $5; ◎10:00~17:00)这家葡萄酒酒厂位于一个小水坝旁边,位置非常不错。这里态度热情,展示了来自五个小庄园的30多个品种的葡萄酒,其中有一些酒厂没有酒窖。葡萄酒品鉴会非常慷慨。

Audrey Wilkinson Vineyard
葡萄酒厂

(见129页地图; ☎02-4998 1866; www.audreywilkinson.com.au; 750 DeBeyers Rd, Pokolbin; ◎10:00~17:00)来这家葡萄酒厂,可以在其位于山顶的酒窖一边野餐,一边享受美景。作为最古老的葡萄园(始建于1866年)之一,这里景色壮丽,还有一个关于葡萄酒发展史的展览。可供品尝的葡萄酒种类繁多,有些是免费的,还有一些需要花费$5~10。如果你想留宿的话,这里有许多别墅小屋(周末价格$500~850)。

Piggs Peake Winery
葡萄酒厂

(☎02-6574 7000; www.piggspeake.com; 697 Hermitage Rd, Pokolbin; ◎10:00~17:00)这家酒厂以非传统的酿酒工艺为荣,酿出限量版的、未经橡木陈年的葡萄酒,在葡萄酒酿造界引起了不小的轰动。这些酒的名字直接来自pig-pun:可以尝尝普罗塞克款(prosecco-style)的Prosciutto,而对于那些预算紧张的人来说,$10一瓶的Swill也很不错。

Hunter Beer Co
酿酒厂

(见129页地图; Potters Resort; ☎02-4991 7922; www.hunterbeerco.com; Wine Country Dr, Nulkaba; 团队游$10; ◎10:00~17:00, 团队游 每天 16:00, 外加周六和周日 正午)这是猎人谷的第一家微型酒厂,就在YHA附近的Cessnock北部郊区。你可以加入团队游,看看啤酒是如何酿制的,还可以获得三次品尝美酒的机会。啤酒品鉴室提供10种桶装啤酒,而酒厂里的酒吧也提供该公司生产的桶装啤酒。

🏃 活动

Balloon Aloft
热气球游

(☎02-4990 9242; www.balloonaloft.com; $339)在太阳初升时乘坐热气球升上天空,俯瞰葡萄园。随热气球飘动的短途旅游会持续约一个小时,之后会到Peterson House Winery享用早餐。

👉 团队游

如果大家都不想为了开车而错过美酒,不必担心,这里有很多酒庄游供你选择,从行走于酒庄之间提供基础运输功能的小型巴士到及种类丰富的美食表演。他们的工作人员会让游客到悉尼或纽卡斯尔集合,然后安排一次长途一日游。请参见www.winecountry.com.au。

★ Two Fat Blokes
美食游、酒庄游

(见129页地图; ☎0414 316 859; www.

twofatblokes.com.au; 1616 Broke Rd, Pokolbin; 半日 $69, 一日 $165~249) 逛一逛，尝尝葡萄酒，这些身临其境的美食体验是发现这一地区的好方法。欢快的导览游将带你去参观一些极棒的葡萄园，但除了葡萄酒之外，还有很多其他的东西，比如奶酪、啤酒、美味的午餐和大量有趣的背景信息。非常不错。

Hunter Valley
Boutique Wine Tours 酒庄游

(0419 419 931; www.huntervalleytours.com.au) 可以信赖、见多识广的小团队半日游（三个酒窖）每人$80起，含午餐的一日游每人$115起。

Kangarrific Tours 酒庄游

(0431 894 471; www.kangarrifictours.com; 一日 $129) 这个小规模团队游从悉尼启程，承诺到猎人谷后会安排最别致的行程。你可以品尝所有的东西，从葡萄酒到意式冰激凌，还能与袋鼠一起喝早茶。

节日和活动

在这些较大的葡萄园举办的周末演唱会上，经常会有超级明星现身（斯普林斯汀、滚石）。每当要举行特别的活动时，都需要提前预订住宿。详情可见www.winecountry.com.au。

住宿

众多酒庄提供住宿，还有许多不错的自助餐饮场所。住宿价格会在周五和周六猛涨，一般情况下两天起住，如果举办婚礼的话，住宿也很方便。但很多地方都不接待儿童。

★ Hunter Valley YHA 青年旅舍 $

(见129页地图; 02-4991 3278; www.yha.com.au; 100 Wine Country Dr, Nulkaba; 铺 $35~37, 房间 带/不带卫生间 $108/94;) 在一整天的葡萄酒品尝或葡萄采摘（工人在2月比较繁忙）活动结束后，可以来这家最近重新装修的青年旅舍，吃吃烧烤，游游泳，轻松愉悦地玩耍一番。酒店是四人间，一尘不染，还有可爱的走廊。酒店对外出租自行车；步行就能到达自酿酒吧。这里的房间很闷热。酒店位于Cessnock北部边缘。HI会员可享受折扣。

Australia Hotel 小酒馆 $

(见129页地图; 02-4990 1256; www.australiahotel.com.au; 136 Wollombi Rd, Cessnock; 标单/标双 带公共卫生间 $45/60, 房间周末 $95;) 酒店位于当地酒吧上方，里面的房间看起来有点不讨人喜欢，但却足以让你微醉的头部得到充分的休息。在崭新的浴室中沐浴会让你第二天早上感觉好很多。

Grange on Hermitage 民宿 $$

(02-4998 7388; www.thegrangeonhermitage.com.au; 820 Hermitage Rd, Pokolbin; 房间 $195~260, 小屋 $390~460;) 宽敞的庭院、桉树和葡萄树使这里成为最吸引人的休息场所。酒店房间数量很多，现代化设施齐全，配备小厨房和温泉浴池，热情友好的主人有许多暖心的小操作，比如把鲜花和刚出炉的早餐食用的松饼送到房间。这里还有两间可以居住4~6人的小屋。

Thistle Hill 民宿 $$

(02-6574 7217; www.thill.com.au; 591 Hermitage Rd, Pokolbin; 房间 $285;) 这个民宿占地8公顷，静谧美丽，坐拥一个玫瑰花园、一个酸橙园、一个葡萄园、一座设施齐全可以容纳5个人的别墅，还有一个带有6个双人间的奢华客栈。房间和公共区都弥漫着一种优雅的法式异国情调，非常有吸引力。泳池旁有一个很大的休息室和露台。早餐（周三欧式风味，周末煮熟的早餐）、葡萄酒和奶酪都有供应。

★ Tonic 精品酒店 $$$

(见129页地图; 02-4930 9999; www.tonichotel.com.au; 251 Talga Rd, Lovedale; 双 含早餐 $270~350, 公寓 $500~700;) 这家酒店拥有漂亮美观的建筑群，混凝土地板经过抛光，装饰方面彰显城市极简风格，使得它在猎人谷的风光中栩栩如生。从令人印象深刻的房间和两居室公寓中能够欣赏到落日余晖中大坝的美丽景观。浴室和床铺都极棒，早餐用品都放在你的房间里，一个优质的公共区域和亲切友好的老板会为你带来特别的体验。

不接待15岁以下儿童。

Splinters Guest House 民宿 $$$

(02-6574 7118; www.splinters.com.au;

617 Hermitage Rd, Pokolbin；小屋 $370~550；P🅿✱📶🍴）这些精致的小屋是猎人谷最棒的，装修美观，家具也很漂亮。主人招待客人不遗余力，冰箱里盛放丰盛的早餐，还有葡萄酒、奶酪以及甜点酒等。小屋可以住4人或6人，另外还有一些双人间。

🍴 就餐

猎人谷享有美食基地的盛名，有很多不错的美食。许多餐厅周三都不营业。需要提前预订。很多葡萄酒厂就地带有餐厅。

Hunter Valley Smelly Cheese Shop　　　熟食 $

（见129页地图；📞02-4998 6713；www.smellycheese.net.au; Roche Estate, 2144 Broke Rd, Pokolbin；主菜 $12~18；⊙周日至周四 10:00~17:00, 周五和周六 至17:30）这家店里除了人们爱吃的臭奶酪，还有熟食拼盘、比萨、汉堡和长棍面包，以及一冰柜的超美味果冻。尽管每天都有成群结队的人在排队等候，但这里有很好的每日特色菜和乐观的态度。它在波高尔宾村还有一家分店。

Enzo　　　咖啡馆 $$

（见129页地图；📞02-4998 7233；www.enzohuntervalley.com.au; Broke Rd和Ekerts Rd 交叉路口，Pokolbin；早餐主菜 $16~31, 午餐 $23~37；⊙周一至周五 9:00~16:00, 周六和周日 8:30~16:00；📶🍴）来这家位置不错、备受欢迎的意大利风味咖啡馆，冬天坐在炉边，夏天则去花园，尽情享用独具乡村特色的饭菜。这里的食物的确好吃，旅行途中可别忘了来David Hook Wines附近的这家咖啡馆坐坐。

★ Muse Restaurant　　　新派澳大利亚菜 $$$

（见129页地图；📞02-4998 6777；www.musedining.com.au; 1 Broke Rd, Pokolbin; 2/3菜的套餐 $75/95；⊙周六和周日 正午至15:00, 周三至周日 18:30~22:00；🍴）该餐厅位于巨大的恒福山葡萄酒厂（Hungerford Hill winery）内，是本地区口碑最好的餐厅，现代化空间极具吸引力，食物美味，服务一流。菜品介绍非常精致，尤其是菜单上展示的菜品，周六菜品（$125, 含葡萄酒$185）是固定的。还有专门为素食主义者设计的菜单（2/3道菜的套餐 $60/$80）。

★ Muse Kitchen　　　欧洲菜 $$$

（见129页地图；📞02-4998 7899；www.musedining.com.au; Keith Tulloch Winery, Hermitage Rd和Deasys Rd交叉路口, Pokolbin；主菜 $34~36；⊙周三至周日 正午至15:00, 另加周六 18:00~21:00；📶🍴）若想享用一顿美味的午餐，不妨去猎人谷最顶尖的Muse Restaurant（见132页），那里的氛围就是"悠闲"的代名词。可以在吃一顿，季节性菜单上主要供应欧式菜品，灵感来自时令果蔬和野生的香草等。别忘了留点肚子，去Keith Tulloch Winery（见129页地图；📞02-4998 7500；www.keithtullochwine.com.au；品尝 $5；⊙10:00~17:00）酒窖尝尝精致的甜品和葡萄酒。

Hunters Quarter　　　新派澳大利亚菜 $$$

（见129页地图；📞02-4998 7776；www.huntersquarter.com; Cockfighter's Ghost, 576 De Beyers Rd, Pokolbin；主菜 $36~44；⊙周一 18:00~23:00, 周四至周六 正午至15:30和18:00~23:00, 周日 正午至15:30；🍴）从一排排的落地窗向外望去，能够看到美丽的葡萄树。这里虽然吵闹，但却给人一种亲切感。美味的菜品由优质原料制成；熏鲑鱼是一种味觉盛宴。在这儿和附近的葡萄园里，你可以品尝到各种各样的杯装葡萄酒。周一是"当地人之夜"，2/3道菜的价格是$60/75。

EXP.　　　新派澳大利亚菜 $$$

（见129页地图；📞02-4998 7264；www.exprestaurant.com.au; 1596 Broke Rd, Pokolbin；5/8道菜的套餐 $85/110；⊙周三至周六 正午至14:30和18:00~21:00, 周日正午至14:30）当地小伙子Frank Fawkner在该地区和其他地方都有令人印象深刻的餐馆就职经历，之后他在Oakvale葡萄酒厂开了自己的餐厅。他那微妙、新鲜、纤维丰富的美味菜肴正给悉尼的美食黑手党们带来惊喜。需要提前预订。

Bistro Molines　　　法国菜 $$$

（见129页地图；📞02-4990 9553；www.bistromolines.com.au; Tallavera Grove, 749 Mt View Rd, Mt View；主菜 $38~44；⊙周日和周一 正午至15:00, 周四、周日和周一 正午至15:00, 周五和周六 正午至15:00和19:00~21:00）这家餐厅位于塔拉维拉园葡萄酒厂（Tallavera Grove winery）内，由猎人谷赫赫有名的主厨经营，其菜单是

手工精心制作的，应季变换，如酒庄的风景一样令人难忘。铺砌的庭院中摆放着可爱的桌椅，外观高雅。每日的特色菜让菜单更完美。

🍷 饮品和夜生活

Wollombi Tavern　　　　　　　　　小酒馆

（☎02-4998 3261；www.wollombitavern.com.au；2994 Great North Rd, Wollombi；⊙周一至周四 10:00～22:00，周五 10:00至午夜，周六9:30至午夜，周日 9:00～22:00）这家不错的小酒吧位于Wollombi的交叉口，是Dr Jurd's Jungle Juice的原产地，这酒将白兰地、波特酒和葡萄酒混合起来，真是一个大胆的尝试。到了周末，这个酒馆便成为摩托车俱乐部成员（不吓人的那种）最爱来的歇脚点。你可以在草地上免费露营（不提供淋浴）。

Goldfish Bar & Kitchen　　　　　　　酒吧

（见129页地图；www.thegoldfish.com.au；Roche Estate, Broke Rdhe和McDonalds Rd交叉路口, Pokolbin；⊙周一至周四 正午至23:00，周五和周六 至次日1:00，周日 至22:00；☎）想出去喝酒吗？来这家受欢迎的酒吧，这里是不错的去处。你可以在宽敞的阳台上或是休息间品尝一杯经典的鸡尾酒。这里提供令人印象深刻的精神享受，并且在食物方面也做得不错。大多数周六晚上都有现场音乐表演。

Harrigan's　　　　　　　　　　　　小酒馆

（见129页地图；☎02-4998 4300；www.harrigansirishpub.com.au；2090 Broke Rd, Pokolbin；⊙9:00～22:00或更晚，法式小馆7:00开始营业；☎）这里是一家舒适的爱尔兰酒吧，菜单上提供牛肉和健力士馅饼，这里有一个空间极大的啤酒园，大多数周末都有现场乐队表演。坐在这里的露台上喝酒是猎人谷独有的乐趣。

Tinshed Brewery　　　　　　　　精酿酒吧

（www.facebook.com/tinshedbrewerydungog；109 Dowling St, Dungog；⊙周五至周日 11:00～22:00）这家新开的手工酿酒厂由一位热情的年轻当地人经营，以44张鼓形圆桌和一系列可口的啤酒著称。让工作人员告诉啤酒的种类。这里还有很不错的冷肉拼盘，你可以好好享用一下。位于美丽的Dungog火车站附近，如果你要继续北行，这里是非常便利的停靠站。

值得一游

霍克斯伯里河（HAWKESBURY RIVER）

霍克斯伯里河距离悉尼不到1小时的车程。平静的河水流经金黄色的悬崖峭壁、历史古镇和河畔村落后进入海湾，途中经过一座座国家公园，包括**库灵盖蔡司国家公园**（见84页）**和布里斯班水域国家公园**（见128页）。

布鲁克林的河畔小镇是一个很好的地方，可以乘坐火车抵达。你可以租一艘游艇，去探索这条河流。往上游走，会看到一条霍克斯伯里河的分支，狭窄的水路两岸草木丛生，一路延伸至生活节奏缓慢的Berowra Waters，这是一个商业发达、拥有大量船棚和居民的水边城镇。可乘坐24小时营运的免费渡轮渡过Berowra溪。

ℹ 实用信息

猎人谷游客中心（Hunter Valley Visitor Centre；☎02-4993 6700；www.huntervalleyvisitorcentre.com.au；455 Wine Country Dr, Pokolbin；⊙周一至周六 9:00～17:00，周日 至16:00；☎）该游客中心有很多小册子介绍当地的住宿、景点和饮食等情况。

ℹ 到达和离开

长途汽车

Rover Coaches（☎02-4990 1699；www.rovercoaches.com.au）工作日有5班长途汽车在纽卡斯尔与赛斯诺克（Cessnock）间往返（1.25小时），周六2班，周日没有。其他的长途汽车从莫里赛特（Morisset）火车站开往赛斯诺克（1小时，每天2班）、梅特兰（Maitland；50分钟，周一到周六每小时1班，周日6班）。

小汽车

从悉尼出发，你可以沿着M1高速公路直行，然后经过戈斯福德附近的出口（你可以选择风景优美的线路穿过Wollombi）、Cessnock的岔路口，或者是猎人谷高速公路（起点在纽卡斯尔附近）前往山谷。

不要错过

猎人葡萄酒之路（HUNTER WINE TRAILS）

这里有一些最古老的葡萄树（可以追溯至19世纪60年代）和澳大利亚最著名的葡萄酒，其中，猎人谷以赛美蓉、西拉和越来越多的霞多丽而闻名。

山谷的150多家葡萄酒厂规模不一，从小规模的家庭经营到大规模的商业运作，不一而足。大多数葡萄酒厂都提供免费的品尝服务，但也有些会收取少量费用，通常可以在购买时返现。

从波高尔宾的猎人谷游客中心（见133页）可以获取免费的猎人谷官方地图和旅游指南，你还可以使用它的方便地图绘制出你的旅行线路，或者只是跟着你的鼻子，搜寻那些隐蔽的小生产商。

如果你想要买一些葡萄酒，那就做好讲价的准备吧。一般情况下，可以用12瓶的钱买到13瓶，就像之前的一套六罐装的啤酒一样。如果你加入他们的葡萄酒俱乐部，大多数葡萄酒厂都会提供很大的折扣，这意味着你必须在明年再买一到两箱。

澳大利亚适度饮酒机构（DrinkWise Australia）建议，为了遵从"驾驶员呼气酒精浓度小于0.05"的规定，男驾驶员饮用超过2个标准单位的酒后1个小时内不得驾驶；每多饮用1个标准单位的酒，不得驾驶时长便增加1小时（女驾驶员血液中酒精浓度上升的速度比男驾驶员快得多，饮用1个标准单位的酒后1个小时内不得驾驶）。葡萄酒厂经常会提供20ml装的葡萄酒给游客品尝——5个20ml就相当于1标准单位的酒。

火车

悉尼火车有一条路线从纽卡斯尔通往猎人谷（$4.82，50分钟）。布拉克斯顿是到葡萄园最近的车站，然而只有梅特兰有到赛斯诺克的长途汽车。

ⓘ 当地交通

若选择不驾车探险可能会很有挑战性。**Hunter Valley YHA**（见131页）对外出租自行车，**Grapemobile**（☏02-4998 7660；www.grapemobile.com.au；307 Palmers Lane, Pokolbin；每辆自行车 $45/8小时；⏱10:00~18:00）和 **Hunter Valley Cycling**（☏0418 281 480；www.huntervalleycycling.com.au；每1/2天 $35/50）也提供服务。**Sutton Estate**（☏0448 600 288；www.suttonestateelectricbikehire.com；381 Deasys Rd, Pokolbin；半/全天 $50/65）出租电动自行车。你还可以参加团队游（见130页）或乘坐**出租车**（☏02-6572 1133；www.taxico.com.au）。

Vineyard Shuttle（☏02-4991 3655；www.vineyardshuttle.com.au；⏱周二至周六 18:00至午夜）在波高尔宾吃住都可享受上门服务。

纽卡斯尔（NEWCASTLE）

人口 308,300

按照面积来说，港口城市纽卡斯尔可能只有悉尼的十分之一。但作为澳大利亚第二古老的城市，纽卡斯尔一直在积极地提升自己的综合实力。绝佳的冲浪海滩、历史感厚重的建筑和光照充足的气候只是这所魅力之都的一部分。纽卡斯尔还有精致的餐饮、时尚的酒吧、商品独特的精品店、多元的艺术气息和悠闲的生活态度，这些绝对值得你花上几天去游览。

在20世纪末，纽卡斯尔经历了一场大地震，之后，它关闭了钢铁和造船工业。另一个重要的行业——煤炭船运——也是前途未卜。不过，纽卡斯尔人始终保有着创造性的企业家精神和积极的态度。

⦿ 景点

纽卡斯尔拥有不断发展和变化的小画廊产业；到游客信息中心（见140页）查看最新的展览活动。

★ 纽卡斯尔海事博物馆   博物馆

（Newcastle Maritime Museum；见136页地图；☏02-4929 2588；www.maritimecentrenewcastle.org.au；Lee Wharf, 3 Honeysuckle Dr, Honeysuckle Precinct；成人/儿童 $10/5；⏱周二至周日 10:00~16:00）纽卡斯尔的航海遗产在这个博物馆里展出，地点在港口。这个有趣的展览可以让你

对这座城市的精神进行深入了解,并且这里有大量的当地历史信息,关于沉船残骸(包括2007年搁浅的"Pasha Bulker号",还有一部关于它的电影)、救生艇,以及炼钢厂和造船工业的消亡。工作人员的快速介绍对于了解这里的场景很有帮助。

★ 纽卡斯尔美术馆　　　　　　　　美术馆

(Newcastle Art Gallery; 见136页地图; ☎02-4974 5100; www.nag.org.au; 1 Laman St; ⊙周二至周日10:00~17:00) **免费** 且不管其野兽派外观,这家非凡的地区画廊里面珍藏着许多杰出的艺术作品。这里没有永久性的展览,展览展示了画廊的优秀藏品,其中的亮点包括出生于纽卡斯尔的著名画家威廉·多贝尔(William Dobel)、约翰·奥尔森(John Olsen)、布雷特·怀特利(Brett Whiteley)以及现代派艺术家格蕾丝·科辛顿·史密斯(Grace Cossington Smith)的作品。

奥尔森的作品给画廊带来了爆炸性的活力,他天然而色彩艳丽的作品很好地描绘了澳大利亚的水上风光。仔细寻找一下他位于中央楼梯井的天花板绘画和杰出的*King Sun and the Hunter*,这是他献给家乡城市的礼物,创作于2016年,当时他已经88岁了。

纽卡斯尔博物馆　　　　　　　　　博物馆

(Newcastle Museum; 见136页地图; ☎02-4974 1400; www.newcastlemuseum.com.au; 6 Workshop Way; ⊙周二至周日10:00~17:00, 另加学校假期 周一; ⏺) **免费** 这家充满吸引力的博物馆位于重修过的Honeysuckle铁路作坊,它讲述了这座城市的历史:从Awabakal原住民部落的源头,到其艰难坎坷的社会发展史。最初这座城市是由一群囚犯、煤炭矿工和钢铁工人建造起来的。博物馆中的展品有良好的互动性,妙趣横生,从地质情况到银椅乐团(Silverchair)和纽卡斯尔骑士(Newcastle Knights)等当地的象征,十分丰富。如果你带了孩子,不妨带孩子去超新星(Supernova)科学中心体验一番,孩子自己可以亲自动手操作。这里还有每小时一场、讲述炼钢过程的声光秀。还有一家咖啡馆。

斯克拉奇利堡　　　　　　　　　　堡垒

(Fort Scratchley; 见136页地图; ☎02-4974 5033; www.fortscratchley.com.au; Nobbys Rd; 隧道团队游 成人/儿童 $12.50/6.50, 全天团队游 $16/8; ⊙周三至周一 10:00~16:00, 最后发团时间14:30) **免费** 克里米亚战争期间,为了抵御令人畏惧的俄罗斯人的入侵,人们在纽卡斯尔港修建了这座堡垒。第二次世界大战期间,一艘日本军舰向纽卡斯尔开火,这座堡垒立马予以回击,成为"二战"期间澳大利亚唯一一个参与海战的堡垒。可以免费进入,但这里的导览游非常值得参加,你还可以进入这里迷宫般的地道。可以在商店获得门票和自助游小册子。

诺比斯角(Nobby's Head)　　　　观景台

纽卡斯尔港入口处的海岬本是一个岛屿,一道防波堤将其和内陆相连。防波堤是1818年至1846年间由一些囚犯建造的,施工过程中很多可怜的囚犯命丧大海。沿着海岬朝灯塔和气象站走去,这一路上的风景一定会令你兴奋不已。

爱德华国王公园　　　　　　　　　公园

(King Edward Park; 见136页地图; Reserve Rd) 这个风景如画的公园位于海边,拥有广阔的视野,大片的草地,还有很多阴凉的地方可以四处闲逛。顶部的方尖碑是最好的观景点。

★ 梅里韦瑟水族馆　　　　　　　　公共艺术

(Merewether Aquarium; Henderson Pde, Merewether) 这不是一个传统意义上的水族馆,这个行人地下通道已经被当地艺术家特雷弗·迪金森(Trevor Dickinson)改造成为一个很受欢迎的水下世界。这里有许多古怪的细节,这位艺术家自己还是一名潜水员。你可以在梅里韦瑟海滩的南端找到它,对面是冲浪屋(Surfhouse)的入口。

✈ 活动

★ Bathers Way　　　　　　　　　　徒步

(见136页地图; www.visitnewcastle.com.au) 从诺比斯海滩(Nobby's Beach)到Glenrock Reserve这条风景优美的沿海小路上,海风习习,掠过海滩。沿途会经过许多引人入胜的古迹,包括斯克拉奇利堡(见135页)和Convict Lumber Yard。这条小路全长5公里,景区解说牌星罗棋布,讲述着当地的信仰和历史。在Bar Beach的北部,它与高耸而崎岖

Newcastle 纽卡斯尔

悉尼和中部海岸 纽卡斯尔

Newcastle Maritime Museum 纽卡斯尔海事博物馆

Newcastle Visitor Information Centre 纽卡斯尔游客信息中心

Newcastle Art Gallery 纽卡斯尔美术馆

Newcastle Harbour 纽卡斯尔港
Lee Wharf
HONEYSUCKLE PRECINCT
Honeysuckle Dr
Former Civic Station
Merewether St
Wharf Rd
Stockton Ferry 斯托克顿码头
Port Hunter 猎人港
Hunter St
Brown St
Perkins St
Darby St
King St
Civic Park 市政公园
Laman St
Council St
Bruce St
Bull St
Dawson St
Darby St
Brooks St
Nesca Pde
Kitchener Pde
High St
Reserve Rd
Tyrrell St
Church St
Newcomen St
Bolton St
Watt St
Hunter St Mall
Wolfe St
Pacific St
Ocean St
Scott St
Shortland Esp
Bond St
Stevenson Pl
Parnell Pl
Nobbys Rd
Wharf Rd

Newcastle Bus Station
Former Newcastle Station 纽卡斯尔长途车站

Newcastle Beach 纽卡斯尔海滩

去Nobby's Head 诺比斯角 (1.2km)
去Stockton 斯托克顿 (500m);
Stockton Beach Holiday Park 斯托克顿海滩假日公园 (1.5km)

Nobby's Beach 诺比斯海滩

去Bar Beach (1.5km);
Merewether Surfhouse (3km);
Merewether Beach 梅里韦勒海滩 (3km)

King Edward Park 爱德华国王公园
Bathers' Way 浴者之路

Centennial Park 百年纪念公园

去Subo (100m); Lass O'Gowrie Hotel (1.5km)
去Edwards (800m)
去Junction Hotel (1km)

COOKS HILL

PACIFIC OCEAN 太平洋

Newcastle 纽卡斯尔

◎ 重要景点
- **1** 纽卡斯尔美术馆.................................B2
- **2** 纽卡斯尔海事博物馆.........................B1

◎ 景点
- **3** 斯克拉奇利堡....................................G1
- **4** 爱德华国王公园................................D4
- **5** 爱德华国王公园方尖碑.....................D3
- **6** 纽卡斯尔海滩...................................F2
- **7** 纽卡斯尔博物馆................................B1
- **8** 诺比斯海滩.......................................G1

◎ 活动、课程和团队游
- **9** Bathers Way.....................................G1
- **10** Bogey Hole......................................D4
- **11** Ocean Baths....................................G2

◎ 住宿
- **12** Crown on Darby...............................B3
- **13** Lucky Hotel......................................C2
- **14** Newcastle Beach YHA....................E2
- **15** Novotel Newcastle Beach..............E2

◎ 就餐
- **16** Momo...C2
- **17** One Penny Black............................D1
- **18** Restaurant Mason..........................E2

◎ 饮品和夜生活
- **19** Coal & Cedar...................................B1
- **20** Grain Store......................................F2
- **21** Honeysuckle Hotel..........................A1
- Lucky Hotel................................（见13）

◎ 购物
- **22** Emporium..D2

悉尼和中部海岸

纽卡斯尔

的Memorial Walk相连，在那里可以看到奇妙的海景。

🛏️ 住宿

纽卡斯尔有许多不错的中档住宿，从改建的小酒馆房间到民宿和商务酒店，各种各样。还有许多青年旅舍和露营地。

Newcastle Beach YHA 青年旅舍 $

（见136页地图；☎02-4925 3544；www.yha.com.au；30 Pacific St；铺/标单/双 $39/70/94；☺@🛜）住在这里可以看见一栋富丽堂皇的英国公馆，然而这座不规则的、位列《遗产保护名录》的砖块旅舍，却以一种海滩别墅般的悠闲氛围著称。这里有很好的公共区和通风而舒适的宿舍。海浪近在眼前，这里还有趴板供游客免费使用，另可以出租冲浪板，提供烧烤之夜和每周免费的小酒馆饭菜。HI会员享有折扣。

★ Junction Hotel 精品酒店 $$

（☎02-4962 8888；www.junctionhotel.com.au；204 Corlette St, The Junction；房间 $139~189；☺🛜）这家郊区小酒馆的楼上已改造成9间装修华丽的客房，风格以非洲动物为主题，色调独特。每间房都配有超大床和豪华浴室，浴室内有迪斯科灯和保护隐私的小隔间。酒店位于精品店和咖啡馆的交叉口处，想要去海滩只需步行10分钟。

★ Crown on Darby 公寓 $$

（见136页地图；☎02-4941 6777；www.crownondarby.com.au；101 Darby St；公寓 周中 $176~205，周末 $194~286；🅿️☺🛜）超大电视、舒适的床和优质的咖啡——这家公寓会满足你所有的住宿需要。这些单间公寓不仅比一般酒店的房间要大，还配有小厨房。带有1~4间卧室的公寓则配有全套的厨房和宽敞的客厅。

这个完美的现代建筑群就坐落在纽卡斯尔最酷的街道上，附近有许多咖啡馆和餐馆，共有38套公寓。单间公寓非常宽敞，带有小厨房。一居室的公寓有多种选择，也非常值得选择，包括设备齐全的厨房和巨大的客厅；有些还有水疗浴池。阳台有开放式的也有封闭式的，请按照你的喜好选择。停车费价格合理，$15。

★ Lucky Hotel 精品酒店 $$

（见136页地图；☎02-4925 8888；www.theluckyhotel.com.au；237 Hunter St；房间 $145~180；☺🛜）这座宏伟的老建筑建于19世纪80年代，为了保持其杰出酒馆的地位，经过巧妙的改建，现在已经成为一个愉悦而现代的地方。这里的28个房间光线充足，房间虽小，但装修极其雅致，令人愉快的设施包括奢华的床上用品和盥洗用品，如果你需要灵感

的话，还可以看看手写的"幸运"格言。走廊里摆满了老纽卡斯尔的黑白照片。

Novotel Newcastle Beach 酒店 $$$

（见136页地图；☎02-4037 0000；www.novotelnewcastlebeach.com.au；5 King St；房间$279~334；🅿🐕❄@🛜）这个轻松活泼的酒店位置非常完美，就在纽卡斯尔海滩，周五上午，商务人士可以办理入住，下午欢迎家庭的到来。房间大小适中，但装修风格很好。升级到高级客房非常值得，因为那里有落地窗和更好的视野。这里为16岁以下的孩子提供免费住宿和早餐。如果你加入了忠诚计划，可以免费使用无线网络。

🍴 就餐

纽卡斯尔拥有繁荣的饮食场景。Darby St是当地的咖啡馆、泰国餐馆、越南餐馆和比萨店的标志性地点，而港畔则有很多选择，尤其是在旅游局附近的Honeysuckle Precinc。在哈密尔顿，一些餐馆聚集在Beaumont St沿线，而海滩附近也有很多就餐。

One Penny Black 咖啡馆 $

（见136页地图；☎02-4929 3169；www.onepennyblack.com.au；196 Hunter St；主菜$14~18；⏰18:30~16:30；🛜📶）这家咖啡店的店员对自家咖啡的配方了如指掌，使得这家咖啡馆经久不衰，火爆异常。要想来此喝一杯特浓咖啡或过滤式咖啡，排队等候是常有的事。也常有爱吃烤吐司和美味早餐拼盘的人大声吆喝着点餐。

★ Edwards 新派澳大利亚菜 $$

（☎02-4965 3845；www.theedwards.com.au；148 Parry St；早餐和午餐 菜肴 $14~21，2人晚餐 $41~60；⏰周二至周六 7:00至午夜，周日 至22:00；🛜）这个位于西端的地点集酒吧、咖啡馆、晚餐店于一体。如果说新纽卡斯尔有一颗跳动的心脏，那这颗心脏一定就在这里。它在这条灯火辉煌的街道上展示着自己的魅力。无论什么时候光临，美味鸡蛋早餐、休闲午餐、深夜酒吧小吃、香醇的杯装葡萄酒和柴火烤制的多汁肉类都随时恭候。

这家店是与银椅乐团的贝斯手Chris Joannou合营的，过去是一个免下车干洗店（现在你仍可以把你的脏衣服扔到投币洗衣机中）。这个建筑群中还包括一家摩托车维修店和一家音乐商店。

Momo 咖啡馆 $$

（见136页地图；☎02-4926 3310；www.facebook.com/momowholefood.newcastle；227 Hunter St；菜肴 $12~22；⏰7:30~15:00；🛜📶）这家友好的咖啡馆坐落在一个引人注目的大楼里，这座大楼的天花板很高，曾经是一家银行。这里专门供应天然食品，包括素食和严格素食。色香味俱全的菜肴非常吸引人，口味从喜马拉雅山到当地，十分丰富。老板们正在考虑晚上营业。

不要错过

纽卡斯尔的海滩

在城镇东边是冲浪和游泳爱好者喜欢去的**纽卡斯尔海滩**（Newcastle Beach）。如果你喜欢柔和的海浪，可以选择去**Ocean Baths**（见136页地图；www.newcastle.nsw.gov.au；Shortland Esplanade）**免费**，它在一个很棒的多彩装饰艺术建筑内。这个游泳馆里有一个专为幼儿设计的较浅游泳池，背景幕布上画的是波涛汹涌的海平面和咔嚓作响的货船。冲浪者一定要去**诺比斯海滩**（Nobby's Beach），它就在游泳馆的北边——Wedge（以水流湍急的左侧断层闻名）在它的北端。

纽卡斯尔海滩南边，爱德华国王公园（King Edward Park）斜下方，有一个由囚犯挖掘出来的**Bogey Hole**，这就是澳大利亚最早的海水浴场。浪花阵阵袭来，拍打着水池边缘，目睹此情此景，令人激动不已。再往南，就是最受欢迎的冲浪休息处：**Bar Beach**和**梅里韦瑟海滩**（Merewether Beach），这两个海滩位于同一个海滩的两端。

这座城市最著名的冲浪节**Surfest**（www.surfest.com；Merewether Beach；⏰2月）于每年2月举行。

Merewether Surfhouse
咖啡馆、牛排 $$

(☎02-4918 0000; www.surfhouse.com.au; Henderson Pde, Merewether; 主菜 咖啡馆 $15~20, 酒吧 $18~24, 餐馆 $32~39; ◎咖啡馆 7:00~16:00, 比萨 周一至周五 16:00~23:00, 周六和周日 11:30~23:00, 餐馆 周三至周六 11:30至深夜, 周日 至16:00)这里的建筑群都设计得十分显眼, 从很多地方都可以一眼就看到梅里韦瑟沙滩。这家装修华丽的长廊咖啡馆供应咖啡和懒汉早餐。傍晚时分意式冰激凌店常出售比萨和冰激凌。你可到顶层餐厅去, 一边透过落地窗欣赏窗外美景, 一边享用价格合理的海陆大餐。这里也是傍晚喝饮品的好地方。

★ Subo
新派澳大利亚菜 $$$

(☎02-4023 4048; www.subo.com.au; 551d Hunter St; 5道菜的套餐 $88; ◎周三至周日 18:00~22:00;)这是一家新颖的、评价很高的餐厅, 座位需要在小小的Subo店里预订, 餐厅的食物受当代法国菜影响, 清淡而精致。这家餐厅有一个特制的"五道菜"菜单, 菜品根据季节变化而变化。

Restaurant Mason
新派澳大利亚菜 $$$

(见136页地图; ☎02-4926 1014; www.restaurantmason.com; 3/35 Hunter St; 套餐 $80~125, 主菜 $46; ◎周二和周三 18:00~21:00, 周四至周六 正午至15:00和18:00~22:00;)菜单给人一种现代法国的感觉, 但也有其他地区和前卫的风味。菜肴是最新鲜的农产品, 包括野生的当地草本植物。这里还为素食者准备了单独的品尝菜单。

🍷 饮品和夜生活

★ Coal & Cedar
鸡尾酒吧

(见136页地图; ☎0499 345 663; www.coalandcedar.com; 380-382 Hunter St; ◎周一至周六 16:00至午夜, 周日 至22:00)这家地下酒吧设计得如同"禁区", 你可以在木制长吧台边找个凳子坐坐。早期, 这家酒吧是秘密场所, 甚至不对外公开地址。不过现在早就不是什么秘密了。在这里你可以享用纽卡斯尔口感最好的老式饮品, 聆听纽卡斯尔最好听的蓝调音乐。酒吧的门很难辨认, 它就在楼梯的右侧。如果酒吧没有开门, 你可以发短信让他们开门营业。

Lucky Hotel
小酒馆

(见136页地图; ☎02-4925 8888; www.theluckyhotel.com.au; 237 Hunter St; ◎周一至周四 11:00~23:00, 周五和周六 至次日1:00, 周日 至22:00;)这是一间古老的酒吧, 装修风格非常成功。这里拥有温馨、欢乐的氛围和漂亮的裸露砖墙内饰。你可以在户外的高脚桌或精致的房间里享用烟熏肉和美酒。

Grain Store
自酿酒吧

(见136页地图; ☎02-4023 2707; www.grainstorenewcastle.com.au; 64 Scott St; ◎周二至周四 11:00~22:00, 周五和周六 至次日1:00, 周日 至21:30;)这是家年岁已久的澳大利亚啤酒厂, 过去曾经是存放谷物和盛啤酒小桶的仓库。这家自酿酒吧很有情调, 可以坐下来品鉴21种特选的澳大利亚精酿啤酒。这里全天供应食物, 主要有比萨、汉堡和美式肉类菜肴。

Honeysuckle Hotel
小酒馆

(见136页地图; ☎02-4929 1499; www.honeysucklehotel.com.au; Lee Wharf, Honeysuckle Dr, Honeysuckle Precinct; ◎周一至周四 10:00~23:00, 周五和周六 至午夜, 周日 至22:00;)这个海滨地区的小酒馆坐落在一个宽敞而凉爽的仓库里, 可以眺望港口, 是一个傍晚喝饮品的完美地点。在周五和周六, 你可以在楼上的Rum Bar小酌加勒比风味的酒。在周末, 通常还会有现场音乐表演。

☆ 娱乐

Newcastle Knights
观赏性体育

(☎02-4028 9100; www.newcastleknights.com.au; McDonald Jones Stadium, Turton Rd, New Lambton)Knights是当地的球队, 纽卡斯尔的骄傲。他们最近的表现有点儿不太好, 但充满了激情, 观看一场比赛是一种很好的体验。在夏天, 纽卡斯尔Jets A-league足球队也会使用这个体育场。

Lass O' Gowrie Hotel
现场音乐

(☎02-4962 1248; www.lassogowriehotel.com.au; 14 Railway St, Wickham;)这是纽卡斯尔最古老的酒吧, 建于1877年。在过去的15年里, 这里一直是当地音乐的中心。从周三到周日晚上都可以看到当地的原创表演。它就

在Wickham新的主火车站北边。

🛍 购物

Emporium
艺术品、时装

（见136页地图；www.renewnewcastle.org；185 Hunter St；◎周三和周六10:00~16:00，周四和周五 至17:00）过去这里是戴维琼斯百货店（David Jones department store），现在其底层被各种精品店和艺术馆占据，当地的艺术品、时装、家具和设计品琳琅满目。

Newcastle City Farmers & Makers Market
市场

（☏02-4934 3013；www.newcastlecityfarmersmarket.com.au；Newcastle Showground, Griffiths Rd；◎周日8:00~13:00）这里有猎人谷绝佳的美食，还有各国风味的食品，比如藏式饺子和黄油法式糕点。

ℹ 实用信息

纽卡斯尔游客信息中心（Newcastle Visitor Information Centre；见136页地图；☏02-4929 2588；www.visitnewcastle.com.au；Lee Wharf, 3 Honeysuckle Dr, Honeysuckle Precinct；◎周二至周日 10:00~16:00）位于水边，与海事博物馆共用一座大楼。

ℹ 到达和离开

飞机
斯蒂芬斯港长途汽车公司（见140页）有班次频繁的长途汽车经停**机场**（NTL；☏02-4928 9800；www.newcastleairport.com.au；1 Williamtown Dr, Williamtown），途经纽卡斯尔（40分钟）和尼尔森湾（1小时）。乘坐出租车从机场前往纽卡斯尔市中心需花费$60。**Fogg's**（☏0410 581 452；www.foggsshuttle.com.au）、**猎人谷日常团队游**（Hunter Valley Day Tours；☏02-4951 4574；www.huntervalleydaytours.com.au）和**Newcastle Airport Transfers**（☏02-4928 9822；www.newcastleairport.com.au；1/2/4人 $45/50/65）运营开往纽卡斯尔和周边地区的穿梭巴士。

捷星航空（☏13 15 38；www.jetstar.com）有抵离墨尔本、黄金海岸和布里斯班的航班。**澳洲航空**（☏13 13 13；www.qantas.com.au）有抵离布里斯班的航班。**区域快线**（☏13 17 13；www.rex.com.au）有抵离悉尼和塔里的航班。**维珍澳洲航空**（☏13 67 89；www.virginaustralia.com）有抵离布里斯班和墨尔本的航班。

长途汽车
几乎所有的长途汽车都会在位于城市东端的**纽卡斯尔长途汽车站**（Newcastle Bus Station）停车，但一旦2017年Wickham的**交通交会处**投入使用，大多数长途汽车就会在那里停靠。

Busways（☏02-4983 1560；www.busways.com.au）每天至少有2班长途汽车到茶园（Tea Gardens；$20.50, 1.5小时）、鹰巢（Hawks Nest；$20.90, 1.75小时）、Bluey's Beach（$28, 2小时）、福斯特（Forster；$32, 3.25小时）和塔里（Taree；$35, 4小时）。

澳大利亚灰狗巴士（☏1300 473 946；www.greyhound.com.au）每天2班大巴抵离悉尼（$32~35, 2.75小时）、麦夸里港（$57~62, 4.75小时）、科夫斯港（$79~86, 6~7小时）、拜伦湾（$140, 10.5小时）和布里斯班（$171, 13.5~15小时）。

斯蒂芬斯港长途汽车公司（Port Stephens Coaches；☏02-4982 2940；www.pscoaches.com.au）有长途汽车到安娜湾（1.25小时）、尼尔森湾（1.5小时）、肖尔湾（1.5小时）和芬戈尔湾（2小时）。

Premier Motor Service（☏13 34 10；www.premierms.com.au）每日有长途汽车抵离悉尼（$34, 3小时）、麦夸里港（$47, 3.75小时）、科夫斯港（$58, 6小时）、拜伦湾（$71, 11小时）和布里斯班（$76, 14.5小时）。

Rover Coaches（☏02-4990 1699；www.rovercoaches.com.au）工作日有4班长途汽车抵离赛斯诺克（1.25小时），周六2班。

火车
悉尼火车（见117页）将会有定期列车从戈斯福德（$8.30, 1.5小时）和悉尼（$8.30, 2.75小时）开往位于Wickham的新的纽卡斯尔交通交会处。其间，火车还会在哈密尔顿停车，在那里可以转乘长途汽车前往市中心。还有一条到猎人谷的线路；布拉克斯顿（$6.50, 50分钟）是到葡萄酒产区最近的站点。

ℹ 当地交通

公共汽车
纽卡斯尔的本地巴士（☏13 15 00；www.newcast

lebuses.info)线路布局广泛。城里有一个免费乘坐巴士区,7:30~18:00可免费乘坐班车。在其他时间、其他区域上下车则需要刷一次澳宝卡或直接把车费付给司机。主要站点都在城市东部曾经的纽卡斯尔火车站附近。

渡轮

Stockton Ferry (www.transportnsw.info;成人/儿童 $2.60/1.30)从5:15~23:00,每隔半小时有船从皇后码头(Queens Wharf)起航,前往斯托克顿(Stockton)的郊区。

火车

从2017年中开始,所有开往纽卡斯尔的火车的终点站都变为新火车站。在新火车站,110路公共汽车(将来还会有轻轨)开往市中心,经停Civic和纽卡斯尔的旧火车站。火车票包含穿梭巴士的费用。

拜伦湾和新南威尔士州北部海岸

包括 ➡

斯蒂芬斯港..................144
米亚尔湖国家公园..........147
麦夸里港......................148
楠巴卡角......................154
贝林根..........................156
科夫斯港......................159
拜伦湾..........................168
北部海岸腹地................176

最佳餐饮

➡ Fleet（见176页）
➡ Three Blue Ducks at the Farm（见173页）
➡ Paper Daisy（见176页）
➡ Roadhouse（见174页）
➡ Beachwood Cafe（见166页）
➡ Bill's Fishhouse（见151页）

最佳住宿

➡ 28° Byron Bay（见172页）
➡ Halcyon House（见176页）
➡ Boogie Woogie Beach House（见148页）
➡ Anchorage（见146页）
➡ Sails Motel（见176页）

为何去

在绵延的海岸线上，漂亮、悠闲的海滨小镇和原始的国家公园星罗棋布。在内陆，繁荣的农场和列入《世界遗产名录》的热带雨林也数不胜数。

北部海岸是悉尼都市圈、新南威尔士州南部地区及昆士兰州的黄金海岸与北部地区之间的过渡带，这里的人都过着一种更为简单宁静的生活。农民们在这里或是与大城市的变革者厮混，或是与后嬉皮士的另类生活擦肩而过；倘若你正流连于这样可爱的澳大利亚小镇并在找寻新奇特产的话，试一试单品咖啡，体验一下灵魂阅读吧，你一定不会失望的。如果你是为了冲浪而来，那就来对地方了，在这里，冲浪胜地随处可见。

何时去

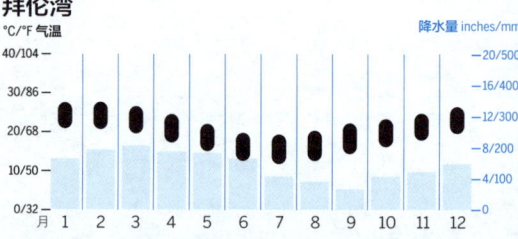

6月和7月 冬天把迁徙的鲸鱼带回了海岸，把花灯带到了利斯莫尔，把摇滚乐手带到了拜伦湾。

9月至11月 鲸返回大海，天气适合游泳，蔷薇花盛开。

12月至次年4月 海滩成了人们生活的全部，最好在1月就提前预订好。

拜伦湾和新南威尔士州北部海岸亮点

❶ 伸展四肢,躺在**米亚尔湖国家公园**(见147页)空荡荡的荒野海滩上。

❷ 在**多里戈国家公园**(见159页)探索世界遗产冈瓦纳雨林。

❸ 在**沃米保护地**(见144页)探索丰富的澳大利亚海滨原住民遗产。

❹ 在**贝林根**(见156页)享受迷人内陆乡村的魅力。

❺ 在**拜伦湾**(见168页)的喷水鲸群中学习冲浪。

❻ 发现世界顶级餐馆**Fleet**(见176页),在布伦瑞克角的Mod Oz餐馆就餐。

❼ 在**班加洛集市**(见177页)感受农民、嬉皮士和美食家之间的爱。

❶ 到达和当地交通

飞机
在塔里（Taree）、麦夸里港、科夫斯港（贝林根）、格拉夫顿、巴利纳（拜伦湾）和利斯莫尔都有国内机场。此外，从斯蒂芬斯港到纽卡斯尔机场很方便，而且黄金海岸机场距离特维德角只有4公里。

长途汽车
灰狗巴士（Greyhound；www.greyhound.com.au）和Premier（www.premierms.com.au）两家公司均提供长途汽车服务，沿太平洋公路（Pacific Hwy）往返于悉尼和布里斯班之间。沿线一些分支路线的长途汽车服务由其他公司提供。

火车
NSW TrainLink（www.nswtrainlink.info）在悉尼与布里斯班间往返，经停温厄姆（Wingham）、塔里、楠巴卡角（Nambucca Heads）、科夫斯港及格拉夫顿（Grafton）。有长途汽车能到达没有铁路服务的支线城镇。

斯蒂芬斯港（Port Stephens）

人口 69,730

纽卡斯尔往北驾车1小时，就是避风港斯蒂芬斯港，它有幸独享空寂无人的海滩、风景别致的国家公园和奇妙非凡的沙丘群。这里的中心是尼尔森湾（Nelson Bay），也是捕鱼船队和大批旅游船舶的停泊地，旅游者来这里只为了一睹"澳大利亚海豚之都"的风采。

◉ 景点

沃米保护地　　　　　　　　　　自然保护区
（Worimi Conservation Lands；www.worimiconservationlands.com；3日通票 $10）位于斯托克顿湾（Stockton Bight），这里有南半球最长的移动沙丘，绵延超过35公里。该地区由原住民沃米人管理，他们慷慨大方，你可以任意闲逛，也可以沿海滩驾车兜风（仅限四驱车，还需要经常检查车况）。你可以从旅游服务中心、尼尔森湾的国家公园和野生动物管理局、安娜湾BP服务站或者拉维斯巷入口附近的24小时地铁服务站申请许可证。

托马利国家公园　　　　　　　　国家公园
（Tomaree National Park；www.nationalparks.nsw.gov.au/tomaree-nationalpark）这片奇妙的原野为你提供景色优美的徒步线路，让你有山陬海噬的感觉。该公园里有许多桉属的森林，以及几个濒危物种，包括斑尾袋鼬和鹰鸮。你可以看到露出地面的罕见的火山流纹英安岩。春天，Morna Point小径散落着各种野花。

🚶 活动

小巧的肖尔湾（Shoal Bay）位于尼尔森湾东部，那里有片狭长的游泳海滩。向南行驶一小段路，即可到达芬戈尔湾（Fingal Bay），它是另一片坐落在托马利国家公园边缘的美丽海滩。公园向西延伸，通往武士海滩（Samurai Beach；一个著名的冲浪胜地）和一英里海滩（One Mile Beach；一个半圆形的美丽海滩，那里有柔软的沙子和湛蓝的海水）。

Port Stephens Surf School　　　冲浪
（📞0411 419 576；www.portstephenssurfschool.com.au；2小时团课冲浪课程 $60，1小时立式桨板课程 $45）在一英里海滩和芬戈尔海滩上提供团体和私人的冲浪以及立式桨板课程。这里也出租冲浪板（1/2小时 $20/30）。

👉 团队游

Port Stephens 4WD Tours　　　团队游
（📞02-4984 4760；www.portstephens4wd.com.au；James Patterson St, Anna Bay）在沃米自然保护地壮丽的沙丘上提供1.5小时的沙滩和沙丘之旅（成人/儿童 $52/31）、3小时的西拿沉船之旅（成人/儿童 $90/50）和滑沙体验（$28/20）。滑沙体验不限时，可以想玩多久就玩多久；当你想要回家时，跳上穿梭巴士就行了。

Port Stephens Paddlesports　　皮划艇
（📞0405 033 518；www.paddleportstephens.com.au；35 Shoal Bay Rd, Shoal Bay；皮划艇/冲浪板出租 每小时 $25/30；⊙9月至次年5月）提供一系列皮划艇和立式桨板的租赁以及短途旅行，包括1.5小时的落日团队游（$40/30）和2.5小时的探索之旅（$50/40）。

Port Stephens & the Great Lakes
斯蒂芬斯港和湖区

住宿

Melaleuca Surfside Backpackers 青年旅舍 $

(02-4981 9422; www.melaleucabackpackers.com.au; 2 Koala Pl, One Mile Beach; 露营地 $20, 铺每人 $32~36, 双帐篷/小屋 $70/100; @🛜)建筑师设计的小木屋被安置在这些平静的矮树丛中。这里也是考拉、笑翠鸟和蜜袋鼯鼠的栖息地,它们友好且相处融洽。你也可以在丛林中自己搭帐篷(整个地区禁止车辆进入),或者预订一顶配有床铺的帐篷。这儿有温馨的休息区和厨房,店主提供滑沙和其他短途旅游项目。

Marty's at Little Beach 酒店 $$

(02-4984 9100; www.martys.net.au; Gowrie Ave和Intrepid Close交叉路口, Nelson Bay; 房间 $120, 公寓 $200~260; 🅿🛜❄🏊)这个低调的汽车旅馆非常受欢迎,散一会儿步就能到小海滩(Little Beach)和肖尔湾,这里有海滩别墅风格的简单房间和现代化设施齐全的独立公寓。

O'Carrollyn's 别墅 $$

(02-4982 2801; www.theoasisonemile.com.au; 5 Koala Pl; 别墅 $190~310; 🅿🛜❄)这里有9间设备齐全、带有阁楼的两居室别墅(其中有两间带有按摩浴缸;还有一些专门为家庭设计;所有的房间都带有轮椅专用道),别墅环绕在水潭边,位于占地2公顷的园林花园内。客人还可以使用花园里的烧烤设施和户外餐桌,也可以预约各种健康理疗师,并在设有红外线桑拿浴室的健康区进行理疗。

★ Anchorage 度假村 $$$

(☏02-4984 2555; www.anchorageportstephens.com.au; Corlette Point Rd, Corlette; 双 $245~415; P❋🐕🛜🏊) 这个度假村位于码头最前方，面朝一片辽阔的海湾，是斯蒂芬斯港最时尚的住宿地点。这里的客房拥有清新的海洋魅力，休闲风格的内饰非常舒适，所有的房间均设有阳台或露台。这里还有更大的套房和公寓，可供那些喜欢奢华住宿的人们或家庭选择。

度假村极好的游泳池、优质的餐馆和Barbor水疗会让你流连忘返。晚上，你可以在Wild Herring餐厅享用精致的美食，也可以在楼上的汉普顿斯风格的酒吧，找一个可以眺望海湾的窗边座位，享受舒适和美好。

Bali at the Bay 公寓 $$$

(☏02-4981 5556; www.baliatthebay.com.au; 1 Achilles St, Shoal Bay; 公寓 $250~300; ❋) 这里的两间设备齐全的公寓（戴着花环的佛像和木雕随处可见）备受好评。另外还有一些设施让这些私人住宅变得非常特别：超豪华的浴室、冰箱里免费的起泡葡萄酒和来自原产地的宾唐啤酒，还有雀巢Nespresso咖啡机。这里还提供水疗服务。

🍽 就餐

Red Ned's Gourmet Pie Bar 快餐 $

(www.redneds.com.au; 17-19 Stockton St, Nelson Bay; 馅饼 $6; ⏱6:30~17:00) 从蘑菇白葡萄酒酱鳄鱼肉到泰式澳大利亚坚果沙嗲鸡，这里有超过50种奇怪而美妙的馅饼。这里也有绝对经典、可口的馅料，还有老式炸羊肉和培根。牛肉源自附近的斯特劳德，鸡是散养的。

Little Beach Boathouse 海鲜 $$

(☏02-4984 9420; www.littlebeachboathouse.com.au; Little Beach Marina, 4 Victoria Pde; 主菜 $28~38; ⏱周二至周六 12:00~14:00和17:30~21:00, 周日 11:30~14:30) 这家通风良好的温馨餐厅就在水边，供应非常新鲜的沙拉、当地的海鲜拼盘、松露和帕尔玛炸薯条。除了眼前的美食，还能看到海豚嬉戏、鹈鹕登陆。

Nice at Nelson Bay 咖啡馆 $$

(☏02-4981 3001; www.niceatnelsonbay.com.au; Nelson Towers Arcade, 71a Victoria Pde; 早餐主菜 $18.80; ⏱8:00~14:00) 这个早餐天堂隐藏在水滨附近的拱廊内，有不少于6种班尼迪克蛋、几种薄饼和厚厚的法式吐司，还有可口的开胃菜。

★ Wild Herring 海鲜、新派澳大利亚菜 $$$

(☏02-4984 2555; www.anchorageportstephens.com.au; Corlette Point Rd, Corlette Point; 主菜 $40~46; ⏱18:00~22:00) Anchorage度假村的Galley Kitchen一到晚上就会变身成为非常高级的餐馆，但这个简单的海滨空间仍然保留着假日氛围。这里的菜肴种类繁多，包括简单的配有西兰花的大西洋鳕鱼，上面浇有美味贝类调和的醋汁，以及更加美味的浇有海菜油的海螯虾和扇贝。工作人员细心周到，气质高冷，他们可以为你介绍优质的葡萄酒。

Point 海鲜 $$$

(☏02-4984 7111; www.thepointrestaurant.com.au; Ridgeway Ave, Soldiers Point; 主菜 $26~40, 海鲜拼盘 $149; ⏱周二至周日 正午至15:00, 周二至周六 18:00~21:00) 当地人最喜欢去餐厅度过浪漫的纪念日，在这个码头餐馆的阳台和玻璃餐厅中可以看到优美的景色。这里有大量的海鲜可供选择，包括当地Holberts农场的牡蛎，以及牛排、鸭肉和素食选择。

🍷 饮品和夜生活

★ Swell 咖啡馆、酒吧

(☏02-4982 1378; www.swellkiosks.com.au; 10a Hannah Pde, One Mile; ⏱6:30~23:00) 一个完美的海滩应该是全年、全天的任何时间都可以去的地方。在这里，你可以在晨曦冲浪的途中来一杯精致的澳式牛奶咖啡，在午餐时间享用奶酪烤面包和奶昔，在夜晚畅饮桶装啤酒、品尝手切炸薯条。周日下午这里还有现场音乐表演。不要错过对虾长棍面包和"bloke汉堡"———一个超大的没有沙拉或蔬菜的汉堡。

ℹ 实用信息

游客信息中心 (Visitor Information Centre; ☏1800

808 900; www.portstephens.org.au; 60 Victoria Pde, Nelson Bay; ⓧ9:00~17:00)提供关于海洋公园的有趣展览的信息,许多其他信息和一系列"PS I love you"的商品。

❶ 到达和离开

Port Stephens Coaches(☎02-4982 2940; www.pscoaches.com.au)穿行在斯蒂芬斯港的小镇间,驶向纽卡斯尔和纽卡斯尔机场($4.50,50分钟)。每日大巴抵离悉尼(单程/返程 $39/61,4小时),中途在安娜湾(Anna Bay)、尼尔森湾和肖尔湾有停靠站。

Port Stephens Ferry Service(☎0412 682 117; www.portstephensferryservice.com.au;成人/儿童往返$24/13)和**MV Wallamba**(☎0408 494 262; www.teagardens.nsw.au/index_files/wally.htm;成人/儿童往返 $20/10)从尼尔森湾出发,一路开到茶园(在鹰巢停留),每日往返2~3次。

米亚尔湖国家公园 (Myall Lakes National Park)

这座国家公园规模庞大,位于海滩上最奢华漂亮的区域,湖泊、沙滩、茂密的海滨森林、海滩交相辉映。海豹岩是一个灌木覆盖的小村庄,围绕着糖面包湾(Sugarloaf Bay),这里是澳大利亚最古老的冲浪地点之一。再往南,成片的湖泊中栖息着种类繁多的鸟,有造园鸟、白腹海雕和褐色蛙嘴夜鹰。沿海的热带雨林被消防道和沙滩小路切开,小路通往Mungo Brush的海滩沙丘,那里是欣赏野花和野狗的完美地点。

◉ 景点

海豹岩 海滩

(Seal Rocks; www.nationalparks.nsw.gov.au/myall-lakes-national-park;停车费$8)长期以来,这个尚未开发的城镇及其海滩在全球冲浪界一直享有神话般的地位。即使你不是来这里享受田园般的幽静休闲,也有很多地方可以去尽情享受。一号海滩(Number One Beach)拥有美丽的岩石泳池,通常还有柔和的波浪和美丽的沙滩。你也可以步行到糖面包角(Sugarloaf Point)灯塔,欣赏史诗般的海景,再绕到偏远的灯塔海滩(Lighthouse Beach)——一个受欢迎的冲浪地点。

布劳顿岛 鸟类保护区

(Broughton Island; www.nationalparks.nsw.gov.au/myall-lakes-national-park)这个岛屿无人居住,只有短尾鹱、小企鹅和各种鱼类栖息在这里。此处适宜潜水,海滩十分隐蔽。

Moonshadow(☎02-4984 9388; www.moonshadow.com.au; 35 Stockton St, Nelson Bay)在10月份到次年复活节的周日组织从尼尔森湾到岛上的一日游(暑期更为频繁),活动包括浮潜和水上隔网戏水(成人/儿童$95/55)。位于岛上的Little Poverty Beach的基本露营地(没有电和水)由新南威尔士州国家公园和野生动物服务处经营,必须提前在线预订。如果你拥有自己的船只(并已在斯蒂芬斯海事救援港登记),则可以安排转乘,请参阅国家公园网站,以获取当前运营商的信息。

🛏 住宿

★ Treachery Camp 露营地 $

(☎02-4997 6138; www.treacherycamp.com.au; 166 Thomas Rd, Seal Rocks;露营地 成人$17~22,儿童$10~13,小木屋$105~260)这个绿树成荫的免费露营地位于Treachery海滩的沙丘和矮树后面。露营者可以使用热水淋浴和烹饪设施,这里还有一家很棒的咖啡馆。小木屋需要提前预订,这里有简单漂亮的小木屋和设计师专门设计的小木屋。

Seal Rocks Holiday Park 露营地 $

(☎02-4997 6164; www.sealrocksholidaypark.com.au; Kinka Rd, Seal Rocks;露营地$45,小木屋$110~200;❄)提供一系列经济型住宿,有14间小木屋、草坪露营地和水上房车营地。小屋最多可以居住6人,其中一些包括独立卫生间,还可以俯瞰大海。

NPWS Campgrounds 露营地 $

(☎1300 072 757; www.nationalparks.nsw.gov.au/myall-lakes-national-park;露营地每2人$25~35)公园周围零落分布着19个简易营地,其中部分有饮用水和冲水厕所。所有地点都可以通过网上预订。

★ Bombah Point Eco Cottages 小屋 $$$

(☏02-4997 4401; www.bombah.com.au; 969 Bombah Point Rd, Bombah Point; 小屋 $275~325; ☀) ♦ 这些建筑师设计的小木屋在国家公园的中心，它们的前厅为玻璃房，最多可以住下6位客人。这里以"eco"（生态）命名确实是实至名归：污水使用生物反应器系统进行现场处理，电力来自太阳能电池板，过滤后的雨水罐提供水源。小屋安静而豪华，设有巨大的雨水水疗浴缸和时尚的铸铁壁炉。

Sugarloaf Point Lighthouse 小屋 $$$

(☏02-4997 6590; www.sealrockslighthouseaccommodation.com.au; 小屋 $340起; ☏) 三座建于19世纪的灯塔管理员小屋都得到了全面的翻新，从这里可以看到澎湃的海浪和野生动物。三座小屋设备齐全，有2间或3间卧室，还有烧烤设施。这里的天花板很高，传统风格的内饰温馨而简洁。位置也如你所想，非同一般。

✖ 就餐

这里是一个自给自足的地区，有着种类丰富的新鲜海鲜。你也可以从斯蒂芬斯港前往太平洋棕榈树（Pacific Palms）或者内陆地区寻找餐馆。

ⓘ 到达和离开

从鹰巢（Hawks Nest）出发，风景如画的Mungo Brush Rd穿过公园伸向Bombah Broadwater。那里有Bombah Point渡轮（每车 $6）在8:00~18:00期间运营，每30分钟一班，全程5分钟。继续向北，沿着Bombah Point Rd行驶约10公里可到达Bulahdelah，这段路是非柏油路，可在此处转到太平洋公路。

麦夸里港（Port Macquarie）

人口 44,340

麦夸里港充分享受着其亚热带海岸入口

值 得 一 游

绕道而行：OLD BAR到卡西湖

都市福斯特（Forster）在日益扩张，这里的游客中心（☏02-6554 8799; www.greatlakes.org.au; Little St, Forster; ⏰9:00~17:00）能够提供有关本地区，以及一连串极具氛围的小镇和未被破坏的海滩和繁茂森林的信息，这些地方都非常值得去探索。

从太平洋公路返回时可以到达塔里（Taree; 人口17,800），这是一处乡村中心，可作为前往富饶的曼宁谷（Manning Valley）的大本营。从这里向西行驶一小段距离即可到达附近的温厄姆（Wingham），这个小镇既有英国乡村式的可爱风格，又有跌宕的伐木历史。

不过，最吸引人们的还是海岸。Old Bar位于曼宁河（Manning River）的南部，长期以来一直是冲浪爱好者的宠儿，现在这里拥有澳大利亚中部海岸的首选酒店——绝妙的 Boogie Woogie Beach House（☏02-6557 4224; www.boogiewoogiebeachhouse.com.au; 31 David St, Old Bar; 双 $189~280; Ⓟ☀☏）。

再往北，可以沿着河口向东，前往广阔的海滨小镇哈林顿（Harrington），那里有一处壮观的岩石防波堤，周围有很多鹈鹕。

往哈林顿东北方向行驶一小段的路就能到达克劳迪角（Crowdy Head），这个捕鱼和冲浪小镇位于克劳迪湾国家公园（Crowdy Bay National Park; www.nationalparks.nsw.gov.au/crowdy-bay-national-park; 车辆 $8）的边缘。在1878年建成的灯塔上向远处观望，可以看到景色宜人的荒芜的海滩和荒野。公园里有许多美丽而偏远的露营地。小小的多拉冈国家公园（Dooragan National Park; www.nationalparks.nsw.gov.au/dooragan-national-park）**免费** 位于克劳迪湾国家公园北侧、沃森泰勒湖（Watson Taylor Lake）岸边、北部兄弟山（North Brother Mountain）的山脚下。一段柏油路可以通往山顶的瞭望台，从那里俯瞰海岸，风景美不胜收。往北走，你会经过Laurieton。在此左转，穿过大桥就是冲浪胜地North Haven。继续向北行驶，就会经过卡西湖（Lake Cathie; Cathie读作"cat-eye"），这是一片特别适合孩子戏水的浅水区域。

处的地理优越感。众所周知,这座港口是一个迷你大都会,但仍是绝佳的度假胜地。一片片美丽的海滩环绕着整个城镇,它们距离市中心仅需短暂车程。大多数沙滩都很适合游泳和冲浪,人也不多。

◉ 景点

考拉医院　　　　　　　　　　　野生动物保护区

(Koala Hospital; 见150页地图; www.koalahospital.org.au; Lord St; by donation; ◉8:00~16:30) 衣原体、交通事故和犬类袭击是造成靠近城镇生活的考拉受伤的最主要原因:每年有大约250只考拉死在医院。白天,你随时都可以沿着户外的围场散一步,但参加团队游(15:00)的话可以进行更加全面的了解。那些长期住院的考拉病人面前会有一个标牌,详细介绍它们的情况。登录网站了解志愿机会。

海茵国家公园　　　　　　　　　　　国家公园

(Sea Acres National Park; ☎02-6582 3355; www.nationalparks.nsw.gov.au/sea-acres-national-park; 159 Pacific Dr; 成人/儿童 $8/4; ◉9:00~16:40) 这家公园占地72公顷,拥有全国最大、最具有多样性的沿海雨林区。这里还有各种鸟类、澳大利亚巨蜥、灌丛袋雉和金刚巨蟒。雨林中心(Rainforest Centre)有一家绝佳的Rainforest Café(☎02-6582 4444; www.rainforestcafe.com.au; 主菜早餐 $10~15,午餐 $12~22; ◉9:00~16:00; ⓟ)♥,还有关于当地巴拜人(Birpai)的视听展览。亮点是贯穿森林的全长1.3公里的无障碍栈道。到了旺季,知识丰富的志愿者在这里担任导游,带领游客在此观光,整个行程长达1小时,讲解引人入胜。

Glasshouse Regional Gallery　　　　画廊

(☎02-6581 8888; www.glasshouse.org.au/regional-gallery; Clarence St和Hay St交叉口; ◉周二至周日 10:00~16:00) **免费** 这个充满活力的多层空间可以让你纵览当地有趣的创作,这里还定期举办澳大利亚顶级博物馆和画廊的巡回展览。

麦夸里港历史博物馆　　　　　　　　博物馆

(Port Macquarie Historical Museum; 见150页地图; ☎02-6583 1108; www.port-macquarie-historicalmuseum.org.au; 22 Clarence St; 成人/儿童 $5/2; ◉周一至周六 9:30~16:30) 一座建于1836年的老房子,现在打造成了令人惊奇、妙趣横生的小型博物馆。在电子展览品接管之前,这里大部分是有关原住民和流放罪犯的历史展品。这里包括一个"商店一条街"和漂亮的旧衣服展示(有一部分是有关内衣的)。

海事博物馆　　　　　　　　　　　博物馆

(Maritime Museum; 见150页地图; www.maritimemuseumcottages.org.au; 6 William St; 成人/儿童/家庭 $5/2/12; ◉10:00~16:00) 过去这里是城镇海滩(Town Beach)的旧引航站(1882年),现已被改建成了一个小型海事博物馆。博物馆富有特色,绝对值得花上一个小时来仔细研究它的迷人的收藏。

✦ 活动

城镇海滩、弗林海滩(Flynn's)和灯塔海滩等海滩都很适宜冲浪,夏天还会有人巡逻。雨林一直延伸到雪莉海滩(Shelly)和矿工海滩(Miners),后者是非正式的裸体海滩。

5月至11月是观鲸季;城镇里有数不胜数的观鲸点,你也可以乘坐观景游轮,近距离观鲸。

从小镇码头(Town Wharf)能一直走到灯塔海滩。

★麦夸里港海滨步道　　　　　　　　步行

(Port Macquarie Coastal Walk; 见150页地图) 这条沿海步行路线风景极美,始于Town Green海滩,沿着海岸一路蜿蜒,约9公里后就能到达Tracking Point灯塔(Lighthouse Rd),该景点位于海茵国家公园(见149页)。这里很多地方可以游泳(有8个海滩之多),5月至11月还可以观赏鲸迁徙的盛况。这条路也可以分成较短的路段,每段长2公里。

Soul Surfing　　　　　　　　　　冲浪

(☎02-6582 0114; www.soulsurfing.com.au; 课程 $50起) 对于紧张的初学者来说,这个家庭经营的学校再好不过了。除了冲浪课程外,这里还有学校假期集训和带有冲浪课程的女性全天工作坊(包括瑜伽、放松和美食)。

Port Macquarie 麦夸里港

Port Macquarie 麦夸里港

◎ 重要景点
1 弗林海滩 F4
2 城镇海滩 E1

◎ 景点
3 温室地区画廊 C1
4 考拉医院 E4
5 海事博物馆 E2
6 麦夸里港历史博物馆 C1

◎ 活动、课程和团队游
7 麦夸里港海滨步道 D1

◎ 住宿
8 Flynns on Surf F4
9 Port Macquarie Backpackers A2
10 Sundowner Breakwall Tourist Park D1

◎ 就餐
11 Bill's Fishhouse C1
12 Fusion 7 .... C2
13 Latin Loafer B1
14 Social Grounds A2
15 Stunned Mullet E2

住宿

Port Macquarie Backpackers 青年旅舍 $
(见150页地图；☎02-6583 1791；www.portmacquariebackpackers.com.au；2 Hastings River Dr；铺/标单/双 $36/72/82起；@⚡🏊)这家旅舍已被列入《遗产名录》，墙壁是锡皮压花的，有五颜六色的墙画，后院树木葱葱郁郁，还带有一个游泳池。来往车辆可能会产生很多噪声，但是瑕不掩瑜，毕竟很多东西(比如Wi-Fi、自行车、海滩飞机和趴板)都是免费的。

Beachport 民宿 $$

(☎0423 072 669; www.beachportbnb.com. au; 155 Pacific Dr; 双 $70~200; ❄️🛜)这家民宿相当不错,楼下的两个房间带有独立的阳台,楼上的套间则更为宽敞。这里提供简单的自助早餐,Rainforest Café(见149页)就在马路对面。房价包含抵达当日的下午茶。

🍴 就餐

Social Grounds 咖啡馆 $

(见150页地图; 151 Gordon St; 主菜 $7~14; ⊙周一至周五 6:00~14:30,周六 6:00至正午,周日 7:00至正午)这家咖啡馆是当地很受欢迎的消遣场所,若想来此喝咖啡,你可以拉一把椅子,坐在平台上的餐桌旁。菜品种类繁多,从鸡蛋和百吉饼到鲁宾三明治和美味沙拉,应有尽有。咖啡真心不错。

★ Latin Loafer 西班牙小吃 $$

(见150页地图; ☎02-6583 9481; www. latinloafer.com.au; 74 Clarence St; 菜肴 $10~20; ⊙周二至周四 正午至15:00和17:00~22:00,周五至周日 正午至22:00)这个氛围绝佳的餐馆坐落在一个可以俯瞰河流的地方,专门供应西班牙和南美洲葡萄酒。咸味鳕鱼肉饼和牛肉馅饼可以当作开胃小吃,或者搭配秘鲁五香土豆、海鳗鱼和烤章鱼作为一餐。

★ Bill's Fishhouse 新派澳大利亚菜 $$

(见150页地图; ☎02-6584 7228; www. billsfishhouse.com.au; 2/18-20 Clarence St; 主菜 $22~32; ⊙周二至周日 18:00~22:00,周五至周日增加 正午至14:30)一个非常轻松的避暑胜地,可以吃到最新鲜的海鲜(以及美味的当地家禽肉和牛肉)。一份简单的菜单——炸鱼薯条、三文鱼配甜菜和绿色蔬菜、蛋黄酱牛肉——每天厨师都会从鱼市挑选新鲜的鱼类。酒单同样非常简单。晚上就餐建议预订。

★ Stunned Mullet 新派澳大利亚菜 $$$

(见150页地图; ☎02-6584 7757; www. thestunnedmullet.com.au; 24 William St; 主菜 $36~42; ⊙正午至14:30和18:00~22:00)这个清新的海滨餐馆是一个很好的就餐地点。充满灵感的菜单上不仅包括油封鸭搭配松露玉米粥等经典菜肴,还包括巴塔哥尼亚洋枪鱼等奇异菜

Sundowner Breakwall Tourist Park 青年旅舍 $

(见150页地图; ☎02-6583 2755; www. sundownerholidays.com; 1 Munster St; 铺 $28, 露营地 每2人 $38~45, 小木屋 $98~310)这个高品质的地方就位于河口处,配有齐全的设施和宽敞的房间。这里还有带有独立厨房和休息室的背包客专区。

Flynns on Surf 别墅 $$

(见150页地图; ☎02-6584 2244; www.flynns. com.au; 25 Surf St; 1/2/3居室别墅 $180/240/300; 🅿❄️🛜)这些时髦的1卧、2卧、3卧别墅坐落在房主的私人庄园里,别墅周边的灌木丛景观十分美丽。里面的设施非常齐全,有很多设施是专为房客享受生活准备的,例如Nespresso咖啡机和iPod音乐播放器等。200米外有冲浪的地方,而且步行到镇上只需花3分钟。

看。注意，所有的鱼都是野生的。这家港口最好的餐馆还供应产自世界各国的葡萄酒。还提供少量但优质的杯装葡萄酒和半瓶装葡萄酒。

Fusion 7　　　　　　　　　　创意菜 $$$

（见150页地图；☎02-6584 1171；www.fusion7.com.au；124 Horton St；主菜 $32~37；⊙周二至周六 18:00~21:00）老板兼大厨Lindsey Schwab曾经和创意菜美食之父Peter Gordon一起在伦敦和悉尼的一些顶级餐厅共事。现如今他开创了这家餐厅，菜单简洁但很具创新性，以当地特色菜为主，甜品特别美味。请提前电话预订。

❶ 实用信息

游客信息中心（Visitor Information Centre；见150页地图；☎02-6581 8000；www.portmacquarieinfo.com.au；Glasshouse, Hay St和Clarence St交叉路口；⊙周一至周五 9:00~17:30，周六和周日 至16:00）

❶ 到达和离开

飞机

麦夸里港机场（Port Macquarie Airport；☎02-6581 8111；www.portmacquarieairport.com.au；Oliver Dr）距镇中心大约5公里；坐出租车花费$20，有固定班次的当地大巴。**快达联接**（Qantaslink；☎13 13 13；www.qantas.com.au）和**维珍航空**（☎13 67 89；www.virginaustralia.com）有飞往悉尼和布里斯班航班。**JetGo**（☎1300 328 000；www.jetgo.com）有飞往墨尔本埃森顿机场（Melbourne's Essendon Airport）的航班，每周4班。

长途汽车

当地长途汽车从**麦夸里港汽车站**（Port Macquarie Coach Terminal；见150页地图；Gordon St）发车。

Busways（☎02-6583 2499；www.busways.com.au）提供到麦夸里港机场（$5.50, 28分钟）和肯普西（$18, 1小时）的当地长途汽车服务。

灰狗巴士（☎1300 473 946；www.greyhound.com.au）每天有2班抵离悉尼（6.5小时）、纽卡斯尔（4小时）、科夫斯港（2.5小时）、拜伦湾（6小时）和布里斯班（10小时）的长途汽车。

Premier（☎13 34 10；www.premierms.com.au）每天有一班抵离悉尼（$60, 6.5小时）、纽卡斯尔（$47, 3.75小时）、科夫斯港（$47, 2.25小时）、拜伦湾（$66, 7.5小时）和布里斯班（$67, 11小时）的长途汽车。

火车

最近的火车站位于麦夸里港以西18公里处的沃科普（Wauchope）。长途汽车与火车时间相接。

克雷森特角（Crescent Head）

人口 1070

这片隐匿的海滩拥有澳大利亚最好的右手浪。如今，许多人前来只为观看长板冲浪者在Little Nobby's Junction的巨浪上乘风破浪。Plomer Rd附近很适合进行短板冲浪。不设限制的Killick Beach向北延伸14公里。

🛏 住宿

Surfari　　　　　　青年旅舍、汽车旅馆 $

（☎02-6566 0009；www.surfaris.com；353 Loftus Rd；露营地 $20，铺/双 $40/150；@📶🏊）Surfari最初从经营悉尼—拜伦湾冲浪团队游起家，但现在选择在克雷森特角安家，因为"这里每天都可以冲浪"。客房干净舒适，特有的冲浪住宿套餐也算是旅店的招牌。旅店坐落在道路一旁，距离格拉德斯通（Gladstone）3.5公里。

Sun Worship Eco Apartments　　公寓 $$$

（☎1300 664 757；www.sunworship.com.au；9 Belmore St；公寓 $230~320；📶）🍴这5间别墅宽敞大方，内里设计十分豪华，全部为夯土建造，应用直流式通风设备、自然采光和太阳能热水等具有可持续发展理念的设施和设计。这里奢华大气，设备齐全，美中不足的是装潢有些配不上这座卓越的建筑。

❶ 到达和离开

Busways（☎02-6562 4724；www.busways.com.au）公交快线在克雷森特角和肯普西（Kem Psey）之间运行（$10.50, 25分钟），一天2~3班车。周日无运营服务。

帽子角国家公园（Hat Head National Park）

帽子角国家公园占地74平方公里（车辆进入$8），几乎囊括了克雷森特角（Crescent

Head）和西南岩石区之间的全部海滩。园区里遍布灌木林地、沼泽和美丽的海滩，海滩后方有新南威尔士州最大的沙丘生态系统之一。

与世隔绝的海滨小村帽子角（Hat Head；人口325）位于公园的中央。村子的尽头处，假日公园的后面有一座造型别致的人行木桥，横跨科诺格诺溪（Korogoro Creek）入海口。海水清澈见底，可以看见鱼儿在里面游来游去。

在格莱斯顿的 Heritage Hotel（www.heritagehotel.net.au; 21 Kinchela St, Gladstone; 主菜 $16起; ⊙周一至周六 10:00至午夜, 周日 至 21:00）中途停留。沿着河向内陆方向行驶约20分钟即可到达。

从公园最北边的烟熏角灯塔（Smoky Cape Lighthouse）能观赏到最美的风景。这里还是每年观赏鲸鱼迁徙的最佳地点。

Hungry Gate（www.nationalparks.nsw.gov.au/hat-head-national-park; 露营地成人/儿童 $6/3.50）位于帽子角以南5公里处，你可以在原生无花果和白千层属植物中间度过一个美妙的返璞归真的假期。这个露营地实行先到先得的原则，不接受预订；会有管理员前来巡回收取费用。这里有非冲水厕所和烧烤区，但你需要自带饮用水。袋鼠也会给你带来乐趣。

西南岩石区(South West Rocks)

人口 4810

绵长的海岸线上有许多美丽的海滨小城，西南岩石区就是其中之一，这里的海滩秀美多姿，娱乐活动丰富多彩，足够你在这里玩上一两个晚上。

美丽的特赖尔湾（Trial Bay）向东舒展延伸，这里得名为一艘名为"特赖尔号"的船只。1816年，一群囚犯驾驶着偷来的"特赖尔号"逃往悉尼，不料中途遇上了暴风雨，船沉在了此处。海湾的东部现在是位于海岬中心的阿拉库恩国家公园（Arakoon National Park），栖息着许多袋鼠和笑翠鸟，深受露营者的欢迎。东面的小湾海滩（Little Bay Beach）上围着一圈坚固的岩石屏障，石头把海上的波涛阻挡在外，这一小道弯弯的沙滩则躲在里面，静谧安逸。所以这里很适合游泳，一些优美的徒步路线也把起点设了在这里。

◉ 景点

特赖尔湾监狱 博物馆

（Trial Bay Gaol; ☎02-6566 6168; www.nationalparks.nsw.gov.au/arakoon-national-park; Cardwell St; 成人/儿童 $10/7; ⊙9:00~16:30）矗立在特赖尔湾东部的海岬上，建于1877年至1886年，用来关押在此修建防浪堤的囚犯。可是自然界的变化超过人的预期，防浪堤被冲走了。这里后来仅在第二次世界大战中关押过德国和奥地利战犯，其余时间一直都是空的。现在这里是一座博物馆，极力展现着其不寻常的历史。即使你不进去参观，周围的景色也值得绕道去看一下。

西南岩石区到这里只有4公里，沿着沙滩悠闲地散会儿步就到了。

🛏 住宿

特赖尔湾监狱露营地 露营地 $

（Trial Bay Gaol Campground; ☎02-6566 6168; www.nationalparks.nsw.gov.au/arakoon-national-park; Cardwell St; 露营地 $35, 夏季和学校假期 $60）这处风景秀丽的露营地隶属国家公园和野生动物管理局管辖，位于监狱后方的半岛之上，大部分的露营点可以看到壮观的海滩风光，而且经常有袋鼠出没。配套设施包括饮用水、带抽水马桶的厕所、投币式热水淋浴和燃气烧烤台。网上预订这个露营地，必须提前至少两天。

Smoky Cape Retreat 民宿 $$

（☎02-6566 7740; www.smokycaperetreat.com.au; 1 Cockatoo Pl, Arakoon; 双 $130~220; ⊜❄☒）这家民宿位于阿拉库恩（Arakoon）附近的原始林区，居住环境轻松舒适，有3间私人水疗套房和可以悠闲散步的花园，花园里还建有一个海水游泳池和一个网球场。民宿的主人在露天平台上开了一家咖啡店，供应免费的热早餐。

★ Smoky Cape Lighthouse B&B 民宿、小木屋 $$$

（☎02-6566 6301; www.smokycapelight

house.com; Lighthouse Rd; 标单/双 $150/220, 3居室小木屋 每2晚 $500~580; ⓟ) 住在这里, 你可以眺望远处的大海, 倾听海风盘旋在历史悠久的灯塔看守小屋上空时发出的阵阵呜咽, 度过一个浪漫的夜晚; 袋鼠们也会跳到海岬角高处吃草。风景美得不可思议; 房间风格传统。周末时房价飞涨。

就餐

★ Malt & Honey 咖啡馆 $

(☎02-6566 5200; 5-7 Livingstone St; 主菜 $10~16; ◎周二至周日 7:30~16:00) 在这家繁忙的咖啡馆可以感受城市触觉与海滩城镇的温暖和魅力相结合。拿起一杯清晨的拿铁咖啡(用Toby's Estate咖啡豆制成), 或者找一个位置坐下来享用坚果碎煎饼、自制什锦麦片或者包括烤排骨、香肠、鸡蛋、培根的丰盛早餐。午餐菜单上则会有大盘沙拉和其他健康且令人满意的选择。

❶ 实用信息

游客信息中心(Visitor Information Centre; ☎02-6566 7099; www.macleayvalleycoast.com.au; 1 Ocean Ave; ◎9:00~16:00)

❶ 到达和离开

Busways(☎02-6562 4724; www.busways.com.au) 抵离肯普西的长途汽车周一至周六每日有2~4班(成人/儿童 $13.60/6.80, 46分钟)。

楠巴卡角(Nambucca Heads)

人口 6220

楠巴卡角的海岸线极其曲折, 风光美丽宜人, 楠巴卡河(Nambucca River) 顺着海岬流入大海。这里静谧但略感单调, 直至20世纪70~80年代才开始发展成为充满阳光的度假胜地。

◉ 景点

亚拉哈比尼国家公园 国家公园

(Yarriabini National Park; www.nationalparks.nsw.gov.au/yarriabini-national-park) 这个郁郁葱葱的热带雨林公园的亮点是从亚拉哈比尼山(Yarriabini)顶峰观赏到的迷人的沿海景观, 可以通过风景优美的Way Way Creek Rd登顶。

库克船长瞭望台 观景台

(Captain Cook Lookout; 见155页地图) 在该地区众多的瞭望台中, 沿着高耸的峭壁而建的库克船长瞭望台(Captain Cook Lookout) 是观赏大片海滩的最佳地点。这里还有一条道路通往雪莉海滩(Shelly Beach)的潮汐池。

V形墙 地标

(V-Wall; 见155页地图) 数十年来, 楠巴卡角的防浪堤被当地居民和来往游客用画笔装饰得五颜六色, 上面不仅有颜色缤纷的艺术插画, 还有写给爱人、家人以及新朋友的寄语。如果游客们还能在巨石上找到空隙, 也可以留下属于自己的痕迹。

✈ 活动

Nambucca Boatshed 划船

(见155页地图; Beachcomber Marine; ☎02-6568 6432; www.nambuccaboatshed.com.au/activities; Riverside Dr; 船只出租每2小时/天 $80/220, 皮划艇出租每小时$25; ◎周一至周六 7:00~16:45, 周日 至15:00) 网上预订, 或找友好的工作人员租用摩托艇、皮划艇或立式桨板, 并咨询当地垂钓信息。方便的是, 你也可以在它的附属咖啡馆里享用午餐。

🛏 住宿

White Albatross Holiday Park 露营地 $

(见155页地图; ☎02-6568 6468; www.whitealbatross.com.au; 52 Wellington Dr; 露营地 $66, $145~215; ❋⛱🐕🏊) 这个大型度假公园位于河口附近, 环绕着一片有救生员巡逻的潟湖分布。小屋都十分干净, 配有全套的烹饪设备。公园里还有一个欢乐的小酒馆, 带有一个极好的露台。

Riverview Boutique Hotel 客栈 $$

(见155页地图; ☎02-6568 6386; www.riverviewlodgenambucca.com.au; 4 Wellington Dr; 标单 $169, 双 $179~225; ⓟ❋⛱) 客栈所在的建筑建于1887年, 之前是个酒馆。翻新后, 这座两层木楼重现生机, 内部改造出了8间时髦

Nambucca Heads 楠巴卡角

Nambucca Heads 楠巴卡角

景点
- 1 库克船长瞭望台 D3
- 2 V形墙 C3

活动、课程和团队游
- 3 Nambucca Boatshed A3

住宿
- 4 Riverview Boutique Hotel B2
- 5 White Albatross Holiday Park C3

就餐
- 6 Matilda's B3

的客房,有些房间里能欣赏到壮丽的美景。

就餐

★ Taverna Six 希腊菜 $$

(☎02-6569 0000; www.facebook.com/TavernaSix; 405 Grassy Head Rd, Grassy Head; 主菜 $22~28; ⊙周四至周六 18:30~21:00, 午餐周日11:00开始供应)你可以在院子里放松、享受友好的侍者提供的优秀服务、品尝小拼盘、草药沙拉、新鲜海鲜和当地羊肉。这里令人难以置信的正宗的菜肴都是使用精致的沿海产品和一些不错的希腊进口食品制作而成的,如伯罗奔尼撒腌金枪鱼籽。希腊音乐剧和马路对面的冲浪表演是希腊和澳大利亚的完美结合。

Matilda's 海鲜 $$$

(见155页地图; ☎02-6568 6024; 6 Wellington Dr; 主菜 $35; ⊙周一至周六 18:00~21:00)这个可爱的小屋拥有古老的海滨特色,提供的菜单里大部分是海鲜,包括牡蛎。当地人喜欢芝士蛋糕和奶油蛋白甜饼。可自带酒水(开瓶费$4)。

实用信息

楠巴卡角游客信息中心(Nambucca Heads Visitor Information Centre; ☎1800 646 587; www.nambuccatourism.com.au; Riverside Dr和大洋路交叉路口; ⊙9:00~17:00)

到达和离开

长途汽车

长途汽车停在游客中心。

Busways(☎02-6568 3012; www.busways.com.

au）周一至周五每天有6班抵离贝林根（$9.70、1.25小时）和科夫斯港（$11.90、1.25小时）的长途汽车；周六有1~2班。

灰狗巴士（☎1300 473 946；www.greyhound.com.au）每天都有抵离悉尼（$100，8小时）、麦夸里港（$22，1小时45分钟）、科夫斯港（$13，45分钟）、拜伦湾（$60，4.5小时）和布里斯班（$106，8小时15分钟）的长途汽车。

Premier（☎13 34 10；www.premierms.com.au）每天都有抵离悉尼（$63，8小时）、麦夸里港（$38，1小时45分钟）、科夫斯港（$34，40分钟）、拜伦湾（$58，5小时45分钟）和布里斯班（$63，9小时15分钟）的长途汽车。

火车

NSW TrainLink（☎13 22 32；www.nswtrainlink.info）每日有3班抵离悉尼（$66，8小时）、温尼姆（$25，3小时）、肯普西（$8，1小时）和科夫斯港（$5，40分钟）的火车，有2班列车开往布里斯班（$62，6小时15分钟）。

贝林根（Bellingen）

人口 3040

贝林根隐于贝林格河（Bellinger River）两岸的山坡树林之中，这个美丽的小镇有自己的特色bongo手鼓，镇上的居民喜欢随着鼓点起舞。昵称"贝洛"（Bello）的这个小镇到处都是有机农产品，紧跟潮流的社区像大城市一样感觉敏锐。贝林根夹在多里戈国家公园壮丽的热带雨林和美不胜收的海滩之间，是东海岸上的一颗宝石。

这里也是标志性的瀑布路的起点，这条路线途经多里戈，然后向西延伸至阿米达尔。

◉ 景点

贝林根岛 野生动物保护区

（Bellingen Island；www.bellingen.com/flyingfoxes）贝林根岛位于贝林格河上，是一座面积不大的半陆连岛（只有河水上涨的时候，小岛才会和陆地分开），岛上生活着许多灰头狐蝠。想要近距离观看，需要爬上北岸陡峭的Red Ledge Lane。这里最佳的旅游时节在10月至次年1月，这个时候的小狐蝠刚刚出生，嗷嗷待哺。请穿着长裤，并使用驱虫剂，以预防荨麻、水蛭、蜱虫和蚊子。傍晚，成千上万的狐蝠飞出巢穴觅食，场面非常壮观，从镇中心的小桥上能捕捉到最精彩的画面。

✦ 节日和活动

贝林根文学节 文学节

（Bellingen Readers & Writers Festival；www.bellingenwritersfestival.com.au）每年6月女王生日的长周末期间，著名作家和新晋作家都会前来参加沟通会、见面会、阅读会、诗歌朗诵会和工作坊。

Bello Winter Music 音乐节

（www.bellowintermusic.com；◯7月初）这是一个相当震撼的音乐节，有当地音乐，也有国际民谣、雷鬼、蓝调、世界风、嘻哈和流行音乐。这里有很棒的食物以及各类免费和收费的活动。

🛏 住宿

这里大部分住宿是分散在山坡上的小型民宿和小屋。早餐通常包含在过夜的房费中。

Bellingen YHA 青年旅舍 $

（Belfry Guesthouse；☎02-6655 1116；www.yha.com.au；2 Short St；铺 $30，房间 带/不带卫生间 $135/80；@🛜）这家旅店重新翻修之后加设了外墙隔板，使得室内变得更加宁静宜人。从旅舍宽敞的走廊向外眺望，能够欣赏到宜人的风景。如果提前电话联系，店员可以到乌蓝咖（Urunga）的车站或者火车站接站。

Federal Hotel 酒店 $

（☎02-6655 1003；www.federalhotel.com.au；77 Hyde St；双 带公共卫生间 $80；🛜）这间漂亮的旧客栈在翻新的时候安装了外墙隔板。有些房间有正对主街的阳台。酒店楼下有一个气氛活跃的酒馆，里边的食物不错，可以听现场音乐。

Bellingen Riverside Cottages 小屋 $$

（☎02-6655 9866；www.bellingenriversidecottages.com.au；224 North Bank Rd；小屋 $195~300；❄🏊）这里的山间小屋优雅舒适，屋内摆放着当地的家具，还有宽大而明亮的窗户。从木制阳台上能够俯瞰贝林格河，你可

不要错过

瀑布路(WATERFALL WAY)

瀑布路被认为是新南威尔士州最优美的自驾线路,全长190公里的瀑布路穿过了科夫斯港和阿米达尔(Armidale)之间许多美丽的国家公园,带你穿过原始的亚热带雨林,欣赏伊甸园般的山谷,领略自然壮观的瀑布。当你进入高原时,能欣赏到绿色的乡村和辽阔的平原。贝林根是道路的天然起点;即使是从多里戈到这里短暂尝试,也会带来令人惊叹的体验。

➡ 盖伊福克斯河国家公园(Guy Fawkes River National Park; www.nationalparks.nsw.gov.au/guy-fawkes-river-national-park)和壮观的Ebor Falls距离多里戈50公里。

➡ 进入大教堂岩石国家公园(Cathedral Rock National Park; www.nationalparks.nsw.gov.au/cathedral-rock-national-park)或者沿着Point Lookout Rd前往新英格兰国家公园(New England National Park; www.nationalparks.nsw.gov.au/new-england-national-park),它是冈瓦纳雨林世界遗产区(Gondwana Rainforests World Heritage Area)的一部分。

➡ 继续西行,来到奥克斯利野外河流国家公园(Oxley Wild Rivers National Park; www.nationalparks.nsw.gov.au/oxley-wild-rivers-national-park),它是沃罗曼比瀑布(Wollomombi Falls)的所在地,有着高耸入云的瀑布,美得惊人。

以乘旅店提供的皮划艇在河上游玩。首次入住可在第二天早上免费享用大分量的DIY早餐套餐。

★ Lily Pily 民宿 $$$

(☎02-6655 0522; www.lilypily.com.au; 54 Sunny Corner Rd; 双 $280; ❉❂)这家民宿坐落在市中心以南5分钟车程处的山顶上,整个建筑设计得很精巧,有3间客房能够一览河上美景。民宿装修大气,服务周全。刚入住的时候会有香槟款待,丰盛的早餐会一直供应到中午,客房里摆放的家具都相当豪华。如此种种,不胜枚举。这里还有一个漂亮的花园,可以观览山景。

★ Promised Land Retreat 小屋 $$$

(☎02-6655 9578; www.promisedlandretreat.com.au; 934 Promised Land Rd, Gleniffer; 小木屋 $320; ᴾ❉❂)这3座时尚的独立小屋距离城镇有10分钟车程,位于令人回味的Never Never River河畔,这里设有开放式的起居区,还有可以欣赏到多里戈悬崖的壮丽美景的露台。设施包括一个网球场、一间游戏室和免费的山地自行车。

✕ 就餐

在贝林根吃东西是一种乐趣,这里有许多咖啡馆和休闲餐馆,而且数量一直在增加,其中大部分食物是使用当地的有机农产品制作的。

★ Hearthfire Bakery 面包房 $

(☎02-6655 0767; www.hearthfire.com.au; 73 Hyde St; 午餐主菜 $9~16; ⓢ周一至周五7:00~17:00,周六和周日 至14:00)有机酵母在木柴炙热的烘烤下发出阵阵诱人的香气,循着这股香味,你就可以找到这个美味的乡村面包咖啡店。来这里可以品尝一下有名的澳大利亚水果坚果面包或坐下来喝杯咖啡,再配上个味道鲜美的派。这里提供各种类型的早餐,还供应午餐菜肴,包括拼盘、汤和沙拉。

Bellingen Gelato Bar 冰激凌 $

(www.bellingengelato.com.au; 101 Hyde St; 单/双球 $4/6; ⓢ10月至次年4月 每天 10:00~18:00,5月至9月 周一和周二歇业)Robert Sebes曾经是悉尼市内传奇咖啡馆的拥有者,自2006年以来一直在贝林根销售优质的意大利冰激凌。这里的冰激凌全程手工制作,只添加了少量的糖。蛋黄酒和开心果等传统意大利口味独树一帜,而Sebes自创的口味——比如哈儿瓜或五香梅口味——别出心裁但没有风行一时也没获取过多荣誉。

Purple Carrot 咖啡馆 $$

(☎02-6655 1847; 105 Hyde St; 主菜

$15~18；⊘8:00~15:00）这家咖啡馆比较专注于早餐，用鸡蛋搭配其他菜品，如法式奶油吐司、熏鲑鱼土豆饼和奶油蘑菇香草酱。周日要早一些去吃早午餐。

Oak Street Food & Wine 新派澳大利亚菜 $$$

（☏02-6655 9000；www.oakstreetfoodandwine.com.au；2 Oak St；主菜 $30~37；⊘周三至周六 18:00~22:00）这家大受欢迎的餐馆做出的菜又精致又好吃，所有的食材都来自贝林根山谷的慷慨馈赠。在阳台上品尝餐前葡萄酒也是一种典型的腹地旅行体验。

🍷 饮品和夜生活

People of Coffee 咖啡馆

（☏1300 720 799；www.ameliafranklin.com.au；3/44 Hyde St；⊘周一至周五 6:00~15:00，周六至14:00）虽然贝林根并不缺少优质的咖啡，但Amelia Franklin现场烘烤的咖啡豆不仅有机且对鸟类友善，它还经过了热带雨林联盟和直接贸易机构的认证。来这里品尝一杯顶级咖啡（浓缩或冷萃咖啡）吧。这家非营利的咖啡馆也培训咖啡师。这里的烤面包和健康的蛋糕也很好吃。

Bellingen Brewery & Co 精酿酒吧

（3/5 Church St；⊘周三至周五 17:00~23:00，周六和周日 正午开始营业）这里供应从英式苦味酒到夏季饮品麦芽酒、苹果酒和自酿的3.5%的姜汁啤酒，种类丰富。还有美味的酒吧食物，如水牛肉和巴拉汉堡。

No 5 Church St 酒吧

（www.5churchstreet.com；5 Church St；主菜 $16~20；⊘8:00~20:00；📶）这里之前是一家咖啡馆，后来毫不费力地转型成了一家酒吧。这个充满活力的场地舞台会举行现场音乐表演，有时候还会播放夜场电影或是举办社团活动。这里的菜单，无论是早餐、午餐还是晚餐，都附有当地种植者的名录。鸡蛋菜肴、比萨、沙拉和汉堡的食材都是从他们那里进货的。

🛍 购物

Bellingen Growers' Market 市场

（www.bellingengrowersmarket.com；Bellingen Showgrounds，Hammond St和Black St交叉路口；⊘每月的第二个和第四个周六 8:00~13:00）这里的大部分农产品都是来自周边农场的有机农产品。这里还有很多二手服装、一家咖啡馆、一个为孩子们讲故事的人，以及一些流动表演的音乐家。

Bellingen Community Market 市场

（www.bellingenmarkets.com.au；Bellingen Park，Church St；⊘每个月的第三个周六 9:00~15:00）这个当地市场有超过250个摊位出售新鲜的农产品、手工食品、工艺品、服装和植物。

ℹ 实用信息

瀑布路信息中心（Waterfall Way Information Centre；☏02-6655 1522；www.visitnsw.com/visitor-information-centres/waterfall-way-visitor-centre-bellingen；29-31 Hyde St；⊘9:00~17:00）游客手册详细介绍景观公路、步行路段以及一段艺术徒步小径。

ℹ 到达和离开

从海岸沿着壮观的瀑布路向内陆行驶一小段路就能到达贝林根。当地**长途汽车**（☏02-6655 7410；www.busways.com.au）从楠巴卡角和科夫斯港发车，途经索特尔（Sawtell），还有**长途汽车**（见159页）从塔姆沃思（Tamworth）发车。

多里戈（Dorrigo）

人口 1070

虽然多里戈地方不大，但很漂亮，整个小镇围绕两条极为宽阔的街道组成的T字路口向外扩张。就食品和葡萄酒而言，你会感觉这里是另一个贝林根，但它现在还没有完全成型。阿米达尔、贝林根和科夫斯港都有通往这里的蜿蜒曲折的公路，沿途你会看到热带雨林、山路和瀑布——这是新南威尔士州最令人叹为观止的景观。

👁 景点

小镇的主要景点是位于小镇北边1.2公里处的**丹吉瀑布**（Dangar Falls），瀑布的水流冲过大片嶙峋的岩石倾泻而下，坠入前方的水池之中。在瀑布下的水池游泳能满足你洗

个冷水澡的愿望。部分铺装的公路经过这里向北延伸,向东转则可以进入科夫斯港,途中会经过美丽的热带雨林公路和一棵56米高、直径超过3米的巨大的小帽桉树。

★ 多里戈国家公园　　　　　国家公园

（Dorrigo National Park；☎02-6657 2309；www.nationalparks.nsw.gov.au；Dome Rd）公园占地119平方公里,是冈瓦纳大陆世界遗产区（Gondwana Rainforests World Heritage Area）的一部分。园内植物种类繁多,栖息着120多种鸟类。雨林中心（Rainforest Centre；☎02-9513 6617；成人/儿童 $2/1；⏰9:00~16:30；📶）位于公园的入口处,中心有介绍公园生态系统的展示和录像,你还可以在此获得有关徒步路线的建议。中心提供免费的Wi-Fi,拥有一家不错的咖啡馆,配备了供手机和相机使用的充电站。空中步道（Skywalk）平台建在雨林树冠的上方,从这里遥看远方,景色美得让人窒息。

Wonga Walk是一条6.6公里长的沥青小路,始发点在雨林中心,往返需两小时,途中会经过雨林深处。在路上,你可以看到两三道壮美的瀑布,其中一道瀑布可以绕到后边欣赏。

🛏 住宿

★ Mossgrove　　　　　　　民宿 $$

（☎02-6657 5388；www.mossgrove.com.au；589 Old Coast Rd；双 $225）这家民宿占地2.5公顷,离多里戈8公里,这栋可爱的建筑带有联邦时期的风格,拥有两间布置传统的客房、一间舒适的客人休息室和一间私人客用浴室。整个民宿均经过高雅装修,与房屋鼎盛时期的样子相去不远。提供欧式早餐。

★ Tallawarra Retreat B&B　　　民宿 $$

（☎02-6657 2315；www.tallawalla.com；113 Old Coramba Rd；标单/双 $130/160；🅿）这家宁静的民宿坐落在风景如画的花园中,位于距离多里戈镇中心约1公里的森林之中。房主非常友好,四个房间舒适而宁静。有免费的下午茶（自制烤饼、果酱和奶油、茶或咖啡）以及丰盛的英式热早餐,绝对物超所值。

Lookout Mountain Retreat　　　民宿 $$

（☎02-6657 2511；www.lookoutmountainretreat.com.au；15 Maynards Plains Rd；双 $140~190；🅿📶）壮丽的景色和非常安静的位置令这家拥有26个房间的民宿相当特别。这里的房间一尘不染,非常时尚,裸砖和裸梁使其拥有一种舒适的感觉。如果你想自己做饭的话,可以使用套房里的小厨房。

🍴 就餐

Dorrigo Wholefoods　　　　咖啡馆 $

（☎02-6657 1002；www.dorrigowholefoods.com.au；28 Hickory St；主菜 含沙拉 $14~16；⏰周一至周五 6:30~17:00,周六 8:00~14:00）挑选一些豆类,再从橱柜里拿一些沙拉、蛋糕和可口的食物,如龙虾咸派、泰式鱼饼和西葫芦奶酪饼,就可以做成一个大的拼盘。店员还会制作可口的混合果汁。

Canopy Cafe　　　　　　　咖啡馆 $$

（☎02-6657 1541；www.canopycafedorrigo.com.au；Dome Rd；主菜 $13~22；⏰9:00~16:30）这家咖啡馆里的食物和多里戈国家公园雨林中心的风景一样令人印象深刻。精致的菜单包含丰盛的早餐荠青、辛辣的叻沙以及美味的开口三明治,你可以在阳光明媚的露台上用餐。

ℹ 实用信息

多里戈信息中心（Dorrigo Information Centre；☎02-6657 2486；www.dorrigo.com；36 Hickory St；⏰周一至周五 10:00~15:00）位于主街的中间,由该地区热情的志愿者运营。你可以在这里获取有用的景观公路手册（$1）。

雨林中心（见159页）这个公园游客中心位于多里戈国家公园的西侧入口处,有一个商店、展品以及一家咖啡馆。

ℹ 到达和离开

新英格兰长途汽车（New England Coaches；☎02-6732 1051；www.newenglandcoaches.com.au）每周有3班开往科夫斯港（$48,1.5小时）的长途汽车。

科夫斯港（Coffs Harbour）

人口 71,800

虽然城市中心位于内陆,但是科夫斯港

Coffs Harbour 科夫斯港

◎ 重要景点
1 码头海滩 D4

◎ 景点
2 邦克卡通画廊 B3
3 公园海滩 D2

⊕ 活动、课程和团队游
4 Coffs City Skydivers A4
5 Coffs Creek Walk & Cycleway C3
6 Jetty Dive D3
7 Lee Winkler's Surf School D2

⊜ 住宿
8 Coffs Harbour YHA C3
9 Coffs Jetty BnB C3
10 Observatory Apartments C4
11 Park Beach Holiday Park C2
12 Pier Hotel C3

⊗ 就餐
13 Fiasco D3
14 Fishermen's Coop D3
   Latitude 30 ....（见14）
   Lime Mexican ....（见12）
15 Mangrove Jack's C3
   Old John's ....（见12）

⊙ 饮品和夜生活
16 Surf Club Park Beach D2

拥有一连串漂亮的海滩。小镇有丰富多彩的水上活动和体育活动，能偶遇野生动物，还能参观那个叫大香蕉的媚俗的黄色灯塔。因此这里深受家庭和背包客的欢迎，自然为探索古朴城镇和腹地的优美公路之旅大本营。

⊙ 景点

公园海滩（Park Beach）海岸线绵长，迷人的海滩舒展明媚，映衬着茂盛的灌木林和沙丘，远处的楼房在灌木林中若隐若现。**码头海滩**（Jetty Beach）从某种程度上说位置更为隐蔽。前往**淘钻客海滩**（Diggers Beach）要在大香蕉附近的公路转弯，这里广受冲浪爱好者欢迎，涌起的浪花平均高达1~1.5米。在北边的海岬里面，裸体主义者随性地在**小淘钻客海滩**（Little Diggers Beach）闲逛。

★ 红嘴海燕岛　　　　　　　　　　　　岛屿

（Muttonbird Island; www.nationalparks.nsw.gov.au/muttonbird-island-nature-reserve）当地人把这个岛屿称作"Giidany Miirlarl"，意为月光之地。1935年这里建立了防浪堤，北部与科夫斯港相连。走上月光之地顶部（顶端很陡峭），可以把如画的远景尽收眼底。从8月末到次年4月初，在这片生态宝地上，约有12,000对楔状尾海鸥聚集交配，到了12月和次年1月的时候，可爱的小海鸥随处可见。

孤独群岛水族馆　　　　　　　　　　水族馆

（Solitary Islands Aquarium; www.solitaryislandsaquarium.com; Bay Dr, Charlesworth Bay; 成人/儿童 $12/8; ⊙周六和周日 10:00~16:00, 学校假期每天）这个小水族馆属于南十字星大学（Southern Cross University）海洋科学中心，周末对公众开放。触摸鱼缸和热情且经验丰富的向导会带你与各种鱼类、珊瑚和一只大章鱼（喂食时间去看它）亲密接触。

邦克卡通画廊　　　　　　　　　　　画廊

（Bunker Cartoon Gallery; 见160页地图; www.bunkercartoongallery.com.au; John Champion Way; 成人/儿童 $3/2; ⊙10:00~16:00）这个第二次世界大战遗留下来的碉堡永久收藏了18,000件卡通作品，部分作品循环展出。

大香蕉　　　　　　　　　　　　　　游乐园

（Big Banana; www.bigbanana.com; 351 Pacific Hwy; ⊙9:00~17:00）**免费** 1964年，大香蕉一建成，就在澳大利亚掀起了风潮。没有门票，但是相关景点要收费，比如溜冰场、雪橇场、迷你高尔夫球场、水上公园、庄园之旅以及让你流连忘返的"香蕉大世界"（World of Bananas Experience）。但除了这些迎合大众的游乐设施，真的没有什么值得游览的了。

🚶 活动

可以从咖啡馆Mangrove Jack's（见162页）租借独木舟、皮划艇和立式桨板。徒步旅行爱好者可以从游客中心拿一份《孤独岛徒步游》（Solitary Islands Coastal Walk; $2）。

Coffs Creek Walk & Cycleway　　　步行

（见160页地图）一条景色优美的灌木林环线将中央商务区（CBD）与港口相连，全长8公里。我们建议从Orlando St的Pet Porpoise Pool或Coffs St的Memorial Olympic Pool出发。

East Coast Surf School　　　　　　冲浪

（☎02-6651 5515; www.eastcoastsurfschool.com.au; Diggers Beach; 课程 $55起）这里的经营者是著名的冲浪运动员Helene Enevoldson，提供的装备特别适合女性顾客。

Lee Winkler's Surf School　　　　　冲浪

（见160页地图; ☎02-6650 0050; www.leewinklerssurfschool.com.au; Park Beach; $55起）科夫斯港历史最悠久的一家冲浪学校。

Valery Trails　　　　　　　　　　　骑马

（☎02-6653 4301; www.valerytrails.com.au; 758 Valery Rd, Valery; 2小时骑马 成人/儿童 $65/55）马场位于小镇东北15公里处，有75匹马和大片探索区域。

Coffs City Skydivers　　　　　　　跳伞

（见160页地图; ☎02-6651 1167; www.coffsskydivers.com.au; Coffs Harbour Airport; 双人跳伞 $269~359）飞机会把你带上4572米的高空，让你体验一把全澳大利亚最高的海滩跳伞之旅。

Jetty Dive　　　　　　　　　　　　潜水

（见160页地图; ☎02-6651 1611; www.jettydive.com.au; 398 Harbour Dr）孤独岛海洋公园（The Solitary Island Marine Park）处于热带水域和南部气流的交汇处，有丰富的珊瑚、岩礁鱼类和海藻。潜水中心有精彩的潜水和浮潜项目（双潜$170），并专门开设了PADI认证课程（国际专业潜水教练协会, $445）。6月至10月，这里还会组织观鲸游（成人/儿童 $59/49）。

拜伦湾和新南威尔士州北部海岸　科夫斯港

节日和活动

索特尔辣椒节
美食节

(Sawtell Chilli Festival; www.sawtellchillifestival.com.au; ◎7月初)科夫斯海岸最热门的美食节,吸引了成千上万的游客来品尝辛辣美食、展示烹饪技艺、欣赏街头娱乐、热舞驱寒。

住宿

Coffs Harbour YHA
青年旅舍 $

(见160页地图; ☎02-6652 6462; www.yha.com.au; 51 Collingwood St; 铺 $30~33, 双 $90~140; @☒)这是一家位置优越、热情好客的旅社,提供宽敞的宿舍。单人间非常整洁,有独立卫生间、电视休闲区和厨房。旅舍提供冲浪板和自行车租赁服务。在周围环路上采摘水果是家庭和年轻游客的最爱。

Park Beach Holiday Park
露营地 $

(见160页地图; ☎02-6648 4888; www.coffsholidays.com.au; Ocean Pde; 露营地 $35~45, 小木屋 $89~140; ☎☒)这个假日公园虽然大,但位于海滩上的理想位置。儿童在这里能得到妥善照顾,他们可以在树荫下玩蹦床,或是在带有滑梯和喷泉的水池里玩耍。

★ Coffs Jetty BnB
民宿 $$

(见160页地图; ☎02-6651 4587; www.coffsjetty.com.au; 41a Collingwood St; 双 $130~170; ☒☎)这处连排别墅的租金低于其他民宿的平均价格,这里的独立房间装饰雅致,非常宽敞,还配有步入式衣柜和极好的浴室。你可以在阳台上享用早餐,然后轻松漫步到海滩和码头餐厅。其中有一个套房里带有小厨房,而其他套房均配有微波炉和冰箱。

Pier Hotel
小酒馆 $$

(见160页地图; ☎02-6652 2110; www.pierhotelcoffs.com.au; 356 Harbour Dr; 标单 不带卫生间 $69~129, 双 $129~179, 不带卫生间 $99~135; P☎)Pier复兴了传统澳大利亚式楼上酒馆的风潮。漂亮、通风的一层是共享房间和套房,所有房间都非常简单,但布置得非常舒适。楼下的小酒馆中有一个传统的公共酒吧,还有一个仅在晚上开放的很有氛围的葡萄酒酒窖。免费的机场接送服务是一个很棒的加分点。

Observatory Apartments
公寓 $$

(见160页地图; ☎02-6650 0462; www.theobservatory.com.au; 30-36 Camperdown St; 公寓 $177~190; ☒☎☎)这家酒店式公寓现代美观,有1卧、2卧和3卧公寓,所有房间都明亮通风,带有设备齐全的厨房。所有公寓的阳台上都能赏海景,有些房间还配有水疗浴室。

就餐

Old John's
咖啡馆 $

(见160页地图; www.facebook.com/oldjohns; 360 Harbour Dr; 主菜 $10~17; ◎每天 6:30~15:30, 周三 17:30~21:00)位于科夫斯凉爽的附属地,这里有镇上最好的咖啡以及健康达人最爱的菜单,包括早餐的奇亚"布丁"、超级食品碗和午餐的盐烤甜菜沙拉、贝林根绿豪和山羊凝乳。周三晚上可以看到现场音乐表演(其他晚上偶尔也有),品尝鸡尾酒、迷你汉堡和意大利面。

Fishermen's Coop
炸鱼薯条 $

(见160页地图; ☎02-6652 2811; www.coffsfishcoop.com.au; Marine Dr; 主菜 $10~17; ◎11:00~19:00)从这里购买一些美味的炸鱼薯条,在科夫斯庞大的拖网渔船舰队旁边吃它们吃掉。你也可以提前打电话订购外卖。

★ Lime Mexican
墨西哥菜 $$

(见160页地图; ☎0421 573 570; www.limemexican.com.au; 366 Harbour Dr; 菜肴 $14~18; ◎周二至周日 17:00~22:00; ☎)Lime餐厅提供现代墨西哥风格的餐前小吃,适合分享。炸玉米饼系列包括常见的风味以及烤鲑鱼、烤扇贝和红烧羊肉,另外还有大拼盘(包括装满了辣米饭配五花肉、填满奶酪的墨西哥辣椒和烟熏红辣椒烹制的玉米)。

Mangrove Jack's
咖啡馆 $$

(见160页地图; ☎02-6652 5517; www.mangrovejackscafe.com.au; Promenade Centre, Harbour Dr; 主菜早餐 $10~18, 午餐 $18~32, 晚餐 $25~36; ◎每天 7:30~15:00, 周五和周六 17:00~21:00; ☎)这家咖啡馆的亮点是位于科夫斯溪(Coffs Creek)的拐弯处的绝佳位置,四周很安静,你可以在阳台上悠闲地品尝一杯咖啡或是啤酒。

★ Fiasco
意大利菜 $$$

(见160页地图; ☎02-6651 2006; www.

fiascorestaurant.com.au; 22 Orlando St; 比萨 $19~24, 主菜 $29~39; ⊙周二至周六 17:00~ 21:00) 高档的意大利美食来自餐馆的开放式厨房, 食材全都来自当地最好的食品供应商, 香草则是自家花园种植。你可以品尝正宗的美食, 如有机的安格斯牛肉搭配蘸芹菜酱、自制鸡蛋面搭配意大利香蒜酱和意大利乳清干酪, 以及简单而美味的玛格丽塔比萨, 还有那些缀有水牛奶酪或罗马式五花肉的比萨。

你也可以选择坐在酒吧里享用餐前小吃, 喝一杯意大利维蒙蒂诺或巴贝拉。

Latitude 30   海鲜 $$$

(见160页地图; ☎02-6651 6888; www. latitude30.com.au; 1 Marina Dr; 主菜 $30~40; ⊙8:00~21:00) 这个海鲜餐馆位于码头上, 有很多菜肴可供选择: 泰式软壳蟹、腌制三文鱼和碳烤八爪鱼拼盘, 或是鱼肉馅饼或海鲜饭的主菜。在这里, 你可以看到码头和北嘴海燕岛港口的迷人景色, 或是欣赏Little Park Beach和太平洋的风光。

露台景色令这里成为镇上的热门。

🍷 饮品和夜生活

Surf Club Park Beach   小酒馆

(见160页地图; ☎02-6652 9870; www.surfclubparkbeach.com; 23 Surf Club Rd, Park Beach; ⊙7:00~23:00) 周日下午在海滩上欣赏当地音乐家的表演是到科夫斯必要要做的事情之一。喝过小酒, 可以来点海鲜或西班牙小吃做晚餐。

ⓘ 实用信息

游客信息中心 (Visitor Information Centre; ☎02-6651 1629; www.coffscoast.com.au; Coffs Central, 35-61 Harbour Dr; ⊙9:00~17:00)

ⓘ 到达和离开

飞机

澳洲航空 (☎13 13 13; www.qantas.com.au)、**维珍航空** (☎13 67 89; www.virginaustralia.com) 和**虎航** (☎02-8073 3421; www.tigerair.com.au) 都有飞往位于小镇西南3公里处的**科夫斯港机场** (Coffs Harbour Airport; ☎02-6648 4767; www.coffscoast.com.au/airport; Airport Dr) 的航班。Fly Corporate还有飞往布里斯班的航班。

长途汽车

由**灰狗巴士** (☎1300 473 946; www.greyhound.com.au)、**Premier** (☎13 34 10; www.premierms.com.au) 和**新英格兰长途汽车公司** (New England Coaches; ☎02-6732 1051; www.newenglandcoaches.com.au) 运营的长途汽车和当地汽车从在McLean St和Pacific Hwy交叉路口的车站发车。

火车

NSW CountryLink (☎13 22 32; www.nswtrainlink.info) 每天有3班火车开往卡西诺 (Casino), 在这里有开往布里斯班 ($84.15, 5.5小时) 和向南开往悉尼 ($95, 9小时) 的火车或长途汽车。

科夫斯港北部 (North of Coffs Harbour)

太平洋公路位于科夫斯以北30公里处, 沿着海岸线, 但却看不到海岸景色。在淡季前往小海滩通常不会太拥挤。

伍尔古尔加 (Woolgoolga; 当地人称之为Woopi) 位于科夫斯以北约25公里处, 因冲浪和锡克教社区而闻名。这里值得一游, 特别是举行**宝莱坞巴扎** (Bollywood Bazaar; ☎02-6654 7673; www.facebook.com/bollywoodmarket; ⊙每个月的第一个和第四个周六) 或**咖喱节** (Curryfest; www.curryfest.com.au; ⊙9月) 的时候。

小村红岩 (Red Rock) 位于一片美丽的海滩和一条鱼类繁多的河流入口之间。**尤瑞格尔国家公园** (Yuraygir National Park; www.nationalparks.nsw.gov.au/yuraygir-national-park; 车辆通行 $8) 有该州最长的未经开发的海岸线 (长达65公里), 这里有从红岩村向北延伸的原始沿海生态系统。这处偏远的海滩非常棒, 不仅可以进行丛林漫步, 还可以看到濒危的沿海鹬鹆。

你可以在6个基本的露营地扎营 (成人/儿童 每晚 $10/5)。

格拉夫顿 (Grafton)

人口 18,700

坐落在克拉伦斯河 (Clarence River) 畔的小城市格拉夫顿是北部河流地区的起点,

这片区域一直延伸到昆士兰州边界。该地区天气晴朗、海滩随处可见,地处三条主要水道(其余两条是里士满河和特维德河)的交界处。不要被公路上那些特许加盟店所迷惑,格拉夫顿的雅致小路上有豪华小酒馆和一些非常有味道的老房子。

👁 景点

维多利亚街
(Victoria Street Precinct) 景区

维多利亚街是城市的主要传统遗产区,还有几处典型的19世纪建筑,包括位于这条街47号的**大法院**(1862年)、位于Duke St街角的**圣公会大教堂**(Anglican Cathedral; 1884年)以及位于85号的**罗切斯家族酒店**(Roches Family Hotel; 1871年)。

🎉 节日和活动

紫薇花节 文化节
(Jacaranda Festival; www.jacarandafestival.org.au; ⓧ10月末)这是澳大利亚最悠久的鲜花节,于10月末的后两周内举行。届时整个小镇都沉浸在淡紫色的海洋中。

🛏 食宿

Annie's B&B 民宿 $$
(☎0421 914 295; www.anniesbnbgrafton.com; 13 Mary St; 标单/双 $145/160; ❋☎🅿)这座别致的维多利亚风格住宅地处枝繁叶茂的街角,私人房间从里到外都有一番古朴的情调,与其他民居住宅颇为不同。提供欧式早餐。

Heart & Soul Wholefood Cafe 咖啡馆 $
(☎02-6642 2166; 124a Prince St; 主菜 $8~15; ⓧ7:30~17:00, 周六至14:00, 周日8:00至正午; 🅿)这家风格优雅的咖啡馆由两对夫妇共同经营,他们都支持农田直接到餐桌的饮食理念。在这里,你能品尝到五花八门的亚洲菜和色泽鲜亮的沙拉,它们被装在各种精致的陶瓷碗里。甜品也值得一尝,比如巧克力和薄荷制作的"cheese-fake"。

🍷 饮品和夜生活

Roches Family Hotel 小酒馆
(☎02-6642 2866; www.roches.com.au; 85 Victoria St; ⓧ周一至周四10:00~23:00, 周五和周六至午夜, 周日11:00~22:00)这里打破了该州地区小酒馆的规则,不再是洞穴般简陋的环境。这个历史悠久的角落酒店是一个舒适的地方,酒水价格合理。就算是为了看一眼这里的啤酒罐收藏和公共酒吧里的鳄鱼,也值得来一趟。

ℹ 实用信息

克拉伦斯河游客信息中心(Clarence River Visitor Information Centre; ☎02-6642 4677; www.clarencetourism.com; Spring St和Pacific Hwy交叉路口; ⓧ9:00~17:00; 🛜)位于河流南部。

ℹ 到达和离开

飞机
区域快线(☎13 17 13; www.rex.com.au)的航班在工作日期间飞往悉尼,为其服务的机场为位于小镇东南12公里处的**克拉伦斯山谷地区机场**(Clarence Valley Regional Airport; GFN; ☎02-6643 0200; www.clarence.nsw.gov.au)。

长途汽车
Busways(☎02-6642 2954; www.busways.com.au)主要经营当地线路,每天有4~8班长途车到下列地区:麦克莱恩(Maclean; 1小时)、亚姆巴(1小时15分钟)和安戈里(1.5小时),票价一律$12.30。

灰狗巴士(☎1300 473 946; www.greyhound.com.au)有大巴抵离以下地区:悉尼(10.5小时, 每日3班)、楠巴卡角(2.5小时, 每日2班)、科夫斯港(1小时, 每日3班)、拜伦湾(3小时, 每日3班)和布里斯班(6.5小时, 每日3班)。

Northern Rivers Buslines(☎02-6626 1499; www.nrbuslines.com.au)工作日各有1班车抵离麦克莱恩($6, 43分钟)、利斯莫尔($6, 3小时)。

Premier(☎13 34 10; www.premierms.com.au)每日都大巴抵离以下地区:悉尼($67, 9.5小时)、楠巴卡角($34, 1小时45分钟)、科夫斯港($34, 1小时)、拜伦湾($47, 4小时15分钟)和布里斯班($52, 7.5小时)。

Ryans Bus Service/Forest Coach Lines North(☎02-6652 3201; www.ryansbusservice.com.au)工作日有长途车抵离以下地区:伍尔古尔加($21, 1.5小时)、红岩($20, 50分钟)和科夫斯港

（$21.80，2小时）。

火车
有很多方便的**列车**（☎13 22 32；www.nswtrainlink.info）开往悉尼、肯普西、楠巴卡角、科夫斯港，前往布里斯班的班次较少。

亚姆巴和安戈里（Yamba & Angourie）

渔镇亚姆巴位于克拉伦斯河（Clarence River）河口，因波希米亚式的风土人情、壮丽的海滩和优秀的咖啡馆和餐馆而变得越来越受欢迎。你经常听到人们把这里描述成"20年前的拜伦湾"，这样的说法不无根据。它南边5公里的安戈里是个令人放松心神的地方。尽管面积不大，却是老练的冲浪手的首选之地，也是澳大利亚首批冲浪保护区之一。

◉ 景点

安戈里蓝色水池 泉水
（Angourie Blue Pools; The Crescent）位于Spooky Beach南部，这些注满泉水的水潭是修建防浪堤使用的采石场遗址。胆子大的人可以选择攀爬悬崖、蹦极。不爱刺激的人则可以静静地滑入水池，池子周围长满了灌木，离冲浪的地方只有几米。

邦加朗国家公园 国家公园
（Bundjalung National Park; www.nationalparks.nsw.gov.au/bundjalung-national-park；车辆通行 $8）这个国家公园从北部的克拉伦斯河延伸至南部的埃文斯角（Evans Head），共25公里长。公园几乎是原生态且未被开发的。若想在公园中探险，最好驾驶一辆四驱越野车。不过南部的地段畅通无阻，可以从亚姆巴出发，乘仅供游客乘坐的**克拉伦斯河轮渡**（Clarence River Ferries; ☎0408 664 556; www.clarenceriverferries.com.au；成人/儿童往返 $8.30/4.20；⊙11:00~15:00）到达伊鲁卡（Iluka；每天至少4班）。公园这一部分包括伊鲁卡自然保护区（Iluka Nature Reserve）：一片热带雨林，对面就是伊鲁卡海滩（Iluka Beach），这是冈瓦纳古陆世界遗产区的一部分。

在伊鲁卡绝壁（Iluka Bluff）的另一边是名副其实的十英里海滩（Ten Mile Beach）。

🏃 活动

Yamba Kayak 皮划艇
（☎02-6646 0065; www.yambakayak.com；成人/儿童 3小时 $70/60，5小时 $100/80）闯入附近这片茫茫荒地，来一次半天或者一整天的冒险之旅。皮划艇可租用。

Xtreme Cycle & Skate 骑车
（☎02-6645 8879; www.facebook.com/YambaCycleSkate; 34 Coldstream St, Yamba；自行车出租每半/全天 $22/30；⊙周一至周五 9:30~16:30，周六 9:00至正午，周日 正午至14:00）这个家庭经营的商店非常不错，提供自行车租赁（包括双人山地自行车）、销售和维修服务。你可以登录Facebook页面，了解其在国家森林中穿行的休闲越野车队的详细信息（当然，如果你没有自行车，他们可以租一辆给你）。

🛏 住宿

Pacific Hotel 小酒馆 $
（www.pacifichotelyamba.com.au/accommodation; 18 Pilot St, Yamba；铺 $30~40，双带/不带卫生间 $130/80；🅿🛜）在这个可爱的老酒馆里，"汽车旅馆"房间极具魅力，装饰简洁而舒适。如果你可以忍受公共浴室，并希望找一个便宜的角落房间，那么你就可以透过窗子看到灯塔的美景和大海。套房里配有阳台、冰箱和电视。

Yamba YHA 青年旅舍 $
（☎02-6646 3997; www.yha.com.au; 26 Coldstream St, Yamba；铺 $32~36，双 $95；@🛜🏊）这个热情好客的旅舍由一个家庭经营，设有一间非常受欢迎的酒吧，楼下还有餐厅和烧烤区，屋顶上还有个小泳池。

Seascape Ocean Front Apartments 公寓 $$
（☎0429 664 311; www.seascapeunits.com.au; 4 Ocean St, Yamba；公寓 $175~250；🅿🛜）两间海景公寓、一处小洋房和一处河边小屋均以明亮的现代航海风格装饰。公寓的景色很

壮观，每一寸空间都保留了20世纪50年代的澳大利亚海岸氛围。如你所想，就风景而言这里的位置是最好的。多住几晚价格更便宜。

✗ 就餐

★ Beachwood Cafe
土耳其菜 $$

(☎02-6646 9781; www.beachwoodcafe.com.au; 22 High St, Yamba; 主菜 早餐$12~18, 午餐$18~26; ⊙周二至周日 7:00~14:00) 在这个精致小巧的咖啡馆中，Sevtap Yüce不拘泥于传统的菜谱形式，大胆地把他的新手艺——土耳其风味菜 (Turkish Flavours) 带向餐桌。很多餐桌露天摆放，旁边种植着生长茂盛的果蔬。午餐提供的菜品从有机柑橘果汁和百香果玉米蛋糕到土耳其沙丁鱼和菜叶包，应有尽有。在这里就餐总能收获惊喜。

★ Leche café
咖啡馆 $$

(☎0401 471 202; www.facebook.com/LecheCafe; 27 Coldstream St, Yamba; 主菜 $14~25; ⊙6:00~14:00) 在这家咖啡馆后院品尝酸奶后，你可能还想大口享用椰蓉面包和拜伦湾风味的Marvell咖啡。午餐营养健康，有甜菜叉堡包、菜花沙拉和鱼肉玉米饼。不仅如此，Leche会在周六晚上举办现场表演、DJ表演和派对，比如夏威夷仲夏烤野猪宴。

🍷 饮品和夜生活

Pacific Hotel
小酒馆

(☎02-6646 2466; www.pacifichotelyamba.com.au; 18 Pilot St, Yamba; ⊙周一至周四 10:00至午夜，周五周六 至次日1:30) 这所建于1930年的酒店高居悬崖之上，俯瞰着亚姆巴海滩，这个酒店的小酒馆有着全澳大利亚最好的风光。定期有现场音乐和DJ之夜，各种食品也很美味。

ℹ 到达和离开

亚姆巴位于太平洋公路以东15公里处，在克拉伦斯河以南的亚姆巴路交叉口转弯。每日有4~8班**Busways长途汽车**(☎02-6645 8941; www.busways.com.au) 从亚姆巴发车，开往安戈里 ($3.30, 9分钟)、麦克莱恩 ($9.30, 19分钟) 和格拉夫顿 ($12.30, 1.25小时)。**灰狗巴士**(☎1300 473 946; www.greyhound.com.au) 沿海岸在所有大城镇和城市都提供来往的长途客车服务。**NSW Trainlink** (☎13 22 32; www.nswtrainlink.info) 则前往其他地方。

巴利纳 (Ballina)

人口 14,070

巴利纳地处里士满河 (Richmond River) 河口处，位置得天独厚，白色的沙滩和清澈如水晶的流水呵护着它。在19世纪末，这里是一个富裕的伐木镇；在后街小巷仍然能找到零星分布的雅致历史建筑。近来，巴利纳成了最受家庭旅行和退休老人欢迎的地方，有地区机场。

◉ 景点

想好好了解当地历史的话，就沿着Norton Street漫步吧，这里有许多令人印象深刻的19世纪晚期巴利纳时代的建筑，那时这里还是一个富裕的伐木小镇。

Northern Rivers Community Gallery
画廊

(NRCG; ☎02-6681 6167; www.nrcgballina.com; 44 Cherry St) 这个优秀的地区画廊展示了创意无限的社区，是该地区重要的组成部分。画廊坐落在历史悠久的前巴利纳市议会厅 (Ballina Municipal Council Chambers; 建于1927年)。这里举办了许多展示当地艺术家和手工艺人作品的展览，还包括一些前卫现代的作品和其他有趣的活动。

大对虾
地标

(Big Prawn; Ballina Bunnings, 507 River St) 巴利纳的大对虾地标在2009年差点被拆除。5000人联名签署请愿书要求保护这一地标，于是在2013年政府花费了$400,000将它修葺一新，此后这一高9米、重35吨、30岁的甲壳类动物又如从前一样诱人了。

👥 团队游

Aboriginal Cultural Concepts
文化游

(☎0405 654 280; www.aboriginalculturalconcepts.com; 半/全天每人 $80/160; ⊙周三和周六) 看原汁原味的当地古建筑，沿邦加朗 (Bundjalung) 海岸探索神秘的景点。你也可

以选择自驾游，在途中的堆肥处、曾经的露营地、联络点、养殖场、渔栅或者狩猎区与导游碰头。

Kayak Ballina 皮划艇

(☎02-6681 4000; www.kayakballina.com; 团队游 $70) Kayak Ballina带你沿这条水道体验3小时的导览游，你可以看到迁徙的海豚和鸟群。

🛏 住宿

Ballina Travellers Lodge 汽车旅馆 $

(☎02-6686 6737; www.ballinatravellerslodge.com.au; 36-38 Tamar St; 双 不带卫生间 $75, 带卫生间 $115~125; 🅿❄🛜🏊)这个汽车旅馆房间相当豪华，有背景墙、漂亮的床头灯和漂亮的床单。特惠房间（也就是共用浴室的房间）在装饰风格上也比较低档，但是性价比很高。

Shaws Bay Holiday Park 房车公园 $

(☎02-6686 2326; www.northcoastholidayparks.com.au; 1 Brighton St; 露营地/小木屋 $42/143起; ❄@🛜)这个公园在潟湖上，离镇中心不远，修庙整齐，位置绝佳。这里有一系列设备齐全的套间，包括3座豪华别墅。

Ballina Palms Motor Inn 汽车旅馆 $$

(☎02-6686 4477; www.ballinapalms.com; Bentinck St和Owen St交叉路口; 标单 $125, 双 $135~160; ❄🛜🏊)这个小地方拥有郁郁葱葱的花园环境和精致讲究的装饰，是一家出色的汽车旅馆。房间不算太大，但都有小厨房，超级干净的卫生间里有大理石台面，相当舒适惬意。

Ballina Heritage Inn 汽车旅馆 $$

(☎02-6686 0505; www.ballinaheritageinn.com.au; 229 River St; 双 $120~165; ❄🛜🏊)这家整洁的旅馆靠近市中心，拥有整洁、明亮、舒适的客房，与这一带其他大多数汽车旅馆相比，明显要好得多。

🍴 就餐

★ Belle General 咖啡馆 $

(☎0411 361 453; www.bellegeneral.com; 12 Shelly Beach Rd; 菜óng $12~19; ⏰8:00~15:00)这里供应羽衣甘蓝包鸡蛋、椰子和新鲜面包、蓝莓烤饼、羔羊肉汉堡、旧式的蔬菜千层面、印尼炒饭……一切都是无麸质的，除非你要就着烤面包吃。不过，如果你喜欢的话，也可以用一些藜麦面包代替。

Ballina Gallery café 咖啡馆 $$

(☎02-6681 3888; www.ballinagallerycafe.com.au; 46 Cherry St; 主菜 早餐 $12~18, 午餐 $14~26; ⏰周三至周日 7:30~15:00)20世纪20年代这里曾是巴利纳议会的会议室，现已成为全镇最好的咖啡馆。这里供应有趣的早餐，例如奶酪烤鸡蛋和油煎饼，在餐厅内的话顾客可一边用餐一边欣赏现代艺术品，也可以在外廊上用餐。

La Cucina di Vino 意大利菜 $$

(☎02-6618 1195; www.lacucinadivino.com; 2 Martin St; 主菜 $24~35, 比萨 $17~19; ⏰周一和周二 17:00~21:00, 周三至周日 11:00~15:00 和 17:00~21:00)这家老式的意大利餐馆位于Ramada hotel下面，拥有优美的水景和精心准备的菜肴，一直是享用午餐或晚餐的不错选择。

ℹ 实用信息

巴利纳游客信息中心(Ballina Visitor Information Centre; ☎02-6686 3484; www.discoverballina.com; 6 River St; ⏰9:00~17:00)

ℹ 到达和离开

飞机

巴利纳拜伦门户机场(Ballina Byron Gateway Airport; ☎02-6681 1858; www.ballinabyronairport.com.au; Southern Cross Dr)位于镇中心以北5公里处。澳航的航班只从悉尼起飞，但**捷星航空**(☎13 15 38; www.jetstar.com.au)和**维珍航空**(☎13 67 89; www.virginaustralia.com)有抵离墨尔本的航班。乘坐出租车到达巴利纳的中心需要花费$12~15。你也可以乘坐定期的长途汽车、穿梭巴士或者租车抵离巴利纳等地。

长途汽车

许多长途汽车线路为当地城镇提供服务，可以到达悉尼和布里斯班，包括可以抵达卡西诺(Casino)火车站的NSW TrainLink长途汽车。

Blanch's (☎02-6686 2144; www.blanchs.com.au)

灰狗巴士 (☎1300 473 946; www.greyhound.com.au)

NSW TrainLink (☎13 22 32; www.nswtrainlink.info)

Premier (☎13 34 10; www.premierms.com.au)

伦诺克斯角（Lennox Head）

人口 7340

伦诺克斯角风景如画，是一个国家级冲浪保护区，海岸线上有一些极好的冲浪场所和世界级的起浪点。拜伦湾位于伦诺克斯角以北17公里处，气氛热闹，极受旅客欢迎，而伦诺克斯角凭借田园气息和当地人的悠闲自在，丝毫不逊色于其北部的邻居。你还可以在这里尝到制作精良的咖啡和美味的食物。

◎ 景点

七英里海滩（Seven Mile Beach） 海滩

七英里海滩绵长可人，由小镇向北伸展。这里四驱车可达，不过必须向Caltex Service Station申请许可。要想小酌一杯的话，最好的去处就是小镇最北边的小店，就在冲浪俱乐部旁边。

⛺ 住宿

Lake Ainsworth Holiday Park 露营地 $

(☎02-6687 7249; www.northcoastholidayparks.com.au; Pacific Pde; 露营地 $34~39, 小木屋$95~130; 🛜) 这个家庭式的假日公园临湖靠海，房间有高档的也有普通的，包括不带浴室的朴素小屋和六人别墅。还有为露营者准备的一些新的便利设施和厨房。

Lennox Point Holiday Apartments 公寓 $$

(☎02-6687 5900; www.lennoxholidayapartments.com; 20-21 Pacific Pde; 公寓 $195~250; ❄🛜♨) 你可以在时尚的公寓里观看别人冲浪，也可在接待处借个冲浪板自己体验一把。单床房和双床房面积一样，所以单床房更宽敞些。

🍴 就餐

★ Cafe Marius 拉美菜 $$

(☎02-6686 5897; www.cafemarius.com.au; 90-92 Ballina St; 主菜 $16~24; ⏰7:00~15:30, 周五和周六 至21:00, 周日 8:00~15:30) 这个酷酷的小咖啡馆执照齐全，建在拱廊的后面，里面从早到晚都有时尚的服务员为食客端上美味的拉美菜或西班牙菜，还有很棒的咖啡以及桑格里亚酒。周五和周六的17:00~19:00属于"慵懒下午"时段，此时一桶科罗娜啤酒的价格是$20。

Foam 新派澳大利亚菜 $$

(☎02-6687 7757; www.foamlennox.com; 41 Pacific Pde; 主菜 午餐$18~24, 晚餐$28~38; ⏰周三至周五 正午至15:00和18:00~22:00, 周六 7:30~15:00和18:00~22:00, 周日 7:30~15:00) Foam有七英里的海滩景观和豪华海滩别墅的氛围，露台是就餐的绝佳地点，可以来份能量早餐（甚至连面包都是自制的），也可以为漫长的午餐挑选一瓶精心准备的葡萄酒。这里还有周六的晚餐服务，包含单点菜肴和一份"五菜"套餐（$85）。

ℹ️ 到达和离开

巴利纳机场（Ballina airport）大约在14公里外，当地的长途汽车公司Blanch's (☎02-6686 2144; www.blanchs.com.au)和当地的出租车公司提供交通服务。

拜伦湾（Byron Bay）

人口 4960

拜伦湾的高人气乍一看是个谜。当然，这里的海滩很棒，不过这条海岸线上其他一些海滩也不逊色。当地人已经成了澳大利亚悠闲生活方式的象征，但这里大部分地区的建筑很低矮，而且交通问题也很严重。那么为什么这里还会有大批全球粉丝呢？正如他们所说的，这是一种氛围。

在黎明时分冲浪，在朦胧的海滩上划桨，在迷人的日落处叹息。来做"灵气"修炼，提升你的瑜伽水平，来一次斋戒，在日落的时候在海滩上挥动火把。可以在城里的高级餐厅里穿着条纹T恤衫发呆，也可以在吵闹

的小酒馆里和背包客、音乐家、模特、年轻的企业家、老嬉皮士和房地产开发商闲谈。或者，因为这里是拜伦，你就可以反复而随性地参与上述活动。

◉ 景点

★ 拜伦角州立保护区公园　　　州立公园

（Cape Byron State Conservation Park；见170页地图；www.nationalparks.nsw.gov.au/cape-byron-state-conservation-area）若从**库克船长瞭望台**（Captain Cook Lookout；见170页地图；Lighthouse Rd）向上，沿**拜伦角步行道**（Cape Byron Walking Track）一直爬到山顶，将会看到无比壮观的景象。在海角周边，有一些小路，沿它们下行或上行（大部分是上行）可到达灯塔。沿途可看到海豚（全年），以及向北迁徙的鲸（6月至7月）和向南迁徙的鲸（9月至11月）。还有可能遇到丛冢雉和沙袋鼠。这一圈下来要走3.7公里，大约用时两个小时。

你还可以直接开车前往灯塔（停车费$7）。

拜伦角灯塔　　　灯塔

（Cape Byron Lighthouse；见170页地图；www.nationalparks.nsw.gov.au；Lighthouse Rd；◉10:00~16:00）**免费** 这座建于1901年的灯塔是澳大利亚最东边的灯塔，也是最具影响力的航标。灯塔里面有一些海洋和自然生物展品。如果你想到塔顶体验冒险之旅的话，需要参加志愿者经营的团队游，体验时间为10:00~15:00（捐赠）。这里有一家咖啡馆，灯塔看守人小屋也提供住宿，设备齐全。停车费$7。

农场　　　农场

（The Farm；www.thefarmbyronbay.com.au；11 Ewingsdale Rd, Ewingsdale；团体游成人/儿童/家庭 $10/5/25；◉7:00~16:00）**免费** 在拜伦附近，一个由种植者和商家共同分享的社区——Three Blue Ducks（见173页）餐馆、一家农产品商店、一家面包店以及一家花店，一起分享了这个异常上镜、占地32公顷的绿洲。在这里，对传统和持续性实践的热情奉献既是一种工作精神，也是一种教育使命。你可以自由自在地在蔬菜田和牧场之间自由漫步和野餐。1月每天可以参观两次（9:00和13:00），其他月份可以在上午参观。

✈ 活动

在拜伦湾有很多探险运动，大多数运营商提供免费的接送服务。冲浪和潜水是最吸引人的。

Skydive Byron Bay　　　跳伞

（见170页地图；☎02-6684 1323；www.skydivebyronbay.com；Tyagarah Airfield；双人跳伞$200~350）与年轻、有趣、训练有素的教练一起，从4267米的高空跳伞，向地面冲去。

Be Salon & Spa　　　水疗

（见170页地图；☎0413 432 584；www.besalonspa.com.au；14 Middleton St；30分钟按摩$60）顾客在接受美甲、足疗、脸部按摩、脱毛等服务的同时，还可体验自然主义理疗、按摩、能量平衡按摩、自然疗法。

Go Sea Kayaks　　　皮划艇

（☎0416 222 344；www.goseakayakbyronbay.com.au；成人/儿童 $69/59）拜伦角海洋公园（Cape Byron Marine Park）的海洋皮划艇之旅，由当地的冲浪救生员带领。

Byron Bay Ballooning　　　热气球

（☎1300 889 660；www.byronbayballooning.com.au；Tyagarah Airfield；成人/儿童 $350/175）一小时的早班次飞行含香槟早餐；拜伦是一个乘气球俯视的好地方。

Surf & Bike Hire　　　骑车

（见170页地图；☎02-6680 7066；www.byronbaysurfandbikehire.com.au；31 Lawson St；◉9:00~17:00）出租自行车和冲浪板（每日$10起），另配其他装备租赁。

Dive Byron Bay　　　潜水

（☎02-6685 8333；www.byronbaydivecentre.com.au；9 Marvell St；潜水 $60，浮潜团队游 $69；◉9:00~17:00）提供入门课程（$165）、自由潜水课程（$550）和专业潜水课程（PADI；$1595起）。

Black Dog Surfing　　　冲浪

（见170页地图；☎02-6680 9828；www.blackdogsurfing.com；11 Byron St；3.5小时课程$65）亲密团体课（最多7人），包括女性和儿童的课程。评价很高。

Byron Bay 拜伦湾

拜伦湾和新南威尔士州北部海岸 拜伦湾

👉 团队游

★ Mountain Bike Tours　　山地自行车

（☏0429 122 504；www.mountainbiketours.com.au；半/全天团队游$79/119）🍃自行车生态游，在雨林中和沿海岸骑行。

Aboriginal Cultural Concepts　　文化游

（☏0405 654 280；www.aboriginalculturalconcepts.com；半/全天团队游$80/160；⏰周三至周六 10:00～13:00）文化遗产旅游，沿邦加朗（Bundjalung）海岸探索神秘的景点。包括丛林美食之旅。

🎉 节日和活动

Byron Bay Writers' Festival　　文学节

（www.byronbaywritersfestival.com.au；⏰8月初）来自全澳大利亚的畅销书作家及文学爱好者云集于此。

芳草菲菲音乐节　　音乐节

（Splendour in the Grass；www.splendourinthegrass.com；North Byron Parklands；⏰7月末）乐节为期3天，其特色为主演者都是知名独立艺术家。规模盛大。

拜伦湾蓝调音乐节　　音乐节

（Byron Bay Bluesfest；www.bluesfest.com.au；Tyagarah Tea Tree Farm；⏰复活节；📞）盛大的拜伦湾蓝调音乐节在复活节举行，吸引了大批国际艺术家（近年来，Neil Young和Barry Gibb现身）和当地重量级艺术家。

🛏 住宿

无论以何种标准来看，拜伦的住宿都很昂贵。许多当地人出租自己的住宅，但就连Airbnb和度假出租屋的价格都有泡沫。如果你能够订到既令人放松又时髦的住宿，那你就走运了。1

月最好提前预订,因为此时是节假日和学校假期。如果你不是十几岁的孩子,最好避开11月中旬开始的毕业周(从11月中旬开始的几周)。

★ Nomads Arts Factory Lodge 　　青年旅舍 $

(见170页地图;☏02-6685 7709;www.nomadsworld.com/arts-factory;Skinners Shoot Rd;铺$35~43,双$85~115;❈@⓪❈)要体验原汁原味的拜伦湾风情的话就住这所古老的旅舍吧,它建在一片独特的沼泽旁,距离小镇15分钟的路程。选择多种多样,有6~10人间宿舍、湖边度假屋(只接待女客)和帐篷。情侣们也可选择"立方体"主题旅舍、海岛休闲度假小屋或略微昂贵的"情侣棚屋"(带独立卫生间)。

Byron Beach Resort 　　青年旅舍 $

(见170页地图;☏02-6685 7868;www.byronbeachresort.com.au;25 Childe St;铺$32~52,双$105~160,2床小屋$260;ⓟ❈⓪)该度假村坐落于比朗格海滩(Belongil Beach)对面,环境优雅,管理良好,这里价格更为公道,是一个不错的选择。花园中有很多吊床,环境幽雅的宿舍、度假村,以及装备齐全的公寓比比皆是。这里有每日瑜伽、免费自行车,隔壁还有有趣的Treehouse on Belongil(见174页)。从比朗格海滩步行15分钟就可以到镇上(也可乘班车前往)。

Clarkes Beach Holiday Park 　　露营地 $

(见170页地图;☏02-6685 6496;www.northcoastholidayparks.com.au;1 Lighthouse Rd;露营地$47~67,小木屋$165~345;❈⓪)小屋和帐篷鳞次栉比,就排列在假日公园里一处美丽的灌木丛中,拥有镇上最壮观的风景,位于海滩上方,从拜伦角的灯塔可以俯瞰这里。

Byron Bay 拜伦湾

◎ 重要景点
- **1** 拜伦角州立保护区公园 F3
- **2** 塔劳海滩 G3

◎ 景点
- **3** 拜伦角灯塔 H2
- **4** 库克船长瞭望台 F3
- **5** 克拉克海滩 E3
- **6** 小华特格斯 H1
- **7** 主海滩 D2
- **8** 华特格斯海滩 G1

⊕ 活动、课程和团队游
- **9** Be Salon & Spa H3
- **10** Black Dog Surfing H3
- **11** Dive Byron Bay H4
- **12** Surf & Bike Hire H3

⊜ 住宿
- **13** 28° Byron Bay H4
- **14** Arcadia House D4
- **15** Barbara's Guesthouse G4
- **16** Byron Beach Resort A1
- **17** Clarkes Beach Holiday Park E3
- **18** Nomads Arts Factory Lodge B3

⊗ 就餐
- **19** Bay Leaf Café H4
- **20** Chichuahua G3
- **21** Combi H3
- **22** Rae's Restaurant G2
- **23** St Elmo H3

⊙ 饮品和夜生活
- **24** Beach Hotel H2
- **25** Byron Bay Brewing Co B3
- **26** Cocomangas G3
- **27** Railway Friendly Bar G3
- **28** Treehouse on Belongil A1

⊜ 购物
- **29** Byron Bay Artisan Market G3
- **30** Byron Farmers' Market G3

ⓘ 实用信息
- **31** 拜伦游客中心 G3

⊕ 交通
- **32** 长途汽车站 G3
- **33** NSW TrainLink G3

★ Barbara's Guesthouse 客栈 $$

（见170页地图；☏0401 580 899；www.byronbayvacancy.com；5 Burns St；双 $160~250；☎）这座美丽的20世纪20年代的家庭住宅位于安静的街道上，有四间简单优雅的客房。高高的天花板、漂亮的海滩风格和老板周到的服务让这里成为一个很好的住宿选择。这里有一间公共厨房，每天早上都有早餐供应，还有咖啡机和一个通风的后窗，晚上可以在这里聚一聚，喝上一杯。

Flamingo 客栈 $$

（☏02-6680 9577；www.flamingobyronbay.com.au；32 Bangalow Rd；套 $139~179，小屋 $249~299；P✻☎）有一系列的套房、一个超级时髦的谷仓、一座四居室的房子可供选择。这里经过打磨的木地板、配备齐全的厨房、现代化的浴室和宽敞的阳台，都凸显出拜伦质朴的魅力和设计的完美结合。

Arcadia House 民宿 $$

（见170页地图；☏02-6680 8699；www.arcadiahousebyron.com.au；48 Cowper St；双 $145~375；✻☎）这个可爱的旅舍也有些年头了，就坐落于一条僻静街道的一个大花园中间。旅舍有通风的走廊，总共有6间雅致的房间，每间都有一张四柱床和软垫沙发。走路的话10分钟左右就能到海滩，你也可以骑免费的自行车去。

Byron Springs Guesthouse 客栈 $

（☏0457 808 101；www.byronsprings.com.au；2 Oodgeroo Garden；标单 不带卫生间 $95~125，双 $175~235，双 不带卫生间 $150~175；P☎）旅舍在小镇南方几公里外，四周的树木枝繁叶茂，这里铺着白色亚麻布，地板都是抛过光的。如果你想远离人群的喧嚣，就到这来吧。而且旅舍提供欧陆早餐和免费自行车。

★ 28° Byron Bay 精品酒店 $$$

（见170页地图；☏02-6685 7775；www.28byronbay.com.au；12 Marvell St；双 $460起；P✻☎$）这里是一个绝对隐秘、相当温馨的地方，很是难得。轻松自在、舒适奢华使得每一个房间都变得很有吸引力(尤其是这里的深水浴池和独立游泳池)，这里距离拜伦的高档餐饮几步之遥,当然离海滩也很近。

Elements
度假村 $$$

(☎02-6639 1500; www.elementsofbyron.com.au; 144 Bayshore Dr; 一居室别墅 $380; P❄🐾❄) 酒店是拜伦最新、最豪华的度假胜地,位于比朗格沙丘后面2公里处。在海边的丛林里,有一百多所私人别墅,虽然从那里不能直接欣赏到海洋美景,但海浪声和蝉鸣不绝于耳。分层别墅宽敞、雅致、舒适。主要的展馆、游泳池和餐厅都有一种轻松的、标志性的澳大利亚魅力。

Byron Beach Abodes
别墅 $$$

(☎0419 490 010; www.byronbeachabodes.com.au; 小屋和公寓 $295~995) Byron Beach Abodes作为拜伦房地产中最优秀设计的集合,这里吸引了海外宾客、度蜜月的人们和悉尼时尚圈人士。它坐落于镇上最高档的飞地,每一处房屋都有自己独特的风格。这里距离海滩、灯塔步道和Top Shop的咖啡中心都很近。

我们挑选的是Chapel,它最小也最为便宜,但它有一种不拘一格的吸引力(有100年历史的裸露砖块,回收木材做成的横梁),以及主色调为黑白的类似Loft的结构。

🍴 就餐

拜伦是美食旅行者的最爱。这里很可能是这个国家的净食之都:黄金拿铁无处不在;果汁总是冷榨;碗装早餐比熏肉和鸡蛋更常见。每周市场充斥着农场新鲜的农产品。许多高档餐厅都提供与气候相适宜的新派澳大利亚菜,而休闲餐馆也供应全球最受欢迎的菜肴,比如玉米饼、餐前小吃和寿司。原料通常来自当地,由小型有机生产者出产。晚餐需要提前预订。

★ Bay Leaf Café
咖啡馆 $

(见170页地图; www.facebook.com/bayleafcoffee; 2 Marvell St; 主菜 $14~22; ⓘ7:00~14:00)这家忙碌的咖啡馆位于拜伦的浮台上面,关于这里的陈词滥调(黄金拿铁、椰子制作的冷啤酒、头发蓬乱的男女、康普茶、20世纪70年代的精神摇滚音乐等)可能会让你远离它,但那意味着你将错过用爱烹饪出来的

食物和饮料,以及对细节的非凡关注。

Chichuahua
墨西哥菜 $

(见170页地图; ☎02-6685 6777; Feros Arcade, 25 Jonson St; 炸玉米饼 $6.50~7.50; ⓘ11:00~20:30)跟随圣母来到这座位于拱廊式街道的简陋墨西哥餐馆,这里拥有最真实、最具价值的墨西哥美食。这里提供外卖服务(拜伦中心也可以提供),但如果有多余的折叠椅和桌子,你就可以在这里用餐。慢烤胸脯肉和辣椒椰汁炸玉米饼是必点的美食。

Combi
咖啡馆 $

(见170页地图; www.wearecombi.com.au; 21-25 Fletcher St; ⓘ7:00~16:00)墨尔本健康饮食的代表Combi为拜伦带来了他们的招牌原料、有机食品、网红饮品、蛋糕、早餐和午餐组合。自制的mylk(椰子或杏仁牛奶)可以添加在咖啡中,或者制成水果、抹茶或姜黄拿铁,甚至可以在制作抹茶、生可可粉、超级食物冰沙的过程中也加入一些。

它的招牌菜包括比萨、泰式炒河粉和意大利面,还有慢煮汤品或无麸质三明治。

★ Three Blue Ducks at the Farm
农场餐馆 $$

(☎02-6684 7888; www.thefarmbyronbay.com.au; 11 Ewingsdale Rd, Ewingsdale; ⓘ周一至周日 7:30~15:00, 周五至周日 17:00~22:00) Three Blue Ducks背后传奇的悉尼团队决定将业务向北拓展,展现其原汁原味的美食理念。他们的乡村谷仓风格咖啡馆和餐馆是农场(见169页)。早餐菜单上是典型的拜伦健康食品,但也有"扳手炒蟹"或黑香肠和烤土豆等惊喜。午餐和晚餐菜单很简单,但烹饪得恰到好处。

★ St Elmo
西班牙菜 $$

(见170页地图; ☎02-6680 7426; www.stelmodining.com; Fletcher St和Lawson Lane交叉路口; 菜肴 $14.50~28; ⓘ周一至周六 17:00~23:00, 周日 至22:00)你可以到温馨而现代的西班牙餐厅里坐一坐,在这里摇滚明星酒吧的工作人员能调制出各种神奇的鸡尾酒,也可以为你倒上一杯可以算得上是世界上最好的葡萄酒(受到自然的和人为的干预最少)。丰盛的伊比利亚菜单大胆而多样,将传统美食

与现代繁荣融合到了一起。

★ Folk
咖啡馆 $$

（www.folkbyronbay.com；399 Ewingsdale Rd；主菜 $15~18；⊙7:30~14:30）这家可爱的木制小屋咖啡馆坐落在一个繁忙的拖车度假公园旁边，它本身就是一个世界。咖啡师可能会在为顾客调制有机牛奶、大豆、澳大利亚坚果、椰子或杏仁拿铁的过程中去外面闲逛，或者是翻转一下James Taylor的黑胶唱片，你会在菜单上找到非常漂亮且超级健康的饮品、沙拉和无麸质蛋糕。

Roadhouse
新派澳大利亚菜、咖啡馆 $$

（☎0403 355 498；www.roadhousebyronbay.com；6/142 Bangalow Rd；主菜 $14~29；⊙周二至周六 6:30~14:30和18:00~22:00，周日和周一 6:30~14:30）距离小镇不远处是拜伦最有氛围的夜场。Roadhouse播放着绝妙的摇滚乐，供应当地出产的天然食物和咖啡，而一到晚上，Roadhouse就变成另外一番天地：昏暗的灯光，播放着蓝调音乐，酒单上有500多种威士忌。还有叫人神清气爽的鸡尾酒。

Rae's Restaurant
海鲜 $$$

（见170页地图；☎02-6685 5366；www.raesonwategos.com；8 Marine Pde，Watego's Beach；主菜 $38~45；⊙正午至15:00和18:00~23:30）Watego's的这个专属小隐居处，将海浪的涛声与极棒的海鲜、家禽和素食菜肴完美地融合在一起。这里的菜肴简单，味道清香，采用当地出产的极好食材。在这里品尝海鲜（$115；或者$175搭配葡萄酒）是消磨下午或傍晚时光的绝佳方式。

Byron at Byron Restaurant
新派澳大利亚菜 $$$

（☎02-6639 2111；www.thebyronatbyron.com.au；77-97 Broken Head Rd；主菜 $34~58；⊙8:00~21:00）这间度假村餐馆位于小镇以南4公里处，以雨林为背景，里面烛光摇曳。这处令人感到亲切的度假餐馆烹调的清淡的地中海菜肴（如班加洛甜猪肉和亚姆巴对虾）在北河（Northern Rivers）一带是最好的。如果你不想将时间花费在午餐或晚餐上面，15:00~21:00供应的小吃菜单也是不错的选择。

饮品和夜生活

★ Treehouse on Belongil
小酒馆

（见170页地图；☎02-6680 9452；www.treehouseonbelongil.com；25 Childe St；⊙7:30~23:00）这个海滩酒吧装修朴素，木制的平台深入树林当中，下午可以来这里喝酒，周末还有原汁原味的现场音乐表演。酒吧里大多数食物是柴火烤制的。

Byron Bay Brewing Co
自酿酒吧

（见170页地图；www.byronbaybrewery.com.au；1 Skinners Shoot Rd；⊙11:00至午夜）这里是由老旧的猪舍改造的，在这里你可以喝到自酿的凉爽的淡啤酒。你可以选择酒厂里喝，也可以在充满热带风情的院子里的大无花果树的树阴下品尝。

Beach Hotel
小酒馆

（见170页地图；www.beachhotel.com.au；Jonson St和Bay St交叉路口；⊙11:00至深夜）在这充满海滨风情的啤酒园当中，你大可沉浸于此情此景。酒店播放冲浪电影，只可惜这里曾经的主人——20世纪70年代的喜剧明星Strop，已经离开了，不过这里还有原版的《鳄鱼邓迪》里的帽子做装饰。

Railway Friendly Bar
小酒馆

（见170页地图；The Rails；☎02-6685 7662；www.therailsbyronbay.com；86 Jonson St；⊙11:00至深夜）这个室内室外皆舒适的小酒馆吸引了各式各样的游客，从喜欢待在户外吃龙虾的英国游客到注重高品质生活的游客，都喜欢来这里。酒吧前面是一个啤酒园，到下午就开始热闹起来，在这里有现场音乐表演。这里还供应美味的汉堡，包括袋鼠、鱼和豆腐口味。

Cocomangas
夜店

（见170页地图；www.cocomangas.com.au；32 Jonson St；⊙周三至周六 21:00至深夜）拜伦湾经营最久的夜店，定期举办背包客之夜。凌晨1:30后禁止入场。

购物

★ Byron Farmers' Market
市场

（见170页地图；www.byronfarmersmarket.com.au；Butler Street Reserve；⊙周四 8:00~

不要错过

拜伦的海滩

镇中心西边的**比朗格海滩**(Belongil Beach)较为荒凉,高大的山丘将此地与拥挤的人群隔离开来,这里还有一部分是裸体海滩,在那里穿不穿衣服都可以。海滩东端是著名的冲浪胜地**Wreck**,这里有强有力的右手浪。

正对着小镇前方的是**主海滩**(Main Beach),救生员在海滩上巡逻,人来人往,有做瑜伽的,有表演街头艺术的,有围着篝火跳舞的,不分昼夜热闹非凡。再往东就是**克拉克海滩**(Clarkes Beach)。海角的东端是最受欢迎的破浪点**Pass**。

华特格斯海滩(Watego's Beach)被石头围成半月状,沙滩上覆盖着白色的沙子,沙滩背后则是郁郁葱葱的雨林。再走400米就是僻静的**小华特格斯**(Little Watego's;不通车),它就在拜伦角下方,也是一片美丽的小沙滩。黄昏的时候来此地看月出东方,美景令人难忘。在拜伦角下的南边有一个海岬,那就是**Cosy Corner**(通过Tallow Beach Rd进入),即使别处的沙滩上北风呼啸,风高浪急,这里也不会有大浪。

塔劳海滩(Tallow Beach)位于拜伦角以南7公里处,是一处废弃的海滩,这是躲清净的好去处。大多数海滩背靠**阿拉瓜国家公园**(Arakwal National Park),但市郊的**萨福克郡公园**(Suffolk Park)几乎到达其南部边缘。**国王海滩**(Kings Beach)是一处著名的同性恋海滩,紧邻Seven Mile Beach Rd,过了破头假日公园(Broken Head Holiday Park)就是。

11:00)这个每周一次的市场既是一个市场,也是当地社区力量的象征。这里有种类繁多的有机食品摊位,既有新鲜的农产品,也有各种各样的当地产品。早点儿来,和当地人一起喝杯咖啡,吃一份早餐,然后听听现场音乐。

Arts & Industry Estate　　　手工艺品

(www.byronartstrail.com) Arts & Industry Estate是拜伦不断发展的创意产业社区的所在地,这个繁荣的迷你城市距离拜伦内陆3公里。查看网站、从旅游局或住宿处获取Industry Trail线路图,探索其众多家居用品、古董、时装、珠宝和美食。这里也有不错的咖啡馆和一家可供歇脚的自酿酒吧。

Byron Bay Artisan Market　　　市场

(见170页地图;www.byronmarkets.com.au; Railway Park, Jonson St; ⊙11月至次日3月 周六16:00~21:00)当地的艺术家和设计师在这个受欢迎的夜市上展示他们的产品。主要有皮革制品、珠宝和服装,另外还有现场娱乐活动。

❶ 实用信息

拜伦中心医院(Byron Central Hospital; ☎02-6639 9400; www.ncahs.nsw.gov.au; 54 Ewingsdale Rd; ⊙24小时)

拜伦游客中心(Byron Visitor Centre;见170页地图;☎02-6680 8558; www.visitbyronbay.com; Old Stationmaster's Cottage, 80 Jonson St; ⊙9:00~17:00)获取精确的旅游信息、最新住宿和长途汽车预订信息的地方。

❶ 到达和离开

飞机

Byron Bay Shuttle(www.byronbayshuttle.com.au;成人/儿童 $20/12)和**Xcede**(☎02-6620 9200; www.byronbay.xcede.com.au)都有前往黄金海岸(Coolangatta, Gold Coast; $37)机场和巴利纳(Ballina; $18)机场的航班。

长途汽车

大巴在**Jonson St**附近的旅游局停车。运营商包括**Premier**(☎13 34 10; www.premierms.com.au)、**灰狗巴士**(☎1300 473 946; www.greyhound.com.au)和**NSW TrainLink**(见170页地图;☎13 22 32; www.nswtrainlink.info; Jonson St)。

Blanch's(☎02-6686 2144; www.blanchs.com.au)定期往返的长途汽车,目的地有巴利纳拜伦门户机场($9.60, 1小时)、巴利纳($9.60, 55分钟)、伦诺克斯角($7.60, 35分钟)、班加洛($6.40, 20分钟)和马伦宾比(Mullumbimby; $6.60, 25分钟)。

Brisbane 2 Byron Express Bus（☎1800 626 222; www.brisbane2byron.com; 单程/往返 $38/76）每日有2班长途汽车往返布里斯班（$38, 2小时）和布里斯班机场（$54美元, 3小时）; 周日只有1班。

Byron Bay Express（www.byronbayexpress.com.au; 单程/往返 $30/55）每日有5班长途汽车往返于黄金海岸机场（1.75小时）和冲浪者天堂（2.25小时），单程和往返的价格分别为$30和$55。

Byron Easy Bus（☎02-6685 7447; www.byronbayshuttle.com.au）小型公共汽车服务，目的地包括巴利纳拜伦门户机场（$20, 40分钟）、黄金海岸机场（$39, 2小时）、布里斯班（$40, 3.5小时）和布里斯班机场（$54, 4小时）。

Northern Rivers Buslines（☎02-6626 1499; www.nrbuslines.com.au）工作日往返巴士，目的地包括利斯莫尔（1.5小时, $12）、班加洛（30分钟）和马伦宾比（20分钟），票价均为$9.70。

火车

从悉尼发车的备受欢迎的乡村铁路服务已经停运，人们仍然沉浸在失去它的痛苦之中。**NSW CountryLink**（见163页）现在有巴士通往卡西诺（Casino）火车站（70分钟）。可以从人流相对较少的前火车站获得详细信息。

北部海岸腹地
(NORTH COAST HINTERLAND)

远离海岸、葱郁的景色、有机食品市场，以及享受另类生活方式的人们，这一切使这里成为澳大利亚最具吸引力的地区之一，无

值得一游

不伦瑞克角和卡巴雷塔海滩
(BRUNSWICK HEADS & CABARITA BEACH)

不伦瑞克角位于拜伦湾以北15公里处，这里也是一家顶级餐厅的所在地。**Fleet**的店面（从Fingal St进入）小巧简单（也算时尚），餐台早早就被预订一空，这里可能是澳大利亚最狂热的用餐地点。Josh Lewis（主厨）和Astrid McCormack（餐厅前台）追求的是一种纯粹而快乐的烹饪激情。菜肴使用当地的食材制作，有时还会寻找其他餐馆剩下的材料，以及农民们当天售卖给他们的农产品，比如一束野生的苋菜。从开放式厨房里端出来的一系列菜品，味道鲜美，摆盘漂亮，既有配以鱼皮和薯片的熏制鲷鱼蓉，也有用小牛肉做成的"炸肉三明治"——上面有一个软卷，配有鳗鱼蛋黄酱。如果你没有预订，那就只能登记等待，15:00的时候最火爆。奇迹有时也会发生。

如果你想过夜，可以试试**Sails Motel**（☎02-6685 1353; www.thesailsmotel.com.au; 26-28 Tweed St; 双 $125~175, 两居室 $195~245; P✳︎☎︎✿），它是一家经过改造的20世纪60年代的古典汽车旅馆。22个房间简单明亮，装饰着设计品，有很棒的环保洗漱用品、舒适的床铺，还有供阳台野餐使用的微波炉，以及漂亮的盘子和杯子。主人Amanda和Simon认识镇上的每个人，可以帮你决定去哪里吃东西、游泳或远足。

卡巴雷塔海滩位于拜伦湾以北50公里处，是一个有趣但未经开发的海滩小镇，北部和西部是自然保护区，因冲浪而闻名。

这里是**Halcyon House**（☎02-6676 1444; www.halcyonhouse.com.au; 21 Cypress Cr; 双 $500~900）的所在地，它是澳大利亚东海岸最受赞誉的新酒店之一。酒店装饰奢华，极具创意，充满奇思妙想，免费的迷你酒吧里摆满了当地的啤酒和糖果，还提供有机化妆品。酒店地处田园诗般的地方，就在露兜树丛的海滩后面，但与其他地方的度假酒店不同，在某种程度上这里是一个欢乐的海滨社区。一楼是很棒的餐厅**Paper Daisy**（2/3道菜的午餐 $75/95, 3/4道菜的晚餐 $95/110; ⊙7:00~9:00、正午至15:00和18:00~22:00），这是一处繁忙的、栩栩如生的空间，有小酒馆的椅子和许多沙龙风格的小油画。菜肴的设计打破常规，让人垂涎欲滴；可以试想一下用茴香、海藻、沙滩植物制作的白千层烤鱼或者酥皮蛋糕配蜜桃冰沙。

论是游客或本地人都纷至沓来（房价也不再无人问津）。你可以在这里好好放松，品尝美味的食物，还能接触到许多康复治疗师。可以去海边旅行，游览班加洛之类的美丽的城镇，或者是在该地区非凡的国家公园中探寻徒步小径和天然泳池。

班加洛（Bangalow）

人口 2160

班加洛被亚热带林木和起伏绵延14公里的绿色农场环抱。作为一个繁荣的创意社区的家园，这里的美食充足而丰盛，都市气派的小店琳琅满目。Station St.的小山上有一个新艺术区可以驻足，这里拥有社区艺术组织，还有许多漂亮的商店和一间可爱的咖啡馆。每月的**班加洛集市**（Bangalow Market; www.bangalowmarket.com.au; Bangalow Showgrounds; ⊙每月的第四个周日 9:00~15:00）举办时，小镇都会人山人海。无论何时来到这里，你都会觉得不虚此行。

🛏 住宿

Bungalow 3 客栈 $$

（☎0401 441 582; www.messengerproperty.com.au/bungalow3; 3 Campbell St; 单间公寓 $130~165, 房屋 $230~320; ❄）这个位于班加洛中心的屋舍以防浪板搭建，非常漂亮。两间白色的房间装饰简单，法国风情的大门一开便是露天平台和果蔬丰茂的菜园子。另外，还有一个单间。多人来访可以租下整座屋舍。

★ Bangalow Guesthouse 民宿 $$$

（☎02-6687 1317; www.bangalowguesthouse.com.au; 99 Byron St; 房间 $195~285; 🛜）这座庄严的老别墅坐落在河边，所以客人们可以在享受早餐的时候看到鸭嘴兽和超大的蜥蜴。它是一个理想的民宿，有宽敞的私人房间，优雅而古朴的装饰与最初的建筑架构完美地融合在了一起。

🍴 就餐

★ Woods 咖啡馆 $

（www.folkbyronbay.com; 10 Station St; 主菜 $12~19; ⊙周二至周日 7:30~15:00）作为Byron's Folk咖啡馆的腹地前哨，这里成了艺术区的中心地带。也许和你想象的一样，它独立而亲切。这座白色的木屋温馨、可爱，供应极棒的咖啡、最健康的糖果、饮品以及美味的午餐，比如荞麦面或当地的香料米饭和藜麦搭配甘蓝菜、泡菜、豆瓣菜和烤种子。

Italian Diner 意大利菜 $$

（www.theitaliandiner.com.au; 37-39 Byron St; 主菜 $24~36, 比萨 $20~26; ⊙正午至15:00和18:00~22:00）坐在这个热闹的法式小馆的阳台上，点一杯堪称利开胃酒（Campari）和一碗由当地新鲜的虾做成的linguine gamberi，享用一顿讲究的午餐，就像置身于地中海一样，这种感觉令人难以置信。还有非常好吃的木柴烤制的比萨和美味甜品。

Town Restaurant & Cafe 新派澳大利亚菜 $$$

（☎02-6687 2555; www.towrbangalow.com.au; 33 Byron St; 咖啡馆 主菜 $16~24, 品尝套餐 $85; ⊙咖啡馆 周一至周六 8:00~15:00, 周日 9:00~15:00, 餐馆 周四至周六 17:00~21:30）楼上是新南威尔士州北部最好的餐厅，这里提供6道菜套餐菜谱，所有的食材均源于当地的时令果蔬，制作精细讲究。还有一个素食选项，两种菜单都可以搭配酒（多花$55）。来到市中心，你都能尝到堪称完美的早餐、清淡爽口的午餐，吧台上还有琳琅满目的甜品。

🍷 饮品和夜生活

Bangalow Hotel 小酒馆

（www.bangalowhotel.com.au; 1 Byron St; ⊙周一至周六 10:00至午夜, 周日 正午至22:00）这个小酒馆着实让人心生喜欢，坐在装饰完备的露天阳台上，边听音乐边吃汉堡实在是一种享受。或者你也可以提前预订一个高端**班加洛包间**（Bangalow Dining Rooms; ☎02-6687 1144; www.bangalowdining.com; 主菜 $20~34; ⊙正午至15:00和17:30~21:00）。

🛍 购物

★ Little Peach 工艺品、古玩

（☎02-6687 1415; www.littlepeach.com.au; 17 Byron St; ⊙周一至周五 10:00~17:00, 周六和周日 至16:00）日本的小物件多年来一直是班加洛人的最爱。店主会定期去东京为店铺扫货，这里销售的物品包括kokeshi玩偶、和服

和其他美丽的日本丝绸制品,以及精心挑选的法国配饰和全球采购的家居用品。

班加洛农贸市场　　　　　　　　　　市场

(Bangalow Farmers Market; Bangalow Hotel Car Park, 1 Byron St; ◎周六 8:00~11:00)由于优美的环境,这里成了最受欢迎的农贸市场之一。

❶ 到达和离开

Blanch's(📞02-6686 2144; www.blanchs.com.au) 640路长途汽车会在工作日抵离拜伦湾($6.60, 20分钟)和巴利纳($7.60, 30分钟)。

Byron Easy Bus (📞02-6685 7447; www.byronbayshuttle.com.au) 运营抵离巴利纳拜伦门户机场(Ballina Byron Gateway Airport)的穿梭巴士。

Northern Rivers Buslines (📞02-6626 1499; www.nrbuslines.com.au; 🛜) 工作日有长途汽车抵离利斯莫尔(1.25小时, $6)。

NSW TrainLink(📞13 22 32; www.nswtrainlink.info) 每日有大巴抵离默威伦巴($9.70, 1.25小时)、特维德角($11.30, 2小时)、伯利角($13.70, 1.5小时)和冲浪者天堂($15.30, 2小时)。

利斯莫尔(Lismore)

人口 29,410

利斯莫尔是北河(Northern Rivers)地带一个不太繁华的商业中心,到处是古建筑和乡野小径。这里充满创造力的居民、南十字星大学数量日益增多的学生和与其他地方相比更多的同性恋者,给这个城镇平添了几分折中主义气息。尽管绝大多数游客依然偏爱沿海地带或者到内地秘境探险,但利斯莫尔绝对是一个值得一游的有趣地点。

⊙ 景点

考拉护理中心　　　　　　　　野生动物保护区

(Koala Care Centre; 📞02-6621 4664; www.friendsofthekoala.org; Rifle Range Rd; 成人/家庭 $5/10; ◎团队游 周一至周五 10:00和14:00, 周六 10:00)这个护理中心负责照看生病、受伤或者落单的考拉。游客们只能在规定的时间内在导游的指引下进行参观。这是一种很好的方式,既可以见到考拉,又可以为帮助它们的志愿者提供支持和服务。要看野生考拉,前往**鲁宾孙瞭望台**(Robinson's Lookout; Robinson Ave, Girard's Hill),就在市中心北部的不远处。

利斯莫尔地区画廊　　　　　　　　　画廊

(Lismore Regional Gallery; www.lismoregallery.org; 11 Rural St; ◎周二、周三、周五至周日 10:00~16:00, 周四 至18:00) **免费** 利斯莫尔的小型画廊长期以来一直是这个城市的文化支柱,也是该地区真正的创意生活中心。2017年底,它搬到了现在的位置,面积扩大到1400平方米,有超过5个画廊的空间,展出的作品丰富多样,观展体验也更加舒适和人性化。

✸ 节日和活动

热带水果节　　　　　　　　　　男女同性恋

(Tropical Fruits; www.tropicalfruits.org.au; ◎12月31日)这是新年后最奇妙的盛大节日之一,也是新南威尔士州男女同性恋最盛大的节日。在复活节和女王诞辰日(6月)时,这里也会举办各种派对。

利斯莫尔灯笼游行　　　　　　　节日游行

(Lismore Lantern Parade; www.lanternparade.com; ◎6月)冬至前的周六是利斯莫尔灯笼游行日。届时3万多人会一齐涌上街头,仰望天空,观赏夜空中张灯结彩的景象。

🛏 住宿

Karinga　　　　　　　　　　　汽车旅馆 $

(📞02-6621 2787; www.karingamotel.com; 258 Molesworth St; 双 $120~145; ❈🛜🏊)Karinga外观风格发生了变化,现在非常漂亮。房间已经完全翻新,有一个很棒的小型健身游泳池和水疗中心。

★ Melville House　　　　　　　民宿 $$

(📞02-6621 5778; www.melvillehouselismore.com; 267 Ballina St; 标单 $40~140, 双 $50~165; ❈🛜🏊)这个大家族宅邸建于1942年,是由现任房主的爷爷一手兴建的,拥有当地最大的私人泳池。6间宽房大屋物超所值,屋内装修风格独具当地艺术风情,摆放着精雕细琢的玻璃制品和各种古玩。一

些房间带有室外浴室，但即使是小小的"苦苦挣扎的作家房间"也带有独立浴室。大一些的房间则包含早餐；其他房间则需要额外支付$10。

就餐

★ Republic of Coffee 咖啡馆 $

(☎0403 570 503；www.facebook.com/republicofcoffee；98 Magellan St；◎周一至周五6:30~14:00) 这里是镇上最用心的咖啡馆。你还可以买到好吃的馅饼、甜甜圈和其他糕点。但你是来喝咖啡的，对吧？

★ Palate at the Gallery 新派澳大利亚菜 $$

(☎02-6622 8830；www.palateatthegallery.com；133 Molesworth St；早餐 $15~19，主菜 $16~32；◎周二至周五 11:30~14:30，周六和周日 8:00~14:30，周三至周六 18:00~22:00；🛜)在这个漂亮的楼阁前，法式的大门一开，你满眼便是阳光下郁郁葱葱的灌木丛。这里的日间咖啡馆会在夜间悄无声息地变为利斯莫尔最好的晚餐地点，供应精致美味的菜肴，比如白葡萄酒贻贝和龙蒿、奶油酱烤鸡肉。

饮品和夜生活

Deck 酒吧

(SCU Unibar；☎02-6626 9602；www.unibarandcafe.scu.edu.au；1 Military Rd；◎大学开学期间 9:00至午夜) 这是一所大学酒吧，因南十字星大学独特的"摇滚本科生"(Bachelor of Rock'n'Roll)吸引了很多人到来。最新的演出时间将在网站上公布。作为一间学生酒吧，里面的环境会有些杂乱。

购物

农贸市场 市场

(Farmers Market；Lismore Showground；◎周六 8:00~23:00)这个农贸市场会在利斯莫尔的展览场地举办，紧邻Nimbin Rd。

实用信息

利斯莫尔游客信息中心 (Lismore Visitor Information Centre；☎02-6626 0100；www.visitlismore.com.au；207 Molesworth St；◎9:30~16:00)

到达和离开

飞机

利斯莫尔地区机场 (Lismore Regional Airport；☎02-6622 8296；www.lismore.nsw.gov.au；Bruxner Hwy)位于城区以南3公里处。

区域快线 (☎13 17 13；www.regionalexpress.com.au)有抵离悉尼的航班。

长途汽车

汽车站位于**利斯莫尔城市运输中心** (Lismore City Transit Centre)。

Northern Rivers Buslines (☎02-6622 1499；www.nrbuslines.com.au)当地长途汽车抵离以下地点所用时长：格拉夫顿(3小时)、巴利纳(1小时15分钟)、伦诺克斯角(1小时)、班加洛(1.25小时)和拜伦湾(1.5小时)，票价一律$12。

NSW TrainLink (☎13 22 32；www.nswtrainlink.info)大巴抵离以下地点：拜伦湾($9.25，1小时)、马克宾比($11.55，1小时)、不伦瑞克角($13.85，1.5小时)和布里斯班($40.35，3小时)。

Waller's (☎02-6622 6266；www.wallersbus.com)工作日每天3班抵离尼姆宾($9.50，30分钟)的长途汽车。

尼姆宾（Nimbin）

人口 1670

欢迎来到澳大利亚的另类生活之都尼姆宾，这个小镇坐落在一个美到令人难以置信的山谷里。尼姆宾曾是北河一个名不见经传的小村庄，靠奶制品支撑其发展，直到1973年5月，才发生了翻天覆地的变化。成千上万的嬉皮青年和"回到地球"运动的拥护者来到这个小镇，举行了"水瓶座节"(Aquarius Festival)，随后许多人留在了这里并创立了新的生活社区，以实现他们在10天节庆活动中所表达的理想。

现在，迷幻壁画上"梦创时代"中的彩虹蛇和吸食大麻带来的快感已不复存在，编着小辫、系着珠子的当地人化作了历史。尽管和平与爱的一代仍然存在，但这座小镇却比20世纪80年代时更黑暗了。厚颜无耻的经销商混在从拜伦开来的旅游巴士中，他们销售高纯度的毒品，另外因嗜酒引发的暴力冲突也在日益增长。来过一次，你可能就不会再来了。

值得一游

腹地国家公园

这里有宏伟壮观的瀑布、陡峭的熔岩悬崖,还有80平方公里的茂密苍翠的热带雨林。**睡帽国家公园**(Nightcap National Park; www.nationalparks.nsw.gov.au/nightcap-national-park; 车辆 $8)位于马伦宾比(Mullumbimby)以西约25公里处,可能是新南威尔士州年均降雨最多的地方。作为冈瓦纳古陆世界遗产区的一部分,睡帽国家公园是很多当地鸟类和其他受保护种群的家园。从尼姆宾启程,驾车10公里途经Tuntable Falls Rd和Newton Dr就能到达公园的边缘,旁边就是纳迪山(Mt Nardi;海拔800米)。

历史睡帽小径(Historic Nightcap Track; 16公里; 1.5天)是19世纪末期由邮递员们一步步踩出来的,从纳迪山一路通向鲁莫里公园(Rummery Park),那里是一个野餐和野营的好去处。**皮特山瞭望台**(Peate's Mountain Lookout)就在鲁莫里公园上方,从这里瞭望,通向拜伦的风光一览无遗。**名永环线**(Minyon Loop; 7.5公里; 4小时)环绕着风光无限的名永瀑布(Minyon Falls),游客们可以到这里体验一次半天的美妙徒步旅行,亲身感受冰水飞溅的快感。香农(Channon)有一条通向特拉尼亚小溪野餐区(Terania Creek Picnic Area)的土路,风光极好。特拉尼亚小溪野餐区有一条易行的小路通往示威者瀑布(Protestor Falls; 往返1.4公里)。

广袤的**边界山脉国家公园**(Border Ranges National Park; www.nationalparks.nsw.gov.au/border-ranges-national-park; 车辆 $8)地处新南威尔士州,占地317平方公里,旁边的麦克弗森山脉沿着新南威尔士州—昆士兰州边界蜿蜒。它是冈瓦纳雨林世界遗产区的一部分,据估计,澳大利亚四分之一的鸟类都可以在这里找到。

东部可以深入探索44公里长的**Tweed Range Scenic Drive**(有砾石,天气干燥时可通行),这条车道一直从乌基(Uki)和凯欧格尔(Kyogle)之间的中点莉莲岩(Lillian Rock)伸向Wiangaree。公路的支路上路标不清晰(比如根据路标找国家公园的时候会迷惑不已),但这里仍然值得尝试。

车道穿过高山雨林,从特维德山谷到沃伦宾(沃宁山)沿途是陡峭的山丘和瞭望台,还有美丽的海岸。至顶点瞭望台(Pinnacle Lookout)的短途步行是重点,太阳升起时,可以从这里看沃伦宾最美的侧影。**Antarctic Beech**有一处树龄2000年的山毛榉森林。从这里步行一段(大约5公里)可前往位于**Brindle Creek**的草木茂盛的雨林,那里有游泳处所和野餐区域。

乌基西北方,41平方公里的**沃伦宾国家公园**(Wollumbin National Park; www.nationalparks.nsw.gov.au/wollumbin-national-park)围绕在高耸的沃伦宾[警告山(Mt Warning)海拔1156米]周围,这里的地形是内陆最引人注目的。它的英文名字是詹姆斯·库克在1770年取的,以警告海上礁石的船员。它最古老的名字沃伦宾的意思是"捕云手""山峰战斗首领"或"天气制造者"。

该山是澳大利亚大陆每天最早看到日出的地方,因此许多人会不辞劳苦爬到山顶看日出。大家应该知悉,依据当地的邦加朗人(Bundjalung)的规则,只有特定的人才被允许爬上这座神圣的山峰。然而,你可以在默威伦巴信息中心(Murwillumbah Visitor Information Centre; ☎1800 118 295, 02-6672 1340; www.tweedtourism.com.au; 271 Tweed Valley Way; ◎9:00~16:30)的全景壁画中了解到艺术家对这一景观的描绘。

沃伦宾是冈瓦纳古陆世界遗产区的一部分。留意一下Lyrebird Track(往返300米)上的阿尔伯特琴鸟。

拜伦湾和新南威尔士州北部海岸 尼姆宾

◎ 景点

★ 姜邦花园　　　　　　　　　　　花园

（Djanbung Gardens；☏02-6689 1755；www.permaculture.com.au；74 Cecil St；团队游 $5，含导游$20；⊙周三至周日 10:30~16:00，周六导览游 11:00）**免费** 尼姆宾是开创有机果蔬园的先锋，这个世界闻名的可持续发展农业的教育中心由一个废弃的奶牛牧场改建而成。它是食物森林、蔬菜园、水坝、池塘和毛茸茸的农场动物的家园。这里还有一系列关于发展可持续农业的有效的短期课程，你可以提前预订周六上午的导览游（$20）。

大麻大使馆　　　　　　　　　　文化中心

（Hemp Embassy；☏02-6689 1842；www.hempembassy.net；51 Cullen St；⊙9:00~17:00）这是个颇具争议的地方，一半是店铺，一半是小政治团体大麻党的堡垒——这个组织一直致力于大麻合法化，并提供吸大麻需要的所有工具和新鲜玩意，这些做法经常引来警察的关注。这个"大使馆"还负责组织每年5月的狂欢节（MardiGrass festival；www.nimbinmardigrass.com）。

⊨ 住宿

Nimbin Rox YHA　　　　　　　青年旅舍 $

（☏02-6689 0022；www.nimbinrox.com.au；74 Thorburn St；露营地/圆帐篷/铺/双 $14/26/30/68起；@🛜）避开沿海拥挤的人群，来这家青年旅舍，你可以选择在苍翠的山丘下露营。这里到处都是可以休闲放松的地方，树上挂满了吊床，温水池里可以泡澡，旁边还有条小河可以游泳。好客的房主为让游客满意不遗余力，早餐提供免费的薄饼，甚至还提供到镇上的班车。

Grey Gum Lodge　　　　　　　　客栈 $

（☏02-6689 1713；www.greygumlodge.com；2 High St；双 $85~135；@🛜）这个搭建在棕榈树影下的小木屋充满昆士兰风情，站在屋前长廊，可以将山谷风光尽收眼底。所有的房间都温馨舒适，装潢摆设优雅有品位，最重要的是所有房间都有独立浴室。

Black Sheep Farm　　　　　　客栈 $$

（☏02-6689 1095；www.blacksheepfarm.com.au；449a Gungas Rd；双 $220；🏊）这个设备齐全的小木屋位于雨林边缘，海水游泳池和芬兰桑拿浴令人流连忘返。小木屋可以居住7人（每人$20）。这里还有一个更小、更便宜的小屋。

🍴 就餐

Nimbin Hotel　　　　　　　　小酒馆食物 $

（☏02-6689 1246；www.nimbinhotel.com.au；Cullen St；主菜 $11~22；⊙11:00~22:00）这个传统的酒馆有一个大而宽敞的后廊，在那里可以将苍翠的山谷尽收眼底。Hummingbird Bistro几乎能提供所有美食，从"环境保护狂沙拉"到咖喱再到烤尖吻鲈，多种多样。大部分周末都有现场音乐，楼上还有为背包客们准备的房间。

ⓘ 实用信息

尼姆宾游客信息中心（Nimbin Visitor Information Centre；☏02-6689 1388；www.visitnimbin.com.au；46 Cullen St；⊙10:00~16:00）

ⓘ 到达和离开

不同的运营商提供的一日游或穿梭巴士从拜伦湾出发，前往尼姆宾，有时会在周围的景点停车。大多数在10:00出发，18:00返回。

Gosel's（☏02-6677 9394）工作日各有2班长途汽车到乌基（40分钟）和默威伦巴（1小时）。

Grasshoppers（☏0438 269 076；www.grasshoppers.com.au）每天有长途汽车往返于拜伦（$55，包括烧烤午餐）。

Waller's（☏02-6622 6266；www.wallersbus.com）工作日每天至少3班长途汽车抵离利斯莫尔（30分钟）。

堪培拉和新南威尔士州南部海岸

包括 ➡

堪培拉..................184
伍伦贡及周边..........193
皇家国家公园..........196
基亚玛及周边..........197
杰维斯湾.................202
巴特曼斯贝..............205
伯马吉.....................210
默林布拉和潘布拉...211

最佳餐饮

➡ Courgette（见191页）
➡ Cupping Room（见190页）
➡ Silos Restaurant（见200页）
➡ Tallwood（见205页）
➡ Wharf Rd（见201页）
➡ Caveau（见195页）

最佳住宿

➡ Hotel Hotel（见190页）
➡ Bannisters by the Sea（见205页）
➡ Laurels B&B（见199页）
➡ 神秘湾露营地（见208页）
➡ Crown & Anchor Inn（见214页）

为何去

悉尼以南的新南威尔士州的海岸线有些特别，这里阳光灿烂，游人罕至，盛产牡蛎，有许多小海湾、河口和国家公园，各种海洋哺乳动物在近海嬉戏。

虽然就天气而言，这里无法与游客更多的北部海岸相比，但这里的美景令人惊喜。从杰维斯湾的白沙和宁静的蔚蓝色海水，到皇家国家公园与伊登之间的冲浪区域——原始、质朴的国家公园和传统渔业城镇拥有澳大利亚最富田园风情的海滩。

何时去

堪培拉

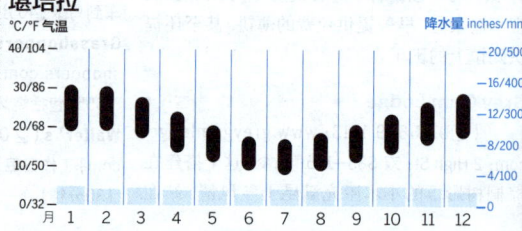

3月 适合划皮艇，海水还有些热度，可以游泳。

10月 观鲸和观海豹的旺季，伊登有鲸鱼节。

11月至12月 赶在学校放假之前来，海滩上可能只有你一个人。

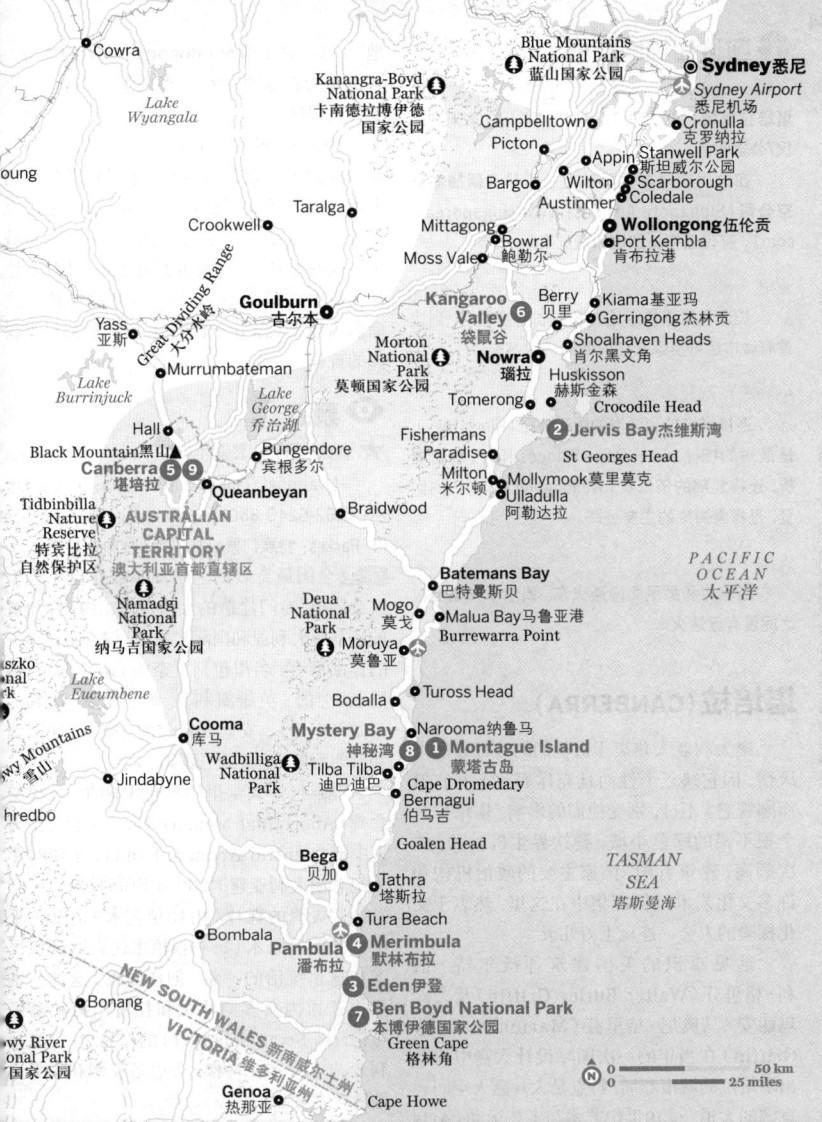

堪培拉和新南威尔士州南部海岸亮点

❶ 蒙塔古岛(见208页)在这个奇妙的岛屿保护区跟企鹅和海豹面对面。

❷ 杰维斯湾(见202页)天堂般的海湾,水清沙幼。

❸ 观鲸(见213页)鲸鱼庞大的体积和优雅的姿态令人叹为观止。

❹ 吃牡蛎(见213页)在默林布拉和潘布拉大嚼最美味的牡蛎。

❺ 议会大厦(见218页)欣赏澳大利亚首都的宏伟建筑。

❻ 袋鼠谷(见198页)感受澳大利亚乡间的田园魅力。

❼ 本博伊德国家公园(见215页)在这一流的国家公园徒步、观赏动物。

❽ 神秘湾(见208页)纯朴的海滩,在这里露营很舒适。

❾ 澳大利亚国家博物馆(见188页)通过展品了解澳大利亚。

ℹ️ 到达和当地交通

飞机
堪培拉机场（见192页）在城里，Civic往东南方向仅7公里即是。

在这里起降的国际航空公司只有**新加坡航空公司**（Singapore Airlines；www.singaporeair.com），航班连接新加坡和惠灵顿。

长途汽车
长途汽车连接堪培拉和各省首府城市，到达首府城市后可换乘开往沿海的长途汽车。

小汽车和摩托车
连接堪培拉和海岸的国王公路（Kings Hwy）是最短的捷径。王子公路（Princes Hwy）蜿蜒曲折，连接北部的伍伦贡（Wollongong）和南边的伊登，是探索海岸的主要公路。

火车
堪培拉和悉尼之间通火车。墨尔本和堪培拉之间没有直达火车。

堪培拉（CANBERRA）

澳大利亚人热衷于对他们的首都表现出厌憎，因它缺个性而且充斥着政客和官僚而鄙视它。不过，别受他们的影响，堪培拉是个很不错的绿色小城，餐饮界生机勃勃，档次颇高，建筑有趣，国家主要的政治机构和许多文化艺术机构都集中在这里，热衷于文化探险的人会一连玩上好几天。

远见卓识的美国建筑师沃尔特·伯利·格里芬（Walter Burley Griffin）及夫人玛丽安·马奥尼·格里芬（Marion Mahony Griffin）在当年的一次国际设计大赛中构思出堪培拉的城市布局，特点是大片露天空间、宽阔的大道、受19世纪艺术与工艺运动（Arts and Crafts Movement）影响的审美以及建筑和自然元素的无缝拼接。

每逢议会开会期间，城里会涌入大批国内各地的政治人物，但大学放假期间，尤其是圣诞节和元旦前后，城里就安静多了。

历史

原住民恩古那瓦人（Ngunnawal）将这个地方称为Kanberra，据说意思是"集会之地"。每年到了博贡（Bogong）聚集的季节，各部落会在这里举行大型的集会，这个名字也许就源自于此。

1901年，澳大利亚组建联邦政府，之前各自独立的殖民地改称为州。悉尼和墨尔本两大城市展开了激烈的定都竞争，结果是谁也没能成为这个新国家的首都。于是在两座城市之间的地方，新南威尔士州划出一小片土地作为折中方案。这座新城市在1913年被正式命名为堪培拉，并于1927年成为澳大利亚联邦的首都。

👁 景点

★ 澳大利亚国家美术馆　　　　　画廊
（National Gallery of Australia；见186页地图；📞02-6240 6502；www.nga.gov.au；Parkes Pl, Parkes；特展门票价格不等；⏰10:00~17:00）**免费** 全国最奇妙的艺术品收藏在这个位于议会附近、专门建造的大型美术馆内。你知道的所有澳大利亚和国际艺术家（健在或已逝）的作品都有。名作包括莫奈的《睡莲》、西德尼·洛兰的《英雄凯利》、萨尔瓦多·达利的《龙虾电话》、安迪沃霍尔的《猫王》印刷画和弗朗西斯·培根的三联画。

亮点包括大堂里的非同凡响的原住民纪念碑（Aboriginal Memorial），它来自阿纳姆地中部（Central Arnhem Land），是1988年为纪念澳大利亚建国200周年而创作的。

"灵魂的森林"由43位艺术家用200根中空的棺椁原木（每一根棺木代表欧洲殖民者在这里统治的一年）创作而成。这件艺术品也是馆内众多原住民和托雷斯海峡岛民（Torres Strait Islander）的作品之一。澳大利亚艺术大多在一楼，旁边是亚洲和太平洋地区艺术藏品。

每天10:30~14:30，每小时都有一次带免费团队导览游。

★ 国家肖像馆　　　　　　　　　画廊
（National Portrait Gallery；见186页地图；📞02-6102 7000；www.portrait.gov.au；King Edward Tce, Parkes；⏰10:00~17:00）**免费** 这间时尚的新美术馆用肖像来讲述澳大利亚的历史：从原住民部落的石蜡浮雕到殖民时期国家建立者们的肖像，再到当代风格的作品，十分丰富，其中包括霍华德·阿克利（Howard Arkley）用荧光颜料画的歌手尼克·凯夫（Nick Cave）的肖像。参观结束后，可以在咖啡馆喝一杯咖啡回味一番。

★ 澳大利亚战争纪念馆　博物馆

（Australian War Memorial；见186页地图；02-6243 4211；www.awm.gov.au；Treloar Cres, Campbell；10:00~17:00）**免费** 堪培拉的战争纪念馆十分宏伟，是装饰艺术风格的，即使这个城市拥有众多有趣的建筑，它也堪称亮点。1941年建成开张，旨在纪念"结束一切战争的战争"——当时第二次世界大战激战正酣。这里附属于一个设计别具匠心的、专门记录澳大利亚军事历史的大型博物馆。

★ 澳大利亚议会大厦　知名建筑

（Australian Parliament House；见186页地图；02-6277 5399；www.aph.gov.au；9:00~17:00）**免费** 澳大利亚议会大厦是一栋优雅而极富象征意义的建筑，1988年启用。建筑本身扎根在澳大利亚的土地中，楼顶是草地，上面有一根81米高的旗杆。建筑内部也有同样的设计，即使没有政客发表长篇大论，也有许多可看之处。

经过类似机场的安检，游客可以自由游览建筑的大多数地方，以及在公共区域观看议会议事。只有旁听众议院（House of Representatives）的总理质询时间（Question Time；开会日的14:00，在大会议厅）才需要持票，票免费，但必须通过警卫官（Sergeant at Arms）预约。开会日的日期见其网站。

进门，穿过大理石门厅（Marble Foyer），走入大厅（Great Hall），看看巨大的挂毯，它是由13名织工用两年时间完成的。在大厅四周走廊的楼上有一些有趣的展览，包括议会艺术收藏品的临时展览。注意看1297年的《大宪章》（*Magna Carta*）和原版的迈克尔·纳尔逊·贾卡玛拉（Michael Nelson Tjakamarra）的《负鼠与袋鼠之梦》（*Possum & Wallaby Dreaming*）。两件作品都是5澳元纸币上的图案。经过议会前院时，你将看到两幅巨大的原作。

议员厅（Members' Hall）内有更多的作品，墙上挂着诸位前总理的肖像。走廊连接这个厅与两个辩论厅。澳大利亚奉行英式议会制度，辩论厅的配色与著名的伦敦"议会之母"（Mother of Parliaments）遥相呼应，只是稍微添加了一点点本地元素。英国议会的上议院（House of Lords）座椅是鲜红色、下议院是深绿色，而澳大利亚议会的参议院（Senate）是暗粉色，众议院是柔绿色——灵感来自当地的桉树颜色。

电梯直达楼顶，那里有专门供人们散步的草坪，提醒楼里的政客们：这里是"人民的议会"。作为堪培拉的重要景点之一，议会大厦楼顶是俯瞰沃尔特·伯利·格里芬的城市规划的最佳角度。你一眼就能看到3条轴线，正前方的澳大利亚战争纪念馆背靠安斯利山（Mt Ainslie），商业中心位于它的左对角线，邓特伦（Duntroon；代表军队）位于右对角线。有趣的是，在这座20世纪的规划中，教堂没有被放在最显眼的位置。

带导游的免费浏览9:30、11:00、13:00、14:00和15:30出发（开会日30分钟，非开会日45分钟）。

澳大利亚民主博物馆　博物馆

（Museum of Australian Democracy；见186页地图；02-6270 8222；www.moadoph.gov.au；Old Parliament House, 18 King George Tce, Parkes；成人/儿童/家庭 $2/1/5；9:00~17:00）1927~1988年，这里是联邦政府所在地，因此游客能看到一些过往的议会活动的遗迹。展览包括澳大利亚历任总理的事迹、全球和当地民主政治的起源以及当地抗议运动的历史。你还可以参观旧参议院和旧众议院、议会图书馆和总理办公室。孩子们超爱身着特殊服装在游戏室内玩耍，喜欢亮晶晶的东西的人会目不转睛地欣赏王冠珠宝复制品。

原住民帐篷大使馆　古迹

（Aboriginal Tent Embassy；见186页地图；King George Tce, Parkes）这个抗议营地1972年在旧议会大厦前的草坪上搭建，使用了20年，但之后一直没有被拆除，游客在参观象征着澳大利亚民主的建筑的时候，看到这个地方就会想起原住民曾经被剥夺的权利。

澳大利亚国家图书馆　图书馆

（National Library of Australia；见186页地图；02-6262 1111；www.nla.gov.au；Parkes Pl,

Central Canberra 堪培拉市中心

Central Canberra 堪培拉市中心

◎ 重要景点
- **1** 澳大利亚议会大厦 A6
- **2** 澳大利亚战争纪念馆 D2
- **3** 澳大利亚国家美术馆 C5
- **4** 国家肖像馆 C5

◎ 景点
- **5** 原住民帐篷大使馆 B5
- **6** 库克船长纪念喷泉 B3
- **7** 伯利·格里芬湖 C4
- **8** 澳大利亚民主博物馆 B5
- **9** 国家首都展览馆 B3
- **10** 国家钟楼 C4
- **11** 澳大利亚国家图书馆 B4
- **12** 澳大利亚国家博物馆 A3
- **13** 国际科技中心 B4

◎ 活动、课程和团队游
- Balloon Aloft .... （见 18）
- **14** Lake Burley Griffin Cruises B3

◎ 住宿
- **15** Avenue B1
- **16** East Hotel C7
- **17** Hotel Hotel A2
- **18** Hyatt Hotel Canberra A4
- **19** Little National Hotel B6
- **20** University House A2

◎ 就餐
- **21** Akiba B7
- **22** Courgette B1
- **23** Cupping Room A7
- **24** Elk & Pea B1
- **25** Hamlet C1
- Monster Kitchen & Bar .... （见 17）
- **26** Morks D6
- **27** Ottoman C5
- **28** Two Before Ten A7

◎ 饮品和夜生活
- **29** Aviary Rooftop B3
- **30** Bar Rochford A7
- **31** BentSpoke Brewing Co B1
- **32** Highball Express A7
- Joe's Bar .... （见 16）
- **33** Molly's A7
- **34** Parlour Wine Room A2
- **35** Smith's Alternative A7

◎ 娱乐
- **36** ANU Bar A1

Parkes；⊙陈列室 10:00~17:00）免费 图书馆自1901年建立，累计藏书已超过1000万册，还有超过90亿册电子书。不要错过珍本陈列室（Treasures Gallery），定期更新的展品中包括库克船长的日志《奋进号》（*Endeavour*）和布莱船长（Captain Bligh）列出的反抗者名单等。每天11:30有免费团队游，时长30分钟。

澳大利亚国家植物园　　　　　　　花园

（Australian National Botanic Gardens；☎02-6250 9588；www.nationalbotanicgardens.gov.au；Clunies Ross St, Acton；⊙8:30~17:00）免费 在布莱克山（Black Mountain）的低坡地带，35公顷精心修剪的花园和50公顷的大片灌木丛展示了澳大利亚多种多样的植物。不同主题的线路有清晰的路标，主路穿过桉树草坪（种植了70种桉树），沿途可观览全景、岩石花园、雨林河沟和"悉尼地区"园（Sydney Region），需时30~45分钟。3.2公里长的丛林天然小径通往花园内地势较高的地方。

国家动物园和水族馆　　　　　　　动物园

（National Zoo & Aquarium；☎02-6287 8400；www.nationalzoo.com.au；999 Lady Denman Dr, Weston Creek；成人/儿童 $40/23；⊙9:30~17:00）这肯定不是澳大利亚最大的动物园，但是布局合理，对动物而言很宜居，有多种猫科动物，孩子们一定会乐得咯咯笑。提供各种喂养体验，你可以帮忙给鲨鱼、狮子、老虎和熊喂食，还能跟犀牛和猎豹互动。

国家植物园　　　　　　　　　　　公园

（National Arboretum；☎02-6207 8484；www.nationalarboretum.act.gov.au；Forest Dr, Weston Creek；⊙10月至次年3月 6:00~20:30，4月至9月 7:00~17:30）免费 堪培拉的国家植物园位于曾经发生森林火灾的一块土地上，展示来自世界各地的树木，且树木种类在不断增加。许多植物还在生长早期。游客中心值得一看，也可以在此俯瞰整个城市。常规导览游的内容翔实，还有一处相当有创意的儿童游乐园。

在Civic公交换乘站的10号站台乘坐81路公交车(平时)或981路公交车(周末)来这里。

国家科技中心

博物馆

(Questacon; 见186页地图; ☎02-6270 2800; www.questacon.edu.au; King Edward Tce, Parkes; 成人/儿童 $23/18; ⊙9:00~17:00; ♿)这个科技中心的互动展览生动有趣,很有教育意义,而且对孩子们有很大吸引力。孩子们可以在这里探索体育运动、田径项目和游乐园的物理原理;模拟引发海啸,学习在飓风和地震中求生的技能。门票包含精彩的科学展、讲座和木偶剧表演。

澳大利亚国家博物馆

博物馆

(National Museum of Australia; 见186页地图; ☎02-6208 5000; www.nma.gov.au; Lawson Cres, Acton Peninsula; 团队游 成人/儿童 $15/10; ⊙9:00~17:00) **免费** 除了讲述澳大利亚的国家历史,这个博物馆还推出十分火爆的巡回展。游览正式开始之前,别错过在小型旋转剧场西卡尔剧场(Circa Theatre)播放的12分钟影片。亮点是展品众多的原住民文物展。但是,展室布局很分散,意味着这个博物馆不像堪培拉其他的国家文化设施那样便于游览。

国家首都展览馆

博物馆

(National Capital Exhibition; 见186页地图; ☎02-6272 2902; www.nationalcapital.gov.au; Barrine Dr, Commonwealth Park; ⊙9:00~17:00) **免费** 在这个虽小但迷人的博物馆能了解堪培拉是如何成为澳大利亚首都的。展品包括这座城市规划的国际比赛入选作品的复制品,例如冠军玛丽安·马奥尼·格里芬的美丽水彩画草图。她是沃特尔·伯利·格里芬的妻子兼创作伙伴,但经常被忽视。

伯利·格里芬湖

湖

(Lake Burley Griffin; 见186页地图)这个

> **蹦蹦跳跳的野生动物**
>
> 堪培拉是澳大利亚观看野生袋鼠的最佳城市之一。最佳地点包括位于议会大厦西北方向的伯利·格里芬湖岸上的韦斯顿公园(Weston Park)、政府大楼、安斯利山和纳马吉国家公园。

观赏性的人工湖1963年开凿而成,当时莫朗格洛河(Molonglo River)上建造了33米高的斯克里夫纳水坝(Scrivener Dam)。湖边有许多重要机构和纪念馆,例如**国家钟楼**(National Carillon; 见186页地图; ☎02-6257 1068; www.nationalcapital.gov.au; Aspen Island, Lake Burley Griffin)和**库克船长纪念喷泉**(Captain Cook Memorial Water Jet; Lake Burley Griffin)。这座湖周长28公里,骑车转一圈需要2小时,步行需要7小时。也可以只走几段路,中途过桥(有两座主桥)去往湖对岸。

澳大利亚皇家造币厂

博物馆

(Royal Australian Mint; ☎02-6202 6999; www.ramint.gov.au; Denison St, Deakin; ⊙周一至周五 8:30~17:00,周六和周日 10:00~16:00) **免费** 澳大利亚皇家造币厂是澳大利亚最大的造币厂。博物馆讲述澳大利亚货币制度的历史,你能了解到1813年的"通孔银元"以及由它演变而来的"澳元"。

☞ 团队游

Balloon Aloft

热气球

(见186页地图; ☎02-6249 8660; www.canberraballoons.com.au; 120 Commonwealth Ave, Yarralumla; 成人/儿童 $330/240起)可在Hyatt酒店大堂集合,乘坐热气球俯瞰堪培拉,这是了解这个城市独特布局的理想方式。

Lake Burley Griffin Cruises

游轮

(见186页地图; ☎0419 418 846; www.lakecruises.com.au; Barrine Dr, Acton; 成人/儿童 $20/9; ⊙9月中旬至次年5月)1小时的湖上巡游,信息量大。

✿ 节日和活动

灯光节

文化节

(Enlighten; www.enlightencanberra.com.au; ⊙3月初)3月初举办,为期10天。堪培拉各机构沐浴在灯光下,开放时间直至深夜。人们靠夜市的面条填饱肚子,到处都有现场音乐表演。

花卉节

展会

(Floriade; www.floriadeaustralia.com; ⊙9

带孩子游首都

孩子们喜欢堪培拉,因为他们在这里有很多可玩的。大多数博物馆和美术馆都有儿童项目,许多还组织专门的团队游和活动。详情见各自的网站。

在**国家科技中心**(见188页)、**澳大利亚国家博物馆**(见188页)和**澳大利亚体育学院**(Australian Institute of Sport, AIS;☎02-6214 1010;www.experienceais.com;Leverrier St, Bruce;成人/儿童 $20/12;⊙团队游 10:00、11:30、13:00和140:30),孩子们可以触摸展品。在**国家动物园和水族馆**(见187页),他们甚至可以抱抱猎豹、摸摸小熊猫。

至于户外活动和锻炼,可以围着伯利·格里芬湖骑行,或者直奔**特宾比拉自然保护区**(Tidbinbilla Nature Reserve;☎02-6205 1233;www.tidbinbilla.act.gov.au;Tidbinbilla Reserve Rd;门票 小汽车每辆 $12;⊙4月至11月 7:30~18:00,10月至次年3月 至20:00,游客中心 9:00~17:00)或**纳马吉国家公园**(Namadgi National Park;☎02-6207 2900;www.environment.act.gov.au;Naas Rd, Tharwa;⊙游客中心 9:00~16:00)**免费**。

月中旬至10月中旬)春天的花展,是堪培拉最大的活动之一,9月中旬至10月中旬吸引了大量来自英联邦国家的游客。

🛏 住宿

每逢议会开会期间,堪培拉的酒店床位最紧张,价格也最贵。工作日房价更贵,周末价格下跌。9月至10月的花卉节期间房价也是很高。

★ Blue & White Lodge　　　　汽车旅馆 $

(☎02-6248 0498;www.blueandwhitelodge.com.au;524 Northbourne Ave, Downer;单/双 $95/100;🅿❄🛜)位于从北侧进入堪培拉的公路主路边,考虑到这个城市的高物价,这个老牌汽车旅馆及其朴素的姊妹店Canberran Lodge算是很可靠的经济酒店了。步行进城很远,但附近有个公交车站。

★ Little National Hotel　　　　酒店 $$

(见186页地图;☎02-6188 3200;www.littlenationalhotel.com.au;21 National Circuit, Barton;房 $119起;🅿❄@🛜)四方形建筑光秃秃的,外表覆盖着黑色金属片,这家精品酒店房价不贵,房间虽小但设计巧妙。一间迷人的"图书室"和一个能看到360度全景的酒吧弥补了房间逼仄的缺憾。尽早订房,提前订房价格不会便宜太多,但床位紧张的时候房价要暴涨两倍多。

★ East Hotel　　　　酒店 $$

(见186页地图;☎02-6295 6925;www.easthotel.com.au;69 Canberra Ave, Kingston;公寓 $220起;🅿❄@🛜)介于精品酒店和商务酒店之间,行政房独具个性,免费棒棒糖和大堂供借阅的时装杂志令人惊喜。就连单人房也有书桌、iPod音乐播放器、浓缩咖啡机和小厨房,如果想住面积大点的房间,还可以选择一间或两间卧室的套房。此外,楼下还有一个特别酷的酒吧和一个书店兼餐厅。

Aria Hotel　　　　酒店 $$

(☎02-6279 7000;www.ariahotel.com.au;45 Dooring St, Dickson;房/公寓 $159/191起;🅿❄@🛜)客房楼是新建的,标准间不大,但床铺舒适,淋浴水流大,还有阳台等商务酒店应有的设施。如果提前订房,能享受某些优惠。

Avenue　　　　酒店 $$

(见186页地图;☎02-6246 9500;www.avenuehotel.com.au;80 Northbourne Ave, Braddon;房/公寓 $143/219起;🅿❄🛜)粗糙的水泥高楼,外立面是玻璃,这家现代化的大酒店外表看起来宏伟但多少有点冷冰冰。房间宽敞而时尚。要求住面朝中央庭院的房间可以避开车辆的噪声。直接跟酒店订房的话,停车免费。

University House　　　　酒店 $$

(见186页地图;☎02-6125 5211;unihouse.anu.edu.au;1 Balmain Cres, Acton;单/双床/双/公寓 $101/135/150/195起;🅿❄🛜)建于20世纪50年代的大楼位于澳大利亚国立大学(Australian National University, ANU)校园内,还保存着最初的定制家具。客人以研修生和访问学者居多,偶尔也有政客下榻。宽敞的房间和双卧室公寓朴素但舒适。有个安静的中央庭院,楼下还有个友好的小咖啡厅。

★ Hotel Hotel 酒店 $$$

（见186页地图；☎02-6287 6287；www.hotel-hotel.com.au；25 Edinburgh Ave, New Acton；房 $266起；🅿✳@🛜♨）Hotel Hotel外表庄严宏伟，内部同样优雅华丽。房间装修风格奇特，光线过于暗淡，有人不喜欢，但我们特别喜欢这家酒店脱俗和夸张的氛围。前台的角落放着几本杂志，附设的 **Monster Kitchen & Bar**（见186页地图；☎02-6287 6287；www.monsterkitchen.com.au；Hotel Hotel, 25 Edinburgh Ave, New Acton；早餐 $16~19，自助 $20~35；⊙6:30~13:00）也同样有趣。

★ Hyatt Hotel Canberra 酒店 $$$

（见186页地图；☎02-6270 1234；www.canberra.park.hyatt.com；120 Commonwealth Ave, Yarralumla；房 $295起，套 $690起；🅿✳@🛜♨）在堪培拉最豪华、历史最悠久的酒店看来来往往的客人是一项很有意思的活动。酒店客房超过200间，会议室使用频率高，茶歇室里人头攒动，这意味着这家酒店的客流量一直很大。房间大，家具和电器十分齐全，设施包括室内游泳池、spa、桑拿和健身房。

🍴 就餐

堪培拉拥有各国美食，从政客名流到贩夫走卒都能找到满意的口味。已成气候的餐饮区包括Civic、金斯顿（Kingston）和Griffith，Dickson还有一些很好的亚洲餐馆。布拉顿（Braddon）的新阿克顿（New Acton）、金斯顿海滩（Kingston Foreshore）开发区和Lonsdale St则是最新潮的新兴餐饮区。

Hamlet 街头快餐 $

（见186页地图；www.broddogs.com.au；16 Lonsdale St, Braddon；主菜 $5~20；⊙正午至深夜）与布拉顿的复古潮流相呼应，Hamlet是个破破烂烂的村子，除了快餐车和苍蝇馆子还有一个酒吧、一个画廊和大量室外座椅。目前我们最喜欢的快餐是BrodDogs，它是金斯顿Brodburger的分店，只卖一流的美味热狗。如果你不想吃热狗，这里也有意大利、希腊、越南和印度等国家的小吃。

Two Before Ten 咖啡馆 $

（见186页地图；www.twobeforeten.com.au；1 Hobart Pl, Civic；主菜 $11~18；⊙周一至周五 7:00~16:00，周六和周日 8:00至次日2:00）打破了"咖啡馆看起来要很小资和沧桑"的澳大利亚传统，这家通风良好的小店为高楼林立的市中心带来一丝美国北部科德角的风情。或许有点太新潮了——菜品分量非常少，但咖啡真不错。

★ Cupping Room 咖啡馆 $$

（见186页地图；☎02-6257 6412；www.thecuppingroom.com.au；1 University Ave, Civic；主菜 $11~24；⊙7:00~16:00；🌿）位于街角，通风良好，门口经常排着长龙，据说这里出售堪培拉最好的咖啡馆。菜单有趣，包括全素和半素菜肴。季节性供应的香兰子布丁很特别，但你或许吃不惯。汉堡同样美味。通过试喝，挑选你喜欢的混合咖啡豆，然后就等着惊喜吧。

★ Akiba 亚洲菜 $$

（见186页地图；☎02-6162 0602；www.akiba.com.au；40 Bunda St, Civic；面和饭 $12~15，自助 $18~33；⊙周日至周三 11:30至午夜，周四至周六 至次日2:00）这家超级时髦的泛亚洲菜系餐馆气氛极其活跃，店里坐满了时尚青年，他们痛饮鸡尾酒，分享招牌菜，点菜时非常熟练。原木吧台上供应美味寿司、现撬的牡蛎和味道冲鼻子的酸橘汁腌鱼。川香鱿鱼和五花肉极受欢迎，我们最爱日式茄子。

★ Morks 泰国菜 $$

（见186页地图；☎02-6295 0112；www.morks.com.au；19 Eastlake Pde, Kingston；主菜 $24~30；⊙周二至周六 正午至14:00和18:00~22:00，周日 正午至14:00）金斯顿海滩有我们最喜欢的餐馆，新派泰国菜添加了中餐和马来元素。可要求坐室外桌椅，欣赏来往的人群，大吃开胃菜。槟榔屿（Penang）咖喱甜薯好吃到令人震惊。

Elk & Pea 拉美菜 $$

（见186页地图；☎0436 355 732；www.elkandpea.com.au；21 Lonsdale St, Braddon；早餐和午餐 $11~25，墨西哥玉米卷饼 $8，自助 $39~45；⊙周一 1:30~14:30，周二至周日 至23:00）一家营业到深夜的小餐馆，菜单和鸡尾酒单都看得出墨西哥菜对它的影响。食物包括早餐的香辣鸡蛋、午餐的汉堡和卷饼以及晚餐时段堪培拉最好吃的墨西哥玉米卷饼。晚上也提供大分量的拉美口味菜肴，够2~3人分食。

★ Courgette 新派澳大利亚菜 $$$

（见186页地图；☎02-6247 4042；www.courgette.com.au；54 Marcus Clarke St, Civic；3道菜的午餐$66，4道菜的晚餐$88；⊙周一至周六 正午至15:00和18:30~23:00）整洁的白色亚麻桌布、无懈可击的服务和低调的奢华氛围，如果你想给某人留下深刻印象，例如女朋友或者芬兰大使，就来这种地方吧。精心制作、摆盘和调味的食物与高标准的服务相匹配。

★ Aubergine 新派澳大利亚菜 $$$

（☎02-6260 8666；www.aubergine.com.au；18 Barker St, Griffith；4道菜的一餐$90；⊙周一至周六 18:00~22:00）你要去南郊才能找到堪培拉这家顶级餐馆。位置虽然不太方便，但菜单却很不错，食物有创意且味道好，菜肴按季节供应。虽然只提供4餐菜单，但你可以选择不同的搭配。服务和食物包君满意。

Ottoman 土耳其菜 $$$

（见186页地图；☎02-6273 6111；www.ottomancuisine.com.au；9 Broughton St, Barton；主菜$32~36；⊙周二至周五 正午至14:30和18:00~22:00，周六 18:00~22:00）位于一个优雅的花园内，一直是堪培拉政客们最喜欢的晚餐地点。土耳其风味菜肴加入了微妙的时尚元素，比如前菜（meze）、朵儿玛包心卷（dolma）和考夫特肉饼（kofte）。不过总体而言口感还是传统正宗的，很美味。

🍷 饮品和夜生活

小酒馆和酒吧集中在Civic以及布拉顿的Lonsdale St和Mort St。新阿克顿也值得去看看。

Aviary Rooftop 屋顶酒吧

（见186页地图；☎0421 552 417；www.aviaryrooftop.com；3 Barrine Dr, Acton；⊙周四 17:00至深夜，周五至周日 正午至深夜）位于伯利·格里芬湖岸边一堆集装箱顶部，这个露天大酒吧提供塑料杯装的饮品，定期还有DJ演出。如果你饿了，就直奔楼下篮球场旁边的食品摊位。

Bar Rochford 葡萄酒吧

（见186页地图；☎02-6230 6222；www.barrochford.com；L1, 65 London Circuit, Civic；⊙周二至周四 17:00至深夜，周五至次日1:00，周六 17:00至次日1:00）这家高级但不乏味的葡萄酒吧位于Melbourne Building内，蓄须的服务生专心致志地调鸡尾酒或向顾客热情地推荐红酒。请穿正装，要是能坐在拱状大玻璃窗边就好了。

Joe's Bar 鸡尾酒吧

（见186页地图；☎02-6178 0050；www.joesateast.com；East Hotel, 69 Canberra Ave, Kingston；⊙正午至深夜）East Hotel的意大利餐馆兼葡萄酒吧，五颜六色的玻璃和低垂的金属珠链增添了时髦的小资情调。鸡尾酒种类很多，酒水单上有一整页都是各种特制杜松子酒加汤力水。酒吧服务生也很懂意大利葡萄酒。慢慢地品酒，用玉米片、炸饭球（arancini balls）或开胃菜下酒。

Molly's 鸡尾酒吧

（见186页地图；www.molly.net.au；Rear, 37 London Circuit, Civic；⊙周一至周三 16:00至午夜，周二至周六 至次日2:00）"犹抱琵琶半遮面"这句话现在已经用滥了，但在小巷中一番穿梭之后找到隐秘的地下室酒馆这种探险经历谁不喜欢呢？威士忌酒水单有8页，按照国家分类（印度威士忌喝过没？）。要想来这家酒吧，你要先找到London Circuit的Gozleme Café，然后右转看到一扇开着的木门上面有个灯泡的地方就是。

Highball Express 鸡尾酒吧

（见186页地图；www.highballexpress.com.au；L1, 82 Alinga St, Civic；⊙周二至周六 16:00至深夜）没有招牌，所以别费心找了，在Smith's Alternative背后的小巷里沿着防火逃生通道往上走，就会来到这个声名狼藉的酒吧。来这里品尝20世纪20年代的古巴朗姆酒吧。加冰的威士忌鸡尾酒极好，通常随酒赠送香蕉片。

BentSpoke Brewing Co 精酿酒吧

（见186页地图；☎02-6257 5220；www.bentspokebrewing.com.au；38 Mort St, Braddon；⊙11:00至午夜）澳大利亚最好的生啤酒厂，生啤和苹果酒共有16种。坐在自行车主题的吧台边或惬意的室外，一个品酒托盘能装4杯不同的啤酒（$16）。我们最喜欢的是加了比利时酵母的Barley Griffin Ale。下酒菜也不错。

Smith's Alternative 酒吧

（见186页地图；☎0401 084 773；www.

smithsalternative.com; 76 Alinga St, Civic; ⓘ周一至周四 8:00至午夜, 周五和周六 至次日3:00, 周日 正午至午夜) 富有传奇色彩的Smith's Alternative书店关门后变成了同名酒吧, 同样鼎鼎有名。新的Smith's是一个艺术气息的咖啡馆兼酒吧, 有演出空间, 一个角落里有临时舞台, 蛋糕放在展示柜里。晚上, 从现场音乐到打油诗和戏剧表演, 客人们简直看不过来。

Parlour Wine Room 葡萄酒吧

（见186页地图; ☎02-6257 7325; www.parlour.net.au; 16 Kendall Lane, New Acton; ⓘ周二至周日 正午至深夜）维多利亚风格的吸烟沙龙, 锃亮的木地板上摆放着长条软座和柔软的长沙发。在这里除了能品尝澳大利亚和外国葡萄酒以及特别好喝的鸡尾酒, 还能俯瞰整个湖面。

☆ 娱乐

ANU Bar 现场音乐

（见186页地图; ☎02-6125 3660; www.anuunion.com.au; University Ave, Acton; 演奏会$5~20）这家校园酒吧（在澳大利亚国立大学校园内）每学期都定时举办现场演奏会。曾在此演出过的乐队包括来自西雅图的三人组合"涅槃乐队"（Nirvana）。

ⓘ 实用信息

免费Wi-Fi基本上覆盖堪培拉市中心。

堪培拉和地区游客中心（Canberra & Region Visitors Centre; 见186页地图; ☎02-6205 0044; www.visitcanberra.com.au; Regatta Point, Barrine Dr, Commonwealth Park; ⓘ9:00~16:00）提供大量信息, 包括自己印制的季刊 *Canberra Events*。

ⓘ 到达和离开

飞机

堪培拉机场（Canberra Airport; ☎02-6275 2222; www.canberraairport.com.au; 2 Brindabella Circuit）就在市区, Civic东南方向仅7公里处。

新加坡航空公司（www.singaporeair.com）是唯一一使用堪培拉机场的国际航空公司, 航班连接新加坡和惠灵顿。

澳洲航空公司（www.qantas.com）和旗下的快达联接（QantasLink）合作, 航班从堪培拉飞往阿德莱德、布里斯班、墨尔本、珀斯和悉尼。**维珍澳洲航空公司**（www.virginaustralia.com.au）的航班从堪培拉飞往阿德莱德、布里斯班、黄金海岸、墨尔本和悉尼。**澳大利亚虎航**（Tigerair Australia; www.tigerair.com.au）也有从堪培拉飞往墨尔本的航班, 而**FlyPelican**（www.flypelican.com.au）的航班从堪培拉飞往纽卡斯尔和达博（Dubbo）。

长途汽车

省际长途汽车站在**乔利蒙特游客中心**（Jolimont Tourist Centre; 见186页地图; 67 Northbourne Ave, Civic; ⓘ5:00~22:30）, 站内有各大长途汽车公司的订票柜台。

澳大利亚灰狗巴士（Greyhound Australia; ☎02-6211 8545; www.greyhound.com.au; 65 Northbourne Ave; ⓘ6:00~18:00）的大巴车开往悉尼（$42, 3.5小时）、亚斯（Yass; $15, 55分钟）、瓦加瓦加（Wagga Wagga; $40, 3小时）、奥尔伯里（Albury; $58, 4小时, 30分钟）和墨尔本（$88, 8小时）, 此外还有开往滑雪场的季节性长途汽车。

默里斯（Murrays; ☎13 22 51; www.murrays.com.au; 65 Northbourne Ave; ⓘ7:00~19:00）快车开往悉尼（$45, 3.5小时）、伍伦贡（$49, 3.25小时）、巴特曼斯贝（$38, 2.5小时）、莫鲁亚（$41, 3.25小时）、纳鲁马（$49, 4.5小时）和各滑雪场。

NSW TrainLink（☎13 22 32; www.nswtrainlink.info）大巴从堪培拉火车站（Canberra Railway Station）出发, 堪培拉—库马（Cooma）—默林布拉—伊登的线路每天1班, 堪培拉—库马—Jindabyne的线路每周3班。

小汽车和摩托车

悉尼至墨尔本的Hume Hwy从堪培拉以北50公里处经过。北边的Federal Hwy在古尔本（Goulburn）附近与休姆公路会合。Barton Hwy（Rte 25）在亚斯附近与Hume Hwy相交。往南, Monaro Hwy连接堪培拉和库马。

火车

NSW TrainLink（见192页）从悉尼（$56, 4小时）、鲍勒尔（Bowral; $34, 2小时30分钟）、邦达努（Bundanoon; $30, 2小时）和宾根多尔（Bungendore; $7, 40分钟）开来的火车每天3班, 停靠位于金斯顿的**Canberra**（Wentworth Ave, Kingston）火车站。

V/Line（☎1800 800 007; www.vline.com.au）每天

1班,联运墨尔本至奥尔伯里沃当加(Wodonga)的火车和墨尔本至堪培拉的长途汽车($108,9小时)。

❶ 当地交通

抵离机场
乘坐出租车到市中心的费用为$50~55。

机场快线(☏1300 368 897;www.royalecoach.com.au;单程/往返 $12/20)连接机场和市区,白天1小时左右1班。

Transport Canberra(见193页)11路公交车从9号月台开往布林达贝拉商务公园(Brindabella Business Park;紧邻机场),6:00~18:00至少1小时1班。

公共交通
Transport Canberra(☏13 17 10;www.transport.act.gov.au;East Row, Civic;成人/儿童 $4.70/2.30,1日通票 $9/4.50;⊙信息中心 周一至周六 6:30~22:00,周日 8:00~19:00)的公交体系覆盖城里几乎所有的景点。这家公司建议你使用谷歌地图导航,或者致电Civic办事处索取地图和时刻表。

有智能卡系统,但如果你只在堪培拉待一周左右,最好还是给司机现金。1日通票的价格比单买2张票还低,因此旅程的第一天就买一张吧。

所谓"城市公交车站"实际上是指分布在Northbourne Ave、Alinga St、East Row和Mort St沿线的11个公交车站。

本书写作之际,北起Civic、沿Northbourne Ave往南的轻轨正在施工。工程一期计划在2018年末竣工。

伍伦贡及周边
(WOLLONGONG & AROUND)

人口 292,400

伍伦贡简称"贡"(Gong),在悉尼以南80公里处。是个很大的远郊城镇,气氛悠闲惬意,讨人喜欢。城里有两个海滩和一个美丽的港口,酒吧和餐馆虽然不多,但很可爱。这里有一所大学,大学生们赋予了这座城市年轻人的活力,生活节奏缓慢。

一座林木覆盖的壮观断崖从伍伦贡旁边的皇家国家公园向南延伸,在崖顶能俯瞰一连串美丽的海滩,火车在那些海滩都设有站点。

◉ 景点

★ 北海滩
海滩

(North Beach;见194页地图)北海滩位置方便,挨着市中心。从港口往北延伸,中间有几处隔断。它是伍伦贡海滨活动的中心。要找最刺激的海浪,就去斯图亚特公园(Stuart Park)对面岩石附近的Acids Reef。北海滩的南端全年都有救生员。

伍伦贡市海滩
海滩

(Wollongong City Beach;见194页地图)伍伦贡有两片城市海滩,这个在城南,是一片可爱的白沙滩,适合游泳,如果风力合适还可以冲浪。往北看,景色很浪漫,能看到海岬和灯塔,但往回看,肯布拉港(Port Kembla)林立的钢架森林完全破坏了热带岛屿的美感。

伍伦贡植物园
花园

(Wollongong Botanic Garden;☏02-4227 7667;www.wollongong.nsw.gov.au/botanicgarden;61 Northfields Ave, Keiraville;⊙4月至9月 7:00~17:00,10月至次年3月 周一至周五 7:00~18:00,周六和周日 7:00~18:45) **免费** 在市中心西北,但从车站出发的55路免费穿梭公共汽车在这里有一站。园内有热带植物、温带植物和林地。看够了海滩,到这里换换景致也不错,而且这里也是首选的中午野餐去处。夏季还有露天电影院(www.sunsetcinema.com.au)。

贝尔摩内港
港口

(Belmore Basin;见194页地图)伍伦贡的渔船停泊在这个港口的南端。这个内港是1868年从坚硬的岩石上直接开凿而成的。港口有个渔业合作社和古老的**防波堤灯塔**(Breakwater Lighthouse;见194页地图;建于1872年)。附近,海岬上的**伍伦贡海港灯塔**[Wollongong Head Lighthouse;见194页地图;弗拉格斯塔夫山灯塔(Flagstaff Hill Lighthouse)]修建年代晚于防波堤灯塔。港口的海滩沙质细腻、海浪温和,很适合青少年。贝尔摩内港和北海滩之间有游泳池和一个可以游泳的岩石水池。

科学中心和天文馆
博物馆

(Science Centre & Planetarium;☏02-4286

Wollongong 伍伦贡

堪培拉和新南威尔士州南部海岸 伍伦贡及周边

Wollongong 伍伦贡

◎ 重要景点
1 北海滩 C1

◎ 景点
2 贝尔摩内港 D3
3 防波堤灯塔 D3
4 伍伦贡市海滩 C4
5 伍伦贡海港灯塔 D3

✪ 活动、课程和团队游
6 Pines Surfing Academy C1

🛏 住宿
7 Beach Park Motel B1

8 Keiraleagh B3
9 Novotel Northbeach B2

🍴 就餐
10 Babyface B4
11 Balinese Spice Magic A3
12 Caveau A3

🍷 饮品和夜生活
13 His Boy Elroy A4
14 Humber A4
15 Illawarra Brewery C4

5000; www.sciencecentre.com.au; 60 Squires Way, North Wollongong; 成人/儿童 $14/10; ☉1月 每天, 其他月份 周四至周二 10:00~16:00) 不同年龄段的充满好奇心的孩子都能在这玩得

忘乎所以。博物馆由伍伦贡大学运营, 展品十分丰富, 有恐龙骨架, 也有电子产品。天文馆展区($4.50, 或加$3与门票同时购买)全天开放。伍伦贡车站有免费穿梭客车(55A路和

伊拉瓦拉悬崖国家保护区　　　公园

（Illawarra Escarpment State Conservation Area; www.nationalparks.nsw.gov.au）伊拉瓦拉在伍伦贡北侧的海边，地势高于伍伦贡。热带雨林生长在悬崖的砂岩上，峭壁边缘不断遭到侵蚀。最高点肯布拉山高达534米。要想一饱令人惊叹的沿海风光，不妨驱车前往凯拉山瞭望台（Mt Keira lookout; 464米）；走北边的高速公路，按指示牌行驶。从伍伦贡往北开的火车经过悬崖下方，乘客可以抬头欣赏美丽的雨林景色。

✈ 活动

Pines Surfing Academy　　　冲浪

（见194页地图；☎0410 645 981; www.pinessurfingacademy.com.au; 1a Cliff Rd, North Wollongong; 2小时的课$50,3天的课$120）在市海滩和农场海滩（Farm Beach）都可以学习冲浪。

HangglideOz　　　探险运动

（☎0417 939 200; www.hanggildeoz.com.au; 双人滑翔 平时/周末 $245/295）可靠的滑翔伞公司，提供双人滑翔项目和课程。双人滑翔伞从斯坦威尔公园（Stanwell Park）的巴尔德山（Bald Hill）起飞。

🛏 住宿

Keiraleagh　　　青年旅舍 $

（见194页地图；☎02-4228 6765; www.backpack.net.au; 60 Kembla St; 铺$25~38,单/双 不带浴室 $75/85,双$140; ❋@☎）服务热情，但老房子已经破旧了，有种小资的气氛，比较干净。宿舍房间的床垫挺厚的，但宜人的花园和烧烤区才是这家青年旅舍吸引人的地方。只接受现金。

SAGE Hotel Wollongong　　　酒店 $$

（☎02-4201 2111; www.sagewollongong.com; 60-62 Harbour St; 房$199~299; P❋✱☎✕）这是一家通风良好的现代化酒店，位置便利，离海滨运动区和市海滩很近。房间装修有品位，设施也相当好。房间面积适中，提供咖啡机和其他现代化设备。尽量住靠近楼顶的房间，可以看到大海或高尔夫球场。比较贵的房间带阳台。旁边没多远就有很好的小酒馆和餐馆。

Beach Park Motel　　　汽车旅馆 $$

（见194页地图；☎02-4226 1577; www.beachparkmotel.com.au; 10 Pleasant Ave, North Wollongong; 房$125~210; P❋✱☎）这家友好的汽车旅馆就在海滨公园背后。房型很多，砖墙雪白，面积适中，房门五颜六色，设施舒适。大多数房间面朝院子，最便宜的房间面朝停车场。从海滩过来，走几步就到了，性价比高。

Novotel Northbeach　　　酒店 $$$

（见194页地图；☎02-4224 3111; www.novotelnorthbeach.com.au; 2-14 Cliff Rd, North Wollongong; 房$299~379; P❋✱@☎✕）这家翻修过的酒店就在北海滩上，很适合外来海滩度假的人。房间超过200个，设施齐全，宽敞舒适，许多房间带阳台，能看到大海或者悬崖。夏季的周末房价暴涨，周六住一晚要$400~600。

🍴 就餐

Balinese Spice Magic　　　印度尼西亚菜 $

（见194页地图；☎02-4227 1033; www.balinesespicemagic.com.au; 130 Keira St; 午餐$10~18,晚餐$17~26; ⏰周二和周三17:30~21:00,周四11:00~14:30和17:30~21:30,周五11:00~14:30和17:30~23:00,周六17:30~23:00; ✏）友好的店主一家人为你奉上美味的印度尼西亚菜和热情的服务。Keira St也有泰国菜和越南菜餐馆，但我们认为这家风味最佳，让人仿佛置身东南亚。素食种类很多。

★ Caveau　　　新派澳大利亚菜 $$$

（见194页地图；☎02-4226 4855; www.caveau.com.au; 122-124 Keira St; 7道菜的品尝菜单$110,带葡萄酒$160; ⏰周二至周六18:00~23:00; ✏）这个广受褒赞的餐馆提供马鲛鱼肉泥和水煮虾之类的美食。菜单随季节的变化而更换，周二至周四的菜单（$85）上有3道菜。为素食者提供单独的品尝菜单。参差不齐的椅子和时髦的暗色装潢打造出典型的伍伦贡休闲风。

★ Babyface　　　日本菜、澳大利亚菜 $$$

（见194页地图；☎02-4295 0903; www.

burnsburyhospitality.com.au; 179 Keira St; 主菜 $24~40; ◎周一 18:00~22:00, 周三和周四 18:00~23:00, 周五和周六 正午至15:00和18:00至午夜, 周日 正午至15:00和18:00~22:00) 这家相对较新的餐馆将日本料理的理念跟澳大利亚野生香草结合起来，创造出混合风味。店里人声鼎沸。三文鱼和马鲛鱼是招牌，寿司、单点和套餐等选择都有。有一些按杯出售的非常葡萄酒很有趣，服务员活泼开朗，非常热情。如果没空位了，就坐吧台边。

🍷 饮品和夜生活

★ His Boy Elroy　　　　　酒吧

（见194页地图; ☎02-4244 8221; www.hisboyelroy.com.au; 176 Keira St; 汉堡 $12~19; ◎周一和周二 17:00~22:00, 周三和周四 11:00~22:00, 周五和周六 11:00至午夜) 这家一流的酒吧最近在原址重新开张，与原来相比，现在主要出售汉堡、鸡尾酒和提神饮料。有室外座椅，鸡尾酒水单是全新的，威士忌种类多，是个喝一杯的好地方。汉堡品质稳定，新出的熏肉汉堡应该错不了。

Humber　　　　　酒吧

（见194页地图; ☎02-4263 0355; www.humber.bar; 226 Crown St; ◎周一至周五 6:30至午夜, 周六 7:30至午夜, 周日 7:30~22:00; 🛜) 开业时间不算长，所在的建筑形状古怪，前身是Humber车行。楼下上午出售咖啡和午餐，同一个地方晚上摇身一变，成了鸡尾酒吧。一楼艺术装饰风格的酒吧很漂亮，屋顶像游艇甲板。棕榈树、遮阳伞和新鲜椰子让人感觉像在游轮上享乐。

Illawarra Brewery　　　　　酒吧

（见194页地图; ☎02-4220 2854; www.thebrewery.net.au; Crown St和Harbour St交叉路口; ◎周一至周四 11:00~23:00, 周五和周六 10:00至次日1:00, 周日 10:00~22:00) 这家时尚酒吧在一个面朝大海的娱乐中心内，有自酿生啤，偶尔推出季节性啤酒。还有来自澳大利亚各地的啤酒，下酒菜也不错。室外露台是个小坐的好去处。体育迷们特别喜欢这家酒吧。

ℹ️ 实用信息

IHub游客中心（IHub Visitor Centre; 见194页地图; ☎1800 240 737; www.visitwollongong.com.au; 93 Crown St; ◎周一至周六 9:00~17:00, 周日 10:00~16:00; 🛜) 提供信息和预订服务。

ℹ️ 到达和离开

南海岸线（South Coast Line; ☎13 15 00; www.sydneytrains.info) 的火车开往悉尼的中央车站 (Central Station; $8.30, 90分钟), 然后继续往南，经基亚玛（Kiama）和贝里（Berry）到达瑙拉（Nowra）/博马德里（Bomaderry）。

所有的长途汽车都从火车站南侧发车。**Premier**（☎13 34 10; www.premierms.com.au) 每天2班长途汽车开往悉尼（$18, 2小时) 和伊登（$69, 7~8小时)。**默里斯**（☎13 22 51; www.murrays.com.au) 的长途汽车开往堪培拉（$48.40, 3.25小时)。

ℹ️ 当地交通

穿梭公共汽车Gong Shuttle (55A路和55C路) 免费，线路是环形，从车站开往大学、北伍伦贡 (North Wollongong)、植物园和科学中心。去北滩的人可以在北伍伦贡下车。

皇家国家公园
(Royal National Park)

这片原野位于城郊，有空无一人的海滩、陡峭的悬崖、灌木、荒地、雨林、黑尾袋鼠、琴鸟和成群的叽叽喳喳的黄尾黑凤头鹦鹉。

这个美好的海滨国家公园占地15,091公顷，占据了32公里的美丽海岸，并延伸向内陆。它是全球第二家国家公园（1879年）。

◉ 景点

沃特莫拉海滩　　　　　海滩

（Wattamolla Beach; www.nationalparks.nsw.gov.au; Wattamolla Rd) 沃特莫拉海滩大致位于海岸中间位置，是公园内最受欢迎的野餐地点，夏季人头攒动。这里既能冲浪，又有潟湖，可以安全地游泳。这里还有个瀑布，人们喜欢跳下瀑布，但这样做是严格禁止的。海滩离公路主路3.3公里，从通往班迪纳（Bundeena）的出口出来，那个出口离这个海滩非常近。

加里海滩　　　　　海滩

（Garie Beach; www.nationalparks.nsw.gov.au; Garie Beach Rd) 从公路主路出来，3公里之

后即可到达。这个冲浪海滩风景如画。与皇家国家公园所有的冲浪海滩一样,在这里游泳很危险。虽然海滩上有栋楼,但除了卫生间之外没有任何设施,不过夏季周末海滩上有人巡逻。

🛏 住宿

Bonnie Vale Campground 露营地 $

(☎1300 072 757; www.nationalparks.nsw.gov.au; Sea Breeze Lane, Bundeena; 双人营地 $33; Ｐ🐾)这个露营地在班迪纳市中心以西1.5公里处,营地地势平坦,绿草如茵,很宜人。露营地就在水边,既有沙滩,又有河湾,后者适合游泳。设施齐备,有卫生间、热水淋浴、电烧烤架和野餐桌椅。

★ Beachhaven 民宿 $$$

(☎02-9544 1333; www.beachhavenbnb.com.au; 13 Bundeena Dr, Bundeena; 房 $300~350; Ｐ🐾❄️📶)这家经典的民宿就在美丽的Hordens海滩上,店主夫妇为人友善,提供两间美妙的客房。每间客房都带小厨房,大床铺着豪华床单和被子,配备一些很不错的古董家具。冰箱塞得满满的,院子很可爱。一间客房Beach House就在沙滩上,另一间Tudor Cottage在一座亚热带小花园深处。

其他亮点包括浪漫的能俯瞰海滩的室外水疗池、供出租的皮划艇和立式桨板,以及温顺的负鼠一家子。如果连住多晚,房价能打很大折扣。

ℹ 实用信息

皇家国家公园游客中心(Royal National Park Visitor Centre; ☎02-9542 0648; www.nationalparks.nsw.gov.au; 2 Lady Carrington Dr, Audley; ◷8:30~16:40)出售门票、办理露营许可证、提供地图和有关丛林徒步的信息。该中心位于公园东大门内2公里处的奥德利(Audley),紧邻王子公路。中心内有个咖啡厅,座椅在露台上,很舒服。

ℹ 到达和离开

克罗纳拉渡轮(Cronulla Ferries; ☎02-9523 2990; www.cronullaferries.com.au; 成人/儿童 $6.40/3.20)从克罗纳拉开往**班迪纳**。悉尼有火车开到克罗纳拉。

也可以乘火车到瀑布,再从瀑布那里徒步进入公园。

基亚玛及周边
(KIAMA & AROUND)

人口 12,800

基亚玛鬼斧神工的海岸线上有不计其数的海滩和奇形怪状的岩石,包括一个有名但经常干涸的喷水孔。城镇气氛悠闲,有大片的诺福克松林。内陆景色不错,雨林高地适合户外活动。

👁 景点

基亚玛喷水孔(Kiama Blowhole) 地标

基亚玛出名的喷水孔在市中心旁边。平时没水,但当浪头变高而且吹东南风的时候,海水就会从裂缝里喷出来。晚上,喷水孔有灯光照明。位于南侧海滩的**小喷水孔**(Little Blowhole; 紧邻Tingira Cres, Marsden Head)不那么壮观,但喷水更频繁。

米纳姆拉雨林中心 自然保护区

(Minnamurra Rainforest Centre; ☎02-4236 0469; www.nationalparks.nsw.gov.au; Minnamurra Falls Rd, 经Jamberoo; 小汽车 $12; ◷9:00~17:00, 最晚16:00进入)这片惊人的亚热带雨林位于**布德罗国家公园**(Budderoo National Park)东端、基亚玛内陆方向15公里处。2.6公里长的步行环线沿一条小溪而建,穿过雨林。注意看水龙和琴鸟。另外一条1.6公里长的步行小径比较陡,通往**米纳姆拉瀑布**(Minnamurra Falls)。游客中心提供有用的公园和生态系统信息。咖啡厅值得试试,营业时间为:客人多的时候10:00~16:00,除此之外11:30~14:30。

平时有公共汽车从基亚玛车站开往这里,但每隔6小时才发1班。

★ 七英里海滩 海滩

(Seven Mile Beach; www.nationalparks.nsw.gov.au)这个蜿蜒的海滩背后是国家公园,有白色的沙滩,长度名副其实(甚至更长一点)。南起肖尔黑文角(Shoalhaven Heads),北至吉罗奥(Gerroa),公路主路上有多个出口通往国家公园内的野餐区域。

🛏 食宿

Bellevue Accommodation 公寓 $$

(☏02-4232 4000; www.bellevueaccommodation.com.au; 21 Minnamurra St; 房 $150~250; P😊❄️📶)两层楼的大宅子是19世纪90年代的,但房间装潢现代且舒适。公寓房配备全套厨具和洗衣设备,还有可爱的露台,能看到海景。走几步就到主街了。通常要求最少住2晚,但你不妨致电问询一下,没准有例外呢。

★ Kiama Harbour Cabins 小屋 $$$

(☏02-4232 2707; www.kiamacoast.com.au; Blowhole Point; 木屋 $300~400; P😊❄️📶)在城里最好的位置,这些木屋十分整洁,面朝大海的露台上有烧烤架,附近还有天然海水"泳池"。上述房价是1月的旺季价格,那时候要求最少入住7晚。其他时间只需住2晚即可,而且房价至少便宜25%。

Hungry Monkey 咖啡馆 $

(☏0403 397 353; thehungrymonkeyyy.com; 5/32 Collins St; 菜 $12~20; ⊙周一至周三 6:30~16:00, 周四至周六 6:30~21:00, 周日 7:30~16:00; 📶🅿️)这家非常可爱的咖啡馆跟一排工艺品店之类的店铺开在一起,有汉堡、卷饼、沙拉和早餐,原料丰富,口味多样。白天卖食物,晚上卖酒,所以在店里泡一整天都可以。

Kabari Bar 法式小馆 $$

(☏02-4233 0572; www.kabaribar.com; 78 Manning St; 主菜 $18~30; ⊙食物 周日和周一 8:00~15:00, 周三至周六 至22:00)这家可爱的小餐馆在城里热闹的冲浪海滩旁边,有外卖窗口,每天外卖窗口都排队。餐馆本身有两层,在室内就餐可以点比较高级的菜肴。面朝大海,景观不错,从海鲜到肉类和比萨,种类繁多,食物摆盘挺好看。楼上的酒吧周末有现场音乐表演。

ⓘ 实用信息

游客中心 (☏02-4232 3322; www.kiama.com.au; Blowhole Point Rd; ⊙9:00~17:00)在喷水孔那里,提供住宿信息。

ⓘ 到达和离开

坐火车到基亚玛最方便,开往伍伦贡、悉尼和瑙拉(博马德里,经贝里)的**悉尼火车**(Sydney Trains; ☏13 15 00; www.sydneytrains.info)班次频繁。

Premier (☏13 34 10; www.premierms.com.au)的长途汽车每天2班开往伊登($69, 7小时30分钟)和悉尼($25, 2小时30分钟)。**Kiama Coaches** (☏02-4232 3466; www.kiamacoaches.com.au)开往吉罗奥(Gerroa)、杰林贡(Gerringong)和米纳姆拉(经Jamberoo)。

袋鼠谷(KANGAROO VALLEY)

人口 300

瑙拉和贝里之间一条绿树成荫的蛇形公路经过美丽的袋鼠谷。这个可爱的古老小镇位于群山环抱之中,安静的主街两边有咖啡馆、工艺品店、一座古老的砂岩桥和一个很不错的小酒馆。周围地区可以进行骑车、徒步、划船和露营等活动。户外活动组织和民宿信息详见网站ww.visitkangaroovalley.com.au。

⊙ 景点

★ 金碧瓦拉观景台 观景点

(Cambewarra Lookout; ⊙7:30~21:00)这个观景点的指路牌紧邻袋鼠谷和瑙拉之间的金碧瓦拉山(Cambewarra Mountain),在观景点能远眺蜿蜒的肖尔黑文河、俯瞰海岸的冲积农田。观景台上有个咖啡馆,能全方位欣赏上述景色。

菲茨罗伊瀑布 瀑布

(Fitzroy Falls; www.nationalparks.nsw.gov.au; Morton National Park; 机动车每辆 $4)虽然夏季降水少,而且由于水库拦截,瀑布的水流经常变成涓涓细流,但这个81米高的瀑布的景色还是值得一看的。从观景台能看到远处森林覆盖的山峰和旁边光秃秃的砂岩峭壁——典型的新南威尔士州风光。**游客中心** (☏02-4887 7270; www.nationalparks.nsw.gov.au; Nowra Rd, Fitzroy Falls; 机动车每辆 $4; ⊙5月至8月 9:00~17:00, 9月至次年4月 9:00~17:30)是获取该地区野生动物和步行信息的最佳来源,这里还有个咖啡馆。瀑布在袋鼠谷桥的西北方向约17

公里处，沿着一条陡峭的山区公路上去即是。

🛏 食宿

村里和周边有多家精品民宿和农庄，它们都在通往贝里的公路边。村子中央有一两处露营地。要想在丛林里露营，可以出村，直奔Bendeela野餐地。沿途有路标。

★ Laurels B&B 民宿 $$$

(☎02-4465 1693; www.thelaurelsbnb.com.au; 2501 Moss Vale Rd; 房 $265~295; ❄️📶）民宿位于桥西北方向5公里处，是个令人满意的住处。百年历史的平房里有4间客房，房间面积超大，配备大床和优雅的古董家具，极为舒适。房东亲切而有教养，很热情。午后，在乡村的安静环境里看书、就着奶酪喝葡萄酒，真是令人愉悦的享受。

Bistro One46 法式小馆 $$

(☎02-4465 2820; www.bistro146.com.au; 146 Moss Vale Rd; 主菜 $26~34; ⏰周五17:30~21:00，周六 11:00~15:00和17:30~21:00，周日 11:00~15:00和17:30~20:30，周一和周二11:00~14:30和17:30~20:30）这家小餐馆在村中心的葡萄藤下，室内温馨，有个宜人的小露台。食物可口，但比较简单。有各种常见的菜，包括袋鼠肉片、海鲜和意大利菜，所有的菜都相当好吃。

ⓘ 到达和离开

Kennedy's(☎02-4421 7596; www.kennedystours.com.au）每周有几班长途汽车连接博马德里火车站和袋鼠谷。

肖尔黑文海岸 (SHOALHAVEN COAST)

悉尼人的度假目的地，拥有一流的沙滩。古老的城镇、州立森林公园和国家公园在郁郁葱葱的内陆星罗棋布，景色震撼人心。杰维斯湾的白沙滩和蔚蓝色的海水是一大亮点。

贝里(Berry)

人口 1700

虽然有点做作，但贝里无疑是个可爱的古老小镇，也是南部海岸的热门内陆度假地。逛逛镇里的古董和时装店，咖啡馆和餐馆的食物也很不错。目前镇子的主街兼公路干道交通颇为拥堵，等到辅路建好后，贝里将会是个安静而迷人的地方。

👁 景点

镇子的主街很短，两侧是受国家信托（National Trust）保护的建筑，贝里周边连绵的山区乡村还有一流的葡萄园。

★ Silos Estate 葡萄酒厂

(☎02-4448 6082; www.silosestate.com; B640 Princes Hwy, Jaspers Brush; ⏰品酒 11:00~17:00）🍃这个可爱的葡萄酒厂位于植被覆盖的山坡上，下方是贝里和瑙拉之间的美丽乡村，环境优美。参观者可以品尝两个牌子的葡萄酒，厂方还提供奶酪和羊驼火腿。这里还有一家非常好的餐馆、4间极为舒适的精品客房($205~275)以及多种意识超前的环境治理项目。

🛏 住宿

说到贝里，人们脑海里就浮出温馨的木柴壁炉的画面。无论冬夏，贝里都是一个热门的周末度假地。这里和袋鼠谷有许多家相当高档的住处。

Berry Hotel 酒店 $

(☎02-4464 1011; www.berryhotel.com.au; 120 Queen St; 单/双 $80/110; 🅿️❄️📶）当地的酒店，有卖酒执照。标准间很大，有电扇，浴室在大厅走廊内。酒店有个性，性价比高，所以尽管床垫有点软，但还是相当有特点的。阳台是公用的，食物说得过去，可以在后面的餐厅或庭院里就餐。

Berry Village Boutique Motel 汽车旅馆 $$

(☎02-4464 3570; www.berrymotel.com.au; 72 Queen St; 房 $185~275; 🅿️❄️✳️📶）这家管理有方的高档酒店在公路主路边，附设一个食物美味的餐厅，房间现代化，又大又舒适，有些房间配备崭新的大床。标准间对着前面，后面那些面朝更为安静的停车场。比较高级的房间有spa设施。这里的全方位升级证明它是一家优质酒店。

Bellawongarah at Berry 民宿 $$$

(☎02-4464 1999; www.accommodation-berry.com.au; 869 Kangaroo Valley Rd, Bellawongarah; 房$250~260; ▣※❀⊛)位于通往袋鼠谷的山区公里边，与贝里相距8公里，周围是雨林。有两间客房，一间是主屋的阁楼，面积大，布置奢侈，摆放着澳洲艺术品，有个大按摩浴缸（可俯瞰绿地），楼下有个温馨的小起居室和卧室区。另一间在建于1868年的卫斯理公会教堂木屋内，通风良好，有种法国乡村风情。

✖ 就餐

Famous Berry Donut Van 咖啡馆 $

(☎0435 297 530; 73 Princes Hwy; 甜甜圈$1.80; ◷9:00~18:00; ▣)到现在为止，经营者已经有好几代了，沿南部海岸驾车来这里的父母向孩子们保证，只要他们一路乖乖听话，就带他们到这家咖啡馆吃饭。甜甜圈是现做的，热乎乎，甜滋滋的，很好吃。还出售咖啡和其他快餐。

★ Silos Restaurant 新派澳大利亚菜 $$

(☎02-4448 6160; www.silos.com.au; B640 Princes Hwy, Jaspers Brush; 5道/8道菜的品尝菜单$70/95; ◷周四至周六 正午至14:00和18:00~22:00, 周日 正午至14:00, 1月每天营业)前身是个谷仓（店名Silo本身就意为"谷仓"），这家葡萄酒厂得名于此，楼下是餐厅。露台和餐室能看到梦幻般的长满葡萄藤的绿色山坡。看起来有点乡土气息，但菜肴完全不输大城市的名店。自信而有创意的口味组合、当地食材（包括葡萄酒厂饲养的羊驼）和热情的服务生使这家餐馆引人瞩目。

★ Hungry Duck 亚洲菜 $$

(☎02-4464 2323; www.hungryduck.com.au; 85 Queen St; 主菜$16~35, 5道/9道菜的宴席$55/85; ◷周一、周三和周四 18:00~21:30, 周五至周日 正午至14:00和18:00~21:30; ▣)✦当代亚洲菜做成了墨西哥快餐风格，但也有比较高级的主菜。后面有个院子兼厨房花园，调料直接取材自那里。新鲜的鱼、肉和鸡蛋都是当地产的。在镇中心的BP（英国石油公司）加油站附近。

Berry Woodfired Sourdough 面包房、咖啡馆 $$

(☎02-4464 1617; www.berrysourdoughcafe.com.au; Prince Alfred St和Princess St交叉路口; 馅饼$6.80, 主菜$16~26; ◷周三至周日 8:00~15:00)这家面包房有大量面包，也可以点菜——菜肴颇受欢迎。尝尝美味馅饼，或者分量更大的菜肴，菜单上食物样式不多但优质，而且每天都有鱼和肉类特价菜。店主在贝里的主街上还有一家面包房 **Milkwood Bakery**(☎02-4464 3033; www.berrysourdoughcafe.com.au; 109 Queen St; 馅饼$6.80; ◷周一至周五 6:00~17:30, 周六和周日 7:00~17:00)。

🛒 购物

Treat Factory 食品

(☎02-4464 1112; www.treatfactory.com.au; 6 Old Creamery Lane; ◷周一至周五 9:30~16:30, 周六和周日 10:00~16:00)虽然不挨着公路主路，但值得绕点路过来。这家老式的工厂店有大量石板街冰激凌（冰激凌或者慕斯里面夹杂了坚果、棉花糖和巧克力的冰冻甜品）和甘草糖等食品。泡菜和香肠也不错。

ℹ 到达和离开

开往瑙拉/博马德里($3, 10分钟)和基亚玛($3.40, 30分钟)的火车每1~2小时发1班, 在基亚玛换乘向北开往伍伦贡($4.50, 1.25小时)和悉尼($6, 2.75小时)的火车。

Premier(☎13 34 10; www.premierms.com.au)的长途汽车经基亚玛开往悉尼($25, 3小时, 每天2班), 也有经各沿海城镇往南开往伊登的车次。

瑙拉(Nowra)

人口 28,000

瑙拉是肖尔黑文地区最大的城市，离海岸约17公里。虽然南部海岸有不少比瑙拉更漂亮的城镇，但瑙拉一直是该地区的中心，生活节奏悠闲。如果要去周边的贝里、袋鼠谷和杰维斯湾等景点，瑙拉是个不错的大本营。瑙拉的姊妹城市博马德里是南部海岸铁路线的南端终点。

◎ 景点

梅鲁格尔宅 博物馆

(Meroogal; ☎02-4421 8150; www.sydneylivingmuseums.com.au; West St和Worrigee St交叉路口; 成人/儿童 $12/8; ◎周六10:00~16:00, 外加1月的周四和周五以及其他学校假期)建于1885年的老房子里陈列着四代居住其中的女人收集的古董, 很有意思。须参加带导游的团队游才能进入, 团队游每小时发一团(最晚发团时间为15:00)。可爱的建筑位于距瑞拉市中心以西三个街区的椭圆形区域, 环境清静。

Coolangatta Estate 葡萄酒厂

(☎02-4448 7131; www.coolangattaestate.com.au; 1335 Bolong Rd, Shoalhaven Heads; ◎葡萄酒厂 10:00~17:00) **免费** 在入海口北侧, 即博马德里以东13公里处, 紧邻肖尔黑文角(Shoalhaven Heads)。这家葡萄酒厂历史悠久、古色古香, 酒庄始建于1822年。可以品尝为人称道的葡萄酒,"葡萄酒花园"和餐馆是吃午饭的好地方, 可以骑**赛格威踏板车**(Segways; ☎0402 000 222; www.segwaytourssouthcoast.com.au; 团队游 $75~100)游览酒庄, 或坐大型"大脚"车(Bigfoot; ☎0428 244 229; www.bishopsadventures.com.au; Coolangatta Estate, Shoalhaven Heads; 成人/儿童 $25/15)来到山顶欣赏壮丽的景色。酒庄还为喝醉的客人提供极好的客房。

🛏 食宿

Coolangatta Estate 民宿 $$

(☎02-4448 7131; www.coolangattaestate.com.au; 1335 Bolong Rd, Shoalhaven Heads; 房 $140~220; P❄🐾🛏) 在这家宜人的酒庄住宿真是一种享受。房间分布在不同的建筑内, 房型差别极大, 既有为喝醉的客人准备的沧桑、精致小木屋(带高脚床), 也有位于仆人区或独立度假屋内的温馨房间。有不含餐的净房价, 非周末房价要低得多。常用作举办婚礼的地点, 因此房间在周末经常预订一空。酒庄在王子公路通往博马德里的路口以东13公里处。

Quest Nowra 公寓 $$

(☎02-4421 9300; www.questnowra.com.au; 130 Kinghorne St; 开间公寓 $189~216, 一室公寓 $209~236; P❄🐾🛏) 瑞拉的住处种类不多, 这家公寓多少弥补了这个缺憾, 令人高兴。公寓位于市中心, 现代化, 井井有条。单间公寓有大床、电炉、大小适中的冰箱和微波炉, 公寓房都配备全套厨具和洗衣机。房间面积和设施都不错, 还附设一间带熏肉室的咖啡厅兼餐厅。淡季房价会暴跌, 具体视客流量而定。

★ Wharf Rd 新派澳大利亚菜 $$

(☎02-4422 6651; www.wharfrd.com.au; 10 Wharf Rd; 小份/大份 $17/32; ◎周三至周六 正午至15:00和18:00~22:00, 周日 正午至15:00, 12月和次年1月营业时间延长) 这家餐馆就在河边, 算得上是瑞拉最好的位置, 尤其是当蓝楹花在河边盛开的时候。虽然车辆噪声大, 但是餐厅气氛浪漫, 菜肴上档次、质量高, 包括羊驼里脊、辣椒蓝眼鳕鱼和鱿鱼卷饼配鳄梨。朴实无华, 惹人喜爱, 它自然而然就成了城里最好的餐馆。

🍷 饮品和夜生活

★ Hop Dog Beerworks 自酿啤酒

(☎0428 293 132; www.hopdog.com.au; Unit 2, 175 Princes Hwy; ◎品酒和售酒 周二至周四和周六 10:00~16:00, 周五 10:00~18:00) 它位于瑞拉市中心以南4公里处的一间厂房内, 口感均衡的啤酒使其在全澳大利亚的啤酒界享有偶像地位, 总有新产品推出。虽然四周是一点都不浪漫的零售商场, 但来这儿聊聊天、喝喝酒还是很不错的。想买酒带走的话, 店里有玻璃瓶和金属瓶装的。在大型Bunnings Warehouse附近。

ℹ 实用信息

瑞拉游客中心 (Nowra Visitor Centre; ☎1300 662 808; www.shoalhaven.nsw.gov.au; 42 Bridge Rd; ◎周一至周四和周六 9:00~17:00, 周五 9:00~18:00, 周日 10:00~14:00) 在王子公路(Princes Hwy)西侧一间剧院内。

ℹ 到达和当地交通

Premier (☎13 34 10; www.premierms.com.au) 的长途汽车开往悉尼($25, 3小时)和其他沿海

城镇,也有经阿勒达拉($18,1小时)开往伊登($57,5~6小时)的车次。

悉尼火车(☎13 15 00;www.sydneytrains.info)从悉尼开往基亚玛,在基亚玛的同一个月台换乘经贝里开往瑙拉(博马德里)的火车。整个行程需要大约2小时45分钟。火车每1~2小时发1班。

当地公交车连接博马德里车站和市中心,并开往杰维斯湾、贝里和周边城镇。

杰维斯湾(Jervis Bay)

这片巨大的避风港拥有洁白的沙滩、清澈透亮的海水、景色优美的国家公园和嬉戏玩耍的海豚。季节性的游客包括来自悉尼的度假者(夏季和多数周末)和定期迁徙的鲸(5月至11月)。

1995年,原住民部落成功争得维克湾(Wreck Bay)景区的土地权,现在与政府共同管理杰维斯湾南端的波特里国家公园。奇怪的是,这片景区隶属于澳大利亚首都直辖区,而非新南威尔士州。

景区的发展主要集中在赫斯基森(Huskisson)和文森提亚(Vincentia)周边,北面海湾旅游基础设施相对匮乏。比克罗夫特半岛(Beecroft Peninsula)勾勒出杰维斯湾的东北边,其尽头是珀彭迪丘勒角(Point Perpendicular)十分陡峭的悬崖。半岛上有一些美丽而空无一人的海滩,多数地方属于海军,但通常也会对公众开放。

◎ 景点和活动

观鲸、观海豚、皮划艇和风筝冲浪等活动大多集中在赫斯基森。赫斯基森以南,**海姆斯海滩**(Hyams Beach)的沙子据说是世界上最白的。

杰维斯湾海事博物馆   博物馆

(Jervis Bay Maritime Museum;☎02-4441 5675;www.jervisbaymaritimemuseum.asn.au;Woollamia Rd, Huskisson;成人/儿童 $10/免费;◐10:00~16:00)收藏历史文物,有1912年的"登曼夫人号"(Lady Denman)渡轮和画廊兼商店**Timbery's Aboriginal Arts & Crafts**。每个月的第一个周六举办农夫市场。馆内还有游客信息中心。

Jervis Bay Kayaks   皮划艇

(☎02-4441 7157;www.jervisbaykayaks.com.au;13 Hawke St, Huskisson;皮划艇 2小时/4小时/1天 $39/59/69,海上皮划艇 3小时/1天 $60/75,自行车 2小时/1天 $29/50,团队游 $96~145)这家热情的皮划艇用品店提供简单的平台舟和立式桨板,在圣乔治湾(St Georges Basin)或杰维斯湾还提供单人和双人皮划艇(需有经验)。组织带导游的海上皮划艇之旅、自助露营和皮划艇远征。还出租自行车。

Dive Jervis Bay   潜水、浮潜

(☎02-4441 5255;www.divejervisbay.com;64 Owen St, Huskisson;2次潜水 $199)海洋公园里有很多潜水者,因为海水清澈,能见度高,而且有水下美景的地点很多。浮潜者可以游览附近的海豹栖息地(5月至10月)。这家公司提供PADI课程和带导游的潜水活动,还出租装备和自行车。

☞ 团队游

Jervis Bay Wild   野生动物、划船

(☎02-4441 7002;www.jervisbaywild.com.au;58 Owen St, Huskisson;游览 $35~95)应季时这家公司组织90分钟的观海豚游和时间更长的观鲸游,其他时间则是游览杰维斯湾美丽的海滩。另外一条游览线路是乘坐大巴到克拉龙(Currarong)坐船,欣赏比克罗夫特半岛周围的峭壁景观,然后乘坐大巴返回。

Dolphin Watch Cruises   野生动物、划船

(☎02-4441 6311;www.dolphinwatch.com.au;50 Owen St, Huskisson;◐观海豚/鲸/海豹团队游 $35/65/85)这家信誉良好的公司位于赫斯基森的主街,组织乘船游,船只有小快艇,也有更为舒适的三层甲板大船。应季(9月至11月)时的观鲸游好极了。出租38英尺长的双体船。

⛺ 住宿

周末和1月房价上涨。赫斯基森的酒店最多,但其他许多城镇里也有住处。波特里国家公园和比克罗夫特半岛都有露营地。

Huskisson B&B 民宿 $$

(02-4441 7551; www.huskissonbnb.com.au; 12 Tomerong St, Huskisson; 房 $225~255; P❉❀⊗⊜) 这座位于城郊附近带露台的老房子有百年历史了,有4个风格明快清新的房间,床铺舒适,浴室有个性(分体浴缸和长毛毛巾),还有许多令住宿者感到愉快的小设施。早餐质量高,周末早餐一直供应到午餐时段。

★ Paperbark Camp 度假屋 $$$

(02-4441 6066; www.paperbarkcamp.com.au; 571 Woollamia Rd, Woollamia; 双 $395~620; P⊗⊜) 这间生态度假屋有12个超级豪华的游猎帐篷,配备独立卫浴和观景台。位于离赫斯基森4公里的茂密丛林内。可以租皮划艇,沿着溪流划到海湾,或者骑上自行车去城里转转。附设一间极好的餐厅,仅对住店客人开放。房间含丰盛的早餐。

帐篷露营没有电力供应,只有太阳能的照明设施,但前台有充电口和客用冰箱。

餐饮

悉尼人认为赫斯基森是个时髦的周末度假地,城里有一两家不错的咖啡馆和小酒馆,还有一家一流的亚洲风味餐馆。除了文森提亚和卡拉拉海湾(Callala Bay)等地,杰维斯湾其他城镇的餐馆更少。

5 Little Pigs 咖啡馆 $

(02-4441 7056; www.5littlepigs.com.au; 64 Owen St, Huskisson; 菜肴 $12~19; ⊙周日至周四 7:00~16:00, 周五和周六 至17:00; ⊜) 活泼可爱,这家位于主街的咖啡馆每天很早就开门营业,出售好喝的咖啡以及多种可口的早餐和午餐食物。黑板上写着当天的特价菜,热情的店主是个聊天的好对象。

Wild Ginger 亚洲菜 $$

(02-4441 5577; www.wild-ginger.com.au; 42 Owen St, Huskisson; 主菜 $31.50; ⊙周二至周日 15:00~23:00; ⊜) 多少可以算是赫斯基森最高档的餐馆了,从泰国到东南亚和日本——多种亚洲风味都有。尝尝加入香料、口感微妙的鱼等当地海鲜。也出售鸡尾酒,18:00之前仅售$10。

Huskisson Hotel 小酒馆

(Husky Pub; 02-4441 5001; www.thehuskisson.com.au; 73 Owen St, Huskisson; ⊙周一至周六 23:00至午夜, 周日 至22:00; ⊜) 这家明亮清新的小酒馆不仅是赫斯基森的社交中心,实际上也是整个杰维斯湾的社交中心。它面朝壮丽的海湾景色,提供从比萨和汉堡到鱼类和牛排等各种一流食物,每天每个类别都有特价菜。室外露台面积大,夏季坐满客人,大多数周末露台上还有现场音乐表演。

❶ 实用信息

杰维斯湾游客信息中心(Jervis Bay Visitor Information Centre; Woollamia Rd, Huskisson; ⊙10:00~16:00) 在杰维斯湾海事博物馆大楼内,能提供有用的旅游信息。

❶ 到达和离开

Nowra Coaches(02-4423 5244; www.nowracoaches.com.au)的长途汽车开往杰维斯湾地区周边城镇,在那些城镇换乘开往瑙拉和博马德里火车站的车。

波特里国家公园 (Booderee National Park)

这个出色的国家公园位于杰维斯湾最南端的海面上方,公园内有一流的沙滩(与露营地相邻)和有趣的植物园,还有步行小径和原住民遗产。

◉ 景点

波特里植物园 花园

(Booderee Botanic Gardens; www.booderee.gov.au; ⊙8:00~16:00) 园内主要是大量的杜鹃花和海岸植物,当地原住民曾把这些植物用作食物和药材。植物园在国家公园内,紧邻通往Cave Beach的公路。

🛏 住宿

Bristol Point 露营地 $

(02-4443 0977; www.booderee.gov.au; 露营地 $22, 成人/儿童 每位加收 $11/5; P⊜) 这片露营地在国家公园森林内,沿着小径走,没多远就是杰维斯湾的海滩。只能帐篷露营,

而且没有供电。除学校假期之外的时间价格便宜得多。你可以步行去往Green Patch海滩，退潮后那里能露营。

Cave Beach 露营地 $

(☎02-4443 0977; www.booderee.gov.au; 露营地 $22, 成人/儿童 每位加收 $11/5; ℗)绿草茵茵的露营地在壮阔的海滩附近——也就是说，在这里露营的主要是冲浪者。有卫生间和淡水淋浴。不接受预订，只能扎帐篷。停车场走过来500米，因此车内不要放贵重物品。

Green Patch 露营地 $

(☎02-4443 0977; www.booderee.gov.au; 露营地 $22, 成人/儿童 每位加收 $11/5; ℗)波特里的露营地中最大的一个，也是唯一允许露营车驶入的。分为两部分，分别在一个潟湖的两侧。走不多远就是杰维斯湾的海滩。没有电，但有水、卫生间、淋浴和烧烤设施。

❶ 实用信息

波特里游客中心(Booderee Visitor Centre; ☎02-4443 0977; www.booderee.gov.au; Jervis Bay Rd; ◷周日至周四 9:30~15:00, 周五和周六 9:00~16:00, 1月每天 9:00~16:00)波特里游客中心位于波特里国家公园入口，可以获取地图和信息。

❶ 到达和离开

长途汽车最远能到海姆斯海滩，但不在那里驻车，下客后即返。

阿勒达拉和莫里莫克
(Ulladulla & Mollymook)

人口 12,100

阿勒达拉是个渔业城镇，位于风景如画的海边。北侧，与阿勒达拉相连的莫里莫克有漂亮的海滩，也是悉尼人最喜欢的夏季度假胜地。城里有几个不错的酒店和餐馆，附近还有其他的美丽海滩。

◉ 景点和活动

米尔顿(Milton) 村庄

19世纪建立的小村镇米尔顿位于阿勒达拉以北6公里处的王子公路旁边，是个宜人的景点，村里有工艺品店、老房子和城里来的俊男靓女。也有不错的餐馆和酒店。

穆拉马兰国家公园 国家公园

(Murramarang National Park; www.nationalparks.nsw.gov.au; 每辆小汽车每天 $8)这个狭长的景观公园依靠一块空无人迹的海岸，有优质的海滩、原住民遗产以及大量的动物和鸟类。有几个海滩很适合冲浪，步行小径标识清晰，可以开展地面户外活动。

★ 鸽屋山 徒步

(Pigeon House Mountain; Didthul)这个标志性的山峰在莫顿国家公园(Morton National Park)内、阿勒达拉以西约33公里处的公路边，属于布达旺(Budawang)山脉，很适合步行。半山腰有个平台，两侧山脚各有一条丛林登山路，到半山腰后沿台阶登顶，在那里欣赏壮美的风景。从停车场到山顶往返5.3公里，需要3~4小时。

🛏 住宿

Ulladulla Lodge 青年旅舍 $

(☎02-4454 0500; www.ulladullalodge.com.au; 63 Princes Hwy, Ulladulla; 铺 $35, 双 $80~85; ℗ ❀)这家客栈风格的青年旅舍气氛悠闲，有种冲浪者休息站的感觉。干净、舒适，离海滩相当近。店主出租冲浪板、泳衣和皮划艇。有公用厨房和烧烤架，但Wi-Fi覆盖范围仅限前台。

Mollymook Shores 汽车旅馆 $$

(☎02-4455 5888; www.mollymookshores.com.au; 11 Golf Ave, Mollymook; 房 $145~235; ℗ ❀ ※ ⓘ)就在莫里莫克的海边，就风格而言，不太像汽车旅馆，而是更像酒店。房间围绕一个绿树成荫的院子。所有房间新近都翻修过，面积大，设施全。店主和服务生热情，因此这里是个不错的海边住处。房型分7种，配备的设施略有不同。早餐可以送到房间，但没有餐厅。

★ Bannisters Pavilion 酒店 $$$

(☎02-4455 3044; www.bannisters.com.au; 87 Tallwood Ave, Mollymook; 房 $275~430; ℗ ❀ ※ ⓘ ⓘ)这家新开业的酒店在莫里莫克海滩与内陆连接的地方，建筑看起来很豪华，充满设计感，与周边环境融为一体。公共空间大,走廊宽阔,房间奢华明亮,面朝迷人的树林,带独立天井或阳台。顶层很有趣,有酒吧、加热泳池和休闲但时尚的餐厅。

★ **Bannisters by the Sea** 酒店 $$$

(02-4455 3044; www.bannisters.com.au; 191 Mitchell Pde, Mollymook; 房 $365~510, 套 $430~925; P❋❖❆❈)20世纪70年代的汽车旅馆,低调而奢华。房间一直很有格调,浅色装饰与海滩风情相称。阳台面朝大海,亮点是能听到冲浪者的欢声笑语,以及任劳任怨的服务生和一流的餐厅。每个房间门口都有折叠遮阳伞,这一点很暖心——毕竟这里是南部海岸。房价均含早餐。

✖ 就餐

Hayden's Pies 面包房 $

(02-4455 7798; 166 Princes Hwy, Ulladulla; 馅饼 $4~7; ⊙周一至周六 6:00~17:00,周日 7:00~17:00)一流的面包房,既有传统烘焙也有多种创新的美味馅饼,例如北京烤鸭和咖喱羊肉口味,外皮酥脆,味道香喷喷。每天推出特价馅饼,也有无麸馅饼和其他家常点心。算不算南部海岸最好吃的馅饼?反正找不出更好吃的。

★ **Tallwood** 新派澳大利亚菜、咖啡馆 $$

(02-4455 5192; www.tallwoodeat.com.au; 2/85 Tallwood Ave, Mollymook; 早餐 $12~26,晚餐主菜 $28~36; ⊙周三至周五和周一 18:00~22:00,周六和周日 8:00~14:30和18:00~22:00,其他时间仅售咖啡,1月营业时间延长; ❈)美好的一天从Tallwood的美味咖啡和芝士烤饼等早餐开始,周末的早午餐和晚餐还有更富创意的菜肴。店内装修时尚,颜色缤纷,美食包括藏红花蛋黄酱配葡萄牙鱼肉饼、巴厘岛香辣鸭肉和dukkah茄子,也有素食。澳大利亚自酿啤酒和葡萄酒是该店引以为傲的特色。

★ **Cupitt's Winery & Restaurant** 新派澳大利亚菜 $$$

(02-4455 7888; www.cupitt.com.au; 58 Washburton Rd, Ulladulla; 主菜 $30~40; ⊙食物 周三至周日 正午12:00~14:00,周五和周六 18:00~20:30,葡萄酒酿酒厂 周三至周日 10:30~17:00; ❈)在城西3公里处,有路标指向这里。前身是建于1851年的乳品厂,翻建后成了餐馆。这里的菜肴和葡萄酒广受好评。地点位于乡间,环境宜人,山坡下有个湖,还能看到在青葱的山谷里吃草的牛群。葡萄园里有一个精品客栈(1晚/2晚 $330/575)和一个啤酒酿造厂。餐厅只采用优质原料,遵循慢煮原则。提前订位。

Rick Stein at Bannisters 海鲜 $$$

(02-4455 3044; www.bannisters.com.au; 191 Mitchell Pde, Mollymook; 主菜 $36~48; ⊙周三、周六和周日 12:30~15:00和18:00~22:00,周四和周五 18:00~22:00; ❈)位于城北1公里处的Bannister's Point,环境优雅。著名大厨里克·斯坦(Rick Stein)精选海鲜,精心制作,美食与美景相称。菜肴略有法国和亚洲风味,常年供应牡蛎、当地鲷鱼和海鲜馅饼。

❶ 实用信息

肖尔黑文游客中心(Shoalhaven Visitor Centre; 02-4444 8819; www.shoalhavenholidays.com.au; Princes Hwy, Ulladulla; ⊙周一至周六 9:00~17:00,周日 9:00~16:00)位于公路边的市政厅兼图书馆内,提供预订服务和游览信息。

❶ 到达和离开

Premier(13 34 10; www.premierms.com.au)的长途汽车连接悉尼($35, 4.25~5小时)和伊登($50, 4小时),分别途经巴特曼斯贝($14, 45分钟)和瑙拉($18, 1小时)。

尤罗博达拉海岸(EUROBODALLA COAST)

尤罗博达拉的意思是"多水之地",这个位于南部的海岸有青天碧水。在广袤的尤罗博达拉国家公园(Eurobodalla National Park)内,长条形的绿地星罗棋布。

巴特曼斯贝(Batemans Bay)

人口 11,300

附近的美丽海滩和迷人的河口使这个渔业小城成为南部海岸最受欢迎的度假中心之

一。小城坐落在克莱德河(Clyde River)入海口,看起来像个老式的避暑胜地。想要体验水上运动,巴特曼斯贝是个很好的大本营。

👁 景点和活动

Corrigans Beach是离小城最近的海滩,通往穆拉马兰国家公园(Murramarang National Park)的桥的北侧还有更长的海滩。冲浪者常去**粉石**(Pink Rocks)、**冲浪海滩**(Surf Beach)、**马鲁亚湾**(Malua Bay)、**麦肯基海滩**(McKenzies Beach)和**本杰罗海滩**(Bengello Beach)。**布鲁利**(Broulee)有一大片月牙形的沙滩,但北端有大浪。

要玩水上运动,巴特曼斯贝是个很好的大本营。水上运动公司多如牛毛,他们提供课程,出租皮划艇、冲浪板、浮潜设备或立式桨板,并组织相应的带导游远足。有些总部在其他城镇的公司也在此地做生意。

Total Eco Adventures 水上运动

(📞02-4471 6969; www.totalecoadventures.com.au; 7/77 Coronation Dr, Broulee)出租皮划艇,组织本地区周边不同路线的河上皮划艇游。也能组织浮潜和立式桨板冲浪远足游,并出租冲浪板。

Surf the Bay Surf School 冲浪

(📞0432 144 220; www.surfthebay.com.au; 团队/私人课程 $40/90)这家冲浪和桨板冲浪学校在巴特曼斯贝、布鲁利和纳鲁马都设有分部,学校假期期间还为儿童提供特殊的课程。也出租装备。

Region X 皮划艇

(📞1300 001 060; regionx.com.au; 皮划艇1小时 $30, 团队游 $75~95)租个皮划艇探索附近的水域,或者参加划船团队游去往巴特曼斯贝和南边的海岸。也出租自行车,取车处在巴特曼斯贝南边的Mossy Point。

🛏 住宿

Zorba Waterfront Motel 汽车旅馆 $$

(📞02-4472 4804; www.zorbamotel.com.au; Orient St; 房 $130~180; P🐾❄🛜)位置近便,就在一连串海边餐馆旁边。这家友好的家庭经营旅馆已经营业多年。蓝色的装饰与希腊语的店名呼应,房间宽敞舒适,带阳台或露台。值得多花点钱住海景房。

Bay Breeze 汽车旅馆 $$

(📞02-4472 7222; www.baybreezemotel.com.au; 21 Beach Rd; 房 $175~300; P🐾❄🛜)这家高级汽车旅馆能俯瞰海湾,位置绝佳。管理水平很专业,虽然只有7个房间,但经营者按照精品酒店的细节打理房间。房间略有巴厘岛的感觉,配备咖啡机和雅致浴室。

🍴 就餐

Innes' Boatshed 炸鱼和薯条 $

(📞02-4472 4052; 1 Clyde St; 鱼和薯条 $14, 半打牡蛎 $9; ⏰周日至周四 9:00~20:00, 周五和周六 9:00~20:30)从20世纪50年代起就是南部海岸最火的炸鱼和薯条(以及牡蛎)餐馆。基本上位于市中心。坐在宽敞的露台上吃,要小心鹈鹕抢食。只收现金,不卖酒,也没有打包服务。

Blank Canvas 咖啡馆 $$

(📞02-4472 5016; Annetts Arcade,

> **值 得 一 游**
>
> ### 莫戈(MOGO)
>
> 莫戈位于巴特曼斯贝以南9公里处,是一条具有历史价值的商业街,街边都是木制房屋,有咖啡馆和纪念品商店。它最初是一个淘金小镇,**淘金殖民地**(Gold Rush Colony; 📞02-4474 2123; www.goldrushcolony.com.au; 26 James St; 成人/儿童 $20/12; ⏰10:00~16:00)按照当年的村子风貌仿建,能免费体验淘金,还有木屋酒店。
>
> **莫戈动物园**(Mogo Zoo; 📞02-4474 4930; www.mogozoo.com.au; 222 Tomakin Rd; 成人/儿童 $31/16; ⏰10:00~17:00)在公路以东2公里处,面积虽小却很有看头,园内有罕见的白狮子和招人喜爱的猩猩家族。

Orient St；菜肴 $14~32；2月至12月 周一至周三 8:30~14:00和17:30~20:30，1月每天 8:30~21:00；🛜）就在海边，有个带树阴的宜人露台。白天是咖啡馆，晚上变成一个私密的新派澳大利亚餐馆。认真制作咖啡，有冷萃咖啡和各种单一咖啡豆咖啡，是城里最好的早餐或早午餐去处。

On the Pier　　　　　　　　　海鲜 $$$

（📞02-4472 6405；www.onthepier.com.au；2 Old Punt Rd；主菜 $29~35；⏰周四 18:00~20:30，周五和周六 正午至14:00和18:00~20:30，周日 9:00~15:00）这家生意火爆的巴特曼斯贝餐馆位于水边，在这里能将河景和远处的群山尽收眼底，日落时景色尤其美。服务热情，本地鱼是亮点，但肉类菜肴也做得很美味。服务利落，气氛悠闲。一年之中营业时间时有变化。

🛈 实用信息

巴特曼斯贝游客中心（Batemans Bay Visitor Centre；📞02-4472 6900；www.eurobodalla.com.au；Princes Hwy和Beach Rd交叉路口；⏰9月至次年4月 9:00~17:00，5月至8月 9:00~16:00）提供该城和尤罗博达拉地区的旅游信息。

🛈 到达和离开

风景如画的国王公路沿峭壁攀升，从巴特曼斯贝北侧通往堪培拉。

Premier（📞13 34 10；www.premierms.com.au）的长途汽车开往悉尼（$45，6小时）和伊登（$46，3~4小时），分别经过阿勒拉拉（$16，45分钟）和莫鲁亚（Moruya；$11，30分钟）。

默里斯（📞13 22 51；www.murrays.com.au）的长途汽车开往堪培拉（$37.60，2小时30分钟）、莫鲁亚（$13.60，40分钟）和纳鲁马（$20.90，1.75小时）。

V/Line（📞1800 800 007；www.vline.com.au）的长途汽车和火车联运经拜恩斯代尔（$60.60，11小时30分钟）开往墨尔本，周二、周五和周日发车。

Priors（📞02-4472 4040；www.priorsbus.com.au）提供地区交通服务，包括经各冲浪海滩开往布鲁利和莫鲁亚的公共汽车。

莫鲁亚（Moruya）

人口 2500

维多利亚时代的建筑聚集在莫鲁亚（名字意为"黑天鹅"）宽阔的河边。周六的市场很受欢迎，城里有一两家不错的酒店和餐馆。

🛏 食宿

★ Post & Telegraph B & B　　　民宿 $$

（📞02-4474 5745；www.postandtelegraphbb.blogspot.com；Page St和Campbell St交叉路口；单/双 含早餐 $125/155；🅿🐕🛜）19世纪的邮政和电报局改建成有4间客房的古色古香的民宿。除了真挚的热情服务和随处可见的暖心细节，还有高高的天花板、有年代感的装饰品以及古董家具和小物件。这里有可以共享的露台、雪莉酒和波特酒，公共休息室也不错。找不到比这儿更可爱的住处了。

The River　　　　　　新派澳大利亚菜 $$$

（📞02-4474 5505；www.therivermoruya.com.au；16b Church St；主菜 $30~36，5道菜试吃套餐 $85，含搭配的葡萄酒 $115；⏰周三至周日 正午至14:30，周三至周六 18:00~21:30；🌶）就在河边高处、莫鲁亚市中心的桥西侧。采用应当地食材烹制国际风味美食。新派澳大利亚菜款式不多，但质量高，有一套五道菜的品尝餐可供选择。提前订位。

🛈 到达和离开

莫鲁亚机场（Moruya Airport, MYA；📞0409 037 520；www.esc.nsw.gov.au；George Bass Dr）与市区相距7公里，邻近北角（North Head）。区域快线（📞13 17 13；www.rex.com.au）的航班从这里飞往默林布拉和悉尼。

默里斯（📞13 22 51；www.murrays.com.au）的长途汽车开往堪培拉（$40.80，3小时30分钟）、巴特曼斯贝（$13.30，40分钟）和纳鲁马（$14.80，45分钟）。

Premier（见207页）的长途汽车经巴特曼斯贝（$11，30分钟）开往悉尼（$49，6~7小时），也有经各沿海城镇直达伊登（$46，2小时30分钟至3小时）的车次。

纳鲁马（Narooma）

人口 2400

纳鲁马地处绿树成荫的河口，两侧有冲浪海滩，是一座景色宜人的海滨小镇。这也是去蒙塔古岛的出发点，这绝对是一次有意义的近海短途旅行。

◉ 景点和活动

★ 蒙塔古岛　　　　　　　　　　自然保护区

[Montague Island(Baranguba); www.montagueisland.com.au]这座小型的无虫岛距纳鲁马9公里，是海鸟和毛皮海豹的聚居地。小企鹅也在此做窝，每年9月至次年2月是高峰期。9月至11月，海豹和近海鲸鱼的数量最多。公园管理方组织多种团队导览游，依参团人数和天气情况而定。可以提前通过游客中心预订。上午的团队游时间较长，晚上的团队游要等企鹅上岸。船商可以将蒙塔古岛游览与浮潜和观鲸结合起来。

岛上的**灯塔看守人小屋**(lighthouse keepers' cottages; ☎02-4476 0800; www.nationalparks.nsw.gov.au; Montague Island; 小屋$1200~1800; ❋❂)经过精心修复，可以住宿，但需要提前订房。

Narooma Marina　　　　　　　　　划船

(☎02-4476 2126; www.naroomamarina.com.au; 30 Riverside Dr; 船 每小时/半天/全天 $55/145/265，冲浪板 半天/全天 $20/40，皮划艇 第1个小时$25，之后每小时$20)这家友好的旅行社出租独木舟、皮划艇、脚踏船、渔船、冲浪板和立式桨板。它基本上可以一站式满足你的水上运动装备要求。注意：除非参加获得许可的团队游，否则禁止登陆蒙塔古岛。

Underwater Safaris　　　　　　　　潜水

(☎0415 805 479; www.underwatersafaris.com.au; 1次/2次潜水 $80/120)这家潜水公司提供PADI课程，以及蒙塔古岛周边和沿海其他地点的带导游潜水。也组织浮潜游和观鲸游。

☞ 团队游

Montague Island Nature Reserve Tours　　　　　　　步行、划船

(☎02-4476 2881; www.montagueisland.com.au; 每人 $90~125)组织蒙塔古岛乘船游的旅行社不计其数，上岛后在国家公园导游带领下会参观海豹栖息地和灯塔等景点。参加旺季时的夜间团队游能看到企鹅上岸回巢。可通过纳鲁马（见208页）或巴特曼斯贝的游客中心预订。

🛏 住宿

Narooma Motel　　　　　青年旅舍、汽车旅馆 $

(☎02-4476 3287; www.naroomamotel.com.au; 243 Princes Hwy; 铺 $35~40，双 $100~130; ▣❋@❂)服务真挚而热情，房价相当公道，这家汽车旅馆是个惹人喜欢的地方。汽车旅馆风格的房间和宿舍房间面积小、房价低。公用厨房面积大，还有一个可爱的音乐厅和一个能烧烤的安静花园。亲切的店主Heather和Les竭力使你感到宾至如归。

★ Whale Motor Inn　　　　　　汽车旅馆 $$

(见209页地图; ☎02-4476 2411; www.whalemotorinn.com; 104 Wagonga St; 双 $143~231; ▣❋❅❂❇)由一对热情的夫妻经营，房价不贵，是个出色的住处。高级套房(Premier)宽敞时尚，性价比高。各种套房也是亮点，配备高级设施和各种贴心的细节。附设一个小泳池和一个优质餐厅，能看到全方位景观。

Anchors Aweigh　　　　　　　　　民宿 $$

(见209页地图; ☎02-4476 4000; www.

另辟蹊径

奇妙的神秘湾（MYSTERY BAY）团队游

在纳鲁马以南、通往Tilbas的公路出口处，沿着公路前往尚未开发的**神秘湾**和**尤罗博达拉国家公园**的最南端。在主冲浪海滩的南端尽头，一块岩石构成了一个理想的**天然游泳池**。由议会管理的**露营地**(☎0428 622 357; www.mysterybaycampground.com.au; Mystery Bay Rd, Mystery Bay; 成人/儿童 $16/4)绿树成荫。露营地离海滩非常近，你的脚丫一踩到沙子就几乎碰到海水了。

Narooma 纳鲁马

anchorsaweigh.com.au; 5 Tilba St; 单 $105, 双 $149~225; ⓟ❋@) 🍴 五间客房宽敞明亮,其中两间有水疗浴缸和大床,一间有独立阳台。这家民宿位于市中心一条小巷里,服务热情,是南部海岸一个不错的住处。公共区域也很不错,早餐室摆放着泰迪熊和其他收藏品,还有能跑的现代火车模型。

🍽 就餐

Quarterdeck Marina　　　　　咖啡馆 $$

(见209页地图; ☎02-4476 2723; www.quarterdecknarooma.com.au; 13 Riverside Dr; 主菜 $15~29; ⓒ周四 10:00~16:00, 周五 10:00~20:00, 周日 10:00~15:00和18:00~20:00, 周六 8:00~15:00; @) 走入这间坐落在红色房子里的咖啡馆,在几十个提基神像和墙上20世纪50年代电视明星海报的凝视下,享用海鲜午餐和周日的早餐。能看到美丽的海湾景色,定期有现场音乐表演。在这里真的很享受。

Whale Restaurant　　　新派澳大利亚菜 $$$

(见209页地图; ☎02-4476 2411; www.whalemotorinn.com; 104 Wagonga St; 主菜 $31~36; ⓒ周二至周六 18:00~21:00; @) 🍴 在这家汽车旅馆的餐厅就餐,食物跟梦幻般的海滨景色一样迷人。坚持使用优质当地原料(有些来自自家蔬菜园子),用美味的当地牡蛎、自制面条、迪巴(Tilba)奶酪、可持续捕捞的鱼和老牛肉制作菜肴。店内有个宜人的休息室,是餐前喝一杯的好地方。

ⓘ 实用信息

纳鲁马游客中心和画廊(Narooma Visitor Centre and Gallery; 见209页地图; ☎02-4476 2881; www.narooma.org.au; Princes Hwy; ⓒ10月至次年复活

节9:00~17:00,复活节至9月10:00~16:00)这个游客中心由热情的志愿者经营,是获取当地信息的好地方。中心内还有一个出售当地艺术和工艺协会作品的画廊和一个免费的历史博物馆。也可以在这里购买长途汽车票。

❶ 到达和离开

Premier(📞13 34 10; www.premierms.com.au)的长途汽车开往伊登($41,15分钟)和悉尼($58,7小时),后者经过伍伦贡($56,5小时)。V/Line(见207页)每天1班长途汽车和火车联运,从纳鲁马经拜恩斯代尔开往墨尔本($60.60,11小时)。

默里斯(📞13 22 51; www.murrays.com.au)每天有长途汽车开往莫鲁亚($14.80,1小时)、巴特曼斯贝($20.90,2小时)和堪培拉($48.40,4.5小时)。

地区长途汽车围绕纳鲁马地区行驶。

迪巴迪巴和迪巴中心 (Tilba Tilba & Central Tilba)

伯马吉的沿海公路在进入环路之前再次与王子公路交会。环路一直通往古拉格(Gulaga)附近的这些被列入《国家信托名录》的村庄。迪巴迪巴的面积只有其邻居(沿公路2公里处)的一半大小。

自19世纪因采挖黄金成为新兴城市以来,迪巴中心的面貌基本上维持不变。游客聚集的Bate St两侧都是老建筑,有不少咖啡馆和工艺品商店。沿小酒馆Dromedary后面的街可以走到水塔,一睹古拉格[原名单峰骆驼山(Mt Dromedary),顾名思义可知其形状]壮美的景色。

⊙ 景点

毛地黄花园 花园

(Foxglove Gardens; 📞02-4473 7375; www.foxglovegardens.com; Corkhill Dr, Tilba Tilba; 成人/儿童$9/2; ⓧ10月至次年3月9:30~17:00,4月至9月10:00~16:00)这个占地3.5英亩的奇妙私家花园位于迪巴迪巴南端,是一个令人惊奇的安静世界。花园内有隐秘的林荫道、玫瑰园、凉亭、鸭子池塘和其他维多利亚风格的建筑。本书采写之际,水边的古老木屋正在翻建成民宿,竣工后应该值得住上一晚。

🏠 住宿

★ Bryn at Tilba 民宿 $$

(📞02-4473 7385; www.thebrynattilba.com.au; 91 Punkalla-Tilba Rd, central Tilba; 房$235~265; 🅿️🚭)沿迪巴中心的主街往城外走,出城1公里后来到这个坐落在草坪山坡上的安静而可爱的建筑。房间和宽敞的阳台视野开阔,景色无限。客房有3间,铺着硬木地板,通风良好,公用浴室很豪华。还有一间单独的有厨卫设备的木屋。

❶ 实用信息

Bates Emporium (Bate St, Central Tilba; ⓧ周一至周五8:00~17:00,周六8:30~16:30,周日9:00~16:30; 📶)位于迪巴中心主街的起点,提供信息和燃油。

❶ 到达和离开

Premier(📞13 34 10; www.premierms.com.au)每天分别有1班长途汽车经纳鲁马($8,25分钟)开往悉尼($59,8小时)以及经默林布拉($28,90分钟)开往伊登($36,2小时)。

蓝宝石海岸 (SAPPHIRE COAST)

新南威尔士州海岸的最南段是最令人难忘的海岸之一。其实,走王子公路以东的任何一条路,都能到达隐藏在崎岖壮观风景中的洁净海滨。一流的国家公园内有海滩、野生动物和乡村露营地,城镇有真正的海滨风情和有趣的老房子,这片地区9月至11月的观鲸活动算得上是澳大利亚最好的。另一大亮点是本地牡蛎——称得上是全球有名的高级海鲜。

伯马吉(Bermagui)

人口1500

在群鸟栖息的瓦拉加湖(Wallaga Lake)以南,伯马吉(昵称为"Bermie")是悠闲舒适的渔港,也是渔民、冲浪者、另类生活达人和澳大利亚原住民的居所。伯马吉不挨着公路,所以它比那些公路边的城镇更安静。

🛏 食宿

Harbourview Motel   汽车旅馆 $$

(☎02-6493 5213; www.harbourviewmotel.com.au; 56-58 Lamont St; 单 $160~185, 双 $180~205; ▣☺❀☏) 这家汽车旅馆井井有条,房间像样板间一样又干净又宽敞,热情的店主把房间打扫得一尘不染,他也是当地的百事通。每个房间都有独立的烧烤区域、全套厨具和很好的设施。附设一间日式餐厅。旅馆位置好,去海滩或渔车码头(Fishermen's Wharf)都很近。

Bermagui Motor Inn   汽车旅馆 $$

(☎02-6493 4311; www.bermaguimotorinn.com.au; 38 Lamont St; 单/双 $120/130, 豪华双 $165; ▣☺❀☏) 位置好,紧邻伯马吉主要的十字路口。店主夫妇亲切和蔼,房间宽敞时尚,有舒服的床和体面的设施,包括洗衣房。比较便宜的房间只有双人床,贵一些的房间面积更大,设施更多。

★ Il Passaggio   意大利菜 $$

(☎02-6493 5753; www.ilpassaggio.com.au; Fishermen's Wharf, 73 Lamont St; 比萨 $18~24, 主菜 $26~36; ⏰周三和周四 18:00~21:00, 周五至周日 正午至14:00和18:00~23:00) 在渔港旁边建筑的顶层,你可以坐在室外就餐区,俯瞰入港的渔船——你的菜肴就来自他们的渔获。美味的正宗意大利比萨最受欢迎,此外还有几道优质主菜、家常意面和爽口开胃菜。葡萄酒和欢快的服务生为这家餐馆赢得人气。

🍷 饮品和夜生活

★ Horse & Camel Wine Bar   葡萄酒吧

(☎02-6493 3410; www.horseandcamel.com.au; Fishermen's Wharf, 73 Lamont St; ⏰3月至11月 周四至周日 15:00~22:00, 12月至次年2月 周三至周一 14:00至深夜) 这家亲切热情的葡萄酒吧在渔人码头建筑的顶层,如果你想坐在阳台上边喝葡萄酒边俯瞰往来的船只,那么这里是最好的。室内很温馨,有一排盘装熟食供客人自取,周末还提供厚边比萨($17~26)。根据客人的要求,营业时间会有轻微变化。

ⓘ 实用信息

游客中心 (☎02-6493 3054; www.visitbermagui.com.au; Bunga St; ⏰10:00~16:00) 专门修建的信息中心,位于城镇中最主要的十字路口附近,楼内有个博物馆和发现中心。

ⓘ 到达和离开

Premier (☎13 34 10; www.premierms.com.au) 的长途汽车连接悉尼($60, 8.5小时)和伊登($31, 1小时45分钟),每天1班。

V/Line (见207页) 每周4班大巴开往维多利亚州的拜恩斯代尔,到那里后换乘火车前往墨尔本(总价$60.60, 10.5小时)。

默林布拉和潘布拉(Merimbula & Pambula)

人口 7700

默林布拉沿长长的黄金海滩和迷人的河口延伸开来,是度假者和退休者的居所。夏季,这里是南部海岸以外少数熙熙攘攘的地方之一。

默林布拉和附近的潘布拉因出产优质牡蛎而出名,来这里时一定要尝尝。

◉ 景点

长鼻袋鼠动物园   动物园

(Potoroo Palace; ☎02-6494 9225; www.potoroopalace.com; 2372 Princes Hwy, Yellow Pinch; 成人/儿童 $20/12; ⏰10:00~16:00; 👶) 这个非营利的动物保护地管理有方,园内有针鼹鼠、袋鼠、澳洲野狗、考拉、长鼻袋鼠和本土鸟类。还开了一个咖啡厅,每天推出特价午餐。位于默林布拉西北方向19公里处通往贝加(Bega)的公路边。

默林布拉水族馆   水族馆

(Merimbula Aquarium; ☎02-6495 4446; www.merimbulawharf.com.au; Lake St; 成人/儿童 $22/15; ⏰10:00~17:00) 位于市中心东南方向公路的尽头,要穿过一个能看到极美景色的餐馆才能到门口。大部分当地和澳大利亚热带鱼类能在这个水族馆里见到,此外还有一只海龟和一些小鲨鱼。周一、周三和周五11:30有喂鱼环节。门票通常包含带导游的团队游。

Merimbula 默林布拉

Merimbula 默林布拉

❸ 活动、课程和团队游
1. Cycle 'n' Surf B3
2. Merimbula Divers Lodge A1
3. Merimbula Marina B2

🛏 住宿
4. Coast Resort B3
5. Wandarrah Lodge B3

🍴 就餐
6. Dulcie's Cottage B1

🏃 活动

Cycle 'n' Surf
骑车、冲浪

（见212页地图；☎02-6495 2171；www.cyclensurf.com.au；1b Marine Pde；自行车 每小时/半天/全天 租金 $12/25/35）可靠而友善的户外用品店，在海滩附近，专营自行车，也出租身体冲浪板和冲浪板。

Coastlife Adventures
冲浪、皮划艇

（☎02-6494 1122；www.coastlife.com.au；Fishpen Rd；团队/私人 冲浪课程 $65/120，皮划艇团队游 $65起，皮划艇和立式桨板 租金 每小时 $25）提供冲浪和立式桨板冲浪课程，也出租装备，还组织海上皮划艇团队游并出租皮划艇。在潘布拉海滩（Pambula Beach）和塔斯拉（Tathra）设有分部。

Merimbula Marina
观赏野生动物

（见212页地图；☎02-6495 1686；www.merimbulamarina.com；Merimbula jetty, Market St）这家公司经营观鲸团队游，9月至11月每天发3个团，报名很火爆。也有观赏海豚的游船（$35）和钓鱼游（4小时 $90）。你还可以租条船自己玩。

Merimbula Divers Lodge
潜水

（见212页地图；☎02-6495 3611；www.merimbuladiverslodge.com.au；15 Park St；1次/2次 乘船潜水 $69/120，1次/2次潜水 装备 $55/99）提供简易指导、PADI课程和很适合初学者的浮潜之旅。组织带导游的潜水活动，探寻附近的船只残骸，包括1950年沉没的"格莱斯顿帝国号"（Empire Gladstone）。也有包含住宿的全包游。

🛏 住宿

NRMA Merimbula Beach Holiday Park
露营地 $

（☎02-6499 8999；www.nrmaholidayparks.com.au；2 Short Point Rd；露营地 $40~60，小屋和别墅 $150~360；P🐕🛜❄🏊）离市中心有点远，但离冲浪海滩和短角海滩（Short Point Beach）的美景很近。露营地有电和没电的都有，有些能看到峭壁。部分小屋和别墅很高档。

Wandarrah Lodge
青年旅舍

（见212页地图；☎02-6495 3503；www.wandarrahlodge.com.au；8 Marine Pde；铺/单/双 $32/60/70；P🐕🛜）这个干净悠闲的青年旅舍由热情的店主经营，有不错的厨房和宽敞的公共空间。附近是冲浪海滩和公共汽车站。房间简单、干净、温馨，浴室公用。店里有一张台球桌，店方还出租皮划艇和冲浪板。本书写作之际这家青年旅舍要出售，所以情况可能有变。

Coast Resort
公寓 $$$

（见212页地图；☎02-6495 4930；www.coastresort.com.au；1 Elizabeth St；1间/2间/3间卧室

的公寓 $320/520/740；P😊❄️🛜🏊)高档的公寓风格大厦超级时尚，面积也超级大。设施不错，有游泳池(2个)和网球场，离海滩也很近，因此相当诱人。除1月旺季之外，房价下跌一半。

🍴 就餐

Dulcie's Cottage
汉堡 $

(见212页地图；www.dulcies.com.au；60 Main St；汉堡 $12~17；⊙周一至周六 正午至午夜，周日 正午至22:00；🛜)位于悉尼市中心的优雅餐馆与RSL俱乐部合作，在蓝宝石海岸开设了这家酒吧兼汉堡餐馆。木屋外面贴着护墙板，悠闲的露天座椅很舒适，坐在那里吃从前面的快餐车买来的美味汉堡，再快乐地喝杯饮料(汉堡店当然没有酒牌)。

Merimbula Wharf
海鲜 $$

(📞02-6495 4446；www.merimbulawharf.com.au；Lake St；主菜 $18~31；⊙全年 10:00~17:00，增加12月至次年4月某些日期 18:00~21:00；🛜)一家热情的餐馆，与位于默林布拉市中心东南码头上的水族馆有合作。窗户面朝海湾和海滩。午餐的鱼类菜肴简单而美味，可以致电询夏季晚餐营业时间，因为时常有变。

★ Wheelers
海鲜 $$$

(www.wheelersoysters.com.au；162 Arthur Kaine Dr, Pambula；在海鲜店买一打牡蛎不加工 $12~15，餐馆主菜 $34~42；⊙商店 周日至周四 10:00~17:00，周五和周六 10:00~18:00，餐馆 每天 正午至14:30，周一至周六 18:00至深夜；🅿)从潘布拉去默林布拉的路上，来这儿享用一顿美味的新鲜牡蛎吧，在海鲜店买完带走或者在气氛悠闲的餐馆内食用皆可。牡蛎是菜单上的特色，用多种方法烹制，也有别的海鲜和牛排菜肴。以牡蛎为主题的团队游周一至周六 11:00发团($12.50)。

ℹ️ 实用信息

默林布拉游客信息中心(Merimbula Visitor Information Centre；见212页地图；📞02-6495 1129；www.sapphirecoast.com.au；4 Beach St；⊙周一至周五 9:00~17:00，周六 9:00~16:00，周日 10:00~16:00)在市中心的湖边。

ℹ️ 到达和离开

默林布拉机场(Merimbula Airport, MIM；📞02-6495 4211；www.merimbulaairport.com.au；Arthur Kaine Dr)在城外1公里处通往潘布拉的公路边。区域快线(📞13 17 13；www.rex.com.au)每天分别有1班航班飞往墨尔本和悉尼。

Premier(📞13 34 10；www.premierms.com.au)每天分别有2班长途汽车开往悉尼和伊登。**NSW TrainLink**(📞13 22 32；www.nswtrainlink.info)每天1班长途汽车开往堪培拉($40, 4小时)。当地**公交车**(Market St)开往伊登和贝加，周一至周五运营，发车时间与学校上下课时间对应。

伊登(Eden)

人口 3000

伊登是一座寂静的小城，坐落在美丽的图佛德湾(Twofold Bay)，是个真正有当地特色的地方。通常只有当渔船靠岸时，码头才出现忙乱繁杂的场面——一旦码头完成扩建，还会有游轮停泊。城市周边拥有令人激动的海滩、国家公园和荒野地带。

伊登最初是个捕鲸小镇，在这里开展的捕鲸活动历史可追溯到1791年。现在，迁徙的座头鲸和南露脊鲸可以安全地离开，它们会近距离地游过海岸，因此这片区域是澳大利亚最好的观鲸地点之一。

👁 景点

虎鲸博物馆
博物馆

(Killer Whale Museum；📞02-6496 2094；www.killerwhalemuseum.com.au；94 Imlay St；成人/儿童 $10/2.50；⊙周一至周六 9:15~15:45，周日 11:15~15:45)这座博物馆建于1931年，当时是为了保存老汤姆(Old Tom)的骨架——它是一只虎鲸，也是本地的传奇，曾经有一番不寻常的经历：这位鲸群中的"犹大"曾经为当地的捕鲸舰队开道——把许多座头鲸聚拢到一起。这里有一部影片展现鲸类的生活，还有一部战争纪录片——因碰到德国人布在此海域的水雷而沉没的船只数量惊人。

鲸鱼瞭望台(Whale Lookout)
观景点

Bass St的尽头是个很好的观鲸地点。每当看到鲸鱼，虎鲸博物馆就会拉响汽笛。

👥 团队游

Ocean Wilderness
皮划艇

(☎0405 529 214；www.oceanwilderness.com.au；4小时/6小时的团队游 $85/130起）这家专业公司组织海上皮划艇之旅，穿过图佛德湾前往本博伊德国家公园。还有一整天的戴维森捕鲸站（Davidson Whaling Station）之旅。

Cat Balou Cruises
野生动物

(☎0427 962 027；www.catbalou.com.au；Main Wharf, 253 Imlay St；成人/儿童 $85/65）9月至11月，这个团队经营每天3.5小时的观鲸之旅，也有时间比较短的经济型游览（成人/儿童 $60/45）。其他时间，3小时的海湾游轮之旅（成人/儿童 $75/50）可观赏到海豚和海豹。

🎉 节日和活动

鲸鱼节
街头狂欢

(Whale Festival；www.edenwhalefestival.com.au；⏰10月末或11月初）每逢10月底或11月初的鲸鱼节，伊登就变得十分热闹。有狂欢活动、街头游行、街市摊位以及带导游的观鲸游和播放纪录片。

🛏 住宿

Great Southern Inn
小酒馆 $

(☎02-6496 1515；www.greatsoutherninn.com.au；121 Imlay St；基本/标准房 $40/100；P❄🌐）这家小酒馆位于市中心，基本房间和套房都有很高的性价比。最便宜的房间只有上下铺和风扇，但毕竟价格便宜呀。

Seahorse Inn
精品酒店 $$

(☎02-6496 1361；www.seahorseinnhotel.com.au；Boydtown Park Rd, Boydtown；房 $205~349；P❄✳🌐）地处伊登以南6公里的博伊德镇（Boydtown），坐落在水边，草坪一直延伸到图佛德湾。这是一家装修奢华的精品酒店，随处可见各种饰物。店内还有一家口碑不错的餐馆和花园酒吧，对外营业。房间现代化，面积大而舒适，所有房间都配备大床。大多数房间带海景太阳。房价包含大陆式早餐。

★ Crown & Anchor Inn
民宿 $$$

(☎02-6496 1017；www.crownandanchoreden.com.au；239 Imlay St；房 $190~230，连住多晚 $160~190；⏰9月至次年5月；P❄🌐）出于真正的爱，这个1845年建造的驿站被翻建得格外美丽，随处可见古老的细节和最初的特色。这里太有个性了，也有真正的沧桑感。房间小，温馨而令人愉悦，浴室巧妙地隐藏在镜子后面。公共区域也很可爱，包括能远眺图佛德湾的后院。房价包含采用优质当地食材制作的早餐。

热情的房东希望客人能提前订房，不接待携带幼儿的客人。

🍽 就餐

Sprout
咖啡馆 $

(☎02-6496 1511；www.sprouteden.com.au；134 Imlay St；主菜 $12~18；⏰周一至周五 7:30~16:00，周六和周日 8:00~15:00；🌐📶）🍴这家商店兼咖啡馆在主街上，出售有机产品、一流的汉堡以及城里最好喝的咖啡。阳光灿烂的时候，在后面的花园里就餐很宜人。

★ Wharfside Café
咖啡馆 $$

(☎02-6496 1855；Main Wharf, 253 Imlay St；菜肴 $15~26；晚餐主菜 $28~33；⏰全年每天 8:00~15:00，加上11月至次年3月 周五和周六 18:00~22:00；🌐）一家热情的咖啡馆兼餐馆，早餐可口、咖啡美味，还有很好的露天座位——就在海港旁边，因此是开启美好新一天的好地方。午餐时，就着一杯葡萄酒尝尝当地的海鲜，晚餐菜肴更加精致，有新鲜的鱼、大块牛排和多种酱料。主码头在山脚下靠近市区的方向。

ℹ 实用信息

伊登游客中心（Eden Visitor Centre；☎02-6496 1953；www.visiteden.com.au；Mitchell St；⏰周一至周五 9:00~17:00，周六和周日 10:00~16:00）提供预订服务和信息。在市中心的主路环岛旁边。还经营开往周边景点的小巴团队游。

ℹ 到达和离开

Premier（☎13 34 10；www.premierms.com.au）的长途汽车经各主要海滨城镇开往北边的悉尼（$71，9~10小时），每天2班。**NSW TrainLink**（☎13 22 32；www.nswtrainlink.info）每天1班长途

汽车开往堪培拉（$42, 4.5小时）。**V/Line**（见207页）的长途汽车和火车联运经拜恩斯代尔前往墨尔本（$51, 8.25小时）。

开往默林布拉和贝加的当地公交车车次不多，只在工作日运营。

本博伊德国家公园 （Ben Boyd National Park）

占地10,485公顷的**本博伊德国家公园**（www.nationalparks.nsw.gov.au；南区/北区 机动车 $8/免费）由分别在伊登两侧的两个部分组成，是个非常好的景点。南区可看之处比较多，那里有一些有趣的老建筑、一条海岸步行路和最好的观赏动物的机会。铺装道路Edrom Rd在伊登以南19公里处与王子公路分开，一条碎石路与Edrom Rd尽头相连，通往公园南区。

◉ 景点和活动

格林角灯塔 灯塔

（Green Cape Lightstation；☎02-6495 5000；www.nationalparks.nsw.gov.au；Green Cape Rd；2人/4人 木屋 $280/350）优雅的格林角灯塔在本博伊德国家公园南区的南端，建于1883年，景色壮丽。有1小时的团队游（10:00~14:00发团，成人/儿童 $10/5）和3栋经过修复的灯塔看守人的木屋。这里是观鲸的好地方，傍晚没准还能看到袋熊。来这儿的途中，在观景台稍作停留，俯瞰Disaster Bay和Wonboyn Beach的美景。

博伊德塔（Boyd's Tower） 古迹

免费 通往博伊德塔的环岛在Edrom Rd尽头。博伊德塔建于19世纪40年代末，建筑材料是悉尼的砂岩。它本来的用途是灯塔，但政府没有批准博伊德建造灯塔。这是座宏伟的建筑，若干条Light to Light步行小路都以它为起点。

★ Light to Light Walk 徒步

30公里长的海滨步行路连接博伊德原本想用作灯塔的建筑和真正的灯塔建筑格林角灯塔。途中的盐水溪（Saltwater Creek）和比唐加比湾（Bittangabee Bay）有露营地。

⌂ 住宿

本博伊德国家公园露营地 露营地 $

（Ben Boyd National Park Campgrounds；☎02-6495 5000；www.nationalparksnsw.gov.au；成人/儿童 $12/6，最低消费 $24）如果你想步行完成30公里长的Light to Light Walk（见215页），途中的盐水溪和唐加比湾有露营地，可通过网站或电话预订。有公路经过这些露营地。

墨尔本和维多利亚州海岸

包括 ➡

墨尔本 218
莫宁顿半岛 257
菲利普岛 260
大洋路 263
洛恩 274
坎贝尔港国家公园 279
威尔逊角和吉普斯兰 287

最佳餐饮

➡ Brae（见275页）
➡ Attica（见244页）
➡ IGNI（见266页）
➡ Chris's Beacon Point Restaurant（见277页）
➡ Fen（见284页）

最佳住宿

➡ Treasury on Collins（见233页）
➡ Lighthouse Keepers' Cottages（见291页）
➡ Beacon Point Ocean View Villas（见277页）
➡ Drift House（见284页）
➡ Great Ocean Ecolodge（见278页）

为何去

从大风呼啸的空旷海滩到海滨大都市和传奇性的冲浪地点，维多利亚州海岸有壮美的景色、温带葡萄酒厂和具备多元文化色彩的大都市墨尔本。这里的海岸多姿多彩：可爱的企鹅在热门旅游胜地菲利普岛的海滩上列队归巢，而面对巴斯海峡的维多利亚州西海岸吸引着冲浪者和想要探访标志性景点十二使徒岩的人。从徒步天堂威尔逊角出发，沿着东南海岸一路向前，途中经过湖区入口（澳大利亚最大的内陆水路体系）周边提供各种活动机会的湖泊。而到了接近维多利亚州和新南威尔士州交界的地方，会有更多迷人的国家公园。

何时去

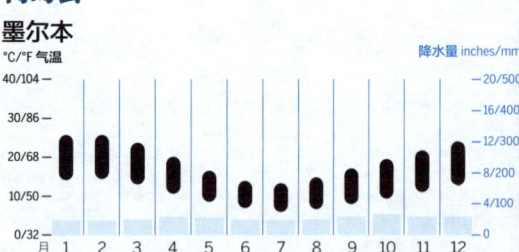

12月和1月 夏季海滩人头攒动，提前数月订房。

2月和3月 比较安静，夏末可能特别热。

4月至11月 4月或许是最好的季节，夜晚凉爽，冬季空气清新。

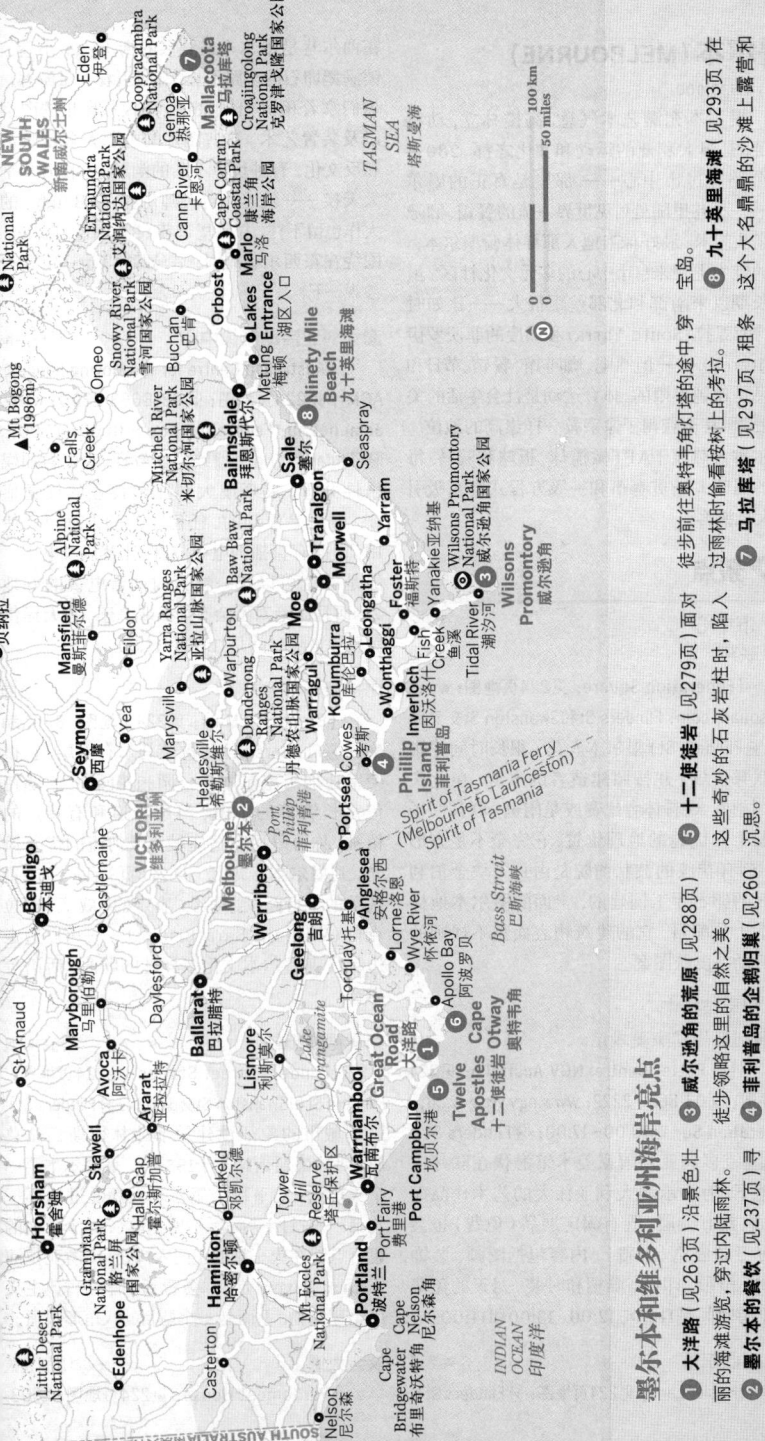

墨尔本(MELBOURNE)

人口 4,530,000

墨尔本充满艺术气息,高楼林立,动感十足,是澳大利亚的运动和文化之都。230多条公路穿过市中心——那里是真正的墨尔本——小巷里随处可见世界一流的餐馆、酒吧和街头艺术。最好像当地人那样来体验墨尔本,它的魅力主要来自市中心的多元文化社区。虽然长期以来南部和北部差距很大——比如时尚的南亚拉(South Yarra)和颓废的菲茨罗伊(Fitzroy)——但酒吧、咖啡馆、餐馆、节日和人民是超越界限的。体育运动是社会生活的关键要素,甚至获得了像宗教一样崇高的地位。墨尔本人热衷于AFT橄榄球、板球和骑马,每年的网球大满贯赛事和一级方程式赛车吸引了大批游客。

◉ 景点

◉ 市中心

★ 联邦广场

(Federation Square;见224页地图;www.fedsquare.com;Flinders St和Swanston St交叉路口;ⓇFlinders St)墨尔本人花了很长时间才接纳联邦广场,并按照建造者的本意,在此庆祝、抗议、观看体育比赛或是闲逛。联邦广场占据十分优越的地理位置,它完全不是方形的,刻有花纹的波状前院是由46万块命伯利地区的卵石手工铺建的,上面的墨尔本地标图案十分醒目。它的建筑物表面是不规则的爬行动物皮肤图案。

★ 伊恩波特中心:维多利亚州国家美术馆 画廊

(Ian Potter Centre: NGV Australia;见224页地图;☏03-8620 2222;www.ngv.vic.gov.au;Federation Sq;⊙10:00~17:00;ⓇFlinders St)免费 维多利亚州国家美术馆潜伏在联邦广场地下,为展示澳大利亚伟大的艺术作品而建。它共有三层,既有固定展品(免费)也会举办专题展览(收费),内容包括图画、装饰艺术、摄影、印刷、雕塑和时装。每天的免费导览游时间是11:00、12:00、13:00和14:00。

★ 霍西尔巷 公共艺术

(Hosier Lane;见224页地图;ⓇFlinders St)霍西尔巷是墨尔本最著名的街头艺术小巷,铺满鹅卵石的小路不长,却吸引着大量游客,他们拿着相机拍摄涂鸦、用模板印出的图案以及装置艺术。这些图片的主题大多是政治和反文化,有种玩世不恭的幽默感。图片几乎天天换——就连涂鸦大师班克西(Bansy)的大作也留不住。拉特里奇巷(Rutledge Lane,围绕在霍西尔巷周围,呈马蹄状)也一定要去参观一下。

澳大利亚活动影像中心 博物馆

(Australian Centre for the Moving Image, ACMI;见224页地图;☏03-8663 2200;www.acmi.net.au;Federation Sq;⊙10:00~17:00;ⓇFlinders St)免费 致力于教育、吸引力和娱乐性并重,展现澳大利亚影视业的视觉盛宴。屏幕是浮动的,任何年纪的人都可以使用,里面有直播的电视节目、比赛以及电影。那是一个可以花一整天时间看电视的好地方,而且你绝对不会有什么罪恶感。每天提供免费导览游时间是11:00和14:30。

比拉荣马尔公园 公园

(Birrarung Marr;见224页地图;Batman Ave;ⓇFlinders St)比拉荣马尔有三层,它很荣幸地加入墨尔本的公园和花园中。它的特色是长满草的小山、河边步道和有特点的植被,你可以尽享这座城市及河流的优美风光。到墨尔本板球场(见223页)有一条风景优美的步行路径,途经"有声的"威廉·巴拉克桥(William Bara Bridge)——可以边走边听代表墨尔本文化多样性的歌曲、话语等声音。

弗林德斯街站 历史建筑

(Flinders Street Station;见224页地图;Flinders St和Swanston St交叉路口;ⓇFlinders St)这座城市的象征性建筑非弗林德斯街站莫属。弗林德斯街站建于1854年,是墨尔本第一个火车站,几乎每个墨尔本人都说过这样一句话——"钟下等我,不见不散",这个著名的集合点就在火车站的正门入口处。沿着亚拉河(Yarra River)走,你会看到一座新古典主义风格建筑物,上面是一个醒目的八角形圆顶。

议会大厦 历史建筑

(Parliament House;见224页地图;☏03-

值得一游

海德现代艺术馆（HEIDE MUSEUM OF MODERN ART）

约翰·李德（John Reed）和桑迪·李德（Sunday Reed）的旧居海德（☎03-9850 1500；www.heide.com.au；7 Templestowe Rd, Bulleen；成人/儿童 $22/18；◉周二至周日 10:00~17:00；🚌903；🚉Heidelberg）现在是个声名显赫的非营利艺术馆，美丽的院子里有个雕塑花园。定期举行不同的展览，许多展品来自被称为"海德派"的著名艺术家，包括西德尼·诺兰爵士（Sir Sidney Nolan）和艾伯特·塔克（Albert Tucker）。藏品被分别陈列在三栋建筑内：专门建造的大型画廊、李德夫妇原农庄和建于1963年的现代风格房屋（一座寓居的艺术馆）。

9651 8568；www.parliament.vic.gov.au；Spring St；◉周一至周五 8:30~17:30；🚉Parliament）**免费** 议会大厦建于1856年，宽阔的台阶上时常可见缓慢行走的新娘，她们戴着头纱，面对着镜头微笑。这里也时常可以见到手举牌子进行抗议的人群。逢会议日，欢迎公众在旁听席旁观议会进行。会议日每天有8趟导览游，具体的发团时间在网站和门口都有标示。参加人数有限制，因此至少提前15分钟到达。

★ 唐人街　　　　　　　　　　　地区

（Chinatown；见224页地图；www.chinatownmelbourne.com.au；Little Bourke St, Swanston St和Exhibition St之间；🚉Melbourne Central, Parliament）位于墨尔本市中心的唐人街已经有150多年历史了，四周有5道传统中式拱门。一直是城里中国人社区最集中的地方，老房子里有许多中国（和其他亚洲风味）餐馆。早上来这儿吃早茶（点心），或者深夜来吃饺子、喝鸡尾酒。唐人街主办墨尔本的中国春节（Chinese New Year；www.chinatownmelbourne.com.au；Little Bourke St；◉1月或2月）庆祝活动。

19世纪50年代，中国矿工为了寻找"新金山"来到维多利亚州，从19世纪60年代起定居在Little Bourke St。参观极好的华人博物馆（Chinese Museum；见224页地图；☎03-9662 2888；www.chinesemuseum.com.au；22 Cohen Pl；成人/儿童 $10/8.50；◉10:00~16:00；🚉Parliament），进一步了解澳大利亚华人的历史。

维多利亚州立图书馆　　　　　图书馆

（State Library of Victoria；见224页地图；☎03-8664 7002；www.slv.vic.gov.au；328 Swanston St；◉周一至周四 10:00~21:00，周五至周日 至18:00，画廊 10:00~17:00；🚉Melbourne Central）自1856年开放以来，这栋宏伟的新古典主义建筑就一直是墨尔本文学界的最前沿。中心的八角形建筑是拉筹伯阅览室（La Trobe Reading Room），1913年建成，钢筋混凝土圆顶是当时的世界之最。那里的自然光照耀着华丽的抹灰泥，以及曾在这里努力创作的墨尔本作家们。对于参观者而言，亮点是圆顶画廊（Dome Galleries）里的有趣藏品。

老墨尔本监狱　　　　　　　　历史建筑

（Old Melbourne Gaol；见224页地图；☎03-8663 7228；www.oldmelbournegaol.com.au；337 Russell St；成人/儿童/家庭 $25/14/55；◉9:30~17:00；🚉Melbourne Central）这座封闭的青石建造的监狱建于1841年，直到1929年才投入使用。是墨尔本最受欢迎的博物馆之一。在此可以参观逼仄阴暗的牢房。1880年，约有135人在这里被绞死，其中包括澳大利亚臭名昭著的丛林逃犯凯利（Ned Kelly）——他的一个死亡面具也在此展出。游览项目包括"警察看守所体验馆"（Police Watch House Experience），你被"逮捕"，然后关进牢房，紧接着牢房门"咔嚓"落锁（实际情况比描述有趣多了）。

维多利亚女王市场　　　　　　市场

（Queen Victoria Market；见224页地图；www.qvm.com.au；513 Elizabeth St；◉周二和四 6:00~14:00，周五 至17:00，周六 至15:00，周日 9:00~16:00；🚉Flagstaff）维多利亚女王市场是南半球最大的露天市场，有600多家商户，吸引了无数顾客。墨尔本人在鱼贩子和水果蔬菜摊主的叫卖声中挑选生鲜农产品。熟食厅（能看出艺术装饰风格的特征）里摆放着各种各样的食物，包括软干酪、酒、波兰香肠、

Melbourne 墨尔本

Melbourne 墨尔本

◎ 重要景点
1. 墨尔本板球场.................................G3
2. 维多利亚州国家美术馆国际分馆.............D6
3. 皇家植物园..................................F4

◎ 景点
4. 阿伯茨福德女修道院.........................H1
5. 阿尔伯特公园湖..............................F5
6. 墨尔本艺术中心..............................D6
7. 澳大利亚当代艺术中心.......................C6
8. 温室..F2
9. 库克船长小屋................................F2
10. Crown.......................................C6
11. 尤里卡观景台...............................C6
12. 菲茨罗伊花园...............................G2
    国家体育博物馆.........................（见1）
13. 墨尔本战争纪念馆..........................D7
14. 南墨尔本市场...............................B7

◎ 活动、课程和团队游
15. Aboriginal Heritage Walk.................D7
16. 墨尔本体育和水上运动中心................E5

◎ 住宿
17. Coppersmith...............................F4
18. Hilton Melbourne South Wharf...........E3

◎ 就餐
    Convent Bakery.........................（见4）
19. Gilson.....................................G4
    Lentil as Anything.....................（见4）
20. Minamishima..............................H3
21. Simply Spanish...........................B7
22. St Ali......................................C7

◎ 娱乐
23. 澳大利亚芭蕾舞团..........................C6
24. Chunky Move..............................D6
25. Corner.....................................G3
26. Malthouse Theatre.......................C7
27. 墨尔本演奏中心............................C6
28. 墨尔本剧团.................................D6
29. Moonlight Cinema........................G4
30. Sidney Myer Music Bowl.................D6
31. The Tote...................................G1

希腊酱、松露油和袋鼠干肉片。

库里遗产信托　　　　　　　　　文化中心

（Koorie Heritage Trust；见224页地图；☏03-8662 6300；www.koorieheritagetrust.com；Yarra Building, Federation Sq；团队游 成人/儿童 $33/17；◐10:00~17:00；🚇Flinders St）**免费** 这家文化中心致力于保护东南部地区的原住民文化、手工艺品和口述历史。楼下是商店和画廊，楼上的展柜和抽屉里陈列着精心保存的物件。夏季有1小时的亚拉河团队游，你可以了解隐藏在现代化城市背后的历史（网上预订）。

◎ 南岸和达克兰
(Southbank & Docklands)

作为一个吸引人眼球的观光区，南岸的重建十分成功，很难看出它在20世纪80年代之前是一个灰扑扑的港口工业区。现在，宜人的河滨大道两侧林立着著名的餐馆、酒店和城里最好的几所艺术机构，因此南岸成为游客来墨尔本的必游之地。位于城西的达克兰曾是码头区，如今变成了一个由公寓、办公室、餐馆、购物商场、公共艺术和公园组成的迷你城中城。

★ 维多利亚州国家美术馆国际分馆　　画廊

（NGV International；见220页地图；☏03-8662 1555；www.ngv.vic.gov.au；180 St Kilda Rd, Southbank；◐10:00~17:00；🚇Flinders St）**免费** 这幢大楼看起来甚是朴素，像是个地堡。展品众多，涵盖从古代到最新潮的国际艺术。定期举办的大师作品展（价格各异）吸引大批观众，每天11:00~13:00有免费的45分钟亮点导览游，12:00~14:00有长1小时的团队游。

尤里卡观景台　　　　　　　　　观景点

（Eureka Skydeck；见220页地图；☏03-9693 8888；www.eurekaskydeck.com.au；7 Riverside Quay, Southbank；成人/儿童 $20/12，Edge另收 $12/8；◐10:00~22:00；🚇Flinders St）建于2006年的尤里卡大厦（Eureka Tower）高297米，是墨尔本最高的建筑，高速电梯在不到40秒的时间里直达88层（有时间的话可以看看电梯地板上的照片）。玻璃立方体Edge悬挂在建筑外，站在里面别无选择，只能往下看——不啻自虐。

澳大利亚当代艺术中心 画廊

（Australian Centre for Contemporary Art, ACCA；见220页地图；☎03-9697 9999；www.accaonline.org.au；111 Sturt St, Southbank；◎周二至周日 10:00~17:00；🅿1）**免费** 澳大利亚当代艺术中心是澳大利亚最刺激、最具有挑战意义的艺术馆之一，收藏了很多当地及国际艺术家的作品。建筑本身就像个雕塑，生锈的外表昭示着它的前身曾是工厂厂房，而内部空间又高又宽敞，专为摆放大型装置艺术而设计。

墨尔本艺术中心 艺术中心

（Arts Centre Melbourne；见220页地图；☎1300 182 183；www.artscentremelbourne.com.au；100 St Kilda Rd, Southbank；◎售票处 周一至周五 9:00~20:30，周六 10:00~17:00；🅁Flinders St）这个艺术中心是由两座独立的建筑物构成的：音乐会堂（Hamer Hall）和**剧院大楼**（Theatres Building，在尖顶下面，楼内有个免费画廊，展品轮换），两个建筑物之间是观光道。剧院和展厅团队游每天11:00出发（成人/儿童 $20/15），周日的团队游包含参观后台。

◎ 里士满和东墨尔本 (Richmond & East Melbourne)

墨尔本是全球体育名城，里士满和东墨尔本是各种体育运动的终极纽带。往东南方向看，远处的地平线是体育场的多边形轮廓，其中最敦实的一座就是墨尔本板球场。北边是以漂亮的菲茨罗伊花园为中心的东墨尔本中产街区。东侧的住宅区兼商业区里士满既有优雅的住宅，也有普通的民房，有趣的餐馆很多，经济型和高档的都有。

★ 墨尔本板球场 体育场

（Melbourne Cricket Ground, MCG；见220页地图；☎03-9657 8888；www.mcg.org.au；Brunton Ave, East Melbourne；团队游 成人/儿童/家庭 $23/12/55，含博物馆 $32/16/70；◎团队游 10:00~15:00；🅁Jolimont）这个球场是世界上最大的运动场馆之一，可以容纳十万人，夏季有板球比赛，冬季有澳式橄榄球联赛（Australian Football League, AFL；比赛按照澳式规则），很多澳大利亚人都把这里看作圣地。有机会一定要去看场比赛（我们强烈推荐），否则就要在非比赛日时进行一次朝圣之旅，**团队游会**带你穿过看台、媒体和教练区、更衣室以及球队休息室。墨尔本板球场内有最先进的**国家体育博物馆**（National Sports Museum；见220页地图；☎03-9657 8879；www.nsm.org.au；Gate 3, MCG, Brunton Ave, East Melbourne；成人/儿童/家庭 $23/12/55；◎10:00~17:00；🅁Jolimont）。

菲茨罗伊花园 公园

（Fitzroy Gardens；见220页地图；www.fitzroygardens.com；Wellington Pde, East Melbourne；🅁Jolimont）这个城市的地势在Spring St东侧突然降低，给墨尔本美丽的庭院菲茨罗伊花园腾出了空间。园内的林荫大道两侧是英国榆树、花圃、广阔的草坪、奇异的喷泉和小溪。亮点是**库克船长小屋**（Cooks' Cottage；见220页地图；Fitzroy Gardens, Wellington Pde, East Melbourne；成人/儿童/家庭 $6.50/3.50/18；◎9:00~17:00；🅁Jolimont），它曾是航海家詹姆斯·库克船长父母的居所。原址在英国的约克郡，1934年拆成一块一块的砖，运到这里后重新按原样盖好。附近的**游客中心**（见220页地图；☎03-9658 9658；www.thatsmelbourne.com.au；◎9:00~17:00）内有咖啡厅和迷人的20世纪30年代**温室**（Conservatory；见220页地图；Fitzroy Gardens, Wellington Pde, East Melbourne；◎9:00~17:00）。

◎ 菲茨罗伊、科灵伍德和阿伯茨福德 (Fitzroy, Collingwood & Abbotsford)

墨尔本最新潮的地区离市中心只有几站地（有轨电车），快餐店、20世纪50年代至60年代的家具店跟百年经典小酒馆和音乐厅挤在一起，丝毫不显得突兀。菲茨罗伊是墨尔本第一个郊区，科灵伍德长久以来以卑劣肮脏而臭名远扬。虽然一直在兴建高尚住宅，但有些地方还是不宜探访。科灵伍德旁边是挨着亚拉河的工业化地区阿伯茨福德，那里已经涌现出更多的咖啡馆和餐馆。

阿伯茨福德女修道院 古迹

（Abbotsford Convent；见220页地图；☎03-9415 3600；www.abbotsfordconvent.com.au；1 St Heliers St, Abbotsford；团队游 $15；◎7:30~22:00；🚌200, 207；🅁Victoria Park）**免费** 这座女修道院建于1861年，早就没有修女了。

Central Melbourne 墨尔本市中心

Dudley St
Peel St
Therry St
Batman St
Flagstaff Gardens
弗拉格斯塔夫花园
Queen St
Elizabeth St
Spencer St
WEST MELBOURNE
西墨尔本
King St
William St
Anthony St
Jeffcott St
A'Beckett St
Singers La
Wills La
Queen St
La Trobe St
Flagstaff
Sutherland St
Little Lonsdale St
Timothy La
Lonsdale St
Niagara La
Elizabeth St
SkyBus
Greyhound 灰狗巴士
Firefly
Crombie La
Gresham St
Garden Plaza
花园广场
Little Bourke St
Little Queen St
Queen St
Hardware
Rankins La
46
King St
William St
Bourke St
Godfrey St
Church St
McKillop St
Little Collins St
Southern Cross (Spencer St) Francis St
Gurners La
Bank Pl
28
Collins St
Rialto Towers
丽奥图大厦
44
Fulham Pl
Bligh Pl
35
Spencer St
Flinders La
Downie St
Highlander La
Market St
Bond St
Flinders St
Enterprise Park
Banana Al
Queens Bridge
The Travellers (Sandridge Bridge)
Footbridge 人行桥
Batman Park
Kings Bridge
Yarra Promenade
Queensbridge St
Queensbridge Square
Southbank Promenade
53
40 41
21
SOUTHBANK
南岸
Riverside Quay
Eureka Tower

墨尔本和维多利亚州海岸
墨尔本

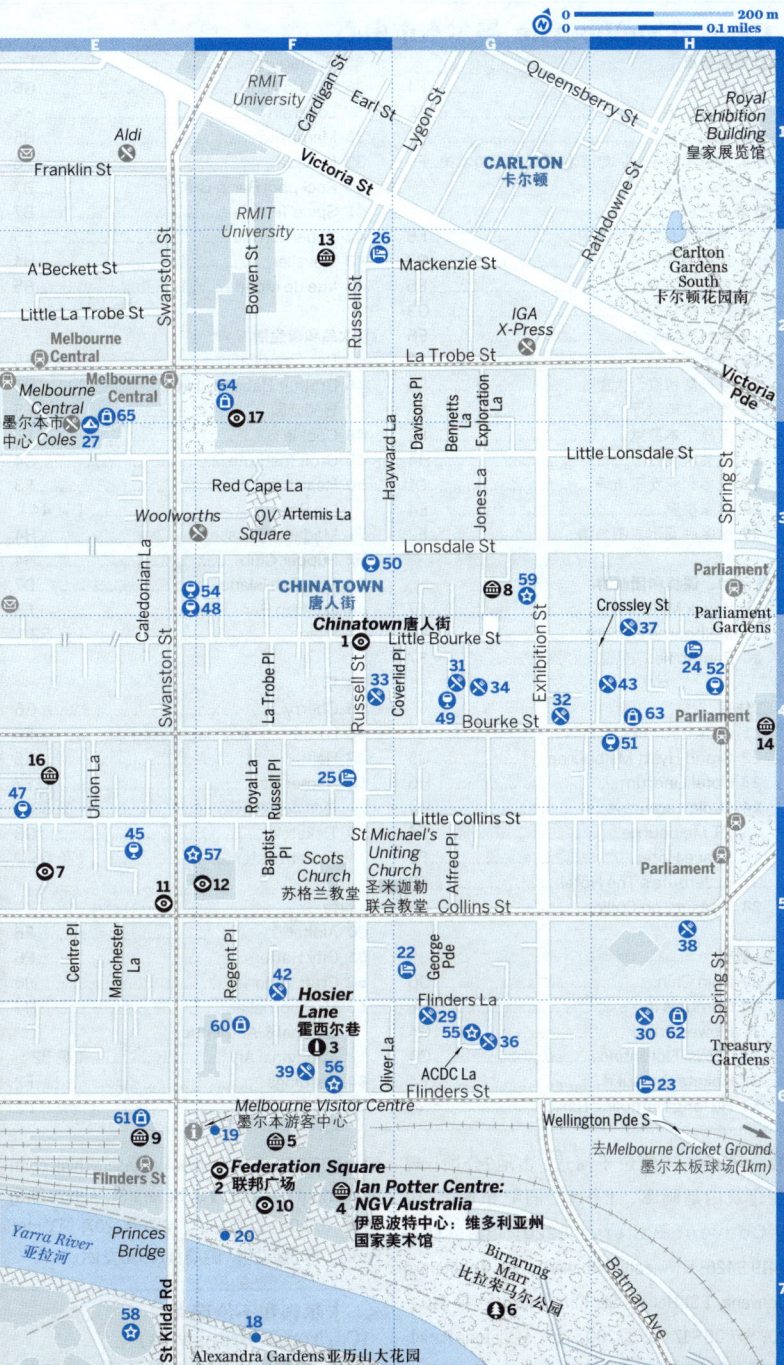

Central Melbourne 墨尔本市中心

◉ 重要景点
1. 唐人街 F4
2. 联邦广场 F6
3. 霍西尔巷 F6
4. 伊恩波特中心：维多利亚州国家美术馆 .. F6

◎ 景点
5. 澳大利亚活动影像中心 F6
6. 比拉荣马尔公园 G7
7. 布洛克拱廊 E5
8. 华人博物馆 G3
9. 弗林德斯车站 E6
10. 库里遗产信托 F7
11. 曼彻斯特联合大厦 E5
12. 墨尔本市政厅 F5
13. 老墨尔本监狱 F2
14. 议会大厦 H4
15. 维多利亚女王市场 D1
16. 皇家拱廊 E4
17. 维多利亚州立图书馆 F2

✪ 活动、课程和团队游
18. Kayak Melbourne F7
19. Melbourne By Foot F6
20. Rentabike F7

🛏 住宿
21. Crown Towers B7
22. Grand Hyatt Melbourne G5
23. Hotel Lindrum H6
24. Ovolo Laneways H4
25. QT Melbourne F4
26. Space Hotel F2
27. St Jerome's The Hotel E3
28. Treasury on Collins C5

⊗ 就餐
29. Chin Chin G6
30. Cumulus Inc H6
31. Flower Drum G4
32. Grossi Florentino G4
33. Hakata Gensuke F4
34. HuTong Dumpling Bar G4
35. Huxtaburger D5
36. Lee Ho Fook G6
37. Longrain H4
38. Mamasita H5
39. MoVida F6
40. Rockpool Bar & Grill B7
41. Spice Temple B7
42. Supernormal F5
43. Traveller H4
44. Vue de Monde B5

⊙ 饮品和夜生活
45. Bar Americano E5
46. Brother Baba Budan D4
47. 轻笑公园 E5
48. Cookie E3
49. Croft Institute G4
50. Heartbreaker F3
    Lui Bar .... （见44）
51. Madame Brussels H4
52. Supper Club H4
53. Ponyfish Island D7
54. Rooftop Bar E3
    Siglo .... （见52）

✪ 娱乐
55. Cherry G6
56. Forum F6
57. Halftix E5
58. Hamer Hall E7
    墨尔本交响乐团 .... （见58）
59. Ticketek G3
    Ticketmaster .... （见56）

🛍 购物
60. Alpha60 .... F6
61. City Hatters E6
62. Craft Victoria H6
63. Melbournalia H4
    Original & Authentic
    Aboriginal Art .... （见32）
64. Readings F2
65. RM Williams E2

教会风格的建筑位于河边，占地7公顷。现在建筑内是画廊、工作室、酒吧和餐馆，包括**Convent Bakery**（见220页地图；☏03-9419 9426; www.conventbakery.com; Abbotsford Convent, 1 St Heliers St, Abbotsford; 主菜 $10~20; ⊙7:00~17:00; 🅿️200, 207; 🚆Victoria Park）和素食餐馆**Lentil as Anything**（见220页地图; ☏03-9419 6444; www.lentilasanything.com; Abbotsford Convent, 1 St Heliers St, Abbotsford; 捐赠; ⊙9:00~21:00; 🅿️; 🚌200, 207; 🚆Victoria Park）。修道院团队游周日14:00发团。

◉ 卡尔顿和不伦瑞克 (Carlton & Brunswick)

作为墨尔本的意大利人社区和墨尔本

大学（University of Melbourne）所在地，卡尔顿有百花齐放的学术活动、浓缩咖啡和美食——20世纪50年代这些也曾吸引过小资青年。每逢令人热血沸腾的足球赛决赛和国际汽车赛举办，街头就会挂出三色旗（tricolori）。

往西走是多元文化与反主流文化碰撞的不伦瑞克，在Sydney Rd沿线的中东餐馆大吃一顿，然后依次找几家酒吧喝几杯再回来。

★ 墨尔本博物馆 博物馆

（Melbourne Museum；见232页地图；☏13 11 02；www.museumvictoria.com.au；11 Nicholson St, Carlton；成人 $14，儿童和学生免费，展览另收费；⏰10:00~17:00；🚌旅游穿梭巴士；🚋City Circle, 86, 96；🚆Parliament）这个博物馆介绍了维多利亚州的自然和文化历史，有恐龙化石、巨型乌贼标本、标本大厅、3D火山以及展示维多利亚时代植物的露天森林大厅。你会沉迷于冠军赛马、国家英雄法拉普（Phar Lap）的传说。

一楼的**本吉拉卡**（Bunjilaka）采用最先进的技术手段和原始的声音呈现了很多澳大利亚原住民的故事。这里还有一个**IMAX巨幕电影院**。

★ 皇家展览馆 历史建筑

（Royal Exhibition Building；见232页地图；☏13 11 02；www.museumvictoria.com.au/reb；9 Nicholson St, Carlton；团队游 成人/儿童 $10/7；🚌旅游穿梭巴士；🚋City Circle, 86, 96；🚆Parliament）这座美丽的维多利亚大厦于1880年为举办国际博览会建的，2004年被联合国教科文组织定为世界文化遗产，它象征着工业革命、大英帝国以及19世纪墨尔本的辉煌时期。这是第一座插上澳大利亚国旗的建筑物，澳大利亚的第一届议会1901年在此建立。建筑导览游时间为14:00，从对面的墨尔本博物馆出发。

◎ 北墨尔本和帕克维尔 (North Melbourne & Parkville)

这个区域位于墨尔本中部，两侧分别是破旧的铁道区和西墨尔本四通八达的大道，穿过北墨尔本的安静得不可思议的维多利亚时代住宅群，进入帕克维尔的绿地。

动物园是这里最大的景点，北墨尔本的Victoria St、Errol St和Queensberry St有低调的社区，那里的小酒馆、餐馆和商店也值得看看。

★ 墨尔本动物园 动物园

（Melbourne Zoo；☏1300 966 784；www.zoo.org.au；Elliott Ave, Parkville；成人/儿童 $33/17，儿童 周末和假期 免费；⏰8:00~17:00；♿；🚆Royal Park）这个小动物园建于1861年，是澳大利亚第一个、全世界第三个动物园。它现在仍是这个城市最受欢迎的景点之一，一直坚持创新，最近还成为全球第一个碳中和动物园。笼舍坐落在美丽的花园之中，旨在模拟动物的自然栖息环境，动物也可以自由选择躲起来（大猩猩和老虎尤其难觅踪迹）。

◎ 南墨尔本、墨尔本港和阿尔伯特公园 (South Melbourne, Port Melbourne & Albert Park)

在这三个相邻的富人区经常能看到吃午餐的优雅女士，澳式橄榄球明星和开着保时捷的花花公子住在维多利亚风格豪华住宅和河滨公寓内。这个地区绿树成荫，环境幽静，有一些墨尔本最美丽的民用和本土遗产建筑。南墨尔本最繁华，有热闹的市场、受人推崇的咖啡馆和精品时装店。阿尔伯特公园所在之处原是一个煤气厂，墨尔本港则是车站码头（Station Pier）所在地，船只从此出发，开往南边的塔斯马尼亚州（Tasmania）。

南墨尔本市场 市场

（South Melbourne；见220页地图；☏03-9209 6295；www.southmelbournemarket.com.au；Coventry St和Cecil St交叉路口, South Melbourne；⏰周三、周六和周日 8:00~16:00，周五 至17:00；🚋12, 96）从1864年开业起，这个市场就是当地社区的地标。它像个迷宫，从有机产品和熟食，到搞怪眼睛、艺术品和工艺品，卖什么商品的店铺都有。点心（1949年起售）很出名，市场里也不缺古色古香的餐馆。从1月初到2月末，每周四都有热闹的夜市。这里还有一个烹饪学校。

阿尔伯特公园湖 湖

（Albert Park Lake；见220页地图；Queens

Fitzroy & Around 菲茨罗伊及周边

FITZROY NORTH 菲茨罗伊北
Queens Pde
Alexandra Pde (Eastern Hwy)
去 Northcote (2km)
CLIFTON HILL 克里夫顿山

Princes St
Station St
Nicholson St
Cecil St
Westgarth St
Leicester St
Kay St
CARLTON 卡尔顿
Rose St
Fitzroy St
Brunswick St
Young St
Napier St
George St
Rose St
Gore St
Westgarth St
Cecil St
Smith St
Kerr St
Kerr St
Keele St
Spring St
Argyle St
Argyle St
Easey St
Sackville St
Elgin St
Johnston St
Johnston St
Victoria St
Chapel St
Mahoney St
Young St
FITZROY 菲茨罗伊
Greeves St
Bell St
John St
Fitzroy St
Brunswick St
Kent St
St David St
Napier St
George St
Gore St
Smith St
Bedford St
Otter St
Moor St
Hodgson St
Stanley St
King William St
Hanover St
Condell St
COLLINGWOOD 科灵伍德
Little Oxford St
Oxford St
Atherton Reserve 阿瑟顿保护区
Charles St
Webb St
Palmer St
Royal La
Little George St
Little Gore St
Little Smith St
Smith St
Peel St
Cambridge St
Gertrude St
Gertrude St
Langridge St
Fitzroy St
Brunswick St
Young St
Napier St
George St
Smith St
Mason St
Victoria Pde
Little Victoria St
Victoria Pde

墨尔本和维多利亚州海岸 | 墨尔本

Fitzroy & Around 菲茨罗伊及周边

⊗ 活动、课程和团队游
1 菲茨罗伊游泳池 C1

ⓛ 住宿
2 Brooklyn Arts Hotel C7
3 Home @ The Mansion A7
4 Nunnery A5
5 Tyrian Serviced Apartments B3

⊗ 就餐
6 Belle's Hot Chicken C6
7 Charcoal Lane B6
8 Cutler & Co A6
9 Gelato Messina D4
10 Huxtaburger D6
11 IDES D6
12 Lune Croissanterie B2
13 Saint Crispin D4
14 Smith & Deli B4
15 Vegie Bar B2

⊗ 饮品和夜生活
16 Bar Liberty C3
17 Black Pearl B3
18 Everleigh B6
19 Industry Beans B2
20 Marion A6
21 Naked for Satan B3
22 Proud Mary D5
23 Sircuit D6

⊗ 娱乐
24 Yah Yah's D6

⊗ 购物
25 Aesop D6
26 Crumpler D6
27 Mud Australia C6
28 Polyester Records B2
29 Rose Street Artists' Market B2
30 Third Drawer Down C6

Rd、Fitzroy St、Aughtie Dr和Albert Rd之间，Albert Park；☐96）这个人工湖周长5公里，优雅的黑天鹅向跑步、骑车和步行的路人垂直致意。湖畔大道在20世纪50年代曾用作国际摩托车比赛赛道，翻修后从1996年起成为每年3月举行的**澳大利亚一级方程式大奖赛**（Australian Formula One Grand Prix；☐1800 100 030；www.grandprix.com.au；Albert Park Lake, Albert Park；票$55起；◷3月）的比赛场地。墨尔本体育和水上运动中心（见230页）也在湖边，中心内有一个奥运比赛标准的游泳池和受孩子们欢迎的造浪机。

⊙ 南亚拉、普拉兰和温莎
(South Yarra, Prahran & Windsor)
★ 皇家植物园　　　　　　　　　　花园

（Royal Botanic Gardens；见220页地图；www.rbg.vic.gov.au；Birdwood Ave, South Yarra；◷7:30至日落；☐旅游穿梭巴士，j1, 3, 5, 6, 16, 64, 67, 72）**免费** 墨尔本的皇家植物园真是太美了。它占地38公顷，是市中心的巨型绿肺。每年吸引超过150万游客，被认为是全世界最精美的维多利亚时代造景典范之一。园内有各个国家的植物和澳大利亚本土植被。开阔的绿地上有仙人掌和多肉植物区、药草园以及原始雨林等多个微型生态系统。

墨尔本战争纪念馆　　　　　　　纪念馆

（Shrine of Remembrance；见220页地图；☐03-9661 8100；www.shrine.org.au；Birdwood Ave, South Yarra；◷10:00~17:00；☐旅游穿梭巴士；☐3, 5, 6, 16, 64, 67, 72）**免费** 墨尔本战争纪念馆是墨尔本的地标之一，为纪念在第一次世界大战中死去的维多利亚州士兵而建。纪念馆建于1928~1934年，我们经常会把它与大萧条、失业救济金和劳工联系起来。它的设计非常经典，部分参照了世界七大古迹之一的摩索拉斯王陵墓（Mausoleum of Halicarnassus）。在纪念馆顶层的阳台能看到360度的墨尔本景观，甚至能远眺到有轨电车区Swanston St。

★ 贾斯汀艺术博物馆　　　　　　画廊

（Justin Art House Museum, JAHM；见234页地图；☐0411 158 967；www.jahm.com.au；Williams Rd和Lumley Ct交叉路口, Prahran；成人/儿童$25/免费；◷预约；☐5, 6, 64）墨尔本艺术收藏家查尔斯•贾斯汀（Charles Justin）和利亚•贾斯汀（Leah Justin）的住宅兼作贾斯汀艺术博物馆。预约私人导览游，参观这对夫妇收藏的当代艺术品，他俩用了40多年的时间收集了250余件藏品。藏品以影像和数码艺术为主，展品定期轮换。导览游时间为2个小时左右。建筑是几何形状的,外表镀锌,设计者是这对夫妇的女儿伊莉莎(Elisa)。

圣基尔达 (St Kilda)

略显凌乱的圣基尔达是墨尔本的小资中心,尼克·凯夫(Nick Cave)年轻时曾在George Hotel(原Crystal Ballroom)办过激情四射的演奏会,提及这里的歌曲、戏剧、小说、电视剧和电影不计其数。圣基尔达是19世纪发展起来的海滨度假胜地,曾扮演过多重角色:战后犹太人聚居区、红灯区、庞克摇滚乐手聚集地和房地产热点。这里有幽静的维多利亚时代房屋、奢华的西班牙摩尔式公寓、破破烂烂的小巷、高级葡萄酒吧、脏兮兮的小酒馆、摇摇晃晃的过山车和引发思乡之情的剧院。

圣基尔达海滩　　　　　　　海滩

(St Kilda Foreshore;见238页地图;Jacka Blvd, St Kilda;🚋3, 12, 16, 96)虽然同样是棕榈树围绕的大道和金色的沙滩,但圣基尔达的海滩却与洛杉矶的威尼斯海滩不同,倒更像英格兰的布莱顿海滩。前往位于**圣基尔达码头**(St Kilda Pier;见238页地图;Jacka Blvd, St Kilda;🚋3, 12, 16, 96)尽头的凉亭,在中途和码头上都能看到一览无余的墨尔本全景。

夏季,**Port Phillip EcoCentre**(见238页地图;📞03-9534 0670;www.ecocentre.com;55a Blessington St, St Kilda)组织各种团队游,包括城市野生动物步行游和海滨发现步行游。还提供关于**小企鹅栖息地**的信息,小企鹅们住在在码头凉亭背后的防波堤下面。

月神公园　　　　　　　　游乐园

(Luna Park;见238页地图;📞03-9525 5033;www.lunapark.com.au;18 Lower Esplanade, St Kilda;项目单次 成人/儿童 $11/10,无限次 $50/40;⏰不定;🚋3, 16, 96)月神公园于1912年开放,至今仍然保留着老式游乐园的风格。走进入口,就好像走进了月神的嘴里。这里有一座世界遗产过山车(世界上最古老的在用过山车)和一个精美的巴洛克风格旋转木马,上面有手绘的马、天鹅、战车。此外还有各种令人心惊肉跳的电动项目。

🏃 活动

★ Kayak Melbourne　　　　皮划艇

(见224页地图;📞0418 106 427;www.kayakmelbourne.com.au;Alexandra Gardens, Boathouse Dr, Southbank;团队游 $82~110;🚌11, 48)"城市观光"(City Sights)团队游90分钟,参加者可以划船穿过南岸来到达克兰;而2小时的"从河流到天空"(River to Sky)团队游则包含进入尤里卡观景台(见222页)的项目。你还可以清早参加2小时的"瑜伽日出"(Yoga Sunrise)团队游,或者夜晚参加从达克兰出发的2小时3分钟的"月光"(Moonlight)团队游。

菲茨罗伊游泳池　　　　　　游泳

(Fitzroy Swimming Pool;见228页地图;📞03-9205 5180;160 Alexandra Pde, Fitzroy;成人/儿童/5岁以下 $6.50/3.30/免费;⏰周一至周四 6:00~21:00,周五 至20:00,周六和周日 8:00~18:00;🚌11)当地人最喜欢的游泳池,加了漂白粉的泳池内摩肩接踵,池边还有草坪。另有一个婴幼儿泳池。

墨尔本体育和水上运动中心　　游泳

(Melbourne Sports & Aquatic Centre, MSAC;见220页地图;📞03-9926 1555;www.msac.com.au;Albert Rd, Albert Park;成人/儿童 $8.20/5.60起;⏰周一至周五 5:30~22:00,周六和周日 7:00~20:00;🚌96, 112)墨尔本首屈一指的水上中心,位于阿尔伯特公园湖(见227页)湖畔,曾是2006年英联邦运动会的比赛地点。设施包括室内和室外,室外50米泳池、室内25米泳池、造浪泳池、水滑梯、水疗、桑拿和蒸汽室,以及宽敞的公共区域。提供幼儿照料服务。

Kite Republic　　　　　　风筝冲浪

(见238页地图;📞03-9537 0644;www.kiterepublic.com.au;St Kilda Sea Baths, 4/10-18 Jacka Blvd, St Kilda;1小时的课程 $90;⏰周一至周五 10:00~18:00,周六和周日 至17:00;🚌96)提供风筝冲浪课程、团队游和设备,也是很好的信息来源。冬季,这家公司组织在霍瑟姆山(Mt Hotham)的雪地滑翔。出租站立式冲浪板和街头冲浪板。

Stand Up Paddle HQ　　　水上运动

(见238页地图;📞0416 184 994;www.supb.

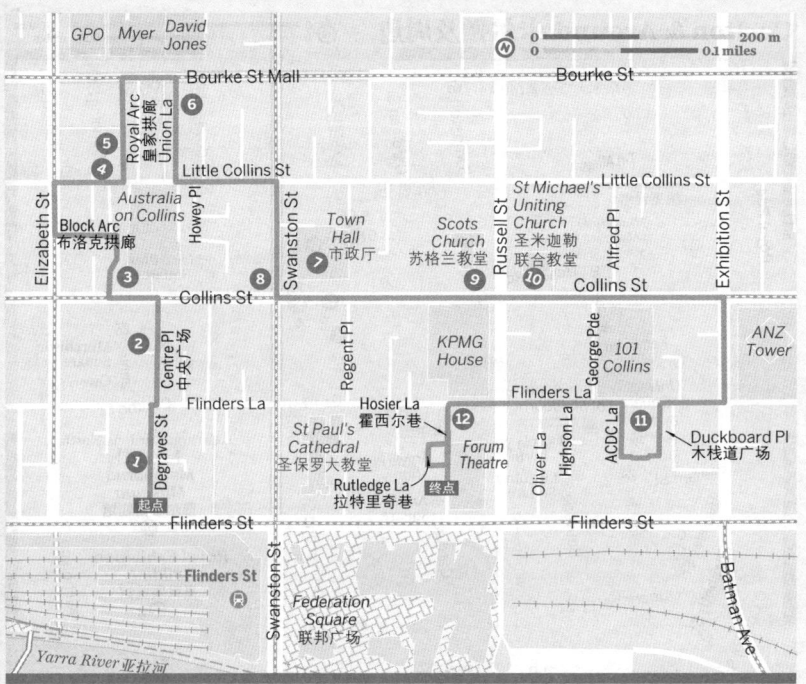

步行游览
拱廊和小巷

起点: DEGRAVES ST
终点: MOVIDAV
长度: 3公里; 2.5小时

墨尔本市中心有多条19世纪的拱廊和鹅卵石小巷。现在的小巷旧貌换新颜,两侧是街头艺术、地下室餐馆、精品店和酒吧。

从❶**Degraves Street**出发,路边是有趣的商店和咖啡馆。继续往北走,穿过Flinders Lane来到咖啡馆林立的❷**中央广场**(Centre Place),在那里能看到不错的街头艺术。

走到Collins St对面,左转,进入建于1891年的❸**布洛克拱廊**(Block Arcade)。这条拱廊有装饰性石膏线条和马赛克地砖。在Hopetoun Tea Rooms的橱窗前徘徊,然后穿过拱廊,左转,从Elizabeth St街口离开拱廊。

在下一个街角过马路,右转进入Little Collins St。抵达❹**轻笑公园**(Chuckle Park),往前走,左转进入有很多装饰的❺**皇家拱廊**(Royal Arcade)。注意看拱顶下方拿着锤子的哥革(Gog)和马各(Magog)图案。穿过拱廊,来到Bourke St Mall,继续往右手边有很多街头画的❻**Union Lane**走。

沿Union Lane走到头,左转进入Little Collins St,然后在Swanston St右转。经过Swanston St尽头的❼**墨尔本市政厅**(Melbourne Town Hall),眼前是建于1932年的❽**曼彻斯特联合大厦**(Manchester Unity Building)。到Swanston St对面,上山,直奔Collins St尽头的"巴黎区"。途中将经过建于1873年的❾**苏格兰教堂**(Scots Church)和建于1866年的❿**圣米迦勒联合教堂**(St Michael's Uniting Church)。

右转进入Exhibition St,再右转进入Flinders Lane,直行直到看见⓫**木栈道广场**(Duckboard Place)。沿小巷往前走,然后绕AD/DC Lane一圈,途中经过摇滚酒吧Cherry。

沿Flinders Lane走到街头艺术圣地⓬**霍西尔巷**(见218页)和拉特里奇巷。最后,去MoVida享用墨西哥玉米卷饼和饮品。

Carlton & Around 卡尔顿及周边

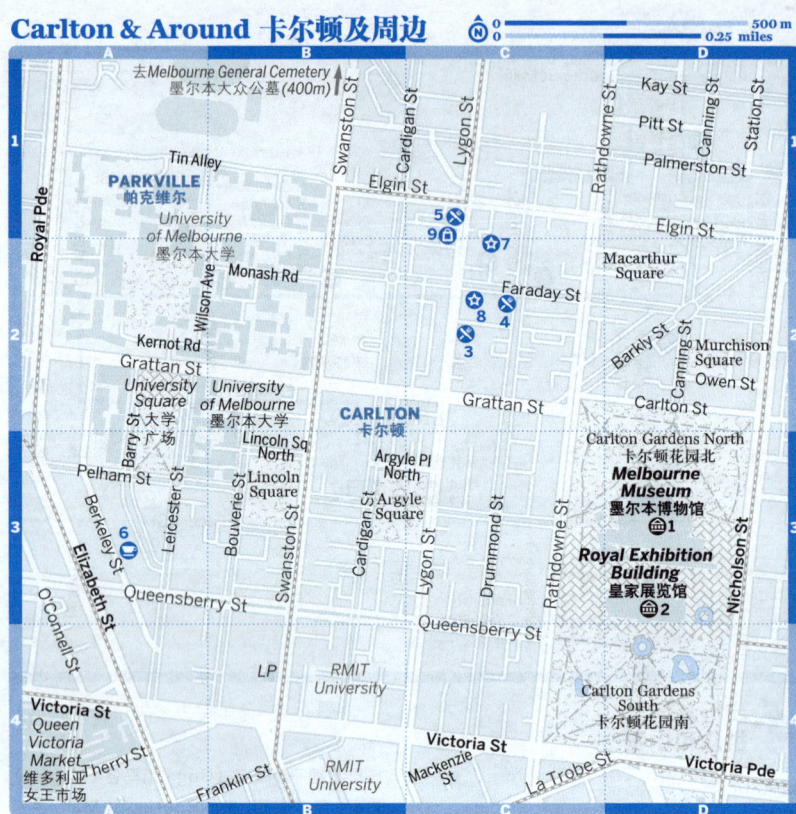

Carlton & Around 卡尔顿及周边

◎ 重要景点
1 墨尔本博物馆.................................. D3
2 皇家展览馆..................................... D3

⊗ 就餐
　Delicatessen ....（见 3）
3 D.O.C. Espresso.............................C2
4 Pizza & Mozzarella Bar C2
5 Heartattack and Vine C1

⊖ 饮品和夜生活
6 Seven Seeds A3

✪ 娱乐
7 Cinema Nova C2
8 La Mama C2

⊜ 购物
9 Readings C1

---

com.au; St Kilda Pier, St Kilda; 出租 每小时 $30, 1 小时30分钟的团队游 $99; ☎96) 在圣基尔达码头安排授课并出租站立式冲浪板, 也组织亚拉河团队游。

👉 团队游

Melbourne Street Tours　　　　　步行
（☎03-9328 5556; www.melbournestreet tours.com; 团队游 $69; ⊙市中心 周二、周四和周六 13:30, 菲茨罗伊 周六 11:00) 3小时的团队游, 探寻市中心或菲茨罗伊的街头艺术。团队游的导游们本身就是艺术家, 因此你将对这种艺术形式有进一步的了解。

★ Rentabike　　　　　　　　　　骑车
（见224页地图; ☎0417 339 203; www.renta

bike.net.au; Federation Wharf; 租金 每小时/每天 $15/40，4小时团队游 含午餐 成人/儿童 $110/79; ⏱10:00~17:00; ⓇFlinders St）出租自行车，组织 **Real Melbourne Bike Tours**，以当地人的视角带你了解这个城市，重点在美食。

Melbourne By Foot
步行

（见224页地图；☎1300 311 081; www.melbournebyfoot.com; 从Federation Sq出发；团队游 $40; ⏱13:00; ⓇFlinders St）你可以参加3小时的步行团队游，沿途欣赏街头艺术，了解墨尔本的政治、历史和文化多样性，轻松惬意又能学到许多知识。强烈推荐。通过网站预订。另有"啤酒爱好者"团队游（Beer Lovers; $85）。

Aboriginal Heritage Walk
文化

（见220页地图；☎03-9252 2429; www.rbg.vic.gov.au; Royal Botanic Gardens, Birdwood Ave, South Yarra; 成人/儿童 $31/12; ⏱周五至周五 11:00; 🚌3, 5, 6, 8, 16, 64, 67, 72）皇家植物园位于库林人（Kulin）的传统露营和聚会地点，从歌词到植物知识，这个90分钟的奇妙团队游将带你深入了解他们的历史。团队游从园区的**游客中心**（见220页地图；☎03-9252 2429; www.rbg.vic.gov.au; Observatory Gate, Birdwood Ave, South Yarra; ⏱周一至周五 9:00~17:00，周六和周日 9:30开门; 🚌旅游穿梭巴士; 🚌3, 5, 6, 8, 16, 64, 67, 72）出发。

✦ 节日和活动

澳大利亚网球公开赛
体育

（Australian Open; www.australianopen.com; Melbourne Park, Olympic Blvd, Melbourne; ⏱1月）每年年初，世界顶级网球运动员和兴高采烈的观众齐聚观赏这一大满贯赛事。

澳式橄榄球联赛总决赛
体育

（AFL Grand Final; www.afl.com.au; MCG, Brunton Ave, East Melbourne; ⏱9月）通常在每年9月的最后一个周六举办，买到票的难度甚于从边线把球踢进球门，但在场外的任何地方都可以看到转播（尤其是在各家酒吧）。

墨尔本杯
体育

（Melbourne Cup; www.springracingcarnival.com.au; Flemington Racecourse; ⏱11月）作为大名鼎鼎的墨尔本杯的高潮，春季赛马嘉年华（Spring Racing Carnival）与赛事本身一样具有重要的社会意义。墨尔本杯于11月的第一个周二举行，那一天是墨尔本的公共假日。

墨尔本节
表演艺术

（Melbourne Festival; www.melbournefestival.com.au; ⏱10月）城里多个地点承办，这个艺术节的特点是有深度的澳大利亚大和国际戏剧、歌剧、舞蹈、视觉艺术和音乐等演出。

墨尔本国际电影节
电影

（Melbourne International Film Festival, MIFF; www.miff.com.au; ⏱8月）隆冬时节举办的电影节，吸引了大批穿黑色圆领汗衫的影迷。

🛏 住宿

🛏 市中心

Space Hotel
青年旅舍 $

（见224页地图；☎03-9662 3888; www.spacehotel.com.au; 380 Russell St; 铺 $37起，房 带/不带浴室 $100/89起; ✱🛜; ⓇMelbourne Central）这家时髦的住处是墨尔本少有的真正的高级背包族旅舍之一，档次介于青年旅舍和经济型酒店之间。私人房间比较好，有iPod音乐播放器和平板电视，宿舍房间细节贴心，例如配备感应灯的大储物柜和加锁的电源适配器。一些双人房带独立卫浴和阳台。屋顶热水泳池也是一大诱人之处。

Home @ The Mansion
青年旅舍 $

（见228页地图；☎03-9663 4212; www.homeatthemansion.com; 80 Victoria Pde, East Melbourne; 铺/房 $33/80起; @🛜; ⓇParliament）墨尔本少见的真正有个性的青年旅舍之一，位于一栋有双层大台阶的前救世军（Salvation Army）大楼内，看起来像城堡似的。旅舍内有92张宿舍房间床位和一两间双人房，所有的房间都光线明亮、通风良好，还有可爱的高高的天花板。有两个小小的电视区，前面有个庭院，还有一个阳光灿烂的厨房。

★ Treasury on Collins
公寓 $$

（见224页地图；☎03-8535 8535; www.treasuryoncollins.com.au; 394 Collins St; 公寓

South Yarra, Prahran & Windsor
南亚拉、普拉兰和温莎

South Yarra, Prahran & Windsor 南亚拉、普拉兰和温莎

◉ 重要景点
1 贾斯汀艺术博物馆 D7

🛏 住宿
2 Back of Chapel..B6
3 Cullen..B5
4 Lyall..A2

🍴 就餐
5 Da Noi...A3
6 Huxtaburger..B6
7 Two Birds One Stone.............................B3
8 WoodLand House..................................D6
9 Zumbo...B2

🍷 饮品和夜生活
10 Emerson...A4

11 Market Lane Coffee................................B4
12 Railway Hotel..B7
13 Revolver Upstairs...................................B5
14 Rufus...B5
15 Woods of Windsor..................................B6
16 Yellow Bird..B6

🎭 娱乐
17 Astor..B7
18 Red Stitch Actors Theatre......................B7

🛍 购物
19 ArtBoy Gallery...A5
20 Chapel Street Bazaar.............................B6
21 Greville Records.....................................B5
22 Lunar Store...A5

$198起；✱☎；🚌11, 12, 48, 109）宏伟的新古典主义石头大楼（1876年）曾是澳大利亚银行分行所在地。一楼的天花板高得惊人，由镀金柱子支撑，现在是一个迷人的酒吧。公寓房间时尚洁净，而且非常时髦宽敞。惊喜之处包括咖啡机、洗衣机和免费Netflix。

★ QT Melbourne 酒店 $$$
（见224页地图；☎03-8636 8800；www.qtmelbourne.com.au；133 Russell St；房 $350起；@☎；🚌86, 96）粗糙的水泥外表、黄铜包边、回响着轻快音乐的铺地毯的电梯和有俄罗斯口音的服务员——这里是墨尔本最新、最时髦、最好的精品酒店之一。房间装饰美丽，楼顶有个摆满绿植的酒吧，也很不错。

★ Ovolo Laneways 精品酒店 $$$
（见224页地图；☎03-8692 0777；www.ovolohotels.com.au；19 Little Bourke St；房 $219起；✱@☎；🚌Parliament）这家精品酒店既有都市的时尚感，也有奇特的商务气氛。友好、有趣、设施极为便利，有免费自助洗衣机，每个房间都有免费迷你吧，楼下的酒吧每天的"欢乐时光"都可以免费畅饮，大堂还有一台胶囊咖啡机。唯一遗憾的是，小洗手池有点蠢。

Hotel Lindrum 精品酒店 $$$
（见224页地图；☎03-9668 1111；www.hotellindrum.com.au；26 Flinders St；房 $330起；

✱☎；🚌Parliament）城里最迷人的酒店之一，曾经是从未失手的传奇斯诺克台球手沃尔特·林德勒姆（Walter Lindrum）的球厅，房间内有自然、极简风格的细节，微妙的照明和精细的纺织物。住豪华房（窗户要么是拱形的，要么面朝海湾）可以欣赏壮美的墨尔本景色。还有一张台球桌——林德勒姆曾经用过，历久弥新。

St Jerome's The Hotel 帐篷露营地 $$$
（见224页地图；☎0406 118 561；www.stjeromesthehotel.com.au；Melbourne Central rooftop, 3/300 Lonsdale St；帐篷 $420~480；🚌Melbourne Central）每栋豪华野营帐篷内都有一张超大床或大床，铺着舒适的寝具，配备冷暖空调和免费小冰箱（冰镇生啤和苹果酒），客人还可以去隔壁的Strike免费打10分钟保龄球。早上起来，营地里有咖啡馆和打包在盒子里的早餐。在这里可以获得很不错的体验，毕竟价格摆在这儿呢。

Grand Hyatt Melbourne 酒店 $$$
（见224页地图；☎03-9657 1234；www.melbourne.grand.hyatt.com；123 Collins St；房 $445起；✱@☎♨；🚌Flinders St）这家五星级酒店位于著名的Collins St，设施配得上其名字（君悦酒店），有500多间客房。房间内有大理石卫浴、精心布局的写字台以及面朝市中心、亚拉河或墨尔本板球场的落地窗。

南岸和达克兰

Hilton Melbourne South Wharf　　酒店 $$

（见220页地图；☎03-9027 2000；www.hiltonmelbourne.com.au；2 Convention Centre Pl, South Wharf；房 $200；🅿❄🛜；🚋35、70、75）光滑的木板和天然纤维造就了这家豪华酒店的棕色色调。套房面积大，能看到沿河美景。酒店内有个原住民画廊，前台摆放的所有艺术品都出售，除了桌子上面那张巨幅画——它看上去是用钢丝球拼成的。

Crown Towers　　酒店 $$$

（见224页地图；☎03-9292 6868；www.crownhotels.com.au/crown-towers-melbourne；8 Whiteman St, Southbank；房 $338起；🅿❄🛜🏊；🚋55）皇冠酒店中最时髦的一家，面积巨大，一进入优雅的房间，你就会忘掉前台的华丽和俗气。许多房间能看到惊人的美景。浴室很大，浴缸和淋浴区分开，步入式衣柜用起来很顺手。

菲茨罗伊、科灵伍德和阿伯茨福德

★ Nunnery　　青年旅舍 $

（见228页地图；☎1800 032 635；www.nunnery.com.au；116 Nicholson St, Fitzroy；铺/双/单 $34/95/120起；@🛜；🚋96）房子建于1888年，气氛古色古香，有旋转台阶和许多保留下来的特色。墙上挂着宗教艺术品，还有彩绘玻璃点缀。你会喜欢又大又舒适的大厅和公共区域。隔壁的Nunnery Guesthouse位于一栋私人建筑内，房间更大（$130起）。客人很多，因此要提前订房。上述房价均含早餐。

★ Tyrian Serviced Apartments　　公寓 $$

（见228页地图；☎03-9415 1900；www.tyrian.com.au；91 Johnston St, Fitzroy；公寓 $188起；🅿❄🛜；🚋11）这些现代化的公寓宽敞、配备厨卫设备，确实有一种菲茨罗伊名人豪宅的氛围。大沙发、平板电视、欧洲品牌洗衣机和阳台更添魅力，而且门口就有许多家餐馆和酒吧。此外还提供免费Wi-Fi和停车位。如果住面朝Johnston St的房间，可能会觉得有点吵。

Brooklyn Arts Hotel　　民宿 $$

（见228页地图；☎03-9419 9328；www.brooklynartshotel.com.au；48-50 George St, Fitzroy；单/双 $115/155起；🛜；🚋86）这家有7间客房的酒店个性十足，房东是电影制片人兼艺术家Maggie Fooke。酒店所在的建筑是一栋可爱的双层公寓，不同的房间面积差别很大，但都干净、时尚、色彩缤纷、装饰美观。楼上的房间宽敞，有高高的天花板和阳台，是最宜人的房型（$220起）。大陆式早餐包括当地的酵母面包和自制果酱，席间客人们交谈活跃。

南墨尔本、墨尔本港和阿尔伯特公园

★ Coppersmith　　精品酒店 $$

（见220页地图；☎03-8696 7777；coppersmithhotel.com.au；435 Clarendon St, South Melbourne；房 $230起；❄🛜；🚋12）低调、时尚、优雅，有15个房间的Coppersmith绝对称得上是"精品酒店"。名牌家具、沉重的床和优质木地板为哑光色系的房间打造出迷人的细节，每个房间都配备胶囊咖啡机、写字台、免费Wi-Fi和可录像的有线电视。店内还有一个可爱的、使用本地食材烹饪的餐馆兼酒吧，屋顶露台能远眺天际线。

南亚拉、普拉兰和温莎

Back of Chapel　　青年旅舍 $

（见234页地图；☎03-9521 5338；www.backofchapel.com；50 Green St, Windsor；铺 $32~36，双 $80；⏰前台 8:30~17:00；@🛜；🚋6、78；🚉Windsor）位于一栋古老的维多利亚时代的建筑内，离Chapel St比较热闹的那个路口有20步的距离，房价低廉。宿舍房间有4~6张床，洁净、安静，此外也有私人双床房、双人房和三人房。设施包括公用厨房、烧烤区和投币式洗衣机。工作日客人尤其多。上述房价均含早餐。

Cullen　　精品酒店 $$

（见234页地图；☎03-9098 1555；www.artserieshotels.com.au/cullen；164 Commercial Rd, Prahran；房 $209起；❄@🛜；🚋72、78、79；🚉Prahran）装修出自已故郎基画家亚当·卡伦（Adam Cullen）之手：画面生动，常伴随文字，例如"凯利（Ned Kelly）从不透明的卧室或浴室隔断墙那里朝你开枪"之类。房间有个性、舒适、配备小厨房，但单人标准间有点小。朝北和四层及以上朝西的房间景色最佳。

Lyall
精品酒店 $$$

（见234页地图；☎03-9868 8222, 1800 338 234; www.thelyall.com; 16 Murphy St, South Yarra; 房 $255起; ※@令; ◉8; ®South Yarra）紧邻 Toorak Rd, 40间套房和1/2间卧室的公寓房间都很不错。配备水疗浴缸和香槟吧，墙上挂有法国出生的艺术家Thierry B的原作，甚至还有枕头可选列表。套房奢华，但有点旧，纺织物面料五花八门，例如山东绸、塔夫绸、仿麂皮、天鹅绒和锦缎。常年下榻于此的客人包括在墨尔本长大的歌手Olivia Newton-John。

圣基尔达
★ Base
青年旅舍 $

（见238页地图；☎03-8598 6200; www.stayatbase.com; 17 Carlisle St, St Kilda; 铺/双 $34/145起; ℗※@令; ◉3, 16, 96）经营有方，宿舍房间（每间都有独立卫浴）和时髦的双人房打理得井井有条。专门有一层楼仅限女宾入住——这一层的房间配备直发梳子和香槟。酒吧和现场音乐表演令人心旷神怡。

Prince
酒店 $$

（见238页地图；☎03-9536 1111; www.theprince.com.au; 2 Acland St, St Kilda; 房 $175 起; ℗※令≋; ◉3, 12, 16, 96）我们很喜欢这家时尚酒店，大卫·林奇（David Lynch）风格的阴郁大堂营造出一种性感而独特的风格。房间不大，很时髦，只是有点旧。店内还有著名的Prince Bandroom（见249页；周末会很吵）和 Aurora Spa Retreat（见238页地图；☎03-9536 1130; www.auroraspareteat.com; 2 Acland St, St Kilda; 1小时按摩 $175; ◉周一、周二、周四和周五 10:00~18:00, 周三 11:30~19:30, 周六 9:00~17:30, 周日 10:00~15:00; ◉3, 12, 16, 96）。注意：酒店的（非加热）泳池是独立运作的，因此不是每天都开放。

Hotel Tolarno
酒店 $$

（见238页地图；☎03-9537 0200; www.tolarnohotel.com.au; 42 Fitzroy St, St Kilda; 单/双/套 $109/119/169起; ※令; ◉3, 12, 16, 96）前身是画商Georges Mora的精品画廊Tolarno。提供多种房型，每个房间都配备电子设备、大床、大胆明艳的艺术品原作、胶囊咖啡机和免费Wi-Fi。建筑前面的房间有点吵，但阳台和俯瞰Fitzroy St的大窗户能弥补这个缺点。

就餐

市中心
★ Hakata Gensuke
日式拉面 $

（见224页地图；☎03-9663 6342; www.gensuke.com.au; 168 Russell St; 主菜 $13~14; ◉周一至周五 11:30~14:45和17:00~21:30, 周六和周日正午至21:30; ®Parliament）Gensuke是那种只做一样食物而且做得非常完美的餐馆。那一样食物是猪肉清汤拉面（tonkotsu）。拉面分三种：招牌拉面、加了芝麻的"黑"拉面和辣味"上帝之火"拉面（god fire）。先选一种拉面，再点面上的浇头（腌cha-shu猪肉、鸡蛋、海藻、黑木耳）。门口总有人在排队等位，但等待是值得的。

★ Supernormal
亚洲菜 $$

（见224页地图；☎03-9650 8688; www.supernormal.net.au; 180 Flinders Lane; 菜 $16~39; ◉11:00~23:00; ®Flinders St）厨师Andrew McConnell在上海和香港待过几年，推出多种创意泛亚洲菜式，包括饺子、海鲜生鲜和慢炖四川羊肉。就算不吃饭，进来买一份出名的外卖新英格兰龙虾卷也不错。晚餐不接受预订，因此早点来排号。

★ Chin Chin
东南亚菜 $$

（见224页地图；☎03-8663 2000; www.chinchinrestaurant.com.au; 125 Flinders Lane; 主菜 $20~39; ◉11:00至深夜; ®Flinders St）客人多得不像话，原因很简单：Chin Chin用大盘子盛放美味的东南亚街头小摊风格美食。餐馆位于一栋迷人的老仓库内，虽然不接受预订，但排队等位期间你可以在楼下的酒吧 Go Go Bar 消磨时间。

Mamasita
墨西哥菜 $$

（见224页地图；☎03-9650 3821; www.mamasita.com.au; 1st fl, 11 Collins St; 玉米薄卷饼 $7, 油炸玉米粉饼 $15, 大份 $24~27; ◉周日至周三 17:00~23:00, 周四至周六 正午至午夜; ®Parliament）这家餐馆掀起了墨尔本人对地道墨西哥街头食物的热爱，至今仍是同类中最棒的餐馆之一。撒了奶酪和辣椒蛋黄酱的

St Kilda & Around 圣基尔达及周边

St Kilda & Around 圣基尔达及周边

⊙ 重要景点
- **1** 月神公园 C3
- **2** 圣基尔达海滩 A3
- **3** 圣基尔达码头 A2

⊕ 活动、课程和团队游
- Aurora Spa Retreat .... （见9）
- **4** Kite Republic A3
- **5** Port Phillip EcoCentre D4
- **6** Stand Up Paddle HQ A2

⊜ 住宿
- **7** Base C3
- **8** Hotel Tolarno B1
- **9** Prince B2

⊗ 就餐
- **10** Cicciolina C4
- **11** Glick's G4
- **12** Lau's Family Kitchen B2
- **13** Lentil as Anything D4
- **14** Monarch Cake Shop C3
- **15** Stokehouse B3

⊙ 饮品和夜生活
- **16** Bar Di Stasio B1
- **17** Local Taphouse F3
- Pontoon .... （见15）

⊙ 娱乐
- Prince Bandroom .... （见9）
- **18** Theatre Works B2

⊙ 购物
- Readings .... （见10）

炭烤玉米是一道口碑极佳的开胃菜，此外还有多种玉米卷饼和龙舌兰酒。晚餐不接受预订，做好排队等位的准备吧。

MoVida 西班牙小吃 $$

（见224页地图；☏03-9663 3038；www.movida.com.au；1 Hosier Lane；小吃$4~8，正餐$16~34；⊙正午至深夜；ⓡFlinders St）MoVida位于有大量涂鸦的霍西尔巷，是墨尔本最地道的西班牙餐馆。小桌椅围绕在窗户四周，旁边是吧台。如果你有预订，就在进餐区坐下来，享用美味的西班牙小吃和正餐（raciones）。MoVida Next Door——没错，真的就在隔壁——是正餐前喝杯啤酒、吃点小吃的好去处。

Flower Drum 中国菜 $$$

（见224页地图；☏03-9662 3655；www.flowerdrum.melbourne；1st fl, 17 Market Lane；主菜$18-40；⊙周一至周六 正午至15:00和18:00~23:00，周日18:00~22:30；ⓣ；ⓡParliament）1975年开业的Flower Drum如今依然是墨尔本最出名的中餐馆，深色木板、漆器和浆硬的白色亚麻桌布营造出迷人的复古气氛。广东菜（菜单每天更换）看似简单实则奢华，服务一流，跟如此优雅的环境十分相配。

HuTong Dumpling Bar 中国菜 $$

（见224页地图；☏03-9650 8128；www.hutong.com.au；14-16 Market Lane；主菜$14~31；⊙11:30~15:00和17:30~22:30；ⓡParliament）HuTong以小笼包出名，也就是说，每到午饭时间，这座三层的建筑内很难找到空位。在楼下观看厨师制作美味饺子，吃的时候暗自希望他们不要看到你手忙脚乱的模样。

★ Lee Ho Fook 中国菜 $$$

（见224页地图；☏03-9077 6261；www.leehofook.com.au；11-15 Duckboard Pl；主菜$32~42；⊙周一至周五 正午至14:30和18:00~23:00，周六和周日 18:00~23:00；ⓡParliament）这家餐厅位于小巷深处一个红砖老仓库内，堪称当代中餐美食地的缩影。厨房运用各种调料，烹制红醋炸茄子、脆皮鸡、甘草神户牛肉以及用家常XO酱烹制的螃蟹和扇贝菜包等招牌菜肴。服务也特别好。

Cumulus Inc 新派澳大利亚菜 $$$

（见224页地图；☏03-9650 1445；www.cumulusinc.com.au；45 Flinders Lane；早餐$14~18，主菜$36~44；⊙7:00~23:00；ⓡParliament）这家拥挤的非正式餐馆注重采用上好的原料和简单但艺术的烹饪方法，店内有长条大理石吧台，四周是小圆桌。晚餐只接受团队预订，因此要做好排队等位的准备。楼上是葡萄酒吧Cumulus Up。

Longrain
泰国菜 $$$

（见224页地图；☎03-9671 3151；www.longrain.com；44 Little Bourke St；主菜 $30~40；◎周一至周四 18:00~22:00，周五 正午至15:00和17:30至深夜，周六和周日 17:30至深夜；ⓡParliament）早点来，否则可能要排长队（他们建议你喝点东西，放松一下）才能吃到独创的泰国菜。共享桌椅虽然不太适合浪漫的约会，但很适合你观察别人吃了什么。菜肴设计成可供分享的。可以尝尝猪肉和虾的蛋网（eggnet）、好吃的海鲜和椰子冰沙。

Vue de Monde
新派澳大利亚菜 $$$

（见224页地图；☎03-9691 3888；www.vuedemonde.com.au；55th fl, Rialto, 525 Collins St；套餐 $230~275；◎周一至周三 18:00~23:00，周四至周日 正午至14:00和18:00~23:00；ⓡSouthern Cross）墨尔本人最喜欢的庆祝重大场合的餐馆，关于它有很多故事。在丽奥图（Rialto）大厦的老露台能看到360度全景。远见卓识的厨师是《厨艺大师》的评委，他用于制作高级套餐的是澳大利亚最好的食材。需提前数月预订。

Grossi Florentino
意大利菜 $$$

（见224页地图；☎03-9662 1811；www.grossiflorentino.com；1st fl, 80 Bourke St；2道菜的午餐 $65，3道菜的晚餐 $140；◎周一至周五 正午至14:30和18:00至深夜，周六 18:00至深夜；ⓡParliament）大量镀金石膏像、枝形吊灯和20世纪30年代的佛罗伦萨文艺复兴风格壁画为这家一流的意大利餐馆营造出真正的庄严感。奢华的套餐搭配精致的小饼干和美味面包，服务又快又好。楼下的Grill and Cellar Bar价格更为亲民。

🍴 南岸和达克兰

Crown（见220页地图；☎03-9292 8888；www.crownmelbourne.com.au；8 Whiteman St, Southbank；🚋12, 55, 96, 109）这家赌场位于热闹的河边，因为开设了澳大利亚最出名的餐馆，成功地吸引了大批顾客。虽然价格贵，但质量也高——这一点跟位于同一旅游区的其他餐馆截然不同。南码头（South Wharf）那里也有一些有趣的河边餐馆。

★ Spice Temple
中国菜 $$$

（见224页地图；☎03-8679 1888；www.rockpool.com；Crown, Yarra Promenade, Southbank；主菜 $15~52；◎周一至周三 18:00~23:00，周四至周日 正午至15:00和18:00~23:00；🚋55）只要不在隔壁的**Rockpool Bar & Grill**（见224页地图；☎03-8648 1900；www.rockpool.com；Crown, Yarra Promenade, Southbank；主菜 $35~70；◎周一至周五 正午至14:30和18:00~23:00，周六 18:00~23:00；🚋55）或者他自己的悉尼餐馆，知名大厨Neil Perry都会在这家一流的水边餐馆烹制中国中西部地区的辣味菜肴。白天，你可以边吃$49的早茶边凝视河水，晚上可进入楼下特意调暗灯光的优雅餐室。

🍴 里士满

Minamishima
日本菜 $$$

（鮨南嶋；见220页地图；☎03-9429 5180；www.minamishima.com.au；4 Lord St, Richmond；每人 $150；◎周二至周六 19:00~22:00；🚋48, 75）餐厅隐藏在一条小巷内，或许是南半球最独特的日餐馆。坐在吧台前面，观看寿司大师Koichi Minamishima制作海鲜寿司，他操作精准熟练，一次捏一个。座位只有十来个，因此要提前订位。

🍴 菲茨罗伊和科灵伍德

★ Lune Croissanterie
面包房 $

（见228页地图；www.lunecroissanterie.com；119 Rose St, Fitzroy；糕点 $5.50~12.50；◎周一、周四和周五 7:30~15:00，周六和周日 8:00开始；🚋11）看到排长队，你可能想拔腿就走，但是排队是值得的——从柠檬凝乳可颂玛芬到经典的杏仁羊角包，你将吃到毕生以来最好吃的糕点。店铺正中央是一个气候控制的四方形玻璃屋子，那里就是美味糕点的诞生地Lune Lab。

★ Smith & Deli
熟食、严格素食

（见228页地图；☎03-9042 4117；www.smithanddaughters.com；111 Moor St, Fitzroy；三明治 $10~15；◎周二至周六 8:00~18:00；🍴；🚋11）这家小外卖餐馆有20世纪50年代的纽约熟食店氛围，它出售严格的素食，看上去却很像卖肉食的——曾经有吃荤的顾客被骗

了。按照客人的要求，用各种受欢迎的食材制作三明治。尝尝"鲁本斯坦"（Rubenstein），它加了大量"五香熏牛肉"、酸菜和泡菜。或者试试名为Club Sandwiches Not Seals（意即提醒人们拯救海豹）的三明治。

★ Gelato Messina　　　　　意式冰激凌店 $

（见228页地图；www.gelatomessina.com；237 Smith St, Fitzroy；1个球 $4.80；◎周日至周四正午至23:00, 周五和周六 至23:30；⊡86）被誉为墨尔本最好的冰激凌店，夏季在门口等待购买咸味椰子和杞果、马沙拉白葡萄酒浸水煮无花果或血橙等口味冰激凌的客人排成长队。你可以透过玻璃窗观看师傅在里面制作冰激凌。

Huxtaburger　　　　　汉堡 $

（见228页地图；☎03-9417 6328；www.huxtaburger.com.au；106 Smith St, Collingwood；汉堡 $10~14.50；◎周日至周四 11:30~22:00，周五和周六 至23:00；⊡86）这家美式风格汉堡店出售的放在老式包装里的螺旋形薯条（蘸辣盐）、奶油小圆面包做的美味汉堡（可选素馅）和瓶装啤酒非常好。**市中心**（见224页地图；www.huxtaburger.com.au；Fulham Pl；汉堡 $7~14；◎11:30~22:00；⊟Flinders St）和**普拉兰**（见234页地图；www.huxtaburger.com.au；203 High St, Prahran；汉堡 $10起；◎周日至周四 11:30~22:00，周五和周六 至23:00；⊡6, 78；⊟Prahran）也有分店。

Charcoal Lane　　　　　新派澳大利亚菜 $$

（见228页地图；☎03-9418 3400；www.charcoallane.com.au；136 Gertrude St, Fitzroy；主菜 $19~31；◎周二至周六 正午至15:00和18:00~21:00；⊡86）🍃餐厅所在的青石老建筑曾经是一家银行，这家培养原住民和残疾青年的厨师学校是品尝本土食材的最佳地点之一。菜单包括煎鸸鹋肉搭配柠檬香桃调味饭和金合欢籽焦糖炖蛋。你可以从厨师制作的双人份本土品尝菜（$30）入手。周末建议预订。

Belle's Hot Chicken　　　　　美国菜 $$

（见228页地图；☎03-9077 0788；belleshotchicken.com；150 Gertrude St, Fitzroy；鸡肉和边菜 $17起；◎周日至周四 正午至22:00, 周五和周六 至23:00；⊡86）厨师Morgan McGlone知道他在美国积累的烹饪技艺能派上用场。自从他把纳什维尔（Nashville）炸鸡引入澳大利亚，并为它配搭天然红葡萄酒，这道菜就成了令人欲罢不能的美食。鸡胸、鸡腿或鸡翅都行，热乎程度由你决定。注意，叫"太××辣了"（Really F**kin Hot）的这一款绝非浪得虚名。

Vegie Bar　　　　　素食 $$

（见228页地图；☎03-9417 6935；www.vegiebar.com.au；380 Brunswick St, Fitzroy；主菜 $13~18；◎周日至周四 11:00~22:00，周五和周六 至22:30；🈯🈂；⊡11）这个仓库改建的素食餐馆开张已经有20多年了，年头虽久菜品的味道却很好。食物有创意，分量大，菜单上有薄边比萨、美味沙拉、汉堡和咖喱以及好吃的奶昔和鲜榨果汁。生食种类也很多，还有多种素食可选。

★ Cutler & Co　　　　　新派澳大利亚菜 $$$

（见228页地图；☎03-9419 4888；www.cutlerandco.com.au；55 Gertrude St, Fitzroy；主菜 $36~48；◎周二至周日 18:00至深夜，周日午餐 正午开始；⊡86）Andrew McConnell的墨尔本旗舰店实至名归，殷勤博学的服务生和令人愉悦的美食很快就让它成为墨尔本一流的餐馆之一。菜肴尽量使用最好的应季食材，既可以单点，也有品尝套餐（$150起）。周六午餐气氛悠闲，菜肴有特意做成大份，供客人分食。

Saint Crispin　　　　　新派澳大利亚菜 $$$

（见228页地图；☎03-9419 2202；www.saintcrispin.com.au；300 Smith St, Collingwood；2/3道菜 $50/65；◎周二至周四 18:00至深夜，周五至周日 正午至深夜；⊡86）这家店室内装饰独具个性，光线明亮，服务迅速，食物一流，因此成为城里最好的餐馆之一。你可以选择2道或3道菜，也可以选择厨师的品尝套餐（$100起）。两位厨师曾在伦敦的米其林星级餐馆共事过。

IDES　　　　　新派澳大利亚菜 $$$

（见228页地图；☎03-9939 9542；www.idesmelbourne.com.au；92 Smith St, Collingwood；6道菜的品尝菜肴 $110；◎周三至周日18:00开始；⊡86）这家突然出现的餐馆现在已经在

Smith St站稳了脚跟，传闻是Attica（见244页）的副厨师长Peter Gunn自己开的。他恰如其分地运用了"创新"这个词，在菜肴中加入时尚元素。先吃热面包抹花生黄油，然后是6道应季菜。

🍴 卡尔顿和不伦瑞克

Heartattack and Vine　　　意大利菜 $

（见232页地图；☎03-9005 8674；www.heartattackandvine.com.au; 329 Lygon St, Carlton; ⊙周一至周五 7:00~23:00, 周六和周日 8:00开始; 🌐; 🚌旅游穿梭巴士; 🚍1, 6) Heartattack and Vine是一个休闲餐馆，有种邻家的气氛，店中央是一个长条木头吧台，座椅都围绕着这个吧台。早晨或晚上进来喝杯咖啡，或者晚餐品尝cicchetti——它是威尼斯版的西班牙小吃。

★ D.O.C. Espresso　　　意大利菜 $$

（见232页地图；☎03-9347 8482；www.docgroup.net; 326 Lygon St, Carlton; 主菜 $12~20; ⊙周一至周六 7:30至深夜，周日 8:00至深夜; 🚌旅游穿梭巴士; 🚍1, 6) 餐厅的经营者是第三代意大利裔澳大利亚人，食物口味正宗，为Lygon St注入了新鲜的活力。吧台上除了浓咖啡，还有自制意大利和意大利精酿啤酒。

"欢乐时光"（aperitivo; 16:00~19:00) 可以就着免费小吃畅饮尼格尼（negroni）鸡尾酒。

隔壁是餐馆附设的 Delicatessen（见232页地图；☎03-9347 8482；www.docgroup.net; 330 Lygon St, Carlton; 帕尼尼 $7起; ⊙周一至周六 9:00~19:00, 周日 10:00开始; 🚌旅游穿梭巴士; 🚍1, 8)，出售优质奶酪和帕尼尼，街角那里则是老店 Pizza & Mozzarella Bar（见232页地图；☎03-9347 2998；www.docgroup.net; 295 Drummond St, Carlton; 比萨 $17~25; ⊙周一至周三 17:00至深夜，周五至周日 正午至深夜; 🚌旅游穿梭巴士; 🚍1, 6)。

★ Rumi　　　中东菜 $$

（☎03-9388 8255；www.rumirestaurant.com.au; 116 Lygon St, East Brunswick; 菜 $13~28; ⊙18:00~22:00; 🚍1, 6) 这是个奇妙而贴心的餐馆，制作传统黎巴嫩菜肴和古老波斯美食的当代版本。奶酪和松子馅饼（sigara boregi）在当地享有盛誉，碳烤肉等美味主菜搭配分量十足、种类繁多的素菜。

🍴 南墨尔本

St Ali　　　咖啡馆 $

（见220页地图；☎03-9686 2990；www.

墨尔本……

两日

直奔伊恩波特中心：**维多利亚州国家美术馆**（见218页），欣赏馆内的艺术品，再去**联邦广场**（见218页）逛逛，然后参加**步行团队游**（见232页），看看墨尔本的街头艺术。在**MoVida**（见239页）享用午餐，然后找一家**屋顶酒吧**（见245页），品尝墨尔本的鸡尾酒，欣赏风景。晚上参加**皮划艇团队游**（见230页），沿亚拉河而下。在墨尔本最好的**餐馆**之一（见237页）吃顿大餐，结束第一天的行程。第二天早上，沿着**比拉荣马尔公园**（见218页）散步，进入**皇家植物园**（见229页），再去**维多利亚女王市场**（见219页）寻找美食。乘坐有轨电车前往**圣基尔达**（见230页），在河边和码头闲逛，然后在生机勃勃的Acland Street找家酒吧，消磨夜晚的时光。

一周

在**墨尔本博物馆**（见227页）待一两个小时，然后直奔菲茨罗伊Gertrude Street沿线的精品店，在科灵伍德的**Proud Mary**（见247页）吃午饭、喝咖啡。回到市中心，在**唐人街**（见219页）漫步，去**维多利亚州立图书馆**（见219页）了解逃犯凯利的故事，晚上在**HuTong Dumpling Bar**（见239页）吃饺子。7天内的其余时间用来逛**温莎**和**普拉兰**（见229页）的商店和咖啡馆、探索**南墨尔本市场**（见227页）和参观**阿伯茨福德女修道院**（见223页）。务必在**Supernormal**（见237页）吃一顿、在**Bar Americano**（见245页）喝一杯。

stali.com.au; 12-18 Yarra Pl, South Melbourne; 菜 $8~25; ⏰7:00~18:00; 🚃12) 咖啡馆位于一个隐蔽的仓库内，用精挑细选的咖啡豆煮咖啡，味道自然不会差。如果你面对着混合咖啡、特制咖啡、黑咖啡或白咖啡无法做出决定，就试试品尝由6种咖啡组合的"冒险"（adventure; $20）。从香草枫浆藜麦布丁加嫩泰国罗勒，到水煮蛋和烤哈罗米奶酪（halloumi），食物既有创意，又能保持基本口味不变。

Simply Spanish　　　　　西班牙菜 $$

（见220页地图；☎03-9682 6100; www.simplyspanish.com.au; South Melbourne Market, Coventry St和Cecil St交叉路口, South Melbourne; 海鲜饭 $20.50起, 西班牙小吃 $8~16; ⏰周三至周六 8:00~21:00, 周日 至16:00; 🚃12, 96）既然被称赞为"西班牙之外最好的海鲜饭"，你自然就知道该点什么了。这家悠闲的市场餐馆是品尝海鲜饭的最佳去处，海鲜组合方式多如牛毛。等位时尝尝一两种西班牙小吃——尖椒蒜虾最好吃。

🏠 南亚拉和普拉兰

★ Zumbo　　　　　甜品 $

（见234页地图；☎1800 858 611; zumbo.com.au; 14 Claremont St, South Yarra; 马卡龙 $2.80, 蛋糕 $6起; ⏰7:00~19:00; 🚃58, 78; 🚋South Yarra）澳大利亚烘焙师傅Adriano Zumbo炙手可热，以制作大胆前卫的糕点出名。在这里，奶酪蛋糕可能被加上一层日本柚子慕斯，而且做成瑞士奶酪的形状；蛋挞可能是辣味的，加入了西班牙油条蛋奶糊和墨西哥热巧克力奶油。店里装修是20世纪70年代舞厅风格。偷偷地告诉你：隔壁的咖啡更好喝。

Two Birds One Stone　　　咖啡馆 $

（见234页地图；☎03-9827 1228; www.twobirdsonestonecafe.com.au; 12 Claremont St, South Yarra; 菜 $14~22.50; ⏰周一至周五 7:00~15:30, 周六和周日 8:00开始; 🚃58, 78; 🚋South Yarra）喷漆橡木长椅、雪白的木梁和冬日森林图案的壁画令人想起北欧，这家清新时尚的咖啡馆出售香浓的"第三波"（third-wave）咖啡，菜有种类不多，有什么食材就做什么菜。享用乳清奶酪煎饼配无花果、果酱和开心果酱，或者煎三文鱼配土豆丝饼、松露花椰菜泥和水煮蛋，大快朵颐。

Gilson　　　　　新派澳大利亚菜 $$

（见220页地图；☎03-9866 3120; gilsonrestaurant.com.au; 171 Domain Rd, South Yarra; 比萨 $18~25, 主菜 $24~34; ⏰周一至周五 6:00~23:00, 周六和周日 7:00开始; 🚃58）新开业的时髦餐馆Gilson介于咖啡馆和餐馆之间。建筑就在植物园正对面，水泥搭配意大利大理石的设计灵感来自20世纪50年代的法国现代主义。店里烹制当代意大利风味美食。不要吃出名（气味也很刺鼻）的烤黄瓜，吃美味的意大利面和有趣的木烤比萨。葡萄酒和鸡尾酒以及殷勤博学的服务生也是亮点。

Woodland House　　　新派澳大利亚菜 $$$

（见234页地图；☎03-9525 2178; www.woodlandhouse.com.au; 78 Williams Rd, Prahran; 品尝菜单 $125起; ⏰周二、周三和周六 18:30~21:00, 周四和周五 正午至15:00和18:30~21:00, 周日 正午至15:00; 🚃6）位于一栋优美的维多利亚别墅内，墨尔本著名餐馆Jacques Reymond的前副厨师长、青年才俊Thomas Woods和Hayden McFarland在厨房大展身手。菜肴注重使用优质地产原料，烹制手法充满自信，创造出木烤贻贝配芦笋和咸蛋黄之类的新菜。周四和周五中午提供高性价比的3道菜午餐，含一杯葡萄酒在内价格为$55。

Da Noi　　　　　意大利菜 $$$

（见234页地图；☎03-9866 5975; danoi.com.au; 95 Toorak Rd, South Yarra; 主菜 $30~40, 4道菜的品尝菜单 $75~95; ⏰正午至22:30; 🚃58; 🚋South Yarra）优雅的Da Noi制作萨丁岛风味美食，萨丁岛是店主兼大厨Pietro Porcu的故乡。菜单每天更换，有时一晚上有好几道主厨特色菜。要想全部尝一遍，就点4道菜的套餐，让厨师根据当天最好的食材决定给你做什么菜。建议提前订位。

🍴 圣基尔达

Glick's　　　　　硬面包圈 $

（见238页地图；www.glicks.com.au; 330a Carlisle St, Balaclava; 硬面包圈 $4起; ⏰周日至周四 6:00~20:00, 周五 6:00至日落前30分

钟,周六 日落前30分钟至午夜；3, 16, 78; Balaclava)犹太蛋糕房Glick's在当地的犹太社区内出售店内烘焙的硬面包圈(贝果)。原味的必买,再尝尝搭配全脂奶酪和鸡蛋沙拉的"纽约客"(New Yorker)面包圈。

Monarch Cake Shop　　　甜品 $

(见238页地图；03-9534 2972; www.monarchcakes.com.au; 103 Acland St, St Kilda; 一块蛋糕$5起; 周日至周四 8:00~21:30, 周五和周六 至22:00; 96)圣基尔达东欧蛋糕店之中最受欢迎的一家,大理石蛋糕(kugelhopf)、李子蛋糕和波兰烤奶酪蛋糕无与伦比。这家店铺1934年开业,至今仍基本保持原状,气氛悠闲、古色古香,黄油的香味很诱人。咖啡也不错。

Lentil as Anything　　　素食 $

(见238页地图; 0424 345 368; www.lentilasanything.com; 41 Blessington St, St Kilda; 捐赠; 正午至21:00; ; 3, 16, 96)在素菜单上挑选很容易,决定给多少钱比较难。这家独一无二的非营利性餐馆为边缘人口提供培训和教育机会,同时也出售美味的素食。无论你给多少钱,都会被用于帮助新移民、难民、残疾人和长期失业者。有几家分店,其中一家在阿伯茨福德女修道院(见223页)。

★Attica　　　新派澳大利亚菜 $$$

(03-9530 0111; www.attica.com.au; 74 Glen Eira Rd, Ripponlea; 品尝菜单 $250; 周二至周六 18:00至深夜; 67; Ripponlea)圣培露(San Pellegrin)全球前50名餐馆中唯一的澳大利亚餐馆,店主是新西兰人Ben Shewry,他的烹饪独具创意。Bunya bunya等本土食材搭配烤红袋鼠肉,或者醋栗冰沙搭配柠檬芸香和玫瑰花。提前3个月订位,每个月的第一个周三9:00接听订位电话。注意:一两个小时之内双人台就会被预订一空,尤其是周五和周六的晚餐。四人台或多人台相对容易订到,或者试试预订非周末的晚餐。如果网上显示没有空位,不妨写电子邮件或打电话问一下。驾车的话,沿Brighton Rd往南,然后左转进入Glen Eira Rd。

Lau's Family Kitchen　　　中国菜 $$$

(见238页地图; 03-8598 9880; www.lauskitchen.com.au; 4 Acland St, St Kilda; 主菜 $26~45; 周一至周五 正午至15:00, 周日 12:30~15:30, 每天晚餐 18:00~20:00; 16, 96)这家干净时髦的餐馆出售美观的家常广东菜,也有一些令人惊喜的川菜,包括好吃的猪肉末炖茄子。双人台要预订,就餐时看看优雅的"壁板",那是用20世纪30年代的日式和服拼成的。

Stokehouse　　　海鲜 $$$

(见238页地图; 03-9525 5555; www.stokehouse.com.au; 30 Jacka Blvd, St Kilda; 主菜 $36~42; 正午至15:00和18:00至深夜; 3a, 16, 96)享有盛誉的Stokehouse在火灾之后回归,甚至比之前还好。不仅有惊人的当代建筑和面朝海湾的落地窗,还有新鲜时尚、以海鲜为主的美食,更不用说传奇般的"阿拉斯加轰炸"(bombe Alaska)鸡尾酒。它是墨尔本最火的餐馆之一,因此总是需要提前订位。

Cicciolina　　　意大利菜 $$$

(见238页地图; 03-9525 3333; www.cicciolinastkilda.com.au; 130 Acland St, St Kilda; 主菜 午餐 $18~30, 晚餐 $27~45; 正午至22:00; 3, 16, 96)这家餐馆在圣基尔达赫赫有名,位置隐蔽,店内铺着深色木地板、光线幽暗、墙上挂着铅笔素描画。菜肴是当代意大利风味,例如意大利饺子搭配羊乳酪、乳清干酪、松子、酸橙皮、芦笋和烤焦的鼠尾草黄油,看起来赏心悦目。只接受午餐预订,至于晚餐,要么早点来,要么在后面乱糟糟的酒吧里等位。

饮品和夜生活

墨尔本的酒吧当然是澳大利亚最好的,跟全世界其他国家相比也不逊色。场所多种多样,既有隐藏在小巷深处的嬉皮士地下室小酒馆,也有位于屋顶高处的高级鸡尾酒吧。许多酒馆把沾染了啤酒的地毯收起来,把水泥店面打磨得光溜溜的,但你别错过那些保持原状、个性十足的老酒馆。

市中心
★Heartbreaker　　　酒吧

(见224页地图; 03-9041 0856; www.heartbreakerbar.com.au; 234a Russell St;

周一至周六 17:00至次日3:00，周日 至23:00；ⓡMelbourne Central）黑墙、红灯、啤酒龙头上的骨架手柄、随意摆放的动物标本、生啤、多种波旁威士忌、音箱里传出的摇滚和庞克音乐，以及吧台后面看起来很威猛的汉子——这些都是硬派摇滚的必要元素。

★ **Madame Brussels** 屋顶酒吧

（见224页地图；☎03-9662 2775；www.madamebrussels.com；三层，57-59 Bourke St；⊙周日至周三 正午至23:00，周四至周六 至次日1:00；ⓡParliament）如果你受够了墨尔本的阴郁气氛和深色木质装饰，就直奔这家极好的屋顶酒吧。虽然店名源自19世纪一位著名的妓院老板，但店内看起来像20世纪60年代的乡村俱乐部，有大量人工草和藤萝，服务生穿得像是要去打网球。

★ **Croft Institute** 酒吧

（见224页地图；www.thecroftinstitute.com.au；21 Croft Alley；⊙周一至周四 17:00至午夜，周五 17:00至次日3:00，周六 20:00至次日3:00；ⓡ86, 96）这家有点阴森的实验室主题酒吧隐藏在一条遍布涂鸦的小巷内，其楼上的20世纪50年代风格健身房周末兼做夜店。有DJ的周五和周六晚上最低消费$5。

★ **Bar Americano** 鸡尾酒吧

（见224页地图；www.baramericano.com.au；20 Presgrave Pl；⊙周一至周六 17:00至次日1:00；ⓡFlinders St）隐藏在紧邻Howey Pl的小巷内，面积很小，客人们只能站着喝酒。地板

同性恋的墨尔本

墨尔本同性恋人数众多，其数量在澳大利亚排第二位，仅次于悉尼。墨尔本人通常能够完全接受同性恋。虽然同性婚姻尚不合法，但其他方面大多已经被法律承认。

城区有一些专门的男同性恋场所，但主流酒吧每周都有的同性恋时间是最吸引人的：包括温莎**Railway Hotel**（见234页地图；☎03-9510 4050；www.therailway.com.au；29 Chapel St, Windsor；⊙正午至深夜；🚍5, 64, 78；ⓡWindsor）的周日下午、南亚拉**Emerson**（见234页地图；☎03-9825 0900；www.theemerson.com.au；143-145 Commercial Rd, South Yarra；⊙周四 17:00至午夜，周五和周六 正午至次日5:00，周日 正午至次日3:30；🚍72, 78；ⓡPrahran）的周日夜晚和菲茨罗伊**Yah Yah's**（见228页地图；yahyahs.com.au；99 Smith St, Fitzroy；⊙周四至周六17:00至次日5:00；🚍86）的周四夜晚。

半定期的主题男同性恋聚会也很多，例如**Woof**（www.woofclub.com）、**DILF**（www.iwantadilf.com）、**Closet**（www.facebook.com/closetpartyoz）、**Fabuland**（www.fabuland.com.au）和**Swagger**（www.facebook.com/swaggerparty）。至于女同性恋，有**Fannys at Franny's**（www.francescasbar.com.au/fannys-frannys）和**Mother Party**（www.facebook.com/sojuicysaturdays）。

一年一度的仲夏节（Midsumma Festival；www.midsumma.org.au；⊙1月/2月）是变装者的盛大活动。期间有各种文化、社区和体育项目，包括亚历山大花园（Alexandra Gardens）的仲夏嘉年华（Midsumma Carnival）和圣基尔达的同性恋大游行等活动。墨尔本变装电影节（Melbourne Queer Film Festival；www.melbournequeerfilm.com.au；⊙3月）是澳大利亚最大的GLBT（男女同性恋、双性恋、跨性别者）电影节，期间放映来自世界各国的100多部影片。

通过免费杂志*Star Observer*（www.starobserver.com.au）、*MCV*（www.gaynewsnetwork.com.au）和*Lesbians on the Loose*（www.lotl.com）了解更多当地信息。对游客和当地人而言，同性恋广播电台JOY 94.9FM（www.joy.org.au）也是一个重要的信息来源。有用的协会和刊物包括*Gay & Lesbian Tourism Australia*（www.galta.com.au）、*Star Observer*（www.starobserver.com.au）、*Gay News Network*（www.gaynewsnetwork.com.au）、*Lesbians on the Loose*（www.lotl.com）、*DNA magazine*（www.dnamagazine.com.au）和*Victorian AIDS Council*（www.vac.org.au）。

是黑白格子图案的,墙壁贴着经典的"禁止吐痰"地铁风格小白砖,有种地下酒吧的微妙感。满员人数为14人,一旦客满,栅栏门就拉到底。这儿的鸡尾酒不便宜,但调得很好。

★ Siglo 屋顶酒吧

(见224页地图;☎03-9654 6631;www.siglobar.com.au;2nd fl, 161 Spring St;⊙17:00至次日3:00;ⓡParliament)Siglo的露台很受欢迎,优雅的客人们吸雪茄、喝烈酒。周五晚上店里挤满了穿西装的客人,如果你不喜欢这种风格的话会被吓一跳。无论如何,找个时间来喝一杯经典鸡尾酒,尝尝一流的下酒小吃,欣赏下方议会和圣帕特里克大教堂(St Patrick's Cathedral)的19世纪风光。经由同样没有招牌的 **Supper Club**(见224页地图;☎03-9654 6300;www.melbournesupperclub.com.au;1st fl, 161 Spring St;⊙周日至周四17:00至次日4:00,周五和周六 至次日6:00;ⓡParliament)进入。

Cookie 酒吧

(见224页地图;☎03-9663 7660;www.cookie.net.au;1st fl, Curtin House, 252 Swanston St;⊙正午至次日3:00;ⓡMelbourne Central)这个特酷的地方既是酒吧,也是泰国菜餐馆,还是老牌的墨尔本夜店。酒吧存有数量令人难以置信的优质威士忌和葡萄酒,还出售200多种生啤。服务生也懂得怎样调制真正的鸡尾酒。

Rooftop Bar 屋顶酒吧

(见224页地图;☎03-9654 5394;www.rooftopcinema.com.au;6th fl, Curtin House, 252 Swanston St;⊙正午至次日1:00;ⓡMelbourne Central)这家酒吧在餐饮汇聚的Curtin House楼顶,离地面很远。夏季变成露天电影院,摆放着条纹躺椅,按照时间安排播放新片和受欢迎的经典老片。

Lui Bar 鸡尾酒吧

(见224页地图;☎03-9691 3888;www.vuedemonde.com.au;55th fl, Rialto, 525 Collins St;⊙周一至周三 17:30至午夜,周四 11:30至次日1:00,周五和周六 11:30至次日3:00,周日 11:30至午夜;ⓡSouthern Cross)有人乐意花$36看120米高的墨尔本之星(Melbourne Star),但我们宁愿花$25在这位于丽奥图大厦、离地236米的高级酒吧买杯鸡尾酒。晚上这里总是挤满西装革履的常客,因此早点来(着装也要正式)才能占到座位。

🍸 南岸和达克兰

Ponyfish Island 酒吧

(见224页地图;www.ponyfish.com.au;Southbank Pedestrian Bridge, Southbank;⊙11:00至深夜;ⓡFlinders St)要么隐藏在小巷内,要么就在屋顶,墨尔本人对此很不满意,他们在寻找更有新意的饮酒地点。横跨亚拉河桥的电缆塔下的露天房子,够有新意吧?说到边吃烤面包三明治或奶酪边喝啤酒,这个地方真是令人惊喜。

🍸 菲茨罗伊、科灵伍德和阿伯茨福德

★ Black Pearl 鸡尾酒吧

(见228页地图;☎03-9417 0455;www.blackpearlbar.com.au;304 Brunswick St, Fitzroy;⊙17:00至次日3:00, Attic Bar 周四至周六 19:00~次日2:00;ⓠ11)经营了15年之后,Black Pearl的实力日益壮大,获得了大奖,也得到了国际的认可。楼下由幽暗的光线、长条软皮座椅和蜡烛打造出基调。走进酒吧,研究一番长长的鸡尾酒单或者让专业的调酒师按照你的口味调制一杯。楼上是有餐桌服务的Attic Bar,提前订位。

★ Marion 葡萄酒吧

(见228页地图;☎03-9419 6262;www.marionwine.com.au;53 Gertrude St, Fitzroy;⊙周一至周四 17:00~23:00,周五 正午至23:00,周六和周日 8:00~23:00;ⓠ86)Andrew McConnell是墨尔本的模范大厨,开办Marion时他清楚自己在做什么。葡萄酒单是该地区最全的,店内空间也很宜人——走进来随便喝一杯或者情侣之间边喝边交谈都不错。食物定期更换,但McConnell的猪肉供应商Meatsmith提供的熟食和有欧洲风味的特色食物(菜$10~34)常年有售。

★ Everleigh 鸡尾酒吧

(见228页地图;www.theeverleigh.com;150-156 Gertrude St, Fitzroy;⊙17:30至次日1:00;ⓠ86)这家小酒吧隐藏在楼上,精致程度和调酒水平非常高。找个皮座椅小单间坐下来,

然后惊呼好像品尝到了黄金时代的鸡尾酒，好像你从未喝过鸡尾酒一样。

★ Naked for Satan   酒吧

（见228页地图；☎03-9416 2238；www.nakedforsatan.com.au; 285 Brunswick St, Fitzroy; ◎周日至周四 正午至午夜，周五和周六 至次日1:00; 🚌11）这里嘈杂、喧闹，重现了Brunswick St的传奇（一个外号"撒旦"的男子从天而降，来到店铺楼下的非法伏特加酿酒厂，因为太热光着身子，还脏兮兮的）。这家酒吧的王牌是受欢迎的pintxos（巴斯克小吃；$1~$2）、多种饮料和被阳台包围的无与伦比的屋顶露台（名叫"Naked in the Sky"）。

★ Proud Mary   咖啡馆

（见228页地图；☎03-9417 5930; 172 Oxford St, Collingwood; ◎周一至周五 7:30~16:00，周六和周日 8:30~16:00; 📶; 🚌86）这家科灵伍德工业风格的红砖咖啡馆古色古香，采用直销的单品咖啡豆，制作的咖啡很专业。店里总是很多客人，因为不仅咖啡香，食物也同样好吃，例如乳清干酪烤饼和脆皮猪肉。

Bar Liberty   酒吧

（见228页地图；barliberty.com; 234 Johnston St, Fitzroy; ◎周一至周六17:00至深夜，周日 正午开始；🚌86）店主是几个热情好客的名人，这家酒吧精选多种葡萄酒（酒水单上超过300种），还为菲茨罗伊带来专业调制的朴实无华的鸡尾酒。位置偏僻，气氛悠闲，食物以前卫精致为主。楼上每个月有葡萄酒晚餐，后院是啤酒花园Drinkwell。

Industry Beans   咖啡馆

（见228页地图；☎03-9417 1034; www.industrybeans.com; 3/62 Rose St, Fitzroy; ◎周一至周五 7:00~16:00，周六和周日 8:00~16:00; 📶; 🚌96, 11）这家仓库咖啡馆隐藏在菲茨罗伊一条小巷内，堪称咖啡化工厂。从爱乐压（Aero Press）和手冲，到冷萃和浓缩，咖啡导购为你介绍各种特殊的风味（咖啡豆现场烤），服务生可帮你做决定。食物（早午餐 $12~35）种类丰富，但不甚出彩。

Sircuit   男同性恋酒吧

（见228页地图；www.sircuit.com.au; 103 Smith St, Fitzroy; ◎周三至周日 19:30至深夜；🚌86）这个老式男同酒吧非常火，有台球桌、变装秀和一间密室，入夜后还会搭出一个舞池。

🍷 卡尔顿

Seven Seeds   咖啡馆

（见232页地图；☎03-9347 8664; www.sevenseeds.com.au; 114 Berkeley St, Carlton; ◎周一至周六 7:00~17:00，周日 8:00~17:00; 🚌19, 59）这个仓库内的咖啡帝国位于一个荒凉的地方，周围空旷，放多少辆自行车都不成问题，所以你尽管放好自行车，进来喝杯热乎乎的美味咖啡。公共品评咖啡时间为每周五9:00。

位于CBD的 **Traveller**（见224页地图；www.sevenseeds.com.au; 2/14 Crossley St; 硬面包圈 $7~10; ◎周一至周五 7:00~17:00; 🚌86, 96）和 **Brother Baba Budan**（见224页地图；www.sevenseeds.com.au; 359 Little Bourke St; ◎周一至周六 7:00~17:00，周日 9:00~17:00; 📶; 🚇Melbourne Central）与这家咖啡馆同属一个老板。

🍷 南亚拉、普拉兰和温莎

★ Rufus   鸡尾酒吧

（见234页地图；☎03-9525 2197; www.rufusbar.com.au; 1st fl, 143 Greville St, Prahran; ◎16:00至深夜；🚌6, 72, 78; 🚇Prahran）Rufus位于Greville St深处，装修华丽但适度，有枝形吊灯、彩色镜子和低垂的帷幕。店名与温斯顿·丘吉尔爵士（Sir Winston Churchill）的爱犬重名，这并非巧合：那位已故前首相非常喜欢贵宾犬Rufus，因此可以想见这里注重优质香槟、马蒂尼和威士忌以及一流的约克郡布丁卷，服务生看起来像男仆。从小巷进入。

Woods of Windsor   酒吧

（见234页地图；☎03-9521 1900; www.woodsofwindsor.com.au; 108 Chapel St, Windsor; ◎周二至周六 17:30至次日1:00; 🚌78, 5, 6, 64; 🚇Windsor）遇到阴郁的墨尔本雨夜，这家有深色木梁、可怕的动物标本和黑市酒吧气氛

的酒吧能让你心情变好。一屁股坐下来，在多种威士忌（包括比较少见的牌子）中选一种，或者先喝一杯意大利风情开胃酒——酒水单包括各种调制方法的经典尼格尼龙开胃酒。干杯！

Market Lane Coffee
咖啡馆

（见234页地图；☎03-9804 7434；www.marketlane.com.au；Prahran Market, 163 Commercial Rd, South Yarra；◎周二和周四至周六 7:00~17:00，周三 至16:00，周日 8:00~17:00；🚌72, 78, 79；🚆Prahran）墨尔本最好的特色现煮咖啡馆，隐藏在普拉兰市场（Prahran Market）背后。咖啡豆严格按照季节挑选，煮出来的咖啡口味微妙而美好，搭配美味糕点最相宜。1小时的免费咖啡品鉴每周六10:00开始（9:30进店以确保有座）。

Yellow Bird
酒吧

（见234页地图；☎03-9533 8983；www.yellowbird.com.au；122 Chapel St, Windsor；◎周一至周五 7:30至深夜，周六和周日 8:00开始；🚌6, 78；🚆Windsor）这家酒吧全天出售饮料和正餐风格的食物，温莎的年轻人很喜欢这里。店主是Something for Kate乐队的鼓手，所以店内震天的摇滚乐很地道，许多乐手和地下乐队都在店里演出过，它堪称城里最肆无忌惮的新潮酒吧之一。

Revolver Upstairs
夜店

[见234页地图；☎03-9521 5985；www.revolverupstairs.com.au；229 Chapel St, Prahran；◎周二和周三 17:00至次日4:00，周四 17:00至次日6:00，周五 17:00至周六正午，周六 17:00至周一9:00（周日24小时营业）；🚌6, 78；🚆Prahran）看起来像你家客厅的放大版，但你会庆幸它不是你家客厅，因为周末连续54小时不停歇播放音乐。现场音乐演出、艺术展，以及当地、国内和国际DJ让顾客乐不思蜀。

🍷 圣基尔达

★ Bar Di Stasio
葡萄酒吧

（见238页地图；☎03-9525 3999；distasio.com.au/about/bar-di-stasio；31 Fitzroy St, St Kilda；◎11:30至深夜；🚌3, 12, 16, 96）这个成熟的酒吧门外是蓬皮杜风格的脚手架（艺术家Callum Morton的作品），客人们喁喁细语，墙上是卡拉瓦乔（Caravaggio）的落地壁画《被鞭挞的基督》（*Flagellation of Christ*）。在宽阔的大理石吧台后面，服务生似乎来自威尼斯的花神咖啡馆（Caffè Florian），他们有的调制金巴利鸡尾酒，有的为客人端上美味小吃——包括轻煎当地海鲜和美丽的意大利面（23:00前供应）。非常火爆，一定要提前订位。

★ Pontoon
酒吧

（见238页地图；☎03-9525 5445；pontoonstkildabeach.com.au；30 Jacka Blvd, St Kilda；◎正午至午夜；🚌3, 16, 96）这家休闲酒吧兼餐馆位于正餐馆Stokehouse（见244页）楼下，光线明亮（有落地窗），露台正对海滩和落日。把椅子搬到阴影里，边喝生啤或当地普罗塞克（prosecco）白葡萄酒边欣赏往来的当地名人。比萨分量小，比较贵。

Local Taphouse
酒吧

（见238页地图；☎03-9537 2633；www.thelocal.com.au；184 Carlisle St, St Kilda；◎正午至深夜；🚌3, 16, 78；🚆Balaclava）这家温馨的木头酒吧令人想起老式布鲁克林酒吧，定期轮换生啤品种，瓶装啤酒种类也很多。楼上是啤酒花园，有皮沙发和室内开放式火炉。每周都举办活动，例如周一是现场喜剧表演（包括知名演员），周五和周六是灵魂、骤停打击（funk）、布鲁斯或雷鬼音乐现场演出。

☆ 娱乐

电影院

Moonlight Cinema
电影院

（见220页地图；www.moonlight.com.au；Gate D, Royal Botanic Gardens, Birdwood Ave, South Yarra；🚌1, 3, 5, 6, 16, 64, 67, 72）墨尔本老牌露天电影院，位于皇家植物园内，12月初至次年4月初放映最新主流大片和经典老片。自带野餐凳，或者到了之后买点小食品和饮品。买金草票（Gold Grass）可以享受服务生的服务和在最佳观影区预留的小床。

Astor
电影院

（见234页地图；☎03-9510 1414；www.

astortheatre.net.au; Chapel St和Dandenong Rd交叉路口, Windsor; 票 $17; 🚋5, 64, 78; 🚆Windsor）这座艺术装饰风格的建筑建于1936年，经历过的风雨比好莱坞电影还精彩。它是墨尔本最受欢迎的地标之一，经过长期关闭后，最近刚刚重新开放，大多数夜晚播放两部影片，包括新片、艺术片和经典小众片。周一、周三和周四有折扣票（$12～13）。

Cinema Nova　　　　　　　　　　电影院

（见232页地图；☎03-9347 5331；www.cinemanova.com.au; 380 Lygon St, Carlton; 🚌穿梭旅游巴士; 🚋1, 6）本地人最喜欢的电影院，播放最新的艺术片、纪录片和外国电影。周一票价便宜（16:00之前$7, 16:00之后$9）。

现场音乐

墨尔本的体育场、体育馆和剧院一直有举办国际赛事和演出，许多个性十足的小酒馆和小酒吧兼做现场音乐演出场所。

通过日报和街头杂志Beat（www.beat.com.au）和The Music（www.themusic.com.au）了解相关信息。广播电台3RRR（102.7FM；www.rrr.org.au）周三到周五19:00和周末18:00播出相关活动的介绍。网站Mess+Noise（www.messandnoise.com）主要介绍澳大利亚的音乐，聊天室信息丰富、话题广泛。Louder（www.fasterlouder.com.au）也有相关指南和音乐新闻，信息更新得比较快。

The Tote　　　　　　　　　　现场音乐

（见220页地图；☎03-9419 5320；www.thetotehotel.com; Johnston St和Wellington St交叉路口, Collingwood; ⓧ周三至周日 16:00至深夜; 🚋86）墨尔本的标志性现场音乐场所之一，国内外朋克和硬核乐队轮流在这个科灵伍德的小酒馆演出，店里还有全宇宙最好的点唱机之一。2010年的暂时歇业让整个墨尔本变得消沉，人们在市中心的街头抗议造成它歇业的签发酒牌法案。

Cherry　　　　　　　　　　现场音乐

（见224页地图；www.cherrybar.com.au; AC/DC Lane; ⓧ周一至周六 19:00至深夜, 周日 14:00至深夜; 🚆Flinders St）当然是墨尔本最富有传奇色彩的现场摇滚乐酒吧，位于AC/DC Lane

票务

通常可以通过下列机构购买音乐会、戏剧、喜剧、体育赛事和其他活动的票：

Halftix（见224页地图; www.halftixmelbourne.com; Melbourne Town Hall, 90-120 Swanston St; ⓧ周一 10:00～14:00, 周二至周五 11:00～18:00, 周六 10:00～16:00; 🚆Flinders St）当天售戏剧演出折扣票。

Moshtix（www.moshtix.com.au）

Ticketek（见224页地图; www.ticketek.com.au; 252 Exhibition St; ⓧ周一至周五 9:00～17:00, 周六 10:00～15:00）

Ticketmaster（见224页地图; ☎1300 111 011; www.ticketmaster.com.au; Forum, 150-152 Flinders St; ⓧ周一至周五 9:00～18:00)

一个霓虹灯照亮的黑色四壁的地下室内。门口经常排队，但只要你进来，就能玩得很开心。每晚都有现场音乐和DJ，周四夜晚传统上演出灵魂音乐。

Forum　　　　　　　　　　音乐会场所

（见224页地图；☎1300 111 011; www.forummelbourne.com.au; 150-152 Flinders St; 🚆Flinders St）城里最有气氛的现场音乐场所之一，在墨尔本国际电影节期间兼做电影院。外观是惊人的摩尔风格（大量方尖碑、拱顶和龙），内部同样有趣，透过拱顶天花板能看到南半球的夜空。

Prince Bandroom　　　　　　　现场音乐

（见238页地图；☎03-9536 1168; www.princebandroom.com.au; 29 Fitzroy St, St Kilda; 🚋12, 16, 96）Prince在圣基尔达赫赫有名，经常举办国内外嘻哈、舞蹈、摇滚和独立音乐演出。也有电子音乐，最近在此表演的嘉宾包括英国说唱歌手泰尼·坦帕（Tinie Tempah）、美国根源摇滚（roots-rock）三人组合Moreland & Arbuckle和北欧硬核庞克乐队Refused。

Corner　　　　　　　　　　现场音乐

（见220页地图；☎03-9427 7300; www.

cornerhotel.com; 57 Swan St, Richmond; ◑周一至周五 16:00至深夜,周六 正午至次日3:00,周日 正午至次日1:00; ⓇRichmond)这里的乐队演出室是墨尔本最火爆的中等规模音乐场所之一,从小恐龙乐团(Dinosaur Jr)到嗡嗡鸡(Buzzcocks),多年来举办过多场震耳欲聋的现场演出。如果你的耳朵受不了,前面还有一个友善的酒吧。在屋顶能俯瞰城市景色,但人太多,通常不会是楼下的那些音乐迷。

剧院和艺术

Red Stitch Actors Theatre 剧院

(见234页地图; ✆03-9533 8082; www.redstitch.net; rear 2 Chapel St, Windsor; 🚌5, 64, 78; ⓇWindsor)作品众多的国内天才演员组成了澳大利亚最受尊敬的演员阵容之一,他们排演的许多国际剧作是首次在澳大利亚演出的。小剧场"黑盒剧场"位于马路尽头,对面是历史悠久的电影院Astor。

Theatre Works 剧院

(见238页地图; ✆03-9534 3388; www.theatreworks.org.au; 14 Acland St, St Kilda; 🚌3, 16, 96)Theatre Works是墨尔本老牌独立戏剧公司之一。由获过奖的创意导演John Sheedy担纲,专注于澳大利亚新作。

墨尔本剧团 剧院

(Melbourne Theatre Company, MTC; 见220页地图; ✆03-8688 0800; www.mtc.com.au; 140 Southbank Blvd, Southbank; 🚌1)墨尔本的主要戏剧公司,每年上演十多部剧,既有现代剧(包括许多澳大利亚新戏),也有莎士比亚和其他经典剧。演出地点是获过奖的南岸剧院(Southbank Theatre)——高高的黑色建筑被细细的白色管子包围。

La Mama 剧院

(见232页地图; ✆03-9347 6948; www.lamama.com.au; 205 Faraday St, Carlton; 票 $10~25; ◑售票处 周一至周五 10:30~17:00,周六和周日 14:00~15:00; 🚌旅游穿梭巴士; 🚌1, 6)La Mama对于墨尔本的戏剧界有重要意义。这个小小的剧院制作澳大利亚新戏和实验派戏剧,素有培养剧作家新人的美名。建筑破破烂烂的,有个露天酒吧。位于349

Drummond St的Courthouse theatre比较大,也有演出,因此买票时看好演出的具体位置。

古典音乐

墨尔本演奏中心 古典音乐

(Melbourne Recital Centre; 见220页地图; ✆03-9699 3333; www.melbournerecital.com.au; 31 Sturt St, Southbank; ◑售票处 周一至周五 9:00~17:00; 🅿; 🚌1)建筑看起来有点像一个巨大的蜂巢,但它实际上是墨尔本室内乐团(Melbourne Chamber Orchestra; www.mco.org.au)所在地,其他许多小乐团也定期在此演出。两个音乐厅据说是南半球音响效果最好的。从室内音乐到当代经典、爵士乐、外国音乐和舞蹈,演出丰富多彩。

墨尔本交响乐团 现场演出

(Melbourne Symphony Orchestra, MSO; 见224页地图; ✆03-9929 9600; www.mso.com.au; Hamer Hall, 100 St Kilda Rd, Southbank; ⓇFlinders St)墨尔本交响乐团雄心勃勃:除了广泛合作[跟伯特·巴卡拉克(Burt Bacharach)和Kiss合作的演出票很快就卖光了],还经常演出经典交响乐大师的作品。乐团定期在自己的Hamer Hall(见224页地图; ✆1300 182 183; www.artscentremelbourne.com.au; 100 St Kilda Rd, Southbank; 🚌1, 3, 6, 16, 64, 67, 72; ⓇFlinders St)演出,但夏季也在Sidney Myer Music Bowl(见220页地图; ✆1300 182 183; www.artscentremelbourne.com.au; Kings Domain, 21 Linlithgow Ave, Southbank; 🚌3, 5, 6, 8, 16, 64, 67, 72)举办系列免费演出。

舞蹈

澳大利亚芭蕾舞团 芭蕾舞

(Australian Ballet; 见220页地图; ✆1300 369 741; www.australianballet.com.au; 2 Kavanagh St, Southbank; 🚌1)总部在墨尔本的澳大利亚芭蕾舞团已经有50多年的历史了,在艺术中心(Arts Centre)和全国各地演出传统和新剧。你可以参加1小时的普林罗斯波特澳大利亚芭蕾舞中心(Primrose Potter Australian Ballet Centre; $39, 必须预约)团队游,可以

参观布景和服装部门,还能观看演员们在舞蹈室内练习。

Chunky Move
舞蹈

(见220页地图;☎03-9645 5188; www.chunkymove.com.au; 111 Sturt St, Southbank; ⓔ1)这个广受好评的现代舞蹈团主要在Malthouse Theatre(见220页地图;☎03-9685 5111; www.malthousetheatre.com.au; 113 Sturt St, Southbank; ⓔ1)演出。还经营多种面向公众的舞蹈课,详见网站。

市中心

★ Craft Victoria
工艺品

(见224页地图;☎03-9650 7775; www.craft.org.au; 31 Flinders Lane; ⊗周一至周六 11:00~18:00; ⓡParliament)这家零售店出售主要由维多利亚艺术家和工匠自制的工艺品,包括珠宝、纺织品、饰物、玻璃和陶瓷,工艺精湛,有艺术感,是极好的墨尔本旅游纪念品。店里还有几个展品轮换的画廊,免费参观。

Alpha60
时装和饰品

(见224页地图;☎03-9663 3002; www.alpha60.com.au; 2nd fl, 209 Flinders Lane; ⊗10:00~18:00; ⓡFlinders St)墨尔本以一流的零售业闻名,但这家商店有点过于卖弄了。Alpha60的招牌店铺隐藏在魔法学校似的圣保罗大教堂(St Paul's Cathedral)牧师会礼堂内,新款休闲女装穿在密密麻麻的塑料模特身上,巨大的公鸡投影目光炯炯。一楼下面还有一家店铺。

Melbournalia
礼品和纪念品

(见224页地图;☎03-9663 3751; www.melbournalia.com.au; 50 Bourke St; ⊗10:00~19:00; ⓡParliament)大量有趣的纪念品出自100多位当地设计师之手——有城市标志的印刷品、图案大胆的袜子和介绍墨尔本的书。

Original & Authentic Aboriginal Art
艺术品

(见224页地图;☎03-9663 5133; www.originalandauthenticaboriginalart.com; 90 Bourke St; ⊗10:00~18:00; ⓡParliament)20多年来,这家位于市中心的工艺品店出售来自中西部沙漠、金伯利高原(Kimberleys)和阿纳姆地(Arnhem Land)的原住民艺术品,它忠于原住民艺术,保证货物正宗以及与艺术家的交易符合伦理道德。

RM Williams
服装

(见224页地图;☎03-9663 7126; www.rmwilliams.com; Melbourne Central, La Trobe St和Swanston St交叉路口; ⊗周六至周三 10:00~19:00,周四和周五 至21:00; ⓡMelbourne Central)澳大利亚的标志性品牌,连时髦的城里人都知道。这个牌子制作适合澳大利亚大陆的基本服饰,包括旗下著名的靴子。墨尔本市中心分店位于大厦中心历史悠久的砖塔内,店内有个小博物馆。

City Hatters
帽子

(见224页地图;☎03-9614 3294; www.cityhatters.com.au; 211 Flinders St; ⊗9:00~17:00; ⓡFlinders St)在弗林德斯街站的主要入口旁边。要购买标志性的阔边Akubra帽、袋鼠皮做的遮阳帽或比较独特的帽子,到这家迷人的老式帽子店买最方便。

菲茨罗伊、科灵伍德和阿伯茨福德

★ Third Drawer Down
家庭用品

(见228页地图; www.thirddrawerdown.com; 93 George St, Fitzroy; ⊗10:00~18:00; ⓡ86)这个"纪念品艺术博物馆"以茶巾(现陈列在纽约的现代艺术博物馆)设计发家。除了荒诞而令人发笑的可爱家用品之外,还有知名设计师设计的高端艺术品。巨大的西瓜长椅旁边是草间弥生的陶瓷盘子和艾未未的围巾。

Mud Australia
陶瓷

(见228页地图;☎03-9419 5161; www.mudaustralia.com; 181 Gertrude St, Fitzroy; ⊗周一至周五 10:00~18:00,周六 至17:00,周日 正午至17:00; ⓡ86)在这家陶瓷店,澳大利亚人设计的大部分商品美观而且实用。咖啡杯、牛奶壶、沙拉碗和大盘子底色是哑光蜡笔的纹路,外面镀铜。

Polyester Records
音乐

(见228页地图;☎03-9419 5137; www.

polyesterrecords.com；387 Brunswick St, Fitzroy；◐周一至周四和周六 10:00~20:00，周五 至21:00，周日 11:00~18:00；🚌11）几十年来，这家火爆的唱片店一直向墨尔本人出售来自世界各地的独立音乐唱片，也有很多本地唱片。博学多识的员工会帮你挑选，还能主动替你做决定。

Aesop
化妆品

（见228页地图；📞03-9419 8356；www.aesop.com；242 Gertrude St, Fitzroy；◐周日和周一 11:00~17:00，周二至周五 10:00~18:00，周六 10:00~17:00；🚌86）这个本地化妆品王国专营以柑橘和植物为原料的香脂、发膜、洁面奶和精油，包装简洁美观，男女适用。多家分店分布在城里各处（而且墨尔本许多咖啡馆的卫生间里都能见到这个牌子的产品，你不妨先试用一下）。

Rose Street Artists' Market
市场

（见228页地图；www.rosestmarket.com.au；60 Rose St, Fitzroy；◐周六和周日 11:00~17:00；🚌11）墨尔本最热门的工艺品市场之一，出售当地设计师的最佳产品。将近70家店铺出售哑光银珠宝、服装、陶瓷和标志性的墨尔本荧屏图案。购物后直奔市场附设的Young Blood's Diner（周三至周日7:00~17:00），在屋顶喝杯鸡尾酒和/或吃顿早午餐。

Crumpler
时装和饰品

（见228页地图；📞03-9417 5338；www.crumpler.com；87 Smith St, Fitzroy；◐周一至周六 10:00~18:00，周日 至17:00；🚌86）Crumpler以骑行包发家，这种包是两个想骑车回家却因此没法用手拿啤酒的自行车手发明的。这个牌子的设计实用且耐用，现在发展出照相机包、电脑包和iPad包等产品，全世界都能买到。原版邮差包起价约$150。

卡尔顿
Readings
书籍

（见232页地图；www.readings.com.au；309 Lygon St, Carlton；◐周一至周六 9:00~23:00，周日 10:00~21:00；🚌旅游穿梭巴士；🚌1, 6）如果你爱看书，这家热门的独立书店足够你打发一整个下午的时间。特价书（高性价比）多得可怕，员工随叫随到、应答如流。专门的儿童书店就在隔壁。

在**市中心**（见224页地图；📞03-8664 7540；www.readings.com.au；State Library, 328 Swanston St；◐10:00~18:00；🚇Melbourne Central）和**圣基尔达**（见238页地图；📞03-9525 3852；www.readings.com.au/st-kilda；112 Acland St, St Kilda；◐10:00~21:00；🚌3, 16, 96）设有分店。

南亚拉、普拉兰和温莎
ArtBoy Gallery
艺术品

（见234页地图；📞03-9939 8993；artboy-gallery.com；99 Greville St, Prahran；◐周一至周四 10:00~18:00，周六 至17:00，周日 11:00~16:00；🚌6, 72, 78；🚉Prahran）ArtBoy展示墨尔本新人和艺术大师的才华。从模板到抽象，从波普艺术到摄影，艺术品价格不贵，独特而前卫。就连画廊后面的旋转门也是当地艺术家创意的"展示窗"：那里挂着一幅街头艺术家Silly Sully的气溶胶猫咪画像。要看此幅画，你需要从街角那里转入Porter St，然后进入Brenchley Pl。

Lunar Store
设计

（见234页地图；📞03-9533 7668；www.lunarstore.com.au；2/127 Greville St, Prahran；◐周一至周三 11:00~17:00，周四和周五 10:00~18:00，周六 10:00~17:00，周日 11:00~16:00；🚌6, 72, 78；🚉Prahran）这个可爱的商店属于Jules Unwin，店里摆满了她最喜欢的东西。有许多当地和外国匠人设计的奇特的设计品，逛一逛，你或许会发现丹麦烧陶笔筒、墨尔本制造的陶瓷项链和来自洛杉矶的小狗图案钱包。有趣、时尚，竟然能引发思乡之情。

Chapel Street Bazaar
二手店

（见234页地图；📞03-9529 1727；www.facebook.com/ChapelStreetBazaar；217-223 Chapel St, Prahran；◐10:00~18:00；🚌6, 78, 79；🚉Prahran）外号"永远的市场摊位秘密收藏品"，听起来让人摸不着头脑。一言以蔽之，这个古老的二手店就是一场蔓延开的强制复古的骚乱。无论是意大利玻璃艺术品和现代派家具，还是好莱坞经典海报和你喜欢的Noddy牌蛋杯，什么都有。警告：一逛起来

Greville Records

音乐

(见234页地图; ☎03-9510 3012; www.grevillerecords.com.au; 152 Greville St, Prahran; ⊙周一至周四和周六 10:00~18:00, 周五至19:00, 周日 11:00~17:00; 🚌78, 79; 🚇Prahran)

"老"Greville St最后的堡垒之一,这家播放强劲音乐的店铺不忘初心,始终如一,以至于伟大的尼尔·杨(Neil Young)在墨尔本举办音乐会期间曾邀请店主登台。强项是黑胶唱片,不乏电子音乐碟片和限量版碟片(有人曾在店里找到发行量极少的鲍勃·迪伦的双唱片《1966年悉尼演唱会》)。

❶ 实用信息

危险和麻烦

曾有报道周末深夜在墨尔本市中的某些地区——尤其是King St——发生过因喝酒引发的暴力案件。

上网

市中心的联邦广场、弗林德斯街站、皇冠赌场和州立图书馆等地点有免费Wi-Fi。免费Wi-Fi现在成为大多数中档酒店的标配,但经济型或高档酒店有时是要收费的。许多咖啡馆也提供免费Wi-Fi。

媒体

Age(www.theage.com.au)和小报**Herald-Sun**(www.heraldsun.com.au)是重要的出版物。

医药服务

如果你被蛇咬了,或者被你认为可能有毒的动物袭击了,联系**Victorian Poisons In-formation Centre**(☎13 11 26; www.austin.org.au/poisons)获取建议。

医院

Royal Children's Hospital(☎03-9345 5522; www.rch.org.au; 50 Flemington Rd, Parkville; 🚌57)

Royal Melbourne Hospital(☎03-9342 7000; www.thermh.org.au; 300 Grattan St, Parkville; 🚌19, 55, 59)

医疗诊所

La Trobe St Medical(☎03-9650 0023; Melbourne Central, 211 La Trobe St; ⊙周一至周五 8:30~17:00; 🚇Melbourne Central)

QV Medical Centre(☎03-9662 2256; www.qvmedical.com.au; L1 QV, 292 Swanston St; ⊙周一至周六 9:00~17:00, 周日 10:30~17:30)

Travel Doctor(TVMC; ☎03-9935 8100; www.traveldoctor.com.au; L2, 393 Little Bourke St; ⊙周一至周三和周五 9:00~17:00, 周四至20:00, 周六 至13:00)

药房

Mulqueeny Midnight Pharmacy(☎03-9510 3977; www.mulqueenypharmacy.com.au/prahran; 416 High St, Prahran; ⊙9:00至午夜; 🚌6)

Priceline(☎03-9663 4747; www.priceline.com.au; Melbourne Central, 300 Lonsdale St; ⊙周一至周三 8:00~19:00, 周四和周五 8:00~21:00, 周六和周日 10:00~19:00)

Tambassis Pharmacy(☎03-9387 8830; Brunswick Rd和Sydney Rd交叉路口, Brunswick; ⊙8:00至午夜; 🚌19)

Victoria Market Pharmacy(☎03-9329 7703; www.victoriamarketpharmacy.com; 523 Elizabeth St; ⊙周一至周五 8:00~17:30, 周六 8:00~16:00, 周日 9:30~15:30)

邮政服务

澳大利亚邮局的服务非常可靠;见其网站www.auspost.com.au了解邮资和各邮局的地址。

Melbourne GPO Post Shop(☎13 13 18; www.auspost.com.au; 250 Elizabeth St; ⊙周一至周六 8:30~17:30; 🚌19, 57, 59)

旅游信息

墨尔本游客中心(Melbourne Visitor Centre;见224

> **值 得 一 游**
>
> ## 坎伯威尔市场
> ### (CAMBERWELL MARKET)
>
> **坎伯威尔周日市场**(www.camberwellsundaymarket.org; Market Pl, Camberwell; ⊙周日 6:30~12:30; 🚇Camberwell)充斥着二手和手工艺品,墨尔本人来这里处理他们不想要的,而古董贩子来这里寻找他们想要的。很适合淘换闲置(通常几乎没怎么用过)服装、二手书和小件珍品。

页地图；☏03-9658 9658；whatson.melbourne.vic.gov.au；Federation Sq；⊙9:00~18:00；🚻；♿Flinders St）提供关于墨尔本和维多利亚地区的综合信息，为残障旅行者提供服务，还有预订住处和团队游的柜台。也有充电插座。

❶ 到达和离开

来墨尔本的游客大多经由墨尔本机场（Melbourne Airport），穿梭巴士和出租车连接这个机场和市中心。还有省际火车和长途汽车以及一趟从塔斯马尼亚开来的直达轮船。附近还有两个起降国内航班的小机场。

可以通过网站lonelyplanet.com/bookings在线预订航班、小汽车和团队游。

飞机
墨尔本机场

墨尔本机场（MEL；☏03-9297 1600；www.melbourneairport.com.au；Departure Rd, Tullamarine）是墨尔本唯一的国际机场和主要的国内机场，位于市中心西北方向22公里处的塔拉梅林（Tullamarine）。它拥有大型机场应配备的一切设施，包括**行李寄存**（☏03-9338 3119；www.baggagestorage.com.au；Terminal 2, International Arrivals, Melbourne Airport；每24小时 $16；⊙5:00至次日00:30）。

几十家航空公司的航班从这里飞往南太平洋、亚洲、中东和南北美洲的目的地。主要的国内航空公司是**澳洲航空公司**（☏13 11 31；www.qantas.com）、**捷星**（☏131 538；www.jetstar.com）、**维珍澳洲航空**（☏13 67 89；www.virginaustralia.com）、**虎航**（☏1300 174 266；www.tigerair.com）和**区域快线**（☏131 713；www.rex.com.au）。

阿瓦隆机场（Avalon Airport）

捷星（见254页）飞往悉尼和布里斯班的航班从位于墨尔本市中心西南方向约55公里处的**阿瓦隆机场**起降。

艾森顿机场（Essendon Airport）

艾森顿机场（MEB；☏03-9948 9400；www.essendonairport.com.au；7 English St, Essendon Fields；🚌59）在市中心北侧，与市中心相距仅11公里，曾是墨尔本的主要国际机场。现在只有小航空公司的国内航班在此起降。

Free Spirit Airlines（☏03-9379 6122；www.freespiritairlines.com.au）航班飞往默林布拉和伯尼（Burnie）。

Jetgo（☏1300 328 000；www.jetgo.com）航班飞往麦夸里港（Port Macquarie）、达博（Dubbo）和布里斯班。

Sharp Airlines（☏1300 556 694；www.sharpairlines.com）航班飞往弗林德斯岛（Flinders Island）、金岛（King Island）、波特兰（Portland）和瓦南布尔。

船

渡轮**Spirit of Tasmania**（见220页地图；☏1800 634 906, 03-6419 9320；www.spiritoftasmania.com.au；Station Pier, Port Melbourne；成人/小汽车 单程 $99/188起）穿过巴斯海峡（Bass Strait），从墨尔本开往塔斯马尼亚的德文波特（Devonport），至少每晚1班。旺季时白天也发船。航程需要10小时。

长途汽车

长途汽车总站在Southern Cross站的北侧部分内。所有的主要长途汽车公司都在站内设有柜台，此外还有**行李柜**（☏03-9619 2588；www.southerncrossstation.net.au；Southern Cross station, 99 Spencer St；每24小时 $10~16；⊙火车运行时间内）。

Firefly（见224页地图；☏1300 730 740；www.fireflyexpress.com.au；Southern Cross station, 99 Spencer St）夜班长途汽车抵/离悉尼（$65，12小时）、瓦加瓦加（Wagga Wagga；$65，5.75小时）、奥尔伯里（Albury；$65，3.5小时）、巴拉腊特（Ballarat；$50，1.75小时）和阿德莱德（$60，9.75小时）。

灰狗巴士（见224页地图；☏1300 473 946；www.greyhound.com.au）长途汽车开往奥尔伯里（$55，3.5小时）、瓦加瓦加（$69，6.25小时）、冈德盖（Gundagai；$75，7.25小时）、亚斯（Yass；$85，8.25小时）和堪培拉（$88，8小时）。

V/Line（☏1800 800 007；www.vline.com.au）开往维多利亚州内城市，包括库伦巴拉（Korumburra；$15，2小时）、曼斯菲尔德（Mansfield；$29，3小时）和伊丘卡（Echuca；$29，3小时）。

小汽车和摩托车

Hume Hwy（870公里）是连接墨尔本和悉尼的最直接线路。王子公路沿着海岸，景观比较好，但距离比较长（1040公里）。同样，Western/Dukes Hwy（730公里）是前往阿德莱德的主要线路，但人们往往选择大洋路（Great Ocean Road）。

火车

Southern Cross是城际和省际火车的终点站。

Great Southern Rail（1800 703 357；www.greatsouthernrail.com.au）连接墨尔本和阿德莱德的陆路线路（$149, 10.5小时，每周2趟）。

NSW TrainLink（13 22 32；www.nswtrainlink.info）每天2趟，经贝纳拉（Benalla；$24, 2.25小时）、旺加拉塔（Wangaratta；$34, 2.5小时）、奥尔伯里（$47, 3.25小时）和瓦加瓦加（$63, 4.5小时）抵/离悉尼（$92, 11.5小时）。

V/Line（见254页）经营维多利亚州的火车和长途汽车网络；直达火车的目的地包括吉朗（Geelong；$9, 1小时）、瓦南布尔（$36, 3.75小时）、巴拉腊特（$15, 1.5小时）、本迪戈（Bendigo；$22, 2小时）和奥尔伯里（$38, 4小时）。

❶ 当地交通

抵离机场

墨尔本机场SkyBus（见224页地图；1300 759 287；www.skybus.com.au；Southern Cross station, 99 Spencer St；成人/儿童 $18/9；Southern Cross）定点发车，24小时运行，连接机场和Southern Cross站。也有开往墨尔本其他地点的车次，包括圣基尔达。

Southern Cross 长途火车和长途汽车停靠这个位于市中心达克兰的大车站。在这里可以方便地搭乘市区火车、公共汽车和有轨电车。

阿瓦隆机场 在邻城吉朗附近，**Sita Coaches**（03-9689 7999；www.skybus.com.au；成人/儿童 $22/10）连接阿瓦隆机场和墨尔本的Southern Cross站。

自行车

➡ 从**墨尔本游客中心**（见253页）和**Bicycle Network**（03-8376 8888；www.bv.com.au）获取骑行地图和信息。

➡ 必须戴头盔。

➡ 传统自行车可以带上火车（但不能放在第一节车厢），但只有折叠式自行车允许带上有轨电车或公共汽车。一些公共汽车线路正在尝试安装前置自行车搁架。

➡ **Melbourne Bike Share**（1300 711 590；www.melbournebikeshare.com.au；注册用户 1天/1周 $3/8）是一种自动化的自助式自行车共享系统，52个浅蓝色车站分布在城里各处、近郊区和圣基尔达。注册后（需要信用卡和$50安全押金）前半小时免费，因此很适合短途使用。有些自行车上有安全头盔，但不是所有的车都有。没有的话可以花$5在7-Eleven、IGA和城里的自行车店租用。

➡ 要租自行车，可以试试**Humble Vintage**（0424 619 262；www.thehumblevintage.com；2小时/1天/1周 $25/35/90）或**Rentabike**（见232页）。

小汽车和摩托车

在墨尔本驾车有一定的挑战性，有轨电车也占用机动车道。

➡ 有轨电车沿车道中央行驶，只要有迹象表明它要停车，机动车司机就不能超过它，因为乘客要从街边过来上下车。

➡ 市中心许多十字路口有"仅限从左侧右转"路标。这是一种与直觉相反的"钩形转弯"，设计目的是不堵住有轨电车或其他小汽车。右转的司机需要把车驶入十字路口的左侧远处，待路口亮绿灯后再右转。详见网站www.vicroads.vic.gov.au。

租车

大多数小汽车和露营车租车公司都在墨尔本机场、市区或近郊设有办事处。

Aussie Campervans（03-9317 4991；www.aussiecampervans.com）

Avis（03-8855 5333；www.avis.com.au）

Britz Australia（1300 738 087；www.britz.com.au）

Budget（1300 362 848；www.budget.com.au）

Europcar（1300 131 390；www.europcar.com.au）

Hertz（03-9663 6244；www.hertz.com.au）

Rent a Bomb (☎03-9428 0088; www.rentabomb.com.au; 452 Bridge Rd, Richmond; 🚌48, 75)
Thrifty (☎1300 367 227; www.thrifty.com.au)
Travellers Autobarn (☎1800 674 374; www.travellers-autobarn.com.au)租车, 也售车。

合乘

墨尔本的小汽车共享公司包括**Flexi Car**(☎1300 363 780; www.flexicar.com.au)、**Go Get**(☎1300 769 389; www.goget.com.au)和**Green Share Car**(☎1300 575 878; www.greensharecar.com.au)。按小时($9起)或天($55起)租车, 价格包括燃油。各家公司的会员费($12~70)和收费方式(保险费、按小时还是按公里)差异很大。车辆停放在市中心和近郊的专门的"共享小汽车"停车地点。

停车

市中心的停车检查员尤其活跃。街头停车位大多有计时, 超时很有可能被罚款。还要留意"超速"区域(有禁止路边停车的标志), 违反的话可能招致高额罚金。城里有许多停车库, 价格各异。除市中心一些有标志的地点之外, 摩托车允许停在人行道上。

收费公路

如果要走下列两条收费公路, 机动车和摩托车驾驶员都需要购买墨尔本通票(Melbourne Pass; 激活费$5.50, 加上路桥费和每次75c的机动车费): 连接塔拉梅林机场(Tullamarine Airport)以及市区和东郊的**CityLink**(☎13 26 29; www.citylink.com.au), 或者连接灵伍德(Ringwood)和弗兰克斯顿(Frankston)的**EastLink**(☎03-9955 1400; www.eastlink.com.au)。在线或通过电话交费, 但要在经过后的3天之内交费, 否则会被罚款。

租来的车有时是自动交路桥费的, 租车时间清楚。

公共交通
公共汽车

墨尔本的公交网四通八达, 300多条线路覆盖了火车和有轨电车不能到达的所有的地方。大多数路线的运营时间为: 平时6:00~21:00, 周六8:00~21:00, 周日9:00~21:00。周末午夜后发车的夜班车开往许多郊区地点。

乘坐公共汽车需要持悠游卡(myki)。**PTV**的网站上有发车时刻表、地图和行程安排。

火车

弗林德斯街站是墨尔本17条火车线路的主要城市枢纽。火车运营时间为: 平时5:00开始发车, 周日至周四运行到午夜, 周五和周六彻夜运行。白天通常每隔10~20分钟一趟, 夜晚每隔20~30分钟一趟。

通过悠游卡支付火车票款。**PTV**的网站上有发车时刻表、地图和行程安排。

有轨电车

有轨电车是墨尔本的特色, 线路四通八达, 覆盖城区。白天10分钟左右发一趟(旺季班次更多), 夜晚每隔20分钟一趟。周日至周四运行到半夜, 周五和周六到次日1:00, 有6条线路周末彻夜运行。

整个市中心是免费有轨电车区域。这个区域的有轨电车站有标志, 接近车身时, 车上有广播告知你怎么下车, 要么用悠游卡支付车票。注意: 乘坐有轨电车下车时不必"刷"悠游卡, 因为"1区"(zone 1)内所有线路的票价都一样——如果"刷"了也无所谓。

PTV的网站上有发车时刻表、地图和行程安排。

票和通票

墨尔本的公共汽车、有轨电车和火车都靠"上车刷卡、下车再刷一次"的通票系统**悠游卡**支付。对于短期游客而言, 悠游卡不算特别方便, 因为你要花$6买张塑料的悠游卡, 使用之前还要充值。

旅行者应该考虑买一张**myki Explorer**($15), 这种卡内包括一日交通和多个景点的门票折扣。SkyBus终点站、PTV车站、**墨尔本游客中心**(见253页)和一些酒店有售。标准悠游卡可以在7-Eleven或报摊买到。

7-Eleven、大多数火车站的机器或市中心一些有轨电车站可以为悠游卡充值, 网上充值有点费时间。你可以用预付费的**myki Money**为悠游卡充值, 也可以购买一张7天有效的无限次**悠游卡通票**(myki Pass; $41)。如果你在墨尔本的逗留时间超过28天, 还可以买有效期更长的通票。

在墨尔本市区(1区和2区)乘车, 2小时内非通票票价$4.10, 1天不超过$8.20(周末$6)。如果上车没刷有效的悠游卡, 被抓后会被罚大笔罚金,查票员目光如炬、铁面无情。

详见**PTV**(Public Transport Victoria; ℡1800 800 007; www.ptv.vic.gov.au)。

出租车

墨尔本的出租车按照计价器收费，22:00至次日5:00之间需要乘客预付与实际费用大致相当的车费（或许需要多预付一点，这样在最后可以从司机那里拿到一点现金）。路桥费加在车费里。**Silver Top**(℡131 008; www.silvertop.com.au)和**13 Cabs**(℡13 22 27; www.13cabs.com.au)是两家最大的出租车公司。墨尔本也有**Uber**(www.uber.com)。

莫宁顿半岛
(MORNINGTON PENINSULA)

莫宁顿半岛位于菲利普港（Port Phillip Bay）和西港口海湾（Western Port Bay）之间，形状类似靴子。19世纪70年代，明轮船开始往返波特西（Portsea），自此莫宁顿半岛就成了墨尔本的夏季游乐场。美食家很喜欢这个地方，因为葡萄酒厂的午餐是一大亮点。如今，虽然岛内大部分农场已经被葡萄园和果园所取代，但岛内仍然保留着可爱的原生灌木丛。

菲利普港湾旁边，宁静的"前滩"吸引着无数家庭来莫宁顿、索伦托等海边小镇度假。崎岖不平的"后滩"对着巴斯海峡，从波特西、索伦托和瑞尔（Rye）出发都可以轻松到达。沿岸地带有一些设计绝妙的步道，这些步道也是莫宁顿半岛国家公园的一部分。

港口和海湾离得非常近，乘坐渡轮只要很短的时间就能从索伦托到达位于贝拉林半岛（Bellarine Peninsula）的昆斯克利夫（Queenscliff）。

ⓘ 实用信息

半岛游客信息中心(Peninsula Visitor Information Centre; ℡1800 804 009, 03-5987 3078; www.visitmorningtonpeninsula.org; 359b Nepean Hwy, Dromana; ◉9:00~17:00)这个位于半岛中心的游客信息中心帮助预订住处和团队游，还有大量小册子。

ⓘ 到达和离开

进入莫宁顿半岛最快的走法是先走收费公路Eastlink（M3），然后经Peninsula Link转入通往莫宁顿半岛的主要公路——莫宁顿半岛高速（Mornington Peninsula Fwy; M11）。或者，从Moorooduc Hwy进入莫宁顿，然后走围绕菲利普港湾的海岸公路。

多班Metlink火车从墨尔本开往弗兰克斯顿、黑斯廷斯（Hastings）和斯托尼角（Stony Point）。

岛内渡轮(Inter Island Ferries; ℡03-9585 5730; www.interislandferries.com.au; 成人/儿童/自行车往返 $26/12/8)连接斯托尼角和考斯（Cowes），途中经过弗伦奇岛（French Island）。

昆斯克利夫—索伦托载车和载客渡轮(Queenscliff–Sorrento Car & Passenger Ferries; ℡03-5257 4500; www.searoad.com.au; 步行乘客 单程 成人/儿童 $11/8, 司机和小汽车 单程/往返 $64/118; ◉7:00~18:00每小时, 1月到19:00, 周末运营时间延长)往返于索伦托和昆斯克利夫之间，让驾车或骑车的人也能前往菲利普港湾对面。

Ventura Bus Lines(℡03-9786 7088; www.venturabus.com.au)提供穿过半岛的公共交通。

索伦托和波特西
(Sorrento & Portsea)

历史悠久的索伦托是莫宁顿半岛上著名的城镇，这里有美丽的石灰岩楼房、大海和海湾沙滩，夏日海滨热闹非凡。1803年，囚犯、海军、政府官员和自由定居者们从英格兰远道而来，他们在索伦托建立了维多利亚州第一个正式的欧洲人定居点。作为半岛上最后一个村庄，波特西有点像维多利亚州的汉普顿，许多墨尔本大富翁在这里修建了海滨豪宅。游客最感兴趣的是潜水商店组织的多种团队游——包括沉船潜水、浮潜、海上皮划艇、观海豹和海豚——以及附近的纳平角国家公园之旅。

◉ 景点和活动

安静的港湾海滩很适合家庭游玩，你可以在海边租**桨板**。低潮时，后海滩的岩池相对安全，成年人和孩子们可以在里面游泳潜水。夏天，有人会在冲浪海滩巡逻。花10分钟

值得一游

莫宁顿半岛地区画廊（MORNINGTON PENINSULA REGIONAL GALLERY）

杰出的**莫宁顿半岛地区画廊**（MPRG；☎03-5975 4395；mprg.mornpen.vic.gov.au；Dunns Rd；成人/儿童 $4/免费；◎周二至周日 10:00~17:00）既有临时展品，也有永久展品，包括当代和现代澳大利亚印刷品和绘画，它们来自Boyd、Tucker和Whiteley等艺术家。周三、周六和周日15:00有免费导览。

登上**Coppins Lookout**，风景不错。

★ Bayplay　　　　　　　潜水、水上运动

（☎03-5984 0888；www.bayplay.com.au；3755 Pt Nepean Rd；潜水 $68~130）想玩水的人一定要找这家潜水公司，它提供PADI课程，组织深潜和浮潜之旅，参加者能看到大量海洋动物。但是，它最热门的项目是**皮划艇团队游**（成人/儿童 $99/88），你能看到海豚和海豹。这家公司还组织立式桨板团队游（2小时 $75）、帆船之旅（$99起），并出租皮划艇。

Moonraker Charters　　　野生动物

（☎03-5984 4211；www.moonrakercharters.com.au；Esplanade Rd；观光 $45起，跟海豚和海豹一起游泳 $135起）组织跟海豚和海豹一起游泳的团队游，从索伦托码头（Sorrento Pier）出发。

🛏 住宿

Sorrento Foreshore Camping Ground　　　露营地 $

（☎03-5950 1011；www.mornpen.vic.gov.au/activities/camping；Nepean Hwy；无电/有电营地 $26/40，旺季 $41/48；◎10月至次年5月）位于海滩和通往索伦托的公路主路之间的山坡丛林中。

Hotel Sorrento　　　　　　酒店 $$

（☎03-5984 8000；www.hotelsorrento.com.au；5-15 Hotham Rd, Sorrento；房 平时/周末 含早餐 $170/210起；🅿🛜）传奇色彩的Hotel Sorrento盛名在外，房间豪华。可爱的"山顶"（On the Hill）双人房和家庭公寓房有凉爽的起居室、宽敞的浴室和独立阳台。酒店的酒吧面朝大海，能看到美丽的海景，是个喝酒的好去处。

🍴 餐饮

All Smiles　　　　　新派澳大利亚菜 $$

（☎03-5984 5551；www.allsmiles.com.au/mornington-peninsula；250 Ocean Beach Rd；主菜 $22~26；◎周三至周日 9:30~14:30）实际上就在索伦托后面的海滩上，菜单上有比萨、鱼和薯条以及鱿鱼沙拉，味道还可以，但真正的卖点在于能看到美景。周日的自助早餐（成人/儿童 $20/12）能让你吃得又饱又好。

Acquolina Ristorante　　意大利菜 $$

（☎03-5984 0811；26 Ocean Beach Rd；主菜 $25~38；◎10月至11月和3月至5月 周三至周一 18:00~22:00，夏季每天 18:00~22:00）自从经营地道意大利北部风味的Acquolina在索伦托开业，它就赢得了好评。食物简单、分量足——意面和意大利饺子搭配来自意大利的一手葡萄酒、果渣白兰地和自制提拉米苏（无法抗拒的美味）。

Cakes & Ale Bistro　　　法国菜 $$$

（☎03-5984 4995；www.cakes-and-ale.com.au；100-102 Ocean Beach Rd；主菜 $29~45；◎周一至周五 正午至21:00，周六和周日 9:00~21:00）这家精致的餐馆位于索伦托的主街上，很有档次，选用来自维多利亚州的应季食材。店内空间很迷人，用大量绿植装饰，地板光滑，墙壁仿旧。法国风味菜肴包括海鲜馅饼、油封米拉瓦（Milawa）鸭腿和烤鸡。周末也供应早餐。**Little Rebel**（☎0418 121 467；www.littlerebel.com.au；22 Collins Rd, Dromana；◎周一至周五 8:00~14:00）的咖啡一流。

Portsea Hotel　　　　　　小酒馆

（☎03-5984 2213；www.portseahotel.com.au；3746 Point Nepean Rd；🛜）Portsea Hotel于1876，建筑材料一半是木头，面积很大。这个酒馆有一片草坪和露台，下方是海湾和古老的码头。客人都是俊男靓女（尤其是在马球赛季），夏季定期举办活动和DJ表演。还有很好的小餐馆（主菜 $24~27）和老式**客房**（☎03-5984 2213；www.portseahotel.com.au；3746 Point

Nepean Rd；单/双 不带浴室 $75/145起，单/双 带浴室 $135/180起；⑤）。

❶ 实用信息

索伦托海滩游客中心（Sorrento Beach Visitors Centre；☎03 5984 1478；www.visitmornington peninsula.org；Ocean Beach Rd和George St交叉路口；⑨10:00~16:00）位于城里的主干道，提供多种小册子，非工作时间游客可以通过触屏查询信息。

❶ 到达和离开

从墨尔本出发，沿Eastlin（M3）和莫宁顿半岛高速（M11）行驶，只需2小时即可到达索伦托和波特西。如果乘坐公共交通，在墨尔本乘坐火车前往弗兰克斯顿车站，在那里换乘开往索伦托和波特西的788路公交车。要去昆斯克利夫，乘坐**渡轮**（见257页）很方便，到昆斯克利夫后可以前往贝拉林半岛和大洋路。

纳平角国家公园（Point Nepean National Park）

风景如画的纳平角国家公园（☎13 19 63；www.parkweb.vic.gov.au；Point Nepean Rd；

莫宁顿半岛的葡萄酒厂

半岛的葡萄酒厂大多位于红山（Red Hill）和梅里克斯（Merricks）之间的山上，大部分附设极好的咖啡馆或餐馆。几家公司组织葡萄酒厂团队游，详情咨询游客中心（见257页）。通过**Mornington Peninsula Wineries & Region**（www.mpva.com.au）了解概况。值得一游的葡萄酒厂包括：

Montalto（☎03-5989 8412；www.montalto.com.au；33 Shoreham Rd, Red Hill South；⑨酒窖和咖啡馆11:00~17:00，餐馆 正午至15:00，周五和周六 18:30~23:00）是半岛最好的葡萄酒厂餐馆之一，以黑比诺和霞多丽出名。也有适合休闲用餐的比萨餐厅和花园咖啡厅，此外还有一个令人陶醉的雕塑园。

Pier 10（☎03-5989 8849；www.pier10wine.com.au；10 Shoreham Rd；主菜 $16~37；⑨酒窖 11:00~17:00，餐馆 周四至周日 正午至14:30，周五和周六 18:00至深夜）这个风景优美的精品葡萄酒厂位于一个经过翻建的铁皮棚子里，有酒窖和小餐馆。

Port Phillip Estate（☎03-5989 4444；www.portphillipestate.com.au；263 Red Hill Rd, Red Hill South；2道/3道菜 $68/85起，酒窖 主菜 $15~22；⑨酒窖11:00~17:00，餐馆 周三至周日 正午至15:00，周五和周六 18:30~21:00）一个庞大的葡萄酒厂，位于一栋很有007电影中反派气质的建筑内，是半岛最好的餐馆之一。从这里能看到惊人的美景，正餐或简餐都很美味，还可以品尝葡萄酒（$5）。

Red Hill Estate（☎03-5931 0177；www.redhillestate.com.au；53 Shoreham Rd, Red Hill South；⑨酒窖 11:00~17:00，餐馆 正午至17:00，周六 18:00~21:00）品尝冬季酿造的比诺和霞多丽，或者在著名的Max's Restaurant就餐。

Ten Minutes By Tractor（☎03-5989 6080；www.tenminutesbytractor.com.au；1333 Mornington-Flinders Rd, Main Ridge；5道/8道菜的品尝菜单 $114/144，2道/3道菜 $69/92；⑨酒窖 11:00~17:00，餐馆 周三至周日 正午至15:00，周四至周六 18:30~21:00）维多利亚州地区最好的餐馆之一，葡萄酒单是整个半岛最好的。店名有点怪，源自三个葡萄园——乘拖拉机前去的话，三个葡萄园各自相距10分钟路程。

T' Gallant（☎03-5931 1300；www.tgallant.com.au；1385 Mornington-Flinders Rd, Main Ridge；主菜 $16~32；⑨酒窖 9:00~17:00，餐馆 周一至周五 11:30~15:00，周六和周日 11:00~16:00）乡村风情的餐馆出售美味的木烤比萨、猪肉香肠和自制烤宽面条。酒窖提供免费品酒，客人可以品尝甜美的灰比诺和普罗塞克白葡萄酒。

⊙8:00~17:00)位于半岛西端，这里历史悠久，在19世纪80年代至1945年曾是重要的澳大利亚国防地点。值得一提的是，第一次世界大战和第二次世界大战同盟国的第一枪都是在这里打响的。

纳平角国家公园以惊人的海岸风光闻名，公园里有无数条可爱的步行和骑行小路。公园的大部分面积曾为战场，因为可能有未爆炸的弹药所以现在仍禁止进入。

你可以参观纳平要塞（Fort Nepean）和古老而迷人的检疫站（Quarantine Station precinct）。这一大片建筑始建于1852年，1979年之前用于为人员检疫，今天它成为一个博物馆，陈列讲述其历史的有趣展品。此外还有50多栋历史建筑值得游览，包括医院和洗涤室。

❶ 实用信息

纳平角游客信息中心（Point Nepean Visitor Information Centre；☏03-8427 2099；www.parkweb.vic.gov.au；Ochiltree Rd；⊙10:00~17:00）为你提供关于公园的信息，出租自行车，每天$30.10，还提供自助徒步行地图和iPod语音导览（$13.90）。可以步行或骑车从波特西到达这里（往返12公里），或者乘坐穿梭巴士（成人／儿童往返$10/7.50）。这种穿梭巴士在10:30~16:00期间每半小时一趟，从游客中心发车，可随时上下车。

❶ 到达和离开

纳平角国家公园位于莫宁顿半岛西端，对面就是昆斯克利夫，与墨尔本相距112公里。东侧约2公里之外是波特西。

要乘坐公共交通前往这个国家公园，在弗兰克斯顿乘坐788路公交车到达位于波特西的终点站，从那里出发，步行1公里前往游客中心。

莫宁顿半岛国家公园（Mornington Peninsula National Park）

这个国家公园沿着波特西和斯参克岬（Cape Schanck）之间的银色海岸延伸进入内陆，拥有半岛最美丽、最崎岖的海洋沙滩。这里还有悬崖、石壁以及波特西、索伦托、布莱尔高里（Blairgowrie）、瑞尔、圣安德鲁斯（St Andrews）、甘纳马塔（Gunnamatta）和斯参克岬等极好的冲浪海滩。

冲浪者、徒步者和渔民熟悉这里壮美的海岸风光，他们都有各自的秘密地点。你可以从波特西步行来到斯参克岬（26公里，8小时）。

在这些海滩游泳和冲浪很危险：回头浪大、漩涡深，一直有淹死人的事情发生。夏季仅甘纳马塔和波特西之间插小旗子的地方才能游泳。

菲利普岛（PHILLIP ISLAND）

人口 9406

菲利普岛因企鹅归巢和摩托车大奖赛闻名，吸引了一大批有兴趣的冲浪者、摩托车迷以及直奔小企鹅而来的海外游客。

虽然菲利普岛本质上仍然是农业区，但是自然生态游已经将这里逐渐变成了维多利亚州最热门的团队游目的地之一。除了在夜间摇摆前行的企鹅之外，这里还是大型的海豹和考拉栖息地，而且莱尔湿地周围还生活着大量鸟类。崎岖不平的南海岸有许多棒极了的冲浪海滩，满是全家乐景点和旅馆。如果冬季来度假，你就会发现这里十分安静，因为本地人中的农民、冲浪者、嬉皮士们都各忙各的去了。

Boonwurrung人是岛上的原住民，但他们为避开大批观看企鹅归巢的游客和自行车队而搬到San Remo桥那边去了，所以岛上的居民到底是哪些人就不好说了。

◉ 景点

★ 诺比斯中心和木栈道   观景点

（Nobbies Centre & Boardwalk；☏03-5951 2800；Summerlands）免费 诺比斯位于海岛西南角，是一大片峻峭的近海岩石。被称为诺比斯中心的大型咖啡馆兼纪念品商店面朝大海，从那里能看到令人难以置信的美景，中心内还有一个多媒体剧场"南极之旅"（Antarctic Journey）。中心前面的木栈道蜿蜒经过岩石丛、岩石下面的洞穴和岩石上面的海豹岩（Seal Rocks）——那里是岛上最大的澳大利亚海豹栖息地。那里有投币式望远镜，不过如果你自己有，就用自己的。

★ 企鹅归巢　　　　　　　　　野生动物保护区

(☎03-5951 2800; www.penguins.org.au; 1019 Ventnor Rd, Summerland Beach; 门票 成人/儿童/家庭 $25.10/12.50/62.70, 地下观看 $60/30/150; ◎9:30至黄昏，企鹅们日落时到达) 每年，企鹅归巢吸引了50多万游客，他们来这里观看全世界最小的，或许也是最可爱的小企鹅 (Eudyptula minor)。观企鹅建筑内包括数个水泥圆形剧场，能容纳3800名观众，太阳刚一落山，他们就在剧场内欣赏摇摇摆摆从大海走向沙滩巢穴的小家伙们。想要最佳观赏角度的人还可以选择地下观看室、最佳观景席位和VIP贵宾台。时间是夏天，要提前预订。

南极之旅　　　　　　　　　　　观景台、剧院

(☎03-5951 2800; www.penguins.org.au/attractions/recreational-areas/the-nobbies; 1320 Ventnor Rd, Nobbies Centre, Summerlands; 成人/儿童/家庭 $18/9/45; ◎9:00~17:00) 这个多媒体展示空间位于岛的西南端，介绍该岛和南极之间的水域。互动展览信息量大，真实感强。位于诺比斯中心 (见260页) 内，离企鹅归巢仅5分钟车程，所以如果你想看企鹅的话，就下午来这个剧场。

考拉保育中心　　　　　　　　　　　动物园

(Koala Conservation Centre; ☎03-5951 2800; www.penguins.org.au; 1810 Phillip Island Rd, Cowes; 成人/儿童/家庭 $12.50/6.25/31.25; ◎10:00~17:00, 夏季时间延长) 这种毛茸茸的有袋类动物在岛上只有20~30只野生的，不容易见到，但在考拉保育中心内你肯定能看到。站在木板小道上，你肯定能看见吃着树叶或是打盹的考拉——它们一天可是要睡20多个小时！

✈ 活动

菲利普岛大奖赛赛道　　　　　　探险运动

(Phillip Island Grand Prix Circuit; ☎03-5952 9400; Back Beach Rd) 就算摩托车停赛时，爱好者们还是对赛车大奖赛喜爱有加，正因如此，才促成了1989年的澳大利亚摩托车大奖赛。游客中心组织**带导游的赛道团队游** (guided circuit tours; ☎03-5952 9400; www.phillipislandcircuit.com.au; Back Beach Rd; 1小时的团队游 成人/儿童/家庭 $25/15/60; ◎团队游 14:00), 你还可以参观**赛车历史博物馆** (History of Motorsport Museum; ☎03-5952 9400; www.phillipislandcircuit.com.au; Back Beach Rd; 成人/儿童/家庭 $17.50/8.50/42; ◎9:00~17:30)。更具冒险精神的赛车手可以依靠V8引擎飞速跑完赛道 ($360; 必须预订)。可以自己开卡丁车在仿制版的**菲利普岛卡丁车赛道** (Phillip Island Circuit Go Karts; ☎03-5952 9400; www.phillipislandcircuit.com.au; Back Beach Rd; 每10/20/30分钟 $35/60/80; ◎9:00~17:30, 夏季时间延长) 上试一把。

☞ 团队游

Wild Ocean Eco Boat　　　　观看野生动物

(☎03-5951 2800; www.penguins.org.au; Cowes or Rhyll Jetty; 成人/儿童/家庭 冒险之旅 (Adventure Tour) 每人 $85/65/235, 海岛探索 (Island Discovery) $130/75/345, 海鸥落日 (Shearwater Sunset) $65/49/179; ◎冒险之旅 15:00, 海岛探索 12月至次年4月 11:00, 海鸥落日 11月至次年4月 19:15~20:30) 这三种乘船团队游带领乘客欣赏岛周边不同的风景：海豹岩的澳大利亚海豹栖息地、奇石遍布的美丽海岸线以及落日下海鸥返回它们的峭壁巢穴。

Go West　　　　　　　　　　　　团队游

(☎03-9485 5290; www.gowest.com.au; 团队游 $135) 从墨尔本出发的一日团队游，价格包含企鹅归巢的门票、午餐、观看野生动物和品葡萄酒。使用iPod收听多语种介绍，大巴车上提供Wi-Fi。

✺ 节日和活动

澳大利亚摩托车大奖赛　　　　　体育运动

(Australian Motorcycle Grand Prix; ☎1800 100 030; www.motogp.com.au) 澳大利亚摩托车大奖赛是岛上最盛大的活动，也是世界摩托车锦标赛 (MotoGP) 最好看的赛事。通常10月举行，为期3天，届时岛上人口将从平时的8千猛增到超过15万。

🛏 住宿

★ Island Accommodation YHA
青年旅舍 $

(☎03-5956 6123；www.theislandaccommodation.com.au；10-12 Phillip Island Rd, Newhaven；铺 $27~50，双 $99~155；@🛜)🍃专门的大型背包族旅舍，注重环保。每层都有非常大的居住区，房间一模一样。除了客房，还有乒乓球、PlayStations电游和温馨的火炉（冬季）。在屋顶露台能看到美景。最便宜的卧铺房间能睡12人，双人房达到汽车旅馆标准。店方出租自行车（每天$20），门口的骑行小路通往考斯（Cowes）。

Cowes Caravan Park
房车公园 $

(☎03-5952 2211；www.cowescaravanpark.com.au；164 Church St, Cowes；露营地 $40起，小木屋 $90~130起；❄🛜)房车公园内的海边露营地有多种露营区和带独立卫浴的小木屋，比较好的木屋配备空调，面朝海滩。离考斯1公里。

Phillip Island Glamping
帐篷露营地 $$

(☎0404 258 205；www.phillipislandglamping.com.au；双人帐篷 平时/周末 租金 $120/140起)不想走寻常路的话，就预订一处露营点（岛上有很多露营地，随便选一个），员工会帮你搭钟形帐篷。帐篷在你到达之前就安装好了，配备床垫、寝具、毛巾、暖气、数码收音机、桌椅、便携式保温箱和全套厨具。客人离开后，服务员会清理一切——最适合懒人的露营地。

★ Clifftop
精品酒店 $$$

(☎03-5952 1033；www.clifftop.com.au；1 Marlin St, Smiths Beach；双 $235~290；❄🛜)岛上再也没有比史密斯海滩（Smiths Beach）上的住宿地更好的选择了。豪华套房有7个，最好的4个面朝大海，有独立阳台。楼下的房间面朝花园，但全部房间都有松软奢华的床铺和时髦的现代化装饰。

★ Glen Isla House
精品酒店 $$$

(☎03-5952 1882；www.glenisla.com.au；230 Church St, Cowes；双/套 $255/355起；❄🛜)这家一流的精品酒店是岛上最好的住处之一，占据了一栋经过翻建的1870年的民宅及其仓库。老式的低调奢华加入等离子电视等时尚元素。占地0.8公顷的可爱花园离海滩仅5分钟步行路程。不接待12岁以下儿童。

🍴 就餐

BEANd
咖啡馆 $

(☎0407 717 588；www.beand.com.au；157 Marine Pde, Shop 4；早餐 $8~15；⊙周四至周二 7:00~16:00)这个微咖啡店位于通往菲利普岛的大桥桥头，选用来自非洲、亚洲和拉丁美洲的单一咖啡豆。咖啡馆面积不大，生机勃勃，服务员热情，咖啡都是现煮的，可选手冲、爱乐压或者浓缩。全天供应早餐，午餐有汉堡。

Cape Kitchen
新派澳大利亚菜 $$

(☎03-5956 7200；www.thecapekitchen.com.au；1215 Phillip Island Rd, Newhaven；早餐 $19起，午餐 $27~48；⊙周五至周一 8:30~

大洋路徒步

大洋路步道（Great Ocean Walk；www.greatoceanwalk.com.au）从阿波罗湾（Apollo Bay）出发，直奔十二使徒岩（Twelve Apostles），这条线路非常好，需要数天完成。你将穿过景色多变的地带，能看到壮观的峭壁、荒凉的海滩和被森林覆盖的奥特韦国家公园（Otway National Park）。

可以从一地出发，在另一地安排接你的车辆（几乎没有公共交通，即使有，相隔也非常远）。你可以步行一段比较短的路，也可以用9天8晚走完全部104公里。大洋路步道有指定的露营点，仅限注册过的步行者使用，需要自带厨具和帐篷（禁止用火）。此外也有许多舒适的住处，包括豪华度假屋和房车公园。详见网站的答疑板块。

Walk 91（☎03-5237 1189；www.walk91.com.au；157-159 Great Ocean Rd, Apollo Bay；3天/4晚 带向导的步行 每人$800）能安排线路和交通，出租装备，还能把你的背包运送到目的地。

16:30)找个靠窗的位置,欣赏一览无余的海景,同时享用自制熏三文鱼加上炒蛋和酵母面包的美味早餐。午餐提供炭烤鳟鱼、红咖喱吉普斯兰(Gippsland)贻贝或烤南吉普斯兰羊肩等菜肴。

实用信息

菲利普岛游客信息中心(Phillip Island Visitor Information Centre; ☎1300 366 422; www.visitphillipisland.com; 895 Phillip Island Tourist Rd, Newhaven; ◎9:00~17:00,学校假期 至18:00; ☎)岛上的主要游客中心,提供大量小册子和地图。出售企鹅归巢票以及观光打包游。预订住处的服务非常有用,还提供免费Wi-Fi。

考斯游客信息中心(Cowes Visitor Information Centre; ☎1300 366 422; www.visitphillipisland.com; Thompson St和Church St交叉路口, Cowes; ◎9:00~17:00)位于纽黑文(Newhaven)的信息中心。

到达和离开

菲利普岛与墨尔本之间的公路距离约140公里,只有经连接San Remo和纽黑文的桥才能上岛。从墨尔本出发,取道Monash Fwy,从帕肯汉姆(Pakenham)出来,在库维鲁(Koo Wee Rup)进入South Gippsland Hwy。

步行或骑自行车的人可以乘渡轮从斯托尼角到考斯。

上岛后,乘坐小汽车或骑车在岛上游览既快捷又方便。驾车从考斯出发,仅需15分钟即可到企鹅归巢或大奖赛赛道。

如果搭乘公共交通,你需要先坐火车再坐长途汽车才能到菲利普岛。V/Line每天约8趟,从墨尔本Southern Cross站出发,经库维鲁前往考斯。也有经丹德农(Dandenong)的,但时间较长(3.3小时)。

岛内渡轮(www.interislandferries.com.au; Cowes Jetty; 单程 成人/儿童 $13/6; ◎发船时间 周一至周四 8:30~20:15,周六和周日 至17:30)连接莫宁顿半岛的斯托尼角和考斯,途中经过弗伦奇岛(45分钟)。周六至周四每天3趟,周五4趟。

大洋路(GREAT OCEAN ROAD)

大洋路(B100)是澳大利亚最负盛名的

值得一游
大洋路的巧克力工厂和冰激凌店

当你不停地嘟囔"还没到呀",能让你平息怨气的只有安格尔西(Anglesea)城外11公里处的路边的**巧克力工厂**(☎03-5263 1588; www.gorci.com.au; 1200 Great Ocean Rd, Bellbrae; ◎9:00~17:00)。这个工厂占地面积很大,生产自有品牌的松露和巧克力(尝尝本土原料系列)以及20种口味。

公路旅行路线之一。这条线路带领游客们经过世界级的冲浪场所,穿过一片片雨林和静静的海边小镇,沿途还可以欣赏到满处栖息着考拉的森林树冠。这里也有陡峭的石灰石岩壁、奶牛场和荒野,还可以让你近距离接触南大洋汹涌的波浪。

你也可以逃离尘世,在城镇之间寻访孤立的海滩、灯塔和奥特韦内陆地区茂盛的桉树林。如果不直接去大洋路,在吉朗有一条岔路,可以带你穿过贝拉林半岛,来一场悠闲之旅,在途中你可以参观迷人的昆斯克利夫和葡萄酒厂。

从墨尔本到这里一日游的游客总是在不到12个小时的时间里匆忙地来回,但是在这样一个如此完美的地方,你至少应该待上一周。

吉朗(Geelong)

人口 210,875

吉朗是维多利亚州的第二大中心城区,也是当地人引以为傲的工业城市。这里有引人入胜的历史,整个城市魅力十足。虽然墨尔本人经常嘲笑他们的姊妹城市停滞不前、了无生趣,而且有一条新修的道路可以让游客们跳过这座城市直接前往大洋路,但是不难看出,这里正在经历可喜的转变。

波光粼粼的科里欧湾(Corio Bay)环绕着吉朗,城市中央是一些建于羊毛产业繁荣时期和淘金热时期的历史建筑,现在已经改建成时髦的餐馆和酒吧了。它也是一个足球城市,居民狂热支持本城的澳式足球队"吉朗猫队"(Cats)。

Great Ocean Road & Southwest Coast 大洋路及西南海岸

◉ 景点

吉朗水滨
水滨

(Geelong Waterfront; Beach Rd) 吉朗波光粼粼的海滨地区是闲逛的绝佳去处,风景优美的码头上餐馆遍布,还有大量的历史地标、一个19世纪的旋转木马、雕塑、豪宅、游泳景区、游乐场以及适合野餐的草地。夏天,你可以在广受欢迎的**东海滩**(Eastern Beach)乘凉,其特色为沙滩和装饰艺术风格的海滨浴场,浴场里有欧洲风格的封闭式海湾游泳池、跳水板、日光浴区域和幼儿泳池等设施都十分完善。让·米切尔(Jan Mitchell)的著名彩绘**海湾散步木栈道**长100多米,沿水滨而建。

吉朗美术馆
画廊

(Geelong Art Gallery; ☏03-5229 3645; www.geelonggallery.org.au; 55 Little Malop St; ◎10:00~17:00) **免费** 这里有6000多幅展品,其中有澳大利亚名家的绘画作品,比如尤金·冯·格拉德(Eugene von Guérard)的*View of Geelong*和弗雷德里克·麦卡宾(Frederick McCubbin)创作于1890年的作品*A Bush Burial*。这里也会展出一些当代画家作品,周六14:00有免费导览游。

国家羊毛博物馆
博物馆

(National Wool Museum; ☏03-5272 4701; www.geelongaustralia.com.au/nwm; 26 Moorabool St; 成人/儿童/家庭 $9/5/30; ◎周一至周五 9:30~17:00, 周六和周日 10:00~17:00) 耳听为虚,眼见为实。羊毛工业在经济、社会和建筑方面都对吉朗的城市发展起到了重要作用,这在国家羊毛博物馆都得到了淋漓尽致的展示——馆内很多雄伟的建筑都是以前的羊毛仓库,其中包括博物馆内那座建于1872年的青石建筑。在周末,一台织袜机和1910式艾克斯敏斯特地毯织机会开机运行,以供游客参观。

旧吉朗监狱
历史建筑

(Old Geelong Gaol; ☏03-5221 8292; www.geelonggaol.org.au; Myers St和Swanston St交叉路口; 成人/儿童/家庭 $10/5/22; ◎周六和周日、学校假期每天 13:00~16:00) 建于1949年,或许关闭于1991年,但这个古老的青石监狱依然像从前一样阴森可怖。你将看到三层简陋的牢房、淋浴室、瞭望塔和铁丝网。从走私的自制武器到Chopper Read(39号牢房)等曾经囚禁于此的犯人——每个展览都有语音讲解。也有**鬼魂团队游**(Ghost tours; ☏1300 865 800;

www.twistedhistory.net.au; 成人/儿童 $33/22）。

Boom Gallery 画廊

（☎0417 555 101；www.boomgallery.com.au；11 Rutland St, Newtown；◎周一至周六 9:00~16:00）免费 位于紧邻Pakington St的一条工业小巷内，所在的仓库前身是个毛纺厂，画廊里展示墨尔本和当地艺术家的现代作品。出售设计一流的物件和珠宝，附设的咖啡厅供应美味咖啡和应季美食。

纳兰纳原住民文化中心 文化中心

（Narana Aboriginal Cultural Centre；☎03-5241 5700；www.narana.com.au；410 Torquay Rd, Grovedale；◎周一至周五 9:00~17:00，周六 10:00~16:00，咖啡馆 周一至周五 8:00~16:00，周六 至15:00，画廊 周二至周六，周一按预约）免费 Wathaurung人（吉朗的原住民）把这个地区称为Jillong，而这个位于吉朗郊区的文化中心让游客充分了解他们的文化。可看之处颇多：画廊拥有维多利亚州最多的原住民艺术品，新派风味咖啡馆提供用原住民食材制作的时尚美食，迪吉里杜管（didgeridoo）表演（或者你自己演奏），回旋镖展览馆，以及一个有鸸鹋、小袋鼠和考拉的本土动物园（门票凭捐）。提前致电问询每天的团队游时间。

🛏 住宿

Irish Murphy's 青年旅舍 $

（☎03-5221 4335；www.irishmurphysgeelong.com.au；30 Aberdeen St, Geelong West；铺/单/双 带公用浴室 $40/50/80，双 带浴室 $60；🅿🛜）吉朗唯一的背包族旅舍，在一间爱尔兰酒吧楼上，经营有方，宿舍房间干净，大多数房间只有两张床。住店客人在楼下就餐可打八折，如果你买啤酒还能享受每周四的免费理发！步行去城里、Pakington St和吉朗站都很近。

★ Devlin Apartments 公寓 $$

（☎03-5222 1560；www.devlinapartments.com.au；312 Moorabool St；房 $160~500；❄🛜）这些精品公寓房间是吉朗最有个性的住处，位于一栋属于遗产名录的1926年建筑内（前身是Gordon Tech学校）。每套公寓都有不同的主题，例如"纽约客"（New Yorker，带拱窗的loft风格公寓）、"现代主义"（Modernist，配备丹麦设计师设计的椅子）和"工业风格"（Industrial，特点是铸铁、原

🍴 就餐

Hot Chicken Project
美国菜 $

(☎03-5221 9831; 84a Little Malop St; 主菜 $16; ⓘ正午至22:00) 这家专营正宗纳什维尔炸鸡的温馨餐馆位于Little Malop沿线的上佳路段。菜单上有鸡翅、鸡块和鸡胸,可选不同的辣度,最辣的叫 "Evil Chicken",此外也有炸鱼和豆腐。炸食搭配蔬菜沙拉或萝卜苗。

Tulip
新派澳大利亚菜 $$

(☎03-5229 6953; www.tuliprestaurant.com.au; 9/111 Pakington St, Geelong West; 小盘/大盘菜 $18/22起; ⓘ周三至周六 正午至14:30,增加周一至周六 17:30至深夜) 吉朗只有两家高级餐馆,这是其中一家,位于Pakington St(简称 'Pako' St),独创性地混合使用小盘和大盘菜放美食,便于顾客分享。菜肴包括胡椒浆果油煎袋鼠肉排、西班牙猪腿肉火腿、羊肩以及水煮海鲈配烤豆和贻贝等本土美食。

★ IGNI
新派澳大利亚菜 $$$

(☎03-5222 2266; www.restaurantigni.com; Ryan Pl; 5道/8道菜 $100/150; ⓘ周四和周日 18:00~22:00,周五和周六 正午至14:30和18:00~22:00) 大厨(本地青年)Aaron Turner广受好评,近来甚至引起了墨尔本美食爱好者的关注。大厨随心所欲地更换品尝套餐,选用滨藜、生蚝叶、栗子和乳鸽,用铁板(炭烤)和赤桉树蜂蜜烹制本土或欧洲风味的菜肴。

🍷 饮品和夜生活

★ Cartel Coffee Roaster
咖啡

(☎03-5222 6115; www.coffeecartel.com.au; 1-80 Little Malop St; 单一咖啡 $4.50; ⓘ周一至周四 7:00~17:00,周五 至17:30,周六 至14:00,周日 9:00~14:00) 这个单一咖啡馆面积不大,位于热闹的Little Malop,是澳大利亚"第三波"咖啡运动(third-wave coffee movement)的主力,店主与非洲、亚洲和拉美的农夫有私人联系。因此咖啡豆精良,煮法专业。

★ Little Creatures & White Rabbit
自酿酒吧

(☎Little Creatures 03-5202 4009, White Rabbit 03-5202 4050; www.littlecreatures.com.au; Fyans St和Swanston St交叉路口; 主菜 $16~28; ⓘ周一至周二 11:00~17:00,周三至周五 11:00~21:00,周六 8:00~21:00,周日 8:00~17:00; 📶) 这两家啤酒厂都很有名,共用一栋历史悠久的红砖毛纺厂厂房,是啤酒爱好者的大乐园。**Little Creatures**规模比较大,室内和室外座椅区面积都很大,生机勃勃。**White Rabbit** 2015年从希勒斯维尔(Healesville)搬到这里,档次比较高,时髦的座椅区位于酿酒设备中间。

☆ 娱乐

Barwon Club
现场音乐

(☎03-5221 4584; www.barwonclub.com.au; 509 Moorabool St; ⓘ11:00至深夜) 一直是吉朗首屈一指的现场音乐场地,Magic Dirt、Bored!和Warped等潜力乐队都曾在 "吉特律"(Geetroit)出现过。除了欣赏当地和国际乐队的表演,这里也是很不错的啤酒馆。

Kardinia Park
体育场

(Simonds Stadium; ☎03-5224 9111; www.kardiniapark.vic.gov.au; 370 Moorabool St, South Geelong; 票 $25起) 新建翻修过,新增了照明塔。这个澳足体育场是当地人心目中的圣地,也是他们最爱的本地球队——吉朗猫队——的主场,这支球队冬天在此打比赛。

ℹ 实用信息

上网

吉朗图书馆(Geelong Library; www.grlc.vic.gov.au; 51 Little Malop St; ⓘ周一至周五 8:30~17:00; 📶) 吉朗的现代化新图书馆,位于一栋时尚的椭圆形建筑内,书籍很全,还有24小时免费Wi-Fi。

旅游信息

国家羊毛博物馆游客中心(National Wool Museum Visitor Centre; www.visitgreatoceanroad.org.au; 26 Moorabool St; ⓘ9:00~17:00; 📶) 吉朗的主要游客信息中心,提供介绍吉朗、贝拉林半岛和奥特韦的小册子,还有免费Wi-Fi。Geelong Rd也有一个**游客中心**(☎03-5283 1735; www.visitgreatoceanroad.org.au; Princes Hwy, Little River; ⓘ9:00~17:00),在Little River附近的加油站内,为直奔大洋路的游客提供信息。水滨也

有一个小信息亭(Geelong Waterfront; ⊙9:00~17:00)。

❶ 到达和离开

飞机
捷星(见254页)的航班在距离吉朗约20分钟车程的**阿瓦隆机场**(见254页)起降。
阿瓦隆机场穿梭客车(Avalon Airport Shuttle; ☎03-5278 8788; www.avalonairportshuttle.com.au)时间对应降落阿瓦隆机场的所有航班,开往吉朗(成人/儿童$22/15, 35分钟)和从托基(Torquay; $50/25, 1小时)开始的大洋路沿线。

长途汽车
Gull Airport Service(☎03-5222 4966; www.gull.com.au; 45 McKillop St; ⊙办事处 周一至周五9:00~17:00,周六10:00至正午)每天14趟车往返于吉朗和墨尔本机场之间(成人/儿童$32/20, 1.25小时),发车地点分别是市中心和吉朗站。
McHarry's Buslines(☎03-5223 2111; www.mcharrys.com.au)车次多,从吉朗站开往托基和贝拉林半岛($3.20, 20分钟)。
V/Line(☎1800 800 007; www.vline.com.au; Gordon Ave, Geelong Train Station)长途汽车从吉朗站开往阿波罗湾($19, 2小时30分钟),途中经过托基($3.20, 25分钟)、安格尔西($6.40, 45分钟)、洛恩(Lorne; $11.60, 1.5小时)和怀依河(Wye River; $14.40, 2小时)。周一、周三和周五,有一趟长途汽车继续开往坎贝尔港(Port Campbell; $33.20, 5小时)和瓦南布尔($25.80, 6.5小时),但需要在阿波罗湾换车。如果要直奔瓦南布尔,乘坐火车更快、更便宜,但会错过大洋路的风景。往内陆去的话,有一趟长途汽车开往巴拉腊特($10.20, 1.5小时)。

小汽车
25公里的吉朗环形公路连接克里奥(Corio)与华安池(Waurn Ponds),完全绕过了吉朗。去吉朗城的时候,注意不要错过左车道的王子公路(M1)。

火车
V/Line的火车班次多,从**吉朗站**(☎03-5226 6525; www.vline.com.au; Gordon Ave)开往墨尔本的Southern Cross站($8.80起, 1小时)。也有从吉朗开往瓦南布尔的火车($25.80, 2.5小时,每天3趟)。

❶ 大洋路团队游

Go West Tours(☎03-9485 5290; www.gowest.com.au; 团队游$130)总部位于墨尔本的公司,组织全天团队游,游览贝尔斯海滩(Bells Beach)、观看奥特韦的考拉、十二使徒岩,然后返回墨尔本。大巴上有免费Wi-Fi。

Otway Discovery Tour(☎03-9629 5844; www.greatoceanroadtour.com.au; 1天/2天/3天的团队游$109/289/380)物美价廉的大洋路团队游。2天的团队游包含菲利普岛,3天的包含格兰屏(Grampians)。

Ride Tours(☎1800 605 120, 0427 180 357; www.ridetours.com.au; 团队游$210)2天1晚的小巴游,沿大洋路游览。价格包含宿舍床位和三餐。

贝拉林半岛
(Bellarine Peninsula)

100多年来,墨尔本人喜欢驾车沿王子公路(Geelong Rd)前往贝拉林半岛的海边村庄。该半岛以适合家庭或冲浪的海滩、历史悠久的小镇和一流的低温发酵葡萄酒厂而著称。

除了与大洋路连接,这个岛还有短途渡轮开往莫宁顿半岛。

🏃 活动

Bellarine Rail Trail 骑车
(www.railtrail.com/au/vic/bellarine)这条32.5公里长的骑行小径与古老的火车铁轨平行,连接South Geelong站和昆斯克利夫。全程地势平坦,与主路有多处交会(但不要进入主路),穿过德赖斯代尔(Drysdale)直奔昆斯克利夫。

❶ 实用信息

贝拉林游客信息中心(Bellarine Visitor Information Centre; ☎03-5250 6861, 1800 755 611; app.geelongbellarineovg.com; 1251 Bellarine Hwy, Wallington; ⊙9:00~17:00)在副楼内,有大量小

贝拉林的葡萄酒厂和农产品

贝拉林/吉朗地区有50多家葡萄酒厂,该地区以低温发酵的黑比诺、霞多丽和设拉子闻名。当地产品也很出名。

如果你没有自己的机动车,可以考虑参加葡萄酒厂团队游For the Love of Grape(☏0408 388 332; www.fortheloveofgrape.com.au; 半天/全天 团队游 从吉朗出发 $75/139,从墨尔本出发 $85/149),或者11月的Toast to the Coast(www.toasttothecoast.com.au; 票 $45; ⊙11月初)期间到访。

下列葡萄酒厂大多夏季和周末每天开放,其他时间需要致电问询。全体葡萄酒厂名单见www.winegeelong.com.au。

Scotchmans Hill(☏03-5251 3176; www.scotchmans.com.au; 190 Scotchmans Rd, Drysdale; ⊙10:30~16:30)贝拉林最早的葡萄酒厂之一,如今依然势头正盛。

Jack Rabbit(☏03-5251 2223; www.jackrabbitvineyard.com.au; 85 McAdams Lane, Bellarine; ⊙每天 正午至15:00,周五和周六 18:00开始)精品葡萄酒厂,露台面朝海湾美景,在这里边吃贻贝边品尝比诺。

Flying Brick Cider Co.(☏03-5250 6577; www.flyingbrickciderco.com.au; 1251-1269 Bellarine Hwy, Wallington; 品酒 $13; ⊙酒吧 周日至周四 10:00~17:00,周五和周六 10:00至深夜,餐馆 周一至周四 正午至15:00,周五和周六 正午至15:00和19:00~21:00,周日 正午至16:00)公路沿线最受欢迎的果汁酒厂,出产一系列苹果和梨果汁酒。户外座椅区绿草如茵,十分宜人。

Basils Farm(☏03-5258 4280; www.basilsfarm.com.au; 43-53 Nye Rd, Swan Bay; ⊙周五至周日、1月每天 10:00~17:00)边欣赏天鹅湾(Swan Bay)的绝佳美景,边享用普罗塞克(prosecco,意大利气泡白葡萄酒)和拼盘。

Terindah Estate(☏03-5251 5536; www.terindahestate.com; 90 McAdams Lane, Bellarine; 主菜 $26~38; ⊙10:00~16:00)另一个既有惊人美景,也有优质比诺和一流美食的葡萄酒厂,餐厅是间玻璃屋。

Drysdale Cheeses(☏0437 816 374; www.drysdalecheeses.com; 2140 Portarlington Rd, Bellarine; ⊙每个月第一个周日 13:00~16:00)每个月的第一个周日,来这里品尝获过奖的羊奶酪和酸奶。

Manzanillo Olive Grove(☏03-5251 3621, 0438 513 621; www.manzanillogrove.com.au; 150 Whitcombes Rd, Drysdale; ⊙周六和周日 11:00~16:30)用面包饱蘸混入辣椒粉的冷轧初级橄榄油。

Little Mussel Cafe(☏03-5259 1377; www.advancemussel.com.au; 230-250 Queenscliff Rd, Portarlington; 主菜 $16~28; ⊙周五至周日 10:00~17:00)品尝当地贻贝和牡蛎的好地方,这些海鲜被做成杂烩,要么加入番茄和辣椒用碗盛,要么放在浅碟子里做成品尝套餐。

册子,能为游客制订游玩计划。

昆斯克利夫(Queenscliff)

人口 1418

海滨城市昆斯克利夫历史悠久、优美迷人,既有海洋风情,又有维多利亚州最美的街景。许多被列入《遗产名录》的19世纪建筑被翻建成酒店、餐馆和美术馆。要游览附近的葡萄酒厂和海滩,昆斯克利夫是个不错的落脚点,何况城里本身也有几个历史景点和博物馆。眺望菲利普港角(Port Phillip Heads)和巴斯海峡,景色壮阔。

◉ 景点

昆斯克利夫堡　　　　　　　　　　历史古迹

(Fort Queenscliff; ☏03-5258 1488; www.fortqueenscliff.com.au; Gellibrand St和King St

交叉路口；90分钟的团队游 成人/儿童/家庭 $12/6/30；⊙学校假期 每天 11:00、13:00和15:00，非旺季 周一至周五 11:00，周六和周日13:00和15:00)昆斯克利夫堡在1882年首次被用作沿海防御堡垒，以保护墨尔本免受俄国的入侵。这里在1946年之前是一个军事基地，之后则被用作陆军学院（直到2012年末）。现在这里成了国防档案中心。在90分钟的导览游中，你可以参观军事博物馆、弹药库、牢房及其紧邻的两座灯塔。因为是国防地区，所以进入需持身份证件。只接受现金。

昆斯克利夫海事博物馆 博物馆

(Queenscliff Maritime Museum; ☎03-5258 3440; www.maritimequeenscliffe.org.au; 2 Wharf St; 成人/儿童 $8/5; ⊙10:30~16:30)除了最后一艘曾在此服役的救生艇，这家值得一游的博物馆里还介绍领航船、沉船、灯塔和蒸汽船。别忘了看看那艘有图案的1895年的船，它服务过很多经过海湾的船只，创了纪录。

活动

Sea-All Dolphin Swims 野生动物

(☎03-5258 3889; www.dolphinswims.com.au; Queenscliff Harbour; 观光团队游 成人/儿童 $75/65，3.5小时的浮潜 $145/125; ⊙10月至次年4月 8:00和13:00)在菲利普海湾可以观光旅游，还可以和海豹与海豚一起游泳。在这里可以看到海豹；海豚则并不常见，但也还是有机会看到的。浮潜之旅前往Pope's Eye（一个未完工的军事堡垒），那里有丰富的鱼类和一个澳大利亚鲣鸟繁殖地，之后再去位于Chinaman's Hat的永久性澳大利亚海豹栖息地。

Dive Victoria 潜水

(Queenscliff Dive Centre; ☎03-5258 4188; www.divequeenscliff.com.au; Queenscliff Harbour; 潜水每次 带/不带装备 $140/65)维多利亚州最好的潜水公司，提供SSI潜水课程和各种级别的潜水之旅，低至入门级，高到专业级，非常全面。这个地区有200个左右的潜水地点，海洋动植物丰富，还有过300年留下的沉船，包括2009年沉没的前澳大利亚皇家海军舰艇(HMAS)"堪培拉号"(Canberra)和第一次世界大战时的潜艇。也组织浮潜之旅和潜水课程。

节日和活动

昆斯克利夫音乐节 音乐节

(Queenscliff Music Festival; ☎03-5258 4816; www.qmf.net.au; ⊙11月最后一个周末)海岸最好的音乐节之一，有大牌澳大利亚和国际音乐家参加，以民间音乐和蓝调为主。11月末举办。

住宿

Queenscliff Dive Centre 青年旅舍 $

(☎03-5258 4188; www.divevictoria.com.au; 37 Learmonth St; 铺 潜水者/非潜水者 $30/40，单/双 $100/120; ❋☎)虽然这个青年旅舍风格的酒店主要接待潜水者，但也有适合低预算旅行者的客房。现代化的公用厨房和休息室光线明亮、通风良好，后面是简朴的客房。自带床单和毛巾（租金$15）。它建于1864年，当时被用作Cobb & Co的马棚。

Twomey's Cottage 民宿 $$

(☎0400 265 877; www.classiccottages.com.au; 13 St Andrews St; 双 $110~140)要想感受昆斯克利夫的历史氛围，这栋遗产渔夫木屋性价比极高。Fred Williams创作其昆斯克利夫系列绘画时就住在这里，著名的独奏家Keith Humble也曾在此作曲，可想而知这里多么能激发人的灵感。

★ Vue Grand 酒店 $$$

(☎03-5258 1544; www.vuegrand.com.au; 46 Hesse St; 房 含早餐 $178~258; ❋☎)昆斯克利夫最优雅的古老建筑之一，从标准的小酒馆房间到现代化的塔楼套房（360度全景）和湾景房（客厅里有独立式浴缸），各种房型都有。

Athelstane House 精品酒店 $$$

(☎03-5258 1024; www.athelstane.com.au; 4 Hobson St; 房 含早餐 $180~310; ❋☎)双层的建筑建于19世纪60年代，是昆斯克利夫最古老的客栈，现在仍保留着美好的沧桑感。房间一尘不染，既有古董家具，也有转角水疗浴缸、iPod音乐播放器、DVD播放机和高速Wi-Fi等现代设施。前面的大厅是个休闲

好去处，那里有一部二手唱片机和一摞黑胶唱片。

🍴 餐饮

Shelter Shed　　　　　　　　咖啡馆 $$

(☏03-5258 3604; www.sheltershedqueenscliff.com.au; 25 Hesse St; 菜 $15~30; ☉8:00~15:00; 🛜)店内光线明亮，冬季还有明火火炉。阳光灿烂的时候，花园庭院很迷人。是个吃早餐或午餐的好地方。鲍汁鸡蛋炒亚洲香米饭和莳萝酱搭配虾肉西洋菜卷最受欢迎。也有多种烤海鲜和肉菜。

360 Q　　　　　　　　　　各国风味 $$

(☏03-5257 4200; www.360q.com.au; 2 Wharf St; 早餐 $15起，午餐 $18起，晚餐 $26~39; ☉每天 8:00~16:00，周五和周六 18:00~21:00)无疑是昆斯克利夫最好的餐馆之一，特点是能俯瞰整个风景如画的海湾。除了多年如一的早餐和越南猪肉法式长面包等几款午餐简餐之外，晚餐你可以尝尝香喷喷的辣椒番茄波塔灵顿贻贝搭配脆皮面包。

Vue Grand Dining Room　新派澳大利亚菜 $$$

(☏03-5258 1544; www.vuegrand.com.au; 46 Hesse St; 2道/3道菜的一餐 $59/79, 5道菜的贝拉林品尝套餐 带/不带葡萄酒或啤酒 $95/149; ☉周三至周六 18:00~21:00)昆斯克利夫餐饮界的圣母，餐厅庄严宏伟，供应加入藏红花、小茴香、石榴和羊乳酪的羊脊肉等美味菜肴，并佐以优质葡萄酒和啤酒。点一份贝拉林品尝套餐，可以吃到以半岛当地食材制作的美味以及当地葡萄酒或啤酒。

Queenscliff Brewhouse　　　　　小酒馆

(☏03-5258 1717; www.queenscliffbrewhouse.com.au; 2 Gellibrand St; ☉周一至周六11:00至次日1:00，周日 至23:00) Prickly Moses 在昆斯克利夫创办的第二家酿酒厂，是奥特韦总厂的分部。全线产品都有生啤版本，瓶装啤酒最好去啤酒花园里享用。

ℹ️ 实用信息

昆斯克利夫游客中心(Queenscliff Visitor Centre; ☏03-5258 4843; www.queenscliff.com.au; 55 Hesse St; ☉9:00~17:00; 🛜)大量介绍该地区的小册子，还出售自助步行游览地图《昆斯克利夫：活的遗产》(*Queenscliff – A Living Heritage*)。隔壁的图书馆有Wi-Fi和能上网的电脑。

托基 (Torquay)

人口 17,105

在20世纪60~70年代，托基只是一个落后的海边城市。那时，冲浪在澳大利亚毫无疑问还是一种反主流文化的追求，受到了中途退学的嬉皮士们的推崇。嬉皮士们住在破旧的大众房车里，抽大麻，还会拐走你的女儿。目前，冲浪已经成为当仁不让的主流趋势，托基附近世界闻名的贝尔斯海滩，又是两个冲浪产品龙头品牌——Rip Curl 和 Quicksilver——所在地，这些都确保托基毫无争议地成为澳大利亚冲浪业的领军城市。托基是澳大利亚发展最快的城镇之一，2001年至2013年人口增长67%，如今这里看起来非常像吉朗的远郊。

👁️ 景点和活动

托基的海滩吸引了很多人，既有在浅水区游玩的孩子，也有冲浪学校的背包客学生。**渔夫海滩**(Fisherman's Beach)保护人们免受涌浪的侵袭，最适合家庭游玩。在夏天，当冲浪救生员在海浪汹涌的**后海滩**(Back Beach)巡逻时，被茂盛的松树和倾斜的草地包围的**前海滩**(Front Beach)吸引了许多懒汉。著名的冲浪海滩包括附近的简久克和Winki Pop，当然还有**贝尔斯海滩**（大洋路）。

★澳大利亚国立冲浪博物馆　　　　　博物馆

(Australian National Surfing Museum; ☏03-5261 4606; www.surfworld.com.au; 77 Beach Rd, Surf City Plaza; 成人/儿童/家庭 $12/8/25; ☉9:00~17:00)对那些冲浪旅行的人来说，这是一个很好的起点。这个博物馆设计精巧，并且向澳大利亚的冲浪运动致以敬意。这里展出从西蒙·安德森(Simon Anderson)1981年设计出的开拓性的三能板到马克·理查德(Mark Richard)的冲浪板藏品，最著名的还是澳大利亚冲浪名人堂。这里有许多有纪念价值的东西[包括杜克·卡哈ının

莫库（Duke Kahanamoku）的木制长板]，也有关于20世纪60~80年代的冲浪文化录像和展览。

Go Ride a Wave　　　冲浪

（☏03-5261 3616, 1300 132 441；www.gorideawave.com.au；1/15 Bell St；2小时的课程 成人/儿童 $69/59起）提供冲浪、立式桨板冲浪和皮划艇课程，也出租滑板。组织大洋路沿线和贝拉林半岛的露营活动。提前预订的话，价格会便宜一些。

Torquay Surf Academy　　　冲浪

（☏03-5261 2022；www.torquaysurf.com.au；34a Bell St；2小时的团体/私人课程 $60/180）提供团体游或一对一的课程，也出租冲浪板（起）、立式桨板（$25起）、身体冲浪板（$35）和潜水服（$20）以及自行车（$20起）。

🛏 住宿

Bells Beach Backpackers　　　青年旅舍 $

（☏03-5261 4029；www.bellsbeachbackpackers.com.au；51-53 Surfcoast Hwy；板房 单/双 $20/24，铺/双 $32/80起；@🛜）这家友好的背包客旅舍位于托基（不是贝尔斯海滩）的主要公路边，填补了这个冲浪城市在青年旅舍方面的空白。气氛悠闲温馨，房间简单，但干净整洁，厨房很大。

Torquay Foreshore Caravan Park　　　露营地 $

（☏03-5261 2496；www.torquaycaravanpark.com.au；35 Bell St；有电营地 $37~89，双人木屋 $109~295，双床房 $190~395；🛜）昆斯克利夫最大的露营地位于冲浪海湾（Surf Coast）上，就在后海滩后面。设施全，房价最贵的小屋能看到海景。仅营地厨房有Wi-Fi。

Beachside Accommodation　　　公寓 $$

（☏0419 587 445；www.beachsideaccommodationtorquay.com.au；24 Felix Cres；双 $110~160；❄🛜）这个悠闲的住宅风格公寓离海滩只有5分钟步行路程，房东夫妇分别是德国人和英国人。有私人烧烤院子和澳大利亚民居后院氛围。

🍴 餐饮

Bottle of Milk　　　汉堡包 $

（☏03-5264 8236；www.thebottleofmilk.com；24 Bell St；汉堡 $10起；⏰正午至21:00）虽然没有洛恩（☏03-5289 2005；www.thebottleofmilk.com；52 Mountjoy Pde；汉堡 $11~18；⏰8:00~20:00）的分店那么火，但这家分店的汉堡和啤酒加上海滩的位置也赢得了许多顾客。店内有舒适的座椅、光洁的地板和花砖墙，露天啤酒花园里有一个开放式壁炉。咖啡也不错。

★ Bomboras Kiosk　　　咖啡馆 $$

（www.bomboras.com.au；48 The Esplanade, Fisherman's Beach；餐 $5~22；⏰7:30-17:00）它就在沙滩上，海滩游客进店吃家常香肠卷、蛋糕、沙拉、奶昔或当地烘焙的咖啡，补充能量。夏季，开放屋顶酒吧，供应本地产啤酒和苹果酒，还有DJ和无敌海景。

Fisho's　　　海鲜 $$

（☏0474 342 124；www.facebook.com/fishostorquay；36 The Esplanade；主菜 $19起；⏰正午至15:00和17:00~20:00）不是那种常见的鱼和薯条餐馆，相反，这家海滨餐馆出售天妇罗、酸橙鲨鱼肉球和甜薯蛋糕等经典美味。它位于海边一栋有护墙板的房子里，房子前面的人工草坪上有座椅，打开龙头就能喝到地产生啤和苹果酒。

★ Blackman's Brewery　　　精酿啤酒

（☏03-5261 5310；www.blackmansbrewery.com.au；26 Bell St；⏰周三至周日、夏季每天 正午至22:00）维多利亚州最好的精酿啤酒厂之一，你能喝到所有8种Blackman啤酒——它们就是在店内酿制的。品酒套餐（$16）包括自产的印度淡色啤酒（IPA）系列、无过滤拉格啤酒、淡色啤酒和波特啤酒。可以坐在熊熊燃烧的火炉前喝，也可以坐在铺着人工草皮的啤酒花园里喝。店内还有熏制烤肉、比萨和火腿的烤房。16:00有免费的酿酒厂团队游。

🛍 购物

Rip Curl Surf Factory Outlet　　　时装和饰品

（Baines Seconds；16 Baines Cres；⏰9:00~

17:30）Rip Curl的主要零售店位于Surf City Plaza内，但在这家位于厂房区域内的工厂店，上一季服装和潜水服能打七折。作为如今全球知名的大牌，Rip Curl是1969年在托基创建的。

ⓘ 实用信息

托基游客信息中心（Torquay Visitor Information Centre；www.greatoceanroad.org；Surf City Plaza，Beach Rd；◉9:00~17:00）信息量丰富的信息中心，在澳大利亚国立冲浪博物馆隔壁，前往大洋路之前在这里制订线路。隔壁的图书馆有免费Wi-Fi和网络。

ⓘ 到达和离开

B100连接吉朗和托基，从吉朗往南，到托基仅15分钟车程。

9:00~18:00（周末到17:00左右），**McHarry's Buslines**（见267页）的公共汽车（51路）每小时1趟从吉朗开往托基（$3.20，40分钟）。**V/Line**（见267页）的长途汽车周一至周五每天4趟（周末2趟），从吉朗开往托基（$3.20，25分钟）。

托基至安格尔西（Torquay to Anglesea）

大洋路正式开始于托基和安格尔西中间的地区。稍微绕个弯路你就来到了著名的**贝尔斯海滩**（Bells Beach），国际冲浪界的传奇之地，自1973年起就是澳大利亚最大的冲浪盛事Bells Classic的举办地点（电影《惊爆点》中基努·里维斯和帕特里克·斯维兹的终极对决就是在这里，当然只是传说）。

冲浪小镇**简久克**（Jan Juc）位于约3公里之外的托基郊区，那里有种沉静安逸的气氛，常有冲浪者出没。在托基西南方9公里的地方有一个岔路通往景色壮观的**艾迪斯角**（Point Addis），这一片广袤的天体海滩吸引了冲浪者、裸体主义者、滑翔翼、游泳爱好者，以及那些走在**库里文化徒步路线**上的步行者。

🚶 活动

库里文化徒步线路（Koorie Cultural Walk） 步行

紧邻大洋路的地方有路标指向奇妙的库里文化徒步线路，沿着这条2公里的小路，你将了解几千年来原住民Wathaurung人是怎样生活的。可爱的丛林小路穿过大奥特韦国家公园（Great Otway National Park），那里有针鼹鼠、沙袋鼠、壮观的峭壁和原始沙滩的海岸景色，包括漂亮的**艾迪斯科特海滩**（Addiscott Beach）。

✦ 节日和活动

Rip Curl Pro 冲浪

（www.aspworldtour.com；◉复活节）自1973年起，每年的复活节周末贝尔斯海滩都会举办Rip Curl Pro职业冲浪赛。职业冲浪协会（ASP）世界巡回赛吸引了成千上万的人来观看世界上水平最高的冲浪者如何在秋日最大的浪潮中乘风破浪。比赛期间海浪高达5米。贝尔斯海滩变幻莫测，当它不开放的时候，Rip Curl Pro职业冲浪赛也会转移到约翰娜海滩（Johanna Beach）举行。

安格尔西（Anglesea）

人口 2653

陡峭的橙色悬崖深入大海，旁边是长满树的丘陵郊区，到了夏季，人口暴增，这就是安格尔西了。对许多家庭来说，他们几十年的传统就是在安格尔西河边与海鸥一起分享炸鱼薯条。

🚶 活动

Anglesea Golf Club 高尔夫

（☎03-5263 1582；www.angleseagolfclub.com.au；Golf Links Rd；20分钟的袋鼠团队游 成人/儿童 $10/5，9/18洞 $25/45起，球杆租金 9/18洞 $25/35；◉周一至周五 10:00~16:00）参加有组织的团队游，你能看到袋鼠们盯着长滩，甚至还有盯着你打高尔夫球的。如果你不想参加团队游，路边也能看到袋鼠。

Go Ride a Wave 冲浪

（☎03-5263 2111，1300 132 441；www.gorideawave.com.au；143b Great Ocean Rd；2小时的课程 成人/儿童 $69/59起，冲浪板 2小时租金 $25起；◉9:00~17:00）老牌冲浪学校，提供课程，出租冲浪板、立式桨板和皮划艇。

🛏 住宿

Anglesea Backpackers 青年旅舍 $

(☎03-5263 2664; www.angleseabackpackers.com; 40 Noble St; 铺 $30~35, 双/套 $115/150; @📶)青年旅舍大多拥挤不堪,但在这个简单而温馨的背包族旅舍只有两个宿舍房间和一间双人/三人房,干净、明亮、服务热情。冬季,小起居室内有温暖的火炉。客人免费使用自行车,店主可以载你出城,最远到托基。

Anglesea Beachfront Family Caravan Park 露营地 $

(☎03-5263 1583; www.angleseabeachfront.com.au; 35 Cameron Rd; 有电营地 $38~86, 双 小屋 $110~271; @📶🏊)这个房车公园既挨着海边,又邻近河边。营地内有游泳池、Wi-Fi、两个营地厨房、蹦床、室内水疗和游戏室。不,你可能没时间看书,玩还玩不过来呢。

🍴 就餐

Coffetti Gelato 意式冰激凌店 $

(☎0434 274 781; www.facebook.com/coffettigelato; Shop 4, 87-89 Great Ocean Rd, Anglesea Shopping Village; 一杯 $4起; ⏰8:00~18:00, 夏季至21:30)老板夫妇分别是意大利人和澳大利亚人,这家正宗意式冰激凌店自制多种口味的冰激凌以及冰棍、冰糕和乌干达咖啡。就在超市门口外面。

Maids Pantry 咖啡馆 $

(☎03-5263 1420; 119 Great Ocean Rd; 早餐和三明治 $8起; ⏰7:00~17:00)这家明亮纯朴的咖啡馆位于安格尔西河(Anglesea River)对岸,兼做杂货铺,出售系列当地农副产品。三明治、糕点、馅饼和早午餐花色品质很多,后面的花园里也有座位。

Captain Moonlite 新派澳大利亚菜 $$

(☎03-5263 2454; www.captainmoonlite.com.au; 100 Great Ocean Rd; 主菜 $25起; ⏰周五至周日 8:00~22:00, 周一 8:00~16:00, 周四 17:00~22:00)跟Anglesea Surf Life Saving Club共用海滩上一栋面朝无敌海景的建筑,店内装饰朴实无华,菜有质量高,主要选用应季食材,自称"欧洲海岸"风味。海鳟鱼和煮蛋等早餐食物以及慢火烤羊肉和新鲜海鲜等主菜都很美味。

ℹ 实用信息

安格尔西游客信息中心(Anglesea Visitor Information Centre; www.visitgreatoceanroad.org.au; Great Ocean Rd; ⏰9:00~17:00; ☎)在湖边,这个信息中心有大量介绍该地区的小册子,包括国家公园周边的步行路线。

ℹ 到达和离开

长途汽车 平时每天有4~6趟长途汽车从吉朗开往安格尔西($6.40, 45分钟),周末每天2趟。

小汽车 吉朗支路的建成使墨尔本至安格尔西的驾车时间减少到75分钟左右。

艾瑞斯小港及周边 (Aireys Inlet & Around)

人口 1071

艾瑞斯小港位于安格尔西和洛恩(Lorne)之间的位置,是一个迷人的海滨村庄,除了当地人和渔民,还有大量度假人士。村里的灯塔历史悠久,灯塔前面是美丽的海滩,包括**费尔黑文**(Fairhaven)和**Moggs Creek**。可以到安格尔西游客中心获取介绍海滩步行游览的小册子。

👁 景点和活动

★ 斯普利特角灯塔 灯塔

(Split Point Lighthouse; ☎1800 174 045, 03-5263 1133; www.splitpointlighthouse.com.au; Federal St; 45分钟的团队游 成人/儿童/家庭 $14/8/40; ⏰团队游 11:00~14:00每小时1团, 夏季节假日10:00~17:00每小时1团)登上136级台阶,就可到达美丽的"白色女王"(White Queen)灯塔,获得全景视野的视觉享受。这座34米高的灯塔建造于1891年,现在仍然在运营(不过现在是全自动运行)。非旺季期间由团队游导游陪你登顶,夏季提供自助游览,员工随时解答你的问题。

Blazing Saddles 骑马

(☎0418 528 647, 03-5289 7322; www.blazingsaddletrailrides.com; Lot 1 Bimbadeen Dr;

1.25小时的丛林骑马 每人 $50起, 2.5小时的海滩和丛林骑马 ($115) 来自世界各地的人们在这里骑上Blazing Saddles的马,沿着美丽的费尔黑文海滩驰骋,或者冲进灌木丛。

🛏 住宿

Inlet Caravan Park
小屋 $

(☎03-5289 6230; www.aicp.com.au; 19-25 Great Ocean Rd; 有电营地 $39, 小屋 双 $105~280; @🛜🏊) 小屋比帐篷多,这个整洁的房车公园离城里几家商店不远。

★ Cimarron B&B
民宿 $$

(☎03-5289 7044; www.cimarron.com.au; 105 Gilbert St; 双 $125~225; 🛜) 建于1979年,全部用当地木材和木桩搭叠而成,在这里可以俯瞰Point Roadknight的风景。在宽敞的休息区里,一排排的书整齐地摆满了墙上的书架,还有暖和的壁炉,楼上是两间非常独特的阁楼样式的双人房,有着拱形的木屋顶;还有一间两居室的迷你公寓。民宿后面是国家公园和野生动植物。

Pole House
出租屋 $$$

(☎03-5220 0200; www.greatoceanroadholidays.com.au; 60 Banool Rd, Fairhaven; $470起) 大洋路沿最具标志性的房屋之一,建筑形状独一无二:顾名思义,房子坐落在一根支柱上。面朝美丽的海景。一座外部人行桥通往该房屋。

🍴 餐饮

Willows Tea House
咖啡馆 $

(☎03-5289 6830; 7 Federal St; 司康饼 $4, 早餐 $8起; ⏰9:00~17:00; 🛜) 这家咖啡馆位于一栋古老的有护板墙的木屋内,离灯塔只有几步之遥,颇有艾瑞斯古色古香的海滨气氛。上午或下午在温馨的店内或室外座椅区喝杯茶,吃蘸果酱和奶油的自制司康饼。

★ á la grecque
希腊菜 $$$

(☎03-5289 6922; www.alagrecque.com.au; 60 Great Ocean Rd; 主菜 $28~40; ⏰8月至12月 周三至周日 正午至15:00和18:00~21:30, 12月至次年4月 每天 正午至15:00和18:00~21:30, 5月至7月 歇业) 极好的现代地中海风味希腊餐馆,开胃小菜包括烤扇贝和苹果煮鱿鱼,而烤猪肩等主菜非常好吃。葡萄酒单同样绝妙。

★ Aireys Pub
精酿啤酒

(☎03-5289 6804; www.aireyspub.com.au; 45 Great Ocean Rd; 一杯 $5起; ⏰11:30至深夜; 🛜) 这个小酒馆成立于1904年,历经两次大火被夷为平地,2011年关门,但几个当地人出力,将其重新打造。现在这家酿酒厂比过去还好,前店后厂(Rogue Wave),菜肴(主菜 $20~34)也很不错,还有熏肉室、熊熊的火炉、现场音乐和大面积的啤酒花园。

ℹ 到达和离开

小汽车 从墨尔本出发到艾瑞斯小港,驾驶距离123公里,约需1.75小时。如果你要经过托基,路程和时间会稍长(27公里, 25分钟)。

公共交通 V-Line的长途汽车从吉朗站出发,每天4~6趟(周末2趟)开往艾瑞斯小港($8.80, 1小时),然后继续开往附近的费尔黑文、Moggs Creek和Eastern View,不用加钱。

洛恩(Lorne)

人口 1046

作为大洋路沿线保留至今的度假城镇之一,洛恩如今或许有点过度开发了,但仍不失为自19世纪开始就吸引游客的迷人小城。洛恩有令人难以置信的自然美景:高大古老的橡胶树分列在起伏的街道两旁,洛蒂特海湾(Loutit Bay)波光闪闪,让人心向往之,无法抗拒。这里游客非常多,夏天时有许多一日游的游客来跟你抢餐馆座位和饮料。当然,不管有没有成群结队的游客,这里都是一个出来游玩的好地方。

⊙ 景点和活动

★ 奇多斯美术馆
画廊

(Qdos Art Gallery; ☎03-5289 1989; www.qdosarts.com; 35 Allenvale Rd; ⏰周四至周一, 1月每天 9:00~17:00) **免费** 位于洛恩旁边的灌木丛林内,当代画廊内展示着一些有趣的作品,还有一个露天雕塑公园。可爱的小咖啡厅出售木烤比萨,还有日式客房(见275页)。

艾斯金瀑布
瀑布

(Erskine Falls; Erskine Falls Access Rd) 从城

里出来观赏这美丽的瀑布吧。步行去观景台非常方便,或者可以走下250级台阶(常常比较滑)到达底部,在那里,你可以继续探索,或者折回。

节日和活动

瀑布音乐节　　　　　　　　　　　　音乐节
(Falls Festival; www.fallsfestival.com; 2天/3天/4天 票$249/299/339; ⓢ12月28日至1月1日)在城外的农场上有为期4天的新年狂欢,这个精彩的音乐节吸引了一流的国际摇滚团体和独立音乐组合。过去在这里演出的著名的音乐团体包括伊基・波普(Iggy Pop)、莱昂国王(Kings of Leon)和Black Keys。票价包含露营费用,很快(几小时内)就会售罄。

住宿

Big Hill Track　　　　　　　　　　露营地 $
(☎13 1963; www.parkweb.vic.gov.au; 1265 Deans Marsh-Lorne Rd, Benwerrin)这个免费露营地在洛恩北方15公里处通往Birregurra的公路边,很适合自带帐篷或者开货车的背包族。但是你可能碰运气,因为不接受预订,12个露营点先到先得。

Lorne Foreshore Caravan Park　露营地 $
(☎03-5289 1382; www.lornecaravanpark. com.au; 2 Great Ocean Rd; 无电营地$28~55, 有电营地$37~89, 双小屋$97~189; ⓢ)洛恩有5个房车公园,都得通过Foreshore Caravan Park预订。在5个房车公园之中,预订处所在的**Erskine River Caravan Park**是景色最美的,但是注意:河里不能游泳。进入洛恩的话,它在你左手边的桥头那里。旺季要提前预订。仅前台有Wi-Fi。

★ Qdos　　　　　　　　　　　　日式旅馆 $$$
(☎03-5289 1989; www.qdosarts.com; 35 Allenvale Rd; 房舍早餐$300起; ⓢ)如果你想寻找浪漫的森林住处,Qdos很适合你。豪华禅意树屋配备榻榻米和纸门,没有电视。最少住两晚,谢绝儿童入住。

就餐

Swing Bridge Cafe & Boathouse　咖啡馆 $
(☎0423 814 770; 30 Great Ocean Rd; 餐$10~16; ⓢ周五至周一、夏季每天8:00~14:30)这个小咖啡馆位于古老的吊桥旁边,下方是水面,有种复古感。出售单一咖啡和各种馅儿的蛋奶面包,包括手撕猪肉、牛胸和青酱豆腐馅料。夏季的晚上,服务生在草坪上烹制阿根廷风味炭烤肉或西班牙肉菜烩饭。

★ Lorne Beach Pavilion　　　　新派澳大利亚菜 $$
(☎03-5289 2882; www.lornebeachpavilion. com.au; 81 Mountjoy Pde; 早餐$9~23, 主菜$19~45; ⓢ周一至周四 9:00~17:00, 周五9:00~21:00, 周六和周日8:00~21:00)在海边,位置无敌。这里的生活实际上就是手里拿杯冷饮在海滩上躺着。咖啡馆风格的早餐和午餐很不错,晚餐的新派澳大利亚海鲜和牛眼肉排比较高档。欢乐时光的大杯啤酒才$7,或者在日落时喝瓶普罗塞克。

Ipsos　　　　　　　　　　　　　希腊菜 $$
(☎03-5289 1883; www.ipsosrestaurant. com.au; 48 Mountjoy Pde; 大盘菜$5~29; ⓢ周四至周一 正午至15:00和18:00~22:00, 夏季营业时间延长)这家休闲小餐馆跟Kosta(艾瑞斯小港的洛恩名店)同属一个家族经营,自从1974年开业后,位置一直没变过。经营者是儿女一

值得一游

BRAE

Brae (☎03-5236 2226; www.braerestaurant.com; 4285 Cape Otway Rd, Birregurra; 8道菜的品尝套餐 每人$190~220, 搭配葡萄酒另收$125; ⓢ周一至周五 正午至15:00, 周四至周六18:00开始) 被认为是澳大利亚最好的餐馆之一。店主兼大厨Dan Hunter主要使用自家12公顷花园里出产的食材制作美食,其菜品赏心悦目,给人惊喜连连,使本店成为全球百佳餐馆名单上的常客。必须提前订位,而且要提前很久。它位于风景如画的小镇Birregurra,从洛恩驱车过来要30分钟。

辈,菜单上主要是希腊口味的大拼盘,你也可以尝尝招牌慢火烤羊肩(双人份$66)。

❶ 实用信息

洛恩游客中心(Lorne Visitor Centre;☏03-5289 1152, 1300 891 152; www.lovelorne.com.au; 15 Mountjoy Pde; ◎9:00~17:00; 🛜)丰富的信息(包括大量该地区的步行信息)、热情的员工、钓鱼许可证、长途汽车票和住宿推荐。还有礼品店、能上网的电脑和免费Wi-Fi,门口还有电动汽车的充电桩。

❶ 到达和离开

V/Line(见267页)的长途汽车每天从吉朗出发,经洛恩($11.60, 1.5小时)前往阿波罗湾($5, 1小时起)。

小汽车 如果驾车,从墨尔本到洛恩143公里,用不了2个小时。

怀依河(Wye River)

人口 140

大洋路蜿蜒曲折,绕过坎伯兰河(Cumberland River)后到达这个重要的小镇。朴素的度假屋隐藏在美丽(但而陡峭)的山间,几栋钢铁和玻璃的支杆框架建筑盖在"危险"的地方。不幸的是,2015年圣诞的大火摧毁了该地的116户房屋,整个小镇被夷为平地。幸运的是,没有人员伤亡。

🍴 食宿

Big4 Wye River Holiday Park 露营地 $

(www.big4wyeriver.com.au; 25 Great Ocean Rd; 无电营地 $30~45, 有电营地 $38~50, 小屋 $120~185, 房屋 $310~395; ✳@)这个受欢迎的房车公园就在海滩旁边,占地超过10公顷。背后是奥特韦的森林,绿树成荫,很适合露营,也有舒适的木屋。

★ Wye Beach Hotel 小酒馆食物 $$

(☏03-5289 0240; www.wyebeachhotel.com.au; 19 Great Ocean Rd; 主菜 $27起; ◎11:30~23:00; 🛜)就算不是澳大利亚的,也无疑是维多利亚最好的海边小酒馆之一——海景无与伦比。气氛朴实纯真,提供所有当地品牌——福里斯特(Forrest)、托基和艾瑞斯河口——的生啤。也卖小酒馆食物,但略贵。

舒适的汽车旅馆双人房($130~160)能看到美景。

Wye General 咖啡馆 $$

(☏03-5289 0247; www.thewyegeneral.com; 35 Great Ocean Rd; 主菜 $15~26; ◎周一至周六 8:00~17:00, 周日 至16:00)这家人人喜欢的杂货店出售日常杂货,但是可爱的室内—室外咖啡馆兼酒吧最迷人。这里有平整的水泥地面、木梁和优雅的复古气息,店里出售老式鸡尾酒、生啤,以及早餐、汉堡和自制的发酵面包。

❶ 到达和离开

长途汽车 每天有几趟长途汽车从吉朗开到这里($14.40, 2小时)。

小汽车 怀依河与墨尔本相距159公里,驾车约2.5小时。走大洋路的话,怀依河在洛恩和阿波罗湾之间大概正中的位置。

肯尼特河(Kennett River)

肯尼特河在阿波罗湾以东25公里处,房车公园后面有几个地方能看到**考拉**。Grey River Rd沿线的同一地点晚上还有**萤火虫**(自带手电筒)。

肯尼特河假日公园(Kennett River Holiday Park; ☏1300 664 417, 03-5289 0272; www.kennettriver.com; 1-13 Great Ocean Rd; 无电营地 $31~58, 有电营地 $37~68, 双小屋 $115起; 🛜)是岸边最好的露营地之一,冲浪者、带小孩的游客、旅行者和年轻夫妇都很喜欢这里。海景小屋面朝极美的风景。有免费电烤炉和营地厨房供客人做饭。注意看考拉,它们经常出没于此。

肯尼特河就在大洋路边,离墨尔本165公里。到洛恩车程30分钟。每天有3趟长途汽车从吉朗开来($16, 2小时)。

阿波罗湾(Apollo Bay)

人口 1095

阿波罗湾是大洋路沿线规模较大的城镇之一,渔民、艺术家、音乐家还有搬到海享受安静生活的人和谐共处,形成了一个友好的社区。这个城镇的后面是起伏的山丘,前面是广阔的白沙滩。如果你想去探索迷人的奥特韦角(见278页)和奥特韦国家公园(Otway National Park),这里可就是一个理想之地了。岸边有许多美味的餐厅,还有两家活力四射的酒馆。对于低预算旅行者而言,阿波罗湾是大洋路沿线最好的城镇之一,城里有不少青年旅舍,往来交通也很便捷。

◉ 景点和活动

Mark's Walking Tours 步行

(☎0417 983 985;www.greatoceanwalk.asn.au/markstours;团队游 $50)在这里你可以和当地奥特韦角灯塔看护人的儿子马克·布拉克(Mark Brack)一起走走。他比当地任何人都了解这片海岸,熟悉当地的历史和一些鬼故事。一日游行程包括参观沉船、历史游、萤火虫游和大洋路步道游。两人成团——人越多人均价钱越低。

Apollo Bay Surf & Kayak 探险

(☎0405 495 909;www.apollobaysurfkayak.com.au;157-159 Great Ocean Rd;2小时的皮划艇团队游 $70,2小时的冲浪课程 成人/儿童 $65/60)可乘坐双人皮艇去看澳大利亚海狗群。团队游(对初来者有全面的指导)从马伦戈海滩(Marengo Beach;城镇中心以南)开始。这里也有冲浪和立式桨板冲浪课程,还出租冲浪板和山地车(半天$30)。

🛏 住宿

YHA Eco Beach 青年旅舍 $

(☎03-5237 7899;www.yha.com.au;5 Pascoe St;铺/双/套 $29/75/112起;@🛜)🅿 这个由建筑师设计、耗资数百万元的青年旅舍注重环保,有大面积的休息区、厨房、门球场和屋顶露台,是个很不错的住处。房间平平无奇,但一尘不染。在海滩后面,与海滩相隔一个街区。

Pisces Big4 Apollo Bay 露营地 $

(☎03-5237 6749;www.piscespark.com.au;311 Great Ocean Rd;无电/有电营地 $34/42起,小屋 $99起;🛜🅿)以家庭游客为主的露营地,海边别墅($190起)面对无敌海景——这一点使之脱颖而出。

★ Beacon Point Ocean View Villas 别墅 $$$

(☎03-5237 6218, 03-5237 6411;www.beaconpoint.com.au;270 Skenes Creek Rd;房舍早餐 $200~350;🅿🛜)位于树林覆盖的山顶,别墅有一间卧室的,也有两间卧室的,是舒适豪华却不贵的丛林胜地。大多数别墅能看到美丽的海景,带阳台和烧木头的暖气。餐厅也很受欢迎。

🍴 就餐

★ Chris's Beacon Point Restaurant 希腊菜 $$$

(☎03-5237 6411;www.chriss.com.au;280 Skenes Creek Rd;主菜 $34起;⏰每天18:00至深夜,另增周六和周日 正午至14:00;🛜)在这家位于丛林高处的山顶正餐馆,享受难忘的海景、美味的新鲜海鲜和希腊风味菜肴。建议提前订位。也可以在吊脚别墅过夜。经Skenes Creek到达该餐馆。

La Bimba 新派澳大利亚菜 $$$

(☎03-5237 7411;www.labimba.com.au;125 Great Ocean Rd;主菜 $36~42;⏰周三至周一 8:30~15:00和17:30~21:30)这家新派澳大利亚菜餐馆值得你挥霍一把。温馨、悠闲、时尚,面朝海景,葡萄酒种类多。尝尝辣味的波特灵顿扇贝火锅、当地羊肉或袋鼠肉。

🍷 饮品和夜生活

★ Great Ocean Road Brewhouse 精酿啤酒

(☎03-5237 6240;www.greatoceanroadbrewhouse.com.au;29 Great Ocean Rd;一杯 $5;⏰小酒馆 周一至周四 11:00~23:00,周五和周六至次日1:00,地区味道(Tastes of the Region)周一至周四 正午至20:00,周五 正午至21:00,周六 10:00~21:00,周日 10:00~20:00)由著名的奥特韦酿酒厂Prickly Moses开办,出售种类繁多的麦芽啤酒。分为两部分:前面的酒吧是那种有台球桌的比较经典的小酒馆,后面是"地区味道"品酒室,边畅饮16种生啤边吃当地的美味下酒菜。

Hello Coffee 咖啡

(☎0438 443 489;www.hellocoffee.com.

au; 16 Oak Ave; ⏰周一至周五 7:00~15:00, 周六 9:00~14:00; 🛜)两个当地人在位于小巷内的工厂厂房里开办了这家咖啡馆,店里制作的咖啡是该地区最好喝的。使用来自世界各地的单一咖啡豆,制作V60杯手冲咖啡、三折滤纸咖啡、氮气冷萃咖啡和经典浓缩咖啡。如同休息室一般的环境很温馨,也出售早餐和烟熏手撕猪肉卷之类的食物。

❶ 实用信息

大洋路游客中心(Great Ocean Road Visitor Centre; ☎1300 689 297; www.visitapollobay.com; 100 Great Ocean Rd; ⏰9:00~17:00; 🛜)这个游客中心现代化,而且专业,提供大量关于本地的信息,还有一个陈列展品的"生态中心"。有免费Wi-Fi,也能代为预订长途汽车票。

❶ 到达和离开

长途汽车 乘坐公共交通从墨尔本到阿波罗湾很容易($27.20,3.5小时),先坐火车到吉朗,再换乘长途汽车。长途汽车平时每天3趟,周末2趟,沿途站点包括托基($15.40,2小时)、安格尔西($11.20,1.75小时)、洛恩($5,1小时)和其他城镇。

小汽车 从墨尔本到阿波罗湾最近的陆路线路是走吉朗支路,驾车距离200公里,穿过Birregurra和福里斯特。如果走观景公路大洋路(强烈推荐),驾车需要4小时30分钟。

奥特韦角(Cape Otway)

奥特韦角是在澳大利亚大陆纬度上排第二的南端尽头(仅次于最南端的威尔逊角),是本州最湿润的地区之一。这条海岸线特别漂亮,但又崎岖曲折,在过去对过往船只而言十分危险。距阿波罗湾21公里处是通往灯塔路的出口,走12公里可到达灯塔。这条林木覆盖的公路很漂亮,两边是参天大树,树林里栖息着大量考拉。

👁 景点

奥特韦角灯塔站 灯塔

(Cape Otway Lightstation; ☎03-5237 9240; www.lightstation.com; Lighthouse Rd; 成人/儿童/家庭 $19.50/7.50/49.50; ⏰9:00~17:00)奥特韦角灯塔站是澳大利亚大陆上现存的最古老的灯塔,于1848年由40多个石匠修建而成,修建过程中没有使用灰浆和水泥。电报站(Telegraph Station)展出长达250公里的海底电报电缆。电缆铺设于1859年,与塔斯马尼亚州相连。整个建筑群很庞大,从原住民文化遗址到第二次世界大战的碉堡,这里有许多景点可看。

🛏 住宿

★ Bimbi Park 房车公园 $

(☎03-5237 9246; www.bimbipark.com.au; 90 Manna Gum Dr; 无电营地 $20~40, 有电营地 $25~45, 铺 $20, 小屋 $100~145; 🛜)从灯塔沿一条土路走3公里,就来到这个位于丛林内的个性房车公园了,房型有小屋、宿舍和老式房车。特别适合带孩子的游客和大洋路步道(见262页)的徒步者。附近有许多野生动物,包括考拉。也能骑马(成人/儿童 每小时 $65/55)和攀岩。有许多节水措施。

Blanket Bay 露营地

(☎13 19 63; www.parkweb.vic.gov.au; 露营地 $28.70起)Blanket Bay是那种墨尔本人认为自己发现的"秘密"露营地之一。环境安静(具体取决于你的邻居),附近的海滩漂亮。算不上"秘密",实际上夏季和复活节期间经常被提前预订一空。

★ Great Ocean Ecolodge 度假屋 $$$

(☎03-5237 9297; www.greatoceanecolodge.com; 635 Lighthouse Rd; 房 含活动 $380起; ⏰)🌿 这一豪华的非洲假日旅行度假屋用泥砖建造而成,坐落在一片有许多野生动植物的草场上,充满了怀旧气息。这里都是太阳能发电,房费收入捐献给位于此地的生态保护中心(Centre for Conservation Ecology; www.conservationecologycentre.org)。它也是当地的动物医院,正在实施一个圈养虎鼬的计划。黄昏时分,你可以和生态学家一起参加野生动植物徒步行。

Cape Otway Lightstation 民宿 $$$

(☎03-5237 9240; www.lightstation.com; Lighthouse Rd; 双 含灯塔门票 $240~450)这家

> **值得一游**
>
> ## 奥特韦树顶漫步（OTWAY FLY）
>
> 奥特韦树顶漫步（☎1800 300 477, 03-5235 9200；www.otwayfly.com；360 Phillips Track；树顶漫步 成人/儿童 $25/15，滑索团队游 $120/85；⊙9:00~17:00，最晚16:00进入）很受欢迎，它是被架高后悬挂在树冠之间的钢铁步道，包括一个比森林地面高50米的摇摇晃晃的瞭望塔。孩子们会很喜欢放置了许多恐龙的"史前小径"，2.5小时的滑索团队游对所有人来说都是对勇气的考验——包括速降120米。

浪漫而古老的民宿位于风口上，有多种住宿选择。你可以包下整栋Head Lightkeeper's House（可以住16个人），也可以预订小点儿的Manager's House（可以住2人）。第二晚半价。

坎贝尔港国家公园（Port Campbell National Park）

离开奥特韦后，开始进入平坦、狭窄的长着低矮灌丛的道路，然后，沿途景色又变成了普林斯顿（Princetown）和彼得伯勒（Peterborough）之间70米高的陡峭的海岸悬崖——这是多么鲜明的景色变化。这就是坎贝尔港国家公园，十二使徒岩就在这里。这里也是大洋路最著名的、游客摄影最多的景点。

由于汹涌的水流和逆流，这里的海滩都不适合游泳。

⊙ 景点

★ 十二使徒岩   地标

（Twelve Apostles; Great Ocean Rd）对大部分游客来说，十二使徒岩是大洋路上最具标志性且最经久不衰的景色，将给旅行带来一个小高潮。这些岩石矗立在海里，以一种壮观的姿态从海洋中凸显出来，仿佛是被海岬抛回到大海中。现在，站在悬崖顶部由木板连接的观景台上只能看到7个"使徒"。

游客从十二使徒岩游客信息中心（Twelve Apostles Visitor Centre；⊙周日至周五10:00~17:00，周六至17:30）的停车场出发（它看起来更像是一个亭子和厕所，而不像信息中心），在经过一条大洋路下的隧道后，可以经由一条步行通道到达观景台。

最佳观赏时间是傍晚日落的时候，这时你不仅可以获得最佳的拍照机会，还可以乘坐游览车，观看小企鹅回岸。它们的返回时间有所不同，但通常是在日落之后的20~40分钟。需带双筒望远镜，望远镜可以在坎贝尔港游客中心（见280页）借到。

吉布森台阶（Gibson Steps）   海滩

悬崖上的86个台阶是由19世纪的地主休·吉布森（Hugh Gibson）用手凿出来的（最近越来越多的台阶已经被混凝土台阶代替了），这些台阶可以通往吉布森海滩。你可以沿海边散步，但是一定要小心，不要被涨潮时的潮水困在那里。

❶ 实用信息

十二使徒岩游客中心亭 这个游客信息建筑在地标十二使徒岩的公路对面，有一个小亭子、讲解牌和卫生间。去十二使徒岩的游客需要把车停在这里，经一条地下隧道进入景点。

坎贝尔港（Port Campbell）

人口 618

这个小型悠闲的海滨小镇以苏格兰船长亚历山大·坎贝尔的名字命名。坎贝尔是一个捕鲸者，在塔斯马尼亚州和费里港之间的贸易航行途中曾经在此避难。这是个友好、和善的小镇，有许多便宜的住处可以选择。在参观了十二使徒岩之后，这里也是打听信息的最佳之处。这个小型海湾有一片美丽的沙滩，在风高浪急的海岸边，这里是少数可以安全游泳的地方之一。

🛏 住宿

Port Campbell Guesthouse Flashpackers   客栈 $

（☎0407 696 559；www.portcampbellguesthouse.com；54 Lord St；单/双 不带浴室 $50/80,

房带浴室 $100起；❄❄）不想住青年旅舍的低预算、有独立精神的旅行者可以住这家温馨的客栈，因为它更像一个伴侣。古老的木屋内有4间小客房，还有舒适的起居区域和一个能过滤咖啡的乡村厨房。

Port Campbell Hostel 青年旅舍 $

（☎03-5598 6305；www.portcampbellhostel.com.au；18 Tregea St；铺/单/双/三/四 $38/80/130/175/240起；@❄）这家专门建造的二层背包族旅舍有朝西的房间、公用大厨房和一个更大的起居区域。既有干净的男女混住宿舍铺位，也有带独立卫浴的房间。走几步就到海滩了，晚上提供比萨（$10），出租山地自行车。仅起居区域有Wi-Fi。

新开业的精酿啤酒坊**Sow and Piglets**（☎03-5598 6305；18 Tregea St；⏰正午至深夜）也是你在此下榻的理由。

Sea Foam Villas 公寓 $$

（☎03-5598 6413；www.seafoamvillas.com.au；14 Lord St；房 $185~570）它就在海滩对面，无疑是城里能看到最美景色的住处。如果你能订到又大又豪华舒适的海景公寓，就会知道物有所值。

🍴 就餐

★ Forage on the Foreshore 咖啡馆 $$

（☎03-5598 6202；32 Cairns St；主菜 $14起；⏰9:00~17:00；❄）这家海滨咖啡馆在旧邮局内，铺着木地板，墙上挂着艺术品，还有露天壁炉和二手黑胶碟片唱机。全天提供早餐，午餐出售汉堡和咖喱，龙虾和鲍鱼菜肴是特色。

ℹ️ 实用信息

坎贝尔港游客中心（Port Campbell Visitor Centre；☎1300 137 255；www.visit12apostles.com.au；26 Morris St；⏰9:00~17:00）有大量地区和住宿信息，以及有趣的不同沉船的复制品——"洛克阿德号"（Loch Ard）就在大厅里。提供免费双筒望远镜、观星望远镜、照相机和GPS装备，还有儿童寻宝游戏。

ℹ️ 到达和离开

V/Line（见267页）的长途汽车周一、周三和周五从吉朗发车，开往坎贝尔港（$32, 5小时），但要去阿波罗湾得在数小时之后换车（$11.20, 2.25小时）。也有开往瓦南布尔的长途汽车（$7.60, 1小时20分钟）。

坎贝尔港至瓦南布尔（Port Campbell to Warrnambool）

看到坎贝尔港西侧那一串标志性的岩石块的时候，别以为十二使徒岩是大洋路的终点。大洋路沿线还有比那更壮观的景色。

到底有多少使徒岩？

从数量上来看，"十二使徒岩"并不是12个，而且从各方面的数据来看，也从未出现12这一数字。从观景台望去，你可以清楚地看到7个使徒岩，可能有一些使徒岩被其他的遮挡住了。我们咨询了许多维多利亚州公园管理处的工作人员甚至观景台保洁员，但是仍然没弄清楚到底有多少使徒岩。当地人会告诉你"这取决于你在哪儿看"，事实上也确实是这样。

使徒岩在地质学上被称作"海蚀柱"，这样的岩层最初被称为"母猪和小猪"。20世纪60年代，有人（现在没有人能记起是谁了）觉得如果给它们起一个像样的名字，也许能够吸引一些观光客，所以就把它们改名为"使徒"。因为耶稣有12个使徒，使徒岩后来就采用了"12"这个数字。在观景台东边（奥特韦）的那两个海蚀柱并不叫使徒岩——人们给它们起名为哥革（Gog）和马各（Magog）。

松软的石灰岩崖壁总是在不停地发生着变化，随着海浪的不断侵蚀，一座70米高的海蚀柱在2005年7月倒塌，掉入大海。拱门岛（Island Archway）的拱门也在2009年6月坍塌。

十二使徒岩的交通和团队游

除非你预订了团队游,否则要想探索这个地区就必须有自己的车辆。十二使徒岩与坎贝尔港相距15公里,洛克阿德峡谷(Loch Ard Gorge)离坎贝尔港更近一点儿(约12公里)。

Port Campbell Boat Charters (☎0428 986 366; www.portcampbellboatcharters.com.au;观景团队游/潜水/钓鱼 每人 $50/60/70起)提供独特的游览十二使徒岩的方式,让你能够从水中欣赏这些岩石。或者,乘坐**观景直升机** (☎03-5598 8283; www.12apostleshelicopters.com.au; 15分钟的飞行 $145)从空中俯瞰壮丽的景色。

在坎贝尔港,**Port Campbell Touring Company** (☎03-5598 6424, 0447 986 423; www.portcampbelltouring.com.au; 半天的团队游 每人 $120起,步行 $85起)可以安排到十二使徒岩的游览。下列公司有从墨尔本到十二使徒岩的团队游:

Go West Tours(见267页)

Otway Discovery Tour(见267页)

Ride Tours(见267页)

驾车穿过大片农田和几个安静的小镇。**廷本**(Timboon)出现在彼得伯勒往内陆方向约16公里处,周围有无数家能品尝**十二使徒岩美食小路**(12 Apostles Gourmet Trail; www.12apostlesfoodartisans.com)沿途出产的农产品的餐馆。这里能品尝到单一麦芽威士忌、当地家常冰激凌和巧克力,以及葡萄酒和奶酪。

◎ 景点

伦敦桥(London Bridge) 地标

从坎贝尔港出来,在去彼得伯勒的途中,伦敦桥仿佛从天而降,坐落在那里。它曾经是一个与大陆相连的双拱形岩石平台,但这也是一个很壮观的景点。1990年1月,伦敦桥坍塌,在水中仿佛形成一座孤岛,两名惊恐的游客被困在这里,后来他们终于被直升机救起。但它至今仍是一个壮观的景点。黄昏时分,注意看企鹅,它们的身影经常出现在海滩上。

Bay of Islands Coastal Park 观景点

过彼得伯勒(坎贝尔港以西12公里)后,游人较少的**Bay of Martyrs**和**Bay of Islands**都有壮观的海蚀柱和堪比十二使徒岩的风景。两处都有海岸步行小路,**Crofts Bay**还有一个很好的海滩。

The Arch 地标

Arch位于Point Hesse岸边,是一块值得驻足一观的岩石。它是完美的桥梁形状,从多个角度都能拍出美美的照片。

The Grotto 观景点

Grotto是坎贝尔港以西一个风景美丽的地方,可以停下来看一看。陡峭的台阶通往一块中空的洞穴形状巨石,海浪冲刷着它的内部。它大致位于坎贝尔港和彼得伯勒之间正中的位置,驾车没多远就是伦敦桥(见281页)。

瓦南布尔(Warrnambool)

人口 33,979

瓦南布尔原本是捕鲸和猎捕海豹的地方,如今成了重要的地区商业中心和观景点,已经蓬勃发展起来。总体而言,这是个迷人的小镇,有历史建筑、海滩和林荫道。但是,城郊的房地产和商业开发让它看起来跟澳大利亚其他城市没什么区别。

虽然瓦南布尔以鲸出名,但城里也有极好的美术馆和历史景点,值得游览。另外,众多的学生人口也为瓦南布尔增添了光彩,在周围能发现一些很酷的酒吧和咖啡馆。

◎ 景点和活动

★ 弗拉格斯塔夫山海洋村 历史古迹

(Flagstaff Hill Maritime Village; ☎03-5559 4600; www.flagstaffhill.com; 89 Merri St; 成人

/儿童/家庭 $18/8.50/48；⊙9:00~17:00，最晚16:00进入）世界著名的弗拉格斯塔夫山也以它的沉船博物馆而闻名，这里的灯塔和要塞已经被列为国家遗产，因为它们再现了历史上维多利亚港口城镇的景象。晚上有70分钟的声光演出沉船（Shipwrecked；成人/儿童/家庭 $26/14/67），再现了"洛克阿德号"的悲剧故事。

村子仿照拓荒时期的澳大利亚海港建造，村里有铁匠铺、蜡烛铺和造船厂。幸运的话，你能遇到马雷马牧羊犬（Maremma dogs；☎03-5559 4600；www.warrnamboolpenguins.com.au；成人/儿童 $16/10）。

★ 瓦南布尔美术馆　　　　　　　　画廊

（Warrnambool Art Gallery, WAG；☎03-5559 4949；www.thewag.com.au；165 Timor St；⊙周一至周五 10:00~17:00，周六和周日 正午至17:00）**免费** 建于1886年，是澳大利亚最古老的美术馆之一，常设展览中的艺术品定期轮换，陈列了许多杰出澳大利亚艺术家的作品。最出名的作品是尤金·冯·格拉德的风景油画《塔丘》（*Tower Hill*），画面描绘塔丘地区的原始风貌，细节生动，就连植物学家都拿来做参考。也有现代绘画，目前还有几个合展。

Reel Addiction　　　　　　　　　观鲸

（☎0468 964 150；www.boatcharterswarrnambool.com.au；观鲸之旅 每人 $65，半天钓鱼 每人 $180起）上午和下午都发团——通常是6月至9月，此时城里能看到鲸。或者去Lady Julia Percy Island看海豹栖息地。钓鱼之旅是这家公司的特色项目。

🛏 住宿

Warrnambool Beach Backpackers　　　　　　　青年旅舍 $

（☎03-5562 4874；www.beachbackpackers.com.au；17 Stanley St；每人 露营地 $12，铺 $28~36，双 $80~90；@⛛）从这家青年旅舍步行没多远就是海滩，这里能满足所有背包族的需求：有大面积的起居区域、时髦的澳大利亚主题酒吧、免费Wi-Fi、厨房和免费接送服务。房间简单但干净，每人 $12。出租自行车、冲浪板、立式桨板、潜水服、皮划艇和钓鱼设备，客人还可以免费使用布吉冲浪板。

Flagstaff Hill Lighthouse Lodge　　　　　客栈 $$

（☎1800 556 111；www.lighthouselodge.com.au；Flagstaff Hill；双/房屋 含晚餐 $155/375起；❄⛛）这间有护板墙的迷人木屋曾经是港务长的住宅，可以整体或部分租用。草坪部分的下方是海洋村和海岸。房费包含弗拉格斯塔夫山海洋村门票、沉船灯光演出、Pippies的晚餐和一瓶葡萄酒，因此性价比超高。

Hotel Warrnambool　　　　　　小酒馆 $$

（☎03-5562 2377；www.hotelwarrnambool.com.au；Koroit St和Kepler St交叉路口；双 含早餐带/不带浴室 $110/140起；❄⛛）建筑建于1894年，翻修后升级为精品档次，但还保留着经典的小酒馆酒店风情。如果你喜静，就别在周末住这里。

🍴 餐饮

Kermond's Hamburgers　　　　汉堡 $

（☎03-5562 4854；www.facebook.com/kermondshamburgers；151 Lava St；汉堡 $7.20~10；⊙9:00~21:30）这家汉堡店自从1949年开业就没怎么变过，店里摆放着青松板桌椅，墙是木板的，服务生用不锈钢搅拌杯制作美味奶昔。汉堡堪称经典。

Standard Dave　　　　　　　　　比萨 $$

（☎03-5562 8659；218 Timor St；比萨 $15~24；⊙周二至周日 17:00至深夜，周五 正午至14:00）Standard Dave的美味比萨、饮品和音乐吸引了一批年轻人。薄边比萨使用优质当地原料制作。一定要去隔壁的Dart & Marlin（216-218 Timor St；⊙周三至周五 17:00~23:00，周六和周日 14:00~23:00）。

Hotel Warrnambool　　　　小酒馆食物 $$

（www.hotelwarrnambool.com.au；Koroit和Kepler St交叉路口；午餐主菜 $12~27，晚餐 $28~34；⊙正午至深夜；⛛）维多利亚最好的海滨小酒馆之一，既有小酒馆的美，又有小资情调。供应木烤比萨和其他美味下酒菜。

Pickled Pig　　　　　　　　　欧洲菜 $$$

（☎03-5561 3188；www.pickledpig.com.au；78 Liebig St；菜 $17~37；⊙周二至周六 18:00~22:00）瓦南布尔的正餐馆，有铺着亚麻桌布的

餐桌和枝形吊灯。食物是当代欧洲风味的应季菜肴，主厨的6道菜品尝套餐（每人$85）能够充分展现它的魅力。建议提前订位。

Lucy   酒吧
（www.facebook.com/thelucybar; 2/167 Koroit St, Ozone Walk; 鸡尾酒 $12起; ⊙15:00至深夜）这个酷酷的新开业酒吧位于一条满是涂鸦的小巷深处。红砖房子很小，卡带录音机播放音乐，酒水单上的特色是维多利亚州酿酒厂制造的当地饮品。服务生制作单一口味的马丁尼，还出售煎饼、当地葡萄酒、啤酒和苹果酒。

❶ 实用信息

瓦南布尔游客中心（Warrnambool Visitor Centre; ☎1800 637 725; www.visitwarrnambool.com.au; 89 Merri St; ⊙9:00~17:00）了解观鲸、当地团队游和住宿预订的最新情况，还提供骑行和步行小路地图。

❶ 到达和离开

长途汽车
每天有3趟V/Line（☎1800 800 007, 03-5562 9432; www.vline.com.au; Merri St）的长途汽车沿大洋路开往阿波罗湾（$21, 2小时），每天还有5趟开往费里港（Port Fairy; $4.60, 35分钟）、3趟开往波特兰（$12.40, 1.5小时）。每周还有4趟车经邓凯尔德（Dunkeld; $18.20, 2小时）开往霍尔斯加普（Halls Gap; $27.20, 3小时）和亚拉拉特（Ararat; $32, 3小时40分钟）。

周一至周五7:15有一趟长途汽车从瓦南布尔出发，经巴拉腊特（$18.20, 2小时50分钟）开往墨尔本。长途汽车由Christian's Bus Co（☎03-5562 9432, 1300 734 441; www.christiansbus.com.au）经营。

小汽车
瓦南布尔在坎贝尔港西侧的大洋路边，二者相距1小时车程。走王子公路（A1）的话，从墨尔本驾车到瓦南布尔需要大约3个小时。

火车
V/Line的火车经吉朗（$24.80, 2.5小时）开往墨尔本（$34.60, 3.25小时, 每天3趟或4趟）。

塔丘保护区（Tower Hill Reserve）

瓦南布尔以西15公里处的塔丘是一个巨大的火山口，形成于35,000年前一次火山喷发。在火山灰中出土的原住民文物显示，当时这个地区有原住民居住。如今，Worn Gundidj Aboriginal Cooperative经营塔丘自然历史中心（Tower Hill Natural History Centre; ☎03-5565 9202, 0448 509 522; www.worngundidj.org.au; 步行 成人/儿童 $22.95/10.65; ⊙10:00~16:00）。

这个中心在一栋由知名澳大利亚建筑师Robin Royd设计的飞碟形状的建筑内（建于1962年）。原住民向导带领的丛林步行（Bushwalks）每天11:00和13:00各发一团，行程包含扔回旋镖和展示丛林食物。另有聚焦夜间步行（Spotlighting night walks; 成人/儿童 $28.95/14.65），需提前24小时预约。中心内还出售当地Worn Gundidj社区设计的手工艺品、艺术品和饰品。

除了带向导徒步，这里还有其他很好的徒步活动，包括30分钟爬山（陡峭），登顶后能看到壮观的360度全景。

费里港（Port Fairy）
人口 2835

费里港建于1833年，起初是一处捕鲸和猎捕海豹的站点，现在仍然保留着19世纪迷人的历史魅力，有青石和砂石建造的楼房、涂成白色的木屋、鲜艳多彩的渔船和绿树成荫的宽阔的街道。2012年，这里被评为世界上最宜居的小镇，对最大多数游客来说，其中的原因不言自明。此外这里还有美丽的沙滩、冲浪、钓鱼和大量野生动物可看。

◎ 景点

码头区（Wharf Area）   港口
在19世纪50年代，费里港曾经是澳大利亚最繁忙的港口，载满羊毛、黄金和小麦的船只基本都从这里驶向英格兰。如今，这个迷人的码头仍然很忙碌，从豪华游艇到饱经沧桑的渔船，都停泊在这里。

巴特里山(Battery Hill) 历史古迹

巴特里山在风景如画的港口,位于桥的另一端,这里有建于1887年的加农炮和一些防御工事,是为了抵抗外国军舰而建立的。你也会碰到一些已经在这儿安家落户的黑色小袋鼠。巴特里山最初是用来插旗杆的,可想而知,这里的视野非常好。

节日和活动

★ 费里港民谣节 音乐节

(Port Fairy Folk Festival; www.portfairyfolkfestival.com; 票 $250~300; ◎3月)澳大利亚最重要的民间音乐节,每年3月的劳动节周末举行。音乐节期间有精彩纷呈的国际表演,也有令人叹为观止的国内表演,街道上到处都是街头艺人。住宿可以提前一年预订。

住宿

Port Fairy YHA 青年旅舍 $

(☎03-5568 2468; www.portfairyhostel.com.au; 8 Cox St; 铺 $26~30, 单/双床/双 $41.50/70/75起; @⚡)显然是城里最好的经济旅馆,破旅烂烂的房子建于1844年,曾经是商人William Rutledge的住宅。这家青年旅舍服务热情,经营有方,有大厨房、台球桌、免费有线电视和安静的花园。

Merrijig Inn 酒店 $$

(☎03-5568 2324; www.merrijiginn.com; 1 Campbell St; 双 $120起; ⚡)Merrijig的建筑被收入遗产名录,是维多利亚最古老的酒店之一,你可以选择古色古香的玩具似的"阁楼"房间,或者更宽敞更舒适的楼下的房间。后面的草坪上有蔬菜园和毛茸茸的小鸡,舒适的大厅里四面都是壁炉。

★ Drift House 精品酒店 $$$

(☎0417 782 495, 03-5568 3309; www.drifthouse.com.au; 98 Gipps St; 双 $375起; ❄⚡)19世纪的宏伟加上21世纪的设计,建筑爱好者一定要来看看这家酒店。门前保留着1860年的双层露台,房间朝向特别时髦的开放式花园,室内配备精品家具。它曾获得多个奖项,无疑是城里最适合犒赏自己的住处。

就餐

Farmer's Wife 咖啡馆 $

(☎03-5568 2843; www.facebook.com/farmerswifeportfairy; 47a Sackville St; 主菜 $10~20; ◎8:00~14:30)咖啡馆在一个现代化停车场旁边的人行道上,虽然不在遗产建筑里,却同样迷人,因为食物香喷喷。曾为著名餐馆Stag服务过的大厨担任监制,季节性早午餐菜单上有猪五花肉蛋奶面包、辣炒鸡蛋配猪肉玉米粉饼和莎莎酱以及酵母水果面包等诱人的美食。

★ Coffin Sally 比萨 $$

(www.coffinsally.com.au; 33 Sackville St; 比萨 $13~20; ◎16:00~23:00)古老的建筑曾是棺材铺,翻修后成为比萨餐馆。开放式厨房烤制薄边比萨,你可以坐在街边的长椅上吃,也可以去后院的火炉旁边吃。附设的酒吧是个喝酒的好去处。

★ Fen 新派澳大利亚菜 $$$

(☎03-5568 3229; www.fenportfairy.com.au; 22 Sackville St; 主菜 $39, 5道菜的品尝菜单 $110, 品尝套餐 $150起; ◎周二至周六 18:00~23:00)这家夫妻档餐馆是维多利亚州最好的餐馆之一,在2017年赢得了两项厨师大奖。位于一栋青石遗产建筑内,装修是极简风格的,气氛悠闲,菜单上列出用维多利亚州西南部出产的应季原料做成的菜肴。能吃到混合原住民风味的当地羊肉、海鲜和鸭肉菜肴。

Merrijig Kitchen 新派澳大利亚菜 $$$

(☎03-5568 2324; www.merrijiginn.com; 1 Campbell St; 主菜 $28~38; ◎周四至周一 18:00~21:00; ⚡)费里港最有气氛的餐馆,露天火炉让你身上暖烘烘,菜单每天更换,什么应季就做什么菜。有花园厨房、腌肉、熏鱼和获过奖的葡萄酒。食物美味,服务好。

❶ 实用信息

费里港游客中心 (Port Fairy Visitor Centre; ☎03-5568 2682; www.portfairyaustralia.com.au; Bank St; ◎9:00~17:00; ⚡)提供正好需要的旅游信息、步行游览小册子(20分)、免费Wi-Fi、V/Line票、旅游小册子和出版物。还组织自行车(半天/全天租金 $15/25)。

❶ 到达和离开

小汽车

费里港在瓦南布尔西侧,走A1的话驾车需要20分钟。如果从墨尔本过来,距离为288公里,最近的路线是从吉朗沿B140公路过来。

公共交通

乘火车到瓦南布尔,**V/Line**(☎1800 800 007; www.vline.com.au)的长途汽车每天4~5趟从瓦南布尔开往费里港($4.60,35分钟)。还有开往塔丘($3.20)和Koroit($3.20)的长途汽车。另有一趟长途汽车从费里港开往波特兰($8.60,55分钟)。

波特兰(Portland)

人口 10,700

这里是维多利亚州第一个欧洲殖民地,并以此闻名,建立于19世纪早期,当时曾经是捕鲸和猎捕海豹的基地。尽管波特兰曾经是个殖民地,有迷人的建筑和海滩,但蓝领居多的波特兰更像一个地区枢纽,而不是旅游城市。

话虽如此,这里也有不少可看可玩之处。大西南步道是一个主要的景点,冬季可以在这里钓海鲜、钓鱼和观鲸,这里还有一些很好的冲浪地点。

◉ 景点

历史海滨 水滨

(Historic Waterfront; Cliff St)港口上方的草坪上有几座青石建筑,如今已成为历史文物。**海关大楼**(Customs House; 1850年)仍在使用,但你可以要求参观地窖里的没收物品展览,包括一个黑熊标本。1848年的**法院**(courthouse)也在这里,1886年的**火箭仓库**(Rocket Shed)内有船舶救生设备展览。

波特兰海事发现中心 博物馆

(Portland Maritime Discovery Centre; ☎1800 035 567; Lee Breakwater Rd; 成人/15岁以下儿童 $7.50/免费; ◉9:00~17:00)有极好的沉船展品,介绍波特兰的捕鲸历史,还有一副被冲到岸边的抹香鲸骨架和一艘1858年的木质救生艇原物。馆内有一个**咖啡厅**(☎03-5521 7341; 主菜$17起; ◉9:30~16:30),看到的景色是城里最棒的。

✖ 就餐

Deegan Seafoods 炸鱼和薯条 $

(☎03-5523 4749; 106 Percy St; 炸鱼$6起; ◉周一至周五 9:00~18:00)这家炸鱼和薯条餐馆以出售全维多利亚州最新鲜的鱼出名。无论是鱼排还是鱿鱼圈,服务生都认真地制作。

❶ 实用信息

波特兰游客中心(Portland Visitor Centre; ☎1800 035 567; www.visitportland.com.au; Lee Breakwater Rd; ◉9:00~17:00)这个极好的信息中心在水滨一栋现代建筑内,为游客提供大量游览建议。

❶ 到达和离开

长途汽车 V/Line的长途汽车从波特兰开往费里港($8.60起,50分钟)和瓦南布尔($12.40起,1小时40分钟),平时每天3趟,周末每天1趟。从Henty St发车。

小汽车 波特兰在费里港西侧,走王子公路(A1)的话车程1小时。

尼尔森(Nelson)

人口 311

小小的尼尔森是离澳大利亚南部边境最近的村庄,村里只有一个杂货店、一个小酒馆和几个住处。尼尔森位于格雷尔河(Glenelg River)河口,是很受欢迎的度假和钓鱼胜地。格雷尔河穿过下格雷尔河国家公园。尼

大西南步道(GREAT SOUTH WEST WALK)

环形的大西南步道长250公里,起点和终点都是波特兰游客中心。沿途有西南最惊人的自然景色:从偏僻的狂风海岸,到下格雷尔河国家公园(Lower Glenelg National Park)内的河流,再穿过内陆回到波特兰。走完整条环线最少需要10天,但你可以只走其中的几段,仅需1天,短的甚至只要2小时。波特兰和**尼尔森**(见286页)的游客中心提供地图。详细介绍、答疑和注册等详情见www.greatsouthwestwalk.com。

尔森在墨尔本和阿德莱德中间正好一半的位置,自认是大洋路的起点。注意:尼尔森使用南澳大利亚州的电话区号08。

🏃 活动

在格雷尔河钓鱼和划船是来尼尔森游玩的主要活动,钓到的鱼以鲤鱼和河鲈为主。

★ Nelson Canoe Hire　　　　　划独木舟

(📞0409 104 798; www.nelsonboatandcanoehire.com.au; 独木舟租金 半天/全天 $40/65, 皮划艇租金 半天/全天 $25/60)参加多日的独木舟之旅,沿下格雷尔国家公园内的65公里长河段游览,这里是维多利亚州隐藏得最深的秘密之一。这家公司能组织休闲划船之旅或河上露营探险——行程3天,晚上住在防水布覆盖的小艇里。没有办公室,但他们能提供所需装备,自带帐篷和餐饮。

★ Nelson Boat Hire　　　　　　划船

(📞0427 571 198, 08-8738 4048; www.nelsonboatandcanoehire.com.au; 无篷小船 每4小时 $115, 摩托艇 每小时 $55, 游艇 每晚 $410~480; ⏰9月至次年7月)无论你只想钓几小时鱼,还是想租带卫浴的游艇,游览下格雷尔河国家公园内的水上风光都会是你旅程中最惬意的事情。最妙的是你不需要持划船许可证。游艇能住6人,带浴室、冰箱和厨房,要求最少租2晚。

不 要 错 过

布里奇沃特角
(CAPE BRIDGEWATER)

沿Portland Nelson Rd自驾,一定要绕道21公里去布里奇沃特角看看,因为那里有澳大利亚最美丽的白沙冲浪海滩之一。细腻的白色细沙和蓝宝石般的海水不像是维多利亚州的海滩,倒更像是昆士兰的。虽然海滩是主打景点,但此外也有不计其数的美景小径,你还有机会跟澳大利亚海豹(📞03-5526 7247; www.sealsbyseatours.com.au; Bridgewater Rd; 45分钟的团队游 成人/儿童 $40/25, 笼子潜水 $60/30; ⏰9月至次年5月)一起游泳。

Nelson River Cruises　　　　　游轮

(📞0448 887 1225, 08-8738 4191; www.glenelgrivercruises.com.au; 游轮 成人/儿童 $32.50/10; ⏰9月至次年6月)乘坐游轮在格雷尔河上行驶3小时30分钟,周三和周六13:00从尼尔森发船,学校假期每天都发船——时刻表见其网站。团队游内容包括惊人的**玛格丽特公主玫瑰洞**(Princess Margaret Rose Cave; 📞08-8738 4171; www.princessmargaretrosecave.com; Princess Margaret Rose Caves Rd, Mumbannar, Lower Glenelg National Park; 成人/儿童/家庭 $20/13/44; ⏰团队游 10:00、11:00、12:00、13:30、14:30、15:30和16:30出发,冬季团次减少),那里有亮晶晶的地下岩石,团队游价格不包括洞穴门票,需要另购。

🛏 住宿

Kywong Caravan Park　　　　露营地 $

(📞08-8738 4174; www.kywongcp.com; 92 North Nelson Rd; 无电营地 $23~28, 有电营地 $28~35, 小屋 双 $70起; ❄🛜)在城北1公里处,占地10公顷,挨着国家公园和格雷尔河,营地里有许多野生动物(包括袋狸),也是极好的观鸟地点。

Nelson Cottage　　　　　　　木屋 $

(📞08-8738 4161; www.nelsoncottage.com.au; Kellett St和Sturt St交叉路口; 单/双 带公用浴室并含早餐 $70/90; 🛜)建于1882年的木屋,曾是警察站,有老式房间和干净的公用设施。店主爱好旅行,因此来之前先致电问询是否营业。

🍷 饮品和夜生活

★ Nelson Hotel　　　　　　　小酒馆

(📞08-8738 4011; www.nelsonhotel.com.au; Kellett St; ⏰11:00至深夜; 🛜)Nelson Hotel建于1885年,是一个真正的澳大利亚内陆小酒馆,你应该在店里喝杯啤酒、跟当地人聊聊天。吧台很有个性,挂着一个脏兮兮的鹈鹕标本,食物分量大(主菜 $15起)。也有简单的客房,虽然破旧、需要翻新,但过夜不成问题(单/双 带公用浴室 $45/65)。

ℹ️ 实用信息

尼尔森游客中心(Nelson Visitor Centre; 📞08-

值得一游

尼尔森角灯塔（CAPE NELSON LIGHTHOUSE）

尼尔森角灯塔（☎0428 131 253；www.capenelsonlighthouse.com.au；成人/儿童/家庭 $15/10/40；◎团队游 11:00和14:00）建于1884年，至今仍在使用。登到塔顶，俯瞰世界尽头的壮美景色。你还可以参观灯塔周围，边看边听沉船的故事和该地区的历史。这里的住处（1卧/2卧 木屋 含早餐 $200/270；❊⑦）是偏僻之地灯塔看守人的木屋，给你放纵想象力的最佳机会。虽然这些古老的木屋已经被翻建成现代化的舒适房间，但仍保留着最初的魅力。你可以预订一个或两个房间，拍摄日出或日落美景。

8738 4051；www.nelsonvictoria.com.au；◎10:00~12:30和13:30~17:00；⑦）提供该地区陆地和海洋的信息，对各个公园和大西南步道的介绍尤其有用。还有Wi-Fi。夏季营业时间延长，或者下班后把旅游团信息放在门外，供游客取用。

威尔逊角和吉普斯兰 （WILSONS PROMONTORY & GIPPSLAND）

如果说大洋路上是一片热热闹闹的繁荣景象，那吉普斯兰就是一片宁静之地，这里仿佛掩藏着无数秘密。吉普斯兰地区远离城市的喧嚣，不像王子公路沿线城镇那么繁华，所以几乎不被旅行者注意。可是小镇以外的地方却有维多利亚州最为秀美的海滩和荒野，不仅景色迷人，而且保存得完好如初。

海岸线上还坐落着威尔逊角国家公园，这里是徒步旅行者和观光客的天堂。激动人心的沙滩之旅才刚刚开始。壮观的九十英里海滩（Ninety Mile Beach）连接康兰角海岸公园（Cape Conran Coastal Park）和克罗津戈隆国家公园（Croajingolong National Park），这三者营造出了世上少有的自然原始且景色绝美的海滩风光。往内陆方向，巴肯洞（Buchan Caves）是必看景点，位于雪河（Snowy River）和艾润纳达（Errinundra）的国家公园被密林覆盖，偏远静谧，原始古朴。这也是澳大利亚所有国家公园共有的特点。

昆瓦拉和鱼溪 （Koonwarra & Fish Creek）

人口 385

多年来，懂行的旅行者都会在去海岸或威尔逊角的途中来鱼溪吃顿饭。如今，鱼溪发展成一个小小的波希米亚艺术家村庄，村里有工艺品店、画廊、工作室、书店和几家不错的咖啡馆。大南部铁路线路（Great Southern Rail Trail）穿过这里。

小镇昆瓦拉位于South Gippsland Hwy沿线的乳业乡村深处，那里地势连绵起伏，它以美食胜地闻名。

⊙ 景点

西莉亚・罗瑟画廊　　　　　　　　画廊

（Celia Rosser Gallery；☎03-5683 2628，0455 777 334；www.celiarossergallery.com.au；Promontory Rd；◎周五至周日 10:00~16:00）**免费** 明亮的艺术空间，陈列着著名植物艺术家西莉亚・罗瑟的作品，她最出名的是班克木水彩画，植物Banksia rosserae就是以她的名字命名的。除了她，唯一以名字命名某种班克木的女性就是英国的维多利亚女王。

⊨ 住宿

Fish Creek Hotel　　　　　　　　小酒馆 $

（☎03-5683 2404；www.fishcreekhotel.com.au；1 Old Waratah Rd；主菜 $16~30，双 带公用/独立浴室 $85/100；◎正午至14:00和18:00~21:00）迷人的艺术装饰风格的Fish Creek Hotel常被称为Fishy Pub，不仅啤酒或菜肴非尝不可，而且也是去威尔逊角的落脚点。可以住舒适的、浴室公用的楼上小房间（没有电视或烧水壶），也可以住后面的带独立厨卫的汽车酒店风格房间。

The Wine Farm　　　　　　　　民宿 $$

（☎03-5664 3204；www.thewinefarm.com.au；370 Koonwarra-Inverloch Rd；双 $150；❊）这个有3间卧室的带厨卫木屋位于一个占地6公

Wilsons Promontory & Gippsland 威尔逊角和吉普斯兰

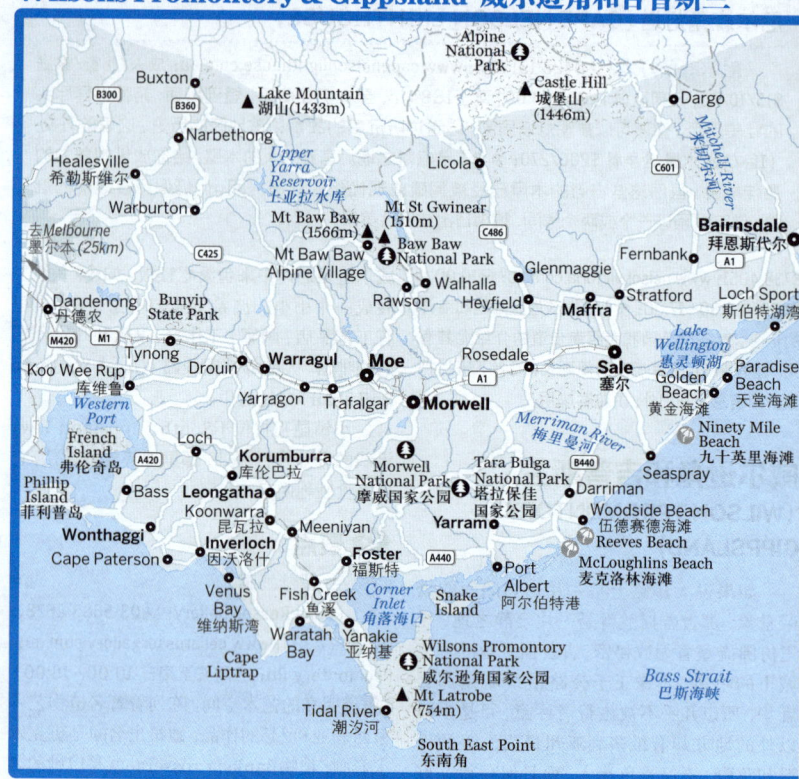

墨尔本和维多利亚州海岸

威尔逊角国家公园

项的家庭经营精品葡萄酒厂内,性价比高,很适合夫妇和团队游客(每多一人加收$25)。葡萄酒爱好者必来。酿酒师、南非人Neil Hawkins酿造10种低温发酵葡萄酒。可以安排在酒窖品酒。

就餐

★ **Koonwarra Store** 咖啡馆 $$

(☎03-5664 2285; www.koonwarrastore.com.au; 2 Koonwarra-Inverloch Rd; 主菜 $12~26; ◷8:30~16:00; ☎)在经过翻建的木梁建筑内,出售当地农产品和葡萄酒。这里同时也是一间出名的咖啡馆,食物简单但精致,骄傲之处在于使用有机、对环境影响低的食材——尝尝用全部产自吉普斯兰的原料做的Koonie汉堡。欣赏店内的木质装饰,或者坐在花园里,享用当地冰激凌、葡萄酒和奶酪。

❶ 到达和离开

走公路的话,昆瓦拉在库伦巴拉(Korumburra)西南方向32公里、因沃洛什(Inverloch)东北方向21公里处。V/Line的长途汽车连接墨尔本的Southern Cross站和昆瓦拉($17.20, 2.5小时),每天3~4趟。要去鱼溪,在福斯特(Foster, 13公里)或Meeniyan(28公里)跟随南吉普斯兰公路的路标行驶。从威尔逊角入口大门到鱼溪24公里(20分钟)。每天有4趟直达长途汽车从墨尔本的Southern Cross站开往鱼溪($20.40, 2小时45分钟)。也有从库伦巴拉到福斯特的长途汽车,每天最少3趟。

威尔逊角国家公园(Wilsons Promontory National Park)

如果你爱好丛林徒步旅行,那你一定会爱上这个地方,这里海岸风光极佳,沿途还有

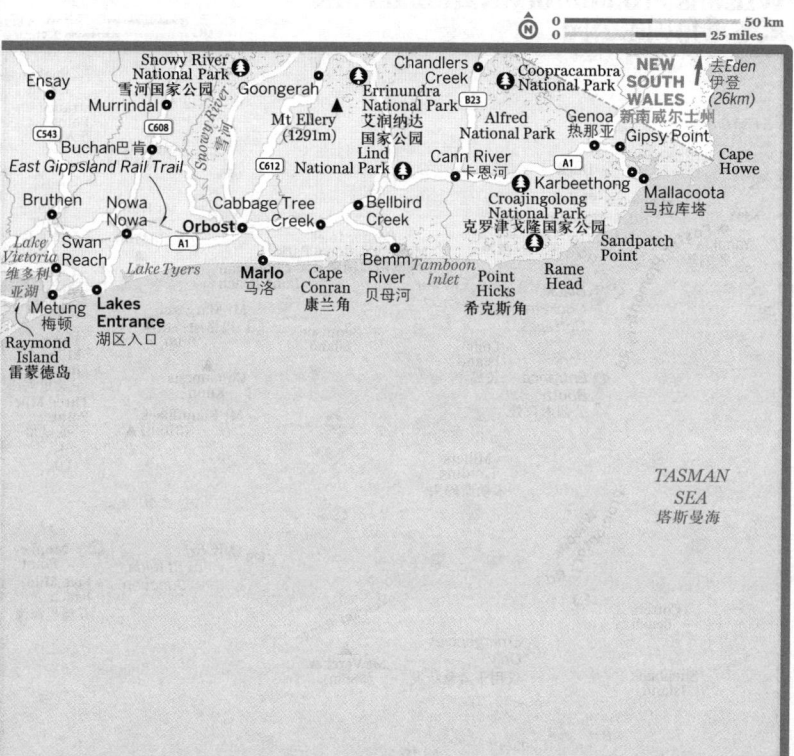

一些僻静的白色沙滩,很少有人踏足。这里被亲切地称为"The Prom",是澳大利亚最受欢迎的国家公园之一。"The Prom"的称号名副其实,且不说从墨尔本到威尔逊角交通方便,它本身就有得天独厚的旅游条件:园内步行道纵横交错,长达80公里,有各种各样的野生动植物,更是游泳和海滩冲浪的好地方。这里地处澳大利亚大陆的最南端,曾经是大陆桥的一部分——在远古冰期,人们可以经过这里步行至塔斯马尼亚岛。

潮汐河(Tidal River)距离公园入口30公里,虽然是一个交通枢纽,但周围没有燃料供应点。这里也是维多利亚州公园管理处的所在地,旁边还有一家杂货店、一间咖啡馆和住宿场所。潮汐河周边的野生动物都特别温顺,但为防止疾病,不要投喂动物。

◎ 景点

诺曼海滩　　　　　　　　　　　　　海滩

(Norman Beach; Tidal River)威尔逊角人最多的海滩,是一片美丽的金色沙滩,适合游泳和冲浪,位置近便,就在潮汐河露营地旁边。

威尔逊角灯塔　　　　　　　　　　　灯塔

(Wilsons Promontory Lighthouse; Wilsons Promontory National Park)这个19米高的花岗岩灯塔建于1859年,靠近澳大利亚大陆的最南端。只能步行到达,从Telegraph Saddle停车场出发步行6小时(18.3公里),因此大多数游客需要在Lighthouse Keepers' Cottages(见291页)或5.2公里之外的Roaring Meg露营地过夜。

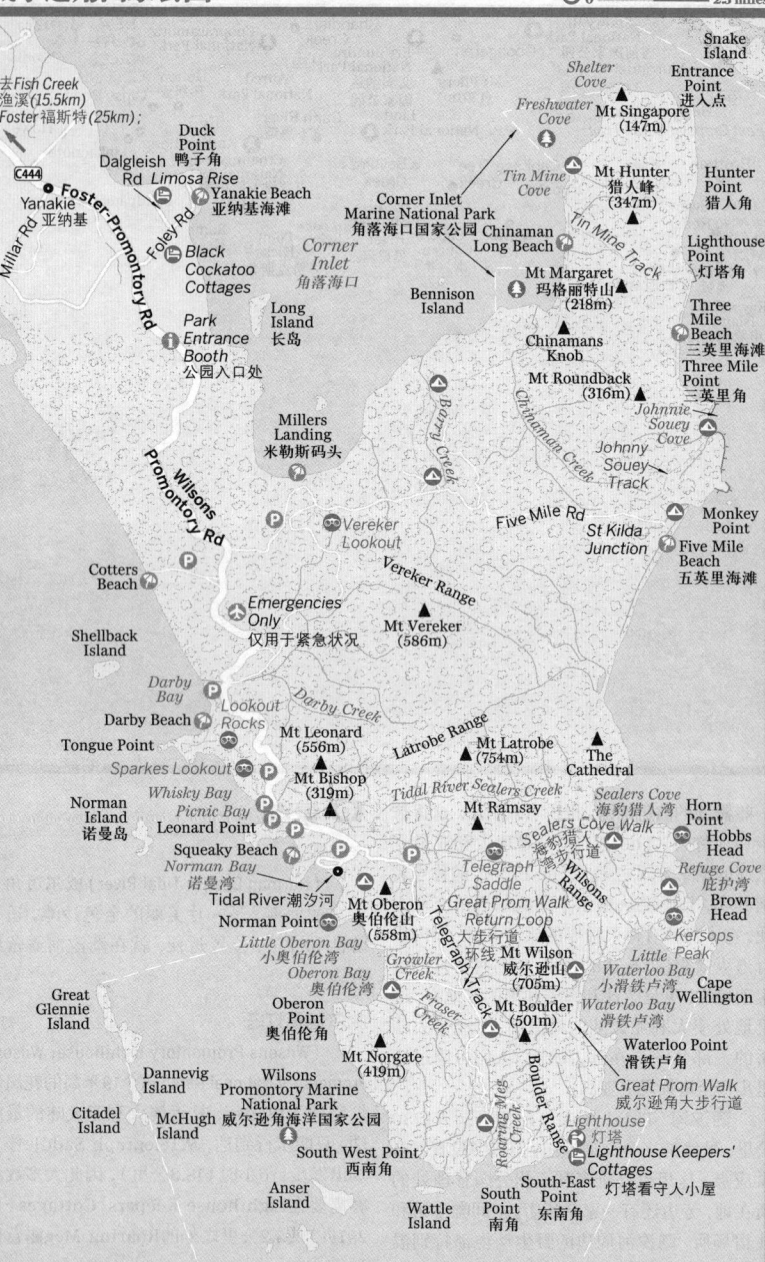

🏃 活动

Foster Kayak & Outdoor　　户外

(☎0475 473 211; www.facebook.com/fosterkayakandoutdoor; 50 Main St, Foster; 自行车租金 半天/全天 $35/70)新西兰户外活动爱好者经营的探险公司,向希望征服大南部铁路线路(www.railtrails.org.au)和周边山地车小路的人出租自行车,包括胖胎自行车和配备车筐(放满当地农产品)的普通自行车。店方还能组织多种创新户外活动,从学习潜水到免费潜水,从皮划艇钓鱼到身体冲浪,多种多样。

Prom Country Scenic Flights　　观光飞行

(☎0488 555 123; www.promcountryflights.com.au; 3680 Meeniyan Promontory Rd, Yanakie; 45分钟的飞行 成人/10岁以下儿童 $210/100; ⏰9:00~17:00)参加45分钟的飞行,在空中俯瞰威尔逊角、海岸、灯塔和丛林的美景。飞机停在Yanakie General Store旁边,这个杂货店位于进入公园的路上。

🛏 住宿

🛏 潮汐河

潮汐河位于诺曼湾(Norman Bay),步行没多远就是美丽的海滩,因此非常受欢迎。提前通过维多利亚州公园管理处官网订房——周末和节假日很紧俏。

潮汐河有484个露营点,其中仅20个有电源,因此你需要提前预订(提前30天通过维多利亚州公园管理处官网申请)。也有带上下铺和小厨房的木屋、舒适的带厨卫小屋,以及宽敞的、带独立卫浴的游猎风格帐篷。

⭐ Lighthouse Keepers' Cottages　　小屋 $$$

(☎13 19 63, 03-5680 9555; www.parkweb.vic.gov.au; Wilsons Promontory National Park; 双小屋 $352~391, 12床小屋 每人 $127~141)这些建于19世纪50年代的遗产小屋与世隔绝,属于一个仍在使用的灯塔,所在的地方是空无一人的海边,堪称世外桃源。从潮汐河步行19公里过来(约6小时),欣赏经过的船只或鲸鱼。木屋的墙壁是厚厚的花岗岩,公用设施包括一个厨具齐全的厨房。

Park Campsites – Tidal River　　露营地 $

(☎03-8427 2122, 13 1963; www.parkweb.vic.gov.au; Tidal River, Wilsons Promontory National Park; 无电/有电营地 $56.10/62.50)露营地沿着海边一字排开,离海滩很近。每个露营点最多住8人。有热水淋浴、冲水卫生间、洗碗区、垃圾处理点和煤气烧烤区。不允许生篝火。

Park Cabins – Tidal River　　小屋 $$

(☎13 1963, 03-8427 2122; www.parkstay.vic.gov.au; Tidal River, Wilsons Promontory National Park; 6床小屋 $234.50起)这些带独立厨卫的小屋很宽敞,厨房里厨具齐全(但没有电视),能住6人。有玻璃拉门和玻璃露台,露台下方是丛林和河。

Wilderness Retreat – Tidal River　　帐篷露营地 $$$

(www.wildernessretreats.com.au; Tidal River, Wilsons Promontory National Park; 双 $318.50, 加床 $26.20)帐篷区位于潮汐河一旁的原始林区中,帐篷内相当豪华,都配有独立的木制平台、浴室、大床以及供暖设备,每间帐篷最多可睡四人。有一个帐篷里配有公共厨房。住在这里真是相当"酷炫",听着笑翠鸟的歌声,跟住在非洲的大草原上没什么两样。

🛏 亚纳基和福斯特 (Yanakie & Foster)

露营地和豪华木屋。福斯特是离公园最近的大镇,有背包族旅舍和几家汽车旅馆。

Black Cockatoo Cottages　　小屋 $$

(☎03-5687 1306; www.blackcockatoo.com; 60 Foley Rd, Yanakie; 双 $150~250, 6人房屋 $295~450)这些深褐色的木头小屋不仅别致,还很僻静,躺在舒服的床上就能看见国家公园壮丽的景色,而且住在这里花费也不是很高。这里有3间现代化的小屋,画着黄尾黑凤头鹦鹉图案,看起来特酷,还有一栋20世纪70年代的三居室房子。

⭐ Limosa Rise　　小屋 $$$

(☎03-5687 1135; www.limosarise.com.au; 40 Dalgleish Rd, Yanakie; 双 $295~400; 🅿🛜)

这里离公园的入口不远。小屋内部布置豪华,设备齐全。从屋内往外看,景色绝美。三间小屋的布置相当有格调,都装有落地窗。凭窗远眺,视线甚至可越过角落海口(Corner Inlet)和威尔逊角的群山,将那里的醉人景致一览无余。最少住2晚。

就餐

潮汐河的杂货店(☎03-5680 8520; Tidal River; 主菜 $5~24; ◎周一至周五 9:00~17:00,周六 至18:00,周日 至16:00)出售食品(但没有酒)、一些露营装备,并附设咖啡厅。如果你打算徒步,去佛斯特买供给品更便宜。亚纳基也有一个杂货店,比较近便,能买到食品、冰镇啤酒和吉普斯兰葡萄酒。

❶ 实用信息

威尔逊县游客信息中心(Prom County Visitor Information Centre; McDonald和Main St交叉路口, Foster; ◎9:00~17:00)为要去威尔逊角和周边地区的旅行者提供有用的信息。

潮汐河游客中心(Tidal River Visitors Centre; ☎03-5680 9555, 03-8427 2122, 13 19 63; www.parkweb.vic.gov.au/; ◎8:30~16:30,冬季 至16:00)位于潮汐河的有用的游客中心,代为预订整个公园内的住处(包括出售在潮汐河以外地区露营的许可证),提供该地区所有徒步线路的信息。

❶ 到达和离开

小汽车 潮汐河在墨尔本东南方向约224公里处。这里没有燃油,最近的加油站在亚纳基。

威尔逊角顶级徒步线路

学校假期和圣诞节至复活节的周末,免费班车往来于潮汐河游客中心停车场和**Telegraph Saddle**停车场,以这种方式开启威尔逊角大步行道之旅也很不错。8:30~17:45,班车每30分钟发一趟,但午餐时段的13:00不发车。要在步行途中过夜的话,你需要提前拿到徒步许可证,并支付露营地和其他住处的费用。

威尔逊角大步行道(Great Prom Walk)全程约为45公里,整体呈环形,是最受欢迎的长距离徒步路线。整条路线始于潮汐河,之后顺着庇护湾(Refuge Cove)、滑铁卢湾(Waterloo Bay)和灯塔一路延伸,最后经过奥伯伦湾(Oberon Bay)返回潮汐河。走完全程一般用时3天,其间还得估好潮起潮落的时间,与步行的行程协调起来,因为涨潮的时候就算是穿过一条小溪也会有一定的危险性。如果提前和公园管理处协商好,还有机会去参观灯塔并住在那里。

海豹猎人湾步行道(Sealers Cove Walk)如果你打算徒步旅行两天一夜,首选这条路线。出发点在Telegraph Saddle,沿着Telegraph Track前行,晚上可在美丽的小滑铁卢湾(12公里,4.5小时)过夜。第二天行经庇护湾和海豹猎人湾,最后回到Telegraph Saddle(24公里,7.5小时)。

莉莉皮莉谷自然徒步小路(Lilly Pilly Gully Nature Walk)这条路线很轻松,全程仅5公里(2小时),途经荒野和桉树林,能看到很多野生动植物。

奥伯伦山顶峰(Mt Oberon Summit)起点位于奥伯伦停车场,全程7公里(2.5小时),属于中高难度路线。在峰顶眺望,能够将公园全景尽收眼底,更直观地领略威尔逊角的壮丽美景。奥伯伦山有免费班车往返于Telegraph Saddle停车场。

小奥伯伦湾(Little Oberon)这条徒步路径属于中低难度路线,全程8公里(3小时),中间途经长满茶树的沙丘,站在沙丘上能够一览湾中美景。

斯奎基海滩自然步行小路(Squeaky Beach Nature Walk)这条路线也很轻松,往返一共5公里,在沿海的茶树林和山龙眼树丛之间,逛着逛着就来到了美感十足的白沙滩。

威尔逊角野生动物步行小路(Prom Wildlife Walk)仅2.3公里(45分钟)的环线,途中能看到袋鼠、沙袋鼠和鸸鹋。这条步行小路紧邻公园入口以南约14公里处的主路。

公共交通 墨尔本和威尔逊角之间没有直达长途汽车。V/Line长途汽车离威尔逊角最近的站点设在鱼溪($20.40, 2.75小时)和福斯特($23, 3小时,每天4趟),途中经过丹德农和库维鲁。

湖区(Lakes District)

吉普斯兰湖区是澳大利亚最大的内陆水系,与三座主要湖泊彼此相通:威灵顿湖(Lake Wellington)、国王湖(Lake King)和维多利亚湖(Lake Victoria)。整个湖区从塞尔一直延伸到湖区入口(Lakes Entrance)。这三座湖实际上是咸水潟湖,湖水和海水之间隔着吉普斯兰海岸公园(Gippsland Lakes Coastal Park),中间还横亘着一道狭窄的沙丘带,也就是著名的九十英里海滩。来这里可别光想着去海滩或是下水,去逛逛那些美丽的沿海小城,这可是旅行的一大亮点。

塞尔(Sale)

塞尔是吉普斯兰湖区(Lakes District)的入口,也是重要的地区中心,本身并没有什么特别吸引人的特色,但有很多酒店、商店、餐馆和小酒馆,要去九十英里海滩的游客可以把这里当作很便利的落脚点。

实用信息

威灵顿游客信息中心(Wellington Visitor Information Centre; ☎03-5144 1108; www.tourismwellington.com.au; 8 Foster St; ◉9:00~17:00;) 提供大量小册子、Wi-Fi并免费代为预订住处。到2017年底他们要搬到市政中心(Civic Centre),市政中心里还有新建的吉普斯兰美术馆(Gippsland Art Gallery; ☎03-5142 3500; www.gippslandartgallery.com; 68 Foster St, Civic Centre; ◉周一至周五 10:00~17:00, 周六和周日至16:00)和图书馆。

九十英里海滩(Ninety Mile Beach)

说到九十英里海滩,我们来换用一下鳄鱼邓迪(同名的澳大利亚经典喜剧片中的主人公)的经典台词——那不是海滩,这才是海滩(原句应为"那不是刀,这才是刀")。九十英里海滩独自横亘于湖海之间,是一条背靠沙丘和潟湖的狭窄沙带,从麦克洛林海滩(McLoughlins Beach)附近延伸到湖区入口的海峡,连绵不绝达90英里(150公里)。这里是冲浪、垂钓、露营和海滩长距离徒步的绝佳地点,不过游泳时遇到猛烈的海浪可能会比较危险,可以选择去Seaspray、伍德赛德海滩(Woodside Beach)或是湖区入口,这几个地方有救生人员巡逻。去九十英里海滩,一般从塞尔或是福斯特出发,走主要干道South Gippsland Hwy,然后转入通往Seaspray、黄金海滩(Golden Beach)和斯伯特湖湾(Loch Sport)的公路。

梅顿(Metung)

人口 1222

怀抱着班克罗夫特湾(Bancroft Bay)的梅顿虽小,却是吉普斯兰湖区最漂亮的小镇之一。沉醉其间的当地人,把这里称作"吉普斯兰的里维埃拉"。因为这里水滨位置优越,氛围闲适安逸,故这个称呼倒也无可争议。

◉ 景点和活动

Riviera Nautic 划船

(☎03-5156 2243; www.rivieranautic.com.au; 185 Metung Rd; 2小时30分钟的团队游 成人/儿童/6岁以下幼儿 $45/20/免费, 租艇 每2小时/天 $85/175, 游艇和游轮 3天租金 $1065起; ◉团队游 周二、周四和周六 14:30)在梅顿,到水上游玩很是方便:Riviera Nautic出租船和游艇,可以让游客在吉普斯兰湖区巡游、钓鱼、畅游。每周还有3趟观光游轮,常常能看到海豹和海豚。能住宿的船只和机动游艇是一种独特的住宿选择,如果人多,性价比很高。不需要持游艇驾照。

🛏 住宿

McMillans of Metung 度假村 $$

(☎03-5156 2283; www.mcmillansofmetung.com.au; 155 Metung Rd; 木屋/别墅 $110/160起;) 这个时髦的湖滨度假村位于精心修建的3公顷花园内,英式乡村风格的木屋、现代别墅、私人码头和水疗中心吸引了大批游客。

Moorings at Metung 公寓 $$$

(☎03-5156 2750; www.themoorings.com.

Lakes Entrance 湖区入口

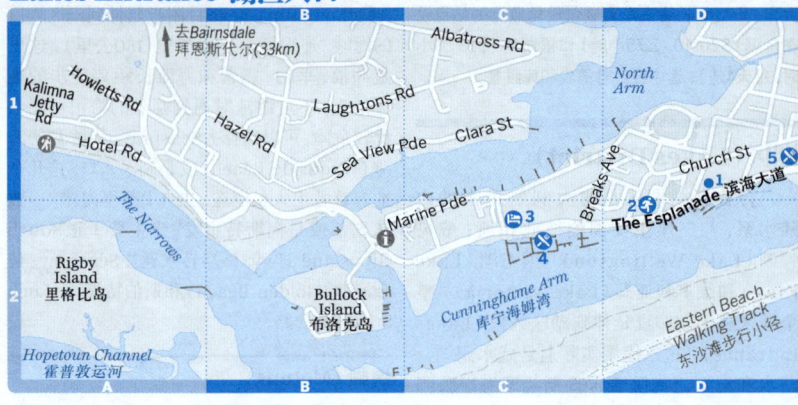

au; 44 Metung Rd; 公寓 $160~390;) 这里位于梅顿道路的末端,临窗可见国王湖或者班克罗夫特湾,入眼便是水上风光。整个公寓小区建筑现代,各种公寓类型一应俱全,不仅有宽敞的单间、两居室,还有错层式的小镇住房。小区内配备网球场以及室内室外游泳池,有水疗会所,还有一个能停靠游艇的小码头。如果能错开旅游高峰期,住在这里的确物超所值。

✕ 就餐

★ Nautica 新派澳大利亚菜 $$

(☎03-5156 2345; www.facebook.com/nauticametung; 50 Metung Rd; 早餐 $10起, 主菜 $19起; ⊙周三至周六 8:00~14:00和18:00至深夜, 周日 8:00~15:00)优雅的餐馆,铺着光滑的木地板,还有开放式火炉,面朝水景,是个一定不能错过的餐馆。早餐为自己点一份加双份培根和瑞士奶酪的奶油蛋糕卷,午餐吃裹面包屑的炸鱿鱼或牡蛎。从慢火炖羊肩到脆皮澳大利亚肺鱼,晚餐品种应有尽有。

★ Metung Hotel 小酒馆食物 $$

(☎03-5156 2206; www.metunghotel.com.au; 1 Kurnai Ave; 主菜 $25~40; ⊙厨房 中午至14:00和18:00~20:00, 小酒馆 11:00至深夜;)这里是俯瞰梅顿码头(Metung Wharf)的绝佳位置,不仅有高大的玻璃窗,室外还搭有木板平台,可一览水上美景。店里的法式小酒馆专攻当地新鲜的海鲜,做出来的酒吧美食美味绝顶。镇上最便宜的房间($85)也在这家旅馆。

ℹ 实用信息

梅顿游客中心(Metung Visitor Centre; ☎03-5156 2969; www.metungtourism.com.au; 3/50 Metung Rd; ⊙9:00~17:00)可以帮忙预订住处,出租船只。还附设一个出售土特产的礼品店。

ℹ 到达和离开

梅顿位于王子公路南侧的C606公路边,在Swan Reach有路标指示通往梅顿的岔路口。最近的大镇是拜恩斯代尔(Bairnsdale; 28公里)和湖区入口(24公里)。最近的城市火车站在拜恩斯代尔。

湖区入口 (Lakes Entrance)

人口 4569

浅浅的库宁海姆湾(Cunninghame Arm)水道,把小镇和惊涛骇浪的海滩分隔开来,让风景如画的湖区入口得以在这片风平浪静的美地沐浴温暖的阳光。可到了旅游旺季,这里就挤满了背包客,滨海大道(Esplanade)两旁到处都是汽车旅馆、房车公园、迷你高尔夫球场和纪念品商店,优雅气息全无。不过,海湾里来来回回的渔船、新鲜的海鲜、一望无际的海滩和开往梅顿和韦恩格公园酒庄(Wyanga Park Winery)的游轮——这一切都足够让你沉醉其中、流连忘返了。

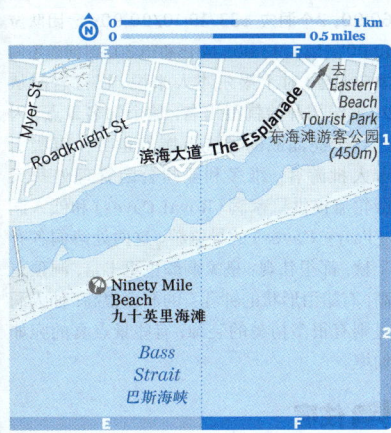

Lakes Entrance 湖区入口

◎ 活动、课程和团队游
1 Lonsdale Eco Cruises D1
2 Venture Out D2

🛏 住宿
3 Bellevue on the Lakes C2

🍴 就餐
4 Ferryman's Seafood Cafe C2
5 Sparrows Nest D1

🏃 活动

Venture Out   探险运动
（见294页地图；☎0427 731 441；www.ventureout.com.au；347 The Esplanade；自行车 租金 每小时/每天 $18/50，立式桨板和皮划艇 每2小时 $25，团队游 $45起；⊙10:00~17:00，或致电预约时间）出租自行车、海上皮划艇和立式桨板（SUP），也组织穿过周围森林的山地自行车团队游。

Lonsdale Eco Cruises   游轮
（见294页地图；☎0413 666 638；www.lonsdalecruises.com.au；Cunningham Quay；3小时的游轮 成人/儿童/家庭 $50/25/120；⊙周四至周二 13:00）由往来于昆斯克利夫和索伦托的载客渡轮改建而成的观景游轮，开往梅顿和国王湖，那里常常能看到海豚。

🛏 住宿

Eastern Beach Tourist Park   房车公园 $
（☎03-5155 1581, 1800 761 762；www.easternbeach.com.au；42 Eastern Beach Rd；无电营地 $28~50，有电营地 $35~69，小屋 $118~285；@🛜🏊🐕）公园掩映在东部海滩（Eastern Beach）后边的灌木林里，远离小镇的喧嚣，地理位置绝佳；园内的露营点绿草遍地，空间很大，不像镇上其他的房车公园那样拥挤。这里还有一条通向小镇的步行道（30分钟）。公园还增设了超赞的新设施，包括一个厨房帐篷、烧烤台和给孩子们新建的游乐场。

Bellevue on the Lakes   酒店 $$
（见294页地图；☎03-5155 3055；www.bellevuelakes.com；201 The Esplanade；双 $189起，双卧公寓 $249起；❄🛜🏊）这家酒店位于滨海大道的中心，内部装潢低调朴实，房间里家具摆放得整整齐齐，收拾得干干净净；多数房间都能看到美丽的水上风景。如果还想让更加奢华一点的房间，酒店里还提供宽敞大方的水疗套间，以及内部设施一应俱全的双卧公寓房。

🍴 就餐

★ Ferryman's Seafood Cafe   海鲜 $$
（见294页地图；☎03-5155 3000；www.ferrymans.com.au；Middle Harbour, The Esplanade；主菜 午餐 $18~24，晚餐 $21~45；⊙10:00到深夜）这间咖啡馆兼餐厅建在甲板上[前身是一艘往来于佩恩斯维尔（Paynesville）和雷蒙德岛（Raymond Island）的载客渡轮]，漂浮在海浪上，气氛真是无限好，让你不自觉地就多吃很多鱼和海鲜。午餐的海鲜杂烩和晚餐的海鲜大拼盘都很受欢迎。可以在餐厅楼下购买新鲜的海鲜。

Sparrows Nest   咖啡馆 $$
（见294页地图；www.facebook.com/sparrowsnestlakesentrance；581 The Esplanade；餐 $11~21；⊙7:30~16:00；🛜）这家酷酷的咖啡馆出售单一咖啡，早餐还提供抹雷蒙德岛蜂巢黄油和培根碎末的家常松饼。午餐同样好吃，有手撕猪肉法棍之类的食物和马洛（Marlo）的Sailors Grave Brewing（☎0466 331 936；www.sailorsgravebrewing.com；7 Forest Rd；⊙预约）酿造的生啤。

❶ 实用信息

湖区入口游客中心（Lakes Entrance Visitor Centre; ☎1800 637 060, 03-5155 1966; www.discovereastgippsland.com.au; Princes Hwy和Marine Pde交叉路口; ⊙9:00~17:00; ☎) 免费代为预订住处和团员游。详见www.lakesentrance.com。

❶ 到达和离开

湖区入口在与墨尔本相距314公里的王子公路旁边。

V/Line（☎1800 800 007; www.vline.com.au）的火车和长途汽车联运从墨尔本出发，经拜恩斯代尔开往湖区入口（$39.80, 4小时30分钟, 每天3趟）。

东吉普斯兰和荒野海岸（East Gippsland & the Wilderness Coast）

湖区入口后方绵延着大片的荒野区域，风景壮阔的海岸国家公园和古老的森林就坐落在这里。这里的大部分区域还没有被清理为农耕区，其中有几处还是维多利亚州最偏远原始的国家公园，这些原始森林中的伐木行为现在是一个热点问题。

巴肯（Buchan）

人口 385

寂静的巴肯坐落在雪山（Snowy Mountains）脚下，这里有巴肯岩洞保护区（Buchan Caves Reserve），以壮丽多姿、千姿百态的石灰溶洞群闻名于世。古老的石灰石在地下河水日积月累的冲刷下形成了洞穴，也让生活在距今约一万八千年前的原住民有了避身之所。巴肯是一个颇有潜力的户外探险活动胜地，因为此地有600个左右的洞穴，尽管其中目前只有5个对公众开放。这里还有能游泳的池塘、山地车小路、丛林徒步小路和激流漂流，详情见www.buchan.vic.au。

⊙ 景点

★巴肯岩洞　　　　　　　　　　　　　　　　洞穴

（Buchan Caves; ☎13 19 63; www.parks.vic.gov.au; 团队游 成人/儿童/家庭 $22/12.90/60.90, 2个洞穴 $33/19.10/90.90; ⊙团队游 10:00、11:15、13:00、14:15和15:30, 时间随不同季节调整）对于墨尔本人来说，巴肯岩洞从20世纪初开始就很出名，是个知名景点，因此这个亮晶晶的钟乳石魔幻世界一直吸引着大批游客。维多利亚州公园管理处每天会轮流提供**皇家洞**（Royal Caves）和**仙人洞**（Fairy Caves）的导览游。这两处溶洞各有千秋，都很壮观：皇家洞颜色更丰富，洞顶更高，有蜡泪形状的钟乳石的洞顶很高；仙人洞里则有很多精美的装饰，有些景点真的宛如仙境。

🛏 住宿

Buchan Caves Motel　　　　　　　　度假屋 $$

（☎03-5155 9419; www.buchanmotel.com.au; 67 Main Rd; 双 $130, 三和四 $150）这家舒适的度假屋位于山顶，现代化的客房配备精品家具，在阳台上就能尽享乡间的田园风光。店主年轻、友好、热情，对当地了如指掌，他们雄心勃勃，计划挖掘巴肯的旅游潜力。

Buchan Caves Reserve　　　　　　露营地 $$

（☎13 19 63; www.parks.vic.gov.au; 无电/有电营地 $46/51起, 双 小屋$90起, 荒野别墅 双$191; ❋☀）这家属于维多利亚州公园管理处的露营地就在岩洞旁边，紧邻州立森林公园。露营点价格偏高，但也有一两间性价比较高的小屋以及所谓提供"豪华"荒野感受的游猎风格帐篷（配备舒适的大床和空调）。夏季营地内有淡水游泳池。

🍷 饮品和夜生活

Buchan Caves Hotel　　　　　　　　　　　小酒馆

（☎03-5155 9203; www.facebook.com/buchancaveshotel; 49 Main Rd; ⊙11:00至深夜）2014年大火之后，这家有125年历史的小酒馆在废墟上重新建起来。它是全球第一家众筹小酒馆，资金来自全世界。2016年12月重张开业。一定要来尝尝意式鸡排和冰镇啤酒，用这种方法庆祝它的重生。

❶ 到达和离开

巴肯在湖区入口以北56公里处，驾车往来很方便。**Dyson's**（☎03-5152 1711）周三和周五有一趟长途汽车从拜恩斯代尔开往巴肯（$16，2小时）。这趟长途汽车的发车时间与拜恩斯代尔的火车接驳。如果其他时间要去巴肯，你得有自己的车子。

康兰角海岸公园
(Cape Conran Coastal Park)

公园里的海岸线还未经过开发，上面的白色沙滩蜿蜒绵长，是吉普斯兰的一大美景。从马洛到康兰角的海岸线有19公里，一边是班克木树林、草原和沙丘，一边是大海，风景十分秀丽。

✈ 活动

康兰角非常适合步行，与东角木栈道（East Cape Boardwalk）交会的天然小路特别受欢迎，沿途的讲解会让你了解该地区的原住民生活。参加原住民主题游，沿着紧邻Cape Conran Rd的West Cape Rd，来到**鲑鱼岩**（Salmon Rocks），那里有个一万多年前的原住民的**贝冢**。

想游泳、划独木舟和钓鱼的人应该直奔Yerrung River，那条河在海角的东岸，Yerrung River Rd通往那里。西角海滩（West Cape Beach）从海角往西北方向延伸，很适合冲浪，West Cape Rd通往那里。有资格的潜水员可以参加**Cross Diving Services**（☎03-5154 8554, 0407 362 960; www.crossdiving.com.au; 20 Ricardo Dr; ⓢ岸潜 含/不含装备 租金 $80/15，船潜 $100/150，4天的开放水域课程 $550）组织的潜水活动，几乎每个周末都有。

🛏 住宿

在康兰角海岸公园，维多利亚州公园管理处有3个很好的私人经营住宿点，分别是露营地、**小屋**（☎03-5154 8438; www.conran.net.au; 小屋 $171.70~237.20）和**游猎风格帐篷营地**（☎03-5154 8438; www.conran.net.au; 双 $191.20）。

ℹ️ 到达和离开

康兰角海岸公园在王子公路以南，距离墨尔本405公里。通往康兰角海岸公园的公路岔路口在小村Cabbage Tree正东，那里有清晰的路标。从岔路口出来后，沿Cabbage Tree-Conran Rd往南走大约15公里就到公园了。

马拉库塔 (Mallacoota)

人口 1032

马拉库塔位于维多利亚州的最东端，它地方虽然不大，却是吉普斯兰和维多利亚州的一块瑰宝。小镇紧靠着宽阔的马拉库塔河口（Mallacoota Inlet），四周环绕着克罗津戈隆国家公园的美丽灌木林地和海边沙丘。为了迎接那些决意不远万里来到这里的游客，马拉库塔以空旷绵长的海边冲浪沙滩、潮起潮落的河口，以及入海口处的游泳、垂钓和游船活动款待他们。

👁 景点和活动

马拉库塔河口风平浪静，海岸线长达300公里。不过，要体验马拉库塔及河口的美景，最好还是租船进行游览，在水边有很多优质的步行道。

要想找个冲浪的好地方，可以去堡垒角（Bastion Point）或是提普海滩（Tip Beach）。

值 得 一 游

克洛瓦敦库隆保留地
(KROWATHUNKOOLONG KEEPING PLACE)

作为一个发人深思的原住民库里人（Koorie）文化展示场所，**克洛瓦敦库隆保留地**（☎03-5152 1891, 03-5150 0737; www.bataluckculturaltrail.com.au; 37-53 Dalmahoy St; 成人/儿童 $3.50/2.50; ⓢ周一至周五 9:00~17:00）展示从远古"梦境"（Dreaming）直至欧洲人在澳大利亚定居之前的科奈人（Kurnai）的生活。展品回溯科奈人从远古"梦境"祖先——"鹈鹕博瑞"（Borun the pelican）及其妻"麝鸭图克"（Tuk the musk duck）——开始的家族谱系，并讲述他们在Tyers Mission湖的生活。这片湖在湖区入口以东，现在是由原住民共同持股的私人信托财产。这里还详细地介绍了1839~1849年对科奈人的大屠杀。

值得一游

雷蒙德岛（RAYMOND ISLAND）

想在维多利亚州看考拉，雷蒙德岛是个好地方。你可以先沿着王子公路一路开到悠闲的湖边小镇佩恩斯维尔（Paynesville）。佩恩斯维尔的港口到雷蒙德岛仅需5分钟。雷蒙德岛上的考拉数量庞大，其中大部分都是在20世纪50年代从菲利普岛迁徙过来的。车辆可直接开到平底渡轮上；渡轮的运行时间为6:40至午夜，每20分钟1班，步行或骑自行车的游客可免费搭乘。小汽车收费$12，摩托车$10。

Surf Shack出租冲浪板并提供冲浪课程。贝特卡海滩（Betka Beach）也可以游泳冲浪，在圣诞节假期还会有救生人员在某些区域来回巡逻。堡垒角（一家冲浪救生俱乐部担任巡逻）和考埃瑞海滩（Quarry Beach）的海岸保护区里，也有几处不错的游泳胜地。

嘉宝岛（Gabo Island） 岛屿

习习海风吹拂着距离马拉库塔14公里的嘉宝岛，岛上占地154公顷的**嘉宝岛灯塔保护区**（Gabo Island Lightstation Reserve）是海洋鸟类的家和世界上最大的小企鹅栖息地之一，这里小企鹅的数量远超菲利普岛。站在海岸上经常能看见鲸、海豚和海豹在海浪里游弋。岛上有一座仍在使用的**灯塔**，建于1862年，是南半球最高的灯塔。古老的灯塔看守人小屋内可以住宿。

然而怎么来这里是个问题，因为天气恶劣，只有船才能开到这里。**Wilderness Coast Ocean Charters**（☎0417 398 068, 03-5158 0701）和**Gabo Island Escapes**（☎0437 221 694, 03-5158 0605；每人$100）是你最好的选择。

Mallacoota Hire Boats 划船

（☎0438 447 558; www.mallacootahireboats.com; 10 Buckland Dr; 摩托艇 每2小时/8小时 $70/160, 单人/双人皮划艇 每2小时$30/50）出租皮划艇、摩托艇、明轮船和钓鱼装备。不需要持有轮船驾照。仅接受现金支付。船只都停泊在马拉库塔海岸假日公园内。

🛏 住宿

马拉库塔海岸假日公园 房车公园 $

（Mallacoota Foreshore Holiday Park; ☎03-5158 0300; Allan Dr和Maurice Ave交叉路口; 无电营地$16.60~33, 有电营地$23.70~53; ☏）这座公园环水而建，绿草遍地，是维多利亚州景色最美并且最具人情味的房车公园。从这里可以俯瞰河口美景，园内还有很多黑天鹅和鹈鹕。这里虽然没有搭建小屋，但和马拉库塔其他的公园相比，这里最适合露营者居住。前台在路对面，跟游客信息中心在同一个建筑内。

★ Adobe Abodes 公寓 $$

（☎0499 777 968; www.adobeabodes.com.au; 17-19 Karbeethong Ave; 双$95~145, 加床$15）🍴这家公寓采用泥砖搭建而成，外观造型奇特别致，是卡比桑（Karbeethong）一道独特的风景线。公寓强调环保与生态友好，不仅使用太阳能热水器，还鼓励住客将厨余进行堆肥处理。一排排公寓从外边看是奇怪了一点，但内部装修舒适，设施齐全，入住时赠送葡萄酒和巧克力，从房间内还能看到不错的景致。

★ Karbeethong Lodge 客栈 $$

（☎03-5158 0411; www.karbeethonglodge.com.au; 16 Schnapper Point Dr; 房含早餐$100~150）这家古老的木制客栈建于20世纪早期，从这里能够将马拉库塔河口的美景尽收眼底；在宽阔的露台上休憩时，你在不知不觉中就会被周边静谧的气氛所感染，感到身心安逸。客栈为客人准备的休闲酒吧和餐厅十分宽敞，里边建有开放的燃木壁炉，摆放的家具也颇有些年代了。客栈还有一个大厨房可以使用。客房卧室虽然不大，但整体色调柔和，装修得也很有品位。

嘉宝岛灯塔 小屋 $$

（Gabo Island Lighthouse; ☎03-8427 2123, Parks Victoria 13 19 63; www.parkweb.vic.gov.au; 最多住8人$323.70~359.70）要想体验真正的

荒野，就住这个地处偏僻的灯塔。古老的灯塔看守人住宅内有3间卧室。最少住2晚，圣诞节和复活节期间靠抽签决定谁能入住。注意：如果因天气原因未能按时上岛（或无法离岛），房费不退。

✖ 餐饮

★ Lucy's　　　　　　　　　　　亚洲菜 $$

（☎03-5158 0666；64 Maurice Ave；主菜$8~28；⊙8:00~20:00）Lucy's的自制米线可以配上鸡肉、鲜虾或鲍鱼食用，美味超值，大受好评；这家的自制饺子也很好吃，所用的食材都是在自家的花园里栽种的。早餐也不错。

Mallacoota Hotel　　　　　　　　　小酒馆

（☎03-5158 0455；www.mallacootahotel.com.au；51-55 Maurice Ave；⊙正午至22:00）这家当地的法式小酒馆既有温馨的室内酒吧，也有一个种满棕榈树的露天啤酒花园，来喝酒的客人很多。菜单会更换，菜肴分量大，意式鸡排、吉普斯兰牛排和炸鱼薯条和帕尔玛干酪鸡肉一直都是不变的经典。这里夏季还会有乐队定期来表演。也提供汽车旅馆风格的客房（单/双 $100/110起）。

ⓘ 实用信息

马拉库塔游客中心（Mallacoota Visitor Centre；☎03-5158 0800,03-5158 0116,0408 315 615；www.visitmallacoota.com.au；Allan Dr和Maurice Ave交叉路口；⊙9:00~17:00；🛜）位于河对岸的主路边，是个非常有用的游客中心，提供关于该地区以及步行小路的海量信息，还有介绍当地景点的小册子（$1）。有Wi-Fi和能上网的电脑。

ⓘ 到达和离开

马拉库塔位于热那亚（Genoa）东南方23公里处，在王子公路沿线，离墨尔本约492公里。可先乘火车前往拜恩斯代尔（3.75小时），再转乘V/Line长途汽车前往热那亚（$51.80,3.5小时，每天1趟）。马拉库塔至热那亚的长途汽车每周一、周四、周五，以及学校假日期间的周日与V/Line的长途汽车接驳，开往马拉库塔（$3.20, 30分钟）。

克罗津戈隆国家公园
(Croajingolong National Park)

这里有澳大利亚最美的海岸荒原，被联合国列入世界生物圈保护区（World Biosphere Reserve）名录（澳大利亚共有14处）。公园占地875平方公里，园区的海岸线从贝母河畔（Bemm River）的小镇一路延伸至新南威尔士州边界，长达100公里。公园里壮丽大气的海滩、水湾、河口和森林均未受到污染，是露营、步行、游泳和冲浪的好去处。

◉ 景点和活动

希克斯角（Point Hicks）是1770年库克船长和"奋进号"（Endeavour）船员看见的第一块澳大利亚土地，并以海军上尉扎克瑞·希克斯（Zachary Hicks）的名字命名。**灯塔**（☎周一至周五 10:00~15:00 03-5158 4268；www.pointhicks.com.au；Lighthouse Track, Tamboon；成人/儿童/家庭 $7/4/20；⊙团队游 周一至周日 13:00）那里的古老小屋（见300页）可以住宿。你还可以去看看1937年搁浅的"SS萨罗斯号"（SS Saros）残骸，从灯塔走过去没多远。

五个水湾分别是Sydenham、Tamboon、Mueller、Wingan和面积最大、交通最方便的马拉库塔，它们都是很受欢迎的独木舟和钓鱼地点。公园有两处被划分为荒原地带（没有机动车，限制步行人数，进入需要持许可证）：马拉库塔水湾和新南威士州边境之间的Cape Howe Wilderness Area，以及Wingan水湾和沉船溪（Shipwreck Creek）之间的Sandpatch Wilderness Area。

🛏 住宿

Wingan Inlet　　　　　　　　　　露营地 $

（☎13 19 63；www.parkweb.vic.gov.au；无电营地 $25.80起）这个与世隔绝的幽静的露营地内有24个露营点，一侧是美好的沙滩，另一侧是极好的步行小路。Wingan River Walk（5公里，往返2小时30分钟）穿过雨林，途中有不错的游泳池塘。通过维多利亚州公园管理处预订。

希克斯角灯塔

小屋 $$

（Point Hicks Lighthouse；☎03-5156 0432；www.pointhicks.com.au；平房 $120~150，小屋 $360~550）这个偏僻的灯塔有两间舒适的遗产小屋和一间双人平房，最初是灯塔看守人的住处。小屋能住6人，面朝美丽的海景，还有烧木柴的壁炉。自带床单和毛巾——如果租用店里的每人$15。从停车场出发，步行2.2公里到达。

❶ 到达和离开

克罗津戈斯隆国家公园在墨尔本以东492公里处。在卡恩河（Cann River）和新南威士州边界之间，有多条紧邻王子公路的未铺装道路（路况各异）通往公园。其中有些通向位于Wingan水湾、Mueller水湾、Thurra River和沉船溪的露营地。

除了Mallacoota Rd，所有通往公园的道路都是未铺装的，冬季十分难走，因此出发前要先跟**卡恩河**（☎13 19 63, 03-5158 6351；www.parkweb.vic.gov.au；Cann River）或**马拉库塔**（☎13 19 63, 03-8427 2123；www.parkweb.vic.gov.au；Mallacoota）的维多利亚州公园管理处确认路况，尤其是下雨时或雨后。

布里斯班及周边

包括 ➡

布里斯班............................303
布里斯班周边..................342
北斯特拉德布罗克岛.....342
莫顿岛...............................345

最佳餐饮

➡ Urbane（见322页）
➡ Gauge（见323页）
➡ Island Fruit Barn（见344页）
➡ King Arthur Café（见325页）
➡ Shouk Café（见328页）

最佳住宿

■ New Inchcolm Hotel & Suites（见320页）
■ Next（见319页）
■ Spicers Balfour Hotel（见321页）
■ Allure（见344页）
■ Bunk Backpackers（见320页）

为何去

精致典雅的都市画廊和屋顶酒吧、荒无人烟的亚热带海滩、凉爽宜人的葡萄园——大布里斯班地区就是昆士兰州景致反差最大的地方。葱郁闷热的大都市布里斯班当属亮点，蒸蒸日上的餐饮和文化娱乐产业证明这座城市正日趋成熟。莫顿湾环绕城市东部边缘，那里分布了一些低洼沙岛，包括莫顿岛，那里有碧绿的波浪、茂密的森林以及游弋而过的鲸鱼、海龟和海豚。

布里斯班人喜欢户外活动，宜人的气候更是造就了当地居民的强健体魄。体态健美的当地人喜欢早起慢跑、游泳、骑车、划艇、攀岩，或者遛狗。当天气过于炎热时，布里斯班的亚文化暗流就开始涌动，许多书店、具有国际色彩的餐馆、咖啡馆、酒吧和现场音乐场所火爆起来。

何时去

布里斯班

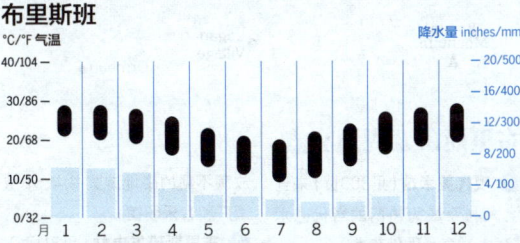

1月 布里斯班的夏季酷暑难耐，是冲浪避暑的理想时节。

5月至8月 天气偏凉（带件夹克），天空蔚蓝。

9月 春天到来，气候转暖，布里斯班和Bigsound等热门节庆相继举行。

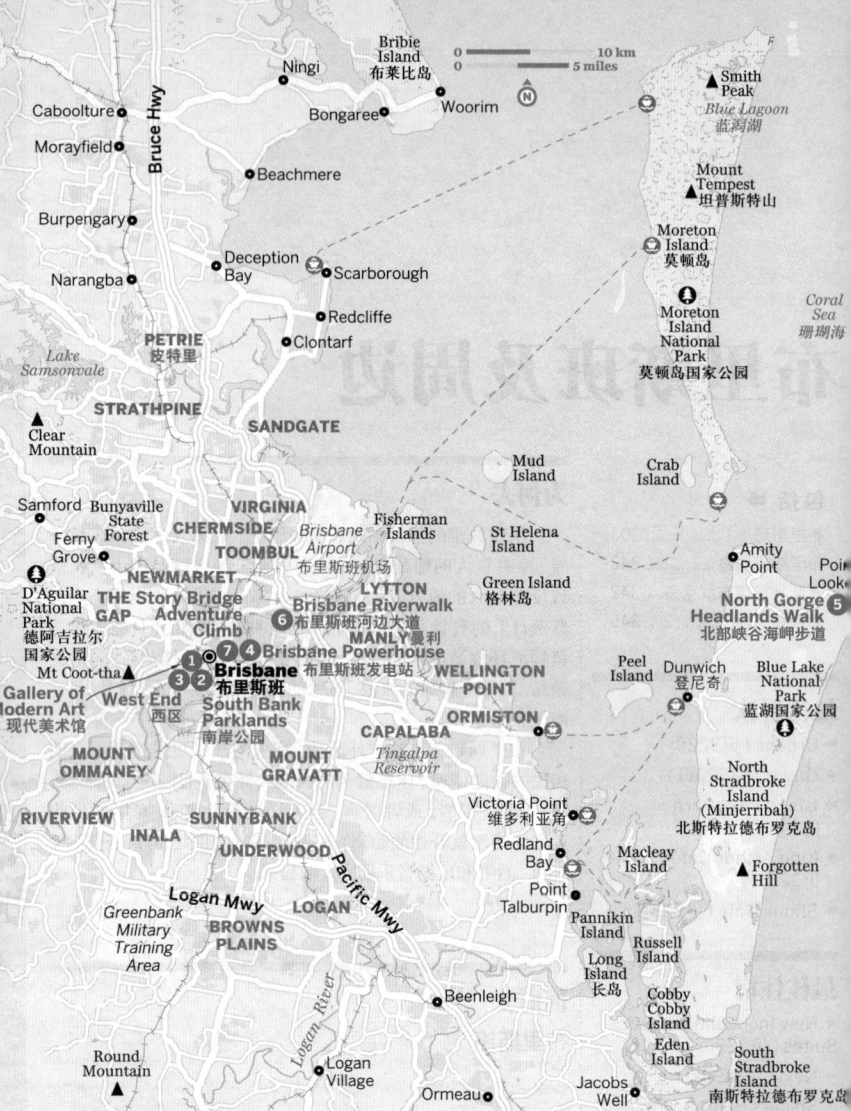

布里斯班及周边亮点

❶ **现代美术馆**（见309页）来到澳大利亚最为热门的当代艺术馆之一，享受现代艺术。

❷ **南岸公园**（见309页）在布里斯班最受青睐的河滨休闲地野餐、漫步、享受市区海滩阳光。

❸ **西区**（见307页）在布里斯班放荡不羁的腹地游览书店、小酿酒厂和音乐场馆。

❹ **布里斯班发电站**（见311页）在这个改造过的发电站观看表演。

❺ **北部峡谷海岬步道**（见342页）体验北斯特拉德布罗克岛最为秀丽的步道之一。

❻ **布里斯班河边大道**（见311页）踏上这条光明小径，欣赏城市天际线以及河景。

❼ **Story Bridge Adventure Climb**（见316页）参加这项惊险刺激的2小时攀爬之旅，登上布里斯班的故事桥。

布里斯班（BRISBANE）

人口 230万

布里斯班不愿继续屈就悉尼和墨尔本之后，开始打破常规，震惊评论界。欢迎来到澳大利亚亚热带的新潮之地，看看这里的艺术、咖啡馆、酒吧、气候、老式的昆士兰房屋，感受一下当地人上进积极的态度——这就是布里斯班的魅力。不过，真正让布里斯班脱颖而出的可能还是布里斯班河，这条河的天然弯道将这座城市分割成都市和村庄的拼合体，每个区域都个性鲜明，地形各异：波希米亚风格的西区地势较低；新潮时尚的帕丁顿位于山顶；高端的新农场位于半岛上；而拘谨整洁的袋鼠角则位于海岬之上。游走在不同的村庄之间，可以领略昆士兰州（Queensland）这座千变万化而又略显古怪的时髦首府的魅力。

◉ 景点

布里斯班的各大景点基本位于市中心（CBD）和河对面的南岸。前者拥有殖民时期的历史和建筑，后者包含布里斯班主要文化机构和南岸公园（South Bank Parklands）。

◉ 布里斯班市中心

★ 市政厅　　　　　　　　　　　　　地标

（City Hall；见308页地图；☏07-3339 0845；www.brisbane.qld.gov.au；King George Sq；◐周一至周五 8:00~17:00，周六、周日 9:00~17:00，钟楼团队游 10:15~16:45，市政厅团队游 10:30、11:30、13:30和14:30；🚇Central）免费 这座大型砂岩建筑建于20世纪20~30年代，门前有一排形同巨杉的科林斯柱。大厅所用大理石和米开朗琪罗的雕塑《大卫》所用大理石源自同一托斯卡纳采石场。1965年，滚石乐队在这座大楼的礼堂里举行首次澳大利亚演出，礼堂宏伟壮观，带有一个4300管的风琴以及红木和蓝桉地板，周二正午举办免费音乐会。钟楼高85米，免费钟楼游每15分钟一次；通过出色的布里斯班博物馆（见303页）购买门票。

★ 布里斯班博物馆　　　　　　　　博物馆

（Museum of Brisbane；见308页地图；☏07-3339 0800；www.museumofbrisbane.com.au；Level 3, Brisbane City Hall, King George Sq；◐10:00~17:00；🚇Central）免费 这个高瞻远瞩的博物馆位于市政厅一隅，帮助人们深入了解布里斯班的变迁兴衰。目前的主要展览全部源于布里斯班。这家博物馆和总部在柏林的剧团Rimini Protokoll开展创新合作，他们进行的互动项目研究当前100位布里斯班居民，根据澳大利亚统计局（Australian Bureau of Statistics）的统计数据，这100人可以准确地反映这座城市人们的生活。而最终产生的大都市简介，内容远比想象得复杂。

城市植物园　　　　　　　　　　　　公园

（City Botanic Gardens；见308页地图；www.brisbane.qld.gov.au；Alice St；◐24小时；🚍QUT Gardens Point；🚇Central）免费 这里的植物原本是1825年由罪犯种植的一批粮食作物，目前却成了布里斯班最受欢迎的绿色空间。从昆士兰科技大学（Queensland University of Technology）的校区沿着斜坡缓缓延伸至河边，这里有大面积的草坪、缠绕的莫顿湾无花果、南洋杉、澳洲坚果树，在这里打太极拳是都市人舒缓疲惫的灵丹妙药。每天的11:00和13:00，免费的一小时导览游从圆形大厅出发。周日，受人欢迎的布里斯班河畔市场（见338页）在此举办。别去花园里那些平淡无奇的咖啡馆，最好选择野餐。

议会大厦　　　　　　　　　　　历史建筑

（Parliament House；见308页地图；www.parliament.qld.gov.au；Alice St和George St交叉路口；◐团队游 非会议日 13:00、14:00、15:00和16:00；🚍QUT Gardens Point；🚇Central）免费 这栋俯瞰城市植物园的建筑魅力迷人，它采用雪白的石头搭建，充满了法国文艺复兴风格，其历史可追溯到1868年。进入游览的唯一方式就是参加免费团队游，团队游根据需、按照公布时间发出（如果开议会，只有14:00一次）。团队游开始前5分钟到达；无须预约。

罗马街公园　　　　　　　　　　　　公园

（Roma Street Parkland；见308页地图；www.visitbrisbane.com.au/Roma-Street-Parkland-and-Spring-Hill；1 Parkland Blvd；◐24小时；🚇Roma

Greater Brisbane 大布里斯班地区

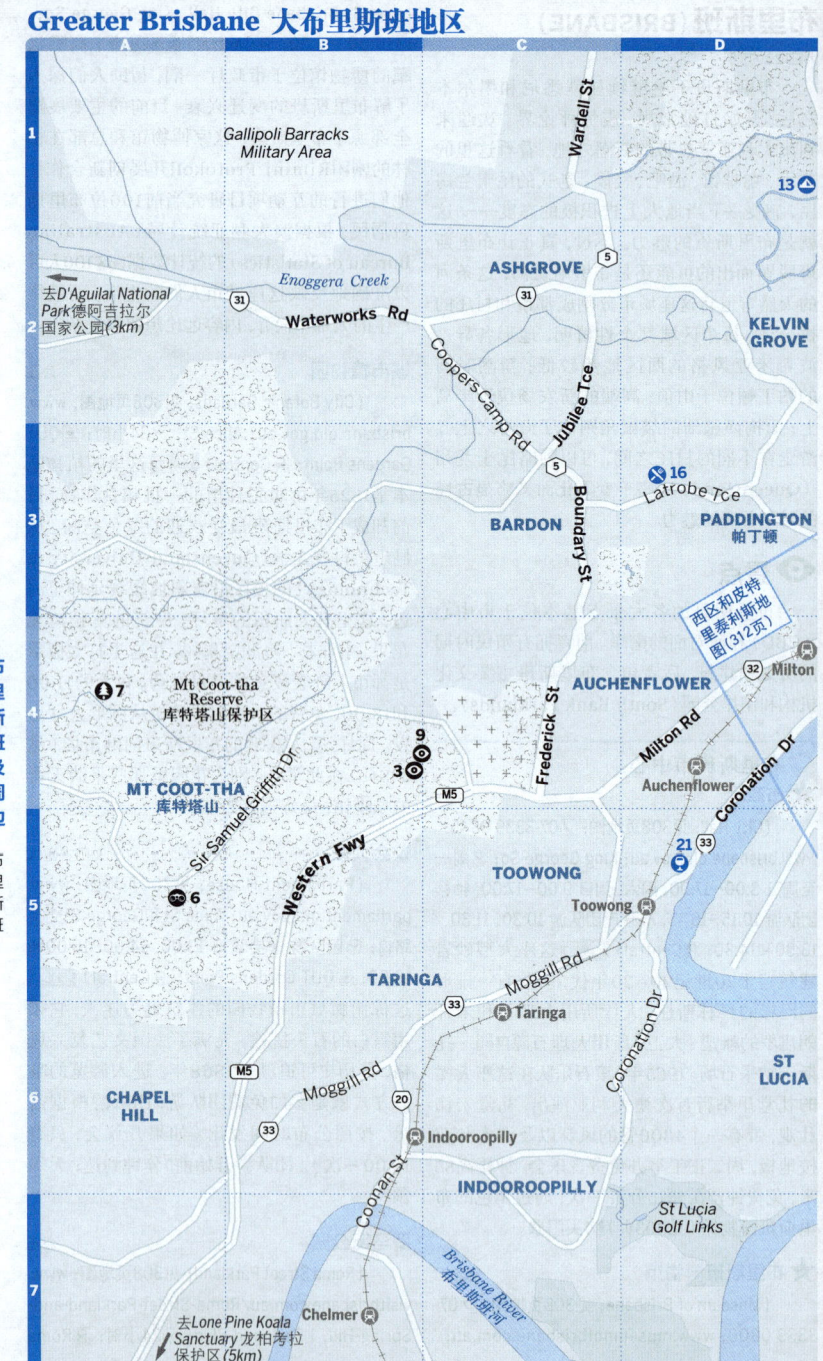

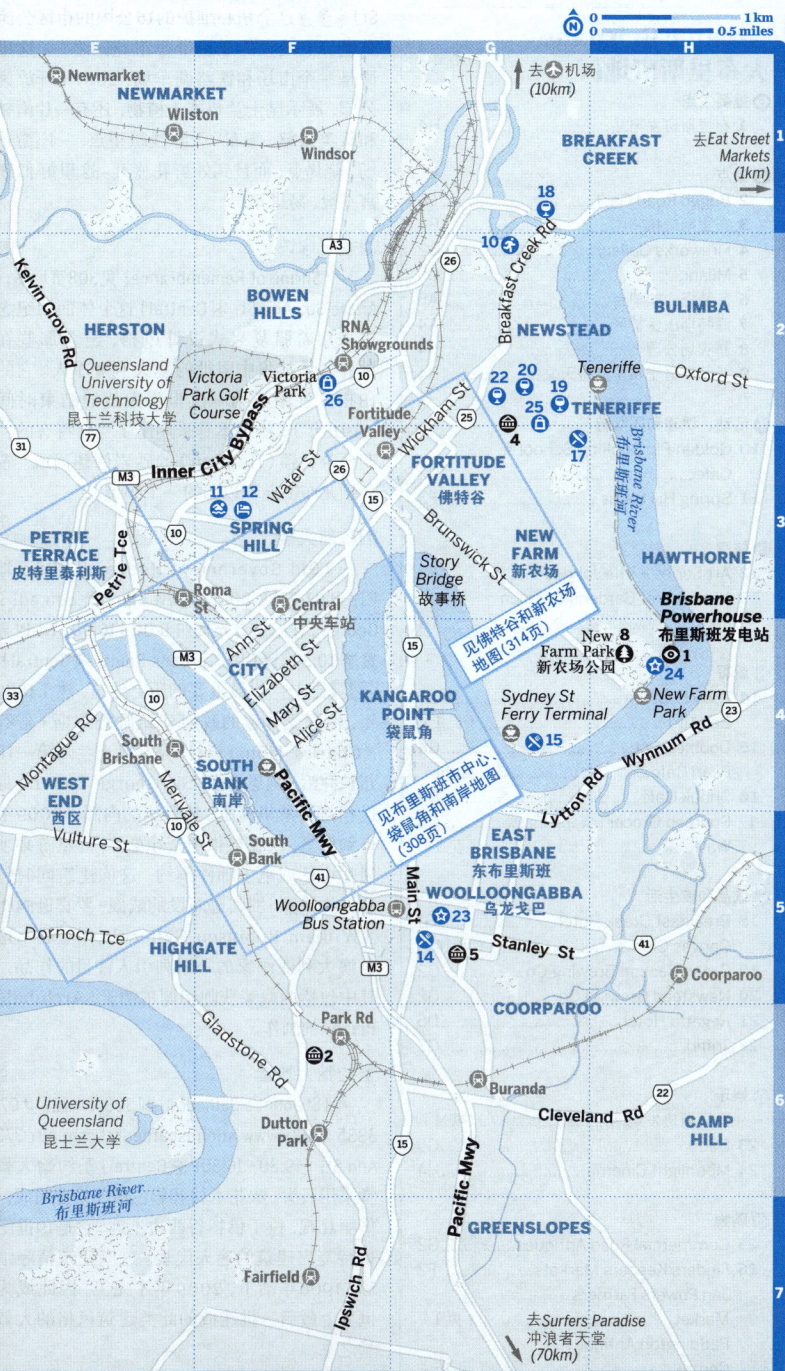

Greater Brisbane
大布里斯班地区

◉ 重要景点
1 布里斯班发电站.................................H4

◉ 景点
2 Boggo Road Gaol..............................F6
3 布里斯班植物园..................................B4
4 Fireworks Gallery...............................G2
5 Milani...G5
6 库特塔山瞭望台..................................A5
7 库特塔山保护区..................................A4
8 新农场公园..H4
9 托马斯爵士布里斯班天文馆..................B4

✈ 活动、课程和团队游
10 Golden Pig Cooking School & Cafe...G2
11 Spring Hill Baths...............................F3

🛏 住宿
12 Art Series – The Johnson F3
13 Newmarket Gardens Caravan Park..D1

🍴 就餐
14 1889 Enoteca..................................G5
Bar Alto..(见1)
15 Double Shot....................................G4
Pearl Cafe..(见14)
16 Shouk Café......................................D3
17 Sourced Grocer...............................G3
Watt...(见1)

🍷 饮品和夜生活
18 Breakfast Creek Hotel......................G1
Canvas Club.....................................(见14)
19 Green Beacon Brewing Co..............G2
20 Newstead Brewing Co.....................G2
21 Regatta Hotel...................................D5
22 Triffid...G2

★ 娱乐
布里斯班发电站...................................(见1)
23 Gabba...G5
24 Moonlight Cinema............................H4

🛍 购物
25 Commercial Road Antiques.............G2
26 Finders Keepers Markets................F2
Jan Powers Farmers Market...(见1)
Paddington Antique Centre..(见16)

St) **免费** 这个精心维护的16公顷的市区公园是世界上最大的亚热带都市花园之一。这里原是一个市场和铁路调车场，2001年开放为公园，展示昆士兰州本土植物，还有一片雨林和蕨类沟壑、瀑布、天际线瞭望点、一座游乐场、烧烤点，而且到处鲜花盛开。这里好似迷宫一般，易进难出。

战争纪念馆　　　　　　　　　　　　　地标

（Shrine of Remembrance；见308页地图；Anzac Sq, Ann St; 🚆Central）这个体面的纪念馆采用希腊复兴式设计风格，纪念那些在世界各地战事中服役的澳大利亚军人。它的18根立柱象征第一次世界大战的结束时间（1918年），建筑本身采用昆士兰州特有的、产自希利顿（Helidon）的砂岩修建而成。希利顿是布里斯班以西的一个小镇。

旧政府大楼　　　　　　　　　　　历史建筑

（Old Government House；见308页地图；☎07-3138 8005；www.ogh.qut.edu.au；2 George St；⏱周二至周四 9:00~16:00，1小时导览游 10:30；🚌QUT Gardens Point; 🚆Central）**免费** 昆士兰州最重要的历史建筑，建于1862年，由深受尊敬的政府建筑师查尔斯·蒂芬（Charles Tiffin）设计，是与昆士兰州第一任州长乔治·鲍恩爵士（Sir George Bowen）身份相衬的豪华寓所。其奢华的内部于2009年得到修复，现在提供免费导览游；导览游必须通过电话或电子邮件预约。这栋建筑同时包含专为威廉·罗宾逊而设的威廉·罗宾逊画廊（William Robinson Gallery），用于展示这位澳大利亚画家的一系列引人注目的作品，其中包括两幅荣获阿切博尔德奖（Archibald Prize）的画作。

圣约翰大教堂　　　　　　　　　　　　教堂

（St John's Cathedral；见308页地图；☎07-3835 2222；www.stjohnscathedral.com.au；373 Ann St; ⏱9:30~16:30; 🚆Central）圣约翰大教堂采用石头、雕花木材和彩色玻璃修建而成，华丽壮观，位于佛特谷西边不远。它是19世纪哥特复兴建筑的迷人代表。这座建筑精雕细琢，1906年动工，2009年才完工，因此成为世界上最后一批建成的此类建筑风格的大教堂之一。

军需储备博物馆 博物馆
(Commissariat Store Museum; 见308页地图; www.queenslandhistory.org; 115 William St; 成人/儿童/家庭 $6/3/12; ⊙周二至周五 10:00~16:00; ⓟNorth Quay; ⓡCentral) 这是布里斯班历史最悠久的还在使用的建筑, 1829年由罪犯们建造, 原本是政府的仓库。内部是一座整洁的小博物馆, 记录了罪犯和殖民的历史过往。别错过了参观罪犯们的"手指头", 以及有关昆士兰州意大利移民的展览。

⊙ 南岸和西区
(South Bank & West End)

★昆士兰文化中心 文化中心
(Queensland Cultural Centre; 见308页地图; Melbourne St, South Bank; ⓢSouth Bank

布里斯班的画廊行业

虽然现代美术馆(GOMA)和昆士兰美术馆(见310页)名声最响, 但布里斯班还有一些小型私人画廊和展馆, 而且队伍不断壮大, 它们展出主流以及前卫艺术。

The Pillars Project (见308页地图; www.thepillarsproject.com; Merrivale St, South Brisbane; ⊙24小时; ⓟ198; ⓢSouth Bank Terminals 1 & 2; ⓡSouth Brisbane) 布里斯班最为出人意料的艺术空间之一。南布里斯班铁路地下通道的一系列立柱被许多艺术家画上醒目的街头艺术壁画。其中包括国际知名的布里斯班画家芬坦·麦基(Fintan Magee)的作品。

现代美术学院 (Institute of Modern Art, IMA; 见314页地图; ☎07-3252 5750; www.ima.org.au; 420 Brunswick St, Fortitude Valley; ⊙周二、周三、周五、周六 正午至18:00, 周四 至20:00; ⓡFortitude Valley) 位于朱迪丝·赖特当代艺术中心(见335页)内部, 这家优质的非营利性美术馆里充斥着工业风, 定期举办本土和国际各个领域艺术家的展览, 内容包括装置艺术、摄影和绘画。

TW Fine Art (见314页地图; ☎0437 348 755; www.twfineart.com; 181 Robertson St, Fortitude Valley; ⊙周二至周六 10:00~17:00, 周日 至15:00; ⓟ470; ⓡFortitude Valley) 佛特谷的这家画廊很容易被错过, 它没有受到"保持本土化"魔咒的束缚, 展出来自世界各地的当代艺术作品, 它们充满智慧、深受好评。它还在网上开办一个创意十足的限量版印刷品展馆, 可供人们浏览以及直接购买。

Fireworks Gallery (见304页地图; ☎07-3216 1250; www.fireworksgallery.com.au; 52a Doggett St, Newstead; ⊙周二至周五 10:00~18:00, 周六 至16:00; ⓟ300, 302, 305, 306, 322, 393, 470) 一个非常出色的仓库展馆, 主要展出绘画和雕塑, 全部出自当代澳大利亚原住民和非原住民艺术家之手。距离佛特谷的James St只有很短步程。

Milani (见304页地图; ☎07-3391 0455; www.milanigallery.com.au; 54 Logan Rd, Woolloongabba; ⊙周二至周六 11:00~18:00; ⓟ174, 175, 204) 免费 一个绝佳的画廊, 展示前卫的原住民和对立当代艺术。位于乌龙戈巴(Woolloongabba)一个工业地带, 四周都是车场和美容设备供应商。如果看起来已经关门, 那就转动门把开门。

Suzanne O'Connell Gallery (见314页地图; ☎07-3358 5811; www.suzanneoconnell.com; 93 James St, New Farm; ⊙周三至周六 11:00~16:00; ⓟ470) 免费 新农场的这家画廊专注于原住民艺术, 展品精彩绝伦, 出自澳大利亚各地艺术家之手。登录网站查询定期展览开放时间。

Jan Murphy Gallery (见314页地图; ☎07-3254 1855; www.janmurphygallery.com.au; 486 Brunswick St, Fortitude Valley; ⊙周二至周六 10:00~17:00; ⓟ195, 196, 199; ⓡFortitude Valley) 炭灰色的画廊, 前面铺着一片阿斯特罗特夫尼龙草皮, 它是佛特谷画廊密集区又一处陈列当代澳大利亚才俊作品的主要展览空间。

Central Brisbane, Kangaroo Point & South Bank
布里斯班市中心、袋鼠角和南岸

Terminals 1 & 2; ᕮSouth Brisbane)昆士兰文化中心位于南岸,就在维多利亚桥(Victoria Bridge)上方,靠近中央商务区。它是布里斯班文化融合的中心。这个建筑群向四面延伸,周围环绕着亚热带花园。其中有些建筑风格不同寻常,例如昆士兰表演艺术中心(见335页)、昆士兰博物馆和科学中心、昆士兰美术馆、昆士兰州立图书馆,以及尤为突出的现代美术馆。

★ 现代美术馆 画廊

(Gallery of Modern Art, GOMA;见308页地图;www.qagoma.qld.gov.au; Stanley Pl, South Bank; ◷10:00~17:00; ᕮSouth Bank Terminals 1 & 2; ᕮSouth Brisbane) **免费** 现代美术馆由棱角分明的玻璃、混凝土和黑色金属建成,侧重于展示20世纪70年代以来的澳大利亚艺术,是不容错过的现代艺术画廊。美术馆求新求变,反映现实,展品从油画、雕塑和摄影,再到录像、装置和电影艺术,十分丰富。这里还有一家艺术书店、儿童活动室、一家咖啡馆(见324页)和一家新派澳大利亚美食**GOMA Restaurant**(见308页地图; ☎07-3842 9916;主菜 $39~47; ◷周三至周日 正午至14:00,增加周五17:30~20:00; ᕮSouth Bank Terminals 1 & 2; ᕮSouth Brisbane)。免费导览游在11:00、13:00和14:00开始。

南岸公园 公园

(South Bank Parklands;见308页地图;www.visitbrisbane.com.au; Grey St, South Bank; ◷清晨至黄昏; ᕮ; ᕮSouth Bank Terminals 1, 2 & 3; ᕮSouth Brisbane, South Bank) **免费** 想要享受沙滩日光浴、进入雨林乘凉休憩或欣赏一座尼泊尔和平塔吗?来到这个俯瞰市中心的17.5公顷公园,就能够进行以上三种活动。走道带有华盖,通往表演场地、绿茵草坪、餐馆和酒吧、公共艺术,而且定期举办免费活动,从瑜伽课程到电影放映,内容多样。星级景点要数Streets Beach(见315页),这里有一片环礁湖式的人造游泳沙滩(周末时人山人海);还有将近60米高的布里斯班摩天轮(见311页),转一圈大约10分钟,可以360度欣赏全景。

Central Brisbane, Kangaroo Point & South Bank
布里斯班市中心、袋鼠角和南岸

◎ 重要景点
 1 市政厅 C2
 2 现代美术馆 B2
 3 布里斯班博物馆 C3
 4 昆士兰文化中心 B3

◎ 景点
 5 城市植物园 D5
 6 军需储备博物馆 C4
 7 旧政府大楼 C5
 8 议会大厦 C5
    昆士兰美术馆 .... (见4)
 9 昆士兰海洋博物馆 B6
 10 昆士兰博物馆和科学中心 A3
 11 罗马街公园 C1
 12 战争纪念馆 D2
 13 南岸公园 B4
 14 圣约翰大教堂 E2
 15 The Pillars Project A2
 16 布里斯班摩天轮 B4

◎ 活动、课程和团队游
 17 Brisbane Explorer D3
 18 Brisbane Greeters C2
 19 River City Cruises B4
 20 Riverlife E5
 21 Story Bridge Adventure Climb F4
 22 Streets Beach B5

◎ 住宿
 23 Base Brisbane Embassy D3
 24 Base Brisbane Uptown C2
 25 Brisbane City Backpackers A1
 26 Ibis Styles C3
 27 New Inchcolm Hotel & Suites E2
 28 Next C3
 29 Punthill Brisbane D1
 30 Rydges South Bank A4

◎ 就餐
 31 Cha Cha Char E4
 32 Cliffs Cafe E6
 33 E'cco F2
 34 Felix for Goodness C3
 35 Gauge A3
 36 GOMA Cafe Bistro B2
    GOMA Restaurant .... (见2)
 37 Govinda's C2
 38 Greenglass C2
    Julius .... (见35)
 39 Kiss the Berry B4
 40 Miel Container D4
 41 Stokehouse Q B6
 42 Strauss D3
 43 Urbane D4

◎ 饮品和夜生活
 44 Brooklyn Standard E3
 45 Coffee Anthology D4
    Embassy Hotel .... (见23)
 46 Gresham Bar E3
 47 John Mills Himself C3
    Maker .... (见35)
 48 Mr & Mrs G Riverbar E3
 49 Nant D4
 50 Riverbar & Kitchen E3
 51 Sportsman Hotel D1
 52 Story Bridge Hotel F4
 53 Super Whatnot C3

◎ 娱乐
 54 Ben & Jerry's Openair Cinemas B4
 55 Brisbane Jazz Club F3
 56 Metro Arts Centre D3
 57 昆士兰表演艺术中心 B3
 58 Riverstage C6
 59 South Bank Cineplex A5
 60 Underground Opera D2

◎ 购物
 61 Archives Fine Books C3
 62 布里斯班河畔市场 D4
 63 Collective Markets South Bank B5
 64 Jan Powers Farmers Market C3
 65 Maiocchi D3
 66 Noosa Chocolate Factory D2
 67 Young Designers Market B5

◎ 实用信息
 68 布里斯班旅游信息与预订中心 D3
 69 南岸旅游信息中心 B5

昆士兰美术馆　　　　　　　　　　画廊

（Queensland Art Gallery, QAG；见308页地图；www.qagoma.qld.gov.au; Melbourne St, South Bank; ⊙10:00~17:00; ⛴South Bank Terminals 1 & 2; ⓇSouth Brisbane）**免费** 昆士兰美术馆包含精美的澳大利亚国内外永久收藏品。澳大利亚的艺术品年代涵盖了19世纪40年代到20世纪70年代：注意欣赏著名大师的作品，

包括悉尼·诺兰爵士（Sir Sydney Nolan）、亚瑟·博伊德（Arthur Boyd）、威廉·多贝尔（William Dobell）和阿尔伯特·纳玛其拉（Albert Namatjira）。

昆士兰博物馆和科学中心　　博物馆

（Queensland Museum & Sciencentre; 见308页地图; ☏07-3840 7555; www.southbank.qm.qld.gov.au; Grey St和Melbourne St交叉路口; 昆士兰博物馆 免费, 科学中心 成人/儿童/家庭 $14.50/11.50/44.50; ◎9:30～17:00; ᐂSouth Bank Terminals 1 & 2; ☒South Brisbane）**免费**来到昆士兰州的核心历史宝库，深入挖掘昆士兰州的历史。引人入胜的展品包括在昆士兰州发现的木他龙（Muttaburrasaurus，又名"Mutt"）骨架以及"Avian Cirrus号"——昆士兰人伯特·辛克勒（Bert Hinkler）驾驶这架小型飞机在1928年完成了首次英格兰到澳大利亚的单人飞行。科学中心是一座寓教于乐的场所，大量互动展品带你深入了解生命科学和技术。学校放假这里会大排长龙。

昆士兰海洋博物馆　　博物馆

（Queensland Maritime Museum; 见308页地图; ☏07-3844 5361; www.maritimemuseum.com.au; Stanley St; 成人/儿童/家庭 $16/7/38; ◎9:30～16:30, 最晚进入时间 15:30; ᐂMaritime Museum; ☒South Bank）这座海洋博物馆位于南岸的南部边缘，镇店之宝就是庞然大物"Diamantina号"军舰，它是一艘经过修复的"二战"时期护卫舰，可以攀爬上去仔细研究。

布里斯班摩天轮　　摩天轮

（Wheel of Brisbane; 见308页地图; ☏07-3844 3464; www.thewheelofbrisbane.com.au; Grey St, South Bank; 成人/儿童/家庭 $19/13.50/55; ◎周日至周四 10:00～22:00, 周五和周六 至23:00; ᐂSouth Bank Terminals 1 & 2; ☒South Brisbane）不能展翅高飞，但是也渴望鸟瞰城市全景？可以乘坐这个距离昆士兰表演艺术中心（见335页）咫尺之遥的河滨摩天轮。封闭的舱位会升到60米左右，虽然不算太高，但是仍能全面呈现这座蓬勃发展的城市的360度全貌。摩天轮旋转一周需要10～12分钟，途中有语音讲解布里斯班景点。在线预约有折扣。

◎ 佛特谷和新农场 (Fortitude Valley & New Farm)

★ 布里斯班发电站　　艺术中心

（Brisbane Powerhouse; 见304页地图; ☏售票处 07-3358 8600, 接待处 07-3358 8622; www.brisbanepowerhouse.org; 119 Lamington St, New Farm; ◎周二至周日 9:00～21:00; ☐195, 196; ᐂNew Farm Park）它位于新农场公园（New Farm Park）的东侧，原本是一个废弃的发电站，后来被巧妙地改建成当代艺术中心。内部带有涂鸦痕迹、工业机械设备和老式变压器改造的电灯。这个中心举办各种活动，包括艺术展览、戏剧、现场音乐和喜剧。而且拥有两个人声鼎沸的河滨餐厅。登录网站了解上演的节目。

布里斯班河边大道　　桥梁

（Brisbane Riverwalk; 见314页地图; ☐195, 196; ᐂSydney St）布里斯班河边大道位于开阔的棕色水道上，给来客提供了一种观赏城市的天际线的新颖方式。这条道路全长870米，包含独立的步行和骑行道，连接新农场和Howard St Wharves，可从Howard St Wharves继续前往布里斯班市中心。这条大道替代了原先的水上通道——原先的那一条在2011年的洪水中被冲垮。

唐人街　　景区

（Chinatown; 见314页地图; Duncan St, Fortitude Valley; ◎24小时; ☒Fortitude Valley）Duncan St的西端，一条仿唐朝拱形门廊赫然矗立，这里就是布里斯班的唐人街。这条步行街（以及Duncan St至Brunswick St Mall之间的Ann St段）带有亚洲特色，包括挂在蒸汽腾腾的玻璃橱窗背后的油亮板鸭、亚洲杂货店，以及泰国、中国、越南和日本菜肴的香气。**中国农历春节**（Chinese New Year; www.chinesenewyear.com.au; ◎1月/2月）期间，整个街区都热闹非凡。

新农场公园　　公园

（New Farm Park; 见304页地图; www.newfarmpark.com.au; Brunswick St, New Farm; ◎24小时; ☐195, 196; ᐂNew Farm Park）新农

West End & Petrie Terrace
西区和皮特里泰利斯

布里斯班及周边 布里斯班

场公园位于沿河的Brunswick St的尽头，其内的蓝花楹树、玫瑰花园和野餐区域令人欣喜。这里配备燃气烧烤区和免费Wi-Fi（靠近圆形大厅、位于公园河流末端），是度过一个慵懒下午的理想地点。小孩子会特别喜欢这里的游乐场——一系列克鲁索式（Crusoe）的平台夹在一些巨型莫顿湾无花果树之中。Jan Powers Farmers Market（见304页地图；

West End & Petrie Terrace 西区和皮特里泰利斯

⊙ 活动、课程和团队游
- 1 Urban Climb..................................B4
- 2 XXXX Brewery Tour.....................B2

🛏 住宿
- 3 Brisbane Backpackers..................B5
- 4 Brisbane City YHA........................C2
- 5 Go Now Family Backpacker.........B5

🍴 就餐
- 6 Billykart West End........................C4
- 7 Chop Chop Chang's......................B5
- 8 Govinda's.......................................B5
- 9 Kettle & Tin...................................C1
- 10 Morning After...............................A5
- 11 Plenty West End...........................A4
- 12 Scout..D1
- Sea Fuel....................................(见10)

⊙ 饮品和夜生活
- 13 Archive Beer Boutique................B5
- 14 Blackstar Coffee Roasters..........B5
- 15 Catchment Brewing Co..............B5
- 16 Cobbler...B4
- Jungle..(见8)
- 17 Lefty's Old Time Music Hall.......D2

⊙ 娱乐
- 18 Lock 'n' Load................................B5
- 19 Paddo Tavern...............................C1
- 20 Suncorp Stadium.........................C2

⊙ 购物
- 21 Davies Park Market.....................A4
- Jet Black Cat Music................(见8)
- 22 Junky Comics................................B5
- Where the Wild Things Are....(见7)

---

www.janpowersfarmersmarkets.com.au; Brisbane Powerhouse, 119 Lamington St; ⊙周六 6:00至正午) 和 **Moonlight Cinema**（见304页地图; www.moonlight.com.au; Brisbane Powerhouse, 119 Lamington Rd, New Farm; 成人/儿童 $17/12.50; ⊙周三至周日 19:00; 📧195, 196; 🚢New Farm Park) 也位于此。

⊙ 大布里斯班地区(Greater Brisbane)

布里斯班植物园　　　　　　　　花园

(Brisbane Botanic Gardens; 见304页地图; ☏07-3403 2535; www.brisbane.qld.gov.au/botanicgardens; Mt Coot-tha Rd, Mt Coot-tha; ⊙8:00~17:30, 4月至8月 至17:00; 📧471) 免费 这座花园位于库特塔山(Mt Coot-tha)脚下, 占地52公顷, 拥有丰富的迷你生态环境, 从仙人掌、盆栽和草药园, 到雨林和干旱植物区, 应有尽有。周一和周六的11:00和13:00提供免费的步行导游, 自助游导览可以从网站下载。若想经由公共交通到达此地, 可以在市内的Adelaide St搭乘471路公交车, 地点就位于乔治国王广场对面($4.60, 25分钟)。

库特塔山保护区　　　　　　　自然保护区

(Mt Coot-tha Reserve; 见304页地图; www.brisbane.qld.gov.au; Mt Coot-tha Rd, Mt Coot-tha; ⊙24小时; 📧471) 免费 从市区驱车或搭乘公交车15分钟就可以到达这片面积广大、郁郁葱葱的自然保护区, 最高峰库特塔山海拔287米。你可以在山坡上发现布里斯班植物园、**托马斯爵士布里斯班天文馆**(Sir Thomas Brisbane Planetarium; 见304页地图; ☏07-3403 2578; www.brisbane.qld.gov.au/planetarium; 免费入场, 表演 成人/儿童/家庭/优惠价 $15.80/9.60/43/13; ⊙周二至周五 10:00~16:00, 周六 11:00~20:15, 周日 11:00~16:00; 📧471)、徒步路径和令人瞠目的**库特塔山瞭望台**(Mt Coot-tha Lookout; 见304页地图; ☏07-3369 9922; www.brisbanelookout.com; 1012 Sir Samuel Griffith Dr, Mt Coot-tha; ⊙24小时; 📧471)。登上瞭望台能够鸟瞰城市天际线和全貌。在晴朗的日子里, 你还可以看见莫顿湾的岛屿。

龙柏考拉保护区　　　　　　野生动物保护区

(Lone Pine Koala Sanctuary; ☏07-3378 1366; www.koala.net; 708 Jesmond Rd, Fig Tree Pocket; 成人/儿童/家庭 $36/22/85; ⊙9:00~17:00; 📧430) 龙柏考拉保护区位于市中心以南大约12公里处, 占据了河边的一片园地。这里生活着大约130只考拉, 还有袋鼠、负鼠、袋熊、鸟类和其他澳大利亚本土动物。可爱的考拉让人难以抗拒, 多数游客乐意掏出$18怀抱考拉合影留念。全天都有各种动物的展示。

🚶 活动

登录 www.brisbane.qld.gov.au/faci

Fortitude Valley & New Farm
佛特谷和新农场

Fortitude Valley & New Farm 佛特谷和新农场

◎ 景点
- 1 布里斯班河边大道 B6
- 2 唐人街 A2
- 现代美术学院 .... (见 37)
- 3 Jan Murphy Gallery B3
- 4 Suzanne O'Connell Gallery D4
- 5 TW Fine Art C3

◎ 活动、课程和团队游
- 6 Q Academy..D2

◎ 住宿
- 7 Bowen Terrace B6
- 8 Bunk Backpackers A2
- 9 Limes.. B1
- 10 Spicers Balfour Hotel B5
- 11 Tryp..C2

◎ 就餐
- Balfour Kitchen........................... (见 10)
- 12 Ben's Burgers B2
- 13 Chouquette C6
- 14 Himalayan Cafe C5
- 15 James Street Market..............................D2
- 16 King Arthur Café D3
- 17 Les Bubbles A2
- 18 Little Loco D7
- 19 Longtime A2
- 20 New Farm Confectionery C6
- 21 Nodo Donuts..D2
- 22 Thai Wi-Rat B2
- 23 Tinderbox...C3

◎ 饮品和夜生活
- 24 APO B2
- Birdees .... (见 8)
- 25 Bloodhound Corner Bar & Kitchen B3
- 26 Cloudland..B2
- 27 Death Before Decaf C6
- 28 Eleven...C2
- 29 Elixir A2
- 30 Family...B3
- 31 Gerard's Bar...C2
- 32 Holey Moley Golf Club...........................B2
- 33 Press Club..B2
- 34 Wickham Hotel B1
- 35 Woolly Mammoth Alehouse...................A2

◎ 娱乐
- 36 Beat MegaClub B2
- 37 朱迪丝·赖特当代艺术中心 B3
- 38 New Farm Six Cinemas C6
- Zoo.. (见 36)

◎ 购物
- 39 Camilla C2
- 40 Fallow...B2
- 41 James Street..C2
- Libertine.. (见 5)
- 42 Miss Bond..B2
- Outpost .... (见 42)
- 43 Stock & Supply B2
- Tym Guitars .... (见 12)
- Winn Lane .... (见 12)

lities-recreation/sports-leisure/walking/walking-trails,你将会发现许多出类拔萃的艺术和遗迹游览步道。

CityCycle 骑车

(☏1300 229 253；www.citycycle.com.au；出租每小时/天 $2.20/165，前30分钟免费；⊙24小时)要使用布里斯班的共享自行车，需要先在网站注册(每天/每周 $2/11)，然后就可以在市区及周围150家租赁点租借自行车(收取额外费用)。租用超过1小时的话价格非常昂贵——充分利用每辆车前30分钟的免费使用时间吧，可以从一个站骑到另一个站，然后换车继续前行。只有四分之一车辆带有头盔(在当地骑车必须佩戴头盔)，所以可能需要前往Target或Kmart这样的商店购买一顶头盔。

Spring Hill Baths 游泳

(见304页地图；☏1300 332 583；www.cityaquaticsandhealth.com.au；14 Torrington St, Spring Hill；成人/儿童/家庭 $5.40/3.90/16.40；⊙周一至周四 6:30~19:00，周五 至18:00，周六 8:00~17:00，周日 8:00~13:00；➡30, 321)这个古朴的25米温水池1886年开业，是这座城市的第一个地面泳池。如今四周仍旧环绕着别致的木制更衣室。它是南半球最古老的公共浴池之一。

Streets Beach 游泳

(见308页地图；☏07-3156 6366；⊙白天；➡South Bank Terminals 1, 2 & 3；➡South Bank) 这是澳大利亚唯一的人造海滩，位于南岸。地处市中心，可以在此游泳(而且免费)。救生员、大声嬉闹的孩童、沙滩宝贝、炫耀健身房训练成果的肌肉男、棕榈树,以及冰激凌推车——在这里一应俱全。

Urban Climb
攀岩

(见312页地图;07-3844 2544;www.urbanclimb.com.au;2/220 Montague Rd, West End;成人/儿童 $20/18,一次性注册费 $5;周一至周五 正午至22:00,周六、周日 10:00~18:00)一面大型室内攀岩墙,带有澳大利亚最大的抱石墙之一。不仅适合攀岩新手,而且适合资深攀岩爱好者。

Pinnacle Sports
攀岩

(07-3368 3335; www.pinnaclesports.com.au; 2小时绳降 $80起, 3小时攀岩 $90起)攀爬袋鼠角悬崖(Kangaroo Point Cliffs)或沿着悬崖绳降:不管哪种方式,都乐趣十足!可选项目包括2小时日落绳降,还有前往格拉斯豪斯山(Glass House Mountains)的全天攀岩之旅。

Story Bridge Adventure Climb
探险运动

(见308页地图;1300 254 627; www.sbac.net.au; 170 Main St, Kangaroo Point;攀爬 $100起;234;Thornton St, Holman St)攀爬布里斯班最知名的大桥真是充满惊险刺激,可以让你在清晨、黄昏或夜晚观赏无与伦比的市区美景。攀爬大桥的南半段,全程2小时,最后到达蜿蜒浑浊的布里斯班河上方80米处。每月最后一个周六举行黎明攀爬。攀登大桥者的年龄不得低于10岁。

Riverlife
探险运动

(见308页地图;07-3891 5766; www.riverlife.com.au; Naval Stores, Kangaroo Point Bikeway, Kangaroo Point;租赁自行车/轮滑鞋 每4小时 $35/40,皮划艇 每2小时 $35;9:00~17:00;Thornton St)Riverlife位于袋鼠角悬崖脚下,组织丰富多彩的城市冒险活动。可以选择攀岩($55起)、绳降($45)或河上皮划艇之旅($45起)。皮划艇之旅包括周五、周六晚上的饮酒和美食之旅"Paddle and Prawns"($85)。同时对外出租自行车、皮划艇和轮滑鞋。

Q Academy
按摩

(见314页地图;1300 204 080; www.qacademy.com.au; 20 Chester St, Newstead;1小时按摩 $30;300, 302, 305, 306, 322, 470)Q Academy是布里斯班性价比最高的按摩店之一:一小时放松按摩或治疗按摩收费$30。虽然按摩技师都是这所知名学校的学员,但是他们全部具有丰富的理论和实践经验,能够让你感到身心放松。这个地方顾客盈门,所以至少提前一周上网预约。

Skydive Brisbane
高空跳伞

(1300 663 634; www.skydive.com.au; $300起)组织双人跳伞,飞越布里斯班上空,着陆地点就在雷德克利夫(Redcliffe)的海滩。登录网站查询信息。

Fly Me to the Moon
热气球

(07-3423 0400; www.brisbanehotairballooning.com.au;儿童/成人 含接送 $250/330起)1小时的热气球游飞越腹地。热气球游结束之后,前往黄金海岸以西、Scenic Rim地区的葡萄园享用香槟早餐。可以送客返回布里斯班。

团队游

CityCat
乘船

(13 12 30; www.translink.com.au;单程 $5.60;5:25~23:25)放弃小汽车或公交,搭乘一艘CityCat渡轮沿着布里斯班河航行,这个体验更加宁静。渡轮每15~30分钟往返于城市东北的哈密尔顿北海岸(Northshore Hamilton)终点站和西南部的昆士兰大学之间。中途停靠16个站点,包括Teneriffe、新农场公园、北码头(North Quay,可前往中央商务区)和南岸(前往西区也很方便)。

Brisbane Explorer
团队游

(见308页地图;02-9567 8400; www.brisbanecityexplorer.com.au;一日游票价 成人/儿童/家庭 $40/25/110;9:00~17:15)这条随上随下的穿梭巴士线路经过15处布里斯班的标志性地带(如果你不中途下车,最多需要1.5小时),包括中央商务区、库特塔山、唐人街、南岸和故事桥(Story Bridge)。团队游每隔45分钟从Queen St的邮局广场(Post Office Sq)出发。上网购票,或从司机处购票。另外,还有包含5站的团队游,游览布里斯班植

值得一游

德阿吉拉尔国家公园（D'AGUILAR NATIONAL PARK）

公园名读作"dee-ag-lar"。是不是觉得城郊闷得慌？那就去这个36,000公顷的国家公园（www.nprsr.qld.gov.au/parks/daguilar; 60 Mount Nebo Rd, The Gap），满足你对郊野的渴望吧。公园虽然就在市中心西北10公里外，但让人感觉仿佛去了另一个世界。

Walkabout Creek游客信息中心（Walkabout Creek Visitor Information Centre; ☎07-3164 3600; www.walkaboutcreek.com.au; 60 Mount Nebo Rd, The Gap; 野生动物中心 成人/儿童/家庭 $7.20/3.50/18.25; ◐9:00~16:30)位于公园入口，提供公园的地图。园内还有一个野生动物中心，栖息着大量本土动物，包括爬行动物和昼伏夜出的有袋动物。

公园有好几条步道，长度从数百米到24公里环线不等。其中包括莫奈里娜（Manorina）日间开放区域内的往返6公里的莫雷雅小径（Morelia Track）和光荣山（Mt Glorious）上4.3公里的格林纳瀑布小径（Greene's Falls Track）。还可以骑山地自行车或是骑马。你也可以在公园露营，偏远的林间露营地（☎137 468; www.npsr.qld.gov.au/parks/daguilar/camping.html; 每人/家庭 $6.15/24.60)未经预约也可入住。从游客中心出发也有几条步道（1.5公里和5公里往返），但其他徒步路线则相对较长（所以你需要带上自己的交通工具）。

可从Roma St站搭乘385路公交车（$5.70, 25分钟）抵达The Gap Park 'n' Ride，然后再沿着路向上爬几百米就到了。

物园和库特塔山。

Brisbane Greeters
团队游

（见308页地图; ☎07-3156 6364; www.brisbanegreeters.com.au; Brisbane City Hall, King George Sq; ◐10:00)热情的志愿者带领小团体游览布里斯班，提供免费介绍。至少提前3天上网或致电预订。上网预订可以选择"自选"（Your Choice）行程，参照个人兴趣和日程安排。注意，"自选"行程需要提前5天预订。

River City Cruises
游轮

（见308页地图; ☎0428 278 473; www.rivercitycruises.com.au; South Bank Parklands Jetty A; 成人/儿童/家庭 $29/15/65）River City运营1.5小时的游轮，从南岸往返新农场，配有解说。10:30和12:30从南岸发船（夏季14:30加开1班）。

XXXX Brewery Tour
团队游

（见312页地图; ☎07-3361 7597; www.xxxx.com.au; Black St和Paten St交叉路口, Milton; 成人/儿童 $32/18; ◻375, 433, 475）想要尝尝XXXX啤酒？参与这个啤酒厂的团队游吧，肯定有机会喝上几口祛湿解暑的啤酒，所以把汽车留在家里吧。团队游周一至周五每天组织4次，周六组织9次；登录网站查询。另外，周四的10:30有啤酒厂及Suncorp Stadium（见335页）组合之旅（成人/儿童 $48/28)。团队游需要提前预订，记得穿不露脚的鞋。如果你喝得不过瘾，这里还有一个酒馆。

Brisbane Ghost Tours
团队游

（☎07-3344 7265; www.brisbaneghosttours.com.au; 步行游览 成人/儿童/家庭 $20/13/55, 巴士游 成人/儿童 $50/40）参加1.5小时的步行导览游或2.5小时的巴士游，带着一身"鸡皮疙瘩"探访布里斯班的闹鬼之地：谋杀现场、墓地、怪异的商场和臭名昭著的**Boggo Road Gaol**（见304页地图; ☎07-3844 0059, 0411 111 903; www.boggoroadgaol.com; Annerley Rd, Dutton Park; 历史团队游 成人/儿童/家庭 $26.50/13.75/52, 闹鬼团队游 成人/超过12岁的儿童 $45/30; ◐1.5小时历史团队游 周四至周日 11:00, 周日10:00还有一趟, 2小时闹鬼团队游 周三和周五至周日 19:30, 周六20:30还有一趟; ◻112, 116, 202）。每周组织数次团队游，务必提前预订。

🎓 课程

Golden Pig Cooking School & Cafe
烹饪

（见304页地图; ☎07-3666 0884; www.goldenpig.com.au; 38 Ross St, Newstead; 4小

时烹饪课程 $165；☺咖啡馆 周一7:30至正午，周二至周五 至14:00；🚌300, 302, 305）位于Newstead边缘一座仓库之内，大厨卡特琳娜·瑞安（Katrina Ryan）开设一系列受人欢迎的烹饪课程，主题包括新派希腊菜、越南菜、南美菜，还有中东菜、早午餐和酸面包烘焙。瑞安的从业背景令人钦佩，曾在澳大利亚几个顶级餐馆工作。登录网站了解开课时间和课程类型。

✦ 节日和活动

布里斯班网球国际赛 　　　　体育

（Brisbane International；www.brisbaneinternational.com.au；☺1月）这项职业网球赛每年1月初举行，持续8天，是墨尔本举办的大满贯赛事澳大利亚网球公开赛（Australian Open）的前奏——澳网公开赛在每年1月后期举行。布里斯班国际网球锦标赛吸引世界各路好手，举办地点就在河滨郊区田尼森（Tennyson）的昆士兰州网球中心。

布里斯班亚洲节 　　　　　　文化

（BrisAsia Festival；www.brisbane.qld.gov.au；☺1月/2月）布里斯班亚洲节在1月末至2月举行，持续3周。颂扬传统和现代亚洲文化，全国举办80多项活动。庆典内容包括舞蹈、音乐和戏剧表演、影片放映、互动社区活动，还有琳琅满目的亚洲美食。

布里斯班街头艺术节 　　　　艺术

（Brisbane Street Art Festival；www.bsafest.com.au；☺2月）这个节日繁荣热闹、持续2周，喷漆罐嘶嘶作响。节日期间，国内外街头艺术家将城市墙壁涂绘成吸引眼球的艺术品。除了现场壁画艺术，还有展览、音乐、戏剧、灯光秀、研讨会和街头艺术大师课。

布里斯班喜剧节 　　　　　　喜剧

（Brisbane Comedy Festival；www.briscomfest.com；☺2月/3月）感到无精打采？那就来参加这个为期一个月的"欢笑节"，通常2月末至3月举行。展示澳大利亚国内外将近70个喜剧表演。节日演出将于河滨的布里斯班发电站（见311页）艺术中心以及布里斯班市政厅举行。

CMC Rocks Queensland 　　音乐

（www.cmcrocks.com；☺3月）这是南半球规模最大的乡村和寻根音乐节，3月举行，持续三天三夜，地点位于布里斯班西南郊的Willowbank Raceway。届时可能会有国际大牌明星莅临，例如Dixie Chicks、Little Big Town和Kip Moore，以及本国一线乡村乐艺人。

Anywhere Theatre Festival 　表演艺术

（www.anywherefest.com；☺5月）进入5月，两周多时间里，整个布里斯班变成一个大舞台，成百上千个节目在全国许多意想不到的地方拉开帷幕。巷道之内可能上演戏剧，古董店可能上演卡巴莱歌舞，地下水库可能飘出激昂的女高音。

昆士兰卡巴莱歌舞节 　　　表演艺术

（Queensland Cabaret Festival；www.queenslandcabaretfestival.com.au；☺6月）6月前来，布里斯班发电站（见311页）打破常规、颠覆传统，迎接为期10天的昆士兰卡巴莱歌舞节。届时将会上演国内外节目，过往表演者包括美国演员兼歌手莫利·林沃德（Molly Ringwald）和英国自编自唱的艺人（chansonnière）芭菠·杨格（Barb Jungr）。

昆士兰音乐节 　　　　　　　音乐

（Queensland Music Festival, QMF；www.queenslandmusicfestival.org.au；☺7月）著名的创作型歌手凯蒂·努南（Katie Noonan）目前是这个两年一度的全州音乐节的艺术总监，节日期间，推出形形色色的音乐节目，从古典到当代，应有尽有。奇数年份的7月举行，为期3周。大多活动免费。

"Ekka"皇家昆士兰展 　　　文化

（'Ekka' Royal Queensland Show；www.ekka.com.au；☺8月）这个为期10天的盛大活动每年8月举行，让乡村与城市互相"碰撞"。届时会有烟花表演、主题公园之旅、音乐会、剪羊毛展示以及卡车装载的获奖家畜。还有一个烹饪台，进行烹饪演示，那个名厨风格古怪。

Bigsound Festival 　　　　音乐

（www.bigsound.org.au；☺9月）这个新音乐节出类拔萃，9月举行，持续3天，吸引了买家、行业专家和澳大利亚新晋音乐人才的粉丝。这个盛会以朱迪丝·赖特当代艺术中心

（见335页）为主要舞台，推出150位崭露头角的艺术家，表演场地约有15个。

布里斯班节 表演艺术

（Brisbane Festival; www.brisbanefestival.com.au; ⏰9月）这是澳大利亚规模最大、花样最多的艺术节之一，9月举行，为期3周。主要推出一系列令人瞩目的音乐会、戏剧、舞蹈和相关活动。节末举办场面宏大的"Riverfire"，也就是在布里斯班河上的精美烟花表演。

布里斯班骄傲节 同性恋节日

（Brisbane Pride Festival; www.brisbanepride.org.au; ⏰9月）这是澳大利亚第三大LGBT节，9月举行，为期4周，包括受人欢迎的骄傲游行（Pride March）以及平等之日（Fair Day）。在此期间，成千上万民众从佛特谷走向新农场公园，宣扬多样性。华丽的女王舞会（Queen's Ball）6月进行。

布里斯班作家节 文学

（Brisbane Writers Festival, BWF; www.uplit.com.au; ⏰9月）昆士兰州首屈一指的文学活动，已经持续50多年。届时将会举办5天的阅读、讨论和其他启发思维的活动，参与者包括澳大利亚国内外作家和思想家。

德国啤酒节 文化

（Oktoberfest; www.oktoberfestbrisbane.com.au; ⏰10月）布里斯班人穿上皮短裤（lederhosen）和紧身连衫裙（dirndl）迎接这个澳大利亚规模最大的德国人交际盛会。时间为10月的2个周末，地点就在布里斯班秀场（Brisbane Showgrounds）。这是一场德国气息浓郁的活动，有传统德国美食、真假嗓音变换演唱者、德国传统民俗乐队和Kinder Zone。Kinder Zone有游乐项目，开设德语课程，还有其他项目迎合难以取悦的德国人。

Park Sounds 音乐

（www.parksounds.com.au; ⏰11月）这是布里斯班最新流行的音乐节，举办地点位于Strathpine郊区的松树河公园（Pine Rivers Park）。2016年参加人员包括荣获ARIA的一线乐队"Bliss n Eso"，以及其他澳大利亚即兴表演者，例如Drapht和Pon Cho（来自Thundamentals）。11月的一个下午举行。

布里斯班亚太电影节 电影

（Brisbane Asia Pacific Film Festival, 简称BAPFF; brisbaneasiapacificfilmfestival.com; ⏰11月/12月）为期16天，推出大约80部电影，来自多个国家（大洋洲和亚洲），例如澳大利亚、新西兰、中国、韩国、菲律宾、阿富汗、印度和伊朗。活动安排包括故事片、短片和纪录片欣赏，还有专题讨论会和其他特别活动。

🛏 住宿

住宿价格一般并不遵循淡旺季规律；价格高低通常取决于需求大小。周中、重要活动时段和假期时段价格经常较高。

🛏 布里斯班市中心

Base Brisbane Embassy 青年旅舍 $

（见308页地图；☎07-3014 1715; www.stayatbase.com; 214 Elizabeth St; 铺/双/标床$35/100/130起; ❊@🛜; 🚇Central）这是Base连锁店的一个市区分店，店面整洁漂亮，尽管位于熙攘的Queen St Mall后面，但是要比其他青年旅舍更加安静。虽然感觉有点缺乏灵性，但是仍有特色，例如有一个大型电影放映室，以及一个带有烧烤设施、能够欣赏城市风景的阳光露天平台。可去楼下的Embassy Hotel（见308页地图; www.embassybar.com.au; ⏰周一至周三 11:00~22:00, 周四 至23:00, 周五至深夜, 周六 正午至深夜）畅饮精酿啤酒。

Base Brisbane Uptown 青年旅舍 $

（见308页地图；☎07-3238 5888; www.stayatbase.com; 466 George St; 铺/标双和双$21/145起; ❊@🛜; 🚇Roma St）这间特意建造的青年旅舍靠近Roma Street车站，以其大胆新潮的内部装修、体面的设施和整体的干净程度来突显其特点。每个房间都带空调、浴室和单独使用的储物柜，而且都方便轮椅进入。楼下的酒吧是办派对的绝佳场所，有大屏幕的体育台、DJ以及开放麦克风之夜。

Next 酒店 $$

（见308页地图；☎07-3222 3222; www.

snhotels.com/next/brisbane; 72 Queen St; 房间$180起; ❄@🌐☕; ⓡCentral) 这家酒店位于Queen St Mall之上, 新潮时髦、地处市区、价格合理。客房千篇一律, 但雅致现代, 配备高科技触屏设备和体面床铺。户外小型健身泳池位于一个喧闹酒吧一侧, 旁边就是一个便利的游客休息厅 (附带按摩椅和淋浴), 可供过早入住的游客使用, 或是搭乘深夜航班的旅客休息。店内还有一个健身房。

Ibis Styles 酒店 $$

(见308页地图; ☏07-3337 9000; www.ibisstylesbrisbaneelizabeth.com.au; 40 Elizabeth St; 双$140起; ❄@🌐; ⓡCentral) 这家全球最大的Ibis酒店提供时髦、现代、低价的客房。色彩缤纷的地毯和引人注目的几何形状在大厅营造出活泼的氛围。虽然标准间略显狭小, 但是客房都舒适清新, 配备绝佳床垫和智能电视, 能够欣赏不同凡响的河景和南岸景致。酒店特色包括一个带有高品质设施的小型健身房和住客洗衣设施。

Punthill Brisbane 酒店 $$

(见308页地图; ☏07-3055 5777, 1300 731 299; www.punthill.com.au/property/brisbane/punthill-brisbane; 40 Astor Tce, Spring Hill; 1卧/2卧公寓$150/185起; Ⓟ❄🌐☕; ⓡCentral) 大堂的复古自行车 (对外出租) 格外出彩。这家酒店提供时髦现代、色调柔和的套房。住房配备舒适的超大床铺、小厨房或用具齐全的厨房、阳台和现代便利设施, 例如平板电视和iPod音乐播放器。店内设施包括一个小型泳池、健身房和住客洗衣房。酒店处于中心位置, 价格也具有竞争力。整体而言是一个很好的住宿选择。停车费$25。

New Inchcolm Hotel & Suites 历史酒店 $$$

(见308页地图; ☏07-3226 8888; www.inchcolm.com.au; 73 Wickham Tce; 双$210起; Ⓟ❄🌐; ⓡCentral) 这家酒店 (带有橡木包裹的老式电梯) 已被列入《遗产名录》, 建于20世纪20年代, 作为医生套房, 极其豪华和温馨。新楼的客房格外宽敞明亮; 旧楼的客房更加别致。所有客房均配备贴心用具, 包括咖啡机、Riedel高脚杯和小冰箱, 里面摆放当地采购的饮食。还有一个内部餐厅。停车费$40。

🏠 南岸和西区

Go Now Family Backpacker 青年旅舍 $

(见312页地图; ☏0434 727 570, 07-3472 7570; www.gonowfamily.com.au; 147 Vulture St, West End; 铺$19~30, 双$70; Ⓟ❄🌐; 🚌198, 199) 这里一定是布里斯班最便宜的床铺了。尽管这家青年旅舍房价极其便宜, 但这里仍然让大家享受到了干净、彬彬有礼和安全。这里可不是举办派对的地方; 如果你想要喝个痛快, 最好还是另寻他处。楼上房间的天花板挑高更高一些。

Brisbane Backpackers 青年旅舍 $

(见312页地图; ☏1800 626 452, 07-3844 9956; www.brisbanebackpackers.com.au; 110 Vulture St, West End; 铺$21~34, 双/标双/标三$100/110/135起; Ⓟ❄@🌐☕; 🚌198, 199) 如果你想参加派对, 那你就来对地方了。这个庞大的青年旅舍有很不错的泳池和酒吧区, 房间简易但基本上管理得不错。从这里步行很快可到达西区的人声鼎沸的餐馆、酒吧和现场音乐场馆。

Rydges South Bank 酒店 $$

(见308页地图; ☏07-3364 0800; www.rydges.com; 9 Glenelg St, South Brisbane; 房间$180起; ❄🌐☕; ⓡSouth Brisbane) 这家出类拔萃的12层酒店最近刚刚整修一新, 距离南岸公园和各大画廊只有很短的步程。标准间色彩绚丽, 呈现银色、灰色和紫色, 而且宽敞迷人 (尽量入住面朝市区的客房), 配备无比舒适的床铺、智能电视、免费Wi-Fi、运动传感空调以及狭小但现代的卫生间。

🏠 佛特谷和新农场

Bunk Backpackers 青年旅舍 $

(见314页地图; ☏07-3257 3644, 1800 682 865; www.bunkbrisbane.com.au; 11-21 Gipps St, Fortitude Valley; 铺$25起, 标单$60, 标双/公寓$85/190起; Ⓟ❄@🌐☕; ⓡFortitude Valley) 它原本是座历史悠久的艺术学院, 10年前以背包客旅舍的身份重生。这里面积很大, 众多房间占据了5层楼 (多数是8人宿舍间), 距离佛特谷的夜生活区仅几步之遥。设施包括一个大型公用厨房、泳池和极可意按摩浴缸, 以及一个内部酒吧Birdees(见314页地图;☎07-3852 5000;www.katarzyna.com.au/venues/birdees; 608 Ann St;◐周一至周三 15:00至深夜,周四至周日 正午至深夜),还有一些出色的5卧公寓。这里不适合22:00点就上床睡觉的人。停车费$12。

Bowen Terrace　　　　　　　　客栈 $

(见314页地图;☎07-3254 0458;www.bowenterrace.com.au; 365 Bowen Tce, New Farm; $34起,标单/双 不带卫生间 $70/80,双/家 带卫生间 $95/145起; ▣@🕸🌊;▣196, 195, 199)这家客栈位于一幢经过修复、有百年历史的昆士兰风格建筑之内,提供价格优惠的住所,处在房地产黄金地段。房间简朴,配备电视、小冰箱、优质床上用品,天花板高耸、装有电风扇(没有空调)。还有一个公用厨房、洗衣设施和一个泳池。客房的隔音效果不佳,但是价格实惠,比常见的青年旅舍档次高很多。

Tryp　　　　　　　　　　　　精品酒店 $$

(见314页地图;☎07-3319 7888;www.trypbrisbane.com; 14-20 Constance St, Fortitude Valley;房间 $160~340; 🕸🌊;▣Fortitude Valley)街头艺术爱好者将会喜欢这个时髦的住宿地点,总共65间客房,附带一个小型健身房、一个屋顶酒吧和一个玻璃门电梯,能够看到遍布涂鸦的电梯井。酒店共有四层,每层主打一个布里斯班街头艺术家的作品,尽管标准间较小,但是很舒适,而且配备咖啡机和绝佳的松软床铺。

Limes　　　　　　　　　　　精品酒店 $$

(见314页地图;☎07-3852 9000;www.limeshotel.com.au; 142 Constance St, Fortitude Valley;双 $180起; ▣🕸🌊;▣Fortitude Valley)这家酒店新潮时髦,尽管客房紧凑,但是能充分利用有限空间,有华丽床铺、小厨房和工作区。附带贴心设施,包括咖啡机、免费Wi-Fi和健身卡。虽然我们喜欢屋顶热水浴缸、酒吧和电影院,但是夜间噪声比较大;如果睡眠较浅,带上耳塞。附近的停车费$20。

Spicers Balfour Hotel　　　　精品酒店 $$$

(见314页地图;☎1300 163 054;www.spicersretreats.com/spicers-balfour-hotel; 37 Balfour St, New Farm;房间 $280起,套 $430起; ▣🕸🌊;▣195, 196, 199)这家酒店精美雅致,占据同一街道、经过修复的两座历史建筑。来到那栋古老的昆士兰风格大楼,选择一间华丽小型客房。或者来到20世纪20年代的别墅,选择空间宽敞、注重装饰的套房,其中四个带有独立浴室。所有房间和套房配备绝佳床铺、Bose音响系统和免费Wi-Fi。这家酒店附带一个知名餐厅,房费包含早餐。

🛏 大布里斯班地区

Brisbane City YHA　　　　　　青年旅舍 $

(见312页地图;☎07-3236 1004;www.yha.com.au; 392 Upper Roma St;铺 $34起,标双和双带/不带卫生间 $125/107起,家 $145起; ▣🕸@🕸🌊;▣375, 380;▣Roma St)这家旅舍完美无瑕、经营完善,有一个屋顶泳池和阳光露台可以欣赏醉人的河景。最大的多人间可以放6张床(不算太大);多数房间配备浴室。这里很安全,有多种活动,厨房也很大(有许多冰箱)。举办电影之夜,每周组织城市步行游览和烧烤活动。这是一家国际青年旅舍,而非不间断派对地点。停车费$12。

Brisbane City Backpackers　　青年旅舍 $

(见308页地图;☎07-3211 3221, 1800 062 572; www.citybackpackers.com; 380 Upper Roma St;铺 $19~33,双/标三 $80/105起; ▣🕸@🕸🌊;▣375, 380;▣Roma St)这个派对之地非常活跃、装饰很少,位于Upper Roma St青年旅舍集中地,充分利用了有限的户外空间,包括一个观景塔和泳池。店内酒吧每晚举办节目: DJ表演、问答之夜、卡拉OK等,提供免费Wi-Fi。价格较低的客房不带空调。如果为派对而来,这里正合你意。

Newmarket Gardens
Caravan Park　　　　　　　　露营地 $

(见304页地图;☎07-3356 1458;www.newmarketgardens.com.au; 199 Ashgrove Ave, Newmarket;无电/有电营地 $41/43,内部房间 $57,廉价房间 $68,小屋 $135~160; ▣🕸@🕸; ▣390;▣Newmarket)这个露营地位于城北4公里,分布着一些杧果树。有5间简单经济的房间(不带空调)、5间整洁的小屋(带空调)以及一大片房车和帐篷露营地。对于孩子来说这算不上是一个有吸引力的场所。390路公

交车从布里斯班市中心开来,停靠于房车公园以东200米左右(20站下车)。

Art Series – The Johnson　　酒店 $$

(见304页地图;☎07-3085 7200;www.artserieshotels.com.au/johnson; 477 Boundary St, Spring Hill;房间 $165起; P✳@☎;☐301, 321, 411)这是布里斯班第一家Art Series酒店,2016年开业,专为抽象艺术家迈克尔·约翰逊(Michael Johnson)所建。雅致的大厅陈列着他的作品,其粗疏大胆的笔触引人注意。约翰逊的装裱作品还为酒店整洁现代的客房增光添彩,客房全部配备无与伦比的AH Beard床垫、精美灯光和免费Wi-Fi。还有一个内部健身房,以及一个由奥林匹克金牌得主迈克尔·克里姆(Michael Klim)设计的50米屋顶泳池。

✗ 就餐

布里斯班的饮食业日趋繁荣——国内美食评论家和与时俱进的吃客对此心知肚明。从新派澳大利亚美味到路边餐车,这座城市提供的各种珍馐美食越发令人心动。

✗ 布里斯班市中心

Miel Container　　汉堡 $

(见308页地图;☎07-3229 4883;www.facebook.com/mielcontainer; Mary St和Albert St交叉路口;汉堡 $12起;◷周一至周四和周六11:00~22:00,周五 至23:00;☐Central)这个红得扎眼的运输集装箱就被放置在布里斯班摩天大楼下方的角落里。汉堡出类拔萃,自选圆面包、牛肉饼、蔬菜、奶酪和酱料应有尽有。在人行道旁找一个空位坐下。如果太难选择,那就要个经典的Miel草饲牛肉汉堡,配以洋葱酱、培根和小番茄。多汁、多肉,真是美味绝伦。

Felix for Goodness　　咖啡馆 $

(见308页地图;☎07-3161 7966;www.felixforgoodness.com; 50 Burnett Lane;主菜 午餐 $12~22,晚餐 $23~24;◷周一和周二 7:00~14:30,周三至周五 至21:30,周六 8:00~14:00;☎✎;☐Central)✎雅致的位置、工业设备和天然形成的别致气氛,打造出这家咖啡馆的风格。来这里啜饮浓咖啡或大口吃下美味早午餐,例如斯佩尔特罂粟籽小圆饼配香草糖霜、藏红花豆蔻和红花蜜汁梨,或者南瓜、意大利乳清干酪和焦糖洋葱菜肉馅煎蛋饼。夜间菜单较短,以酒吧小吃为主(最好配创意鸡尾酒),还有意大利面食和意大利调味饭。

Strauss　　咖啡馆 $

(见308页地图;☎07-3236 5232;www.straussfd.com; 189 Elizabeth St;菜肴 $6.50~13.50;◷周一至周五 6:30~15:00;☎;☐Central)这家咖啡馆并不张扬,氛围好,与邻里和睦。来此品尝糕点或者受人青睐、创意十足的沙拉菜品。亦可品尝厚实的烤三明治(熏肉、德国酸菜、奶酪和泡菜组合)和改良经典菜品,例如法式烤面包配柠檬酱和炼乳。这个地方精心制作咖啡,提供冷萃咖啡、旋转浓咖啡和过滤咖啡。

Govinda's　　素食 $

(见308页地图;☎07-3210 0255;www.brisbanegovindas.com.au; 358 George St;自助餐 $12.90;◷周一至周五 7:00~20:00,周六 11:00起;✎;☐Roma St)这是一个实实在在的经济型餐馆,由印度教克利须那派教徒经营。取个盘子,装满素食咖喱、丸子(纯素)、沙拉、印度薄饼、酸辣酱和粗面粉水果布丁等食品。还有一家分店,位于西区(见312页地图;☎0404 173 027; 82 Vulture St, West End;自助餐 $12;◷周一至周五 11:00~15:00和17:00~20:00,周六 11:00~15:00;☐199)。

Greenglass　　法国菜 $$

(见308页地图;www.facebook.com/greenglass336; 336 George St;午餐 $12~30,晚餐 主菜 $18~35;◷周一至周五 7:00~21:00;☐Roma St)沿着一家折扣店和香艳酒吧之间的楼梯走上去,来到这个朴素简约、阁楼风格的新餐馆。来此品尝新奇早餐菜品,例如搭配煎蛋、鳄梨和薄片猪肚的深色圆面包、法式小酒馆午餐菜品以及包含小众澳大利亚酒水的高雅葡萄酒。

★ Urbane　　新派澳大利亚菜 $$$

(见308页地图;☎07-3229 2271;www.urbanerestaurant.com; 181 Mary St; 5道菜套餐 $110, 7道菜套餐 $145;◷周二至周六 18:00~

22:30；[停车场图标]；[渡轮图标]Eagle St Pier；[火车图标]Central）阿根廷大厨亚力杭德罗·卡西诺（Alejandro Cancino）经营着这家温馨怡人的餐馆，它是布里斯班美食的典范。如果经济允许，选择更能反映坎希诺烹饪天分的8道菜套餐。毋庸置疑，菜肴赏心悦目、美味可口，无论玉米"雪"（将玉米慕斯放入液氮中烹制而成），还是配以西米珍珠粒和当地澳大利亚坚果的腌制洋葱瓣，都非常好吃。葡萄酒出类拔萃。

Cha Cha Char 牛排 $$$

（见308页地图；[电话]07-3211 9944；www.chachachar.com.au；5/1 Eagle St Pier；主菜 $35~90；[时钟]周一至周五 正午至23:00，周六、周日18:00~23:00；[渡轮]Eagle St Pier；[火车]Central）只要提到这家铺着亚麻桌布的牛排餐馆，苛刻挑剔的嗜肉食客都会垂涎三尺。餐馆选用顶级澳大利亚牛肉片，采用木材烤制，并且因此闻名。除了排骨、臀肉和T型骨之外，同时提供一流的海鲜和野味烧烤，包括配以烤蘑菇、苹果方旦糖、烤夏南瓜乳瓜和石榴薄酱的白千层烟熏鸭胸肉。作为Eagle St Pier的一部分，这家餐厅装饰着落地长窗，可以眺望河景。

[餐具图标] 南岸和西区

Plenty West End 咖啡馆 $

（见312页地图；[电话]07-3255 3330；www.facebook.com/plentywestend；284 Montague Rd, West End；菜肴 $5.50~23.50；[时钟]6:30~15:00，厨房打烊 14:25；[wifi][停车]；[公交]60, 192, 198）[素食]这家咖啡馆由一个工坊改建而成，位于西区偏远的西端。乡村的淳朴环境，提供"农场至餐桌"食品。前往柜台浏览一下新鲜出炉的馅料烤面包和蛋糕，或者看看黑板上书写的特色菜品，例如配以南瓜酱、羊乳酪、葡萄干和南瓜子的焦糖球芽甘蓝。饮品包括鲜榨果汁、现成的康普茶和很棒的有机咖啡。吃完之后，还可以到店内购物区，获取一些菠萝辣酱。

Morning After 咖啡馆 $

（见312页地图；[电话]07-3844 0500；www.morningafter.com.au；Vulture St和Cambridge St交叉路口，West End；早餐 $9~19，午餐 主菜 $15~21；[时钟]7:00~16:00；[wifi][停车]；[公交]199）西区这家新派咖啡馆使用新潮时髦的淡黄木质家具，铺设光可鉴人的地铁砖，呈现清新脱俗的绿色基调，视觉效果华丽大方。似乎比苹果更加鲜嫩欲滴。身处这个令人舒爽的环境，品尝活力十足、经过改良的咖啡馆美食，例如配以煎蛋、胡萝卜和姜泥的夏南瓜油炸饼以及越南沙拉，还有配以羽衣甘蓝香蒜沙司、菠菜泥和开心果的意大利通心粉，非常惬意。不过，咖啡品质有点不太稳定。

Kiss the Berry 健康食品 $

（见308页地图；[电话]07-3846 6128；www.kisstheberry.com；65/114 Grey St, South Bank；碗 $10.50~16；[时钟]7:00~17:00；[停车]；[渡轮]South Bank Terminals 1 & 2；[火车]South Brisbane）这个朝气蓬勃的浆果吧俯瞰南岸公园，提供新鲜美味的有机珍馐，品类搭配多样。我们的最爱是看似不佳实际绝佳的Snickers Delight（香蕉、草莓、生可可粉、花生酱、椰子汁、杏仁乳、格兰诺拉麦片、生可可豆肉以及椰子酸奶和椰子片）。要想品尝浆果流食，选择杯装冰沙食品。

★ Gauge 新派澳大利亚菜 $$

（见308页地图；[电话]07-3852 6734；www.gaugebrisbane.com.au；77 Grey St, South Brisbane；早餐 $12~19，主菜 $26~33；[时钟]周一至周三 7:00~15:00，周四和周五 7:00~15:00和17:30~21:00，周六 8:00~15:00和17:30~21:00，周日 8:00~15:00；[渡轮]South Bank Terminals 1 & 2；[火车]South Brisbane）这家咖啡馆式的餐馆每天营业，生意火爆。所在地整洁空旷，亮点有黑色纺丝铝材灯、本土植物和非常出色的葡萄酒。菜肴干净新潮，体现出澳大利亚的自信。特色菜品包括令人生畏的配以煨骨髓、蘑菇和本土百里香的"血色墨西哥卷饼"（blood taco），以及一种精美特制的香蕉面包——带有焦香草和黑黄油的蒜蓉面包。

Julius 意大利菜 $$

（见308页地图；[电话]07-3844 2655；www.juliuspizzeria.com.au；77 Grey St, South Brisbane；比萨 $21~24.50；[时钟]周日、周二和周三 正午至21:30，周四 至22:00，周五、周六 至22:30；[渡轮]South Bank Terminals 1 & 2；[火车]South Brisbane）这家体面的意大利餐馆选用抛光混凝土装修，阿贝罗酒（Aperol）金光四射。出品一流

比萨，分为两种：pizze rosse（带有番茄酱）和pizze bianche（不带番茄酱）。前者包含一种简单迷人的番茄大蒜调味汁，采用适当的那不勒斯方式烹制（无海鲜）。意大利面食同样出类拔萃，fritelle di ricotta（充满奶油蛋羹的意大利乳清干酪炸馅饼）让食客尽兴而归。

GOMA Cafe Bistro 咖啡馆 $$

（见308页地图；07-3842 9906；www.qagoma.qld.gov.au；Gallery of Modern Art, Stanley Pl, South Bank；午餐 $15~34；周一至周五 10:00~15:00, 周六、周日8:30起；South Bank Terminals 1 & 2；South Brisbane）这家休闲随意的室内外咖啡馆出售高品质汉堡、沙拉和现代法式小馆主菜，周末提供早餐和午餐。

Billykart West End 新派澳大利亚菜 $$

（见312页地图；07-3177 9477；www.billykart.com.au；2 Edmondstone St, West End；早餐 $6~23.50, 晚餐 主菜$26~36；餐厅 周一和周日 7:00~14:30, 周二至周六 7:00~21:30, 商店 周一 11:00~17:00, 周二至周五 11:00~21:00, 周六 9:00~21:00, 周日 9:00~17:00；192, 196, 198, 199）布里斯班名厨Ben O'Donoghue经营这家华丽而休闲的饭馆，这里的毕立卡特机车（Billykart）设计图纸和人造昆士兰贴面板会勾起当地人的童年回忆。菜肴赏心悦目、有滋有味，从经久不衰的早餐澳亚蛋（虎虾、培根、煎蛋、蚝油、辣椒和石祖鱼）到作为午餐和晚餐、不同凡响的扳手蟹意式细面条，品种多样。周末早餐尤其受到青睐；9:00前到达。

Sea Fuel 炸鱼和薯条 $$

（见312页地图；07-3844 9473；www.facebook.com/seafuel；57 Vulture St, West End；餐 $14~26；11:30~20:30；199）这是布里斯班一家顶级的炸鱼和薯条店，唯一缺少的就是一片海滩。优雅精致、时髦现代，配备仿古木头桌面和大幅海景照片。鱼很新鲜，捕自澳大利亚和新西兰水域。薯条金黄、酥脆无比，撒有鸡肉味调味品。其他食品包括生蚝、泰国鱼饼和清爽沙拉。

Chop Chop Chang's 亚洲菜 $$

（见312页地图；07-3846 7746；www.chopchopchangs.com.au；185 Boundary St, West End；主菜 $18~32, 宴餐 $38~55；11:30~15:00和17:30~21:30；199）佛祖曾说过，"幸福并不因与人分享而减少。"店里饥饿的人群同意这个说法，一碗碗美味可口、泛亚街头食物四下传递，例如采用罗望子、八角和桂皮制作的焦糖猪肉，还有伊桑风味（Isaan-style）的larb（猪肉糜配刺芹、热薄荷和干辣椒绞肉），以及降暑西瓜和柚子沙拉。周五、周六夜间营业较晚。

★ Stokehouse Q 新派澳大利亚菜 $$$

（见308页地图；07-3020 0600；www.stokehouse.com.au；River Quay, Sidon St, South Bank；主菜 $36~42；周一至周四 正午至深夜, 周五至周日 11:00至深夜；South Bank Terminal

---

餐车和夜市

谈及餐车和街头小吃，在布里斯班真是遍地开花，一片繁荣。沿街售卖的快餐车越来越多，提供优质快餐，从卷饼、排骨、鸡蹆和汉堡，到木柴烤比萨、巴西热狗和马来西亚沙嗲串，应有尽有。www.bnefoodtrucks.com.au罗列出布里斯班的餐车，这个网站同时包括一个方便、互动的地图，显示全城餐车的当前位置。

周二至周日，Fish Lane（位于Grey St上的昆士兰博物馆和科学中心的对面）就是**Eating at Wandering Cooks**（www.facebook.com/wanderingcooks）的驻地，优质餐车和食摊在此轮番登场，提供午餐和晚餐。

沿着布里斯班河继续往东，到达生意兴隆的Eat Street Markets（见328页），位于哈密尔顿郊区。搭乘CityCat来此非常方便（在布雷茨码头下船），这是本市街边小吃夜市的潮流中心，经过改造的船运集装箱摆放得像迷宫一样，供应的食品从新鲜去壳的牡蛎到烟雾缭绕的美国烤肉和土耳其夹心烙饼（gözleme），应有尽有。现场还有摇滚乐队的音乐。

3；South Bank）这家精美雅致的餐馆保持高标准，菜品出类拔萃，食材源自当地，还有无与伦比的河流和城市景色。都市人围坐崭新整洁、铺有桌布的餐桌旁边，一边觥筹交错，一边品尝创意菜品，例如配以水果面包、梨和本土蔓越莓酸甜酱的鸡肝和马德拉（Madeira）炖蛋。Stoke Bar位于隔壁，装潢与这里相似，但是饮酒氛围更加随意（虽然价高）。

佛特谷

★King Arthur Café 新派澳大利亚菜 $

（见314页地图；07-3358 1670；www.kingarthurcafe.com；164c Arthur St, Fortitude Valley；餐 $11.50~21；周二至周五 7:00~15:00，周六至周一 至14:00；；470；Fortitude Valley）这家餐馆紧邻James St，经常推出花哨的创意菜品。可以畅饮精美咖啡（包括批量冲泡）、品尝新鲜出炉的美味、饱餐经过改良的咖啡馆常见菜，例如配以羽衣甘蓝、花椰菜、发酵辣椒和山羊凝乳的炒鸡蛋，或者搭配辣根奶油、土豆丁和当季腌菜的热烟熏本地鱼。最重要的是，全部采用当地农产品和放心肉类制作。

Nodo Donuts 咖啡馆 $

（见314页地图；07-3852 2230；www.nodo.com.au；1 Ella St, Newstead；菜肴 $7.50~16；周二至周五 7:00~15:00，周六、周日 8:00起；；300, 302, 305, 306, 322, 470）这家咖啡馆光线充足、年轻时尚，甜甜圈在布里斯班首屈一指（通常14:00前就售罄）。有一些混合口味，例如蓝莓和柠檬以及甜菜根法芙娜（Valrhona）巧克力。它们经过烘焙而成（并非煎炸）、不含谷蛋白，9小时才会变干。咖啡馆其他菜品，无论绿色早餐还是活力十足的杏仁乳奶昔，都注重使用天然、未经加工的食材。咖啡同样出类拔萃。

Ben's Burgers 汉堡 $

（见314页地图；07-3195 3094；www.bensburgers.com.au；Winn Lane, 5 Winn St；汉堡 $11；7:00至深夜；Fortitude Valley）一流食材主导这家小型美食店面，它位于佛特谷最别致的街巷上。起床后过来品尝早餐Elvis（培根、花生酱、香蕉、枫糖），或者晚点再来，品尝午餐或晚餐汉堡三合一，其中一种不含肉。配餐简单——薯条或辣椒奶酪薯条，巧克力糕饼和核桃派作为尾声再合适不过。

Thai Wi-Rat 泰国菜、老挝菜 $

（见314页地图；07-3257 0884；270-292 Brunswick St, Fortitude Valley；菜肴 $12~19；周一至周四 11:00~15:00和17:00~21:30，周五至周日 至22:00；Fortitude Valley）这是一家唐人街饭馆。在泰国王室的画像之下，当地人落座易于擦拭的餐桌之旁，面对辣味十足的泰国和老挝菜品，大快朵颐。忽略特价午餐，选择主菜品种，例如酥脆浓郁的som tum（带有两个绿爪标志的沙拉）或经典的larb（香辣肉末沙拉）。葡萄酒水品质普通，所以可以考虑自带酒水。提供外卖服务。

James Street Market 市场 $

（见314页地图；www.jamesst.com.au/james-st-market；22 James St, Fortitude Valley；8片生鱼片 $17，热菜 $10~28；周一至周五 8:30~19:00，周六、周日 8:00~18:00；470；Fortitude Valley）当地食客来到这个规模不大、时髦现代、备货丰富的市场，采购精美食品，放进冰箱和储藏室。食品包括香蒜沙司橄榄、味道刺鼻的奶酪、蘸酱、新烤面包、油酥糕点以及盒装自制冰激凌。如果有点饥饿，新鲜海产柜台提供优质寿司、生鱼片和加热食品，例如带有莫顿湾小龙虾的上汤乌冬面。

★Longtime 泰国菜 $$

（见314页地图；07-3160 3123；www.longtime.com.au；610 Ann St；主菜 $15~45；周二至周四、周日 17:30~22:00，周五、周六 至22:30；；Fortitude Valley）眨眼之间，你将错过通往这个昏暗、活跃热门店面的小巷。菜单专为多人共餐而设，包括一整套出类拔萃、令人惊喜的泰国风味佳肴，例如必尝的软壳蟹包子（bao）。只能预订17:30、18:00和18:30的餐位，随后就只接待散客（周二和周日晚间餐位最为宽松）。

Les Bubbles 牛排 $$

（见314页地图；07-3251 6500；www.lesbubbles.com.au；144 Wickham St, Fortitude Valley；牛排薯条 $30；周日至周四 正午至

23:00, 周五、周六 至午夜; (R) Fortitude Valley)从红色霓虹灯宣传语"1982年以来这里一直提供优质肉品",到恶棍和警察的照片,这个时髦的牛排餐馆展现了昔日烟花柳巷的时光。如今菜单上面只有精美牛排薯条,而且不限量供应薯条和沙拉。只需选择酱汁(试试绿胡椒粒和法国白兰地类型)和酒水即可。

Tinderbox 意大利菜 $$

(见314页地图; 07-3852 3744; www.thetinderbox.com.au; 7/31 James St, Fortitude Valley; 比萨 $20~24,主菜 $28; 周二至周日 17:00至深夜; 470; (R) Fortitude Valley)这家餐馆新潮时髦、外观装饰马赛克,能够看到James St,顾客盈门。位于一个绿荫蔽日的巷道之上,靠近Palace Centro电影院。菜单菜品适合共餐,是意大利风味,不仅包含辛辣的'nduja(腌猪肉酱)炸饭团和辣椒芝麻菜烤墨鱼,而且还有外焦里嫩的燃木烤比萨,例如出类拔萃的funghi(牛肝菌、马苏里拉奶酪和烤洋葱)。用餐之时,喝上一杯创新型鸡尾酒。

★ E'cco 新派澳大利亚菜 $$$

(见308页地图; 07-3831 8344; www.eccobistro.com.au; 100 Boundary St; 主菜 $36~42,5道菜品尝套餐 $89; 周二至周五 正午至14:30, 周二至周六 18:00至深夜; ; 174, 230, 300)年复一年,这家餐馆一直都是本州的餐饮翘楚之一。员工举止优雅、风度翩翩,菜肴搭配均衡、赏心悦目,可能会有蚝油腌海鳟鱼或美味乳猪配以烟熏胡萝卜泥、朝鲜泡菜和辛辣的'nduja(腌猪肉酱)。厨房提供少量精美素食(主菜 $30~38),还有一些重点推荐、性价比高的品尝套餐,尽善尽美。

新农场

New Farm Confectionery 甜点 $

(见314页地图; 07-3139 0964; www.newfarmconfectionery.com.au; 14 Barker St, New Farm; 甜点 $3起; 周三和周四 10:00~18:00, 周五、周六 至21:30; 195, 196, 199)对于嗜好当地甜品的人,可以挤进这家小型甜品店,它位于New Farm Six Cinemas边上。从夏威夷果脆糖到巧克力外皮马达加斯加香草棉花糖,到黑莓白巧克力饼,产品全部采用天然、优等食材制作。怀旧人士不应错过果味甜粉,采用水果制作、配以棒棒糖,可以蘸食。

Sourced Grocer 新派澳大利亚菜 $

(见304页地图; 07-3852 6734; www.sourcedgrocer.com.au; 11 Florence St, Teneriffe; 菜肴 $7~23; 周一至周六 7:00~15:00, 周日 8:00~15:00, 商店 周一至周四 7:00~20:00, 周五 至19:00, 周六 至17:00, 周日 至16:00; 199, 393; Teneriffe)来到这家餐馆,可以吃到鳄梨酸奶面包(当然带有烟熏labna),还可购买当地的Bee One Third蜂蜜。这是一个低调别致的咖啡馆,由一个仓库改造而成。陈设精美,带有铺坐垫的牛奶箱、一个花草墙和回收罐种植的本土植物。开放式厨房里提供当季本土菜肴,例如配以球芽甘蓝脆叶、半熟鸡蛋和山羊乳酪的卷心菜薄饼。

Little Loco 咖啡馆 $

(见314页地图; 07-3358 5706; www.facebook.com/littlelococafe; 121 Merthyr Rd, New Farm; 早餐 $8~17, 午餐 $14.50~17; 周一至周五 6:00~15:00, 周六、周日 6:30~14:30; ; 196, 199, 195)新农场这家当地小餐馆通体白色,四处点缀着绿色植物。提供健康菜肴,例如Green Bowl。Green Bowl采用羽衣甘蓝、菠菜、花椰菜苗、羊乳酪、石榴籽、鳄梨和杜卡(dukkah)制作,美味可口、感觉很棒。素食和原始饮食菜品为数不少,还有乳制品和无谷蛋白食品。如此注重健康因素情有可原,因为这家咖啡馆的老板是布里斯班足球运动员丹尼尔·鲍尔斯(Daniel Bowles)。

Double Shot 咖啡馆 $

(见304页地图; 07-3358 6556; www.facebook.com/doubleshotnewfarm; 125 Oxlade Dr, New Farm; 主菜 $11.50~19.50; 周三、周四和周六 7:00~15:00, 周五 至21:00, 周日 8:00~15:00; 196; Sydney St)这家小巧玲珑的咖啡馆带有可爱迷人的木质门廊、修剪整齐的树篱和清新亮丽的家具,深受以下顾客青睐:享用早午餐的妈妈们、遛狗人士和打扮光鲜西装革履的房地产经纪人。同新农场员工一起品味精美咖啡、乳清干酪椰蓉面包、西班牙沙丁鱼酸面包或者提神醒脑的青木瓜、椰子和鸡肉沙拉。周五15:00起出售西班牙小吃。

Chouquette
面包房 $

(见314页地图；☎07-3358 6336；www.chouquette.com.au；19 Barker St, New Farm；糕点 $2.50~11；◎周三至周六 6:30~16:00，周日至12:30；❄；🚌195, 196, 199)算不算得上是法国图卢兹以外最好的法式糕点店呢？当你喝着坚果味的咖啡、吃着一袋与本店同名的chouquettes（小小的和有鸡蛋的面团，上面撒有糖霜）、享用着一块亮晶晶的柠檬挞（tarte au citron）或是一根夹馅的法式长棍面包时，就可以考虑考虑这个问题的答案。店员魅力十足、会说法语，锦上添花。

Balfour Kitchen
新派澳大利亚菜 $$

(见314页地图；☎1300 597 540；www.spicersretreats.com/spicers-balfour-hotel/dining；Spicers Balfour Hotel, 37 Balfour St, New Farm；早餐 $14~25，晚餐 主菜 $32~38；◎周一至周五 6:30~11:00、正午至14:30和17:30~20:30，周六、周日 7:30起；🚌195, 196, 199)落座餐厅、游廊还是庭院的赤素馨花丛中就餐？这个窗明几净的咖啡馆兼餐馆抛出这样一个昆士兰特色难题。无论就座在何处的铺着亚麻布的餐桌，那些精美绝伦的菜肴都会令你赞叹不已——不管是清晨的搭配榛子、巧克力甘那许（ganache）和酸樱桃的法式吐司，还是夜晚的配以焦嫩菜花和红辣椒大蒜酱（pil-pil sauce）的热熏澳大利亚肺鱼，一律如此。周日午餐时分，上演现场音乐。

Himalayan Cafe
尼泊尔菜 $$

(见314页地图；☎07-3358 4015；640 Brunswick St, New Farm；主菜 $16~27；◎周二至周四、周日 17:30~21:30，周五、周六 至22:30；❄；🚌195, 196, 199)这家自由奔放、气氛祥和的餐馆点缀着大量经幡，提供地道藏族和尼泊尔风味，吸引食客光顾。美食包括入口即化的fhaiya deakau（羊肉配以蔬菜、椰奶、酸奶油和香料）。重复念诵这家餐馆的经文："愿赐予每一位生者积极力量。"

Watt
新派澳大利亚菜 $$

(见304页地图；☎07-3358 5464；www.wattbrisbane.com.au；Brisbane Powerhouse, 119 Lamington St, New Farm；酒吧食品 $10~29，餐厅 $25~34；◎周一 10:30~18:00，周二至周五 至22:00，周六、周日 8:00~22:00；🚌195, 196；🚢New Farm Park)这家餐馆位于布里斯班发电站的河岸线上，轻松随意，新潮时髦，适合长时间悠闲品酒和观察行人。不要拘束，点上一些酒吧小吃，例如古巴鱼炸玉米饼和曼彻格奶酪炸丸子，或者预订餐厅内的一张餐桌享用"农场至餐桌"食品，例如配以熏火腿、榛子、西洋菜香蒜沙司和帕尔马干酪的本迪戈（Bendigo）野兔宽面条。

Bar Alto
意大利菜 $$$

(见304页地图；☎07-3358 1063；www.baralto.com.au；Brisbane Powerhouse, 119 Lamington St, New Farm；主菜 $27~33；◎餐厅 周二至周四、周日 11:30~21:00，周五、周六 至22:00，酒吧 周二至周日 9:30至深夜；🚌195, 196；🚢New Farm Park)这家时尚轻快的楼上酒吧兼餐馆位于艺术气息浓厚的布里斯班发电站内，拥有巨大的阳台，吸引文化爱好者和追求生活品位的人，在这里随时能够欣赏壮丽河景。采用本地食材烹制意大利风味菜肴，例如扳手蟹鲑团子。酒水单内容丰富，包含一大诱人的意大利酒品。如果周五至周日就餐，记得提前预订（夏季，周日午餐可能提前数周预订一空）。

🍴 袋鼠角和乌龙戈巴

Cliffs Cafe
咖啡馆 $

(见308页地图；☎07-3391 7771；www.cliffscafe.com.au；29 River Tce, Kangaroo Point；菜肴 $6.50~19.50；◎7:00~17:00；🚌234)这家咖啡馆所在地地势很高，可以远眺河流、天际线和城市植物园，堪称布里斯班最佳赏景地点。这是一家随意的开放式咖啡馆，提供丰盛早餐、烤面包、汉堡、炸鱼和薯条、沙拉以及甜点。虽然食物不一定令你愉悦，但是毫无遮挡、如诗如画的全方位景致一定会满足你。可以喝杯咖啡或啤酒，回忆甜蜜往事。

Pearl Cafe
咖啡馆 $$

(见304页地图；☎07-3392 3300；www.facebook.com/pearl.cafe.brisbane；28 Logan Rd, Woolloongabba；主菜 $16~34；◎周二至周六 7:00~20:00，周六、周日 至15:00；🚌125, 175, 204, 234)这家欧式咖啡馆洋溢着墨尔本和巴黎氛围，是布里斯班最受青睐的周末早午餐

地点之一。柜台陈列着新鲜出炉的蛋糕, 货架上摆放着精美酒水, 菜单包含诱人的咖啡馆菜肴。忽略乏善可陈的鳄梨烤面包, 选择更加诱人的食品, 例如白天供应的受欢迎的小猪排。三明治厚实, 馅料十足。

★ 1889 Enoteca　　　　　　　意大利菜 $$$

(见304页地图; ☎07-3392 4315; www.1889enoteca.com.au; 10-12 Logan Rd, Woolloongabba; 意大利面 $21~42, 主菜 $32~49; ⊙周二至周五 正午至14:30和18:00~22:00, 周六 18:00~22:00, 周日 正午至14:30; ▣125, 175, 204, 234) 热爱纯正的意大利美食的食客理应迷恋这家气氛高雅精致的饭馆, 这里的意大利面不带餐勺(除非提出要求), 菜单以罗马风味为主, 菜品令人垂涎, 包括carciofi alla Giuda(配以欧芹和柠檬马斯卡彭奶酪的犹太罗马式炒洋蓟)以及配以猪肉和茴香香肠、帕尔马奶油和黑松露橄榄酱的入口即化的团子。葡萄酒无与伦比, 包括备受好评的意大利小厂生产的品类。

大布里斯班地区

★ Shouk Café　　　　　　　　中东菜 $$

(见304页地图; ☎07-3172 1655; www.shoukcafe.com.au; 14 Collingwood St, Paddington; 菜食 $15.50~22; ⊙7:30~14:30; 🛜🍴; ▣375) 这家餐馆在许多方面比其他同类略胜一筹: 亲切友善的店员, 轻松悠闲的氛围, 后屋满眼绿植, 最重要的是——中东风味的菜肴分量十足、新鲜精美。菜品令人垂涎, 例如配以烤辣椒、橄榄丁、葡萄干、橘汁腌茴香和烤黑麦沙丁鱼, 或者赏心悦目的kusheri(配以小扁豆、鹰嘴豆和焦糖洋葱的辣米饭)。

Eat Street Markets　　　　　街边小吃 $

(☎07-3358 2500; www.eatstreetmarkets.com; 99 MacArthur Ave, Hamilton; 门票 成人/儿童 $2.50/免费, 餐 $10起; ⊙周五、周六 16:00~22:00; ⛴Bretts Wharf) 这里曾是集装箱码头, 现在成为布里斯班人气很旺的夜市。以船运集装箱改造而成的厨房纵横交错, 美食琳琅满目, 从新鲜去壳的牡蛎到烟雾缭绕的美国烤肉和土耳其夹心烙饼(gözleme), 应有尽有。再加上精酿啤酒、节日彩灯和现场音乐, 真是布里斯班最别致的夜间体验场所之一。要来此处, 搭乘CityCat渡轮前往布雷茨码头(Bretts Wharf)。

Scout　　　　　　　　　　　　咖啡馆 $

(见312页地图; ☎07-3367 2171; www.scoutcafe.com.au; 190 Petrie Tce, Petrie Terrace; 主菜 $14~18; ⊙7:00~15:00; ▣375, 380) 这家老式的社区店面之前空置了17年时间。这里闲适、友善而新颖。菜单简洁明了, 包含健康沙拉和馅料丰富的百吉饼, 馅料包括迷迭香烤土豆、戈贡佐拉干酪(gorgonzola)、马苏里拉奶酪(mozzarella)和辣椒酱。

Kettle & Tin　　　　　　　　咖啡馆 $$

(见312页地图; ☎07-3369 3778; www.kettleandtin.com.au; 215 Given Tce, Paddington; 主菜 $14~32; ⊙周一和周日 7:00~16:00, 周二至周四 至21:00, 周五、周六 至22:00; ▣375) 这家咖啡馆可爱迷人, 门前矗立着尖桩篱栅, 提供精美绝伦的咖啡馆食品。精品早餐包括配以炒甘蓝、白豆、根芹酱和烤苹果的厚片加斯拉(Kassler)培根。帕丁顿(简称Paddo)吃午餐的女士们对于搭配烤芝麻、紫菜和爆米花的白萝卜和胡萝卜沙拉赞不绝口。晚餐时段前来, 品尝久负盛名的烟熏鸭胸法士达(fajita), 感受太平洋彼岸风味。

Byblós　　　　　　　　　　　中东菜 $$$

(☎07-3268 2223; www.byblosbar.com.au; Portside Wharf, 39 Hercules St, Hamilton; 主菜 $28~34, 宴餐 每人 $60; ⊙11:30至深夜; ⛴Bretts Wharf) 这家餐馆位于布里斯班河岸, 仿佛当代贝鲁特(黎巴嫩首都)一隅, 专营黎巴嫩和地中海食物。虽然服务时好时坏, 但是菜单包含许多充满活力的菜肴, 多为共餐类型, 例如makanek(配以烤坚果的自制五香香肠)、shanklish(配以八角和辣椒的松软陈年奶酪)和salmon kebbi nayeh(配以都市和传统香料的剁鲑鱼)。

🍷 饮品和夜生活

布里斯班的酒吧行业已经发展成熟, 出色而又与众不同的饮酒场所提供各种酒水, 从自然发酵葡萄酒和本地佳酿赛松啤酒(saison), 到掺杂本土食材的G&T, 应有尽

同性恋的布里斯班

虽然布里斯班的同性恋群体规模要比悉尼和墨尔本小很多,但也是活跃而奔放的。

定期举行的大型活动包括**Melt**(www.brisbanepowerhouse.org/festivals;⊙1月/2月),持续12天,其间推出同性恋戏剧、卡巴莱歌舞、舞蹈、喜剧、马戏节目和视觉艺术,举办地在布里斯班发电站,时间为1月和2月。3月,布里斯班发电站举办同性恋电影节(Queer Film Festival; www.brisbanepowerhouse.org/festivals/brisbane-queer-film-festival;⊙3月),上映男同、女同、双性和变性题材电影。9月,**布里斯班骄傲节**(见319页)拉开帷幕,直至Pride Fair Day达到高潮,举办地是新农场公园。

佛特谷的**Wickham Hotel**(见314页地图;☎07-3852 1301; www.thewickham.com.au; 308 Wickham St;⊙周一至周五 6:30至深夜,周六、周日 10:00至深夜;⓪Fortitude Valley)如今吸引了形形色色的顾客,不过仍然热情接纳同性恋。佛特谷亦是**Beat MegaClub**(见314页地图;www.thebeatmegaclub.com.au; 677 Ann St, Fortitude Valley;⊙周一至周六 20:00至次日5:00,周日 17:00起;⓪Fortitude Valley)和**Family**(见332页)的所在地,它们热情接待同性恋,后者周日举办"Fluffy",这是布里斯班规模最大的同性恋跳舞派对。**Sportsman Hotel**(见308页地图;☎07-3831 2892; www.sportsmanhotel.com.au; 130 Leichhardt St, Spring Hill;⊙周日至周四 13:00至次日1:00,周五、周六 至次日2:30;⓪Central)距离市中心更近,这里也是一个经久不衰的同性恋场所:橙色的酒馆有台球桌、扮装秀,吸引各种各样的顾客。总而言之,你将在近郊佛特谷、新农场、纽斯特德、西区和帕丁顿发现为数不少的本地同性恋场所。

如需获取当前娱乐和活动列表、采访内容以及有关文章,可以参考Q News(www.qnews.com.au)和Blaze(www.gaynewsnetwork.com.au)。亦可通过4ZZZ(FM102.1)收听广播节目Queer Radio(周三 21:00~23:00; www.4zzzfm.org.au)——另一个布里斯班同性恋信息来源。女同信息和评论节目Dykes on Mykes早于Queer Radio(周三 19:00~21:00)播放。

有。这座城市的现场音乐行业同样兴盛繁荣,佛特谷、西区和市区拥有久负盛名的场馆,推出国内外令人瞩目的杰出表演。小贴士:随身携带配有照片的身份证件。

🍷布里斯班市中心

★ Super Whatnot 酒吧

(见308页地图;☎07-3210 2343; www.superwhatnot.com; 48 Burnett Lane;⊙周一至周四 15:00~23:00,周五 正午至次日1:00,周六 15:00至次日1:00,周日 15:00~20:00;⓪Central)这家酒吧大胆创新,是布里斯班最别致的饮酒场所之一,它是一个工业风、错层式的围栏区,位于原先一个美容学校内。可以来此品尝顶级精酿啤酒、精美葡萄酒和绝佳鸡尾酒。顾客都是寻欢作乐的独立小青年和口渴伙伴。酒吧小吃包括实惠热狗和烤干酪辣味玉米片。

Coffee Anthology 咖啡馆

(见308页地图;☎07-3210 1881; www.facebook.com/coffeeanthology; 126 Margaret St;⊙周一至周五 7:00~15:30,周六 至正午;🛜;⓪Central)这家咖啡馆名副其实,提供精品混合咖啡,咖啡豆全部源自久负盛名的烘烤店,例如Padre和Industry Beans,咖啡嗜好者一定心满意足。如果犹豫不决,可以参考品尝评语,如果喜欢所喝的咖啡,甚至可以购买一两袋。这个地方亲切、休闲、新潮,同时提供早午简餐,从粥和松饼到百吉饼,不一而足。

Brooklyn Standard 酒吧

(见308页地图;☎0405 414 131; www.facebook.com/brooklynstandardbar; Eagle Lane;⊙周一至周五 16:00至深夜,周六 18:00至深夜;⓪Riverside;⓪Central)红色霓虹灯宣传语定下基调:"如果音乐太响,你已垂垂老矣。"这个摇滚地窖酒吧呈献给顾客的就是喧闹、现场和夜间音乐。景象壮观,使用纽约风格的全套设施。顾客盈门,年龄各异。要一杯拉格啤酒最稳妥,或者喝上一杯古里古怪的鸡尾酒(无论点什么酒,椒盐脆饼干都免费赠送)。

Gresham Bar 酒吧

(见308页地图;www.thegresham.com.au; 308 Queen St;⊙周一至周五 7:00至次日3:00,周六、周日 16:00至次日3:00;⑤;฿Central)这家酒吧藏身于银行大楼一隅,那栋大楼富丽堂皇、已被列入《文化遗产名录》。印花金属天花板、长靠椅以及迷人的木质吧台使人想起纽约的老式酒吧,吧台后面摆放着鳞次栉比、光彩熠熠的酒瓶,阅览室式阶梯更是锦上添花。这是个昏暗、喧嚣、欢快的地方,提供一些酒劲十足的威士忌和一个温馨舒适的侧厅。

John Mills Himself 咖啡馆、酒吧

(见308页地图;⊇酒吧 0421 959 865,咖啡馆 0434 064 349; www.johnmillshimself.com.au; 40 Charlotte St;⊙咖啡馆 周一至周五 6:30~15:30,酒吧 周二至周四 16:00~22:00,周五至午夜;฿Central)毫无疑问,米尔斯先生(Mr Mills)将会赞赏这个隐秘的小咖啡店。本店占据的大楼就是20世纪米尔斯先生经营印刷业务的地方。可从Charlotte St或Elizabeth St旁边一条小巷进入。其大理石吧台和彭尼瓷砖(penny tile)地板为喝顶级第三波咖啡(third-wave coffee)的人营造出布鲁克林的氛围。晚上时候,咖啡馆变成温馨酒吧,提供澳大利亚精酿啤酒和烈酒。

Mr & Mrs G Riverbar 酒吧

(见308页地图;⊇07-3221 7001;www.mrandmrsg.com.au; Eagle St Pier, 1 Eagle St;⊙周一和周二 15:00~22:00,周三和周四 正午至23:00,周五、周六 正午至午夜,周日 正午至22:00;🚢Eagle St Pier;฿Central)这家酒吧安装了弧形落地窗,俯瞰河流、天际线和故事桥,顾客深受其益。这是一个休闲别致的地方,配备色彩活泼的高脚凳和舒适的矮脚软垫椅,摩洛哥靠墙桌带有手绘图案,适合把你点的白诗南(chenin blanc)放在上面。如果感到饥饿,这里提供丰盛的餐前小吃,包括多汁美味的希腊式肉丸(keftethes)、奶酪和熟食。

Riverbar & Kitchen 酒吧

(见308页地图;⊇07-3211 9020; www.riverbarandkitchen.com.au; 71 Eagle St;⊙7:00~23:30;🚢Riverside;฿Central)这是一个轻松惬意的地方,适合午后啜饮麦芽啤酒和木桶陈酿鸡尾酒。店如其名,它位于泥泞的布里斯班河下游、Eagle St码头建筑的底层。店面如同船舱一般伸展出去,带有盘绕的绳索、漆成白色的木头和摊位。气氛随意、自由。食物也不错,从早餐主食到汉堡、比萨和海鲜牛排馆主菜,品种多样。

🍷 南岸

Maker 鸡尾酒吧

(见308页地图;⊇0437 338 072; 9 Fish Lane, South Brisbane;⊙周二至周日 16:00至午夜;🚢South Bank Terminals 1 & 2;฿South Brisbane)这家酒吧氛围亲密温馨,黑色的建筑包着迷人的黄铜条。调酒师选用自制烈酒和新鲜的材料,运用精妙创意,调制出浑然一体的季节性鸡尾酒。这里,经典的内格罗尼酒(negronis)选用本店自制的味美思酒(vermouth)制成,杜松子酒(gin)和奎宁水(tonics)采用本土大杜英(quandong)和澳大利亚指橘(finger lime)制成,这使它们变得澳大利亚化。其他优势包括一些按杯出售的精选葡萄酒,以及备受赞誉的餐馆Gauge(见323页)烹制的出色酒吧小吃。

Cobbler 酒吧

(见312页地图; www.cobblerbar.com; 7 Browning St, West End;⊙周一 17:00至次日1:00,周二至周四、周日 16:00至次日1:00,周五、周六 16:00至次日2:00;🚌60, 192, 198, 199)这家酒吧的吧台很有气势,陈列着来自全球的400多种威士忌。威士忌爱好者看到将会喜极而泣。这个西区奇妙之所光线昏暗,提供一系列顶级朗姆酒、龙舌兰酒、白酒,更不必说那些经过现代改良的经典精选鸡尾酒——干杯!

Catchment Brewing Co 自酿酒吧

(见312页地图;⊇07-3846 1701;www.catchmentbrewingco.com.au; 150 Boundary St, West End;⊙周一 16:00~22:00,周二至周四、周日 11:00~22:00,周五、周六 11:00至次日1:00;🚌199)来到这家酒吧,啜饮当地啤酒。这是一

个时髦的两层小酿酒厂，提供不同凡响的季节性食物和现场音乐，场地就在庭院。自酿啤酒包括Pale Select，用以纪念不复存在的西区酿酒厂（West End Brewery）的代表性啤酒。顾客啤酒龙头那里有其他当地啤酒。室内最佳座位就是二楼的两个小阳台，在那里能够享受午后阳光和Boundary St景致。

Jungle 酒吧

（见312页地图；☎0449 568 732；www.facebook.com/junglewestend; 76 Vulture St, West End；◎周四至周日 正午至午夜；◻199）你好，欢迎来到天堂……至少也是布里斯班唯一得体的夏威夷风情酒吧（tiki bar）。这是个氛围亲切、手工建造的竹子场所，带有木雕凳子、绿幽幽吧台和DJ演绎的夏威夷音乐。非常适合要上一杯热带饮水，放松身心。品尝椰子菠萝鸡尾酒（很自然是用菠萝来装饰），或者喝上一杯来自牙买加的Red Stripe拉格啤酒。

Blackstar Coffee Roasters 咖啡馆

（见312页地图；www.blackstarcoffee.com.au; 44 Thomas St, West End；◎7:00~17:00；◻199）作为布里斯班顶级咖啡烘焙店之一，这家氛围悠闲的咖啡馆历来受到西区时髦人士、嬉皮士和创意人士的青睐。大口喝下一杯单品浓咖啡或者要上一瓶冷萃咖啡凉爽一下。食品（午餐菜肴 $10~17）包括巧克力糕饼、鸡蛋和传统希腊式馅饼。特别活动包括每月最后一个周五举办的尤克里里之夜。

Archive Beer Boutique 酒吧

（见312页地图；☎07-3844 3419；www.archivebeerboutique.com.au; 100 Boundary St, West End；◎11:00至深夜；◻198, 199）一个泡沫世界，提供各种精酿啤酒，令人眼花缭乱。无论渴望喝到布里斯班辣椒巧克力波特啤酒（porter）、墨尔本美国IPA还是悉尼番石榴戈斯啤酒（guava gose），或许都能在此如愿。总共20多种带龙头桶装啤酒，还有成百上千种澳大利亚和进口瓶装佳酿。出色的酒吧食品包括烤肉、汉堡和比萨。

🍷 佛特谷

★ Gerard's Bar 葡萄酒吧

（见314页地图；☎07-3252 2606；www.gerardsbar.com.au; 13a/23 James St；◎周一至周四 15:00~22:00，周五、周六 正午至深夜；◻470;ⓡFortitude Valley）一个新潮、成熟、一流的酒吧。落座光洁的水泥吧台旁边，从精心策划的葡萄酒单中选择一款稀奇的，再配以精品酒吧小吃，比如完美无瑕的炸丸子和大名鼎鼎的Belotta伊比利亚火腿（Jamón Iberico de Belotta）。如果想喝鸡尾酒，那就试试招牌式的"Gerard the Drunk"，它是一种令人着迷、气候适宜的混合饮品，包含伏特加、百香果、石榴和玫瑰水。

APO 鸡尾酒吧

（见314页地图；☎07-3252 2403；www.theapo.com.au; 690 Ann St；◎周二 15:00至次日1:00，周三、周四和周日 正午至次日1:00，周五、周六 正午至次日3:00；ⓡFortitude Valley）这个地方时髦而且注重品质，曾是一个药房（apothecary），并且正是因此而得名。这里光线昏暗、气氛十足，总共两层。维多利亚砖石结构同光可鉴人的水泥地面以及奇特的大理石景观墙相映成趣。饮品不同凡响，包括瓶装的单罐发酵鸡尾酒，例如大黄和香草内格罗尼酒。菜单更是出色，包含法国黎巴嫩风味菜肴——比如一种不容错过的黎巴嫩卷饼。

Eleven 屋顶酒吧

（见314页地图；☎07-3067 7447；www.elevenrooftopbar.com.au; 757 Ann St；◎周二至周四、周日 正午至午夜，周五、周六 至次日3:00；ⓡFortitude Valley）穿上线条最美的纺织服饰，来到布里斯班这个最出色的天台酒吧。它的大理石吧台提供许多非常不错的酒水，包括腌洋葱味的马提尼和高端大气的法国香槟。一边品酒，一边欣赏无尽美景。一周最后几天，对着DJ演绎的音乐品头论足。周五、周六对于着装要求特别严格；详情请见网站。

Cloudland 酒吧

（见314页地图；☎07-3872 6600；www.katarzyna.com.au/venues/cloudland; 641 Ann St；◎周二至周四 16:00至深夜，周五至周日 11:30至深夜；ⓡFortitude Valley）华丽奢侈，有好几层，身兼酒吧、夜店和泛亚餐馆三个角色，能让到访者惊掉下巴。以20世纪40年代布里斯班的一家著名舞厅命名，那个舞厅曾深受喜爱，但早已不复存在。这家酒吧拥有鸟笼包厢、葱绿植物和巨大枝形吊灯，可以贴切地描述为"奇幻森林遇上族长宫殿遇上《亚当斯一家》哥特式"。周四21:00开设免费萨尔萨舞课程。

Family　　　　　　　　　　　　夜店

（见314页地图；07-3852 5000；www.thefamily.com.au; 8 McLachlan St; 周五至周日21:00至次日3:30; Fortitude Valley）排队进入布里斯班最大、最好的夜店之一吧。这里的音乐超凡脱俗，4层楼内充斥着无数舞池、吧台、主题包间，一流的DJ来自澳大利亚和外国。周日晚上举行"Fluffy"跳舞派对，其深受布里斯班年轻火热的同性恋者青睐。

Holey Moley Golf Club　　　　鸡尾酒吧

（见314页地图；1300 727 833；www.holeymoley.com.au; 25 Warner St; 9洞迷你高尔夫 每人$16.50; 周一至周五 正午至深夜，周六、周日 10:00至深夜; Fortitude Valley）在教堂内享受迷你高尔夫，还有鸡尾酒（最好提前预订）。点个Putty Professor——包含朗姆酒、牛奶、巧克力酱、花生酱、瑞茜花生酱杯（Reese's Peanut Butter Cup）和麦提莎巧克力（Maltesers）。有两个球场，18个洞每个都有一个主题；出类拔萃的主题是《权力的游戏》的铁王座，出自当地艺术家Cezary Stulgis之手。17:00前欢迎儿童光临。

Bloodhound Corner Bar & Kitchen　酒吧

（见314页地图；07-3162 6402；www.bloodhoundcornerbar.com.au; 454 Brunswick St; 周一至周三 15:00至深夜，周四至周日 正午至深夜; Fortitude Valley）佛特谷这栋19世纪建筑最初是个杂货店，如今是个新派酒吧。带有古老的砖墙、斑驳的地板和开放式壁炉，还有街头艺术、一个弹球机和许多文艺范十足的大胡子。畅饮来自世界各地的啤酒和精心调配的鸡尾酒，或者参与一个精酿烈酒之旅感受一下。酒吧小吃出类拔萃，带有南美风味。周六楼上推出现场音乐。

Woolly Mammoth Alehouse　　　酒吧

（见314页地图；07-3257 4439；www.woollymammoth.com.au; 633 Ann St; 周二至周四 16:00至深夜，周五至周日 正午起; Fortitude Valley）千禧一代（Millennials）并未淡忘精酿啤酒、大型"层层叠"和4米沙狐球桌这种娱乐组合。他们不断涌入这个大型精美的围栏区，延续美好时光。啤酒类型包括IPA、赛松啤酒和戈斯啤酒，它们大多产自澳大利亚小啤酒厂。登录网站查看Mane Stage上演什么节目，从喜剧到英国嘻哈，皆有可能。

Elixir　　　　　　　　　　　屋顶酒吧

（见314页地图；07-3363 5599；www.elixirrooftop.com.au; 646 Ann St; 周三至周五 16:00至深夜，周六、周日 13:00至深夜; Fortitude Valley）这个屋顶酒吧缺乏景色，但是它的氛围却弥补了不足。快步登上台阶，来到一个火热的热带围栏区，这里枝叶繁茂、餐烛摇曳，有DJ助兴还有休闲沙发床。喝点精酿啤酒或这家酒吧的"Fresh Market"马提尼，提提神，这款酒采用精挑细选的水果制作，是改良的经典酒饮。登录网站查看每周饮品和食品促销信息。

Press Club　　　　　　　　　鸡尾酒吧

（见314页地图；07-3852 5000；www.pressclub.net.au; 339 Brunswick St; 周二至周四 19:00至次日2:30，周五、周六 18:00至次日3:00; 周日18:00 至次日2:00; Fortitude Valley）这里更像一个外星人的出没地点，而非新闻工作者的休闲场所（想想科幻风高脚凳和熠熠生辉的枝形吊灯）。这个另类环境很适合享用鸡尾酒、苹果酒和现场音乐。周二和周六来欣赏R&B，周三欣赏爵士乐，周四欣赏摇摆乐，周五欣赏放克乐和灵魂乐。周二的夜晚特别热闹，周日的DJ深受好客的当地人青睐。

新农场

★ Triffid　　　　　　　　　　酒吧

（见304页地图；07-3171 3001；www.thetriffid.com.au; 7-9 Stratton St, Newstead; 300, 302, 305, 306, 322, 393）这家酒吧不仅拥有一个精美绝伦的啤酒花园（附带船运集装箱吧台和颂扬布里斯班乐队的盒式磁带主题装饰），而且是本市顶级现场音乐举办地之一。音乐活动的参与者是澳大利亚和外国才俊，表演场地就是一个桶形穹窿的"二战"时期的飞机库，音响效果无与伦比。不用吃惊，这个地方的老板是Powderfinger前贝斯手约翰·柯林斯（John Collins）。

★ **Green Beacon Brewing Co** 精酿啤酒坊

（见304页地图；07-3252 8393；www.greenbeacon.com.au；26 Helen St, Teneriffe；正午至深夜；393, 470；Teneriffe）这家酒馆就在一个又大又深的仓库之内，仓库位于后工业化的Teneriffe，出产一些布里斯班最佳啤酒。这些琼浆玉液装在不锈钢大桶之中，放在长长的吧台后面发酵，然后通过水龙头倒出，满足顾客味蕾享受。可选类型包括六种核心啤酒，或者季节性特供啤酒，例如红橙色IPA。感到饥饿？美食包括新鲜的当地海鲜，而且前门外面总有一辆流动餐车。

Newstead Brewing Co 精酿啤酒坊

（见304页地图；07-3172 2488；www.newsteadbrewing.com.au；85 Doggett St, Newstead；11:00至午夜；60, 393, 470；Teneriffe）这里曾是公交车库，现在是酒如泉涌的小酿造厂，12个龙头供应6种标准自酿啤酒、一种苹果酒和5种季节性啤酒（被一个员工称为"fun stuff"）。要想做个大致了解，可以选择桨板（paddle board，包含4种不同啤酒）。如果啤酒不能令你尽兴，那就喝点鸡尾酒、精酿烈酒或者葡萄酒。葡萄酒产自几个出类拔萃的小厂商。

至于食品，忽略平淡无奇的比萨，可以选择香辣可口、有滋有味的布法罗炸鸡翅（buffalo wings）。

Death Before Decaf 咖啡

（见314页地图；3/760 Brunswick St；24小时；195, 196, 199）极其出色的精品咖啡，日夜提供：这个文艺风雅的传奇地点仿佛天赐之物，适合喜欢16:00后享受精美咖啡的人。Death Before Decaf，我们向你致敬。

袋鼠角和乌龙戈巴

Canvas Club 鸡尾酒吧

（见304页地图；07-3891 2111；www.canvasclub.com.au；16b Logan Rd, Woolloongabba；周二至周五 正午至午夜，周六、周日10:00起；125, 175, 204, 234）这家酒吧恰好位于乌龙戈巴的餐饮和购物主街之上，营造出一种品味浓郁鸡尾酒的时尚风雅的环境。

一边探讨街头艺术壁画的象征意义，一边啜饮季节性酒水，例如Don Pablo（朗姆酒、阿马罗和苹果肉桂泡沫）或丝滑的Bangarang（龙舌兰、西瓜、辣椒、香菜、酸橙和炼乳）。

Story Bridge Hotel 小酒馆

（见308页地图；07-3391 2266；www.storybridgehotel.com.au；200 Main St, Kangaroo Point；周日至周四 6:30至午夜；周五、周六 至次日1:30；234；Thornton St, Holman St）这家美丽的酒馆和啤酒花园位于袋鼠角的桥下，建于1886年，走了一整天进来喝上一大杯真是再合适不过了。定期举行现场音乐表演（登录网站了解近期活动），还有一些精美的餐饮区。

大布里斯班地区

★ **Lefty's Old Time Music Hall** 酒吧

（见312页地图；www.leftysoldtimemusichall.com；15 Caxton St, Petrie Tce；周二至周日 17:00至深夜；375）说到狂欢作乐的场所，"布里维加斯"（Brisvegas；因为布里斯班仿佛南半球的拉斯维加斯）就有一个低级酒馆！这家朱红色的酒吧装饰着枝形吊灯，悬挂着麋鹿头（没错，胸罩挂在鹿角上），提供将近200种威士忌和甜蜜悦耳的现场乡村乐和西部乐。菜单简单明了，包括辣椒奶酪薯条和南方炸鸡。

Regatta Hotel 小酒馆

（见304页地图；07-3871 9595；www.regattahotel.com.au；543 Coronation Dr, Toowong；6:30至次日1:00；Regatta）这家1874年酒馆是布里斯班的一个亮点，外部带有铁质网状装饰，比婚礼蛋糕还可爱。正对Regatta CityCat渡轮码头，它的饮酒场所经过修缮，现在包括一个现代的主要酒吧、一个华丽时髦的户外庭院和一个名叫Walrus Club（营业时间：周四至周六 17:00至深夜）的地下酒吧。登录网站查询每周活动，其中常有现场音乐。

Breakfast Creek Hotel 小酒馆

（见304页地图；07-3262 5988；www.breakfastcreekhotel.com；2 Kingsford Smith Dr, Albion；10:00至深夜；300, 302, 305）这

家酒馆建于1889年，采用不拘一格的法国文艺复兴风格，是布里斯班的经典。拥有各种吧台和就餐区，包括一处啤酒花园和一座装饰艺术风的"私人酒吧"。此地的一个变电站经过改造，成为一个名叫Substation No 41的雅致酒吧，库存包含400多种朗姆酒。

☆ 娱乐

许多大牌国际乐队把布里斯班选为巡演的必经之站，布里斯班时常接待顶级DJ。世界一流文化场馆全年上演戏剧、舞蹈、音乐和喜剧节目。

Qtix（☎13 62 46；www.qtix.com.au）是售票代理机构，通常代理高格调的娱乐活动。

Riverstage 现场音乐

（见308页地图；☎07-3403 7921；www.brisbane.qld.gov.au/facilities-recreation/arts-and-culture/riverstage; 59 Gardens Point Rd; ▣QUT Gardens Point; ▣Central）这个户外场馆位于植物园，经常举办各种各样的国内外音乐活动。昔日表演者包括U2、5 Seconds of Summer、Ellie Goulding和Flume。

Lock 'n' Load 现场音乐

（见312页地图；☎07-3844 0142；www.locknloadbistro.com.au; 142 Boundary St, West End；⊙周一至周四 15:00至深夜，周五 正午起，周六和周日 7:00起；☎；▣199）这家热情洋溢的木制二层美食酒吧吸引了一群积极向上的音乐迷，他们来此欣赏爵士乐、原声音乐（acoustic）、寻根音乐、蓝调音乐和灵魂音乐。看一场现场演出，第二天再赶来吃顿早餐（配以厚肉培根、酸奶油、墨西哥辣椒和玉米面包的精酿啤酒烘豆作为早餐，能解宿醉）。登录网站查询近期演出。

Zoo 现场音乐

（见314页地图；☎07-3854 1381；www.thezoo.com.au; 711 Ann St, Fortitude Valley；⊙周三至周日 19:00至深夜；▣Fortitude Valley）Zoo自1992年起就雄霸一方，现在已经将一点音乐领土拱手让给了Brightside，但这里的邂逅场地仍然很适合演奏独立摇滚、民谣、吉他、嘻哈乐、雷鬼乐和电子乐，许多才俊在此表演。近期演出者包括黄金海岸车库摇滚团体Bleeding Knees Club和美国独立流行艺术家Toro y Moi。

Underground Opera 歌剧

（见308页地图；☎07-3389 0135, 0429 536 472; www.undergroundopera.com.au; Spring Hill Reservoir, Wickham Tce, Spring Hill；⊙时间不定；▣30；▣Central）布里斯班一个职业的表演艺术公司，组织一年一度在隐秘的Spring Hill Reservoir举办的歌剧和百老汇音乐演出季。Spring Hill Reservoir建于1871~1882年。登录网站查看演出季的日期和价格。

Brisbane Jazz Club 爵士乐

（见308页地图；☎07-3391 2006；www.brisbanejazzclub.com.au; 1 Annie St, Kangaroo

---

露天电影院

度过温暖夏夜的最佳方法之一就是带上野餐食品和朋友一起前往露天电影院。**Moonlight Cinema**（见313页）12月至次年3月初营业，地点就在新农场公园，靠近布里斯班发电站。电影包括当前主流公映影片以及另类经典作品，周三至周日大约19:00开始播映。

位于南岸的**Ben & Jerry's Openair Cinemas**（见308页地图；www.openaircinemas.com.au; Rainforest Green, South Bank Parklands, South Bank；成人/儿童 网络 $17/12，门口 $22/17；⊙周二至周六 17:30起，周日 17:00起；▣South Bank Terminals 1 & 2；▣South Brisbane）也是一个不错的选择。9月下旬至11月中旬，你可来此，坐在星空（或者云朵）之下，观赏大屏幕经典影片和最近公映影片，地点就在南岸公园的Rainforest Green。租一个豆袋坐垫或折叠躺椅，或者带上一张野餐垫。注意，多数票在放映夜晚之前就已销售一空，所以务必提前预订。预先上演现场音乐（有时包括澳大利亚本土音乐）。

Point；成人/小于18岁 $31/11；⊘周四至周六 18:30~23:00，周日 17:30~22:00；🚇Holman St）这间小巧玲珑的河畔爵士小屋就位于河口，自从1972年以来就始终是布里斯班的爵士乐地标。任何爵士乐名人来此巡演的时候，都会选择这里作为演出场地。

South Bank Cineplex 电影院

（见308页地图；📞07-3829 7970；www.cineplex.com.au；Grey St和Ernest St交叉路口，South Bank；成人/儿童 $6.50/4.50起；⊘10:00至深夜；🚇South Bank Terminals 1, 2 & 3；🚆South Bank）播映热门电影最便宜的电影院：你需要费力穿过爆米花香味的海洋和许多青少年。

New Farm Six Cinemas 电影院

（见314页地图；📞07-3358 4444；www.newfarmcinemas.com.au；701 Brunswick St, New Farm；成人/儿童 $16/10；⊘10:00至深夜；🚌195, 196, 199）在那些热带天堂开门迎客之时，来到新农场历史悠久的电影宫殿享受清净。它最近经过改建和修复，6个顶级放映厅上演主流热门新片。周二，节俭的电影爱好者蜂拥而至，此时所有票价一律$8。

昆士兰表演艺术中心 表演艺术

（Queensland Performing Arts Centre, QPAC；见308页地图；📞导览游 07-3840 7444，购票 136 246；www.qpac.com.au；Queensland Cultural Centre, Grey St和Melbourne St交叉路口，South Bank；团队游 成人/儿童 $15/10；⊘售票处 周一至周六 9:00~20:30；🚇South Bank Terminals 1 & 2；🚆South Brisbane）布里斯班主要的表演艺术中心包含4个演出场地和一个展览空间，专注于表演艺术的各个方面。这个中心的演出日程安排很满，包括芭蕾、音乐会、戏剧和喜剧，演员来自澳大利亚国内外。周五10:30组织一个小时的后台之旅；通过电话或电子邮件订票，或者当日前往一楼的QPAC咖啡馆购票。

Metro Arts Centre 艺术中心

（见308页地图；📞07-3002 7100；www.metroarts.com.au；Level 2, 109 Edward St；⊘画廊 周一至周五 10:00~16:30，周六 14:00~16:30，表演时间不定；🚇Eagle St Pier；🚆Central）来这

个位于市中心的艺术场地看社区戏剧表演、本地戏剧性的作品、舞蹈和艺术秀。对想要了解布里斯班的富有创造性的人才来说，这里是一个令人兴奋的地方，标新立异、古怪、边缘、革新或绝对的诡异这种词，在这里都不缺。店内画廊举办启发思维的当代艺术展览和相关的艺术家座谈。登录网站查看即将举行的展览、表演和特别活动。

朱迪丝·赖特当代艺术中心 表演艺术

（Judith Wright Centre of Contemporary Arts；见314页地图；📞07-3872 9000；www.judithwrightcentre.com；420 Brunswick St, Fortitude Valley；⊘售票处 周一至周五 11:00~16:00；📞；🚆Fortitude Valley）这个自由奔放的艺术创造中心有一个中等规模、温馨亲密的表演空间，举办各种各样的文化表演，包括现代舞、马戏和视觉艺术。也是广受欢迎、持续三天的音乐盛会Bigsound Festival（见318页）的核心举办地。浏览网站查询即将举行的表演和展览。

布里斯班发电站 表演艺术

（Brisbane Powerhouse；见304页地图；📞售票处 07-3358 8600；www.brisbanepowerhouse.org；119 Lamington St, New Farm；🚌195, 196；🚇New Farm Park）原是一座20世纪20年代的发电站，目前成为一个熙熙攘攘的艺术中心，推出国内外享有盛名的戏剧、音乐、喜剧、舞蹈和其他表演。发电站有许多活动轮番上演，其中一些免费。发电站附带的酒吧和餐馆不仅顾客盈门，在那里还能够欣赏布里斯班河的壮丽景色。登录网站查看即将举行的活动。

Suncorp Stadium 体育场

（见312页地图；www.suncorpstadium.com.au；40 Castlemaine St, Milton；🚌375, 379）冬季，橄榄球赛就是这里万人空巷的体育赛事，当地球队Brisbane Broncos将这个体育场作为主场。

Gabba 体育场

（Brisbane Cricket Ground；见304页地图；www.thegabba.com.au；411 Vulture St, Woolloongabba；🚌174, 175, 184, 185, 200）这个体育场位于袋鼠角以南的乌龙龙巴。来到此处，可为澳式橄榄球联赛，以及国内和国际板

球赛事喝彩加油。如果对于板球一无所知,那就试看看一场Twenty20比赛,这是该项运动最为激烈的形式。板球赛季是9月末至次年3月;橄榄球赛季是3月末至9月。

Paddo Tavern 喜剧

(见312页地图; ☏07-3369 4466; www.standup.com.au; 186 Given Tce, Paddington; ⊙小酒馆10:00至深夜,喜剧表演 时间不定; ⏾375)若是一家洗车店"娶"了它的超市表亲,它们的头一胎很可能就长得像这个丑陋的帕丁顿小酒馆,其内部很不和谐地采用了狂野的仿西部主题。但这里可是在布里斯班观看脱口秀(stand-up comedy)的最佳地方之一。查询网站看剧目表。

🛍 购物

布里斯班的零售行业包罗万象,从Vogue杂志上的高端手提包,到周末市场工艺品,应有尽有。

🛍 布里斯班市中心

Noosa Chocolate Factory 食品

(见308页地图; www.noosachocolatefactory.com.au; 144 Adelaide St; ⊙周一至周四8:00~19:00,周五 至21:00,周六 9:00~18:00,周日10:00~17:00; ⏾Central) 🥐 不要太过自信: 那些源自这家阳光海岸的"威利·旺卡工厂"的小批量手工巧克力将会攻破你的所有自制力。热卖品包括分量十足、软糖式的Rocky Road和一种昆士兰州特色产品,后者包含未经焙烧的夏威夷果,外有鲍恩(Bowen)柽果味巧克力涂层。这些巧克力不含棕榈油。分店位于No 156,同样提供精品咖啡和热巧克力。

Maiocchi 时装和饰品

(见308页地图; ☏07-3012 9640; www.maiocchi.com.au; Brisbane Arcade, 117 Adelaide St; ⊙周一至周四 9:00~17:30,周五8:30~20:00,周六 9:00~16:00,周日 11:00~16:00; ⏾Central)这是一家本土品牌店,出售漂亮的复古风连衣裙,并且因此闻名。连衣裙裁剪简单,但是注重细节和各种花样。你可能会见到许多定制花纹、20世纪50年代的样式和日本风尚。除了你的下一件夏日鸡尾酒裙装,这家精品店铺还出售上衣、裤子和鞋,还有一些澳大利亚本地制作的精选珠宝、提包和家居用品。来到已被列入《遗产名录》的Brisbane Arcade,就能找到这家店。

Jan Powers Farmers Market 市场

(见308页地图; www.janpowersfarmersmarkets.com.au; Reddacliff Pl, George St; ⊙周三8:00~18:00; 🚢North Quay; ⏾Central)当地种植者和工匠会集于Reddacliff Place出售他们珍爱的产品,使得布里斯班市中心呈现一派乡村田园景象。购买新鲜采摘的果蔬、肉类和海鲜、新鲜意大利通心粉、醇香面包、油酥糕点和其他商品,用它们装满购物袋。为城市植物园野餐备货,或者只是要上一杯咖啡和一份混搭零食。

Archives Fine Books 书店

(见308页地图; ☏07-3221 0491; www.archivesfinebooks.com.au; 40 Charlotte St; ⊙周一至周四 9:00~18:00,周五 至19:00,周六至17:00; ⏾Central)这个庞大的知识宝库出售受人喜欢的书籍。摇摇欲坠的书架和嘎吱作响的地板营造了一种怀旧气氛。虽然在售书籍的数目达不到他们宣称的一百万那么多(我们的小秘密),但这个地方却是货真价实的精品书籍的海洋。我们最后一次到访之时,这里最古老书籍是由圣贤Roberto Francesco Romolo Bellarmino所著,其历史可追溯至1630年。

🛍 南岸和西区

Where the Wild Things Are 书籍

(见312页地图; ☏07-3255 3987; www.wherethewildthingsare.com.au; 191 Boundary St, West End; ⊙周一至周六 8:30~18:00,周日 至17:00; 🅟; ⏾199)这家书店是隔壁Avid Reader的姊妹店,拥有适合幼童、儿童以及青少年阅读的书籍,数量着实令人惊叹。同时组织定期活动,从每周的故事时段到新书发布会、签名售书和精品研讨会,种类多样,研讨会涉及书籍插图等主题。可以浏览这家书店的网站和Facebook主页了解即将开展的活动。

Jet Black Cat Music 音乐

(见312页地图; ☏0419 571 299; www.

facebook.com/jetblackcatmusic; 72 Vulture St, West End; ⊗周二至周五 10:30~17:00, 周六 10:00~16:00; 🚍199) 真正的音乐迷对于Shannon Logan和她的西区小唱片店了如指掌。她通常就在钢琴兼柜台的后面,同一群忠实的音乐迷聊天,音乐迷来此获取一些人所皆知但是很难找到的专辑碟片和CD。Logan只卖自己热爱的音乐,这个地方有时也会举办店内演奏会,推荐知名的国内外独立音乐才俊。

Junky Comics　　　　　　　　书籍

(见312页地图; ☎07-3846 5456; www.junkycomicsbrisbane.com; 93 Vulture St, West End; ⊗周二至周五 10:00~17:30, 周六至17:00, 周日至16:00; 🚍199) 这个独立书店拥有知名漫画,从经典的DC、Dark Horse和Marvel主题,到面向女性、同性恋者和儿童的作品,种类繁多。你将在这里发现本地出品的漫画小说、艺术品和印刷品,当然还有别致的T恤。

🏠 佛特谷

Camilla　　　　　　　　时装和饰品

(见314页地图; ☎07-3852 6030; www.camilla.com.au; 1/19 James St; ⊗周一至周三、周五、周六 9:30~17:00, 周四至19:00, 周日 10:00~16:00; 🚍470; 🚉Fortitude Valley) 这家店面的丝绸长衫彰显个性,其粉丝包括碧昂丝和奥普拉·温弗瑞。虽然品牌可能源自邦迪,但是其式样大胆、度假风格的创新设计(包括连衣裙、上衣、连衣裤和泳装)搭配布里斯班时尚餐馆和酒吧的慵懒氛围,再合适不过。这些衣饰不同凡响、精妙绝伦,但是价格不菲,长衫$500起,比基尼大约$300。

Libertine　　　　　　　　香水

(见314页地图; ☎07-3216 0122; www.libertineparfumerie.com.au; 181 Robertson St; ⊗周一至周五 10:00~17:00, 周六9:30~17:00, 周日 10:00~16:00; 🚍470; 🚉Fortitude Valley) 来到这家香水店,虽然不会偶遇任何明星代言的香水品牌,但你会发现一些全球最被看好和很难找到的男女香水和护肤品。其中包括Amouage(因为阿曼的苏丹王而知名)、Santa Maria Novella和Creed。本店出售的Creed品牌包括专为格蕾丝·凯利(Princess Grace,嫁入摩纳哥王室的传奇影星)的婚礼定制的那款香水。

Fallow　　　　　　　　时装和饰品

(见314页地图; ☎07-3854 0155; www.fallow.com.au; Level 1, 354 Brunswick St; ⊗周一至周五 11:00~17:00, 周六 10:00~17:00, 周日 11:00~16:00; 🚉Fortitude Valley) 走上一段楼梯才能进入这家先锋男装出品店。其主打产品就是男女通用的服饰,出自享有盛誉的艺术工作室,通常在澳大利亚存货很少(想想德国的Pal Offner和丹麦的Aleksandr Manamis)。其他产品包括源自法国Mad et Len的手工香水和一部分美轮美奂的手工珠宝,比如出自布里斯班艺术家Luke Maninov之手的哥特式和爱德华风格产品。

Tym Guitars　　　　　　　　音乐

(见314页地图; ☎07-3161 5863; www.tymguitars.com.au; 5 Winn St; ⊗周二至周四和周六 10:00~17:00, 周五至19:00, 周六 11:00~16:00; 🚉Fortitude Valley) 这家久负盛名的音乐商店出售古典吉他和电吉他以及吉他踏板等一切产品,在这类音乐商店中你能找到限量版踏板,出自J Mascis of Dinosaur Jr(美国另类摇滚乐手)等人之手。这家店面的碟片包括一些尤其知名的朋克、麻醉和迷幻摇滚音乐唱片。这个地方每月举办另类摇滚演奏会。

Stock & Supply　　　　　　　　时装和饰品

(见314页地图; ☎07-3061 7530; www.stockandsupply.com.au; 4/694 Ann St; 🚉Fortitude Valley) 这家朝气蓬勃、中性风格的衣饰店位于Bakery Lane,紧邻Ann St。提供小品牌、别致的冲浪服和休闲服。这个店铺同时出售钱包、珠宝、帽子和鞋子。

James Street　　　　　　　　时装和饰品

(见314页地图; www.jamesst.com.au; James St; 🚍470; 🚉Fortitude Valley) 佛特谷James St的这片地域魅力无限,拥有低层建筑、跑车和别致餐厅,足以媲美洛杉矶。沿着无花果树林立的柱廊,漫步浏览那些高端精品店,比如大名鼎鼎的澳大利亚时装品牌Scanlan & Theodore和Sass & Bide、本土设

逛市场

一些农贸市场每周开业，为布里斯班市中心（见336页）、新农场（见314页）和西区（见312页）的居民提供饮食保障。除此以外，还有其他一系列美妙绝伦的当地市场，出售各种产品，从手工当地服饰和锦衣珠宝，到艺术品、护肤品和开箱即用的礼品，包罗万象。

Young Designers Market（见308页地图；www.youngdesignersmarket.com.au; Little Stanley St, South Bank; ⊙10:00~16:00，每月首个周日; ⊜South Bank Terminal 3; ®South Bank）本城80多个设计和艺术新星的产品在此出售，包括时装和饰品、当代珠宝、艺术品、家具和家居用品。前来探索一番，这个市场就在南岸公园，通常每月首个周日开市。

Collective Markets South Bank（见308页地图；www.collectivemarkets.com.au; Stanley St Plaza; ⊙周五 17:00~21:00，周六 10:00~21:00，周日 9:00~16:00; ⊜South Bank Terminal 3; ®South Bank）这个市场位于南岸公园附近，每周开市三次，游客蜂拥而至。售卖的物品种类繁多，有精美的皮钱包和凉爽的夏季连衣裙，还有手工珠宝、护肤品、家居用品和艺术品。

Finders Keepers Markets 这个市场一年开市两次，有100多个艺术和设计摊位。开市地点原是一座19世纪的博物馆，现在是一个音乐厅，位于城市近郊鲍恩山（Bowen Hills），提供现场音乐和美食。这是一个购买高品质一次性时尚物品、珠宝以及本地和其他各州创新设计产品的绝佳地点。

布里斯班河畔市场（Brisbane Riverside Markets；见308页地图; ☎07-3870 2807; www.facebook.com/brisbaneriversidemarkets; City Botanic Gardens, Alice St; ⊙周日 8:00~15:00; ⊜QUT Gardens Point; ®Central）每周日，轻松惬意的人们会聚在城市植物园的北端，徜徉于摊位之间，欣赏迷人的手工连衣裙、香味蜡烛、五彩缤纷的陶器，品尝大量各国风味的街边食品。现场音乐使得气氛喜庆欢快，人们热情洋溢。

计师品牌Camilla Franks以及墨尔本护肤品牌Aesop。

Winn Lane 时装和饰品

（见314页地图; www.winnlane.com.au; Winn Lane; ®Fortitude Valley）这片艺术范儿的街区藏身于Ann St（紧邻Winn St）之后，有精品店、书店、珠宝店和小吃店。这里充斥着街头艺术，气氛新潮而怪异。不要错过以下店面：**Miss Bond**（见314页地图; ☎0410 526 082; www.facebook.com/missbond.com.au; 5 Winn Lane; ⊙周三至周六 10:00~16:00，周日 至15:00）出售新潮现代、本地设计的珠宝。**Outpost**（见314页地图; ☎07-3666 0306; www.theoutpoststore.com.au; 5 Winn St; ⊙周二至周四和周六 10:00~18:00，周五 至20:00，周日 9:30~16:30）出售人所皆知的男装和饰品，紧邻Winn Lane的Tym Guitars出售手工吉他踏板、古典吉他和朋克气息浓郁的碟片。

新农场

Commercial Road Antiques 古玩

（见304页地图; ☎07-3852 2352; 85 Commercial Rd, Teneriffe; ⊙10:00~17:00; ⊜393, 470; ⊜Teneriffe）这个大杂烩店面有各种各样的古董和复古用品。无论你正在寻找一台维多利亚时代的梳妆台、一把中世纪扶手椅或一条20世纪60年代的乖僻连衣裙，或许都能在此得偿所愿。这里的古典玻璃器皿尤其出色，通常还有一些出类拔萃的原住民部落和亚洲风格装饰品。

大布里斯班地区

Finders Keepers Markets 市场

（见304页地图; www.thefinderskeepers.com/brisbane-markets; Old Museum, 480 Gregory

Tce, Bowen Hills; 成人/儿童 $2/免费; ⊙时间不定; ➡370, 375; ®Fortitude Valley) 这个集市一年举办两次,有100多个艺术和设计摊位。举办地点就在一座19世纪的博物馆,目前是一个音乐厅,位于城市近郊鲍恩山。附带现场音乐和美食。这是一个购买高品质一次性时尚物品、珠宝以及本地和其他各州创新设计产品的绝佳地点。

Paddington Antique Centre　　古玩

(见304页地图; ☎07-3369 8088; www.paddingtonantiquecentre.com.au; 167 Latrobe Tce, Paddington; ⊙周一至周六 10:00~17:00,周日 至16:00; ➡375) 这里原是一家剧院,建于1929年,现在是一个颇有规模的古董商场。在墙皮剥落的、有深蓝色屋顶的建筑中,50多位古董商销售各种类型的珍宝与廉价货,从荷叶边英国陶器到复古服饰、灯具、玩具、电影海报,甚至奇特的17世纪中国花瓶,简直无所不有。不要着急,用点心思,因为你不知道将会发现什么新奇玩意。

Davies Park Market　　市场

(见312页地图; www.daviesparkmarket.com.au; Davies Park, West End; ⊙周六 6:00~14:00; ➡199, 192, 198) 这个人气很旺的周六市场氛围闲适,在莫顿湾一大片无花果树下举办。这里满眼都是新鲜农产品,还有那些令人胃口大开、出售各国美味的食摊。来到Gyspy Vardo,要上一杯有机咖啡,坐在奶箱上细细品味,然后,四处走动,浏览有机果蔬、手工艺品、药草、鲜花、手工珠宝,甚至奇特盆栽。

❶ 实用信息

上网

布里斯班市议会(Brisbane City Council)提供免费Wi-Fi,其覆盖布里斯班市中心(中央商务区)大多数区域。免费Wi-Fi热点亦见于南岸公园、罗马街公园、昆士兰州立图书馆、佛特谷的James St和新农场公园。

Brisbane Square Library (www.brisbane.qld.gov.au; 266 George St; ⊙周一至周四 9:00~18:00,周五 至19:00,周六、周日 10:00~15:00; 🛜; ®North Quay; ®Central) 免费Wi-Fi。

医疗服务

CBD Medical Centre (☎07-3211 3611; www.cbdmedical.com.au; Level 1, 245 Albert St; ⊙周一至周五 7:00~19:00,周六 8:30~17:00,周日 9:30~17:00; ®Central) 综合医疗服务和疫苗注射。

Royal Brisbane & Women's Hospital (☎07-3646 8111; www.health.qld.gov.au/rbwh; Butterfield St, Herston; ➡370, 375, 333) 位于市中心以北3公里处,拥有一个24小时急诊室。

Travellers' Medical & Vaccination Centre (TMVC; ☎07-3815 6900; www.traveldoctor.com.au; 75a Astor Tce, Spring Hill; ⊙周一至周五 8:30~16:30; ®Central) 游客医疗服务。

现金

美国运通 (American Express; ☎1300 139 060; www.americanexpress.com; 261 Queen St; ⊙周一至周五 9:00~17:30; ®Central) 外汇管理机构。

Travelex (☎07-3210 6325; www.travelex.com.au; Shop 149F, Myer Centre, Queen St Mall; ⊙周一至周四 8:00~18:00,周五 至20:00,周六 9:00~17:00,周日 10:00~16:00; ®Central) 货币兑换。

邮局

邮政总局 (Main Post Office, GPO; 见308页地图; ☎13 13 18; www.auspost.com.au; 261 Queen St; ⊙周一至周五 7:00~18:00,周六 10:00~13:30; ®Central) 布里斯班的邮政总局。

旅游信息中心

布里斯班旅游信息与预订中心 (Brisbane Visitor Information & Booking Centre; 见308页地图; ☎07-3006 6290; www.visitbrisbane.com.au; The Regent, 167 Queen St Mall; ⊙周一至周四 9:00~17:30,周五 至19:00,周六 至17:00,周日 10:00~17:00; ®Central) 非常出色的一站式信息服务台,可以咨询所有布里斯班相关事宜。

南岸旅游信息中心 (South Bank Visitor Information Centre; 见308页地图; ☎07-3156 6366; www.visitbrisbane.com.au; Stanley St Plaza, South Bank; ⊙9:00~17:00; 🚆South Bank Terminal 3; ®South Bank) 布里斯班官方旅游信息中心之一,提供旅游手册、地图和节日指南,以及团队游和住宿预订服务,同时出售娱乐活动票。

❶ 到达和离开

飞机
布里斯班机场（Brisbane Airport；www.bne.com.au；Airport Dr）位于市中心东北16公里，它是澳大利亚第三繁忙的机场，又是服务布里斯班和昆士兰州东南部的主要国际机场。

国际航班和国内航班的航站楼不在一处，相距大约2公里。航站楼之间由**Airtrain**（☏1800 119 091；www.airtrain.com.au；成人 单程/往返 $17.50/33）连接，5:00（周末6:00）至22:00每15~30分钟一班（航站楼之间 每位成人/儿童 $5/免费）。

这是一个繁忙的枢纽，国内航班频繁飞往其他澳大利亚首府城市和地方城镇，还有国际直达航班飞往新西兰、太平洋岛国、北美和亚洲（还可继续飞往欧洲和非洲）。

长途汽车
布里斯班的汽车总站和长途汽车订票处是**Brisbane Transit Centre**（Roma St Station；www.brisbanetransitcentre.com.au；Roma St），位于市中心西北大约500米。Roma St车就在这里，长途和郊区列车从这个火车站发出。

灰狗巴士（☏1300 473 946，07-4690 9850；www.greyhound.com.au）和**Premier Motor Service**（☏13 34 10；www.premierms.com.au）在此设有预订处。

长途线路目的地包括凯恩斯、达尔文和悉尼，不过乘坐飞机通常费用不高，而且快得多。

小汽车和摩托车
布里斯班拥有发达的摩托车道、隧道和桥梁（其中部分收费）网络，由**Transurban Queensland**（☏13 33 31；www.govianetwork.com.au）管理。Gateway Motorway（M1）穿过东部郊区，向北通往阳光海岸和昆士兰州北部，向南通往黄金海岸和悉尼。登录Transurban Queensland的网站查询收费详情和费用。

各大租车公司都在布里斯班机场和市内设有办事处。一些小型租车公司也在机场附近（穿梭巴士带你往返于此）设有分点，包括**Ace Rental Cars**（☏1800 620 408；www.acerentalcars.com.au；330 Nudgee Rd, Hendra）、**Apex Car Rentals**（☏1800 558 912；www.apexrentacar.com.au；400 Nudgee Rd, Hendra）和**East Coast Car Rentals**（☏1800 327 826；www.eastcoastcarrentals.com.au；504 Nudgee Rd, Hendra）。

火车
布里斯班的长途火车总站是Roma St站（实际上和Brisbane Transit Centre同在一处）。如需预订和信息服务，联系**昆士兰州铁路**（☏13 16 17；www.queenslandrail.com.au）。

NSW TrainLink 布里斯班到悉尼。

Spirit of Queensland 布里斯班到凯恩斯。

Spirit of the Outback 布里斯班到朗里奇（Longreach），途经班达伯格、格拉德斯通和罗克汉普顿。

Tilt Train 布里斯班到罗克汉普顿，途经班达伯格和格拉德斯通。

Westlander 布里斯班到查尔维尔（Charleville）。

❶ 当地交通

布里斯班的公共交通网络（汽车、火车和渡轮）非常出色，由TransLink运营，TransLink在Roma street站（Brisbane Transit Centre）设有一个运输信息中心（Transit Information Centre）。位于**市中心**（见339页）和**南岸**（见339页）的旅游局也能提供公共交通信息。除了公共交通网络以外，这里还有一个设计巧妙的自行车道网络。

抵离机场
Airtrain（见340页）的火车在5:00（周末6:00）至22:00每隔15~30分钟发出，往返于布里斯班机场的两个航站楼和布里斯班市中心之间。方便乘车的站点包括Fortitude Valley（佛特谷）、Central Station（中央车站）、Roma St Station（Brisbane Transit Centre）、South Brisbane（南布里斯班）和South Bank（南岸），价格为单程/往返 $17.50/33。列车继续开往黄金海岸（单程 $33.70起）。

Con-X-ion（☏1300 370 471；www.con-x-ion.com）的机场大巴往返于机场和布里斯班市中心的酒店（单程/往返 $20/36），而且还能从机场去黄金岸的酒店和私人住所（单程/往返 $49/92），以及阳光海岸的酒店和私人住所（单程/往返 $52/96起）。可以上网订票。

从机场前往市中心的出租车价格是$50~60。

小汽车和摩托车

在中央商务区和近郊许多道路上的停车位,停车超过两小时会被贴罚单。务必留意停车的标牌,布里斯班的停车管理员可是不留情面的。白天的时候,在南岸和西区停车比在市中心停车便宜,但是工作日的18:00后(周六正午起),中央商务区可以免费停车。更多停车信息,见www.visitbrisbane.com.au/parking。

公共交通

汽车、火车和渡轮根据"8区系统"运营:所有市内郊区属于1区(Zone 1),1区的单程票价为成人/儿童 $4.60/2.30。进入2区(Zone 2),票价变为$5.70/2.85。

如需多次搭乘公共交通工具,购买一张**Go Card**(www.translink.com.au/tickets-and-fares/go-card;初始余额 成人/儿童 $10/5)可以帮你省点钱。购买此卡,添加信用卡,然后用它乘坐城市汽车、火车和渡轮,比正常乘车费用节省超过30%。Go Card的销售及续费渠道包括交通站、7-11便利店、报刊亭,以及电话和网络。亦可在CityCat渡轮上充值(只收现金)。

船

CityCat(见316页)的双体船往返于圣卢西亚(St Lucia)的昆士兰大学和哈密尔顿北海岸(Northshore Hamilton)之间,沿途设有18个渡轮停靠点。方便乘船的站点包括South Bank(南岸)、中央商务区的三个停靠点、New Farm Park(新农场公园;前往布里斯班发电站)和Bretts Wharf(布雷茨码头;前往Eat Street Markets)。5:20直至午夜左右,大约每隔15分钟发船。可以上船购票,或者使用Go Card(如果拥有Go Card)。

免费的**CityHopper渡轮**曲折往返于布里斯班河的两岸,停靠北码头、南岸、中央商务区、袋鼠角和新农场的Sydney St。这些额外的渡轮班次从6:00左右运营到大约23:00。

TransLink也运营Cross River Ferries,往返于袋鼠角和中央商务区之间,以及新农场公园和邻近海岸的诺曼公园(Norman Park)之间(还有Teneriffe和更北边的Bulimba)。6:00左右至23:00左右,渡轮每隔10~30分钟发船。票价标准/区间划分同布里斯班其他交通工具相同。

时刻表及更多信息请查询www.brisbaneferries.com.au。

公交车

布里斯班的公交车线网非常发达,尤其方便往返于西区、袋鼠角、乌龙戈巴、佛特谷、纽斯特德,以及帕丁顿。

在市中心,本地公交车的主要车站是地下的**女王街汽车站**(Queen Street Bus Station;见308页地图)和**乔治国王广场汽车站**(King George Square Bus Station;见308页地图)。你还可以在Adelaide St搭乘沿途停站的许多公交车,就在George St和Edward St之间。

5:00左右(周六、周日6:00左右)直至23:00左右,公交车通常每隔10~30分钟发车。

CityGlider和BUZ在一些繁忙的路线班次频繁。注意,CityGlider和BUZ不允许上车购票,要使用Go Card(见341页)。

免费且随上随下的City Loop和Spring Hill Loop汽车环绕中央商务区和Spring Hill运行,沿途停靠重要地点,例如昆士兰科技大学、Queen St Mall、城市植物园、中央车站和罗马街公园。工作日的7:00~18:00,公交车每隔10分钟发车。

布里斯班同时拥有专门夜间运营的NightLink汽车、火车和固定价格出租车服务,出租车停在指定的出租车候客区。以上交通工具的发车地点就在本市和佛特谷。登录translink.com.au了解详情。

火车

Translink运营的**Citytrain网络**有6条主要线路,最北可以到达阳光海岸的金皮(Gympie),最南到达黄金海岸的瓦斯特湖(Varsity Lakes)。所有火车都途经Roma St站、Central站和Fortitude valley站;还有一个非常方便的South Bank Station。

Airtrain(见340页)的线路和Citytrain网络在市中心交汇,并且并行于黄金海岸沿线。

火车从4:30左右开始运营,每条线的末班车是23:30至午夜(周五、周六更晚)驶离中央车站。在周日,末班车结束于23:00或23:30左右。

单次火车票可在火车站购买,亦可使用Go Card(见341页)。

如需查看时刻表和网络地图,登录www.

translink.com.au。

出租车

市中心设有大量出租车候客区，包括Roma St站、Treasury（George St和Queen St交叉路口）、Albert St（与Elizabeth St交叉路口）和Edward St（Elizabeth St附近）。深夜在佛特谷打车可能有些费劲：在Brunswick St和Ann St交叉路口的附近有一个出租车候客区，但要做好排长队的准备。出租车行业翘楚是**Black & White**（☎13 32 22；www.blackandwhitecabs.com.au）和**Yellow Cab Co**（☎13 19 24；www.yellowcab.com.au）。

NightLink一票制出租车周五、周六夜间运营，其专属候客区位于本市的Elizabeth Street（与George St交叉路口）和佛特谷的Warner St。

布里斯班周边
（AROUND BRISBANE）

北斯特拉德布罗克岛
（North Stradbroke Island）

人口 2030

从布里斯班郊区的克利夫兰（Cleveland）乘坐渡轮轻松航行30分钟即可到达，这座简朴的度假小岛汲取了努萨和拜伦湾的精华。有几处很不错的白色细沙海滩、冲浪胜地和一些就餐和住宿的好去处。来到这里的游客也很热衷于观测海豚、海龟和蝠鲼，另外，6月至11月还能看到数百只座头鲸。"斯特拉迪"（Straddie）还有几座淡水湖和一些四驱车道。

◎ 景点

北斯特拉德布罗克岛历史博物馆　博物馆
（North Stradbroke Island Historical Museum；☎07-3409 9699；www.stradbrokemuseum.com.au；15-17 Welsby St, Dunwich；成人/儿童 $5/1；◎周二至周六 10:00~14:00，周日 11:00~15:00）介绍了沉船、艰难的航行经历以及岛上丰富的原住民历史，原住民Quandamooka部落原本是这片名为Minjerribah的土地的主人，而这片土地又被称为"斯特拉迪"。

✈ 活动

在海角瞭望台，**北部峡谷海岬步道**（North Gorge Headlands Walk）绝对是一个亮点，令人惊叹。沿着步道环绕海岬一周大约需要20分钟，可以轻松完成，还能伴着蝉鸣漫步。注意寻找近海处海龟、海豚和蝠鲼的踪迹。从海岬俯瞰主海滩（Main Beach）的美景也精彩绝伦。

登尼奇（Dunwich）以东8公里、Alfred Martin Way沿线就是**那拉巴重加拉国家公园**（Naree Budjong Djara National Park；www.nprsr.qld.gov.au/parks/nareebudjong-djara；Alfred Martin Way）的停车场。从这里，沿着2.6公里的徒步小径前往"斯特拉迪"波光粼粼的中心——蓝湖（Blue Lake；Kaboora）：留意沿途森林里的鸟儿、易受惊的蜥蜴和湿地小袋鼠。湖边有一个木制的观景平台，被白千层树、桉树和山龙眼树林包围着。如果你不介意深不见底的湖水，可以在湖中畅游一番、凉快凉快。

Manta Lodge & Scuba Centre　潜水
（见343页地图；☎07-3409 8888；www.mantalodge.com.au；132 Dickson Way, Point Lookout；潜水服/冲浪板租金 $20/30，潜水课程 $500起）这个机构位于Manta Lodge YHA，提供多种服务。你可以租用潜水服、面罩、呼吸管和脚蹼（$25/24小时）或冲浪板，或者通过潜水课程体验潜水。浮潜之旅（$60起）包括乘船之旅和所有装备。

North Stradbroke
Island Surf School　冲浪
（☎07-3409 8342；www.northstradbrokeislandsurfschool.com.au；课程 $50起）在"斯特拉迪"温暖的波涛中参加小团组的冲浪课程，时长1.5小时。如果你比较害羞，也提供私教课程。

Straddie Super Sports　骑车
（☎07-3409 9252；www.straddiesupersports.com.au；18 Bingle Rd, Dunwich；租金 每小时/每天 山地自行车 $10/50，皮划艇 $15/60，立式桨板 $10/50；◎周一至周五 8:00~16:30，周六

Point Lookout 海角瞭望台

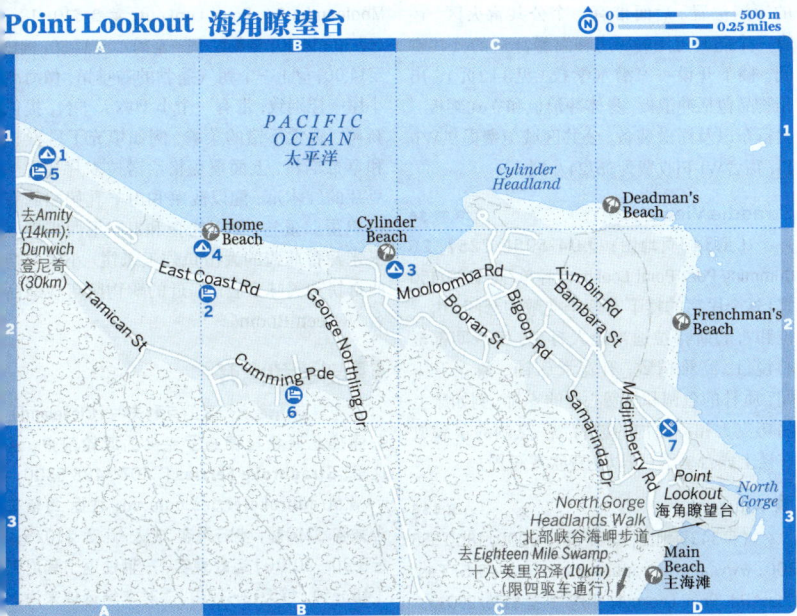

至15:00,周日 9:00~14:00)一个热情友好的商店,出租山地自行车、皮划艇和立式桨板、冲浪板(每天 $50)和身体冲浪板(每天 $15)。同时出售垂钓装备和野营用具。

Straddie Adventures 皮划艇

(☏0433 171 477; www.straddieadventures.com.au; 成人/儿童 海上皮划艇之旅 $75/40起,滑沙 $35/30)这个机构由本地区的原住民经营,组织的海上皮划艇之旅令人大开眼界,而且带有原住民文化特色。提供滑沙课程。

🛏 住宿

Straddie Camping 露营地 $

(☏07-3409 9668; www.straddiecamping.com.au; 1 Junner St, Dunwich; 四驱车露营地 $16.55起,无电/有电营地 $32/39起,小屋 $120起; ⓒ售票处 周一至周六 8:00~16:00)这家机构在岛上经营着8处露营地,包括两处只接受四驱车露营的前democratic露营地(需要许可证 $43.75)。最好的一些露营地簇拥在海角瞭望台周围:在Cylinder Beach、Adder Rock和Home Beach都能俯瞰沙滩。Amity Point露

Point Lookout 海角瞭望台

✈ 活动、课程和团队游
Manta Lodge & Scuba Centre..................................(见5)

🛏 住宿
1 Adder Rock Campground A1
2 Allure B2
3 Cylinder Beach Campground B2
4 Home Beach Campground B2
5 Manta Lodge YHA A1
6 Straddie Views B2

🍽 就餐
7 Blue Room Cafe D3

营地拥有全新的生态小屋。周租价格优惠;尽早提前预订。

Manta Lodge YHA 青年旅舍 $

(见343页地图; ☏07-3409 8888; www.mantalodge.com.au; 132 Dickson Way, Point Lookout; 铺/双/标双/家 $35/90/90/115起; @🛜)这家青年旅舍待客友善,共有三层。客房干净整洁(或许平淡无奇),位于一处绝佳

的海滨位置。后面带有一个公共篝火区。还有一个随时可用的厨房和温馨舒适的公共空间。楼下开设一家潜水学校（见342页）。出租物品包括冲浪板、身体冲浪板和立式桨板、自行车以及浮潜装备。公共区域免费提供Wi-Fi，宿舍Wi-Fi收费为$5/24小时。

Straddie Views 民宿 $$

（见343页地图；04-5950 2257; 26 Cumming Pde, Point Lookout; 标单/双$125/150起）这个民宿的楼下有两个宽敞的套间，由一位和善的斯特拉迪当地人打理。每一间都赏心悦目、高雅精致，有宽大床铺、独立卫生间、质朴的色调和颇费心思的安排，例如床上的巧克力和酒瓶内的波特酒。烹制的早餐放在楼上露台享用（可以免费欣赏海景）。

★ Allure 公寓 $$$

（见343页地图；07-3415 0000, 1800 555 200; www.allurestradbroke.com.au; 43-57 East Coast Rd, Point Lookout; 平房/别墅$175/250起；❄︎⊛⌂）这家公寓周围绿荫蔽日，带有一个泳池、一个健身房以及一个公用厨房花园。提供宽敞、整洁、现代的平房和别墅。平房都是单间风格，带有迷你厨房和阁楼卧室，别墅带有用具齐全的厨房和独立卧室。客房全部带有住客专用洗衣设施和户外露天平台，平台配备烧烤用具。虽然小屋之间的间距不大，但是它们安排得错落有致，注重私密性。住两天及以上的话会便宜得多。

✖ 就餐

★ Island Fruit Barn 咖啡馆 $

（07-3409 9125; 16 Bingle Rd, Dunwich; 主菜$10~16; 周一至周五7:00~17:00, 周六至16:00, 周日8:00~16:00; ⌂）位于登尼奇的主路上，店面不大，氛围轻松，桌椅摆放紧凑，运用质量上乘的食材，提供美味的早餐、冰沙、沙拉、三明治、冬季补汤和蛋糕，其中许多无谷蛋白或纯素。试试美味可口的菠菜羊奶酪卷，然后前往不同凡响的食品杂货区，选购新鲜农产品和美味调料。

Blue Room Cafe 咖啡馆 $

（见343页地图；0438 281 666; 27 Mooloomba Rd, Point Lookout; 菜肴$10~18; 7:30~14:30, 购物区 周一至周六 至17:30, 周日至14:00; ⌂）一个朝气蓬勃的咖啡馆，像海滩小屋一样别致，带有一个小型露天平台，提供新鲜、感觉不错的菜肴，例如填充了猕猴桃和草莓馅料、上面覆盖格兰诺拉麦片和可可豆片的红木瓜；配以菠菜和山羊乳奶酪的有机鸡蛋煎蛋卷；配以烤鱼和自制墨西哥黑豆玉米辣番茄酱的大份鱼炸玉米饼。小吃包括曲奇饼和美味素食。临近的购物区巧妙地命名为Green Room。

ⓘ 到达和离开

布里斯班海滨郊区的克利夫兰（Cleveland）是通往北斯特拉德布罗克岛的渡轮门户。从这里，**Stradbroke Ferries**（07-3488 5300; www.stradbrokeferries.com.au; 往返 每辆车含乘客$110起，步行乘客 成人/儿童$10/5; 5:30~20:00）运载乘客、车辆往返于登尼奇（45分钟，每天12~17趟）。对车辆运输来说，在线预订更便宜。**Gold Cats Stradbroke Flyer**（07-3286 1964; www.flyer.com.au; Middle St, Cleveland; 往返 成人/儿童/家庭$19/10/50; 5:00~19:30）每天搭载乘客往返于克利夫兰和登尼奇的One Mile Jetty（30分钟，每天13~14趟）。一班Strad-broke Flyer免费接客车在大多数水上出租车出发前10分钟，从克利夫兰火车站搭载水上出租车的乘客（登录网站查询例外情况）。

Regular Citytrain（www.translink.com.au）的定期车次从布里斯班的中央车站和Roma Street车站（还有市区的South Bank、South Brisbane和Fortitade Valley）驶往克利夫兰车站（$8.60, 1小时）；前往渡轮站的公交车在克利夫兰车站与火车接驳（7分钟）。

ⓘ 当地交通

"斯特拉迪"很大，只有拥有自己的交通工具，才能好好地一探究竟。如果你计划去越野，可从Straddie Camping了解信息和购买四驱车许可证（$39.55）。

如果没有自驾车，**Stradbroke Island Buses**（07-3415 2417; www.stradbrokeislandbuses.com.au）在登尼奇的码头接驳渡轮，带游客前往

Amity和海角瞭望台（单程/往返 $4.70/9.40）。从海角瞭望台前往登尼奇的汽车大约每小时开出一班，末班车18:20发车。只收现金。

还有**Stradbroke Cab Service**（☎0408 193 685），从登尼奇前往海角瞭望台，大约收费$60。

登尼奇的Straddie Super Sports（见342页）出租山地自行车（每小时/每天 $10/50）。

莫顿岛（Moreton Island）

人口 300

如果你并不打算在昆士兰州去比布里斯班更北的地方，只是想浅尝热带天堂风情的话，可以去莫顿岛。莫顿岛那些原始质朴的海滩、沙丘、灌木林和潟湖受到保护，岛屿95%的面积都被划为莫顿岛国家公园与休闲区（Moreton Island National Park & Recreation Area；www.nprsr.qld.gov.au/parks/moreton-island）。除了一些岩石遍布的海岬之外，这里几乎全是沙滩，而坦普斯特山（Mt Tempest）则是世界上最高的海岸沙丘，高达280米。岛屿的西海岸是锈迹斑斑、丑陋笨重的汤加鲁马沉船（Tangalooma Wrecks），在这里可以进行很好的浮潜和潜水活动。

这座岛屿历史悠久，从早期原住民的定居地，再到昆士兰州的第一座也是唯一一座捕鲸站所在地，都值得游览。捕鲸站位于汤加鲁马（Tangalooma），曾在1952~1962年使用。

◉ 景点和活动

每天晚上，大约有6只海豚会从深海游过来，从志愿喂食者的手中抢食小鱼。你必须入住Tangalooma Island Resort，才能亲自体验，也欢迎非住客围观。度假村内还有**汤加鲁马海洋教育及观察中心**（Tangalooma Marine Education & Conservation Centre；☎1300 652 250；www.tangalooma.com；Tangalooma Island Resort；◎10:00至正午和13:00~16:00），提供有关于莫顿湾丰富的海洋及鸟类生活的展示。

岛上的丛林步道包括从Tangalooma Island Resort出发的一条荒凉小道（2小时），游客还可以艰难地攀登坦普斯特山——从Eagers Creek出发，往内陆前进3公里可以到达。虽然这种体验难能可贵，但你还是需要想办法解决前往起点的交通问题。

鲸鱼游弋而过之时，莫顿角灯塔（Cape Moreton Lighthouse）真是绝佳的观赏地点。

Moreton Bay Escapes（☎1300 559 355；www.moretonbayescapes.com.au；一日游成人/儿童 $200/140起，两日露营游 $360/250起）🌿组织一日、两日和三日四驱车团队游，游览内容丰富，包括浮潜或划皮划艇、滑沙、观赏海洋野生生物和徒步。**Adventure Moreton Island**（☎07-3410 6927；www.adventuremoretonisland.com；一日游 $145起）组织各种一日游，Island Adrenaline Tour（$189）便是其中之一，游客能从活动项目清单之中任选四种，包括驾驶四轮摩托车、滑沙和去汤加鲁马沉船浮潜等。

🛏 住宿

本岛唯一的**度假村**（☎1300 652 250, 07-3637 2000；www.tangalooma.com；Tangalooma；双 $210起，2卧/3卧/4卧公寓 $480/510/550起；❄@🌐🏊）位于汤加鲁马。莫顿岛有5处国家公园**露营地**（☎13 74 68；www.nprsr.qld.gov.au/experiences/camping；露营地 每个人/家庭 $6.15/24.60），那里都提供自来水、厕所和冷水淋浴。在上岛之前要通过网络或电话事先预订好。

ℹ 到达和离开

从大陆出发，可以乘坐几条渡轮线路。登岛后，如果要游玩岛屿，可以自行驾驶四驱车或者参加团队游。多数团队游从布里斯班出发，包括搭乘渡轮的费用。

Amity Trader（☎07-3820 6557；www.amitytrader.com；四驱车/步行乘客 往返 $270/40）针对四驱车和步行乘客的渡轮服务，每月几次往返于布里斯班郊区维多利亚角（Victoria Point）和莫顿岛的库林格尔（Kooringal）。登录网站查询最新时刻表。

Micat(☎07-3909 3333;www.micat.com.au; Tangalooma;往返 成人/儿童 $52/35起,标准四驱车 含两人 $200~300)汽车渡轮服务,从布里斯班港开往汤加鲁马,每周大约8班(1.25~1.5小时);登录网站了解前往渡轮码头的交通信息。

Tangalooma Flyer(☎07-3637 2000;www.tangalooma.com;往返 成人/儿童 $80/45)由Tangalooma Island Resort运营的快速双体客船。时长1.25小时的航行,每天三四趟,从布里斯班郊区Pinkenba的Holt St Wharf出发前往度假村(登录网站了解交通信息)。

黄金海岸

包括 ➡

冲浪者天堂	349
主海滩和斯比特海滩	353
宽阔海滩、美人鱼海滩和诺比斯海滩	356
伯利角	357
库兰宾和棕榈树海滩	360
库尔加塔	361
坦柏林山	364
拉明顿国家公园	364

最佳餐饮

- ➡ Rick Shores（见359页）
- ➡ Bstow（见361页）
- ➡ Harry's Steak Bistro（见360页）
- ➡ Glenelg Public House（见357页）
- ➡ BSKT Cafe（见357页）

最佳住宿

- ➡ La Costa Motel（见361页）
- ➡ Burleigh Break（见359页）
- ➡ Island（见351页）
- ➡ Sheraton Grand Mirage Resort（见355页）
- ➡ QT（见352页）

为何去

这片海滩专为创造愉悦而生，一直都是享受阳光、海浪、自然之美的胜境，堪称澳大利亚最具代表性的度假胜地。高楼大厦熠熠生辉，远眺好像海市蜃楼。这里的空气有时确实非常湿粘。这里最棒的还要数其充满活力的气氛，以及叹为观止的自然美景——大约52公里的原始沙滩和不计其数的冲浪点，还有令人心醉的雾霭黄昏、美妙绝伦的海水温度和一年300个大晴天。

冲浪者天堂的商场和大型夜店为爱好派对的人提供了尽情娱乐的场所，其他街区也各自拥有独特魅力。主海滩和宽阔海滩相映成趣；伯利角、美人鱼海滩和棕榈树海滩有复古的魅力和欣欣向荣的餐饮业；库尔加塔的职业冲浪氛围令人愉悦。不容忽视的还有腹地的亚热带雨林，它们苍翠欲滴、云遮雾绕。

何时去

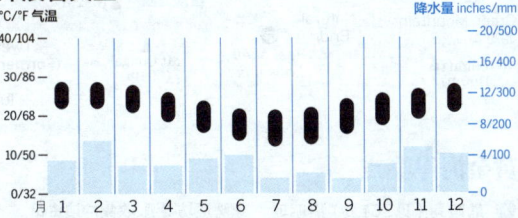

12月至次年2月 阳光、高温与拥挤的海滩。

6月至8月 澳大利亚的冬天迎来很多游客，他们从寒冷的地方来到这儿来晒晒太阳，享受仍旧适合游泳的海水。

10月和11月 天气完美、价格较低；规划旅行时间，避开学校毕业周。

黄金海岸亮点

1. 危险角（见361页）黎明时分，在这个传奇的冲浪点冲浪。

2. 伯利角（见357页）来此大快朵颐，这里的餐饮创意十足。

3. 拉明顿国家公园（见364页）徒步穿越峡谷和雨林。

4. Balter（见361页）在库兰宾这家啤酒坊喝酒、收集冲浪资讯。

5. 南斯特拉德布罗克岛（见359页）远离人群，来到一片长沙滩享受清净。

6. 斯普林布鲁克国家公园（见365页）在"最佳观景台"赏景。

7. Burleigh Social（见359页）6:00来这里喝一杯夏威夷果拿铁，然后去Miami Marketta。

8. 主题公园（见355页）坐上黄金海岸的过山车测试你的胆量（以及消化系统）。

9. 冲浪者天堂（见349页）饮酒、跳舞、看着太阳从海滩升起。

❶ 到达和离开

飞机

黄金海岸机场（见554页）位于冲浪者天堂以南25公里处的库尔加塔。澳大利亚的主要国内航班都飞往这里。**酷航航空**（Scoot; www.flyscoot.com）、**亚洲航空**（Air Asia; ☏1300 760 330; www.airasia.com）和**新西兰航空**（Air New Zealand; ☏13 24 76; www.airnewzealand.com.au）都有航班到此。

布里斯班机场（见554页）在布里斯班市中心东北16公里，开通了火车。对国际旅客来说，先飞到这里，再去黄金海岸非常方便。

公共汽车

灰狗巴士（Greyhound; www.greyhound.com.au）往返布里斯班的班次非常频繁（$23, 1.5小时），还有班次驶往拜伦湾（$35, 2.5小时）及更远的地方。

Premier Motor Service（☏13 34 10; www.premierms.com.au）每日有数班巴士发往布里斯班（$21起, 1.5小时）、拜伦湾（$29起, 2.5小时）以及其他沿海地区。

火车

TransLink（☏13 12 30; translink.com.au）城际列车贯穿布里斯班与黄金海岸（1.25小时）的内兰（Nerang）、诺宾（Robina）、瓦斯特湖（Varsity Lakes），大约0.5小时1班。这条线路从布里斯班向北，一直延伸至布里斯班机场。

❶ 当地交通

抵离机场

Byron Bay Xcede（www.byronbay.xcede.com.au）从黄金海岸机场开往拜伦湾的酒店和私人住所，建议预约（成人/儿童 $37/18.50）。

Con-X-ion Airport Transfers（☏1300 266 946; www.con-x-ion.com）抵离黄金海岸机场（单程 成人/儿童 $22/13起）、布里斯班机场（单程 成人/儿童 $49/25）以及黄金海岸主题公园。

Gold Coast Tourist Shuttle（☏1300 655 655, 07-5574 5111; www.gcshuttle.com.au; 单程 成人/儿童 $22/13）到黄金海岸机场接机，送往黄金海岸附近各大宾馆旅店。还可以送到黄金海岸的主题公园。

公共汽车

Surfside Buslines（☏13 12 30; www.surfside.com.au）是布里斯班TransLink的子公司，运营往返于黄金海岸的固定班次公交车，同时也运营从黄金海岸火车站到冲浪者天堂及更远地方（包括主题公园）的接驳车。

Surfside携手Gold Coast Tourist Shuttle推出一种自由行通票（Freedom Pass），持票可以享受黄金海岸机场的返程巴士和在主题公园内不限次数乘坐交通工具，还可乘坐当地公交车，价格是成人$78、儿童$39。有效期3天；也有5天、7天和10天的通票可供选择。

有轨电车

G:link（Gold Coast Light Rail; ☏13 12 30; translink.com.au; 票价 $4.80起, Go Explore一日游通票 成人/儿童 $10/5）是一种便捷但是价格很高的轻轨和电车服务，连接南港（Southport）和宽阔海滩，途中设有站点。如果需要多次短途出行，购买Go Explore一日游通票（成人/儿童 $10/5; 只有7-11有售）比较划算。否则，可从电车月台的售票机购买单程票（$4.80起）。

冲浪者天堂（Surfers Paradise）

人口 22,150

有人可能会说，"天堂"之名已经名不副实，但不可否认，冲浪者天堂的几个激情四射的街区和美轮美奂的沙滩仍然吸引游客蜂拥而至——每天最多两万人。酷爱派对的青少年和二十出头的年轻人来此尽情泡夜店、泡酒吧、逛商场，或许还会前往沙滩醒酒养神，接着周而复始。吸引家庭游客的是随时对外出租的大型公寓、大量适合儿童的餐饮选择，当然，还有美不胜收的海滩。

◎ 景点和活动

天际观景台 观景点

（SkyPoint Observation Deck; 见350页地图; www.skypoint.com.au; Level 77, Q1 Bldg, Hamilton Ave; 成人/儿童/家庭 $24/14/62; ⊙周日至周四 7:30~20:30, 周五和周六 至23:30）欣赏冲浪者天堂景致的最佳方式就是躺在海滩上。如想鸟瞰海岸和腹地，需要登上Q1大厦顶端附近高达230米的观景台。Q1大厦是世界知名的摩天大楼之一。也可以尝试攀旋梯登上270米高的天际攀（SkyPoint Climb; 成人/儿童 $74/54）的塔尖。

Surfers Paradise 冲浪者天堂

夏恩·霍兰冲浪学校　　　　　　　　　　冲浪

（Cheyne Horan School of Surf；☎1800 227 873；www.cheynehoran.com.au；2小时课程 $49；⏰10:00和14:00）可在这所学校学习如何乘风破浪，它由前职业冲浪手夏恩·霍兰（Cheyne Horan）经营。多课次套餐价格优惠。

Balloon Down Under　　　　　　　热气球

（☎07-5500 4797；www.balloondownunder.com；1小时飞行 成人/儿童 $279/225）飞啊，飞啊，在黎明时乘热气球飞过黄金海岸，最后享用配有香槟的早餐。

Whales in Paradise　　　　　　　　观鲸

（见350页地图；☎07-5538 2111；www.whalesinparadise.com.au；Cavill Ave和Ferny Ave交叉路口；成人/儿童/家庭 $99/69/267；⏰6月至11月）从冲浪者天堂中心出发的观鲸之旅，每天3次，全程3.5小时。

✵ 节日和活动

★ Bleach Festival　　　　　　　　　文化节

（www.bleachfestival.com.au；⏰4月初）节日期间会在各种各样的市内外场所推出视觉

Surfers Paradise 冲浪者天堂

◉ 景点
1 天际观景台 C4

✢ 活动、课程和团队游
2 Whales in Paradise B3

⏾ 住宿
3 Budds in Surfers C1
4 Chateau Beachside Resort C2
5 Island C3
　Moorings on Cavill .... （见2）
　Q1 Resort .... （见1）
6 QT C1
7 Sleeping Inn Surfers B4

⊗ 就餐
8 Baritalia C2
9 Bumbles Café B1
　Surfers Sandbar .... （见4）

⊖ 饮品和夜生活
10 Black Coffee Lyrics C3
11 Elsewhere C3

ⓐ 购物
12 Chevron Renaissance Shopping
　Centre C2
13 Circle on Cavill C3

艺术、当代舞蹈、各种流派音乐、戏剧和表演，呈现夏末派对气息。偶尔会有超级大腕领衔主演，还有一些大胆前卫和具有争议的作品可供欣赏。

黄金海岸电影节　　　　　　　　电影节
（Gold Coast Film Festival; www.gcfilmfestival.com; ◷4月）每年4月中旬至下旬，会在露天大银幕放映世界各地的主流和文艺影片。还包括SIPFest部分，届时会在海滩放映两晚短片。

黄金海岸600　　　　　　　　　体育节
（Gold Coast 600; www.v8supercars.com.au; ◷10月）每年10月有3天，冲浪者天堂的各条街道会变成高速赛车的临时赛道。

🛏 住宿

Budds in Surfers　　　　　　　青年旅舍 $
（见350页地图; ☏07-5538 9661; www.buddsinsurfers.com.au; 6 Pine Ave; 铺 $32~34, 双 $95~110; @☏≋）这家旅舍氛围闲适，有整洁的卫生间、清洁的瓷砖、社交氛围浓郁的酒吧和迷人的泳池，全部距离布兹海滩（Budds Beach）咫尺之遥。出租自行车。如果需要，可以提供女宾专用宿舍，还有一个配备浴室的双人间。

Sleeping Inn Surfers　　　　　青年旅舍 $
（见350页地图; ☏07-5592 4455, 1800 817 832; www.sleepinginn.com.au; 26 Peninsular Dr; 铺 $30~34, 双 $78~92; @☏≋）这个背包客旅店是一栋远离市中心的老式公寓楼。较大的宿舍配备了专属厨房和卫生间，大多带有一个专属起居区。注意，这里不接待儿童，宿舍房间的住客必须持有国际护照。邻近的公寓楼提供修缮一新的包间客房。

Chateau Beachside Resort　　　　公寓 $
（见350页地图; ☏07-5538 1022; www.chateaubeachside.com.au; Elkhorn Ave和Esplanade交叉路口; 单间/1卧公寓 $99/119; ❈@☏≋）这栋海滨"城堡"（店名"Chateau"指的是法国的老式城堡、庄园）实际就是一幢18层塔楼，并没有太多卢瓦尔河谷的气息，拉斯维加斯风格反而更明显一些。单间和公寓装饰各异，除了价格最低的客房，其他房间都能欣赏海景。18米的泳池为这里锦上添花。最低两晚起住。

★ Island　　　　　　　　　　　酒店 $$
（见350页地图; ☏07-5538 8000; www.theislandgoldcoast.com.au; 3128 Surfers Paradise Blvd; 双 $180~250; P❈☏≋）Islander Hotel光荣退休，改名Island重新开业——它确实

> ### ❶ 寻欢作乐的毕业生
>
> 　　每年11月，数以千计的毕业生涌向冲浪者天堂，来庆祝他们高中学业的结束，他们会举办为期3周的派对，派对主题是"毕业生周"。尽管当局已经加以管制，但青少年酗酒和滥用药物等现象还是十分普遍——这可不是什么好事。
> 　　更多信息详见www.schoolies.com。

是一座当代风格的岛屿,位于冲浪者天堂一隅。这里的客房屋顶很低,但是天然木材、纯白墙面和单色调营造出一种舒缓放松的氛围。客房空间宽敞,双人间27平方米,套房45平方米,全部配备超大床铺。

★ QT　　　　　　　　　　　　　酒店 $$

(见350页地图;☎07-5584 1200;www.qtgoldcoast.com.au; 7 Staghorn Ave; 双 $185~280; ❄@☎❄)阿卡普尔科(Acapulco)座椅、复古自行车和穿着整洁一致的员工,所有这些元素都经过精心设计,意在反映冲浪者天堂本世纪中期的光辉岁月。对于一栋平淡无奇的20世纪80年代塔楼的改造可谓别出心裁,而且非常成功。这里有一个通风的大厅,你将乐于置身其中。客房内部怀旧气息不浓,但是带有许多彩色装饰。

Moorings on Cavill　　　　　公寓 $$

(见350页地图;☎07-5538 6711;www.mooringsoncavill.com.au; 63 Cavill Ave; 1卧/2卧公寓 $135/185起; ❄☎❄)这栋包含73套公寓的大楼空间宽敞,位于Cavill Ave的尽头,非常适合家庭游客:环境安静,人们礼貌有加。位置更是无可挑剔:距离海滩、商店和餐馆咫尺之遥。公寓整洁无暇,工作人员总是面带笑容。

Q1 Resort　　　　　　　　　　公寓 $$$

(见350页地图;☎07-5630 4500, 1300 792 008; www.q1.com.au; Hamilton Ave; 1卧公寓 $189~259, 2卧公寓 $276~375; ❄@☎❄)到澳大利亚最高住宅大楼住一晚。这栋大楼拥有洁白的内部装潢,还坐拥全景。如果海滩并未令你精疲力竭,可以前往这里的潟湖式泳池和健身中心。价格时有波动,如果入住5晚、无须打扫服务,可以享受优惠价。

🍴 就餐

选择自炊的游客可以在Chevron Renaissance Shopping Centre(见350页地图; www.chevronrenaissanceshoppingcentre.com.au; Elkhorn Ave和Surfers Paradise Blvd交叉路口; ⊙周一至周六 9:00~17:30, 周日 10:00~16:00)和Circle on Cavill(见350页地图; www.circleoncavill.com.au; Cavill Ave和Ferny Ave交叉路口; ⊙周一至周六 9:00~17:30, 周日 10:00~16:00)找到超市。

★ Bumbles Café　　　　　　　咖啡馆 $$

(见350页地图;☎07-5538 6668;www.bumblescafe.com; 21 River Dr, Budds Beach; 主菜 $14~24; ⊙7:30~16:00)这个绝佳的地点由一座老房子(实际曾是花街柳巷)改造而成,它是享用早餐、甜食和咖啡的理想地点。这里有一系列房间,从粉红的Princess Room(品味下午茶的完美场所)到阅览室,不一而足。这里也提供一些令人心仪的蛋糕。

Surfers Sandbar　　　　　新派澳大利亚菜 $$

(见350页地图;☎07-5526 9994;www.facebook.com/sandbargc; 52 Esplanade; 主菜 $18~29; ⊙6:30至午夜)这家餐馆在海滨经营长达19年之后,老板的儿子在结束巴厘岛的工作回来之后,将这家餐馆打造成一个"里维埃拉遇见长谷"风格的热门场所。餐厅内部充满有趣迷人的元素,还有洋溢着笑容的当地人和创意十足、融合各国风味的菜肴。

Baritalia　　　　　　　　　　意大利菜 $$

(见350页地图;☎07-5592 4700;www.baritaliagoldcoast.com.au; Shop 15, Chevron Renaissance Centre, Elkhorn Ave和Surfers Paradise Blvd交叉路口; 比萨 $20~28, 特价午餐 $14~16, 主菜 $20~38; ⊙8:00至深夜;☎)一家彻头彻尾的意大利餐厅,拥有极好的露天阳台和友好的欧洲员工。可以来这里品尝拜伦湾文火烤五花肉,或美味的意大利面、比萨和意大利调味饭(包括无谷蛋白种类)。餐厅提供优选的澳大利亚和意大利葡萄酒,按杯出售。还有醇香咖啡。

🍷 饮品和夜生活

★ Elsewhere　　　　　　　　　　　夜店

(见350页地图;☎07-5592 6880; www.elsewherebar.com; 23 Cavill Ave; ⊙周四至周日 21:00至次日4:00)这个小型的"先酒吧后夜店"场所主打DJ表演,DJ精通电子乐,包括一些新秀现场音乐。相比其他地方,这里的顾客更加有型,不过这里并不高冷,而且能够找到很多乐意聊天的人,场面热闹,以至于DJ只能提高音量。

Black Coffee Lyrics　　　　　酒吧、咖啡馆

(见350页地图;☎0402 189 437; www.

facebook.com/blackcoffeelyrics; 40/3131 Surfers Paradise Blvd, Surfers Paradise; ◎周二至周五17:00至午夜,周六和周日8:00起)这个咖啡馆的位置出人意料,在一个平淡无奇的商场楼上,这里的环境和阳光明媚的冲浪者天堂有着天壤之别。店内摆满古董家具,看着有点奇怪。不过这里光线昏暗、舒适宁静,当地人会来此品尝咖啡和西班牙小吃,享用牛排,品味波旁威士忌、精品啤酒和浓咖啡马天尼,直至深夜。周末早餐丰盛,10:00开始提供啤酒或血腥玛丽。

☆ 娱乐

黄金海岸艺术中心 剧院、电影院

(Arts Centre Gold Coast; ☏07-5588 4000; www.theartscentregc.com.au; 135 Bundall Rd; ◎售票处 周一至周五 8:00~21:00, 周六 至21:00, 周日 11:00~19:00)艺术中心是内兰河边的文化和礼仪城堡,有两家影院、一家餐厅、一个酒吧、黄金海岸城市画廊(Gold Coast City Gallery)及可以容纳120人的剧院。这家剧院会定期上演出色作品,如喜剧、爵士乐、歌剧、儿童音乐会等。

ⓘ 实用信息

背包客世界旅行(Backpackers World Travel; 见350页地图; ☏07-5561 0634; www.backpackerworldtravel.com; 3063 Surfers Paradise Blvd; ◎10:00~16:00; 🛜)住宿、团队游、交通预订及上网。

黄金海岸信息和预订中心(Gold Coast Information & Booking Centre; 见350页地图; ☏1300 309 440, 07-5536 4709; www.visitgoldcoast.com; 2 Cavill Ave; ◎周一至周五 8:30~17:00, 周六 9:00~18:00, 周日 9:00~16:00)这是黄金海岸主要的信息问询亭;售卖主题公园的门票,提供公共交通信息。

冲浪者天堂24小时医疗中心(Surfers Paradise Day & Night Medical Centre; ☏07-5592 2299; www.daynightmedical.com.au; 3221 Surfers Paradise Blvd; ◎7:00~23:00)综合医疗中心和药店。预约或直接就诊皆可。

主海滩和斯比特海滩 (Main Beach & The Spit)

人口 3970

冲浪者天堂以北地区的公寓大楼不那么高耸入云,人们的生活节奏也更慢一些。如果前来赏景、享受海滩时光和放松身心,主海滩可以作为一个静谧的大本营。Tedder Ave或许不再拥有隐秘之所,但是仍旧保持着乡村气息,还有令人愉悦的就餐场所,旁边就是时髦精美的店铺。

继续往北,斯比特海滩将南港阔水区(Southport Broadwater)和太平洋分隔开来,它延伸5公里,几乎触及南斯特拉德布罗克岛(South Stradbroke Island)。它的南端包含另外一个购物和餐饮地带Marina Mirage,还有水上活动基地水手湾(Mariner's Cove)。

这里的海滩因带有沙丘和天然公园而受到保护,景色宏伟壮丽。这里还有一些人迹罕至的冲浪地点,不会让人无所事事。

◉ 景点和活动

主海滩展馆 建筑

(Main Beach Pavilion; 见354页地图; Macarthur Pde; ◎9:00~17:00) **免费** 西班牙布道院风格的主海滩展馆(1934年)魅力迷人,它是繁荣时期之前的建筑遗迹。内部陈列着一些精彩绝伦的老照片,展现了黄金海岸尚未修建摩天大楼之前的景象。

★ Federation Walk 步行

(www.federationwalk.org)这条秀丽的3.7公里小径带你穿越馥郁芬芳的滨海热带雨林,那里的鸟类赏心悦目、种类繁多。这条小径与世界上最美丽的冲浪海滩之一平行。途中连接黄金海岸海滨道(Gold Coast Oceanway),海滨道延伸36公里,通往库尔加塔。Federation Walk的起点和终点位于海洋世界入口附近,就在菲利普公园(Phillip Park)的停车场内。

Australian Kayaking Adventures 皮划艇

(☏0412 940 135; www.australiankayakingadventures.com.au; 半日游 成人/儿童 $85/75, 日落游 $55/45)划船前往没有受到足够重视的南斯特拉德布罗克岛,或者黄昏时分划船经由冲浪者天堂后面的平静运河,前往雪佛龙岛(Chevron Island)各处。

Island Adventures 观鲸

(见354页地图; ☏07-5532 2444; www.goldcoastadventures.com.au; Mariner's Cove,

Main Beach & The Spit
主海滩和斯比特海滩

黄金海岸 主海滩和斯比特海滩

Main Beach & The Spit
主海滩和斯比特海滩

◎ 景点
1 主海滩展馆.................................B3
2 海洋世界.....................................B1

✪ 活动、课程和团队游
3 Island Adventures.....................B3
4 Water'bout................................A4

◉ 住宿
5 Main Beach Tourist Park.........B4
6 Pacific Views.............................B4
7 Sheraton Grand Mirage Resort..........B2
8 Surfers Paradise YHA at Main Beach..B3

◎ 就餐
9 Bar Chico...................................B4
10 Peter's Fish Market.................B2
11 Pier...B2
 Providore.................................(见13)

◉ 饮品和夜生活
12 Southport Surf Lifesaving Club........B3

◉ 购物
13 Gourmet Farmers Market.......B2

60-70 Sea World Dr, Main Beach; 巡游 含午餐 成人/儿童 $129/69) 可参加这个双体船巡游, 观赏野生动物和阔水区的麦克豪宅(McMansions)。行程包括水上运动, 以及在McLaren's Landing Eco Resort吃烧烤午餐。

🛏 食宿

Surfers Paradise YHA at Main Beach
青年旅舍 $

(见354页地图; ☎07-5571 1776; www.yha.com.au; 70 Sea World Dr, Main Beach; 铺$33~36, 双和标双 $85; @🛜) 尽管名字中包含"冲浪者天堂", 这个拥有极佳位置的旅舍实际上位于二楼(称为1st floor), 可俯瞰码头。有免费穿梭巴士可到这里, 旅舍每周五举办烧烤之夜, 它距离Fisherman's Wharf Tavern咫尺之遥。天蓝色的宿舍布置得井井有条。可以安排团队游和活动。

Main Beach Tourist Park
房车公园 $

(见354页地图; ☎07-5667 2720; www.goldcoasttouristparks.com.au; 3600 Main Beach Pde, Main Beach; 带电营地 $62, 小屋和别墅 $165起; P❄🛜) 这个房车公园与海滩仅相隔一条马路, 周围环绕一栋栋高层公寓, 最受家庭游客青睐。营地之间过于紧凑, 但是设施不错, 位置绝佳。

Pacific Views
公寓 $$

(见354页地图; ☎07-5520 0300; www.pacificviews.com.au; Main Beach Pde和Woodroffe Ave交叉路口, Main Beach; 1卧公寓 $140~210; P❄🛜) 如果你能接受奇特装修, 那么这些个人所有的公寓是不错的选择, 室内装潢也是主人的杰作。这里有落地景观、跟起居室一样大的阳台, 还有乐于助人的员工。公寓距离海滩只有一个街区, 楼下开设一家咖啡馆, 如果计划清晨前往海滩漫步, 那么5:30可来咖啡馆喝一杯。

★**Sheraton Grand Mirage Resort** 度假村 $$$

（见354页地图；☎07-5577 0000；www.sheratongrandmiragegoldcoast.com；71 Sea World Dr, Main Beach；双 $280~400）这家货真价实的海滨酒店拥有270间客房，最近刚刚略加整修。这里氛围休闲，客房比较低矮，但是魅力迷人，分布于6公顷的热带花园之中。大型泳池只对住客开放，带有一个池畔酒吧。通过一条小道能够到达赏心悦目的斯比特海滩。楼上酒吧可以接待非住客，在那里能够欣赏海景。

Peter's Fish Market 海鲜 $

（见354页地图；☎07-5591 7747；www.petersfish.com.au；120 Sea World Dr, Main Beach；餐 $9~16；◎9:00~19:30）一个实实在在的鱼市兼炸鱼和薯条店，出售新鲜海产和海产熟食。海产源自捕捞渔船，种类丰富、大小各异，而且价格合适。厨房正午营业。

★**Gourmet Farmers Market** 市场 $

（见354页地图；☎07-5555 6400；www.facebook.com/MarinaMirageFarmersMarket；

黄金海岸主题公园

　　黄金海岸的美式主题公园里，抗拒地心引力的过山车和滑水道会让你头晕目眩。虽然近来发生过一些事故，但是仍然吸引大批游客。旅游服务处大都出售打折票，亦可在线（☎13 33 86；www.themeparks.com.au）购买。持有Mega Pass（每人 $110 有效期14天）可无限次进入海洋世界、华纳兄弟电影世界、水上乐园和非常适合儿童的农场公园天堂农场（Paradise Country；全部隶属于Village Roadshow影业公司）。梦幻世界和激浪世界出售不限进入次数的Summer Season Pass（成人/儿童 $99/79）。

　　温馨提示：主题公园可能会出现疯狂的拥挤状况，所以早点到，否则要把车停在很偏远的地方。注意：公园禁止自带食物和饮料。

梦幻世界（Dreamworld；☎07-5588 1111, 1800 073 300；www.dreamworld.com.au；Dreamworld Pkwy, Coomera；成人/儿童 $65/55；◎10:00~17:00）自诩为澳大利亚最大的主题公园。项目包括"Big 9 Thrill Rides"。还有摇摆世界（Wiggles World）和梦工厂（DreamWorks）体验活动，都为儿童所设。其他亮点如老虎岛（Tiger Island），可以与各种动物不期而遇。一日游通票（成人/儿童 $65/55）可以让你进入梦幻世界和激浪世界。

海洋世界（Sea World；见354页地图；www.seaworld.com.au；成人/儿童 $80/70；◎9:30~17:00）这里的海豚和海狮会表演特技，也因此不断引发争论。海洋世界强调这能给动物更好的生活，而福利组织则认为关押脆弱的海洋哺乳动物本身就是对它们的巨大伤害，尤其是人为干预，更是对动物的极大迫害。公园也有企鹅和北极熊，还有滑水道和翻滚式过山车。

电影世界（Movie World；☎07-5573 3999, 13 33 86；www.movieworld.com.au；Pacific Hwy, Oxenford；成人/儿童 $79/69；◎9:30~17:00）这里有电影主题展、骑行和景点游览活动，还有Batwing Spaceshot、Justice League 3D Ride以及Scooby-Doo Spooky过山车。演员扮演的蝙蝠侠、王牌大贱谍与猪小弟等角色在人群中穿梭。

水上乐园（Wet 'n' Wild；☎07-5556 1660, 13 33 86；www.wetnwild.com.au；Pacific Hwy, Oxenford；成人/儿童 $79/69；◎10:00~17:00）这儿的终极滑水运动当属Kamikaze——从双人管道纵身跃下，以50公里/小时的速度降落，最后溅起11米高的浪花。大型水上公园还有暗黑滑行（pitch-black slides）、激流勇进以及海浪泳池等游戏设施。

激浪世界（WhiteWater World；☎1800 073 300, 07-5588 1111；www.dreamworld.com.au/whitewater-world；Dreamworld Pkwy, Coomera；成人/儿童 $65/55；◎周一至周五 10:00~16:00, 周六和周日 至17:00）这座公园的特色项目是Cave of Waves、Pipeline Plunge以及多达140种的水上活动。

Marina Mirage, 74 Sea World Dr, Main Beach; ◎周六 7:00~11:00)周六早晨，Marina Mirage商场的空地上摆满摊位，出售当季果蔬、烘焙食品、腌菜、油、醋、海鲜、意大利面等，商品全部来自小型生产者和制作者。

★ **Pier**　　　　　　　新派澳大利亚菜、比萨 $$

（见354页地图；☎07-5527 0472；www.piermarinamirage.com.au; Ground fl, Marina Mirage, Sea World Dr, Main Beach; 比萨 $18~24; ◎正午至23:30）一家简单但是超级时髦的码头餐馆，带有楼上和楼下就餐区，楼上楼下都是欣赏游艇停泊场面的完美场所。员工多为欧洲人，颇受客人好评。木柴烤比萨可同炸饭团结合，很多人在这里都能获得满足。而且他们水平稳定。

★ **Bar Chico**　　　　　　新派澳大利亚菜 $$

（见354页地图；☎07-5532 9111；www.barchico.com.au; 26-30 Tedder Ave, Main Beach; 菜肴 $12~22; ◎周一至周三 16:00至午夜，周四至周日 正午起）这是Tedder大道新增的一家受人欢迎的欧式酒吧。光线昏暗、气氛浓郁，提供不同凡响的奶酪和熟食菜肴、鱼或肉类西班牙小吃以及大份诱人沙拉。厨师比较关注细节，食品就在店内发酵和加工，还有许多高档食材。葡萄酒都是精心挑选的，其中包括一些特别出色的西班牙品牌。

Providore　　　　　　　咖啡馆 $$

（见354页地图；☎07-5532 9390；www.providoremirage.com.au; Marina Mirage, 74 Sea World Dr, Main Beach; 主菜 $16~29; ◎7:00~18:00）落地窗的边缘饰以意大利矿泉水水瓶，倒置的台灯悬挂于天花板之上，店里有长相姣好的欧洲游客、按杯出售的葡萄酒、精美无比的法式糕点、装满新鲜农产品的篮子，还有奶酪冰箱：这个出类拔萃的熟食店兼咖啡馆的每一样事物都恰到好处。

🍷 饮品和夜生活

Southport Surf Lifesaving Club　　　夜店

（见354页地图；www.sslsc.com.au; Macarthur Pde; ◎6:30至午夜）这个迷人通风的楼阁式夜店拥有壮观景致。露天平台很早营业，提供咖啡，也可以来此享受慵懒的午后啤酒小酌。它是冲浪者天堂以北为数不多营业到深夜的地方之一。

宽阔海滩、美人鱼海滩和诺比斯海滩（Broadbeach, Mermaid Beach & Nobby Beach）

人口 19,890

宽阔海滩位于冲浪者天堂正南，特点或许就是公寓大楼和商业步行街，但是宽阔海滩要比周边地区更加高端，拥有精心布置的街道以及时髦整洁的餐饮和购物场所。

Miami Marketta (www.miamimarketta.com; 23 Hillcrest Pde, Miami; ◎咖啡馆 周二至周六 6:00~14:00，街边食品 周三、周五和周六 17:00~22:00)是一个固定街市，拥有美食、服装和现场音乐。它位于和它一样炫酷的美人鱼海滩以南。

🛏 食宿

Hi-Ho Beach Apartments　　　　公寓 $$

（☎07-5538 2777；www.hihobeach.com.au; 2 Queensland Ave, Broadbeach; 1卧/2卧公寓 $175/275; ▣ ❄ ❋ ≋)住宿的首选，离海滩和咖啡馆很近。这里没有豪华炫目的大堂，但是客房舒适，管理到位，整洁安静。门口有拉斯维加斯风格的指示牌。

Peppers Broadbeach　　　　　公寓 $$$

（www.peppers.com.au/broadbeach; 21 Elizabeth Ave, Broadbeach; 1卧/3卧公寓 $500/800; ❄ ❋ ≋)如果想要完美（或许单调）的舒适性，这家公寓正好合适——想想大理石餐桌、欧洲厨房用具、全包围阳台、超密纺织的床上用品。3卧客房"天空之家"（sky homes）真正将奢华带入小镇。日间水疗馆拥有室内外恒温泳池。

★ **Sparrow Eating House**　　　新派澳大利亚菜 $

（☎07-5575 3330；www.sparroweatinghouse.com.au; 2/32 Lavarack Rd, Nobby Beach; 分享菜肴 $11~22; ◎周三至周五 17:00至午夜，周六和周日 7:00起)这家单色工业风餐馆带有绿色装饰，虽然不太起眼但是魅力十足，厨房团队热爱本职工作。来这里品尝休闲午餐，即配以榛子和香草的团子（gnocchi）；来一杯

红橙玛格丽塔和一些龙舌兰酒虾;或者喝一杯小品牌葡萄酒。

Cardamom Pod　　　　　　　素食 $

(www.cardamompod.com.au; 1/2685 Gold Coast Hwy, Broadbeach; 1/2/3/4道菜肴 带米饭 $10/16/24/31; ⏱11:30~21:30; 🅿)🌿素食主义者的狂欢盛宴！受印度教的牧牛神克利须那（Krishna）启发，这家素食主义小饭馆创造出了当地最美味的素食菜品。可选咖喱、纯素烘烤食品或当日奶酪烘烤食品。餐后来点纯天然、无谷蛋白、无糖的招牌甜点，美味可口。在这里，所有食物都是现做的。

★ Glenelg Public House　　　牛排 $$

(☎07-5575 2284; www.theglenelgpublichouse.com.au; 2460 Gold Coast Hwy, Mermaid Beach; 主菜 $22~32; ⏱周一至周四 17:00至午夜，周五至周日 正午起)这家气氛不错的小餐馆采用一流食材和少量配料。丰盛的牛排（$22~68，共餐 $80~90）食材采用当地牛肉、新西兰和新南威尔士高地的优良牛肉以及用青草和谷物饲养的牛出产的牛肉。还有"早茶"（early tea）特价晚餐，18:30前供应。

★ BSKT Cafe　　　　新派澳大利亚菜 $$

(☎07-5526 6565; www.bskt.com.au; 4 Lavarack Ave, Mermaid Beach; 主菜 $10~27; ⏱周一至周四 7:00~16:00，周五和周六 至22:00，周日至17:00; 🅿👶)这个令人满意的工业风咖啡馆距离海滩只有100米，但魅力远不止于此，这里注重使用有机食材，菜肴和服务远超咖啡馆水准。素食者和原始饮食者会觉得宾至如归，孩子们和瑜伽爱好者也会感到满意。这里还有带有围栏的玩耍区，以及一个位于楼上的瑜伽学校。

🍷 饮品和夜生活

★ Cambus Wallace　　　　　鸡尾酒吧

(www.thecambuswallace.com.au; 4/2237 Gold Coast Hwy, Nobby Beach; ⏱周二至周四 17:00至午夜，周五至周日 16:00起)这是一家光线昏暗、气氛浓郁、海洋主题的酒吧，吸引了不少外表靓丽的当地人前来休闲放松。来到这家酒吧，在外表惊人的瓶装啤酒和苹果酒单中选择一种，或者试试黄金海岸的经典鸡尾酒（包含椰子、酸橙和朗姆酒的Maiden Voyage真是本地气候的绝配）。

Seaside Broadbeach Bowls Club　夜店

(☎07-5531 5913; www.broadbeachbowlsclub.com; 169 Surf Pde, Broadbeach; ⏱11:30~20:00)澳大利亚（甚至全球）首屈一指的草地滚球场就在这里。这个传统会所根本不像一个历经沧桑的老地方，经历过一次现代化改造之后，它的酒吧和餐厅光线明亮、微风习习、海滨气息浓郁。日暮时分，落座宽敞的平台之上，啜饮啤酒，或者可以参加赤脚滚球游戏（barefoot bowls）。

伯利角（Burleigh Heads）

人口 9580

伯利角是一个炫酷的冲浪迷地盘（一下水，冲浪迷就都成好朋友了，对吧？），长久以来受到家庭游客的青睐。但是如今开始得到更多公众的关注。该镇的复古氛围和青春活力不仅是黄金海岸的永恒魅力的象征，而且体现了这里新潮的趣味精神。你会发现，本地区最佳的一些咖啡馆和餐馆在这里。当然，闻名遐迩的右手浪仍然波涛汹涌，松树林立的海滩也会让每一位投来目光的游客心醉神迷。

👁 景点

伯利角国家公园　　　　　　　公园

(Burleigh Head National Park; 见358页地图; www.nprsr.qld.gov.au/parks/burleigh-head; Goodwin Tce, Burleigh Heads; ⏱24小时) 免费
来到伯利角漫步，穿越这个27公顷的雨林保护区，这里鸟类丰富，还有一些步行小径。伯利角浪区的美景唾手可得。

★ 乡村市场　　　　　　　　　市场

(Village Markets; 见358页地图; ☎0487 711 850; www.thevillagemarkets.co; Burleigh Heads State School, 1750 Gold Coast Hwy, Burleigh Heads; ⏱每月第一个和第三个周日 8:30~13:00) 这是一个长期运营的市场，主要售卖者是本地制作商和收藏者。拥有时装和生活用品摊位，还有现场音乐，深受当地人青睐。

Burleigh Heads 伯利角

Burleigh Heads 伯利角

◉ 重要景点
1 乡村市场 A1

◉ 景点
2 伯利角国家公园 C3
3 吉鲁盖尔文化中心 C3

🛏 住宿
4 Burleigh Beach Tourist Park B2

🍴 就餐
5 Borough Barista B2
6 Finders Keepers B2
7 Harry's Steak Bistro B2
8 Justin Lane Pizzeria & Bar B2
9 Rick Shores B2

大卫弗莱野生动物园　　　野生动物保护区

（David Fleay Wildlife Park；☎07-5576 2411；www.nprsr.qld.gov.au/parks/david-fleay；Loman Lane和West Burleigh Rd交叉路口，West Burleigh；成人/儿童/家庭 $22/10/55；⊕9:00~17:00）这座野生动物园由首位成功繁殖鸭嘴兽的医生创建。园里有4公里长的徒步路径，沿着路径穿过红树林与热带雨林，全天都能看到各种野生动植物。从伯利角往内陆方向行进大约3公里，可以到达这个野生动物园。

吉鲁盖尔文化中心　　　文化中心

（Jellurgal Cultural Centre；见358页地图；☎07-5525 5955；www.jellurgal.com.au；1711 Gold Coast Hwy，Burleigh Heads；⊕周一至周五8:00~15:00）免费 这个原住民文化中心位于伯利角根部，介绍当地千万年前的生活。这里陈列了一些手工艺品，而且组织各种各样（价格有别）的团队游，每条线路都包含海角徒步、游览昔日贝壳堆和参观重要的原住民遗址。

🛏 食宿

Burleigh Break
汽车旅馆 $

(www.burleighbreak.com.au; 1935 Gold Coast Hwy, Burleigh Heads; 双$120~160; P🖵)黄金海岸备受青睐的21世纪中期汽车旅馆之一。装修之后,变成了一个待客友好、性价比高的住宿地点。经典汽车旅馆设计意味着这里享有公路景致,但实际上它距离海滩咫尺之遥。客房尽可能保持复古风格,其他方面则新潮简约。可以询问长住折扣政策。

Burleigh Beach Tourist Park
房车公园 $

(见358页地图; ☎07-5667 2750; www.goldcoasttouristparks.com.au; 36 Goodwin Tce, Burleigh Heads; 带电营地$46~60, 小屋$140~210; ❄@🖵≋)市政府所属的公园,温馨舒适、管理良好,位于海滩附近一个绝佳地点。争取订到公园前面的那三间蓝色小屋。小屋最低两晚起住。

★ Borough Barista
咖啡馆 $

(见358页地图; 14 Esplanade, Burleigh Heads; 主菜$5~19; ⊙5:30~14:30)这家开放式的小咖啡屋背景音乐时尚,氛围友好。清晨,可以同当地冲浪者一起品尝小杯拿铁(piccolo lattes)。冲浪之后,坐在步行小径的座椅上,吃上一碗芝欧鼠尾草或早餐沙拉。午餐基本都是富含蛋白质的汉堡或大份沙拉。

Paddock Bakery
面包房 $

(☎0419 652 221; www.paddockbakery.com; Hibiscus Haven, Miami; 菜肴$9~17; ⊙7:30~14:30)在这个古老迷人的檐板小屋之内,有一个古色古香的燃木烤箱,烤箱烤制出的面包、羊角面包、格兰诺拉燕麦卷和酥皮糕点非常不错。半酵母甜甜圈拥有一部分忠实食客,Nutella面包块(为了蘸更多料,做成球形)同样如此。还有一整套早餐和午餐菜品,以及顶级咖啡和冷榨果汁。

Burleigh Social
咖啡馆 $

(2 Hibiscus Haven, Burleigh Heads; 菜肴$12~19; ⊙6:00~14:00)这家背街咖啡馆拥有野餐桌就餐区,一大早就充满派对氛围。这里提供符合原始饮食法的格兰诺拉燕麦卷或大份早餐(配以羽衣甘蓝、鸡蛋和鳄梨的鲑鱼、培根或火腿),还有精心烹制的澳大利亚咖啡馆美食,例如鳄梨酱、鸡蛋酸面包和培根鸡蛋卷。牛肉胸三明治和蔬菜汉堡都是午餐食品。

★ Rick Shores
新派亚洲菜 $$

(见358页地图; ☎07-5630 6611; www.rickshores.com.au; 43 Goodwin Tce, Burleigh Heads; 主菜$32~52; ⊙周二至周日 正午至23:00)脚踩沙滩用餐错不了。这家新开餐馆烹制新派亚洲菜,提供绝对迎合大众口味的菜肴,同时善于创新。亮点是美景、海浪声、海风和共享桌上的欢乐气氛。菜品量大,如非单独用餐而是共餐,菜价较低。

> **另辟蹊径**
>
> ### 南斯特拉德布罗克岛(NORTH STRADBROKE ISLAND)
>
> 这座21公里长的狭长沙岛基本上没有开发——与黄金海岸的嘈杂形成鲜明对比。岛屿北部尽头的狭长海峡将它和北斯特拉德布罗克岛分隔开,这条海峡是一个绝佳的钓鱼地点。岛屿的南端尽头距离斯比特海滩只有200米,那里有一些冲浪点相当出色,因此黄金海岸的冲浪者被吸引了过来。
>
> 南斯特拉德布罗克岛曾经是和北斯特拉德布罗克岛连在一起的,直到1896年,一场巨大的暴风雨冲开了连接它们的地峡。南斯特拉德布罗克岛自此成为更为隔绝的自然栖息地,这里有许多小袋鼠、原始丛林、沙滩以及海域等待人们探索。不通汽车。如果不愿过夜,可以包船或者参加 **Water' bout**(见354页地图; ☎0401 428 004; www.waterbout.com.au; Waterways Dr Boat Ramp, Proud Park, Main Beach; 团队游 每位成人$125)的一日游。
>
> 露营者可以前往露营地North Currigee、South Currigee或Tipplers。

★ Harry's Steak Bistro 牛排 $$

(见358页地图;☏07-5576 8517;www.harrys steakbistro.com.au;1744 Gold Coast Hwy, Burleigh Heads;主菜 $20~40;◷周三和周四 17:00~23:00,周五至周日 正午至23:00)不要看到菜单就误以为这是一家连锁餐厅——牛排混搭酱汁,而且不限量供应薯条。这其实是一家弘扬"牛肉、酒和取乐"文化的新潮餐馆,对于制作牛排认真谨慎。每种牛排标明农场和产地名称。

★ Justin Lane Pizzeria & Bar 比萨 $$

(见358页地图;☏07-5576 8517;www.justinlane.com.au;1708 Gold Coast Hwy, Burleigh Heads;比萨 $19~24;◷17:00至深夜)这是伯利角餐饮行业的翘楚之一,目前已经占据一个旧商场的大部分地界。楼上、楼下和大厅内外一派欢快气氛。不为了感受派对氛围,这里超棒的比萨、简单而美味的意大利面食,以及堪称海岸地区最佳的意大利葡萄酒,都值得你专程前往。

Finders Keepers 新派澳大利亚菜 $$

(见358页地图;☏07-5659 1643;www.finderskeepersbar.com.au;49 James St;主菜 $16~29;◷周二至周五 16:00~22:00,周六和周日 7:00~23:00)这个餐馆昏暗新潮,感觉似乎是从悉尼的胡拉勒或墨尔本的南亚拉迁移而来,但是年轻友好的员工都是纯正的伯利人。同样,这里的西班牙餐前小吃风格的菜肴也融合了精致高雅的特点(鹅肝酱和扇贝奶油汤)和重视健康的理念(陈谷沙拉、荞麦鲑鱼和配以海菜黄油酱的时蔬)。

🍷 饮品和夜生活

Black Hops Brewing 啤酒坊

(www.blackhops.com.au; 15 Gardenia Grove, Burleigh Heads;◷周一至周五 10:00~18:00,周六 正午至16:00)酒吧里的男孩们营造出热情友好、乐趣十足的氛围,你可以尝试一下多种口味的试饮组合,或者尝尝当前供应的精酿啤酒。共有八种名字诗情画意的啤酒可供选择,例如Bitter Fun淡色艾尔啤酒和Flash Bang白色印式艾尔啤酒(IPA)。亦可购买他们提供的瓶装啤酒。

Burleigh Brewing Company 啤酒坊

(☏07-5593 6000; www.burleighbrewing.com.au; 17a Ern Harley Dr, Burleigh Heads;月度团队游 $50;◷周三和周四 15:00~18:00,周五至20:30,周日 14:00~20:00)和爱喝啤酒的朋友们来这个明亮且充满阳刚气息的木制啤酒坊吧。这里既有现场音乐,也有本地餐车,还有24个对外供应伯利啤酒的龙头,其中既有主打啤酒也有试饮啤酒。团队游时间为每月中旬的周三,需要通过网站预约。

库兰宾和棕榈树海滩 (Currumbin & Palm Beach)

人口 16,310

伯利角周围环绕着棕榈树海滩,这是一片美不胜收的沙滩,附近分布着几座老式海滩小屋。这里有非常出色的咖啡馆和餐饮店,可以根据街道编码寻找。继续往南可以到达库兰宾,这里寂静冷清,主要面向家庭游客。库兰宾拥有迷人的冲浪海滩,库兰宾溪(Currumbin Creek)提供安全的游泳环境,值得游览的还有一些能够勾起回忆的21世纪中期建筑。那个标志性的同名野生动物保护区也在这里。

◉ 景点和活动

夏天,儿童可在 **Currumbin Rock Pools** (Currumbin Creek Rd, Currumbin Valley) 尽情戏水。

★ 库兰宾野生动物保护区 野生动物保护区

(Currumbin Wildlife Sanctuary;☏07-5534 1266, 1300 886 511; www.cws.org.au; 28 Tomewin St, Currumbin;成人/儿童/家庭 $49/35/133;◷8:00~17:00)低调的老式保护区,有澳大利亚最大的热带雨林鸟舍,你可以亲手喂斑斓的吸蜜鹦鹉。你也可以喂袋鼠,与考拉和鳄鱼合影,观看爬行动物表演和原住民舞蹈。15:00后价格更实惠,学校放假期间,经常推出"成人享受儿童票价"活动。

🍴 餐饮

Feather & Docks 咖啡馆 $

(☏07-5659 1113; www.featheranddocks.com.au; 1099 Gold Coast Hwy, Palm Beach;菜肴 $12~18;◷5:30~15:00;☏)这里提倡健康、早起的生活方式。因此,早餐吃汉堡和10:30就

开始供应午餐就合情合理了。菜单上的法式烤面包、墨西哥薄饼，或丰盛的蘸汁熏牛肉多为早餐或午餐。

★ Bstow 新派澳大利亚菜 $$

(☎0410 033 380; www.bstow.com.au; 8th Ave Plaza, 1176 Gold Coast Hwy, Palm Beach; 主菜 $18~24)这家餐馆内外俱佳，你会想来此休闲放松、喝上一杯的。这里提供非常特别的鸡尾酒；想想自制杜松子酒以及鲜榨的、混合的或果汁调和的饮料吧! 也提供休闲晚餐。分享菜肴制作精心，不仅赏心悦目，还实现了味道和质地的创造性融合。

Collective 新派澳大利亚菜 $$

(www.thecollectivepalmbeach.com.au; 1128 Gold Coast Hwy, Palm Beach; 主菜 $17~24; ⊙正午至21:00)这里共有五个厨房、一个出色宽敞的室内外公共就餐区，当地人喜欢的菜肴都汇聚于此。就餐区挂着小彩灯，摆满盆栽植物，食客喜气洋洋，最多的时候可达300位。餐厅自带两个酒吧，其中一个就是温馨怡人的屋顶酒吧。可选汉堡、比萨、西班牙小吃、亚洲创意菜、墨西哥菜和新派澳大利亚共餐菜肴。甚至可以7:00来此享用冲浪后早餐。

★ Balter 啤酒坊

(☎07-5525 6916; www.balter.com.au; 14 Traders Way, Currumbin; 试饮组合 $12; ⊙周五15:00~21:00，周六和周日 13:00~20:00)当地冲浪明星Mick Fanning（曾与鲨鱼搏斗的人，真的吗?）和冲浪界传奇人物乔尔·帕金森、Bede Durbidge、Josh Kerr都是这个啤酒坊的合伙人。这个酒吧藏身于库兰宾一个工业园后面，新近开业，不同凡响。来此品味已经声名远播的Balter XPA或者特色酒水，例如德式凯勒比尔森啤酒（Keller pilsner）。

库尔加塔（Coolangatta）

人口 5710

库尔加塔（简称Coolie）是位于昆士兰州偏远南部边境的一个朴实无华的海滩小镇，有高品质的冲浪海滩，包括大名鼎鼎的Superbank。还有关系亲密的社区居民。正因如此，库尔加塔的旅游气息显得并不浓郁。闻名遐迩的Coolangatta Gold (www.sls. com.au/coolangattagold; ⊙10月)冲浪救生比赛每年10月在此举行，Quiksilver & Roxy Pro (www.aspworldtour.com; ⊙3月)每年3月在斯纳伯岩（Snapper Rocks）组织全球首屈一指的冲浪之旅。沿着木栈道向北，你会发现围绕Kirra Point一片迷人的海滩，这里有极富挑战性的海浪，还有受当地人青睐的氛围独特的咖啡馆和酒吧。

危险角灯塔（Point Danger Light）位于库尔加塔和特维德角（Tweed Heads）之间的海岬上，标志着昆士兰州和新南威尔士州的分界点，在这里能够欣赏沿海壮丽的景色。

要想参加当地冲浪课程，可以前往**黄金海岸冲浪中心**（Gold Coast Surfing Centre; ☎0417 191 629; www.goldcoastsurfingcentre.com; 团体课 $45)或**Cooly Surf**（见362页地图，☎07-5536 1470; 25 Griffith St; 2小时冲浪课程 $45; ⊙9:00~17:00)。

🛏 食宿

Coolangatta Sands Backpackers 青年旅舍 $

(见362页地图; ☎07-5536 7472; www.taphousegroup.com.au/coolangatta-sands-backpackers; Griffith St和McLean St交叉路口, Coolangatta; 铺 $17~25, 双 $68~80; ❄@🛜)这家青年旅舍位于酒味十足的Coolangatta Sands Hotel楼上，包括迷宫般的房间和楼道，但是拥有一个美妙绝伦、俯瞰街道的全包围阳台（遗憾的是，禁止饮酒，想喝酒可以去楼下小酒馆）。电视房配备红色长沙发。

Kirra Beach Tourist Park 房车营地 $

(见362页地图; ☎07-5667 2740; www.goldcoasttouristparks.com.au; 10 Charlotte St, Kirra; 无电/有电营地 $35/39, 标单/双 $65/140, 小屋 $125~140; ❄@🛜♨)一个市政运营的大型公园，拥有大量的树木、漫步的朱鹭以及一个营地厨房和温水泳池。小屋性价比高、设施齐全（带或不带卫生间）。所有营地设施距离海滩几百米。

★ La Costa Motel 汽车旅馆 $$

(☎07-5599 2149; www.lacostamotel.com.au; 127 Golden Four Dr, Bilinga; 双 $130~185; ❄🛜)这座拥有薄荷绿檐板的汽车旅馆紧邻

Coolangatta 库尔加塔

Gold Coast Hwy,是20世纪50年代的"高速公路遗产"之一。外观几乎保持当年的原貌,内部整洁舒适,配备小厨房。一个带有专属露天平台的迷人公寓适合长住。错开旺季价格会低很多。

★ Hotel Komune   酒店、青年旅舍 $$

(见362页地图;☏07-5536 6764;www.komuneresorts.com;146 Marine Pde, Coolangatta;铺 $38~45,1卧公寓 $140~180,2卧公寓 $185~300;🅿🅿)这幢10层公寓经过改造,带有一个棕榈林立的泳池区,气氛闲适,是冲浪者的终极住所。这里有经济房、公寓房间和一个为派对人士准备的时尚顶楼公寓——派对通常就在楼下的内部酒吧(就是夜吧)举行,21:00左右开始,周五至周日有现场音乐。

★ Black Sheep Espresso Baa   咖啡馆 $

(见362页地图;☏07-5536 9947;www.tbseb.com.au;72-80 Marine Pde, Coolangatta;⏰5:00~15:00)一帮热情激昂、对咖啡着迷的人经营着这家别致的小咖啡馆。该店就在Marine Pde商业街的中心地带,提供顶级浓咖啡、过滤咖啡和黄金海岸必备品冰——拿铁咖啡,还有一小部分颇具创意的早餐和午餐菜品。

Café Dbar   新派澳大利亚菜 $$

(见362页地图;☏07-5599 2031;www.cafedbar.com.au; 275 Boundary St, Coolangatta;主菜 $19~27;⏰周一至周四 11:15~15:00,周五至周日至20:00)这家可爱的餐厅傲立于危险角(Point Danger)的峭壁之上,可以说是在两个州的最东端——几乎位于新南威尔士州和昆士兰州的交界线尽头。在这里,你可以尽情享受各种美味早餐,带走精美的外卖咖啡,或者落座享用共餐菜品和沙拉。附带一个新潮小店,用餐之后可来小店一览。

Bellakai   新派澳大利亚菜 $$$

(见362页地图;☏07-5599 5116;www.facebook.com/bellakai.coolangatta; 82 Marine Pde, Coolangatta;主菜 $30~40;⏰5:00~21:30)从5:00(是的,早晨5点!)直到深夜,这家餐馆供应休闲随意但恰到好处的菜肴。菜单随季节而变,有以下搭配:每日特色鱼配以红咖喱和脱水的绿菜,或者自制大虾宽面。早晨就是咖啡和库尔加塔当地人的闲聊叙旧时段。

🍷 饮品和夜生活

★ Eddie's Grub House   酒吧

(见362页地图;☏07-5599 2177;www.

Coolangatta 库尔加塔

景点
1 危险角灯塔 F1

活动、课程和团队游
2 Cooly Surf C2

住宿
3 Coolangatta Sands Backpackers C2
4 Hotel Komune E2
5 Kirra Beach Tourist Park A2

就餐
6 Bellakai D2
7 Black Sheep Espresso Baa D2
8 Café Dbar F1

饮品和夜生活
9 Coolangatta Hotel D2
10 Eddie's Grub House E2

eddiesgrubhouse.com; 171 Griffith St, Coolangatta; ⊙周二至周四和周日 正午至22:30，周五和周六 至午夜）这是一个老式的摇滚酒吧，播放肮脏蓝调音乐和最棒的摇滚原声带。这家酒吧就是新黄金海岸风格的象征——独特、讽刺、趣味十足。这里还有美食，"潜水酒吧爽心美食"（dive bar comfort food）就很棒。不过，正如他们自己所说，这里到底还是一个饮酒、跳舞、聊天和放松的地方。

Coolangatta Hotel 小酒馆

（见362页地图；www.thecoolyhotel.com.au; Marine Pde和Warner St交叉路口, Coolangatta; ⊙10:00至深夜）库尔加塔的夜生活以这个大型酒馆为中心活跃起来。酒馆位于海滩对面，有

当地知识

黄金海岸的最佳冲浪地点

黄金海岸拥有若干全球最长、中空最大、最棒的海浪，而且它们稳定性极佳。十多年来，2公里长的Superbank沙洲一直产生更出色、更频繁的海浪。

斯纳伯岩（Snapper Rocks）位于库尔加塔偏远南部的一个特别高级的冲浪地点；这里是Quiksilver Pro World Surfing League的所在地，也是澳大利亚职业冲浪手斯蒂芬妮·吉尔默和乔尔·帕金森的训练主场。

Duranbah Beach 通常被称为D-bah，这个多峰的海滩冲浪地点适合那些喜欢强势海浪的专业人士。

Greenmount Beach 经典的海滩冲浪地点，以南向浪涌著称。

Kirra 迷人的海滩冲浪地点，这里的大海不常发力，但是一旦发力，非比寻常。

伯利角 需要警惕强劲水流和巨石，不过这是一个完美冲浪地点，多数时间适合冲浪。

斯比特海滩 黄金海岸北部的中坚力量之一，即便是浪比较小的时候，这个多浪冲浪区也适合冲浪。

现场乐队表演(Grinspoon、The Rubens)、烤香肠活动、撞球比赛、问答之夜、冷知识之夜,还提供非常精美的酒馆菜肴(意大利面和玫瑰红葡萄酒,有人品尝过吗?)。周日的活动尤为隆重。

❶ 到达和离开

灰狗巴士(☎1300 473 946; www.greyhound.com.au)开往布里斯班,**Premier Motor Service**(☎13 34 10; www.premierms.com.au)最远向北到达凯恩斯。大巴在Wharf St有站点。

黄金海岸腹地
(GOLD COAST HINTERLAND)

离开黄金海岸的海浪、沙滩和半裸人群,前往内陆,来到米克菲森山脉(McPherson Range)。那里森林茂密、群山连绵,让人感到仿佛置身于万里之外。这儿还有一些很棒的国家公园,那里有亚热带丛林、瀑布、瞭望台和肆意奔跑的野生动物。

坦柏林山
(Tamborine Mountain)

坦柏林山隐秘的山顶热带雨林聚落由鹰高地(Eagle Heights)、北坦柏林(North Tamborine)和坦柏林山(Mt Tamborine)组成,它们地处内陆,距离黄金海岸海滩45公里。这里充斥着工艺品、日耳曼风格的媚俗产品、包价团队游和巧克力—软糖—甜酒市场。如果这些符合你的需求,可以去鹰高地的Gallery Walk(☎07-5545 2006; 197 Long Rd, Eagle Heights)看看。

坦伯林国家公园(Tamborine National Park; www.nprsr.qld.gov.au/parks/tamborine)分为13个部分,在高原上横穿8公里。在这里可以将瀑布奇观、黄金海岸的绝妙风景尽收眼底。通过难度简单和适中的徒步小径,前往女巫瀑布(Witches Falls)、柯蒂斯瀑布(Curtis Falls)、雪松溪瀑布(Cedar Creek Falls)和卡梅隆瀑布(Cameron Falls)。记得在北坦柏林的游客中心取一张地图。

走进Skywalk(☎07-5545 2222; www.rainforestskywalk.com.au; 333 Geissman Dr, North Tamborine; 成人/儿童/家庭 $20/10/49; ⊙9:30~16:00),步行1.5公里下山进入林地,前往美丽的雪松溪。沿途设有壮观的高架观景台和横跨高空的桥梁。留心观察沿途罕见的里士满鸟翼凤蝶(Richmond birdwing butterflies)。

🛏 食宿

★ **Songbirds Rainforest Retreat** 酒店 $$$

(☎07-5545 2563; www.songbirds.com.au; Lot 10, Tamborine Mountain Rd, North Tamborine; 别墅 $270~498; 🅿🛜)这是到目前为止山上最豪华的酒店。6个别墅带有明显的东南亚特征,全部配备双人水疗池,还可欣赏雨林风光;入住两晚或以上有价格优惠。店内还有一家备受赞誉的餐厅,值得前来享受一顿漫长的午餐。

★ **Long Road Bistro** 新派澳大利亚菜 $$

(☎07-5545 0826; www.witcheschasecheese.com.au/bistro; 165/185-187 Long Rd, Eagle Heights; 主菜 $21~29; ⊙周一至周五 10:00~16:00,周六和周日 7:00起)来此享用周日烤肉大餐(例如配以甜菜根和青苹果的五花肉),亦可享用小扁豆汉堡或曲奇饼奶油冰咖啡。这家餐馆隶属于Witches Chase Cheese Company(☎07-5545 2032; www.witcheschasecheese.com.au; 165 Long Rd, Eagle Heights; ⊙10:00~16:00),可想而知,这里的奶酪拼盘出类拔萃。周末推出现场音乐,派对氛围浓郁。

拉明顿国家公园
(Lamington National Park)

澳大利亚现存最大的亚热带雨林,覆盖了米克菲森山脉的深谷和陡峭的悬崖,一直延伸到海拔1100米高的拉明顿高原。占地200平方公里的拉明顿国家公园(www.nprsr.qld.gov.au/parks/lamington)是联合国教科文组织认证的世界遗产地,拥有超过160公里长的徒步路径。

这个公园的两个最容易进入的区域分别是宾纳布拉(Binna Burra)和格林山(Green Mountains),从卡伦格拉(Canungra)出发,经由狭长弯曲的道路可到达(对大型露营车来说不算困难）。从内兰出发也可以到达宾纳布拉。

🛏 食宿

Green Mountains Campground（☎13 74 68；www.nprsr.qld.gov.au/parks/lamington/camping.html；Green Mountains；营地每人/家庭 $6.15/24）位于Lamington National Park Rd尽头，紧邻日间开放的游客停车场。这里的许多地方都提供帐篷和房车（以及厕所和淋浴）；记得提前预订。

Binna Burra Mountain Lodge（☎1300 246 622, 07-5533 3622；www.binnaburralodge.com.au；1069 Binna Burra Rd, Beechmont；无电/有电营地 $28/35，旅行帐篷 $105，双 带/不带卫生间 $290/175；🅿）是一个氛围很好的山间住所；离灌木丛中的滑雪度假屋最近。可以入住乡土气息浓郁的小木屋、设施齐全而且能够欣赏周边壮丽景色的公寓——俗称"天空旅馆"（sky lodges），或是森林之中的帐篷房。还有一个不错的餐厅和茶室。

著名的**O'Reilly's Rainforest Retreat**（☎07-5502 4911, 1800 688 722；www.oreillys.com.au；Lamington National Park Rd, Green Mountains；标单 $80~99，双 $149~188，1卧别墅 $360~375；@🛜❄）建于1926年，虽已不复往日辉煌，但其淳朴的魅力及绝美景色至今没变。这里会组织许多活动，另外还有日间水疗馆、咖啡馆、酒吧和餐厅。

斯普林布鲁克国家公园 (Springbrook National Park)

从伯利角向西行驶大约40分钟，就可到达**斯普林布鲁克国家公园**（☎13 74 68；www.nprsr.qld.gov.au/parks/springbrook），公园是巨大的特威维盾状火山（Tweed Shield）的遗迹。在2000万年前，它曾位于新南威尔士洲的沃宁山（Mt Warning）附近。对登山爱好者来说，这里是一方乐土：绝佳的小径搭配凉爽的气温，还有亚热带树林和桉树林；沿途也可以欣赏峡谷、悬崖和瀑布组成的美景。

公园内的观景点包括名副其实的**Best of All Lookout**（Repeater Station Rd）、**Canyon Lookout**（Canyon Pde）和60米高的**谷莫拉若瀑布**（Goomoolahra Falls；Springbrook Rd）旁边的绝佳观景点。Canyon Lookout又是通往双子瀑布（Twin Falls）的4公里环形步道的起点。站在观景台上，可以将高原景色尽收眼底，还能远眺海岸景色。

🛏 食宿

美丽迷人的**Settlement Campground**（☎13 74 68；www.nprsr.qld.gov.au/parks/springbrook/camping.html；52 Carricks Rd, Springbrook；营地 每人/家庭 $6/24）包含11块绿茵营地，是斯普林布鲁克（Springbrook）唯一的露营地。配备厕所、燃气烧烤，但是没有淋浴。需要提前预订。

Mouses House（☎07-5533 5192；www.mouseshouse.com.au；2807 Springbrook Rd, Springbrook；双 $270~320；❄🛜）有12间雪松小屋，通过灯光柔和的木板路连接，位于美妙迷人、烟雾迷蒙的林地之中。每间都带水疗和木火堆，其中一些位于一条奔腾的小溪附近。

努萨和阳光海岸

包括 ➡

努萨	368
布莱比岛	375
格拉斯豪斯山	376
卡罗旺德拉	377
莫罗拉巴和马卢奇多	380
库伦	385
皮瑞吉海滩和阳光海滩	386
库鲁拉海岸	387
尤姆迪	389
阳光海岸腹地	390

最佳餐饮

- Spirit House（见389页）
- Wasabi（见373页）
- Noosa Beach House（见373页）
- Embassy XO（见386页）

最佳住宿

- Oceans（见383页）
- Monaco（见379页）
- YHA Halse Lodge（见370页）
- Glass House Mountains Ecolodge（见377页）

为何去

阳光海岸指的是从布莱比岛绵延至库鲁拉海岸，全长100公里长的黄金海岸。此地闻名遐迩，因为海滩完美，十分适宜冲浪。拥有健康肤色的当地居民悠闲好客，他们会迫不及待向你讲述生在这里有多幸运。度假城镇沿着海岸分布，而且魅力各异、氛围有别，从高端、大都会风格的努萨到新兴时尚、不断发展的卡罗旺德拉，不一而足。

继续前往内陆，到达葱郁凉爽的腹地。来到这里，你会发现超凡的格拉斯豪斯山和标志景点的澳大利亚动物园，前者高高耸立，鸟瞰陆地和海洋。继续往北，布莱科尔山脉有不同的景观，比如茂密的森林、草木丛生的牧场和古雅的村庄，村庄里四处分布着精美食品店、咖啡馆和专业精品店。

何时去

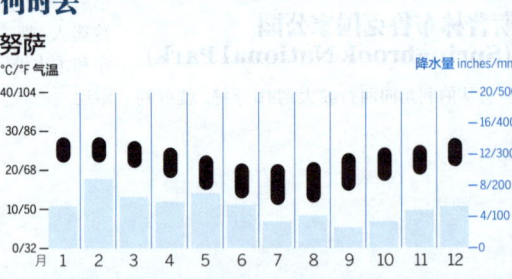

5月 美食家和"吃货"们来参加为期四天的努萨美食和葡萄酒节，大快朵颐、开怀畅饮。

8月 假期之后，游客减少，漫步海滩孤独无伴，天气温暖干燥。

9月 崭露头角的卡罗旺德拉举办活力四射的卡罗旺德拉音乐节，吸引音乐迷前来。

努萨和阳光海岸亮点

❶ **努萨国家公园**（见368页）前往努萨风景最美、最易进入的伊登，进行徒步并且观赏野生动物。

❷ **努萨美食**（见372页）光顾一系列美食者赞赏的餐馆，尽情享受当地特产和烹饪艺术。

❸ **大桑迪国家公园（库鲁拉段）**（见387页）沿着Great Beach Drive游览，它是澳大利亚最为壮丽的天然公路之一。

❹ **卡罗旺德拉**（见377页）前往阳光海岸新兴的酷爽中心，乘风破浪、畅饮本地啤酒、发现街头艺术。

❺ **格拉斯豪斯山**（见376页）来到腹地欣赏这片梦幻的地质奇观，沉浸于壮观的景色之中。

❶ 到达和当地交通

飞机
阳光海岸机场（Sunshine Coast Airport）位于马库拉，在马卢奇多以北10公里、努萨以南26公里。**捷星航空**（☏13 15 38；www.jetstar.com）和**维珍澳洲航空**（☏13 67 89；www.virginaustralia.com）每天都有直达航班从悉尼和墨尔本启飞；**澳洲航空**（☏13 13 13；www.qantas.com.au）每周从悉尼发出8趟直达航班。捷星航空每周亦从阿德莱德发出3趟直达航班。

7月至10月，**新西兰航空**（Air New Zealand；www.airnewzealand.com）每周从奥克兰发出4趟直达航班。

长途汽车
澳大利亚灰狗巴士（☏1300 473 946；www.greyhound.com.au）有从布里斯班到卡罗旺德拉（$19起，2小时）、马卢奇多（$23起，2小时）和努萨（$24起，2.5~3.25小时）的几班日间车。**Premier Motor Service**（☏13 34 10；www.premierms.com.au）同样有布里斯班到马卢奇多（$23，1.5~1.75小时）和努萨（$23，2.5小时）的长途汽车。

有几家公司提供从阳光海岸机场和布里斯班到海岸各旅游点的接驳服务。从布里斯班出发要花费$40~60，从阳光海岸机场出发花费$25~35（儿童一般是半价）。

Con-X-ion（☏1300 370 471；www.con-x-ion.com）提供从阳光海岸机场和布里斯班机场的接驳服务。

Henry's（☏07-5474 0199；www.henrys.com.au）提供从阳光海岸机场到北部景点的上门接送业务，最远可到努萨岬和Tewantin。

Sunbus（TransLink；☏13 12 30；www.sunbus.com.au）由TransLink运营，往返于卡罗旺德拉和努萨之间，并且从努萨开往南波火车站（$8.60，1.25小时），途经尤姆迪。

努萨（Noosa）

人口 39,380

努萨是澳大利亚最为时髦的度假城镇之一，这里环境怡人，紧靠晶莹的海滩和原始质朴的亚热带雨林。该镇位于列入《世界自然遗产名录》的努萨生物圈保护区（Noosa Biosphere Reserve）内，有高度多样性的生态系统，并且因此著名。

虽然设计师精品店、华丽的餐厅和水滨别墅吸引了海滩达人，但是海滩和灌木丛并不收费，因此游人形形色色，也包括都市时尚人士以及休闲的冲浪者和海滩爱好者。努萨包括三个主要区域：努萨岬（Noosa Heads；在拉古纳湾和Hastings St附近）、更加休闲的努萨维勒（Noosaville；在努萨河岸）和管理中心Noosa Junction。

在周末长假和学校放假时，购物和餐饮核心地带Hastings St变得非常拥挤、寸步难行；其他时候，这里的人相对稀少。

◉ 景点和活动

努萨国家公园（Noosa National Park；www.noosanationalpark.com）位于海岬之上，是努萨的核心景点之一，有多条道路通向这里。以努萨为起点，沿海岸铺设的木栈道是风景最为优美的一条线路。公园的徒步路径通往美轮美奂的海岸、美丽宁静的海湾和非常出色的冲浪地点。在公园入口处的努萨国家公园信息中心（见374页）可领取步道地图。

想要一睹包括努萨、树木繁茂的努萨国家公园、海洋以及遥远的内陆地带在内的全景，可沿Viewland Dr步行或者驱车前往**拉古纳瞭望台**（Laguna Lookout；见369页地图；Vicwland Dr, Noosa Junction）。

Merrick's Learn to Surf　　　　冲浪

（☏0418 787 577；www.learntosurf.com.au；Beach Access 14, Noosa Main Beach, Noosa Heads；2小时课程 $65；◷9:00和13:30）阳光海岸最受欢迎的冲浪学校之一，每天有两节趣味十足的2小时集体课程，同时提供私教服务。欢迎7岁及以上儿童参加。每逢学校假期，这个机构专门开设为期5天的儿童课程。而且可用法语授课——"très bien（太棒了）!"

Foam and Resin　　　　冲浪、水上运动

（见369页地图；53 Hastings St, Noosa Heads；冲浪板租金 2小时/全天 $25/35，立式桨板租金 2小时 $30；◷9:00~17:00）这是个露天冲浪用具租赁亭，由一个新西兰人开办，位于努萨岬游客中心的对面。这里的价格通

# Noosa Heads 努萨岬

努萨和阳光海岸 努萨

Noosa Heads 努萨岬

◎ 景点
1 拉古纳瞭望台 D3

⊙ 活动、课程和团队游
2 Foam and Resin C1
3 Noosa Ferry A1

⊜ 住宿
4 10 Hastings A1
5 Accom Noosa B1
  Fairshore .... （见5）
6 Hotel Laguna A1
7 YHA Halse Lodge C2

⊗ 就餐
8 Betty's Burgers & Concrete Co C1
9 El Capitano C1
10 Hard Coffee B1
   Kaali .... （见6）
11 Massimo's C1
12 Noosa Beach House B1

⊙ 饮品和夜生活
13 Miss Moneypenny's A1

⊕ 购物
14 Noosa Longboards B1

常要比海滩上的店面低一些。提供高品质设备，包括冲浪长板和冲浪短板。营业时间可能变化。

Adventure Sports Noosa　风筝冲浪、水上运动
（☏07-5455 6677; www.kitesurfaustralia.com.au; 136 Eumundi Noosa Rd, Noosaville; 2.5小时风筝冲浪课程 $275; ◉8月至4月 周一至周五 9:00~17:00, 周六 至14:00, 5月至7月 周一和周二 10:00~17:00, 周四和周五 9:00~17:00, 周六 9:00~14:00）这家机构不仅开设风筝冲浪课程，而且出租皮划艇（半天 $35）、自行车（2小时 $19, 全天 $25）和立式桨板（半天 $35起, 全天 $55起）。

Noosa Ocean Rider　乘船
（见371页地图; ☏0438 386 255; www.facebook.com/NoosaOceanrider; Jetty 17, 248 Gympie Tce, Noosaville; 1小时 每人/家庭 $70/250）搭乘一艘高速、强劲的快艇体验刺激、乘风破浪的感觉。标准团队游将会带你沿着努萨国家公园的海岸呼啸疾驰。

Kayak Noosa
皮划艇

(见371页地图;☏07-5455 5651; www.kayaknoosa.com; 194 Gympie Tce, Noosaville; 2小时日落皮划艇之旅 成人/儿童 $60/45)组织团队游,围绕努萨国家公园展开。同时出租皮划艇(2小时 $25起)和立式桨板(1小时/2小时 $20/30)。

Noosa Ferry
游轮

(见369页地图;☏07-5449 8442; www.noosaferry.com)提供出类拔萃的渡轮服务,组织知识丰富、随上随下的Classic Tour(全天通票 成人/儿童 $25/7),往返于Tewantin和努萨岬的Sofitel Noosa Pacific Resort码头之间。周二和周四组织"生态之旅"(Eco Cruise; 非常适合观鸟者; 成人/儿童 $49/22.50)。另外,周二至周六还有1小时精彩无限的"日落之旅"(Sunset Cruise; 自带酒水; 每位成人/儿童 $25/10)。

团队游

Noosa Woody Hire
驾车

(☏0475 587 385; www.noosawoodyhire.com; 自驾游1小时/2小时/4小时 $190/290/590)搭乘一辆吸引眼球的1946年产的Ford Woody四处巡游。这辆汽车可以搭载4~5位乘客,由年轻友善的当地人Tim Crabtree巧妙修复。冲浪板制作者Kim及其妻子组织定制游;团费都包含小吃和饮品。4小时的团队游包括美味午间野餐,可以组织腹地美食之旅,亦可游览尤姆迪市场(见389页)。

Discovery Group
驾车

(见371页地图;☏07-5449 0393; www.thediscoverygroup.com.au; 186 Gympie Tce, Noosaville; 弗雷泽岛一日游 成人/儿童 $175/120, 4小时湿地之旅 $79/65)组织非常精彩的1天和2天四驱车之旅,游览弗雷泽岛。同时组织穿越湿地(Everglades; 全天 带导游的独木舟之旅 成人/儿童 $129/90)之旅。

Bike On Australia
山地自行车

(☏07-5474 3322; www.bikeon.com.au; 带导游的山地自行车之旅 $65起, 自行车租赁 每天 $25)组织各种各样的旅行项目,包括自由行以及生态远足冒险之旅。乐趣十足、为期半天的Off the Top Tour——骑着山地自行车从山顶下来——花费$79。也出租公路自行车(3天/7天 $120/250起)。

课程

Cooking School Noosa
烹饪

(☏07-5449 2443; www.thecookingschoolnoosa.com; 2 Quamby Pl, Noosa Heads; 5.5小时培训 含课程、午餐和葡萄酒 $250)备受赞誉的餐馆Wasabi(见373页)同时开设烹饪课程,由本店厨师以及来自全国各地的特邀厨师任教。常规课程包括日本菜、东南亚菜和法国菜,全部采用本地当季农产品制作,最后享用午餐和酒保精选的配餐葡萄酒。

节日和活动

努萨冲浪节
冲浪

(Noosa Festival of Surfing; www.noosafestivalofsurfing.com; 3月)3月为期一周的冲浪活动。划分为许多不同竞赛组,既有专门邀请的职业选手组,又有业余比赛组,涵盖各个年龄段——甚至还有一项狗冲浪比赛!除了涉水活动,还会举办冲浪杂谈和研讨会,以及电影放映和现场音乐。

努萨美食和葡萄酒节
餐饮

(Noosa Food & Wine; www.noosafoodandwine.com.au; 5月)为期4天,展示各种珍馐美味,亮点包括技艺精湛的厨师、大师课程、特制午餐和晚餐,以及主题美食和葡萄酒之旅。

努萨长周末
文化类

(Noosa Long Weekend; www.noosalongweekend.com; 7月)每年7月举行,为期10天,展示音乐、舞蹈、戏剧、电影、视觉艺术、文学和美食。

住宿

如果需要假日短期出租屋的详细名单,可以联系努萨游客信息中心(见374页)和私营机构 **Accom Noosa**(见369页地图;☏07-5447 3444, 1800 072 078; www.accomnoosa.com.au; Shop 5/41 Hastings St, Noosa Heads)。

★ YHA Halse Lodge
青年旅舍 $

(见369页地图;☏07-5447 3377; www.

Noosaville 努萨维勒

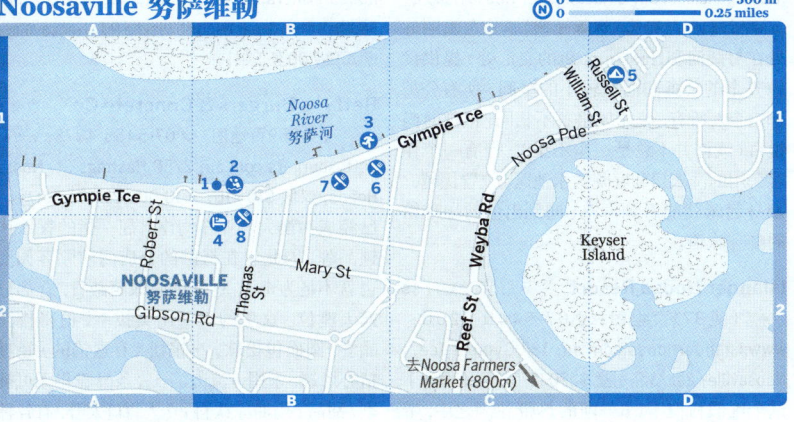

Noosaville 努萨维勒

⊙ 活动、课程和团队游
1 Discovery Group B1
2 Kayak Noosa B1
3 Noosa Ocean Rider B1

⊜ 住宿
4 Islander Noosa Resort B2

5 Noosa River Holiday Park D1

⊗ 就餐
6 Bordertown BBQ & Taqueria B1
7 Little Humid B1
Noosa Boathouse.................... （见 2）
8 Thomas Corner B2

---

halselodge.com.au; 2 Halse Lane, Noosa Heads; 铺 $33.50, 双 $88; @⊙)这座昆士兰风格建筑非常壮观,是殖民地时期建筑,也是大名鼎鼎的背包客休憩地,沿陡峭的道路来到这里绝对会不虚此行。提供4人间或6人间宿舍、标双、双人间,还有迷人的宽敞走廊。这里深受当地人青睐,总是挤满了各种各样的人,还有好吃的食物(主菜 $16.50~26.50),欢乐时段供应低价啤酒,周四上演现场音乐。距离主海滩的活动地很近。

Flashpackers　　　　　　　　青年旅舍 $

(☎07-5455 4088; www.flashpackersnoosa.com; 102 Pacific Ave, Sunshine Beach; 男女混住铺$38起,女宾专用铺$45, 双$100起; ❈⊙≋)这家旅舍颠覆了"青年旅舍就是跳蚤窝"的概念。宿舍干净整洁,带有许多贴心元素,例如全身镜、专属阅读灯、充足的墙面插座和免费使用的冲浪板和身体冲浪板。

Noosa River Holiday Park　　　房车公园 $

(见371页地图; ☎07-5449 7050; www.noosaholidayparks.com.au; 4 Russell St, Noosaville; 无电/有电营地 $38/46; ⊙)这个房车公园位于努萨河岸边,正好处于努萨岬和努萨维勒之间,地理位置很好,步行可达努萨维勒的餐饮和酒吧地带。营地本身拥有一些迷人地点,可供游客下水嬉戏。这里生意火爆,提前9个月就开放预订了,而且通常很快就被预订一空。

★ 10 Hastings　　　　　　　汽车旅馆 $$

(见369页地图; ☎07-5455 3350; www.10hastingsstreet.com.au; 10 Hastings St, Noosa Heads; 单间 $199起,单间套 $250起, 2卧公寓 $400起; ℙ❈⊙≋)这家精品汽车旅馆经过修缮,成为努萨Hastings St中心一处稀有住所。相比度假村而言,这里令人耳目一新。客房干净、清新、具有海滩风情,既有紧凑的双人间,又有宽敞的套房(可住两位成人和两位儿童)。包含两个卧室的公寓面积更大(最多可住6人)。这里还额外提供免费沙滩巾和小冰箱。可查询最低入住天数。

Hotel Laguna　　　　　　　　公寓 $$

(见369页地图; ☎07-5447 3077; www.

hotellaguna.com.au; 6 Hastings St, Noosa Heads; 单间/套 $165/230起; ）这家公寓刚好处在努萨河和Hastings St的交汇处，提供设施齐全的公寓和面积较小的单间。所有公寓都由个人所有，装修风格各不相同，但都时尚悦目（或许并不总是一尘不染）。带有一个住客公用的洗衣房和庭院式水池区。位置优越，翻身起床就能看到海滩、闻到出色的咖啡馆的咖啡味道。

Islander Noosa Resort 度假村 $$

（见371页地图； 07-5440 9200; www.islandernoosa.com.au; 187 Gympie Tce, Noosaville; 2卧/3卧别墅 $220/270; ）这个度假村位于1.6公顷的热带花园之中，带有潟湖式中央水池区和蜿蜒穿过树林的木板路，是努萨维勒中心地带的一个不错的家庭住宿地点。店内设施包括按摩浴缸、桑拿浴、健身房和两个网球场。公寓有点过时，并非总是保持应有的干净度，但整体舒适怡人。

★ Fairshore 公寓 $$$

（见369页地图； 07-5449 4500; www.fairshorenoosa.com.au; 41 Hastings St, Noosa Heads; 4人公寓 $495起; ）这个公寓新潮时髦，适合家庭游客，能够直接通往努萨主海滩和热闹的Hastings St。公寓自带一个能够登上杂志、棕榈环绕的水池区。包含两个卧室的公寓提供一个或两个卫生间；尽管每个公寓风格不同，但都带洗衣设施，而且大多通风且现代感十足。公寓里还有一个小型健身房。停车免费（车辆高度限制1.85米）。

✕ 就餐

努萨以食闻名，不管在精致的餐馆还是岸边的外卖摊，都能轻易买到当地风味和全球各地风格的美食。在努萨岬，餐馆遍布Hastings St；在努萨维勒，餐馆一直延伸到Thomas St和Gympie Tce沿线。

自炊者可以去Noosa Junction附近的 Noosa Fair Shopping Centre（ 07-5447 3788; www.noosafairshopping.com.au; 3 Lanyana Way, Noosa Junction; 超市 周一至周五 8:00～21:00, 周六 至17:30, 周日 9:00~18:00）购买食材。整体氛围更加出色的是周日的 Noosa Farmers Market（ 0418 769 374; www.noosafarmersmarket.com.au; Noosa Australian Football Club Grounds, 155 Weyba Rd, Noosaville; 周日 7:00至正午）。

Betty's Burgers & Concrete Co 汉堡 $

（见369页地图； 07-5455 4378; www.bettysburgers.com.au; 2/50 Hastings St, Noosa Heads; 汉堡 $10～16; 10:00～21:00）Betty's已经成为澳大利亚东海岸首屈一指的餐饮连锁品牌，因此它在努萨的分店门前顾客如潮也就不足为奇了。这个店面绿荫蔽日，有部分露天座位。这里的汉堡出类拔萃，值得排队品尝，圆面包松软，小馅饼（有素馅的）经过精心烤制，采用一流肉馅。薯条酥脆得无可挑剔，甜品（奶油冻饮料）令人胃口大开，有各种口味，比如柠檬覆盆子奶酪蛋糕。这里的确是可以让你一饱口福的地方。

Bordertown BBQ & Taqueria 美国菜、墨西哥菜 $

（见371页地图； 07-5442 4242; www.facebook.com/bordertownbarbeque; 1/253 Gympie Tce, Noosaville; 汉堡 $12～17, 卷饼 $7～9; 周日至周四 8:00～21:00, 周五和周六 至22:30; ）这家店面因为昆士兰艺术家Mitch 13和Thom Stuart的壁画吸引了不少人，可口的汉堡和多汁卷饼（采用墨尔本一个墨西哥人家庭制作的面饼）更是锦上添花。水泥吧台提供各种酒水，包括精酿啤酒、创意鸡尾酒和一种自制的含有酒精的博德敦可乐（Bordertown Cola），采用黄樟、味美斯酒和Fernet-Branca调制。登录其Facebook主页查看DJ活动。

Hard Coffee 咖啡馆 $

（见369页地图； 0410 673 377; 18 Hastings St, Noosa Heads; 主菜 $10～16; 7:00～15:00）这家咖啡馆的氛围非常休闲，它是Hastings St消费较低的一个去处，位于一条普普通通的美食街之内。食品简单而美味，包括熏鲑鱼佛卡夏面包、牛排三明治BLAT，还有"牛油果餐"，平淡而美好，并且仅售$10。咖啡不错，常客很多，谈论的话题主要是早晨冲浪。

Tanglewood Organic Sourdough Bakery 面包房 $

（ 07-5473 0215; www.facebook.com/tanglewoodorganicsourdough; Belmondos Organic

Market, 59 Rene St, Noosaville; 油酥糕点 $5起; ⊙周一至周五 8:00~17:00, 周六至16:00; 🛜) 这家面包房是比较高端的Belmondos Organic Market的一部分, 这里新鲜出炉的黄油点心被精心陈列于木头之上, 会令你赞不绝口。如果拿不定主意选什么, 那就选择出类拔萃的山核桃馅饼或者他们拿手而且知名的布丁食品。这里还有巧克力海盐曲奇饼, 手工面包更是美味……

Massimo's 意式冰激凌店 $

(见369页地图; 75 Hastings St, Noosa Heads; 意式冰激凌 $5起; ⊙周日至周四 9:30~21:30, 周五和周六 至22:00) 无论游客还是本地忠诚食客, 都来这家店面排队购买冷饮。当然, "昆士兰州最佳意式冰激凌店之一"的评定有待商榷, 不过毋庸置疑的是, 这里的意大利胶凝冰糕确定拥有奶油的质地和新鲜天然的味道。只收现金。

★ Thomas Corner 新派澳大利亚菜 $$

(见371页地图; ☎07-5470 2224; www.thomascorner.com.au; Thomas St和Gympie Tce 交叉路口, Noosaville; 主菜 $16~33; ⊙周一至周五 11:30~20:00, 周六和周日 8:00~20:00; 🛜) 午餐女士们理所应当喜欢这个休闲别致、户外露天的餐饮地, 它由本地知名厨师David Rayner经营。他的一些创意菜品充满活力、外观精美, 例如配以菊苣、苹果、炼乳和烟肉屑的本地熏鱼, 或者搭配蘑菇、菠菜、松露酱和荷包蛋的帕尔马干酪鼠尾草面丸。周末早餐菜单同样非同凡响, 深受青睐。

El Capitano 比萨 $$

(见369页地图; ☎07-5474 9990; www.elcapitano.com.au; 52 Hastings St, Noosa Heads; 比萨 $22~25; ⊙17:00~21:30) 这是努萨首屈一指的比萨餐馆, 位于一条极易错过的小路上, 需要登上一段楼梯才能到达。这里时髦热闹, 带有酒吧椅(适合单独用餐者)、百叶窗和海洋主题艺术装饰。比萨采用酸面包饼底, 上面覆盖精美馅料, 清淡蓬松, 非常好吃。查看黑板寻找特价比萨和鸡尾酒, 务必提前预订。

Noosa Boathouse 新派澳大利亚菜 $$

(见371页地图; ☎07-5440 5070; www.noosaboathouse.com.au; 194 Gympie Tce, Noosaville; 主菜 $20~38; ⊙餐厅 周二至周日 11:30~15:00和17:00~20:00, 咖啡厅 每日 6:00~18:00, 屋顶酒吧 周二至周日 16:30~19:00) 这家店面时髦现代, 拥有许多餐饮区: 咖啡馆、炸鱼和薯条摊点、屋顶酒吧(专为日落啜饮开放)和一个科德角(Cape Cod)式的餐厅。虽然餐厅的菜品风格(想想带有意大利和亚洲风味的新派澳大利亚菜)有点名不副实, 这里仍是一个品尝美味佳肴和欣赏壮丽景色的绝佳地点, 而且价格也不贵。

Kaali 印度菜 $$

(见369页地图; ☎07-5474 8989; www.kaaligourmetindian.com; 2/2 Hastings St, Noosa Heads; 主菜 $21~32.50; ⊙周一至周五 11:00~21:00, 周六和周日 17:00~22:00; 🅿) 努萨岬除了新派澳大利亚菜餐馆, 还有这家印度风味餐馆, 可让顾客换换口味。餐厅位于Hastings St西端, 氛围轻松休闲, 提供出类拔萃的咖喱和印度烤饼(tandoori bread)。

★ Noosa Beach House 新派澳大利亚菜 $$$

(见369页地图; ☎07-5449 4754; www.noosabeachhousepk.com.au; 16 Hastings St, Noosa Heads; 晚餐主菜 $39~46, 6道菜品尝餐 $100; ⊙每日 6:30~10:30和17:30~21:30, 以及周六和周日 正午至14:30) 这家餐馆非常别致, 白墙、玻璃和木材完美结合。归环球游历的知名厨师Peter Kuravita所有。菜品新潮现代, 特色就是采用当季食材和新鲜的当地海鲜为原料。斯里兰卡鲷鱼咖喱令人垂涎欲滴, 配以罗望子和土豆炸丸子(aloo chop), 体现了Kuravita的烹饪传统。周末推出物美价廉的5道咖喱午餐, 以家庭为单位出售, 每位$38。

★ Wasabi 日本菜 $$$

(☎07-5449 2443; www.wasabisb.com; 2 Quamby Pl, Noosa Heads; 3道菜 $80, 7/9道菜 拜托料理 $134/157; ⊙周三、周四和周六 17:00~21:30, 周五和周日 正午至21:30) 这家位于水滨的餐厅备受赞誉, 当地美食爱好者经常将它挂在嘴边。食材均选自本地和本店自有农场, 用于烹制精美的菜肴: 如手工鸭蛋面、鲜鱼洋葱汤配脆鱼皮和豆类、天妇罗扳手蟹以及山土豆（yama imo）饺子配海藻盐和yuzu（一种小型柑橘）。

★ Ricky's River Bar & Restaurant　　　　新派澳大利亚菜 $$$

（☎07-5447 2455; www.rickys.com.au; Noosa Wharf, 2 Quamby Pl, Noosa Heads; 主菜$35~45, 6道菜品尝套餐$105, 带有配餐葡萄酒$165; ⓗ正午至深夜）这家雅致的餐馆坐落在努萨河上，深受商务人士青睐，他们一边悠闲吃午餐，一边谈生意。提前预订午餐（一半目的就是观景），然后大快朵颐吧。这里的菜品包括配以杏仁酪、咖喱叶、天然番茄和藜麦的炭烤鱿鱼，或者配以花椰菜和夏威夷果蘸酱（skordalia）、柠檬脯、大黄和蒸粗麦粉的珊瑚海岸澳大利亚肺鱼。

Little Humid　　　　新派澳大利亚菜 $$$

（见371页地图; ☎07-5449 9755; www.humid.com.au; 2/235 Gympie Tce, Noosaville; 主菜$27~42; ⓗ周三至周日 正午至14:00和18:00~20:30; ⓟ）这家餐馆异常火爆，提供巧妙改良、赏心悦目的小酒馆食品，包括季节性菜肴，如采用甘草和橙汁酱烹制的脆皮鸭，香草和松子裹身的海鳟鱼；以及各种素食菜品，如配以焦糖茴香和小菠菜、野蘑菇以及kipfler土豆泥的奶油椰菜。晚餐最好提前预订（假日期间，甚至需要提前一周）。

🍷 饮品和夜生活

★ Clandestino Roasters　　　　咖啡

（☎1300 656 022; www.clandestino.com.au; Belmondos Organic Market, 59 Rene St, Noosaville; ⓗ周一至周五 7:00~16:00, 周六 至15:00; ⓦ）这家新潮的小型仓库咖啡馆也许处于游客视野之外，但是这里坐满了潮人、冲浪者和西装革履的人，他们皆为努萨顶级咖啡而来。可选类型包括两种混合咖啡和八种单品咖啡，包括浓缩咖啡、冷萃咖啡、四叶草咖啡、V60手冲咖啡和虹吸壶煮咖啡。公用桌和免费Wi-Fi使得这里深受笔记本一族青睐。

★ Village Bicycle　　　　酒吧

（☎07-5474 5343; 2/16 Sunshine Beach Rd, Noosa Junction; ⓗ周一至周六 16:00至午夜, 周日 12:30起）这是目前努萨当地最为别致的饮酒地点，由两位年轻人Luke和Trevor经营。这个地方欢乐怡人，街头艺术品分布其间，晚上挤满来此畅饮啤酒、大吃优质酒吧食物（想想卷饼和汉堡）以及倾听现场音乐的常客。

Miss Moneypenny's　　　　鸡尾酒吧

（见369页地图; ☎07-5474 9999; www.missmoneypennys.com; 6 Hastings St, Noosa Heads; ⓗ11:30至午夜; ⓦ）这家酒吧华丽时髦、备受赞誉，营造出一种休闲的饮酒氛围。精心调制的鸡尾酒分为许多种类，既有当季特色酒和酸酒（Sours），又有比较随意、类似20世纪80年代游船上供应的鸡尾酒。品质很有保证：就连椰子菠萝鸡尾酒都是采用原装Coco Lopez椰奶调配而成。食品包括豪华酒吧小吃和比萨（$16~30）。

🛍 购物

Noosa Longboards　　　　体育用品和户外用品

（见369页地图; ☎07-5447 4776; www.noosalongboards.com; 20 Hastings St, Noosa Heads; ⓗ9:00~17:00）这个标志性品牌创立于1994年。澳大利亚冲浪长板复兴之初，一批商店率先出售传统风格冲浪长板，这家店面便是其中之一。如今20年过去，这家店因其手工制作长板并且在其中加入当代元素而闻名。除了冲浪板，该店还出售自有品牌的海滩装、澳大利亚老品牌Okanui的产品，以及正宗的老式夏威夷衬衫。

ℹ 实用信息

邮局

邮局（Post Office; ☎13 13 18; www.auspost.com.au; 91 Noosa Dr, Noosa Junction; ⓗ周一至周五 9:00~17:00, 周六 至12:30）

旅游信息中心

努萨国家公园信息中心（Noosa National Park Information Centre; ☎07-5447 3522; ⓗ8:45~16:15）位于努萨国家公园的入口处。

努萨游客信息中心（Noosa Visitor Information Centre; 见369页地图; ☎07-5430 5000; www.visitnoosa.com.au; 61 Hastings St, Noosa Heads; ⓗ9:00~17:00; ⓦ）官方旅游办事处。

Palm Tree Tours（见369页地图；☎07-5474 9166；www.palmtreetours.com.au；Bay Village Shopping Centre, 18 Hastings St, Noosa Heads；⊙9:00~17:00）老牌旅游咨询处。

❶ 到达和离开

长途汽车停靠于Noosa Junction的Sunshine Beach Rd上的**Noosa Junction Bus Station**。澳大利亚灰狗巴士（☎1300 473 946；www.greyhound.com.au）有几班日间汽车往返于布里斯班和努萨之间（$24起，2.5~3.25小时），**Premier Motor Servic**（见368页）只有1班（$23，2.5小时）。

多数青年旅舍提供免费接车服务。

Sunbus（Translink；☎13 12 30；www.sunbus.com.au）频繁从努萨发出汽车，开往马卢奇多（$10.50，1~1.25小时）和南波（Nambour）火车站（$10.50，1.25小时）。

❶ 当地交通

自行车

Bike On Australia（见370页）在努萨的好几处地点提供租赁自行车，包括阳光海滩的**Flashpackers**（见371页）。另外，可以上门取送自行车，收费$35（如果预订金额超过$100，则免费取送）。

船

Noosa Ferry（见370页）每天发出数班渡轮，往返于努萨岬和Tewantin之间（全天通票 成人/儿童$25/7）。**Noosa Water Taxi**（☎0411 136 810；www.noosawatertaxi.com；单程 每人 $10）提供水上出租车服务，开往Noosa Sound各地（周五至周日）。同时可以预约私人包租或者水上出租车租赁。

公共汽车

Sunbus提供本地服务，往返于努萨岬、努萨维勒、Noosa Junction和Tewantin之间。

小汽车和摩托车

所有大型汽车租赁品牌在努萨都能找到；租金每天大约$55起。

Noosa Car Rentals（☎0429 053 728；www.noosacarrentals.com.au）

Scooter Hire Noosa（☎07-5455 4096；www.scooterhirenoosa.com；13 Noosa Dr, Noosa Heads；4小时/24小时 $39/59；⊙8:30~17:00）

布莱比岛（Bribie Island）

人口 18,135

这片狭长岛屿位于莫顿湾北端，通过桥梁与大陆连接，受到年轻家庭、退休人员，以及想在滨水住所挥霍的人的青睐。相比斯特拉德布罗克或莫顿岛，这里的开发程度深得多，但是仍有一些与世隔绝的地点等待探索。

修道院博物馆（Abbey Museum；☎07-5495 1652；www.abbeymuseum.com；63 The Abbey Pl，紧邻Old Toorbul Point Rd，Caboolture；成人/儿童 $12/7，家庭 $19.80起；⊙周一至周六 10:00~16:00）拥有一些非同凡响的艺术和考古展品，它们曾是英国"牧师"约翰·沃德（John Ward）的私人藏品。修道院中世纪节（Abbey Medieval Festival）于6月或7月在此举行。

卡布丘战斗机博物馆（Caboolture Warplane Museum；☎07-5499 1144；www.caboolturewarplanemuseum.com；Hangar 104, Caboolture Airfield, McNaught Rd, Caboolture；成人/儿童/家庭 $10/5/30；⊙9:00~15:00）展出许多经过修复的"二战"时期的飞机，包括P51D Mustang、CAC Wirraway和Cessna Bird Dog。

前往**布莱比岛游客信息中心**（Bribie Island Visitor Information Centre；☎07-3408 9026；www.tourismbribie.com.au；Benabrow Ave, Bellara；⊙9:00~16:00）获取地图和信息。

🛏 食宿

布莱比岛国家公园露营地　　　　　　露营地 **$**

（☎13 74 68；www.npsr.qld.gov.au/parks/bribieisland；露营地 每人/家庭 $6.15/24.60）**Poverty Creek**位于该岛西海岸，是一个规模不小、绿草如茵的露营地。这里的设施包括厕所、一个便携式厕所/废物处理设施和冷水淋浴格挡。往南就是**Ocean Beach**，提供类似设施。**Gallagher Point**露营区位于东海岸，拥有为数不多的几处丛林露营地，不带厕所或其他设施。所有露营地都可驾驶四驱车抵达。

On The Beach Resort　　　　　　公寓 **$$$**

（☎07-3400 1400；www.onthebeachresort.com.au；9 North St, Woorim；2卧/3卧公寓 $215/

> **不要错过**

澳大利亚动物园
（AUSTRALIA ZOO）

澳大利亚动物园（☎07-5436 2000; www.australiazoo.com.au; 1638 Steve Irwin Way, beerwah; 成人/儿童/家庭 $59/35/172; ⓗ9:00~17:00）在毕尔瓦（Beerwah）北部，是昆士兰州乃至全澳大利亚享有盛名的一处旅游胜地。动物园是向其创始人——古怪的野生动物爱好者史蒂夫·欧文致敬。园内有一大批令人惊诧的野生动物，包括一间柬埔寨风格的虎舍（Tiger Temple）、著名的鳄鱼馆（Crocoseum）以及令人眼花缭乱的动物，例如澳洲野狗、袋獾和毛鼻袋熊。

布里斯班和阳光海岸的很多公司都提供到此地的团队游。动物园与毕尔瓦火车站之间有免费往返的长途汽车。

300起; ❄ ⛱）这家公寓比岛上其他住宿地点都要豪华，提供一流服务，配备出色设施，包括一个咸水泳池和大型阳光露天平台。公寓客房现代、明亮、通风，带有用具齐全的厨房和洗衣设施。圣诞节和复活节假日期间，最低四晚起住。

Bribie Island SLSC　　　　　　　小酒馆食品 $$
（☎07-3408 2141; www.thesurfclubbribieisland.com.au; First Ave, Woorim; 主菜 $18~30; ⓗ11:30~14:30和17:30至深夜）这里的小酒馆食品不会令你震撼，但是足够美味。可以落座海滨露天平台，一边欣赏滔涛一边品味美食。这里有所有冲浪俱乐部常见食品，从蒜蓉大虾和啤酒澳大利亚肺鱼到意大利面食和金黄炸肉排，种类繁多。

❶ 到达和离开

布莱比岛上没有四驱车出租机构，如果去往岛上更加偏远的地方，需要车辆通行许可证（每周 $46.25）。可以通过 **Gateway Bait & Tackle** （☎07-5497 5253; www.gatewaybaitandtackle.com.au; 1383 Bribie Island Rd, Ningi; ⓗ周一、周二、周四和周五 5:30~17:00，周三 至14:00，周六 4:30~17:00，周日 4:30~15:00）或者上网（www.npsr.qld.gov.au）获取车辆通行许可证。

Citytrain的列车频繁从布里斯班开往卡布丘（Caboolture），**Bribie Island Coaches**（☎07-3408 2562; www.bribiecoaches.com.au）的643路车从卡布丘开往布莱比岛，途经Ningi和Sandstone Point。长途汽车大约每小时一班，在Bongaree停车，然后继续开往Woorim。收费参照正常Brisbane Translink票价（从布里斯班市中心出发 单程 $11.40）。

格拉斯豪斯山
（Glass House Mountains）

格拉斯豪斯山那些令人叹为观止的火山栓从卡布丘西北20公里处的亚热带平原上拔地而起。传说这些令人惊奇的多岩山峰属于山神家族。探险者詹姆斯·库克认为，这些山的形状像其故乡英格兰约克郡生产的圆锥形玻璃熔炉。驶离Bruce Hwy转到低速的Old Gympie Rd上，蜿蜒穿过茂密丛林来到此地，沿途能见到古老的昆士兰风格小屋，还能欣赏令人叹为观止的岩浆侵入岩景观，绝对不虚此行。

格拉斯豪斯山国家公园（Glass House Mountains National Park）被分成几个部分，都在毕尔瓦附近，有野餐场地和瞭望台，但没有露营场地。经由一些从Steve Irwin Way延伸出来通往内陆的柏油路和土路可以到达这些山顶。著名的澳大利亚动物园就在Steve Irwin Way旁，这个动物园由闻名遐迩的"鳄鱼猎人"本人建立。

徒步者在这里有丰富的选择。设有路标的徒步小径通往其中几座山峰，但是一些小径陡峭坎坷，要有心理准备。6公里长的新路Soldier Settlers Walk拥有壮丽景色，而且跨越一座新近开放的木桥。登上Mt Ngungun（253米）的步道难度适中，景色美妙绝伦，攀登Mt Tibrogargan（364米）真是一段富有挑战性的攀爬之旅。比较陡峭的Mt Beerburrum（278米）同样对旅客开放。注意，我们到访之时，Tibrogargan步道由于落石问题关闭；可联系格拉斯豪斯山旅游局（☎07-5458 8848; www.visitsunshinecoast.com.au; Bruce Pde和Reed St交叉路口; ⓗ9:00~16:00）了解最新情况。

通常可以看到攀岩者攀爬Mt Tibrogargan和Mt Ngungun。Mt Coonowrin（亦称"crook-neck"，外号是"弯脖南瓜"）对外关闭，它是火山栓之中最为险峻的一个。

Glass House Mountains Ecolodge（☎07-5493 0008；www.glasshouseecolodge.com；198 Barrs Rd；房间 $125～220；❋☎）✉位于澳大利亚动物园附近并且提供一系列非常出色、性价比高的住所，包括温馨舒适的Orchard Rooms（$125）、经过改建的Church Loft（$220），以及经过改造的火车车厢。从漂亮的花园里就能看到Mt Tibrogargan。

Glasshouse Mountains Tavern（www.glasshousemountainstavern.com.au；10 Reed St；主菜 $14～32.50；⊙周日至周四 10:00～21:00，周五至午夜，周六 至21:30，厨房大约20:00打烊）烹制美味可口、毫无虚饰的酒馆食品，包括牛排、香肠、汉堡和沙拉。

卡罗旺德拉（Caloundra）

人口 77,600

卡罗旺德拉横跨阳光海岸南端的一个海岬，已经不再被称作"安定海岸"，而是改头换面，成为一个精彩的活动中心。除了金色海滩、水上运动和迷人的Coastal Pathway徒步路径以外，还有其他生机勃勃、创意无限的行业：从高端精品咖啡店和酒吧，到令人印象深刻的街头艺术和小酿酒厂，再到海岸沿线那些精心打造的地方艺术馆，几乎无处不包。画龙点睛之笔就是卡罗旺德拉音乐节，它是昆士兰州一年一度规模最大、最受青睐的音乐盛会之一。

◉ 景点和活动

周日早晨，人们涌向Bulcock St的**卡罗旺德拉街头集市**（Caloundra Street Fair；见378页地图；www.caloundrastreetfair.com.au；Bulcock St；⊙周日 8:00～13:00），在市场摊位间转悠。

卡罗旺德拉地区画廊 画廊

（Caloundra Regional Gallery；见378页地图；☎07-5420 8299；gallery.sunshinecoast.qld.gov.au；22 Omrah Ave；⊙周二至周五 10:00～16:00，周六和周日 至14:00）**免费** 尽享阳光和海浪后，移步这个精美的小型画廊。这里循环展览当地和全国优秀艺术家的作品，每年举办许多出类拔萃的艺术奖（Art Prize）展览。每月第三个周五，这个画廊营业至很晚，举办Friday[3]Live，包括音乐、脱口秀、表演、饮品和小吃。

昆士兰州航空博物馆 博物馆

（Queensland Air Museum；☎07-5492 5930；www.qam.com.au；7 Pathfinder Dr；成人/儿童/家庭 $13/7/30；⊙10:00～16:00）这家志愿者经营的博物馆占据卡罗旺德拉机场（Caloundra Airport）旁边的两座飞机库，容纳大约70架民用和军用飞机，包括一架20世纪中期的Douglas DC-3（全球首批量产的全金属班机）和一架属于皇家澳大利亚空军的超音速"F-111"战斗机。展品介绍澳大利亚和国际航空史的方方面面，包括战时战斗和航空女性。还展出一小部分非常古老的小册子、机舱行李包以及空中陶瓷用具，来自过去和现在的澳洲航空公司。

Mind and Body PT & Adventures 健康与健身

[☎0401 286 200；www.mabpersonaltraining.com.au；团队游 每人（最少2人）$199起]性格开朗的私人教练Melinda Bingley组织这些令人血脉贲张的健身和冒险之旅，其中包括徒步和皮划艇旅程。格拉斯豪斯山发现冒险之旅（Glass House Mountains Discovery Adventure）就是其中一项，参与者可以重温早期英国探险家马修·福林达斯（Matthew Flinders）的探险路径。这项6小时团队游从卡罗旺德拉的黄金海滩出发前往Mt Tibrogargan，内容包括划皮划艇、丛林徒步、驾车以及午餐。

卡罗旺德拉冲浪学校 冲浪

（Caloundra Surf School；☎0413 381 010；www.caloundrasurfschool.com.au；1.5小时课程 $50起）当地冲浪学校中的佼佼者，同时出租冲浪板。

Caloundra Jet Ski 户外

（见378页地图；☎0434 330 660；www.caloundrajetski.com.au；Esplanade和Otranto Ave交叉路口）和蔼可亲、诙谐幽默的当地人肯·杰弗里（Ken Jeffrey）组织这些非常刺激的喷气式滑行艇之旅，活动围绕

Caloundra 卡罗旺德拉

Caloundra 卡罗旺德拉

◎ 景点
1. 卡罗旺德拉地区画廊 C2
2. 卡罗旺德拉街头集市 C2

⊙ 活动、课程和团队游
3. Caloundra Jet Ski C3

⊜ 住宿
4. Caloundra Backpackers B2
5. Monaco C3
6. Rumba Resort C3

⊗ 就餐
7. Baci Gelati C2
8. Cptn D2
9. Green House Cafe C2
   Stormie D's Cupcakery .... (见9)

⊙ 饮品和夜生活
26 Degrees .... (见6)
Lamkin Lane Espresso Bar .... (见9)

⊙ 交通
10. Caloundra Transit Centre C3

Pumicestone Passage展开,这条狭窄水道将卡罗旺德拉与布莱比岛北端分隔开来。团队游展示这个地区的生态系统,适合喷气式滑行艇新手和老手(即使最紧张的新手后来都能像专业人士一样翱翔蓝天)。

Deluxe Kombi Service

驾车

(☏07-5491 5432,0402 615 126;www.deluxekombiservice.com.au;⊙1小时团队游$77)搭乘一辆20世纪60年代的Kombi,随行人员包括一位非常酷的冲浪高手——还有比这更好的探索这个地区的方式吗?当地人Michael Flocke拥有两辆精心修复的稀有厢货车(带有天窗和八人座)。他用这两辆车组织小镇和周边游,并且提供深刻的讲解和丰富的故事。预订全程一小时的小镇游或者时间更长的阳光海岸腹地定制游。

Sunshine Coast Skydivers

高空跳伞

(☏07-5437 0211;www.sunshinecoastskydivers.com.au;Caloundra Aerodrome, Pathfinder Dr;双人跳伞$279起)从4570米(或者只是2130米)的高空一跃而下,耳边风声呼啸,肾上腺素急剧飙升,卡罗旺德拉和太平洋景色尽收眼底。

Blue Water Kayak Tours 皮划艇

(07-5494 7789; www.bluewaterkayaktours.com; 半天团队游 最少4人 $100,黄昏团队游 $55; ◉半天团队游 周二至周日 8:30,黄昏团队游 周三至周日)参加活力四射的皮划艇之旅,横渡海峡到达布莱比岛国家公园(Bribie Island National Park)北端;该机构提供单人和双人皮划艇。所有团队游必须提前预订。

节日和活动

卡罗旺德拉音乐节 音乐节

(Caloundra Music Festival; www.caloundramusicfestival.com; ◉9月至10月)这个为期4天的音乐节适合家庭参加,举办地点位于国王海滩(Kings Beach),吸引4万多观众。音乐节期间上演各种娱乐活动,特色就是内容丰富的新兴和经典澳大利亚摇滚和独立流行音乐,还有国际嘉宾出场。

食宿

Dicky Beach Family Holiday Park 房车公园 $

(07-5491 3342; www.sunshinecoastholidayparks.com.au; 4 Beerburrum St; 无电/有电营地 $41/46, 小屋 $118起; ❋❄📶🏊)除非入住此地,否则无法如此靠近这片卡罗旺德拉最受青睐的海滩——Dicky。砖砌小屋和露营地一样井井有条、整洁干净,还有一个适合儿童的小型泳池。

Caloundra Backpackers 青年旅舍 $

(见378页地图; 07-5499 7655; www.caloundrabackpackers.com.au; 84 Omrah Ave; 铺 $26起, 双 带/不带卫生间 $75/60起; 📶)卡罗旺德拉唯一的青年旅舍,一个实实在在的经济型住所,带有社交氛围浓厚的庭院,有图书交换活动,每周举办烧烤、比萨和葡萄酒奶酪之夜。宿舍并无惊喜之处,不过安静整洁。

Monaco 公寓 $$

(见378页地图; 07-5490 5490; www.monacocaloundra.com.au; 12 Otrano Ave; 1卧/2卧/3卧公寓 $159/240/329起; 🅿❋📶🏊)这些公寓现代、宽敞,距离布卡克海滩(Bulcock Beach)一个街区。公寓归个人所有,所以风格各异;入住较贵的公寓,可以将水景尽收眼底。Wi-Fi免费,但是设有上限,公寓每8天打扫一次。附加设施包括一个时髦的温水健身泳池、独立的儿童泳池、水疗、桑拿、健身房和游戏室。最低两晚起住,长住价格优惠。

Rumba Resort 度假村 $$$

(见378页地图; 07-5492 0555; www.rumbaresort.com.au; 10 Leeding Tce; 房间 $200起; ❋❄📶🏊)这个白色度假村坐落在引人注目的游乐场中,是本镇最为时髦的住宿地点。客房明亮、宽敞、现代,全部带有双人按摩浴缸、家庭影院和咖啡机。泳池区值得留影,旁边就是卡罗旺德拉最别致的新酒吧之一。步行轻松可达海滨餐饮区。

★Baci Gelati 意式冰激凌店 $

(见378页地图; 49 Bulcock St; 意式冰激凌 $4.50起; ◉周一至周五 9:00~17:00, 周六 9:30~17:00,周日 10:00~16:00)这家店提供一些昆士兰州最佳意式冰激凌,由一位意大利外籍人士、其匈牙利妻子和一个意大利同伴制作。秘诀:采用高品质食材,从新鲜水果和Bronte开心果到比利时巧克力和当地马莱尼(Maleny)牛奶,无一例外。创意饮食包括姜汁啤酒、印度茶、盐渍焦糖和一种非同凡响的西西里榛子。提供盒装外卖(0.5/1升 $12/23)。

Stormie D's Cupcakery 面包房 $

(见378页地图; 07-5491 5812; www.stormiedscupcakery.com.au; 17a Bulcock St; 迷你/常规杯子蛋糕 $2.50/4.80; ◉周一至周五 10:00~16:00, 周六 9:00~13:00)Stormie Dutton的店里常有独立摇滚乐队光顾,但她得在粉色"糖屋"里忙着烘焙。她的杯子蛋糕堪称当地传奇,销售很快,都是混合口味,例如草莓奶油味,以及蔓越橘开心果香橙味。大胆一点,点一份盐渍焦糖奶昔,它配有边缘涂着Nutella的椒盐脆饼干。

Green House Cafe 素食 $

(见378页地图; 07-5438 1647; www.greenhousecafe.com.au; 5/8 Orumuz Ave; 主菜 $13~17; ◉周一至周五 8:00~15:00,周六和周日至14:00; 🍴)这家明亮的小店仿佛当地食材展馆,提供新鲜、有机、顶饱的素食,例如牛油果烤面包配腰果奶酪、shakshouka(五香、水煮)鸡蛋和五香炒饭(nasi goreng)。如果想要纯健康食品,可以要份羽衣甘蓝和当季绿蔬的奶昔,搭配香蕉、椰奶酸奶、猕猴桃、野鼠尾草籽、椰子汁。妈妈们会喜欢这里。

Cptn 各国风味 $$

(见378页地图;☏07-5341 8475;www.cptnkingsbeach.com.au;1/8 Levuka Ave, Kings Beach;主菜 午餐 $18~29,晚餐 $26~29;◎周一至周四 6:00~18:00,周五至周日 至21:30,厨房 周一至周四 至15:00,周五至周日 至20:00;⛵)这家餐馆位于海滨,因整洁时髦的装修和悦目实在的小吃脱颖而出。不要期待花样,这里只有按部就班、贴心周到的菜肴,例如澳大利亚肺鱼炸鱼和薯条、烤哈罗米芝士和煨蔬菜,或者烤鸡胸配混合地中海蔬菜、烤土豆、山羊奶酪和红酒浇汁。咖啡不错,葡萄酒价格合适、按杯出售,员工团队年轻友好。

🍷 饮品和夜生活

Lamkin Lane Espresso Bar 咖啡馆

(见378页地图;www.facebook.com/lamkinlane; 31 Lamkin Lane;◎周一至周五 6:00~16:00,周六和周日 7:00至正午)这是一家能让咖啡爱好者心情舒畅的咖啡馆。这里的咖啡师热情友善、知识丰富,最喜欢谈论的话题就是每周的两种特制混合咖啡和三种单品咖啡。员工们和咖啡种植户关系密切,也就是说,你的咖啡合乎道德伦理,而且丝滑醇香。只收现金。

Moffat Beach
Brewing Company 精酿啤酒坊

(☏07-5491 4023; 12 Seaview Tce, Moffat Beach;◎周一和周二 7:00~16:00,周三至周六 至深夜,周日 至20:00)这家咖啡馆兼精酿啤酒坊距离潮人集中的莫法特海滩(Moffat Beach)不远,提供外来和自酿桶装啤酒(留意一下久负盛名的双倍IPA Iggy Hop)。瓶装啤酒包含澳大利亚和全球品牌;4杯试饮组合($20)很适合做不了决定的人。周五17:00起和周末15:00起,可以听现场音乐(周末表演特别震撼)。

26 Degrees 鸡尾酒吧

(见378页地图;☏07-5492 0555;www.facebook.com/26degreesBar; 10 Leeding Tce, Rumba Beach Resort;◎10:00至深夜;⛵)店名"26度"既是指的卡罗旺德拉的平均气温,同时也是此地的纬度。这家酒吧如今是卡罗旺德拉最为时髦的饮酒地点之一。这个池边酒吧位于Rumba Resort之内,带有海滩气息,还有白色百叶窗、洁白的木头吧台和郁郁葱葱的绿色植物。重口味的马提尼爱好者会喜欢这里用腌橄榄制成的一款刺鼻的酒。

ℹ️ 实用信息

Caloundra Road上的游客信息中心(见378页地图;☏07-5458 8846; www.visitsunshinecoast.com; 7 Caloundra Rd;◎周一至周五 9:00~16:00,周六和周日 至15:00;⛵)在小镇入口处的环岛边上;还有一个地处中心的游客信息中心设在**Bulcock Street**(见378页地图;☏07-5458 8847; www.visitsunshinecoast.com; 77 Bulcock St;◎9:00~15:00;⛵)。两处都提供免费Wi-Fi。

ℹ️ 到达和离开

澳大利亚灰狗巴士(☏1300 473 946; www.greyhound.com.au)的汽车每天早晨从布里斯班开往努萨,沿途停靠于卡罗旺德拉($19起,2小时)。还有一趟早班汽车开往布里斯班。

Sunbus(TransLink;☏13 12 30; www.sunbus.com.au)频繁发出汽车开往马卢奇多($5.70, 1小时)。到马卢奇多搭乘前往努萨的汽车。

Caloundra Transit Centre(23 Cooma Tce)是长短途汽车的总站,位于Bulcock St南边,步行很快就能到(我们访问之时,这座建筑本身对外关闭,不过汽车继续在此停泊)。

莫罗拉巴和马卢奇多(Mooloolaba & Maroochydore)

人口 12,550和18,300

莫罗拉巴以其优越的气候条件、金色海滩和闲适的生活方式吸引了众多游客。餐馆、精品店以及许多度假村和公寓沿着Mooloolaba Esplanade铺陈开来,使曾经不起眼的渔村转型成为昆士兰州最受欢迎的度假胜地之一。

继续往北到马卢奇多,这个生机勃勃的小城注重实用性,有一个处于建设中的全新

Mooloolaba 莫罗拉巴

Mooloolaba 莫罗拉巴

◎ 景点
1 Sea Life Sunshine Coast C2

✈ 活动、课程和团队游
Coastal Cruises Mooloolaba ..... （见2）
Hire Hut .... （见2）
2 Sunreef C3
Whale One .... （见2）

◉ 住宿
3 Dockside Apartments B3

4 Mooloolaba Beach Backpackers B3
5 Mooloolaba Beach Caravan Park C2
6 Oceans B1

✕ 就餐
7 Char B1
Good Bar .... （见7）
8 Spice Bar B1

◉ 饮品和夜生活
9 Taps@Mooloolaba C2

市中心和一连串红火餐馆，还有属于自己的一片海滨沙地。

◎ 景点和活动

Sea Life Sunshine Coast 水族馆

（见381页地图；☎1800 618 021；www.underwaterworld.com.au; Wharf Marina, Parkyn Pde, Mooloolaba; 成人/儿童/家庭 $39/26/130; ⊙9:00~17:00）孩子们会喜欢这个受人青睐的热带海洋水族馆，馆内有一条80米长的透明水下隧道，用以近距离观察蝠鲼、岩礁鱼类和8种鲨鱼。还有一个触摸池和现场表演。学校假日期间，可在水族馆住宿过夜（每人$90）。

虽然游客还可游泳观赏海豹、潜水欣赏鲨鱼，但是需要三思，因为动物福利组织认为圈养导致海洋动物活力下降、压力增加，而且人类与动物的互动会致使情况加剧。

Wildlife HQ 动物园

（☎0428 660 671; www.whqzoo.com; 成人/儿童/家庭 $29/15/79; ⊙9:00~16:00）这个动物园占地8公顷，位于大菠萝（Big Pineapple; www.bigpineapple.com.au; 76 Nambour Connection Rd, Woombye）**免费**，园内栖息着澳大利

亚本土、非洲、南美和亚洲稀有的动物，其中包括小熊猫和塔尔羊（喜马拉雅高山山羊）。

Sunreef　　　　　　　　　　　　　潜水
（见381页地图；☏07-5444 5656；www.sunreef.com.au；Wharf Marina, Parkyn Pde, Mooloolaba；潜水 $165起；⏱周一至周六 8:00~17:00, 周日 至16:00）组织前往沉没军舰"布里斯班号"（Brisbane）残骸的两次潜水（$165起）。同时组织前往Flinders Reef的一日游（$229起），包括两次潜水、设备、午餐和小吃。PADI开放水域潜水员课程收费$495。

Hire Hut　　　　　　　　　　　　水上运动
（见381页地图；☏07-5444 0366；www.hirehut.com.au；Wharf, Parkyn Pde, Mooloolaba）出租皮划艇（2小时 $25）、大型立式桨板（2小时 $350，每板最多10人）、喷气式滑行艇（1小时 $180）和船只（每小时/半天 $42/75起）。同时出租自行车（2小时/4小时 $19/25）。

Robbie Sherwell's XL Surfing Academy　　　　　　　　冲浪
（☏07-5478 1337, 0423 039 505；www.xlsurfingacademy.com；1小时 私教/团体课程 $95/45）来到这家历史悠久的冲浪学校，深入体验澳大利亚冲浪文化。这家学校面向各种级别冲浪者，初学者和资深人士均可。

👉 团队游

Coastal Cruises Mooloolaba　　　　游轮
（见381页地图；☏0419 704 797；www.cruisemooloolaba.com.au；Wharf Marina, Parkyn Pde, Mooloolaba）组织落日游（$25）和附带海鲜午餐的游轮之旅（$35），穿过莫罗拉巴港（Mooloolaba Harbour）、莫罗拉河（Mooloolah River）以及运河。

Whale One　　　　　　　　　　　野生动物
（见381页地图；☏1300 942 531；www.whaleone.com.au；Wharf Marina, Parkyn Pde, Mooloolaba；观鲸之旅 成人/儿童/家庭 $59/39/196）每年6月至11月，这家机构组织游轮之旅，带领游客前去观赏座头鲸盛大的花样表演。这段时间座头鲸会从南极洲向北迁徙，然后交配、生育。

✤ 节日和活动

大菠萝音乐节　　　　　　　　　　音乐节
（Big Pineapple Music Festival；www.bigpineapplemusicfestival.com；⏱5月）为期一天的"Piney Festival"是该地区顶级音乐活动之一，有四处舞台，当代澳大利亚音乐界大师会在这里演出。往日的表演者包括另类摇滚乐手John Butler Trio和Birds of Tokyo、另类电子乐团队Rüfüs和Hermitude，甚至布里斯班前卫流行乐双胞胎组合The Veronicas。音乐节提供露营地，而且很快销售一空。

马卢奇音乐和视觉艺术节　　　　　音乐节
（Maroochy Music & Visual Arts Festival；www.mmvaf.com；⏱9月；☎）这场一年一度、持续一天的音乐盛会在马卢奇多举行，主要表演者有红极一时的澳大利亚音乐组合Peking Duk和Matt Corby；一些杰出的另类独立音乐人也曾在此登台演出，例如Boo Seeka、George Maple和Ngaiire。这次盛会的视觉艺术部分包括国内外艺术家的特约作品。

🛏 食宿

Cotton Tree Holiday Park　　　　露营地 $
（见383页地图；☏07-5459 9070；www.sunshinecoastholidayparks.com.au；Cotton Tree Pde, Cotton Tree, Maroochydore；无电/有电营地 $41/48起，别墅 $157起）这个度假公园位于Cotton Tree——马卢奇多的一处热门地带。这个公园直接通往海滩和马卢奇河（Maroochy River）。

Mooloolaba Beach Caravan Park　　　　　　　　　房车公园 $
（见381页地图；☏07-5444 1201；www.sunshinecoastholidayparks.com.au；Parkyn Pde, Mooloolaba；有电营地 $42起）公园提供两片营地：一片面对迷人的莫罗拉巴海滩（Mooloolaba Beach），另一片规模较小，位于Esplanade北端，堪称本镇位置最佳、景色最美的住宿地点。

Mooloolaba Beach Backpackers　　　　　　　　　　青年旅舍
（见381页地图；☏07-5444 3399；www.mooloolababackpackers.com；75 Brisbane Rd,

Maroochydore 马卢奇多

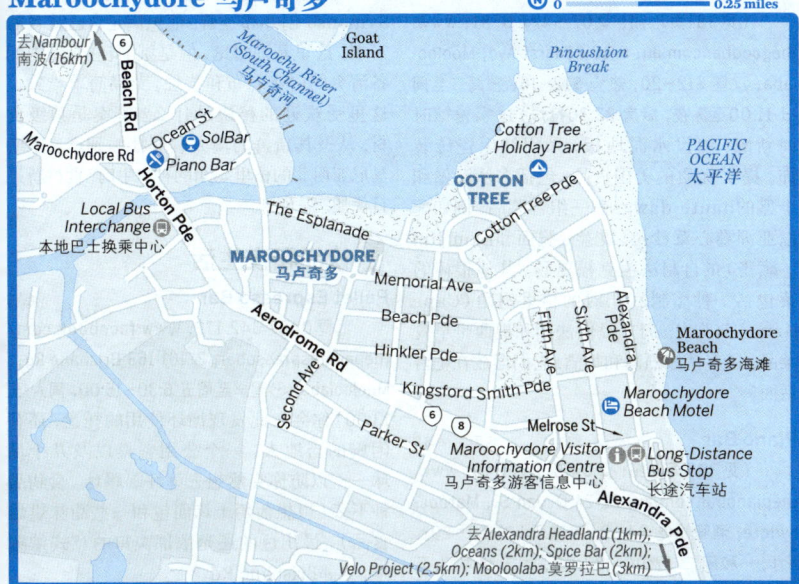

Mooloolaba；铺带/不带卫生间 $34/30，双 $75；P 중 🌬️）有些宿舍是套房，尽管房间有点单调，但附带的赠品（自行车、冲浪板、立式桨板和早餐）完全可以弥补这些不足。况且，这里距离海滨活动区和夜生活仅500米。

Dockside Apartments 公寓 $$

（见381页地图；☏07-5478 2044；www.docksidemooloolaba.com.au；50 Burnett St, Mooloolaba；2卧/3卧公寓 $290/375起；P ❄ 중 🌬️）这里的公寓设施齐全，虽然风格各异（个人所有、对外出租），但是全部整洁、干净、舒适。公寓远离喧嚣嘈杂，十分安静，步行即可轻松抵达莫罗拉巴的餐馆和酒吧核心地带、冲浪俱乐部、海滩和码头区域。若是长住可享受优惠的价格。

Maroochydore Beach Motel 汽车旅馆 $$

（见383页地图；☏07-5443 7355；www.maroochydorebeachmotel.com；69 Sixth Ave, Maroochydore；标单/双/家 $120/135/180起；P ❄ 중 🌬️）这家主题汽车旅馆与众不同、一尘不染，提供18种不同客房，包括猫王房间（Elvis Room）、埃及人房间（Egyptian Room）和澳大利亚人房间（Aussie Room，附带玩具袋熊）。尽管位于主干道上，但是距离海滩不到200米。

★ Oceans 度假村 $$$

（见381页地图；☏07-5444 5777；www.oceansmooloolaba.com.au；101-105 Mooloolaba Esplanade, Mooloolaba；2卧公寓 $500起；P ❄ 중 🌬️）来到这家正对海滩的高档公寓度假村，首先映入眼帘的是瀑布和当代艺术品。公寓都带海景，而且华丽时髦、整洁无暇，配备Nespresso咖啡机、独立水疗设施和优质电器。公寓每天打扫一次。还有成人和儿童泳池、健身房和桑拿。停车和Wi-Fi全都免费。

★ Velo Project 咖啡馆 $

（☏07-5444 8693；www.theveloproject.com.au；19 Careela St, Mooloolaba；菜 $6~22.50；◷7:00~14:00；중）这家消息灵通的咖啡馆位于莫罗拉巴一处僻街小巷。店内充分利用了回收家具和旧用品，氛围轻松愉悦。当地人来这儿一边下棋，一边吃着配以红皮洋葱、烤蒜、玉米和新鲜香草的牛油果泥，或者自制烤香蕉、夏威夷果以及配以马斯卡泊尼乳酪和橙子小豆蔻汁的红枣面包。这里的咖啡都是本地烘焙的，口味绝佳。

Good Bar　　　　　　　　　　美国菜 $

（见381页地图；☎07-5477 6781；www.thegoodbar.com.au; 5/19-23 First Ave, Mooloolaba; 汉堡 $12~20，热狗 $12~16; ⓘ周二至周日11:00至深夜，厨房22:30打烊）这家餐馆时尚新潮，铺设水泥地板，采用红黑瓷砖装饰。提供优质的美国食品，包括多汁汉堡和丰盛的haute dawgs——组合菜品，例如配以亚洲卷心菜沙拉、花生、脆冰和nam jim（蘸酱）的自制法兰克福熏肠。其他很棒的菜包括一种熏烤20小时的格里姆角（Cape Grim）前胸肉。周末提供法国和墨西哥早餐菜品，还有精酿烈酒和啤酒，它们摆放在吧台后面。

Piano Bar　　　　　　　　　地中海菜 $$

（见383页地图；☎0422 291 249；www.thepianobar.com.au; 22-24 Ocean St, Maroochydore; 酒吧小吃 $4~9，西班牙小吃 $9~20; ⓘ周一和周二 17:00~22:00，周三和周四 至23:00，周五至周日 正午至23:00）流苏灯罩、列勃拉斯（Liberace）作品和戴着软呢帽的酒吧招待使得这家餐馆显得新潮时尚。出售分量十足、泛地中海式西班牙小吃（一次点一两种）。焦烤腌章鱼松软可口，羊乳酪油面甜菜根外观诱人。再加上不太常见的葡萄酒品种以及周三至周一推出的现场蓝调乐、放克乐或爵士乐，简直无可挑剔。

★ Spice Bar　　　　　　　　创意菜 $$$

（见381页地图；☎07-5444 2022；www.spicebar.com.au; 1st fl, 123 Mooloolaba Esplanade, Mooloolaba; 小盘 $7~18, 大盘 $28~36; ⓘ周二 18:00至深夜，周三至周日 正午至15:00和18:00至深夜）这家华丽时尚的饭馆烹制一流的亚洲创意菜，当地食客对它情有独钟。提供共餐式菜品，从配以酱姜萨芭雍（sabayon）的赫维湾扇贝，到配以红薯、蛇豆和咖喱叶的酥软牛面颊肉咖喱，品种多样。要想获得最佳体验，那就在美味可口的品鉴套餐（5/7/10道菜 $55/75/90）中选一个。

Char　　　　　　　　　　牛排、海鲜 $$$

（见381页地图；☎07-5477 7205；www.charmooloolaba.com.au; 19 First Ave, Mooloolaba; 主菜 $29~91; ⓘ17:00~21:00）这家餐馆由前墨尔本居民布莱特·西蒙斯（Brett Symons）创办和经营，他想满足自己就餐的需求。这里新潮时髦，但是氛围轻松，室内配备清爽的白亚麻布和茶烛，菜品简单雅致。这里受欢迎的秘诀是什么？答案是顶级食材，从极其新鲜的澳大利亚牡蛎到产自塔斯马尼亚西北的格里姆角的神户牛肉，食材新鲜且优质。需预订。

🍷 饮品和夜生活

Pallet Espresso Bar　　　　　　咖啡

（☎0487 342 172；www.facebook.com/thepalletespressobar; 2/161-163 Brisbane Rd, Mooloolaba; ⓘ周一至周五 6:30~15:00，周六 至13:00）你会在此发现循环使用的托盘，还有闲聊的当地人、一个公用餐桌以及几个足球——以防你突然想去草坪踢踢球。食物品种不多（想想葡萄干烤面包和一些甜味烘焙食品），最出色的还是浓郁爽口的意式浓咖啡。紧邻Brisbane Rd。

Taps@Mooloolaba　　　　　　酒吧

（见381页地图；☎07-5477 7222；www.tapsaustralia.com.au; Esplanade和Brisbane Rd交叉路口, Mooloolaba; ⓘ正午至深夜）这是爱喝啤酒的人的梦幻场所：你可以自己酿酒——这是真的。这可能听起来过于夸张，但这是严肃的事情：有20多种精酿啤酒和其他啤酒可供冲浪之后润喉解渴。可以搭配啤酒的小吃包括奶油奶酪墨西哥辣椒、汉堡、薯条和玉米卷沙拉。

SolBar　　　　　　　　　　　夜店

（见383页地图；☎07-5443 9550；www.solbar.com.au; 10/12-20 Ocean St, Maroochydore; ⓘ7:30至深夜）这是饥渴城市独立乐队粉丝的天赐福地。这里经常有出人意料的节目安排，崭露头角的创作型歌手可以参加周三的试演之夜，一显身手。这个场地还是一个活跃的咖啡馆兼酒吧和餐馆，提供各种食物，从牛油果酱、薄煎饼和夏南瓜玉米油煎饼等早餐菜品，到午餐和晚餐菜肴，例如汉堡、比萨和沙拉，简直无所不包。

ℹ️ 实用信息

莫罗拉巴游客信息中心（Mooloolaba Visitor

Information Centre；见381页地图；☏07-5458 8844；www.visitsunshinecoast.com.au；Brisbane Rd和First Ave交叉路口，Mooloolaba；◯9:00~15:00；🛈）距离镇中心的Esplanade只有一个街区之遥。**马卢奇多游客信息中心**（Maroochydore Visitor Information Centre；见383页地图；☏07-5458 8842；www.visitsunshinecoast.com.au；Sixth Ave和Melrose St交叉路口，Maroochydore；◯周一至周五 9:00~16:00，周六和周日 至15:00；🛈）同样距离海滩一个街区之遥。

阳光海岸机场位于马库拉（Marcoola）更北地区，那是**旅游信息中心**（☏07-5448 9088；www.visitsunshinecoast.com.au；Sunshine Coast Airport, Friendship Dr, Marcoola；◯9:00~15:00）的所在地。

🛈 到达和离开

飞机
阳光海岸机场 阳光海岸的门户机场，每天都有直达航班飞往悉尼和墨尔本，每周3趟直达航班飞往阿德莱德。还有季节性直飞航班前往新西兰的奥克兰。

长途汽车
长途汽车（见383页地图）停靠在马卢奇多的阳光海岸游客信息中心的前面以及莫罗拉巴的水下世界—海洋生物（Underwater World – Sea Life）的旁边。**澳大利亚灰狗巴士**（☏1300 473 946；www.greyhound.com.au）的长途汽车停靠在马卢奇多和莫罗拉巴，每天发出几趟车开往布里斯班（单程 从莫罗拉巴/马卢奇多出发 $21/22起，大约2小时）。**Premier Motor Services**（☏13 34 10；www.premierms.com.au）每天发出一趟班车，往返布里斯班（单程$23, 1.5~1.75小时）。
Sunbus（TransLink；☏13 12 30；www.sunbus.com.au）的班车频繁往返于莫罗拉巴和马卢奇多之间（$4.60, 15分钟），而且继续开往努萨（$8.60, 1~1.5小时）。**本地巴士换乘中心**（见383页地图；Horton Pde, Maroochydore）位于阳光广场（Sunshine Plaza）购物中心附近。

库伦（Coolum）
人口 7905

岩石林立的海岬先是形成许多僻静海湾，然后伸向金色长滩和库伦海滩（Coolum Beach）的汹涌波涛。和这片海岸的许多地带一样，这里的背景也是延展开的城市郊区。但幸好这里的咖啡馆社交比较理性，而且前往海岸的热门区域比较容易，所以如果想逃离努萨、莫罗拉巴和马卢奇多那些更加受人欢迎、人满为患的度假地点，不妨选择来这里。

🏃 活动

Skydive Ramblers（☏07-5448 8877；www.skydiveforfun.com；Sunshine Coast Airport, Kittyhawk Cl, Marcoola；1830/4570米跳伞 $299/429）将你从难以置信的高空抛出飞机。首先尽情欣赏海岸景色，然后华丽地着陆于海滩。

Coolum Surf School（☏0438 731 503；www.coolumsurfschool.com.au；2小时课程 $60, 5课时套餐 $225）开设冲浪课程，教你立刻学会乘风破浪；同时出租冲浪板/身体冲浪板（24小时 $50/25）。

🛏 食宿

Coolum Beach Caravan Park 房车公园 $

（☏07-5446 1474；www.sunshinecoastholidayparks.com.au；1827 David Low Way, Coolum Beach；有电营地 $46, 小屋 $157起；🛈）位置绝佳：这个公园不仅临近海滩，而且位于库伦中心区的马路对面。

Villa Coolum 汽车旅馆 $

（☏07-5446 1286；www.villacoolum.com；102 Coolum Tce, Coolum Beach；1卧套间 $99~159, 2卧套间 $129~180；🛈🏊）这些20世纪70年代风格的套间物美价廉，员工对客人热情友善。客房虽然出现破损迹象，但是宽敞明快，带有热带风情，床铺舒适。其他亮点包括泳池和迷人花园，而且徒步可达本地区知名海滩之一的First Bay。

Element on Coolum Beach 公寓 $$$

（☏07-5455 1777；www.elementoncoolumbeach.com.au；1808 David Low Way, Coolum Beach；1卧/2卧/3卧公寓 $224/230/359起；🅿✳🛈🏊）这是库伦海滩最为时髦的住宿地点，带有温水泳池，地处中心，提供49套宽敞新潮的公寓。每个公寓都为个人所有，因此内

部装修会有差别。意思就是,你可以期待一尘不染、设施齐全、现代时髦的客房。房内采用柔、稳重的色调,而且带有大型厨房、高大窗户和阳台。周租价格优惠。

The Caf　　　　　　　　　　咖啡馆 $

(☎07-5446 3564; www.thecafcoolum.com; 21 Birtwill St, Coolum Beach; 主菜 $14~19; ⊙6:30~16:00; ☎)这里堪称库伦最为别致的小咖啡厅,餐桌采用电缆盘改造而成,室内装饰着凤头鹦鹉壁纸,氛围悠闲轻松。这里烹制出美味沙拉和三明治、馅饼、新鲜果汁和不错的奶昔。

Castro's Bar & Restaurant　　　意大利菜、新派澳大利亚菜 $$

(☎07-5471 7555; Frank St和Beach Rd交叉路口, Coolum Beach; 比萨 $21~26, 主菜 $24~34; ⊙周一至周四 17:00~20:30, 周五和周六 至21:00, 周日 至20:00)虽然根本不带古巴风味,但是这个广受欢迎、十分随意的地方却像卡斯特罗(Fidel)一样经久不衰,这都要归功于令人垂涎的菜单。品尝让人满意的木柴烤比萨、美味的意大利调味饭(如果提供甜玉米、南瓜、鸡肉和焦糖洋葱套餐,那就要一份),或者试试这家餐馆拿手的文火油封鸭——鸭子用木柴烤制,配以金黄烤土豆和水煮梨,填充枣椰酸辣酱。

皮瑞吉海滩和阳光海滩 (Peregian Beach & Sunshine Beach)

人口 3530和2290

从库伦向北直至阳光海滩和努萨国家公园布满岩石的东北海岬,是一片15公里长的宽敞而毫无遮挡的海滩。

皮瑞吉是一处僻静的海滩,在这里你可以散步、冲浪,而且鲸鱼游弋海边的情景并不少见。当地人会告诉你,这个地方很受"漂亮妈妈们"的欢迎,她们经常拖着婴儿车和瑜伽垫光顾本地那些轻松欢快的咖啡馆。

再往北一点,阳光海滩随意轻松,吸引了努萨本地人和躲避夏日人潮的冲浪爱好者。在这里,海滩步道变成丛林小径,穿梭于海岬之上;悠闲地穿过努萨国家公园到达亚历山德里亚湾(Alexandria Bay)要一个小时,到达努萨的拉古纳湾(Laguna Bay)要2小时。可以从McAnally Dr或Parkedge Rd前往公园。

✕ 餐饮

Le Bon Delice　　　　　　　咖啡馆 $

(☎07-5471 2200; www.lebondelice.com.au; Heron St和David Low Way交叉路口, Peregian Beach; 蛋糕 $3起, 餐 $9~14; ⊙周一和周三至周六 7:00~16:00, 周日 至15:00)从法国香草切片蛋糕(mille feuille)、果馅饼和松软慕斯蛋糕,到dacquoises(采用杏仁和榛子调合蛋白做成的甜点)和手指饼,这家法式蛋糕店的甜味食品出自其法国老板兼糕点师让·雅克(Jean Jacques)之手,它们不仅外观迷人,而且口味一流。如果渴望美味,那就吃点儿乳蛋饼。学校放假期间,周二照常营业。

Hand of Fatima　　　　　　咖啡馆 $$

(☎0434 364 328; www.facebook.com/handoffatimacafe; 2/4 Kingfisher Dr, Peregian Beach; 主菜 $17~18.50; ⊙5:30~14:30)这是一个待客友好的咖啡馆,光着脚的海滩游客在这里一边等待无可挑剔的黑糖玛奇朵,一边同员工闲聊。小型开放式厨房位于一角,烹制出中东风味菜肴,例如配烤水果和坚果的波斯大米布丁(早餐),或者配以小扁豆、焦糖洋葱和土耳其面包的炖猪肉(午餐)。这里只收现金。

★ Embassy XO　　　　　　中国菜 $$$

(☎07-5455 4460; www.embassyxo.com.au; 56 Duke St, Sunshine Beach; 主菜 $29~42; ⊙餐厅 周三至周日 18:00~21:00, 以及周五和周六 正午至14:00, 周日 正午至15:00, 酒吧菜单 周三至周日 15:00~18:00)Embassy XO精致时髦,不是那种平淡无奇的郊区中餐馆。它采用本地食材烹制非常出色的亚洲菜肴,例如酿地夏南瓜花搭配豆腐和四川辣椒焦糖,以及搭配飞鱼卵(tobiko)和椰子味噌汤的莫顿湾馄饨。其他选择包括精美绝伦的宴餐(素食/非素食 $55/80),周五至周日的下午茶,以及15:00~18:00令人胃口大开的酒吧小吃。

Pitchfork
新派澳大利亚菜 $$$

(☏07-5471 3697; www.pitchforkrestaurant.com.au; 5/4 Kingfisher Dr, Peregian Beach; 主菜 $32~45; ⓒ周二至周日 正午至14:00和17:00至深夜)这家餐馆明亮温馨,厨师一流,菜单简洁现代,酥脆软壳蟹可能搭配新鲜胡椒酱和绿苹果,或者香脆烧肉配以烟熏猪肉汁。抽出时间来这儿吃一顿:一边啜饮意大利苏瓦韦葡萄酒,一边欣赏广场上的活动。

Marble Bar Bistro
酒吧

(☏07-5455 3200; www.marblebarbistro.com; 40 Duke St, Sunshine Beach; ⓒ周日至周四 正午至21:00,周五和周六 至午夜; 🛜)来到这个带有遮阳篷的露天酒吧,落座于软垫沙发之上,或者坐在水泥吧台桌旁边。食品包括时优时劣的西班牙小吃($8~22.50)和比萨($17.50~18.50)。这里特别适合举杯畅饮,而非大快朵颐。

库鲁拉海岸 (Cooloola Coast)

库鲁拉海岸全长50公里,位于努萨和彩虹海滩之间,属于偏远地带,背靠大桑迪国家公园(库鲁拉段)。虽然这里尚未开发,但是越野车和铁皮船来来往往,所以这里也不总像你想象中那样安静。不过,如果你步行或者乘坐独木舟沿着其中的一条海湾或者水路往前走,你很快就能逃离纷扰的人群。这片海岸的提瓦彩色沙崖(Teewah coloured sand cliffs)闻名遐迩,约有40,000年历史。

大桑迪国家公园:库鲁拉段
(Great Sandy National Park: Cooloola Section)

大桑迪国家公园这部分占地54,000公顷,从库萨拉巴湖(Lake Cootharaba)向北直至彩虹海滩,沿途拥有宽广的海洋沙滩、高耸五彩的沙石悬崖、原始丛林、石南荒野、红树林和雨林,全部孕育丰富鸟类,包括稀有品种,例如红色苍鹰和草鸮。这里最为特别的体验之一就是驾车沿着海滩从努萨北海岸(Noosa North Shore)前往双岛角(Double Island Point),大约向北50公里。

只有搭乘有车辆通行证(可从www.npsr.qld.gov.au申请)的四驱车,才能踏上这条路线,它是Great Beach Drive的一部分。Great Beach Drive是一条蔚为壮观的沿海旅游路线,连接努萨和赫维湾。在双岛角,一条1.1公里的徒步小径通往壮丽海景和一座1884年的灯塔。6月至10月,这里又是观赏非同凡响的座头鲸的理想地点。

从海滩的双岛角区域,一条四驱车道穿过双岛角通往一座大型潮汐湖(非常适合儿童以及不太自信的游泳者)的边缘,然后沿着彩虹海滩(Rainbow Beach)通往彩虹海滩镇,沿途经过宏伟壮丽的五彩山崖,它们由充分氧化的古老沙石构成,包含70多种土质。根据当地原住民传说,Yiningie(一道彩虹所代表的神灵)与一个邪恶的部落成员搏斗之后,投身悬崖,这些沙石因此变成如今的颜色。黑沙是金红石,当地曾经开采金红石为美国航空领域制造钛。

Great Beach Drive 4WD Tours (☏07-5486 3131; www.greatbeachdrive4wdtours.com; 全天团队游 成人/儿童/家庭 $165/95/475)组织亲密温馨、注重环保的四驱车之旅,沿着壮丽的Great Beach Drive从努萨前往彩虹海滩。

Epic Ocean Adventures (☏0408 738 192; www.epicoceanadventures.com.au; 1/6 Rainbow Beach Rd, Rainbow Beach; 3小时 冲浪/皮划艇之旅 $65/75; ⓒ商店 8:00~17:00)组织探险游,起点为彩虹海滩和努萨,包括观赏海豚和海龟的皮划艇之旅。

参加**Rainbow Beach Horse Rides** (☏0412 174 337; www.rainbowbeachhorserides.com.au; Clarkson Dr, Rainbow Beach; 90分钟 滩之旅 $140)的项目,沿着海滩行进,其中包括持续2小时的Full Moon Ride ($200)。

最受欢迎(设施最佳)的露营地(☏13 74 68; www.npsr.qld.gov.au; 营地 每人/家庭 $6.15/24.60)当属Fig Tree Point(位于库萨拉巴湖北端)、Harry's Hut(位于上游大约4公里)和Freshwater(位于双岛角以南大约6公里)。如果驾车前往彩虹海滩,亦可在海滩的指定区域露营。

Rainbow Beach Ultimate Camping
(☏07-5486 8633; www.rainbow-beach-hire-a-camp.com.au; 2晚/3晚/5晚 露营 1~4人

澳大利亚的伍德斯托克音乐节

著名的**伍德福德民俗节**(Woodford Folk Festival; www.woodfordfolkfestival.com; ⊙12月/1月)推出2000多位风格不同的国内外艺人,他们表演民俗音乐、传统爱尔兰音乐、原住民音乐和世界音乐,其他元素还有街头艺人、肚皮舞者、工艺品市场、视觉艺术表演、环保讲座和藏传佛教僧侣。这个节庆的举办地在伍德福德镇附近,时间为每年的12月27日至次年1月。现场设有露营地,配备厕所、淋浴和各种美食大棚,但是如果下雨,则会泥浆四溅。这个庆典已获得酒类经营许可,所以无须带酒。票价为每天$137(含露营 $168),可以上网购买或者现场购买。上网查看最新节目安排。

伍德福德位于卡布丘西北35公里。穿梭巴士定期往返于卡布丘火车站和各个节日场地之间。

$580/690/820起)会提供设施并且妥善安排,从而排除露营的所有困难,从帐篷、床垫、担架床和餐用器皿,到餐桌、烧烤炉、专属厕所和淋浴,几乎提供一切。

需要公园信息,联系**昆士兰州公园和野生动物管理局大桑迪信息中心**(QPWS Great Sandy Information Centre; ☎07-5449 7792; 240 Moorindil St, Tewantin; ⊙8:00~16:00)。

库罗巴湖(Lake Cooroibah)

从Tewantin向北几公里,努萨河河面逐渐变得宽阔,形成了库罗巴湖。这片绿草如茵的湖区被草木茂盛的原始森林环绕,完全远离了努萨的喧嚣,仿佛是另一个世界,适合人们开展舒缓身心的一日游。

Noosa North Shore Ferries(☎07-5447 1321; www.noosanorthshoreferries.com.au; 单程 每个行人/小汽车 $1/7; ⊙周日至周四 5:30~22:20, 周五和周六 至次日00:20)只收现金,从Tewantin的Moorindil St末端穿过河面开往努萨北海岸。渡轮大约每隔10分钟来一次船。

Gagaju Bush Camp(☎07-5474 3522; gagaju.tripod.com; 118 Johns Rd, Cooroibah; 铺 $15; @)的荒野气息浓郁,令人耳目一新。它是一个河滨生态荒野露营地,带有简朴的宿舍,采用回收木材搭建。

Noosa North Shore Retreat(☎07-5447 1225; www.noosanorthshoreretreat.com.au; Beach Rd, Noosa North Shore; 无电/有电营地 $32/42起, 小屋/房间 $170/220起; ✳@✳)提供各类住所,从露营地和塑料"乡村帐篷"到闪亮的汽车旅馆客房和小屋,应有尽有,还有Great Sandy Bar & Restaurant(主菜 $19~28)。

库萨拉巴湖和波林角 (Lake Cootharaba & Boreen Point)

库萨拉巴是大桑迪国家公园(库鲁拉段)最大的湖泊,大约宽5公里,长10公里。地处萨拉巴湖西岸和国家公园南部边缘交会处。波林角是一处休闲小社区,昆士兰州历史最久,氛围最好的酒馆之一位于此处。库萨拉巴湖是通往努萨湿地(Noosa Everglades)的门户,努萨湿地的丛林徒步、独木舟运动和灌木丛露营吸引了游人。

从波林角出发,沿路行5公里就到了Elanda Point(有一半路程没有铺柏油)。

Kanu Kapers(☎07-5485 3328; www.kanukapersaustralia.com; 11 Toolara St, Boreen Point; 导览游 成人/儿童 $155/80起, 2天/3天 划艇和露营之旅 $395/595)组织非常精彩的半天和全天导览游,前往努萨湿地。同时组织2天和3天的皮划艇和露营探险游,前往库鲁拉国家公园。而且提供自助游。

库萨拉巴湖上,美妙绝伦、小巧玲珑的**Boreen Point Camping Ground**(☎07-5485 3244; www.noosaholidayparks.com.au; Esplanade, Boreen Point; 无电/有电营地 $25/31起)没有多少游客,可以为你提供一片清净独享的湖滨本土灌木林。

Apollonian Hotel(☎07-5485 3100; www.apollonianhotel.com.au; 19 Laguna St, Boreen Point; 主菜 $18~28; ⊙厨房 周日至周四 10:00~20:00, 周五和周六 至22:00, 酒吧 周日至周四 10:00~22:00, 周五和周六 至午夜; ✳)赏心悦目、历史悠久,周围环绕着棕榈树、蓝花楹树、大杜英树和古怪的丛林火鸡。附带绿荫

游廊,室内维护良好。其历史可追溯至19世纪末。因其周日叉烤午餐而闻名。

尤姆迪(Eumundi)

人口 3560

令人着迷的尤姆迪是一个有年代感的高地村落,带有一种奇特的新时代(New Age)气息。闻名遐迩的集市日期间,这种气息尤其显著。无花果树、檐板酒店和铁皮屋顶村舍沿着历史街区一字排开,沿途分布着咖啡馆、画廊、各式精品店。

尤姆迪市场(Eumundi Markets; ☎07-5442 7106; www.eumundimarkets.com.au; 80 Memorial Dr; ◎周三 8:00~13:30,周六 7:00~14:00)是澳大利亚最为知名、气氛最佳的工艺品市场之一,总共600多个摊位,每年到访游客超过160万。一头扎进这个绿荫蔽日、不拘一格的神奇地点,选购手工家具、珠宝、服装和饰品、艺术品、新鲜当地农场品、美食珍馐以及其他产品。

极其迷人的**Majestic Theatre**(☎07-5485 2330; www.themajestictheatre.com.au; 3 Factory St, Pomona; 票价 成人/儿童 $14/7; ◎放映 周二至周五 19:30)位于尤姆迪西北10公里的波莫纳(Pomona),它是澳大利亚运营时间最长的商业剧院。从无声电影时代起,每月有4~12场电影在此上映。

书迷应该留意一下**Berkelouw Books**(☎07-5442 8366; www.facebook.com/BerkelouwBooksEumundi; 87 Memorial Dr; ◎周一、周二、周四和周五 9:00~17:00,周三和周六 8:00~17:00,周日 9:00~16:00),那里满眼都是引人入胜的新书、旧书和珍藏本。

国际知名的冲浪板造型商**Tom Wegener**(www.tomwegenersurfboards.com; Cooroy)提供家庭寄宿,游客可以入住一两天学习冲浪板造型技巧(亦可让他为你制作一个冲浪板)。家庭寄宿每天收费$500(不含制作材料),包含在工作室学习8小时,以及餐饭和冲浪活动。

🛏 食宿

Harmony Hill Station
民宿 $$

(☎0418 750 643, 07-5442 8685; www.harmonyhillccom.com.au; 81 Seib Rd; 车厢 $145起, 度假屋 每晚 $550; 🅿) 这家民宿地处山巅,位于一个5公顷的院落之内,你会在这里入住一个经过修复、配备齐全的1912年火车车厢。车厢可容纳4人,是放松身心或追寻浪漫的完美地点。从Lover's Leap能够看到袋鼠吃草和落日美景。这里还有一个布置精美、设施齐全的度假屋,配备三个大型床铺,适合团队游客。设有最低起住时间。

Bohemian Bungalow
各国风味 $$

(☎07-5442 8679; www.bohemianbungalow.com.au; 69 Memorial Dr; 比萨 $19~25, 主菜 $20~38; ◎周三至周五 11:30~21:00, 周六 8:00~21:00, 周日 8:00~15:00)这栋白色建筑华丽迷人,能够与其食物媲美的只有它鬼斧神工的内饰——后现代波希米亚风格,各个角落摆放着孔雀、蜡烛和陶马。菜单同样令人精神一振,有配熟葡萄酒(vincotto)煨努萨番茄的本地鸡蛋、香蕉荞麦薄饼,还有熏鲑鱼炸鱼饼和美味的酸面包比萨。

Imperial Hotel
小酒馆食品 $$

(☎07-5442 8811; www.imperialhoteleumundi.com.au; 1 Etheridge St, Eumundi; 主菜 $18~34; ◎10:00至深夜)这是一个殖民时期风格的小酒馆,带有古怪的波希米亚元素,因其啤酒花园和现场音乐活动而备受青睐。美味菜单包含各种风味,从鱼玉米饼和土耳其风味的夏南瓜油煎饼到意大利面食、汉堡、海鲜牛排套餐和趣味沙拉,应有尽有。

★ Spirit House
泰国菜 $$$

(☎07-5446 8994; www.spirithouse.com.au; 20 Nindery Rd, Yandina; 分享餐 $14~49; ◎周三至周六每日 正午至15:00和18:00~21:00)这是昆士兰州的高端就餐场所之一(如果周末用餐,提前三周预订)。烹制泰国风味的美味佳肴,例如搭配咖喱粉和大蒜的炸软壳蟹,以及配以鱼酱、西瓜、生姜和薄荷的烧鸭腿,使人想起东南亚丛林。包含一家烹饪学校(4小时课程 $150)。位于尤姆迪以南11公里。

ℹ 实用信息

发现尤姆迪遗产和游客中心(Discover Eumundi Heritage & Visitor Centre; ☎07-5442 8762; www.discovereumundi.com; 73 Memorial Dr, Eumundi;

⊙周一至周五 10:00~15:00，周六 至14:00，周日至13:00）亦是本镇最朴素的**当地历史博物馆**（免费入场）的所在地。

阳光海岸腹地（Sunshine Coast Hinterland）

布莱科尔山脉（Blackall Range）从南波（Nambour）伸向内陆，成为50公里以外阳光海岸海滩的壮丽背景。轻松的半天或全天驾车之旅从海岸出发，沿着一条蜿蜒道路、顺着悬崖绝壁的背脊线前行，穿越古色古香的山村，沿途能够欣赏沿海低地的壮丽景色。

马莱尼（Maleny）

人口 3440

马莱尼位于布莱科尔山脉的绵延起伏的群山之上，集中了各种精英才俊，包括艺术家、音乐家等创意人士，上了年纪的嬉皮士，远离城市生活的人和合作社。这座欣欣向荣的商业城镇已经摆脱了其依靠木材和奶制品发展的历史，而且没有陷入附近山村那种不合情理、"因循守旧"的高消费发展模式。

令人惊叹的**玛丽凯恩克劳斯风景保护区**（Mary Cairncross Scenic Reserve；☎07-5429 6122；www.mary-cairncross.com.au；148 Mountain View Rd；捐赠；⊙7:00~18:00）允许游客探索那些覆盖布莱科尔山脉的亚热带雨林。这个保护区位于马莱尼中心东南，占地55公顷，拥有蜿蜒穿过雨林的徒步小径、一片孕育120余种鸟类的绿洲、无比可爱的小型沙袋鼠（雨林小袋鼠）以及优质红色雪松。

马莱尼植物园（Maleny Botanic Gardens；☎07-5408 4110；www.malenybotanicgardens.com.au；233 Maleny-Stanley River Rd；成人/儿童 $16/免费，含ら舍 $26/7；⊙9:00~16:30）是一片令人身心舒爽的绿洲，由树篱、草坪和池塘构成，仿佛一张天然织锦，里面包含稀有苏铁植物、兰花、玫瑰、杜鹃花和一年生的植物，还有一个大型鸟舍。

食宿

Morning Star Motel 汽车旅馆 $

（☎07-5494 2944；www.morningstarmotel.com；2 Panorama Pl，Maleny；房间 $110~150；❈⚡）这家舒适的汽车旅馆由一对和蔼可亲的夫妇经营，客房拥有出类拔萃的海景色。装修可能有点20世纪80年代的气息，但是卫生间整洁现代，客房温馨舒适、一尘不染。豪华套房甚至带有专属水疗设施。周末价格最高。

Sweets on Maple 甜点 $

（☎07-5494 2118；www.sweetsonmaple.com.au；39 Maple St，Maleny；自制软糖 100克 $5起；⊙周一至周五 9:30~16:30，周六和周日 至16:00）这里有很多老牌棒棒糖店，但Sweets on Maple从中脱颖而出。这家复古的糖果店用新鲜出炉的软糖吸引路人，那种味道叫人欲罢不能。在这里还能品尝到辣巧克力和酸橙味道的糖果。尽情吃吧，我们不会把你的秘密透露出去的。

🍷 饮品和夜生活

Brouhaha Brewery 精酿啤酒坊

（☎07-5435 2018；www.brouhahabrewery.com.au；6/39 Coral St，Maleny；⊙周三和周四 10:00~21:00，周五和周六 至23:30，周日 至19:00）马莱尼能成为精酿啤酒行业的一分子，正是得益于这家新潮的小酿造厂，它配备工业风设施和户外露天平台。它的啤酒包括IPA、烈性啤酒、赛松啤酒和酸啤酒，其中一些采用当地农产品制作。不知道选择哪种？那就点一份价格优惠的试饮组合（$14）。优质食物（11:00~20:00）包括配以蓝纹奶酪和菠菜的烘焙圆面包，以及澳大利亚香叶鱿鱼。

Big Barrel 精酿啤酒坊

（☎07-5429 6300；www.malenymountainwines.com.au；787 Landsborough-Maleny Rd，Maleny；⊙10:00~17:00）苏格兰人Ryan McLeod先在塔斯马尼亚岛酿造威士忌，然后收购了这个Maleny Mountain Wines酒窖，并且增加了一个小酿造厂。这家酒厂的葡萄酒包括一种柔顺的马莱尼玫瑰红葡萄酒（采用本地出产的香宝馨葡萄酿造）。酒厂采用当地雨水酿造一些特别的酒，从前麦芽苏格兰艾尔啤酒到一种杞果酒，品种多样。

弗雷泽岛和弗雷泽海岸

包括 ➡

赫维湾.....................393
彩虹海滩..................399
马里伯勒..................400
奇尔德斯..................402
伯尔姆海岸国家公园.....403
班达伯格..................404
弗雷泽岛..................407

最佳餐饮

- Coast（见397页）
- Paolo's Pizza Bar（见397页）
- Waterview Bistro（见400页）
- Pop In（见402页）
- Oodies Cafe（见406页）
- Alowishus Delicious（见406页）

最佳住宿

- Eliza Fraser Lodge（见411页）
- Debbie's Place（见400页）
- Torquay Beachfront Tourist Park（见396页）
- Colonial Lodge（见396页）
- Standy's B&B（见402页）
- Inglebrae（见406页）

为何去

从备受追捧的阳光海岸往北，就到了这一小片典型的昆士兰州地区，这里有列入《世界遗产名录》的弗雷泽岛，还有一些成熟的沿海居民点，例如赫维湾和彩虹海滩、农业中心班达伯格，以及无数靠近海洋的老式乡村、小镇。

弗雷泽岛是世界上最大的沙岛，岛上有古老的热带雨林和明亮的湖泊、变化无常的海浪和一处海滩沉船——很少有人不被吸引。穿过大桑迪海峡（Great Sandy Strait）海域，到达受退休人士和年轻游客青睐的赫维湾。7月至10月，迁徙途中的座头鲸会游入赫维湾。再往南是很小的彩虹海滩，那是一个背包客热门地，提供不错的冲浪点。

班达伯格是该地区最大的城市，是热情友好、阳光明媚的中心集镇，它俯瞰着酿造朗姆酒的成片甘蔗田，而这种朗姆酒保证能让你热情如火，思维混乱。

何时去

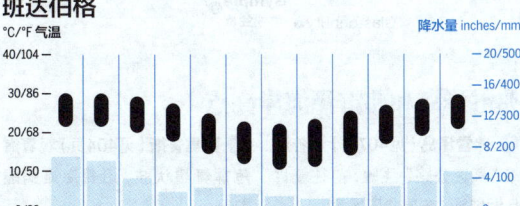

8月 在金皮音乐节上系紧靴子跳舞。

7月至11月 寻觅座头鲸——最佳观赏时间是8月至10月。

11月至次年3月 观察海龟在蒙里普斯的沙滩上产卵。

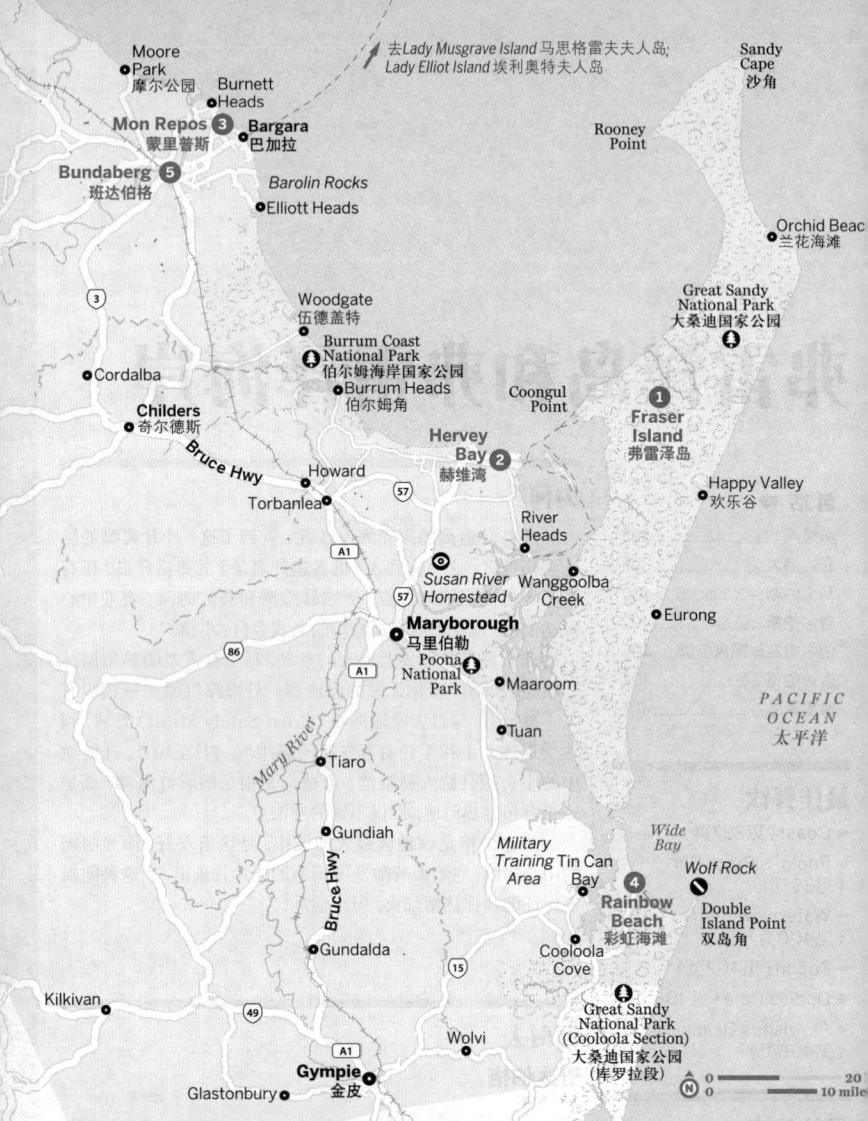

弗雷泽岛和弗雷泽海岸亮点

❶ **弗雷泽岛**（见407页）沿着海滩"高速公路"飞驰，前往麦肯基湖游泳，在星空下露营。

❷ **赫维湾**（见393页）观赏鲸鱼戏水。

❸ **蒙里普斯**（见404页）观看海龟挥舞鳍状肢，沿海滩蹒跚前行。

❹ **彩虹海滩**（见399页）登上卡洛沙丘（Carlo Sandblow）顶端，欣赏五彩沙崖，前往Wolf Rock潜水观鲨。

❺ **班达伯格朗姆酒厂**（见404页）来到班达伯格的这家酿酒厂，品尝"琼浆玉液"。

赫维湾（Hervey Bay）

人口 52,288

赫维湾是个毫不张扬的海滨社区，有一条漫长的海滨大道——Pialba、托基和Scarness各占一段——非常适合尽情地漫步。在这里，啤酒花园和咖啡馆的顾客可以在小镇周边温暖平静的水中嬉戏一番，然后抖一抖沾满沙粒的双脚再回来；年轻游客同退休老人和渔民擦肩而过——老人懒洋洋地穿过露营地，渔民养精蓄锐为了能将脱钩的鱼再次捕获。在这里你有机会看到霸气的座头鲸在水中嬉戏，去世界遗产地弗雷泽岛也很方便。因此，赫维湾虽然样貌普通，却当之无愧地成为引人入胜的旅游热点。

弗雷泽岛保护着赫维湾免受海浪的冲刷，这里的海水浅，表面平静，是孩子们的戏水天堂，也是夏日度假拍照的理想地点。

◎ 景点

珊瑚礁世界 水族馆

(Reef World；见394页地图；07-4128 9828；Pulgul St, Urangan；成人/儿童 $20/10，鲨鱼潜水 $55；9:30～16:00)这家小型水族馆从1979年运营至今，深受家庭游客青睐，11:00和14:30开展互动喂食活动。你还可以和柠檬鲨、鲸鲨及其他非捕食性鲨鱼同潜。

弗雷泽海岸发现博物馆 博物馆

(Fraser Coast Discovery Sphere；见408页地图；07-4191 2610；www.frasercoastdiscoverysphere.com.au；166 Old Maryborough Rd, Pialba；捐赠；10:00～16:00)赫维湾有一些面向家庭游客的旅游景点，这个博物馆是中坚力量。虽然展品有点儿过时，但是介绍了该地区的地理和海洋生物，信息丰富。

Wetside Water Park 公园

(见408页地图；1300 79 49 29；www.frasercoast.qld.gov.au/Wetside；The Esplanade, Scarness；周三至周日 10:00～18:00，学校放假期间每天开放)每逢酷暑，这个位于前滩的水上乐园热闹非凡。这里提供大量阴凉地、喷泉和一条带有涉水娱乐设施的木板路。营业时间不定，登录网站查看最新信息。

✈ 活动

观鲸

每年7月底至11月初是鲸类迁徙的时间，如果天气状况允许，观鲸之旅每天会在赫维湾外进行。8月至10月底，能保证游客看到鲸鱼（如果没看到鲸，游客能够免费游览之后的景点）。过了黄金季节，会有很多船组织看海豚的团队游。船的航线从尤兰根港（Urangan Harbour）出发到鸭嘴兽湾（Platypus Bay），然后会快速不停地来回开动，直至找到最活跃的鲸。大部分船只提供半日游，成人$120，儿童$60，大部分包含午饭和(或)早茶(或是下午茶)。可以通过你的酒店或信息中心预订。

Spirit of Hervey Bay 观鲸

(见394页地图；1800 642 544；www.spiritofherveybay.com；Urangan Harbour；成人/儿童 $120/60；8:30和13:30)最大的观鲸船，载客量最大。

Freedom Whale Watch 观鲸

(见394页地图；1300 879 960；www.freedomwhalewatch.com.au；Urangan Harbour)乘坐58米双体船(成人/儿童 $130/90)，站在三层甲板上观鲸。这个大型机构亦可安排备受好评的埃利奥特夫人岛垂钓和水肺潜水之旅。

Blue Dolphin Marine Tours 观鲸

(见394页地图；07-4124 9600；www.bluedolphintours.com.au；Urangan Harbour；成人/儿童 $150/120)这是颇有经验的旅游机构之一，搜寻鲸鱼以及赫维湾海域能够出现的任何动物。小型团队(最多24人)登上快速的"蓝海豚号"(Blue Dolphin)，氛围亲密，其他大型船只无法比拟。

Tasman Venture 观鲸

(见394页地图；1800 620 322；www.tasmanventure.com.au；Urangan Harbour；观鲸 成人/儿童 $115/60；8:30和13:30)赫维湾的最佳观鲸组织机构之一，船只带有水下麦克风和观景窗。如果当季，会承诺游客看到鲸鱼；如果鲸鱼没有出现，随后旅程免费。算上附带的弗雷泽岛一日游(成人/儿童 $279/175)，你一共可以在赫维湾潇洒地度过48小时。住所奢华。

Hervey Bay 赫维湾

◉ 景点
1 珊瑚礁世界 H2

➕ 活动、课程和团队游
2 Aquavue C1
　Blue Dolphin Marine Tours.......... （见3）
3 Freedom Whale Watch H2
4 Hervey Bay Ecomarine Tours H3
　Spirit of Hervey Bay .... （见3）
　Tasman Venture .... （见3）

🛏 住宿
5 Arlia Sands Apartments......................... E1
6 Colonial Lodge E1
7 Colonial Village YHA G3
8 Flashpackers... B2
9 Grange Resort.. F1
10 Mango Tourist Hostel A1
11 Pier One G1
12 Scarness Beachfront Tourist Park A1
13 Shelly Bay Resort D1
14 Torquay Beachfront Tourist Park.......... C1

🍽 就餐
15 Bayaroma Cafe C1
16 Black Dog Café B1
　Coast .... （见13）
17 Eat at Dan & Steph's D1
18 Enzo's on the Beach A1
19 Paolo's Pizza Bar D1
20 Simply Wok C1

🍸 饮品和夜生活
21 Beach House Hotel................................ A1
22 Hoolihan's B1
23 Viper C1

钓鱼

MV Princess II　　　　　　　　　　钓鱼

（☎07-4124 0400；成人/儿童 $160/100）与一个经验丰富并在这片水域钓鱼超过20年的船员一起钓鱼。

MV Fighting Whiting　　　　　　　钓鱼

（☎07-4124 3377；www.fightingwhiting.com.au；成人/家庭 $70/35/175）你可以在这片平静的水域钓鱼。价格包含三明治、鱼饵和所有渔具。

其他活动

Hervey Bay Ecomarine Tours 游轮

（见394页地图；☎07-4124 0066；www.herveybayecomarinetours.com.au；Urangan Marina；5小时团队游 成人/儿童 \$85/45）搭乘赫维湾唯一的12米玻璃底船乘船游览。旅程包括浮潜、观赏珊瑚和一次岛上烧烤。能与家人或者朋友这样过一天，很是美好。新老板同时组织平静的90分钟巡航，每天7:00和17:00出发。

Air Fraser Island 观光飞行

（☎1300 172 706；www.airfraserisland.com.au）对于那些想要降落岛上、徒步探索一番的游客而言，这家机构的"Day Away"（\$150）真是物美价廉。到达之后，再加\$100获得一辆四驱车。价格包含从赫维湾或阳光海岸的返程飞行。

Aquavue 水上运动

（见394页地图；☎07-4125 5528；www.aquavue.com.au；415a The Esplanade, Torquay）这家历史悠久的水上运动机构位于托基前滩的一个绝佳地点。他们出租长而窄的冲浪板和皮划艇（每小时 \$20）、双体船（每小时 \$50）和喷气式滑艇（每15分钟 \$50）。如果喜欢冒险但是没有时间尽情游览弗雷泽，可以参加乐趣十足的90分钟之旅，前往美轮美奂的Moon Point，费用包含午餐（\$260）。

Susan River Homestead 骑马

（见408页地图；☎07-4121 6846；www.susanriver.com；Maryborough–Hervey Bay Rd）骑马套餐（成人/儿童 \$250/160）包括住宿、三餐和使用现场游泳池、网球场的费用。一日游的游客可以骑马慢跑2小时（成人/儿童 \$85/75）。

Skydive Hervey Bay 高空跳伞

（☎0458 064 703；www.skydiveherveybay.com.au）从4270米高空跳下，经历45秒刺激的自由落体，这已经达到澳大利亚法律规定的最大高度。双人跳伞\$325起，也可以选择花\$189从1830米跳下，体验骤降的感觉。

团队游

Fraser Experience 团队游

（☎07-4124 4244；www.fraserexperience.com；成人/儿童 \$180/130起）小规模团队游，游览弗雷泽岛；线路灵活，不过每天只组织一次。也组织比较引人注目的悍马之旅。

Fraser Explorer Tours 团队游

(📞07-4194 9222; www.fraserexplorertours.com.au; 1天/2天 团队游 $179/330) 司机经验非常丰富；有许多前往弗雷泽岛的行程。

✤ 节日和活动

赫维湾海洋节 文化节

(Hervey Bay Ocean Festival; www.herveybayoceanfestival.com.au; ⏰8月) 在新近兴起的海洋节上，人们祝福船只，并且对着鲸鱼低吟浅唱。

🛌 住宿

★ Colonial Lodge 公寓 $

(见394页地图; 📞07-4125 1073; www.herveybaycoloniallodge.com.au; 94 Cypress St, Torquay; 1卧/2卧公寓 $95/140; ❄🛜) 这个大庄园式住所位于托基的中心，只有9套公寓，因此住客可以在泳池边尽享清净。员工热情友好，公寓大于一般面积，前面带有一个迷人的休憩区。距离马路对面的浅滩只有很短步程。

Emeraldene Inn 旅馆 $

(📞07-4124 5500; www.emeraldene.com.au; 166 Urraween Rd, Urraween; 双 $110起) 这家旅馆已经存在很久了，有10间客房。它值得更多关注，因为价格非常合理、丛林环境迷人，而且距离海滨只有几个街区。

Colonial Village YHA 青年旅舍 $

(见394页地图; 📞07-4125 1844; www.yha.com.au; 820 Boat Harbour Dr, Urangan; 铺/双/小屋 $22.50/52/81起; ❄@🛜) 这家很不错的青年旅舍坐落于面积达8公顷的宁静丛林中，接近码头，距海边仅50米。这是一个可爱的地方，

有负鼠和鹦鹉，很有气氛。设施包括游泳池、网球场和篮球场以及适合社交的酒吧餐馆。所有宿舍客房带有专属餐桌和办公桌，以及独立单人床。

Torquay Beachfront Tourist Park 房车营地 $

(见394页地图; 📞07-4125 1578; www.beachfronttouristparks.com.au; The Esplanade, Torquay; 不带电/带电营地 $26/31起; 🛜) 面朝赫维湾精致、绵长的沙滩，这3个绿树成荫的海滨公园没有辜负它们的名字，都拥有美妙的海洋景观。托基度假营地处于正中心，其他分支在Pialba(见408页地图; 📞07-4128 1399; The Esplanade, Pialba; 无电/有电营地 $33.50/41起; 🛜)和Scarness(见394页地图; 📞07-4128 1274; The Esplanade, Scarne; 无电/有电营地 $34/41起; 🛜)。最近价格有所攀升，但是不要因此却步，它们堪称东海岸一流露营地。

Flashpackers 青年旅舍 $

(见394页地图; 📞07-4124 1366; www.flashpackersherveybay.com; 195 Torquay Tce, Torquay; 铺 $26~32, 双 $80; ❄🛜) 在住客没有躺在泳池旁休憩或者前往步入式冰箱拿取小吃的时候，热情好客的员工就会引导他们参加活动、竞赛和看电影。根据青年旅舍标准，宿舍客房足够体面，套间客房非常豪华。距离海滩较远，但这也是它的优势，因为街道上拥有大量停车位，对于深夜蹒跚返回住处的狂欢者而言，自由度更大。

Mango Tourist Hostel 青年旅舍 $

(见394页地图; 📞07-4124 2832; www.mangohostel.com; 110 Torquay Rd, Scarness; 铺/双 $28/60; P❄🛜) 这是一家小型青年旅舍，由见多识广

观鲸时光

每年7月至11月初，在继续艰苦的南极迁徙之旅前，成千上万头座头鲸会花费好几天时间游到赫维湾的隐蔽水域。它们在澳大利亚东北部的温暖水域交配并繁育后代，之后成群结队地来到赫维湾，大约12头一组（称为"Pulse"），然后再分成较小的组——两三头一组（称为"Pod"）。幼鲸利用这段时间形成厚厚的、在冰冷的南方水域生存必需的脂肪层，每一头鲸每天消耗大约600升牛奶的热量。

这些壮观的生物很令人敬畏。你会看到这些华丽的海底杂技演员挥舞胸鳍，抖动尾巴。许多鲸还会在观鲸船旁边徘徊，将一只眼睛露出水面，让船上的乘客搞不清楚到底是谁在看谁。

的当地人菲尔(Phil)及其可爱的妻子经营。菲尔的表达清晰直接,他的妻子善于打理。这个老式昆士兰住所气氛温馨、特色鲜明(爬着壁虎),位于一条安静街道之上,远离海滩,提供一个有4间卧室的宿舍和两个温馨的双人间。

Shelly Bay Resort　　　　　公寓 $$

(见394页地图; ☎07-4125 4533; www.shellybayresort.com.au; 466 The Esplanade, Torquay; 1卧/2卧套间 $139/170; ✳@☒)这里的公寓明亮通风、面对海滩,属于镇上性价比最高的住所。尤其是2卧客房,它们处于黄金位置,俯瞰泳池。服务一流,无论客户来此工作还是娱乐,都不会失望;许多方面令人赞赏。

Pier One　　　　　度假村 $$

(见394页地图; ☎07-4125 4965; www.herveybaywaterfrontapts.com.au; 569 The Esplanade, Urangan; 1卧/2卧公寓 $189/259)这个度假村是Esplanade上最新落成的一个大型项目,位于Pier Apartments之侧,适合那些要求住处后有海景、前带泳池的游客。这些公寓大于一般面积,带有两个卫生间,配备宜家家具,而且价格合理。

Arlia Sands Apartments　　　　　公寓 $$

(见394页地图; ☎07-4125 4360; www.arliasands.com.au; 13 Ann St, Torquay; 1卧/2卧公寓 $135/145起; ✳☒)这些套间设施齐全、性价比很高,但不是非常新潮。最近经过改善,焕然一新。位于闹市附近,距离海滩和商店不远,并且特别安静。

Grange Resort　　　　　度假村 $$$

(见394页地图; ☎07-4125 2195; www.thegrange-herveybay.com.au; 33 Elizabeth St, Urangan; 1卧/2卧别墅 $235/305起; ✳🛜☒)这个度假村的错层式公寓摆满小奢侈品,让人联想起一个时尚的沙漠度假村。它在新管理团队带领之下,欣欣向荣。度假村距离海滩和小镇不远。欢迎携带宠物(附近罕见),池畔酒吧例外。热爱水上运动的人可以落座池畔酒吧,啜饮啤酒直至夕阳西下。

✖ 就餐

Bayaroma Cafe　　　　　咖啡馆 $

(见394页地图; ☎07-4125 1515; 428 The Esplanade, Torquay; 早餐 $10~22, 主菜 $9.50~20; ⏱6:30~15:30; ♿)这家咖啡馆以全天供应的早餐和看来往人群的有利位置而闻名,这里有非常丰富的菜品,能够给不同的人提供需要的食物(甚至是素食者)。顾客还能额外收获细心且轻松愉快的服务。

Enzo's on the Beach　　　　　咖啡馆 $

(见394页地图; www.enzosonthebeach.com.au; 351a The Esplanade, Scarness; 主菜 $8~20; ⏱6:30~17:00)这家老旧却别致的海边咖啡馆供应三明治、卷饼、沙拉和咖啡,你可以在划着租来的皮艇出发前,或是在风筝冲浪课的课前来这里填饱肚子。

Simply Wok　　　　　亚洲菜 $

(见394页地图; ☎07-4125 2077; 417 The Esplanade, Torquay; 主菜 $14~23; ⏱7:00~22:00)面条、炒菜、海鲜和咖喱能够满足人们对于亚洲菜肴的所有渴望,还有晚间自助热餐(17:00~21:00),售价$16.90。早餐非常出色。

★ Paolo's Pizza Bar　　　　　意大利菜 $$

(见394页地图; ☎07-4125 3100; www.paolospizzabar.com.au; 2/446 The Esplanade, Torquay; 主菜 $14~27; ⏱17:00~21:00)当地人成群结队地来到这家餐馆,品尝那不勒斯风味,例如比萨或精美意大利面食(售价$22的意大利海鲜面真是不同凡响),同时享受周到的服务。这是本地区的最佳意大利餐馆,但是无法预订,所以尽早前来避免拥挤。

★ Coast　　　　　创意菜 $$

(见394页地图; ☎07-4125 5454; 469 The Esplanade, Torquay; 主菜 $21~60; ⏱周二和周三17:00至深夜,周四至周日11:30至深夜)这家出类拔萃的澳大利亚餐馆,由一位当地餐饮人士和一位响当当的英国厨师联手打造,地点就在赫维湾。餐饭几乎都是共餐风格,涵盖亚洲—中东菜系。不太饿?那就分享大杯鸡尾酒($30起),要点儿类似餐前小吃的酒吧食品,细嚼慢咽。

Black Dog Café　　　　　新派澳大利亚菜 $$

(见394页地图; ☎07-4124 3177; 381 The Esplanade, Torquay; 主菜 $12~35; ⏱午餐和晚餐)这家餐馆主打各种各样的当代澳大利亚

美食,为整个赫维湾服务。氛围轻松的店面位于海滨大道的托基一侧,提供汉堡、海鲜等食品。店内有条不紊,价格公道。

Eat at Dan & Steph's 咖啡馆 $$

(见394页地图;449 The Esplanade, Torquay;主菜 $16~24;⊙周三至周一 6:00~16:00)原先的电视烹饪大赛赢家Dan和Steph声名鹊起之后,开了这家受人欢迎、气氛闲适的餐馆。大多数菜品通过巧妙改良家常菜而来。烟熏牛肉沙拉($18)以及南瓜和石榴黑米饭($18)都出人意料。早餐同样诱人。

🍷 饮品和夜生活

Beach House Hotel 小酒馆

(见394页地图;344 The Esplanade, Scarness)这家酒馆能重获新生,基于以下有利条件:获得一大笔资金、位于Scarness Beach一处绝佳观景点、致力于满足顾客所需。这里有随处可见的啤酒龙头、赌场、一个大型庭院、出色食物,每周多数夜晚还上演现场音乐。

Hoolihan's 小酒馆

(见394页地图;382 The Esplanade, Scarness;⊙11:00至次日2:00)这家爱尔兰酒馆极其受欢迎,尤其受到背包客的喜爱。虽然店铺朴实无华,但是街边座位非常适合坐下来打发时间,或者被人看,都无所谓。

Viper 夜店

(见394页地图;410 The Esplanade, Torquay;⊙周三、周五和周六 22:00至次日3:00)如果刚刚入夜,提及这家的夜店名字,大家都会翻白眼。但到了午夜,跳舞的人却不愿离开,夏季尤其如此。这里的音乐水平不太稳定。

ℹ️ 实用信息

赫维湾游客信息中心(Hervey Bay Visitor Information Centre; ☏1800 811 728; www.visitfrasercoast.com; Urraween Rd和Maryborough Rd交叉路口)提供很多小册子和详细信息,对游客很有帮助。在城镇的边缘地带。

Marina Kiosk(☏07-4128 9800; Buccaneer Ave, Urangan Boat Harbour, Urangan;⊙6:00~18:00)

ℹ️ 到达和离开

飞机

赫维湾机场(Hervey Bay Airport)在Don Adams Dr,紧邻Booral Rd。**澳洲航空**(☏13 13 13; www.qantas.com.au)和**维珍航空**(☏13 67 89; www.virginaustralia.com.au)每天都有往返澳大利亚周边的航班。

船

去弗雷泽岛的船从河流源头出发,上船点在城镇以南约10公里的地方。也有船从尤兰根码头(Urangan Marina)出发。大多数旅行始发自尤兰根港(Urangan Harbour)。

长途汽车

长途汽车从**赫维湾汽车总站**(Hervey Bay Coach Terminal; ☏07-4124 4000; Central Ave, Pialba)发车。**澳大利亚灰狗巴士**(☏1300 473 946; www.greyhound.com.au)和**Premier Motor Service**(☏13 34 10; www.premierms.com.au)有每天往返布里斯班($72, 6.5小时)、马卢奇多($91, 6小时)、班达伯格($29, 2小时)和罗克汉普顿($92, 6小时)的长途汽车。

Tory's Tours(☏07-4128 6500; www.torystours.com.au)每天都有两班去布里斯班机场的班车(成人/儿童 $80/68)。**Wide Bay Transit**(☏07-4121 3719; www.widebaytransit.com.au)每个工作日的每小时都有从尤兰根码头(停靠在海滨大道)到马里伯勒的长途汽车($8, 1小时),周末的班次要少一些。

ℹ️ 当地交通

赫维湾是租用四驱车游览弗雷泽岛的最佳地点。

Aussie Trax(☏07-4124 4433; www.fraserisland4wd.com.au; 56 Boat Harbour Dr, Pialba)

Fraser Magic 4WD Hire(☏07-4125 6612; www.fraser4wdhire.com.au; 5 Kruger Ct, Urangan)

Hervey Bay Rent A Car(☏07-4194 6626; www.herveybayrentacar.com.au; 5 Cunningham St, Torquay)

Safari 4WD Hire(☏07-4124 4244; www.safari4wdhire.com.au; 102 Boat Harbour Dr, Pialba)

彩虹海滩（Rainbow Beach）

人口 1142

彩虹海滩是座田园牧歌般的海滩小镇，位于因斯基普半岛（Inskip Peninsula）尽头，拥有五彩缤纷的沙崖，从这里搭乘驳船前往弗雷泽岛非常方便。这个地方名不见经传，如果没有四驱车爱好者光顾，这里必定游人稀少。可以通过大桑迪国家公园库鲁拉段进入这里，沿途风光激动人心。这是一个绝佳地点，可以参与各种户外活动、感受背包客派对氛围，或者同家人和朋友一起发呆。

🏄 活动

Rainbow Paragliding   滑翔伞

（☎07-5486 3048, 0418 754 157; www.paraglidingrainbow.com; 滑翔 $200）如果要选一个地方体验一跃而下的感觉，那么彩虹海滩的五彩沙崖是最佳选择。20年来，Jean Luc一直在此陪同紧张激动的客人体验滑翔伞。相比高空跳伞，滑翔伞更加刺激而且令人陶醉。

Wolf Rock Dive Centre   潜水

（☎07-5486 8004, 0438 740 811; www.wolfrockdive.com.au; 20 Karoonda Rd; 双潜水之旅 $240起）Wolf Rock是双岛角附近的火山岩石林，被认为是昆士兰州最适合水肺潜水的地点之一。一年当中都可以在这里看到濒危的灰鲨。

Epic Ocean Adventures   冲浪

（☎0408 738 192; www.epicoceanadventures.com.au; 3小时冲浪课程 $65, 3小时皮划艇之旅 $75）对于初学者而言，彩虹海滩可能提供一些富有挑战性的浪点，但是这里的教练出类拔萃。他们同时组织观赏海豚的海上皮划艇之旅。

Fraser's on Rainbow   探险运动

（☎07-5486 8885; www.frasersonrainbow.com）彩虹海滩可以替代赫维湾作为通往弗雷泽岛的门户。这些持续3天、行程紧凑的旅程收费$479，而且充满乐趣。

Surf & Sand Safaris   探险运动

（☎07-5486 3131; www.surfandsandsafaris.com.au; 半天团队游 成人/儿童 $75/40）半天的四驱车旅行，穿过大桑迪国家公园，沿着海滩带游客去看双岛角五彩缤纷的沙崖和灯塔。可以通过其合作公司安排全天游。

Skydive Ramblers   高空跳伞

（☎0418 218 358; www.skydiveforfun.com.au; 10,000/14,000英尺跳伞 $350/399）轻松安全着陆于海滩之上；惊险刺激翱翔在天空之中。

Pippies Beach House   驾车

（☎07-5486 8503; www.pippiesbeachhouse.com.au）从彩虹海滩出发；组织良好的小车队前往弗雷泽岛（$417），严格遵守安全条例。住宿地最多容纳34位住客，宿舍客房洋溢派对氛围，值得强烈推荐。

🛏 住宿

Rainbow Beach Hire-a-Camp   露营地 $

（☎0419 464 254, 07-5486 8633; 全包露营 4人 $145）探索这片海岸地带的最佳方式之一就是在海滩露营。如果没有露营设备，Rainbow Beach Hire-a-Camp可以向你出租设备、帮你搭建帐篷、提供食物和烹饪用具还有露营地、办理露营许可，以及在露营结束之后为你拆除帐篷。非常简单！

Dingo's Backpacker's Resort   青年旅舍 $

（☎1800 111 126; www.dingosresort.com; 20 Spectrum St; 铺 $30; ※@⑤❄）派对氛围浓厚的青年旅舍，附带顾客盈门的公共酒吧，不太适合需要好好休息的人。大多数夜晚，音乐（现场音乐或其他）和卡拉OK声震耳欲聋。还有一个气氛休闲的观景亭，适合暂时放松一下。提供免费煎饼早餐、低价晚间餐饭。宿舍干净体面。可以组织出色团队游。

Rainbow Beach Holiday Village   房车公园 $

（☎07-5486 3222; www.rainbowbeachholidayvillage.com; 13 Rainbow Beach Rd; 带电/不带电营地 $43/36起, 别墅 $120起; ※❄）受人青睐的海滨房车公园，提供各式别墅。如果你在乎氛围又怕麻烦，那就选择此处。

Pippies Beach House   青年旅舍 $

（☎07-5486 8503; www.pippiesbeachhouse.

com.au; 22 Spectrum St; 铺/双 $24/65; ❄@🌐🏊) 这个包含五间卧室的海滩住所经过改造,成为一个轻松随意的青年旅舍(派对区位于彩虹海滩其他地方),能让你在户外活动之后缓一缓。提供免费早餐、Wi-Fi和冲浪板;组织很多团体活动。这家住所已经扩建,但是如果可以,尽量入住主楼。

★ Debbie's Place   民宿 $$

(☎07-5486 3506; www.rainbowbeachaccommodation.com.au; 30 Kurana St; 双/套 $150/180起,3卧公寓 $340起; ❄🌐🏊)精心维护的昆士兰风格住宅,内部遍布绿植,已经成为彩虹海滩度假住所的标杆。客房很棒,设施齐全,带有专属入口和长廊。这家民宿生机勃勃,信息丰富,堪称一个温馨的家外之家。如果前往弗雷泽岛游览,可将小汽车留在此处。

Plantation Resort   度假村 $$$

(☎07-5486 9600; www.plantationresortatrainbow.com.au; 1 Rainbow Beach Rd; 双 $250起)彩虹海滩的这家高端住所富丽堂皇,对得起它的价格。尽量提高预算,入住顶层海景公寓($380起),以便获得最佳体验。这个度假村经常接待会议人员以及外地来客。这里还有一个时髦的酒吧兼餐馆,名叫 **Arcobaleno on the Beach**(比萨 $15~25; ◉9:00~22:00),时尚的年轻人汇聚于此,享受快乐时光(优惠时段)、现场音乐和不拘一格的海鲜美味。

✘ 就餐

Rainbow Fruit   咖啡馆 $

(☎07-5486 3126; 2 Rainbow Beach Rd; 卷饼 $9起; ◉8:00~17:00)这家不起眼的咖啡馆位于闹市。新鲜果蔬被切成薄片、剁成碎丁、做成酱料,用以制作各种果汁、卷饼和沙拉。

★ Waterview Bistro   新派澳大利亚菜 $$

(☎07-5486 8344; Cooloola Dr; 主菜 $26~35; ◉周三至周六 11:30~23:30,周日至18:00)日落时,一定要在这家时髦的餐馆点上一杯饮料,从山顶上俯瞰弗雷泽岛令人震撼的景观。尽情享受海鲜杂烩汤、牛排和海鲜,或自己在灼热的石板上做饭,乐趣无穷。

Rainbow Beach Surf Lifesaving Club   小酒馆食品 $$

(☎07-5486 3249; Wide Bay Esplanade; 主菜 $15起; ◉11:00~22:00)提供相当规范的酒馆食品,上菜很快,包括大块肉食、意大利面食和炸薯条。但是,景色和配餐啤酒才是选择此类餐馆的主要原因。

❶ 实用信息

彩虹海滩游客中心(Rainbow Beach Visitor Centre; ☎07-5486 3227; www.rainbowbeachinfo.com.au; 8 Rainbow Beach Rd; ◉7:00~17:30)除了公布的时间,偶尔还会在别的时间开放。

Shell Tourist Centre(36 Rainbow Beach Rd; ◉6:00~18:00)位于壳牌加油站;这里可以安排团队游,还可以提供去弗雷泽岛的船票。

❶ 到达和离开

灰狗巴士(☎1300 473 946; www.greyhound.com.au)每天都有从布里斯班($51,5小时)、努萨($34,3小时)和赫维湾($28,2小时)出发的车。**Premier Motor Service**(☎13 34 10; www.premierms.com.au)提供较便宜的服务。**Active Tours and Transfers**(☎07 5313 6631; www.activetransfers.com.au)运营一班穿梭巴士,从布里斯班机场($135,3小时)和阳光海岸机场($95,2小时)开往彩虹海滩。

大多数四驱车出租公司也能办理前往弗雷泽岛的许可证以及收取驳船费用(每辆车往返花费$100),也出租露营装备。尝试 **All Trax**(☎07-5486 8767; www.fraserisland4x4.com.au; Rainbow Beach Rd, Shell service station; 每天 $165起)或者 **Rainbow Beach Adventure Centre**(☎07-5486 3288; www.adventurecentre.com.au; 13 Spectrum St; 每天 $180起)。

马里伯勒(Maryborough)

人口 23,113

马里伯勒建于1847年,是昆士兰州最古老的城镇之一,这里的港口见证了19世纪成千上万的自由移民迈着摇晃的脚步,率先踏上这片土地,期待在新的国度寻找更好的生活。遗产和历史是马里伯勒的特色,昔日的光辉映在精心修复的殖民时代建筑物和亲切的昆士兰人家园中。

这个迷人的古老小镇也是帕梅拉·林登·特拉弗斯（Pamela Lyndon Travers）的出生地，此人是挥舞雨伞的玛丽·波平斯（Mary Poppins）的创造者。获奖影片《大梦想家》（Saving Mr Banks）讲述了20世纪早期发生在马里伯勒的特拉弗斯的故事。在Richmond St和Wharf St的交会处，有个真人大小的玛丽·波平斯的雕像。玛丽·波平斯的仰慕者应当计划行程，参加6月或7月举行的玛丽·波平斯节。

◎ 景点

Brennan & Geraghty's Store   博物馆

（见408页地图；07-4121 2250；64 Lennox St；成人/家庭 $5.50/13.50；10:00~15:00）这个店铺属于国民信托（National Trust），曾经经营100年，又经历了闭馆。现在馆内摆满铁罐、瓶子和包装盒，包括早期的维吉麦咸味酱罐和源自19世纪90年代的咖喱粉。对于澳大利亚和英国的老人，以及任何迷恋旧时代的人而言，这都是一个怀旧佳地。

码头区   古迹

（Portside；101 Wharf St；周一至周五10:00~16:00，周六和周日 至13:00）码头区位于玛丽河（Mary River）边的历史区，拥有13个列入《遗产名录》的建筑、园林和博物馆。**码头区中心**（Portside Centre；见408页地图；07-4190 5730；Wharf St和Richmond St交叉路口；10:00~16:00）位于原先的海关大楼之内，拥有关于马里伯勒历史的互动展览。邦德百货店博物馆（Bond Store Museum）属于码头区中心，同样着重介绍马里伯勒历史的核心时期。楼下是最初的夯土地板，甚至还有1864年的酒桶。

马里伯勒遗产城市市场   市场

（Maryborough Heritage City Markets；Adelaide St和Ellena St交叉路口；周四 8:00~13:30）13:00发射历史悠久的时间大炮（Time Cannon）、街头公告员和搭乘"玛丽·安号"（Mary Ann）蒸汽机车（成人/儿童 $3/2）穿越女王公园（Queen's Park）的机会——这一切使得市场乐趣变得更加生动活泼。

遗产中心   知名建筑

（Heritage Centre；见408页地图；07-4123 1842；Wharf St和Richmond St交叉路口；9:00~16:00）如果探寻族系历史对你而言至关重要，那就前往遗产中心，你能在此通过航海日志了解殖民时期的移民情况，还能看到当年英国流放到澳大利亚服刑的罪犯记录。

马里伯勒军事和殖民博物馆   博物馆

（Maryborough Military & Colonial Museum；见408页地图；07-4123 5900；www.maryboroughmuseum.org；106 Wharf St；成人/双人/家庭 $5/8/10；9:00~15:00）注意一下唯一留存至今的三轮Girling小汽车，1911年出产于伦敦。还有一辆仿制的Cobb & Co马车以及澳大利亚规模最大的军事图书馆之一。

☞ 团队游

免费的**徒步导览游**（周一至周六 9:00）从市政厅出发，前往本镇许多地点。

Tea with Mary   团队游

（1800 214 789；每人 $20；周四和周五 9:30）一位佩戴玛丽·波平斯饰品的导游带领大家游览历史街区，详细介绍本镇历史。通过游客中心（见402页）预约。

Ghostly Tours & Tales   步行

（1800 811 728；团队游 含晚餐 $75；每月最后一个周六 18:00）打着手电，带你紧张地探索这个城市的恐怖谋杀现场、鸦片窟、鬼屋和墓地。旅程从Bazaar St的马里伯勒邮局（Maryborough Post Office）开始。

✿ 节日和活动

玛丽·波平斯节   文化节

（Mary Poppins Festival；www.marypoppinsfestival.com.au；6月至7月）一个美妙绝伦的节日，纪念帕梅拉·林登·特拉弗斯和著名的波平斯小姐，每年6月或7月举行，适逢学校假期。

⛺ 食宿

Ned Kelly's Motel   汽车旅馆 $

（07-4121 0999；www.nedkellymotel.com.au；150 Gympie Rd；标单/双 $45/75，小屋 $89

起；❋☒)旅馆以维多利亚时代著名的绿林好汉奈德·凯利（Ned Kelly）命名，路边立着他的塑像。其实，他根本没有涉足这么靠北的地方，所以不要紧张，这只是一个经济型汽车旅馆而已。客房简朴，但是带有一个游泳池和洗衣房。房价相当便宜。

★ Standy's B&B　　　　　　民宿 $$

(50 Ferry Rd; 1卧/2卧单间 $150/180) 这个家庭寄宿住所质朴、崭新，根据两匹退役的标准竞赛用马的名字命名，它们如今生活在郁郁葱葱的河滨地带。民宿位于郊外，可以来体验高品质的乡村生活。房屋本身洁白迷人，坐落于玛丽河河岸，位于6公顷肥沃的土地之上。两个空间宽敞、乡村式样的单间可供顾客选择，墙壁雪白，地板光洁。食物、服务和环境都出类拔萃。

Eco Queenslander　　　　　精品酒店 $$

(☎0438 195 443; www.ecoqueenslander.com; 15 Treasure St; 双人 $140) 迷人的塞西尔（Cecile）是一位法国冒险家，对马里伯勒情有独钟，她满心欢喜地修复了这栋房屋，成为房主。这间老式昆士兰房屋有舒适的休息室、全套烹饪设备、洗衣服务和铸铁浴缸。可持续使用的设备包括太阳能、雨水罐、节能照明和自行车。最低两晚起住。

★ Pop In　　　　　　　　　咖啡馆 $

(203 Bazaar St; 三明治 $8.50; ⏰周一至周五 7:00~15:00, 周六 至13:00) 一家顾客盈门的当地咖啡馆，供应新鲜沙拉，并以精美三明治和蛋糕闻名。服务高效友善，路过马里伯勒可以来吃顿便饭。

Toast　　　　　　　　　　咖啡馆 $

(见408页地图; ☎07-4121 7222; 199 Bazaar St; 菜250 $6~12; ⏰周一至周六 6:00~16:00, 周日 6:00~14:30) 不锈钢用具、光洁水泥地面、纸杯咖啡，这些元素都为这家时髦的咖啡馆打上独特而别致的烙印。我们发现，这里提供附近最好的咖啡。

❶ 实用信息

马里伯勒/弗雷泽岛游客中心（Maryborough/Fraser Island Visitor Centre; 见408页地图;☎1800 214 789; www.visitfrasercoast.com; Kent St; ⏰周一至周五 9:00~17:00, 周六和周日 至13:00)

❶ 到达和离开

昆士兰州铁路（Queensland Rail; ☎1800 872 467; www.queenslandrail.com.au）提供两项服务: Spirit of Queensland ($75, 5小时) 和Tilt Train ($75, 3.5小时)，连接布里斯班和马里伯勒西站。这个车站位于镇中心以西7公里，可以通过穿梭巴士往来。

灰狗巴士（☎1300 473 946; www.greyhound.com.au）和**Premier Motor Service**（☎13 34 10; www.premierms.com.au）有去金皮（$30, 1小时）、班达伯格（$40, 3小时）和布里斯班（$64, 4.5小时）的长途汽车服务。

Wide Bay Transit（☎07-4121 4070; www.widebaytransit.com.au）每个小时都提供驾车服务（周末少一点）：从马里伯勒到赫维湾（$8, 1小时），从Kent St上的市政厅外出发。

金皮（Gympie）

人口 18,359

这座令人愉悦的小镇曾是淘金城镇，有一些精美的历史建筑、葱郁的绿地和浓郁的乡村风情。8月前来，参加**金皮音乐节**（Gympie Music Muster; www.muster.com.au），这是澳大利亚最佳乡村音乐节之一。

金皮采金和历史博物馆（Gympie Gold Mining & Historical Museum; ☎07-5482 3995; www.gympiegoldmuseum.com.au; 215 Brisbane Rd; 成人/儿童/家庭 $10/5/25; ⏰9:00~16:00)陈列了各种各样的采矿设备和蒸汽机。**伍沃克林业和木材博物馆**（Woodworks Forestry & Timber Museum; ☎07-5483 7691; www.woodworksmuseum.com.au; Fraser Rd和Bruce Hwy交叉路口; $5; ⏰周一至周六 10:00~16:00)展示这个地区伐木时期的纪念物和设备。

如果无法振作精神继续驾车远行，可以入住热情友好的汽车旅馆**Gympie Muster Inn**（☎07-5482 8666; www.gympiemusterinn.com.au; 21 Wickham St; 双 $140起)。

奇尔德斯（Childers）

人口 1570

奇尔德斯是一座迷人的小镇，周围环绕着郁郁葱葱的绿色田野和肥沃的红土地。

镇子的主街两边矗立着高大蔽日的树木,还有镶有网格花边的历史建筑。有百年历史的Federal Hotel美丽迷人,带有自动闭合的酒吧门,两条嬉戏大狗的铜像立在Grand Hotel门外。每年都有很多打工旅行的背包客涌入奇尔德斯,体验水果采摘和农场工作。

2000年,一场无情的大火夺去了15位背包客的性命。**奇尔德斯宫殿纪念和艺术馆**(Childers Palace Memorial & Art Gallery; ☏07-4130 4660; 72 Churchill St; ◐周一至周五 9:00~17:00,周六和周日 至15:00)**免费**用感人至深的纪念物缅怀逝者,同时陈列了精美艺术品。

在1894~1982年,**老药店**(Old Pharmacy; ☏0400 376 359; 90 Churchill St; 成人/儿童 $5/3; ◐周一至周五 9:00~15:30, 周六 9:00~13:00)曾是药剂师商店,亦曾担任本镇牙科诊所、兽医诊所、眼镜店和当地照相馆。

🛏 食宿

Sugarbowl Backpackers　　　房车公园 $

(☏07-4126 1521; www.sugarbowlchilders.com; Bruce Hwy; 有电营地 $29, 小屋 $90; @❄)这里为打工旅行的背包客提供职介服务,欢迎人们前来应聘农场工作。这是一个干净整洁、绿意盎然的地方,步行出城10分钟即到,深受许多季节性采摘工的青睐。房价为两人住宿价格;长住价格优惠。同时提供露营地。

Mango Hill B&B　　　民宿 $$

(☏1800 816 020, 0408 875 305; www.mangohillcottages.com; 8 Mango Hill Dr; 双 含早餐 $150起; ❄)为了体验乡村的热情好客,可以入住这家民宿别致的切甘蔗机小屋。它位于城南4公里处,配备手工木质家具,采用乡村装修风格,带有舒适床铺,富有魅力也浪漫。店内开设一家有机葡萄酒厂,叫作Hill of Promise。这是暂停东海岸公路之旅的理想地点,与爱人同行时尤其合适。

Mammino's　　　冰激凌 $

(115 Lucketts Rd; 杯装冰激凌 $5; ◐9:00~17:00)不同凡响的冰品店,在出城途中要费点周折才能到。别因为店外褪色的招牌心生疑虑——这儿的夏威夷果口味自制冰激凌妙不可言。Lucketts Rd紧邻Bruce Hwy, 位于奇尔德斯南边。

Drunk Bean　　　咖啡馆 $

(☏07-4126 1118; Childers Shopping Centre, Bruce Hwy; 主菜 $8~14; ◐7:00~16:00)这家出色的咖啡馆在Woolworths超市附近,同时也是工艺品商店。提供早餐、冰沙和午餐便饭,可以在这里歇歇脚。值得停车光顾。

Federal Hotel　　　小酒馆食品 $$

(☏07-4126 1438; 71 Churchill St; 主菜 $17起)这家很大的酒馆一派百年前的风格,提供丰盛的小酒馆食品,并且配以冰镇啤酒。一边吃着帕尔马干酪食品或者牛排,一边观察奇尔德斯的社会万象。

❶ 实用信息

奇尔德斯游客信息中心(Childers Visitor Information Centre; ☏07-4126 3886; 72 Churchill St; ◐周一至周五 9:00~16:00, 周六和周日 至15:00)就在奇尔德斯宫殿纪念和艺术馆下面。

❶ 到达和离开

奇尔德斯位于班达伯格以南50公里。**澳大利亚灰狗巴士**(☏1300 473 946; www.greyhound.com.au)和**Premier Motor Service**(☏13 34 10; www.premierms.com.au)的汽车都在小镇以北的壳牌加油站停靠,每天都有班车往返布里斯班($91, 6.5小时)、赫维湾($19, 1小时)和班达伯格($27, 1.5小时)。

伯尔姆海岸国家公园(Burrum Coast National Park)

伯尔姆海岸国家公园穿插分布着长喙桉、茂密的红树林和和缓的海岸沙丘,仿佛与世隔绝。这里深受各类来客的青睐,包括见多识广的露营、观鸟、垂钓、泛舟和徒步爱好者。这个公园包含小型度假社区伍德盖特(Woodgate)两侧的两片海岸地带,伍德盖特位于奇尔德斯以东37公里。公园的伍德盖特部分始于海滨大道北端,拥有迷人海滩和丰富的渔业资源。公园的Kinkuna部分更加偏僻,被茂密丛林覆盖,只适合资深探险者,但是同样拥有一片风景优美、人迹罕至的海滩,有不错的冲浪区。

一条只通四驱车的道路通往伯尔姆角（Burrum Point）的**NPRSR露营地**（www.nprsr.qld.gov.au；每人/家庭 $6.75/24.60）。几条徒步小径的起点分布在这片露营地或者伍德盖特的Acacia St上。

伍德盖特海滩游客公园(Woodgate Beach Tourist Park；07-4126 8802；www.woodgatebeachtouristpark.com；88 The Esplanade；无电/有电营地 $30/35，小屋 $60~115，海滨别墅 $140；就在海滩上。

班达伯格（Bundaberg）

人口 70,588

班达伯格是弗雷泽海岸地区的最大城镇，使之闻名遐迩的并不是珊瑚环绕的海滨村庄，而是同名的深色朗姆酒，以及果林内劳作的背包客。整个小镇就是一个农业中心，拥有一些待客热情的小酒馆和一家相当不错的地方艺术馆。然而，在很多人眼中，班达伯格周围的海滩村庄比城镇更有吸引力。中心以北25公里处是摩尔公园（Moore Park），有着平坦宽阔的沙滩。向南是非常受欢迎的Elliott Heads，有着漂亮的沙滩、礁石密布的海滨和出色的垂钓环境。

◉ 景点和活动

★ 班达伯格朗姆酒厂 酿酒厂

（Bundaberg Rum Distillery；07-4131 2999；www.bundabergrum.com.au；Hills St；成人/儿童 自助游 $19/9.5，导览游 $28.50/14.25；周一至周五 10:00~15:00，周六和周日 至14:00）班达伯格最出名的就是标志性的班达伯格朗姆酒，你会看到全城的广告牌和保险杠贴纸上贴着班达伯格朗姆酒的北极熊标志。可以选择自己逛博物馆，也可以选择加入导览游参观酿酒厂（整点出发）。对于18岁以上的成年人来说，两种旅行中都可以品酒。参观必须穿满帮鞋。

Bundaberg Barrel 啤酒厂

（07-4154 5480；www.bundaberg.com；147 Bargara Rd；成人/儿童 $12/5；周一至周六 9:00~16:30，周日 10:00~15:00）班达伯格不含酒精的姜汁啤酒和其他软饮料虽然不如朗姆酒有名，但都很好喝。来到这家酿酒厂，参加语音导览游，游览这个小型博物馆。品酒也包含在其中，而且很适合与家人一起品尝。

班达伯格地方艺术馆 画廊

（Bundaberg Regional Arts Gallery；见405页地图；07-4130 4750；www.bundabergregionalgalleries.com.au；1 Barolin St；周一至周五 10:00~17:00，周六和周日11:00~15:00）**免费** 这家鲜艳紫色的小画廊的展览非常出色。

辛克勒航空馆 博物馆

（Hinkler Hall of Aviation；07-4130 4400；www.hinklerhalloflaviation.com；Mt Perry Rd，Botanic Gardens；成人/儿童 $18/10，家庭 $28~40；9:00~16:00）这座现代博物馆有多媒体展厅、飞行模拟器，以及对班达伯格的伯特·辛克勒生活点滴的翔实记录。1928年，他在英国和澳大利亚之间实现了第一次单独驾驶飞机的飞行。

亚历桑德拉公园和动物园 公园

（Alexandra Park & Zoo；见405页地图；Quay St）**免费** 这个可爱的公园向四处延伸，里面绿树成荫，鲜花绽放，一片片绿地可供悠闲野餐之用。就在伯内特河（Burnett River）旁边。还有一个面向儿童的小动物园。

小海龟

蒙里普斯（Mon Repos）位于班达伯格东北15公里，是澳大利亚最易进入的海龟栖息地之一。从每年11月到次年3月底，雌性海龟为了在沙子里产卵费力地爬到沙滩上。大约8周以后，刚孵化出的小海龟们会从沙子里爬出来，趁着天黑，它们集体拍打着四肢以最快的速度奔向大海。

班达伯格游客中心（见406页）有关于海龟保护的信息，还安排了夜场团队游（成人/儿童 $12/6.25）。在观光季节，团队游从19:00开始。必须提前预订，而且需要通过游客中心或者www.bundabergregion.org预订。班达伯格游客中心对每年在这个季节会看见多少只海龟都有相关报道。

Bundaberg 班达伯格

Bundaberg 班达伯格

◎ 景点
1 亚历桑德拉公园和动物园 B2
2 班达伯格地方艺术馆 C2

◆ 活动、课程和团队游
3 澳新军团公园游泳池 C2
4 Bundaberg Aqua Scuba B2

◎ 住宿
5 Bigfoot Backpackers C3
6 Bundaberg Spanish Motor Inn A3
7 Inglebrae A3

◎ 就餐
8 Alowishus Delicious C2
9 Cool Banana's Cafe C2
10 Indulge C2
11 Les Chefs B3
12 Oodies Cafe A1
13 Spicy Tonight C2

◎ 饮品和夜生活
14 Bargara Brewing Company D2
15 Spotted Dog Tavern B2

澳新军团公园游泳池　　　　　游泳

（Anzac Park Pool；见405页地图；☎07-4151 5640；19 Quay St；成人/儿童 $4/3；⏱周一至周四 5:30~18:00，周五 5:30~21:00，周六 6:00~18:00，周日 9:00~17:00）在慵懒夏日里，这个待客友好的公共游泳池是个热门去处。这里管理有序，各式棒冰、糖果美味可口，巨型泳池极其出色。

Bundaberg Aqua Scuba　　　　潜水

（见405页地图；☎07-4153 5761；www.aquascuba.com.au；239 Bourbong St；潜水课程 $349起）可以指引想要潜水的人去印纳斯公园（Innes Park）附近的地点。

★ 埃利奥特夫人岛　　　　　团队游

（Lady Elliot Island；☎07-5536 3644，免费电话 1800 072 200；www.ladyelliot.com.au；成人/儿童 $365/210）飞往埃利奥特夫人岛，进入大堡礁游玩5小时。可以使用度假村的设施。

Burnett River Cruises　　　　　游轮

（☎0427 099 009；www.burnettrivercruises.com.au；School Lane, East Bundaberg；2.5小时团队游 成人/儿童 $26.50/10）"班达伯格丽人号"

(Bundy Belle)是一艘老式的渡轮,不紧不慢地驶向伯内特河口。查看网站或直接打电话询问旅行时间。

🛏 食宿

Bigfoot Backpackers 青年旅舍 $

(见405页地图;☏07-4152 3659; 66 Targo St;铺 $24起; P※)这家旅舍地处中心,宿舍客房相当糟糕,设施简陋,然而却是安排水果采摘工作的出色地点。在宽敞的游戏室区域可以结识其他游客。

Bundaberg Spanish Motor Inn 汽车旅馆 $

(见405页地图;☏07-4152 5444; www.bundabergspanishmotorinn.com; 134 Woongarra St;标单/双 $115/120;※🐾🏊)这是一座西班牙大庄园风格的汽车旅馆,处于班达伯格并未显得格格不入。这家老式汽车旅馆位于闹市附近一条安静街道,简直"muy bueno"(西班牙语"棒极了")。套间一尘不染,设施齐全,所有客房俯瞰中央泳池。早餐令人垂涎欲滴。

★ Inglebrae 民宿 $$

(见405页地图;☏07-4154 4003; www.inglebrae.com; 17 Branyan St;房间 含早餐 $130~150;※)想要感受辉煌的昆士兰州那种古典的英伦魅力,那么这家令人愉快的民宿正合你意。房间里有锃亮的木制家具和彩色玻璃,还有高脚床和小古董。

★ Alowishus Delicious 咖啡馆 $

(见405页地图;☏07-4154 2233; 176 Bourbong St;咖啡 $3起,主菜 $10~22;◷周一至周三 7:00~17:00,周四 7:00~21:00,周五 7:00~23:00,周六 8:00~23:00,周日8:00~17:00)终于出现了一家夜间营业的咖啡馆!这个创意餐饮地点非常适合上网、会见朋友、吃点夜宵,或者在采摘柑果间隙喝上一杯咖啡。

Spicy Tonight 创意菜 $

(见405页地图;☏07-4154 3320; 1 Targo St;菜肴 $12~20;◷周一至周六 11:00~14:30和17:00~21:00,周日 17:00~21:00)泰国风味和印度风味融合,将会出现什么情况?产生闻所未闻的美味。这家餐馆是班达伯格的美食小秘密,提供热咖喱、咖喱肉、泥炉炭火食品和许多素食。

Indulge 咖啡馆 $

(见405页地图;80 Bourbong St;菜肴 $9~18;◷周一至周五 8:30~16:30,周六 7:30~12:30)班达伯格当地出产的许多糖都要送往这家咖啡馆,用于制作极其精美的蛋糕和油酥糕点。当地农产品由此得到了发展。

★ Oodies Cafe 咖啡馆 $

(见405页地图;☏07-4153 5340; www.oodies.com.au; 103 Gavin St;◷6:30~16:00)班达伯格最别致的咖啡馆,位于中心区边缘的一个双联车库之内,真是令人难以置信。来到这家咖啡馆,可同潮人一起落座皮革扶手椅,品味抹茶拿铁,或者享用健康低价的早餐和午餐菜品。这里也提供三明治、汉堡和其他食品。

Cool Banana's Cafe 咖啡馆 $$

(见405页地图;☏07-4198 1182; 91 Bourbong St;餐 $10起;◷8:00~20:30)这家价格低廉、气氛欢快的咖啡馆和餐厅 Les Chefs(见405页地图;☏07-4153 1770; 238 Bourbong St;主菜 $27;◷周二至周五 午餐时段,周一至周六 晚餐时段)由同一批人经营。每日特色包括炸鱼和薯条、烤肉串和烤羊肉。咖啡和早餐也不错。

🍷 饮品和夜生活

Spotted Dog Tavern 酒吧

(见405页地图;☏07-4198 1044; 217 Bourbong St)班达伯格最受青睐的酒吧兼餐馆,全天生意兴隆。食物无甚特色,都是乏善可陈的常规酒馆食品,但是音乐、体育实况转播以及宽敞露台一直弥漫着欢庆气氛,使得这里成为当地热门。

Bargara Brewing Company 精酿啤酒

(见405页地图;☏07-4152 1675; 10 Tantitha St;◷周三至周六 11:00~22:00,周日 17:00~22:00)班达伯格的一家精酿啤酒酿造厂,产品受人欢迎,并且挑战了朗姆酒的垄断地位。这里提供精美盘装小吃,用以搭配 Drunk Fish、Great Barrier Beer 和 Hip Hop。

ℹ 实用信息

班达伯格游客中心(Bundaberg Visitor Centre;见405页地图;☏07-4153 8888, 1300 722 099; www.bundabergregion.org; 271 Bourbong St;

⊙9:00~17:00)这个值得信赖的信息中心兢兢业业服务于本地区。如果自驾穿越这个地区,记得来一趟。

❶ 到达和离开

飞机
维珍航空(☎13 67 89;www.virginaustralia.com.au)和**澳洲航空**(☎13 13 13;www.qantas.com.au)每天都有开往班达伯格的航班。

长途汽车
长途汽车总站(Stewart's Coach Terminal;见405页地图;☎07-4153 2646;66 Targo St)在Targo St。**灰狗巴士**(☎1300 473 946;www.greyhound.com.au)和**Premier Motor Service**(☎13 34 10;www.premierms.com.au)每天都有从班达伯格通往布里斯班($94,7小时)、赫维湾($29,2小时)和罗克汉普顿($54,5小时)的班车。

Duffy's Coaches(☎1300 383 397)每个工作日都有许多去巴加拉($5, 35分钟)的班车,从Woongarra St的Target后面出发。

火车
昆士兰州铁路(见402页)的Tilt Train开往布里斯班($49,4.5小时,周日至周五),沿途停靠班达伯格火车站。Spirit of Queensland($89,7小时,每周三趟)从布里斯班开往班达伯格,然后继续前往凯恩斯和罗克汉普顿。

巴加拉(Bargara)

人口 6893

巴加拉位于班达伯格以东16公里,是一个深受昆士兰人青睐的度假胜地,因为这里有冲浪海滩、悠长的海滨大道和适合家庭游客的安静环境。

Kacy's Bargara Beach Motel(☎07-4130 1100;www.bargaramotel.com.au;63 Esplanade;双$139起,2卧公寓$199起;❄⊙⚡)位于海滨大道对面,地理位置优越,提供各种住宿选择,从赏心悦目的汽车旅馆客房到设施齐全的公寓,类型多样。

Windmill at Bargara(☎07-4130 5906;12 See St;主菜$13起;⊙6:30~17:00;⚡⚙)空间宽敞,孩子们可以踏上草地尽情玩耍以及啜饮抹茶拿铁。此时,面带笑容的家长可以一边吃着新鲜的意式冰激凌,一边沉浸于午后的惬意之中。

弗雷泽岛(Fraser Island)

当地土著布查拉人(Butchulla)有充分的理由称这里为天堂(K'Gari)。经过风、沙、浪的雕刻、冲刷,醒目的蓝色淡水湖泊、清澈的小溪、巨大的沙丘和沙洲上茂密的热带雨林,共同构成了一个不同于其他任何地方的神秘的岛上天堂。弗雷泽岛是世界上最大的沙岛(15公里宽,120公里长),而且地球上只有这里的雨林长在沙地上。

在内陆,从茂密的热带雨林和野外荒地到湿地、灌木丛,植被变化很大。这里也有多样地形:沙丘、矿质小溪和面向绵长沙滩的淡水湖泊。岛屿大部分作为大桑迪国家公园(Great Sandy National Park)的一部分被保护起来,里面栖息着大量鸟类和野生动物,包括有名的澳洲野狗。而近海水域生活着儒艮、海豚、蝠鲼、鲨鱼和迁徙的座头鲸。

◉ 景点和活动

渡轮会从岛的南端去往大陆的因斯基普角(Inskip Point),从潮汐通道切入,避开危险的胡克角(Hook Point),然后前往东部海滩的主要通道入口。第一个停靠点是狄力村(Dilli Village),它之前是采沙中心;往北行9公里,Eurong有商店、加油站和吃饭的地方。这里有一条内陆轨道,连接中央车站和旺固巴小溪(Wanggoolba Creek;可以找到去河口码头的渡轮)。

位于岛正中间的是位于中央车站(Central Station)的护林站,这是很多徒步道路的起点。从这里你可以走着或者驾车去美丽的麦肯基湖(McKenzie)、詹宁斯湖(Jennings)、拜拉比恩湖(Birrabeen)和布曼金湖(Boomanjin)。麦肯锡湖是一个十分清澈的湖泊,周围环绕着白色的沙滩,是一个游泳的好地方;去拜拉比恩湖游览的旅行团和背包客群体要少一些。

沿着海滩走,在Eurong以北4公里的地方,一条有标记的徒步小径通向沙丘那边美丽的瓦比湖(Lake Wabby),它是最易到达的弗雷泽的湖泊。从瓦比湖瞭望台出发,有一条更简单的小径沿Cornwell's Break Rd蜿蜒

Fraser Island 弗雷泽岛

Fraser Island 弗雷泽岛

◎ 景点
Brennan & Geraghty's Store ...... （见 4）
1 弗雷泽海岸发现博物馆 A4
　遗产中心 .... （见 4）
2 "玛希诺号"弃船 C4
　马里伯勒军事和殖民博物馆 ......（见 4）
3 尖峰石阵 C4
4 码头区中心 A6
5 Wetside Water Park A4
6 Yidney Rocks C5

⊕ 活动、课程和团队游
7 香槟池 D2
8 Susan River Homestead A5

⊜ 住宿
9 Cathedrals on Fraser C4
10 中央车站露营地 C5
11 Dilli Village Fraser Island C6
12 邓杜巴拉露营地 D4
13 Eliza Fraser Lodge D2
14 Emeraldenelnn A4
15 Fraser Island Retreat C4
16 Kingfisher Bay Resort B5
17 布曼金湖露营地 C6
　Pialba Beachfront Tourist Park ... （见 1）
18 Ungowa 露营地 B6
　瓦迪角露营地 .... （见 13）
19 Wathumba 露营地 C2

⊗ 就餐
Toast .... （见 4）

ⓘ 实用信息
马里伯勒/弗雷泽岛游客中心 .... （见 4）

（内陆一侧）。瓦比湖三面有桉树环绕，而第四面是一个巨大的沙丘，以大约每年3米的速度侵蚀湖岸。湖水看上去很浅，但在这里潜水其实很危险。

当你开车到海滩，在涨潮期间，你可能不得不绕道以躲开Poyungan和Yidney Rocks，在到达欢乐谷（Happy Valley）之前，这里有住的地方、商店和小餐馆。往北大约10公里是爱莉溪（Eli Creek），水流迅速、清澈见底的溪水会毫不费力地指引你来到下游。距离爱莉溪2公里处是一艘弃船——"玛希诺号"（Maheno），它之前是游轮，在1935年被热带气旋吹上岸，后来被拖到一个日本人经营的废料场。

大约在"玛希诺号"以北5公里处，你会看到尖峰石阵（Pinnacles）——一部分被侵蚀过的五彩沙墙。大约10公里以外是邓杜巴拉（Dundubara），那里有一个护林站和极好的露营地。在你到达露出岩石的印第安角（Indian Head）之前，能看到20公里长的沙滩。在尽头经常可以看到鲨鱼、蝠鲼、海豚，在迁徙的季节还可以看到鲸。

在印第安角和瓦迪角（Waddy Point）之间，轨道向内陆延伸，穿过香槟池（Champagne Pools），这是岛上唯一安全的海水泳地。瓦迪角和兰花海滩（Orchid Beach）有很适合露营的地方，是岛上最后一个停靠点。为了保护环境，许多步道不再向北延伸。

对于那些想要降落岛上、徒步探索一番的游客而言，Air Fraser Island（见395页）"Day Away"之旅（\$150）真是物美价廉。从赫维湾或阳光海岸启程。

🛏 住宿

在NPRSR露营地和所有公共区域（即海滩沿线）露营需要许可证。最发达的 **NPRSR 露营地** (以下露营地均见408页地图；🕿13 74 68; www.nprsr.qld.gov.au; 每人/家庭 \$6.15/24.60) 带有投币式热水器、厕所、烧烤炉，在**瓦迪角** (🕿13 74 68; www.nprsr.qld.gov.au; 每人/家庭 \$6.15/24.60)、**邓杜巴拉** (www.nprsr.qld.gov.au; 每人/家庭 \$6.15/24.60) 和**中央车站** (🕿13 74 68; www.nprsr.qld.gov.au; 每人/家庭 \$6.15/24.60) 设有营地。在**布曼金湖** (🕿13 74 68; www.nprsr.qld.gov.au; 每人/家庭 \$6.15/24.60) 以及西岸的 **Ungowa** (🕿13 74 68; www.nprsr.qld.gov.au; 每人/家庭 \$6.15/24.60) 和 **Wathumba** (🕿13 74 68; www.nprsr.qld.gov.au; 每人/家庭 \$6.15/24.60)，开车的露营者也可以使用较小的露营地，但设备相对较少。步行者营地离主要营地很远，在弗雷泽岛大步道沿线。徒步路径地图列出了露营地点和设施。在指定的东部海滩是允许露营的，但这里没有任何设施。除了瓦迪角和邓杜巴拉的公共火环，其他地方都是禁止烧火的——自己带上些未经处理的小块木柴。

岛上的供应品有限且昂贵。在到达前屯好货，而且主要为迎战蚊子和3月的苍蝇做好准备。

沙地游猎之旅

除了步行以外，探索弗雷泽岛的唯一方式就是驾驶四驱车。对于大多数旅客来说，有三种方式：跟随他人游览、团队游或租赁四驱车游览；第四个选项是待在岛上的一家酒店，然后从酒店出发开展一日游。这里环境脆弱；需要牢记，岛上私家车的数目越多，对环境破坏越大。平均每天有1000人会来该岛游玩，弗雷泽有时像一个有自己的高峰时段和拥挤的海滩公路的大沙坑。

跟随他人游览

广受背包客欢迎——旅客们挤到四驱车队里，跟在一个有经验的导游和司机的车后面游览。旅客轮流开车，可能会十分好玩，但也有可能造成事故。费用是\$400~430；一定要确认下这个费用里是否包含食物、燃料和酒。住宿的地方一般是帐篷。

优点： 能很快交到新朋友，而且开车去海滩也是非常刺激的事情。

缺点： 如果不提供食物，就得自己做；团队的人比大巴旅行的人还要多。

旅行机构包括：

Dropbear Adventures（☎1800 061 156；www.dropbearadventures.com.au）许多旅程从赫维湾、彩虹海滩、努萨出发，前往弗雷泽岛；很容易觅得一席之地。

Fraser's on Rainbow（见399页）从彩虹海滩出发。

Pippies Beach House（见399页）从彩虹海滩出发；小车队，组织良好，安全有保障。

团队游

大部分有组织的团队游覆盖了弗雷泽的旅游热点：雨林、爱莉溪、麦肯基湖、瓦比湖、彩色的尖峰石阵和"玛希诺号"船只残骸。

优点： 专家级的讲评；美味的食物和舒适的住宿；通常是最实惠的选择。

缺点： 一日游的巴士通常全部在相同时间地点到达；社交机会较少。

旅行机构包括：

Cool Dingo Tours（☎07-4120 3333；www.cooldingotour.com；2天/3天团队游 \$360/415）可以在旅舍过夜，可以选择在岛上多待几夜。参加派对的好地方。

Fraser Explorer Tours（见396页）司机经验丰富；旅程频繁发出。

Fraser Experience（见395页）小规模团队游，在行程方面提供更多自由。

Remote Fraser（☎07-4124 3222；www.tasmanventure.com.au；团队游 \$150）一日游可以去很少有人光顾的西海岸。

租赁四驱车游览

可以从赫维湾、彩虹海滩或弗雷泽岛租赁四驱车。所有公司都要求交很高的抵押金，通常以信用卡形式支付。如果车开到海水中，押金不退，所以绝不要妄想"驾车逐浪"这种事情。

规划行程时，考虑一下在内陆的速度是20公里/小时，在东部海滩是40公里/小时。大多数公司都会协助安排渡轮、许可证和露营装备。多日的租赁费用每天至少\$185左右。

优点： 在整个岛屿漫步，远离喧嚣的人群，这是一种完全的自由。

缺点： 你可能会遇到沙滩和道路状况，这甚至让有经验的司机也觉得棘手；价格贵。

在赫维湾（见398页）和彩虹海滩（见400页）有租赁公司。在岛上，**Aussie Trax**（☎07-4124 4433；www.fraserisland4wd.com.au）出租四驱车，每人每天\$283起。

Dilli Village Fraser Island
露营地 $

(见408页地图；☏07-4127 9130；www.usc.edu.au；露营地 每人 $10，铺/小屋 $50/120)由阳光海岸大学管理，作为调研基地，这里有些不错的露营地点，位于一个微微倾斜的坡上。性价比高。

Cathedrals on Fraser
房车营地 $

(见408页地图；☏07-4127 9177；www.cathedralsonfraser.com.au；Cathedral Beach；带电/不带电营地 $39/29，2卧小屋 带/不带卫生间 $200/180；@)新老板保持了原有水准，还降低了价格。这个宽敞的公园有圈养澳洲野狗和面积巨大且平坦的草地。适宜阖家同游。

★ Kingfisher Bay Resort
度假村 $$

(见408页地图；☏1800 072 555，07-4194 9300；www.kingfisherbay.com；Kingfisher Bay；双 $178起，2卧别墅 $329；❋@≋)这个高雅的生态度假村有酒店客房，客房配有私人阳台；还有精致的2~3卧木制别墅。在旺季，最少要住3晚。Seabelle Restaurant非同凡响(主菜 $18起)。夏季，三个酒吧可以带来无限乐趣，Dingo Bar最棒。

Fraser Island Retreat
小屋 $$

(见408页地图；☏07-4127 9144；www.fraserisretreat.com.au；Happy Valley；双/公寓 $140/200起；@≋)比较偏僻，在岛屿东海岸中段的欢乐谷，提供9个小木屋(每个木屋最多可以睡4个人)，真是体验舒适自然感觉的绝佳地点。小木屋很通风，让人感觉仿佛住在树林中，距离海滨也很近。还有一个露营地厨房、一个有经营许可证的餐厅和一个销售燃料的商店。

★ Eliza Fraser Lodge
度假屋 $$$

(见408页地图；☏0418 981 610；www.elizafraserlodge.com.au；每人 $375)这个住宿地是兰花海滩上一座极其迷人的房屋，兰花海滩就在该岛东北，这是目前岛上最为精美的住所。Air Fraser提供直达服务(还有定期渡轮接送服务)。这栋两层房屋精致高雅，适合家庭游客和小型旅游团。房东是专业导游，将会组织垂钓之旅、自然徒步和四驱车探险游。

❶ 实用信息

如果入住NPSR露营地(每人/家庭 $6.15/

不要错过

弗雷泽岛大步道(FRASER ISLAND GREAT WALK)

弗雷泽岛大步道是探索这座神秘岛屿的极好途径。这条道路从狄力村到欢乐谷，蜿蜒起伏，穿越岛屿，全长90公里。道路分成6~16公里长的7段，还有一些小径。步道沿弗雷泽岛的原住民布查拉人的传统路径建造。在路上，步行可经过雨林，绕过灵动的湖泊，经过流动的沙丘。

登录www.npsr.qld.gov.au查看地图，会有详细信息和路线更新，路况不好时系统会关闭。

24.60)，必须于抵达前从NPSR(☏13 74 68；www.npsr.qld.gov.au)购买车辆许可证(低于每月$48.25)。入住私营露营地或度假村，无须许可证。通过网络购买许可证，或者咨询游客中心获取最新的许可证销售点名单。

Eurong昆士兰州公园和野生动物管理局信息中心(Eurong QPWS Information Centre；见408页地图；☏07-4127 9128)是主要的护林中心。其他的护林中心位于**邓杜巴拉**(☏07-4127 9138)和**瓦迪角**(☏07-4127 9190)。办公室常常没人，因为护林员要在外面巡逻。

❶ 到达和离开

如果你是极少数不加入团队游的人，乘坐渡轮从彩虹海滩或者赫维湾出发前，行得确保你的车辆有适当的高底盘。如果是来野营，要准备足够的食物、水和燃料。

飞机

Air Fraser Island(☏1300 172 706，07-4125 3600；www.airfraserisland.com.au)从赫维湾机场出发，到东部海滩的往返机票费用至少$150(30分钟往返)。

船

汽车渡轮连接弗雷泽岛与河口码头(在赫维湾以南大约10公里处)，或是再往南的因斯基普角(Inskip Point)，它靠近彩虹海滩。从赫维湾开出的渡轮停泊于Moon Point。

Fraser Venture Barge(☏1800 227 437，07-4194 9300；www.fraserislandferry.com.au)在弗雷泽岛西海岸，从河口码头穿行至旺固巴小溪(步行乘客

ⓘ 对付澳洲野狗

尽管弗雷泽岛有许多自然景点和冒险机会，但没有什么比第一眼看到澳洲野狗更令人毛骨悚然了。弗雷泽的野狗被认为是拥有世界上最纯正基因的动物品种之一，它们毛色光滑、行动敏捷，非常漂亮。它们也是野兽，如果人的帽子（或是有强烈气味的食物袋）掉到地上，它们可能变得富有攻击性。尽管主动攻击人的情况比较少见，但每一个到达岛屿的游客都必须做好预防措施。

→ 不管野狗看起来多瘦，表现得多么愁眉苦脸、可怜巴巴，也绝对不要喂它们。被人喂大的澳洲野狗会很快失去它们的羞怯，变得争强好斗。喂野狗是非法行为，会受到重罚。

→ 别留下任何食物残渣，不要把食物带到湖边——在岸边吃东西，野狗能很容易察觉到，锁定目标，并前来觅食。

→ 跟团队其他人待在一起，让孩子时刻待在自己视线内触手可及的地方。

→ 挑逗它们不仅残忍，而且非常危险。离它们远点儿，它们也会自动远离你。

→ 在合适的距离观察澳洲野狗最好。带一个变焦镜头并且试着保持安静，你就会拍到一些精彩的照片……并且你自己也不会被咬到。

成人/儿童 往返 $58/30，车辆和4位乘客 $175，30分钟）。每天8:30、10:15和16:00从河口码头出发，9:00、15:00和17:00从岛上返回。

Kingfisher Bay Ferry（☎1800 227 437, 07-4194 9300；www.fraserislandferry.com）每天有车辆和客运渡轮（步行乘客 成人/儿童 往返 $58/30，车辆和4位乘客 往返 $175，50分钟）从河口码头到Kingfisher Bay，在6:45、9:00、12:30、15:30、18:45和21:30（只有周五和周六）启程，在7:50、10:30、14:00、17:00、20:30和23:00（只有周五和周六）返程。

Manta Ray（☎07-5486 3935；www.mantarayfraserislandbarge.com.au）从彩虹海滩出发，有两班渡船，只需15分钟就能从因斯基普角到达弗雷泽岛上的胡克角，每天6:00~17:30不间断运行（交通工具往返 $120）。

ⓘ 当地交通

要在弗雷泽岛上开车，那么不仅需要四驱车，还需要一个许可证。Cathedral Beach、Eurong、Kingfisher Bay、欢乐谷及兰花海滩的商店可以加油，但是很贵。如果你的汽车抛锚了，打电话联系Eurong的**拖车服务**（☎0428 353 164, 07-4127 9449）。

出租车服务**Fraser Island Taxi Service**（☎07-4127 9188；www.fraserservice.com.au）覆盖全岛。必须提前预订，因为整个岛上只有一辆出租车。

如果想在岛上租四驱车，可以前往Kingfisher Bay Resort（见411页）的Aussie Trax（见410页），这家机构出租车辆，从铃木吉姆尼到陆地巡洋舰，类型比较丰富。

摩羯海岸和南礁群岛

包括 ➡

艾格尼斯水域和
1770镇.................................415
埃瑞姆布拉国家公园和
深水国家公园....................417
格拉德斯通 417
南礁群岛...........................419
罗克汉普顿及周边 420
耶蓬 423
大克佩尔岛 424
摩羯腹地...........................426

最佳餐饮

➡ Getaway Garden Café
（见416页）

➡ Ginger Mule（见422页）

➡ Lightbox（见418页）

➡ Megalomania（见424页）

➡ Sol Foods（见416页）

最佳住宿

➡ Svendsen's Beach
（见425页）

➡ Cool Bananas
（见415页）

➡ Lady Elliot Island Eco
Resort（见419页）

➡ Takarakka Bush Resort
（见427页）

为何去

摩羯海岸是澳大利亚东海岸最静谧、最美丽的海岸线段落之一。除了学校放假期间，一年中大多数时候这里都人烟稀少。即使是在旅游旺季，你也不必驱车很远寻找人迹罕至的海滩。

许多游客从艾格尼斯水域和1770镇启程，前往南礁群岛寻找顶级的浮潜和潜水地点。这里观赏野生动物的机会很多。

大克佩尔国家公园也是逐渐发展起来的旅游商业地带。摩羯海岸上白沙和碧海蓝天作为拍照背景再合适不过了。天然朴质的深水国家公园和拜菲尔德国家公园分布于海岸沿线，而且游客稀少。

内陆地区有熙熙攘攘的罗克汉普顿，它不仅是摩羯海岸的经济中心，也是澳大利亚的"牛都"。这里有牛排馆、各种牛仔竞技表演，还有随处可见的大牛仔帽。

何时去

罗克汉普顿

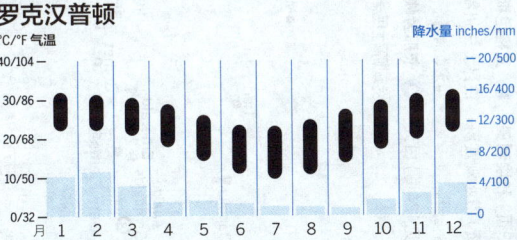

2月 艾格尼斯蓝调和根音乐节音乐震天，"嗨翻"整个发现海岸。

5月至9月 冬日比较温暖，适合游泳、沐浴阳光。

12月 夏至之时，游客会在摩羯洞看到令人叹为观止的灯光秀。

摩羯海岸和南德群岛亮点

1. **赫伦岛**（见419页）和埃利奥特夫人岛（见419页）潜水观赏蔚为壮观的水下珊瑚花园。

2. **大克佩尔岛**（见424页）白天独占一片热带海滩。

3. **艾格尼斯水域**（见415页）前往昆士兰最北端的冲浪海滩，冲浪、消暑。

4. **卡那封峡谷**（见426页）徒步发现原住民岩石艺术。

5. **罗克汉普顿**（见420页）来到澳大利亚"牛都"，尽情享用一大块牛排。

6. **摩羯洞**（见421页）爬行通过漆黑洞穴和狭窄隧道。

7. **宝石田**（见426页）淘到一块能一夜致富的蓝宝石。

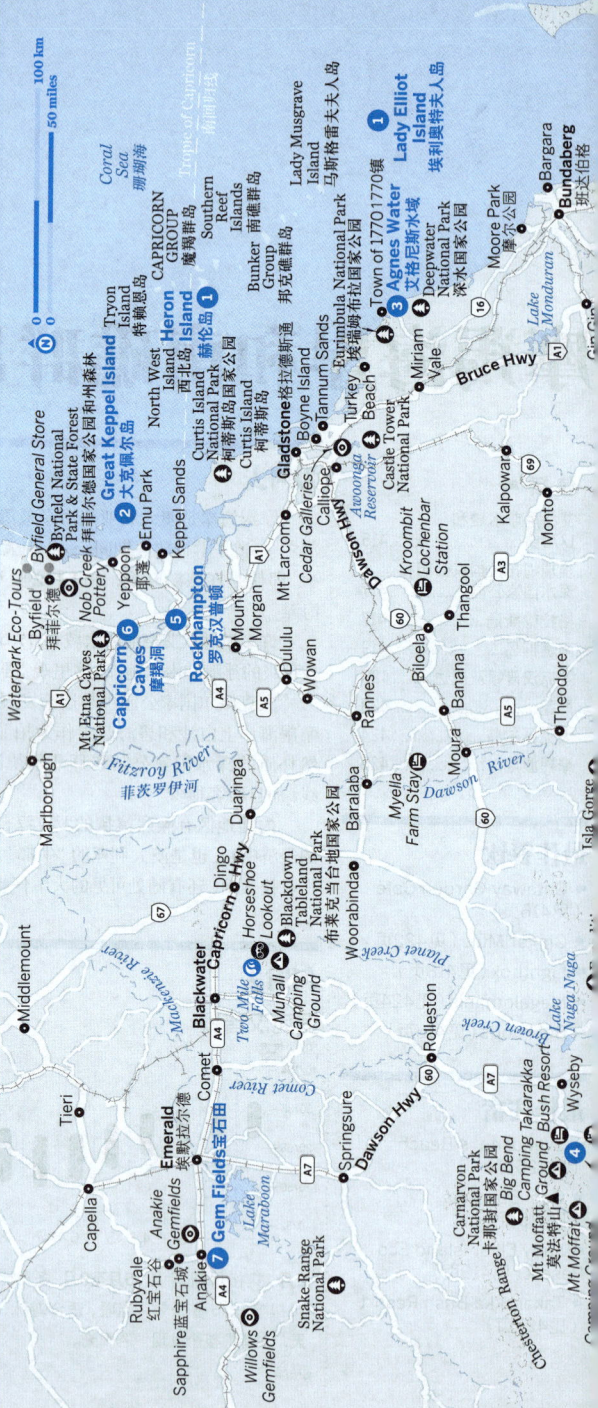

# 艾格尼斯水域和1770镇（Agnes Water & Town of 1770）

人口 1650

不久之前，艾格尼斯水域和1770镇这对沿海城镇被房地产投机商视为下一个努萨或者黄金海岸。这片穷乡僻壤位于格拉德斯通以南70公里，周围分布着国家公园、隐秘的红岩海湾和太平洋。游客来这里会深感庆幸，因为这里几乎没有变化，发展旅游业是"雷声大雨点小"。

艾格尼斯水域是东海岸最靠北的冲浪海滩，壮丽的海浪拍向田园牧歌般的海岸线，附近商店林立。沿着道路前行6公里，到达库克船长在昆士兰州的第一处登陆点，没错，就是1770镇。这里的悬崖步道距离较短，风光美；露营地也是该州最佳之一，人们从此启程，前往发现海岸（Discovery Coast）的水湾地带开展皮划艇、桨式冲浪以及垂钓之旅。

◎ 景点和活动

米利安谷历史社会博物馆 博物馆

（Miriam Vale Historical Society Museum; ☎07-4974 9511; www.agneswatermuseum.com; Springs Rd, 靠近Captain Cook Dr交叉路口, Agnes Water; 成人/儿童 $3/免费; ◯周一和周三至周六13:00~16:00, 周日 10:00~16:00）这个博物馆展出库克船长的航海日志摘要，以及原本放置于昆士兰州海岸第一座灯塔的望远镜。

★ Scooter Roo Tours 探险运动

（☎07-4974 7697; www.scooterrootours.com; 2694 Round Hill Rd, Agnes Water; 3小时旅程 $85）这趟50公里的摩托车旅程妙趣横生，即使不是车迷也会喜欢上。活动围绕艾格尼斯水域展开。但你要有驾照，才能无所顾忌地驾驶一辆货真价实的"哈雷"。穿上长裤和满帮鞋；组织者将会提供硬汉皮夹克（当然带有火焰图案）。

1770 SUP 水上运动

（☎0421 026 255; www.1770SUP.com.au; 1.5小时/2小时 团队游 $45/50）一流的立式桨板教练陪你探索这片平静的水域和沙滩。团队游包括一堂冲浪入门课程，当然也可以自己租冲浪板，1小时$25，2小时$30。从Tree Bar开始，在1770镇的水滨随处可见，可见穿梭的桨板拖车。

1770 Liquid Adventures 皮划艇

（☎0428 956 630; www.1770liquidadventures.com.au）黄昏时分，划着皮划艇欣赏别样的美丽景色。在1770镇每次划船花费$55。人们通常会在日落时分去沙滩填饱肚子，不过去之前记得留意一下海面，没准会看到海豚。你也可选择租皮划艇（每小时/2小时 $20/30起）。家庭团队游（每人 $30）注重观赏鸟类和海洋生物，喜欢独自划艇的儿童一定对此充满兴趣。

1770 Larc Tours 团队游

（☎07-4974 9422; www.1770larctours.com.au; 一日游 成人/儿童 $155/95）以前军用的轻型水陆补给货船（LARC）搭载游客进行舒适之旅，探索大鸨角（Bustard Head）和埃瑞姆布拉国家公园（Eurimbula National Park）。导游业务精湛，旅程老少皆宜。除了代表性的7小时一日游（含午餐），他们同时组织1小时左右的午后游（儿童/成人 $17/38）和滑沙之旅（$120）。

Hooked on 1770 划船

（☎07-4974 9794; www.1770tours.com; 半天/全天团队游 $175/250）这家机构组织半天和全天钓鱼之旅，当地常住居民和澳大利亚回头客一致强烈推荐。

✦ 节日和活动

艾格尼斯蓝调和根音乐节 音乐节

（Agnes Blues & Roots Festival; www.agnesbluesandroots.com.au; SES Grounds, Agnes Water; ◯2月）2月最后一个周末拉开帷幕，大牌明星和崭露头角的澳大利亚新星使得音乐节气氛更加热闹。

🛏 住宿

★ Cool Bananas 青年旅舍 $

（☎07-4974 7660, 1800 227 660; www.coolbananas.net.au; 2 Springs Rd, Agnes Water; 铺$29; @🛜）无拘无束的年轻人酷爱这个时尚开放的背包客住所，这里的色彩设计有待商榷，但是热情友好的房东营造出令人无法抗拒的氛围。六人间宿舍和八人间宿舍宽敞实用，为了促进交际，房间不许上锁——效果显著，我们到访之时，到处都是欢声笑语。距离海滩和商店只有5分钟步程。

Backpackers @ 1770　　青年旅舍 $

(☎0408 533 851; www.backpackers1770.com.au; 22 Grahame Colyer Dve, Agnes Water; 铺/双 $26/60)这是1770镇最为知名的青年旅舍，魅力迷人。优点显而易见：员工和住客之间沟通顺畅，宿舍一尘不染，三个时髦的双人间价格合理，还有一个郁郁葱葱的公共花园作为就餐和交谈场所。对于许多年轻游客而言，这家青年旅舍就是东海岸必到之地。

1770 Camping Ground　　房车公园 $

(☎07-4974 9286; www.1770campingground.com.au; Captain Cook Dr, Town of 1770; 无电/有电营地 $35/39起，海滨营地 $44)这是1770镇最受青睐的露营地，地理位置足以竞争东海岸之最。帐篷搭在茂密树林之中，走出帐篷即可下到清浅的水中。

Workmans Beach Camping Area　　露营地 $

(Workmans Beach, Springs Rd, Agnes Water; 营地 每人 $9)由市政当局管理的露营地。地方宽敞，周围满是迷人的沙滩。还配备冷水淋浴间、马桶和液化气烧烤炉。如果你已深深地爱上了这里，最多可以待44天。这里不接受预订，直接去就好。幽默的市政工作人员一大早就会光顾你的车或帐篷收住宿费。

1770 Southern Cross Backpackers　　青年旅舍 $

(☎07-4974 7225; www.1770southerncross.com; 2694 Round Hill Rd, Agnes Water; 铺/双含早餐 $25/85; @🛜🏊)这家大型青年旅舍位于桉树林内，位于小镇以外2.5公里，适合成熟的背包客（或者期望待在户外的人）。空间很大，可以待在泳池旁边，玩游戏、烧烤或躺在吊床上。免费接驳车会把饮酒狂欢者和海滩游览者带入艾格尼斯的"活动地带"。但是大多住客只是游荡于空荡荡的4卧宿舍和赏心悦目的双人间之间，Buddha Bar晚间开业。

The Lovely Cottages　　客栈 $$

(☎07-4974 9554; www.thelovelycottages.com.au; 61 Bicentennial Dr, Agnes Water; 小屋 $155, 2晚 $300; P❄@🛜🏊)新房东和新店名使这家生态住所和户外画廊更具创意，它是昆士兰州丛林休闲时尚的代表。小屋五彩缤纷，每间最多容纳5人。还有一个非常出色的潟湖式泳池，营造出丛林中一处令人激动的游泳区。

Agnes Water Beach Club　　公寓 $$

(☎07-4974 7355; www.agneswaterbeachclub.com.au; 3 Agnes St, Agnes Water; 1卧/2卧公寓 $180/280起; ❄@🛜🏊)位置绝佳，前往艾格尼斯的商店和有人巡逻的海滩非常方便。公寓明亮舒适，面对一个大型泳池。

★1770 Getaway　　度假村 $$$

(☎07-4974 9323; www.1770getaway.com.au; 303 Bicentennial Dve, Agnes Water; 双 $170起; P🛜🏊)备受青睐的Getaway Garden Café（见416页）扩展了业务范围，经营一系列赏心悦目的别墅，它们穿过1.5公顷丛林地带，直至一片空旷海滩。别墅全部通风，带有豪华卫生间。可以提供池塘边早餐。附带一个小型时髦的精品店。

🍴就餐

Sol Foods　　严格素食 $

(☎07-4974 9039; 1 Round Hill Rd, Agnes Water; 沙拉 $10起，蛋糕 $6起; ⏱8:00~16:30)这个天然食物杂货店也是咖啡馆，还可以从这里获取丰富的当地信息。纯素蛋糕十分美味，沙拉丰盛而且物美价廉。

Agnes Water Bakery　　面包房 $

(☎07-4974 9500; Round Hill Rd, Agnes Water; 馅饼 $5.50; ⏱周一至周六 6:00~16:00, 周日 至14:00)受人欢迎的面包房，想品尝这家绝佳的馅饼，就不要犹豫。值得期待的美味馅料包括几种纯素类型。说到甜品，巧克力松糕、果酱卷和苹果馅酥饼通常中午之前便已售罄。对了，还有面包值得品尝。

★Getaway Garden Café　　新派澳大利亚菜

(☎07-4974 9323; 303 Bicentennial Dr, Agnes Water; 早餐 $7~19, 午餐 $10~22, 晚餐 $20~25; ⏱周日至周四 8:00~16:00, 周三和周日 8:00~16:00和17:30至深夜)这是本地区最受推

崇的饭馆，至今经久不衰，它坚持简约烹饪理念，完全采用本地食材，服务无可挑剔，面向家庭游客，滨水环境天然、质朴。早餐绿色健康，配以精美咖啡和果汁。午餐主打比萨、鱼肉和汉堡。周三和周日晚上提供烤全羊，深受当地人青睐（需要提前预订）。如果不是正餐时间，可以来这儿吃块蛋糕，喝杯咖啡。

Tree Bar　　　　　　　　　新派澳大利亚菜 $$

（☎07-4974 7446; 576 Captain Cook Dr, Town of 1770; 主菜 $16~34; ⊙早餐、午餐和晚餐）在1770镇，这里是日落品酒和享用牛排的最佳地点。这家盐渍斑驳的小饭馆兼酒吧并非出类拔萃，但当海风穿过树林、海滩，徐徐吹来，沁人心脾。就其品质而言，价格略显昂贵，但是景色无与伦比。

Agnes Water Tavern　　　　　小酒馆食品 $$

（☎07-4974 9469; 1 Tavern Rd, Agnes Water; 主菜 $15~30; ⊙11:30起）这家大型酒馆位于镇外，呈现了澳大利亚人生活的概貌。人们来这里喝酒、赌博、玩游戏、观看体育节目、举行派对、就餐、会面，以及坐在宽敞的户外座椅区，沐浴阳光。一到夜晚，背包客群体使其气氛活跃起来。每天提供特价午餐和晚餐。

❶ 实用信息

艾格尼斯水域游客中心（Agnes Water Visitors Centre; ☎07-4902 1533; 71 Springs Rd, Town of 1770; ⊙周一至周五 9:00~17:00, 周六和周日 至16:00）即使关门了，那些工作细致认真的志愿者也会将信息和手册留下，方便迷路的游客参考。

Discover 1770（☎07-4974 7557; www.discover1770.com.au; 壳牌加油站隔壁）许多不同旅游机构服务于探索海岸，经常转手或者合并，不过Discover 1770的员工热情友好，能指导游客做出决定。我们到访之时，它是唯一能够安排船只前往马斯格雷夫夫人岛的机构。

❶ 到达和离开

有几趟**灰狗巴士**（☎1300 473 946; www.greyhound.com.au）会绕道Bruce Hwy开往艾格尼斯水域，每日必经的站点包括班达伯格（$28, 1.5小时）和凯恩斯（$210, 21小时）。**Premier Motor Service**（☎13 34 10; www.premierms.com.au）也在城镇内外运行。

埃瑞姆布拉国家公园和深水国家公园（Eurimbula & Deepwater National Parks）

艾格尼斯水域南部8公里就是**深水国家公园**（www.nprsr.qld.gov.au/parks/deepwater），这是一片原始质朴的海岸地带，拥有悠长沙滩、徒步小道、淡水小溪、出色钓鱼地点和两个只能通过四驱车进入的露营地。这里也是赤蠵龟的主要繁殖地，它们在11月至次年2月筑巢产卵，1月至4月的晚上孵化出小海龟。

78平方公里的埃瑞姆布拉国家公园位于环山溪（Round Hill Creek）北侧，有沙丘、红树林和桉树林。这两处国家公园均有怡人海滩、徒步路径，虽位于丛林之中，地处偏远，却不难进入，而且风光秀美壮丽。

通过**NPRSR**（☎13 74 68; www.npsr.qld.gov.au; 许可证 每人/家庭 $6.15/24.60）办理露营许可证。Wreck Rock Campground提供一片规模不小的野餐区、雨水和地下水以及堆肥厕所。

格拉德斯通（Gladstone）

人口 37,941

格拉德斯通是一个全国闻名的中型城镇，既是采矿业主港口，又是工业小镇，拥有一个位于大堡礁上的发电站，显得格格不入。或许你想直接前往码头（位于Bryan Jordan Dr），那是主要的发船点，有船开往大堡礁的南部珊瑚礁岛，包括赫伦岛、马斯特海德岛（Masthead）和威尔逊岛。城内所有娱乐活动集中于Gondoon St的港口区。

Lake Awoonga Boat Hire（☎07-4975 0930; 快艇 半天 $80, 皮划艇 每小时 $15）既是一家民间导游机构，又是一个热情友好的租船地点。亦可选择**MV Mikat**（☎0427 125 727; www.mikat.com.au）。

🛏 住宿

Gladstone Backpackers　　　　青年旅舍 $

（☎07-4972 5744; www.gladstonebac

柯蒂斯岛（CURTIS ISLAND）

柯蒂斯岛同格拉德斯通隔海相望。别把它当作一个度假村岛屿，除了能在这里游泳、钓鱼和懒洋洋地躺在沙丘上，这里的主要诱人之处在于，每年10月至次年1月，稀有的平背龟会登陆其东海岸。露营许可证可以通过NPRSR（☎13 74 68；www.nprsr.qld.gov.au；许可证 每人/家庭 $5.45/21.80）预订，亦可入住Capricorn Lodge（☎07-4972 0222；capricornlodge@bigpond.com；住处 大约$80起），结识那里友好的人们。他们拥有一间街头小店和售酒许可证。Curtis Ferry Services（见418页）的渡轮每天往返于柯蒂斯岛和格拉德斯通之间，周二和周四停运。

kpackers.com.au；12 Rollo St；铺/标双 $28/66；@☎✉）这家青年旅舍位于码头附近一栋蓝色的昆士兰风格大楼之内，已经翻修一新。提供一个大型公用厨房和共用卫生间，宿舍客房和双床双人房崭新。退休老年游客、流动矿工和漫游的欧洲人喜欢坐在通风的游廊互相套近乎。可以免费使用自行车，旅舍还提供所有交通总站的免费接站。

✖ 餐饮

Gladstone Yacht Club　　小酒馆食品 $$

（☎07-4972 2294；www.gyc.com.au；1 Goondoon St；主菜 $22起；⏰周一至周四 正午至14:00和18:00~20:30，周五和周六 11:30~14:30和17:30~21:00，周日 11:30~14:00和18:00~20:30）夜店是澳大利亚地方城镇的生活支柱。在这些社交氛围浓厚的场所，啤酒持续供应，活动不停，食物通常丰盛而且物美价廉。这家夜店受人欢迎，汉堡和海鲜首屈一指。亦可在露天平台落座就餐，俯瞰水景。

Tables on Flinders　　海鲜 $$$

（☎07-4972 8322；2 Oaka La；主菜 $38起；⏰周二至周五 午餐，周二至周六 晚餐）如果想在格拉德斯通挥霍一下，来这里正合适。这里提供精美当地海鲜，包括新鲜泥蟹、小龙虾和对虾。

Lightbox　　葡萄酒吧

（☎07-4972 2698；56 Goondoon St；⏰7:00至深夜）这个华丽的葡萄酒吧位于新开发的娱乐区内，体现出格拉德斯通成熟的社交氛围。提供各种鸡尾酒以及美味熟食（腌肉）。早餐和咖啡同样值得推荐。

❶ 实用信息

游客中心（Visitor Centre；☎07-4972 9000；Bryan Jordan Dr；⏰周一至周五 8:30~16:30，周六和周日 9:30~16:30）位于码头附近。前往赫伦岛的船只从此出发，前往氧化铝厂的免费团队游也从此出发，氧化铝厂推动了当地经济发展。

❶ 到达和离开

飞机

澳洲航空（☎13 13 13；www.qantas.com.au）和**维珍航空**（☎13 67 89；www.virginaustralia.com）的航班停靠格拉德斯通机场（Gladstone Airport），机场距离市中心7公里。

船

Curtis Ferry Services（☎07-4972 6990；www.curtisferryservices.com.au；往返 成人/儿童 $30/18；家庭 $84起）提供于周一、周三、周五、周六和周日定时开往柯蒂斯岛的船。这班渡轮从格拉德斯通码头启航，中途停靠Facing Island的Farmers Point。可以根据需求安排前往附近其他岛屿的交通。

包船机构为数不少，亦可包船进入岛屿。

如果已经预订赫伦岛住宿，可以搭载这个度假村的接客船（单程 成人/儿童 $50/25，2小时），接客船每天11:00从格拉德斯通码头启航。

长途汽车

澳大利亚灰狗巴士（☎1300 473 946；www.greyhound.com.au）的几班长途汽车从布里斯班（$154，10小时）、班达伯格（$47，3小时）和罗克汉普顿（$24，1.5小时）开往格拉德斯通。终点就是Dawson Hwy的BP加油站，位于市中心西南大约200米。

火车

昆士兰州铁路（☎07-3235 1122，1800 872 467；www.queenslandrail.com.au）每天频繁发出北向和南向列车，途经格拉德斯通。Tilt Train从布里斯班

（$84起，5小时）和罗克汉普顿（$26起，1小时）开往格拉德斯通。

南礁群岛
（Southern Reef Islands）

大堡礁壮丽的北部已经引起轰动，南部礁岛却是"荒野求生"的理想地点：微型珊瑚环礁周围环绕着雪白沙地和蔚蓝海水，附近空无一人。美丽的埃利奥特夫人岛位于班达伯格东北80公里，从该岛开始，140公里的海洋之内零星分布着与世隔绝、无人居住的珊瑚礁和环礁，直至特赖恩岛（Tryon Island）。马斯格雷夫夫人岛（Lady Musgrave）实际就是大海中央一个蓝色的潟湖，赫伦岛对于热爱冒险的家庭游客而言是个天然乐园，也是世界一流水肺潜水地点。

这片礁区的几个岩礁是浮潜、潜水和亲近自然的绝佳地点——但前往这些岩礁通常要比到达近海岛屿花费更高。一些岛屿是重要的海龟和海鸟繁殖基地，游客应当牢记注意事项，确保野生动物不受伤害。

埃利奥特夫人岛（Lady Elliot Island）

埃利奥特夫人岛位于大堡礁的南部边缘，珊瑚礁植被占地40公顷，很多海龟在此产卵，在此处栖息的海鸟数量更是大得惊人。大堡礁南部是公认的浮潜和潜水的好去处。你可以探索海床上的沉船残骸，探访珊瑚海中花园、珊瑚礁头（珊瑚塔和露出海面的珊瑚）和风浪穴，还可以观察到各种各样的海洋生物，包括梭子鱼、大型蝠鲼和不伤人的豹纹鲨。

Lady Elliot Island Eco Resort（☎1800 072 200；www.ladyelliot.com.au；房间$175~420，儿童$95）如今已经运营数十年，然而，幸运的是，它并未失去魅力。小屋非常适合节约开支的四人旅行团，花园套房的避风效果较好，夜间活动范围更大。

赫伦岛和威尔逊岛
（Heron & Wilson Islands）

赫伦岛是较小的摩羯岩礁群（Capricornia Cays）的一部分，位居全球最佳水肺潜水地点之列，进出便利性更是数一数二。来到赫伦岛的游客通常目的明确——就是来体验水下天堂，但是这个岛屿地形崎岖，风光美不胜收，所以开展陆上之旅也很不错。这座小岛其实就是个珊瑚礁，岸上密布着茂盛的麻风桐，四周还环绕着24平方公里的暗礁。岛的东北部有一座度假村和一家研究站，占岛屿面积的三分之一左右；其余部分都是国家公园。注意，每年不同时段，200,000只鸟类分批栖息于此，所以有时可能鸟粪很多。

这个岛屿拥有出色海滩、绝佳浮潜环境，赶上合适的季节，还能观赏海龟。

Heron Island Resort（☎1300 863 248；www.heronisland.com；双/套$330/572起）并不特别迷人，但客房价格不菲。然而，在这里能够融入无与伦比的自然环境，这一点是罕见的，度假村本身不应成为到访理由。网站经常提供优惠价格。饮食套餐另外计费，住客需付

艺术之旅

Cedar Galleries（☎07-4975 0444；www.cedargalleries.com.au；Bruce Hwy, Calliope；◎周四至周六9:00~16:00，周日8:00~16:00）位于静谧的丛林中，可以进入乡村板房工作室，观看画家和雕塑家工作。要想挖掘自己的创作天分，可同到访艺术家一起参加艺术和工艺课程（提前致电预约），或者仅仅参观花园和画廊。这里还有一家咖啡馆、一个手工搭建的美丽迷人的婚礼教堂、儿童充气城堡、一个葡萄酒窖和一群友好的羊驼。这里每逢周日都会开办农贸市场（8:00至正午），是采购美味食品、新鲜烤面包、当地葡萄酒和手工礼品的理想地点。还有太多乐趣需要体验？可以入住Cedar Galleries的**寄宿农场**（单间 首晚$100，随后每晚$60），不过房间数量有限。

这个老派澳大利亚艺术家天地（位于格拉德斯通以南25公里）在Calliope东南7公里的Bruce Hwy旁设有路标。

每名成人/儿童$62/31（单程）作为交通费用，如果从格拉德斯通搭乘水上飞机来此，需付$338。

Heron Islander（☎1800 837 168；www.heronisland.com；成人/儿童 单程$62/31）每天14:00（2.5小时）从格拉德斯通发出。

要想旅程更加精彩，可以搭乘**水上飞机**（☎1300 863 248；www.heronisland.com；$338 单程）。根据需求，每天发出，起飞时间可能变化。

西北岛（North West Island）

西北岛是蔚为壮观的106公顷的珊瑚礁，规模位列本礁区第二。就像摩羯岩礁群国家公园（Capricornia Cays National Park）的大片地带，西北岛也是一个偏远的热带天堂。近年来，它的徒步和露营产业稳步发展。这里如今已是绿海龟和鸟类的重要栖息地；每年10月，数以万计的楔尾海鸥降落该岛筑巢，夜间发出令人毛骨悚然的鸣叫声，吓得露营者惊慌失措。很难想象西北岛曾是鸟粪地，并且开设了一家甲鱼汤罐头厂。如今这里真是人间天堂。

罗克汉普顿及周边（Rockhampton & Around）

人口 66,192

欢迎来到罗克汉普顿（别名"Rocky"）。这里遍地都是大宽檐帽、大牛仔靴、体格壮大的犹特人——不过要说个头最大的，还得是公牛。在罗克汉普顿，半径250公里范围内养殖了超过250万头牛，因此，它被冠以澳大利亚"牛都"的称号。这座狭长的城镇是昆士兰州的商业和管理中心。宽阔的马路和精致的维多利亚时期建筑（你可以漫步在Quay St）在一定程度上展示了19世纪的繁荣景象，那时正是黄金、铜矿及肉牛产业的鼎盛时期。

罗克汉普顿横跨摩羯热带区，因此天气十分炎热。这里是内陆地区，距离海岸线40公里，海风也不是很强烈。夏天十分潮湿，让人难以忍受。罗克汉普顿的闪光点不少，但它最大的亮点是作为通往以下地带的门户：海岸宝地耶蓬（Yeppoon）、大克佩尔岛（Great Keppel Island）以及北面的拜菲尔德国家公园（Byfield National Park）。

◉ 景点

★ 植物园　　　　　　　　　　　　花园

（Botanic Gardens；☎07-4932 9000；Spencer St；◉6:00~18:00）**免费** 这座花园是一方美丽的绿洲，位于城镇南部。热带和亚热带雨林、风景花园还有长满睡莲的潟湖都融合在这里。此处的日式花园是一片宁静之所。这里有**咖啡馆**（◉8:00~17:00）和规模不大、维护良好的**动物园**（◉8:30~16:30，免费入场）。动物园有考拉、袋熊、澳洲野狗、猴子等各种动物，还有一个步入式鸟舍。

梦想时间文化中心　　　　　　　文化中心

（Dreamtime Cultural Centre；☎07-4936 1655；www.dreamtimecentre.com.au；Bruce Hwy；成人/儿童 $15.50/7.50；◉周一至周五 10:00~15:30，团队游 10:30和13:00）在这里，轻轻松松就能了解到原住民和托雷斯海峡岛民的传统和历史。1.5小时的团队游精彩纷呈，且老少咸宜，你也可以参与亲身实践（可以掷飞镖哦！）。位于市中心以北约7公里处。

克肖花园　　　　　　　　　　　　花园

（Kershaw Gardens；☎07-4936 8254；经Charles St；◉6:00~18:00）**免费** 这个出类拔萃的植物园位于菲茨罗伊河（Fitzroy River）以北，专门培育澳大利亚本土植物。亮点包括人工急流、一片雨林地区、一个芬芳花园和历史建筑。

阿切尔山（Mt Archer）　　　　　　山

这座山海拔604米，有一些纵横交错的徒步小径，穿过野生动物丰富的桉树林和雨林。可从游客中心获取公园游览手册。

罗克汉普顿艺术馆　　　　　　　　画廊

（Rockhampton Art Gallery；☎07-4936 8248；www.rockhamptonartgallery.com.au；62 Victoria Pde；◉10:00~16:00）**免费** 这家画廊陈列着令人印象深刻的澳大利亚绘画作品，包括拉塞尔·德赖斯代尔爵士（Sir Russell Drysdale）和西德尼·诺兰爵士（Sir Sidney Nolan）的作品。还有当代原住民画家的作品。

阿切尔公园铁路博物馆 博物馆

(Archer Park Rail Museum; ☎07-4936 8191; www.rockhamptonregion.qld.gov.au; 51-87 Denison St; 成人/儿童/家庭 $8/5/26; ◎周一至周四 10:00~15:00,周日 10:00~13:00)开设在一座1899年建设的火车站内。博物馆通过照片和展品讲述车站历史,以及独一无二的Purrey蒸汽有轨电车的历史。登上经过修复的有轨电车兜兜风(全球同类机车仅剩这一辆),周日10:00~13:00行驶。

民俗文化村 博物馆

(Heritage Village; ☎07-4936 8688; www.heritagevillage.com.au; 296 Boundary Rd; 成人/儿童/家庭 $14/8.50/40; ◎9:00~16:00)这是暂停公路旅行、游玩一番的理想地点,尤其适合儿童。它是一个气氛活跃的博物馆,拥有仿古建筑以及忙碌的古装市民。教室、车库和重建的商店将会吸引各个年龄段的人。这里还有一个游客中心。位于市中心以北10公里,紧邻Bruce Highway(A1)。

🛏 住宿

Southside Holiday Village 房车公园 $

(☎07-4927 3013; www.sshv.com.au; Lower Dawson Rd; 无电/有电营地 $30/38,小屋 $93,别墅 $98~125; ❄@⊛☀)这座房车公园算是城里数一数二的了,小屋和别墅都收拾得井井有条,还配上了独立设施;露营地铺有大块的草坪,厨房也设计得很好。价钱可以两人分担。位于市中心以南大约3公里的一条繁忙的主干道旁。

Rockhampton Backpackers 青年旅舍 $

(☎07-4927 5288; www.rockhamptonbackpackers.com.au; 60 MacFarlane St; 铺/双 $23.50/60; ❄@⊛☀)无拘无束、朴实无华的旅舍属于国际青年旅舍联盟(YHA)。有时觉它像个职介所。提供一个大型厨房、开放式生活区和简朴的4卧宿舍。游客可在生活区分享有关养牛场和水果农场的信息。泳池不大,但是罗克汉普顿酷热夏日来临之时,可以下水清凉一下。

Myella Farm Stay 农场寄宿 $$

(☎07-4998 1290; www.myella.weebly.com; Baralaba Rd; 双/标三 $90/130起,2天/3天 $250/390,有电营地 $22; ❄@☀)10.6平方公里的农场位于罗克汉普顿西南125公里,让人感觉仿佛置身荒蛮之地。提供许多服务,包括适合过路客的舒适露营地和丛林餐饮($10~20)。不过,想要最好的体验,最好选择活动套餐,费用包括丛林探索、餐饮、住宿、农场服装以及前往罗克汉普顿的接送。丛林探索活动包括骑马、驾驶摩托车和乘坐

不要错过

摩羯洞(CAPRICORN CAVES)

摩羯洞(☎07-4934 2883; www.capricorncaves.com.au; 30 Olsens Caves Rd; 成人/儿童/家庭 $30/15/75; ◎9:00~17:00)是一处罕见的声音和视觉胜地,位于波塞克山脉(Berserker Range)脚下。波塞克山脉位于罗克汉普顿以北24公里,靠近摩羯洞小镇。最受欢迎的1小时团队游包含古典音乐录制,以及10:00点左右欣赏日光折射缔造的自然美景。这些古老洞穴像蜂巢一样覆在石灰石山脊上,你能看到洞穴珊瑚、钟乳石和悬空的无花果树根,或许还能看见小型食虫蝙蝠。

在冬至日(这里的"夏至",一年里白昼最长的一天)前后(约为每年12月1日至次年1月14日),阳光会通过一条14米垂直通道射入Belfry Cave,俨然一场电子灯光秀。如果站在光束正下方,你穿的衣服是什么颜色,反射出来的太阳光就是什么颜色——整个洞穴都会映成同一个颜色。

勇敢的洞穴探险家可以预订2小时的探险游($75;至少提前一天预订)。探险游会带你经过十分狭窄的地方,有的地方叫"胖子的悲剧"。年满16岁才能参加探险游。

摩羯洞地界有烧烤区、泳池、售货亭及住宿点(有电营地 $35,小屋 $150~180)。

四驱车。住宿就在经过修缮、铺设光洁木地板、带有宽敞游廊的农场建筑内。

Criterion   酒店 $$

(☎07-4922 1225; www.thecriterion.com.au; 150 Quay St; 小酒馆 房间 $65~90, 汽车旅馆房间 $130~160; ✾☎) 这是罗克汉普顿的一座气派的老酒吧。这里的门厅优雅大方,酒吧员工友好亲切,牛排酒馆更是备受推崇。酒店最上面两层有几十间带时代印记的房间,其中一些很有古风,所有客房性价比极高。房间里有淋浴,但必须要到一层的大厅上厕所。如果觉得这些房间过于质朴或者吵闹,可以选择隔壁那些平淡无奇但是现代时尚的汽车旅馆客房。

Coffee House   汽车旅馆、公寓 $$

(☎07-4927 5722; www.coffeehouse.com.au; 51 William St; 房间 $150~180; ✾☎❄) 这家住所提供小巧玲珑而且铺设瓷砖的汽车旅馆客房、设施齐全的公寓以及水疗套房。所有客房精心装修,包含深色木质写字台。附带一家时髦的三合一店面——咖啡馆、餐厅和葡萄酒吧。

★Denison Boutique Hotel   精品酒店 $$$

(☎07-4923 7378; www.denisonboutiquehotel.com.au; 233 Denison St; 双 $200) 这是罗克汉普顿最新的酒店,而且最出色:一栋建于1885年、无与伦比的白色建筑,周围环绕着玫瑰花园和树篱,客房有超大的四柱床铺、高耸的天花板和大尺寸的等离子电视。网上提供折扣,价格比较亲民。

餐饮

Saigon Saigon   亚洲菜 $

(☎07-4927 0888; www.saigonbytheriver.com; Quay St; 主菜 $12~28; ⊙周三至周一 午餐和晚餐; ♪) 这个两层的小竹屋俯瞰着菲茨罗伊河,主打美味可口的泛亚食品,配以袋鼠肉和鳄鱼肉等当地特产,美食就在一个咝咝作响的汽锅之内制作。不想品尝爬行动物? 没关系,菜品琳琅满目,就像餐馆外部的五彩霓虹灯一样。还有许多素食。

Ginger Mule   牛排 $

(☎07-4927 7255; 8 William St; 主菜 $10 起; ⊙周二至周四 正午至午夜,周五 正午至次日2:00,周六 16:00至次日2:00) 这家小餐馆算是罗克汉普顿最酷的一家店,虽然店家自称做的是西班牙小吃,但来这里吃饭的人都是为了牛排。这里的牛排三明治($11)堪称昆士兰州最为物美价廉的食品之一。售价$12的牛脊肉一直热卖到深夜。入夜后这家店会变身成鸡尾酒吧。

Pacino's   意大利菜 $$

(☎07-4922 5833; Fitzroy St和George St交叉路口; 主菜 $25~40; ⊙午餐和晚餐) 这家餐馆由一个家族经营,已经有30年之久。它是最受欢迎的海滨餐馆之一,又是方圆数里最好的意大利餐厅。虽然价格昂贵,但是深受青睐,这里提供丰盛的意大利面食和许多地方特色菜。你肯定不会想到,这个小地方还有那么出色的羊脑和龙虾意饺,不过别点比萨。

Restaurant 98   海鲜 $$

(☎07-4920 1000; www.98.com.au; 98 Victoria Pde; 主菜 $18~46; ⊙每天 早餐,周一至周五 午餐,周一至周六 晚餐) 这家受到认可的餐厅隶属汽车旅馆Motel 98(双 $124起),牡蛎、牛排和大壶的优质红酒是其招牌餐饮。可以坐在店内,或是坐在俯瞰菲茨罗伊河的平台上。

★Great Western Hotel   小酒馆

(☎07-4922 1862; www.greatwesternhotel.com.au; Stanley St和Denison St交叉路口; ⊙10:00至次日2:00) 既是乡村小酒馆,又是音乐表演场地,还是罗克汉普顿的社交场合之一。规划好时间,在周三或周五晚上来,能看到勇敢的牛仔在场上被愤怒的公牛或是野马甩来甩去。这是一个乐趣十足的地方,很多物品都令人想到B级西部片。偶尔会有摇滚乐队来这里做巡回表演,还有终极格斗(Ultimate Fighting)以及脱口秀;入场券可以上网订购。食物是极好的牛排。

❶ 实用信息

摩羯热带区游客中心(Tropic of Capricorn Visitor Centre; ☎1800 676 701; Gladstone Rd; ⊙9:00~17:00) 这个乐于助人的游客中心在高速公路上,就在摩羯热带区标记附近,位于镇中心以南3公里。

❶ 到达和离开

飞机
澳洲航空（☎13 13 13；www.qantas.com.au）和**维珍航空**（☎13 67 89；www.virginaustralia.com）为罗克汉普顿搭起了与其他城市沟通的桥梁。机场离镇中心大约有6公里。

长途汽车
灰狗巴士（☎1300 473 946；www.greyhound.com.au）的汽车从罗克汉普顿开往布里斯班（$168, 12小时）和麦凯（Mackay; $65, 4小时）以及其他目的地。

火车
昆士兰州铁路（☎1800 872 467；www.queenslandrailtravel.com.au）每天有一班列车开往布里斯班（$135, 12小时）和格拉德斯通（$39, 3小时）。

耶蓬（Yeppoon）

人口 17,241

耶蓬从海滨的小村庄逐渐变成成熟的市镇，是大克佩尔岛之旅的启程点。如今，这里悠长美丽的沙滩成为度假胜地或者居住佳地，吸引了许多放牧人、矿工和附近的罗克汉普顿人前来避暑。内陆的火山岩地、菠萝田以及北方不远处的美不胜收的拜菲尔德国家公园，都让耶蓬显得多姿多彩，但是澳大利亚外地游客经常将它忽略。宽阔安静的街道、昏昏欲睡的汽车旅馆和海滨咖啡馆为黑红狐蝠创造了理想的夜间栖身之所，它们飞过主海滩，呈现令人惊诧的日落景象。

✈ 活动

Sail Capricornia 游轮
（☎0402 102 373；www.sailcapricornia.com.au; 全天游轮 含午餐 成人/儿童 $115/75）Sail Capricornia提供乘"Grace号"双体船的浮潜游轮游，另外这里还提供日落游轮游（$55）以及3天游轮游（$499）。

Funtastic Cruises 游轮
（☎0438 909 502；www.funtasticcruises.com; 全天游轮 成人/儿童/家庭 $98/80/350）乘17米长的双体船进行浮潜游，时长一天，会在大克佩尔岛停留2小时，提供早茶和下午茶，以及各种浮潜装备。也有项目组织游客下船去岛上露营。

🛏 食宿

Beachside Caravan Park 房车公园 $
（☎07-4939 3738; Farnborough Rd; 有电营地 $31~34, 无电营地 $28）这处露营地位于城镇中心以北，靠着美丽的沙滩。营地虽然不大，但配有基础设施，干净整洁。这里草地阴凉，设施便利。但是没有小屋或是固定的房车可住。价钱是两人的。

★ Surfside Motel 汽车旅馆 $$
（☎07-4939 1272; www.yeppoonsurfsidemotel.com.au; 30 Anzac Pd; 房间 $140起; ❄@🌐🏊）位置和服务使这家汽车旅馆跻身耶蓬最佳住所之列。这家建于20世纪50年代的旅馆在海滩对面，离小镇很近，其黄绿色的外观可以说是夏季假日海滩的亮点。旅馆的房间宽敞、设备齐全，配有烤面包机、吹风机和免费Wi-Fi，住在这里真是相当划算。如果住3晚或以上，价格会便宜一点。

While Away B&B 民宿 $$
（☎07-4939 5719; www.whileawaybandb.com.au; 44 Todd Ave; 标单 $115, 双 $140~155, 含早餐;❄）这是一家经久不衰的民宿，拥有面积宽敞、整洁的客房，配备轮椅通道。地段安静，远离海滩。房东热情好客，提供免费小吃、茶水、咖啡、波特酒和雪莉酒，以及丰盛早餐。

Coral Inn Yeppoon 青年旅舍 $$
（☎07-4939 2925; www.coralinn.com.au; 14 Maple St; 双/四 $129/149起; ❄@🌐🏊）草坪美丽迷人，客房五彩缤纷，就像珊瑚礁一样，全部带有卫生间和现代化生活设备。因此，这家青年旅舍成为极品住所。它距离海滩不远。家庭游客和眼光敏锐的团队游客将会特别喜欢这里的四人间、公共厨房，以及带有吊床和怡人泳池的微型"海滩"区。注意，管理人员制定了许多规定约束喧嚣吵闹的背包客。

Strand Hotel 小酒馆食品 $
（☎07-4939 1301; www.thestrandyeppoon.com.au; 2 Normanby St; 主菜 $16起; ☺周一至

周五 正午至14:30和18:00~21:00，周六和周日11:30~14:30和17:30~21:00）这家华丽古老的小酒馆面朝大海，最近装修一新，安装有玻璃落地窗，并且配备人造革家具。食物品质不错，从比萨（$16~24）到出色牛排（$29~42），应有尽有。周末经常上演现场音乐，工作日夜晚时有时无，难以捉摸。

★ **Megalomania** 创意菜 $$$

（☎07-4939 2333；www.megalomaniabarandbistro.com.au；James St和Arthur St交叉路口；主菜$26~40；⊙周二至周六 正午至14:00和18:00至深夜）这家融合澳大利亚和亚洲风味的餐厅带有一种难以模仿的时髦氛围，这使它在沿海小镇脱影而出。由主厨Callan Crigan掌舵。我们选择面包屑虎虾和红海盐软壳蟹作为开胃菜（每人$18），选择拜伦湾五花肉和白豆酱澳大利亚肺鱼作为主菜（每人$36）。你也可以选别的。可以懒洋洋地坐在无花果树下，品味鸡尾酒，或者坐在植物茂密的室内，大快朵颐。

🛈 实用信息

摩羯海岸信息中心（Capricorn Coast Information Centre；☎1800 675 785；www.capricorncoast.com.au；Ross Creek Roundabout；⊙9:00~17:00）提供大量有关摩羯海岸和大克佩尔岛的信息，而且可以预订住宿和团队游。

🛈 到达和离开

耶蓬位于罗克汉普顿东北方向43公里处。**Young's Bus Service**（☎07-4922 3813；www.youngsbusservice.com.au）频繁发出汽车，从罗克汉普顿（单程$6.70）开往耶蓬，然后继续前往罗斯林湾码头（Rosslyn Bay Marina）。

如果自驾出行，白天可以在码头免费停车。若停车时间较长，可将车停到安全的室内停车场——**大克佩尔岛室内停车场**（Great Keppel Island Security Car Park；☎07-4933 6670；422 Scenic Hwy；每天$15起），该停车场位于耶蓬南部Scenic Hwy上前往码头的岔口。

Keppel Konnections和Funtastic Cruises（见423页）每天都从耶蓬开往大克佩尔岛和大克佩尔国家公园的船。

大克佩尔岛（Great Keppel Island）

大克佩尔岛是摩羯海岸的一颗明珠，满足了都市旅游群体对于荒岛的一切幻想。这里曾有澳大利亚最具代表性的度假村之一，这座4平方公里的小岛，原始丛林的覆盖面积高达90%，共有17片海滩，全都美不胜收。这里正在建设一个大型度假村、环境研究中心和高尔夫球场，所以如果打算独享这座岛屿，得尽快动身。

值得一游

拜菲尔德（BYFIELD）

拜菲尔德是拜菲尔德国家公园内的一个村庄，位于耶蓬以北40公里，这里景致多样，不同凡响，而且深藏不露：荒芜的沙丘伸向多岩的山峰、湿地和亚热带雨林。搭乘四驱车，可以前往偏远的徒步路径和遗世独立的海滩，美景足以令你流连忘返。

Nob Creek Pottery（☎07-4935 1161；www.nobcreekpottery.com.au；216 Arnolds Rd；⊙周四至周一 10:00~16:00）**免费** 是一个对外开放的陶器厂和展览，位于枝叶繁茂的雨林之中。展馆陈列人工吹制玻璃、木制品和珠宝；手工陶瓷制品同样出类拔萃。参加**Waterpark Eco-Tours**（☎07-4935 1171；www.waterparkecotours.com；201 Waterpark Creek Rd；2~3小时 团队游$27.50，小屋$150）的乘船游，穿过雨林，留意观察艳蓝色的翠鸟、幼龟和粗大的鳗鱼。

总共有五处**露营地**（☎13 74 68；www.nprsr.qld.gov.au；每人/家庭$6.15/24.60）可供选择（提前预订）。九英里海滩和Five Rocks都在海滩上，需要搭乘四驱车前往。

Byfield Mountain Retreat（☎07-4935 1161；www.byfieldmountainretreat.com；216 Arnolds Rd；每晚/每周$250/1300）位于26公顷芳香四溢、蔚为壮观的雨林之内，距离拜菲尔德村庄只有很短车程，适合所有期待回归自然的人。

Great Keppel Island 大克佩尔岛

✈ 活动

Freedom Fast Cats　　　　　游轮
(☏07-4933 6888; www.freedomfastcats.com; Keppel Bay Marina, Rosslyn Bay; 团队游 儿童/成人 $50/78起)组织各种岛屿之旅,从玻璃底船珊瑚礁观赏,到浮潜和栅栏网(boom-netting)下海,种类多样。

Great Keppel Cruises　　　　划船
(☏0401 053 666; www.greatkeppelcruises.com.au; 半天/全天旅程 $65/125)"克佩尔梦想号"(Keppel Dreams)从渔夫海滩(Fisherman's Beach)前往岛屿周边带游客开展浮潜之旅。出发时间刚好能与来自耶蓬的Keppel Konnections对接。

Watersports Hut　　　　　水上运动
(见425页地图; ☏0415 076 644; Putney Beach; ◷周六、周日和学校假期)Watersports Hut位于主沙滩上,这里出租浮潜装备、皮划艇和双体船,还有滑道项目。

🛏 食宿

★ Svendsen's Beach　　　　小屋 $$
(☏07-4938 3717; www.svendsensbeach.com; 双 $115起)这个与世隔绝的精品住所处于大克佩尔的另一侧。要求三晚起住,其实住三天远远不够。由见多识广的卡尔(Carl)和林迪(Lindy)经营,他们坚持生态环保理念,充分利用太阳能和风能;甚至还有一个丛林桶淋浴。这是浮潜、丛林徒步和浪漫出游的理想大本营。提供以下客房:高架木制平台上的奢华帐篷平房(双人间 $115)、色彩缤纷的单间($150)和房屋($200起;最多容纳4人),全部距离海滩咫尺之遥。

Great Keppel Island Hideaway　　度假村 $$
(☏07-4939 2050; www.greatkeppelislandhideaway.com.au; 旅行帐篷 $90 房间 $140~200, 小屋 $200~360)这个度假村位于渔夫海滩的一个海湾上,占据大片地区。各式小屋、房屋和旅行帐篷之间相隔甚远,这可以为家庭游客提供宁静和私密的环境。实际上,附近有一家海滨餐馆(主菜 $12~25),住客可以去那儿谈论各自的住所,在日落时分啜饮酒水,以及随意计划前往附近某处漫步大自然。

Keppel Lodge　　　　　客栈 $$
(见425页地图; ☏07-4939 4251; www.

keppellodge.com.au; Fisherman's Beach; 双 每人 $65~75; 房屋 $520~600; @ ☎)这家客栈性价比极高,穿过一小片沙地,即可到达渔夫海滩。开放式房屋赏心悦目,拥有四个大卧室(带有卫生间),与一个大型公共休息室和厨房相连。可以整租(完全适合团体预订),或者作为独立套房单租。

Island Pizza 比萨 $

(见425页地图; ☎07-4939 4699; The Esplanade; 菜肴 $6~30; ⊙时间不定)这个比萨店选址不佳,如果你能搞清楚它的确切营业时间,我们甘拜下风。但是如果光顾时间够长,将会有人告诉你。比萨又大又美味,大量使用菠萝。

❶ 到达和离开

搭乘渡轮从耶蓬的罗斯林湾码头(Roslyn Bay Marina)到大克佩尔需要30分钟。**Keppel Konnections**(www.keppelkonnections.com.au)的渡轮每天9:00和15:00从耶蓬启程前往大克佩尔岛,10:00和16:00返回。**Freedom Fast Cats**(☎07-4933 6888; www.freedomfastcats.com; 往返 成人/儿童/家庭 $55/35/160)的渡轮9:15从耶蓬启程,14:30或15:45(根据当日和季节确定)返回。

摩羯腹地 (Capricorn Hinterland)

罗克汉普顿以西的中央高原(Central Highlands)拥有两个很棒的国家公园。布莱克当台地国家公园(Blackdown Tableland National Park)神秘莫测,名声在外;而去了卡那封国家公园的游客一定会赞叹那里壮观的峡谷。

在内陆270公里处的埃默拉尔德(Emerald),你可以在炽热的石堆里弯着腰寻找宝石。内陆环境不错,身边都是好心人。尽量在比较凉爽的4月至11月前来。

卡那封国家公园 (Carnarvon National Park)

卡那封峡谷(Carnarvon Gorge)充分展示了澳大利亚壮观的自然美景。峡谷全长30公里、高200米,是由卡那封溪(Carnarvon Creek)冲刷数百万年形成的,其支流穿透了软化的沉积岩,形成了仙境般的绿洲。这里植物繁盛,为动物提供了庇护所,使它们不至于生活在荒凉的地方。在这里你会发现巨大的苏铁、紫萁、细枝木麻黄、巨桉、菜棕,以及深

另辟蹊径

宝石田(GEM FIELDS)

宝石田位于昆士兰州中部,这里环境艰苦,当年大批寻宝者来此艰难度日,直至觅得宝物或者受热中暑。冬季,寻宝者蜂拥而至,到了夏季,这些城镇则可罗雀。多数人都是冲着蓝宝石来的,偶尔也能挖到几颗锆石,至于红宝石,那就相当少见了。蓝宝石城(Sapphire)和红宝石谷(Rubyvale)是宝石田地的两个主要的城镇。

要想寻宝,需要办理许可证(www.dnrm.qld.gov.au; 成人/家庭 $7.75/11.15);可以前往本地区的一些地点办理——中央高原游客中心(Central Highlands Visitors Centre; www.centralhighlands.com.au; 3 Clemont St; ⊙10:00~16:30)提供名单,或者上网办理。如果只想随便玩玩,可从寻宝公园购买一桶"矿物泥水",然后手工筛滤。

Bobby Dazzler Mine Tours(☎07-4981 0000)将会教你采用正确方法体验寻宝,并且会讲述大量当地历史和宝石色彩。

Pat's Gems(☎07-4985 4544; 1056 Rubyvale Rd, Sapphire; ⊙8:30~16:00)是一个奇特的商店和寻宝站,此地常客和游玩淘宝者可以来此租借设备以及听取寻宝建议。

Sapphire Caravan Park(☎07-4985 4281; www.sapphirecaravanpark.com.au; 57 Sunrise Rd, Sapphire; 带电/不带电营地 $29/25, 小屋 $115)非常干净、待客热情,位于4英亩的山地上,提供藏身桉树林之中的营地和小屋。非常适合寻宝者居住。

水池和溪流中的鸭嘴兽。过去潜逃的罪犯经常会藏在这些历史悠久的岩画之间。1932年，农民们放弃了对牧场的租用权，这里成为一处国家公园。

对多数人而言，卡那封峡谷就是卡那封国家公园，因为公园的其他地区，包括莫法特山（约1.9万年前原住民部落就在此生活）、卡卡蒙迪（Ka Ka Mundi）和萨尔瓦多罗萨（Salvator Rosa），长期以来都难以进入。

如果从罗尔斯顿（Rolleston）过来，沿途有75公里的沥青路面，还有20公里土路。如果从罗马途经因捷尼（Injune）和Wyseby的农庄过来，大约215公里都是沥青路面，路况还很不错，不过后边还有约30公里的土路，凹凸不平，不太好走。如果下了大雨，这些路面就难以通行。

主要的步道从此开始，可以沿着卡那封溪穿越峡谷，也可以绕路前往不同的景点。这些景点包括青苔花园（Moss Garden；距离野餐地3.6公里）、Ward's Canyon（4.8公里）、艺术馆（Art Gallery；5.6公里）和大教堂洞（Cathedral Cave；9.3公里）。来这里玩至少得预留出一整天的时间。

Sunrover Expeditions（☎1800 353 717；www.sunrover.com.au；游猎之旅 每人 含3餐 $940）8月至10月经营每期5天的露营游猎，带你深入探索卡那封峡谷。

住宿

国家公园露营地位于**Big Bend**（☎13 74 68；www.qld.gov.au/camping；营地 每人/家庭 $6.15/24.60）和**莫法特山**（Mt Moffat；☎13 74 68；www.qld.gov.au/camping；营地 每人/家庭 $6.15/24.60），还有出类拔萃的**Takarakka Bush Resort**（☎07-4984 4535；www.takarakka.com.au；Wyseby Rd；无电/有电营地 $38/45起，小屋 $195~228），提供旅游帐篷、村舍和小屋。

Carnarvon Gorge Wilderness Lodge 度假屋 $$$

（☎1800 644 150；www.carnarvon-gorge.com；Wyseby Rd；双 $220起；⊙11月至次年2月停业；❋）深藏于丛林，有内陆风光。露营者睡醒之时，可能发现袋鼠正在他们迷人的帐篷小屋外面吃草。这里还提供精彩的导览游，其中还有包含全部食宿的组合套餐（每人 $155~300）。

降灵海岸

包括 ➡

麦凯	430
萨利纳	434
伊加拉	434
坎伯兰群岛	436
希尔斯伯勒角国家公园	436
降灵群岛	436
鲍恩	448

最佳就餐

- ➡ Mr Bones（见444页）
- ➡ Fusion 128（见432页）
- ➡ Harry's Corner（见444页）
- ➡ Jochheims Pies（见449页）
- ➡ Paddock & Brew Company（见432页）

最佳住宿

- ➡ Qualia（见447页）
- ➡ Kipara（见441页）
- ➡ Stoney Creek Farmstay（见430页）
- ➡ Riviera Mackay（见431页）
- ➡ Platypus Bushcamp（见435页）

为何去

许多前往澳大利亚的旅行者——尤其是那些热衷航海的人，会毫不犹豫选择前往降灵群岛，并且几乎都不愿离开。这些带白色边缘的小岛有绝美的珊瑚海岸，从岸边就能看到。猫眼石般清澈的海水和纯白的沙滩围绕着森林覆盖的群岛。群岛间，热带鱼在世界最大的大堡礁海洋公园内穿梭。艾尔利海滩作为前往群岛的门户，是背包客的聚集地，许多皮肤黝黑的人们活跃在游船、海滩和夜店间。对于那些预算不太多的旅行者来说，降灵群岛也是最佳选择。

位于艾尔利南部的麦凯是一个典型的昆士兰州海滨小镇，棕榈树点缀的街道旁有许多艺术装饰风格的建筑。从这里前往伊加拉国家公园十分便捷。这个偏僻的国家公园内植被茂盛，这里的鸭嘴兽尽情在野外嬉戏玩耍。艾尔利沙滩北部稍显迷你的鲍恩是背包客度假的另一处低调的选择。

何时去

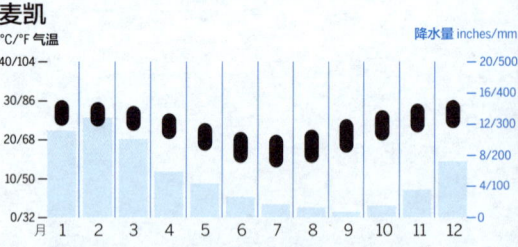

6月至10月 享受晴朗天空、温和气候和没有蜇人生物的大海的绝佳时机。

8月 帆船轻抚水面，在艾尔利海滩竞赛周期间享受派对乐趣。

9月和10月 沿岛划独木舟的最佳时节。

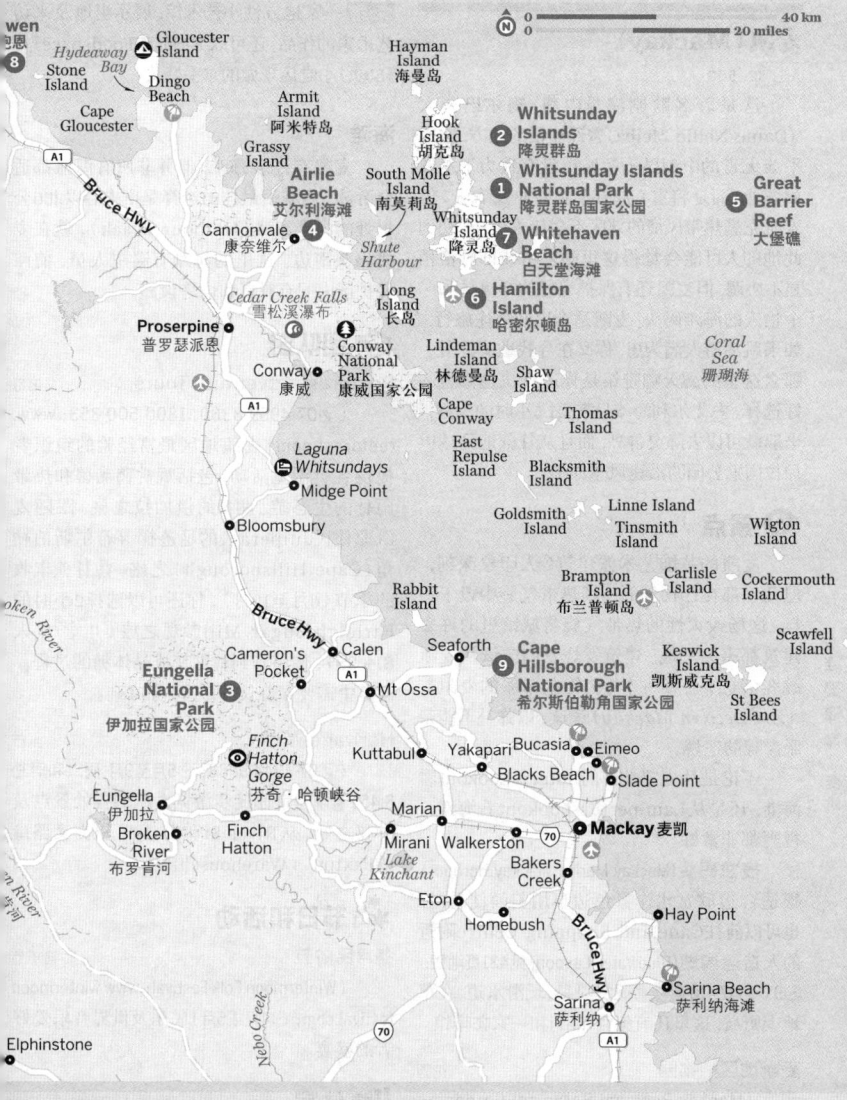

降灵海岸亮点

❶ **降灵群岛国家公园**（见438页）在星空下露营，仿佛荒岛求生。

❷ **降灵群岛**（见436页）航行于碧波荡漾的水域之间。

❸ **伊加拉国家公园**（见435页）在迷雾雨林间徒步，耐心等候害羞的鸭嘴兽出现。

❹ **艾尔利海滩**（见439页）在充满乐趣的艾尔利海滩，一边大口喝啤酒，一边开心玩耍。

❺ **大堡礁**（见437页）在周边的外礁潜水和浮潜。

❻ **哈密尔顿岛**（见447页）在陡峭的森林步道徒步。

❼ **白天堂海滩**（见448页）被亮白的石英砂海滩晃到目眩。

❽ **鲍恩**（见448页）在这座小城采摘水果，或在空旷的海湾中游泳。

❾ **希尔斯伯勒角国家公园**（见436页）在这处偏僻的地方，丛林和海滩在此相会。

麦凯（Mackay）

人口 82,500

这是著名歌剧演员内莉·梅尔巴夫人（Dame Nellie Melba）曾经生活的地方，这座平淡无奇的中型昆士兰城市没有致力于发展旅游业，而是将重心放在了制糖业及农业，但麦凯充满热带风情的郊区不会让人失望。初到此地的人可能会觉得这里的艺术装饰风格稍显不协调，但麦凯还有保护完好的红树林和一个怡人的海滩码头。麦凯适合出城短途旅行，如果跳岛游人满为患，你又在寻找歇脚之处，那么这里的露天咖啡馆是你进行快速修整的好选择。去艾尔利海滩只需要1.5小时的车程，坐船就可以去降灵群岛，而且从甘蔗地到达伊加拉国家公园的沿途风景如画。

◉ 景点

麦凯的装饰艺术派建筑令人印象深刻，但几乎都在1918年的一场热带气旋中毁于一旦，这场毁灭性的热带气旋将城镇里的许多建筑都夷为平地。建筑发烧友们应该从麦凯游客信息中心领一本《装饰艺术派的麦凯》（*Art Deco in Mackay*）读读，以弥补不能亲眼参观的遗憾。

不论是从麦凯北部的Rotary Lookout看海港，还是从Lam-pert's Lookout看海滩，视野都非常好。

麦凯码头 (Mackay Marina; Mackay Harbour) 很适合边欣赏水岸景色边享用美酒佳肴，你也可以前往Caneland Shopping Centre附近的人造**蓝潟湖**（Bluewater Lagoon；见431页地图；◉9:00~17:45）免费观赏喷泉、玩滑水道、在草地上野餐，这里还有免费Wi-Fi和一家咖啡馆。

麦凯地区植物园 花园

（Mackay Regional Botanical Gardens; Lagoon St）这个植物园位于市中心以南3公里处，占地33公顷。对植物爱好者来说，这个花园不容错过。里面有五个主题公园，还有Lagoon咖啡餐厅（周三至周日营业）。

麦凯艺术中心 画廊

（Artspace Mackay；见431页地图；📞07-4961 9722；www.artspacemackay.com.au；Gordon St；◉周二至周五 10:00~17:00，周六及周日 10:00~15:00）免费一家地方性小艺术馆，展示当地及来访艺术家的作品。还可以细细品味Foodspace（见433页）小吃店现做的拿手好菜。

海滩

麦凯有许多海滩，但并非所有海滩都适合游泳。离城镇最佳的选择是市中心以北6公里处的海港海滩（Harbour Beach），就在麦凯码头南边。这里的海滩有巡逻人员，前海保护区内配有餐桌和烧烤设施。

☞ 团队游

Reeforest Adventure Tours 文化游

（📞07-4959 8360, 1800 500 353；www.reeforest.com）麦凯地区最富经验的组织者提供各类游览活动，包括观赏鸭嘴兽和热带雨林的生态游、两日的伊加拉之旅、跟随麦凯原住民Juipera人的足迹探寻希尔斯伯勒角（Cape Hillsborough）之旅。在甘蔗丰收的季节（6月至12月），你还可以选择2小时的Farleigh Sugar Mill参观之旅（儿童/成人$14/28），你将看到甘蔗变成晶体糖的过程。游览中需要穿着长裤，不要穿凉鞋。

Heritage Walk 步行

（📞07-4944 5888；◉5月至9月 周二和周三 8:45）免费带你徒步游览麦凯的各处景点及神秘之处。从River St和Carlyle St交叉路口的Paxton's Warehouse出发。

✿ 节日和活动

冬月民俗节 音乐节

（Wintermoon Folk Festival；www.wintermoonfestival.com；◉4月或5月）民乐及世界音乐爱好者的盛宴。

🛏 住宿

★ Stoney Creek Farmstay 农场寄宿 $

（📞07-4954 1177；www.stoneycreekfarmstay.com；Peak Downs Hwy；铺/棚/小屋 $25/130/175）这处幽静的荒野居所位于麦凯以南32公里处，可谓最佳住宿选择。你可以选择住在那些讨人喜欢的歪斜小屋或充满乡村气息的代养马厩中。也可以选颇为吸引人的Dead Horse Hostel，在这里你可以完全忘却那些现

Mackay 麦凯

◎ 景点
1 麦凯艺术中心 B3
2 蓝潟湖 B1

🛌 住宿
3 Coral Sands Motel C2
4 International Lodge Motel C2
5 Riviera Mackay C1

✘ 就餐
6 Austral Hotel B2

7 Burp Eat Drink D2
　Foodspace .... (见1)
8 Fusion128 .... D2
9 Kevin's Place D2
10 Oscar's on Sydney D3
11 Paddock & Brew Company C2
12 Woodsman's Axe Coffee D2

🍸 饮品和夜生活
13 Ambassador Hotel D1
14 Cartel C2

代化设备, 体验十足的荒野生活。3小时的骑马项目每人花费$105, 除此以外这里还组织许多其他活动。如果你连续两天骑马, 可免费住宿多人间。

Mackay Marine Tourist Park　房车公园 $

（☎07-4955 1496; www.mmtp.com.au; 379 Harbour Rd; 有电/无电营地 $35/32, 别墅 $110~180; ❋@🏊🐕）进入这家寻常的房车公园, 所有的小屋和别墅都配有私人露台和宽屏电视。巨大的蹦床一定会让你爱上这里。

Riviera Mackay　公寓 $$

（见431页地图; ☎07-4088 1459; www.rivieramackay.com.au; 5-7 Nelson St; 单人/双人床 公寓 $171/256）麦凯绝对需要这样一处明亮且别具风格的住宅, 这里的建筑风格受到美国加州棕榈泉的影响, 与城市以南市中心的时髦公寓类似。在这个消费水平较高的城市, 这里可谓是一个高性价比的住宿选择。

Coral Sands Motel　汽车旅馆 $$

（见431页地图; ☎07-4951 1244; www.coralsandsmotel.com.au; 44 Macalister St; 房间

$115起；❄🌐🏊）这间汽车旅馆是麦凯不错的中档住宿选择，卖点是人性化的管理、较大的房间和市中心优越的地理位置。这家汽车旅馆颇受短途商旅者的欢迎，你并不会在意其热带雨林的风格有多俗气，因为旅馆临河，出门就是商店、酒吧和咖啡馆，是性价比较高的选择。

Potter's Oceanside Motel 汽车旅馆 $$

（📞07-5689 0388；www.pottersoceansidemotel.com.au；2c East Gordon St；双 $149~169，公寓 $269；❄🌐🏊）靠近并不怎么吸引人的城镇海滩，如需缓解旅途劳累，这家汽车旅馆是个不错的暂时之选。入住时会提供一杯啤酒，工作人员会亲自带你前往拥有花园景色、整洁而现代的房间（轮椅能方便到达其中一些房间）。旅馆的小餐厅供应不错的早餐，另外这里也有客房送餐服务。如果你一路上已经感到疲惫不堪，这家汽车旅馆是个放松身心的好地方。

International Lodge Motel 汽车旅馆 $$

（见431页地图；📞07-4951 1022；www.internationallodge.com.au；40 Macalister St；房间 $105起；🅿❄🌐）这家不错的中档汽车旅馆位于一栋略丑的褐黄色建筑中，配以棕色的屋顶和一处混凝土堆砌的花园。房间整洁、明亮，令人心情舒适，住在这里你会觉得离热闹的城市夜生活仅一步之遥。

Clarion Hotel Mackay Marina 豪华酒店 $$$

（📞07-4955 9400；www.mackaymarinahotel.com；Mulherin Dr；双 $249起；❄@🌐🏊）这家位于码头边的大型连锁酒店在开业之初就是当地人热议的话题，如今这里仍有专业化的运营团队，是商务人士的首选。酒店有自己的餐厅和一个巨大的游泳池，房间内有小型厨房和私人阳台。酒店位于市中心东北6.5公里处。沿着Sydney St往北，经过福根桥（Forgan Bridge）可到达酒店。网上预订可在酒店标准房价的基础上享受折扣。

🍴 就餐

Woodsman's Axe Coffee 咖啡馆 $

（见431页地图；41 Sydney St；咖啡 $4.30起；⏰周一至周五 6:00~14:00，周六和周日 7:00~14:00）这里提供镇上最好喝的咖啡，还有各类点心，如墨西哥卷、乳蛋饼和松饼。

Maria's Donkey 西班牙小吃 $

（📞07-4957 6055；8 River St；西班牙小吃 $8~15；⏰周三和周四 正午至22:00，周五至周日至午夜）尽管有些怪异，但是来这里就餐，在川流不息的河边吃各式各样的西班牙小吃，喝着桑格利亚酒，欣赏时不时开始的现场音乐表演，会让你度过一段美妙时光。这里的服务水平不太稳定，但这也是其魅力所在。

Fusion 128 新派澳大利亚菜 $$

（见431页地图；📞07-4999 9329；128 Victoria St；主菜 $13.50~33；⏰11:30~14:00，17:30~22:00）麦凯正成为越来越多美食家的目的地，Fusion 128就是新晋的热门选择。这家休闲的工业设计风格餐厅，灯光昏暗，老板David Ming热情好客。餐厅的菜肴融合了亚洲风味与澳大利亚本土材料，这里还提供鸡尾酒及各类甜点。

Paddock & Brew Company 美国菜 $$

（见431页地图；📞0487 222 880；94 Wood St；主菜 $18~30）麦凯确实需要这么一家高端的美国家庭风格餐厅，主打精酿啤酒，在这里还可以吃到十分美味的汉堡（$25）。这家美国餐厅属于北昆士兰州创意料理的新分支，Paddock & Brew的服务人员在木质餐桌间穿梭，十分高效，客人们吃完往往会继续去狂欢。

Oscar's on Sydney 融合菜 $$

（见431页地图；📞07-4944 0173；Sydney St和Gordon St交汇处；主菜 $10~23；⏰周一至周五 7:00~17:00，周六 至16:00，周日 8:00~16:00）这家热门咖啡馆的美味小松饼（一种覆盖各类配料的传统荷兰薄煎饼）广受欢迎，然而其他小吃也值得一试。这里是吃早饭的首选地点。

Kevin's Place 亚洲菜 $$

（见431页地图；📞07-4953 5835；79 Victoria St；主菜 $16~27；⏰周一至周五 11:30~14:00，17:30~20:00，周六 17:30~20:00）餐厅位于Victoria St上一栋装修精致的大楼内，店内的圆桌可容纳多人共同用餐，街边则摆放着方桌，让你尽情享用热辣的新加坡菜。千万不要错过马来炒面（$18）等传统菜。特价午餐$12起。

Austral Hotel
酒馆美食 $$

(见431页地图;☎07-4951 3288;www.theaustralhotel.com.au;189 Victoria St;主菜 $19~36,牛排 $24~47;◉正午至14:30,18:00~21:00)这里的牛排种类多到你尝不完,绝对是专业的红肉烹饪专家。同时它也是一家喧闹的澳大利亚酒馆,内部有木镶板,电视里播放着赛马,许多上了年纪的男顾客孤身一人喝着一罐罐啤酒。

Foodspace
咖啡馆 $$

(见431页地图;www.artspacemackay.com.au;Gordon St;主菜 $16~26;◉周二至周日 9:00~15:00)Foodspace的初级主厨提供不错的沙拉、三明治及便餐。咖啡馆在麦凯艺术中心内(见430页)。

Burp Eat Drink
新派澳大利亚菜 $$$

(见431页地图;☎07-4951 3546;www.burp.net.au;86 Wood St;主菜 $33起;◉周二至周五 11:30~15:00,周六 18:00至午夜)这家热带地区的奢华墨尔本风格餐厅由富有创新精神的NE Food经营,菜单尽管简单,但是写得妙趣横生。精品菜肴包括扇贝五花肉、青柠软壳蟹及大块牛排。

🍷 饮品和夜生活

Cartel
夜店

(见431页地图;99 Victoria St;◉周二至周六 10:00至次日4:00)这家狂热的夜店聚集了本地及特约明星DJ。夜店名字的更迭如音乐潮流变化般迅速。

Ambassador Hotel
酒吧

(见431页地图;☎07-4953 3233;www.ambassadorhotel.net.au;2 Sydney St;◉周一 17:00至深夜,周五至周日 16:00至深夜)作为一处社会及历史地标建筑,这家酒吧外部为艺术风格,内部气氛狂热无比。周末这里有各类狂欢场地,包括麦凯唯一的一处天台酒吧。最棒的是,在这里娱乐过后可以立即入住其修复一新的宿舍或标间。

🛍 购物

麦凯当地人十分喜爱这里的市场,你不妨前往**Mackay Showgrounds Markets**(Milton St;◉周六 6:30~10:00)、**Twilight Markets**(Northern Beaches Bowls Club;◉每月的第一个周五 17:00~21:00)以及**Troppo Market**(Mt Pleasant Shopping Centre 停车场;◉每月第二个周日 7:30起)看看。

ⓘ 实用信息

麦凯游客中心(Mackay Visitor Centre;☎1300 130 001;www.mackayregion.com;320 Nebo Rd;◉9:00~17:00;📶)位于市中心以南约3公里处。可上网及使用无线网络。

NPRSR办事处(见431页地图;☎07-4944 7818;www.nprsr.qld.gov.au;Level 5, 44 Nelson St;◉周一至周五 8:30~16:30)游客可在此获得露营许可。

邮局(69-71 Sydney St)

ⓘ 到达和离开

飞机

机场位于麦凯市中心以南约3公里处。**捷星航空**(☎13 15 38;www.jetstar.com.au)、**澳洲航空**(☎13 13 13;www.qantas.com.au)和**维珍航空**(☎13 67 89;www.virginaustralia.com)有布里斯班往返麦凯的航班。

长途汽车

长途汽车停在**麦凯汽车站**(Mackay Bus Terminal;见431页地图;Victoria St和Macalister St路口),这里还可以提前购买车票。**灰狗巴士**(☎1300 473 946;www.greyhound.com.au)运营沿海岸线行驶的巴士。单程成人票价及时间:艾尔利海滩($33,2小时)、汤斯维尔($72,6.5小时)、凯恩斯($127,13小时)、布里斯班($227,17小时)。

Premier(☎13 34 10;www.premierms.com.au)虽然比灰狗便宜,但是提供的路线较少。

火车

由**昆士兰州铁路**运营的Spirit of Queensland(☎1800 872 467;www.queenslandrail.com.au),从麦凯前往布里斯班($199,13小时)或凯恩斯($159,14小时)。火车站位于麦凯市中心以南5公里的Paget。

ⓘ 当地交通

麦凯机场有许多汽车租赁公司,更多详情请见www.mackayairport.com.au/travel/car-hire。

NQ Car & Truck Rental(☎07-4953 2353;www.

nqcartruckrentals.com.au; 6 Malcolmson St, North Mackay) 是一家当地靠谱的租车公司。

麦凯长途汽车公司 (Mackay Transit Coaches; ☎07-4957 3330; www.mackaytransit.com.au) 提供多条城市周边的路线, 将城市、港口和北部的海滩相连。可在游客中心获取时间表或直接上网查询。

如需乘坐出租车, 可拨打 **Mackay Taxis** (☎13 10 08) 的电话。

麦凯北部的海滩

从麦凯北部到希尔斯伯勒角 (Cape Hillsborough) 间有蜿蜒而绝美的海岸线, 而且人并不多。一系列的海角及海湾庇护着这里的小型住宅区, 夏季的游客及全年的周末度假者让这些地方变得热闹起来。

Blacks Beach 绵延6公里, 可以在这里散散步, 找一片珊瑚海 (Coral Sea) 的海岸待一天。**Blacks Beach Holiday Park** (☎07-4954 9334; www.mackayblacksbeachholidaypark.com.au; 16 Bourke St; 无电/有电营地 $30/35, 别墅 $150~180; P❄️🐕) 海滩边各类设施齐全, **Blue Pacific Resort** (☎07-4954 9090; www.bluepacificresort.com.au; 26 Bourke St; 双 $114~152, 套间 $209~220; ❄️🛜🐕) 的位置也十分怡人。

Eimeo 位于海豚角 (Dolphin Heads) 的北部, 那里的 **Eimeo Pacific Hotel** (☎07-4954 6805; www.eimeohotel.com.au; Mango Ave; 主菜 $18.50~32.50; ⏰10:00~22:00) 是你在夕阳下小酌的理想之地。从 Eimeo 及海豚角穿过日落湾 (Sunset Bay) 就到了 Bucasia。**Bucasia Beachfront Caravan Resort** (☎07-4954 6375; www.bucasiabeach.com.au; 2 The Esplanade; 有电营地 $30~45; 🐕🐕) 有许多营地可供选择, 有些营地就在海滩旁, 景色一流。

萨利纳 (Sarina)

人口 5730

萨利纳位于麦凯以南34公里处, 盛产糖。行经 Bruce Hwy, 不妨在安静的萨利纳稍作停留。萨利纳附近的海岸线绝对值得你多花几天游玩, 特别是在萨利纳海滩及阿姆斯特朗海滩 (Armstrong Beach) 附近, 周末会异常热闹。

Sarina Tourist Art & Craft Centre (☎07-4956 2251; Railway Sq, Bruce Hwy; ⏰9:00~17:00) 展示当地的手工艺品, 同时向游客提供实用信息。

Sarina Sugar Shed (☎07-4943 2801; www.sarinasugarshed.com.au; Railway Sq; 成人/儿童 $21/11; ⏰9:00~16:00, 团队游 周一至周六 9:30、11:00、12:30和14:00) 是澳大利亚唯一的小型制糖厂及酿酒厂。在团队游结束后, 你可以在酿酒厂享用一杯免费的酒。

Armstrong Beach Caravan Park (☎07-4956 2425; www.caravanpark.wixsite.com/armstrongbeach; 66 Melba St; 有电营地 两人 $32) 环境舒适, 营地宽敞。

无论你在 **The Diner** (11 Central St; 主食 $5~12; ⏰周一至周五 4:00~18:00, 周六 至 10:00) 点了些什么, 这家餐厅总能让你尽兴而归。烧烤、三明治和汉堡是这里点击率较高的食物。就着美食来杯奶昔、咖啡或是冰激凌苏打水 (spider)。这里的早餐深受卡车司机的喜爱。

萨利纳海滩 (Sarina Beach)

这个位于萨利纳湾 (Sarina Inlet) 的村子有高质量、绵延而宽阔的海滩, 一家杂货店兼加油站, 以及一处船用舷梯。作为这一带最漂亮的海滩, 你可以尽情在此放松身心、钓鱼、海滩淘沙和观赏野生动物, 比如筑巢中的海龟, 但同时请注意"鳄鱼出没"的标志。

Fernandos Hideaway (☎07-4956 6299; www.sarinabeachbb.com; 26 Captain Blackwood Dr; 单/双/套间 $130/140/160; ❄️🐕) 是一家庄园风格的民宿, 靠近萨利纳崎岖不平的海角。民宿提供令人震撼的海岸风光, 毗邻海滩。起居室内有狮子毛绒玩具、一套盔甲和古怪的民宿主人从世界各地带回来的旅行纪念品, 不拘一格。

伊加拉 (Eungella)

小而精致的伊加拉 (young-gulluh; 意

为"云之土地")位于海拔600米的Pioneer Valley边缘。伊加拉是这一区域最负盛名的小镇，也是伊加拉国家公园的代名词。

每月的第一个周日，从9:00起会在市政厅举办有意思的集市(4月至12月)。

Eungella Mountain Edge Escape

(07-4958 4590; www.mountainedgeescape.com.au; North St; 单/双床 小屋 $120/140; ❄) 提供三栋环境整洁且设施齐全的木质小屋，这里优越的位置让你能尽情享受伊加拉的美景。

Eungella Chalet (07-4958 4509;

www.eungellachalet.com.au; Chelmer St; 房间 $90起, 单/双床 小屋 $115/155; ❄) 除提供基本的酒店房间外，酒店后方还有较大的独栋小屋。在小木屋dining room(主菜 $17~28; ⊙12:00~14:00, 18:00~20:00)享受酒吧美食是不错的选择。

Explorers' Haven (07-4958 4750; 32

North St; 无电/有电营地 $25/30; @🛜) 有自助登记的基础营地。

伊加拉国家公园
（Eungella National Park）

群山环绕的伊加拉国家公园颇为神秘，位于高耸的克拉克山脉（Clarke Range）内，占地约500平方公里，大部分区域都无法到达，仅有部分靠近布罗肯河和芬奇·哈顿峡谷的步道可供利用。大片热带及亚热带植物与其他热带雨林区域相隔离已有上千年，因此这里有一些奇特物种，包括身体两侧显橘色的石龙子，用胃部进行孵化的青蛙。这种青蛙在胃中孵化卵，孵化完成后直接从口中吐出蝌蚪。

芬奇·哈顿峡谷（Finch Hatton Gorge）

芬奇·哈顿峡谷的历史最早可以追溯至远古时期，峡谷位于崎岖的亚热带雨林中。农业丘陵地区消失了，取而代之的是由火山岩点缀的茂密树丛，这里到处是鸟类和昆虫。来到这里让你有种穿过黑洞进入另一个维度的错觉。

在风景如画的步道上徒步1.6公里后即可到达Araluen Falls，欣赏下从高处骤降的瀑布和可供游泳的水潭，再往前走1公里就到了Wheel of Fire Falls，这里同样有陡峭岩石间骤降的瀑布和很深的游泳水潭。周末有不少当地人前往这些瀑布游玩。

Rainforest Scuba (0434 455 040;

www.rainforestscuba.com; 55 Anzac Pde, Finch Hatton)自称是世界上第一家经营雨林潜水的公司。这些供游客潜入的清澈小溪里栖息着鳗鱼、鸭嘴兽、乌龟和各种鱼类。

在雨林上空滑翔让你能更深入地探索这里，Forest Flying (07-4958 3359; www.forestflying.com; $60)提供这个项目。这项高空导览游使用背带让你在离地25米、长350米的缆绳上滑翔，通过一套滑轮系统来控制速度。

Platypus Bushcamp (07-4958

3204; www.bushcamp.net; Finch Hatton Gorge; 营地/铺/小屋 $7.50/25/75; ❄) 🍃是一个典型的丛林隐居地，由个性的经营者Wazza亲自搭建。三栋小屋被雨林环绕。在营地边可以看到鸭嘴兽，还有很棒的自然泳池。大型的公用厨房和就餐区是这里的核心区域。

选择Finch Hatton Gorge Cabins (07-4958 3281; www.finchhattongorgecabins.com.au; 小屋 $155; ❄)让你香甜入睡，周围是迷人的亚热带景色，附近还有一处小溪。

布罗肯河（Broken River）

布罗肯河附近十分凉快，有时还有些雾气，绝对值得你从麦凯绕道而来。高海拔雨林里的大农场有许多无忧无虑的奶牛和其他种类丰富的鸟类。布罗肯河区域有这个地区最好的徒步步道，沿途你有机会发现躲在树丛中的有袋类动物。

Fern Flat Camping Ground (www.

npsr.qld.gov.au/camping; 营地 每人/家庭 $6.15/24.60)是一处不错的露营地，河边的营地在树阴下，可以看到嬉戏的鸭嘴兽。营地内不允许车辆进入，但离服务中心及小卖部很近，只有500米。需网上自行预订。

Crediton Hall Camping Ground

(www.npsr.qld.gov.au; 营地 每人/家庭 $6.15/24.60)距布罗肯河3公里，车辆可驶入营地内。向左驶入Crediton Loop Rd，在Wishing Pool环路入口处右转。

不喜欢露营的游客可以选择Broken River Mountain Resort（☏07-4958 4000；www.brokenrivermr.com.au；双 $140～200；✱@☎❄），这里温馨的小屋由雪松建构，有各种规格，从小型的、汽车旅馆风格的套间到最多可供6人住宿且设施齐全的大型屋子。舒适的住客休息区有篝火，你还可在这儿的Possums Table Restaurant & Bar（主菜$25～35；◷早餐和晚餐）饱餐一顿。

❶ 到达和离开

伊加拉国家公园位于麦凯以西84公里处。没有长途巴士可直接到达伊加拉或是芬奇·哈顿，但参加Reeforest Adventure Tours（见430页）从麦凯出发的一日游可到达，对于那些想过夜的人来说，可以搭乘之后团队游的车回麦凯。然而，这项一日游并非每天都有，很可能你待在这里的时间要比预计的更长。

坎伯兰群岛（Cumberland Islands）

坎伯兰群岛由将近70座岛屿组成，常被人们称为南部的降灵群岛。几乎所有的岛屿都属于国家公园，其中布兰普顿岛（Brampton Island）的自然步道颇为著名，这里马上将建成一个"七星级"度假村。除了凯斯威克岛（Keswick Island），其他岛上的配套设施都十分有限，而且不易到达，除非你有自己的船或是包下整条船，或者乘坐水上飞机前往。可在麦凯游客中心了解更多信息（见433页）。

Keswick Island Campground（☏1300 889 290；无电营地 $20起，套 $80起）在未开发的Basil Bay内有一些无电力供应的营地，是一个隐秘的住宿地。

Beach House（☏1300 889 290；www.keswickisland.com.au；6 Coral Passage Dr, Keswick Island；度假屋 $275）让你轻松享受凯斯威克岛的美丽风光。这栋现代而时髦的度假屋可供6人舒适居住，门前的海滩离Basil Bay不远。

希尔斯伯勒角国家公园（Cape Hillsborough National Park）

希尔斯伯勒角国家公园在世界范围内可以称得上是一处必去的目的地，但大自然爱好者往往有太多选择。位于麦凯以北50公里的悬崖丛林绝对值得你亲自探索。行走在穿越海角的迷人步道上，你可能会偶遇袋鼠、沙袋鼠以及蜜袋鼯。乌龟是海岸边的常客，晚间及清晨的沙滩上常有袋鼠出没。

国家公园内有陡峭的悬崖、广阔的海滩、崎岖的海角、沙丘、红树林、南洋杉和雨林。除此之外，你还可以在轻松的徒步中见到澳大利亚原住民留下的史前遗物，以及石鱼陷阱的遗迹。在去前滩的途中，还有一些有趣的木栈道会将你带入一片受潮汐影响的红树林。近期的修缮工作使得游客可以较为方便地自行游览这片区域。

Smalleys Beach Campground（www.nprsr.qld.gov.au；营地 每人/家庭 $6.15/24.60）是一处小而精致的营地，这片营地被草地覆盖，就在前滩附近，而且有袋鼠出没。营地不提供现场自助预约，需要提前网上预订。

Cape Hillsborough Nature Resort（☏07-4959 0152；www.capehillsboroughresort.com.au；51 Risley Pde；无电/有电营地 $29/34，小屋 $80～265；✱@☎）在来自麦凯的家庭游客及南部地区的退休人士中深受欢迎。

降灵群岛(THE WHITSUNDAYS)

从空中俯瞰，降灵群岛好似显微镜下令人惊叹的有机体，你的整个感官将被那些靛蓝色、湖绿色、深绿色的网状斑点吸引。在大堡礁的庇护下，这里的水域是进行帆船运动的理想场地。当你漂浮在这片珊瑚海上，74座岛中的任何一座都会引诱你花一大笔钱来游览。

这里有一些东海岸最古老的考古遗迹，从这些遗迹上你能体会到Ngaro人（以航海为生的澳大利亚原住民）眼见家园变为锯木厂时有多心痛。

群岛中有五座岛屿上有度假村，其他几乎都是人迹罕至的，有一些能让你体验回归自然的露营和丛林徒步。白天堂海滩（Whitehaven Beach）不仅在降灵群岛，甚至在世界范围内都能称得上是最棒的海滩。内陆上的艾尔利海滩是一个沿海枢纽，而且是前往群岛的主要门户。在那里你可以预约各

活动

航海和游轮

Atlantic Clipper 乘船游

（www.atlanticclipper.com.au；2天2夜行程$460起）你无法避免与那些年轻、靓丽及醉醺醺的人群一同出游。在Langford Island进行浮潜或是稍作调整是旅行中的一大亮点。

Derwent Hunter 乘船游

（☎1800 334 773；www.tallshipadventures.com.au；一日游$195）搭乘木质斜桁帆帆船出海绝对是受欢迎的项目。十分适合情侣和那些热爱野生动物的人。

SV Domino 乘船游

（www.aussieyachting.com；一日游$180）带领最多8位游客前往Bali Hai Island，这是座降灵群岛上鲜有人到访的神秘岛屿。整个行程包括午饭和两小时浮潜体验。提供私人包船服务。

Prima Sailing 乘船游

（☎0447 377 150；www.primasailing.com.au；2天2夜行程$390起）最多容纳12人的有趣旅行。十分适合对时尚及物质条件有追求的情侣。

Whitehaven Xpress 乘船游

（☎07-4946 1585；www.whitehavenxpress.com.au；一日游$160）提供各类游船旅行，最著名的是前往白天堂海滩的一日游。

潜水

这片区域的大部分潜水活动都围绕降灵群岛较易到达的岸礁进行，当然你也可以选择更远的大堡礁。

开放水域潜水的入门花费约$900。**Whitsunday Diving Academy**（☎1300 348 464；www.whitsundaydivingacademy.com.au；2579 Shute Harbour Rd, Jubilee Pocket）适合初学者。

除单纯潜水外，你还可以选择在乘船游览中来一次潜水。入门潜水或有资质的潜水价格$95起。Cruise Whitsundays（见441页）提供前往其珊瑚礁浮码头的一日游潜水（$119起）。

> ### 最佳海滩
>
> 澳大利亚有那么多海滩，降灵海滩拥有全国最佳的几个。我们的顶级选择是：
>
> **白天堂海滩**（见448页）湛蓝的海水拍打在纯白的石英砂上，降灵群岛的白天堂海滩令人震惊。
>
> **Chalkies Beach** 就在白天堂海滩的对面，位于Haslewood Island上，是一片悠闲的白沙滩。
>
> **Langford Island** 涨潮时，Langford是一片沙洲，围着碧蓝色的潟湖，珊瑚礁构成美丽的图画。
>
> **Butterfly Bay** 这座海湾位于胡克岛北侧，每个冬天都有蝴蝶飞舞。
>
> **Catseye Beach** 和降灵群岛相比的话，哈密尔顿岛的Catseye Beach还是挺繁忙的，这里的棕榈海滩和碧蓝海水的图片值得你上传到社交网络。

群岛上多数度假村都有潜水学校及免费的浮潜设备。

皮划艇

边划桨边欣赏身边的海豚和海龟是游览降灵群岛最好的方式。**Salty Dog Sea Kayaking**（☎07-4946 1388；www.saltydog.com.au；Shute Harbour；半天/全天 行程$80/130）提供导览游和皮划艇租赁（半天/全天$50/80），还有很适合初学者的6日皮划艇及露营游（$1650）。

团队游

Ocean Rafting 乘船游

（☎07-4946 6848；www.oceanrafting.com.au；儿童/成人/家庭$87/134/399起）搭乘一艘黄色快艇感受群岛狂野的一面。在白天堂海滩游泳、参加国家公园导览游进行徒步，或是在Mantaray Bay和Border Island的礁石区浮潜。

Ecojet Safari 团队游

（☎07-4948 2653；每人$195）3小时的游

Whitsunday Islands 降灵群岛

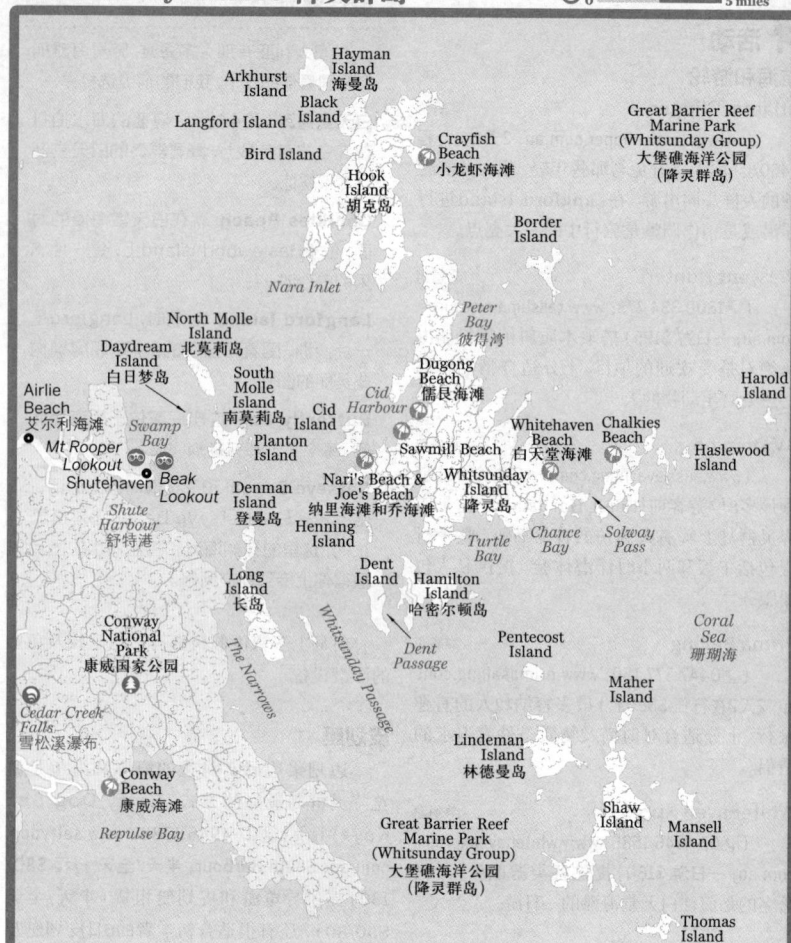

览,让你搭乘喷气式滑行艇探索降灵群岛北部的岛屿、红树林和海洋生物,每团的游客不多(两人一艘滑行艇)。

Big Fury 乘船游

(☎07-4948 2201; www.magicwhitsundays.com; 成人/儿童/家庭 $130/70/350)乘坐露天运动汽艇前往白天堂海滩,之后还提供午餐并组织在附近僻静的礁石进行浮潜。性价比很高,可在艾尔利海滩的旅行社预订。

HeliReef 景观飞行

(☎07-4946 9102; www.helireef.com.au)直升机观景$135起。

住宿

NPRSR (www.nprsr.qld.gov.au)负责运营降灵群岛国家公园中许多岛屿的露营地,这些营地可供个人露营者及团队露营者使用。露营许可(每人/每个家庭 $6.15/24.60)可网上获取,或是在艾尔利海滩的NPRSR订票处(☎13 74 68; www.npsr.qld.gov.au; Shute Harbour Rd和Mandalay Rd交叉路口; ⊙周一至周五 9:00~16:30)购买。

在这里露营你必须自给自足,建议每人

每天自备5升水,而且要额外准备3天的补给以防你的行程延期。同时,你需要准备燃油炉,因为在所有岛屿上都不允许生火。

由Whitsunday Island Camping Connections(☏07-4946 6285;www.whitsundaycamping.com.au)运营的Scamper从舒特港(Shute Harbour)出发,可到达南莫莉岛、登曼(Denman)或Planton岛(往返$65),降灵岛(往返$105),白天堂海滩(往返$155)和胡克岛(往返$160)。

❶ 到达和离开

飞机

飞往降灵群岛的航班主要从哈密尔顿岛和普罗瑟派恩(Proserpine;降灵海岸)的机场出发。小型降灵机场(Whitsunday Airport)就在艾尔利海滩上,距市区约6公里。

捷星航空(☏13 15 38;www.jetstar.com.au)有从墨尔本和布里斯班飞往普罗瑟派恩的航班。欣丰虎航(Tiger)的航班从悉尼飞往普罗瑟派恩。**澳洲航空**(☏13 13 13;www.qantas.com.au)、捷星航空和维珍航空都运营从澳大利亚的主要城市飞往哈密尔顿岛的航班。

长途巴士

灰狗巴士(☏1300 473 946;www.greyhound.com.au)和**Premier**(☏13 34 10;www.premierms.com.au)提供从布鲁斯公路绕道前往艾尔利海滩的长途巴士。**Whitsunday Transit**(☏07-4946 1800;www.whitsundaytransit.com.au)提供巴士往来于普罗瑟派恩、康奈维尔(Cannonvale)、亚伯角(Abel Point)和艾尔利海滩。

Whitsundays 2 Everywhere(☏07-4946 4940;www.whitsundaytransfers.com)运营往来于降灵海岸(普罗瑟派恩)、麦凯机场至艾尔利海滩的机场巴士。

普罗瑟派恩(Proserpine)

人口 3875

这座工业化的制糖城镇并不太值得停留,这里往往被人们当作前往艾尔利海滩和降灵群岛的中转站。然而,普罗瑟派恩南部的**降灵群岛地区信息中心**(Whitsundays Region Information Centre;☏1300 717 407;www.whitsundaytourism.com;◷10:00~17:00)仍值得一去,在那里你可以获取降灵群岛及周边地区的实用信息。

如果你确实需要在这里待上一阵子,推荐前往**Colour Me Crazy**(☏07-4945 2698;2b Dobbins Lane;◷周一至周五 8:30~17:30,周六 至15:30,周日 9:30~14:30)参观,这里展示了令人眼花缭乱的珠宝、服装和居家用品,风格独具。你绝对想象不到亮片会有如此多的用途。

艾尔利海滩(Airlie Beach)

人口 9165

除了作为前往无与伦比的降灵群岛的大本营,艾尔利海滩还是东海岸驱车旅游及纵情豪饮的绝佳目的地。草地环绕的露天游泳池边满是青年旅舍和啤酒花园,无忧无虑的年轻人来来往往。

崭新的艾尔利港(Port of Airlie)码头区域有外表高端的酒店和饭店建筑群,还有悠久的航海文化。对于这些技术拙劣的"水手们"来说,艾尔利仍是令人心驰神往之地,不妨带着你的好奇心一头扎入这片海域和丛林密布的岛屿。

✈ 活动

Lagoon 游泳

(见440页地图;Shute Harbour Rd)**免费**
在市中心的潟湖游泳,不用担心被蜇或遭遇鳄鱼和其他令人不悦的热带生物。

Red Cat Adventures 乘船游

(☏1300 653 100,07-4940 2000;www.redcatadventures.com.au)优良经营的家族式机构,提供三种各具特色的行程。推荐Ride to Paradise($569),2晚的行程带你探索一处具有神秘色彩的度假地,还能游览许多降灵群岛的特色景点。

Airlie Beach Skydivers 高空跳伞

(见440页地图;☏1300 759 348;www.airliebeachskydivers.com.au;2/273 Shute Harbour Rd;4270米 跳伞 $249起)唯一一个降落在艾尔利海滩的跳伞项目,运营团队都十分热情,可在Shute Harbour Rd找到它的实体店。

Airlie Beach 艾尔利海滩

Airlie Beach 艾尔利海滩

活动、课程和团队游
1 Airlie Beach Skydivers B2
2 Cruise Whitsundays D2
3 Explore Whitsundays C2
4 Lagoon B1
5 Whitsunday Sailing Adventures C2
6 Whitsunday Sailing Club D1

住宿
7 Airlie Beach Hotel C2
8 Airlie Beach YHA C2
9 Airlie Waterfront B&B B1
10 Airlie Waterfront Backpackers C2
11 Beaches Backpackers B2
　Heart Hotel and Gallery ....（见1）
12 Magnums B2
13 Sunlit Waters A2
14 Waterview A2

就餐
15 Airlie Beach Treehouse B2
16 Denman Cellars Beer Cafe D3
17 Fish D'vine C2
18 Harry's Corner B2
19 Mr Bones B2
　Village Cafe ....（见12）
　Wisdom Health Lab ....（见18）
20 Woolworths 超市 C2

饮品和夜生活
21 Just Wine & Cheese D2
22 Mama Africa B2
23 Paddy's Shenanigans B2

Skydive Airlie Beach　　　　高空跳伞

（☎07-4946 9115；www.skydive.com.au/airlie-beach；跳伞 $199起）从1830米、2440米或4270米高的飞机上一跃而下，降落在艾尔利海滩上的一个咖啡馆前。很好的组织者，只有你亲自体验了极限骤降，才有机会从空中欣赏这无可比拟的景色。

Whitsunday Sailing Adventures　　乘船游

（见440页地图；☎07-4946 4999；www.whitsundayssailingadventures.com.au；The Esplanade）这家代理公司业务广泛，能预约镇上所有游船的座位，还能联系一些优质的潜水机构。

Pioneer Jet Whitsundays　　　乘船游

（☎1800 335 975；www.pioneerjet.com.au；

Abel Point Marina；成人/儿童 $69/49）30分钟的Ultimate Bay Blast项目带你乘着喷气快艇飞驰。有趣而见多识广的导游让整个行程更加圆满。做好湿透的准备。

Just Tuk'n Around　　　　　　　导览游

（www.justtuknaround.com.au；每人 $30）30分钟的导览游有趣且信息量丰富，带你前往艾尔利海滩附近的一些神秘地点，挖掘这座海边城镇让你意想不到的故事。

Lady Enid　　　　　　　乘船游

（☎0407 483 000；www.ladyenid.com.au；乘船游 $225起）满足两三人的高端定制游览，让你体验乘坐古老游艇出海的经历。

Ilusions　　　　　　　乘船游

（☎0455 142 021；www.illusion.net.au；一日游 $125）乘坐长12米的高速双体船游览岛屿，性价比比较高。

Solway Lass　　　　　　　乘船游

（☎1800 355 377；www.solwaylass.com；3天3晚 $589起）你将在这艘28米高的船上度过3天3夜，这确实是艾尔利海滩上最高的船了。这项游览很受背包客的喜爱。

Whitsunday Sailing Club　　　　乘船游

（见440页地图；☎07-4946 6138；www.whitsundaysailingclub.com.au；Airlie Point）艾尔利海滩竞赛周的核心就是这家受家庭顾客欢迎的游船俱乐部。游览中为你介绍此处的海上风光。

Explore Whitsundays　　　　　帆船游

（见440页地图；☎07-4946 5782；www.explorewhitsundays.com；4 The Esplanade；2天1晚 $359起）价格不贵，性价比很高，有不少各具风格的船可供选择。通常主要针对背包客。

团队游

Cruise Whitsundays　　　　　　乘船游

（见440页地图；☎07-4846 70602；www.cruisewhitsundays.com；Shingley Dr, Abel Point Marina；全天乘船游 $99起）除了前往降灵群岛的渡轮外，还可抵达Hardy Reef、白天堂海滩、白日梦岛和长岛。或是买一张岛屿游通票（Island Hopper pass, 成人/儿童 $125/65）

来自己安排行程。你还可选择乘船至Camira（$195）的一日游，这条路线十分热门。

Air Whitsunday　　　　　　观光飞行

（☎07-4946 9111；www.airwhitsunday.com.au；Terminal 1, Whitsunday Airport）提供各类团队游项目，包括白天堂一日游（$255）和大堡礁观光飞行加浮潜游（$375）。

Whitsunday Crocodile Safari　　　团队游

（☎07-4948 3310；www.crocodilesafari.com.au；成人/儿童 $120/60）暗中观察野生鳄鱼，探索神秘的河口湾及品尝真正的野外食物。

课程

Maritime & Sailing Training Centre　　　乘船游

（☎07-4946 6710；www.maritimetrainingcentre.com.au）这家拥有良好声誉的机构提供帆船课程，让你有机会探索不一般的风景。

节日和活动

艾尔利海滩竞赛周　　　　　　帆船游

（Airlie Beach Race Week；www.airlieraceweek.com；⊙8月）每年8月，来自世界各地的水手们会一下子都聚集到艾尔利海滩，参加镇上一年一度的划船比赛。

艾尔利海滩音乐节　　　　　　音乐节

（Airlie Beach Music Festival；www.airliebeachfestivalofmusic.com.au；⊙11月）音乐节创立于2012年，越来越受到人们的喜爱。音乐节在11月举行，为期3天的音乐派对囊括澳大利亚本土和国外的摇滚乐、民谣和电子乐表演，其中可以发现不少当地的音乐人才。

住宿

艾尔利海滩称得上是背包客的天堂，有许多青年旅舍可供选择，但住宿条件参差不齐，床上有臭虫是很常见的事。除青年旅舍外，还有一些不错的中档住宿选择，很适合家庭游客。高端住宿选择较少。

★ Kipara　　　　　　　度假村 $

（☎07-4946 6483；www.kipara.com.au；2614 Shute Harbour Rd；房间/小屋/别墅 $85/105/130起；❄@☎❄）度假村藏于Jubilee

Pocket的一片绿植之中,尽管离热闹的市区只有2公里,这家颇具性价比的度假村能让你忘却城市的喧嚣(度假村就在巴士站旁,不开车也可到达)。度假村环境整洁,服务人员很热情,房间内配有厨具,时常还有野生动物来拜访,这里绝对是艾尔利的最佳住宿选择。网上预订的折扣很大。度假村还有一个很棒的游泳池,周围有木质平台。

★ Sunlit Waters 公寓 $

(见440页地图;☎07-4946 6352;www.sunlitwaters.com;20 Airlie Cres;单间$95起,单卧公寓$115;❄☎☎)在艾尔利海滩这样的旅游城市,这家公寓的价格算是很优惠了。你可能会以为这家小型公寓又小又破,其实这里设施俱全,包括一个小厨房,从狭长的阳台还可以欣赏美景。这里甚至还有游泳池。

Flametree Tourist Village 房车公园 $

(☎07-4946 9388;www.flametreevillage.com.au;2955 Shute Harbour Rd;无电/有电营地$30/40,小屋$109起;❄@☎☎)这一区域最受人喜爱的露营地和房车公园已准备就绪,相比于热闹的艾尔利海滩,这里绝对是另一个好选择。一处处宽敞的营地被安置在鸟语花香的花园中。这里还有不错的露营厨房和烧烤区域。公园位于艾尔利以西6.5公里处。

Airlie Beach YHA 青年旅舍 $

(见440页地图;☎07-4946 6312;www.yha.com.au;394 Shute Harbour Rd;铺/双$33/85起;❄@☎)年轻旅行者如果经费有限又不想选择肮脏的旅舍的话,这家YHA旗下的国际青年旅舍绝对是一个好选择:便捷的位置,安静的环境,泳池闪闪发亮,厨房设施齐全。虽然双人间不太好,但这里仍是我们在艾尔利海滩最推荐的青年旅舍。

Airlie Waterfront Backpackers 青年旅舍 $

(见440页地图;☎1800 089 000;www.airliewaterfront.com;6 The Esplanade;铺/双$22/74起;❄☎)有基本的青年旅舍配置,拥有令人惊艳的海景和优越的地理位置。与其他市中心的住宿比起来,不那么喧闹。

Bush Village Budget Cabins 青年旅舍 $

(☎07-4946 6177,1800 809 256;www.bushvillage.com.au;2 St Martins Rd;铺$33起,双含/不含 浴室$97/82起;❄❄@☎☎)不适合那些寻找狂欢地点的旅行者,这家价格低廉的旅舍适合那些在礁石玩耍了一整天或是晚上纵情欢乐后想回到安静村庄休息的人们。需要自行开车前往。床铺和双人间都位于一个个设施齐全的小屋内。这里有售酒执照,因此你可以在泳池边坐着喝啤酒。到亚伯角码头(Abel Point Marina)只需步行5分钟,慢慢踱步1.5小时可以到艾尔利海滩的中心区域。前台关门较早,建议提前沟通好你的行程。

Beaches Backpackers 青年旅舍 $

(见440页地图;☎07-4946 6244;www.beaches.com.au;356 Shute Harbour Rd;铺/双$20/85起;❄@☎☎)艾尔利青年旅舍的品质不太稳定,但是这家的服务始终很热情,能够让人尽情在此狂欢(露天酒吧环境绝佳)。房间充足,但不算太整洁。

受到2017年热带气旋黛比(Cyclone Debbie)的遗留影响,建议提前咨询这家青年旅舍是否正常营业。

Backpackers by the Bay 青年旅舍 $

(☎07-4946 7267;www.backpackersbythebay.com;12 Hermitage Dr;铺$27,双或标双$83;❄❄@☎☎)从艾尔利镇中心徒步10分钟就能来到这家旅舍。这里环境安静,很适合那些不想比派对打搅睡眠的人。旅舍的小房间每隔一天打扫,泳池边有不少屋床。需要前往艾尔利预约团队游,这里并不提供预约服务。

Waterview 公寓 $

(见440页地图;☎07-4948 1748;www.waterviewairliebeach.com.au;42 Airlie Cres;单间$140起,单卧公寓$155起;❄☎)这里的小型公寓是看中地理位置和舒适性旅行者的好选择。你可以欣赏主街的景色及绝美的海湾风光。房间风格现代化,空气流通且较为宽敞,厨房设施满足了希望自己烹饪的住客。对于来艾尔利旅行的夫妇来说这里性价比很高,唯一的遗憾是没有泳池。

Airlie Beach Hotel 酒店 $

(见440页地图;☎07-4964 1999;www.airliebeachhotel.com.au;The Esplanade和Coconut Gr交叉路口;汽车旅馆房间$145起,酒店房

$195~295；※⑦※）酒店坐拥艾尔利的美景，对于可以欣赏如此美景的房间来说，这个价位在整个城市范围都算合适的。酒店位于市中心，有三个餐厅和一个酒类专卖店。

Coral Sea Resort 度假村 $$$

(☎07-4964 1300; www.coralsearesort.com; 25 Ocean View Ave; 双 $275起; ※@⑦※) 这家度假村很适合追求服务质量的家庭游客和老年游客，房间宽敞且铺设瓷砖，这里还有全昆士兰州最好的泳池设施。度假村在城镇以西的一处海角边，步行可到码头。许多房间的景色让人惊艳，但如果你想省钱，入住面朝花园的房间也不错，你仍然可以享受顶级的泳池。

Airlie Waterfront B&B 民宿 $$$

(见440页地图; ☎07-4946 7631; airliewaterfrontbnb.com.au; cnr Broadwater Ave & Mazlin St; 1/2卧室 公寓 $209/252起; ※@⑦※) Karen和Malcolm是友善的主人，其实这间民宿更像一家小型的度假村。它位于小镇的高处，风景极好，从人行道步行5分钟就到了。两个卧室的公寓是城里最好的，一些房间还有水疗。

不要错过

在降灵群岛进行帆船运动

来到降灵群岛，可以在热带的微风下驰骋于湛蓝的大海之上。如果你对于出行的日期无所谓，那么你可以等到最后一刻看看其他人是否有退票，这样价格就会低许多，而且你对于天气的情况也更有把握。因此许多游客选择留在艾尔利海滩碰碰运气，不过你也可能把省下来的钱都花在这里的住宿和喝酒上！

多数船只提供在附近的珊瑚礁浮潜的机会，这里色彩斑斓的软体珊瑚的数量比起外礁要更多。潜水和其他活动的费用都要更加昂贵。如果你想参与这些活动，那么就在艾尔利海滩的众多旅行社中找一家预订吧。

除了由Cruise Whitsundays（见441页）经营的超级快艇"Camira号"，从艾尔利海滩出发的一日游行程不能抵达白天堂海滩。它们通常会前往漂亮的Langford Reef和海曼岛；记得预订前先问清楚。

租船出海

如果要租一艘没有船长、船员和补给的船，你不需要正式资质，但你（或同行者）需要证明自己可以驾驶船只。

旺季时（9月至次年1月），租一艘搭载4~6人的游艇需要花费（一天）$500~1000，另外还需预订押金和担保金（还船时没有破损就会退回）。多数租船公司要求至少五天起租。

艾尔利海滩附近有以下租船公司：

Charter Yachts Australia (☎1800 639 520; www.cya.com.au; Abel Point Marina; 4人起 $495)

Cumberland Charter Yachts (☎1800 075 101; www.ccy.com.au; Abel Point Marina)

Queensland Yacht Charters (☎1800 075 013; www.yachtcharters.com.au; Abel Point Marina)

Whitsunday Escape (☎1800 075 145; www.whitsundayescape.com; Abel Point Marina)

Whitsunday Rent A Yacht (☎1800 075 000; www.rentayacht.com.au; 6 Bay Tce, Shute Harbour)

船员招募

如果你想要免费吃住和航海体验，你可以帮忙扬起船帆和清扫船头。在码头附近、餐馆和酒店留言"船员招募"（Crew Wanted）的牌子。你的体验取决于船只、船长、其他船员（如果有的话）以及你自己的态度。记得让别人知道你要去哪里，和谁出海，以及要去几天。注意安全，让大家羡慕嫉妒恨吧。

Heart Hotel and Gallery 精品酒店 $$$

（见440页地图；☎1300 847 244；www.hearthotelwhitsundays.com.au；277 Shute Harbour Rd；双 $225~275，套 $300~350）这是一家新开的精品酒店，位于艾尔利的中心区域。建筑风格仿效早期昆士兰房屋，房间不大却精致。网上预订有折扣。

🍴 就餐

在新艾尔利港的一片邻水区域你能发现许多高水准的高档餐厅，而在艾尔利海滩的市区你则可以找到各类的美食，从可以打包带走的烤肉串店到有户外庭院的高级餐厅，不一而足。对于那些希望自己烹饪的旅行者来说，推荐位于市中心的巨大市场 **Woolworths超市**（见440页地图；Shute Harbour Rd；◉8:00~21:00）。

Harry's Corner 咖啡馆 $

（见440页地图；☎07-4946 7459；273 Shute Harbour Rd；主菜 $7~18；◉7:00~15:00）Harry's受到当地人的喜爱，这里提供古色古香的欧洲茶具、丹麦三明治、有馅的面包圈和分量十足的沙拉。对于宿醉的人来说这里的全天早餐绝对是必点的。

Wisdom Health Lab 咖啡馆 $

（见440页地图；1b/275 Shute Harbour Dr；烤面包 $5.50起，果汁 $7起；◉7:30~15:30；🅟）主营外带业务。这家繁忙的路口咖啡馆室内外都有一些餐桌。这里提供健康的烤面包、三明治（素食者有许多选择，比如美味的小扁豆汉堡），以及种类丰富的新鲜奶昔和果汁。

★ Mr Bones 比萨 $$

（见440页地图；☎0413 017 331；Lagoon Plaza, 263 Shute Harbour Rd；分享菜肴 $12~17，比萨 $15~23；◉周二至周六 9:00~21:00）开业后的6年里它始终是艾尔利最棒的餐厅，用精心挑选的背景音乐搭配富有创意的薄底比萨。这家餐厅不大但阳光明媚，可以俯瞰潟湖。还提供一份不含比萨的菜单，能满足各类美食家的口味。餐厅提供的服务热情而有趣，这里的咖啡同样不错。

Airlie Beach Treehouse 新派澳大利亚菜 $$

（见440页地图；☎07-4946 5550；www.airlietreehouse.com；6/263-265 Shute Harbour Rd；主菜 $18~36；◉8:30~21:30）这家潟湖边新开的餐厅，位于树阴下，提供简洁的服务和高质量的食物。

Denman Cellars Beer Cafe 西班牙小吃 $$

（见440页地图；☎07-4948 1333；Shop 15, 33 Port Dr；西班牙小吃 $10，主菜 $18~38；◉周一至周五 11:00~22:00，周六和周日 8:00~23:00）餐厅定期有现场音乐表演，这里储藏有超过700种经典酿制啤酒，比整个城镇里加起来的种类都多，就餐氛围很欢乐。多人分享海鲜（$57）、啤酒小食如西葫芦球（$14）和鸭肉煎饼（$17）等菜肴都很可口。同样还提供较大分量的餐食。

Fish D'vine 海鲜 $$

（见440页地图；☎07-4948 0088；303 Shute Harbour Rd；主菜 $17~33；◉17:00至深夜）海盗们绝对会爱上这家餐馆——这里有美味的海鱼和朗姆酒，酒吧里夜夜笙歌。这儿的食物都是从海神的地盘里捕来的。朗姆酒（超过200种）喝也喝不完。推荐食量大的人来一份这里的海鲜盛宴（Seafood Indulgence），花上$149尽享堆成山的海鲜，如贝类和鳌。

Village Cafe 咖啡馆 $$

（见440页地图；☎07-4946 5745；366 Shute Harbour Rd；主菜 $15~34；◉7:30~21:30）这家受欢迎的咖啡馆提供互动式就餐体验，让就餐变得十分有趣，你可以自己在火山岩质的板上煎制食物。分量十足的早餐颇受出海前往珊瑚礁的游客的欢迎，饱餐一顿后便可起航。

🍷 饮品和夜生活

有人说在艾尔利海滩，比起帆船运动，人们更爱喝酒。城镇中心两家较大的青年旅舍 **Magnums**（见440页地图；☎07-4964 1199，1800 624 634；www.magnums.com.au；366 Shute Harbour Rd；露营地/房车营地 $24/26，铺/双 $24/56起；❋@🛜）和 Beaches Backpackers（见442页）的酒吧总是十分拥挤，人们在此开启放浪的夜生活。

Mama Africa 夜店

（263 Shute Harbour Rd；◉21:00至次日 5:00）这是一家非洲游猎风格的夜店，无论从是猎人还是猎物都难以抗拒。各种主题夜晚及促销活动旨在吸引背包客,让你在一周的任何一天都能狂欢到天亮。

Just Wine & Cheese 葡萄酒吧

(见440页地图; Shop 8, 33 Port Dr; 杯装葡萄酒$7~18; ◎3:00~22:00)这家店由两位精明的葡萄酒爱好者经营,兼具商店和酒吧功能,所提供的葡萄酒绝对物有所值。从这里可以欣赏艾尔利码头的景色。

Paddy's Shenanigans 爱尔兰酒吧

(见440页地图; 352 Shute Harbour Rd; ◎5:00至次日3:00)这里每晚都有现场音乐表演,像一些可以观看体育比赛的酒吧一样,这里的人们喝酒喝得很凶。

❶ 实用信息

降灵预订处(Whitsunday Bookings; 见440页地图; ☎07-4948 2201; www.whitsundaybooking.com.au; 346 Shute Harbour Rd)Tina已经在这里为旅行者预订行程好多年了。过去这个办事处甚至是默认的游客中心,但如今已和其他的预订中心没什么差别。

降灵中央预订中心(Whitsundays Central Reservation Centre; ☎1800 677 119; www.airliebeach.com; 259 Shute Harbour Rd)帮你找到最合适的住宿,让你省去不少烦恼。

❶ 到达和离开

飞机

距离最近的较大机场在降灵海岸(普罗瑟派恩)和哈密尔顿岛。

降灵机场(Whitsunday Airport; ☎07-4946 9180)这个小型机场位于艾尔利海滩以东6公里处,在艾尔利海滩与舒特港之间。

船

Cruise Whitsundays提供往来于**艾尔利港**(www.portofairlie.com.au)和哈密尔顿岛、白日梦岛和长岛(见441页)之间的行船服务。

长途巴士

灰狗巴士(☎1300 473 946; www.greyhound.com.au)和**Premier Motor Service**(☎13 34 10; www.premierms.com.au)的巴士从布鲁斯公路绕道来到艾尔利海滩。艾尔利海滩至沿海主要城市之间都有巴士,包括布里斯班($248, 19小时)、麦凯($31, 2小时)、汤斯维尔($49, 4小时)和凯恩斯($100, 9小时)。

Whitsunday Transit(☎07-4946 1800; www.whitsundaytransit.com.au)连接普洛瑟派恩(降灵机场)、康奈维尔(Cannonvale)、亚伯角(Abel Point)、艾尔利海滩和舒特港。在Shute Harbour Rd上有不少站点。

康威国家公园
(Conway National Park)

康威国家公园多种多样的美将降灵群岛的游客都吸引到艾尔利海滩,游客们有机会深入雨林山丘和一些较偏远的海滩,那里曾经是澳大利亚原住民Giru Dala人的狩猎场。国家公园内的群山和降灵群岛属于同一个沿海山脉。上一次冰川时代结束后提升的海平面就已将低海拔的村庄淹没,仅剩下山峰的最

❶ 热带气旋警报

11月至次年4月,昆士兰州的最北部总逃不过热带气旋(在北半球被称为"台风""飓风")的侵袭,平均每年要有4~5次。这些热带气旋很少会发展成为破坏力十足的风暴;然而2017年3月,强热带气旋"黛比"在艾尔利海滩附近登陆,在昆士兰州东南部和新南威尔士州的北海岸造成了严重的洪涝灾害。艾尔利海滩和鲍恩也受到了影响。

风暴带来倾盆大雨、强劲风势和猛烈波涛,由于发生严重的洪灾,至少夺走了12人的生命。在本书撰写期间,清理善后工作正在如火如荼地进行。我们建议你在旅行前查询一下住宿和海滩的情况。

在热带气旋季节,警惕气旋预警和警报。如果发布了气旋警报,留意当地电台广播,关注气象局网站(www.bom.gov.au)以获取最新信息和应对建议。虽然当地人谈及气旋都不太紧张,但是危机来临还是会买空整个超市。

高处变成了一个个的岛，与大陆隔离。

以野餐和日用设施区域为起点有一些步道。沿主路朝着珊瑚角(Coral Point)走，在抵达舒特港前，有一条长1公里的步道直通珊瑚海滩(Coral Beach)和Beak瞭望台。

在距离日用设施区域1公里左右，有一条2.4公里的步道通往Mt Rooper瞭望台，在那里可以欣赏降灵海峡和群岛的美丽风光。

要前往美丽的雪松溪瀑布(Cedar Creek Falls)，沿普罗瑟派恩至艾尔利海滩的大路前行，沿途取道Conway Rd，位于艾尔利海滩西南18公里处。再行进15公里就可以抵达瀑布。路上的标志都十分清晰。

长岛(Long Island)

长岛有僻静的白沙滩、许多惹人喜爱的野生袋鼠和13公里长的徒步路线。

可以在长岛的桑迪湾(Sandy Bay; www.npsr.qld.gov.au; 营地 每人/每户 $6.15/24.60)露营。

Palm Bay Resort(☎1300 655 126; www.palmbayresort.com.au; 别墅/草屋/平房 $229/249/329起)是长岛奢华的自炊度假村，为住客提供各种僻静的房型。因为这里没有就餐区域，因此宽阔的泳池以及住客之间培养的情谊就显得举足轻重。度假村的商店提供各种食材，纯朴的酒吧销售酒精饮料。如果你想要快递补给，可以联系Whitsundays Provisions(☎07-4946 7344; www.whitprov.com.au)。这里是可持续旅游的样板，渐渐获得人们的关注。

Cruise Whitsundays(☎07-4946 4662; www.cruisewhitsundays.com)每天频繁往返于Palm Bay Resort和艾尔利港之间(单程$48)。

胡克岛(Hook Island)

胡克岛占地53平方公里，是降灵群岛第二大岛屿，大部分地区属于国家公园，最高峰胡克峰(Hook Peak)高450米。岛屿周围散布着几片不错的沙滩，还有一些该地区最佳的潜水和浮潜去处。

国家公园露营地(www.npsr.qld.gov.au; 营地 每人/每户 $6.15/24.60)位于莫林湾(Maureen Cove)、斯蒂恩海滩(Steen's Beach)、鹬鸟海滩(Curlew Beach)和小龙虾海滩(Crayfish Beach)。虽然设施简易，但它们能够提供一些体验返璞归真的机会。

南莫莉岛(South Molle Island)

南莫莉岛是莫莉群岛中最大的一座，占地4平方公里，实际上与中莫莉和北莫莉岛相连。除了北边的鲍尔湾(Bauer Bay)的私人寓所的区域和高尔夫球场，岛上其他区域都是国家公园，15公里长的徒步小径纵横其间，还有一些很棒的瞭望台。

国家公园露营地(☎13 74 68; www.npsr.qld.gov.au; 营地 每人/每家 $6.15/24.60)位于南边的桑迪湾，以及度假村附近的Paddle Bay。

白日梦岛(Daydream Island)

白日梦岛是距离大陆最近的度假村，吸引了成群游客。岛屿长1公里多，宽200米，只需要一两个小时就可以探索全岛。这里的一大优势就是海洋生物项目，让游客能在很短的时间接触到本地的野生动物。不过，不幸的是，这里游客数量过多，自然环境甚至遭到了破坏。最近这里被卖给了一家投资集团，他们计划打造一处"奢华"的目的地，此后这里可能依旧是游客们喜爱的一日游去处，并且适合每个人，尤其是忙碌的家庭游客和没有多少时间但想体验"真实的"降灵群岛的旅行者。

Daydream Island Resort & Spa(☎1800 075 040; www.daydreamisland.com; 双$245起; ✷ ☏ ≋)垄断了岛上的住宿业，因此你可能会认为他们使出了一些"卑鄙"伎俩，但是其实酒店十分清楚谁是他们的目标客户: 带着小孩的全家游客、小心谨慎的国际客以及时间紧张的度假者，也很清楚这一地理位置所能产生的话题效应。房间价格收费合理，许多都能欣赏到珊瑚海漂亮的风景。网球场、健身房、双体船、风帆、三座游泳池和露天电影院都可免费使用。俱乐部里的活动可以让孩子一刻不停歇。

哈密尔顿岛（Hamilton Island）

人口 1346

欢迎来到这座度假天堂小岛，高尔夫球车穿梭往来于柏油路之间，徒步小径遍布陡峭崎岖的山峦，白沙滩上组织各种激烈的水上运动。虽然这不是每个人完美的度假去处，但看到这里高端的住宿、餐厅、酒吧和活动，你就很难不会心动。只要你有钱，这里总有什么会吸引你。

一日游旅行者可以使用这里的度假村设施，包括网球场、高尔夫练习场、迷你高尔夫球场，可以用相对低廉的价格享受这座岛屿。

一些港口的店家会组织潜水活动和课程，而且几乎每家都能帮你报名参加前往不同岛屿和外礁的游船活动。

如果你有时间走走，可以爬上岛屿东北角的Passage Peak（239米）。

食宿

★ Qualia　　　　　　　　　　度假村 $$$

（☏1300 780 959; www.qualia.com.au; 双$1100起; ❋@☏☒）超豪华的Qualia占地30英亩，现代的别墅外观看起来就像是山边的树屋。度假村有个私人海滩、两个餐厅、一个水疗和两个游泳池。这是方圆几里内我们最喜欢的奢华度假村。

Reef View Hotel　　　　　　　酒店 $$$

（☏02-9007 0009; www.hamiltonisland.com.au/reef-view-hotel; 双$370起; ❋@☏）在这家山顶度假村能够看见碧蓝的大海和翠绿的山峦。这里位置方便，受到家庭和团队游客的喜爱。住得久一点还可以打折，而且氛围也很低调。

Whitsunday Holiday Homes　　公寓 $$$

（☏13 73 33; www.hihh.com.au; $320起; ❋@☏☒）住宿形式从三星级公寓到家庭住房以及五星级的奢华酒店，多种多样。费用包括高尔夫球场的使用。某些房型要求连住四晚。

Popeye's Fish n' Chips　　　炸鱼薯条 $

（Front St; 炸鱼薯条 $11.50; ⊙周日至周四 10:00~21:00, 周五和周六 11:30~21:00）大份的炸鱼薯条足够喂饱两个人，还卖汉堡、鸡肉……甚至是鱼饵。

Manta Ray Cafe　　　　　　　咖啡馆 $$

（☏07-4946 8213; Marina Village; 主菜$17~30; ⊙10:30~21:00）火烤比萨是这里的美味，你也可以只在午后过来尝尝饮料和牡蛎。这里受到家庭和一日游游客的欢迎。

Romano's　　　　　　　　　意大利菜 $$$

（☏07-4946 8212; Marina Village; 主菜$33~40; ⊙周四至周一 18:00至午夜）这家受欢迎的意大利餐厅有一个宽阔封闭的亲水平台。

饮品和夜生活

Marina Tavern　　　　　　　　　　酒馆

（☏07-4946 8839; Marina Village; 主菜$17.50起; ⊙11:00至午夜）食物不是来这里的原因。喝点啤酒和鸡尾酒，然后看看来往的人群吧。

到达和离开

飞机

哈密尔顿岛机场主要服务来自降灵群岛的航班，服务的航空公司包括**澳洲航空**（☏13 13 13; www.qantas.com.au）、**捷星航空**（☏13 15 38; www.jetstar.com.au）和**维珍航空**（☏13 67 89; www.virginaustralia.com.au）。

船

Cruise Whitsundays（☏07-4946 4662; www.cruisewhitsundays.com）连接哈密尔顿岛机场和艾尔利海滩的艾尔利港码头（$48）。

海曼岛（Hayman Island）

海曼岛位于降灵群岛的最北边，只有4平方公里，海拔最高达250米。有山林、峡谷和海滩，还有一座奢华的五星级度假村。海曼岛有澳大利亚最负盛名的岛屿度假村（最初由一位航空业大亨构想），因此成为达官显贵的游乐园。不过，如果你钱包空空，只能考虑另外73座岛屿了。海曼岛只接待度假村的住客。

一条排列着海枣树的庄严大道通往

One & Only Hayman Island Resort(☎07-4940 1838；www.hayman.com.au；房间 含早餐$730~12,300；❄@☎🏊)的入口，这是大堡礁最为纸醉金迷的游乐园之一，由游泳池(24小时开放)、景观花园和专属精品店组成，占地达到数公顷。房间包括陈设讲究的池边小屋、奢华的三卧套房以及独立式别墅，都十分宽敞大气。

度假村住客必须先飞抵哈密尔顿岛机场，然后由海曼岛豪华游艇接送，一路都可以尽情享受。

林德曼岛(Lindeman Island)

林德曼岛位于奢华的哈密尔顿岛西南15公里处，曾经是一座奢华的度假村，但是由于破产清算，又回归自然原始的状态。最近的十年间，只有自然摄影家和徒步者踏足这片土地。游客能够随处徒步，并从奥尔德菲尔德山(Mt Oldfield；210米)眺望壮观的风景。2018年3月，价值6亿澳元的重建项目已经获批，建设预计明年开始，到时候这里的氛围就要改变了。林德曼岛目前主要还是国家公园，有空旷的海湾和20公里的徒步小径。趁你还能去的时候早点到这里吧。

Boat Port(营地 每人/每家 $6.15/24.60)是个位于沙滩区域的开放露营地，周围被雨林包围。这里有简易的厕所和野餐设施，曾经是清理帆船的海湾，故此得名。

降灵岛(Whitsunday Island)

降灵岛的白天堂海滩(Whitehaven Beach)作为澳大利亚最漂亮的海滩之一，长期是旅游业发展的"龙头"。这一片7公里长的纯净沙滩(98%纯净的石英砂，是世界上最白的沙滩)在阳光下特别耀眼，周围则是茂盛的热带植被和湛蓝的大海。从沙滩最北端的Hill Inlet开始，绚丽的沙滩与湛蓝或碧绿的海水构成一幅奇幻的图景。南端附近海域还有非常精彩的浮潜点。

国家公园的露营地(营地 每人/家庭$6.15/24/60)位于西边的儒艮海滩(Dugong Beach)、纳里海滩(Nari's Beach)和乔海滩(Joe's Beach)；南边的Chance Bay，最南端的白天堂海滩，以及北边的彼得湾(Peter Bay)。

降灵群岛的其他岛屿

北部的岛屿没有开发，游船和水上出租很少光临。其中的格洛斯特岛(Gloucester Island)、鞍背岛(Saddleback Island)和阿米特岛(Armit Island)都有国家公园露营地。

格洛斯特岛的博纳湾(Bona Bay)有最大的露营地(☎13 74 68；www.npsr.qld.gov.au；营地 每人/家庭 $6.15/24.60)，配有厕所、野餐桌和避雨处。阿米特岛的简易露营地有厕所和野餐桌，鞍背岛的露营地很普通，紧邻大陆，有野餐桌。

鲍恩(Bowen)

人口 9277

鲍恩是一座位于艾尔利海滩以北的山上海滨小镇，并且以杧果而闻名(在水果采摘季节会非常热闹)，但是其神秘的海湾和水域只有当地人才知道。它宽阔安静的街道、昆士兰风格的木屋以及惬意友好的当地人都会让你萌生放缓生活节奏想法。前滩有景观海滨大道、野餐桌和烧烤，但是市中心东北处的海滩更加漂亮，而且游客也更少。

留意水塔上"鲍莱坞"(Bowenwood)的字样；巴兹·鲁赫曼(Baz Luhrmann)的史诗电影《澳洲乱世情》(*Australia*)就是2007年在这里拍摄的，镇上的人至今都还念叨着这些明星。

🛏 食宿

Bowen Backpackers 青年旅舍 $

(☎07-4786 3433；www.bowenbackpackers.com.au；Herbert St；铺 每晚/每周 $40/190起；❄@☎)位于漂亮海滨尽头的Herbert St(经过Grandview Hotel酒店)，如果你在附近的果园工作，那么就应该住在这里。新的管理方式在全镇范围都很被认可。房间干净，且十分宽敞。

Barnacles Backpackers 青年旅舍 $

(☎07-4786 4400；www.barnaclesbac

kpackers.com; 18 Gordon St; 铺 $30起;) 新的管理者接管了这座有着84个房间的青年旅舍,它距离水果采摘地很近。公共区域虽然看似简单,但非常实用,也很安静。不过还是需要打探一下最新的水果采摘的情况。

Rose Bay Resort 度假村 $$

(07-4786 9000; www.rosebayresort.com.au; 2 Pandanus St; 房间 $160~300; ❄@❂) 玫瑰湾(Rose Bay)是一座被忽视的海湾,浮潜者会错过,住客很有可能专享这片海湾。宽敞的单间和舒适的套间都能招待四个住客。你需要自驾车才能到达鲍恩热闹的地方。要求至少住两个晚上。

Jochheims Pies 面包房 $

(49 George St; 馅饼 $5; 周一至周五 5:30~15:30, 周六 至12:30) 自1963年以来,Jochheims就一直用自制馅饼来填饱鲍恩人的肚子。试试"休·杰克曼"馅饼吧(里面有大块牛肉)——这位演员在拍摄《澳洲乱世情》的时候可是这里的常客。

Food Freaks 新派澳大利亚菜 $$

(07-4786 5133; 主菜 $16~26; 午餐和晚餐) 虽然鲍恩不是昆士兰州最酷的地方,这里也不是最潮流的餐厅,但这就是大家(以及我们)喜欢这里的原因: 可以一边俯瞰海滨,一边品味新派澳大利亚风味的创意菜。食材新鲜,上菜迅速,十分美味。

Cove 中国菜、马来西亚菜 $$

(07-4791 2050; Coral Cove Apartments, Horseshoe Bay Rd; 主菜 $17~28.50; 周二至周日 午餐和晚餐) 这家中/泰国餐馆特别大,坐在木结构露台上可以毫无遮挡地欣赏珊瑚海。菜单的前菜和主菜融合了澳大利亚元素。服务非常棒,而且还有种类多样的素食和海鲜。可以外带。

饮品和夜生活

Grand View Hotel 酒馆

(07-4786 4022; www.grandviewhotelbowen.com; 5 Herbert St) 处在山丘上,最近进行了装修,是一家很棒的澳式酒馆,其中有一座啤酒花园和许多纪念物品(包括巴兹·鲁赫曼拍摄《澳洲乱世情》时的物品)。餐馆看起来不错,不过在午后阳光下喝着啤酒,很容易会忘记点菜。

实用信息

镇上有一处友好的**信息亭**(Santa Barbara Pde; 周一至周五 10:00~17:00, 周六和周日 时间不定),还有个**游客中心**(07-4786 4222; www.tourismbowen.com.au; 周一至周五 8:30~17:00, 周六和周日 10:30~17:00) 位于鲍恩以南7公里处的Bruce Hwy (留意巨大的杧果)。两家店都贩卖大勺的鲍恩杧果冰糕。

到达和离开

灰狗巴士(1300 473 946; www.greyhound.com.au) 和 **Premier** (13 34 10; www.premierms.com.au) 这两家公司都有频繁的班次往返艾尔利海滩 ($26, 1.5小时) 和汤斯维尔 ($29, 4小时)。

汤斯维尔到使命海滩

包括 ➡

汤斯维尔	452
马格内蒂克岛	458
英尼姆及周边	462
卡德韦尔	463
欣钦布鲁克岛	463
塔利	464
使命海滩	465
邓克岛	470
因尼斯费尔及周边	470

最佳就餐

- ➡ PepperVine（见469页）
- ➡ Bingil Bay Cafe（见468页）
- ➡ Oliveri's Continental Deli（见471页）
- ➡ Longboard Bar & Grill（见456页）
- ➡ Wayne & Adele's Garden of Eating（见456页）

最佳住宿

- ➡ Jackaroo Hostel（见466页）
- ➡ Sejala on the Beach（见468页）
- ➡ Civic Guest House（见454页）
- ➡ Orpheus Island Lodge（见462页）
- ➡ Base Backpackers（见460页）

为何去

这片安静的棕榈海滩被雨林包围，散布于游客喜爱的凯恩斯和降灵群岛之间，知道的人虽然不算多，但濒危的鹤鸵会在这里食草籽，考拉在橡胶树上打盹，而岛屿四周都是碧蓝的大海。汤斯维尔虽然常常被人忽略，但作为都市中心，有着宽阔宜人的现代街道、景色优美的海边散步道、19世纪优雅的建筑，以及各类文化场馆和体育活动。你还可以从这里前往马格内蒂克岛，那里比降灵群岛要便宜，但野生动物却很多：可以自己喂野生沙袋鼠，在丛林徒步时观察种类繁多的鸟类并且留意考拉的活动。

使命海滩位于汤斯维尔以北，这里的村庄惬意悠闲，却吸引着众多寻求刺激的人们乘坐长途汽车纷至沓来，他们都渴望背着跳伞包飘荡在珊瑚礁和白沙滩的上空，或是体验塔利河令人血脉偾张的白水漂流。

何时去

汤斯维尔

5月至10月 海里没有水母，是一年最适合进行水上活动的时节。

8月 澳大利亚室内乐音乐节展示了汤斯维尔的文化。

9月 马格内蒂克岛在为期一个月的Dayz Festival期间进入派对模式。

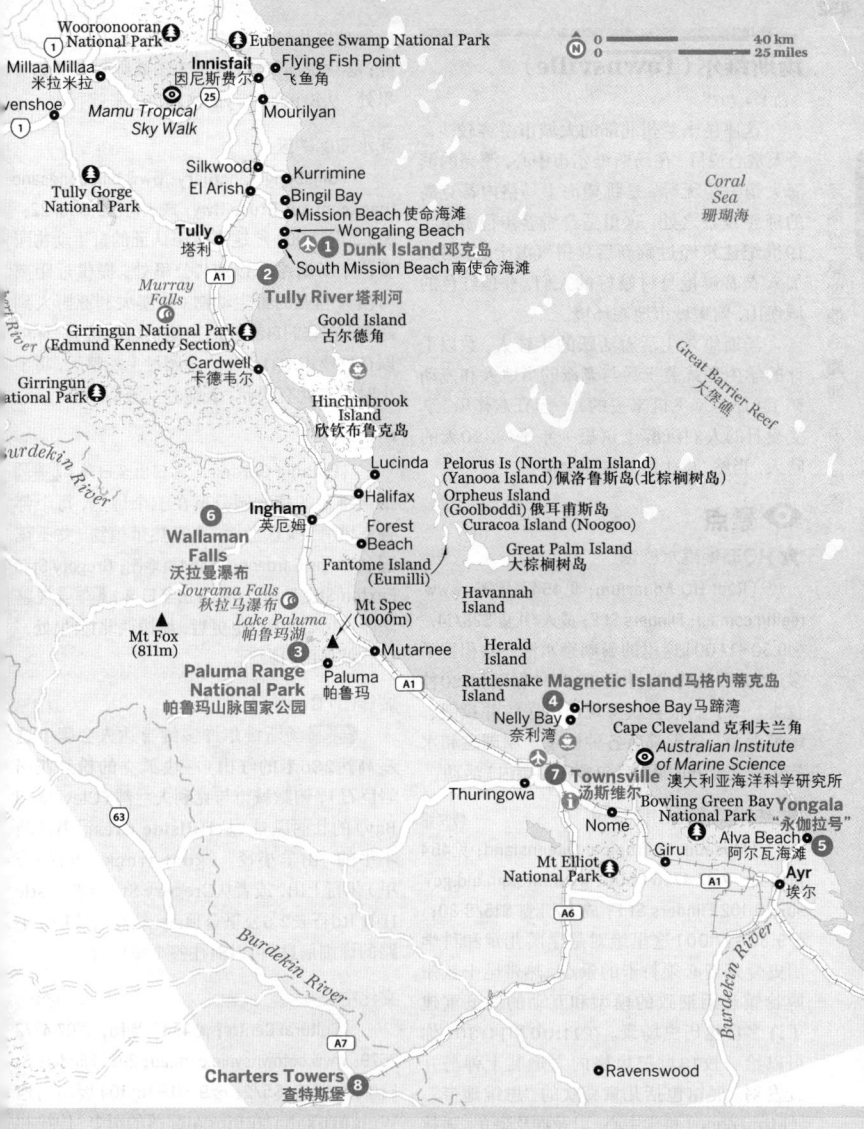

汤斯维尔到使命海滩的亮点

① 邓克岛（见470页）开启昆士兰州的典型热带避世之旅。

② 塔利河（见464页）在白水漂流的河弯之间左冲右突。

③ 帕鲁玛山脉国家公园（见465页）在国家公园蜿蜒的小道上寻觅生性腼腆的鸭嘴兽。

④ 马格内蒂克岛（见458页）在这座天堂般的岛屿观察打盹的考拉或亲手喂沙袋鼠。

⑤ "永伽拉号"（见457页）在澳大利亚最佳的沉船胜地之一进行水肺潜水。

⑥ 沃拉曼瀑布（见462页）观赏澳大利亚最高的单体瀑布之壮景。

⑦ 汤斯维尔（见452页）为昆士兰州北部备受爱戴的橄榄球联赛队伍牛仔队呐喊助威。

⑧ 查特斯堡（见458页）在内陆的淘金小镇观赏户外电影《入夜幽灵》。

汤斯维尔（Townsville）

人口 174,797

这座昆士兰州北部的大城市游客较少，令人赏心悦目。在汤斯维尔市中心，漂亮的滨海大道一望无际，是眺望海上马格内蒂克岛的理想观景之处。这里适合游客步行游览，19世纪建筑经过翻新后显得气派十足。可以加入衣着鲜艳身材姣好的人们，登顶红色的城堡山，俯瞰城市地貌环境。

汤斯维尔生活着活跃的年轻人，数以千计的学生和武装士兵与老派的当地人和流动矿工（还是坐飞机来去的）一起狂欢作乐，享受夏日的人们沉醉于这里一年平均320天的晴天，当然，夜生活的氛围也很嗨。

◉ 景点

★ HQ珊瑚礁水族馆　　　　水族馆

(Reef HQ Aquarium；见454页地图；www.reefhq.com.au；Flinders St E；成人/儿童 $28/14；◎9:30~17:00)这里的珊瑚礁水池一共贮蓄了多达250万吨的水，生活着130种珊瑚和120种鱼类。孩子们很喜欢参观海龟医院并投喂、触摸海龟。全天都有各种侧重于珊瑚礁和水族馆的交流和团队游（包含在门票内）活动。

★ 热带昆士兰州博物馆　　　　博物馆

(Museum of Tropical Queensland；见454页地图；☎07-4726 0600；www.mtq.qm.qld.gov.au；70-102 Flinders St E；成人/儿童 $15/8.80；◎9:30~17:00)这里绝对是学龄儿童和科学历史爱好者必须打卡的景点，热带昆士兰州博物馆运用细致的模型和互动的展览重建了许多自然历史场景。在11:00和14:30，你可以给一枚18世纪风格的大炮装上弹药并且发射。展馆包括儿童喜欢的"思维地带"（MindZone）科学中心，以及涉及恐龙、雨林与珊瑚礁的昆士兰州北部历史展示。

澳大利亚海洋科学研究所　　　　研究所

(Australian Institute of Marine Science, AIMS；☎07-4753 4444；www.aims.gov.au)经过大规模的翻新之后，2017年年中重新开启了免费的2小时团队游（3月至10月 周五10:00)。这座位于弗格森（Cape Ferguson）的海洋研究设施针对诸如珊瑚白化、大堡礁的管理以及与社会的关联等问题开展切实研究；必须提前预约。它位于汤斯维尔东南35公里处，从Bruce Hwy的岔路口出来就行。

死水潭保护区　　　　野生动物保护区

(Billabong Sanctuary；www.billabongsanctuary.com.au；Bruce Hwy；成人/儿童 $35/22；◎9:00~17:00)这家生态认证的野生动物园就位于汤斯维尔以南17公里处，提供近距离与澳大利亚的野生动物（从澳大利亚野犬到鹤鸵）在它们自然的栖息地接触的机会。你可以在这座占地11公顷的公园过上一整天，每半小时左右就有喂养、表演和交流活动。

植物园　　　　花园

(Botanic Gardens；◎日出至日落) 免费
汤斯维尔的植物园分布在三个地点，每个都各有风情，绿意盎然，充满热带植物。**女王花园**(Queens Gardens；见454页地图；Gregory St和Paxton St交叉路口；◎日出至日落) 免费 规整华丽，距离市中心也更近，城镇西北1公里处，就在城堡山山脚下。

城堡山（Castle Hill）　　　　观景台

免费 汤斯维尔许多健身达人会爬上这座高达286米的红山（一块孤立的粉红花岗岩巨石），俯瞰城市与克利夫兰湾（Cleveland Bay)的壮丽风景。从Hillside Cres沿着凹凸不平的"山羊小径"（goat track，单程2公里）步行上山，或者从Gregory St，沿着Castle Hill Rd行驶2.6公里登顶。一块路牌指明了小路的详细信息，可以前往各个瞭望台。

文化中心　　　　文化中心

(Cultural Centre；见454页地图；☎07-4772 7679；www.cctownsville.com.au；2-68 Flinders St E；成人/儿童 $5/2；◎9:30~16:30)展出当地Wulgurukaba 和Bindal部落的历史、传统和风俗。打电话了解团队导览的时间。

汤斯维尔海事博物馆　　　　博物馆

(Maritime Museum of Townsville；见454页地图；☎07-4721 5251；www.townsvillemaritimemuseum.org.au；42-68 Palmer St；成人/儿童/家庭 $6/3/15；◎周一至周五 10:00~15:00，周六和周日 正午至15:00)作为船只爱好者必须去的地点之一，这个博物院利用"永伽拉号"（Yongala）

的残骸，展示了昆士兰州北部航海业的历史。另有团队游前往退役的澳大利亚皇家海军舰艇巡逻船"汤斯维尔号"(Townsville)参观。

🏃 活动

海滨 游泳

（Strand；见454页地图）汤斯维尔的海滨长2.2公里，公园、泳池、咖啡馆和游乐场遍布其中，数百棵棕榈树提供树荫。它的沙滩上有救生员巡逻，并且被两处防鲨网保护着。

石潭（⊙24小时）**免费** 位于海滨的北侧，是一座被草坪和沙滩包围的巨大的人工游泳池。另外，你还可以前往《遗产名录》上的**托布鲁克纪念泳池**(Tobruk Memorial Baths；见454页地图；www.townsville.qld.gov.au；成人/儿童 $5/3；⊙周一至周四 5:30~19:00，周五 至18:00，周六 7:00~16:00，周日 8:00~17:00)，水池经过氯化安全处理，且拥有奥运会标准赛道；而且这里还有一座很棒的**水上乐园**(Water Playground；见454页地图；⊙12月至次年3月 10:00~20:00，9月至11月、4月和5月至18:00，6月至8月至17:00) **免费**，适合儿童玩耍。

Skydive Townsville 高空跳伞

（见454页地图；☎07-4721 4721；www.skydivetownsville.com.au；182 Denham St；3050/4270米双人跳伞 $395/445起）从性能良好的飞机上纵身一跃，在海滨或马格内蒂克岛降落。

👉 团队游

Townsville History Walking Tour 徒步

（☎0400 560 471；www.townsvillehistorywalkingtours.com.au；团队游 $20~80）汤斯维尔全新的历史徒步导览游，受到当地人和好奇的游客的欢迎。City Day Tour ($50)和Palmer St Wine and Dine Tour ($80)都特别热门。

🎉 节日和活动

汤斯维尔常常会有热闹的节日活动，包括国家橄榄球联盟队伍北昆士兰州牛仔队（North Queensland Cowboys；www.cowboys.com.au）的主场赛事。

Townsville 500 体育节

（www.v8supercars.com.au；⊙7月）在V8超级赛车锦标赛(V8 Supercar Championship)活动期间，赛车在专门修建的街道赛道上轰鸣驰骋。

澳大利亚室内音乐节 音乐节

(Australian Festival of Chamber Music；www.

从汤斯维尔出发进行大堡礁之旅

汤斯维尔到大堡礁的距离比凯恩斯和道格拉斯港要更远，因此额外的燃油费用导致了价格的上涨。不过从好的方面想，这里的人也就不那么多（珊瑚受到游客人潮的影响也就没有那么严重）。从汤斯维尔出发的行程重点是潜水；如果你只是想浮潜，那么选择只前往珊瑚礁的一日游："永伽拉号"沉船潜水只针对水肺潜水者。不过，比起汤斯维尔，"永伽拉号"距离埃尔(Ayr)附近的阿尔瓦海滩(Alva Beach)近得多，因此你应该可以考虑从阿尔瓦海滩出发的"永伽拉号"潜水行程。

游客信息中心（见457页）提供汤斯维尔提供PADI认证潜水教学课程的机构名录，包括两天的泳池训练，外加两天一晚的船宿潜水。价格$600起，你还需要获得一张潜水医疗体检证明（$60左右）。

机构如下：

Adrenalin Dive（见454页地图；☎07-4724 0600；www.adrenalinedive.com.au；252 Walker St）前往"永伽拉号"($264起)和Lodestone Reef ($229起)的一日游，都包括两次潜水。另外提供船宿行程以及潜水认证课程。

Remote Area Dive (RAD，见454页地图；☎07-4721 4424；www.remoteareadive.com.au；16 Dean St)经营前往俄耳甫斯岛和佩洛鲁斯岛(Pelorus Island)的一日游($225起)。另外提供船宿行程和潜水课程。

Townsville 汤斯维尔

汤斯维尔到使命海滩 汤斯维尔

afcm.com.au；◎8月）在这项国际著名的赛事期间，汤斯维尔市内各大场馆都会开展表演，文化气息浓厚。

🛏 住宿

★ Civic Guest House 青年旅舍 $

（见454页地图；☎07-4771 5381；www.civicguesthousetownsville.com.au；262 Walker St；铺/双 $20/56起；@🛜）这家复古的青年旅舍尊重独行游客对于清洁、舒适、安全以及交际的各种需求。褐黄色调和殖民风格是为了迎合背包客的审美而改变的，受到了更多人的喜爱。提供码头或汽车站的免费接送。

Orchid Guest House 客栈 $

（见454页地图；☎07-4771 6683，0418 738 867；www.orchidguesthouse.com.au；34 Hale St；铺 $28，双带/不带浴室 $90/65；❄）Orchid自我们上次造访后生意明显好了很多。这座市内郊区老房子位于山下，步行可达，非常完好地保留了昆士兰州古朴的风格，安静的住客们纷纷住在这里规划着前往马格内蒂克岛的行程，或是打算长居于此找份临时工作。

Townsville 汤斯维尔

◎ 重要景点
- **1** 热带昆士兰州博物馆..................C3
- **2** HQ 珊瑚礁水族馆......................C3

◎ 景点
- 文化中心..(见1)
- **3** 汤斯维尔海事博物馆..................C4
- **4** 女王花园（植物园）..................A2

◎ 活动、课程和团队游
- **5** Adrenalin Dive..................................A4
- **6** Remote Area Dive............................C4
- **7** Skydive Townsville...........................B3
- **8** 海滨...B2
- **9** 托布鲁克纪念泳池...........................C2
- **10** 水上乐园..B2

◎ 住宿
- **11** Civic Guest House..........................A4
- **12** Historic Yongala Lodge Motel......B2
- **13** Mariners North................................C2
- **14** Oaks M on Palmer..........................D4
- **15** Orchid Guest House.......................A3
- **16** Reef Lodge......................................C3

◎ 就餐
- **17** A Touch of Salt...............................B4
- **18** Harold's Seafood...........................B1
- **19** Jam..C4
- **20** Longboard Bar & Grill....................B1
- **21** Summerie's Thai Cuisine..............C3
- **22** Wayne & Adele's Garden of Eating....D4

◎ 饮品和夜生活
- **23** Beach Bar..A1
- **24** Coffee Dominion.............................B4
- **25** Grand Northern Hotel....................B4
- **26** Heritage Bar....................................C3
- **27** Townsville Brewery........................B4

◎ 娱乐
- **28** Flynns..C3

◎ 购物
- **29** Cotters Market................................ B
- **30** 海滨夜市..A1

Reef Lodge 青年旅舍 $

（见454页地图；☎07-4721 1112；www.reeflodge.com.au；4 Wickham St；铺 $23~35，双带/不带浴室 $80/62；❄@ଵ）市中心唯一房型结构逼仄狭小的青年旅舍，但员工的态度随和，游戏室、休息区和吊床花园都有着温馨氛围。如果你在旁边的夜店花完了所有的钱，那还可能在该地区找到一份工作。

Rowes Bay Caravan Park 房车营地 $

（☎07-4771 3576；www.rowesbaycp.com.au；Heatley Pde；无电/有电营地 $28/36，不带/带浴室小屋 $75/110，别墅 $115~140；❄@ଵ）林木成荫的公园正对着Rowes Bay的海滩。别墅虽然比小屋更小，但看起来更时尚。

Historic Yongala Lodge Motel 汽车旅馆 $

（见454页地图；☎07-4772 4633；www.historicyongala.com.au；11 Fryer St；汽车旅馆房间 $79~139，单卧/双卧公寓 $115/159；❄ଵ）这家建于1884年的可爱的历史建筑有着姜饼屋式样的栏杆，只需要片刻就能步行前往海滨和市中心。客房和公寓都很小，但性价比很高。虽然长期"租客"和喧闹的派对爱好者会影响住处的整体观感，但是这里的多样性和宽敞的空间还是能够让你眼前一亮。

Oaks M on Palmer 精品酒店 $$

（见454页地图；☎07-4753 2900；81 Palmer St；双 $100起；❄❄ଵ）非常适合后续晚宴或晚餐前在房间里酌上一杯酒，沿着Palmer St溜达到尽头就能看到Oaks M。房间虽小，但是时尚明亮。停车免费，服务细致，还有一个小型健身房。

Mariners North 公寓 $$$

（见454页地图；☎07-4722 0777；www.marinersnorth.com.au；7 Mariners Dr；2卧/3卧公寓 $209/360起；❄❄ଵ）Mariners North是家庭游客在汤斯维尔的首选，位于码头新修的一段，门口就是沙滩以及一座令人愉悦的泳池。公寓水准很高，住在底楼可以直接前往泳池和花园；其他人或许更喜欢克利夫兰湾的景观房。

✕ 就餐

Gregory St与海滨成直角，有许多咖啡馆和外卖店。Palmer St的美食街提供种类丰富的饮食：沿途漫步还可以挑选你喜欢的食物。汤斯维尔的众多酒吧和酒馆还供应美食。

Harold's Seafood 海鲜 $

（见454页地图；The Strand和Gregory St交叉路口；餐$4~10；◎周一至周四 8:00~21:00，周五至周日 至21:30）这家街角的炸鱼薯条店贩售鱼肉汉堡（$12）以及分量十足的尖吻鲈沙拉（$11）。

★ Longboard Bar & Grill 新派澳大利亚菜 $$

（见454页地图；☏07-4724 1234；www.longboardbarandgrill.com；The Strand, Gregory St对面；主菜$15~37；◎11:30~15:00和17:30至深夜）这家冲浪主题的酒馆餐厅是汤斯维尔最酷的地方，在海边可以吃喝简餐，也可以愉快地和当地人开派对，每晚的招牌菜如玉米卷饼和布法罗辣鸡翅非常美味。点一份牛排、海鲜和意大利面总不会出错。酒吧多数晚上的氛围很好，而且服务员快捷、高效。

Jam 新派澳大利亚菜 $$

（见454页地图；☏07-4721 4900；1 Palmer St；主菜$15~30；◎7:00~22:00）这家很棒的中端餐厅位于热闹的Palmer St上，是典型的昆士兰州北部风格。早餐和甜点选择种类丰富。

Wayne & Adele's Garden of Eating 新派澳大利亚菜 $$

（见454页地图；☏07-4772 2984；11 Allen St；主菜$19起；◎周一 6:30~22:30，周二至周六 至23:00，周日正午至15:00）这家夫妻店与澳大利亚"后院"（至少得是"庭院"）的位置并不匹配。喜欢另类菜品的人绝对不要错过这里的主菜："安全网"（Safety Net；鳄鱼肉饼配"蛋网"及亚洲风味沙拉）或"跳回来"（Bounce Back；印度风味烤袋鼠肉片配腌酸橙酸奶）。

Summerie's Thai Cuisine 泰国菜 $$

（见454页地图；☏07-4420 1282；www.summeriesthaicuisine.com.au；232 Flinders St；特价午餐$13，晚餐主菜$17；◎11:30~14:30和17:30~22:00）当地的这家泰国餐馆拥有市中心的黄金位置，在郊区还开了新分店，十分受欢迎。Summerie'改良传统的菜肴用以迎合澳大利亚人的味蕾，并且将珊瑚海的海产融入菜肴之中，如招牌菜"大堡礁"（Barrier Reef；鱼露香菜辣酱海鲜）、"人间天堂"（Heaven on Earth；慢炖柳橙大虾配爽脆蔬菜）以及"夏日夕阳"（Summer Sunset；酸甜菠萝酱）。

A Touch of Salt 新派澳大利亚菜 $$$

（见454页地图；☏07-4724 4441；www.atouchofsalt.com.au；86-124 Ogden St；主菜$35~37；◎正午至15:00和18:00~21:30）对于汤斯维尔来说，奢华的环境和高端的用餐体验显得有些老土，但酒吧还是非常时尚的，服务十分到位，精致的亚洲融合菜也体现了厨师的雄心（不过有时可能会过了头）。

🍷 饮品和夜生活

Townsville Brewery 啤酒屋

（见454页地图；252 Flinders St；◎周一至周六 11:00至午夜）这座建于19世纪80年代的漂亮屋子改造以前是个邮局。这里当场制作啤酒。喝一杯Townsville Bitter 或Bandito Loco吧。

Beach Bar 酒吧

（见454页地图；Watermark Hotel, 72-74 The Strand）Beach是在汤斯维尔值得一去的酒吧。Missy Higgins和Silverchair都给这里点过赞，那想必我们都应该会喜欢这里。周日有音乐活动在这里举办。从这里可以一直望至滨海的另一端。

Coffee Dominion 咖啡馆

（见454页地图；www.coffeedominion.com.au; Stokes St和Ogden St；◎周一至周五 6:00~17:00，周六和周日 7:00~13:00）环保的烘焙咖啡屋老店，有从阿瑟顿高原到肯尼亚的咖啡豆。如果你找不到喜欢的口味，那就说出自己的要求，他们会为你现磨。

Grand Northern Hotel 酒馆

（见454页地图；☏07-4771 6191; 500 Flinders St）这家建于1901年的历史悠久的酒馆位于汤斯维尔热闹的市中心，虽然这里不一定十分安静，但任何时候都适合喝上一杯。对于想要体验该地区浓厚氛围的人，千万不要错过。

Heritage Bar 酒吧

（见454页地图；☏07-4724 1374; www.theheritagetownsville.com; 137 Flinders St E; 酒吧小吃$11；◎周二至周六 17:00~2:00）特别时尚的精酿酒吧。熟练的调酒师为时尚的顾客们配制出比啤酒节上的酒更具创意的鸡尾酒（$18）。这里也有高档的酒吧菜品[比如波亥威士忌烧烤猪肉、扇贝、"香肠汤团"（chorizo gnocchi），

> ### "永伽拉号"沉船潜水
>
> **Yongala Dive** (07-4783 1519; www.yongaladive.com.au; 56 Narrah St, Alva Beach) 提供从阿尔瓦海滩(Alva Beach; 位于埃尔东北17公里处)出发的"永伽拉号"沉船潜水行程(包括装备 $259)。从那里出发前往沉船只需要30分钟,而从汤斯维尔乘船出发就需要2.5小时。提前在岸上背包客风格的潜水小屋(铺/双 $29/68; @) 预订,可以提供到埃尔(Ayr)的免费接送服务。

还有像椰子虾一类的小吃。

☆ 娱乐

Flynns　　　　　　　　　　　　　现场音乐

(见454页地图; www.flynnsirishbar.com; 101 Flinders St E; ◎周二至周日 17:00至深夜)欢乐的爱尔兰小酒馆,颇具爱尔兰风格。每晚都有现场音乐,周三是卡拉OK活动。

购物

逛逛每周的**Cotters Market**(见454页地图; www.townsvillerotarymarkets.com.au; Flinders St Mall; ◎周日8:00~13:00)或每月的**海滨夜市**(见454页地图; Strand Night Market; www.townsvillerotarymarkets.com.au; The Strand; ◎5月至12月的第一个周五 17:00~21:30)。

❶ 实用信息

大堡礁海洋公园管理处(Great Barrier Reef Marine Park Authority; 见454页地图; 07-4750 0700; www.gbrmpa.gov.au) 监管大堡礁的国家机构。
游客信息中心(见454页地图; 07-4721 3660; www.townsvilleholidays.info; 280 Flinders St; ◎9:00~17:00)提供给游客大量关于汤斯维尔、马格内蒂克岛及邻近国家公园的信息。城市以南10公里处的Bruce Hwy还有另一家分部。

❶ 到达和离开

飞机
从**汤斯维尔机场**(www.townsvilleairport.com.au)出发,搭乘**维珍航空**(13 67 89; www.virginaustralia.com)、**澳洲航空**(13 13 13; www.qantas.com.au)、**Air North**(1800 627 474; www.airnorth.com.au)和**捷星航空**(13 15 38; www.jetstar.com.au)航班可以前往凯恩斯、布里斯班、黄金海岸、悉尼、墨尔本、麦凯和罗克汉普顿,并能转飞各大城市。

船
SeaLink (07-4726 0800; www.sealinkqld.com.au) 经营的渡轮从汤斯维尔的Breakwater前往马格内蒂克岛(往返儿童/成人 包括全天的公共汽车通票 $17.50/35, 25分钟)。5:30~23:30大约每小时就有一班。所有抵达和离开马格内蒂克岛的船次都停靠奈利湾(Nelly Bay)的码头。

长途汽车
灰狗巴士(1300 473 946; www.greyhound.com.au; The Breakwater, Sealink Travel Centre, Sir Leslie Thiess Dr)每天3班前往布里斯班($249, 24小时)、罗克汉普顿($129, 12小时)、艾尔利滩($49, 4.5小时)、使命海滩($44, 3.75小时)和凯恩斯($64, 6小时)。长途汽车在**Breakwater Ferry Terminal**(2/14 Sir Leslie Thiess Dr; 储物柜每天 $4~6)停靠。

Premier Motor Service (13 34 10; www.premierms.com.au) 每天有1班车往返布里斯班($184, 23小时)和凯恩斯($55, 6小时),停靠在汤斯维尔的**Fantasea车辆渡船码头**(Ross St, South Townsville)。

火车
汤斯维尔的**火车站**(Charters Towers Rd)位于市中心以南1公里处。

行驶在布里斯班和凯恩斯之间的"昆士兰精神号"(Spirit of Queensland)每周5次经过汤斯维尔。布里斯班与汤斯维尔之间的行驶时间为25小时(单程$189起),而前往凯恩斯(6.5小时)的价格从$79起。联系**昆士兰州铁路**(1800 872 467; www.queenslandrail.com.au)。

❶ 当地交通

抵离机场
汤斯维尔机场位于市中心西北5公里处的加伯特(Garbutt)。乘坐出租车前往市中心大约花费$22。

公共汽车

Sunbus（☎07-4771 9800；www.sunbus.com.au）经营汤斯维尔及周边的公共汽车路线。路线地图可以在游客中心和网上查询。

出租车

出租车聚集在城内的各个等候处，或者可以电话联系 Townsville Taxis（☎13 10 08；www.tsvtaxi.com.au）。

马格内蒂克岛
（Magnetic Island）

人口 2500

从汤斯维尔吼一声，马格内蒂克岛上都能听得见。这是一座绿意盎然的岛屿，也是昆士兰州最惬意的居民区之一。当地人要么在汤斯维尔上班，要么从事旅游业，他们回家的路是壮丽的沿海徒步路线，橡胶树上栖息着安眠的考拉——你很有可能看到几只。周围

值得一游

雷文斯伍德和查特斯堡（RAVENSWOOD & CHARTERS TOWERS）

从海岸驶向内陆，可以在两座往昔的淘金小镇感受昆士兰州的内陆风情。

雷文斯伍德（人口 160）是一座淘金小镇，百年来的命运几经波折。现在这里以两座大酒店而闻名，其中一座据说是昆士兰州闹鬼最厉害的酒店之一。

镇上这两座酒店 Imperial Hotel（☎07-4770 2131；23 Macrossan St；标单/双 $39/65；🅿❄🛜）和 Railway Hotel（☎07-4770 2144；1 Barton St；标单/标双/双 $42/79/90；🅿❄🛜）可以提供食宿，还可以在两家酒店的酒吧里喝上一杯。

查特斯堡（人口 8500）是19世纪的淘金城镇，从汤斯维尔沿着 Flinders Hwy 行驶140公里可以到达。淘金热期间，William Skelton Ewbank Melbourne（WSEM）Charters 担任这里的淘金事务局局长，这座小镇成为昆士兰州规模第二大，而且是最富庶的城镇。"堡"（towers）取名自周围的"山包"（tors）。这里多达100个金矿、大约90个酒馆和一家证券交易所，甚至就是当地人眼中的"全世界"。如今，游览查特斯堡的方式就是漫步走过其宏伟的外墙，遥想过去纸醉金迷的时代。

证券交易所拱廊（Stock Exchange Arcade；☎07-3223 6666；www.nationaltrust.org.au/places/stock-exchange-building-and-arcade；76 Mosman St；⊙9:00～17:00）及其拥有筒形穹顶的柱廊曾是19世纪末的商业中心。如今这里是一座明亮的咖啡馆和美术馆。

晚上来到最初发现金子的 Towers Hill，现在这里正好被用作露天电影院，播放20分钟的电影《入夜幽灵》（Ghosts After Dark），可以在游客中心了解不同季节的放映时间并购买电影票（$10）。

可以住在气势磅礴的历史酒店 Royal Private Hotel（☎07-4787 8688；www.royalprivate-hotel.com；100 Mosman St；房间 $60起；❄🛜），这场经历仿佛时空穿越，或是来到一座博物馆。嘎吱作响的木床和黑白格子图案的浴室瓷砖不一定每个人都会喜欢。

如果要体验真实的养牛场生活，那么在 Bluff Downs（☎07-4770 4084；www.bluffdowns.com.au；铺 $20，双 $90～300，露营地 $20）联系朗达（Rhonda）。大部分住客都会在此工作一段时间，不过这里也欢迎短暂过夜。它位于查特斯堡西北110公里处。

Healthy Treat（☎07-4787 4218；14 Gill St；餐 $12～24）是一家深受欢迎的餐馆，提供大分量的自制汉堡、三明治和荤菜，总能吸引当地家庭和老饕们到来。由 Mars Bar 巧克力棒、Nutella 巧克力酱和海盐焦糖做成的奶昔（$8）可谓一绝。

查特斯堡游客中心（Charters Towers Visitor Centre；☎07-4761 5533；www.charterstowers.qld.gov.au；74 Mosman St；⊙9:00～17:00）非常棒，可以预订镇上的住宿，包括以闹鬼而名声大噪的 Venus Gold Battery。1872～1973年，金矿在这里被压碎并加工冶炼。

被碧绿的大海包围着,看到这景象你一定会觉得宛如梦境。

山势起伏的岛屿呈三角形,面积52平方公里,国家公园占地超过一半,有着景观步道和大量野生动物,包括数量众多(且迷人的)岩袋鼠。诱人的海滩提供刺激紧张的水上运动,还可以在这里晒日光浴。花岗巨岩、南洋杉和桉树都让这座千篇一律的热带岛屿天堂焕然一新。

⊙ 景点

有一条主路贯穿岛屿,从野餐湾出发,经过奈利湾和杰弗里湾,再抵达马蹄湾。当地的公共汽车定期提供这条路线上的服务。徒步路线穿过丛林,也连起了主要城镇。你可以在渡船码头的售票柜台获取地图。

⊙ 野餐湾 (Picnic Bay)

野餐湾是岛上最低调的景点之一,除了几户友好的当地人家住在这里之外,就没有别的什么了。游泳季节有防蜇网(11月至次年5月),而且游泳体验非常棒。如果你想钓鱼,那儿也有个不错的防坡堤。

⊙ 奈利湾 (Nelly Bay)

奈利湾的马格内蒂克港(Magnetic Harbour)是你登岛体验的第一站。这里有种类丰富的吃住选择,热闹但不失惬意,而且还有个不错的海滩。海滩的北侧有一处儿童游乐场,附近的珊瑚礁适合进行浮潜。

⊙ 阿卡迪亚湾 (Arcadia Bay)

阿卡迪亚村聚集了许多商店、餐馆和住宿。杰弗里湾(Geoffrey Bay)是这里主要的海滩,南端有一处珊瑚礁(但退潮时不要在珊瑚礁上行走)。阿尔玛湾(Alma Bay)的水域有最漂亮的海滩,巨石翻滚直入大海。这里树阴很多,还有野餐桌和儿童游乐场。

如果你朝位于布雷姆纳角(Bremner Point)的公路尽头走,就在杰弗里湾和阿尔玛湾之间,大约17:00能看到野生的沙袋鼠,它们习惯每天在同样的时间进食。它们会直接舔食你的手掌心。如果你能想办法来到这里,这会是你全程的一大亮点。

⊙ 雷迪卡湾和堡垒 (Radical Bay & the Forts)

汤斯维尔在"二战"期间是太平洋战场的补给站,因此建造了堡垒保护城镇免受海军袭击。如果你就想选择一条徒步路线,那么一定要选择堡垒徒步(2.8公里,往返1.5小时)。起点邻近前往雷迪卡湾的岔路,沿途经过许多过去的军事遗址、枪火炮台和假"岩石"。观测塔和战地指挥所位于徒步路线的尽头,在那里你可以看见壮丽的沿海景色,而且几乎总能看到树冠上懒洋洋的考拉。沿着同样的路线返回,或是继续前往相连的徒步路线,最后你应该可以抵达马蹄湾(你可以在那儿搭乘公共汽车返回)。

附近的Balding Bay是岛上非官方的天体海滩。

⊙ 马蹄湾 (Horseshoe Bay)

马蹄湾位于北海岸,是马格内蒂克岛(简称Maggie)是最方便到达的海滩,吸引了年轻嬉皮风的自然爱好者以及上年纪的一日游旅行者。你可以在这里租到水上运动装备,这里有游泳防蜇网,还有一排咖啡馆和很棒的酒馆。Bungalow Bay Koala Village有一处野生动物园(☏07-4778 5577, 1800 285 577; www.bungalowbay.com.au; 40 Horseshoe Bay Rd; 成人/儿童 $29/13; ☉2小时团队游 10:00, 12:00和14:30),可以让你亲近鳄鱼和考拉。在马蹄湾沿海滩而建的市场(☉每月第二和最后一个周日9:00~14:00)购买一些当地艺术品和手工艺品。

✖ 活动

Big Mama Sailing   乘船游

(☏0437 206 360; www.bigmamasailing.com; 全天游轮 成人/儿童 $195/110)乘坐18米的双轨帆船与热情的船只爱好者斯图(Stu)、丽莎(Lisa)和弗莱切(Fletcher)一起下水,他们最近从使命海滩搬到了这里。

Pro Dive Magnetic   潜水

(☏0424 822 450; www.prodivemagnetic.com; 43 Sooning St, Nelly Bay)奈利湾的这所潜水学校提供马格内蒂克岛的一日游活动,适合浮潜($149)和水肺呼吸($199)潜水者。PADI课程的费用为$299。

Tropicana Tours 自驾游

(07-4758 1800; www.tropicanatours.com.au; 全天成人/儿童 $198/99) Ziggy和Co经营的岛上团队游，带你乘坐他们的四轮驱动车，领略岛上最佳的几处景点。价格包括与野生动物亲密接触、当地咖啡馆午餐以及夕阳鸡尾酒。另外，还提供更短的团队游行程，但是8小时的全天游更棒。

Horseshoe Bay Ranch 骑马

(07-4778 5109; www.horseshoebayranch.com.au; 38 Gifford St; 2小时骑行 $120) 在丛林与海滩之间骑行两小时，享受在碎浪之间驰骋。对小孩子来说，也提供小马骑行（20 分钟，$20）。

Magnetic Island Sea Kayaks 皮划艇

(07-4778 5424; www.seakayak.com.au; 93 Horseshoe Bay Rd; 上午/傍晚团队游 $85/60) 马格内蒂克岛非常适合划海上皮划艇，这里有许多停泊点、秘密海滩和海洋生物，划船后也有许多惬意的咖啡馆可以补充体力。加入上午或傍晚的生态团队游，或是自己租一艘皮划艇（单人/双人每天 $85/160）游玩。

Pleasure Divers 潜水

(07-4778 5788; www.pleasuredivers.com.au; 10 Marine Pde, Arcadia; 开放水域课程 每人$300起; 8:30～17:00) 与这些住在阿卡迪亚湾的人一起浮潜，赞美杰弗里湾优美的生态环境。如果你想在深处浮潜，3天的PADI开放水域课程带你学习水肺呼吸的基本技能，而高级课程和"永伽拉号"沉船潜水更适合定期潜水的高级玩家。

住宿

要找度假出租屋，看看www.bestofmagnetic.com或www.magneticislandtourism.com。

★ Base Backpackers 青年旅舍 $

(1800 242 273; www.stayatbase.com; 1 Nelly Bay Rd, Nelly Bay; 露营地 每人 $15, 铺$32～37, 双 $110起; @) 远离度假者，确保你的住宿环境无人打扰，这是澳大利亚位置最佳的青年旅舍之一，就在奈乜湾和野餐湾之间。这里因满月派对而闻名，但酒吧Island Bar随时活跃。提供包含食物和交通的住宿套餐。

Arcadia Beach Guest House 客栈 $

(07-4778 5668; www.arcadiabeachguesthouse.com.au; 27 Marine Pde, Arcadia; 铺$35起, 游猎帐篷 $65, 房间 带/不带浴室 $135/75起;) 价格实惠，员工热情专业，提供种类丰富的住宿区域。你会选择住在明亮的海滩房（以岛上海湾的名字命名）、游猎帐篷还是多人铺位呢？在阳台可以观察海龟。可以租个独木舟、"敞篷车"或是四轮驱动车……要不都试试吧？

Magnetic Island B&B 民宿 $$

(07-4758 1203; www.magneticislandbedandbreakfast.com; 11 Dolphin Ct, Horseshoe Bay; 双 $150) 这里的双人房常常被一抢而空，但新建的Bush Retreat ($190) 可以睡四个人，对于想在大自然中居住的游客来说非常划算。房间通风明亮，主人很有职业素养。还有个漂亮的海水游泳池，早餐种类丰富且健康美味。至少需要住两晚。

Shambhala Retreat 平房 $$

(0448 160 580; www.shambhala-retreat-magnetic-island.com.au; 11 Barton St, Nelly Bay; 双 $105起;) Shambhala是岛上最具性价比的热带自炊小屋之一，它使用绿色能源，从其壁挂和水景布置可以看出佛教对其的影响。两个套间提供户外庭院淋浴；都提供设施齐全的厨房、宽敞的浴室以及洗衣设施。当地野生动物常常会出现在露台上。至少要求住两晚。

Arcadia Village Motel 酒店 $$

(07-4778 5481; www.arcadiavillage.com.au; 7 Marine Pde, Arcadia; 房间 $120起;) 这个汽车旅馆就在Marine Pde安静的南端（岛上典型的惬意风格），对家庭游客友好，还有个小餐馆与酒吧，周末顾客有点儿多。有两个很棒的泳池，过个马路走一会儿就到达海滩。

Island Leisure Resort 度假村 $$

(07-4778 5000; www.islandleisure.com.au; 4 Kelly St; 波利尼西亚小屋双/家 $197/247起;) 这些自给自足的波利尼西亚小屋

（burés）就在海滩边上，洋溢着热带风情。在私人露台可以看到专属的天堂——潟湖泳池与BBQ区域，它们召唤着爱好社交的旅客。

Magnetic Sunsets 公寓 $$

（☎07-4778 1900; www.magneticsunsets.com.au; 7 Pacific Dr; 单/双/三卧室公寓 $195/295/395, 民宿标单/双 $115/159; ❈☎✉）性价比很高的自给自足公寓，距离海滩非常近。在私人阳台可以俯瞰整座海湾；房间内部时尚干净，让人觉得宾至如归。另外，崭新的民宿房间也很不错。

Tropical Palms Inn 汽车旅馆 $$

（☎07-4778 5076; www.tropicalpalmsinn.com.au; 34 Picnic St, Picnic Bay; 标单/双 $120/130; ❈☎✉）前门外就是一座小巧的游泳池，老板热情友好，房间也明亮舒适。如果你住上超过两晚，既能享受折扣，还可以在这里租借四驱车。住得越长，优惠越多。

✗ 餐饮

★ Cafe Nourish 咖啡馆 $

（☎07-4758 1885; 3/6 Pacific Dr, Horseshoe Bay; 卷饼$9起; ◎8:00~16:00）马蹄湾有很多咖啡馆，而我们最爱的一家能够做出非常美味的食物：新鲜健康的卷饼、早餐、果昔和"能量球"。咖啡更能开启新的一天。服务温馨又热情。

Arcadia Night Market 市场 $

（RSL Hall, Hayles Ave, Arcadia; ◎周五17:30~20:00）热闹小巧的夜市有持有售酒执照的酒吧，在这里还能品尝许多便宜小吃。

Noodies on the Beach 墨西哥菜 $

（☎07-4778 5786; 2/6 Pacific Dr, Horseshoe Bay; 主菜 $10起; ◎周一至周三、周五 10:00~22:00, 周六 8:00~22:00, 周日 8:00~15:00; ℗）作为马蹄湾餐饮业的中流砥柱，Noodies是一家轻松的墨西哥主题餐厅。在这里可以交换书籍，它还被允许贩售强劲的玛格丽特鸡尾酒。

Gilligan's Cafe 咖啡馆 $$

（Arcadia Village; 汉堡 $14~18; ◎8:00~16:00）这家有趣的咖啡馆有售酒执照，位于阿卡迪亚湾，以其丰盛的早餐和精美的汉堡闻名岛上。老板还收集名字类似的电视剧《盖里甘的岛》（*Gilligan's Island*）的周边纪念品。午餐选择配酒的时候，来此好好纠结一番吧。

Marlin Bar 酒馆美食 $$

（☎07-4758 1588; 3 Pacific Dr, Horseshoe Bay; 主食 $16~24; ◎11:00~20:00）Marlin Bar受到停靠在马蹄湾的船员们的喜爱，当地人也会在傍晚听现场音乐。餐食分量大，而且主要以海鲜为主（喜出望外吧！）。欢迎狗狗入内。

Picnic Bay Hotel 酒馆美食 $$

（☎07-4778 5166; www.picnicbayhotel.com.au; 1 The Esplanade, Picnic Bay; 主菜 $11~26; ◎9:30~22:00）在安静的野餐湾，这里算是还不错的去处，在此能够眺望海湾对岸的点点灯火。随时都能吃到点心和大份沙拉。

❶ 到达和离开

SeaLink（☎07-4726 0800; www.sealinkqld.com.au）经营的渡船从汤斯维尔前往马格内蒂克岛（往返 成人/儿童 包括全天巴士票 $35/17.50, 25分钟）。5:30~23:30, 大约每小时一个航次。所有抵达和离开马格内蒂克岛的船次都停靠奈利湾的码头。汤斯维尔有停车场。

Fantasea（☎07-4796 9300; www.magneticislandferry.com.au; Ross St, South Townsville）经营的汽车渡船每天8次（周末每天7次）从Ross Creek的南岸出发，用时35分钟。一辆车加最多三名乘客往返费用为$178，而步行乘客费用仅为$17/29（往返 儿童/成人）。船票必须预订，自行车可以免费上船。

❶ 当地交通

Sunbus（www.sunbus.com.au/sit_magnetic_island）定期往返于野餐湾和马蹄湾之间，停靠所有渡船和主要住宿点。涵盖所有区域的一日票费用为$7.20, 或者购买包含这个价格的船票。记得和公共汽车司机聊聊，他们喜欢分享一切与马格内蒂克岛相关的信息。

这里有许多租借"敞篷车"（Moke）和助动车的地方。你需要年满21岁, 持有驾照, 并交纳信用卡押金。电动车租金每天大约$40, "敞篷车"每天大约$75。试试**MI Wheels**（☎07-4758 1111;

www.miwheels.com.au；138 Sooning St, Nelly Bay）经典款的"敞篷车"，或是**Roadrunner Scooter Hire**（☏07-4778 5222；3/64 Kelly St, Nelly Bay）的助动车和山地自行车。

汤斯维尔以北

从汤斯维尔往北，沿着公路和山边的热带雨林，炙烤的大地上渐渐出现甘蔗田的景象。

瀑布、国家公园和小村庄藏在腹地之中，帕鲁玛山脉国家公园（湿热带世界遗产地区的一部分）就在那里。该地区的游客中心提供简易地图，大致标注了徒步路线、游泳水坑和露营地的位置。

英厄姆及周边（Ingham & Around）

人口 4681

英厄姆是甘蔗砍伐中心，有处值得骄傲的意大利遗址。它守护着占地120公顷的 Tyto湿地信息中心[(Tyto Wetlands Information Centre)☏07-4776 4792；www.tyto.com.au；Cooper St和Bruce Hwy交叉路口；◉周一至周五 8:45~17:00，周六和周日 9:00~16:00]，这里有4公里的徒步路线，吸引了大约230种鸟类，其中包括西伯利亚和日本的来客。当地的上百只沙袋鼠会在清晨与黄昏时分聚集在一起。小镇也是前往壮观的沃拉曼瀑布（Wallaman Falls）的起点；这座澳大利亚最高的单体瀑布高达305米。

Mungalla Station（☏07-4777 8718；www.mungallaaboriginaltours.com.au；2小时团队游成人/儿童 $70/35）位于英厄姆以东15公里处，组织深入了解的原住民导览游，包括投掷回旋镖、了解当地Nywaigi部落文化的故事，还有品尝传统的Kupmurri午餐。最少需要10人成团，所以一定要电话确认。另外还提供基本的露营地。

澳大利亚意大利节（Australian Italian Festival；www.australianitalianfestival.com.au）在8月举行，英厄姆60%的居民都是意大利裔。节日的格言是"尽情吃喝，尽情庆祝"。

你可以在沃拉曼瀑布营地（Wallaman Falls Campground；www.npsr.qld.gov.au；营地 每人/每家 $6.15/24.60）安营扎寨。

英厄姆甘蔗砍伐工人丹·希汉（Dan Sheahan）写下的诗句启发了斯利姆·达斯蒂（Slim Dusty）在**Lees Hotel**（☏07-4776 1577；www.leeshotel.com.au；58 Lannercost St；标单/双 $90/105起，餐 $14起；◉周一至周六 午餐和晚

值得一游

俄耳甫斯岛（ORPHEUS ISLAND）

俄耳甫斯岛位于汤斯维尔以北80公里处，占地1300公顷，是一座天堂般的小岛，岛上的国家公园保护区和周围的海洋属于大堡礁海洋公园。干燥的硬叶林与昆士兰州北部构成了鲜明的反差，袋狸、白氏树蛙、针鼹、鹗栖息于此；离奇的是，许多山羊在这里自由自在地闲逛，那是因为19世纪时有人提出荒诞的方案——可以为附近船难的幸存者提供食物。游客们来到这里的桉树林徒步，或是在晶莹剔透的大海里浮潜。

作为棕榈树群岛（Palm Islands）的一部分，俄耳甫斯岛被漂亮的环礁包围，这里生活着多达1100种鱼，还有种类繁多的硬体和软体珊瑚。虽然全年都适合浮潜和潜水活动（夏季需要穿上防蛰服），但在诸如魔鬼鱼迁徙期（8月至11月）和珊瑚产卵期（11月中旬）季节前来的话，旅程会更加有意义。

Orpheus Island Lodge（☏07-4839 7937；www.orpheus.com.au；双 含餐 $1500起）应该是昆士兰州最佳五星级度假村，就热带体验、美食、服务和威望来说，它可媲美更有名的海曼岛。

Nautilus Aviation（☏07-4034 9000；www.nautilusaviation.com.au；单程从汤斯维尔出发 $275）组织从汤斯维尔出发的直升机之旅，每天14:00点出发，全程30分钟。还可以在Lucinda镇周围问问哪里可以乘船游。

餐；❋🍽）创作了金曲《没有啤酒的酒馆》(*Pub With No Beer*, 1957年）。酒店的套间非常舒适，而繁忙的小餐馆供应上好的牛排和意面。当然，还有许多的"啤酒"啦!

获奖的 **Hinchinbrook Marine Cove Resort**（☎07-4777 8395；www.hinchinbrook-marine-cove-resort.com.au；54 Dungeness Rd；双 $135，小屋 $150；❋🍽）性价比很高，小屋十分敞亮，还能睡5个人，管理十分高效，而且前往欣钦布鲁克岛也十分方便。

卡德韦尔（Cardwell）

人口 1300

沿Bruce Hwy从内陆可以前往东海岸的大片地区，透过车窗就能看见海浪、听见涛声，欣钦布鲁克岛也会毫无遮挡地出现在你的眼前，难怪卡车司机会把卡德韦尔作为必经的一站。虽然多数旅行者是因为参与季节性水果采摘到这里（如果你也在寻找短期工作，可以留意背包客旅舍），但这里也是个放松身心的好地方。

卡德韦尔森林车道（Cardwell Forest Drive）全程26公里，景色优美，沿途标识了许多瞭望台、徒步路线和野餐区域。在阿蒂溪瀑布（Attie Creek Falls），你有机会获得超棒的游泳机会，这里还有一座名副其实的"水疗池"（Spa Pool），准备好坐在坑洞里被水溅上一身吧。

Girringun Aboriginal Art Centre (www.art.girringun.com.au; 235 Victoria St; ◎周一至周四 8:30~17:00，周五至14:00) 🖉原住民艺术中心出售传统编织篮、油画和色彩斑斓的木雕。

🛏 食宿

Cardwell Beachcomber Motel & Tourist Park 房车营地 $

（☎07-4066 8550；www.cardwellbeachcomber.com.au；43a Marine Pde；无电/有电营地 $29/38，汽车旅馆 双 $98~125，小屋和套间 $120~130；❋@🍽）营地位置极佳，面朝大海，房型选择丰富，不过露营地的空间有些狭小。可爱的套间和现代的池边海景别墅让你忘却东海岸的暑热。小巧的 **Beachcomber restaurant**（主菜 $25起；⊙早餐 每天，午餐和晚餐 周一至周六）供应简餐以及美味的早餐。

Cardwell Central Backpackers 青年旅舍 $

（☎07-4066 8404；www.cardwellbackpackers.com.au；6 Brasenose St；铺 $24；@🍽）香蕉果园的临时工们都推荐Cardwell Central，因为这里能够安排定期工作，而且让旅客住得舒适安心。这里也接待过夜的旅行者。提供免费网络和台球。

Seaview Cafe 快餐 $$

（87 Victoria St；主菜 $12~25；⊙24小时）Seaview看起来很大，屋顶有一个巨大的螃蟹。货车司机主厨烹饪美味，提供海鲜三明治以及大份的全日早餐（$17）。虽然外观平平，但食物不失水准。

ℹ 实用信息

雨林和珊瑚礁中心（Rainforest & Reef Centre；☎07-4066 8601；www.greatgreenwaytourism.com；142 Victoria St；⊙周一至周五 8:30~17:00，周六和周日 9:00~13:00）雨林和珊瑚礁中心就在卡德韦尔的码头旁边，有一个非常棒的互动雨林展览，详细介绍了欣钦布鲁克岛和邻近的国家公园。

欣钦布鲁克岛（Hinchinbrook Island）

澳大利亚最大的国家公园岛（399平方公里）是徒步者心目中的圣地，但到达这里可不容易，需要提前做好规划。花岗岩山脉从海底升起，野生动物出没于树丛之间。内陆地区热带植被茂盛，而东海岸遍布绵长的沙滩与成片的红树林。

Hinchinbrook Island Cruises（☎07-4066 8601；www.hinchinbrookislandcruises.com.au）的船从卡德韦尔的欣钦布鲁克海港（Port Hinchinbrook Marina）前往欣钦布鲁克岛的拉姆齐湾（Ramsay Bay）栈道（每人单程 $99，1.5小时）。它还经营4小时的两岛游（成人/儿童 $110/99），游轮往返古尔德岛（Goold Island）和花园岛（Garden Island），途中可以观察海豚、儒艮和海龟，

然后在拉姆齐湾的栈道靠岸,沿着9公里长的海滩徒步,最后享用一顿午餐野餐。

NPRSR露营地(☎13 74 68; www.npsr.qld.gov.au; 营地每人$6.15)在长32公里的Thorsborne Trail(或"East Coast Trat")沿线。

塔利(Tully)

人口 2350

虽然塔利看起来像是另一座安逸的蔗糖业村庄,但还有其特色,它把自己称为"澳大利亚最潮湿的城镇"。在抵达塔利的入口上方有一只巨大的金色高筒雨靴,这个高度与本地1950年的降雨量持平(7900毫米);沿着螺旋楼梯来到顶上的观景平台,就能体会到这个降雨量有多么惊人!虽然同样潮湿的巴宾达要和塔利争高下,但全年降雨量使塔利附近的塔利河有足够多适合漂流的激流,丰收的果园也需要旅行者的帮助。

金雨靴节(Golden Gumboot Festival; ◷5月)通过游行和各类娱乐活动纪念湿润的气候。

塔利糖厂(Tully Sugar Mill; 成人/儿童 $17/11; ◷6月底至11月初 每天)1.5小时的团队游在游客中心预约。

✈ 活动

Ingan Tours 团队游

(☎07-4068 0189; www.ingan.com.au; 5 Blackman St)原住民旅行社Ingan Tours在全天的"雨林之魂"(Spirit of the Rainforest; 周二、周四和周六)团队游中带领团员参观一些传奇故事发生的场所,让团员深入而真实地了解该地区先民的生活,以及与自然的和谐关系。旅程令人兴奋,是许多游客在澳大利亚行程的一大亮点。

🛏 食宿

Banana Barracks 青年旅舍 $

(☎07-4068 0455; www.bananabarracks.com; 50 Butler St; 8床/4床 每周 $135/165; @ 🛜 ☒)Banana Barracks适合想要在塔利地区采摘水果的背包旅行者。青年旅舍也是塔利夜生活的中心,夜店Rafters Bar也在这儿。

Mount Tyson Hotel 酒馆 $

(☎07-4068 1088; www.mttysonhotel.com.au; 标单/双 $60/105)虽然这家新近翻修的酒馆气氛有些寡淡,但汽车旅馆客房十分清爽,住上一阵的话性价比也很高。

★ **Redgates Steakhouse** 美式小餐厅 $$

(☎0400 773 315; 99 Butler St)上流人士把这家宽敞的美式餐厅开到了这里。菜单种类丰富,而且经常更换,但汉堡总是这里的常胜将军——牛肉和鱼肉汉堡($12)都会赢得你的称赞,而浓郁的奶昔和咖啡也不会叫人失望。Wi-Fi免费,速度快。

🛈 实用信息

塔利游客和遗产中心(Tully Visitor & Heritage Centre; ☎07-4068 2288; Bruce Hwy; ◷周一至周五 8:30~16:45, 周六和周日 9:00~14:00)提供介绍城镇周围自助导览遗迹徒步路线的指南,还有17个信息介绍板(其中一块还专门介绍了在塔利发现UFO的情况)以及附近国家公园的徒步小径地图。游客中心提供免费网络以及书籍交换服务。

🛈 到达和离开

灰狗巴士(☎1300 473 946; www.greyhound.com.au)和**Premier**(☎13 34 10; www.premierms.com.au)的长途汽车往返于布里斯班和凯恩斯之间,

---

塔利河漂流

由于塔利标志性的倾盆大雨和水电站的防洪闸门,塔利河全年都能提供惊险刺激的白水漂流机会。漂流行程需要配合闸门每天的开闸时间,四级激浪的泡沫在雨林的背景下格外壮观。

Raging Thunder Adventures(☎07-4030 7990; www.ragingthunder.com.au; 全天漂流 $189)或**R'n'R White Water Rafting**(☎07-4041 9444; www.raft.com.au; 全天漂流 $179)组织一日游,费用包括烧烤午餐以及从塔利和邻近的使命海滩的交通接驳。

值得一游

帕鲁玛山脉国家公园（PALUMA RANGE NATIONAL PARK）

值得留出时间驶离Bruce Hwy，穿越湿热带世界遗产地区的帕鲁玛山脉国家公园。公园被分成两个部分，斯佩克山和秋拉马瀑布，都有各种水潭、内陆湖滩和徒步小径，在这里可以欣赏到昆士兰州北部的热带风光。这片壮丽的"平行宇宙"沿着Bruce Hwy从英厄姆通往汤斯维尔，也是观测鸭嘴兽的好地方。

斯佩克山（Mt Spec）

公园的斯佩克山部分（位于汤斯维尔以北61公里，或英厄姆以南40公里处）宛如雾霭中的伊甸园，徒步小径在雨林和桉树之间纵横交错。这里栖息着种类、数量都十分惊人的鸟类，包括金亭鸟和黑色的葵花鹦鹉。

从Bruce Hwy的北面入口进入，沿着4公里长的部分柏油路Spiegelhauer Rd前往大水晶溪（Big Crystal Creek）；从这里，可以从停车场轻松地走上100米到天堂水潭（Paradise Waterhole），这个受欢迎的地方还有沙滩和雄伟的山景。

沿着南面的入口（Mt Spec Rd）进入，一条曲折的柏油路一路盘旋上山，到达帕鲁玛村（Paluma Village）。虽然你觉得来这里只是开车兜风，但是村庄凉爽的空气和温暖的民风会让你选择留下来的。

在前往帕鲁玛村的路上，记得在小水晶溪（Little Crystal Creek）停一下，这个风景如画的游泳水潭有一座迷人的石桥、野餐区域和瀑布。

在帕鲁玛村，凉爽的Rainforest Inn（☎07-4770 8688；www.rainforestinnpaluma.com；1 Mt Spec Rd；双 $125；❀）提供精心设计的房间，旁边还有一座餐厅酒吧。

秋拉马瀑布（Jourama Falls）

水景溪（Waterview Creek）沿着同名的水景瀑布和其他小瀑布滚滚而下，经过棕榈树和三瓣木兰树。这里是野餐和闲逛的好去处。沿着陡坡爬上瞭望台，沿途可以留意翠鸟、淡水龟和袋鼯。NPSR露营地（www.npsr.qld.gov.au；营地 每人/每家 $6.15/24.60）提供冷水淋浴、燃气烧烤器具、水（饮用前需要处理）和堆肥厕所。

可以沿着6公里的柏油路前往这里（不过在雨季时门口的溪流可能难以通行），它位于汤斯维尔以北91公里，英厄姆以南24公里。记得驶离公路前要给车子加满油。

中途停靠于此；前往凯恩斯/布里斯班的车费为$28/$43。塔жи也在**昆士兰州铁路**（☎1800 872 467；www.traveltrain.com.au）布里斯班至凯恩斯的铁路线上。

使命海滩（Mission Beach）

雨林与珊瑚海相会在使命海滩，沙滩早被热带风情的小别墅占据。然而这座珊瑚海旁的隐居地始终保持着瑜伽生活、背包客氛围和生态隐居三者之间的完美平衡，而且这里是澳大利亚密度最高的鹤鸵栖息地。一条14公里的水湾和宽阔空旷的沙滩被棕榈树环抱着，藏在世界遗产雨林之中，这是前往大堡礁最近的地点，也是前往邓克岛的方便之地，从Bruce Hwy沿着岔路行车30公里即可到达。

这里被统称为使命海滩，或者简称"使命"，海岸上有一系列惬意的小村庄。Bingil Bay就在使命海滩中心以北4.8公里处（有时被称为"北使命"）。Wongaling Beach在5公里以南，再往南5.5公里就是南使命海滩。多数设施位于使命海滩的中心和Wongaling Beach。

🏃 活动

水母季节（1月至3月）需在防蛰网范围内游泳。

Ingan Tours 徒步

（☎1800 728 067；www.ingan.com.au；4小时团队游成人/儿童 $130/70；⊙周二、周四和周

Mission Beach 使命海滩

六)当地的原住民向导带你深入使命海滩周围的古老雨林。强烈推荐塔利河的皮划艇团队游(成人/儿童 $100/65)。价格包含从使命海滩的接送以及一顿简便午餐。

Skydive Mission Beach   跳伞

(☎1300 800 840; www.skydivemissionbeach.com.au; 1 Wongaling Beach Rd; 1830/4270米双人前后跳伞 $199/334)使命海滩应该是澳大利亚最受欢迎的跳伞地,你能够从空中看到华美的岛屿和湛蓝的海水,还可以在白沙滩上软着陆。Skydive Australia在当地被称作Skydive Mission Beach,每天组织好几轮跳伞。

Altitude Skydivers   跳伞

(☎07-4088 6635; www.altitudeskydive.com.au; 4/46 Porter Promenade; 4270米 $299)这里的新店,由几个经验丰富、热爱跳伞的人运营,而且价格极具竞争力。

Coral Sea Kayaking   皮划艇

(☎07-4068 9154; www.coralseakayaking.com; 半天/全天团队游 含午餐 $80/136)前往邓克岛的全天导览游,能够带你了解许多事物,你可以无所事事地待上半天,还可以安排更长的3日行程,前往巴纳德岛(Barnard Island)和家庭岛(Family Island)。

Fishin' Mission   钓鱼

(☎0427 323 469; www.fishinmission.com.au; 半天/全天 $160/260)由当地专业人士组织的惬意的珊瑚礁包船捕鱼游。这是该地区最佳的旅行社。

住宿

★Jackaroo Hostel   青年旅舍 $

(☎07-4068 7137; www.jackaroohostel.com; 13 Frizelle Rd; 套房 $12~15, 铺/双含早餐

Mission Beach 使命海滩

⊕ 活动、课程和团队游
1 Drift Spa B4
2 Stinger Enclosure B4

⊜ 住宿
Castaways Resort & Spa .... (见1)
3 Mission Beach Ecovillage D1
4 Mission Beach Retreat B3
5 Nautilus B&B A3
6 Rainforest Motel B3
7 Sejala on the Beach A4

⊗ 就餐
Castaways Bar/Restaurant .... (见1)
8 Early Birds Cafe B3
9 Fish Bar B3
10 Garage Bar & Grill B3
Pepper Vine .... (见9)
Sealevel .... (见10)
11 Zenbah B3

⊙ 购物
12 使命海滩市场 B2

$25/58起；P@☎☒）时光在这里倒流，你可以在俯瞰珊瑚海的巨大丛林泳池旁，以及深藏于热带雨林的木屋里放肆地消磨好几天。来吧，往内陆开车翻越克朗普山（Clump Mountain），找个安静的双人间住下，然后在宁静的公共区域漫步，向在晒日光浴的年轻人们默默点头问好吧。

Dunk Island View Caravan Park 房车营地 $

（☎07-4068 8248；www.dunkislandviewcaravanpark.com；21 Webb Rd；营地 $30~32，单卧/双卧套间 $105/135；☒☎☒）这是我们在昆士兰州北部访问的房车营地之中，最好的之一。邓克岛的风景非常漂亮，而且营地也打理得非常好。在水母季节，泳池很受欢迎，这里还有一家小餐厅（炸鱼薯条$9）。

Mission Beach Ecovillage 小屋 $

（见466页地图；☎07-4068 7534；www.ecovillage.com.au；Clump Point Rd；双 $119~150，双卧小屋 $180；☒☎☒）香蕉树和酸橙树散布于热带花园之中，一条小径贯穿雨林和海滩之间，这座"生态小村"充分利用了自然环境。小屋围绕岩石泳池而建，虽然有些破旧，但餐厅有售酒执照，而且服务绝对能弥补遗憾。

Mission Beach Retreat 青年旅舍 $

（见466页地图；☎07-4088 6229；www.missionbeachretreat.com.au；49 Porter Promenade；铺 $22~25，双 $56；☒@☎☒）就在市中心，直面海滩，惬意轻松，谁不会爱上这里？因为是YHA旗下的青年旅舍，因此常常一房难求。还提供前往超市的接送服务，提供免费Wi-Fi。员工会与住客进行友好的互动。

Rainforest Motel 汽车旅馆 $

（☎07-4088 6787；www.rainforestmotel.com；9 Endeavour Ave；双/标双 $95/105；☒@☎☒）这家汽车旅馆藏在使命海滩其貌不扬的主干道旁，虽然当代奢华风的装修品质不值一提，却提供优质的服务，因此性价比非常高。房间干净时尚，而且邻近小泳池的公共休息区，会让你仿佛置身于热带雨林的花园之中。提供免费自行车。

Sanctuary 小屋 $

（☎1800 777 012，07-4088 6064；www.sanctuaryatmission.com；72 Holt Rd；铺 $40，小屋标单/双 $75/80，别墅 $185；⊙4月中旬至12月中旬；@☎☒）⌒这处休憩中心很受欢迎，从停车场（提供四驱车接送）沿着600米陡峭的雨林徒步路线前行就能到达。在Sanctuary，你可以在简易小屋的露台上安卧，与大自然只隔着一层蚊帐；也可以选择别墅小屋，在落地窗欣赏整片雨林的美景。住客还可以付费享受瑜伽、夜间徒步和按摩等服务。

Scotty's Mission Beach House 青年旅舍 $

（☎07-4068 8676，1800 665 567；www.scottysbeachhouse.com.au；167 Reid Rd；铺 $24~29，双 $71；☒@☎☒）这家YHA旅舍在一片安静的海滩上，房间围着草坪泳池。员工乐于帮助住客充分享受他们的探险旅程。

Scotty's Bar & Grill（主菜 $12~24；⊙17:00~24:00）就在门口，向非住客开放，每天晚上都很热闹，有耍火表演、桌球比赛和现场音乐。

Hibiscus Lodge B&B 民宿 $$

（☎07-4068 9096；www.hibiscuslodge.com.au；5 Kurrajong Cl；房间 $145起；☎）使命海滩

Licuala Lodge 民宿 $$

(☏07-4068 8194; www.licualalodge.com.au; 11 Mission Circle; 双含早餐$135起; ❄☆) 这家宁静的民宿距离海滩等热闹的地方1.5公里远,因此需要自己驱车前往,但你肯定乐意安享这份宁静。住客要么在美妙的游廊上(吃早餐时可以俯瞰造景花园),要么泡在被假山花园包围的泳池里。鹤鸵总会不时造访这里。

Nautilus B&B 民宿 $$

(见466页地图; 1 Nautilus St; 双卧公寓$180起) 虽然基本只能在网上预订,但如果经过Nautilus B&B,还是可以问问戴娜(Dena)是否有房间。两间新建的白瓷砖公寓在山上紧挨着,可以俯瞰镇上的景色,舒适宜人。较大的一间需要共用浴室,洗澡水很舒服,而每个房间都有自己的私人小庭院。

可以在休息室和开放厨房享受早餐(每人$18),需要提前一天预订。日落时分留意沙袋鼠会在旁边出没。

★ Sejala on the Beach 小屋 $$$

(见466页地图; ☏07-4088 6699; www.sejala.com.au; 26 Pacific Pde; 双$275; ❄☆) 三间自炊的沙滩小屋,名字分别是"海浪"(Waves)、"珊瑚"(Coral)和"海滩"(Beaches),可以听见椰子树的"絮声"。每个房间提供雨林淋浴,露台私人烧烤更是特色。非常适合与另一半隐居于此。

Castaways Resort & Spa 度假村 $$$

(见466页地图; ☏07-4068 7444; www.castaways.com.au; Pacific Pde; 双$115~265 单卧/双卧套间$290/360; ❄@☆☆) 这个度假村是家庭游客在使命海滩的主要选择,在这里可以望看海边发呆。如果预算不足,可以住在简单的雨林房间($115),充分利用两个长方形泳池和奢华的**水疗**(www.driftspa.com.au; Pacific Pde),在热带风情的**Bar/Restaurant**(主菜$12~32; ⊙早餐、午餐和晚餐)还能看见漂亮的海滩风光。周二过来,享受热带风情的傍晚茶吧。

✖ 就餐

Early Birds Cafe 咖啡馆 $

(见466页地图; Shop 2, 46 Porter Promenade; 主菜$7~18; ⊙周四至周二6:00~15:00; ✍) 作为早上唯一一家开门的商户, Early Birds凭借便宜的咖啡馆风格早餐(素食$14)以及大杯鲜榨果汁吸引回头客。

Fish Bar 海鲜 $

(见466页地图; ☏07-4088 6419; Porter Promenade; 主菜$10~17; ⊙10:00至午夜) 氛围轻松,海鲜价格亲民。在小庭院可以看到海景,还可以外带食物。

★ Bingil Bay Cafe 咖啡馆 $$

(☏07-4068 7146; 29 Bingil Bay Rd; 主菜$14~23; ⊙6:30~22:00; ✍) 阳光、彩虹、咖啡和美食使得来到这片薰衣草咖啡馆的体验别具一格,可以在门口发呆打发时间。早餐是这里的亮点,全天供应。定期的艺术展览和现场音乐确保这里创意十足。

Caffe Rustica 意大利菜 $$

(☏07-4068 9111; 24 Wongaling Beach Rd; 主菜$13~25, 比萨$10~25; ⊙周三至周六 17:00至深夜, 周日10:00~21:00; ✍) 铸铁的海滩小屋是当地人傍晚都会前往的去处。传统的比萨和意面是拿手好菜,店里还会制作意式冰激凌(gelato)和冰糕(sorbet)。因为一年到头备受当地人的欢迎,建议预订。

Garage Bar & Grill 新派澳大利亚菜 $$

(见466页地图; ☏07-4088 6280; 41 Donkin Lane; 前菜拼盘$17; ⊙9:00至深夜; ❄✍) 这里是使命海滩的热门餐厅,有20多个座位,以美味的小汉堡(sliders)和大份的鸡尾酒($14)而著称。努力工作的主厨定期更换菜单,经营者也让这里的啤酒花园洋溢着节日气氛。有各种平价西班牙小吃,搭配各种曲风的背景音乐。

Millers Beach Bar & Grill 酒吧美食 $$

(☏07-4068 8177; www.millersbeachbar.com.au; 1 Banfield Pde; 主菜$14~38; ⊙周二至周五15:00至深夜, 周六和周日 正午至深夜) 作为Wongaling Beach晚上的明星, Millers距离

鹤鸵：濒危的当地物种

这些不会飞的史前鸟类昂首阔步地穿行于雨林之中，活生生就像从《侏罗纪公园》里走出来的一样。它们和成年人一般高，有着三个匕首样的锋利脚爪，头部呈亮蓝色，有红色的肉垂（从颈部荡下来）、似头盔的羽冠以及像鹂鹋一样粗硬的羽毛。来见见鹤鸵吧，这是雨林生态系统重要的组成部分；它是唯一能够为超过70种树传播种子的动物，因为这些果实对于其他雨林动物来说太大了，因此难以消化和传播（也就是承担肥料的作用）。你最可能在使命海滩、艾提湾（Etty Bay）以及丹特里国家公园的苦难角周边的野外看到它们。它们具有攻击性，尤其是在有雏鸟需要呵护的情况下。千万不要靠近它们；如果觉得受到威胁，不要奔跑，只要给鸟让出道，并且试图找个什么东西（建议找棵树），挡在你和它之间就可以了。

估计在昆士兰州北部生活着不到1000只野生鹤鸵。作为濒危物种，鹤鸵最大的威胁来自栖息地的减少，而最近的威胁主要还是自然因素。热带飓风"雅思"把使命海滩周边的雨林摧毁殆尽，留下了光秃秃的空地，让这些鹤鸵处于挨饿的境地。这场热带飓风还让鹤鸵失去了抵抗恶劣天气的屏障，也更容易遭到野狗袭击，外出觅食时也容易遭到车辆碾轧。

在使命海滩游客中心的旁边，**湿热带环境中心**（Wet Tropics Environment Centre; www.wettropics.gov.au）展示了保护鹤鸵的方式，由来自**鹤鸵和沿海保护团体**（Community for Cassowary & Coastal Conservation; www.cassowaryconservation.asn.au）的志愿者担任讲解。礼品店的收入直接用于购买鹤鸵栖息地。你也可以从网站 www.savethecassowary.org.au 获取有用信息。

海滩非常近——甚至可以直接从沙子里刨出一瓶啤酒。人们在这里可以做各种事，偶尔会有客流增大的情况。日落时分可以遥望不远处的邓克岛。我们造访时，鱼肉汉堡（$18）很受欢迎。

Zenbah
各国风味 $$

（见466页地图；☎07-4088 6040；39 Porter Promenade；主菜 $12~28；⊙周五和周六 10:00至次日1:30，周日至周四 至午夜）人行道上颜色鲜艳的椅子是Zenbah的特色，表现出这家小餐馆惬意轻松的氛围。食物种类包括中东菜、亚洲菜和比萨，在周五和周六，你可以一边吃一边听着现场音乐助兴。

Sealevel
海鲜 $$

（见466页地图；☎07-4088 6179；42 Donkin Lane；主菜 $15~30；⊙正午至21:00）作为使命海滩最新的餐厅，这里拥有最佳位置（海滩和广场），但因为布局不佳和失真的菜色备受诟病。新鲜钓上来的大海鲈很不错（$17），不过尖吻鲈就不太新鲜了（$18）。空旷的混凝土广场兼具啤酒花园的作用。如果服务尚可的话，可以选择这里。

★ Pepper Vine
新派澳大利亚菜 $$$

（见466页地图；☎07-4088 6538；2 David St；主菜 $16~32；⊙16:30~23:00）在Village Green, Pepper Vine是一家简单的当代餐馆，食物受到意大利、西班牙和现代澳大利亚餐饮的影响，氛围和服务都非常出色。火烤比萨配上一杯澳大利亚葡萄酒是这里晚餐最佳搭配，但夜晚的高档餐饮使大众顾客敬而远之。

🔒 购物

使命海滩市场（Mission Beach Markets；见466页地图；Porter Promenade；⊙每月第一和第三个周日 8:00~13:00）和**使命海滩旋转怪物市场**（MIssion Beach Rotary Monster Market; Marcs Park, Cassowary Dr, Wongaling Beach；⊙4月至12月 每月最后一个周日 8:00~12:30）每月轮番在三个周日举办。

ℹ️ 实用信息

使命海滩游客中心（Misson Beach Visitor

值得一游

帕罗尼拉公园（PARONELLA PARK）

帕罗尼拉公园（☎07-4065 0000；www.paronellapark.com.au; Japoonvale Rd, Mena Creek; 成人/儿童 $44/23）位于使命海滩西北50公里处，就在一些溪流和瀑布的后方（这里至少住着一条鳄鱼），它是个奇幻的热带隐居地，像达利笔下的世界一般，让你远离现实的烦恼。台阶上的青苔、茂盛的热带植被，还有富丽堂皇的阔气建筑，足以构成维多利亚-玛雅风格的电影场景。

在帕罗尼拉公园对公众开放之前，它是白手起家的西班牙移民何塞·帕罗尼拉（José Paronella）送给妻子玛格丽塔（Margarita）的礼物。他死于1948年，现在这个公园已为私人拥有，并且载入自然信托基金（National Trust）的名录。

邻近地区可以露营，也可以住进这里古朴的小木屋（$90）。

Centre; ☎07-4068 7099; www.missionbeachtourism.com; Porters Promenade, Mission Beach; ◎周一至周六 9:00~16:45, 周日 10:00~16:00）镇上的游客中心提供多种语言的各类信息。

湿热带环境中心（☎07-4068 7197; www.wettropics.gov.au; Porter Promenade; ◎10:00~16:00）就在使命海滩中心的隔壁，你会找到关于当地环境（当然还有鹤鸵）的展览和电影。

❶ 到达和离开

灰狗巴士（☎1300 473 946; www.greyhound.com.au）和**Premier**（☎13 34 10; www.premierms.com.au）的长途汽车停靠在Wongaling Beach"大鹤鸵"的旁边。灰狗巴士/Premier前往凯恩斯的价格分别为$25/19（2小时），前往汤斯维尔的价格分别为$44/46（3.5小时）。

邓克岛（Dunk Island）

邓克岛被Djiru部落称为和平富饶之地（Coonanglebah）。他们的确没有错——这里比理想中的热带岛屿还要好，有着茂盛的丛林、白沙滩和难以置信的蓝色海洋。

邓克岛上纵横遍布（甚至环绕）着徒步小径：环状步道（9.2公里）是了解岛屿内部及富饶的野生动物的最佳线路。可以在Muggy Muggy的珊瑚塔海域浮潜，或是在美丽的椰子海滩（Coconut Beach）畅快地游泳。旺季的周末，常常有举行邦戈手鼓课程或尤克里里乐队表演，联系使命海滩游客中心进行了解。

邓克岛在2011年惨遭龙卷风"雅思"的重创，虽然多数建筑都已重建，但仍有一部分老旧残破的度假村不能使用，被遗忘在那儿。

Mission Beach Charters（☎07-4068 7009; 往返 成人/儿童 $35/18; 3小时团队游 $50）提供接送服务，还承运各种钓鱼、潜水和野营活动，或是可以让你直接住进**Dunk Island露营地**（☎0417 873 390; 每人/每家 $6.15/24.60）。

因尼斯费尔及周边（Innisfail & Around）

人口 7500

因尼斯费尔是昆士兰州北部一座悠闲漂亮的城镇，以河鱼捕捞、农牧业及各类装饰艺术派建筑而闻名。虽然就在凯恩斯以南80公里，但看不到什么游客，可以在宽阔的约翰斯通河（Johnstone River）上，加入当地人的闲谈，在漂亮的主干道上避开行驶的拖拉机，或是讨论最近牛仔队橄榄球队在联赛上的表现。

闲适的海滨飞鱼角（Flying Fish Point）位于因尼斯费尔城镇中心东北大约8公里处，而驱车片刻就能抵达几座国家公园，包括乐趣十足的玛姆雨林天空步道（2.5公里，轮椅可通行）。城镇以南的岔路通往各个海滩，包括精致的艾提湾，在那里可以看见漫步的鹤鸵、嶙峋的海角、雨林、大片的防蛰网圈池和一处简易而幽美的房车营地。

Feast of the Senses（www.feastofthesenses.com.au）在3月举行，是昆士兰州北部的厨艺盛宴。

◎ 景点

玛姆雨林天空步道 观景台

（Mamu Tropical Sky Walk; www.mamutropicalskywalk.com.au; Palmerston Hwy; 成人/儿童/家庭 $23/12/64; ⊙9:30~17:30, 16:30后不能进入）沿着Palmerston Hwy行驶27公里可以到达（公路入口位于因尼斯费尔西北4公里处,路标清晰）这处雨林天空步道,它能让你从37米高的塔上（登上100级台阶）俯瞰鸟语花香的果林美景。这条环形步道全长2.5公里,走完全程至少1小时。轮椅可通行。

Palmerston Hwy继续向西前往米拉米拉,途中经过瀑布环路（Waterfalls Circuit）的入口。

🛏 食宿

Backpackers Shack 青年旅舍 $

（☎0499 042 446, 07-4061 7760; www.backpackersshack.com; 7 Ernest St; 铺 每晚$195; ▣❋@）普通的多人间静候住客入住。这座旅舍由当地非官方的就业机构运营,时令水果吸引采摘者前来。

Flying Fish Tourist Park 房车营地 $

（☎07-4061 3131; www.ffpvanpark.com.au; 39 Elizabeth St, Flying Fish Point; 电力营地 $32~39, 小屋 $50~99, 别墅 $119~125; ❋@🛜🏊）旅行者需要房车（或露营装备）,并且一定会爱上这座惬意的公园,你可以在马路对面的海滩直接钓鱼,或是向友好的经理租借一艘船出海捕捞。小屋宽敞芬芳。电话联系了解如何前往。

★ Barrier Reef Motel 汽车旅馆 $$

（☎07-4061 4988; www.barrierreefmotel.com.au; Bruce Hwy; 标单/双 $135/145起; ❋@🛜🏊）这家汽车旅馆不只是个过路的驿站,它几乎是你留出一整天在因尼斯费尔玩耍的理由。汽车旅馆风格的房间非常棒,有抚慰人心的瓷砖地板和宽敞的浴室,客户服务也非常用心。就在游客中心的旁边,这里的**餐厅**（主菜 $28~30.50; ⊙早餐和晚餐; ☎）提供美味的"海陆大餐"（牛排和海鲜）。海水泳池和酒吧会让你更喜欢这里。

★ Oliveri's Continental Deli 熟食 $

（www.oliverisdeli.com.au; 41 Edith St; 三明治 $8.50~11; ⊙周一至周五 8:30~17:15, 周六 至12:30; ☎）这家店在因尼斯费尔很有名,有60多种不同的欧洲奶酪、火腿和萨拉米香肠,当然还有美味的三明治和可口的咖啡。

Innisfail Seafood 海鲜 $

（51 Fitzgerald Esplanade; ⊙周一至周五 8:00~18:00, 周六 9:00~16:00, 周日 10:00~16:00）新鲜捕获的海鲜马上进行烧烤,还有一包包经过有机烹饪处理的大虾（每千克$18~20）。

Flying Fish Point Cafe 海鲜 $

（9 Elizabeth St, Flying Fish Point; 主菜 $12~25; ⊙7:30~20:00）老主顾们享受着这里舒缓清爽的海滨氛围,而丰盛的海鲜篮里装满了面粉炸鱼、烧烤鱿鱼、虾肉馄饨和扇贝天妇罗。

ⓘ 实用信息

NPRSR（www.nprsr.qld.gov.au）提供露营地和徒步路线的详细信息。

游客信息中心（☎07-4061 2655; Eslick St和Bruce Hwy交叉路口; ⊙周一至周五 9:00~16:30, 周六 至13:00, 周日 至12:00）游客中心能够提供很多帮助,向游客发放景点的优惠券以及提供一些可以帮着找到工作的住宿地点。

ⓘ 到达和离开

长途汽车的班次方面,**Premier**（☎13 34 10; www.premierms.com.au）每天有一班,而**灰狗巴士**（☎1300 473 946; www.greyhound.com.au）每天有好几班往返于因尼斯费尔、汤斯维尔（$45~52, 4.5小时）以及凯恩斯（$19~22, 1.5小时）之间。

因尼斯费尔位于凯恩斯至布里斯班的铁路线上；电话联系**昆士兰州铁路**（☎1800 872 467; www.queenslandrail.com.au）获取信息。

凯恩斯和丹特里雨林

包括 ➡

凯恩斯	473
凯恩斯周边	490
阿瑟顿高原	494
库兰达	494
云噶布拉	497
道格拉斯港	499
莫斯曼	507
丹特里	507
苦难角	509

最佳就餐

- Vivo（见492页）
- Coco Mojo（见494页）
- Ganbaranba（见485页）
- Prawn Star（见485页）
- On the Inlet（见505页）

最佳住宿

- Peppers Beach Club（见504页）
- Cape Trib Beach House（见512页）
- Cedar Park Rainforest Resort（见495页）
- Coral Beach Lodge（见503页）
- Sarayi（见492页）

为何去

位于热带的旅游城市凯恩斯是任何澳大利亚东海岸旅行路线中不容错过的一站。各种水平的潜水者都会来到这座热闹的城市，因为这里可谓是大堡礁的门户；而那些想要酩酊大醉的人，也因数不胜数的酒吧、夜店而满足。草木茂盛的阿瑟顿高原位于内陆，拥有凉爽宜人的气候、火山坑洞、丛林瀑布以及美味的食物，只需开车片刻即能到达。

向北通往道格拉斯港的蜿蜒道路，沿途的海岸线风景异常优美；继续向前，你会见到庞大的丹特里河的汽车渡轮。从这里出发，茂密的热带雨林从这里一直延伸到苦难角，以及更远的成片白沙滩；不要因美景而放松对鳄鱼的警惕。

何时去

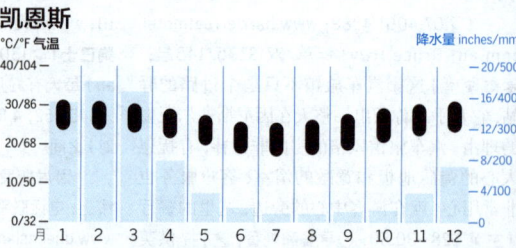

5月 道格拉斯港正值嘉年华时期，水母叮蜇的季节结束了。

8月 气温适宜，凯恩斯节是一年的重中之重。

11月 每年珊瑚产卵的季节，潜水爱好者们欢呼雀跃。

凯恩斯 (CAIRNS)

人口 160,285

凯恩斯(发音为"cans")当初只是小池沼和金矿码头,经历长久的岁月变迁,今天这里有数不胜数的度假村、旅行社、纪念品店。每年有数以百万计前往大堡礁的游人来到这里,注定这个地方会大力发展。

老一辈人觉得,凯恩斯已经失去了过去的灵魂,但如今的假日气氛却感染着每个人。在市中心,你能看到人们更多穿着沙滩裤,而不是背着公文包,而且热情友好的氛围会让你把遛弯儿也变成社交,你会在这里丢掉所有的快节奏和计划表。而且,凯恩斯大量的酒吧、夜店和咖啡馆,适合不同预算的人。城里没有沙滩,但漂亮的滨海大道与人工潟湖能够弥补遗憾;北部的海滩也只需要开车一小会儿,或是坐上当地的公交车即可到达。

◉ 景点

凯恩斯的最新景点是先进的**凯恩斯水族馆**(Cairns Aquarium;见476页地图;☏07-4044 7300;www.cairnsaquarium.com.au;163 Abbott St;成人/儿童/家庭 $42/28/126;⊙9:00~17:30)。

★ **凯恩斯滨海大道、栈道和潟湖** 水滨

(Cairns Esplanade, Boardwalk & Lagoon;见476页地图;www.cairns.qld.gov.au/esplanade;⊙潟湖 周四至周二 6:00~21:00,周三 正午至21:00;🅿) **免费** 喜欢晒太阳和玩乐的人会蜂拥到这里。海岸经过开垦,建造了凯恩斯滨海大道壮观的游泳池,这座人工海水沙滩泳池占地4800平方米,配有救生员和夜间照明。将近3公里的森林栈道沿线有野餐区域、观鸟展望台、免费的野餐和健身设施。沿着标识,抵达欢乐无比的**Muddy's**(见476页地图;www.cairns.qld.gov.au/esplanade/facilities/playgrounds/muddys) **免费**,这里的游乐场和水上乐园非常适合儿童,还有轮滑坡道、沙滩排球场、攀岩公园和"趣味船"(Fun Ship)游乐场。

★ **弗雷克植物园** 花园

(Flecker Botanic Gardens, ☏07-4032 6650; www.cairns.qld.gov.au/cbg; 64 Collins Ave; ⊙庭院 7:30~17:30,游客中心 周一至周五 9:30~16:30,周六和周日 10:00~14:30) **免费** 这些漂亮的花园有大量绿化和雨林植物。亮点包括专门针对原住民药材的草药种植区、冈瓦纳遗产花园(Gondwana Heritage Garden)以及一座充满蝴蝶和稀有花卉的温室。玻璃结构的游客中心的员工能够组织免费的花园步行导览(从10:00起)。

沿着热带雨林栈道(Rainforest Boardwalk)可以前往观鸟的好去处盐水溪(Saltwater Creek)和世纪湖(Centenary Lakes)。从花园往山上走,**惠特菲尔德山自然保护公园**(Mt Whitfield Conservation Park;www.

凯恩斯的美术馆

凯恩斯地区画廊(Cairns Regional Gallery;见476页地图;☏07-4046 4800;www.cairnsregionalgallery.com.au; Abbott St和Shields St交叉路口;成人/儿童 $5/免费;⊙周一至周五 9:00~17:00,周六 10:00~17:00,周日 10:00~14:00)这个画廊的永久藏品主要是当地的和一些原住民艺术家的作品。

树冠艺术中心(Canopy Art Centre;见476页地图;☏07-4041 4678;www.canopyartcentre.com;124 Grafton St;⊙周二至周六 10:00~17:00)展出了图片、照片、雕塑和编织品,这都是来自凯恩斯以及远至托雷斯海峡社区的原住民艺术家的作品。

储油罐艺术中心(Tanks Arts Centre;☏07-4032 6600;www.tanksartscentre.com;46 Collins Ave;⊙周一至周五 9:30~16:30)这些巨大的"二战"时期的储油罐被改造成为艺术展馆,而且是发人深思的表演艺术场馆。

基克艺术馆(KickArts;见476页地图;www.kickarts.org.au; CoCA, 96 Abbott St;⊙周一至周六 10:00~17:00) **免费** 馆藏前沿的当地与地区艺术品,还有巡展活动。

凯恩斯和丹恩林荫路里程亮点

① **大堡礁**（见479页）在鱼群、海龟和色彩斑斓的珊瑚间潜水、浮潜和游泳。

② **Kuku-Yalanji Dreamtime Walks**（见507页）沿着莫斯曼峡谷澄澈的溪水徒步。

③ **库兰达**（见494页）乘坐Skyrail从雨林来到凯恩斯市场，然后再搭库兰达观光火车返回凯恩斯。

④ **棕榈湾**（见491页）尽情在棕榈湾浪漫的餐厅和度假村享受。

⑤ **Hartley's Crocodile Adventures**（见493页）与史前巨兽近距离接触。

⑥ **Yungaburra Hotel**（见498页）享

Coral Sea 珊瑚海

- Hope Vale
- Cape Bedford
- Endeavour Falls
- Endeavour River National Park
- Cooktown
- Mt Cook National Park
- Archer Point 阿切尔角
- Rossville
- Trevathen Falls
- Black Mountain National Park 黑山国家公园
- Annan River Gorge
- Helenvale
- Cedar Bay (Mangkal-Mangkalba) National Park
- Wujal Wujal
- Ayton
- Bloomfield Lodge
- Bloomfield
- Bloomfield Track
- Emmagen Beach
- Daintree National Park (Cape Tribulation Section) 丹特里国家公园（苦难角段）
- ⑩ Cape Tribulation 苦难角
- Myall Beach
- Thornton Beach
- Cow Bay 牛湾
- Daintree Village 丹特里村
- Daintree National Park 丹特里国家公园
- Snapper Island National Park 斯纳伯岛国家公园
- Wonga Beach
- Newell
- ② Mossman Gorge 莫斯曼峡谷
- Mossman
- Mulligan Highway
- Lakeland
- Peninsula Developmental Rd
- Palmer River Roadhouse
- Quinkan Reserve

40 km / 25 miles

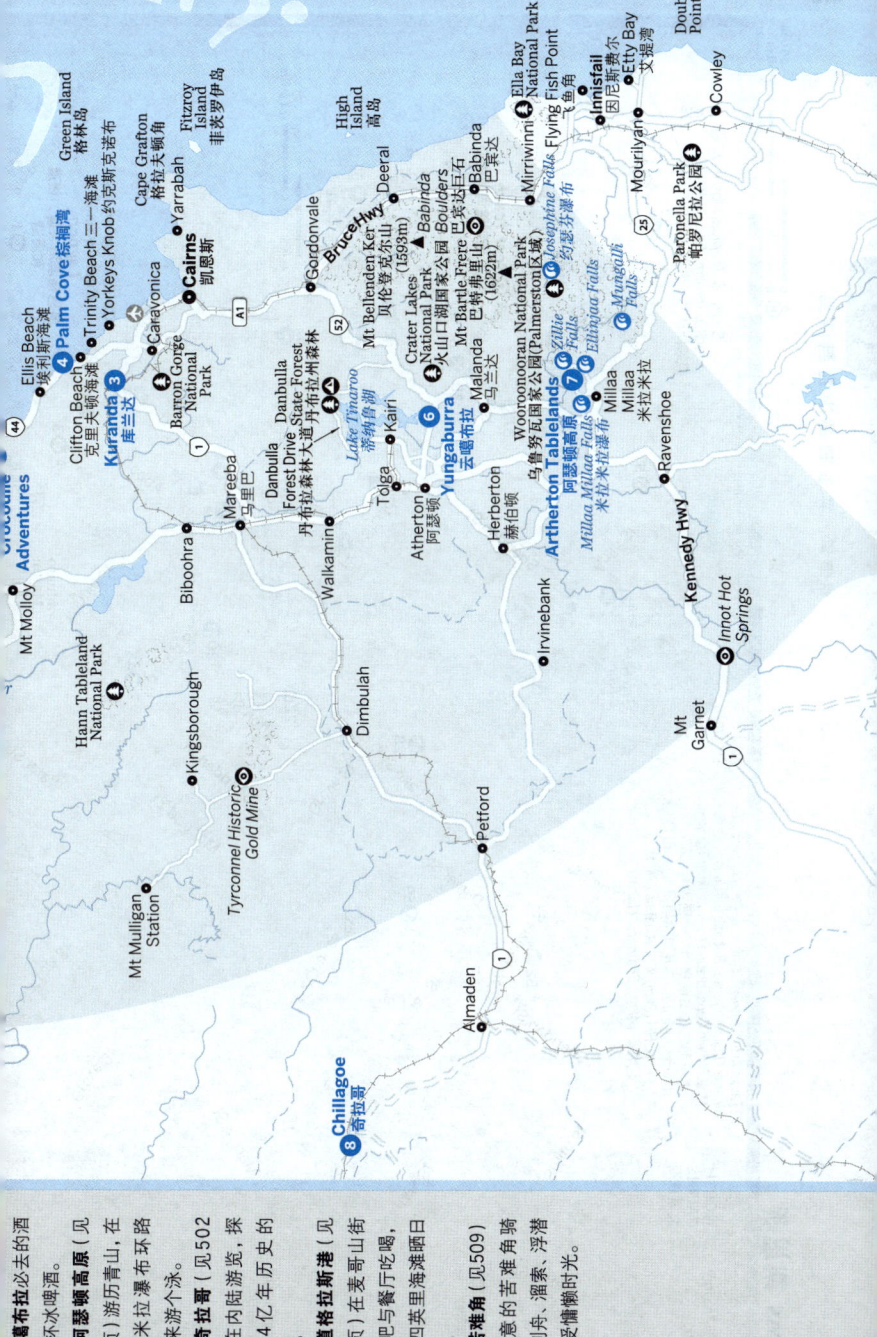

cairns.qld.gov.au/facilities-sport-leisure/sport-and-recreation/active-living/red-and-green-arrow-walking-tracks; Edge Hill) 有穿过雨林的步道,沿步道就可以到达整个城市的观景点。

★ 珊瑚礁讲解中心　　　　　文化中心

(Reef Teach;见476页地图; ☏07-4031 7794; www.reefteach.com.au; 2nd fl, Mainstreet Arcade, 85 Lake St; 儿童/成人/家庭 $14/23/60; ⊙讲座 周二至周六 6:30~20:30) 在这个有趣的信息中心能获得很多新知识,海洋专家会教你如何辨认各种鱼和珊瑚,怎样无害地接近珊瑚礁。

红树栈道　　　　　自然保护区

(Mangrove Boardwalk; Airport Ave) 免费 深入这片湿地,来探索凯恩斯的沼泽。标识详细地介绍了脚下泥潭里的神奇生命形态,而诡异的水声为周围毛骨悚然的环境提供了合适的配乐。记得喷上驱蚊液。栈道(及其停车场)就在凯恩斯机场(见554页)的前面。

查普凯原住民文化园　　　　文化中心

(Tjapukai Aboriginal Cultural Park; ☏07-4042 9999; www.tjapukai.com.au; Cairns Western Arterial Rd, Caravonica; 成人/儿童/家庭 $62/42/166; ⊙9:00~17:00) 这个一流的文化展览中心在市区北面15公里处。由原住民管理,在2015年进行了全面整修。文化中心里有巨幅的图片影像和精彩的表演,讲述当地的发展历程。这里还有舞蹈剧院、画廊、回旋镖和长矛投掷表演,并组织乘坐独木舟跟海龟亲密接触的活动。查普凯原住民文化园的夜间活动(成人/儿童/家庭 $125/75/321, 19:00~21:30)含晚餐和表演,围着篝火,原住民的歌舞会把活动推向高潮。

澳大利亚装甲和炮兵博物馆　　　博物馆

(Australian Armour & Artillery Museum; ☏07-4038 1665; www.ausarmour.com; 1145 Kamerunga Rd, Smithfield; 成人/儿童/家庭 $25/15/65; ⊙9:30~16:30) 这里有南半球最大的装甲车和火炮展示厅,军事和历史爱好者肯定会喜欢这里。坐一下坦克(成人/儿童 $15/10)或在地下掩体开手动栓式步枪(包括"二

Cairns 凯恩斯

◎ 重要景点
- **1** 凯恩斯滨海大道、栈道和潟湖 F4
- **2** 珊瑚礁讲解中心 F2

◎ 景点
- **3** 凯恩斯水族馆 E4
- **4** 凯恩斯地区画廊 G1
- **5** 树冠艺术中心 E1
- **6** 基克艺术馆 E4

◎ 活动、课程和团队游
- **7** Cairns Discovery Tours D1
- **8** Cairns Dive Centre F1
- **9** Cairns Zoom & Wildlife Dome G5
- **10** Deep Sea Divers Den C5
- **11** Falla Reef Trips G4
- **12** Great Barrier Reef Helicopters G4
- **13** Hot Air Cairns G5
- **14** Mike Ball Dive Expeditions G6
- **15** Muddy's E3
- **16** Pro-Dive F2
- **17** Raging Thunder G1
- Reef Encounter .... (见6)
- Reef Magic .... (见13)
- **18** Skydive Cairns E3
- **19** Tusa Dive G1

◎ 住宿
- **20** 201 Lake Street D3
- **21** 住宿中心 E1
- **22** Bay Village Tropical Retreat D3
- **23** Bellview F4
- **24** Cairns Central YHA E3
- **25** Cairns Girls Hostel E4
- **26** Cairns Plaza Hotel E3
- **27** Cairns Sharehouse D6
- **28** Floriana Guesthouse D2
- **29** Gilligan's Backpacker's Hotel & Resort F2
- Harbour Lights .... (见13)
- **30** Northern Greenhouse E2
- **31** Pacific Hotel G5
- **32** Reef Palms C2
- **33** Shangri-La G5
- **34** Travellers Oasis D6

◎ 就餐
- **35** Bagus E3
- Bayleaf Balinese Restaurant .. (见22)
- **36** Bobby's F2
- Bushfire Flame Grill .... (见31)
- **37** Cafe Fika F2
- Dundees .... (见13)
- **38** Fetta's Greek Taverna F2
- **39** Ganbaranba G2
- **40** Lillipad G3
- **41** Marinades G3
- **42** Meldrum's Pies in Paradise F2
- **43** 夜市 F5
- Ochre .... (见13)
- Perrotta's at the Gallery .... (见4)
- **44** Pineapple Cafe F1
- **45** Prawn Star G4
- Spicy Bite .... (见19)
- **46** Tokyo Dumpling G2

◎ 饮品和夜生活
- **47** Conservatory Bar G6
- **48** Flying Monkey Cafe D4
- **49** Grand Hotel E3
- **50** Green Ant Cantina E6
- **51** Jack F3
- **52** Lyquid Nightlife G3
- **53** Pier Bar G4
- **54** PJ O'Briens F2
- **55** Salt House G4
- **56** Three Wolves G1
- **57** Woolshed F1

◎ 娱乐
- 当代艺术中心 .... (见6)
- JUTE Theatre .... (见6)
- Pop & Co Tapas & Music Bar .... (见6)
- Reef Hotel Casino .... (见9)

◎ 购物
- **58** 凯恩斯中央购物中心 E6
- **59** Crackerbox Palace C2
- **60** Doongal Aboriginal Art G1
- **61** Rusty's Markets F3

战"中的British 303和德国毛瑟枪,$80起)。

水晶瀑布
瀑布

(Crystal Cascades;经Redlynch抵达)水晶瀑布距离凯恩斯大约14公里,由很多美丽的瀑布和田园风光组成,且无鳄鱼出没,当地人更愿意独享这块宝地。经由一条1.2公里(步行30分钟)的道路可以进入此地。一条位于雨林内部的崎岖徒步小径(往返3个小时)把水晶瀑布和莫里斯湖(Lake Morris,该市的水库)连接起来,徒步小径从野餐区起始。

没有直达瀑布池的公交车。自驾至Redlynch郊区，然后沿着路标指示的方向就可到达水晶瀑布。

活动和团队游

很多旅行社经营从凯恩斯出发的探险项目，大多都提供从出发地到酒店的往返接送服务。

组织每天上天下海、东兜西转的团队游的机构，在凯恩斯竟然多达800多家，作出选择似乎十分艰难。我们推荐的旅行社都具有多年经验，而且活动区域都是游客近年来喜欢的去处，比如以下几家：

★ Cairns Zoom & Wildlife Dome　　冒险运动、野生动物

（见476页地图；☎07-4031 7250；www.cairnszoom.com.au；Wharf St；野生动物门票$24，野生动物和户外运动$45；◎9:00~18:00）还能边打牌边看鳄鱼?！来Reef Hotel Casino（见488页）的顶楼坐坐吧，这座有趣的公园能够带来昆士兰州北部最佳的户外体验，包括一座原生动物园、鸟舍和休闲热带雨林。这里还纵横交错地分布着溜索、秋千和障碍赛道等各种设施；胆子如果真的很大，还能试试爬上户外穹顶。

★ Behana Days Canyoning　　户外运动

（☎0427 820 993；www.behanadays.com；团队游$179）来到凯恩斯以南的一片热带绿洲的泳池、瀑布和峡谷中，在美丽的贝哈那峡谷（Behana Gorge）加入河上运动吧。全天团队游包括绳降、溜索、悬崖跳水、浮潜和游泳；你会了解关于绳具的一些基本知识。提供接送和午餐。

★ Rapid Boarders　　水上运动

（☎0427 364 311；www.rapidboarders.com.au；团队游$235）如果比起划船，你更喜欢在急流中踏板驰骋，那么这个刺激十足的一日游就非常适合你。追求刺激的人会选择声势磅礴的塔利河，在三级急流中驾驶滑水板，翻滚波涛甚至会挡住你的视线。这是澳大利亚独一无二的运动。绝对不适合旱鸭子，参与者必须是游泳健将，而且对体能要求较高。

潜水课程和旅行

凯恩斯作为大堡礁的浮潜之都，是获取专业潜水教练协会（PADI）开放水域资格认证的深受欢迎的场所。可供选择的课程数量惊人（许多都提供多种语言），但你必须精挑细选，仔细检查费用包含的项目种类。所有的学校都要求你取得潜水医疗资格证书，而且他们都可以为你安排（$60左右）。另外，还需要收取珊瑚礁税（$20~80）。

有资质的潜水者应该留意特别的潜水机会，诸如夜间潜水、每年的珊瑚繁殖季节以及蜥蜴岛旁边的"鳕鱼洞"（Cod Hole），这是澳大利亚最佳的潜水去处之一。推荐的潜水学校和旅行社包括：

Mike Ball Dive Expeditions（见476页地图；☎07-4053 0500；www.mikeball.com；3 Abbott St；船宿$1827起，PADI课程$395起）

Cairns Dive Centre（CDC；见476页地图；☎07-4051 0294；www.cairnsdive.com.au；121 Abbott St；船宿1晚/2晚$435/555起，一日游$120起，潜水课程$520起）

Deep Sea Divers Den（见476页地图；☎07-4046 7333；www.diversden.com.au；319 Draper St；一日游$165起）

Pro-Dive（见476页地图；☎07-4031 5255；www.prodivecairns.com.au；Grafton St和Shields St交叉路口；一日游 成人/儿童$195/120起，PADI课程$765起）

Tusa Dive（见476页地图；☎07-4047 9100；www.tusadive.com；Shields St和Esplanade交叉路口；一日游 成人/儿童$205/130起）

★ Aussie Drifterz 户外运动

(☎0401 318 475; www.facebook.com/aussiedrifterz; 成人/儿童 $75/55)风景秀丽,僻静安逸(来大醉一场也很安全),贝哈纳峡谷这处惬意的水域是你不容错过的好地方。晶莹剔透的河水沿着树木天然形成的隧道流过,在这里当然也能瞥见一些稀奇的野生动物(别担心,鳄鱼是看不到的)。

凯恩斯探险公园 冒险运动

(Cairns Adventure Park; ☎07-4053 3726; www.cairnsadventurepark.com.au; 82 Aeroglen Dr, Aeroglen; 套餐 $39起; ◎9:00~17:00)在雨林中进行溜索、攀岩或绳降活动,一边进行剧烈活动,一边欣赏着振奋人心的海景。要是喜欢享受更宁静的氛围,凯恩斯探险公园还能提供丛林徒步和观鸟活动。联系办事处获取住宿地接送信息;如果你驾车前往,那么选择凯恩斯机场(见554页)对面的Aeroglen岔路口。

Flyboard Cairns 水上运动

(☎0439 386 955, 0487 921 714; www.flyboardcairns.com.au; 30/60分钟活动 $169/299)"飞板运动"(flyboarding)被称为水橇、尾流滑水和滑雪板运动的结合,在水上喷气飞行器的驱动下,它为寻求刺激的探险者提供"空中冲浪"的机会,一飞冲天的时候还能够看到全景。这个虽然看起来困难,但经验丰富的教练能够确保初学者成功飞天——不成功飞上天就不用付钱。

AJ Hackett Bungy & Minjin 冒险运动

(☎07-4057 7188; www.ajhackett.com/cairns; McGregor Rd, Smithfield; 蹦极 $169, 丛林秋千 $129, 组合 $259起; ◎10:00起)从50米高的热带雨林塔蹦极下跃,或是乘着Minjin丛林秋千,以120公里的时速下降45米,在树林间穿梭。价格包含往返凯恩斯的接送费用。

景观飞行

Great Barrier Reef Helicopters 景观飞行

(见476页地图; ☎07-4081 8888; www.gbrhelicopters.com.au; Helipad, Pierpoint Rd;飞行每人 $175起)各种直升机景观飞行,从10分钟的凯恩斯俯瞰观景,到1小时的珊瑚礁和热带雨林飞行($699),各类多样。

GSL Aviation 景观飞行

(☎1300 475 000; www.gslaviation.com.au; 3 Tom McDonald Dr, Aeroglen; 40分钟飞行每人 $179起)想要从空中俯瞰大堡礁的人可以试试这些景观飞行活动;这比直升机观光游更便宜,飞行时间也更长。

激浪漂流

Raging Thunder 冒险运动

(见476页地图; ☎07-4030 7990; www.ragingthunder.com.au; 59-63 Esplanade)这些经验丰富的人们组织漂流、岩降($169)和热气球($250)活动。喜欢漂流活动的游客可以选择塔利河的漂流行程(标准行程 $209,极限"xtreme"行程 $250)以及半天的巴伦河(Barron)漂流之旅($133)。他们还经营来往于菲茨罗伊岛的接送及团队游活动(成人/儿童/家庭 $75/48/205)。

Foaming Fury 漂流

(☎07-4031 3460; www.foamingfury.com.au; 半天/全天 $138/200起)组织拉塞尔河(Russell River)一日游,还有巴伦河的半天游。价格包含接送费用。还可以选择家庭漂流以及多日活动套餐。

热气球和高空跳伞

Hot Air Cairns 热气球

(见476页地图; ☎07-4039 9900; www.hotair.com.au/cairns; Reef Fleet Terminal; 30分钟飞行 成人/儿童 $250/219起)热气球从马里巴起飞,漂浮在阿瑟顿高原之上。价格包含往返凯恩斯的费用。这些行程值得4:00就起床。

Skydive Cairns 探险

(见476页地图; ☎1300 663 634; www.skydive.com.au/cairns; 47 Shields St; 双人跳伞 $334起)从4270米的高空一跃而下,安静地欣赏珊瑚和雨林的风景。

城市游

★ Segway Tours 户外

(☎0451 972 997; www.cairnsninebottours.

珊瑚礁上的欲望

如果你热衷于潜水，或是生性浪漫，那就在每年珊瑚繁殖时期来潜水吧，届时，数百万珊瑚的精子和卵子在水中肆意飘荡。整个射精的过程就像是一场迷幻的暴风雪，繁殖物质将海水染成彩虹的颜色，在数公里之外都能清晰可见。

产卵会发生于11月或12月，但准确繁殖日期还要取决于多种因素，包括水温（至少高于26℃）、满月日期、水面静止程度以及光和暗的完美平衡（谁不喜欢靠着灯光来调整心情呢？）。多数凯恩斯的潜水机构为想要一睹真容的潜水者提供繁殖夜潜的机会。即使在陆上，你也能嗅到爱意弥漫的芬芳。

---

com；团队游$79；☉团队游9:30和15:30）乘坐易于掌控的电动平衡车穿梭于凯恩斯美丽的自然环境之中。1.5小时的团队游始于滨海大道，穿过红树林、世纪湖和植物园；你可以尽情观察当地的动植物（还有遇上一两只鳄鱼的可能性）。

Cairns Discovery Tours　　　　团队游

（见476页地图；☎07-4028 3567；www.cairnsdiscoverytours.com；36 Aplin St；成人/儿童$75/40；☉周一至周六）这些午后的团队游项目令人大开眼界，游览市内景点、巴伦河谷、植物园（见473页，包括园丁导览）和棕榈湾。

钓鱼

Fishing Cairns　　　　钓鱼

（☎0448 563 586；www.fishingcairns.com.au；半日行程$95起）选择一大桶新鲜的诱饵，参与垂钓团队游，还能包租钓鱼船，选择前往内海或开放海域。价格各异。

Catcha Crab Tours　　　　钓鱼

（☎07-4051 7992；www.cairnscatchacrab.com.au；成人/儿童$95/75）这些团队游活动已经有了好几年历史了，不仅向游客提供品尝美味的机会，还同时能够提供享受三一湾的红树林和洼地的机会。全程4小时，包括早茶或下午茶，外加一顿新鲜的螃蟹午餐，8:30和13:00出发。如果你住在市中心，他们还提供免费接送。

节日和活动

凯恩斯秀　　　　狂欢节

（Cairns Show；☉7月）三天的嘉年华、农业展览会、振奋人心的活动（想想跳舞的人们和劈柴竞赛）以及各类油炸美食。节日的最后一天还是凯恩斯的公共假日。

凯恩斯尤克里里节　　　　音乐节

（Cairns Ukulele Festival；www.cairnsukulelefestival.net；☉8月底）每年8月，来自世界各地的尤克里里玩家会光临凯恩斯，乐呵呵地弹奏出叮叮当当的乐曲。活动包括研习班、即兴演奏和派对。

凯恩斯节　　　　集市

（Cairns Festival；www.cairns.qld.gov.au/festival；☉8月至9月初结束）每逢节日，凯恩斯整个城市都沉浸在各种艺术表演、艺术展览、音乐盛会和家庭活动带来的欢快氛围中。

住宿

凯恩斯是背包客的热门住处，青年旅舍种类多元，包括温馨的改造屋和大型的度假村。假日公寓也遍布全城。Sheridan St沿线还有几十家千篇一律的汽车旅馆，可以开车入住。

家庭和团队游客可以留意一下Cairns Holiday Homes（☎07-4045 2143；www.cairnsholidayhomes.com.au）。如果你计划在这里住上一阵子，Cairns Sharehouse（见476页地图；☎07-4041 1875；www.cairns-sharehouse.com；17 Scott St；每周$120~260起；❄☲☐）在全城有大约200家用于长住的出租屋。住宿中心（见476页地图；Accommodation Centre；☎1800 807 730, 07-4051 4066；www.accomcentre.com.au）提供大量住宿信息。

★ Bellview　　　　青年旅舍 $

（见476页地图；☎07-4031 4377；www.bellviewcairns.com.au；85-87 Esplanade；铺/

标单/双 $22/35/55，汽车旅馆套间 $59~75；P※令※）低调的青年旅舍，似乎一直受到观察力敏锐的背包客的青睐。这里地处滨海大道的闹市区，所以经久不衰；房间简易但管理完善，员工对旅舍了如指掌；迷人的泳池平添一番情趣。虽然地处闹市，但房间里听不到屋外的喧嚣。

★ Cairns Coconut Holiday Resort 房车营地 $

（☎07-4054 6644；www.coconut.com.au；Bruce Hwy和Anderson Rd交叉路口，Woree；加油站/小屋/套间/别墅/公寓楼 $43/115/135/155/245起；P※令※）如果你带着孩子，而且不介意住在城外（8公里远），那么这家假日公园本身就是一个景点了。这里占地11公顷，还有一座巨大的水上公园、两个有滑道的游泳池、游乐场、一个巨大无比的蹦床、网球场、迷你高尔夫球场、水疗和户外电影院等。住宿选择也因为设施不同而价格各异。

★ Cairns Plaza Hotel 酒店 $

（见476页地图；☎07-4051 4688；www.cairnsplaza.com.au；145 Esplanade；双/单人套间/套间 $124/150/170起；P※@令※）凯恩斯最早的一批楼房酒店之一，因为彻底的翻新和专业的员工，这里也是市内最佳的酒店选择之一。房间清爽，装修明朗，还有实用的小厨房；许多房间都能够眺望三一湾的美景。客用洗衣间、全天候前台员工友好的服务以及优惠的房费都让这里成为最佳选择。孩子们也很喜欢这里的位置，就在Muddy's游乐园（见473页）的对面。

★ Travellers Oasis 青年旅舍 $

（见476页地图；☎07-4052 1377；www.travellersoasis.com.au；8 Scott St；铺/标单/双 $28/57/68起；P※@令※）人们喜爱这家时尚的小旅馆，它就在凯恩斯中央购物中心后面的小巷里。这里温馨迷人，而且和其他旅舍相比也不怎么吵闹。房间类型各异，包括3人、4人和6人的多人间，以及单人间、标准间和豪华双人间。空调费用为3小时$1。

★ Tropic Days 青年旅舍 $

（☎07-4041 1521；www.tropicdays.com.au；28 Bunting St, Bungalow；露营每人 $14，帐篷 $18，铺/双 $26/64起；P※@令※）这家受人欢迎的旅舍藏在展览场地之中（免费巴士可以进入市区），有摆放着吊床的热带花园和台球桌，多人间没有上下铺，床单和毛巾也很干净，提供免费Wi-Fi，有轻松的氛围。周一夜晚的鳄鱼、鸸鹋和袋鼠烧烤非比寻常。空调费用为3小时$1。

Tropic Days和一样棒的Travellers Oasis为姐妹旅舍。

★ Gilligan's Backpacker's Hotel & Resort 青年旅舍 $

（见476页地图；☎07-4041 6566；www.gilligans.com.au；57-89 Grafton St；铺/双 $24/120起；※@令※）Gilligan's的风格独一无二：派对狂欢的豪华背包客旅舍，所有的房间都配有浴室，且多数还有阳台。价格高昂的房间还有冰箱和电视。住客花上$4就能吃到晚餐。巨大的酒吧和邻近的潟湖泳池是最佳亮点，而且晚间娱乐让你应接不暇。提供市中心接送。

★ Lake Placid Tourist Park 房车营地 $

（☎07-4039 2509；www.lakeplacidtouristpark.com；Lake Placid Rd；加油站 $37起，小屋$60起，小屋套间$85起，别墅$110起；P※令※）这里虽然距离市中心仅仅15分钟的车程，但足以让住客沉浸于雨林宁静的氛围之中。这里俯瞰着名副其实的"平静湖"（Lake Placid）。如果你自驾，就不必住在市中心了。这里提供露营以及一系列价格合理、品位不错的住宿选择。距离大量景点和北部海滩也很近。

★ Northern Greenhouse 青年旅舍 $

（见476页地图；☎07-4047 7200；www.northerngreenhouse.com.au；117 Grafton St；铺/公寓 $26/95起；P※令※）虽然这里是廉价住所，但这个友好惬意的地方依然维持着很高的水准，多人间干净整洁，单间公寓还配备厨房和阳台。中央露台、泳池以及游戏室十分适合进行社交。免费的早餐和周日BBQ烧烤是让你作出决定的"最后一根稻草"。

Cairns Central YHA 青年旅舍 $

（见476页地图；☎07-4051 0772；www.yha.com.au；20-26 McLeod St；铺/标单/双 $27.50/59.50/71起；※@令）就在凯恩斯中央购物中心的对面，这家获奖的YHA国际青年旅舍一

尘不染，员工训练有素。提供套间，早餐还有免费的薄煎饼！

Floriana Guesthouse 客栈 $

（见476页地图；☎07-4051 7886；www.florianaguesthouse.com；183 Esplanade；标单/双$79/89，套间$130~150；※@令※）这家古怪的客栈还留有凯恩斯往昔的风韵，保留了最初的磨木木地板和装饰艺术派装修。回旋楼梯通往10个装修风格各异的房间，每个都配备了浴室。

Cairns Girls Hostel 青年旅舍 $

（见476页地图；☎07-4051 2016；www.cairnsgirlshostel.com.au；147 Lake St；铺/标双$20/48；令）小伙子们，抱歉了！这家洁白的旅舍只接待女生，是凯恩斯最便捷的廉价住所。

Cairns Colonial Club 度假村 $$

（☎07-4053 8800；www.cairnscolonialclub.com.au；18-26 Cannon St, Manunda；房间$95~175；P※令※）这家凯恩斯的老店从1986年就开始营业了，昆士兰风格的度假村让每个人都心驰神往，家庭、商务和独行游客都会爱上这里。建筑占地11公顷，栖息于林荫之中，有三个游泳池，还有游乐场、酒吧、受欢迎的餐厅以及漂亮的花园。距离市中心4公里，定期班车往返其间。

Bay Village Tropical Retreat 公寓 $$

（见476页地图；☎07-4051 4622；www.bayvillage.com.au；Lake St和Gatton St交叉路口；双$135，公寓$165~275；P※令※）时尚简约，耀眼夺目，虽然不那么靠近市中心，但这里提供宽敞凉快的公寓（1~3室）和客房。不仅适合过夜，而且还是填饱肚子的好地方；这里的巴厘岛风味餐厅Bayleaf Balinese Restaurant（见486页）获奖无数。

Pacific Hotel 酒店 $$

（见476页地图；☎07-4051 788；www.pacifichotelcairns.com；Esplanade St和Spence St交叉路口；双$144起；P※令※）这家标志性的酒店就在滨海大道南端的起点，经过翻新，将20世纪70年代的特色与木装和现代设备融合在一起。所有房间都有阳台，友好的员工使这里成为一个很好的中档选择。酒店还有一家餐厅**Bushfire Flame Grill**（见476页地图；☎07-4044 1879；www.bushfirecairns.com；牛排$38起，巴西烤肉 每人$55；⊙17:30至深夜）。

Reef Palms 公寓 $$

（见476页地图；☎07-4051 2599；www.reefpalms.com.au；41-47 Digger St；公寓$120起；P※@令※）情侣和家庭游客都会喜欢这里超高性价比的房间和友善的服务。一尘不染的公寓配有烹饪设施和阳台或庭院；更大的公寓包括休息区和水疗。

★ 201 Lake Street 酒店 $$$

（见476页地图；☎07-4053 0100, 1800 628 929；www.201lakestreet.com.au；201 Lake St；房间$205起，公寓$270~340；※令※）这家宽敞的公寓楼就像是潮流杂志图片上的，有一座星空泳池，高档大气。宾客可以选择入住酒店客房或是当代公寓，配有娱乐区域、液晶电视和阳台，一派白色的古希腊风格。

Harbour Lights 公寓 $$$

（见476页地图；☎07-4057 0800；www.cairnsharbourlightshotel.com；1 Marlin Pde；公寓$215~325；P※令※）这些时尚的自炊公寓就占据着Reef Fleet Terminal码头（见489页）的黄金位置，俯瞰着港湾。从你的阳台（要一个海景房）可以欣赏壮丽美景。楼下（木板路边上）有好几家很棒的餐厅。

Shangri-La 酒店 $$$

（见476页地图；☎07-4031 1411；www.shangri-la.com/cairns；1 Pierpoint Rd；双/套$235/395起；P※令※）这是凯恩斯最奢华的酒店之一，俯瞰着整座港湾。所有房间都有私人阳台，墙上挂着原创的艺术品；如果你钱包充盈，不妨考虑Horizon Club套间，在74平方米的设计空间里，海景在你眼前铺展而开。服务同奢华连锁酒店的水准。

✘ 就餐

夜市（见476页地图；Night Markets；www.nightmarkets.com.au；Esplanade；菜肴$10~15；⊙10:00~23:00）是一个提供便宜的亚洲风味的美食广场，人来人往；名字虽然叫"夜市"，可是全天开放。

如果要找新鲜水果、蔬菜和当地风味，不要错过周末的Rusty's Markets（见488页）；

从凯恩斯出发的一日游

凯恩斯是前往该地区众多目的地一日游的大本营。

大堡礁

大堡礁团队游费用通常包括交通、午餐、防蛰服和浮潜装备。在选择团队游的时候,需要考虑船只类型、载量、活动项目以及目的地:外礁更加纯净天然,不过更难抵达;而内礁可能有些分布不均,有受侵蚀的迹象。

多数船只从马林码头8:00左右出发,18:00左右返回。办理登船手续和船务预订处位于Reef Fleet Terminal(见489页)之内。较小的旅行社可以在码头泊位的船边直接办理登船手续;具体还是要询问你的旅行社。

Falla Reef Trips(见476页地图;07-0400 195 264;www.fallareeftrips.com.au;D-Finger, Marlin Marina;成人/儿童/家庭 $145/90/420起,入门潜水 $85)搭乘20世纪50年代优雅的珍珠打捞船,这种体验无与伦比。团队游前往珊瑚公园(Coral Gardens)和Upolu Cay,没有外来客的干扰。最多可以搭载22人(还可以在航行时搭把手),浮潜团队游个性十足,复古船只与玻璃纤维材质的船大不相同。

Reef Magic(见476页地图;07-4031 1588;www.reefmagiccruises.com;Reef Fleet Terminal;成人/儿童/家庭一日游 $210/105/525)作为家庭游客长期最爱的项目,Reef Magic的高速双体船驶向全天开放的Marine World浮码头,停泊在外礁的边缘。如果你水性不好,就乘坐玻璃船,还可以和海洋生物学家聊天或是做个按摩!

Reef Encounter(见476页地图;07-4037 2700;reefencounter.com.au;100 Abbott St;2日船宿 $450起)如果觉得一天时间不够,试试与Reef Encounter一起参加"与珊瑚共眠"活动。27个空调套间小屋最多可以接纳42名乘客;还没有下水,你就会爱上这座"水上酒店"。包括餐食和每天从凯恩斯出发的费用,对于想要与众不同体验的游客来说,性价比非常高。

苦难角和丹特里

Active Tropics Explorer(07-4031 3460;www.capetribulationadventures.com.au;一日游 $159起)这些有趣的全天游览活动包含了莫斯曼谷、丹特里和苦难角的景点和文化亮点;过夜团队游另外可选骑马、海上皮划艇和"丛林冲浪"活动。

Billy Tea Safaris(07-4032 0077;www.billytea.com.au;一日游成人/儿童/家庭 $220/165/665)这些靠谱的人组织令人激动的一日游小团,游客乘坐特意打造的四轮驱动车。他们还组织多日的游猎之旅,最北到达约克角以及托雷斯海峡群岛。

阿瑟顿高原

Barefoot Tours(07-4032 4525;www.barefoottours.com.au;团队游 $105)背包客会喜欢这个高原周边的全日短途旅行,可以停下来在瀑布和天然的水道里游个泳。7:00起从市中心住宿提供免费接送;19:00~20:00回到城里。年满13岁才可以参加。

On the Wallaby(07-4033 6575;www.onthewallaby.com;一日游 $99,过夜游 $139~189)精彩的高原雨林和瀑布团队游,活动包括游泳、乘汽车、徒步和划船。每天8:00从凯恩斯接人。

Uncle Brian's Tours(07-4033 6575;www.unclebrian.com.au;1/2天团队游;◯周一至周六)充满能量的一日游和过夜游小团前往巴宾达巨石、约瑟芬瀑布(Josephine Falls)、米拉米拉、云噶布拉和火山口湖。需要自己准备装备!

Food Trail Tours(07-4041 1522;www.foodtailtours.com.au;成人/儿童/家庭 $195/115/570起)在高原周边品尝美味,访问生鲜夏威夷果、热带水果、葡萄酒、巧克力、奶酪和咖啡的农场。团队游在周一、周二、周四和周六进行;费用包括从凯恩斯和北部海滩的住宿接送。

其他杂货,可以去 **凯恩斯中央购物中心**(见476页地图; Cairns Central Shopping Centre; ☏07-4041 4111; www.cairnscentral.com.au; McLeod St和Spence St交叉路口; ⊙周一至周三、周五和周六9:00~17:30,周四至21:00,周日10:30~16:00)。

★ Ganbaranba 日本菜 $

(见476页地图; ☏07-4031 2522; 12 Spence St; 主菜$8~12; ⊙11:30~14:30和17:00~20:30)看着门外的队和店内食客满意的笑颜,你就会认出这个小地方。在这个非主流的小店能够吃到凯恩斯最美味的拉面。你可以看着大厨烹饪面条,然后吃一碗下肚;如果景色太美不想走,那你只需要多付$1.5,就可以加份面。绝对值得排队等待。

Cafe Fika 瑞典菜 $

(见476页地图; ☏07-4041 1150; www.swedishshop.com.au; 111-115 Grafton St; 餐$9.50~15; ⊙周一至周五7:00~16:00,周六9:00~14:00)从肉丸蘸越橘酱(lingonberry)到虾酱(skagen,大虾、莳萝和酸奶油)吐司,这家小巧的欧式小店向成群思乡的北欧人和敢于尝试新食物的人们提供经典的瑞典佳肴。这里还有一个销售美味的杂货店,提供来自瑞典(那是当然的)、德国、匈牙利、爱沙尼亚和法国等地的美食。

Pineapple Cafe 健康食物 $

(见476页地图; www.facebook.com/pineapplecafecairns; 92 Lake St; 主食$10~18; ⊙周一至周六7:00~15:00)健康、新鲜和创意的料理就在这家可爱的小餐厅应运而生;想想巴西莓(acai)奶昔碗、超级沙拉、草饲牛肉汉堡和对你有益的全日早餐。当你把食物吃下肚了,美好的感觉还会延续:咖啡馆装饰着风趣幽默的壁画,而员工总是面带微笑。

Bagus 印尼菜 $

(见476页地图; ☏07-4000 2051; www.baguscafe.info; 149 Esplanade; 主菜$10~20; ⊙周一、周二、周四和周六6:45~14:30和17:30~20:30,周三和周五6:45~14:30,周日正午至15:00和17:30~20:30)从这家友好的小店飘出的传统印尼街头美食的香味令人垂涎欲滴;印尼炒饭(nasi goreng)有着巴厘岛海边咖啡馆的水准。早餐($4.50~11.50)性价比很高。就在Muddy's(见473页)游乐场的对面。

Tokyo Dumpling 日本菜 $

(见476页地图; ☏07-4041 2848; www.facebook.com/tokyodumpling46; 46 Lake St; 饺子$4.50,米饭$13.80; ⊙11:30~21:30)来到这个干净的小地方,自制饺子以及出色的米饭和面条都让人欲罢不能。午餐时间是11:00~14:00。我们猜你总要等一会儿才能吃到。

Meldrum's Pies in Paradise 面包房 $

(见476页地图; ☏07-4051 8333; 97 Grafton St; 馅饼$5.30~6.80; ⊙周一至周五7:00~16:30,周六至14:30; ♿)Meldrum's凭借其烹饪了无数次的"澳大利亚派"获了奖;早在1972年就已经有这家店了,这对于凯恩斯这样的旅游城市本身就已经是个不小的成就了。要是想品尝点不一样的,试试鸡肉和夏威夷果串或金枪鱼蛋黄酱菠菜馅饼,许多素食选择都很美味,而且很快就会销售一空。

Lillipad 咖啡馆 $

(见476页地图; ☏07-4051 9565; www.lillipadcafe.com; 72 Grafton St; 菜肴$12~22; ⊙7:00~15:00; ♿)丰盛的佳肴包括可丽饼、卷饼以及一卡车的素食选择,这是城内最划算的就餐去处。这里有一些嬉皮风格,而且顾客一直很多:你很可能不得不等一会儿。不要错过新鲜果汁。

★ Spicy Bite 印度菜、融合菜 $$

(见476页地图; ☏07-4041 3700; www.spicybitecairns.com; Shields St和Esplanade交叉路口; 主菜$15.50~35; ⊙17:00~22:00; ♿)凯恩斯有许多不错的印度餐馆,但没有哪家的创意比得上这个不起眼的地方,融合料理也会让你很想告诉家里人:在地球哪儿还能尝到鳄鱼玛莎拉或烧烤袋鼠呢?咖喱是这里的经典菜肴,还有很多素食和纯素的选择。

★ Prawn Star 海鲜 $$

(见476页地图; ☏0456 421 172; www.facebook.com/prawnstarcairns; E-Finger, Berth 31, Marlin Marina; 海鲜$20起; ⊙10:00~20:00)拖船餐厅Prawn Star是热带天气中完美的就餐去处:爬上船,一边品尝大虾、青蟹、牡蛎和其他渔获,一边欣赏漂亮的港湾风光。尽

管第二艘船Prawn Star Too在2017年中期加入吃货船队,但座位依然有限,而且需求旺盛;所以尽早赶来吧。为什么凯恩斯的海滨就没有其他这样的老餐馆呢?

★ Bayleaf Balinese Restaurant　巴厘菜 $$

(见476页地图; ☏07-4051 4622; www.bayvillage.com.au/bayleaf; Bay Village Tropical Retreat, Lake St 和 Gatton St交叉路口; 主菜 $14~25; ◎周一至周五 正午至14:00,每晚 18:00至深夜)凯恩斯最佳的餐厅不在海边,也不在奢华酒店的大堂,而在一处中档的公寓楼里。虽然外观看起来没什么出众的,但专业大厨烹任的巴厘岛美味十分可口,而且也很正宗。点上几道前菜,然后再和众人分享丰盛的主菜。

★ Perrotta's at the Gallery　地中海菜 $$

(见476页地图; ☏07-4031 5899; www.perrottasatg.com; 38 Abbott St; 早餐 $7~23, 主菜 $19~37; ◎6:30~22:00; ☏)这家店不容错过,与凯恩斯地区画廊(见473页)相连,丰盛的早餐诱惑着你前往遮蓬露台。早餐一直供应到15:00, 还有新鲜的果汁、手调咖啡以及具有丰富创造力的地中海午餐与晚餐。这里人来人往,也是观察路人的好地方。

Bobby's　越南菜、中国菜 $$

(见476页地图; ☏07-4051 8877; Oceana Walk Arcade, 62 Grafton St; 主菜 $12起; ◎7:00~22:00)Bobby's主打纯正的越南菜和中国菜,受到当地人和游客的喜爱。这里供应全城最美味的越南河粉(pho),如果你想吃午餐,那么越南牛肉春卷当之无愧。

Fetta's Greek Taverna　希腊菜 $$

(见476页地图; ☏07-4051 6966; www.fettasgreektaverna.com.au; 99 Grafton St; 主菜 $26.50~28.50, 套餐菜单 $35; ◎周一至周五 11:30~15:00,每天 17:30至深夜)白墙和蓝窗的确唤醒了去圣托里尼岛的记忆,但经典的希腊菜肴才是这里的重点。套餐包含了所有精华:蘸酱、炸乳酪(saganaki)、碎肉茄盒(moussaka)、沙拉、烤肉、鱿鱼、果仁蜜饼(baklava)和咖啡——是的,你还可以摔盘子。

Marinades　印度菜 $$

(见476页地图; ☏07-4041 1422; 43 Spence St; 主菜 $16起, 午餐大浅盘 $10; ◎周二至周五 11:30~14:30和17:30~21:30, 周六和周日 17:30~21:30; ☏)凯恩斯最受欢迎的印度餐馆真的有着一长串香气扑鼻的菜肴,包括腰果酱龙虾和果阿咖喱虾。午餐特价菜很划算。

★ Ochre　新派澳大利亚菜 $$$

(见476页地图; ☏07-4051 0100; www.ochrerestaurant.com.au; Marlin Pde; 主菜 $28~40; ◎11:30~14:30和17:30~21:30)这家海滨餐厅的菜肴创意十足,食材主要来自本土动物(如胡椒鳄鱼肉或檀香辣椒袋鼠肉)和植物(试试金合欢籽面包或戴维森梅慕斯)。这里还能完美地烹任阿瑟顿高原的牛排。难以抉择吗?那就来一份试吃拼盘吧!

Dundees　海鲜 $$$

(见476页地图; ☏07-4051 0399; www.dundees.com.au; Marlin Pde; 主菜 $25~82; ◎11:30至深夜)这家久经考验的海滨餐厅有着绝佳的氛围、充足的分量以及友好的服务。各式诱人的开胃菜包括大份的海鲜奶油浓汤、软壳蟹天妇罗以及鱿鱼圈;主食的亮点包括烤龙虾、和牛眼菲力以及大份的海鲜拼盘。

🍷 饮品和夜生活

★ Three Wolves　酒吧

(见476页地图; ☏07-4031 8040; www.threewolves.com.au; Red Brick Laneway, 32 Abbott St; ◎周四至周六和周一 16:00至午夜,周日 14:00~22:00)温馨素雅,潮流时尚(想想爱迪生灯泡、铜杯子和调酒师穿着复古的围裙),这家巷弄里的新酒吧有着墨尔本情调。这里还有精选的烈酒、鸡尾酒和啤酒,潮人们还很喜欢这里的手撕猪肉墨西哥玉米卷、三明治以及纽约风格的热狗。酒吧小巧却出众。

★ Green Ant Cantina　酒吧

(见476页地图; ☏07-4041 5061; www.greenantcantina.com; 183 Bunda St; ◎周二至周日 16:00至深夜)这家垃圾摇滚乐风格的美墨酒馆位于火车站的后头(见489页),是另类艺术爱好者喜欢聚集的场所。Green Ant有明亮的壁画和友好的人员,还会定期举办自己的音乐活动,并且还自己酿造啤酒。食物也很可口,包括手撕猪肉墨西哥玉米卷、什锦饭以及名声在外

的重口味"死亡之翼"（Wings of Death）。

★ Salt House 酒吧
（见476页地图；☎07-4041 7733；www.salthouse.com.au；6/2 Pierpoint Rd；◎周一至周五 11:00至次日2:00，周六和周日 7:00至次日2:00）这座游艇俱乐部是凯恩斯最时尚经典的酒吧，迎合了一群时尚快乐的人们。强劲的鸡尾酒、壮观的风景、偶尔的现场音乐和DJ以及新派澳大利亚风格的美食酒饮菜单，Salt House是你绝对不容错过的地方。

★ Conservatory Bar 葡萄酒吧
（见476页地图；☎0467 466 980；www.theconservatorybar.com.au；12-14 Lake St；◎周三至周四 16:00~22:00，周五和周六 至午夜，周日 至21:00）凯恩斯最佳的红酒吧，也是能跻身市内前几名的低调饮酒之所，藏匿于小巷之中。这里既有很棒的鸡尾酒，还有众多精酿啤酒。氛围惬意友好，弥漫着独树一帜的热带精致感。这里还会定期举办展览和现场音乐活动。

★ Lyquid Nightlife 夜店
（见476页地图；☎07-4028 3773；www.lyquid.com.au；33 Spence St；◎21:00至次日3:00）Lyquid是市内最热门的夜店，精心打扮，与顶级DJ、专业酒保以及嗨翻天的年轻人们一起共度良宵吧。

★ Jack 酒馆
（见476页地图；☎07-4051 2490；www.thejack.com.au；Spence St和Sheridan St交叉路口；◎10:00至深夜）从各种标准来看，Jack都是一家很棒的酒吧，位于一座昆士兰建筑遗产里，遮蓬的啤酒花园绝对不容错过。这里每晚有活动，包括现场音乐、DJ和美味的酒馆美食，对于那些喝醉的人来说，旁边还有个青年旅舍（床铺 $26起）。

Flying Monkey Cafe 咖啡馆
（见476页地图；☎0411 084 176；www.facebook.com/theflyingmonkeycafe；154 Sheridan St；◎周一至周五 6:30~15:30，周六 7:00至正午）美味的咖啡、日新月异的本地美术展、各色各样的街头艺人以及尽心服务的员工都使这里成为了热爱咖啡文化的人必须打卡的去处。

Pier Bar 酒吧
（见476页地图；☎07-4031 4677；www.thepierbar.com.au；Pier Shopping Centre, 1 Pierpoint Rd；◎11:30至深夜）这家店以其无人能敌的滨海位置和每天的"快乐时光"（17:00～19:00）而受到众人的喜爱。周日的活动是你欣赏和上台的好机会，还有现场音乐、美食、饮品和始终热闹的人群相伴左右。

Grand Hotel 小酒馆
（见476页地图；☎07-4051 1007；www.grandhotelcairns.com；34 McLeod St；◎周一至周三 10:00~21:00，周四 至23:00，周五和周六 至午夜，周日 至20:00）这是个惬意的小酒馆，建于1926年，就凭它把啤酒搁在一条长达11米的鳄鱼雕刻上，就值得你来一次！周末常常有现场音乐表演。而且这里还是与当地人一起打发时间的好地方。

Woolshed 酒吧
（见476页地图；☎07-4031 6304；www.thewoolshed.com.au；24 Shields St；◎周日至周四 19:00至次日3:00，周五和周六 至5:00）这里一直吸引着背包客和肉食爱好者，年轻游客、潜水教练和乐天派的当地人会在此喝得酩酊大醉。楼下更高档的Cotton Club是复古风格的鸡尾酒吧。

PJ O'Briens 爱尔兰酒馆
（见476页地图；www.pjobriens.com.au/cairns；Lake St和Shields St交叉路口；◎11:30至深夜）地毯黏黏的，而且陈年的健力士啤酒还散发着恶臭，但这家爱尔兰主题的PJ总是举办各类活动。有派对之夜、钢管舞和超级便宜的餐食。

☆ 娱乐

Pop & Co Tapas & Music Bar 现场音乐
（见476页地图；☎07-4019 6132；92 Abbott St；◎周三至周日 17:00至深夜）台上传出现场爵士、蓝调和柔情旋律，台下可以选择美味的下酒菜以及市内最便宜的龙头啤酒。精华藏于其狭小的空间中，在当地深受欢迎，这意味着这里有时人满为患。沿着Abbott St朝北前行，当你看到当代艺术中心的巨大胶糖娃娃，就快到了。

Rondo Theatre 剧院
（☎1800 855 835；www.therondo.com.au；46 Greenslopes St）这家小剧院正对着世纪湖，社区戏剧和音乐剧定期在这里上演。位于市中心西北4.5公里处（沿着Sheridan St前往Greenslopes St）。

Starry Night Cinema 电影院

（www.starrynightcinema.com.au; Flecker Botanic Gardens, Collins Ave, Edge Hill; 成人/儿童$13/5起）在植物园（见473页）繁盛的叶子之间享受经典电影。登录网站查看后续的展映活动（每月通常1~2次）。

Reef Hotel Casino 赌场

（见476页地图；☏07-4030 8888; www.reefcasino.com.au; 35-41 Wharf St; ⓧ周五和周六9:00至次日5:00，周日至周四至次日3:00）除了桌游和扑克等赌博游戏，凯恩斯的赌场还有四家餐厅和四家酒吧，其中包括面积巨大的Casino Sports Arena酒吧。

当代艺术中心 画廊、剧院

（见476页地图; Centre of Contemporary Arts, CoCA; www.centre-of-contemporary-arts-cairns.com.au; 96 Abbott St; ⓧ周一至周六10:00~17:00）当代艺术中心里有着基克艺术馆（见473页）当代视觉艺术展览，以及JUTE Theatre（见476页地图; www.jute.com.au）。留意门口的巨大胶糖娃娃。

🔒 购物

★ Rusty's Markets 市场

（见476页地图；☏07-4040 2705; www.rustysmarkets.com.au; 57-89 Grafton St; ⓧ周五和周六 5:00~18:00，周日 至15:00）如果周末不来一次这座热闹纷杂的市场，那么你的凯恩斯之行可就不完整了。穿行于成摞的时令热带水果、蔬菜和草药之间，还可以看到农场新鲜的蜂蜜、本地栽种的鲜花、美味可口的咖啡、咖喱、冷饮，还有许多古董。

Doongal Aboriginal Art 艺术品

（见476页地图；☏07-4041 4249; www.doongal.com.au; 49 Esplanade; ⓧ9:00~18:00）有正宗的艺术品、回旋镖、迪吉里杜管（didgeridoos）以及其他由当地和中部澳大利亚原住民制作的传统器具。可以全球快递。

Crackerbox Palace 精品

（见476页地图；☏07-4031 1216; www.crackerboxpalace.com.au; 228 Sheridan St; ⓧ周一至周五 10:00~17:00，周六至15:00）这里20年来一直吸引人们前来淘古董。这里放满了孤品服装、家具、唱片以及各类小玩意。进门前记得查一查自己托运行李的重量上限，一旦进了店可就难出门喽。

ⓘ 实用信息

医疗服务

凯恩斯24小时医疗中心（Cairns 24 Hour Medical Centre; ☏07-4052 1119; Grafton St和Florence St交叉路口; ⓧ24小时）医疗中心位于市中心，还提供潜水医疗服务。

Cairns Base Hospital（☏07-4226 0000; 165 Esplanade）昆士兰州北部最大的医院。

邮政

邮局（☏13 13 18; www.auspost.com.au; 38 Sheridan St; ⓧ周一至周五 8:30~17:30，周六9:00~12:30）

旅游信息

凯恩斯和热带北部游客信息中心（Cairns & Tropical North Visitor Information Centre; ☏07-4051 3588; www.tropicalnorthqueensland.org.au; 51 Esplanade; ⓧ周一至周五 8:30~18:00，周六和周日 10:00~18:00）这是城里唯一一家政府营运的游客信息中心，提供客观的旅游建议。准备了数百份免费的手册、地图和指南。热情友好的员工还可以帮助预订住宿和团队游项目。留意蓝底黄色的"i"。

ⓘ 到达和离开

飞机

澳洲航空（☏13 13 13; www.qantas.com.au）、**维珍澳洲航空**（☏13 67 89; www.virginaustralia.com）和**捷星航空**（☏13 15 38; www.jetstar.com.au）以及其他几个国际航空公司都有运营往返于凯恩斯机场（见554页，距离市中心约6公里）的航班，并且还能够直达除了堪培拉和霍巴特之外澳大利亚所有的首府城市，以及包括汤斯维尔、韦帕（Weipa）和霍恩岛（Horn Island）等地区中心的飞机。国际直达航班的目的地包括巴厘岛、新加坡、马尼拉、东京和巴布亚新几内亚的莫尔兹比港。

Hinterland Aviation（☏07-4040 1333; www.hinterlandaviation.com.au）每天有两班航班从凯

恩斯飞往库克敦（Cooktown）。

Skytrans（☎1300 759 872；www.skytrans.com.au）运营前往约克角和托雷斯海峡群岛的航班。

船

几乎所有大堡礁旅行的起始站都是凯恩斯的马林码头（Marlin Wharf，有时被称为Marlin Jetty），订票和验票登船都在**Reef Fleet Terminal**（Pierpoint Rd）里面。许多规模小的旅行团在码头上查票登船。一定要问清楚轮船泊位的编号。国际游轮的**SeaSwift**（☎1800 424 422，07-4035 1234；www.seaswift.com.au；41-45 Tingira St, Portsmith；单程/往返 $650/1166起）的渡轮前往约克角的Seisia停靠，并从**凯恩斯游轮码头**（Cairns Cruise Terminal；☎07-4052 3888；www.cairnscruiselinerterminal.com.au；Wharf St和Lake St交叉路口）出发。

长途汽车

长途汽车从**州际汽车站**（Interstate Coach Terminal；Reef Fleet Terminal）、凯恩斯中央火车站、机场以及**Cairns Transit Mall**（Lake St）驶进驶出。长途汽车公司包括如下：

Cairns Cooktown Express（☎07-4059 1423；www.cairnsbuscharters.com/services/cairns-cooktown-express）

澳大利亚灰狗巴士（☎1300 473 946；www.greyhound.com.au）

John's Kuranda Bus（☎0418 772 953）

Premier Motor Service（☎13 34 10；www.premierms.com.au）

Sun Palm（☎07-4087 2900；www.sunpalmtransport.com.au）

Tablelands Tours & Transfers（☎07-4045 1882；www.tablelandstoursandtransfers.com.au）

Trans North（☎07-4095 8644；www.transnorthbus.com；Cairns Central Railway Station）

小汽车和摩托车

主要的租车公司在市中心（通常位于Sheridan St）和机场都有柜台。小型汽车每日租金约$45，四驱车$80。**Cruising Car Rental**（☎07-4041 4666；www.hirecarcairns.com；196 Sheridan St；每天 $39起）和**Rent-a-Bomb**（☎07-4031 4477；www.rentabomb.com.au；144 Sheridan St；每天 $33起）较老的车型费用更优惠。如果你要寻找便宜的房车，**Jucy**（☎1800 150 850；www.jucy.com.au；55 Dutton St, Portsmith；每天 $40起）、**Spaceships**（☎1300 132 469；www.spaceshipsrentals.com.au；3/52 Fearnley St, Portsmith；每天 $40起）和**Hippie Camper Hire**（☎1800 777 779；www.hippiecamper.com；432 Sheridan St；每天 $44起）提供价廉质优的车型。

Bear Rentals（☎1300 462 327；www.bearrentals.com.au；汽车 每天 $127起）提供顶级的路虎卫士，所向披靡。

如果你打算长距离自驾，留意青年旅舍、www.gumtree.com.au以及Abbott St巨大的告示板，寻找二手房车以及之前背包客用过的车。

如果你更喜欢摩托车，试试**Choppers Motorcycle Tours & Hire**（☎07-4051 6288；www.choppersmotorcycles.com.au；150 Sheridan St；租借 每天 $90起）或**Cairns Scooter & Bicycle Hire**（☎07-4031 3444；www.cairnsbicyclehire.com.au；47 Shields St；电动车/摩托车 每天 $87/11起）。

火车

库兰达观光火车（见496页）每天运营；Savannahlander提供各种从**凯恩斯中央火车站**（Cairns Central Railway Station；Bunda St）出发的内陆铁路旅程。

昆士兰州铁路（☎1300 131 722；www.queenslandrailtravel.com.au）运营往返于布里斯班和凯恩斯之间的车次。

❶ 当地交通

抵离机场

机场位于凯恩斯市中心以北大约6公里处；许多酒店和青年旅舍提供免费接送。**Sun Palm**（☎07-4087 2900；www.sunpalmtransport.com.au）服务所有进港航班，穿梭巴士（儿童/成人 $7.50/15）可以直接送你到住处；其**Airport Connect Shuttle**（$4）往返于机场和市区北部的Sunbus车站之间。**Cairns Airport Shuttle**（☎0432 488 783；www.cairnsairportshuttle.com.au）也是团体游客的好选择；乘客越多，费用越优惠。

出租车进城的费用大约为$25（外加$4的机场附加费）。

一些旅行者为了节省车费会选择步行进城，但是要记住这些公路车流量很大；2015年就有一名路人被汽车撞死。而且，Airport Ave旁边就是红树林沼泽，鳄鱼也会走到马路上，所以，你懂的……

自行车

凯恩斯遍布自行车道和跑道，一些最受欢迎的路线经过滨海大道、植物园和世纪湖。你可以在www.cairns.qld.gov.au/region/tourist-information/things-to-do/cycle获取详细的路线和地图信息。

Cairns Scooter & Bicycle Hire（☎07-4031 3444；www.cairnsbicyclehire.com.au；47 Shields St；电动车/自行车 每天 $87/11起）

Pro Bike Rental（☎0438 381 749；www.probikerental.com.au；自行车 每天 $120起）

公共汽车

Sunbus（☎07-4057 7411；www.sunbus.com.au/cairns；单程票/日票/周票 $2.40/4.80/19.20）

出租车

Cairns Taxis（☎13 10 08；www.cairnstaxis.com.au）

凯恩斯周边

凯恩斯附近的岛屿

格林岛（Green Island）

格林岛距离凯恩斯只有45分钟的路程，随着名气与日俱增，这里的环境因为旅游业的发展也受到了一定影响，不过这个珊瑚礁小岛美丽依旧，在外围的岩礁散步还会看到更加壮观的珊瑚礁。格林岛内部的热带雨林里有景观步道；小岛周围环绕着白沙滩，在近海就可以浮潜；尤其适合带孩子来体验。徒步环岛一周大约需要30分钟，与附近的海域一同都是国家公园和海洋公园的保护区。

主要景点是家族所有的水族馆**Marineland Crocodile Park**（☎07-4051 4032；www.greenislandcrocs.com.au；成人/儿童 $19/9；◐9:30~16:00），它位于Cassius，有这一条世界上最大的鳄鱼（体长5.5米）。据说已经活了110多年，他每天的喂食时间是10:30和13:30。

如果你不想弄湿头发，那么**Seawalker**（www.seawalker.com.au；每人 $172）允许你戴着头盔，在5米之下的海底跟随向导溜达一下。

虽然豪华**Green Island Resort**（☎07-4031 3300；www.greenislandresort.com.au；套房 $580起；❉@☲）的餐厅、酒吧、冰激凌店以及水上运动设施面向公众开放，但依然极具私密性，十分高档。宽敞的错层套房为热带主题，有实木装潢和迷人的阳台。

Big Cat（☎07-4051 0444；www.greenisland.com.au；成人/儿童/家庭 $90/45/225起）提供前往格林岛的接送和一日团队游。

菲茨罗伊岛（Fitzroy Island）

菲茨罗伊岛陡峭的山峰从海上升起，小岛周围的海床上到处都是珊瑚，岸上则遍布着丛林和徒步小径，沿着其中的一条可以到达已经闲置的灯塔。纽迪海滩（Nudey Beach）的岩石周围是最受欢迎的浮潜胜地，虽然"纽迪"字面意思是"裸体"，但它并非裸体海滩。

凯恩斯海龟康复中心（Cairns Turtle Rehabilitation Centre, www.saveourseaturtles.com.au；成人/儿童 $8.80/5.50；◐团队游 13:00和14:00）看护生病受伤的海龟，待它们痊愈之后再放归自然。每天的团队游（45分钟，最多15人）很有教育意义，游客游览海龟医院可以见到这些正在康复中的病号。需要通过Fitzroy Island Resort预约。

Fitzroy Island Resort（☎07-4044 6700；www.fitzroyisland.com；单间/小屋 $185/445起，套房/公寓 $300/350起；❉☎☲）是一家热带风情的住所，房型包括时尚的单间、套房、海滨小屋，还有奢华的公寓。这里的餐厅、酒吧和小店都对一日游的游客开放。预算不足的话还可以在**Fitzroy Island Camping Ground**（露营 $35）安营扎寨。

Fast Cat（www.fitzroyisland.com/gettinghere；成人/儿童/家庭 $78/39/205）从凯恩斯的马林码头（20号码头）出发，发船时间分别是8:00、11:00和13:30（务必预订），45分钟即可快速抵达菲茨罗伊岛。返回凯恩斯的发船时间分别是9:30、12:15和17:00。

弗兰克兰群岛 (Frankland Islands)

如果你想要前往五座无人居住的珊瑚岛礁其中之一，尝试精彩的浮潜，欣赏壮丽的白沙海滩，那就去吧！坐游轮前往弗兰克兰群岛国家公园（Frankland Group National Park）吧。这些陆边岛屿由北边的高岛（High Island）和南边的诺曼底岛（Normandy）、梅布尔岛（Mabel）、圆岛（Round）和拉塞尔岛（Russell Island）组成。

Frankland Islands Cruise & Dive（07-4031 6300；www.franklandislands.com.au；成人/儿童 $169/99起）经营很棒的一日游，费用包括穆尔格雷夫河（Mulgrave River）游轮、浮潜工具、培训费及午餐费。

凯恩斯北部的海滩

虽然一些旅游指南上说凯恩斯市内没有可以游泳的海滩，但向北驱车（或是乘公交车）15分钟，就能带你前往一些迷人的沙滩社区，每个沙滩都具有自己的特色。约克斯克诺布深受水手的青睐，三一海滩吸引家庭游客，霍洛韦斯受到当地民众（和他们的狗狗）的喜爱，而棕榈湾更是蜜月情侣的时尚港湾。

一旦你到了这里，**Northern Beaches Bike Hire**（0417 361 012；www.cairnsbeachesbikehire.com；自行车 成人/儿童每天 $20/14起，每周 $80/50）可以为你运送租借的自行车，待你使用完毕还可以帮你收回。

约克斯克诺布 (Yorkeys Knob)

人口 2766

约克斯克诺布的生活惬意，以其海滨和**高尔夫球场**（07-4055 7933；www.halfmoonbaygolf.com.au；9/18洞 $26/42，球杆租借 $25）最为闻名，而放肆的鳄鱼常常会光顾这里。海滩在夏季会布置防止水母叮咬的网。

Blazing saddles（07-4055 7400；www.blazingsaddles.com.au；154 Yorkeys Knob Rd；骑马 $125起）提供半日的骑马团队游活动，穿越雨林、红树林和甘蔗田。

Yorkeys Knob Boating Club（07-4055 7711；www.ykbc.com.au；25-29 Buckley St；主菜 $18~30；周一至周四 10:00至午夜，周五和周六 至次日2:00，周日 8:00至午夜）值得你从凯恩斯前来，在这里可以尝到新鲜的海鲜，还能在露台上欣赏到奢华的船只驶入宽阔的港口。

三一海滩 (Trinity Beach)

三一海滩维护完好，有一望无垠的漂亮沙滩、价格合理的餐饮和住宿，已然成为团队旅游的首选。对凯恩斯当地人来说这里也是旅游的热门地点和聚餐的好地方。在这里除了吃饭、睡觉和发呆没别的事可以做，但是三一海滩位置居中，交通十分便利，你可以身随心动，随时出去玩。

Sea Point on Trinity Beach（07-4057 9544；www.seapointontrinitybeach.com；63 Vasey Esplanade；公寓 $165~230；P❄@🐕）是海滩最漂亮的几座建筑之一，提供内观景阳台、瓷砖地板以及微风习习的瞭望台。

Fratelli on Trinity（07-4057 5775；www.fratelli.net.au；47 Vasey Esplanade；主菜 $20~35；周三至周日 7:00~22:00，周一和周二 17:30起）有着海滩棚屋轻松惬意的气息，不要因此误以为这里美食就不高档了。这里的意面十分棒，开心果大虾和石榴藏红花蒜泥蛋黄软壳蟹这些菜肴，甚至会让你忘了身旁价值百万美元的美景。

Blue Moon Grill（07-4057 8957；www.bluemoongrill.com.au；Shop 6, 22-24 Trinity Beach Rd；主菜 $22~40；周一至周四 16:00~22:00，周五至周日 7:00~11:00和16:00~22:00）创意十足的菜单、热情的呈现方式，一定会让你惊叹不已。你到哪儿还能找到鳄鱼爆米花呢？

棕榈湾 (Palm Cove)

人口 1215

作为凯恩斯北部最出名的海滩，棕榈湾本就是个热门的旅游目的地。棕榈湾是一个与世隔绝的海滨社区，有一条美丽的散步小道以及树木成行的Williams Esplanade，相比道格拉斯港，棕榈湾更加亲人；相比南部毗邻的海滩，这里又更加高端。这片绵延的白沙滩和点缀其间的精致餐馆成功将青年爱侣们从奢华的度假村里吸引了过来。

如果你能够成功从海滩或泳池边上脱身,棕榈湾还有一些很棒的水上运动机构可选,包括Beach Fun Co(☎0411 848 580;www.beachfunco.com;Williams Esplanade和Harpa St交叉路口)、Palm Cove Watersports(☎0402 861 011;www.palmcovewatersports.com;149 Williams Esplanade;皮划艇租借 每小时$20起)和Pacific Watersports(☎0413 721 999;www.pacificwatersports.com.au;41 Williams Esplanade),它们提供直立式划桨(SUP)或皮划艇海龟观赏。

🏠 食宿

★ Cairns Beaches Flashpackers
青年旅舍 $

(☎07-4055 3797;www.cairnsbeachesflashpackers.com;19 Veivers Rd;铺/双 $45/120;P❄☎☎)本质上是一家青年旅舍(棕榈湾首家,也是唯一的),但这座一尘不染的精美住处更像是安静的休憩之所,不像是距离海滩仅100米远的派对地点。多人间不是上下铺的设置,整洁舒适,而独立客房提供浴室,滑动门还能直接通向泳池。在完美的公共厨房烹饪,或是骑着皮亚乔电动车寻觅美味的餐厅。

Palm Cove Holiday Park
露营地 $

(☎07-4055 3824;www.palmcovehp.com.au;149 Williams Esplanade;有电/无电 营地 $36/29起;P☎)想要在棕榈湾找到现代又便宜的室外住处,那就选这儿吧,海滨的露营地邻近码头。这里有帐篷和房车营地、崭新的野营厨房、烧烤区域和洗衣设施。

★ Sarayi
精品酒店 $$

(☎07-4059 5600;www.sarayi.com.au;95 Williams Esplanade;双 $115~240;P❄☎☎)Sarayi是一座洁白的酒店,位于白千层树丛之中,吸引了越来越多的家庭游客,情侣们也喜欢选到这里的屋顶露台举行婚礼。名字取得很巧,在土耳其语里是"宫殿"的意思:惬意而高效的管理,确保你得到皇室成员般的待遇。

Reef Retreat
公寓 $$

(☎07-4059 1744;www.reefretreat.com.au;10-14 Harpa St;公寓 $165起;P❄☎☎)这座住处令人愉快,因其优质服务而颇有名声。宁静的森林包围着一处遮阴的泳池。Reef Retreat的公寓包括单卧、双卧和三卧的房型,管理有序,实木装潢,还有耐用高质的家具、小厨房以及通风宽敞的阳台。

★ Reef House Resort & Spa
精品酒店 $$$

(☎07-4080 2600;www.reefhouse.com.au;99 Williams Esplanade;双 $300起;P❄☎☎)Reef House曾经作为陆军准将的私人寓所,比起棕榈湾的度假村更为低调温馨。白墙、藤椅和平纹细布围罩的大床增添了一份精致感。The Brigadier's Bar价格公道,在黄昏的烛光中可以饮用附赠的潘趣酒。

★ Chill Cafe
咖啡馆 $$

(☎0439 361 122;www.chillcafepalmcove.com.au;41 Williams Esplanade;主菜 $19起;⏰6:00至深夜)地处Esplanade最佳位置,结合友好的高效服务,再加上性感的旋律以及宽敞通风的露台,这一切都是你来这家时髦咖啡馆,品尝大份美食(想想鱼肉玉米卷饼和大块三明治吧)的原因。你还可以在阳光下喝果汁或啤酒。

Seafarer's Oyster Bar & Restaurant
海鲜 $$

(☎07-4059 2653;45 Williams Esplanade;牡蛎每打 $20起,主菜 $19起;⏰周一至周四 午至15:00和17:00~20:30,周五至周日 正午至20:30)来品尝美味的牡蛎和镇上最新鲜的海鲜吧;感受海滩的凉风和熙熙攘攘的喧嚣。

★ Vivo
新派澳大利亚菜 $$$

(☎07-4059 0944;www.vivo.com.au;49 Williams Esplanade;主菜 $30起;⏰7:30~21:00)作为Esplanade上最漂亮也是最高档的餐厅,这里的菜单(从早到晚)极具创意,厨师精心运用当地新鲜食材进行烹饪,服务质量无与伦比,而且户外的景色也是精美绝伦。每日的套餐性价比也很高。

★ Beach Almond　　　　　海鲜 $$$

(☎07-4059 1908; www.beachalmond.com; 145 Williams Esplanade; 主菜 $27起; ⊙周一至周六 17:00~23:00, 周日 正午至15:00和17:00~21:00) 简陋棚屋和乡下海滩小屋的外表掩盖了室内的卓越高档。黑胡椒大虾、新加坡炒蟹和蕉叶尖吻鲈（barramundi）都是这里香味扑鼻的拿手好菜，结合了亚洲的香料与风味。

Nu Nu　　　　　新派澳大利亚菜 $$$

(☎07-4059 1880; www.nunu.com.au; 1 Veivers Rd; 主菜 $38起, 试吃菜单 每人 $70起; ⊙6:15至深夜) 潮流时尚的Nu Nu运用新鲜的当地农产品制作出新派澳大利亚风味的特色菜，包括配甜味培根、苹果、海藻碎和菊苣的清炖大虾，以及美味惊艳的避风塘炒蟹配上叉烧、罗望子辣酱、生姜和新鲜蔬菜。

🍷 饮品和夜生活

Apres Beach Bar & Grill　　　　酒吧

(☎07-4059 2000; www.apresbeachbar.com.au; 119 Williams Esplanade; ⊙8:00~23:00) 这是棕榈湾最热闹的地方，室内摆放了老旧摩托车和赛车，天花板上也吊挂着一架双翼飞机，很古怪。还会上演现场音乐。各类牛排分量十足。

Surf Club Palm Cove　　　　酒吧

(☎07-4059 1244; www.surfclubpalmcove.com.au; 135 Williams Esplanade; ⊙周一至周二 11:00~22:00, 周三至周六 至午夜, 周日 8:00至午夜) 这个花园酒吧阳光明媚，很适合喝上一杯，这也是当地人的聚会之地，还有便宜的海鲜以及不错的儿童餐。

埃利斯海滩（Ellis Beach）

小小的埃利斯海滩是凯恩斯最北部的海滩——或许也是最好的。高速公路离这里最近，横跨整个海滩。这片很长的避风海湾景色秀美，被棕榈树环绕的海滩适合游泳，有救生员巡逻，夏季还安置了水母防护网。作为凯恩斯唯一（非官方）的裸体海滩——巴肯斯角（Buchans Point）位于埃利斯海滩的最南端；那里没有防蛰网，所以光着身子下水前还是要三思啊。

Hartley's Crocodile Adventures

(☎07-4055 3576; www.crocodileadventures.com; Captain Cook Hwy, Wangetti Beach; 成人/儿童/家庭 $37/18.50/92.50; ⊙8:30~17:00) 位于埃利斯海滩以北往道格拉斯港的方向，提供各类令人激动的活动，包括鳄鱼农场团队游、喂养、"鳄鱼袭击"以及蛇类表演，还有在鳄鱼横行的潟湖里航行。

Ellis Beach Oceanfront Bungalows

(☎1800 637 036, 07-4055 3538; www.ellisbeach.com; Captain Cook Hwy; 有电/无电 营地 $41/34起, 公共浴室小屋 $115起, 平房双 $170起, 海滨平房 $190起; ❋@🌊) 提供露营地、小屋和现代的平房，最好的屋子还有海景。餐厅 **Ellis Beach Bar 'n' Grill**（☎07-4055 3534; www.ellisbeachbarandgrill.com.au; Captain Cook Hwy; 主菜 $10~30; ⊙8:00~20:00) 不值得你停下来喝杯酒吃饭，直接开过去就可以。

克里夫顿海滩（Clifton Beach）

克里夫顿海滩就是当地人的海滩，没有经过开发，较为荒芜的海滩沿着棕榈树海滩一直伸向棕榈湾。如果你喜欢幽静，或是想寻觅一片能够自由撒野的天地，那就是这儿了。

South Pacific B&B

(☎07-4059 0381; www.southpacificbnbcliftonbeach.com.au; 18 Gibson Cl; 标单/双 $100/120起; P❋🌊) 由一对热情友好的夫妇经营，安静清幽，具备民宿

"凯恩斯"和"堆石标"

仿佛前往道格拉斯港沿途的自然美景点还不够足，秀丽的Captain Cook Hwy现在又有了博人眼球的景点：成百上千座神秘险峻的石堆。堆砌石头的人的身份和目的已成了不解之谜，却给当地人带来了乐趣：英文里"堆石标"（cairns）也读作"凯恩斯"，这是文字游戏吗？还是概念艺术？无论是什么，你都想要一探究竟。这些神秘的展品就在埃利斯海滩的北部。

一切特征：热带风情的宽敞房屋以及热带水果齐全的丰富早餐。

即使你不住在这儿，Coco Mojo（☎07-4059 1272；14 Clifton Rd；主菜$23～40；◉周一至周二17:30～23:30，周三至周五正午至23:30，周六和周日9:00～23:30）也值得你专程前往。菜品种类丰富得难以想象，包括世界各地的街头美味：尼日利亚、印尼还有黎巴嫩；经验丰富的国际大厨使这一切成为可能。

凯恩斯南部

巴宾达（Babinda）

巴宾达是一个工人阶级聚居的小城镇，往内陆7公里就能到达巴宾达巨石，溪流在4米高的岩石之中蜿蜒，景色如画。这个地方没有鳄鱼，但是同样有潜在的威胁——危险的水域。传说，曾有一个年轻的女人失恋后纵身投入这片宁静的水域，正是她的痛苦才使这条小溪变得水流湍急，漩涡丛生。至今，已经有大约20名游客在这里送命。可以选择小溪水流平稳而且有清楚标志的地方游泳，但是一定要注意所有警示牌。如果想呼吸新鲜空气或是照相的话，步行小径是个安全的地方。

巴宾达巨石野营区（Babinda Boulders Camping Area）可以免费露营。

乌鲁努瓦国家公园（Wooroonooran National Park）

作为湿热带世界遗产地区（Wet Tropics World Heritage Area）的一部分，热气腾腾的乌鲁努瓦国家公园宛如异世，它拥有大量壮观的自然奇景，包括昆士兰州的最高峰巴特弗里山（Mt Bartle Frere；1622米）、壮观的瀑布、茂密的雨林、珍稀的动植物以及清爽的游泳洞穴。这里是徒步者的天堂，任何想要避开凯恩斯喧嚣的人都适合这里。

联系NPRSR（☎13 74 68；www.nprsr.qld.gov.au/parks/wooroonooran；露营许可证 每人/每家$6.15/24.60）获取露营许可证。

阿瑟顿高原（ATHERTON TABLELANDS）

离开海边，我们再去昆士兰州北边的阿瑟顿高原逛逛，它位于因尼斯费尔和凯恩斯之间，土地十分肥沃。这里的青山鲜翠欲滴，连绵不绝，其中还伫立着昆士兰的最高峰——巴特弗里山和贝伦登克尔山（Bellenden Ker；1593米）；山上景色复杂多样，热带雨林以及壮丽的湖泊和瀑布穿插其间，清凉幽美；其中还点缀着一座座古朴的小镇、生态木屋，以及豪华的民宿。

阿瑟顿高原很好地避开了海岸的酷热；这里的气温总会比凯恩斯低上几度，冬天的夜晚还会非常寒冷。

❶ 到达和离开

Trans North（见507页）有定期的长途汽车往返于凯恩斯和高原各大景点，包括库兰达（$6.70, 30分钟）、马里巴（$19.60, 1小时）、阿瑟顿（$25.30, 1.75小时）和赫伯顿/雷文斯霍（Herberton/Ravenshoe; $32/37.40, 2/2.5小时，周一、周三、周五发车）。

库兰达（Kuranda）

人口 2966

隐藏在热带雨林里的库兰达充满了艺术气息，是凯恩斯最热门的一日游目的地之一。白天，这座嬉皮小村涌入前来感受氛围、参观动物保护区和逛著名市场的各路游客；夜幕降临，你会听到街道和酒馆又重回稳重的当地人（偶尔还会看见几只跳跃的袋鼠）的怀抱。

前往此地的旅程本身也充满乐趣：沿着蜿蜒的森林公路驾驶，搭乘火车，或是坐在澳大利亚距离最长的Skyrail Rainforest Cableway（见496页）上冲破树冠。

◉ 景点和活动

★**库兰达原始雨林市场** 市场

（Kuranda Original Rainforest Markets; ☎07-4093 9440; www.kurandaoriginalrainforestmarket.com.au; Therwine St; ◉9:30～15:00）顺

着檀香的气息，寻找到这座集市；该集市于1978年首次开放，是欣赏手工艺品及嬉皮士表演的最佳场所。在这里可以买到民间艺术品、手工艺品，还可以品尝当地产的蜂蜜和水果酒。

BatReach 野生动物保护区

(☎07-4093 8858; www.batreach.com; 13 Barang St; 捐赠; ☉周二、周三、周日和周日10:30~14:30) 欢迎游客来到这座受伤的和失去父母的蝙蝠和貂鼠的援助康复中心。热心的志愿者非常热心带领人们参观，并介绍他们的日常工作。它就在消防站的旁边。

雨林站 公园

(Rainforestation; ☎07-4085 5008; www.rainforest.com.au; Kennedy Hwy; 成人/儿童/家庭 $47/23.50/117.50; ☉9:00~16:00) 这个巨大的公园需要一整天来好好探索，它分为三个部分: 考拉野生动物园、帕玛吉利原住民文化互动体验(Pamagirri Aboriginal Experience)和"战斗鸭"(Army Duck)水陆两用船(用于游览整片河流和雨林区域)。

公园位于库兰达以东3公里处。**往返巴士** (单程/往返成人 $7/12, 儿童 $3.50/6) 每半小时往返于公园和库兰达村庄之间。

雨林站包含在Capta 4 Park Pass (www.capta.com.au)内，可以凭套票优惠进入昆士兰州北部的四座公园。

遗产市场 市场

(Heritage Markets; ☎07-4093 8060; www.kurandamarkets.com.au; Rob Veivers Dr; ☉9:30~15:30) 这是库兰达旅游气息更为浓厚的市场，出售大量澳大利亚纪念品，比如鸸鹋油、袋鼠皮领带和宽檐帽。这里还有咖啡馆**Frogs** (www.frogsrestaurant.com.au; 主菜 $12.40~35; ☉9:30~16:00; 🛜🅿) 以及多家动物保护区，包括**库兰达考拉花园** (Kuranda Koala Gardens, ☎07-4093 9953; www.koalagardens.com; 成人/儿童 $18/9, 拍照别付; ☉9:00~16:00)、**澳大利亚蝴蝶保护区** (Australian Butterfly Sanctuary, ☎07-4093 7575; www.australianbutterflies.com; 成人/儿童/家庭 $19.50/9.75/48.75; ☉9:45~16:00) 和**鸟类世界** (Birdworld; ☎07-4093 9188; www.birdworldkuranda.com; 成人/儿童 $18/9; ☉9:00~16:00)。

Kuranda Riverboat 游轮

(☎07-4093 0082; www.kurandariverboat.com.au; 成人/儿童/家庭 $18/9/45; ☉10:45~14:30) 登上河上游轮，花45分钟观赏静静流淌的巴伦河，或是选择参加1小时的热带雨林徒步，前往只能坐船才可以抵达的僻静角落。

Kuranda Riverboat位于火车站后面的码头；船上购买船票（只接受现金），徒步需要在网上预订。

食宿

Kuranda Rainforest Park 房车营地 $

(☎07-4093 7316; www.kurandarainforestpark.com.au; 88 Kuranda Heights Rd; 有电/无电营地 $32/30, 标单/双 不带浴室 $35/70, 小屋 $90~110; 🅿❄🛜🐾) 这个完善的公园口碑很好，草坪营地被热带雨林包围。"背包客房"简单但很舒适，通向一处锡顶木平台；从小屋可以看到到泳池或花园，而一家精美的餐厅提供新鲜农产品做的菜。从镇上沿着森林小道步行10分钟即到。

Fairyland House 民宿 $

(☎07-4093 9194; www.fairylandhouse.com.au; 13 Fairyland Rd; 房间 每人 $60起; 🅿) 纯素食餐厅、塔罗牌算命、瑜伽课程、繁盛的果园和健身讲习班，这个林间小屋很有"库兰达"特色。所有房间通风明亮，朝向花园。距离村庄步行4公里即可到达；这里不允许带入熟食或肉制品、香烟、酒精、宠物和药品。

★ Cedar Park Rainforest Resort 度假村 $$

(☎07-4093 7892; www.cedarparkresort.com.au; 250 Cedar Park Rd, Koah; 标单/双 含早餐 $165/175起; 🅿❄🛜) 🌿 这个建筑一部分是欧式城堡，一部分是澳式林间度假村，藏在丛林之中（从库兰达往马里巴方向开车20分钟即可），十分特别。这里没有电视，住客可以观赏袋鼠、孔雀和几十种当地的鸟类；这里还有许多吊床，小溪流淌其间，还有一个壁炉以及一家美味的餐厅，供应价格公道的食物

和免费的波尔图葡萄酒。

German Tucker 德国菜 $

(www.germantucker.com; Therwine St; 香肠 $7.50~9; ◎10:00~15:00)在这家令人愉悦的餐厅,品尝经典的德国香肠(würste),或是试试美味的鸸鹋肉和鳄鱼肉香肠;铜管乐吹鸣出音乐,啤酒杯里灌满了好喝的德国啤酒。

Petit Cafe 可丽饼 $

(www.petitcafe.com.au/kuranda; Original Kuranda Rainforest Markets, 7 Therwine St; 可丽饼 $10~17; ◎8:00~15:00)各种咸甜口味的可丽饼令人垂涎欲滴。最好吃的口味包括松子青酱坚果(macadamia pesto)和羊奶干酪(feta cheese),它们早就把你的魂勾到了法兰西。

Annabel's Pantry 面包房 $

(15 Therwine St; 馅饼 $4.50~6.50; ◎10:00~15:00)这家受人欢迎的烘焙店提供约25种不同的馅饼,包括袋鼠肉和素食口味。

★ Kuranda Veranda 各国风味 $$

(www.kurandarainforestpark.com.au; Kuranda Rainforest Park, 88 Kuranda Heights Rd; 主菜 $13~27; ◎周一、周二和周四至周六 17:30~21:30, 周日 11:30~21:30;) 这家精美的餐厅藏在Kuranda Rainforest Park的林中,提供大份的牛排、薯条和沙拉。孩子们会很喜欢勾选配料来创作的"create-a-tayta",还能自己制作圣代。餐厅不能使用手机,改享受真实的鸟鸣吧。

❶ 实用信息

库兰达游客信息中心(Kuranda Visitor Information Centre; ☎07-4093 9311; www.kuranda.org; Centenary Park; ◎10:00~16:00)这座位于世纪公园的游客中心你绝对不能错过,可以获取地图;员工有问必答,乐于提供丰富的建议。

❶ 到达和离开

从凯恩斯抵达库兰达的过程和目的地一样精彩:选择缆车**Skyrail Rainforest Cableway**(☎07-4038 5555; www.skyrail.com.au; Cook Hwy & Cairns Western Arterial Rd, Smithfield; 成人/儿童单程 $50/25起, 往返 $75/37.50; ◎9:00~17:15)或**库兰达观光火车**(Kuranda Scenic Railway; ☎07-4036 9333; www.ksr.com.au; 成人/儿童单程 $50/25起, 往返 $76/38起),可以选择组合往返票(成人/儿童 $109.50/54.75起)。从凯恩斯前往库兰达,乘坐Trans North(见507页)的车票价格为$6.70, Cairns Cooktown Express(见489页)的价格为$16, John's Kuranda Bus(见489页)的价格为$5。

从凯恩斯出发,驾车爬坡至库兰达山脉,前行25公里就可以抵达库兰达。

马里巴(Mareeba)

人口 10,181

马里巴沉浸于西部片的氛围之中,当地的商贩出售皮鞍、阔边呢帽和大号的皮带扣,足以满足你最狂野的牛仔梦;不出所料,澳大利亚规模最大的**牛仔竞技会**(rodeo; www.mareebarodeo.com.au; ◎7月)就在这里举办。

作为该国主要烟草产区的核心地点,马里巴现在已经转型种植更为健康的农产品,这里有大量的果园、咖啡种植园和蒸馏酒厂。该地区还有一些与众不同的自然景点,与高海拔的阿瑟顿高原中部地区形成鲜明反差。

马里巴热带稀树草原和湿地保护区(Mareeba Tropical Savanna & Wetland Reserve; ☎07-4093 2514; www.mareebawetlands.org; 成人/儿童/家庭 $10/5/25; ◎4月至12月 8:30~16:30)占地20平方公里,包含林地、草原、沼泽、广袤的"克兰西的潟湖"(Clancy's Lagoon)和一处观鸟天堂。**花岗岩峡谷自然公园**(Granite Gorge Nature Park; ☎07-4093 2259; www.granitegorge.com.au; 成人/儿童 $10/3)距马里巴12公里,地貌仿佛属于另一个星球,有花岗岩巨石、洞穴、栖息海龟的水坑和大量野生动物。

露营者终年可以使用这里的**牛仔竞技会露营地**(☎07-4092 1654; www.mareebarodeo.com.au; Kerribee Park; 有电/无电营地 2人 $18/15)。

阿瑟顿（Atherton）

人口 7287

本地区最大的城镇与阿瑟顿高原同名，这个热闹的村镇是探索该地区亮点的大本营。

许多前往高原的背包客都是冲着一年四季的水果采摘工作去的。阿瑟顿游客信息中心（Atherton Visitor Information Centre；☏07-4091 4222；www.itablelands.com.au；Main St和Silo St交叉路口；◎9:00~17:00）可以提供最新工作信息。

19世纪末，数以千计的中国劳工来此淘金，阿瑟顿唐人街的遗存只剩下如今铸铁构造的侯王庙（Hou Wang Miau Temple；☏07-4091 6945；www.houwang.org.au；86 Herberton Rd；成人/儿童 $10/5；◎周三至周日 11:00~16:00）。门票包含团队导览活动。

水晶洞（Crystal Caves；☏07-4091 2365；www.crystalcaves.com.au；69 Main St；成人/儿童/家庭 $22.50/10/55；◎周一至周五 9:00~17:00，周六和周日 至16:00；▣）是一座怪诞的矿物博物馆，馆藏有世界最大的紫晶石（超过3米高，重达2.7吨）。

米拉米拉（Millaa Millaa）

迷人的米拉米拉被誉为"迷雾村庄"，是一座绿意盎然的小牧村，以其漂亮的瀑布而闻名。农场的山丘连绵起伏，黑白花的奶牛漫布其中，这片风景如画的景点适合驻足午餐，或是度过几个静谧的夜晚。

米拉米拉游客公园（Millaa Millaa Tourist Park；☏07-4097 2290；www.millaacaravanpark.com.au；Malanda Rd和Lodge Ave交叉路口；有电/无电营地 $29/24，小屋 $65，带浴室 $75~110；▣✳🛜🐾）和Millaa Millaa Hotel（☏07-4097 2212；www.millaamillaahotel.info；15 Main St；标单/双 $85/95；▣✳🛜）提供住宿。再到Falls Teahouse（☏07-4097 2237；www.fallsteahouse.com.au；6 Theresa Creek Rd；餐 $10起；◎9:00~16:00，周三休息）喝一杯德文郡的茶吧。

马兰达及周边（Malanda & Around）

自从560头牛在1908年从新南威尔士州

不要错过

高原的市场

似乎每个古朴的乡村地区都一样，阿瑟顿高原的小镇也都有着模样各异的每月市场。库兰达最著名的集市当然是首选，但如果要探寻一些更返璞归真的，可以留意以下这些：

马兰达市场（Malanda Markets；Malanda Show-grounds；◎每月第三个周六 7:00至正午）

云噶布拉市场（Yungaburra Markets；www.yungaburramarkets.com；Gillies Hwy；◎每月第四个周六 7:30~12:30）

阿瑟顿秘密市场（Atherton Undercover Markets；Merriland Hall, Robert St；◎每月第二个周日 7:00至正午）

Tumoulin Country Markets（63 Grigg St；◎每月第四个周日 8:00至正午）

长途跋涉16个月来到这里，马兰达就始终成为了"牛奶"的代名词。现在这里还有一家运营中的奶牛场，马兰达乳品中心（Malanda Dairy Centre；☏07-4095 1234；www.malandadairycentre.com；8 James St；◎周三至周日 9:00~15:00）免费有一家博物馆适合儿童参观，聚焦了该地区牛儿的历史。

马兰达及其周边地区热带雨林植被丰富，包括宛如异世的海匹帕米山火山坑（Mt Hypipamee crater），生活着罕见的卢氏树袋鼠（Lumholtz's tree-kangaroos），它们生性腼腆，进行傍晚动物观测时，记得带一只低亮度的手电。

在澳大利亚鸭嘴兽公园和塔尔扎里水产养殖中心（Australian Platypus Park & Tarzali Lakes Aquaculture Centre；☏07-4097 2713；www.tarzalilakes.com；Millaa Millaa-Malanda Rd, Tarzali；◎10:00~16:00；▣）可以发现鸭嘴兽和尖吻鲈。

马兰达瀑布游客中心（Malanda Falls Visitor Centre；☏07-4096 6957；www.malandafalls.com；132 Malanda-Atherton Rd；◎9:30~16:30）提供展览和雨林导览徒步活动。

云噶布拉（Yungaburra）

云噶布拉是个惹人喜爱的小地方，有各

不要错过

舌尖上的高原

阿瑟顿高原有丰富的农产品、美食节和各款美味,深受欢迎,推荐如下:

Rainforest Bounty(07-4076 6544;www.rainforestbounty.com.au;66 Lindsay Rd, Malanda;课程 $220起)河畔厨艺学校,利用当地食材在一日课程教学中慢慢烹饪。

Cheesemaking & More(07-4095 2097;www.cheesemakingandmore.com.au;Quinlan Rd, Lake Eacham)每月举办两天的奶酪制作课程,还有涉及面包奶油和硬奶酪制作的一日课程。

Gallo Dairyland(07-4095 2388;www.gallodairyland.com.au;Atherton-Malanda Rd;9:30~16:30;)这家位于阿瑟顿外的农场还在经营中,有奶酪工厂和自制巧克力。

Honey House(www.honeyhousekuranda.com;7 Therwine St;9:00~15:00;)库兰达的老店,供应高质量的当地生蜂蜜和蜂巢,有一位养蜂人住在这里。

Tastes of the Tablelands(www.tastesofthetablelands.com;10月)节日持续1天,通过现场烹饪、展销会和盛宴的方式展示高原的农产品。

Mt Uncle Distillery(07-4086 8008;www.mtuncle.com;1819 Chewko Rd, Walkamin;10:00~16:30;)用当地香蕉、咖啡、桑葚和柠檬制作的威士忌、时令利口酒和烈酒。

种值得签到的可爱地方;沿着一圈林荫道,你能找到19个遗产名录、经常被贪玩的当地人光顾的酒馆(建于1910年)、另类精品咖啡馆以及观赏鸭嘴兽的平台。因为邻近蒂纳鲁湖和该地区主要的自然景点,云噶布拉是探索高原竞争有力的落脚点。

神圣的**无花果树**(Curtain Fig tree; Fig Tree Rd, East Barron)树龄500年,位于镇外3公里处,因其悬垂架空的根系如同巨大的"帷幕",而成为必须参观的景点。如果你足够安静,那么就有机会在彼得森溪(Peterson Creek)的**鸭嘴兽观赏平台**(Gillies Hwy)看到这种腼腆的"单孔目动物"。

参与**Alan's Wildlife Tours**(07-4095 3784;www.alanswildlifetours.com.au;单日游 $90~500,多日游 $1790起)的活动,在当地热情的博物学家的带领下,探索云噶布拉周围的自然。

高原民俗节(Tablelands Folk Festival; www.tablelandsfolkfestival.org.au;10月)是云噶布拉和邻近的赫伯顿(Herberton)的一项盛事,包括音乐、工坊和集市活动。

食宿

★ On the Wallaby 青年旅舍 $

(07-4095 2031;www.onthewallaby.com;34 Eacham Rd;营地 每人 $15,铺/双 带公共浴室 $25/60;)这家温馨的青年旅舍以手工家具和马赛克装饰为特色,一尘不染,没有电视。自然团队游($40)包含夜间划船行程;提供从凯恩斯的接送。自己在公共厨房烹饪,或者参与到每晚的烧烤,好好吃上一顿($12)。

★ Yungaburra Hotel 酒馆美食 $$

(Lake Eacham Hotel;07-4095 3515;www.yungaburrahotel.com.au;6-8 Kehoe Pl;主食 $23起;餐厅 11:00~20:00,酒馆 至23:00)这家木结构的乡村酒馆当属国内最佳酒馆,在高原地区就更是了。气氛热情友好,举行即兴和乐队演奏活动;即使这里没有现场音乐,你也可以很好地喝上一杯,与当地人一起沉浸于旧日的时光里。餐厅还供应丰盛的健康美食。

❶ 实用信息

云噶布拉信息中心(Yungaburra Information Centre;07-4095 2416;www.yungaburra.com;Maud Kehoe Park;周一至周六 9:00~17:00,周日 10:00~16:00)在这家完美的信息中心,热情的志愿者可以帮助推荐住宿、提供徒步和团队游的信息,告诉你有关云噶布拉的所有事情。

蒂纳鲁湖（Lake Tinaroo）

蒂纳鲁湖又名"蒂纳鲁坝"（Tinaroo Dam），名字据说是勘探者起的，他们偶然间发现了冲积的锡矿，一阵激动，于是便大喊"Tin! Hurroo!"。不过让人激动的不单单是锡的发现，这里也是当地人逃离闷热，来海岸划船、滑水以及放松的好地方。尖吻鲈垂钓（☏0438 012 775; www.tinaroobarra.com; 全天／半天钓鱼 $600/350）一年四季都适宜，但需要提前办理许可证，或是参与包船活动。

丹布拉森林大道（Danbulla Forest Drive）长28公里，沿着湖泊北侧穿越雨林和针叶林蜿蜒前行。这条路虽然没有铺柏油，但路况很好，经过漂亮的埃拉姆湖（Lake Euramoo）和被木栈道包围的大无花果树（Cathedral Fig），这棵巨大的寄生无花果树树龄500岁，很像云噶布拉的那棵无花果树；沿着Gillies Hwy旁边的一条小路，循着路牌即可到达。

在丹布拉州森林（Danbulla State Forest）有五处昆士兰公园露营地（☏13 74 68; www.npsr.qld.gov.au/parks/danbulla; 露营许可证 每人／每家 $6.15/24.60）。都提供自来水、烧烤和厕所；务必提前预订。

Lake Tinaroo Holiday Park（☏07-4095 8232; www.laketinarooholidaypark.com.au; 3 Tinaroo Falls Dam Rd, Tinaroo Falls; 有电／无电营地 $37/27, 小屋 $90起; P❋☎⛱）是个树阴之中的露营地，设施现代齐全，有许多啤酒，还能租借独木舟和皮划艇。

火山口湖国家公园（Crater Lakes National Park）

作为湿热带世界遗产地区的一部分，两座水平如镜且无鳄鱼出没的火山湖——伊查湖（Lake Eacham）和百利湖（Lake Barrine）受到游泳者的欢迎。

雨林展览中心（Rainforest Display Centre; McLeish Rd, Lake Eacham; ⏱周一、周三和周五9:00~13:00）提供信息展览。

观赏鬣蜥和陆龟，或是乘坐45分钟的游轮（www.lakebarrine.com.au/cruises; 成人／儿童／家庭 $18/8/40; ⏱9:30, 11:30和13:30）游览百利湖的美景；在Lake Barrine Teahouse（☏07-4095 3847; www.lakebarrine.com.au; Gillies Hwy; 主菜 $8.50起; ⏱9:00~15:00）预订及登船。

Lake Eacham Tourist Park（☏07-4095 3730; www.lakeeachamtouristpark.com; Lakes Dr; 有电／无电营地 $27/22, 小屋 $110~130; @☎）距离伊查湖1公里，是个漂亮的营地，树木成荫，房间温馨，还有杂货商店和咖啡馆。

道格拉斯港（PORT DOUGLAS）

人口 3205

道格拉斯港从过去的渔村发展为精致高端的度假小镇，与凯恩斯喧闹的景象形成鲜明对比。大堡礁外围距离海岸不到1小时，丹特里雨林就是这里的后花园；而且这里有很多家可以浮潜的度假村。越来越多的奢华背包客、荷包鼓鼓囊囊的夫妻以及经济富裕的家庭游客将道格拉斯港作为他们在昆士兰州北部的大本营。

除了能够方便地前往珊瑚礁和乘坐每天的夕阳游轮之外，镇上的景点还包括四英里海滩（见499页），这是一片风景优美的白沙滩，上面生长着古老的棕榈树；沙滩位于麦哥山街（Macrossan St）的最东端，购物、美酒和美食更是让人欲罢不能。在麦哥山街的西部，你会发现风景如画的迪克森湾（Dickson Inlet）和Reef Marina，有钱人会把他们的游艇停在那里。

◉ 景点

四英里海滩 海滩

（Four Mile Beach; 见500页地图）这片宽阔的沙滩被慵懒的棕榈树包围，一望无际。冲浪救生俱乐部的游泳区域一直有救生员巡逻（夏季有水母防蜇网），可以租借太阳椅。

★ 道格拉斯港野生动物栖息地 动物园

（Wildlife Habitat Port Douglas; ☏07-4099 3235; www.wildlifehabitat.com.au; Port Douglas Rd; 成人／儿童／家庭 $34/17/85; ⏱8:00~17:00）这片保护区致力于模拟动物的自然生活环境、维

Port Douglas 道格拉斯港

去 Low Isles 低岛 (15km); Great Barrier Reef 大堡礁

Anzac Park 安扎克公园

Douglas Shire Historical Society 道格拉斯区历史协会

Coral Sea 珊瑚海

Wharf St
Dixie St
Island Point Rd
Ashford Ave
Macrossan St 麦哥山街
Murphy St
Port Douglas Tourist Information Centre 道格拉斯港游客信息中心
Magazine Island
Dickson Inlet 迪拉森湾
Inlet St
Grant St
Warner St
Mowbray St
Owen St
Four Mile Beach 四英里海滩
Reef Marina
Bally Hooley Railway
Wharf St
Mudlo St
Davidson St
Beryl St
Reynolds Park
Esplanade
Swimming Enclosure
Packers Creek
Spinnaker Cl
Oval
Blake St
Garrick St
Sand St
Trinity Bay 三一湾
Port St
Craven Cl
Davidson St
Port Douglas Rd
Crimmins St

去 Mirage Country Club (1.3km); QT Resort (1.5km); Moonlight Cinema (1.5km)

凯恩斯和丹特里雨林 道格拉斯港

Port Douglas 道格拉斯港

◎ 景点
1. 法院博物馆 B1
2. 四英里海滩 D5
3. 海边的圣玛丽 B2
4. 三一湾观景台 D2

◎ 活动、课程和团队游
5. Aquarius Sunset Sailing B3
6. Ballyhooley Steam Railway B3
7. Blue Dive C2
8. Lady Douglas A3
9. Port Douglas Boat Hire B3
   Port Douglas Yacht Club ....（见30）
   Poseidon ....（见9）
   Quicksilver ....（见5）
10. Reef Sprinter A2
11. Sail Tallarook A3
12. Sailaway B3

◎ 住宿
13. Coral Beach Lodge B6
14. Dougies B7
15. Mantra Aqueous on Port C3
16. Martinique on Macrossan D3
17. Peppers Beach Club C4
18. Pink Flamingo B7
19. Port Douglas Backpackers C3
20. Tropic Breeze Caravan Park C4

◎ 就餐
21. 2 Fish Restaurant Port Douglas D3
22. Cafe Fresq C2
23. Cafe Ziva C2
24. Coles Supermarket B2
25. Harrisons Restaurant B2
26. Little Larder C2
27. Mocka's Pies B2
    On the Inlet ....（见11）
28. Sassi Cucinae Bar B2
29. Seabean B2
30. Yachty A4

◎ 饮品和夜生活
31. Court House Hotel B2
32. Hemingway's A3
33. Iron Bar B2
34. Tin Shed B2

◎ 购物
35. 道格拉斯港市场 B1
36. Reef Marina 落日市场 A3

501

持和展览当地的动物，还允许你近距离接触考拉、袋鼠、鳄鱼和鹤鸵等动物。门票有效期为3天。如果想要获得更多特殊体验，预订**与鸟儿共进早餐**(Breakfast with the Birds，儿童/成人/家庭早餐含门票 $26.50/53/132.50；⊙8:00~10:30)或**与吸蜜鹦鹉共进午餐**(Lunch with the Lorikeets；儿童/成人含门票 $28/56；⊙正午至14:00)活动。距离城镇5公里(乘坐穿梭巴士$5)。

三一湾观景台　　　　　　　　　观景台
(Trinity Bay Lookout；见500页地图；Island Point Rd)登顶弗拉格斯塔夫山(Flagstaff Hill)能够看到壮观的珊瑚海和附近的珊瑚礁岛。沿着Wharf St驾车或步行，或是从四英里海滩北端沿着步道登顶。

法院博物馆　　　　　　　　　　博物馆
(Court House Museum；见500页地图；☏07-4098 1284；www.douglashistory.org.au；Wharf St；儿童/成人 免费/$2；⊙周二、周四、周六和周日 10:00~13:00)建于1879年的法院博物馆有历史文物展览，包括艾伦·汤普逊(Ellen Thompson)的故事，她于1887年因为谋杀而受审，并且是昆士兰州唯一被执行绞刑的女性。

海边的圣玛丽　　　　　　　　　教堂
(St Mary's by the Sea；见500页地图；☏0418 456 880；6 Dixie St) **免费** 值得往里打探一眼（如果没有婚礼举行的话），这座白色木结构的教堂不属于任何教派，建于1911年。

✦ 活动

道格拉斯港以其海上和陆地各类活动和团队游项目而闻名。对于高尔夫球爱好者而言，**Mirage Country Club**(☏07-4099 5537；www.miragecountryclub.com.au；9/18洞 $55/85)和**Palmer Sea Reef**(☏07-4087 2222；www.palmergolf.com.au；9/18洞 带小车 $85/145)是昆士兰州北部的两处顶级度假球场。

一些旅行社提供PADI开放水域资格认证以及高级潜水认证课程，包括**Blue Dive**(见500页地图；☏0427 983 907；www.bluedive.com.au；32 Macrossan St；珊瑚礁初级潜水课程 $300起)。如果想一对一学习，可以选择**Tech Dive Academy**(☏0422 016 517；www.tech-dive-academy.com；4天开放水域课程 $1290起)。

凯恩斯和丹特里雨林　道格拉斯港

值得一游

奇拉哥（CHILLAGOE）

富有魅力的旧淘金小镇一定能满足你最浪漫狂野的内陆梦想。这里有悠闲的节奏、纯朴的气息，还有壮观的石灰岩溶洞、原住民岩石艺术遗址和20世纪初令人毛骨悚然的工业遗存**熔炼厂**（www.nprsr.qld.gov.au/parks/chillagoe-caves）。**奇拉哥天文台**（Chillagoe Observatory；07-4094 7155；www.coel.com.au；Hospital Ave；成人/6岁以上儿童 $20/15；复活节至10月 19:30）提供机会，通过两台巨大的望远镜一睹内陆晴朗的夜空。

在**Hub**（www.qwe.com.au/chillagoe/the_hub.html；Queen St；周一至周五 8:00~17:00，周六和周日 至15:00）停下脚步，留意奇拉哥隐藏的亮点。**奇拉哥-蒙嘉纳洞穴国家公园**（Chillagoe Mungana Caves National Park；www.nprsr.qld.gov.au/parks/chillagoe-caves；1洞/2洞/3洞团队游 $26.30/41.75/52.45）的网站上提供了该地区徒步线路的信息。

奇拉哥每年的盛事是**牛仔竞技会**（www.chillagoerodeo.com.au；5月）和**独轮车比赛**（Great Wheelbarrow Race；www.greatwheelbarrowrace.com；5月）。

★ Wind Swell — 水上运动

（0427 498 042；www.windswell.com.au；Barrier St；课程 $50起）风筝冲浪和直立式划桨适合任何水平的人。风筝冲浪课程和直立式划桨团队游从海滩出发起价$50，但还提供许多更高级的选项。你可以在四英里海滩（见499页）的南端找到参与活动的人们。

Port Douglas Yacht Club — 划船

（见500页地图；07-4099 4386；www.portdouglasyachtclub.com.au；1 Spinnaker Close；周三 16:00起）每周三下午和俱乐部成员一起免费出海。不过选择出海的话，一般之后会在俱乐部品尝晚餐和饮品。

Aquarius Sunset Sailing — 游轮

（见500页地图；07-4099 6999；www.tropicaljourneys.com；成人/儿童 $60/50；游轮16:45出发）夕阳航行是道格拉斯港正流行的活动。双体船游轮的游览时间为1.5小时，费用包括烤面包，允许自带酒水。

Ballyhooley Steam Railway — 铁路

（见500页地图；07-4099 1839；www.ballyhooley.com.au；44 Wharf St；一日票 成人/儿童 $12/6；周日）孩子们会很喜欢这辆可爱的迷你蒸汽火车。每周日（以及一些公共假日）10:00~16:00有4个班次，从Reef Marina码头的小火车站出发，前往St Crispins Station。往返行程大约1小时；如果不坐满全程，费用还会更低。

Port Douglas Boat Hire — 乘船

（见500页地图；07-4099 6277；www.pdboathire.com.au；Berth C1, Reef Marina；租借每小时 $45；8:30~17:30）租借有顶棚的浮舟，适合家庭出游，最多可以搭载六人。这是探索河口内湾或垂钓的绝佳工具。

团队游

道格拉斯港距离大堡礁外礁比凯恩斯更近，日益增多的游客也对这里的生态环境造成了影响。虽然你依然能够看到一些色彩斑斓的珊瑚和海洋生物，但在有些地方看得出分布不均的迹象。

许多一日团队游从Reef Marina出发。团队游的价格通常包括"珊瑚税"、浮潜、住处接送、午餐以及饮料。

★ Quicksilver — 游轮

（见500页地图；07-4087 2100；www.quicksilver-cruises.com；Reef Marina；成人/儿童/家庭 $238/119/535）这家旅行社规模大，快船可以前往阿金库尔礁（Agincourt Reef）的浮码头，在海下平台试试带着头盔的"海底漫步"潜水（$166），或是与海洋生物学家一起浮潜（$60起）。另外，还提供10分钟的直升飞机景观飞行（$175，至少2位乘客）。

Reef Sprinter — 浮潜

（见500页地图；07-4099 6127；www.reefsprinter.com.au；Shop 3, Reef Marina；成人/儿童 $130/110起）这一时长2.25小时的浮潜行程是前往大堡礁最快的，只需要15分钟

即可抵达低岛（Low Isles），然后在水里足足待上1~1.5小时。另外，还提供半日外礁游（$200起）。

Poseidon
团队游

（见500页地图；☏07-4087 2100；www.poseidon-cruises.com.au；Reef Marina；成人/儿童$240/171）这艘奢华的双体船专营前往阿金库尔带状礁（Agincourt Ribbon Reefs）的浮潜行程，还有水肺潜水（1次/2次附加潜水 $46/66）。

Sail Tallarook
乘船

（见500页地图；☏07-4099 4070；www.sailtallarook.com.au；半日航行 成人/儿童 $120/100）乘坐30米长的古老的游艇，在上午和下午进行半日航行。还提供夕阳和全天航行。

Sailaway
航行, 浮潜

（见500页地图；☏07-4099 4200；www.sailawayportdouglas.com；Shop 18, Reef Marina；成人/儿童 $255/178；❖）经营受欢迎的双体船航行，以及前往低岛的浮潜行程，很适合家庭游客。下午和夕阳游轮只接受成人。

★ Tony's Tropical Tours
团队游

（☏07-4099 3230；www.tropicaltours.com.au；一日游$185起）这家奢华小团（8~10人）旅行社专营莫斯曼峡谷偏远的部分、丹特里雨林（成人/儿童 $185/160）、布鲁800菲尔德瀑布和苦难角的行程（成人仅需$215，要求一定的身体素质）。还有行程一路向南前往高原地区。非常推荐。

Bike N Hike
骑车

（☏0477 774 443；www.bikenhiketours.com.au；团队游 $120~128）骑着山地自行车沿名闻其实的"蹦道"（Bump Track）速降，或参加充满活动的惊奇夜游。也提供半日的自行车与徒步行程。

Back Country Bliss Adventures
探险

（☏07-4099 3677；www.backcountryblissadventures.com.au；团队游 $99~249）潜入莫斯曼河中随波逐流。还有海上皮划艇、徒步和山地自行车小团行程。

Lady Douglas
乘船

（见500页地图；☏0408 986 127；www.ladydouglas.com.au；Reef Marina, Wharf St；1.5小时游轮成人/儿童/家庭 $35/15/90；⊙游轮 10:30、12:30、14:30和16:30）可爱的明轮船沿着迪克森湾一天四次进行发现鳄鱼的河上之旅。

✵ 节日和活动

道格拉斯港嘉年华
狂欢节

（Port Douglas Carnivale；www.carnivale.com.au；⊙5月）道格拉斯港在10天的节日里热闹非凡，活动包括色彩斑斓的街道游行，会上演现场音乐，还有许多美食和美酒。

Portoberfest
啤酒节

（Reef Marina；⊙10月底）慕尼黑啤酒节的热带版，有现场音乐和德国食物，当然还有德国纯正的啤酒在Reef Marina的Lure Restaurant供应。

⛺ 住宿

虽然这里有一些背包客度假酒店和房车营地，但在价格实惠上，道格拉斯港还是不及凯恩斯。来到道格拉斯港，似乎更应该住在五星级度假村和精品假日酒店。许多住宿都分布在出城5公里长的Port Douglas Rd上，而大多数餐厅、酒吧和海滨区域都沿着主干道麦哥山街（Macrossan St）分布。

★ Coral Beach Lodge
青年旅舍 $

（见500页地图；☏07-4099 5422；www.coralbeachlodge.com；1 Craven Close；铺 $25~39，双 $114；❖@☎❄）比多数背包客旅舍水准高一点，这家华丽时尚的青年旅舍设施齐备，多间（4人或5人间）配备了浴室，而双人房和三人房也因其平板电视、崭新的浴室和舒适的床榻，能让许多汽车旅馆黯然失色。每个房间都有户外吊床区域，还有个漂亮的泳池、游戏室和厨房，而老板也很好客。强烈推荐。

Dougies
青年旅舍 $

（见500页地图；☏1800 996 200, 07-4099 6200；www.dougies.com.au；111 Davidson St；帐篷标单/标双 $25/40, 营地每人 $25, 铺/双 $30/75；❖@☎❄）来到这里，就很可能一天都躺在庭院的吊床上，然后晚上又到酒吧里蹦跶。如果你体力还够，可以租借自行车和钓鱼用具，旅舍出门向东300米就是海滩。周一、周三和周六提供前往凯恩斯的免费接送。

Port Douglas Backpackers 青年旅舍 $

(见500页地图；[☎]07-4099 5011；www.portdouglasbackpackers.com.au；37 Warner St；铺 $20~28，双 $85；❄ 🏊) 既想要住在市中心，还想要便宜？这家全新的住处最适合寻求热闹的旅行者。门口有个生意很好的酒吧，多人间分四人和八人两种，屋后还有一些独立客房，中间还有个泳池。周二、周四和周六提供前往凯恩斯的免费接送。

Tropic Breeze Caravan Park 房车营地 $

(见500页地图；[☎]07-4099 5299；www.tropicbreeze.com.au；24 Davidson St；有电/无电营地 $48/37，小屋 $120；❄ 🏊) 这个不大的营地距离海滩和城镇都在步行距离之内。草坪上的单间都配备了小厨房，但是没有浴室。

★ Pink Flamingo 精品酒店 $$

(见500页地图；[☎]07-4099 6622；www.pinkflamingo.com.au；115 Davidson St；双 $145~205；❄ @ 📶 🏊) 色彩鲜艳的房间、私人围墙的庭院以及热闹的室外泳池酒吧都让Pink Flamingo成为道格拉斯港最时尚的去处，并且受到同性恋游客的欢迎。一共两个套间和十座别墅，这里就像一座私密的度假村，还提供了恒温泳池、健身房和自行车租借服务。

Mantra Aqueous on Port 公寓 $$

(见500页地图；[☎]07-4099 0000；www.mantraaqueousonport.com.au；3-5 Davidson St；双 $180起，单卧/双卧公寓 $280/415起；❄ 📶 🏊) 这家别具一格的度假村有四个不同的泳池，位置更是无与伦比。底楼的房间价格更高，从阳台就能直接蹦入泳池，所有套间都配备了户外的按摩泳池。住的久的话还能更优惠。

Birdsong Port Douglas 民宿 $$

([☎]07-4099 1288；www.portdouglasbnb.com；6188 Captain Cook Hwy；双 $165起；P ❄ 📶 🏊) 敞开式的奢华民宿，距离道格拉斯港5公里，在公路旁的热带庭园里。当你呆望着私人直升机停机坪和室内影院时，总能升起奢华之旅的幻觉。如果你住的长一些，费用还能更便宜。提供可以预订的早餐，还提供烹饪课程。

Martinique on Macrossan 公寓 $$

(见500页地图；[☎]07-4099 6222；www.martinique.com.au；66 Macrossan St；公寓 $215；❄ 📶 🏊) Martinique 是一幢赤褐色的精品公寓楼，包含可爱的单卧室公寓，每间都有小厨房、私人阳台、鲜艳的色调和原木百叶窗。主人热心，而且位置绝佳，就在海滩旁边，绝对让你有理由选择这里。泳池有六个池，还有一座奢华的大象和海豚圣殿。性价比很高。

★ Peppers Beach Club 度假村 $$$

(见500页地图；[☎]1300 737 444；www.peppers.com.au/beach-club；20-22 Davidson St；水疗套间 $309起，单卧/双卧套间 $409/566；❄ 📶 🏊) 度假村位置绝佳，沙滩潟湖泳池大得出奇，旁边还有奢华宽敞的公寓，配备了高端装修和设施，使得这里成为道格拉斯港最佳住宿。一些房间有阳台水疗，还有的房间配了泳池跳板或厨房。这里适合家庭游客，对年轻的恋人也很合适。

Thala Beach Nature Reserve 度假村 $$$

([☎]07-4098 5700；www.thalabeach.com.au；Captain Cook Hwy；双 $255~668；❄ 📶 🏊) Thala Beach位于道格拉斯港以南15公里处的一处海岬上，是一个高端的生态度假村，十分惬意，就连当地人都会来这里度周末。奢华的树屋风格小屋散布在丛林之中，可以方便地抵达一处私人海滩、两座泳池、徒步小径和一家高档餐厅。

QT Resort 度假村 $$$

([☎]07-4099 8900；www.qthotelsandresorts.com/port-douglas；87-109 Port Douglas Rd；双 $279~299，别墅 $329~439；❄ @ 📶 🏊) 这个度假村很时髦，目标针对二三十岁的潮人。有个潟湖泳池和岸边酒吧，复古风格的客房配备了免费的无线网络，员工打扮时髦，DJ在鸡尾酒吧Estilio打着欢快的节拍。自助早餐的价格也是道格拉斯港最划算之一。

🍴 就餐

道格拉斯港的市中心不大，有许多精致的咖啡馆和餐厅，许多都带热带室外就餐区。所有度假村都有餐厅。

自炊者可以在Port Village购物中心的大

型超市 **Coles Supermarket**（见500页地图；11 Macrossan St；⊘7:00~18:00）购买补给。

Cafe Fresq
咖啡馆 $

（见500页地图；☎07-4099 6111；27 Macrossan St；主菜 $6~19；⊘7:00~15:00）Cafe Fresq的早餐时间总是很忙活，餐桌一直摆到了门口。提供可口的咖啡、美味的早餐、煎饼和午餐，包括软壳蟹汉堡。

Cafe Ziva
法国菜 $

（见500页地图；20 Macrossan St；主菜 $7.50~22；⊘12:30~22:00；🛜）Ziva的拿手菜是法式薄煎饼，还有各种口味的薄饼（galettes，例如火腿和奶酪味）以及甜的可丽饼，还有三明治、昔和鲜榨果汁。敞开式的咖啡馆很适合打望路人。

Mocka's Pies
面包房 $

（见500页地图；☎07-4099 5295；9 Grant St；馅饼 $4.50~6；⊘8:00~16:00）当地名店，供应经典的澳大利亚煎饼，包括鳄鱼、袋鼠和尖吻鲈口味的馅料。

★ Yachty
新派澳大利亚菜 $$

（见500页地图；☎07-4099 4386；www.portdouglasyachtclub.com.au；1 Spinnaker Close；主菜 $22~34；⊘正午至14:30和17:30~20:00）这家当地的游艇俱乐部是夜晚最具性价比的去处之一，精心制作的美味包括摩洛哥香料羊排和龙虾尾，一边享用一边还能欣赏迪克森湾的夕阳美景。午餐菜单和晚餐类似，但是价格更便宜。

★ On the Inlet
海鲜 $$

（见500页地图；☎07-4099 5255；www.ontheinlet.com.au；3 Inlet St；主菜 $26~42；⊘正午至23:30）在这里，你会感觉仿佛漂流在迪克森湾之上，桌子一路沿着巨大的露台摆置，还能等候乔治（一条250公斤重的澳大利亚隆头鱼）在多数日子的17:00前来接受喂食。选择虾桶饮料套餐（15:30~17:30 $18起），欣赏珊瑚礁船只的归港。

Seabean
西班牙小吃 $$

（见500页地图；☎07-4099 5558；www.seabean.com.au；3/28 Wharf St；西班牙小吃 $9~15，西班牙海鲜饭 $35起；⊘周一至周四 15:00~21:00，周五至周日 正午至21:00）这家时尚小巧的西班牙小吃吧有亮红色的高脚凳，专注的员工给道格拉斯港带来美味的西班牙料理和海鲜饭。

Little Larder
咖啡馆 $$

（见500页地图；☎07-4099 6450；Shop 2, 40 Macrossan St；主菜 $10~19；⊘7:30~15:00）早餐供应至11:30，正午开始供应美味的三明治和强劲的鸡尾酒。咖啡很好喝，或者试试新鲜又健康的红茶菌茶（kombucha tea）。

Beach Shack
新派澳大利亚菜 $$

（☎07-4099 1100；www.the-beach-shack.com.au；29 Barrier St；主菜 $26~31，比萨 $21~26；⊘16:00~22:00；🚗）虽然走到四英里海滩（见499页）的最南端要好长一段路，但这家当地人的最爱值得这番辛苦。来品尝美味的比萨、西班牙小吃和美味的菜肴，包括夏威夷果裹尖吻鲈（macadamia-encrusted barramundi）。灯笼照亮的花园配合海沙地板来打造海滩的主题。周六的比萨之夜收费 $20。

★ Harrisons Restaurant
新派澳大利亚菜 $$$

（见500页地图；☎07-4099 4011；www.harrisonsrestaurant.com.au；22 Wharf St；午餐 $19~26，晚餐主菜 $38起；⊘正午至14:00和17:00~22:00）主厨老板斯潘塞・帕特里克（Spencer Patrick）是马克・皮耶尔・怀特（Marco Pierre White）的徒弟，烹饪作品能够跻身澳大利亚的最佳菜肴。选当地的新鲜食材，制作成烟熏鸭胸肉和罗望子牛颊肉等美味。可能是道格拉斯港唯一一家食客乐意专门穿上正装前往的店。

Sassi Cucinae Bar
意大利菜 $$$

（见500页地图；☎07-4099 6744；www.sassi.com.au；Wharf St和Macrossan St交叉路口；主菜 $30~48；⊘正午至22:00）虽然在这家传奇的当地餐厅吃一顿意大利盛宴的价格不菲，但这里依然是人们在道格拉斯港的最爱之一。餐厅的创意源于阿布鲁佐的老板主厨托尼・撒西（Tony Sassi），海鲜与小菜（spuntini）的结合十分惊人：每道菜均衡的口感让你回味的时间绝对比恢复在四英里海滩（见499页）晒黑的印记需要的时间更长。

2 Fish Restaurant Port Douglas
海鲜 $$$

(见500页地图; ☏07-4099 6350; www.2fishrestaurant.com.au; Shop 11, 56 Macrossan St; 主菜 $32~44; ⊗正午至22:00) 在这个海产丰富的城镇,这家店以充满创意的高端料理脱颖而出。有十几种鱼类菜肴,包括东星斑、川纹笛鲷和野生尖吻鲈,以及当地捕捉的牡蛎、大虾和扇贝。午餐和晚餐之间还有西班牙小吃拼盘。

★ Flames of the Forest
新派澳大利亚菜 $$$

(☏07-4099 3144; www.flamesoftheforest.com.au; Mowbray River Rd; 午餐配演出、饮品和接送 $219起; ⊗周二、周四和周六)别具一格的体验远远超过了"晚餐加表演"的传统概念,食客被带到雨林深处,体验戏剧、文化与美食共襄盛举的夜晚。提供从道格拉斯港或凯恩斯的交通(不能自驾前往)。务必要预订。

🍷 饮品和娱乐

酒馆在晚上都会转型成夜店,而道格拉斯港在旺季还有一家 Moonlight Cinema (www.moonlight.com.au/port-douglas; QT Resort, 87-109 Port Douglas Rd; 成人/儿童 $17.50/13; ⊗6月至10月 周四至周日)。

★ Hemingway's
精酿啤酒作坊

(见500页地图; ☏07-4099 6663; www.hemingwaysbrewery.com; Reef Marina, 44 Wharf St)道格拉斯港以其啤酒馆为傲,而Hemingway's充分利用了Reef Marina绝佳的地理位置,在长长的露台可以眺望迪克森湾的美景。有六个啤酒龙头,包括Hard Yards深沙拉格啤酒和Pitchfork Betty's淡艾尔啤酒。当然这里也提供食物,不过还是啤酒更为地道。

Tin Shed
夜店

(见500页地图; ☏07-4099 5553; www.thetinshed-portdouglas.com.au; 7 Ashford Ave; 主菜 $22~29; ⊗10:00~22:00)道格拉斯港的Combined Services Club(需要注册成为会员)自从改名叫Tin Shed以后变得更加高档了,但亲水平台、性价比高的菜肴以及价格合理的饮品使这里成为一天任何时候都十分诱人的去处。

Iron Bar
酒馆

(见500页地图; ☏07-4099 4776; www.ironbarportdouglas.com.au; 5 Macrossan St; ⊗11:00至次日3:00)古怪的内陆地区风格与铸铁和陈木等狂野西部装饰,让这里成为喧闹的夜晚热门之所。不要错过每天20:30的蔗蟾赛跑($5)。

Court House Hotel
酒馆

(见500页地图; ☏07-4099 5181; Macrossan St和Wharf St交叉路口; ⊗9:00至深夜)这家老酒馆在街角款待宾客,环境十分优雅,不容错过。它是一家热闹的当地酒馆,周末有现场音乐和价格合理的菜肴。

🛍 购物

每周的Reef Marina落日市场(见500页地图; Reef Marina, Wharf St; ⊗周三 正午至18:30)和道格拉斯港市场(见500页地图; Port Douglas Markets; Anzac Park, Macrossan St; ⊗周日 8:00~14:00)售卖优质工艺品、纪念品和当地农产品。

ⓘ 实用信息

道格拉斯港有许多化名游客信息办事处的团队游预订中介,但都不是官方办事处。

道格拉斯区历史协会(Douglas Shire Historical Society; 见500页地图; ☏07-4098 1284; www.douglashistory.org.au; Wharf St; ⊗周二、周四、周六和周日 10:00~13:00)下载穿越道格拉斯港、莫斯曼和丹特里的自助历史步行路线,或者在这里的法院博物馆(见501页)和当地人聊天。

道格拉斯港游客信息中心(Port Douglas Tourist Information Centre; 见500页地图; ☏07-4099 5599; www.infoportdouglas.com.au; 23 Macrossan St; ⊗8:00~18:30)虽然不是政府开设的旅游办事处,但也很可靠,可以领到旅行手册,预订团队游活动。

邮局(☏07-4099 5210; 5 Owen St; ⊗周一至周五 8:30~17:00, 周六 9:00至正午)

ⓘ 到达和离开

Port Douglas Bus(☏070-4099 5665; www.portdouglasbus.com.au)和**Sun Palm**(☏07-4087 2900; www.sunpalmtransport.com.au; 成人/儿童

$35/17.50）经营每天往返于道格拉斯港、凯恩斯和机场的车次。

Trans North（☎07-4095 8644；www.transnorthbus.com.au）往返运营于凯恩斯和库克敦之间，并在道格拉斯港经停接送客人。

❶ 当地交通

在**Bicycle Centre**（☎07-4099 5799；www.portdouglasbikehire.com.au；3 Warner St；半天/全天 $16/20起；⏰8:00～17:00）租借自行车。

中巴车[比如由**Coral Reef Coaches**（☎07-4098 2800；www.coralreefcoaches.com.au）经营的]往返于城镇和公路之间，费用大约为$5。

大型汽车租赁连锁店都在这里设有分店，或者试试当地的**Comet Car Hire**（☎07-4099 6407；www.cometcarhire.com.au；3/11 Warner St）。

莫斯曼（MOSSMAN）

人口 1733

莫斯曼是位于道格拉斯港以北20公里的普通小镇，被甘蔗田包围，以美丽的莫斯曼峡谷而闻名，也是丹特里国家公园的一部分。如果你想领略一番昆士兰州北部的社区气息，那么小镇本身也值得你停留一番，而且如果你还想继续往北，这里也适合充实补给。

⦿ 景点和活动

★ 莫斯曼峡谷　　　　　　　峡谷

（Mossman Gorge；www.mossmangorge.com.au）莫斯曼峡谷在城镇西部5公里处、丹特里国家公园的西南角，是Kuku Yalanji人传统居住地的一部分。峡谷的石块受到莫斯曼河流的侵蚀，开始剥落，水流冲刷着古老的岩石，水花四溢。从**游客中心**（☎07-4099 7000；www.mossmangorge.com.au；⏰8:00～18:00）沿着公路出发3公里，就能抵达一处观景台和提神凉爽的游泳水坑（小心水流可能很湍急）。你可以步行3公里，但最好还是乘坐**摆渡巴士**（成人/儿童往返 $9.10/4.55，每15分钟一班）。

峡谷有好几公里长的徒步小径，还有一处野餐区域，但是不能露营。

★ Kuku-Yalanji Dreamtime Walks　户外

（成人/儿童 $62/31；⏰10:00、11:00、12:00、13:00和15:00）莫斯曼峡谷的原住民徒步导览令人难忘，时长1.5小时，费用包括传统烟火仪式、灌木茶和土著面包（damper）。通过莫斯曼峡谷中心（Mossman Gorge Centre）预订活动。

🛏 食宿

Mossman Motel Holiday Villas　别墅 $$

（☎07-4098 1299；www.mossmanmotel.com.au；1-9 Alchera Dr；别墅 $140～200；🅿❄@🛜🏊）这些宽敞的别墅性价比很高，庭园景观十分迷人，还有岩石瀑布和游泳池。

★ Silky Oaks Lodge　　　　度假村 $$$

（☎07-4098 1666；www.silkyoakslodge.com.au；Finlayvale Rd；树屋 $440～698，套间 $898～998；❄@🛜）这家生态国际度假村位于莫斯曼河边，凭借其设计精致的树屋、河畔套间度假屋、奢华吊床、美容服务，以及实木装潢和独立水疗沐浴，吸引了蜜月夫妇和"压力山大"的公司高管。设施包括网球场、健身房、瑜伽课和独木舟。惊艳的**Treehouse Restaurant & Bar**（☎07-4098 1666；Finlayvale Rd；主菜 $36～50；⏰7:00～10:00，正午至14:30和18:00～20:30）对非住客开放，需要提前预约。

丹特里（THE DAINTREE）

丹特里是许多事物的名字：被列入联合国教科文组织《世界遗产名录》的**丹特里雨林**（www.daintreerainforest.com）、丹特里河、丹特里礁、惬意的丹特里村庄以及这片土地古老的守卫者Kuku Yalanji 部落的家园。它包含从丹特里河到布鲁姆菲尔德河之间的沿海低地区域，雨林一直伸向海岸。这片生态系统脆弱而古老，曾经受到伐木业的严重威胁，现在变成了得到保护的国家公园。

作为湿热带世界遗产地区的一部分，这片景色壮观的地区从丹特里河向北一直伸至苦难角，景观地貌以雨林、沙滩和崎岖的山脉为主要特征。丹特里河以北的地区，主要通过发电机（以及越来越多的太阳能）供电。这里商店和服务业有限，手机信号时有时无。**Daintree River Ferry**（www.douglas.qld.gov.au/community/daintree-ferry；汽车 单程/往

丹特里的保护、争议与控制

丹特里雨林被划归丹特里国家公园,但对其的保护还是道路艰难。1983年,不顾环保人士的阻拦,从苦难角到布鲁姆菲尔德河一路的低地雨林被铲平,形成了如今的Bloomfield Track。媒体的曝光使得联邦政府下决心将昆士兰州的湿热带雨林申报为世界遗产,但这又引发了昆士兰州政府和伐木业人士的强烈反对。直到1988年,这里被联合国教科文组织正式列入《世界遗产名录》(www.whc.unesco.org),商业砍伐才终于得到禁止。

成为世界遗产地并没有影响其所有者对这里的所有权或控制权。自20世纪90年代以来,昆士兰州政府和环保组织一直试图在该地区收购土地、恢复终身保有地的地位,将它们划入丹特里国家公园。2002年铺设通往苦难角的公路引发了更多土地回购,再加上发展调控,终于实现了如今森林复兴的丰硕成果。若要获取更多信息,可以登录Rainforest Rescue (www.rainforestrescue.org.au)。

返 $14/26,摩托车 $5/10,行人和自行车 $1/2;⊙6:00至午夜)每15分钟左右带着旅行者和他们的交通工具渡河。

丹特里村(Daintree Village)

这是坐落于丹特里河上游的一片高原耕地上的小村,要从Mossman-Daintree Rd绕路20公里到达。对于野生动物爱好者和观鸟者来说,非常值得前往。这里的主要活动是鳄鱼观赏游轮。试试运营多年的Crocodile Express (☎07-4098 6120; www.crocodileexpress.com; 1小时游轮成人/儿童/家庭 $28/14/65; ⊙游轮 8:30); Daintree River Wild Watch (☎0447 734 933; www.daintreeriverwildwatch.com.au; 2小时游轮成人/儿童 $60/35)信息丰富的日出观鸟游轮行程,还有夕阳摄影自然游轮;或是Daintree River Cruise Centre(见510页地图;☎07-4098 6115; www.daintreerivercruisecentre.com.au; 2914 Mossman-Daintree Rd; 成人/儿童 $28/14; ⊙9:30~16:00)。

Daintree Eco Lodge & Spa (☎07-4777 7377; www.daintree-ecolodge.com.au; 3189 Mossman-Daintree Rd; 树屋 $325~425 ❄@☎☎;🍴)的精品菩提树屋(banyans)位于村庄以南几公里的雨林高处。非住客也能在高档的Julaymba Restaurant (☎07-4098 6100; www.daintree-ecolodge.com.au; 3189 Mossman-Daintree Rd; 主菜 $28~32; ⊙晚餐16:30起)用餐,当地的食材在大厨的妙手下成为美味佳肴。

在丹特里村,Big Barramundi Garden (☎07-4098 6186; www.bigbarra.daintree.info; 12 Stewart St; 主菜 $18~22,汉堡 $9起; ⊙10:00~16:00)供应澳大利亚特色口味的汉堡(馅料有尖吻鲈、鳄鱼和袋鼠肉)以及果昔或果汁,如黑肉柿(black sapote)和木瓜口味,还有德文郡的茶。

牛湾及周边(Cow Bay & Around)

渡过丹特里河之后,牛湾是你遇见的第一个居民点。在金伯利角(Cape Kimberley)与牛湾之间陡峭蜿蜒的公路上,停在Walu Wugirriga观景台(Alexandra Range Lookout;见510页地图),将远至丹特里河入口的景色尽收眼底,日落时分风光更惊艳。

牛湾海滩的白沙滩位于Buchanan Creek Rd的尽头,能够媲美任何海滨度假胜地。

丹特里探索中心(Daintree Discovery Centre;见510页地图;☎07-4098 9171; www.discoverthedaintree.com; Tulip Oak Rd; 成人/儿童/家庭 $32/16/78; ⊙8:30~17:00)获过奖,特色的空中步道能带你进入森林树冠。剧院放映着关于鹤鸵、鳄鱼、环境保护和气候变化的电影。

参与Cape Tribulation Wilderness Cruises (见510页地图;☎0457 731 000; www.capetribcruises.com; Cape Tribulation Rd; 成人/儿童 $30/22起)的活动,登船接近自然,或是选Cooper Creek Wilderness (见510页地图;☎07-4098 9126; www.coopercreek.com.au; 2333 Cape Tribulation Rd; 徒步导览 $60~170)的徒步团队游。

🛏 食宿

★ Epiphyte B&B 民宿 $

（见510页地图；☏07-4098 9039；www.rainforestbb.com；22 Silkwood Rd；标单/双/小屋 $80/110/150起）这些造型可爱的安逸住所位于一片3.5公顷的区域之中，绿化很好，每个房间装修各异，大小也不一，但都有自己的游廊。宽敞的私人小屋还有露台、小厨房和下沉式浴室。至少需要住上两晚。

Lync-Haven Rainforest Retreat 露营地 $

（见510页地图；☏07-4098 9155；www.lynchaven.com.au；Lot 44, Cape Tribulation Rd；露营地 每人 $14，有电营地 $32，双 $150起；❄）这个隐居地对家庭游客友好，占地16公顷，位于牛湾以北5公里的公路旁，有徒步路线、人工饲养的袋鼠、碧绿草坪上的营地和舒适的雨林套间小屋。餐厅还供应牛排、可口的意大利面和鱼肉。

★ Heritage Lodge & Spa 度假屋 $$$

（见510页地图；☏07-4098 9321；www.heritagelodge.net.au；Lot 236/R96 Turpentine Rd, Diwan；小屋 $330；❄🐾🛜🏊）老板服务贴心，能让你过得十分安稳。小屋经过装修，空间得到了很好的利用，让你可以舒舒服服地在雨林中安顿下来。这里的亮点是可以在库珀溪（Cooper Creek）晶莹剔透的溪水池里游泳，不用担心鳄鱼的威胁。度假屋的**餐厅**（主菜 $26~37；⏱12:00~14:00和17:30~21:00）和日间水疗都非常棒。

Daintree Ice Cream Company 冰激凌 $

（见510页地图；☏07-4098 9114；www.daintreeicecream.com.au；Lot 100, Cape Tribulation Rd；冰激凌 $6.50；⏱11:00~17:00）你一定会经过这家全天然冰激凌店，每天的口味都会更换。你可以试试夏威夷果（macadamia）、黑肉柿（black sapote）和金合欢籽（wattleseed）口味，都很美味。

Cow Bay Hotel 酒馆美食 $$

（见510页地图；☏07-4098 9011；1480 Cape Tribulation Rd；主菜 $18~24；⏱正午至14:00和18:00~20:00，酒吧 10:00~22:00）如果你很想吃一顿真正美味的柜全天美食、澳大利亚乡村酒馆的风味或喝一杯冷啤酒，那么这家丹特里河边上的酒吧就是你的去处了，而且它是牛湾唯一一家真正意义上的酒馆。

苦难角（Cape Tribulation）

人口 330

从丹特里河沿着蜿蜒的公路出发，苦难角就是终点，这里有两座美丽的海滩、惬意的氛围、雨林徒步小径和小巧的村庄。

虽然这里有背包客酒吧和团队游旅行社（有人想试试**丛林冲浪**吗？），苦难角依然保留了荒野气质：有路标提醒司机路口常有鹤鸵出现，鳄鱼警示牌让上海滩漫步不那么轻松惬意。手机或网络信号时断时续更是增添了荒凉之感，这甚至会让不少旅行者望而却步。

值 得 一 游

蜥蜴岛（LIZARD ISLAND）

蜥蜴群岛由5个岛组成，位于库克敦（Cooktown）以北约100公里，距离海岸33公里处。蜥蜴岛是其中的最大岛屿，有崎岖不平的山地地形、晶莹剔透的白沙滩以及壮丽的环礁，适合浮潜和潜水活动。岛屿大部分地区属于国家公园，有许多野生动物。想要奢华的住宿和用餐体验，可以前往五星级超豪华的**Lizard Island Resort**（☏1300 863 248；www.lizardisland.com.au；Anchor Bay；双 $1900~2900；❄@🛜🏊），虽然在2014年被热带气旋"伊塔"（Cyclone Ita）摧毁殆尽，但它经过重新装修在2015年恢复营业。岛上的**露营地**（☏13 74 68；www.npsr.qld.gov.au/parks/lizard-island/camping.html；Watsons Bay；每位 成人/家庭 $6.15/24.60）🌿提供不多的丛林露营机会。岛上没有商店。在度假村可以预订往返凯恩斯的机票。

Daintree Air Services（☏07-4034 9300；www.daintreeair.com.au；一日游 $740）提供从凯恩斯出发的一日游，活动精彩纷呈，费用包括丰盛的午餐、浮潜装备以及当地向导，可以带你前往这个干净的生态中最漂亮的地点。

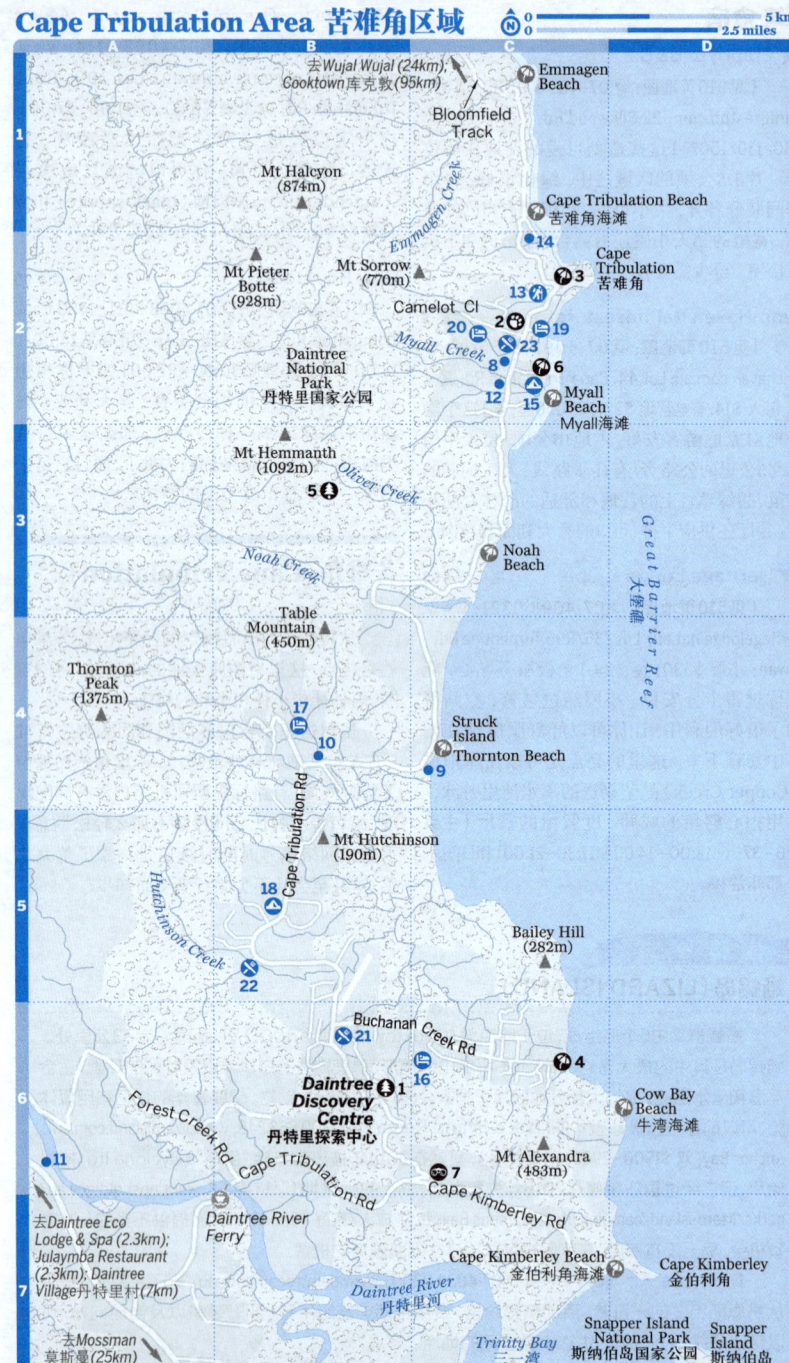

Cape Tribulation Area
苦难角区域

◎ 重要景点
1 丹特里探索中心 B6

◎ 景点
2 蝙蝠屋 C2
3 苦难角海滩 C2
4 牛湾海滩 C6
5 丹特里雨林 B3
6 Myall 海滩 C2
7 Walu Wugirriga 观景台 C6

✪ 活动、课程和团队游
8 Cape Trib Horse Rides......................C2
9 Cape Tribulation Wilderness Cruises C4
10 Cooper Creek Wilderness B4
11 Daintree River Cruise Centre...........A6
   Jungle Surfing Canopy Tours .. (见19)
12 Mason's Tours C2
13 Mt Sorrow Ridge Walk C2
   Ocean Safari ....(见2)
14 Paddle Trek Kayak Tours C2

◎ 住宿
Cape Trib Beach House............(见14)
15 Cape Tribulation Camping C2
16 Epiphyte B&B C6
17 Heritage Lodge & Spa B4
18 Lync-Haven Rainforest Retreat B5
19 PK's Jungle Village..........................C2
20 Rainforest Hideaway C2

◎ 就餐
21 Cow Bay Hotel B6
22 DaintreeIce Cream Company B5
   IGA Supermarket......................(见19)
   Jungle Bar & Restaurant..........(见19)
   Mason's Store & Cafe..............(见12)
   On the Turps............................(见17)
   Tides Bar & Restaurant............(见14)
23 Whet C2

❶ 实用信息
Mason's Store ....(见12)

雨林恰好坐落于Myall海滩和苦难角海滩之间，被凸出的海角分开。公路的尽头是小村庄——再往前，只有四轮驱动越野车才能通行，沿Bloomfield Track继续向北可以到达Wujal Wujal。

◎ 景点和活动

从苦难角海滩和Myall海滩，分别可以方便地沿Kulki和Dubuji栈道徒步，道路标识清晰。

蝙蝠屋
野生动物保护区

（Bat House；见510页地图；☏07-4098 0063；www.austrop.org.au；Cape Tribulation Rd；$5；◉周二至周日 10:30～15:30）这家蝙蝠保育机构照顾受伤的和失去父母的果蝠，由环保组织Austrop经营。

Mt Sorrow Ridge Walk
徒步

（见510页地图）Mt Sorrow对于身体强健的徒步者来说也是很辛苦的一日徒步游。山脊徒步路线始于Kulki野餐区停车场北面大约150米处，就在Bloomfield Rd的旁边。沿途（7公里，往返5～6小时，出发时间不得晚于10:00）可以领略雨林和珊瑚礁的壮丽美景。

♂ 团队游

多数团队游会提供当地住宿地的免费接送服务。

★ Ocean Safari
团队游

（见510页地图；☏07-4098 0006；www.oceansafari.com.au；Cape Tribulation Rd；成人/儿童/家庭 $139/89/415；◉8:00和正午）Ocean Safari率领小团（最多25人）在上午和下午乘坐浮潜游轮前往大堡礁，半小时即可抵达。提供潜水服租借（$8）。

Paddle Trek Kayak Tours
划皮划艇

（见510页地图；☏07-4098 1950；www.capetribpaddletrek.com.au；Lot 7, Rykers Rd；半日导览游 $75~85）海上皮划艇导览游（上午/下午 2.5/3.5小时）从Cape Trib Beach House（见512页）出发。

Mason's Tours
步行游，驾车游

（见510页地图；☏07-4098 0070；www.masonstours.com.au；Mason's Store, Cape Tribulation Rd）老店Lawrence Mason组织的热带雨林徒步具有教育意义（每团最多5人 2小时/半天 $300/500），包括夜间游览；另外还提供四轮驱动车导览游，沿着Bloomfield Track前往库克敦（每团最多5人半天/全天

$800/1250)。

Jungle Surfing Canopy Tours 户外

(见510页地图；☎07-4098 0043；www.junglesurfing.com.au；溜索 $95，夜间徒步 $45，组合 $130；◐7:45~15:30，夜间徒步19:30)进入雨林，参加2小时的飞狐溜索穿越树冠吧。每晚的徒步导览游都有生物学家向导讲解黑暗丛林的知识。费用包括从苦难角的住处接送（不允许自驾前往）。

D'Arcy of the Daintree 自驾游

(☎0402 849 249；www.darcyofdaintree.com.au；116 Palm Rd, Diwan；团队游 儿童/成人 $108/146 起)当地人迈克·达西（Mike D'Arcy）经营趣味的小型四轮驱动车团队游，沿Bloomfield Track的半天行程能到Wujal Wujal瀑布，全天的行程最远可达库克敦。

Cape Trib Horse Rides 骑马

(见510页地图；☎07-4098 0043；www.capetribhorserides.com.au；骑马 每人 $99起；◐8:00和14:30)悠闲的上午和下午骑马活动，带你从海边进入森林。

🍴 食宿

苦难角度假村的餐厅都对非住客开放。有一家**超市**(☎07-4098 0015; Cape Tribulation Rd; ◐8:00~18:00)售卖的简易补给品，适合自己做饭的旅者。

★ Cape Trib Beach House 青年旅舍, 度假村 $

(见510页地图；☎07-4098 0030；www.capetribbeach.com.au；152 Rykers Rd；铺 $29，小屋 $150~180；❄@🌐❄)这里集合了苦难角的各种优点：僻静的热带雨林面对着无瑕的海滩，友好的氛围欢迎着背包客、情侣和家庭游客。多人间干净整洁，而海滩边的浪漫小屋占据了绝佳的位置。露台式的**餐厅**(主菜 $18~30)和酒吧有售酒执照，许多当地人也都会来这里打发时间。属于国际青年旅舍联盟（YHA）。

Cape Tribulation Camping 露营地 $

(见510页地图；☎07-4098 0077；www.capetribcamping.com.au；Lot 11, Cape Tribulation Rd；有电营地 成人/儿童 $20/10，无电 $15/10)这处迷人惬意的露营地距Myall海滩几步之遥。草坪营地空间充分，设施也很好（除非你还想要个泳池）；Sand Bar是一家适合社交的游廊餐馆，供应苦难角最美味的火烤比萨。

PK's Jungle Village 青年旅舍 $

(见510页地图；☎07-4098 0040；www.pksjunglevillage.com; Cape Tribulation Rd; 无电营地每人 $15，铺 $25~32，小屋双 $70~125；❄@🌐❄)这里有巨大的 Jungle Bar (主菜 $11~25；◐7:30~22:00)餐厅泳池区域、前往Myall海滩的栈道以及各类廉价住宿选择，因此长期受到背包客们的欢迎。虽然露营地和多人间稍显局促，但是管理得好，而且适合社交。

Rainforest Hideaway 民宿

(见510页地图；☎07-4098 0108；www.rainforesthideaway.com; 19 Camelot Close; 双 $135~149)🌿这家色彩斑斓的民宿在主楼有一个房间，还有一个独立小屋，它们都是由主人——艺术家兼雕塑师"荷兰人罗博"（Dutch Rob）独立建造的，就连家具和卧床都是手工制造的。一条雕塑小径蜿蜒穿过整个民宿。

★ Whet 澳大利亚菜 $$

(见510页地图；☎07-4098 0007；www.whet.net.au; 1 Cape Tribulation Rd; 主菜 $16.50~33; ◐11:00~16:00和18:00~20:30)它被认为是苦难角最高档的餐厅，有鸡尾酒吧的氛围，还有浪漫烛光的户外用餐环境。野生尖吻鲈夫妇罗、招牌咖喱鸡都是最佳选择。所有午餐菜肴价格都低于 $20。能在酒吧遇到当地人。

★ Mason's Store & Cafe 咖啡馆 $$

(见510页地图；☎07-4098 0016; 3781 Cape Tribulation Rd; 主菜 $9~18, 试吃拼盘 $29起；◐10:00~16:00)每个人都会来这里获取旅行信息，喝点小酒或是吃上些异国佳肴。在这家惬意的室外咖啡馆，菜单上最引以为豪的就是鳄鱼肉汉堡了，不过你还可以试试骆驼肉、鸸鹋肉和袋鼠肉的汉堡，以及试吃拼盘。出门走一会儿，就能到达清澈的游泳水坑，没有鳄鱼（$1）。

ℹ️ 实用信息

Mason's Store (见510页地图；☎07-4098 0070; Cape Tribulation Rd; ◐8:00~18:00)获得当地信息的最好去处，包括Bloomfield Track的路况。

了解澳大利亚东海岸

今日澳大利亚东海岸 **514**
澳大利亚东海岸最热门的话题：珊瑚危机、经济和足球。当地人是怎样坚持住在那里的？

历史 **516**
澳大利亚原住民、罪犯、探险家、淘金者、剪羊毛的人、士兵、移民——东海岸的历史扣人心弦。

气候变化和大堡礁 **525**
澳大利亚的气温逐渐升高，昆士兰州海岸附近美丽的大堡礁受到了这一变化的严重影响。

饮食 **530**
沿海地区拥有最好的海鲜、地方美食、葡萄酒产区、精酿啤酒厂和农贸市场。

体育 **534**
抛开在奥运会上令人惋惜的表现和不稳定的板球运势，这个国家的体育实力更胜一筹。

今日澳大利亚东海岸

每每提到澳大利亚，大多数人的脑海中都会浮现出东海岸的美景：现代化大都市、上镜的海滩、珊瑚礁和翻滚的海浪。但事实上，澳大利亚的大部分土地——被称为"内陆地区"，却是广袤的荒漠。背对烈日炎炎的内陆，东海岸是一片狭长而肥沃的土地，大多数澳大利亚人都在东海岸生活、工作和娱乐——这里毫无疑问是这片大陆的核心地带。

最佳电影

《澳大利亚》（巴兹鲁·赫曼；2008年）在新南威尔士州和昆士兰州拍摄，是一部史诗级的作品。

《疯狂的麦克斯：狂暴之路》（乔治·米勒；2015年）这是系列影片的第四部，没有梅尔·吉布森，却是一部绝妙的劫后大片。影片中的一部分剧情在悉尼拍摄。

《风平浪静》（菲利普·诺；1989年）在大堡礁附近，游艇上的妮可·基德曼变得紧张不安。

《两只手》（格雷戈尔·乔丹；1999年）讲述了悉尼黑社会中的邪恶幽默。

最佳图书

The Bodysurfers（鲁伯特·德鲁伊；1983年）关于悉尼被沙滩覆盖的郊区的迷人故事。

《神秘河》（*The Secret River*；凯特·格伦维尔；2005年）关于19世纪悉尼周围的犯罪生活的故事。

《约翰诺》（*Johnno*；大卫·马洛夫；1975年）20世纪40年代发生在布里斯班的故事。

Mango Country（约翰·范·蒂格伦；2003年）在昆士兰州北部的偏远地区发生的疯狂而令人啼笑皆非的故事。

珊瑚危机

在东海岸，气候变化仍然是一个"热门"话题，尤其是对于昆士兰州最大的旅游胜地——大堡礁。2016年，异常升高的海洋温度导致了灾难性的珊瑚礁白化事件，在那里，敏感的珊瑚无法适应变暖的环境，大片死亡。在珊瑚恢复之前，发生在2017年的第二次白化事件的情况最为严重。类似的白化事件也曾在1998年和2002年发生过，但从未达到这样的程度：超过50%的珊瑚礁受到了影响，部分地区可能无法恢复。

如果气候继续以目前的速度发生变化，白化事件将会变得更加普遍，特别是再加上更为频繁的飓风带来的海浪破坏的威胁，长棘海星对珊瑚的不断侵蚀，以及对环境产生威胁的昆士兰州沿线海岸港口的扩建和清淤活动计划。据估计，在未来的50年内，几乎所有的珊瑚都会遭到破坏。在许多方面，这种破坏是不可想象的，尤其是对经济造成的灾难性的后果——珊瑚礁每年为澳大利亚带来40亿美元的旅游收入。

稳定和愿景

澳大利亚在经济方面的表现相对较好。在2008年的全球金融危机期间，这个以大宗商品为经济驱动力的国家是"经济合作与发展组织"（Organisation for Economic Co-operation and Development，简称OECD）成员国中唯一一个幸免衰退的国家。根据估测，全球金融危机期间的失业率将在8%~10%，而澳大利亚的失业率还不到6%。然而，当中国（澳大利亚的主要出口市场之一）经济放缓时，澳大利亚在全球金融危机中保持的繁荣势头，却戛然而止。现在，保守的联邦政府由自由党—国家党联盟执政，正面临着日益增长的预算赤字。

尽管面临着严峻的财政现状,澳大利亚仍然是一个非常理想的移民目的地,生活水平在全世界名列前茅。在联合国的"人类发展指数"中,澳大利亚在教育、卫生保健、民主自由、安全与保障和平均寿命等方面一直名列世界前五名。澳大利亚人的人均收入很高,墨尔本、悉尼和布里斯班也在"世界上最宜居城市"排行榜上名列榜首。

虚幻的房地产热潮

抛开生活质量指数,一些澳大利亚人仍然对未来感到担忧,尤其是对房地产行业的担忧。

在全球金融危机经济困难之时,西方世界的经济学家和银行家们非常明智地说道:"哎呀!我们一直在把钱借给无力偿还的人,而且他们一直在吐槽房屋贷款太过昂贵。"房价也随之大幅下跌。不过,在澳大利亚并非如此。前面提到的矿业繁荣仍然如火如荼,没有人会为荒谬的房价而感到担心,因为西澳大利亚还有一大片土地在等待向中国人出售。澳大利亚人还在不停地购买昂贵的房产,将房价炒到天上。

如今,随着采矿业的鼎盛时期已经过去,房价已经到达了临界点,房价中间值已经是家庭平均年收入的五倍——澳大利亚的房产是这个星球上最负担不起的事物之一。人们对房地产泡沫即将破灭的担忧普遍存在,但只要汇率保持较低水平,大家仍认为澳大利亚是一个幸运的国度——在某种程度上能免于全球经济危机,澳大利亚人对房地产的追捧很难被破除。

如此运动生涯

在澳大利亚,没有哪个地方比东海岸更能引发激烈的分歧和由衷的热情。这是一个战场,运动迷们必须选择一个自己支持的球队——他们或来自全澳橄榄球联赛(National Rugby League, NRL; www.nrl.com.au),主要流行于昆士兰、新南威尔士(New South Wales, NSW)和澳大利亚首都直辖区(Australian Capital Territory, ACT),或来自澳式橄榄球联赛(Australian Football League, AFL; www.afl.com.au),主要流行于维多利亚州和澳大利亚其他地区(澳式橄榄球)。在墨累河流域的北部和南部,球迷之间的相互厌恶是显而易见的。

令人困惑的是,在澳式橄榄球联赛的比赛中,悉尼天鹅队(Sydney Swans)一直是最成功的球队之一。该球队于2012年在墨尔本赢得了决赛,并在2014年和2016年获得亚军。与此同时,在全澳橄榄球联赛的比赛中,墨尔本风暴队(Melbourne Storm)赢得了2012年悉尼奥运会的冠军,并在2016年获得了亚军。

人口: **19,034,510**

面积: **2,902,073 平方公英里**

GDP: **12,600 亿澳元**

失业率: **5.1%**

如果澳大利亚东海岸有100个人

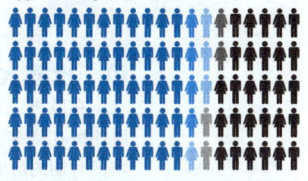

60人出生于澳大利亚　**2人出生于新西兰**
4人出生于英国　**2人出生于印度**
4人出生于中国　**28人出生于其他国家**

信仰体系
(占人口百分比)

50 基督徒　14 不可知论者　4 佛教徒
4 穆斯林　2 印度教徒　26 其他

每平方公里人口

澳大利亚　新西兰　美国

👤 ≈3人

历 史

澳大利亚是一片古老的大陆，这里的岩石早在38亿年前就已经存在了，原住民在这里生活了5万多年。从这一点来看，本章似乎稍显简略，但读起来一定会让你兴趣盎然！

第一批澳大利亚人

在欧洲人到来之前，文化曾是澳大利亚原住民的共同纽带——这些原住民在许多方面都有共同之处，因此他们可以相互交流。澳大利亚后殖民时期的历史，也是这些原住民的共同历史。许多学者认为，澳大利亚的原住民都来自其他地方，有科学证据表明他们已经在澳大利亚的土地上至少居住了4万到6万年。然而，这些原住民认为他们始终居住在这片土地上。

欧洲人刚刚抵达的时候，原住民分为300多个不同的部族，有着不同的语言和地界。大多数原住民没有永久的住所，他们随着动物的迁徙和植物的生长季节而迁徙。几千年来，原住民一直生活在复杂的家族体系之中，这个体系把他们与自然环境联系在一起。从沙漠到海洋，原住民根据环境塑造了他们的生活，在他们的领土上发展了不同的技能和广泛的知识体系。

> 在欧洲人到达之前，澳大利亚约有75万的原住民，他们分布在300多个原住民民族中。在这些民族中，至少有300种原住民语言和方言。

入侵者到来

1770年4月，居住在澳大利亚东南部的一处海滩上的原住民在海上看到了一个令人惊奇的景象——一艘英国舰船：由詹姆斯·库克（James Cook）船长指挥的"奋进号"（Endeavour）。船上的绅士乘客都是前来太平洋访问的英国科学家，他们进行天文观测，并对"新世界"进行调查。当他们沿着这片新发现的土地的边缘向北航行时，库克开始绘制第一幅由欧

大事年表

公元前60,000年
尽管澳大利亚成为人类居住地的确切时间还不能够确定，但大多数专家认为，应该从澳大利亚原住民首次到达这块大陆时算起。

公元前43,000年
一群澳大利亚原住民在现在的悉尼附近的Nepean山谷中定居，并制作了一些石器。在澳大利亚各地已经发现了许多这样的考古遗址。

公元前3000年
澳大利亚大陆上的最后一批大规模史前移民来自亚洲。澳大利亚发展出了众多原住民群落，有超过300种语言。

洲人制作的澳大利亚东海岸地图。这幅地图预示了欧洲殖民者和原住民之间的冲突的开始。

几天后，库克带领一群人在一个被原住民称为"库尔内尔"的地方上岸。尽管库尔内尔的原住民并不欢迎他们，但"奋进号"的植物学家们很高兴地发现，这片树林里到处都是他们没见过的植物。为了庆祝这些植物的重大发现，库克把该地重新命名为"植物湾"（Botany Bay）。在他向北航行的途中，库克给整个狭长海岸线上的地方都赋予了新的英文名称。在昆士兰州，包括赫维湾（Hervey Bay；以一位英国海军上将的名字命名）、邓克岛（Dunk Island；以一位英国公爵的名字命名）、崛起角、格拉斯豪斯山和怀德湾。

一天夜里，在库库雅拉尼族（Kuku Yalanji）原住民居住的大片热带雨林附近海域——现在的昆士兰州北部，"奋进号"缓缓地穿过大堡礁时，船员们听到了木材断裂的声音。舰船在一个海角附近搁浅，这个海角现在成为一个旅游天堂。库克的心情非常沉重：他认为这里是所有的麻烦开始，因此他把这个海角命名为"苦难角"（Cape Tribulation）。7天后，库克成功地将受损的船只在一个名为"查尔科"（Charco）的原住民港口（库克把它重新命名为"奋进港"）拖上岸，他的木匠在那里修补了船体。

起源于囚犯

1788年，在库克到达澳大利亚18年后，英国人返回了这里。他们带来了751个囚犯、约250名士兵、官员和家属。带领这支杂牌"第一舰队"的是一位仁慈、勤恳的海军上校亚瑟·菲利普（Arthur Phillip）。在一个小小的港湾旁边，在原住民艾欧拉人（Eora）世外桃源般的土地上，菲利普建立了一所英国囚犯营。他还用英国内政大臣（Lord Sydney）的名字来命名这个地方——悉尼。

在罗伯特·休斯（Robert Hughes）的畅销书《致命海岸》（The Fatal Shore；1986年）中，他将流放着罪犯的澳大利亚描述为一个可怕的集中营，反抗者、流放者和罪犯备受英国人的折磨。但其他历史学家指出，伦敦的权势人物将"流放"视为一种为罪犯提供新的、有用的生活方式。事实上，对于许多罪犯来说，他们的"流放"就是一种假释，使他们获得了在殖民地的自由和寻求工作的权利。

然而，罪犯制度也可能非常残酷。女性（男女犯人的比例为5:1）一直生

阅读澳大利亚历史

➤《致命海岸》(The Fatal Shore) 罗伯特·休斯(Robert Hughes, 1986年)

➤《昆士兰历史》(History of Queensland)，雷蒙德·埃文斯(Raymond Evans, 2007年)

➤《伯克的士兵》(Burke's Soldier)，艾伦·阿特伍德(Alan Attwood, 2003年)

➤《凯利帮的真实历史》(True History of the Kelly Gang)，彼得·凯里(Peter Carey, 2000年)

➤《墨尔本的诞生》(Birth of Melbourne)，蒂姆·富兰纳瑞(Tim Flannery, 2004年)

公元 1607 年	1770 年	1776 年	1788 年
西班牙探险家路斯·托雷斯(Luis Torres)成功地完成了在澳大利亚和新几内亚岛之间的航行，却没有发现南部的大片大陆。现在，海峡的名称就是以他的名字命名的。	英国船长詹姆斯·库克在科考船"奋进号"上绘制出了澳大利亚东岸的地图。之后，他的船只在大堡礁附近的苦难角搁浅。	在北美的13个英国殖民地宣布独立，组成了美国。这使得乔治三世国王的政府失去了流放犯人的地方。随后，他们把注意力转向了广阔的澳大利亚大陆。	Bunnabi的原住民艾欧拉人发现了他们的新邻居；11艘载满士兵和囚犯的舰船到达这里，在这个被称为"植物湾"的地方停泊船只。

活在性剥削的威胁之下。在令人压抑的"女性工厂"里,那些冒犯了监狱看守的女性罪犯会备受煎熬。男性罪犯被残忍地鞭打,还会因为一些较轻的罪行(例如偷窃)被处以绞刑。1803年,一位英国军官在范迪门斯地(Van Diemen's Land;后来被命名为塔斯马尼亚)的霍巴特(Hobart)建立了第二座囚犯营。不久,屡教不改的男性囚犯们被送到了美丽而荒芜的亚瑟港(Port Arthur)的恐怖监狱里。同时,另一些人则在太平洋上遥远的诺福克岛(Norfolk Island)监狱里忍受着痛苦折磨。起初,悉尼和那些较小的殖民地只能依靠从船上带来的补给为生。政府急于开发有生产能力的农场,于是将土地分给士兵、军官,并释放了罪犯。经过30年的反复尝试,他们的这些农场开始蓬勃发展。

在陆地上

每年在这片土地上,殖民者都会更深入原住民的领地,为他们的牲畜寻找草场和水源。这些人被称为"盘踞者"(因为他们"非法盘踞"在原住民的土地上),许多人还持枪占据土地。在美国,殖民者和原住民之间的冲突为充满神话色彩的富庶的"蛮荒西部"奠定了基础。但在澳大利亚,人们的冲突主要是由白人的思想所造成的,所以白人历史学家直到现在依然对其暴力的程度存在分歧。然而,澳大利亚原住民仍然在述说他们的水洞是如何被下毒,他们的人民是如何被屠杀的。最激烈的斗争发生在昆士兰州中部偏远的矿区。在塔斯马尼亚,殖民地的影响是如此具有毁灭性,以致今天,没有"纯正"的原住民幸存下来;岛上所有的原住民都是混血儿。

在大陆地区,许多盘踞者与被击败的原住民达成了协议。在偏远地区,原住民在牧场从事低工资的工作,如在养羊场和养牛场充当赶牛羊的人、杂工、剪羊毛的人和家仆。作为回报,他们得以留在原有的土地上,并且为了适应变化的环境而对其文化加以调整。在内陆的牧区,这种合作一直持续到"二战"以后。

黄金与叛乱

到了19世纪40年代,英国停止向澳大利亚东部运送囚犯。消息来得正是时候——1851年采矿者在新南威尔士州和维多利亚州中部发现了金矿,消息就像飓风一样席卷了整个殖民地,来自各个社会阶层的年轻小伙与一些富有冒险精神的妇女都前来淘金。不久,更多来自海外的探矿者、演艺人员、酒馆老板、奸诈的非法酒贩、妓女和骗子也都加入进来。在维多

在1854年的尤里卡栅栏事件中飘扬的漂亮的蓝白相间的南方十字旗,从此成为澳大利亚工会运动的象征。

1895年由AB 'Banjo' Paterson编写的《丛林流浪》被广泛地认为是澳大利亚非官方的国歌。有人说,这首歌是在向19世纪90年代的劳工起义期间罢工的剪羊毛工人致敬。

1824年	1835年	1844~1845年	1871年
政府在摩顿湾建立了残暴的囚犯隔离区,这是一个充满血腥、汗水和泪水的地方。第二年,又建立了第二个囚犯隔离区——布里斯班。	约翰·巴特曼使用面粉和小饰品从Dutigalla部落的澳大利亚原住民手中"购买"了2500平方公里的土地。并在雅拉河的北岸建立了墨尔本。	澳大利亚的第一本旅游指南是由路德维格·莱卡特(Ludwig Leichhardt)以日记的形式编写的。书中按年份记录了他从布里斯班到达尔文的探索过程。1848年,他消失得无影无踪。	原住民牧场主朱庇特(Jupiter)在昆士兰州发现了黄金,淘金热如火如荼地进行。十年之内,布里斯班就通过黄金和羊毛赚去了许多钱财。

利亚州，英国总督警觉起来，这不仅因为维多利亚州的阶级体制被完全打乱，还因为金矿所在地需要建立金融法律和秩序。总督的解决方法就是强制所有采矿人每月为开采证支付昂贵的费用，政府希望借此让那些社会底层的人回归其原来的生活中。

但金子的诱惑力实在太大了。在为了金子而不顾一切的兴奋中，采矿者起初容忍着那些残暴地执行开采政策的士兵。然而，3年后，巴拉腊特（Ballarat）那些容易得到的金子已经开采完了，采矿者必须深入被水浸没的矿井才能采到金子。这时，他们再也无法容忍腐败而残酷的法律制度了，在富有领袖魅力的爱尔兰人——彼得·莱勒（Peter Lalor）的领导下，矿工们举起自己的反抗大旗——南十字星旗，发誓保卫自己的权利与自由。他们武装起来，聚集在尤里卡的一个简陋的栅栏中，等待着政府的回应。

1854年12月3日，周日，黎明之前，一支军队袭击了军营。经过15分钟的激战，30名矿工被杀，5名士兵死亡。后来，尤里卡栅栏事件常常被认为是

伯克和威尔斯

大北方探险（Great Northern Expedition）是一次由殖民政府资助的，从墨尔本到澳大利亚北部海岸卡奔塔利亚湾的横跨澳大利亚的尝试。尽管极度缺乏经验，但罗伯特·奥哈拉·伯克（Robert O'Hara Burke）还是被选为19人探险队的领导者，威廉姆·威尔斯（William 'Jack' Wills）担任他的副手。探险队于1860年8月从墨尔本出发，开始了3200公里的旅程。他们出发时，有1万名围观者为他们加油助威。他们毫无准备，只带了一些日用品，如沉重的木桌、烟火、旗帜和一个中国锣，还有两年的口粮。总的来说，他们带着20多吨的补给、26头骆驼、23匹马和6辆马车。由于负担过重，他们只能以蜗牛的速度前进，将近两个月的时间，仅行进了750公里（邮寄的话只需要10天左右），路上到处都是他们丢弃的物品。在盛夏时节，他们到达了澳大利亚最热的地方。随着气温飙升至50℃以上，探险队陷入了严重的麻烦——设备故障、不断的争吵、人员辞职和被解雇。

令人越来越沮丧的是，伯克与探险队的队员们兵分几路，12月，他和另外三个人（威尔斯、查尔斯·格雷和约翰·金）一起赶往了海岸。伯克命令主力队员留在后面，等待三个月后返回南方。伯克预计他能够在两个月内抵达海岸并返回。事实上，他花了四个多月的时间才到达海岸附近，那里的红树林沼泽使他们无法到达海洋。他们回到大本营（格雷在途中死亡），结果发现队员们早在几个小时前就已经收拾好行囊，朝南走去。这三个人随后出发，到达了Mt Hopeless附近的一处牧区定居点。伯克和威尔斯在那里死亡。金被澳大利亚原住民救起，并恢复了健康。他是唯一一个完整穿越澳大利亚，并且活着回来的探险队成员。

1891年	1901年	1915年	1918年
在昆士兰州的巴尔卡丁附近，一场剪羊毛工人的罢工造就了一场工党传奇；这场冲突促发了澳大利亚工党的诞生。	澳大利亚各殖民地改制为州，并组成澳大利亚联邦。一次新的全国议会在墨尔本召开，并通过了禁止非欧洲人移民的"白澳政策"。	由于与英国的密切关系，澳新军团加入了盟军对土耳其的入侵。澳新军团的传奇就此诞生。	第一次世界大战结束。作为一个拥有490万人口的国家，32万澳大利亚士兵被派往欧洲战场，近20%的人命丧沙场。澳大利亚和英国的关系出现裂痕。

一场争取国家独立和民主的战争——就好像一个真正的国家必须从鲜血中诞生一样。但这样的杀戮却是不必要的。东部的殖民地已经在英国当局的全力支持下筹备民主议会了。19世纪80年代,彼得·莱勒本人也成为维多利亚议会的议长。

淘金热也吸引了大量来自中国的采矿者,他们有时要忍受着来自白人的强烈敌意。1860~1861年,在新南威尔士州的Lambing Flat(现称为Young)的金矿发生了丑恶的种族暴乱,他们成为牺牲品。截至19世纪80年代,在悉尼和墨尔本的后街上形成了华人社区,一些通俗小说津津乐道地讲述着有关鸦片屋、肮脏的赌巢以及妓院的故事。但许多中国人开始经商,尤其是蔬菜种植业。如今,悉尼和墨尔本热闹的唐人街,以及遍布全国城镇的中国餐馆都在见证着中国人的活力。

金矿和羊毛将大量的投资和时尚的气息带到了墨尔本、悉尼和昆士兰州的许多地区。到19世纪80年代,这些城市已成为颇具风尚的现代化城市,街道上有煤气灯,还有铁路、电力和那项伟大的新发明——电报。事实上,墨尔本的这座南部首府城市有许多剧院、酒店、画廊和时装店,它如此富庶,以至于被称为"神奇的墨尔本"。

与此同时,广袤的昆士兰州远离南部的政治和商业中心。这里是一个艰苦的、原始的偏远殖民地,这里的人们只能通过艰苦的劳动(在矿山、森林和养牛地区)来赚钱。在沿海的制糖业中,南方的投资者在种植园经济中发家致富,他们剥削的都是来自太平洋群岛的劳工(被称为"肯纳卡人"),他们中的许多人都是被诱拐来的。

国家的形成

1901年1月1日,澳大利亚的六个殖民地成立了自治的联邦——澳大利亚联邦。当新的国家议会成员汇集在墨尔本时,他们的首要目标是保护欧洲人在澳大利亚的身份和价值,使其免受蜂拥而至的亚洲人和太平洋岛民的影响。

他们的解决方案成为一项法律,即"白澳政策"(White Australia policy)。这项政策的实施主要是为了限制非白人移民来到澳大利亚,但这项政策也对澳大利亚原住民产生了巨大的影响。政府的各个部门都鼓励加大对社会同化范围,其目的是使原住民种族最终"消失"。1909~1969年,政府把原住民和托雷斯海峡岛民的孩子强行从他们的家庭驱逐,这种做法在那之前和之后都发生过。尽管准确的数字无人知晓,但据估计,大

1929 年	1937 年	1941 年	1956 年
大萧条,经济崩溃,成千上万人挨饿。1932年的失业率达到了28%,是工业化国家中失业率最高的,仅次于德国。	为了控制有害于昆士兰州甘蔗田的害虫,人们将甘蔗蟾蜍放生到野外。事实证明,这一行动导致了灾难性的后果,酿成了一场瘟疫,并蔓延到了其他国家。	日军轰炸汤斯维尔。太平洋战争正在进行之中。成千上万的澳大利亚士兵涌向世界各地的战场;成千上万的美国士兵蜂拥而至,并消耗了大量的啤酒。	夏季奥运会在墨尔本举行——这是南半球第一次举办奥运会。澳大利亚在奖牌榜上名列第三,排在苏联和美国之后。

约有10万名儿童（或三分之一的儿童）从他们的家庭中被带走。

1902年，白人妇女赢得了联邦选举的投票权。经过激烈变革，政府出台了一系列覆盖方方面面的社会福利政策，并利用进口税来保护澳大利亚人的工资水平。这一政策集资本主义物力论和社会主义同情心于一体，被称为"澳大利亚方案"。

战争和大萧条

生活在令人难以接近的土地边缘地带，与世界其他地区隔绝，多数澳大利亚人完全接受他们是大英帝国的一部分的观念。1914年，当"一战"在欧洲爆发时，数以千计的澳大利亚人响应帝国的号召。他们第一次尝到死亡的滋味是在1915年4月25日，那天澳大利亚和新西兰联合军团（Anzacs，简称"澳新军团"）与成千上万的英法军队一起参加了土耳其加里波利半岛（Gallipoli Peninsula）的一次袭击战。8个月后，英军司令终于承认，这是一次失败的战斗，而此时已经有8141名年轻的澳大利亚士兵战死沙场。不久，澳大利亚军队开始辗转欧洲各战场作战。战争结束时，有超过60,000名澳大利亚人战死。至今，每年4月25日，澳大利亚人在全国各地的战争纪念碑和加里波利集会，举行悲痛而庄严的仪式，纪念"澳新军团日"（Anzac Day）。

澳大利亚飞速奔过移民投资持续增长的20世纪20年代，一头栽入1929年经济大萧条的谷底。令人感到羞愧的是，失业率也达到了可悲的每三个家庭就有一家失业的程度。对那些富裕阶层或是有工作的人们来说，大萧条几乎没有任何影响。事实上，极度的通货紧缩，意味着他们购买力的提升。

英雄

在艰苦的环境中，体育运动使一个热爱比赛和打赌的国家摆脱了困境。在1930年的"墨尔本杯"比赛中，冠军赛马法拉普（Phar Lap）赢得了一场轻松而优雅的胜利。1932年，这匹成绩卓越的马来到了美国的赛马场，但却在那里离奇死亡。在澳大利亚，据一些小道传闻称，这匹马是被善妒的美国人毒死的。这也引出了"一个体育英雄在其巅峰时刻被杀死"的传说。

1932年，板球场上发生了对不道义行为的指责和抗议。英格兰队在队长道格拉斯·贾汀（Douglas Jardine）的带领下，采用新的所谓"身体防

帕特里克·怀特的《沃斯》（Voss，1957年）被许多人视为伟大的澳大利亚小说，该小说就是受到了普鲁士探险家莱卡特（Leichhardt）的启发而撰写的。它是一个心灵历险，一个爱情故事，一个穿越澳大利亚沙漠的史诗般的旅程。

最佳历史景点

➡ 岩石探索博物馆（悉尼）

➡ 悉尼博物馆（悉尼）

➡ 墨尔本博物馆（墨尔本）

➡ 昆士兰博物馆（布里斯班）

➡ 澳大利亚国家博物馆（堪培拉）

1962 年	1969 年	20 世纪 70 年代	1972 年
在全国范围内的全民公决中，澳大利亚原住民在联邦选举中获得了选举权，但他们必须等到1967年才能够获得完整的公民身份。	在接下来的21年里，在昆士兰州的政治舞台上，Joh Bjelke-Petersen成为总理。他的政治议程被广泛地描述为"不惜一切代价发展"。	通胀、飙升的利率和不断上升的失业率，使战后的黄金时代接近尾声。随着房价的飙升，许多人对于拥有自己的房产都是望尘莫及。	原住民帐篷大使馆（Aboriginal Tent Embassy）在堪培拉议会大厦的草坪上竖立起来。在接下来的几十年里，它提醒人们原住民土地权利被剥夺。

线"的粗暴投球策略,其目的在于打击澳大利亚的明星击球手、具有压倒性优势的唐纳德·布莱德曼(Donald Bradman)。这场残酷的比赛成为澳大利亚传奇的一部分。布莱德曼继续其击球生涯,他已经取得了职业生涯中无人可及的平均99.94分的辉煌战绩。

第二次世界大战

1939年,澳大利亚军人前往欧洲参加一场新的战争。虽然澳大利亚人长期以来惧怕日本,但他们想当然地认为,英国海军会确保其安全。1941年12月,日本轰炸了珍珠港的美军舰队。数周后,位于新加坡的"坚不可摧"的英国海军基地被瓦解。不久后,数以千计的澳大利亚和他国盟军士兵开始在日本军队的战俘营里忍受残酷的煎熬。

就在日本军队横扫东南亚、进入巴布亚新几内亚时,英国宣称,他们没有多余的资源来保护澳大利亚。而传奇的美军将领道格拉斯·麦克阿瑟(Douglas MacArthur)却视澳大利亚为美国在太平洋上的完美基地。经过一系列激烈的海陆战,盟军逐渐扭转颓势。重要的是,美军——而非大英帝国——挽救了澳大利亚。至此,与英国联盟的解体之日近在眼前。

和平、繁荣和多元文化

当第二次世界大战结束时,一条新的口号响彻全国——"移民或者灭亡!"澳大利亚政府开始实行宏伟的计划,吸引成千上万的移民。有了政府的支持,人们从英国,以及许多非英语国家蜂拥至澳大利亚,其中包括希腊人、意大利人、斯拉夫人、塞尔维亚人、克罗地亚人、荷兰人和波兰人,之后还有土耳其人、黎巴嫩人和许多其他国家的人。人们期待这些"新澳大利亚人"融入被称为"澳大利亚式"的郊区生活之中。

这是一个小家庭的伟大时代,澳大利亚人沐浴在"长期增长"的繁荣之中。许多移民在制造业中找到了工作,比如通用和福特那样获得关税支持的公司。与此同时,世界对澳大利亚初级产品——金属、羊毛、肉类和小麦——的需求也在不断增长。随着时间的推移,澳大利亚甚至成为向日本出口大米的主要国家。

在现代自由党的创建人、澳大利亚任职时间最长的总理罗伯特·孟席斯(Robert Menzies)的领导下,澳大利亚经历了一个增长和繁荣的时期。孟席斯拥有一种慈祥的魅力,同时他也是个警觉的反共产主义者。随着"冷战"的加剧,澳大利亚、新西兰与美国达成正式的军事联盟,其标志

> 著名的赛马法拉普(Phar Lap)被制成荣誉标本陈列于墨尔本博物馆,它的心脏被收藏在堪培拉的澳大利亚国家博物馆,而它的骨架则被收藏在它的出生地新西兰。

> 关于澳新军团的传奇故事,最受到认同的版本是彼得·韦尔(Peter Weir)摄制的澳大利亚史诗电影《加里波利》(Gallipoli, 1981年)。影片由梅尔·吉布森(Mel Gibson)领衔主演。

1975年	1992年	2000年	2008年
大堡礁海洋公园建立起来。后来,它成为世界自然遗产,这让原本打算在珊瑚礁上探索石油的Bjelke-Petersen感到非常愤怒。	经过10年的审议,澳大利亚最高法院做出了具有里程碑意义的"马博决议",有效地承认了全国各地原住民的土地所有权。	悉尼举办夏季奥运会,这是一场壮观而友好的盛会。原住民短跑冠军凯西·弗里曼点燃了圣火,并在女子400米跑项目中一举摘金。	澳大利亚总理陆克文代表议会发表了一份感人的道歉声明,就"带来极大的悲痛、痛苦和损失"的法律和政策向澳大利亚原住民道歉。

> ### "无主土地"和马博
>
> 1982年5月,埃迪·马博(Eddie Mabo)带领一群托雷斯海峡岛民,在法庭上对他们在穆雷岛(Mer)的土地所有权提起诉讼。他们的观点挑战了"无主土地"(字面上的意思是"不属于任何人的土地")的法律原则,并证明了他们在几千年的时间里与土地的密切关系。1992年6月,最高法院认同了马博和托雷斯海峡岛民的观点,推翻了"无主土地"的惯例。这一决议被称为"马博决议",在澳大利亚产生了深远的影响,其中包括在1993年引入了《原住民权利法案》。

是1951年的《澳新美安全条约》的签订。在美国将卷入越南战争时,孟席斯按承诺派遣澳大利亚军队奔赴"越战"战场。第二年,孟席斯退休,给继任者留下难题。反战运动使澳大利亚陷入分裂。

许多艺术家、知识分子和年轻人持有另一种观点,那就是孟席斯领导下的澳大利亚已成为一个枯燥和自满的国家,它更偏爱美国和英国的文化,却不太重视自身的天赋和故事。他们说,澳大利亚有"自卑情结"。在青年反叛和新民族主义的氛围中,澳大利亚人开始拥抱他们自己的历史和文化。艺术达到了全盛时期,大学蓬勃发展起来,独具特色的澳大利亚电影工业所创作的代表电影大部分都是由政府补贴资助的。

与此同时,越来越多的澳大利亚白种人认为澳大利亚的原住民经历了严重的错误对待,需要被纠正——1976~1992年,澳大利亚原住民在争取土地权利的斗争中取得了重大胜利。这期间,澳大利亚从中国和日本进口的货物增加,而澳大利亚的"白澳"政策也变得非常尴尬。这项政策在20世纪70年代初被正式废除,澳大利亚也成为反对南非白人"种族隔离政策"的领头羊。

到20世纪70年代,有100多万移民从非英语国家来到澳大利亚,为澳大利亚提供了新的语言、文化、食物和思想。与此同时,中国和日本开始超越欧洲,成为澳大利亚的主要贸易伙伴。随着亚洲移民的增加,在悉尼和墨尔本的越南裔社区也变得非常著名。在这两个城市里,求同存异的"多元文化"人们拥有一种特殊的自豪感。

新的挑战

20世纪70年代,澳大利亚开始去除其贸易保护主义的壁垒,新的效率带来了新的繁荣。而与此同时,原本受独立法院保护的工资和工作条件变

2009 年	2011 年	2011 年	2013 年
前所未有的高温天气导致了维多利亚州灾难性的"黑色星期六"森林大火。超过170人丧生;财产损失总计约10亿美元。	强大的洪水淹没了昆士兰州的大部分地区——包括布里斯班市区,造成35人死亡,数十亿美元的财产损失。几周后,昆士兰州北部又遭到了热带气旋"雅西"毁灭性的破坏。	昆士兰州的黄金海岸成功地获得了2018年英联邦运动会的举办权。大规模的基础设施建设开始建立起来,包括一条新的有轨电车线路。	在经历了2011年大面积的洪涝灾害后,昆士兰州再次洪水泛滥——热带气旋"奥斯瓦德"横扫过境。班达伯格受灾尤为严重。灾害总损失达$2,400,000,000。

2000年的悉尼奥运会被认为是史上最成功、最顺利的奥运会之一,尤其是对澳大利亚队来说。澳大利亚队以58枚奖牌(16枚金牌)位居第四。

得不稳定,因为平均主义让位于竞争了。而且,在经过两个世纪的发展之后,对环境造成的压力开始显现出来,其中包括水源、森林、土壤、空气质量和海洋。

在澳大利亚任期第二长的总理、保守党代表人物约翰·霍华德(John Howard;1996~2007年在任)的领导下,澳大利亚相比以往任何时候都更亲近美国,并加入了美国对伊拉克发动的战争之中。政府苛刻对待寻求避难者,拒绝承认气候变化的现实,进行反工会性质的改革,而且总理缺乏对原住民的同情心,这一切令澳大利亚左派人士十分不满。但是,在霍华德任职期间,澳大利亚经济获得了增长,这凸显了自力更生的价值,从而他赢得了澳大利亚中部地区的持续支持。

2007年,霍华德在竞选中败给工党领导人陆克文(Kevin Rudd)。这位前外交官很快对澳大利亚原住民在过去两个世纪中受到的不公正待遇进行了正式道歉。虽然陆克文政府许诺在环境和教育领域进行全面改革,但随着2008年世界经济形势的恶化,政府也面临危机。2010年6月,陆克文黯然离职。之后上台的新总理朱莉亚·吉拉德(Julia Gillard)和世界上其他国家的领导人一样,面临着三个相互关联方面的挑战——气候变化、原油供应不断减少以及经济衰退。随着环境的恶化、民望的下降和持续的焦虑,吉拉德在2013年被迫将总理之职还给陆克文。陆克文领导的工党随后在2013年的联邦选举中失利,又将大权交给了右翼的"自由党—国家党联盟"领导人托尼·阿博特(Tony Abbott)。但随着民望的下降,2015年,托尼·阿博特把大权交到了他的自由党同僚马尔科姆·特恩布尔(Malcolm Turnbull)手中。

2016~2017年	2017年
两场灾难性的白化事件,由高于往常的水温引起,对大堡礁产生了严重的影响。	澳大利亚成为全世界第27个同性婚姻合法化的国家。

气候变化和大堡礁

大堡礁（Great Barrier Reef, GBR）是世界上最多样化的珊瑚生态系统之一，也是世界上最大的珊瑚礁。这个巨大的群岛，从太空中都可以看到。但是，就像世界各地的珊瑚礁一样，大堡礁也面临着一些重大的环境挑战。

珊瑚礁

珊瑚礁的生态系统包括珊瑚礁之间的海底栖息地，数百个大陆岛屿和珊瑚礁，以及海岸沙滩、海岬和河口。由2900个礁体（从不到1公里到26公里长）构成的大堡礁系统有惊人的生物多样性，其中包括1500多种鱼类，超过400多种珊瑚礁，以及数百种软体动物（蛤蜊、蜗牛、章鱼）、棘皮动物（海星、海参、海胆）、海绵、蠕虫、甲壳类动物和海藻。大堡礁也是海洋哺乳动物（海豚、鲸鱼、儒艮）、几十种鸟类，以及海龟（地球上共有7种海龟，这里就有6种）的家园。大堡礁的900多个岛屿中包括生命很短的岛屿、没有植被或植被稀疏的岛屿，以及植被茂密的珊瑚礁和大陆岛。

在十字路口

目前，大堡礁的珊瑚正面临严峻的危机。在过去的30年里，大堡礁遭遇了比20世纪更为严重的热带气旋，由于海水的异常高温，棘冠海星死亡事件时有发生，还发生了三次重大的珊瑚礁白化事件；除此之外，破纪录的洪水携带着大量的淡水、沉积物、化肥和其他农业化学物质流入大海，引发了遮光浮游生物的大量繁殖，破坏了使珊瑚礁保持活力和复原的生态关系。

随着这一切的发生，上网浏览新闻无疑会给人留下这样的印象：大堡礁正面临着比世界上其他地方的珊瑚礁更为严重的危机。不过，关于珊瑚

大堡礁海洋公园（GREAT BARRIER REEF MARINE PARK）

大堡礁海洋公园（面积相当于意大利）建于1975年，是世界上保护最好的大型海洋系统之一。公园中有大约30%的区域是封闭的，其余的则是开放的商业和休闲捕鱼区。在大堡礁的南半部沿线（尤其是凯恩斯、汤斯维尔、麦凯和格拉德斯通）有一些沿海城市，有些城市中拥有提供家畜和蔗糖的出口，以及矿石进出口的港口。船运航线上的船只来回穿梭，而矿砂船、货船和邮轮则必须通过当地的海军飞行员来降低搁浅和碰撞的风险。

澳大利亚因其对大堡礁的管理和保护而受到国际社会的认可，海洋公园被列入《世界遗产名录》，这里还有一个由大堡礁海洋公园管理局领导的令人羡慕的管理项目。但是，在整个珊瑚礁科学世界里，情况仍然不容乐观。想要了解各个级别的综合信息和教育工具，请访问www.gbrmpa.gov.au和www.coralwatch.org。

礁面临危机的大量信息仅仅反映了研究的数量、政府的投入,以及国家对解决问题的承诺,这并不意味着这一切已经有所好转。不幸的是,与30年前相比,现在更容易发现受到破坏的珊瑚礁,但大堡礁仍然是世界上观赏珊瑚礁的最佳地点之一,这里有几百家可以带你四处游览的获得官方认可的旅游公司。与世界各地的珊瑚礁一样,大堡礁也陷入了困境,但在这种情况下,科学家、珊瑚礁管理人员、沿海居民甚至是游客都在努力帮助珊瑚礁度过未来的挑战。

基底侵蚀

气候变化使珊瑚礁的未来令人担忧。对于这些标志性的生态系统来说,全球变暖是一个严重的问题,但这些问题在赤道沿线清澈的浅海,以及北回归线和南回归线之间的温暖水域比较严重。

珊瑚礁的主要构造是"石头"或硬珊瑚,世界上共有大约700种珊瑚,而在大堡礁就有400余种。作为珊瑚礁的缔造者,在全球变暖的世界中,它们的致命弱点就是珊瑚和微小的单细胞植物(这些植物被称为"黄藻",生活在珊瑚的组织中)之间的共生关系。由于明亮的阳光和温暖的海水,黄藻能够通过光合作用生产出珊瑚所需的糖分和其他碳水化合物,以帮助珊瑚的组织生长,使其产生精子和卵子,并建造出成群的石灰石骨架。这些骨架上聚集了成千上万的珊瑚虫,它们可以长到几米高,并形成许多不同的形状。这些骨架为珊瑚虫提供了一个刚性构架,使它们可以最好地利用阳光,并使用它们带刺的触须抓住经过的微小甲壳类动物。这些微小的甲壳类动物可以提供珊瑚虫所需的养分。经历数千年的洗礼,这些珊瑚虫形成了珊瑚礁框架、礁湖沙、珊瑚海滩和珊瑚岛(整个珊瑚礁生态系统的基础)。但现在,气温已经达到了几千年来都不曾有过的高度,这些珊瑚基底也面临着危机。

环境变化和珊瑚白化

在过去,珊瑚和黄藻之间的共生关系已经达到完美的程度。但珊瑚不喜欢变化,它们目前正遭受着至少40万年来前所未有的变化。

明亮的阳光和温暖的海水是珊瑚礁所必需的,但这个"温暖"要有一个度,不能过于温暖。在20世纪(1998年和2002年)前后,以及2016年,大堡礁周围的水温急剧上升,导致了大量黄藻的过度新陈代谢,释放出了对珊瑚有毒害作用的自由基和其他化学物质。珊瑚虫的反应是排出它们的黄藻,以清除有害的毒素。在剩余的少量黄藻开始繁殖之前,水温必须恢复到正常水平,寄生在珊瑚虫身上的食物工厂才能得以恢复。但是,如果热浪持续几个星期,那些高度紧张的珊瑚就会生病并死亡,它们的骨架很快就会被一种细小的、蓬松的海藻所覆盖。这就是众所周知的珊瑚白化现象。2016年的白化事件是前所未有的,也是灾难性的,在珊瑚礁遥远的北部地区(梅尔维尔角以北的近海珊瑚礁)是67%,而北部地区(道格拉斯港以北的近海珊瑚礁)则达到了26%。至关重要的是,凯恩斯以南的中部和南部的珊瑚礁地区基本没有受到影响,据报告,珊瑚的死亡率只有6%和1%。

一个重要的事实是,这些白化现象并不是孤立发生的:风浪和侵蚀珊瑚的棘冠星鱼的暴增也是损伤珊瑚的一大杀手。这些影响是日积月累的结

> **珊瑚礁地质**
>
> 与澳大利亚大陆不同,今天的大堡礁从地质上来讲还是相对年轻的。它的地基是在大约50万年前形成的,当时澳大利亚北部被热带水域环绕,而澳大利亚则逐渐从巨大的南极大陆上逐渐向北漂移。为了应对海平面的变化,大堡礁已经扩大和缩小了几次。现在的海床在两万年前曾经是澳大利亚原住民生活的沿海平原,当时的冰河时期的海平面比现在要低130米。随着冰盖的缩小,海洋淹没了大陆架,并在6000~8000年前稳定在了当前水平。珊瑚在昆士兰大陆架的较高大区生存下来,并开始了独特的生物和地质过程,这些过程造就了我们今天所看到的珊瑚礁生态系统。

果,随着飓风风力的增强和珊瑚白化事件发生频率的增加,在气候变化的情况下,我们很可能会看到更为严重的珊瑚死亡事件。

健康的珊瑚礁在被破坏后,需要10~20年的时间才能够恢复。到目前为止,虽然大堡礁受损的地点已经展示了其对破坏性事件的惊人恢复能力,但未来可能不会如此乐观。因为气候变化所引起的更为频繁的珊瑚损害事件会在珊瑚完全恢复之前,不断地摧毁珊瑚礁。在世界的其他地方,一些珊瑚礁也已经遭到了几十年的污染和过度捕捞。因此,以前的珊瑚区已经只剩下碎石和海草。

全球危机,区域治理

在大堡礁的暖化水域,面临着大范围的珊瑚礁破坏和气候变化所带来的问题,很容易让人感觉拯救行动都是徒劳。但是,科学表明,区域治理可以带来改变。减少流入大堡礁水域的营养物质(来自化肥)能够增加珊瑚对温暖海域的适应能力,减少棘冠海星的数量增长,并帮助珊瑚维持对海藻的控制能力。因此,州政府和联邦政府正在与农民合作,改进做法,减少化学物质和肥沃土壤的流失,他们的努力已经开始带来令人鼓舞的成果。

科学也表明,保持在珊瑚礁上的食草鱼类的数量也是保持珊瑚优势地位的一个至关重要的因素。大堡礁的捕鱼活动受到严格的监管,使其成为珊瑚礁系统一个罕见的例子,该系统不仅维持着健康的珊瑚藻平衡,同时还能为人们提供可以食用的海鲜。这里没有商业用途的鱼船和矛,大堡礁的大多数渔民采用的负责任的捕鱼方法也意味着鲨鱼仍然非常常见(但还是需要做更多的工作来确保这些重要的食肉动物的未来)。在最近几十年里,对虾的拖网捕捞已经大幅减少,与此同时,在露头的珊瑚礁之间的软海床区域的健康状况也得到了相应的改善。据雷达显示,大堡礁面临的其他问题还包括船舶搁浅、清淤和几个珊瑚礁附近的港口扩建,包括艾博特角、格拉德斯通、海波因特、麦凯和汤斯维尔,这些都在发展计划之中。

在可持续发展、生态友好型和气候友好型的实践中,大堡礁的旅游产业是世界领先的。在拥有生态认证的旅游公司的带领下参观珊瑚礁,不仅是体验珊瑚礁美丽和神奇的一种好方法,而且是你能做的可以帮助大堡礁的最好的事情之一,这是你为直接支持珊瑚礁的研究和管理能够贡献的小小力量。

行动起来

在你访问期间,你可以用实际行动来帮助珊瑚。你可以报告一些重要的珊瑚礁生物,或者通过对大堡礁项目的关注(访问www.gbrmpa.gov.au,或者免费下载大堡礁App),直接向大堡礁海洋公园管理局发送任何你遇到的问题的信息。如果你停留的时间足够长,你可以进行一些培训,成为一名Reef Check的志愿者(参见www.reefcheckaustralia.org)。如果你喜爱海龟,可以访问www.seaturtlefoundation.org寻找成为海龟志愿者的机会。如果你是一个常驻居民,可以留意www.seagrasswatch.org网站;如果你喜欢钓鱼,请将钓鱼与www.infofish.net的研究结合在一起。

珊瑚的其他作用

珊瑚礁不仅仅是珊瑚,这些生态系还是许多生物的家园。绿海龟和红海龟会把它们的蛋埋在珊瑚岛海滩的后面,在那里,温暖的沙子有助于孵化出发育中的胚胎。孵化出的幼龟的性别是由龟蛋的温度决定的:较低的温度会孵化出雄性的幼龟;而较高的温度则会孵化出雌性的幼龟。海龟研究人员担心,变暖的世界气候会导致海龟性别比例失衡,并给已经濒临灭绝的海龟种群带来额外的压力。对于海龟来说,危险还不止于此。海平面上升(根据预测,在20世纪末海平面将升高1.1米)也会使众多筑巢区面临更大的洪水威胁。海龟需要找到更高的筑巢地,但在许多沿海地区,自然屏障或城市发展限制了它们的选择。

对于珊瑚礁鱼类来说,海平面的变化可能不是一个大问题,但是海洋温度的变化有可能影响诸如繁殖等重要过程的时间和成功。越来越多的证据表明,鱼类可能更容易受到海洋酸化的影响,这是全球海洋吸收的二氧化碳增加的直接结果。这个过程的好处是,它使大气变暖的速度更快。但是海水的pH值对于广泛的化学和生物过程来说是很重要的,其中包括鱼类能够找到它们的栖息的珊瑚礁的能力和躲避捕食者的能力。

洋流的变化也有可能使动物的生活变得困难,因为它们的生存依赖于水流流动的时机和方向。当海鸟父母不得不去遥远的地方为它们不会飞的幼崽觅食时,海鸟幼崽就会变得非常脆弱。浮游生物也很容易受到化学和洋流的影响,它们可能通过整个食物链产生潜在的流动效应。珊瑚也无法逃脱海洋酸化的影响。更多的酸性水域使珊瑚更难建造它们的骨架,从而导致生长缓慢或更加脆弱的结构。

未来

在优秀科学的最佳传统里,从业人员是保持怀疑态度的,但大多数珊瑚礁专家都认为气候变化是一个严重的问题。科学家们的意见分歧在于珊瑚礁及其令人难以置信的生物多样性能够在多大的程度上获得调整或适应。

你可能听说过"气候之前就发生了变化,但珊瑚依然存在"。虽然这是事实,但之前气候的迅速变化导致了大规模的物种灭绝,而世界花了数百万年的时间才得以恢复。充分的科学证据表明,气候变化正在发生,而珊瑚礁正处于危险边缘。在解决这一问题的最佳方式上,必须要有充分的论证,如果我们还想让子孙后代拥有我们现在仍然能够享受到的美好的珊瑚礁体验,就必须在地方、国家和全球层面采取行动。

如果人类继续以目前的速度释放温室气体污染大气，可能会过度消耗珊瑚礁生态系统的应变能力。在全球范围内，珊瑚礁正在向人们证明自己就是气候变化的"不祥征兆"。1998年，热浪席卷赤道地区，全球范围内的珊瑚礁减少，为珊瑚礁科学家、珊瑚礁管理者和整个社区的未来敲响了警钟，2016年的事件则为改善现状的行动提供了进一步的推动力。就像极地地区一样，珊瑚礁是一个前哨系统，它将继续向我们展示气候变化对自然界（以及依赖这些生态系统生存的数百万人类）的影响。但是，气候变化故事的结局仍在书写之中。任何减少珊瑚和其他珊瑚礁生物生存压力的行动，都可以为珊瑚礁争取至关重要的适应时间——我们还希望在珊瑚礁受到破坏之前，社会可以采取必要的行动，以控制气候对其的影响。

饮食

澳大利亚人曾靠着"一荤三素"的饮食习惯生存,并引以为荣。当时所谓的美食就是周日烧烤会,意式千层面被认为是很洋气的舶来品。幸运的是,澳大利亚的烹饪正在与时俱进,如今在顶级厨师的支持下勇于推陈出新,佐餐饮品有举世闻名的葡萄美酒、优质咖啡,以及日益增多的精酿啤酒。在东海岸沿线,你会发现非常棒的海鲜,从简陋的炸鱼薯条店到可以俯瞰大海的餐厅,而美味的食品市场和时髦的咖啡馆文化则可以让你品尝到一流的美食。

现代澳式风味

"现代澳式风味"可以用来概括当代澳大利亚的烹饪风格:东西方烹饪技巧互相结合,大西洋和太平洋风味彼此融合,再加上地道的法式和意式传统。

移民是促成菜系融合的重要原因。"二战"以来,大量来自欧洲、亚洲、中东和非洲的移民涌入澳大利亚,他们带来了各种新的配料和烹饪方法。越南菜、日本料理、斐济食物,无论它们来自何方,都会有固定的移民群体以及对此颇感兴趣的本地人精心烹饪和品尝。你会发现牙买加人使用苏格兰灯笼椒进行烹饪,突尼斯人则热衷于塔吉锅。

随着澳大利亚人对食物多元化和新奇发明的胃口越来越大,美食文化也日益精进。烹饪书和美食杂志都很畅销。澳大利亚许多知名的厨师都来自海外,他们的背景和菜肴风格也反映了澳大利亚的多元文化特征。

这些虽然听上去令人头晕目眩,但不用担心,种类丰富是澳大利亚饮食中最宝贵的财富。你会发现这些菜肴的特色在于大胆和富有趣味的味道,而且口感新鲜。它们能赢得东部海岸不同人群的青睐:辣味从微辣到极辣都有,各种海鲜无所不有,肉类新鲜柔嫩,而且素食者的需求也会得到照顾(尤其是在城里)。

当地美味佳肴

澳大利亚幅员辽阔,气候多样——从北部的热带过渡到南部的温带,这意味着农产品的种类特别丰富。

海鲜行家们对悉尼的岩石牡蛎(最好的产自新南威尔士的南部海岸)和昆士兰的扇贝赞不绝口。岩石龙虾(又称小龙虾)味道鲜美,价格昂贵。青蟹的名字虽然不太好听,但香甜可口。另一种听起来怪怪的美味食物被称作"小虫子"(bug)——长着铲状鼻子的龙虾,却没有一般龙虾的标价。还可以尝一尝巴尔曼和摩顿湾的品种。澳大利亚的大虾也很棒,尤其是甜种大虾或东海皇大虾。

> 在澳大利亚,位于餐馆账单底端的数字是你需要支付的全部费用。在这里,小费并非一定要给,但是如果对方的服务让你称心如意,最好还是给点儿小费。通常的标准是10%(如果你的孩子在餐厅里捣乱,可能需要更多些)。

澳大利亚人喜欢他们的海鲜,但是他们也喜欢牛排。罗克汉普顿是澳大利亚的"牛肉之都",而来自维多利亚树木吉普斯兰岛的羔羊也备受推崇。

昆士兰肥沃的土地上遍布香蕉和杧果种植园、果园和大片的甘蔗田。在夏天,杧果实在太多了,昆士兰人都吃厌了。澳洲坚果——一种奶油坚果,生长在昆士兰州的东南部,你会发现它们被拌进沙拉里,被碾碎后放在冰激凌里,或者黏在蛋糕上。

在澳大利亚,发生过一场规模虽小但影响力很大的农舍奶酪运动。尽管这场运动因所有的牛奶都必须经过巴氏杀菌处理而受阻,但结果还是无比惊人的。

咖啡文化

澳大利亚人越来越沉迷于咖啡,几乎每个咖啡馆都配备意式浓缩咖啡机和各种优质的咖啡烘焙机,城市里经常能见到优秀的咖啡师(就连加油站都有配备咖啡师的咖啡馆)。很多悉尼人和墨尔本人自认为咖啡专家,这两座城市为争夺澳大利亚"咖啡之都"的美誉而引发的"明争暗斗"从未停止。墨尔本的咖啡馆特别有艺术气息,让你沉浸其中的最好方式就是漫步在市中心咖啡馆遍布的小巷之中。除大城市外,你还可以在大多数城镇喝到一杯不错的咖啡,但在乡村地区可能就不太好找了。

美食旅游热门地点

葡萄园遍布的猎人谷(位于悉尼以北,几个小时车程)出产的产品远远不止葡萄酒。在连绵起伏的山坡上,你会发现农舍奶酪、烟熏鱼和肉类、时令农产品(无花果、柑橘、桃子、鳄梨)、比利时风味的巧克力、精品啤酒、橄榄,等等。如果你想要拥有一顿令人难忘的自助野餐,选择这里最好不过了。

在昆士兰北部的阿瑟顿高原,你可以亲眼看到这个国家最好的咖啡种植园。更棒的是,还可以品尝到美味的食物,以及咖啡甜酒和黑巧克力般的咖啡豆。

农贸市场

当地的农贸市场是品尝当地美食、支持当地种植者和享受温馨氛围——现场音乐表演、友好的玩笑、免费的食物品尝——的绝佳地点。你可以在东部海岸沿线的市场中找到水果、蔬菜、海鲜、坚果、肉类、面包和糕点,烈酒、啤酒、葡萄酒、咖啡等产品。想要了解农贸市场的位置,可以登录澳大利亚农贸市场协会(Australian Farmers Market Association)的网站(www.farmersmarkets.org.au)。

维吉米特黑酱:你要么喜欢它,要么讨厌它。作为参考,巴拉克·奥巴马婉转地称其为"可怕"。它显然是一种后天嗜好的东西,但澳大利亚人每年消费超过2200万罐维吉米特黑酱。

最佳市场

悉尼鱼市

普拉兰市场(墨尔本)

努萨农贸市场

拜伦农贸市场

Jan Power's Farmers Market(布里斯班)

昆瓦拉农贸市场(南吉普斯兰)

澳大利亚烧烤

尝试标志性的澳式烧烤几乎算得上一种不可错过的文化体验。夏天里,澳大利亚人常常呼朋唤友,在晚餐时间架起户外烤架,将汉堡、香肠、肉排、海鲜、蔬菜、肉类或海鲜置于火上——如果你受邀参加烧烤会,记得带上一些肉和冰啤酒。一年到头,澳大利亚人都会在周末推出烤架,进行午间快速烧烤。全国各地的公园里都有投币和免费的烧烤设施——一种非常适合旅行者的极好选择。

自带酒水

如果一家餐厅的类型是"BYO",意思就是允许来客自带酒水。如果餐厅本身也出售酒,你通常只能携带瓶装葡萄酒(不能携带啤酒和桶装葡萄酒),而且餐厅会加收开瓶费。费用以每人或者每瓶计算,在一些高档餐厅开瓶费可能高达每瓶$20。

葡萄酒产区

南澳大利亚州或许是这个国家的葡萄酒生产的巨头,不过,猎人谷生产葡萄酒的历史可以追溯至19世纪20年代,是澳大利亚最古老的葡萄酒产区。猎人谷拥有超过120家酒庄,其中包括精品酒庄、家族酒庄和大型的商业葡萄酒商。谷中地势较低处盛产设拉子葡萄酒和非木桶发酵的沙美龙白葡萄酒。地势较高的酒厂则擅长生产赤霞珠和设拉子葡萄酒,而且也可酿造华帝露和霞多丽。白葡萄酒堪培拉周边知名酒庄的数量也在与日俱增。

在南方,维多利亚州有500多座葡萄酒庄。在墨尔本的东北角,亚拉山谷(Yarra Valley)出产品质上乘的黑品诺、桃红色的霞多丽和爽口的苏打水。再往南,莫宁顿半岛和贝拉林半岛的山丘和山谷都出产凉爽气候的优质红葡萄酒和白葡萄酒——最著名的是黑比诺、口感清甜的霞多丽、灰品诺和灰比诺。吉普斯兰出产的久负盛名的海洋性气候的品诺和霞多丽。

昆士兰也有一个葡萄酒产区——格兰纳特贝尔(位于布里斯班的西南部,2小时车程)——近年来一直努力闯出了自己的一片天地。邻近的城镇斯坦索普和布兰德恩是通往这个低调地区的门户。

大多数酒庄面向游客开放,可以免费品尝,但有些酒庄有时间限制(只在周末开放)。

啤酒、啤酒厂和班达伯格

随着澳大利亚大众的口味越来越丰富,以及啤酒厂数量的增长,当地的啤酒种类也越来越多。在天气炎热时,你可以喝一杯啤酒(Carlton、VB、XXXX和Tooheys啤酒都可以)解渴,但如果你更在意啤酒的味道的话,可以寻找一下品牌:

Balter Brewery(www.balter.com.au)产自昆士兰州的库兰宾的Surfside啤酒,目的是让你"露齿微笑"。

Burkes Brewing Company(www.burkesbrewingco.com)最出名的是它的Hemp Premium Ale,一种用大麻过滤酿造的甘甜的金色啤酒(当然是合法的)。产自布里斯班。

Burleigh Brewery Co(www.burleighbrewing.com.au)很有影响力的一家精酿啤酒厂,位于黄金海岸的伯利角:"均衡、极具个性和深情"。

Grifter Brewing Co(www.thegrifter.com.au)优质的麦芽酒(红、白、IPA),比尔森啤酒和黑啤酒,直接产自悉尼的马里克维尔区。

Mountain Goat(www.goatbeer.com.au)在墨尔本郊区的里士满(并不都在山区)酿造的;英式的Hightale Ale堪称完美。最近几乎成为主流啤酒。

Fortitude Brewing Co(www.fortitudebrewing.com.au)昆士兰最好的精酿啤酒(属于Noisy Minor旗下品牌)。

最佳美食网站

www.dimmi.com.au(悉尼、堪培拉和布里斯班)

www.broadsheet.com.au(墨尔本)

www.grabyourfork.blogspot.com(悉尼)

www.melbournegastronome.com(墨尔本)

www.eatingbrisbane.com(布里斯班)

www.lifestylefood.com.au

Piss(www.pi55.com.au)如果你了解双关语,它是一种优质而口感醇厚的储藏啤酒。产自维多利亚州。

Young Henrys(www.younghenrys.com)一种产自悉尼市中心西部的纽敦镇的啤酒。也是一家酿酒厂!

你还可以在东部海岸的任何地方找到Bundaberg Rum(www.bundabergrum.com.au)。这是一种来自昆士兰州的班达伯格的香醇啤酒,酒瓶上有一只北极熊的图案。

体育

无论是亲临体育场馆、流连于酒吧的大屏幕前，还是窝在沙发里看电视，澳大利亚人都会毫不吝惜地对体育运动投入——在钱财上和情感上都是如此。联邦政府每年在体育方面的开支超过3亿澳元——这笔钱足够让澳大利亚与任何令人钦佩的对手相匹敌。尽管在2016年里约奥运会奖牌榜上滑落至第10名（在2000年的悉尼奥运会上澳大利亚获得58枚奖牌，位居第四），但人们的期望值总是很高。

在澳大利亚，"Footy"可用于指代多种球类运动：在新南威尔士州和昆士兰州通常是指英式橄榄球，但这个词也可以指代澳式橄榄球联赛、英式橄榄球联赛和英式足球。

痴迷体育

东部海岸的三个州都可以获得澳大利亚体育圣地的头衔（就连堪培拉也有职业球队，其热衷运动的市民比例远远超过了正常水平。）。然而，各个州的人们都有自己钟爱的球队。新南威尔士州和昆士兰州是橄榄球联赛的角斗场；而在南方，维多利亚州的澳大利亚足球联盟比赛则如火如荼地进行着。板球把所有人都团结了起来，整个夏季都受到全国人民的热捧。

不过，这些运动并不是城里仅有的运动。澳大利亚人喜欢各种各样的运动，从篮球和赛车（澳大利亚一级方程式锦标赛每年3月都会在墨尔本举行）到网球、足球、赛马、网球、冲浪，甚至是骑牛。比赛时，你会发现大声呼喊着的人群。比如布里斯班的澳大利亚日蟑螂比赛（Australia Day Cockroach Races）每年都会吸引7000多名欢呼雀跃的球迷。

澳式橄榄球联赛

澳大利亚最热门、收视率最高的两项运动之一就是澳式橄榄球。虽然最初的比赛只和维多利亚州的文化及名头挂钩，但澳式橄榄球联赛（www.afl.com.au）逐渐扩展到其他各州，包括英式橄榄球占主导地位的新南威尔士州和昆士兰州。精妙的长传、高比分和剧烈的身体对抗让观众忘乎所以，球场内50,000多名球迷一起高喊"Baaall!!!"的叫嚷声是如此喧嚣，以至于周围数英里外的小狗都会受惊。

人们广为流传的一句话是："英式橄榄球（联赛）是一场绅士玩的流氓游戏。足球（英式足球）是一种流氓玩的绅士游戏。"还有人说"英式橄榄球联赛是流氓玩的流氓游戏"。

在每年的赛季（3~9月）期间，澳大利亚人会异常兴奋，进入赛场观看比赛，讨论腹股沟和腿筋的问题，举止粗鲁地（无论是在场内还是场外）尽情享受比赛。这一切都会在9月的最后一个周六达到高潮，届时墨尔本将举办一场盛大的决赛——整个城市都投入其中。大约会有10万的球迷涌入墨尔本的板球球场，还会有数百万人在电视上观看比赛。

一些球队——特别是艾森顿（Essendon）、里士满（Richmond）和阿德莱德港（Port Adelaide）——都在运营本土项目（旨在促进本土社区的运动发展），所有的球队都招募本土球员，称赞他们独特的洞察力（比如把球踢进一个可以让队友传球的空间）和流畅的技巧。

英式橄榄球

虽然墨尔本人不承认这一点（或者会给你一个类似于对不忠的配偶的怒视），澳大利亚还有其他版本的"足球运动"。**全澳橄榄球联赛**（National Rugby League, NRL; www.nrl.com.au）是墨累河以北最受欢迎的体育赛事，这场比赛与3~9月的澳式橄榄球联赛的赛事有相似之处，有16支球队参赛——包括来自新南威尔士州的10支球队，来自昆士兰州的3支球队，以及分别来自澳大利亚首都直辖区（Australian Capital Territory, ACT）、新西兰和维多利亚州的各一支球队。看这样一场英式橄榄球比赛，能让你在激烈的对抗中深入体验牛顿的力学原理！

最受期待的联赛日程之一（除了9月的总决赛）是在6月或7月举行的"起源洲赛"，届时，来自昆士兰州的全明星球员将会在州与州之间的比赛中，向来自新南威尔士州的对手发起进攻。在本书写作期间，NSW Blues拼尽全力，击败了来自昆士兰州的劲敌Maroons，这自2006年以来只发生过一次，这是2014年的一次短暂的反抗，很快就在2015年和2016年被对手打败。

橄榄球联盟（Rugby Union; www.rugby.com.au）几乎和英式橄榄球社团一样受欢迎。从历史上来看，联盟球队都是业余运动员，成员都是来自英国著名的公立学校系统中的上层阶级的上流人士，而社团则与英格兰北部的工人阶级社区有关。意识形态的分歧延续到了澳大利亚，在过去的一个世纪里，澳大利亚在很大程度上仍然保持着这种分裂。

国家的联盟球队"沙袋鼠队"（Wallabies）于1991年和1999年捧起过英式橄榄球世界杯，还在2003年和2015年一举冲入决赛并最终摘银。在世界杯期间，澳大利亚和劲敌新西兰（出类拔萃的全黑队）之间的年度比赛吸引了大量的观众。贝勒蒂斯罗杯橄榄球赛是一年一度的**南半球橄榄球锦标赛**（Rugby Championship; www.sanzarrugby.com/therugbychampionship）的一部分，参赛国家包括澳大利亚、新西兰、南非和阿根廷。

来自澳大利亚、南非、阿根廷、日本和新西兰的球队也在超级流行的**超级橄榄球联赛**（Super Rugby; www.superxv.com）中进行角逐，其中包括5支澳大利亚球队：悉尼特洛皮队（Waratahs）、布里斯班红队（Reds）、堪培拉野马队（Brumbies）、珀斯力量队（Force）以及墨尔本叛逆者队（Rebels）。

在1868年，第一支前往英格兰参赛的澳大利亚板球队的队员全是维多利亚州的原住民。在澳大利亚，"白人"继续参加这项体育运动意味着这一成就直到最近才被人知晓。

板球

在21世纪的头十年，澳大利亚人统治着板球比赛，在大部分时间保持着世界第一的排名。但是，诸如Shane Warne和Ricky Ponting这样百年不遇的球星退役之后，球队陷入了漫长的新老交替阶段。在两年一度的"灰烬杯"比赛中，澳大利亚在2009年、2011年、2013年和2015年连续输给了死敌英格兰队，尽管在2014年不同寻常的赛事中以5:0赢得了短暂的胜利（通常只是在奇数年举办），但当时澳大利亚球队的士气还是很低落。"灰烬奖杯"是一个很小的陶罐，里面装有一位1882年板球运动员的骨灰（完

据说，知道板球传奇人物唐·布莱德曼（Don Bradman）的击球率（99.94）的澳大利亚人要比知道的库克船长第一次在海岸附近（1770年）航行年份的人要多。

> **冲起浪来！**
>
> 自从位于悉尼北部的"澳大利亚的纳拉宾"海滩出现在海滩男孩乐队（The Beach Boys）的MV《美国冲浪》（Surfin'USA）中之后，澳大利亚就与冲浪运动结下了不解之缘。贝尔斯海滩（Bells Beach）、拜伦湾渡口（Pass at Byron Bay），以及黄金海岸的伯力角（Burleigh Heads）等其他东部海岸的热门冲浪地点都深受国际冲浪客的青睐。"铁人"（Iron Man）和"冲浪救生"（Surf Lifesaving）竞赛在全国各地的海滩举办，吸引了众多专业冲浪客的到来。
>
> 不少澳大利亚冲浪好手都曾获得过"世界冠军"头衔。在男子领域，具有传奇色彩的冲浪手包括马克·理查兹（Mark Richards）、汤姆·卡罗尔（Tom Carroll）、乔尔·帕金森（Joel Parkinson）以及三次获得冠军的米克·范宁（Mick Fanning）；而在女子领域，标志性的澳大利亚冲浪手有温迪·博塔（Wendy Botha）、7次获得冠军的莱恩·比奇利（Layne Beachley）和6次获得冠军的斯蒂芬妮·吉尔默（Stephanie Gilmore），以及2016年获得冠军的泰勒·莱特（Tyler Wright）。

美的澳大利亚野外烧烤谈话的开场白：向当地人询问"bail"是什么）。

尽管澳大利亚板球队在比赛中的言行表现不佳（在球场上用言语侮辱对手），但板球本身仍不失为一种非常绅士的运动。如果你从未观看过这种运动，不妨花点儿时间看一场比赛——场上交锋的策略如此巧妙，战术配合如此精密，运动姿态如此风度翩翩。想要了解最近的板球比赛信息，请登录www.espncricinfo.com查询。

足球

作为澳大利亚孩子最喜爱的运动，圆形在全国有很大批的追随者，他们对海外联赛有着浓厚的兴趣，对当地比赛的热情也与日俱增。

澳大利亚职业足球联赛（Socceroos；www.socceroos.com.au）在历经多年征战后，最终于2006年、2010年和2014年挺进世界杯决赛圈。结果好坏参半，2006年在第二个淘汰赛阶段被淘汰出局，2014年直接被淘汰。

全国超级联赛（A-League；www.a-league.com.au）近年来风生水起，成功吸引了一些国际巨星来帮助本地人才的成长。**女子足球联赛**（W-League；www.w-league.com.au）的势头也在迅猛增长。为了避免与英式橄榄球和澳大利亚橄榄球联赛撞车，足球赛季贯穿了澳大利亚的整个夏季，最终的决赛在5月举行。

网球

每年1月，在墨尔本举行的**澳大利亚网球公开赛**（Australian Open；www.australianopen.com）都会吸引无数球迷前往澳大利亚观战，其球迷数量超过其他任何体育比赛。在男子比赛中，澳大利亚人上一次获得这项桂冠还是在1976年，当时由马克·埃德蒙德森（Mark Edmondson）捧得了桂冠。在2016年雷登·休伊特（Lleyton Hewitt）退役以后，不受欢迎但极具天赋的球员尼克·克耶高斯（Nick Kyrgios）和伯纳德·托米奇（Bernard Tomic）貌似有望承接衣钵。1978年，澳大利亚赢得了女子比赛的冠军，克里斯·奥尼尔（Chris O'Neil）把奖杯带回了家乡。澳大利亚人仍然对经验丰富的昆士兰人萨姆·斯托瑟（Sam Stosur）寄予厚望，她在

演员罗素·克洛（Russell Crowe）的童年时光曾在悉尼度过。现在，他是全国橄榄球联盟拥有100年历史的South Sydney Rabbitohs国球队的合伙人。

2011年获得美国网球公开赛冠军后,排名一直位居世界前二十。

游泳

澳大利亚四周大海环绕,泳池分布密集,澳大利亚人几乎都会游泳。澳大利亚最伟大的女子游泳运动员道恩·弗雷泽(Dawn Fraser)曾在1956~1964年的三届奥运会上连续摘得100米自由泳金牌,还在1956年奥运会上率队获得了4×100米自由泳接力金牌。澳大利亚历史上最伟大的男子游泳名将是伊恩·索普(Ian Thorpe;被人们称为Thorpie或Thorpedo),他在收获了5枚奥运会金牌后,于2006年退役,当时他仅有24岁。2011年年初,索普宣布复出,其目标是2012年伦敦奥运会,但他在选拔赛中就铩羽而归,再次告别泳池,并开始完成个人自传。

赛马

澳大利亚人喜欢"赌马",实际上,在赛马活动中下注非常方便,因此这似乎成了举国上下共同的爱好!

澳大利亚最盛大的赛马活动是"让全国停工的赛马"——**墨尔本杯**(Melbourne Cup; www.flemington.com.au/melbourne-cup-carnival),这项赛事于每年11月的第一个周二举办。墨尔本杯上最有名的冠军赛马是新西兰出生的法拉普(Phar Lap),它曾赢得1930年的杯赛,之后在美国神秘病逝(疑为砒霜中毒)。现在,法拉普被制成荣誉标本并陈列于墨尔本博物馆。出生于英国(但在澳大利亚受训)的Makybe Diva是近年来冉冉升起的一颗新星,2005年退役之前它曾获得3次杯赛冠军。

生存指南

致命伤害和危险...540	同性恋旅行者.........552
户外和城市周边......540	女性旅行者..........552
动物袭击............540	志愿者服务..........552
	工作................552
出行指南.........542	
签证................542	**交通指南.........554**
保险................544	**到达和离开...........554**
现金................544	入境................554
打折卡..............545	飞机................554
电源................545	陆路................554
使领馆..............545	海路................555
海关条例............545	**当地交通.............555**
旅游信息............546	飞机................555
营业时间............546	自行车..............555
时间................546	船..................556
节假日..............546	长途汽车............556
住宿................547	小汽车和摩托车......557
饮食................549	搭便车和拼车........560
地图................549	当地交通............561
邮政................549	火车................561
电话................549	
上网................550	**幕后.............562**
健康................550	**索引.............563**
法律事宜............551	**地图图例.........572**
带孩子旅行..........551	**我们的作者.......573**
残障旅行者..........551	

致命伤害和危险

如果你比较谨慎，或许关注过在澳大利亚被咬伤、刺痛、烧伤或溺水之类的事情。但实际上，你遇到的最糟糕情况也许只是一些苍蝇、蚊子。喷洒一些防虫剂，然后勇敢闯荡吧！

户外和城市周边

在海滩

每年大约有80人在澳大利亚的海滩上溺水身亡，奔涌的海浪和强劲的水流会造成严重的危险。如果你被卷入浪中，沿着和海岸平行的方向游泳，直至游出回头浪，然后再游回海滩——千万不要试图向与水流相反的方向游，那样除了消耗体力别无他用。

森林大火

澳大利亚经常会发生森林火情。在炎热、干燥、多风的季节以及完全禁火的时期，要特别小心未熄灭的火苗（包括烟头），也不要使用露营火炉、点燃篝火或进行烧烤。徒步旅行者应延期安排行程，等到条件许可的时候再进行丛林徒步。如果你在林中看到烟，不可掉以轻心，应该找到最近的空地躲避（能够下山是最好的）。草木丛生的山脊是极其危险的地方。一定要听从权威人士的建议。

珊瑚割伤

珊瑚非常锋利，只是碰一下都有可能被割伤。要彻底清洗伤口并且消毒，以避免感染。

高温疾病

炎热的天气是澳大利亚东海岸大部分地区的常态，可能导致中暑虚脱或更严重的中暑（这是由于极度的水分损耗造成的）。如果你从气候温和或寒冷气候的地区前来，要记住，适应环境需要两周的时间。

在偏远地区，每年都有旅行者因脱水而死。随身携带足够的饮用水（自驾或徒步旅行），并且让别人知道你要去哪里，什么时候到达。携带通信设备，如果有问题，留在你的车里，而不是走路去寻求帮助。

阳光暴晒

澳大利亚是世界上皮肤癌发病率最高的国家之一，需要密切注意防止阳光直射。紫外线（UV）辐射在10:00~16:00是最大的，所以在这段时间要避免太阳直射皮肤。戴一顶宽边帽子和穿一件带衣领的长袖衬衫。使用SPF防晒指数在30以上的防晒霜，在前往海滩的30分钟之前将其涂抹在身上，并定时重复涂抹，以降低晒伤的可能。

动物袭击

鳄鱼

在昆士兰州北部的热带地区，鳄鱼袭击的风险是真实存在的，但也是可以避免的。"咸水鳄"是一种生活在河口的鳄鱼，可以长到7米长。它们栖息在沿海水域，主要在河流涨潮时出没，不过偶尔也会出现在海滩和淡水湖上。随时留意安全标志，比如鳄鱼警告标志，那意味着你可能会遇到鳄鱼。即使没有任何标志，也不要认为游泳是安全的。如果你不能确定，千万不要游泳。

如果你离开了罗克汉普顿以北的热门海滩，那就不要在河流、水洞和靠近河流的地方游泳。不要在靠近水边的地方清洗鱼类和准备食物，至少要在5000米之外的地方露营。在繁殖季节（每年10月至次年3月），鳄鱼可能随时出现，危险性极大。

水母

水母——包括可能致命的箱形水母和伊鲁康吉水母——栖息在昆士兰的热带水域。在11月至次年5月游泳是不明智的，除非设有防刺网。"防刺套装"（全身莱卡泳衣）可以防止被刺伤，就像潜水服一样。在昆士兰的礁岛周围，全年内游泳和浮潜通常都是安全的；然而，据记载，在外礁和岛屿上曾有罕见的（和微小的）伊鲁康吉水母。

如果被刺伤，先用醋清洗皮肤，让残留的刺细胞进一步排出，然后迅速到医院就诊。千万不要尝试移除它的触须。

海洋动物

海洋带刺生物和有毒的带刺生物——比如海胆、鲶鱼、黄鲷鱼、锯鲉和石鱼——可能会引起严重的局部疼痛。如果你被刺到了，应立即将受伤的区域浸泡在热水中（水温在你可以承受的程度）并寻求医疗服务。

与蓝圈章鱼和大堡礁锥壳的接触是致命的，所以不要捡拾它们。如果有人被刺伤，绑上压力绷带，仔细观察呼吸，并在呼吸停止时进行口对口人工呼吸。立即寻求医疗帮助。

蚊子

该地区的任何地方都有可能出现蚊子。虽然没有疟疾出现，但在昆士兰州北部有感染登革热的风险，尤其是在潮湿季节（每年11月至次年4月）。大多数人会在几天内恢复，但也有可能引发更严重的疾病。

降低被蚊子叮咬的风险：

- 穿着宽松长袖的衣服。
- 在裸露的皮肤上涂上至少浓度为30%的驱蚊剂。
- 使用蚊香。
- 在快速旋转的吊扇下面睡觉。

鲨鱼

尽管媒体对鲨鱼伤人事件的报道铺天盖地，但在澳大利亚遭到鲨鱼袭击的风险并不比其他拥有漫长海岸线的国家更高。可以向冲浪救生组织了解在当地被鲨鱼袭击的风险。

蛇

不可否认，澳大利亚有很多种毒蛇。但它们大多不具备攻击性——除非你用棍子招惹它们或不幸踩到，否则被它们咬到的可能性不大。大约80%的咬伤发生在下肢——丛林徒步时请做好防护（比如绑腿）。

如果被蛇咬伤，请使用弹性绷带（或者临时使用T恤衫）紧紧包裹住整个肢体——但也不要太紧，防止毒液扩散，然后用夹板或吊带固定受伤部位，迅速就医。不要使用止血带，也不要试图去吸出毒液。

蜘蛛

澳大利亚有毒蜘蛛，但蜘蛛致死的事件是罕见的。常见的种类有：

- 漏斗网蜘蛛：在新南威尔士（包括悉尼）发现的一种致命的蜘蛛。在转移到医院之前，要压住并固定叮咬部位。
- 红背蜘蛛：生活在澳大利亚。被它咬伤会引发持续的疼痛和大量的出汗。
- 白尾蜘蛛：被认为是导致慢性溃疡的罪魁祸首。被咬后要清洗伤口并寻求医疗救助。
- 猎人蜘蛛：大得令人不安的猎人蜘蛛无甚危害，然而看到它通常会让你心惊肉跳。

蜱虫

常见的灌木扁虱如果寄宿在皮肤中并且未被发现的话，可能是很危险的。当你在容易遇到扁虱的地方行走时，请在每天晚上检查你的身体（以及孩子和狗的身体）。你可以使用甲基化的酒精或煤油来去除蜱虫，并将其完好无损地拿出来。如果你被叮咬的部位受到感染，请立即就医（昆士兰州曾经报道过蜱虫引发伤寒的病例）。

> ### 全面看待动物袭击问题
>
> 澳大利亚大量的有毒和袭击人类的动物令人印象深刻，但事实上这里发生的鳄鱼、鲨鱼攻击致人死亡事件每年分别仅有一起。被蓝环状章鱼攻击致死的就更少了——在20世纪只发生过两起。水母要更凶猛一些，每年大概会致两人死亡，然而相比之下，溺水的概率比被水母袭击要高出100倍。在过去的20年里，没有人因蜘蛛叮咬致死。每年有1~2人因被蛇咬而死，每年蜜蜂伤人的事件数量也与此相仿。然而，这个国家道路上的交通事故死亡率比被蛇和蜜蜂咬伤致死的概率要高1000倍。

出行指南

签证

所有前往澳大利亚的游客都需要签证。新西兰游客可以获得落地签证。所有其他护照持有人必须申请签证。可以通过**移民和边境保护部**（Department of Immigration and Border Protection；☎1300 363 263，02-6275 6666；www.border.gov.au）网站在线获得。

中国护照持有者需要申请旅游签证，如果经过澳大利亚前往其他国家须申请过境签证。

旅游签证（600）

大陆游客和澳门游客可申请这一签证，需要注意的是持有该签证的游客不能在澳大利亚工作。该签证持有人可以一次或多次出入澳大利亚，每次停留不超过三个月、六个月或十二个月。可前往或邮寄申请材料到指定的澳大利亚签证申请中心（电话：+86 20 2910 6150；www.vfsglobal.cn/Australia/China），无须面签。签证申请费为760元，外加签证服务费193元和回邮快递费65元。

准备材料：

1. 填写好的签证申请表（通过www.border.gov.au/Forms/Documents/1419chs.pdf下载）。贴上近期护照照片。

2. 护照原件。

3. 护照（个人资料页、护照底页，以及所有贴有签证标签、盖有出入境章和有签字的护照页）、户口簿（整本）、身份证复印件（均为彩色复印件）。护照个人资料页复印件需要两份（其中一份应为彩色复印件），其他的都只需要一份。

4. 资金证明。证明自己经济状况的文件，如银行卡或信用卡半年到一年的对账单，或存款证明的复印件等。如果有在澳大利亚的朋友或亲戚资助你的旅行，你还需额外提供他们的邀请信及他们的资金证明。

5. 工作证明和在读证明。

a）在职人员需提供工作证明信，信上注明职位、薪资、工作年限、准假许可、签发该证明信人员的姓名和联系方式。

b）私营业主需提供营业执照复印件。

c）在读学生需提供在读证明。

6. 提供电子邮件地址、签证邮寄地址和签收者的联系电话。

7. 赴澳探亲访友的申请人还需提供：邀请人的姓名、联系方式、护照，若邀请人非澳大利亚籍，还需提供其澳大利亚签证的复印件。

8. 个人行程单，包括酒店安排和交通预订信息等，让签证官确信你真的是去旅游。

9. 若申请人未满18周岁，则需提供补充材料，详见"申请材料核对表"（120.52.73.80/china.embassy.gov.au/files/bjng/Checklist-462-Work-and-Holiday-China-CN.pdf）。

材料准备充分后，可以到北京、上海、广州、成都的签证中心递交（可提前网上预约，见www.vfsglobal.cn/Australia/China/）。也可以选择邮寄，邮寄方式和付款方式参见www.china.embassy.gov.au/bjngchinese/DIMAcn23.html。

澳门游客可以邮寄至**澳大利亚驻香港总领事馆**（☎00852-2827 8881；香港湾仔港湾道25号海港中心23楼），邮寄材料只交复印件，如果本人亲自去，须一并递交所有资料的原件。也可以把所有材料以电子邮件的方式发送至hkng.macauapps@dfat.gov.au，记得在申请表上填写有关信用卡的资料。

签证中心

北京澳大利亚签证中心（☎020 2910 6150；提交申请 周一至周五 公共假期除外 7:30~15:00；info.ausch@vfshelpline.com；北京市东城区东直门外大街48号东方银座21层D-I室）

上海澳大利亚签证中心（☎020 2910 6150；提交申请 周一至周五 公共假期除外 7:30~15:00；上海市黄浦区四川中路213号久事商务大厦2层）

广州澳大利亚签证中心（☎020 2910 6150；提交申请 周一至周五 公共假期除外 7:30~15:00；广州市天河区珠江新城金穗路3号汇美大厦29楼02单元）

成都澳大利亚签证中心（☎020 2910 6150；提交申请 周一至周五 公共假期除外 7:30~15:00；四川省成都市武侯区人民南路四段11号附15号2楼2-2室）

现在网络申请签证更为迅速便捷，不必邮寄申请材料，还可省去签证中心的服务费。首先要在澳大利亚移民局网站（online.immi.gov.au/lusc/register）注册账号；收到回复邮件，打开其中的链接激活账号；登录澳大利亚移民局网站（www.border.gov.au/Trav/Visa/Immi），填写申请表，共21页；上传申请材料；提交后进入付款界面，在线支付140澳元，Visa信用卡或Paypal适用。

电子旅游签证（Electronic Travel Authority, ETA; 601）

➡ 中国大陆和澳门护照持有人暂时不能申请电子旅游签证。

➡ 持香港护照的旅行者可以在线申请旅游或商务ETA。ETA的有效期为12个月，每次在澳停留时间不超过3个月。你可以在线（www.eta.immi.gov.au/ETAS3/etas）申请ETA，收取的$20服务费不予退还。持有英国护照的香港游客则需通过旅行社或航空公司申请。

➡ 台湾游客暂时无法在线申请ETA，但可以通过电子邮件发送以下材料到immigration.hongkong@dfat.gov.au：访澳目的（旅游或商务）、护照个人资料页、联系方式（包括电子邮件地址和联系电话）。18岁以下申请人要提供出生证明、父母同意信、父母联系方式及其身份证件。也可以通过www.hongkong.china.embassy.gov.au/hkng/VISMG_TaiwanETAagent.html中列出的旅行社申请。

打工与度假签证（462）

中国大陆的年轻人（年龄18~30岁）可申请澳大利亚打工与度假签证。该签证允许申请人在澳大利亚停留一年并申请临时性工作。

自2015年9月开始，澳大利亚每年向中国的年轻人开放5000个赴澳打工与度假签证。第一年分批开放，每批开放的名额不等，之后陆续增加，直到5000个名额的上限。该签证允许持有者在三个月内入境澳大利亚，停留不超过12个月，在这12个月内，你可以任意出入澳大利亚，但只可申请临时工作，而非全职工作，所以你最多仅可为任何一位雇主工作6个月。不可携带子女赴澳。参与者只能申请一次。

首次签证须在进入澳大利亚之前获得，请参考www.border.gov.au/Trav/Visa-1/462-。如果你持旅游签证入境，一旦进入澳大利亚将不能改为工作度假签证。

签证费用：一般包含申请费用2180元、签证服务费182元、快递费50元。

准备资料：

1.填写好的签证申请表（通过www.border.gov.au/Forms/Documents/1208.pdf下载）。

2.申请预约确认信。

3.护照（护照首页、底页，以及所有贴有签证标签、盖有出入境章和有签字的护照页）、户口簿（整本）、身份证复印件（均为彩色）。护照首页复印件需要两份（其中一份应为彩色复印件），其他的都只需要一份。

4.两张浅色背景的护照照片，并在照片背面注上姓名，附在申请表的第一页。

5.资金证明。$5000以上的存款证明、往返机票或有足够资金购买往返交通票的证明（不包含在先前提到的$5000内）。

6.学历证明。大学毕业学历证明或完成至少两年的大学课程的证明，需提供大学毕业证和成绩单公证书。

7.英文水平要求：雅思考试（IELTS）均分在4.5分以上，或托福网考（iBT）总分在32分以上，或PTE学术英语考试总分在30分以上，或剑桥英语测试总分在147分以上等。申请人必须在签证申请提交前12个月内参加考试并取得合格成绩。

8.特殊情况：

a)若申请人曾更改过姓

名,需提供更改姓名公证书等相关证明。

b)若申请人曾在任何国家的部队服役,需提供部队服役记录或退役证明。

c)可能需要申请人进行健康体检或提供无犯罪记录证明,如有需要,签证处会在签证申请评审过程中通知申请人。

此项签证需要申请人亲自前往中国的澳大利亚签证中心递交申请及相关材料,且需要提前在网上预约。网上预约系统开放时间不定,具体可关注澳大利亚大使馆新浪微博(www.weibo.com/imagineaustralia)、人民微博(t.people.com.cn/australiaembassy)或在微信上搜索"AustralianAmbassador"。

工作度假签证(417)

来自中国香港和中国台湾的年轻人(年龄18~30岁)可申请工作度假签证。该签证允许最长停留12个月,并可申请临时工作,签证持有人只可以为任何一位雇主工作6个月。首次签证须在进入澳大利亚之前获得(最长可提前一年申请)。如果你持有旅游签证入境,一旦进入澳大利亚即不能改为工作度假签证。申请条件包括出具回程机票或足以购买回程票或前往其他地方的资金证明,申请费为$440。

一旦身在澳大利亚,就可以申请第二次工作度假签证,只需满足相应的条件,登录www.border.gov.au/Trav/Visa-1/417-查看详情。

签证延期

如果你在澳的停留期超过签证有效期,你需要申请一个新的签证(通常是类别为600的旅游签证)。至少在签证过期前的2~3周申请。

保险

一个很好的旅行保险应该包括盗窃、遗失和医疗项目。某些保险条款明确排除了一些"危险活动",比如水肺潜水、白水漂流,甚至是丛林徒步。确保你选择的保险完全涵盖了你的选择,包括救护车和紧急医疗疏散。

全球旅游保险可以在www.lonelyplanet.com/travel-insurance购买。你可以在任何时候在线购买、续保和索赔——即使你已经在路上了。

美亚、安联和中国平安等几家保险公司是中国旅行者经常购买保险的选择。

现金

自动柜员机随处可见,主要的信用卡也可以广泛使用,但通常会额外收费。

自动柜员机和Eftpos

自动柜员机 自动柜员机在东海岸的城市里随处可见,但不要期望在任何地方都能找到自动柜员机,特别是在人迹罕至的小城镇中。多数自动柜员机与国际联网并接受其他银行卡(收取手续费)。

Eftpos 大多数加油站、超市、餐馆、咖啡馆和商店都提供销售点电子资金转账(Electronic Funds Transfer at Point of Sale, Eftpos)服务,让你可以直接购物(使用信用卡或借记卡)甚至提取现金(使用借记卡)。

费用 记住,通过自动柜员机或Eftpos提取现金可能会被收取不少费用,请先了解银行的相关政策。

澳大利亚90%的ATM机和70%的POS机都可使用银联卡。澳大利亚主要城市和郊区约65%的商户都可使用银联卡消费,包括主要百货公司、酒店,以及本土品牌专卖店等。

信用卡和借记卡

大多数的住宿地点和服务,以及租车(如果不想支付巨额定金),都可以使用Visa和MasterCard这样的信用卡。你也可以使用信用卡在银行柜台和自动柜员机上提取现金,但需要支付利息和手续费。不是所有地方都接受Diners Club和美国运通这样的信用卡。

信用卡挂失电话:

美国通运 (☎1300 132 639;www.americanexpress.com.au)

Diners Club (☎1300 360 060;www.dinersclub.com.au)

MasterCard (☎1800 120 113;www.mastercard.com.au)

Visa (☎1800 450 346;www.visa.com.au)

银联 (☎1-800-649612;www.unionpayintl.com)

现金

1澳元等于100分。澳元包括5分、10分、20分、50分、1元和2元硬币,5元、10元、20元、50元和100元的纸币。

货币兑换

澳大利亚各地银行、机场和城市中授权的货币兑换处(比如通济隆或美国运通)可以兑换外币,但需要支付高额的手续费。

消费税及退税

商品及服务税(GST)是对你在澳大利亚购买的几乎全部物品和服务收取10%的平税。按照法律规定,所有物品的报价或上架价格都应含税。来往于澳大利亚的国际航空的机票、船票以及从境外由非澳大利亚公民购买的澳大利亚国内机票则免税。在离开澳大利亚之前的60天内,如果你从任一商家购买了总价值达$300的物品,就可以享受"旅游退税计划"(Tourist Refund Scheme, TRS)。这项计划只适用于你带上飞机或轮船的行李物品或随身穿戴着离开澳大利亚的东西。注意,退税也适用于从多个商家购买的物品,但至少应在每个商家消费$300。更多详细信息,联系**澳大利亚海关和边境保护署**(Australian Customs & Border Protection Service; ☎1300 363 263, 02-6275 6666; www.customs.gov.au)。

留好购物小票,并把你所购买的物品随身携带上飞机(或者在托运前进行核实);你可以在国际机场的指定展位获得退款(参见www.border.gov.au获得更多信息)。

小费

在澳大利亚,小费并非一定要给,但是如果餐馆里的服务让你非常满意,你可以给一些小费,通常的标准是10%左右,你也可以给行李员和出租车司机几美元当作小费。

打折卡

老人卡 60岁以上的游客凭借一定形式的年龄证明(如一张老人卡:www.australia.gov.au/content/seniors-card)常常可以获得优惠的价格。澳大利亚的大多数州和地区都有自己的老人卡,这些卡片在澳大利亚通用。

学生证和青年卡 国际学生证(International Student Identity Card, ISIC; www.isic.org)只对12岁以上的全日制学生发放,持有者可以享有住宿、交通、景点门票等的价格优惠。该组织还发行国际青年旅行卡(International Youth Travel Card, IYTC),该卡面向26岁以下的非全日制学生,持有者享有和国际学生证持有者同等的优惠。和国际学生证类似的是国际教师证(International Teacher Identity Card, ITIC),该证面向教师。所有三种卡都可以在线购买或从学生旅行公司购买($30)。

电源

Type I
240V/50Hz

使领馆

堪培拉拥有各国的大使馆,而一些国家在悉尼和/或墨尔本还有领事馆,还有一些国家的领事馆在布里斯班和凯恩斯。参见protocol.dfat.gov.au。

中国驻澳大利亚使领馆:

中华人民共和国驻澳大利亚大使馆(15 Coronation Drive, Yarralumla, ACT 2600, Australia; ☎0061-2-62734780)

中华人民共和国驻悉尼总领事馆[39 Dunblane Street, Camperdown, NSW 2050, Australia; ☎0061-2-85958002;领事保护与协助:☎0061-2-85958029, 0061-413647168(限非工作时间,遇危急人身安全的紧急情况)]

中华人民共和国驻墨尔本总领事馆(75-77 Irving Road, Toorak, VIC 3142, Australia; ☎0061-3-98220604;领事保护与协助:☎0061-417114584, 0061-408030426)

中华人民共和国驻布里斯班总领馆(Level 9, 79 Adelaide St., Brisbane, QLD 4000, Australia; ☎0061-7-32106509;领事保护与协助:☎0061-406318178, 0061-7-32106509 *200)

海关条例

在入境澳大利亚时,大部分物品都可以免关税带入澳大利亚,只要**澳大利亚海关服务部**(Australian Customs Service; ☎1300 363 263; www.border.gov.au)认证这些是你的私人物品,并且保证你在离开澳大利亚的时候将其带走。

实用贴士

报纸 可以阅读每日发行的《悉尼先驱早报》(Sydney Morning Herald)、墨尔本的《时代报》(Age)或全国发行的《澳大利亚人》(Australian)等报纸。

广播 收听澳大利亚广播公司（ABC的广播）。登录www.abc.net.au/radio查询详情。

吸烟 在酒馆、酒吧、餐馆、办公室、商店、电影院等地吸烟是违法的；在特定的公共设施门口（机场、车站、电影院等）的特定距离内吸烟也是违法的。

电视 主要的免费电视频道为政府所有的澳大利亚广播公司频道、特别广播服务公司（SBS）以及3个商业电视台——7台、9台和10台。在这些主流频道之外，还有众多可免费观看的副台和当地电视台。

度量衡 澳大利亚采用公制单位。

→ 每人可携带的免关税物品配额是——酒类：2.25升；香烟：50支；应纳关税物品：价值不高于$900（18岁以下则为$450）。

→ $10,000以上的现金（包括外币）需要进行申报。

→ 当局非常重视生物安全，并全力防止害虫进入澳大利亚。所有动物或蔬菜的产品必须申报。禁止携带新鲜食物和鲜花。如果你近期过过农田或农村地区，最好在去机场之前先擦洗一下你的鞋子；你还需要向海关申报。

→ 禁止携带武器和枪支，或者需要提供许可证，并进行安全测试。其他受限制的商品包括受保护的野生动物、未经核准的电信设备和活的动物。

→ 离境时，不要携带任何受到保护的植物或动物。海关对走私犯的查处非常严厉。

旅游信息

在澳大利亚，旅游信息是通过不同的地区和当地旅游局发布的——在主要的旅游地点，通常都会有志愿者（经常是退休志愿者）提供服务的信息中心。每个州都有一个政府经营的旅行社，准备向你提供信息：

新南威尔士州（www.visitnsw.com）

昆士兰州（www.queenslandholidays.com.au）

维多利亚州（www.visitvictoria.com）

澳大利亚旅游委员会（Australian Tourist Commission; www.australia.com）是全国性的政府机构，负责吸引外国游客。

营业时间

虽然各州的营业时间稍有不同，但下面的营业时间可以作为参考

银行 周一至周四 9:30~16:00，周五 到17:00

酒吧 16:00至深夜

咖啡馆 7:00~17:00

夜店 周四至周六 22:00至次日4:00

邮局 周一至周五 9:00~17:00；有些邮局在周六的9:00至正午营业

酒馆 11:00至午夜

餐馆 正午至14:30和18:00~21:00

商店 周一至周六 9:00~17:00

超市 7:00~20:00

时间

澳大利亚被分为三个时区：

东部标准时间（GMT加上10个小时），包括昆士兰州、新南威尔士州、澳大利亚首都直辖区、维多利亚州和塔斯马尼亚州。

中部标准时间（比东部标准时间晚半个小时），包括北部地区和南澳大利亚州。

西部标准时间（比东部标准时间晚2个小时），包括西澳大利亚州。

值得注意的是，昆士兰州全年都是东部标准时间，而澳大利亚大部分地区则在夏季（每年10月至次年4月初）切换到夏令时，时间要提前1个小时。

节假日

在各个州（有时是不同的年份），公众假日的时间不尽相同。下面是国家和各州公众假期的列表；请在当地确认具体的日期。

全国节日

新年 1月1日

澳大利亚国庆日 1月26日

复活节（从耶稣受难日到复活节

星期一)3月下旬/4月上旬

澳新军团日 4月25日

女王诞辰(西澳大利亚州除外)6月第二个周一

女王诞辰(西澳大利亚州)9月最后一个周一

圣诞节 12月25日

节礼日 12月26日

澳大利亚首都直辖区

堪培拉日 3月第二个周一

银行日 8月第一个周一

劳动节 10月第一个周一

新南威尔士州

银行日 8月第一个周一

劳动节 10月第一个周一

昆士兰州

劳动节 5月第一个周一

昆士兰皇家展览日 8月第二或第三个周三(布里斯班)

维多利亚州

劳动节 3月第二个周一

墨尔本杯日 11月第一个周二

学校假期

主要的假期期间住宿价格最高,而且许多住宿地点会被提前预订一空。

圣诞节假期(12月中旬到次年1月底)

复活节(3月至4月)

较短的学校假期(2周)的大致时间分别是4月中旬、6月下旬至7月中旬、9月末至10月初。

住宿

东海岸是一条很受欢迎的旅游线路,有大量价格各异的住宿地点,但你还是需要预订,尤其是在夏季、复活节和学校假期期间。

已按照价格高低列出,并根据评价的好坏排列。

民宿

东海岸民宿的选择包括重新修复的矿工农舍、改建的农屋、不规整的老房子、高级乡村庄园、海滨平房以及家庭中简单的卧室。民宿的价格一般为中档(含早餐 每晚$150~250),但也可能更高。一些民宿的主人还会为客人提供晚餐(通常需要提前24小时预约)。当地的旅游局通常会为你提供一份清单。以下网站可以查询优质的在线信息:

B&B and Farmstay Far North Queensland(www.bnbnq.com.au)

B&B and Farmstay NSW & ACT(www.bedandbreakfastnsw.com.au)

Bed & Breakfast Site(www.babs.com.au)

Hosted Accommodation Australia(www.australianbedandbreakfast.com.au)

OZ Bed and Breakfast(www.ozbedandbreakfast.com)

预订服务

有用的网站:

Couchsurfing(www.couchsurfing.com)快速寻找住宿。

Flatmates(flatmates.com.au)长期居住的合租屋信息。

Lonely Planet(www.lonelyplanet.com/australia/hotels)推荐和预订。

露营地和假日公园

如果你想去东海岸探险,又想省钱的话,那就去露营吧。更好的是,你可以预订一辆露营车,你既可以在里面睡觉,又可以驾车探索狭长的海岸。大篷车公园通常距离海滩和市中心很近,非常适合家庭居住。国家公园里的露营地更便宜。

价格

国家公园露营地的价格是每人$15,在满天的繁星下,躺在温暖的篝火边度过的夜晚将让你毕生难忘。私人的帐篷营地和房车营地的价格通常是每晚每两人$22~32(有电的话价格会更高一点)。这些地方中有许多还出租带有厨房的小屋,价格是每晚$70~170,可以居住1~6人。

国家公园

国家公园内的露营区是由国家管理的,通常可以在网上预订。

新南威尔士州(www.environment.nsw.gov.au/nationalparks)

昆士兰州(www.nprsr.qld.gov.au)

维多利亚州(www.parkweb.vic.gov.au)

在线预订住宿

想了解 Lonely Planet作者对住宿处的更多评论,可查看lonelyplanet.com/hotels/网站。在上面你会发现独立评论,以及最佳住宿处的推荐。最重要的是,你可以在线预订。

> ## 住宿价格区间
>
> 以下的价格范围指的是旺季（南部地区每年12月至次年2月；北部地区每年6月至9月）带卫生间的双人间价格：
>
> **$** $130以下
>
> **$$** $130~250
>
> **$$$** $250以上
>
> 在消费水平较高的地区，你可能会被多收取$20~50的费用，特别是悉尼，以及在学校和公众假期期间。

主要连锁机构

如果你经常乘房车旅行或露营，不妨考虑加入某个连锁机构，可享受会员折扣价格。

Big 4（www.big4.com.au）

Discovery Holiday Parks（www.discoveryholidayparks.com.au）

Top Tourist Parks（www.toptouristparks.com.au）

农舍

许多沿海和内陆的农场都可以为你提供过夜床铺，还有机会看到澳大利亚农村的工作。有些人会坐观别人劳作，而其他人则更喜欢参与到日常活动之中。登录B&B Australia（www.babs.com.au，under family holidays/farmstays）和Willing Workers on Organic Farms（www.wwoof.com.au）查询信息。地区和城镇旅游局应该也能够告诉你所在地区的情况。

青年旅舍

背包客青年旅舍在东海岸非常受欢迎，而且价格低廉、数量惊人，从家庭经营的家庭住宅到酒吧、夜总会和派对随处可见的大型度假胜地，不一而足。其标准有好有坏，服务也是良莠不齐。

通常，宿舍床铺的价格为每晚$28~35，有时会有单人间（约$70），双人间的价格为$80~110。连锁机构包括：

Base Backpackers（www.stayatbase.com）

Global Backpackers（www.globalbackpackers.com.au）

Nomads（www.nomadsworld.com）

VIP Backpackers（www.vipbackpackers.com）

青年旅舍联盟（Youth Hostels Association，YHA；www.yha.com.au）提供宿舍、双床间、双人间、烹饪和洗衣设施。这里的氛围相对于独立的青年旅舍来说通常更内敛一些，这里没有那么多派对。会员每晚的住宿费用为$27起。此类青年旅舍也接受非会员入住，住客只需额外支付$3。澳大利亚居民可以花$25成为青年旅舍联盟会员，有效期为一年（$45，有效期两年）。可以在线购买或在任何青年旅舍联盟旗下的青年旅舍直接购买。家庭也可以加入——只需支付成人的费用即可，小于18岁的青少年可以免费成为会员。青年旅舍联盟是国际青年旅舍（Hostelling International；www.hihostels.com）的一部分。如果你已是所在国该组织的会员，可以享受青年旅舍联盟在澳大利亚各地的会员价。

酒店

东海岸的酒店大多是商务型或豪华型的连锁酒店（从中档到高端），这类酒店提供的是一栋高楼里舒适、设备齐全却没什么个性的房间。尽管在淡季时你能获得意想不到的折扣价，但预计每晚的价格超过$150。

精品酒店更吸引人（也更昂贵），这些酒店可以为你提供的是奇特的、奢华的体验，而且地理位置通常都非常优越（大城市的中央大道，偏远的热带半岛）。预计价格是每晚$250，但你一定会觉得物有所值。

汽车旅馆

汽车旅馆提供舒适的中档住宿，在东海岸随处可见。汽车旅馆对单独旅行者没有优惠价，所以对伴侣同游或家庭出游来说更为合算。一间带水壶、冰箱、电视、空调和卫生间的房间，平均房价为$100~150，这里还莫名地拥有一种浪漫的公路汽车旅馆的感觉。

酒店客栈

提供啤酒的传统酒店通常被称为"小酒馆"（来源于"public house"一词）。一般来说，这里的房间都是又小又旧，大厅里有长长的走廊，可以通往卫生间。价格通常都很便宜，而且地处中心地带，带公用设施的单人间和双人间的价格分别为$60和$80起,配备单独卫生间的房间更贵一些。如果你睡觉容易惊醒的话,避免预订酒吧上面一层的房间,入住前记得询问当晚楼下是否有乐队演出。

租赁住宿

如果你要在东海岸待上一阵子,或者在一座城市中住上一两周,那么租一间公寓是比较经济的方式,尤其是你带着孩子、一群伙伴或偶尔想做一顿饭的话。价格预计每晚不低于$150。海滨和乡村别墅价格较高,每晚的起价在$200左右,但通常包含早餐。

度假村

昆士兰州有很多岛屿,其中很多都有度假村。在这里,你将有机会把孩子抛在脑后,睡上一星期(沉浸在游泳池和鸡尾酒里),或者带家人一起享受一个充满乐趣和各种活动(潜水、划独木舟、丛林徒步、风帆冲浪、游泳、帆船……)的热带假期。大多数度假村的价格都很昂贵,每晚至少要$250,通常还要更多——但有些度假村也会提供令你满意的家庭价格,尤其是在旺季的时候。

饮食

更多关于饮食的信息,参

见530页。

地图

当你到达澳大利亚,会发现很多地图。游客中心通常有地区和城镇的免费地图,但质量参差不齐。汽车协会是优质路线图的可靠来源。由Ausway、Gregory's和UBD等编著的城市街道名录都非常实用,不过价格昂贵,体积笨重,而且通常只有在你打算在一个城市中自驾游时才有价值。

对于需要大比例尺地图的丛林徒步和其他活动,可以使用由Geoscience Australia(www.ga.gov.au)绘制的地形图。一些销量较好的地图通常都可以在户外用品商店的柜台上买到。

邮政

澳大利亚邮政(Australia Post; www.auspost.com.au)提供全国范围内的邮政服务。大多数的大型城镇都有邮局,或者在银行里有澳大利亚邮政的柜台。服务非常可靠,但比以往要慢(近期为了成本节约而进行的裁员活动是罪魁祸首)。快递公司在接下来的工作日内,在澳大利亚境内递送包裹或信件;另外,城市间的邮寄需要4天,而农村地区则需要更长的时间。

就餐价格区间

以下的价格范围指的是主菜的价格:

$ $15以下

$$ $15~30

$$$ $30以上

电话

紧急情况和重要号码

澳大利亚国家代码	☏61
国际直拨号	☏0011
急救、火警、匪警	☏000
反性侵犯中心	☏1800 806 292
翻译和口译服务	☏131 450

移动电话

通话 要想通话,你可以购买一个启动工具包,包括手机(如果你有手机的话就无须购买)、SIM卡(通常是$2)和一些通话/流量费用。在大城市机场的移动电话商店或销售点购买启动工具包和SIM卡。你可以在便利店和报摊上充值。3~5GB的通话和流量套餐的价格预计在每月$30左右。

号码 开头为"04xx"的当地号码为移动电话号码。

信号 东海岸通常可以接收到良好的移动电话信号,但在内陆和遥远的北方(如丹特里雨林)可能会不稳定或者没有信号。

开通国际漫游的移动、联通和电信的手机均可在澳大利亚使用。

本地通话

➡ 来自私人电话的本地通话费用是30分,不限时。

➡ 来自私人电话的本地通话费用是50分,不限时。

➡ 来自移动电话的通话费用较高,而且限时。

国际通话

➡ 如果拨打海外的电话,需要先拨出澳大利亚的国际直拨号码（📞0011），然后是国家代码，最后是区域代码（前边不拨📞0）。中国的国家代码是📞86。

➡ 如果从海外拨打澳大利亚的电话，先拨打国家代码📞61，你需要去掉州/地区代码中的📞0。

长途电话和地区代码

➡ STD（长途电话）可以通过私人电话、手机和公用电话来拨打，在非高峰时段（19:00至次日7:00）更便宜。

➡ 当在两个地区的地区代码相同时，就不需要在本地号码之前拨打地区代码。如果是长途电话（超过50公里），就会被收取长途电话费，即使他们有相同的地区代码。

➡ 东海岸的地区代码如下：

州/直辖区	地区代码
澳大利亚首府直辖区	📞02
新南威尔士州	📞02
昆士兰州	📞07
维多利亚州	📞03

信息和免费电话

➡ 免费电话号码（前缀1800）可以免费，但需在某些地区或手机上使用。

➡ 拨打以📞13或📞1300开头的电话号码是按照本地通话的标准收费的。

➡ 要在澳大利亚境内拨打被叫方付费电话，可以通过公用电话或私人电话拨打1800-REVERSE（📞1800 738 3773）。

➡ 以📞1800、📞13或📞1300开头的电话号码不能从澳大利亚以外的地区呼叫。

电话卡

在报亭、青年旅舍和邮局可以购买各种固定金额的电话卡（通常是$10或$20）。电话卡可以在任何公共电话或私人座机上使用。多问几家。

大多数公共电话使用电话卡，有些公共电话也接受信用卡。老式的投币式公共电话日益罕见（如果你真的找到了，那么投币的位置很有可能被堵住或损坏）。

上网

➡ 目前，游客在澳大利亚访问互联网的最简单方法就是购买本地预先付费的SIM卡，把它放入你（已解锁）的手机中，并购买一个数据包。该SIM卡的价格预计为$2，一个月的通话、短信和数据流量费用是$30~50。

➡ 几乎所有的酒店和青年旅舍都提供无线网络，尽管很多，但一些高档的地方是收费的，而免费服务的速度会慢到让你不得不支付额外费用连接网络。

➡ 许多咖啡馆和酒吧提供免费的无线网络。大多数公共图书馆和购物中心也提供这种服务。

➡ 在机场等繁忙的地区，现买现付的无线网络热点随处可见。

➡ 由于有了更加广泛的免费网络连接，现在的网吧已经越来越少了。

健康

尽管澳大利亚有很多危险，但很少有旅行者会经历比晒伤或宿醉更糟糕的事情。而且，即便你真的生病了，澳大利亚高标准的医疗条件也会让你高枕无忧。

医疗保险

医疗保险对所有旅行者来说都是至关重要的。你可能更喜欢保险直接向医生或医院支付费用的政策，而不是要求你当场支付，然后索要赔偿。如果你以后要索赔的话，请务必保留所有的文件。确认该政策是否包括救护车和紧急医疗疏散。

医疗服务的获得和费用

医疗保险制度涵盖了澳大利亚居民的一些医疗费用。来自与澳大利亚签署了互惠的医疗保险协议的国家的游客，可以享受医疗保险计划所规定的福利。目前签订协议的国家包括比利时、芬兰、意大利、马耳他、荷兰、新西兰、爱尔兰、挪威、斯洛文尼亚、瑞典和英国。在离开这些国家之前，先确认一下细节。欲了解详情，请访问www.humanservices.gov.au/customer/subjects/medicare-services。不过，即使是医疗保险制度没有涵盖的项目，在与当地医生进行简短的协商后，通常只会向你收取$60或$70。

药物

止痛剂、治疗过敏的抗组胺剂和护肤产品在澳大利亚

自来水

澳大利亚的自来水通常可以安全饮用。来自小溪、河流和湖泊的水需要经过处理才能饮用。

的药店随处可见。你可能会发现,一些很容易在某些国家的药品在柜台上买到的药物,在澳大利亚只有拿着医生的处方才能购买到。这些药物包括口服避孕药、一些治疗哮喘的药物和所有的抗生素。

法律事宜

➔ 澳大利亚对酒后或食用毒品后驾车的惩处是非常严格的。公路上,警察似乎无处不在。他们有权拦住你的汽车,请你出示驾照(你必须随身携带)、检查你的车是否有上路许可和要求你做酒精呼吸测试。法定的酒精浓度上限是0.05%(以每100毫升酒精的克数来衡量,相当于许多其他国家所说的0.5),如果你的血液酒精浓度超过0.05%,会面临巨额罚款和其他处罚。

➔ 被发现服用少量非法药物的初犯者,将受到罚款的处罚而不是进监狱。但是,这项记录可能会对你将来的签证申请产生负面影响。

➔ 如果在澳大利亚的停留时间超过签证有效时间,你将被认为是"非法逗留者",可能面临拘留和驱逐,并被禁止在3年内返回澳大利亚。

带孩子旅行

如果你能适应城市间的长途跋涉,那么带孩子周游澳大利亚东海岸真的会很有趣。无论是在室内还是户外都有许多可以观看或参与的有意思的事情:海滩、主题公园、博物馆、野生动物公园、国家公园、游乐场、自行车道……

Lonely Planet的《带孩子旅行》(*Travel with Children*)提供了很多实用信息。你还可以阅读优秀(且免费)的《墨尔本的孩子》《悉尼的孩子》《布里斯班的孩子》或者《堪培拉的孩子》等杂志(www.childmags.com.au),杂志上有大量当地信息。

实用信息

住宿 许多汽车旅馆都提供婴儿床;其中一些还有游乐场和游泳池,并提供托儿服务。而民宿则相反,这类住宿宣称他们不接受带孩子入住的旅客。

更衣室和哺乳 所有城市和大部分主要城镇都设有公共休息室,父母可以在这里给孩子喂奶或换尿布。大多数澳大利亚人对在公共场合喂奶和换尿布的行为持宽容态度。

儿童看护 如果你不得不离开孩子几个小时,可以试一试Babysitters R Us (www.babysittersrus.com.au)、Busy Bees Babysitting (www.busybeesbabysitting.com.au)或Dial-an-Angel (www.dialanangel.com)的儿童看护服务。

儿童安全座椅 澳大利亚法律规定,所有7周岁以下的儿童都必须使用安全座椅。主要的出租车公司都会提供合适的儿童安全座椅,并一次性收取约$25的费用。可提前打电话联系出租车公司,让司机为你准备儿童安全座椅。

优惠 儿童优惠价格通常适用于住宿、门票以及飞机、长途汽车和火车等交通工具,有的优惠价格高达成人价格的50%。但是,对"儿童"的定义有时是12岁以下,有时则是18岁以下。

外出就餐 餐馆的儿童菜单很常见,但通常没什么新意(火腿和菠萝比萨、炸鱼条、鸡块等)。如果餐馆没有儿童菜单,你可以在常规菜单上找一些食物,让厨房做成适合儿童的口味。你最好能够随身携带儿童食物。许多地方可以提供高脚椅。

医疗卫生 澳大利亚拥有高水准的医疗服务和设施,随处都可以购买到婴儿配方奶粉和一次性尿片。

残障旅行者

澳大利亚对伤残人士有特别的关注。法律规定,所有新建的舍必须达到行动不便的游客都能方便进入的标准。旅游运营商不得歧视伤残人士。越来越多的住宿地配备了轮椅设施,但仍然有很多古老的建筑物没有完成必要的服务升级工作:请提前打电话确认。

访问lptravel.to/AccessibleTravel,下载孤独星球的免费旅行指南。

网络资源

澳大利亚旅游委员会(Australian Tourist Commission; www.australia.com)为残障人士发布详细的可下载信息,包括旅行和交通贴士,以及每个州的旅行社的联系地址。

Deaf Australia(www.deafau.org.au)

National Disability Service

（☎02-6283 3200；www.nds.org.au）为残障人士提供服务的国家工业协会。

National Information Communication & Awareness Network（Nican；☎1300 655 535，02 6241 1220；www.nican.com.au）澳大利亚全国范围的目录，提供有关入境、住宿、体育和娱乐活动、交通和专业旅行社的信息。

Vision Australia（☎1300 847 466；www.visionaustralia.org.au）

同性恋旅行者

澳大利亚东海岸（尤其是悉尼）是很受同性恋旅行者欢迎的旅行目的地。传奇的、一年一度的悉尼同性恋狂欢节（Sydney Gay & Lesbian Mardi Gras；www.mardigras.org.au；◐2月至3月）和墨尔本的同性恋节（Midsumma Festival；www.midsumma.org.au；◐1月/2月）吸引大量游客的到来。

总的来说，澳大利亚人对同性恋持宽容态度，但是越深入这个国度，你就越有可能遇到同性恋恐惧症。同性恋行为在各州都是合法的，但合法年龄各有不同。

东海岸主要的同性恋杂志有DNA、《自在蕾丝边》（Lesbians on the Loose, LOTL）和悉尼的SX。墨尔本有MCV。昆士兰有州《昆士兰骄傲》（Queensland Pride）。

网络资源

Gay & Lesbian Tourism Australia（www.galta.com.au）

Gay News Network（www.gaynewsnetwork.com.au）

Same Same（www.samesame.com.au）

女性旅行者

对于女性旅行者来说，澳大利亚东海岸基本上是一个安全的旅游目的地。不过，还是有一些必要的注意事项。性骚扰是很少见的，但一些强壮的澳大利亚男子也会有一些不轨行为，尤其是在农村地区，在他们喝酒之后。现在，在澳大利亚的任何地方搭便车旅行都不是什么好主意，即使是在结伴旅行的时候也不建议。

志愿者服务

Lonely Planet出版的《志愿者：一本与众不同的世界环游指南》（Volunteer: A Traveller's Guide to Making a Difference Around the World）提供了与志愿活动相关的实用信息。

网络资源

澳大利亚环境保护志愿者（Conservation Volunteers Australia；www.conservationvolunteers.com.au）非营利组织，参与植树、竞走赛道的建设和动植物调查。

Go Volunteer（www.govolunteer.com.au）国家网站，列出了各种志愿者服务机会。

Greening Australia（www.greeningaustralia.org.au）帮助志愿者参与灌木丛或苗圃中的环保项目。

Reef Check（www.reefcheckaustralia.org）通过训练，监测大堡礁的健康状况（近来已经不太健康了……）的训练。

海龟保护基金会（Sea Turtle Foundation；www.seaturtlefoundation.org）提供海龟保护志愿者服务的机会。

澳大利亚志愿者服务（Volunteering Australia；www.volunteeringaustralia.org）提供支持、建议和志愿者培训。

昆士兰州志愿者服务（Volunteering Qld；www.volunteeringqld.org.au）提供昆士兰州各地志愿者服务信息和建议。

有机农场的自愿工作者（Willing Workers on Organic Farms, WWOOF；www.wwoof.com.au）该项目的形式是，你每天在农场工作数小时，作为回报，农场为你提供免费的床铺和膳食。在某种程度上，多数主人都给你提供了一种体验不同生活方式的机会。多数地方都要求志愿者至少待两晚。在线申请费用为$70。你将获得会员号和一本列出了参与单位的小册子（海外邮费$5）。你还可以使用APP（$20）。

工作

如果你是凭旅游签证来澳大利亚的，那么你就不能进行有酬劳的工作。你需要申请打工与度假签证（462；见543页）或工作度假签证（417；见544页），详情请参见www.border.gov.au。

找工作

在主要城市，或者在旅游旺季时昆士兰州海岸沿线的旅游中心（凯恩斯、黄金海岸和度假城镇），人们很容易就能找到酒吧和酒店的工作。

如果在澳大利亚销售酒水,你需要在线学习"酒精法律知识"(Responsible Service of Alcohol, RSA)课程。网上的操作非常简单,但令人沮丧的是,每个州的版本都不尽相同。新南威尔士州的价格要比维多利亚州和昆士兰州的贵得多(大约$110)。

季节性的水果采摘(收获)工作一般都依赖于临时工,所以你全年都能在澳大利亚找到一些采摘、修剪或耕种的工作(只是不要指望能赚到大钱)。

拥有计算机、秘书、护理和教学技能的人可以在大城市(通过职业介绍所)找到工作。

网络资源

背包客公告栏和当地报纸都是寻找当地工作机会的不错资源。

Australian JobSearch(www.jobsearch.gov.au)介绍全国各地的各种工作机会。

Career One(www.careerone.com.au)大众就业网站;适合大都市地区。

Gumtree(www.gumtree.com.au)可以快速地帮你找到临时工作。

Harvest Trail(www.harvesttrail.gov.au)采摘工作专家。

National Harvest Telephone Information Service(☎1800 062 332)关于你何时何地可能会获得采摘工作的建议。

Seek(www.seek.com.au)大众就业网站;适合大都市地区。

Travellers at Work(www.taw.com.au)非常适合在澳大利亚工作的游客。

Workabout Australia(www.workaboutaustralia.com.au)提供各州的季节性工作机会。

所得税

如果你在澳大利亚赚到了钱,就得在澳大利亚交税,而且还得提交纳税申报表。请参阅澳大利亚税务局网站(Australian Taxation Office; www.ato.gov.au)的网站了解详情,包括从雇主那里获得一份工资结算表,提供住宿的时间和日期,接收你的评估通知。

作为这个过程的一部分,你需要申请一个税务档案号码(Tax File Number, TFN),然后交给你的雇主。如果没有它,你的工资将按照最高的税率扣税。你可以通过澳大利亚税务局在线申请;从申请到拿到号码需要四周的时间。

交通指南

到达和离开

澳大利亚的东部海岸几乎距离世界上所有地方(包括澳大利亚本国的西部海岸)都很远——从这里往返通常意味着长途飞行。可以登录lonelyplanet.com/bookings在线预订机票、团队游和火车票。

入境

如果你乘坐国际航班到达东部海岸,入境过程通常很简单、高效,一般都需要通过护照检查和海关申报。

飞机

夏季(每年12月至次年2月)是澳大利亚的旅游旺季(价格最高),此时有许多飞往澳大利亚的航班(旺季价格最高);冬季(6~8月)澳大利亚的旅游淡季,但此时实际上也是热带北部的旅游旺季。

机场和航空公司

在东部海岸,大多数国际航班都飞往悉尼、墨尔本或布里斯班,不过凯恩斯和黄金海岸(现在甚至是堪培拉!)也会有临时的国际航班。

布里斯班机场(www.bne.com.au; Airport Dr)

凯恩斯机场(☎07-4080 6703; www.cairnsairport.com; Airport Ave)

堪培拉机场(☎02-6275 2222; www.canberraairport.com.au; 2 Brindabella Circuit)

黄金海岸机场(www.goldcoastairport.com.au; Longa Ave,Bilinga)

墨尔本机场(MEL; ☎03-9297 1600; www.melbourneairport.com.au; Departure Rd,Tullamarine)

悉尼机场(☎02-9667 9111; www.sydneyairport.com.au; Airport Dr,Mascot)

澳大利亚的国际航空公司是澳洲航空(Qantas; www.qantas.com.au),它的安全记录很好——正如达斯汀·霍夫曼在电影《雨人》所说:"澳航从来没有坠机事件。"澳洲航空还为乘坐澳洲航空公司或美国航空公司航班,并且从海外飞往澳洲的乘客提供打折的旅行通行证。使用该通行证,你可以飞往澳大利亚国内的80个旅游目的地,这比你单独预订机票要便宜得多。更多信息请参见www.qantas.com.au。

陆路

如果你正在从这片辽阔

气候变化和旅行

任何使用碳基燃料的交通工具都会产生二氧化碳,这是人为导致气候变化的主要原因。空中旅行耗费的燃料以每公里的人均量计算或许比汽车少,但其行驶的距离却远得多。飞机在高空所排放的气体(包括二氧化碳)和颗粒同样对气候变化造成影响。许多网站提供"碳排量计算器",以便人们估算个人旅行所产生的碳排量,并鼓励人们参与减缓全球变暖的旅行计划,从而抵消个人旅行对环境所造成的影响。Lonely Planet会抵消其所有员工和作者旅行所产生的碳排放影响。

离境税

票价中包含离境税。

的棕色土地上的其他地方前来澳大利亚东部探索，那么，陆路可能就是你到达的最佳方式。

长途汽车

除了连接东部海岸沿线各州的长途汽车路线外，还有从北部领地进入昆士兰州的长途汽车，以及从澳大利亚南部进入维多利亚州和新南威尔士州的长途汽车。Greyhound（www.greyhound.com.au）是运营州际长途汽车的主要公司。

小汽车和摩托车

从澳大利亚南部和北部领地通往维多利亚州、新南威尔士州和昆士兰州的高速公路，交通状况良好，易于通行。

火车

有从阿德莱德开往墨尔本的火车，以及从遥远的珀斯开往悉尼的火车；这些火车由**大南部铁路公司**（Great Southern Rail; www.greatsouthernrail.com.au）运营。

海路
巡游和货船

许多公司都运营从世界各地开往澳大利亚东部海岸的假日游船。在布里斯班、墨尔本或悉尼，以及新西兰和太平洋的目的地之间，还有短途游船。

另外，一些抵离澳大利亚的货船也可以搭载乘客。请参见www.freighterexpeditions.com.au和www.freightercruises.com等网站。

游艇

搭便船或者在游艇上当船员在澳大利亚和巴布亚新几内亚、印度尼西亚、新西兰和太平洋岛屿之间旅行也是可行的（但不能直达）——通常你必须至少为开船者提供一些食物。你可以在科夫斯港、大克佩尔岛、艾尔利海滩、降灵群岛和凯恩斯周围的游船码头和帆船俱乐部询问。4月是在悉尼地区寻找泊位的最佳时机。

当地交通
飞机

澳大利亚东部海岸大大小小的航空公司都有良好的服务。

Hinterland Aviation（www.hinterlandaviation.com.au）提供往返于凯恩斯和库克敦之间的航班。

Jetgo（www.jetgo.com）提供往返于墨尔本北部郊区的艾森顿机场和布里斯班与麦夸里港之间的航班，以及往返于黄金海岸、罗克汉普顿和汤斯维尔之间的航班。

捷星（www.jetstar.com.au）澳洲航空的分支，价格划算；服务广泛。

澳洲航空（www.qantas.com.au）澳大利亚的主要航空公司；服务广泛。

区域快线（www.regionalexpress.com.au）连接墨尔本、悉尼、布里斯班、凯恩斯和汤斯维尔的小型地区机场。

Skytrans（www.skytrans.com.au）提供昆士兰州北部和托雷斯海峡的航班，从凯恩斯飞往巴马加（澳大利亚的角落）与其他不知名的地点。

老虎航空（www.tigerair.com）新加坡航空的分支，价格划算。从墨尔本飞往凯恩斯的多个东部海岸的目的地。

维珍澳洲航空（www.virginaustralia.com.au）提供飞往澳大利亚各地的航空服务。

自行车

无论你是租自行车环游城市，还是进行长途旅行，东部海岸都是骑自行车的理想选择。大多数城市里都有自行车道，在这个国家，你会发现几千公里路况良好（而且比较平坦）的道路。许多骑自行车旅行的游客都会携带露营装备，不过，从一个城镇到另一个城镇，你也可以在青年旅舍、酒店或房车公园里住宿。

法规 必须戴自行车头盔，夜间骑行时，还需要白色的前灯和红色的后灯。

天气 澳大利亚夏天烈日炎炎！一定要随身携带大量的饮用水。骑车时，可以佩戴有檐的头盔（或在头盔下戴一个有檐的帽子），涂抹防晒霜，不要在中午骑车出行。要小心酷热的北风，它会让北上的骑手叫苦不迭。在维多利亚州和内陆的新南威尔士州，天气可能会很冷，所以要带上适当的衣物。

租用自行车

大多数自行车出租机构

对外出租公路自行车或山地自行车的价格为每小时$10~15,每天$25~50。根据租期的不同,押金$50~200。

购买自行车

在澳大利亚,购买新的公路或山地自行车的底价在$600左右。如果再配备齐全必需的道路装备(挂篮、头盔、车灯等),价格将达到$1700以上。

如果想要卖掉你的自行车(或者购买二手自行车),可以在青年旅舍的公告板或者在Trading Post(www.tradingpost.com.au)、Gumtree(www.gumtree.com.au)或Bike Exchange(www.bikeexchange.com.au)网站上寻找信息。

网络资源

每个州和地区都有自行车组织,可以帮助提供当地的信息,让你与旅游俱乐部取得联系:

维多利亚州自行车网(Bicycle Network Victoria; www.bicyclenetwork.com.au)

新南威尔士州自行车(Bicycle NSW; www.bicyclensw.org.au)

昆士兰州自行车(Bicycle Queensland; www.bq.org.au)

Pedal Power ACT(www.pedalpower.org.au)

船

虽然东部海岸没有正式的渡轮服务,但你也可以乘坐游艇游览海岸沿线。可以在科夫斯港、大克佩尔岛、艾尔利海滩、降灵群岛、悉尼和凯恩斯附近的游船码头咨询信息。

长途汽车

澳大利亚东部海岸的长途汽车网络非常可靠,但价格却不是长途运输中最便宜的。大多数长途汽车带有空调和厕所,而且全程禁烟。长途汽车上的座位没有等级之分(非常大众化)。请至少提前一天预订座位(夏季需要提前一两周)。在没有正式长途汽车站点的小城镇,你可以在一个非正式的起落点上下车,通常在邮局或商店外面。

长途汽车公司

长途汽车公司包含以下几个:

Con-x-ion(www.coachtransonline.com.au)连接悉尼、墨尔本、布里斯班、黄金海岸和阳光海岸机场,以及周边地区。

Firefly Express(www.fireflyexpress.com.au)运营往返于悉尼、堪培拉、墨尔本和阿德莱德之间的长途汽车。

Greyhound Australia(www.greyhound.com.au)主要的长途汽车公司,在全国范围内,服务广泛。

NSW TrainLink(www.nswtrainlink.info)运营新南威尔士州的长途汽车和火车。

Premier Motor Service(www.premierms.com.au)Greyhound在东部海岸的主要竞争对手。每天服务较少,但价格较低。

Trans North(www.transnorthbus.com.au)从凯恩斯开往库克敦,取道内陆(库兰达、马里巴)或海岸(道格拉斯港、丹特里)。

V/Line(www.vline.com.au)补充维多利亚地区火车服务的长途汽车服务。

票价

以下是一些受欢迎的东海岸路线上的一些标准的、不打折的、单程长途汽车票价:

路线	费用($)	行驶时间(小时)
布里斯班-艾尔利海滩	247	20
布里斯班-凯恩斯	344	32
墨尔本-堪培拉	88	8
墨尔本-悉尼	133	12
悉尼-布里斯班	188	17
悉尼-拜伦湾	157	12
汤斯维尔-凯恩斯	65	5.5

预订

在暑假、学校假期和公共假期期间,你应该提前做好准备,特别是对城际长途汽车服务。在其他情况下,你应该会很少遇到问题。

如果你正在使用旅行证,请至少提前一天预订。

长途汽车通票

如果你打算在多个地点停留,那么长途汽车通票是一个不错的选择。请上网或通过手机至少提前一天预订座位。

Greyhound可以为你提供各种各样的省钱的通票;登录网站查看综合信息。主要的选择:

随上随下通票 单向旅行通票,有效期长达90天,共有8条热门的长途路线——包括凯恩斯到墨尔本（$529）和布里斯班到凯恩斯（$345）——你可以随时上下车。

公里通票 你可以随意选择要去的地方，还可以选择返回的路线。公里数为1000公里（$189）至25,000公里（$2675）。有效期为12个月。

短途通票 短途的游览路线，包括悉尼到墨尔本（$105）、悉尼到拜伦湾（$115）和悉尼到布里斯班（$139）。有效期为6个月。

Premier Motor Service还提供东部海岸沿线的几条单程旅行线路，包括往返于悉尼和凯恩斯的有效期为6个月的通票（$350）和往返于悉尼和布里斯班的有效期为3个月的通票（$100）。

小汽车和摩托车

游览东部海岸最好的方式是开车——这是在不参加团队游的情况下前往有趣的偏远地区的唯一方法。

由于在一年的大部分时间里，这里的气候都非常适合骑自行车，因此摩托车也很受欢迎。在方圆350公里的海岸沿线，有许多加油站。这里的公路狭长而开阔，实际上是为大容量的车辆（750毫升级以上）而建造的。

驾驶执照

在澳大利亚开车要有本国颁发的有效英文驾照。如果不是英文驾照，你还要携带一本国内颁发的国际驾照。

燃油

你可以在加油站获得柴油和无铅汽油。在人口稠密的地区，你还可以找到液化石油气（天然气），但在比较偏远的服务站不一定提供。在东部海岸的主要地区，通常每隔50公里左右就有一个小镇或加油站。

各个地点的油价不尽相同，但在城市中，无铅汽油的价格为$1.40~1.60。在乡下，内陆地区的昆士兰州的油价飙升，每升高达$2.20。

汽车协会

国家的**澳大利亚汽车协会**（Australian Automobile Association; AAA; ☎02-6247 7311; www.aaa.asn.au）是各州协会的伞状组织。

各州的组织与其他州有互惠政策，海外也有类似的组织，包括美国的AAA和英国的RAC或AA。请带上你的会员证。

NRMA（☎13 11 22; www.mynrma.com.au）覆盖西南威尔士州和堪培拉。

RACQ（☎13 19 05; www.racq.com.au）覆盖昆士兰州。

RACV（☎13 72 28; www.racv.com.au）覆盖维多利亚州。

租车

这里有很多大大小小的汽车租赁公司。你需要记住的最重要的事情就是距离——如果你想要走很远的路，就需要选择不限公里的服务。

在主要的城市和乡镇，都有大型汽车租赁公司的办事处。规模较小的本地公司有时更加便宜，但可能有限制条件。大型公司有时提供单程租赁，这可能不需要额外的费用。大多数公司要求司机的年龄在21岁以上，而某些公司要求司机的年龄在18岁或25岁以上。一辆小型/中型/大型汽车的租赁价格是每天$40/60/80。

常见的大型国际公司（Avis、Budget、Europcar、Hertz、Thrifty）都在澳大利亚运营。以下网站可以为你提供费率对比和最后一刻折扣：

Carhire.com（www.carhire.com.au）

Drive Now（www.drivenow.com.au）

Webjet（www.webjet.com.au）

露营房车

露营车的租赁费用是每天$90（两缸）或$150（四缸）左右，通常5天起租，不限里程，包括以下公司：

Apollo（☎1800 777 779; www.apollocamper.com）

Britz（☎1300 738 087; www.britz.com.au）

Hippie Camper（☎1800 777 779; www.hippiecamper.com）

Jucy Rentals（☎1800 150 850; www.jucy.com.au）

Maui（☎1800 827 821; www.maui.com.au）

Mighty Campers（☎1800 821 824; www.mightycampers.com.au）

Spaceships（☎1300 132 469; www.spaceshipsrentals.com.au）

Travelwheels（☎0412 766 616; www.travelwheels.com.au）

四轮驱动车

驾驶四轮驱动车就能前往人迹罕至的地区，陶醉于许多旅行者错过的自然的美

王子公路悉尼至墨尔本路段

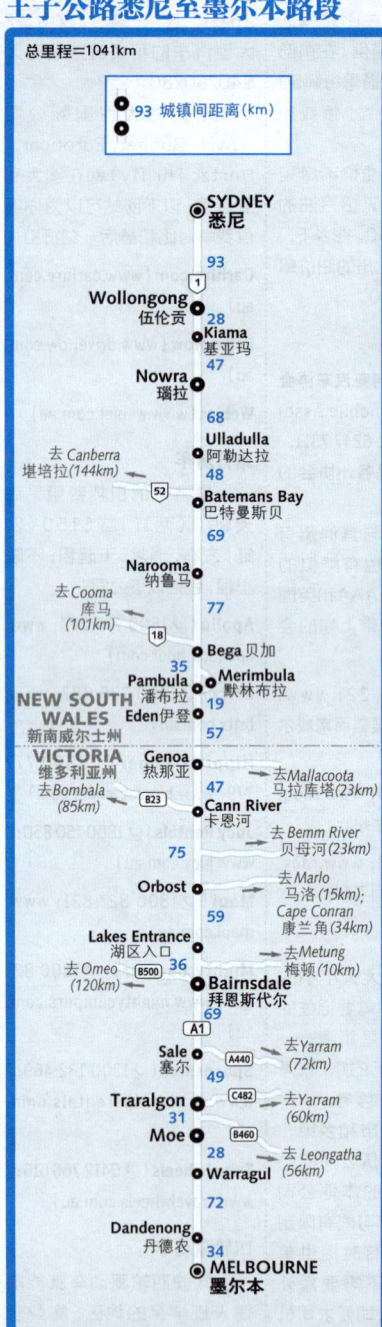

景之中。像日产奇骏这样的中型车每天需要花费$100~150;一辆丰田陆地巡洋舰的价格为$150~200,里程数应该无限制。仔细检查车辆的保险情况,特别是起赔额,因为有关起赔额的问题颇为麻烦。

主要的汽车租赁公司都有四轮驱动车,你也可以去Apollo或Britz碰碰运气。

单程租车

单程租车通常更便宜,但是时间灵活性较低。大部分的大型租赁公司都提供该项服务,你也可以到以下机构试一试:

Drive Now(www.drivenow.com.au)

imoova(www.imoova.com)

Relocations2Go(www.facebook.com/relocations2go)

Transfercar(www.transfercar.com.au)

保险

第三方保险 在澳大利亚,第三方人身伤害保险包括在车辆注册费用中,以确保每一辆注册的车辆至少承担最基本的保险责任。建议在最基本的保险计划中加入第三方财产险,因为很小的碰撞也可能造成巨大的经济损失。

租赁车辆 在租赁车辆时,了解发生事故时你应承担的责任。你可以每天支付给租车公司一定的金额以降低起赔额,如果发生事故,你的赔偿金额将从$3000减少到几百澳元。

免责条款 注意,如果在土路上行驶,保险公司不予赔偿(即使你驾驶的是四轮驱动车);如果发生事故,你将承担所有的费用。另外,多数保险公司不赔偿挡风玻璃和轮胎的损失——一定要阅读小字部分。

购买汽车

如果你打算待上几个月,并且使用汽车的频率很高,买一辆车很可能比租一辆车更便宜。你可以从汽车经销商、私人卖家或悉尼专门的旅行者汽车市场购买车辆。

注册和法规

当你在澳大利亚购买车辆时,你需要在14天内把车辆注册转到你的名下。每个州都有不同的要求和不同的组织。同样,在出售车辆时,你也需要通知州或地区道路交通管理局出售和更改姓名。

在新南威尔士州、昆士兰州和维多利亚州，买卖双方需要完成并签署一份转让登记表格。虽然在堪培拉没有固定的形式，但是买方和卖方需要共同在注册证书的反面签字。

请注意，在同一个州出售汽车要容易得多，否则你（或买方）必须在一个新的州重新注册，这可能是一件麻烦的事情。

买方有责任确认汽车不是偷盗车辆，无贷款。你可以在**个人财产安全注册网站**（Personal Property Securities Register; www.ppsr.gov.au）核实车辆的详细信息。

上路证书

在下列转让注册的情况下，卖方必须提供一份上路证书：

堪培拉 —— 车辆使用超过6年，需要年检报告来证明汽车可以继续行驶。

新南威尔士州 —— 车辆使用超过5年。

昆士兰州 —— 所有车辆都需要有安全证书，还需要证明车辆可以继续行驶的证书。

维多利亚州 —— 所有车辆都需要提供车辆性能证书。

如果你正在考虑购买的车辆没有上路证书，那么在购买之前，你有必要让汽车维修工为车辆进行车辆性能检查。州际汽车协会拥有持有执照的车辆检测人员名单。

公路运输部门

有关流程和费用的更多信息，请登录：

Access Canberra（www.rego.act.gov.au）涵盖了堪培拉。

Roads & Maritime（www.rta.nsw.gov.au）涵盖了新南威尔士州。

Department of Transport & Main Roads（www.tmr.qld.gov.au）涵盖了昆士兰州。

VicRoads（www.vicroads.vic.gov.au）涵盖了维多利亚州。

汽车市场

悉尼和凯恩斯都是购买汽车的好地方，你可以从已经结束旅行的背包客手中购买汽车，也可以在青年旅舍的公告板上碰碰运

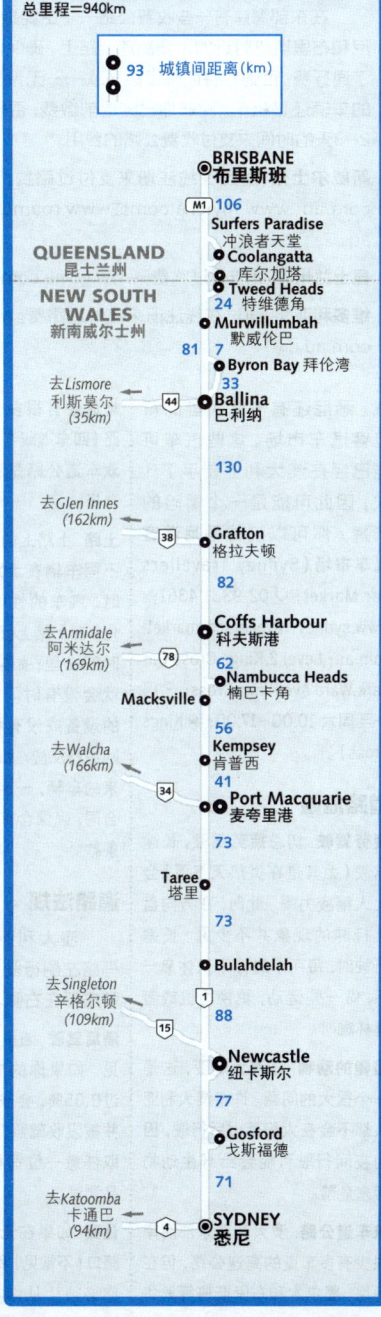

太平洋公路悉尼至布里斯班路段

总里程=940km

93 城镇间距离(km)

BRISBANE 布里斯班
106
Surfers Paradise 冲浪者天堂
Coolangatta 库尔加塔
QUEENSLAND 昆士兰州
Tweed Heads 特维德角
24
NEW SOUTH WALES 新南威尔士州
Murwillumbah 默威伦巴
7
81
Byron Bay 拜伦湾
33
去Lismore 利斯莫尔 (35km)
Ballina 巴利纳
44
130
去Glen Innes (162km)
Grafton 格拉夫顿
38
82
Coffs Harbour 科夫斯港
去Armidale 阿米达尔 (169km)
78
62
Nambucca Heads 楠巴卡角
Macksville
56
去Walcha (166km)
Kempsey 肯普西
41
34
Port Macquarie 麦夸里港
73
Taree 塔里
73
Bulahdelah
去Singleton 辛格尔顿 (109km)
1
88
15
Newcastle 纽卡斯尔
77
Gosford 戈斯福德
71
去Katoomba 卡通巴 (94km)
4
SYDNEY 悉尼

收费公路

在东部海岸有一些收费公路——主要是在墨尔本、悉尼和布里斯班附近的主要高速公路上。确保你在网上支付了通行费,否则你将面临巨额罚款——无论你是驾驶自己的车辆还是租车。除非你已经提前缴费,否则你通常会有2~3天的时间来支付收费公路的费用。

新威尔士州 通过在线注册来支付过路费:www.roam.com.au、www.myRTA.com或www.roamexpress.com.au。

昆士兰州 在线支付过路费:www.govia.com.au。

维多利亚州 通过在线注册来支付过路费:www.citylink.com.au。

气。悉尼还有一些大型的背包客汽车市场。这些汽车可能已经在澳大利亚转手了几次,因此可能是一个冒险的选择。你可以前往**悉尼游客汽车市场**(Sydney Travellers Car Market; ☏02-9331 4361; www.sydneytravellerscarmarket.com.au; Level 2,Kings Cross Car Park,Ward Ave,Kings Cross; ⏰周一至周六 10:00~17:00; ⓇKings Cross)。

道路危险

疲劳驾驶 切忌疲劳驾驶,长途驾驶(尤其是在炎热天气下)会让人精疲力竭。此时,在方向盘上打盹的现象并不少见。长途行驶时,每两小时停下来休息一下,做一些运动,更换司机或者喝杯咖啡。

路毙的动物 在澳大利亚,这是一个很大的问题。许多澳大利亚人都不会在太阳落山后行驶,因为夜间行驶可能会给野生动物带来危险。

双车道公路 澳大利亚东部海岸很少有多车道的高速公路,但在悉尼、墨尔本和布里斯班等繁华地区会有很多分车道行驶的道路(四车道或者六车道)。然而,双车道公路是许多线路的唯一选择。

土路 土路上的路况时好时坏,不同车辆在土路上刹车和转弯时,汽车的性能会有不同的变化。在土路上行驶不要超过每小时80公里;如果你开得太快,你就会没有时间对急转弯、路边的设备或没有标记的大门或牛网进行反应。如果你驾驶的是租来的车辆,一定要检查一下你的合同,确保含有在土路上行驶的条款。

道路法规

澳大利亚的车辆都是靠马路左侧行驶;所有车辆的驾驶座都在右侧。

酒后驾驶 随机的呼吸测试很常见。如果你的血液酒精浓度超过0.05%,会被请上法庭,罚款并被没收驾照。警察可以随机抽取任意一位司机进行酒精或毒品测试。

让路 如果在无交通标志的十字路口(不常见)和环形路上行驶,你必须让从你右侧进入路口的车先行。

移动电话 在澳大利亚开车时使用手机属违法行为(免提手机除外)。

安全带和安全座椅 安全带的使用是强制性的。7岁以下的儿童必须使用安全座椅,并系好安全带。

限速 在建筑密集区和居民区行驶的最高车速是每小时50公里(有时是每小时60公里)。在学校附近,在上学和放学时间的最高车速是每小时25公里。高速公路上的最高车速通常是每小时100公里或110公里,在北部地区,最高车速是每小时110公里或130公里。警察有速度雷达枪和照相机,而且喜欢将它们安装在重要的位置上。

停车

在悉尼、布里斯班和墨尔本这样的大城市(或者像拜伦湾这样的热门旅游目的地)开车的时候,停车是一个很大的问题。即使你找到了一个地方,也可能会有时间限制,拥有计价器(或售票机)或者两者都有。停车罚款为$50~120;如果你在禁停道路上停车,你的车会被拖走或固定住——请检查标志牌。

城市里有大型停车场,你可以在那里停车一整天,价格是$20~40。

搭便车和拼车

在世界上任何地方搭便车,都不是一件绝对安全的事情,我们不推荐这种做法。决定搭便车的旅行者,需要了解这么做的潜在危险。选择这种方式的旅行者,最好结伴出行并让其他人知道你们的目的地。

与其他的旅行者一起拼车是一个很好的方式,既可以分摊费用,又可以减少对环境影响。和搭便车一样,拼车也有潜在的风险。在上路之前,一定在公共场所见面,如果有什么事情发生,不要犹豫,马上离开。可在青年旅舍的布告栏找到此类广告,还可以参考网络上的分类广告:

Catch a Lift(www.catchalift.com)

Coseats(www.coseats.com)

HopHop Ride(www.hophopride.com.au)

Share Ur Ride(www.shareurride.com.au)

当地交通

布里斯班、墨尔本和悉尼都有公共交通系统,包括公共汽车、火车、渡轮和/或有轨电车。较大的区域城镇和城市还拥有自己的当地公共汽车系统。规模相当的城镇还有出租车。

新建的有轨电车(Gold Coast Light Rail; www.goldlinq.com.au)现在已经投入使用,连接南港与宽阔海滩,沿途的13公里设有16个站点。

火车

对于东部海岸的短途或长途旅行来说,火车旅行是一种舒适的选择,但它也比乘坐长途汽车的费用要多几澳元,而且可能要花上几个小时。

每个州的铁路服务(有时延伸到州际公路)由该州的铁路部门运营:

NSW TrainLink(13 22 32; www.nswtrainlink.info)从悉尼向南开往堪培拉和墨尔本,并沿着海岸向北开往布里斯班(但不开往拜伦湾)。

Queensland Rail Travel(1300 131 722; www.queenslandrailtravel.com.au)连接布里斯班和黄金海岸与阳光海岸,并延伸至凯恩斯的支路,开往查尔维尔、芒特艾萨和朗里奇。

悉尼火车(Sydney Trains; 13 15 00; www.sydneytrains.info)连接悉尼和蓝山、南部海岸和中部海岸。

V/Line(1800 800 007; www.vline.com.au)连接维多利亚州和新南威尔士州、澳大利亚南部和堪培拉。

票价

儿童、学生和背包客通常可以在标准票价的基础上获得折扣。如果预算足够买卧铺票,我们强烈推荐你乘坐火车(坐在一个被鼾声包围的座位上,并不是一种很好的旅行方式)。请注意,价格较低的车票通常是不能退换,也不能改签的。标准票价:

布里斯班至凯恩斯 成人/儿童 硬座 $369/185起;卧铺 $519/311起

悉尼至布里斯班 成人/儿童 硬座 $92/46;卧铺 $216/180

悉尼至堪培拉 成人/儿童 硬座 $40/20

悉尼至墨尔本 成人/儿童 硬座 $92/46;卧铺 $216/180

预订

在国家假日、学校假期和周末,如果可能的话,请提前一到两周预订座位。许多折扣票都需要你提前很长时间预订。

火车通票

东部海岸铁路的覆盖范围还不错,有下列这几种非常实用的通票。

发现通票 可以搭乘NSW TrainLink的火车和长途汽车在任意线路旅行,包括前往墨尔本、布里斯班和堪培拉,途中可以随时下车。分为有效期14天($232)、1个月($275)、3个月($298)和6个月($420)的通票。路线必须提前预订。

昆士兰州海岸通票 仅限国际游客使用;可以黄金海岸和凯恩斯之间进行单向旅行,有效期为1个月($209)或2个月($289)。

昆士兰州探索通票 仅限国际游客使用;一个月($299)或两个月($389),可以在昆士兰州铁路旅行网的任何线路上旅行。

幕后

说出你的想法

我们很重视旅行者的反馈——你的评价将鼓励我们前行,把书做得更好。我们同样热爱旅行的团队会认真阅读你的来信,无论表扬还是批评都非常欢迎。虽然很难一一回复,但我们保证将你的反馈信息及时交到相关作者手中,使下一版更完美。我们也会在下一版特别鸣谢来信读者。

请把你的想法发送到**china@lonelyplanet.com.au**,谢谢!

请注意:我们可能会将你的意见编辑、复制并整合到Lonely Planet的系列产品中,例如旅行指南、网站和数字产品。如果不希望书中出现自己的意见或不希望提及你的名字,请提前告知。请访问lonelyplanet.com/privacy了解我们的隐私政策。

声明

气候图表数据引用自Peel MC, Finlayson BL & McMahon TA(2007)'Updated World Map of the Köppen-Geiger Climate Classification', *Hydrology and Earth System Sciences*, 11, 1633-44。

封面图片:在昆士兰州的努萨附近冲浪,Nick Rains/Getty Images ©。

本书部分地图由中国地图出版社提供,其他为原书地图,审图号GS(2018)3181号。

关于本书

这是Lonely Planet《澳大利亚东海岸》的第6版。本书的作者为安迪·赛明顿、凯特·阿姆斯特朗、克里斯蒂安·贝内托、彼得·德拉吉塞维奇、保罗·哈丁、特伦特·霍尔顿、凯特·摩根、查尔斯·罗林斯-维、塔玛拉·苏华德、汤姆·斯普林和唐娜·惠勒。

本书为中文第一版,由以下人员制作完成:

项目负责	关媛媛
项目执行	丁立松
翻译统筹	肖斌斌
翻译	吕国斌 李高飞
	黄祎杰 闵楠
内容策划	熊毅(本土化内容)
	王玉婷 李小可
视觉设计	李小棠
协调调度	丁立松 沈竹颖
责任编辑	于佳宁
地图编辑	马珊
制图	田越
流程	孙经纬
终审	杨帆
排版	北京梧桐影电脑科技有限公司

感谢张桐、张娴、朱琳对本书的帮助。

索 引

A

Agnes Water 艾格尼斯水域 415
Aireys Inlet 艾瑞斯小港 273
Airlie Beach 艾尔利海滩 439, **440**
Anglesea 安格尔西 272
Angourie 安戈里 165
Apollo Bay 阿波罗湾 276~278
Arcadia Bay 阿卡迪亚湾 459
Atherton 阿瑟顿 497
Atherton Tablelands 阿瑟顿高原 494~499

B

Babinda 巴宾达 494
Ballina 巴利纳 166
Bangalow 班加洛 177~178
Bargara 巴加拉 407
Batemans Bay 巴特曼斯贝 205~207
Bellarine Peninsula 贝拉林半岛 267
Bellingen 贝林根 156~158
Bells Beach 贝尔斯海滩 272, **41**
Ben Boyd National Park 本博伊德国家公园 215
Bermagui 伯马吉 210~211
Berry 贝里 199~200
Blackheath 布莱克希思 126~127
Blue Mountains 蓝山 14, 120~127, **122**, **14**, **44**
Booderee National Park 波特里国家公园 203
Bondi Beach 邦迪海滩 66, **10-11**, **70~71**
Bondi Icebergs Pool 邦迪冰山游泳池 81, **73**
Border Ranges National Park 边界山脉国家公园 180
Boreen Point 波林角 388~389
Bouddi National Park 波蒂国家公园 127
Bowen 鲍恩 448
Bribie Island 布莱比岛 375~376
Brisbane Water National Park 布里斯班水域国家公园 128
Broadbeach 宽阔海滩 356~357
Brunswick Heads 不伦瑞克角 176
Buchan 巴肯 296
Bundaberg 班达伯格 404~407
Bundjalung National Park 邦加朗国家公园 165
Burleigh Heads 伯利角 357~360 **358**
Burleigh Head National Park 伯利角国家公园 357
Burrum Coast National Park 伯尔姆海岸国家公园 403
Byfield 拜菲尔德 424

C

Cabarita Beach 卡巴雷塔海滩 176
Cairns 凯恩斯 48, 414, 439~455 **440~443**
Caloundra 卡罗旺德拉 377~380, **378**
Cape Bridgewater 布里奇沃特角 286
Cape Byron State Conservation Park 拜伦角州立保护区公园 169
Cape Conran Coastal Park 康兰角海岸公园 297
Cape Hillsborough National Park 希尔斯伯勒角国家公园 436
Cape Otway 奥特韦角 278~279
Cape Tribulation 苦难角 509~512, **510**, **29**
Capricorn Caves 摩羯洞 421
Capricorn Hinterland 摩羯腹地 426~427
Cardwell 卡德韦尔 463
Carnarvon National Park 卡那封国家公园 426~427
Cathedral Rock National Park 大教堂岩石国家公园 157
Central Coast 中部海岸 127~128, **51**
Childers 奇尔德斯 402~403
Chillagoe 奇拉哥 502
Clifton Beach 克里夫顿海滩 493
Cockatoo Island 鹦鹉岛 67
Coffs Harbour 科夫斯港 159~163, **160**
Conway National Park 康威国家公园 445
Coolangatta 库尔加塔 361~364, **362~363**
Cooloola Coast 库鲁拉海岸 387~389

000 地图页码
000 图片页码

Coolum 库伦 385~386
Cow Bay 牛湾 508
Croajingolong National Park 克罗津戈隆国家公园 299
Crowdy Bay National Park 克劳迪湾国家公园 148
Cumberland Islands 坎伯兰群岛 436
Currumbin 库兰宾 360~361
Currumbin Wildlife Sanctuary 库兰宾野生动物保护区 360
Curtis Island 柯蒂斯岛 418

D

D'Aguilar National Park 德阿吉拉尔国家公园 317
Daintree 丹特里 507~512
Daintree Rainforest 丹特里雨林 12, 48, **12, 29**
Daydream Island 白日梦岛 446
Deepwater National Park 深水国家公园 417
Dooragan National Park 多拉冈国家公园 148
Dorrigo 多里戈 158~159
Dorrigo National Park 多里戈国家公园 159
Dunk Island 邓克岛 470

E

Echo Point 回音角 124, **14**
Eden 伊登 213~215
Ellis Beach 埃利斯海滩 493
Eumundi 尤姆迪 389
Eungella 伊加拉 434~435
Eungella National Park 伊加拉国家公园 435~436
Eurobodalla Coast 尤罗博达拉海岸 205~210

F

Finch Hatton Gorge 芬奇·哈顿峡谷 435~436
Fitzroy Falls 菲茨罗伊瀑布 198
Fitzroy Island 菲茨罗伊岛 490
Frankland Islands 弗兰克兰群岛 491
Fraser Coast 弗雷泽海岸 47, 391~427, **392**
Fraser Island 弗雷泽岛 15, 47, 407~412, **15**

G

Gabo Island 嘉宝岛 298
Geelong 吉朗 263~267
Gem Fields 宝石田地 426
Gippsland 吉普斯兰 287~300, **288~289**
Gladstone 格拉德斯通 417~419
Glass House Mountains 格拉斯豪斯山 376~377
Grafton 格拉夫顿 163~165
Great Barrier Reef Marine Park 大堡礁海洋公园 525
Great Keppel Island 大克佩尔岛 424~426, **425**
Green Island 格林岛 490
Guy Fawkes River National Park 盖伊福克斯河国家公园 157
Gympie 金皮 402

H

Hamilton Island 哈密尔顿岛 447
Hat Head National Park 帽子角国家公园 152~153
Hawkesbury River 霍克斯伯里河 133
Hayman Island 海曼岛 447~448
Heron Island 赫伦岛 419~420
Hervey Bay 赫维湾 393~398, **394~395**
Hinchinbrook Island 欣钦布鲁克岛 463~464
Hook Island 胡克岛 446
Horseshoe Bay 马蹄湾 459~462
Hunter Valley 猎人谷 15, 128~134, **129**

I

Illawarra Escarpment State Conservation Area 伊拉瓦拉悬崖国家保护区 195
Ingham 英厄姆 462
Innisfail 因尼斯费尔 470~471

J

Jenolan Caves 杰诺伦洞 127
Jervis Bay 杰维斯湾 202~203
Jourama Falls 秋拉马瀑布 465

K

Kangaroo Valley 袋鼠谷 198~199
Katoomba 卡通巴 124~126
Kiama 基亚玛 197~198
Koonwarra 昆瓦拉 287~288
Kuranda 库兰达 494~496
Ku-ring-gai Chase National Park 库灵盖蔡司国家公园 84

L

Lady Elliot Island 埃利奥特夫人岛 19, 405, **19**
Lake Cooroibah 库罗巴湖 388
Lake Cootharaba 库萨拉巴湖 388~389
Lake Tinaroo 蒂纳鲁湖 499
Lakes Entrance 湖区入口 294~296, **294~295**
Lamington National Park 拉明顿国家公园 364~365
Lane Cove National Park 里弗湾国家公园 80
Lennox Head 伦诺克斯角 168
Leura 鲁拉 123~124
Lindeman Island 林德曼岛 448
Lismore 利斯莫尔 178~179
Lizard Island 蜥蜴岛 509
Long Island 长岛 446
Lorne 洛恩 274~276

M

Mackay 麦凯 430~434, **431**
Magnetic Island 马格内蒂克岛 458~462
Malanda 马兰达 497
Maleny 马莱尼 390
Manly Beach 曼利海滩 78
Maroochydore 马卢奇多 380~385, **383**
Maryborough 马里伯勒 400~402
Merimbula 默林布拉 211~213, **212**
Millaa Millaa 米拉米拉 497
Mission Beach 使命海滩 47, 465~470, **466**
Mogo 莫戈 206
Mollymook 莫里莫克 204~205
Mon Repos 蒙里普斯 404
Mooloolaba 莫罗拉巴 380~385, **381**
Moreton Island 莫顿岛 345~346
Mornington Peninsula 莫宁顿半岛 257~259
Mornington Peninsula National Park 莫宁顿半岛国家公园 260
Moruya 莫鲁亚 207
Mossman 莫斯曼 507
Mossman Gorge 莫斯曼峡谷 507
Murramarang National Park 穆拉马兰国家公园 204
Myall Lakes National Park 米亚尔湖国家公园 147~148
Mystery Bay 神秘湾 208

N

Nambucca Heads 楠巴卡角 154~156, **155**
Nelson 尼尔森 285~287
New England National Park 新英格兰国家公园 157
Newcastle 纽卡斯尔 134~141, **136**
Nightcap National Park 睡帽国家公园 180
Nimbin 尼姆宾 179~181
Ninety Mile Beach 九十英里海滩 293
Nobby Beach 诺比斯海滩 356~357
Noosa 努萨 46, 368~375, **369**, **371**
Noosa National Park 努萨国家公园 368
North Stradbroke Island 北斯特拉德布罗岛 342~345, **343**
North West Island 西北岛 420
Nowra 瑙拉 200~202

O

Orpheus Island 俄耳甫斯岛 462
Oxley Wild Rivers National Park 奥克斯利野外河流国家公园 157

P

Palm Beach 棕榈树海滩 360~361
Paluma Range National Park 帕鲁玛山脉国家公园 465
Pambula 潘布拉 211~213
Peregian Beach 皮瑞吉海滩 386~387
Phillip Island 菲利普岛 260~263
Picnic Bay 野餐湾 459
Point Nepean National Park 纳平角国家公园 259~260
Port Campbell 坎贝尔港 279~280
Port Campbell National Park 坎贝尔港国家公园 279, **16**
Port Douglas 道格拉斯港 499~507, **500**, **74**
Port Fairy 费里港 283~285
Port Macquarie 麦夸里港 148~152, **150~151**
Portland 波特兰 285
Port Stephens 斯蒂芬斯港 144~147, **145**
Proserpine 普罗瑟派恩 439

Q

Queenscliff 昆斯克利夫 268~270

R

Radical Bay 雷迪卡湾 459
Ravenswood 雷文斯伍德 458
Raymond Island 雷蒙德岛 298
Rockhampton 罗克汉普顿 420~423
Royal National Park 皇家国家公园 196~197

S

Sale 塞尔 293
Sapphire Coast 蓝宝石海岸 210~215
Sarina 萨利纳 434
Sarina Beach 萨利纳海滩 434
Shoalhaven Coast 肖尔黑文海岸 199~205
Sorrento 索伦托 257
South Molle Island 南莫莉岛 446
South West Rocks 西南岩石区 153~154
Southern Reef Islands 南礁群岛 419~420
Springbrook National Park 斯普林布鲁克国家公园 365
St Kilda 圣基尔达 230
Sunshine Beach 阳光海滩 386
Surfers Paradise 冲浪者天堂 349~353, **350**
Sydney Harbour Bridge 悉尼港大桥 19, 52, **7**, **19**

T

Tamborine Mountain 坦柏林山 364
Tidal River 潮汐河 291

Tilba Tilba 迪巴迪巴 210

Tomaree National Park 托马利国家公园 144

Torquay 托基 270~272

Tower Hill Reserve 塔丘保护区 283

Town of 1770 1770镇 415

Townsville 汤斯维尔 452~458, **454**, **74**

Trinity Beach 三一海滩 491

Tully 塔利 464~465

Twelve Apostles 十二使徒岩 279, **16**

U

Ulladulla 阿勒达拉 204~205

W

Warrnambool 瓦南布尔 280~281

Wentworth Falls 文特沃思瀑布 122

Whitsunday Island 降灵岛 448

Wilson Island 威尔逊岛 419

Wilsons Promontory National Park 威尔逊角国家公园 287, **288**

Wollongong 伍伦贡 193~196, **194**

Wollumbin National Park 沃伦宾国家公园 180

Woolgoolga 伍尔古尔加 163

Y

Yamba 亚姆巴 165

Yeppoon 耶蓬 423~424

Yorkeys Knob 约克斯克诺布 491

Yungaburra 云噶布拉 497~498

000 地图页码
000 图片页码

记事本

记事本

记事本

地图图例

景点
- 海滩
- 鸟类保护区
- 佛教场所
- 城堡
- 基督教场所
- 孔庙
- 印度教场所
- 伊斯兰教场所
- 耆那教场所
- 犹太教场所
- 温泉
- 神道教场所
- 锡克教场所
- 道教场所
- 纪念碑
- 博物馆/美术馆/历史建筑
- 历史遗址
- 酒庄/葡萄园
- 动物园
- 其他景点

活动、课程和团队游
- 人体冲浪
- 潜水/浮潜
- 潜水
- 皮划艇
- 滑雪
- 冲浪
- 游泳/游泳池
- 徒步
- 帆板
- 其他活动

住宿
- 住宿场所
- 露营地

就餐
- 餐馆

饮品
- 酒吧
- 咖啡馆

娱乐
- 娱乐场所

购物
- 购物场所

实用信息
- 银行
- 使领馆
- 医院/医疗机构
- 网吧
- 警察局
- 邮局
- 电话
- 公厕
- 旅游信息
- 其他信息

地理
- 棚屋/栖身所
- 灯塔
- 瞭望台
- 山峰/火山
- 绿洲
- 公园
- 关隘
- 野餐区
- 瀑布

人口
- 首都、首府
- 一级行政中心
- 城市/大型城镇
- 镇/村

交通
- 机场
- 过境处
- 公共汽车
- 缆车/索道
- 自行车路线
- 轮渡
- 地铁
- 单轨铁路
- 停车场
- 加油站
- 出租车
- 铁路/火车站
- 有轨电车
- 其他交通方式

路线
- 收费公路
- 高速公路
- 一级公路
- 二级公路
- 三级公路
- 小路
- 未封闭道路
- 广场
- 台阶
- 隧道
- 步行天桥
- 步行游览路
- 步行游览支路
- 小路

境界
- 国界
- 一级政区界
- 未定国界
- 地区界
- 军事分界线
- 海洋公园
- 悬崖
- 墙

水文
- 河流、小溪
- 间歇河
- 沼泽/红树林
- 暗礁
- 运河
- 水域
- 干盐/间歇湖
- 冰川
- 珊瑚礁

地区特征
- 海滩/沙漠
- 基督教墓地
- 其他墓地
- 公园/森林
- 运动场
- 一般景点(建筑物)
- 重要景点(建筑物)

注:并非所有图例都在此显示。

我们的故事

一辆破旧的老汽车,一点点钱,一份冒险的感觉——1972年,当托尼(Tony Wheeler)和莫琳(Maureen Wheeler)夫妇踏上那趟决定他们人生的旅程时,这就是全部的行头。他们穿越欧亚大陆,历时数月到达澳大利亚。旅途结束时,风尘仆仆的两人灵机一闪,在厨房的餐桌上制作完成了他们的第一本旅行指南——《便宜走亚洲》(*Across Asia on the Cheap*)。仅仅一周时间,销量就达到了1500本。Lonely Planet从此诞生。

现在,Lonely Planet在都柏林、富兰克林、伦敦、墨尔本、奥克兰、北京和德里都设有公司,有超过600名员工和作者。在中国,Lonely Planet被称为"孤独星球"。我们恪守托尼的信条:"一本好的旅行指南应该做好三件事:有用、有意义和有趣。"

我们的作者

安迪·赛明顿

统稿作者;悉尼和中部海岸;新南威尔士州南部海岸 安迪已经为Lonely Planet(特别是欧洲和拉丁美洲)撰写和更新了一百多本指南,并为各种报纸、杂志和网站撰写涉及各种题材的文章。他与朋友共同拥有并经营一家摇滚酒吧,还写了一部小说,目前正在进行几部小说和纪实文学作品的创作。安迪来自澳大利亚,许多年前搬到了西班牙北部。当他不在世界上某个偏远的角落里背包旅行的时候,他可能在观看贫困地区橄榄球队的比赛,或是在结束山间的长途跋涉之后,品尝当地的葡萄酒。

了解更多有关安迪的信息,
可以查看lonelyplanet.com/profiles/andy_symington

凯特·阿姆斯特朗

维多利亚州 凯特·阿姆斯特朗生命中的大部分时间都在周游世界,生活在世界各地。她是一名旅行领域的自由撰稿人,曾为大约40本Lonely Planet指南和行业出版物撰稿,她撰写的稿件会定期出版在澳大利亚和世界各地的出版物上。她还写了几本书。凯特曾在莫桑比克工作过,也在法国采摘过葡萄,还在玻利维亚民间剧团里跳过舞。她是一位热心的摄影师,贪吃的美食家和狂热的节日爱好者,喜欢探索与众不同的地方、餐馆和剧院。

了解更多有关凯特的信息,
可以查看lonelyplanet.com/profiles/kate_armstrong

克里斯蒂安·贝内托

布里斯班;努萨和阳光海岸;墨尔本 迄今为止,克里斯蒂安已经撰写了30多本Lonely Planet指南,包括《纽约》《意大利》《威尼斯和威尼拖》《那不勒斯和阿玛菲海岸》《丹麦》《哥本哈根》《瑞典》和《新加坡》。除了Lonely Planet的指南,他对旅行、食物、文化和设计的感想也经常出现在世界各地的众多出版物中,包括《每日电讯报》(英国)和《意大利南部》(意大利)。当他不在路上的时候,这位改革派的剧作家和电视编剧会在他热爱的家乡墨尔本啜饮浓咖啡。

彼得·德拉吉塞维奇

堪培拉；墨尔本 彼得在他的家乡新西兰和澳大利亚经营小众报纸和杂志获得成功后，最终屈服于新西兰人的旅行嗜好，放弃了工作，在欧洲各地寻找他多元化的根。在过去的十年里，他为Lonely Planet撰写了几十本旅行指南——虽说这些国家彼此并没有关联，但他爱上了它们。在这个过程中他再次把新西兰的奥克兰当作家乡，尽管他目前四海为家的生活方式意味着他会常待在别处。

保罗·哈丁

道格拉斯港和丹特里 作为一名作家和摄影师，保罗在过去20年的大部分时间里都在周游世界，他对遥远偏僻的地方、岛屿和文化非常感兴趣。他撰写和贡献了50多本Lonely Planet的国家和地区的旅行指南，包括《印度》《冰岛》《伯利兹》《瓦里奥》《伊朗》《印度尼西亚》《新西兰》《芬兰》和《菲律宾》，以及他的家乡——澳大利亚。

特伦特·霍尔登

维多利亚州 特伦特来自澳大利亚的吉朗（墨尔本郊外），2005年以来一直为Lonely Planet工作。他编写过包括亚洲、非洲和澳大利亚在内的30多本旅行指南。出于对大城市的偏好，当他被分配到一个国家的首都时，他会非常得心应手——越混乱越好——他可以发掘出酷酷的酒吧、艺术、街头小吃和不为人知的亚文化。另外，他还为亚洲各地的热带岛屿写书，并在非洲和次大陆之间的国家公园中旅行。不旅行时，特伦特的工作是自由编辑和评论家，他会把钱都花在观看现场表演上。

凯特·摩根

墨尔本 在为Lonely Planet工作了十多年后，凯特作为旅行作家有幸在上海、日本、印度、津巴布韦、菲律宾和普吉等地进行调研工作。她曾在伦敦、巴黎和大阪生活过，但现在，她生活在她最喜欢的地区之一——澳大利亚的维多利亚州。在环游世界和写作的间隙，凯特喜欢在家里做自由编辑。

查尔斯·罗林斯-维

计划你的行程 查尔斯·罗林斯-维是一位资深的旅行作家，他为Lonely Planet编写了30多本旅行指南，包括《新加坡》《多伦多》《悉尼》《塔斯塔斯》《新西兰》《南太平洋》和《澳大利亚》，以及很多文章。在涉足了建筑、制图、项目管理和街头卖艺等领域的"黑魔法"之后，2005年，查尔斯因为Lonely Planet踏上旅途，此后再也没有停下脚步。

塔玛拉·施沃德

凯恩斯及周边 在经历了多年的自由旅行写作、摇滚乐报道和不健康的作者生活方式之后，塔玛拉在2009年加入了Lonely Planet的团队。从那时起，她就开始为许多国家编写旅行指南，包括黑山、澳大利亚、塞尔维亚、俄罗斯、萨摩亚、保加利亚和斐济。她曾经还为英国广播公司、《独立报》和《悉尼先驱晨报》等撰写旅行杂记；她还曾为Lonely Planet电视台、国家地理频道和半岛电视台出镜担任纪录片的主持人。塔玛拉居住在澳大利亚北部，但你更有可能发现她在其他地方漫游，一只手里拿着破旧的笔记本，另一只手抱着与她游遍世界各地的蹒跚学步的孩子。

汤姆·斯珀林

昆士兰州海岸 汤姆是澳大利亚的一名Lonely Planet指南作者和高中教师,目前的工作是在香港寻找失踪已久的外籍人士。他曾撰写过包括日本、中国、土耳其、印度、南非和澳大利亚在内的13个国家的Lonely Planet旅行指南。不到处跑的时候,汤姆喜欢老老实实地待着。

唐娜·惠勒

黄金海岸;新南威尔士北部 唐娜已经为Lonely Planet编写了10年的旅行指南,包括《意大利》《挪威》《比利时》《非洲》《突尼斯》《阿尔及利亚》《法国》《奥地利》和《墨尔本》。她是《巴黎地区》的作者,还是一位资深摄影导游,可以带你前往巴黎最好的酒吧、餐馆和商店,也是意大利当代艺术出版社My Art Guides的记者。你还可以在其他出版物中找到唐娜关于当代艺术、建筑和设计、食物、葡萄酒、荒野地区和文化历史方面的作品。

了解更多有关唐娜的信息,
可以查看lonelyplanet.com/profiles/donnawheeler

澳大利亚东海岸

中文第一版

书名原文：*East Coast Australia*（6th edition, Nov 2017）
© Lonely Planet 2018
本中文版由中国地图出版社出版

© 书中图片由图片提供者持有版权，2018

版权所有。未经出版方许可，不得擅自以任何方式，如电子、机械、录制等手段复制，在检索系统中储存或传播本书中的任何章节，除非出于评论目的的简短摘录，也不得擅自将本书用于商业目的。

图书在版编目（CIP）数据

澳大利亚东海岸 / 澳大利亚 Lonely Planet 公司编；吕国斌等译 .-- 北京：中国地图出版社，2018.7
书名原文：East Coast Australia
ISBN 978-7-5204-0594-2

Ⅰ.①澳… Ⅱ.①澳…②吕… Ⅲ.①旅游指南－澳大利亚 Ⅳ.① K961.19

中国版本图书馆 CIP 数据核字（2018）第 150956 号

出版发行	中国地图出版社
社　　址	北京市白纸坊西街 3 号
邮政编码	100054
网　　址	www.sinomaps.com
印　　刷	北京华联印刷有限公司
经　　销	新华书店
成品规格	197mm×128mm
印　　张	18
字　　数	979 千字
版　　次	2018 年 7 月第 1 版
印　　次	2018 年 7 月北京第 1 次印刷
定　　价	99.00 元
书　　号	ISBN 978-7-5204-0594-2
审 图 号	GS（2018）3181 号
图　　字	01-2018-1634

如有印装质量问题，请与我社发行部（010-83543956）联系

虽然本书作者、信息提供者以及出版者在写作和出版过程中全力保证本书质量，但是作者、信息提供者以及出版者不能完全对本书内容之准确性、完整性做任何明示或暗示之声明或保证，并只在法律规定范围内承担责任。

Lonely Planet 与其标志系 Lonely Planet 之商标，已在美国专利商标局和其他国家进行登记。不允许如零售商、餐厅或酒店等商业机构使用 Lonely Planet 之名称或商标。如有发现，急请告知：lonelyplanet.com/ip。